समाज और राजनीति दर्शन एवं धर्म-दर्शन

डॉ॰ रमेन्द्र

पी-एच॰ डी॰, डी॰ लिट्॰

स्नातकोत्तर दर्शनशास्त्र विभाग, पटना विश्वविद्यालय, पटना

अध्यक्ष, दर्शनशास्त्र विभाग, पटना कॉलेज

MOTILAL BANARSIDASS PUBLISHING HOUSE

SINCE 1903

मोतीलाल बनारसीदास

पब्लिशिंग हाउस • दिल्ली

Email: mlbd@mlbd.in • Website: www.mlbd.in

*पंचम पुनर्मुद्रण दिल्ली : **2022***
तृतीय संशोधित एवं परिवर्द्धित संस्करण : 2011
द्वितीय संशोधित संस्करण : 2003
प्रथम संस्करण : 1999

ISBN: 978-81-94857-84-6 (सजिल्द)
ISBN: 978-81-94857-85-3 (अजिल्द)

मुद्रक एवं प्रकाशक
राजेन्द्र प्रकाश जैन के *द्वारा*
मोतीलाल बनारसीदास पब्लिशिंग हाउस
ए-44, नारायणा इंडस्ट्रियल एरिया, फेज़-1,
नई दिल्ली-110 028 (**भारत**)
Email: mlbd@mlbd.in
Website: www.mlbd.in

भूमिका

(तृतीय संशोधित एवं परिवर्द्धित संस्करण)

यह किताब द्वितीय संस्करण का संशोधित और परिवर्द्धित रूप है। पिछले वर्षों संघ लोक सेवा आयोग (UPSC) के सिविल सेवा मुख्य परीक्षा में दर्शनशास्त्र के प्रश्न-पत्र II के पाठ्यक्रम में कुछ परिवर्तन आए हैं। उन परिवर्तनों के आलोक में इस संस्करण में बारह नए अध्याय जोड़े गए हैं। पिछले संस्करण में 41 अध्याय थे, जबकि इस संस्करण में 53 अध्याय हैं। इनमें से पाँच नए अध्याय भाग-1 **समाज और राजनीति दर्शन,** में जोड़े गए हैं—(1) राजतंत्र, (2) अराजकतावाद, (3) बहुसंस्कृतिवाद, (4) जातिभेद : गाँधी एवं अम्बेडकर और (5) विकास और सामाजिक प्रगति।

दूसरी ओर, भाग—2, **धर्म-दर्शन** में सात नए अध्याय जोड़े गए हैं—(1) धार्मिक अनुभूति और धार्मिक चेतना, (2) रहस्यवाद, (3) ''ईश्वर'' की अवधारणाएँ, (4) ईश्वर के गुण, (5) निरीश्वरवाद : भारतीय, (6) निरीश्वरवाद : पाश्चात्य और (7) पुर्नजन्म और कर्मवाद।

दो नए परिशिष्ट भी जोड़े गए हैं—भाग-1 के परिशिष्ट में ''जॉन डूवी का मानवतावाद'' और भाग-2 के परिशिष्ट-1 में ''प्रार्थना''। इसके अलावा, धर्मों के तुलनात्मक अध्ययन को भाग-2 के खण्ड-ख में अलग से रख दिया गया है।

सभी प्रासंगिक अध्यायों में सिविल सेवा मुख्य परीक्षा में 2002 से 2008 तक पूछे गए प्रश्नों को भी जोड़ दिया गया है। इस तरह, इस पुस्तक में अब संघ लोक सेवा आयोग की सिविल सेवा परीक्षा में 1979 से 2008 तक पूछे गए प्रश्नों का समावेश है।

पहले से मौजूद अध्यायों में भी काफी-कुछ जोड़ा गया है। जहाँ कहीं आवश्यक लगा है पूछे गए प्रश्नों के आलोक में सामग्री बढ़ा दी गयी है। आशा है इन परिवर्तनों से इस पुस्तक की उपयोगिता और बढ़ जाएगी।

पुस्तक के जो अध्याय संघ लोक सेवा आयोग (UPSC) की परीक्षा की दृष्टि से प्रासंगिक नहीं रह गए हैं, उन्हें पुस्तक से हटाया नहीं गया है, बल्कि उन्हें भी संशोधित और परिवर्द्धित करते हुए पुस्तक में बनाए रखा गया है। **बिहार लोक सेवा आयोग** (BPSC) के अलावा **झारखंड, उत्तर प्रदेश, उत्तराखण्ड, मध्यप्रदेश** और **छत्तीसगढ़ लोक सेवा आयोग** के दर्शनशास्त्र प्रश्न-पत्र II के पाठ्यक्रमों में दिए गए विषयों का भी इस पुस्तक में समावेश है। इन सभी परीक्षाओं के परीक्षार्थी इस किताब का इस्तेमाल कर सकते हैं। BPSC मुख्य परीक्षा में 1993 से 2009 तक पूछे गए प्रश्नों को भाग-2 के परिशिष्ट-2 में रखा गया है।

04 जनवरी, 2010

—रमेन्द्र

भूमिका
(द्वितीय संशोधित संस्करण)

यह किताब विशेष तौर से संघ लोक सेवा आयोग (UPSC) के सिविल सेवा के परीक्षार्थियों के लिए लिखी गयी है। प्रथम संस्करण में मैंने UPSC द्वारा 1979 से 1996 तक पूछे गए प्रश्नों को आधार बनाया था। 1996 के बाद से UPSC के पाठ्यक्रम में कुछ परिवर्तन आए हैं। इन परिवर्तनों से जुड़े अध्याय तो मैंने पिछले संस्करण में ही जोड़ दिए थे, लेकिन उस समय मेरे सामने नमूने के तौर पर प्रश्न नहीं थे। **इस संस्करण में मैंने अध्यायों के बाद 1997 से 2001 तक पूछे गए प्रश्नों को जोड़ दिया है, और इन प्रश्नों के आलोक में अध्यायों की सामग्री को भी बढ़ा दिया है। इसके अलावा, मैंने राजनीति दर्शन के स्वरूप पर एक नया अध्याय भी जोड़ा है।** आशा है इन परिवर्तनों से यह पुस्तक UPSC के परीक्षार्थियों के लिए और अधिक उपयोगी हो जाएगी।

बिहार लोक सेवा आयोग (BPSC) का पाठ्यक्रम अभी वही है, जो 1996 से पहले UPSC का था। इसलिए मैंने पुस्तक से उन अध्यायों को हटाया नहीं है, जो अब UPSC की परीक्षा की दृष्टि से प्रासंगिक नहीं रह गए हैं। इससे BPSC के परीक्षार्थियों के लिए भी इस पुस्तक की उपयोगिता पहले की ही तरह बनी रहेगी। दरअसल, BPSC के परीक्षार्थियों के लिए इस पुस्तक की उपयोगिता को और अधिक बढ़ाने के लिए **मैंने परिशिष्ट में BPSC द्वारा 1993 से 2002 तक पूछे गए प्रश्नों को शामिल कर लिया है।**

दर्शनशास्त्र बी॰ ए॰ (ऑनर्स) के विद्यार्थी और दर्शशास्त्र में रुचि रखने वाले सामान्य पाठक भी पहले की तरह ही मेरी पुस्तक से सहायता ले सकते हैं।

मैं अपने उन सभी पाठकों को धन्यवाद देता हूँ, जिन्होंने इस पुस्तक को लोकप्रिय और सफल बनाया है। आशा है इस संस्करण में किए गए संशोधनों के बाद यह पुस्तक पाठकों को और अधिक पसन्द आएगी।

15 नवम्बर, 2002 —रमेन्द्र

भूमिका

(प्रथम संस्करण)

वैसे तो यह किताब विशेष तौर से संघ लोक सेवा आयोग (UPSC) के सिविल सेवा के परीक्षार्थियों के लिए लिखी गयी है, लेकिन मैं यह आशा करता हूँ कि यह दर्शनशास्त्र के बी॰ए॰ (ऑनर्स) के विद्यार्थियों और दर्शनशास्त्र में रुचि रखने वाला सामान्य पाठकों के लिए भी उपयोगी साबित होगी।

इस पुस्तक के लिए विषयों का चुनाव सिविल सेवा की मुख्य परीक्षा के **दर्शनशास्त्र के नवीनतम पाठ्यक्रम** के अनुसार किया गया है। दरअसल, यह पुस्तक **सिविल सेवा मुख्य परीक्षा के प्रश्न-पत्र–II के पाठ्यक्रम के अनुसार लिखी गयी है।** पुस्तक दो भागों में विभाजित है। पहले भाग में **समाज और राजनीति दर्शन** और दूसरे भाग में **धर्म-दर्शन** की चर्चा की गयी है।

बिहार लोक सेवा आयोग (BPSC) के गजेटेड पदों के लिए मुख्य परीक्षा के पाठ्यक्रम और सिविल सेवा मुख्य परीक्षा के दर्शनशास्त्र के पाठ्यक्रम के बीच काफी समानता है। इसलिए, आशा है यह किताब बिहार लोक सेवा आयोग के परीक्षार्थियों के लिए भी समान रूप से उपयोगी सिद्ध होगी।

इस पुस्तक के अध्यायों को लिखते समय मैंने सिविल सेवा मुख्य परीक्षा में 1979 से 1996 तक पूछे गए प्रश्नों को ध्यान में रखा है। **अध्यायों के लिए सामग्री इस तरह तैयार की गयी है कि उनके आधार पर परीक्षार्थी उस विषय पर पूछे गए किसी भी प्रश्न का उत्तर दे सकें। हर अध्याय के बाद सम्बद्ध विषय पर** 1979 **से** 1996 **तक पूछे गए प्रश्नों का उल्लेख भी कर दिया गया है।** कुछ प्रश्न ऐसे भी हैं जिनका उत्तर देने के लिए दो या दो से अधिक अध्यायों की सहायता लेनी होगी। ऐसे प्रश्नों का उल्लेख सभी सम्बद्ध अध्यायों के बाद कर दिया गया है।

सिविल सेवा के परीक्षार्थियों से "कम-से-कम शब्दों में संगठित, सूक्ष्म और सशक्त अभिव्यक्ति" की आशा रखी जाती है। जाहिर है मैंने भी विभिन्न विषयों की चर्चा कम-से-कम शब्दों में करने की कोशिश की है, लेकिन यह ध्यान में रखते हुए कि वह चर्चा परीक्षार्थियों की दृष्टि से **पर्याप्त** हो।

यू॰पी॰एस॰सी॰ और बी॰पी॰एस॰सी॰ की परीक्षाओं के लिए, विभिन्न कारणों से, कई ऐसे विद्यार्थी भी वैकल्पिक विषय के रूप में दर्शनशास्त्र का चुनाव करते हैं, जिन्होंने पहले से विश्वविद्यालय में दर्शनशास्त्र का अध्ययन नहीं किया है। ऐसे परीक्षार्थियों की आवश्यकताओं को भी ध्यान में रखते हुए मैंने सभी विषयों की संक्षिप्त, सरल लेकिन ठोस और प्रामाणिक जानकारी देने की कोशिश की है। मैंने इस पुस्तक को पढ़ने वालों से यह अपेक्षा नहीं रखी

है कि उन्हें पहले से दर्शनशास्त्र के बारे में कोई जानकारी होगी। इसी तरह, बहुत अधिक विस्तार में न जाकर भी, मैंने चर्चा किए गए विषयों के बारे में सभी बुनियादी तथ्यों और विचारों का समावेश करने का प्रयत्न किया है। फिर भी, जो विद्यार्थी और अधिक विस्तार में जाना चाहते हैं, वे दोनों भागों के अन्त में दी गयी ग्रन्थ-सूचियों की सहायता ले सकते हैं।

यह जरूरी नहीं है कि पाठ्य-पुस्तकों की भाषा को अधिक-से-अधिक संस्कृतनिष्ठ बनाया जाए। पारिभाषिक शब्दों को छोड़कर, मैंने जहाँ तक सम्भव हुआ है बोल-चाल की भाषा का इस्तेमाल करने की कोशिश की है। हिन्दी में पारिभाषिक शब्दों के लिए इस पुस्तक में शिक्षा मंत्रालय, भारत सरकार, द्वारा प्रकाशित ***मानविकी शब्दावली*** की सहायता ली गयी है। जहाँ कहीं आवश्यक लगा है, वहाँ पर **पारिभाषिक शब्दों के अंग्रेजी पर्याय का उल्लेख भी कर दिया गया है।** इसके अलावा, इस पुस्तक में, जैसा कि सिविल सेवा के परीक्षार्थियों से भी आशा रखी जाती है, भारतीय अंकों के अन्तरराष्ट्रीय रूप का प्रयोग किया गया है।

पुस्तक की प्रामाणिकता बनाए रखने के लिए मैंने हर अध्याय के बाद आवश्यक सन्दर्भों का उल्लेख कर दिया है। जिन पुस्तकों के नाम विभिन्न अध्यायों के अन्त में दिए गए सन्दर्भों में आए हैं, उन्हें ही दोनों भागों के अन्त में दी गयी ग्रन्थ-सूचियों में शामिल किया गया है।

इस पुस्तक को पढ़कर सिविल सेवा के परीक्षार्थियों को सफलता मिलेगी, यह आशा तो है ही। इसके अलावा मुझे यह उम्मीद भी है कि इस पुस्तक से, कम-से-कम कुछ विद्यार्थियों में, दर्शनशास्त्र के गम्भीर अध्ययन और शोध के प्रति रुचि पैदा होगी।

15 जनवरी, 1998

—रमेन्द्र

अनुक्रम

भाग-1

समाज और राजनीति दर्शन (Social and Political Philosphy)

भाग-2

धर्म-दर्शन
(Philosophy of Religion)

खण्ड-क
सामान्य धर्म-दर्शन

उपखण्ड-ग
धर्मों का तुलनात्मक अध्ययन

❑

भाग 1

समाज और राजनीति दर्शन
(SOCIAL AND POLITICAL PHILOSOPHY)

अध्याय 1

दर्शनशास्त्र का स्वरूप : जीवन, विचार और संस्कृति से सम्बन्ध

''दर्शन'' या ''दर्शनशास्त्र'' शब्द का प्रयोग अंग्रेजी शब्द ''Philosophy'' के हिन्दी पर्याय के रूप में किया जाता है। ''Philosophy'' का शाब्दिक अर्थ है ''ज्ञान या बुद्धिमानी (wisdom) से प्रेम''। इसी तरह ''दार्शनिक'' या ''Philosopher'' का अर्थ हुआ ''ज्ञान का प्रेमी''।

ऐतिहासिक दृष्टि से दर्शन सभी विषयों की जननी है, क्योंकि इस विश्व को समझने की जिज्ञासा और ज्ञान की आकांक्षा से ही सभी ज्ञान-विज्ञान का जन्म हुआ है। प्रारम्भ में ''दर्शन'' शब्द का इस्तेमाल विज्ञान सहित सम्पूर्ण ज्ञान के लिए किया जाता था, लेकिन अब यह इतिहास की बात है। आज के समय में विभिन्न विज्ञानों का अपना स्वतन्त्र क्षेत्र, स्वतन्त्र विषय-वस्तु, स्वतन्त्र विधियाँ और स्वतन्त्र अस्तित्व है; हालांकि, जैसा कि आगे चर्चा से स्पष्ट होगा, उनका सम्बन्ध दर्शनशास्त्र से पूरी तरह टूट नहीं गया है। दर्शन का भी अपना स्वतन्त्र अस्तित्व है—इसके अन्तर्गत विशेष विषयों का विशेष प्रणाली से अध्ययन किया जाता है। इस दृष्टि से ऊपर दी गयी दर्शनशास्त्र की शाब्दिक परिभाषा बहुत व्यापक है, क्योंकि दार्शनिक तो ज्ञान के प्रेमी होते ही हैं, लेकिन यह कहना ठीक नहीं होगा कि भौतिकशास्त्री या समाजशास्त्री तथा अन्य प्राकृतिक और समाज-विज्ञानों के विद्यार्थी और विद्वान ज्ञान के प्रेमी नहीं हैं। इन विषयों के अन्तर्गत भी सम्बद्ध विषय-वस्तु के बारे में ज्ञान का ही अन्वेषण किया जाता है।

दर्शनशास्त्र को परिभाषित करने में एक कठिनाई यह है कि इस विषय के लम्बे इतिहास में अलग-अलग दार्शनिकों द्वारा अलग-अलग समय में अलग-अलग समस्याओं और विधियों को अधिक महत्त्व दिया गया। कोई विज्ञान के माध्यम से दर्शनशास्त्र की ओर आकर्षित हुआ, कोई धर्म के माध्यम से, तो कोई भाषा या गणित के माध्यम से। किसी की रुचि ज्ञान-सम्बन्धी समस्याओं में अधिक रही, तो किसी की व्यावहारिक नैतिक, सामाजिक और राजनीतिक समस्याओं में। दर्शनशास्त्र के लम्बे इतिहास में कभी विश्व के स्वरूप सम्बन्धी प्रश्नों को प्रमुखता दी गयी, तो कभी मानव-आचरण सम्बन्धी समस्याओं को, और किसी समय ज्ञान सम्बन्धी समस्याओं को। लेकिन इसका अर्थ यह नहीं हुआ कि उस काल-विशेष में बाकी शाखाओं का अस्तित्व ही नहीं रह गया। कई दार्शनिक ऐसे भी हुए हैं जिनका एक साथ दर्शन की कई शाखाओं में योगदान रहा है, जैसे, प्लेटो, अरिस्टॉट्ल, एपिक्यूरस, लॉक, ह्यूम, कान्ट और जॉन स्टुअर्ट मिल, आदि।

दर्शनशास्त्र के विषय-वस्तु की तरह दर्शनशास्त्र की विधि के बारे में भी दार्शनिकों में मतभेद रहे हैं। कुछ दार्शनिकों ने परिकल्पनात्मक पद्धति को महत्त्व दिया और कुछ ने विश्लेषणात्मक पद्धति को।

दार्शनिकों की एक विशेषता रही है प्रश्न उठाना, और वह भी बुनियादी या मौलिक किस्म के प्रश्न। एक औसत व्यक्ति जिन बातों को सत्य मान कर चलता है, दार्शनिक उनकी सत्यता के बारे में भी प्रश्न उठाते हैं। ऐसे में उनका अपने विषय के क्षेत्र और पद्धति के बारे में मौलिक प्रश्न उठाना स्वाभाविक ही है। दर्शनशास्त्र के विषय-वस्तु, दर्शनशास्त्र की शाखाओं के तुलनात्मक महत्त्व और दर्शनशास्त्र की विधि के बारे में दार्शनिकों में मतभेद हैं। ऐसे में कई बार दर्शनशास्त्र की ऐसी परिभाषाएँ भी दी गयी हैं, जिनमें दर्शनशास्त्र को दर्शनशास्त्र की किसी एक शाखा या किसी एक पद्धति से जोड़ दिया गया। दर्शनशास्त्र के किसी भी गम्भीर विद्यार्थी के लिए यह जरूरी है कि वह दार्शनिकों के बीच इन मतभेदों और उनके कारणों को जाने, और विभिन्न स्थितियों के पक्ष-विपक्ष में दी गयी युक्तियों का मूल्यांकन कर सत्य निष्कर्ष तक पहुँचने का प्रयत्न करें। लेकिन प्रारम्भिक दृष्टि से दर्शनशास्त्र के स्वरूप को समझने का सर्वश्रेष्ठ तरीका यही है कि दर्शनशास्त्र की प्रमुख शाखाओं, उनकी समस्याओं और दर्शनशास्त्र की प्रमुख विधियों को जान लिया जाए।

दर्शनशास्त्र की शाखाएँ

दर्शनशास्त्र की प्रमुख शाखाएँ निम्नलिखित हैं—

(i) शब्दमीमांसा (Semantics), (ii) तर्कशास्त्र (Logic), (iii) ज्ञानमीमांसा (Epistemology), (iv) तत्त्वमीमांसा (Metaphysics), (v) नीतिशास्त्र (Ethics), (vi) समाज एवं राजनीति दर्शन (Social & Political Philosophy), (vii) धर्म-दर्शन (Philosophy of Religion) और (viii) विज्ञान-दर्शन (Philosophy of Science)।

शब्दमीमांसा या संज्ञासंज्ञिमीमांसा *(Semantics)*

आज के समय में संज्ञासंज्ञिमीमांसा या शब्दमीमांसा को दर्शनशास्त्र के अन्तर्गत महत्त्वपूर्ण स्थान दिया जाता है। जॉन हॉस्पर्स ने अपनी पुस्तक *An Introduction to Philosophical Analysis* की शुरूआत शब्दमीमांसा द्वारा की है। हॉस्पर्स के अनुसार शब्दमीमांसा के अन्तर्गत भाषा द्वारा हम जिसके बारे में बात करते हैं, और भाषा के बीच के सम्बन्ध का अध्ययन किया जाता है।[1] शब्द क्या है? शब्द अर्थ कैसे ग्रहण करते हैं? शब्द और वस्तुओं के बीच क्या सम्बन्ध है? ''अर्थ'' शब्द का क्या अर्थ है? सार्थक वाक्य के मापदण्ड क्या हैं? इस तरह के प्रश्नों का उत्तर संज्ञासंज्ञिमीमांसा के अन्तर्गत ढूँढ़ा जाता है।

---

1. John Hospers, *An Introduction to Philosophical Analysis* (New Delhi : Allied Publishers Private Ltd., 1975), p.1.

तर्कशास्त्र (*Logic*)

तर्कशास्त्र दर्शनशास्त्र की एक प्राचीन शाखा है। पश्चिमी दर्शन के सन्दर्भ में इसकी स्थापना का श्रेय अरिस्टॉट्ल को है। अरिस्टॉट्ल के अनुसार तर्कशास्त्र का अध्ययन दो दृष्टियों से किया जा सकता है—एक ओर तर्कशास्त्र एक औजार है जिसके द्वारा अनुमान (reasoning) के सही या गलत होने की जाँच की जाती है; और दूसरी ओर तर्कशास्त्र के सिद्धान्त और उसकी विधियाँ स्वयं दार्शनिक अन्वेषण का विषय हैं। प्रारम्भिक विद्यार्थी तर्कशास्त्र का अध्ययन अनुमान के मूल्यांकन के औजार के रूप में ही करते हैं। कोपी के अनुसार तर्कशास्त्र उन विधियों और सिद्धान्तों का अध्ययन है, जिनके प्रयोग द्वारा सही और गलत युक्तियों (arguments) के बीच अन्तर किया जा सकता है।[2] तर्कशास्त्र की दो शाखाएँ हैं—(i) निगमन तर्कशास्त्र (deductive logic) और (ii) आगमन तर्कशास्त्र (inductive logic)।

ज्ञानमीमांसा (*Epistemology*)

''ज्ञानमीमांसा'' का अर्थ है ''ज्ञान का विश्लेषण''। इसके अन्तर्गत ज्ञान के स्वरूप, स्रोत, विस्तार और सीमा की चर्चा की जाती है। इसके अलावा, ज्ञानमीमांसा के अन्तर्गत ज्ञाता और ज्ञेय के बीच के सम्बन्ध की भी चर्चा की जाती है। ज्ञान का स्वरूप क्या है? ज्ञान का स्रोत क्या है? ज्ञान का विस्तार और उसकी सीमा क्या है? क्या ज्ञात वस्तु (ज्ञेय) अपने अस्तित्व के लिए ज्ञाता के मस्तिष्क पर निर्भर है, या उसका बाह्य जगत में अपना स्वतन्त्र अस्तित्व है? ज्ञानमीमांसा के अन्तर्गत इन प्रश्नों पर विचार किया जाता है। वैसे तो दर्शनशास्त्र में ज्ञानमीमांसा से सम्बन्धित प्रश्नों पर प्राचीन काल से ही चर्चा होती चली आ रही है, लेकिन आधुनिक पाश्चात्य दर्शन में डेकार्ट के बाद से इसे अधिक प्रमुखता दी जाने लगी।

तत्त्वमीमांसा (*Metaphysics*)

तत्त्वमीमांसा दर्शनशास्त्र की सबसे पुरानी और विवादास्पद शाखा है। कभी तो इसे दर्शन का पर्याय ही मान लिया गया, और दूसरी ओर, बीसवीं सदी में तर्कीय प्रत्यक्षवादियों (logical positivists) द्वारा इसे दर्शनशास्त्र के दायरे से बाहर निकालने के प्रयत्न भी हुए हैं।

पश्चिमी दर्शन की शुरूआत प्राचीन ग्रीक दार्शनिक थेलिस से मानी जाती है। थेलिस ने विश्व को उसकी सम्पूर्णता में समझने का प्रयास किया। थेलिस के अनुसार जल ही परम तत्त्व है। सारी चीजें पानी से ही निकली हैं, और पानी में ही मिल जाएँगी। इस तरह, दर्शन की शुरूआत ही इस विश्व को उसकी सम्पूर्णता में समझने के प्रयास से हुई है, और आरम्भ में दर्शनशास्त्र में तत्त्वमीमांसा की ही प्रमुखता रही। तत्त्वमीमांसा विश्व को सम्पूर्णता में समझने का प्रयास है। इस विश्व का मूल तत्त्व या आदि कारण क्या है? परम तत्त्व का स्वरूप क्या है? उसकी संख्या कितनी है? तत्त्वमीमांसा के अन्तर्गत इन्हीं प्रश्नों का उत्तर ढूँढ़ने का प्रयास किया गया है।

---

1. Irving M. Copi, *Symbolic Logic* (New York : Macmillan Publishing Co. Inc., 1979), p. 1.

तर्कीय प्रत्यक्षवादियों ने तत्त्वमीमांसा को दर्शनशास्त्र से इसलिए निकालने का प्रयास किया, क्योंकि उनके अनुसार तथ्य-सम्बन्धी ऐसे कथन, जिनका वैज्ञानिक विधि से सत्यापन (scientific verification) सम्भव न हो, निरर्थक होते हैं; और तत्त्वमीमांसा में ऐसे निरर्थक वाक्य ही रहा करते हैं। तर्कीय प्रत्यक्षवादियों के अनुसार दर्शन का एकमात्र कार्य है तार्किक विश्लेषण।

यह सच है कि तत्त्वमीमांसा के ऐसे कथनों का, जिनमें ''इन्द्रिय अनुभव से परे'' या ''अनुभवातीत जगत'' (transcendental reality) की बात की जाती है, वैज्ञानिक दृष्टि से सत्यापन सम्भव नहीं है, और ऐसे कथन ज्ञान प्राप्त करने की दृष्टि से निरर्थक होते हैं। लेकिन यह नहीं कहा जा सकता है कि तत्त्वमीमांसा के सभी कथन ऐसे ही होते हैं। उदाहरण के तौर पर, थेलिस के सिद्धान्त को ही लें जिसके अनुसार पानी ही मूल तत्त्व है। इस कथन की जाँच वैज्ञानिक विधि से की जा सकती है। आज यह जानकारी उपलब्ध है कि पानी दो तत्त्वों—हाइड्रोजन और ऑक्सीजन—से बना है; और इन दो तत्त्वों के अलावा विश्व में और भी कई तत्त्व हैं। इसलिए, थेलिस का यह सिद्धान्त असत्य है। ऐसा लगता है कि तत्त्वमीमांसा के विरुद्ध तर्कीय प्रत्यक्षवादियों की आपत्तियाँ प्रत्ययवादी (idealistic) तत्त्वमीमांसा पर लागू होती है, भौतिकवाद (materialism) या प्रकृतिवाद (naturalism) पर नहीं।

नीतिशास्त्र *(Ethics)*

नीतिशास्त्र भी दर्शन की एक पुरानी और महत्त्वपूर्ण शाखा है। प्लेटो की रचनाओं में भी नीतिशास्त्रीय समस्याओं की चर्चा हुई है। अरिस्टॉट्ल ने ***निकोमेकियन एथिक्स*** *(Nichomachean Ethics)* नाम के ग्रन्थ की रचना की जिसे नीतिशास्त्र का प्रथम व्यवस्थित ग्रन्थ माना जाता है। इसके अलावा, प्राचीन ग्रीक दार्शनिकों में अरिस्टिपस, एपिक्यूरस और आधुनिक पाश्चात्य दार्शनिकों में बेन्थम, मिल, सिजविक और कान्ट आदि का नीतिशास्त्र में योगदान रहा है।

नीतिशास्त्र के अन्तर्गत तर्कसंगत और मानक (normative) या आदर्शमूलक दृष्टि से मानव आचरण का अध्ययन किया जाता है। जैसा कि जी० ई० मूर ने 1903 में प्रकाशित अपनी प्रसिद्ध पुस्तक *Prinicipia Ethica* में कहा है, नैतिक दार्शनिकों ने मुख्य रूप से दो प्रश्नों का उत्तर ढूँढ़ने का प्रयत्न किया—एक, किस किस्म के वस्तुओं का अपने-आप में अस्तित्व होना चाहिए, या कौन-सी वस्तुएँ साध्य के रूप में अच्छी हैं? और दो, किस किस्म के कर्मों को हमें करना चाहिए?[1]

अपनी पुस्तक *An Introduction to Philosophical Analysis* में जॉन हॉस्पर्स ने नीतिशास्त्र की दो शाखाएँ बतलायी हैं—पहली शाखा जो प्लेटो और अरिस्टॉट्ल से लेकर मूर तक प्रमुख रही है, उसे हॉस्पर्स ने **मानक नीतिशास्त्र** (normative ethics) कहा है। इसके अन्तर्गत इस प्रश्न का तर्कसंगत उत्तर ढूँढ़ने का प्रयत्न किया जाता है कि किस किस्म की वस्तुएँ अच्छी (पाने का प्रयत्न करने योग्य) हैं और कौन से कर्म उचित हैं। दूसरी शाखा जो बीसवीं सदी में प्रमुख हो गयी है, उसे हॉस्पर्स ने **अधिनीतिशास्त्र** (metaethics) कहा है।

---

1. G.E. Moore, *Principia Ethica* (Cambridge : Cambridge University Press, 1965), pp. vii-viii.

हॉस्पर्स के अनुसार, अधिनीतिशास्त्र के अन्तर्गत मुख्य नैतिक शब्दों "शुभ" या "अच्छा" (good), "अशुभ" या "बुरा" (bad), "उचित" (right) और "अनुचित" (wrong) आदि के अर्थ, और उनके अर्थों के बीच परस्पर सम्बन्धों का अध्ययन किया जाता है।[1] लेकिन अब अधिनीतिशास्त्र का क्षेत्र कुछ और व्यापक हुआ है और इसके अन्तर्गत नैतिक शब्दों के अर्थों के अतिरिक्त नैतिक निर्णय के स्वरूप, उसके कार्य, नैतिक असहमति के स्वरूप और उसे दूर करने की विधि (ethical method) का भी अध्ययन किया जाता है।

मानक नीतिशास्त्र और अधिनीतिशास्त्र के अतिरिक्त अब **अनुप्रयुक्त या अप्लाइड नीतिशास्त्र** (applied ethics) या व्यावहारिक नीतिशास्त्र (practical ethics) को भी महत्त्व दिया जा रहा है। इसके अन्तर्गत किसी तात्कालिक महत्त्व की व्यावहारिक समस्या का नैतिक समाधान ढूँढ़ने का प्रयास किया जाता है।[2] 1960–70 के दशक में प्रमुख हुई नीतिशास्त्र की इस शाखा के अन्तर्गत प्रजातीय अल्पसंख्यकों (racial minorities) के साथ व्यवहार, महिलाओं की समानता, भोजन और शोध के लिए पशुओं का इस्तेमाल, गर्भपात, सुखमृत्यु (euthanasia) और समृद्ध लोगों का गरीबों की मदद करने का दायित्व जैसे व्यावहारिक मुद्दों पर विचार किया जाता है। वास्तव में नीतिशास्त्र की ये सभी शाखाएँ आपस में जुड़ी हुई हैं।

समाज एवं राजनीति दर्शन (*Social and Political Philosophy*)

जब दार्शनिक विधि से समाज के बारे में विचार किया जाता है, तो उसे समाज-दर्शन कहते हैं। समाज दर्शन में सामाजिक संरचना, सामाजिक मूल्यों और आदर्शों, सामाजिक समितियां और संस्थाओं, सामाजिक प्रक्रियाओं और परिवर्तनों के बारे में विचार किया जाता है।

इसी तरह, जब दार्शनिक विधि से राज्य और राजनीति के बारे में चिन्तन करते हैं, तो उसे राजनीति दर्शन कहा जाता है। राजनीति दर्शन में राजनीतिक अवधारणाओं, राजनीतिक मूल्यों और राजनीतिक विचारधाराओं के बारे में विचार किया जाता है। समाज दर्शन का समाजशास्त्र से और राजनीति दर्शन का राजनीति विज्ञान से निकट सम्बन्ध है।

"सामाजिक" शब्द का प्रयोग जब व्यापक अर्थ में किया जाता है, तब इसके अन्तर्गत राजनीति भी शामिल है, क्योंकि राज्य भी एक सामाजिक समिति है। इस दृष्टि से समाज दर्शन राजनीति दर्शन से अधिक व्यापक है। राजनीति दर्शन समाज दर्शन का ही एक अंग है।

मॉरिस गिन्सबर्ग ने अपनी पुस्तक *Sociology* में समाज दर्शन के दो पक्ष बतलाएँ हैं:

एक, **समीक्षात्मक या तार्किक** (critical or logical), जिसके अन्तर्गत समाज विज्ञानों की विधियों और सिद्धान्तों की वैधता के बारे में अध्ययन किया जाता है। समाज

---

1. John Hospers, An *Introduction to Philosophical Analysis*, p.567.
2. Peter Singer (ed.), *Applied Ethics* (Oxford : Oxford University Press, 1986), p.1.

दर्शन के इस पक्ष का तर्कशास्त्र के साथ निकट सम्बन्ध है, और इसे समाज विज्ञान का दर्शन (philosophy of social science) भी कहते हैं।

दो, **रचनात्मक या संश्लेषात्मक** (constructive or synthetic), जिसका सम्बन्ध सामाजिक आदर्शों की वैधता से है। समाज दर्शन के इस पक्ष का नीतिशास्त्र के साथ निकट सम्बन्ध है। इसमें नीतिशास्त्र के परिणामों को सामाजिक संगठन और सामाजिक विकास की समस्याओं पर लागू किया जाता है।[1]

डी०डी० रैफेल ने अपनी पुस्तक *Problems of Political Philosophy* में यह दिखलाया है कि (i) सम्प्रत्ययों के स्पष्टीकरण (clarification of concepts) और (ii) विश्वासों के समीक्षात्मक मूल्यांकन (critical evaluation of beliefs) की दार्शनिक विधि को राज्य और राजनीति की समस्याओं पर किस तरह लागू किया जाता है।[2]

धर्म-दर्शन (*Philosophy of Religion*)

धर्म और धर्म-दर्शन एक (identical) नहीं हैं। जब दार्शनिक विधि से धर्म का अध्ययन किया जाता है, तो उसे धर्म-दर्शन कहते हैं। इस तरह, धर्म-दर्शन धर्म नहीं है। धर्म-दर्शन **दार्शनिक विधि** से धर्मों का अध्ययन है। धर्म-दर्शन दर्शनशास्त्र की एक शाखा है।

धर्म क्या है? विभिन्न धर्मों की बुनियादी मान्यताएँ क्या हैं? धर्म का आधार क्या है? विभिन्न धर्मों की बुनियादी मान्यताएँ कहाँ तक सत्य हैं? विभिन्न धर्मों में क्या समानताएँ हैं और उनमें क्या अन्तर है? क्या विभिन्न धर्मों के बीच सामंजस्य स्थापित कर पाना सम्भव है? धर्म-दर्शन के अन्तर्गत इन और ऐसे ही अन्य प्रश्नों का उत्तर ढूँढ़ा जाता है।

धर्म-दर्शन और धर्मशास्त्र (theology) के बीच भी अन्तर है। धर्मशास्त्र का जुड़ाव किसी धर्म-विशेष से होता है। आमतौर से धर्मशास्त्रियों की रुचि अपने धर्म की मान्यताओं को स्पष्ट करने और अपने धर्म को सर्वश्रेष्ठ स्थापित करने में होती है। जबकि धर्मदर्शन-दार्शनिक निष्पक्ष और तार्किक दृष्टि से सभी धर्मों का मूल्यांकन करता है, किसी एक धर्म-विशेष से जुड़ कर नहीं। (धर्म-दर्शन के स्वरूप की विस्तृत चर्चा ''धर्म-दर्शन का स्वरूप'', भाग-2 के अन्तर्गत की गई है।)

विज्ञान-दर्शन (*Philosophy of Science*)

विज्ञान-दर्शन के अन्तर्गत विभिन्न विज्ञानों के उद्देश्यों, विधियों और उपलब्धियों की चर्चा की जाती है। विज्ञान-दर्शन की दो शाखाएँ हैं—(i) प्राकृतिक विज्ञान-दर्शन (philosophy of natural science) और (ii) समाज विज्ञान-दर्शन (philosophy of social science)।

समाज विज्ञान-दर्शन का अध्ययन समाज दर्शन के अन्तर्गत भी किया जाता है।

---

1. Morris Ginsberg, *Sociology* (Delhi : Surjeet Publicatons, 1979), p. 26.
2. D.D. Raphael, *Problems of Political Philosophy* (Hong Kong : The Macmillan Press Ltd., 1978), pp. 3-17.

दर्शनशास्त्र की ऊपर बतायी गयी शाखाओं के अतिरिक्त इतिहास-दर्शन (philosophy of history), विधि-दर्शन (philosophy of law) और सौन्दर्यशास्त्र (aesthetics) भी दर्शनशास्त्र की शाखाएँ हैं। इस तरह दर्शन के विषय-वस्तु में अभी भी एक व्यापकता बनी हुई है, और विभिन्न विज्ञानों से इसका सम्बन्ध पूरी तरह टूटा नहीं है।

दर्शन की विधि

जैसा कि पहले उल्लेख किया गया है, दर्शन की विधि या प्रणाली के स्वरूप के बारे में दार्शनिकों और दार्शनिक धाराओं के बीच मतभेद रहे हैं। लेकिन मोटे तौर पर, हम यह कह सकते हैं कि दर्शनशास्त्र का आधार है—तर्कबुद्धि (reason)। दर्शनशास्त्र एक तर्कबुद्धिपरक अन्वेषण है। हालांकि कुछ ''दार्शनिकों'' ने अन्तःप्रज्ञा (intutition) की वकालत की है, लेकिन इसे आम तौर से स्वीकार नहीं किया जाता है।

थेलिस को अगर पहला दार्शनिक माना गया है, तो इसलिए क्योंकि थेलिस ने देवी-देवताओं और ''अतिप्राकृतिक'' सत्ताओं की सहायता लिए बिना, मानव बुद्धि के आधार पर विश्व की व्याख्या करने का प्रयत्न किया।

दर्शनशास्त्र के अन्तर्गत जिन प्रश्नों का उत्तर ढूँढ़ा जाता है, उनमें से कुछ के उत्तर विभिन्न धर्मों के दायरे में भी उपलब्ध हैं, जैसे, इस विश्व का स्वरूप क्या है? इस जीवन का लक्ष्य क्या है? हमें किस प्रकार का आचरण करना चाहिए, और किस प्रकार का नहीं? लेकिन, धर्मों द्वारा दिए गए इन प्रश्नों के उत्तरों का आधार सामान्यतः तर्कबुद्धि नहीं, बल्कि आस्था (faith) या श्रुति (revelation) है। विभिन्न धर्मावलम्बियों की आमतौर से अपने-अपने धर्मग्रन्थों में आस्था होती है, और इस आस्था के आधार पर ही वे अपने-अपने धर्मों की मान्यताओं को स्वीकार कर लेते हैं। दूसरी ओर, दर्शनशास्त्र में बड़े-से-बड़े दार्शनिक के विचारों की भी तार्किक समीक्षा की जाती है, और उनके सिद्धान्तों को तभी स्वीकार किया जाता है, जब वे हमारी तर्कबुद्धि को सन्तुष्ट करते हैं।

दार्शनिक विधि को लेकर मुख्य मतभेद परिकल्पनात्मक (speculative) और समीक्षात्मक (critical) दर्शन के बीच है। परिकल्पनात्मक दर्शन के अनुसार दर्शनशास्त्र चिन्तन द्वारा इस विश्व को सम्पूर्णता में समझने का और विशेषकर उसके अर्थ, उद्देश्य और महत्त्व को जानने का प्रयास है।

दूसरी ओर, समीक्षात्मक दर्शन के अनुसार दर्शन विज्ञान और सामान्य-बुद्धि (common sense) द्वारा प्रयोग में लाए जाने वाले संप्रत्ययों का समीक्षात्मक मूल्यांकन है।

आमतौर से समीक्षात्मक दार्शनिकों द्वारा परिकल्पनात्मक दार्शनिकों की आलोचना की गयी है। लेकिन ऐसा नहीं है कि परिकल्पनात्मक दार्शनिकों ने तर्कबुद्धि का बिल्कुल ही सहारा नहीं लिया है। परिकल्पनात्मक दार्शनिकों की विधि भी काफी हद तक तर्कबुद्धि पर ही आधारित होती है। उदाहरण के तौर पर, हम प्लेटो को लें, जिन्हें परिकल्पनात्मक दार्शनिक ही माना जाएगा। प्लेटो के अनुसार दार्शनिक ज्ञान की पहली

विशेषता यह है कि उसे समीक्षात्मक विचार-विमर्श द्वारा परीक्षण का सामना करने में समर्थ होना चाहिए।

अगर कोई व्यक्ति कभी-कभी उचित कर्मों को कर लेता है, तो यह उसके दार्शनिक ज्ञान से सम्पन्न होने का प्रमाण नहीं है। उसे अपने कर्मों के समर्थन में ऐसी युक्तियाँ देने में समर्थ होना चाहिए जो समीक्षात्मक परीक्षा की कसौटी पर खरी उतर सकें। प्लेटो के अनुसार दर्शनशास्त्र प्रचलित मान्यताओं की समीक्षा द्वारा आगे बढ़ता है।

परिकल्पनात्मक दार्शनिकों द्वारा भूल तब हुई है, जब उन्होंने यह मान लिया कि इस विश्व के निरीक्षण के बिना, शुद्ध बुद्धि या अनुभवनिरपेक्ष तत्त्वमीमांसीय परिकल्पना (a priori metaphysical speculation) द्वारा इस विश्व की वास्तविकता को जाना जा सकता है; या जब वे ''इन्द्रिय अनुभव से परे'' और ''अनुभवातीत जगत्'' के बारे में बातें करने लगे। समीक्षात्मक दार्शनिकों ने इसे ही अपने आक्रमण का निशाना बनाया। वास्तविकता सम्बन्धी किसी सिद्धान्त की सत्यता के लिए उसमें सिर्फ आन्तरिक तार्किक संगति का होना ही पर्याप्त नहीं है। उसका वास्तविकता से मेल होना भी जरूरी है। नहीं तो, इस विश्व को समग्रता में समझने के प्रयास या दर्शनशास्त्र में कल्पना की सहायता लेना अपने-आप में कोई बुद्धि-विरोधी बात नहीं है। दरअसल, दार्शनिकों की कल्पना समीक्षा द्वारा नियंत्रित होती है। इस मायने में वह रहस्यवादियों या कवियों की कल्पना की तरह नहीं, बल्कि वैज्ञानिकों की प्राक्कल्पना (hypothesis) की तरह होती है।

यह सही है कि दार्शनिकों की कल्पना तार्किक समीक्षा द्वारा नियंत्रित होती है, लेकिन मात्र इतना कह देने से दार्शनिक विधि की पूरी व्याख्या नहीं हो जाती है, क्योंकि यह बात तो प्राकृतिक और समाज विज्ञान के लिए भी सत्य है। दरअसल, दार्शनिक विधि और वैज्ञानिक विधि के बीच भी अन्तर है। विज्ञान में तथ्यों के निरीक्षण (observation), प्रयोग (experiment), प्राक्कल्पना (hypothesis) और सत्यापन (verification) द्वारा सामान्य नियमों की स्थापना के लिए प्रयत्न किए जाते हैं। दूसरी ओर, दार्शनिक वैज्ञानिकों की तरह प्रयोगशालाओं में प्रयोग नहीं करते हैं। वे मुख्य रूप से विश्लेषण की सहायता लेते हैं। वैसे तो दर्शन के लम्बे इतिहास में अलग-अलग समस्याओं के समाधान के लिए दार्शनिकों द्वारा अलग-अलग विधियाँ अपनायी गयी हैं। लेकिन बीसवीं सदी में अंग्रेजी भाषी देशों में और उनके प्रभाव से भारत में भी विश्लेषणात्मक विधि की ही प्रमुखता रही है।

दर्शनशास्त्र के लक्षण

जॉन हॉस्पर्स के अनुसार दर्शनशास्त्र के चार मुख्य परिभाषक लक्षण हैं।[1] इनमें से दो का सम्बन्ध दार्शनिक विधि से और दो का दर्शन की समस्याओं के स्वरूप से है—

1. **सम्प्रत्ययों का स्पष्टीकरण** (*Clarification of concepts*)—दर्शनशास्त्र का सम्बन्ध सम्प्रत्ययों के स्पष्टीकरण और मुख्य पदों या शब्दों के स्पष्टतर प्रयोग

---

1. John Hospers, Op. Cit., pp. 55-56.

से है। दर्शनशास्त्र में जिन सम्प्रत्ययों पर विचार किया जाता है वे अक्सर अत्यधिक अमूर्त होते हैं। इसलिए, ''इससे आपका क्या अर्थ है?''—यह प्रश्न दार्शनिकों द्वारा बार-बार पूछा जाता है।

2. **विश्वासों का समीक्षात्मक मूल्यांकन** (*Critical evaluation of beliefs*)— दर्शनशास्त्र में तर्क और युक्ति के आधार पर आगे बढ़ा जाता है। किसी भी कथन को दार्शनिक तभी कहा जाएगा, जब युक्ति द्वारा उसका समर्थन या विरोध किया जाएगा। अन्तःप्रज्ञा, आस्था या आप्तवचन (authority) के आधार पर कही गयी किसी भी बात को दर्शनशास्त्र में कोई स्थान नहीं दिया जाता है। इस तरह, दर्शनशास्त्र में अर्थ-सम्बन्धी और विश्वासों की सत्यता से सम्बन्धित या ज्ञान-सम्बन्धी प्रश्न उठाए जाते हैं।

दार्शनिक समस्याओं के स्वरूप के बारे में जिन दो लक्षणों का उल्लेख हॉस्पर्स ने किया है, वे इस प्रकार हैः—

3. **दर्शनशास्त्र का सम्बन्ध मूलभूत प्रश्नों** (ultimate questions) **से है।** दर्शन में हर विषय-वस्तु से सम्बन्धित बुनियादी प्रश्न उठाए जाते हैं। विभिन्न विज्ञानों, कलाओं और धर्मशास्त्र की मौलिक पूर्वमान्यताओं की जाँच की जाती है। उदाहरण के तौर पर, धर्म-दर्शन में यह प्रश्न किया जाता है कि ''क्या धर्मों की मूलभूत मान्यताएँ सत्य हैं?''

4. **दर्शनशास्त्र की समस्याएँ सामान्य** (general) **किस्म की होती हैं।** उदाहरण के तौर पर, दर्शनशास्त्र में यह प्रश्न नहीं उठाया जाता है कि ''यह कुर्सी क्या है?'' बल्कि सामान्य तौर पर यह प्रश्न किया जाता है कि ''भौतिक वस्तु (physical object) क्या है?'' दर्शनशास्त्र के विषय-वस्तु की इस व्यापकता के कारण ही दर्शनशास्त्र को ''सभी विज्ञानों का संश्लेषण'' भी कहा जाता है, हालांकि कभी-कभी इस दावे पर प्रश्न चिह्न भी खड़े किए जाते हैं।

दर्शनशास्त्र के हॉस्पर्स द्वारा बताए गए चार लक्षणों के अतिरिक्त एक और लक्षण महत्त्वपूर्ण है—

5. **दर्शनशास्त्र में मूल्य और आदर्श-सम्बन्धी मानक** (*normative*) **प्रश्न भी पूछे जाते हैं।** उदाहरण के तौर पर, नीतिशास्त्र में मानव-आचरण का अध्ययन मानक दृष्टि से किया जाता है। नीतिशास्त्र में यह प्रश्न नहीं उठाया जाता है कि ''मानव-आचरण कैसा है?'' बल्कि यह प्रश्न पूछा जाता है कि ''मानव-आचरण को कैसा होना चाहिए?'' इसी तरह, समाज और राजनीति दर्शन के रचनात्मक या नैतिक पक्ष के अन्तर्गत सामाजिक और राजनीतिक समस्याओं पर मानक दृष्टि से विचार किया जाता है।

वैसे तो दर्शन में शुरू से ही दार्शनिक विधि को महत्त्व दिया गया है, लेकिन समकालीन दर्शन में इसे और भी अधिक महत्त्व दिया जाने लगा है। **दर्शनशास्त्र सीखने का अर्थ यह नहीं है कि सिर्फ बड़े-बड़े दार्शनिकों के नाम और उनके दर्शन को जान लेना। दर्शनशास्त्र सीखने का अर्थ है दार्शनिक विधि से दार्शनिक समस्याओं पर विचार करना सीखना।** अतीत और वर्तमान के दार्शनिकों के दर्शन की जानकारी इस कार्य में बहुत सहायक होती है।

दर्शनशास्त्र का जीवन, विचार और संस्कृति से सम्बन्ध

जीवन, विचार और संस्कृति से दर्शन के सम्बन्ध पर विचार करने से पहले ''संस्कृति'' शब्द का अर्थ स्पष्ट करना प्रासंगिक होगा। आम बोल-चाल में अक्सर ''संस्कृति'' शब्द का संकुचित अर्थ में इस्तेमाल किया जाता है, और इसे मुख्यतः संगीत, कला और साहित्य से जोड़ा जाता है। लेकिन समाजशास्त्र में ''संस्कृति'' शब्द का प्रयोग व्यापक अर्थ में किया जाता है। रैल्फ लिन्टन के अनुसार किसी समाज के सदस्यों के व्यवहार करने के तरीकों को, उनके साझा विचारों और आदतों को, जिन्हें वे समाज में सीखते हैं और पीढ़ी-दर-पीढ़ी हस्तान्तरित करते हैं, उस समाज की संस्कृति कहते हैं।

इस तरह ''संस्कृति'' शब्द के व्यापक अर्थ के अन्तर्गत ज्ञान, विश्वास, मूल्य, प्रतिमान (norms), प्रचलन (custom), कानून, खान-पान, वेश-भूषा, रहन-सहन, भाषा, साहित्य, कला और संगीत आदि सभी शामिल हैं। संस्कृति के इस व्यापक अर्थ में दार्शनिक चिन्तन और दर्शनशास्त्र का अध्ययन-अध्यापन भी कई संस्कृतियों का एक अंग है। इसके अलावा, हर संस्कृति में इस विश्व एवं जीवन के बारे में कुछ बुनियादी विश्वास और मूल्य रहा करते हैं। इन्हें हम उस संस्कृति का केन्द्र बिन्दु मान सकते हैं, क्योंकि किसी समाज के प्रतिमान, कानून, प्रचलन आदि इन बुनियादी विश्वासों और मूल्यों पर ही आधारित होते हैं। इस तरह, हर संस्कृति के मूल में कुछ ऐसी मान्यताएँ होती हैं, जिनका सम्बन्ध दर्शनशास्त्र के विषय-वस्तु से रहता है। ''दर्शन'' शब्द के लोकप्रिय अर्थ में इसे उस संस्कृति का दार्शनिक आधार कहा जा सकता है। लेकिन यह जरूरी नहीं कि वह ''दर्शन'' शब्द के तकनीकी अर्थ में भी दर्शन हो, क्योंकि यह जरूरी नहीं कि इन मान्यताओं तक पहुँचने के लिए तर्कबुद्धि पर आधारित दार्शनिक विधि का इस्तेमाल किया गया हो। अक्सर इन मान्यताओं का स्रोत उस समाज में प्रचलित धर्म या धर्मों में होता है, और उन्हें आस्था के आधार पर स्वीकार कर लिया जाता है।

दर्शन और संस्कृति के बीच के सम्बन्ध के सन्दर्भ में इतना तो स्पष्ट ही है कि किसी भी संस्कृति की बुनियादी मान्यताओं का सम्बन्ध दर्शनशास्त्र के विषय-वस्तु से रहता है। इससे हम यह भी समझ सकते हैं कि दर्शनशास्त्र, संस्कृति, विचार और जीवन के बीच कितना निकट सम्बन्ध है। **कुछ लोगों की यह धारणा कि दर्शनशास्त्र और जीवन के बीच कोई सम्बन्ध नहीं है, दर्शनशास्त्र के बारे में अज्ञान या अपर्याप्त जानकारी पर आधारित है।** दरअसल, दर्शनशास्त्र की समस्याएँ मानव-जीवन से ही ली जाती हैं। विश्व के स्वरूप, जीवन के अर्थ और जीवन के मूल्यों के बारे में हर व्यक्ति के कुछ-न-कुछ विचार होते ही हैं, चाहे उस व्यक्ति ने कभी दर्शनशास्त्र का अध्ययन किया हो या न किया हो। दूसरे शब्दों में, हर व्यक्ति का अपना एक जीवन-दर्शन होता है, जिसके आधार पर वह अपना जीवन जीता है। लेकिन अक्सर इस जीवन-दर्शन में स्पष्टता, तार्किक संगति और वास्तविकता से मेल का अभाव रहता है।

दूसरी ओर, दर्शनशास्त्र में दर्शनशास्त्र के विषय-वस्तु से सम्बन्धित समस्याओं का दार्शनिक विधि से अध्ययन किया जाता है। इसके अलावा, दर्शनशास्त्र में दर्शनशास्त्र के विषय-वस्तु से सम्बन्धित लोकप्रिय और प्रचलित मान्यताओं की समीक्षा भी की जाती है। दूसरे शब्दों में, दर्शनशास्त्र किसी भी संस्कृति की मूल मान्यताओं को तर्कबुद्धि की कसौटी पर कसता है, और संस्कृति के आधार को तर्कसंगत बनाकर उसे सुदृढ़ करने में सहायता करता है। इसलिए, हम यह कह सकते हैं कि **दर्शनशास्त्र मानव-जीवन और संस्कृति को बेहतर बनाने में सहायक है।** एक ओर जीवन का दर्शन पर, और दूसरी ओर, दर्शन का जीवन और संस्कृति पर गहरा असर होता है।

कभी-कभी कुछ लोगों द्वारा कहा जाता है कि दर्शनशास्त्र व्यावहारिक शास्त्र नहीं है। लेकिन ऐसा कहने वाले वही लोग होते हैं, जिन्हें दर्शन की पर्याप्त जानकारी नहीं रहती है। वैसे तो दर्शन की अन्य शाखाओं के समर्थन में भी बहुत कुछ कहा जा सकता है। लेकिन हम सिर्फ तर्कशास्त्र और नीतिशास्त्र की चर्चा द्वारा भी दर्शनशास्त्र की व्यावहारिकता और उपयोगिता को दिखला सकते हैं।

हर इन्सान, चाहे उसने तर्कशास्त्र का अध्ययन किया हो या नहीं, जीवन में हर दिन न जाने कितनी बार अनुमान की सहायता लेता है। कई बार उसके निष्कर्ष सत्य होते हैं और कई बार असत्य। जैसा कि पहले उल्लेख किया गया है, तर्कशास्त्र में उन विधियों और सिद्धान्तों का अध्ययन किया जाता है जिनके द्वारा सही और गलत युक्तियों के बीच अन्तर किया जा सकता है। **अगर कोई व्यक्ति तर्कशास्त्र का अध्ययन करता है, और उसके नियमों का पालन करने का प्रयत्न करता है, तो ऐसे में उस व्यक्ति के अनुमान के निष्कर्षों के सत्य होने की सम्भावना अधिक रहती है।** अब, कोई भी यह खुद ही समझ सकता है कि सत्य निष्कर्षों के आधार पर आचरण करना व्यावहारिक है या असत्य निष्कर्षों पर! यह तो स्पष्ट ही है कि अगर हम असत्य निष्कर्षों के आधार पर आचरण करेंगे, तो अपने उद्देश्यों को प्राप्त नहीं कर पाएँगे।

इसी तरह, चाहे किसी व्यक्ति ने नीतिशास्त्र का अध्ययन किया हो या नहीं, उसकी इस बारे में कुछ-न-कुछ मान्यताएँ अवश्य रहती हैं कि जीवन में कौन-सी वस्तुएँ पाने योग्य हैं, कौन से कर्म उचित हैं, और कौन से अनुचित। इन्हीं मान्यताओं के आधार पर वह अपना जीवन जीता है, और दूसरों के आचरण का मूल्यांकन करता है। लेकिन अक्सर उसकी ये मान्यताएँ अस्पष्ट रहती हैं, और उनमें तार्किक संगति का अभाव रहता है। यह भी सम्भव है कि ये मान्यताएँ असत्य विश्वासों पर आधारित हों। आमतौर से नैतिक मान्यताओं का स्रोत उस समाज की प्रचलनात्मक नैतिकता में होता है, जिसमें वह व्यक्ति रहता है। दूसरी ओर, नीतिशास्त्र में नैतिकता के इन्हीं बुनियादी प्रश्नों का उत्तर सिलसिलेवार और तर्कसंगत तरीके से ढूँढ़ा जाता है। इस तरह, नीतिशास्त्र हमारे नैतिक विचारों में स्पष्टता लाने और उन्हें तार्किक बनाने में सहायक है। **अगर किसी व्यक्ति ने नीतिशास्त्र का अध्ययन किया हो, तो वह इस बारे में अधिक स्पष्टता के साथ अपना जीवन जी सकता है कि वह क्या कर रहा**

है, और क्यों। इस तरह, दर्शनशास्त्र हमारे विचारों और जीवन को बेहतर बनाने में सहायक है।

दर्शनशास्त्र के अध्ययन का एक बड़ा लाभ यह है कि **इससे वैचारिक समस्याओं पर स्पष्ट, निष्पक्ष, सिलसिलेवार और तार्किक चिन्तन का अभ्यास हो जाता है। इसका ज्ञान और जीवन के हर क्षेत्र में महत्त्व है।** विचारों में स्पष्टता होने पर लिखने, बोलने और व्यवहार में भी स्पष्टता और तार्किकता आ जाती है। संक्षेप में, दर्शनशास्त्र का अध्ययन बेहतर जीवन जीने में सहायक है। यह धारणा कि दार्शनिक चिन्तन का या दर्शन का कोई व्यावहारिक मूल्य नहीं है, सरासर गलत है। दरअसल, **दर्शनशास्त्र का अध्ययन और अध्यापन समाज के आधुनिकीकरण में सहायक है।**

भारतीय दर्शन और पाश्चात्य दर्शन

भारतीय विश्वविद्यालयों के पाठ्यक्रमों में आमतौर से दर्शनशास्त्र को ''भारतीय दर्शन'' और ''पाश्चात्य दर्शन'' में वर्गीकृत किया जाता है। वास्तव में देखा जाए तो यह वर्गीकरण भौगोलिक दृष्टि से है, न कि दर्शनशास्त्र की समस्याओं और विधि की दृष्टि से। वैसे तो जिसे ''पाश्चात्य'' (western) दर्शन कहा जाता है, उसे भी राष्ट्र के आधार पर ''ब्रिटिश दर्शन'', ''फ्रेंच दर्शन'', ''जर्मन दर्शन'' और ''अमरीकी दर्शन'' आदि में बाँटा जा सकता है। अगर दर्शन को इस तरह राष्ट्रवादी खेमों में बाँट दिया जाता और इन दर्शनों के बीच कोई आदान-प्रदान नहीं हुआ होता, तो ''पाश्चात्य'' दर्शन की क्या स्थिति हुई होती, इसकी कल्पना की जा सकती है।

तार्किक दृष्टि से देखने पर, दर्शनशास्त्र के क्षेत्र में राष्ट्रवादी आग्रहों का प्रवेश ठीक नहीं मालूम देता है। इससे दर्शनशास्त्र के विकास में बाधा पहुँचती है। दर्शन को सिर्फ ''अच्छे दर्शन'' और ''बुरे दर्शन'' के रूप में वर्गीकृत किया जाना चाहिए। **जिस दर्शन का सम्बन्ध जीवन की वास्तविक समस्याओं से हो, और जिसमें समस्याओं के समाधान के लिए तार्किक-वैज्ञानिक विधि को अपनाया गया हो, वह अच्छा दर्शन है; और जिस दर्शन का सम्बन्ध काल्पनिक समस्याओं से हो, और जिसमें तार्किक-वैज्ञानिक विधि का इस्तेमाल नहीं किया गया हो, वह बुरा दर्शन है।** इस दृष्टि से देखने पर अच्छा और बुरा दर्शन भारत में भी मिल जाएगा, और पश्चिम में भी। अगर इस मामले में कोई अन्तर है, तो डिग्री का ही होगा। उदाहरण के तौर पर, परम्परागत रूप से ''भारतीय दर्शन'' को परलोकवाद और धर्म से जोड़ा जाता है। लेकिन ऐसा नहीं है कि प्राचीन भारतीय दर्शन में इहलोकवादी और इन्द्रियानुभववादी प्रवृत्तियाँ नहीं है। लोकायत या चार्वाक दर्शन इसका उदाहरण है। इसी तरह, बीसवीं सदी में मानवेन्द्र नाथ रॉय, डॉ० अम्बेडकर और पेरियार जैसे विचारक हुए हैं, जिन्होंने तार्किक और इहलोकवादी दृष्टिकोण अपनाया है, चाहे भले ऐसे विचारकों को विश्वविद्यालयों के पाठ्यक्रमों में पर्याप्त स्थान नहीं दिया गया हो। दूसरी ओर, पश्चिमी दर्शन भी हर देश-काल में परलोकवादी और धार्मिक प्रवृत्तियों

से पूरी तौर से मुक्त नहीं रहा है। मध्ययुग में पश्चिम में भी दर्शन पर धर्म का वर्चस्व स्थापित हो गया था। कई दार्शनिकों को इसके विरुद्ध काफी संघर्ष करना पड़ा।

आज के समय में भारतीय दर्शन और पाश्चात्य दर्शन दोनों बिल्कुल अलग-अलग नहीं रह गए हैं। दोनों का एक-दूसरे पर असर हुआ है। भारतीय विश्वविद्यालयों में दर्शन शास्त्र के पाठ्यक्रम का अधिकांश हिस्सा पाश्चात्य दर्शन पर ही आधारित है। इसलिए, अब दर्शन के क्षेत्र में भारतीय और पश्चिमी के झगड़े में पड़ कर, एक-दूसरे को श्रेष्ठ और हीन साबित करने के प्रयत्न में अपने समय और ऊर्जा का अपव्यय करने की बजाय, महत्त्वपूर्ण दार्शनिक समस्याओं का तार्किक समाधान ढूँढ़ने के प्रयास की ओर ध्यान देना चाहिए। राष्ट्रवादी आग्रहों को त्याग कर, इस काम में जिस देश के भी दार्शनिक के विचारों से मदद मिले, वह मदद बेहिचक लेनी चाहिए।

प्रश्न

1. What is the nature of Philosphical thinking? Show how Philosophy affects life. (1979)
2. Bring out the nature of Philosphy so as to distinguish it from science. (1980)
3. Show how Philosphy is at once scientifc, speculative and practical. (1981)
4. Give arguments in not more than 200 words **either** for **or** against the following view:

   (a) Philosophy, which was the queen of sciences is no longer so; its position has been taken over by mathematics. (1983)
5. अपने दृष्टिकोण से अधिक-से-अधिक 200 शब्दों में आलोचनात्मक व्याख्या लिखिए:—

   (क) दर्शनशास्त्र की परिभाषा कभी नहीं दी जा सकती है क्योंकि जो अपरिभाष्य है यह उसकी खोज है। (1984)
6. अधिक-से-अधिक 200 शब्दों में आलोचनात्मक टिप्पणी लिखिए:—

   (क) समस्त दर्शनशास्त्र उस वस्तु के लिए अच्छी युक्तियाँ ढूँढ़ना है, जिसमें कोई प्रवृत्तितः (instinctively) विश्वास करता है, किन्तु उन युक्तियों को ढूँढ़ना भी कोई कम प्रवृत्ति नहीं है। (1985)
7. दर्शन और संस्कृति के सम्बन्ध की विवेचना कीजिए। (1988)
8. अधिक-से-अधिक 200 शब्दों में आलोचनात्मक टिप्पणी लिखिए:—

   (क) जीवन दर्शनशास्त्र द्वारा निर्धारित नहीं होता है, अपितु दर्शनशास्त्र ही जीवन द्वारा निर्धारित होता है। (1989)
9. अधिक-से-अधिक 200 शब्दों में आलोचनात्मक टिप्पणियाँ लिखिए:—

   (क) दर्शनशास्त्र में प्रतिभान (intuition) की भूमिका

   (ख) दर्शनशास्त्र और संस्कृति (1992)
10. अधिक-से-अधिक 200 शब्दों में आलोचनात्मक टिप्पणी लिखिए:—

    (क) दर्शन, संस्कृति के बौद्धिक आधार के रूप में। (1993)
11. निम्नलिखित पर आलोचनात्मक टिप्पणी लिखिए। टिप्पणी 200 शब्दों से अधिक में न हो:—

    (क) दर्शनशास्त्र में आलोचनात्मक चिन्तन की भूमिका

    (ख) दर्शन और संस्कृति में अन्तर (1994)

12. मानव जीवन के सामान्य मतों के परीक्षण के रूप में दर्शन के स्वरूप का विवेचन कीजिए। (1994)

13. 'पाश्चात्य दर्शन और जीवन के बीच वैसा ही परस्पर सम्बन्ध नहीं है जैसा भारतीय दर्शन और जीवन के बीच है।' इस कथन को स्पष्ट कीजिए तथा इसका आलोचनात्मक मूल्यांकन कीजिए। (1995)

14. ''अपरीक्षित जीवन जीने योग्य नहीं।'' सुकरात की इस सूक्ति के प्रकाश में दर्शनशास्त्र के स्वरूप को स्पष्ट कीजिए। (1996)

15. निम्नलिखित पर आलोचनात्मक टिप्पणी लिखिए। टिप्पणी 200 शब्दों से अधिक न हो:

(क) दर्शनशास्त्र की अभिव्यक्ति के रूप में संस्कृति। (1996)

❑

अध्याय 2

राजनीति दर्शन का स्वरूप

राजनीति दर्शन दर्शनशास्त्र की एक शाखा है। **जब दार्शनिक विधि से राजनीति का अध्ययन करते हैं, तो उसे राजनीति दर्शन कहा जाता है।** दार्शनिक विधि क्या है इसकी चर्चा हम पिछले अध्याय में ''दर्शनशास्त्र के लक्षण'' के अन्तर्गत कर चुके हैं। इस अध्याय में हम यह चर्चा करेंगे कि ''राजनीति'' क्या है, और दार्शनिक विधि को राजनीति पर किस तरह लागू किया जाता है।

राजनीति

''राजनीति'' अंग्रेजी शब्द ''politics'' का हिन्दी पर्याय है। ''सामाजिक'' शब्द का प्रयोग जब व्यापक अर्थ में किया जाता है, तो ''राजनीति'' और ''राजनीतिक'' भी उसके अन्तर्गत आ जाते हैं, क्योंकि ''राजनीतिक'' जीवन भी ''सामाजिक'' जीवन का ही एक अंग है।

प्रश्न यह उठता है कि सामाजिक जीवन के किस अंग को हम ''राजनीतिक'' कहेंगे? परम्परागत रूप से ''राजनीति'' को यह कह कर रेखांकित किया जाता है कि **''राजनीति'' वह है जिसका सम्बन्ध राज्य से है।** उदाहरण के तौर पर, गेटेल के अनुसार राजनीति विज्ञान ''राज्य का विज्ञान है''। गेटेल की राय में राजनीति विज्ञान का मुख्य सम्बन्ध राज्य, सरकार और कानून से है। गेटेल के अनुसार राज्य के चार अनिवार्य मौलिक तत्त्व हैं: (i) आबादी (ii) क्षेत्र (iii) सरकार और (iv) सम्प्रभुता। सरकार का काम है कानून बनाना, कानून को लागू करना और कानून की व्याख्या करना।[1]

कभी-कभी ''राजनीति'' की परिभाषा शक्ति (power) और प्रभाव (influence) के माध्यम से भी की जाती है। उदाहरण के तौर पर, राबर्ट ए. डैह्ल के अनुसार ''राजनीतिक व्यवस्था'' वह है जिसका सम्बन्ध नियंत्रण (control), प्रभाव, शक्ति और प्राधिकार (authority) से होता है।[2]

दूसरी ओर, *Problems of Political Philosophy* के लेखक डी० डी० रैफेल के अनुसार ''राजनीति'' को ''शक्ति'' के माध्यम से परिभाषित करने का प्रयत्न

---

1. Raymond Garfield Gettell, *Political Science* (Calcutta : The World Press Pvt. Ltd., 1950) p. 3.
2. Robert A. Dahl, *Modern Political Analysis* (New Delhi : Prentice-Hall of India Pvt. Limited, 1978), p. 3.

संतोषजनक नहीं है, क्योंकि ''राजनीति'' का सम्बन्ध हर किस्म की ''शक्ति'' से नहीं है। उदाहरण के तौर पर, राजनीति का सम्बन्ध वाष्प इंजिन की यांत्रिक शक्ति से नहीं है। ''शक्ति'' का एक अर्थ है **दूसरों से वैसा करवा पाने की क्षमता जैसा कोई चाहता है।** ''राजनीति'' का इसी अर्थ में ''शक्ति'' से सम्बन्ध है। लेकिन, इस किस्म की ''शक्ति'' का प्रयोग भी कई सन्दर्भों में होता है, जैसे, परिवार के अन्दर या शिक्षण संस्थाओं में। माँ-बाप कई बार बच्चों से वैसा आचरण करवाने में सफल हो जाते हैं, जैसा वे चाहते हैं, या इसी तरह, शिक्षण संस्थाओं में शिक्षक छात्रों से। पर इसे ''राजनीति'' नहीं कहा जा सकता है। ''राजनीति'' का सम्बन्ध ''शक्ति'' से तब होता है, जब शक्ति का इस्तेमाल **राजनीतिक सन्दर्भ** में किया जाता है। और सन्दर्भ को ''राजनीतिक'' कब कहा जाता है, इसकी व्याख्या हम ''राज्य'' की अवधारणा को लाये बिना नहीं कर सकते हैं। इसलिए, रैफेल के अनुसार, ''राजनीति'' को ''राज्य'' के माध्यम से परिभाषित करने का पुराना तरीका ही बेहतर है।[1]

संक्षेप में, ''राजनीति'' वह है जिसका सम्बन्ध राज्य से है। राज्य के प्रमुख तत्व हैं : (i) आबादी (ii) क्षेत्र, (iii) सरकार और (iv) सम्प्रभुता। फिर, इसमें सरकार के मुख्य काम तीन हैं : (i) कानून बनाना (ii) कानून लागू करना और (iii) कानून की व्याख्या करना। आधुनिक लोकतंत्र में ये काम क्रमशः सरकार की तीन शाखाओं द्वारा किए जाते हैं : (i) विधायिका (ii) कार्यपालिका और (iii) न्यायपालिका।

अवधारणाओं का स्पष्टीकरण और विश्वासों का समीक्षात्मक मूल्यांकन

जब दार्शनिक विधि से राज्य और राजनीति, राजनीतिक मूल्यों और राजनीतिक विचारधाराओं के बारे में चिन्तन करते हैं, तो उसे राजनीति-दर्शन कहा जाता है। डी० डी० रैफेल ने अपनी पुस्तक *Problems of Political Philosophy* में यह दिखलाया है कि (1) सम्प्रत्ययों के स्पष्टीकरण (clarification of concepts) और (2) विश्वासों के समीक्षात्मक मूल्यांकन (critical evaluation of beliefs) की दार्शनिक विधि को राज्य और राजनीति की समस्याओं पर किस तरह लागू किया जाता है।

अवधारणाओं का स्पष्टीकरण

राजनीति दर्शन में राजनीति से जुड़े मौलिक और सामान्य अवधारणाओं का अर्थ स्पष्ट किया जाता है। इस अध्याय में ''राजनीति'' शब्द के अर्थ को स्पष्ट करने का प्रयत्न इसका एक उदाहरण है। ''राजनीति'', ''राज्य'', ''सरकार'' और ''सम्प्रभुता''; ''शक्ति'' ''प्रभाव'' और ''प्राधिकार'' एवं ''स्वतन्त्रता'', ''समता'' और ''लोकतन्त्र'' जैसे महत्त्वपूर्ण राजनीतिक अवधारणाओं को स्पष्ट करने का प्रयत्न करना राजनीति दर्शन का महत्वपूर्ण कार्य है। इससे राजनीतिक चर्चा में एक स्पष्टता आ जाती है।

रैफेल के अनुसार अवधारणाओं के स्पष्टीकरण के अन्तर्गत **अवधारणाओं का विश्लेषण, संश्लेषण और सुधार किया जाता है।** अवधारणा के विश्लेषण का

---

1. D. D. Raphael , *Problems of Political Philosophy* (Hong Kong : The Macmillan Press Ltd. 1978), pp. 30-32.

अर्थ है उसके तत्त्वों को बतलाना, अक्सर उसकी परिभाषा देकर; उदाहरण के तौर पर, ''राज्य'' का विश्लेषण उसके चार तत्त्वों—आबादी, क्षेत्र, सरकार और सम्प्रभुता—को बतला कर किया जा सकता है। इसी तरह, ''सम्प्रभुता'' का विश्लेषण ''सर्वोच्च कानूनी प्राधिकार'' (supreme legal authority) के रूप में किया जा सकता है।

अवधारणा के संश्लेषण का अर्थ है एक अवधारणा और किसी अन्य अवधारणा के बीच तार्किक सम्बन्ध को बतलाना। उदाहरण के तौर पर, अगर किसी व्यक्ति X का किसी अन्य व्यक्ति Y के विरुद्ध कोई ''अधिकार'' (right) है, तो इसका अर्थ यह हुआ कि Y का X के प्रति ''दायित्व'' (obligation) है। अगर राज्य को कानून पालन करवाने का ''अधिकार'' है, तो इसका अर्थ यह हुआ कि नागरिकों का यह ''दायित्व'' है कि वे कानून का पालन करें।

रैफेल के अनुसार, अवधारणा में सुधार का अर्थ हुआ कोई ऐसी परिभाषा या उपयोग की परामर्श देना जिससे स्पष्टता और सामंजस्य प्राप्त करने में सहायता मिले। उदाहरण के तौर पर, हम ''धर्मनिरपेक्षता'' (secularism) शब्द को लें। ''धर्मनिरपेक्ष'' का अर्थ है ''धर्म से स्वतन्त्र'' या ''जिसका सम्बन्ध लौकिक से हो, धार्मिक या आध्यात्मिक से नहीं''। लेकिन, भारत में कुछ लोग ''धर्मनिरपेक्षता'' शब्द का प्रयोग ''सर्वधर्म समभाव'' (सभी धर्मों का एक जैसा बराबर सम्मान) के अर्थ में भी करने लगे हैं। इससे ''धर्मनिरपेक्षता'' शब्द के अर्थ को लेकर कुछ भ्रम भी फैल गया है। ऐसे में स्पष्टता की दृष्टि से यह सलाह दी जा सकती है कि जो लोग सभी धर्मों के एक बराबर सम्मान की बात करना चाहते हों, वे ''सर्वधर्म समभाव'' शब्द का ही प्रयोग करें, ''धर्मनिरपेक्षता'' का नहीं, क्योंकि ''सर्वधर्म समभाव'' और ''धर्मनिरपेक्षता'' पर्यायवाची शब्द नहीं हैं।

अवधारणाओं का स्पष्टीकरण और विश्वासों का समीक्षात्मक मूल्यांकन

रैफेल के अनुसार परम्परागत रूप से दर्शनशास्त्र में विश्वासों के समीक्षात्मक मूल्यांकन का उद्देश्य ही प्रमुख रहा है; और अवधारणाओं के स्पष्टीकरण को वहीं तक ही महत्त्व दिया गया है, जहाँ तक वह विश्वासों के समीक्षात्मक मूल्यांकन में सहायक हो। लेकिन, बीसवीं सदी के दर्शन में कभी-कभी अवधारणाओं के स्पष्टीकरण को ही अधिक महत्व दिया जाने लगा और उसे ही साध्य मान लिया गया।

अगर अवधारणाओं के स्पष्टीकरण को ही अपने-आप में एक लक्ष्य न मान लिया जाए, तो भी अवधारणा के स्पष्टीकरण का अपना केन्द्रीय महत्त्व है, क्योंकि यह विश्वासों के समीक्षात्मक मूल्यांकन की पहली सीढ़ी है। अवधारणाओं के स्पष्टीकरण के बिना हम सही ढ़ंग से विश्वासों का समीक्षात्मक मूल्यांकन भी नहीं कर सकते हैं। उदाहरण के तौर पर, हम ''ईश्वर'' की अवधारणा को स्पष्ट किए बिना सही ढंग से ईश्वर में विश्वास का समीक्षात्मक मूल्यांकन नहीं कर सकते। यह तो, खैर, धर्म-दर्शन का विषय है। लेकिन, राजनीति दर्शन में भी अवधारणाओं के स्पष्टीकरण का केन्द्रीय महत्त्व है। उदाहरण के तौर पर, व्यक्ति और राज्य के सम्बन्ध पर मानक दृष्टि से विचार करना राजनीति दर्शन का एक प्रमुख विषय है, लेकिन ''राज्य'' की अवधारणा

को स्पष्ट किए बिना इस विषय पर सही ढ़ंग से विचार नहीं किया जा सकता है। इसी तरह, अगर एक राजनीतिक विचारधारा के रूप में मार्क्सवाद का समीक्षात्मक मूल्यांकन करना हो, तो इसके लिए यह समझना जरूरी है कि मार्क्सवाद है क्या। दूसरे शब्दों में, ''मार्क्सवाद'' की अवधारणा और उसके मौलिक सिद्धान्तों के स्वरूप को स्पष्ट किए बिना, मार्क्सवाद का समीक्षात्मक मूल्यांकन नहीं किया जा सकता है। या फिर, अगर हम इस प्रश्न पर विचार करना चाहते हों कि लोकतांत्रिक व्यवस्था फासिस्ट व्यवस्था से बेहतर है या नहीं, तो इसके लिए हमें पहले यह समझना जरूरी है कि ''लोकतंत्र'' और ''फासिज्म'' का अर्थ क्या है। यही बात मानवतावाद, समाज़वाद और सर्वोदय जैसी अन्य राजनीतिक विचारधाराओं के लिए भी सही है। राजनीति दर्शन में इन विचारधाओं के स्वरूप को स्पष्ट किया जाता है, और इनके मौलिक विश्वासों का समीक्षात्मक मूल्यांकन भी किया जाता है। इसके अलावा, मानक दृष्टि से राजनीतिक मूल्यों और आदर्शों पर विचार करना भी राजनीति दर्शन का एक प्रमुख हिस्सा रहा है। राजनीति दर्शन के इस नैतिक पक्ष का निकट सम्बन्ध नीतिशास्त्र से है।

विश्वासों का समीक्षात्मक मूल्यांकन

राजनीति दर्शन में विश्वासों का समीक्षात्मक मूल्यांकन कैसे किया जाए इस पर रैफेल ने अपनी पुस्तक *Problems of Political Philosophy* में अपनी राय बहुत विस्तार से दी है। पर वास्तव में यह समस्या उतनी जटिल नहीं है।

विश्वासों के समीक्षात्मक मूल्यांकन के अन्तर्गत किसी विश्वास के समर्थन या विरोध में दी गयी युक्ति का तार्किक मूल्यांकन किया जाता है। कोई युक्ति तार्किक दृष्टि से वैध है या नहीं, इसकी जाँच तो दार्शनिक तर्कशास्त्र में अपनी विशेषज्ञता के आधार पर आसानी से कर सकते हैं। अब, किसी युक्ति द्वारा कोई निष्कर्ष प्रमाणित हो, और वह निष्कर्ष वास्तव में भी सत्य हो, इसके लिए सिर्फ युक्ति का वैध होना ही पर्याप्त नहीं है। युक्ति के आधार-वाक्यों में वास्तविक सत्यता भी होनी चाहिए।

कभी-कभी प्रश्न यह उठाया जाता है कि आधार-वाक्यों की वास्तविक सत्यता की जाँच का काम दार्शनिक कैसे करेंगे? क्योंकि तथ्यों का सिलसिलेवार अन्वेषण तो विज्ञान का काम है, न कि दर्शन का। लेकिन यह, दरअसल, कोई इतनी बड़ी समस्या नहीं है। आधार-वाक्यों की वास्तविक सत्यता की जाँच के लिए दार्शनिक सम्बद्ध विज्ञान से प्राप्त निष्कर्षों की सहायता ले सकते हैं। उदाहरण के तौर पर, तत्त्वमीमांसा में भौतिक द्रव्य के स्वरूप पर विचार करते समय भौतिकशास्त्र में भौतिक द्रव्य के बारे में प्राप्त ज्ञान का इस्तेमाल किया जा सकता है। इसी तरह, राजनीति दर्शन में राजनीति विज्ञान के इन्द्रियानुभविक (empirical) पक्ष से और जहाँ आवश्यक हो समाजशास्त्र से या अन्य समाज विज्ञानों या प्राकृतिक विज्ञानों से प्राप्त जानकारी और सामान्य ज्ञान का इस्तेमाल किया जा सकता है। उदाहरण के तौर पर, नात्सी विचारधारा के अन्तर्गत ''आर्य प्रजाति'' को अन्य प्रजातियों से श्रेष्ठ माना जाता है। अब, जैसा कि रैफैल ने बतलाया है, समाज विज्ञानों से प्राप्त जानकारी के आधार पर यह दिखलाया जा सकता है कि जैविक अर्थ में ''आर्य प्रजाति'' जैसी कोई प्रजाति है ही नहीं, और

''आर्य'' और ''अनार्य'' के बीच सही अन्तर का सम्बन्ध भाषा से हो सकता है न कि प्रजाति या नस्ल से। दूसरे शब्दों में, यह दिखलाया जा सकता है कि नात्सी विचारधारा में ''आर्य प्रजाति'' के अस्तित्व सम्बन्धी जो पूर्वमान्यता अन्तर्निहित है, वह असत्य है। ''आर्य प्रजाति'' की श्रेष्ठता का प्रश्न तो तब उठेगा न, जब पहले कोई ''आर्य प्रजाति'' हो?

इस तरह, अगर जिन विश्वासों का समीक्षात्मक मूल्यांकन किया जा रहा हो वे विश्वास अगर तथ्य-सम्बन्धी (factual) हों, तो उनका मूल्यांकन करना कोई ऐसी बड़ी समस्या नहीं हैं। लेकिन, राजनीति दर्शन में जिन विश्वासों का मूल्यांकन किया जाता है वे सिर्फ तथ्य-सम्बन्धी ही नहीं होते हैं बल्कि मानक या आदर्शमूलक (normative) भी होते हैं। यहाँ पर स्थिति कुछ जटिल जरूर है। रैफेल के अनुसार, मूल्य-सम्बन्धी निर्णयों (value judgements) के सन्दर्भ में भी तार्किक संगति के मापदण्ड का तो इस्तेमाल किया ही जा सकता है, लेकिन यहाँ पर यह स्पष्ट नहीं है कि तथ्य-सम्बन्धी निर्णयों के सन्दर्भ में ''तथ्यों से मेल'' के जिस मापदण्ड का इस्तेमाल किया जाता है, उसके स्थान पर किस मापदण्ड का इस्तेमाल होगा। क्योंकि, नैतिक मान्यताओं का सम्बन्ध सत्य और असत्य से नहीं बल्कि उचित-अनुचित एवं अच्छे और बुरे से होता है। रैफेल ने अपनी ओर इस समस्या का यह समाधान दिया है कि राजनीति दर्शन में मानक मान्यताओं के सन्दर्भ में किसी सिद्धान्त का समर्थन प्रत्यक्ष रूप से नहीं, बल्कि परोक्ष रूप से उसके वैकल्पिक सिद्धान्तों के निराकरण द्वारा किया जा सकता है। रैफेल के अनुसार, किसी मूल्य सम्बन्धी सिद्धान्त के निराकरण के लिए उसमें तार्किक असंगति दिखलाना ही पर्याप्त है। दूसरे, मानक सिद्धान्तों के साथ भी अक्सर तथ्य-सम्बन्धी पूर्वमान्यताएँ जुड़ी रहती हैं, जिनके सत्यता की जाँच ''तथ्यों के मेल'' के मापदण्ड के आधार पर की जा सकती है।

वास्तव में नैतिक निर्णयों का तार्किक दृष्टि से समर्थन और विरोध कैसे किया जाए, यह समस्या तथ्य-सम्बन्धी प्रश्नों की तुलना में जटिल जरूर है, लेकिन ऐसा नहीं है कि इसका कोई समाधान सम्भव ही नहीं। दरअसल, इस समस्या का सम्बन्ध दर्शन-शास्त्र की एक अन्य शाखा नीतिशास्त्र से है। मानक नीतिशास्त्र (normative ethics) और अधिनीतिशास्त्र (metaethics) में इस प्रश्न पर काफी विचार हुआ है, और हो रहा है। मेरी राय में यहाँ पर विस्तार से इन प्रश्नों की चर्चा में जाना प्रासंगिक नहीं है। यहाँ पर हम इतना ही कह सकते हैं कि राजनीति दर्शन के नैतिक पक्ष के अन्तर्गत नीतिशास्त्र के निष्कर्षों को राजनीति पर लागू किया जा सकता है।

समाज दर्शन और राजनीति दर्शन

''सामाजिक'' शब्द का प्रयोग व्यापक अर्थ में भी होता है और सीमित अर्थ में भी। जब ''सामाजिक'' शब्द का इस्तेमाल व्यापक अर्थ में किया जाता है, तो इसके अन्तर्गत ''राजनीतिक'' भी आ जाता है, क्योंकि राज्य भी एक सामाजिक समिति या संगठन है, और राजनीतिक गतिविधियाँ भी सामाजिक गतिविधियों का एक अंग हैं। लेकिन, कभी-कभी ''सामाजिक'' शब्द का प्रयोग सीमित अर्थ में भी होता है। इस अर्थ

में ''सामाजिक'' के अन्तर्गत सामाजिक क्रियाओं के ऐसे क्षेत्र आते हैं, जिनका राजनीति विज्ञान और अर्थशास्त्र जैसे सामाजिक विज्ञानों से सम्बन्ध नहीं है; उदाहरण के तौर पर, परिवार और धर्म। दूसरी ओर, ''सामाजिक'' के व्यापक अर्थ में राज्य और सम्पत्ति जैसी संस्थाएँ भी ''सामाजिक'' के दायरे में आती हैं। समाज दर्शन और समाजशास्त्र के सन्दर्भ में ''सामाजिक'' शब्द का प्रयोग व्यापक अर्थ में ही किया जाता है। इस दृष्टि से समाज दर्शन का क्षेत्र राजनीति दर्शन से व्यापक है। समाज दर्शन के अन्तर्गत राजनीति दर्शन भी शामिल है।

समाज दर्शन की परिभाषा भी यह कह कर की जा सकती है कि **समाज दर्शन में हम दार्शनिक विधि से समाज के बारे में चिन्तन करते हैं।** मॉरिस गिन्सबर्ग ने अपनी पुस्तक *Sociology* में समाजदर्शन के दो पक्ष बतलाएँ हैं—

(1) समीक्षात्मक या तार्किक (critical or logical), जिसके अन्तर्गत समाजविज्ञानों की विधियों और सिद्धान्तों की वैधता के बारे में तार्किक दृष्टि से अध्ययन किया जाता है। समाज दर्शन के इस पक्ष का तर्कशास्त्र के साथ निकट सम्बन्ध है, और इसे समाजविज्ञान का दर्शन (Philosophy of Social Science) भी कहते हैं।

(2) रचनात्मक या संश्लेषात्मक (constructive or synthetic), जिसका सम्बन्ध सामाजिक आदर्शों की वैधता से है। समाज दर्शन के इस पक्ष का नीतिशास्त्र के साथ निकट सम्बन्ध है। इसमें नीतिशास्त्र के परिणामों को सामाजिक संगठन और सामाजिक विकास की समस्याओं पर लागू किया जाता है।[1]

अगर इस दृष्टि से देखा जाए तो राजनीति दर्शन के भी दो पक्ष हुए: एक, **तार्किक**, जिसके अन्तर्गत राजनीति विज्ञान की पूर्वमान्यताओं और विधियों का समीक्षात्मक अध्ययन किया जाता है। और, दो, **नैतिक** जिसके अन्तर्गत राजनीति के बारे में मानक दृष्टि से विचार किया जाता है।

इस तरह, हम यह कह सकते हैं कि राजनीति दर्शन में—

1. राजनीतिक अवधारणाओं का स्पष्टीकरण
2 राजनीतिक विश्वासों का समीक्षात्मक मूल्यांकन
3. मानक दृष्टि से राजनीति पर विचार, और
4. राजनीति विज्ञान की पूर्वमान्यताओं और विधियों का समीक्षात्मक अध्ययन किया जाता है।

राजनीतिक विचारधारा और राजनीति दर्शन

''राजनीतिक विचारधारा'' (political ideology) शब्द का इस्तेमाल मुख्यतः दो अर्थों में किया जाता है, एक, सामान्य अर्थ में, और दो, मार्क्सवादी अर्थ में।

सामान्य अर्थ में राजनीतिक विचारधारा **किसी ऐसे व्यवस्थित और व्यापक राजनीतिक मत को कहते हैं, जो मनुष्य और समाज के एक सम्पूर्ण और सार्वभौमिक रूप से लागू होने वाले सिद्धान्त को देने का दावा करता है, और**

1. Morris Ginsberg, *Sociology* (Delhi : Surjeet Publications, 1979), p. 26.

उसके आधार पर एक राजनीतिक कार्यक्रम निकालने का प्रयत्न करता है। इस अर्थ में राजनीतिक विचारधारा अपने में उन सभी बातों को शामिल करने का प्रयत्न करती हैं, जो मनुष्य की राजनीतिक स्थिति के लिए प्रासंगिक हैं। ''राजनीतिक विचारधारा'' शब्द के इस अर्थ में मार्क्सवाद भी एक राजनीतिक विचारधारा है।

मार्क्सवादी अर्थ में ''विचारधारा'' (ideology) विचारों और मूल्यों के ऐसे समूह को कहते हैं, जिसका सामाजिक कार्य एक विशेष किस्म की आर्थिक व्यवस्था को सम्बल प्रदान करना होता है।[1] लेकिन यह ''विचारधारा'' शब्द का मुख्य प्रचलित अर्थ नहीं है।

''राजनीति'' का सम्बन्ध राज्य से होता है। इसलिए, हर राजनीतिक विचारधारा के साथ राज्य के चरित्र और समाज में उसकी भूमिका से सम्बन्धित कुछ सिद्धान्त जुड़े रहते हैं। राजनीति दर्शन में राज्य और राजनीति के बारे में दार्शनिक दृष्टि से विचार किया जाता है। लोकतन्त्र, समाजवाद, साम्यवाद, सर्वोदय और मानवतावाद जैसी राजनीति विचारधाराओं का सम्बन्ध राज्य और राजनीति से हैं। इसलिए, राजनीति दर्शन के अन्तर्गत इन विचारधाराओं का दार्शनिक विधि से अध्ययन किया जाता है। यह अध्ययन बड़े ही व्यावहारिक महत्त्व का है, क्योंकि इन विचारधाराओं का विभिन्न राजनीतिक दलों और समूहों पर काफी प्रभाव है। किसी समय सरकार का चरित्र बहुत-कुछ इस बात पर निर्भर करता है कि जो लोग सत्ता में हैं, उनकी राजनीतिक विचारधारा क्या है। ऐसे में इन राजनीतिक विचारधाराओं के सम्बन्ध में स्पष्टता और सत्यता की तलाश का बहुत महत्व है। दरअसल, इन विचारधाराओं का सीधा असर हमारे जीवन पर पड़ता है।

प्रश्न

1. निम्नलिखित पर आलोचनात्मक टिप्पणी लिखिए और टिप्पणी 200 शब्दों से अधिक न हो:
(क) सभी राजनीतिक विचारधाराएँ आधुनिक राज्यों की आवश्यकताओं के लिए अप्रासंगिक हैं। (1986)

2. समाज-राजनीतिक दर्शन के स्वरूप का विवेचन कीजिए और उसके विषय-विस्तार का वर्णन कीजिए। (1993)

3. कुछ दार्शनिकों के मत में राजनीति-दर्शन का कार्य केवल संप्रत्यात्मक (conceptual) है, अर्थात् उन सम्प्रत्यों का विश्लेषण करना जो विशिष्टतः राजनीतिक हैं, जैसे कि 'न्याय', 'समानता', 'अधिकार', और इसी प्रकार के कुछ अन्य। कुछ अन्य का मत है कि राजनीति-दर्शन का कार्य अपरिहार्यतः मानकीय (normative) है जिसके लिए आवश्यक है कि राजनीतिक दार्शनिक ऐसे सत्तासूचक (substantive) सिद्धान्तों का गठन एवं प्रतिपादन करें जिनके आधार पर विभिन्न राजनीतिक आदर्शों, जैसे कि सामाजिक न्याय, व्यक्ति-स्वातंत्र्य एवं अधिकार आदि के सम्बन्ध में मानकीय प्रश्नों का उत्तर दिया जा सके।
उपर्युक्त सन्दर्भ में आपके विचार में राजनीति-दर्शन का क्या उपयुक्त कार्य है इसका उल्लेख एवं प्रतिपादन कीजिए। (1998)

❑

1. Roger Scruton, *A Dictionary of Political Thought* (London : Pan Books, 1983), p. 213.

अध्याय 3

भारत का संविधान

उद्देशिका
(Preamble)

हम, **भारत के लोग**, भारत को एक **सम्पूर्ण प्रभुत्व-सम्पन्न (sovereign) समाजवादी पंथनिरपेक्ष (secular) लोकतन्त्रात्मक गणराज्य** बनाने के लिए, तथा उसके समस्त नागरिकों को—सामाजिक, आर्थिक और राजनैतिक **न्याय**, विचार, अभिव्यक्ति, विश्वास, धर्म और उपासना की **स्वतंत्रता**, प्रतिष्ठा और अवसर की **समता**, प्राप्त कराने के लिए तथा उन सब में व्यक्ति की गरिमा और राष्ट्र की एकता और अखण्डता सुनिश्चित करने वाली **बन्धुता** बढ़ाने के लिए दृढ़ संकल्प होकर **अपनी इस संविधान सभा** में आज तारीख 26 नवम्बर, 1949 ई. को **एतद् द्वारा इस संविधान को अंगीकृत, अधिनियमित और आत्मार्पित करते हैं।**

भारतीय संविधान की उद्देशिका या प्रस्तावना (preamble) से भारतीय संविधान के चरित्र, उद्देश्य, मुख्य विशेषताओं और नैतिक आधार की संक्षिप्त जानकारी मिलती है। सुप्रीम कोर्ट ने अपने कई निर्णयों में भारतीय संविधान की प्रस्तावना के महत्त्व की ओर ध्यान दिलाया है। *Principles of Social and Political Theory* के अंग्रेज लेखक अर्नेस्ट बारकर ने भारतीय संविधान की प्रस्तावना से प्रभावित होकर, उसे अपने पुस्तक की शुरूआत में स्थान दिया है।[1]

नैतिक दृष्टि से संविधान की प्रस्तावना को देखने से यह स्पष्ट है कि इसमें स्वतंत्रता, समता और बन्धुता के लोकतान्त्रिक मूल्यों को केन्द्रीय महत्व दिया गया है। फ्रांस की क्रांति के समय से ही इन मूल्यों को लोकतान्त्रिक चिन्तनधारा में प्रमुख स्थान दिया जाता है। डी॰ डी॰ रैफेल ने अपनी पुस्तक *Problems of Politcal Philosophy* में दिखलाया है कि किस तरह प्लेटो जैसे लोकतन्त्र-विरोधी विचारक ने भी स्वतन्त्रता और समता के मूल्यों को लोकतान्त्रिक शासन व्यवस्था के साथ जोड़ा है।[2] (इसकी चर्चा ''लोकतन्त्र'' के अन्तर्गत की गयी है।)

स्वतन्त्रता, समता और बन्धुता के अलावे संविधान की प्रस्तावना में सामाजिक, आर्थिक और राजनीतिक न्याय को भी सर्वोच्च स्थान दिया गया है। संविधान की

1. Ernest Barker, *Principles of Social and Political* Theory (Calcutta : Oxford University Press, 1978), p. ix.
2. D.D. Raphael, *Problems of Political Philosophy* (Hong Kong: The Macmillan Press Ltd., 1978), p. 143.

प्रस्तावना के अनुसार भारतीय संविधान का उद्देश्य सभी नागरिकों को सामाजिक, आर्थिक, राजनीतिक **न्याय**; विचार, **अभिव्यक्ति**, विश्वास, धर्म और उपासना की **स्वतन्त्रता**; एवं प्रतिष्ठा और अवसर की **समता** प्राप्त कराना; एवं सबमें व्यक्ति की गरिमा और राष्ट्र की अखण्डता सुनिश्चित करने वाली **बन्धुता** को बढ़ाना है।

भारतीय संविधान के इन बुनियादी नैतिक मूल्यों की अभिव्यक्ति संविधान के विभिन्न प्रावधानों में हुई है। उदाहरण के तौर पर, विचार, अभिव्यक्ति, विश्वास और धर्म की स्वतन्त्रता और प्रतिष्ठा एवं अवसर की समता को सुनिश्चित करने वाले कई प्रावधानों को नागरिकों के **''मूल अधिकार''** या मौलिक अधिकार (Fundamental Rights) के अन्तर्गत स्थान दिया गया है। इसी तरह, सामाजिक, आर्थिक और राजनीतिक न्याय को सुनिश्चित करने के लिए भी संविधान के मौलिक अधिकारों और **''राज्य की नीति के निदेशक तत्त्व''** (directive principles of state policy) के अन्तर्गत कई प्रावधान हैं।

शासन व्यवस्था की दृष्टि से भारतीय संविधान की प्रस्तावना से जो सबसे महत्त्वपूर्ण बात सामने आती है, वह यह कि भारत एक **सम्पूर्ण-प्रभुत्व सम्पन्न** (sovereign), **समाजवादी** (socialist), **धर्मनिरपेक्ष** (secular), **लोकतान्त्रिक गणराज्य** (republic) है।

भारत को ''लोकतान्त्रिक गणराज्य'' कहने का अर्थ यह हुआ कि भारत की शासन-व्यवस्था लोकतान्त्रिक है, और भारत के संवैधानिक प्रमुख राष्ट्रपति का पद एक निर्वाचित पद है, न कि राजतंत्र के राजा की तरह आनुवंशिक।

लोकतान्त्रिक शासन व्यवस्था की विशेषता यह होती है कि इसमें **सरकार आम जनता द्वारा चुनी जाती है**, और समय-समय पर होने वाले चुनावों के माध्यम से सरकार को बदला भी जा सकता है। इसके अलावा, लोकतंत्र में **नागरिकों को कुछ बुनियादी नागरिक स्वतंत्रताएँ** (civil liberties) भी प्राप्त रहती हैं। भारतीय राजनीतिक व्यवस्था में ये दोनों गुण मौजूद हैं।

लोकतांत्रिक शासन व्यवस्था भी दो प्रकार की होती है—(i) **प्रत्यक्ष** (direct) और **अप्रत्यक्ष** (indirect) या **प्रातिनिधिक** (representative)।

प्रातिनिधिक लोकतन्त्र के भी दो रूप हैं—(i) **राष्ट्रपति प्रणाली** (presidential form) और (ii) **संसदीय प्रणाली** (parliamentary form)।

भारतीय संविधान द्वारा भारत में **संसदीय लोकतन्त्र** की स्थापना की गयी है। (संसदीय लोकतन्त्र की विस्तृत चर्चा ''लोकतन्त्र'' के अन्तर्गत की गयी है।)

ब्रिटेन में भी भारत की तरह संसदीय लोकतन्त्र काम कर रहा है, लेकिन ब्रिटेन को ''लोकतान्त्रिक गणराज्य'' नहीं, बल्कि ''संवैधानिक राजतन्त्र'' (constitutional monarchy) कहा जाता है। ब्रिटेन में वास्तविक राजनीतिक सत्ता संसद और प्रधानमंत्री के पास रहती है, लेकिन आनुवंशिक राजा-रानी का अस्तित्व अभी भी बना हुआ है।

भारतीय संविधान की प्रस्तावना में ''धर्मनिरपेक्ष'' और ''समाजवादी'' शब्दों को इमरजेन्सी के दौरान संविधान के बयालीसवें संशोधन द्वारा जोड़ा गया था। यह संशोधन

जिन परिस्थितियों में लाया गया था, उसके कारण कुछ लोगों को कभी-कभी संदेह होता है कि ये विशेषण कहाँ तक संविधान की मूल भावना के अनुरूप हैं। लेकिन अगर इसे निष्पक्ष होकर और व्यक्ति एवं परिस्थितियों से अलग कर के देखा जाए, तो एक तरह से इन विशेषणों द्वारा जो कुछ संविधान में अन्तर्निहित था, उसे ही सुस्पष्ट किया गया है। यही कारण है कि आगे चलकर भी संसद द्वारा और सुप्रीम कोर्ट द्वारा इसमें कोई परिवर्तन नहीं लाया गया है। बल्कि**सुप्रीम कार्ट ने धर्मनिरपेक्षता को भारतीय संविधान के ''बुनियादी ढाँचे''** (basic structure)**का एक अंग माना है।** दरअसल, भारतीय संविधान में कई ऐसे प्रावधान हैं, जिनसे भारतीय संविधान के धर्मनिरपेक्ष चरित्र की जानकारी मिलती है।

इसी तरह, भारतीय संविधान की प्रस्तावना में ही सामाजिक, आर्थिक, राजनीतिक न्याय और प्रतिष्ठा एवं अवसर की समानता की बात की गयी है। मौलिक अधिकारों के अन्तर्गत समता के अधिकार और शोषण के विरुद्ध अधिकार को शामिल किया गया है। राज्य की नीति के निदेशक तत्त्व के अन्तर्गत भी कई ऐसे प्रावधान हैं, जिनका सम्बन्ध समाज को समता की दिशा में ले जाने से है।

समाजवादी चिन्तन की मुख्य विशेषता यही है कि इसके अन्तर्गत समता के मूल्य पर, विशेष कर आर्थिक समता पर बल दिया जाता है। वैसे तो समता का मूल्य एक लोकतांत्रिक मूल्य भी है, लेकिन कई बार उदार लोकतंत्रवादी सिर्फ कानूनी और राजनीतिक समता पर बल देते हैं, जबकि सामाजिक लोकतंत्रवादी (social democrats) या लोकतान्त्रिक समाजवादी (democratic socialists) सामाजिक और आर्थिक समता पर अधिक बल देते हैं। हाँ, यह जरूर है कि **भारतीय संविधान का सम्बन्ध लोकतान्त्रिक समाजवाद से ही जोड़ा जा सकता है, न कि सर्वाधिकारवादी समाजवाद** (totalitarian socialism) से।

भारतीय संविधान की प्रस्तावना की एक और विशेषता यह है कि इसके अन्तर्गत ''लोकप्रिय प्रभुसत्ता'' (popular sovereignty) के सिद्धान्त को मान्यता दी गयी है। प्रस्तावना में कहा गया है कि **''हम, भारत के लोग...इस संविधान को अंगीकृत, अधिनियमित और आत्मार्पित करते हैं।''** इसका अर्थ यह हुआ कि भारतीय राजनीतिक व्यवस्था में सत्ता का मूल स्रोत आम जनता है। भारतीय शासन-व्यवस्था में कार्यपालिका (executive), विधायिका (legislature) और न्यायपालिका (judiciary) को संविधान के अनुसार काम करना होता है। संविधान का सर्वोच्च महत्त्व इसलिए है क्योंकि भारत की जनता ने संविधान सभा की माध्यम से इसे बनाया और स्वीकार किया है। इस तरह, राजनीतिक सत्ता का अन्तिम स्रोत भारत की जनता है।

धर्मनिरपेक्षता
(Secularism)

धर्मनिरपेक्षता भारतीय संविधान की एक प्रमुख विशेषता है। भारत का संविधान धर्मनिरपेक्ष है, क्योंकि—

(1) इसमें किसी भी धर्म को सरकारी धर्म के रूप में मान्यता नहीं दी गयी है। भारत हिन्दू, इस्लामी या ईसाई राज्य नहीं है, बल्कि एक धर्मनिरपेक्ष राज्य है।

(2) भारत के संविधान में यह स्पष्ट कहा गया है कि राज्य द्वारा धर्म के आधार पर एक नागरिक और दूसरे नागरिक के बीच भेदभाव नहीं बरता जाएगा। (यह बात उन पर भी लागू होगी जो किसी भी धर्म को नहीं मानते हैं।) संविधान की धारा 15 (1) के अनुसार, ''राज्य किसी नागरिक के विरुद्ध केवल धर्म, मूलवंश, जाति, लिंग या जन्मस्थान या इनमें से किसी के आधार पर कोई विभेद नहीं करेगा।''

इसी तरह संविधान की धारा 16 (2) के अनुसार, ''राज्य के अधीन किसी नियोजन या पद के सम्बन्ध में केवल धर्म, मूलवंश, जाति, लिंग, उद्भव, जन्मस्थान, निवास या इनमें से किसी के आधार पर न तो कोई नागरिक अपात्र होगा और न उससे विभेद किया जाएगा।''

(3) भारतीय संविधान के अन्तर्गत नागरिकों को किसी भी धर्म को मानने या न मानने की एक जैसी स्वतन्त्रता मिली हुई है। संविधान की प्रस्तावना में ही सभी नागरिकों को विचार, अभिव्यक्ति, विश्वास, धर्म और उपासना की स्वतन्त्रता प्राप्त कराने की बात की गयी है। इसके अलावा, संविधान की धारा 25 (1) के अनुसार ''लोक व्यवस्था, सदाचार और स्वास्थ्य तथा इस भाग के अन्य उपबन्धों के अधीन रहते हुए, सभी व्यक्तियों को अन्तःकरण की स्वतन्त्रता का और धर्म के अबाध रूप से मानने, आचरण करने और प्रचार करने का समान हक होगा।''

(4) संविधान की धारा 27 के अनुसार किसी भी नागरिक को किसी धर्म-विशेष के संरक्षण के या प्रोत्साहन के लिए टैक्स देने के लिए मजबूर नहीं किया जाएगा।

(5) संविधान की धारा 28 (1) के अनुसार, ''राज्य-निधि से पूर्णतः पोषित किसी शिक्षा संस्था में कोई धार्मिक शिक्षा नहीं दी जाएगी''।

इसके अलावा, संविधान में यह भी स्पष्ट किया गया है कि राज्य द्वारा चलाए जाने या राज्य द्वारा आर्थिक सहायता प्राप्त करने वाले किसी भी शिक्षण संस्थान में धर्म के आधार पर किसी को भी नामांकन से वंचित नहीं किया जाएगा [धारा 29 (2)]

संविधान की धारा 28 (3) के अनुसार, ''राज्य से मान्यता प्राप्त या राज्य-निधि से सहायता पाने वाली शिक्षा संस्था में उपस्थित होने वाले किसी व्यक्ति को ऐसी संस्था में या उससे संलग्न स्थान में की जाने वाली धार्मिक उपासना में उपस्थित होने के लिए तब तक बाध्य नहीं किया जाएग जब तक कि उस व्यक्ति ने, या यदि वह अवयस्क है तो उसके संरक्षक ने इसके लिए अपनी सहमति नहीं दे दी है।''

(6) भारत के संविधान में, मोटे तौर पर, धर्म और राज्य को एक-दूसरे से अलग रखा गया है, सिवाय इस अपवाद के कि सामाजिक कल्याण और सामाजिक सुधार की दृष्टि से राज्य धर्म में हस्तक्षेप कर सकता है [धारा 25 (2) ख]। इससे यह बात समझ में आती है कि भारतीय संविधान में धर्म को राज्य के अधीन रखा गया है, धर्मतान्त्रिक (theocratic) राज्य की तरह राज्य के ऊपर नहीं।

इस तरह, भारतीय संविधान के ''धर्मनिरपेक्ष'' शब्द के सही अर्थ (''धर्म से स्वतन्त्र'') में धर्मनिरपेक्ष होने के बारे में कोई सन्देह नहीं है। जैसा कि पहले भी उल्लेख किया गया है, सुप्रीम कोर्ट ने अपने एक महत्त्वपूर्ण निर्णय में यह माना है कि ''धर्मनिरपेक्षता'' भारतीय संविधान के बुनियादी ढाँचे का एक अंग है। इसका अर्थ यह हुआ कि भारतीय संसद भी भारतीय संविधान के धर्मनिरपेक्ष चरित्र को बदल नहीं सकती है। **केशवानन्द भारती केस** में दिए गए सुप्रीम कोर्ट के निर्णय के अनुसार संसद को संविधान के बुनियादी ढाँचे में परिवर्तन लाने का कोई अधिकार नहीं है।

कभी-कभी कहा जाता है कि भारतीय सन्दर्भ में ''धर्मनिरपेक्षता'' का अर्थ ''धर्म से स्वतन्त्र'' नहीं, बल्कि ''सभी धर्मों का एक समान आदर'' (सर्वधर्म समभाव) है। लेकिन यह विचार सही नहीं मालूम देता है। संविधान में यह कहीं भी नहीं लिखा गया है कि राज्य सभी धर्मों का एक समान आदर या सम्मान करेगा, या सभी धर्मों को एक जैसा प्रोत्साहन देगा। संविधान के ऊपर दिए गए उपबन्धों (proviso) से यह स्पष्ट है कि भारत में जहाँ **नागरिकों को किसी भी धर्म को मानने या न मानने की स्वतन्त्रता मिली हुई है, वहाँ दूसरी ओर राज्य का कोई धर्म नहीं है।** उदाहरण के तौर पर, संविधान की धारा 27 में कहा गया है कि नागरिकों को किसी धर्म-विशेष के सरंक्षण या प्रोत्साहन के लिए टैक्स देने को मजबूर नहीं किया जाएगा। यह नहीं कहा गया है कि नागरिकों को सभी धर्मों के संरक्षण और प्रोत्साहन के लिए टैक्स देना होगा। इसी तरह, संविधान की धारा 28 (1) में यह कहा गया है कि **पूरी तरह राज्य के कोष से चलने वाली शिक्षण-संस्थानों में धार्मिक शिक्षा नहीं दी जाएगी। यह नहीं कहा गया है कि पूरी तरह राज्य के कोष से चलने वाली शिक्षण–संस्थाओं में सभी धर्मों पर आधारित धार्मिक शिक्षा दी जाएगी।** इस तरह, यह स्पष्ट है कि भारतीय संविधान की धर्मनिरपेक्षता का किसी धर्म के सम्मान या अपमान से कोई सम्बन्ध नहीं है, बल्कि यह ''धर्मनिरपेक्षता'' शब्द के मूल अर्थ (''धर्म से स्वतन्त्र'') में एक धर्मनिरपेक्ष संविधान है। राजनीतिक सन्दर्भ में **''धर्मनिरपेक्षता'' का अर्थ है राज्य, राजनीति और चर्च या संगठित धर्मों के बीच पूर्ण अलगाव। एक धर्मनिरपेक्ष राज्य का पूरा सम्बन्ध लौकिक मामलों से होता है, उसका किसी भी संगठित धर्म से कोई सम्बन्ध नहीं रहता है।**

मौलिक अधिकार
(Fundamental Rights)

भारतीय संविधान के भाग 3 में नागरिकों के मौलिक अधिकारों या ''मूल अधिकारों'' (Fundamental Rights) का उल्लेख किया गया है। यह भारतीय संविधान की एक प्रमुख विशेषता है। इन अधिकारों का सम्बन्ध मुख्यतः समता और स्वतन्त्रता के लोकतान्त्रिक मूल्यों से है। मौलिक अधिकारों को छः वर्गों में बाँटा गया है:

(1) समता का अधिकार—यह भारतीय नागरिकों का एक मौलिक अधिकार है। उदाहरण के तौर पर, संविधान की धारा 14 द्वारा नागरिकों को कानून के समक्ष समता का अधिकार प्राप्त है। संविधान की धारा 15 और 16 का उल्लेख पहले ही धर्मनिरपेक्षता के सन्दर्भ में किया जा चुका है। संविधान की धारा 17 द्वारा छुआछूत का अन्त कर दिया गया है। छुआछूत के आचरण को एक दण्डनीय अपराध घोषित कर दिया गया है।

(2) स्वतन्त्रता का अधिकार—यह भी नागरिकों का एक महत्वपूर्ण मौलिक अधिकार है। संविधान की धारा 19 द्वारा नागरिकों को, अन्य बातों के अलावा, बोलने और अभिव्यक्ति की स्वतन्त्रता, संगठन बनाने की स्वतंत्रता, बिना शस्त्रों के शान्तिपूर्वक सम्मेलन करने की स्वतंत्रता प्राप्त है। इसके अलावा, इसी धारा के अनुसार नागरिकों को ''राज्यक्षेत्र के किसी भाग में निवास करने और बस जाने का'' और ''कोई वृत्ति, उपजीविका, व्यापार या कारबार करने का'' अधिकार भी प्राप्त है।

इसी तरह, संविधान की धारा 21 के अनुसार, ''किसी व्यक्ति को, उसके प्राण या दैहिक स्वतन्त्रता से विधि द्वारा स्थापित प्रक्रिया के अनुसार ही वंचित किया जाएगा, अन्यथा नहीं''। इस धारा का सम्बन्ध ''कानून के शासन'' (rule of law) के बुनियादी लोकतान्त्रिक सिद्धान्त से है।

समता और स्वतन्त्रता के अधिकार के अतिरिक्त (3) **शोषण के विरुद्ध अधिकार** (4) **धर्म की स्वतन्त्रता का अधिकार** (5) **संस्कृति और शिक्षा सम्बन्धी अधिकार** और (6) **संवैधानिक उपचारों का अधिकार** (right to constitutional remedies) अन्य मौलिक अधिकार हैं।

शोषण के विरुद्ध अधिकार के अन्तर्गत धारा 23 द्वारा मानव ''दुर्व्यापार'' (trafficking), बेगार और ''बलात् श्रम'' (forced labour) पर रोक लगायी गयी है। इसी तरह, धारा 24 द्वारा किसी 14 वर्ष से कम उम्र के बच्चे के कारखाने, खान या किसी अन्य खतरनाक व्यवसाय में काम करने पर रोक लगायी गयी है।

संवैधानिक उपचार के अधिकार के अन्तर्गत नागरिकों को संविधान के तीसरे भाग में दिए गए अधिकारों को लागू करवाने के लिए उच्चतम न्यायालय में आवेदन करने का अधिकार प्राप्त है (धारा 32)। इसके अलावा, संविधान की धारा 13 (2) में यह भी कहा गया है कि **राज्य ऐसा कोई कानून नहीं बनाएगा जो संविधान के तीसरे भाग में दिए गए अधिकारों को छीनती है या कम करती है।** यह स्पष्ट रूप से कहा गया है कि, ''इस खण्ड के उल्लंघन में बनाई गई प्रत्येक विधि उल्लंघन की मात्रा तक शून्य (void) होगी।''

न्यायिक समीक्षा (Judicial Review)

न्यायिक समीक्षा भी भारतीय संविधान की एक प्रमुख विशेषता है। सुप्रीम कोर्ट ने इसे संविधान के ''बुनियादी ढाँचे'' का अंग माना है। भारत में ब्रिटेन की तरह संसदीय लोकतन्त्र जरूर है, पर कुछ अन्य मामलों में भारत की राजनीतिक व्यवस्था संयुक्त राज्य अमेरिका की तरह है। उदाहरण के तौर पर, ब्रिटेन का संविधान अलिखित है, जबकि भारत का संविधान अमेरिका के संविधान की तरह लिखित है। इसी तरह, भारत अमेरिका की तरह एक गणराज्य है, जबकि ब्रिटेन एक संवैधानिक राजतन्त्र है। इसके अलावा, ब्रिटेन में संसद को सर्वोच्च माना जाता है, जबकि भारत में अमेरिका की तरह संविधान को सर्वोच्च माना जाता है। न्यायिक समीक्षा के मामले में भी भारतीय संविधान अमेरिका के संविधान की तरह है। **भारत में न्यायपालिका को विधायिका द्वारा**

बनाए गए कानूनों की समीक्षा का अधिकार है। अगर सुप्रीम कोर्ट के अनुसार कोई कानून या संवैधानिक संशोधन असंवैधानिक है, तो वह उसे रद्द कर सकती है। उदाहरण के तौर पर, अगर किसी कानून से, या कार्यपालिका की किसी कार्यवाही से संविधान में बतलाए गए नागरिकों के मौलिक अधिकारों का उल्लंघन होता हो, तो नागरिकों द्वारा चुनौती दिए जाने पर, सुप्रीम कोर्ट उसे रद्द कर सकती है। संविधान की व्याख्या का अन्तिम अधिकार भी सुप्रीम कोर्ट को ही है।

राज्य की नीति के निदेशक तत्त्व

भारतीय सविंधान के चौथे भाग में राज्य की नीति के निदेशक तत्त्वों का उल्लेख किया गया है (धारा 36 से 51)।

संविधान की धारा 37 में यह स्पष्ट कहा गया है कि **नीति निदेशक तत्त्वों को मौलिक अधिकारों की तरह न्यायालयों के माध्यम से लागू नहीं करवाया जा सकता है,** लेकिन कानून बनाने में इन तत्त्वों को लागू करना राज्य का कर्त्तव्य होगा। देश के शासन में इन तत्वों का बुनियादी महत्व है।

संविधान की धारा 38 (1) के अनुसार राज्य ऐसी सामाजिक व्यवस्था बनाएगा ''जिसमें सामाजिक, आर्थिक और राजनैतिक न्याय राष्ट्रीय जीवन की सभी संस्थाओं को अनुप्राणित करे'' और लोक कल्याण में वृद्धि हो। इसी तरह, संविधान की धारा 38 (2) के अनुसार, ''राज्य, विशिष्टतया, आय की असमानताओं को कम करने का प्रयास करेगा और न केवल व्यष्टियों के बीच बल्कि विभिन्न क्षेत्रों में रहने वाले और विभिन्न व्यवसायों में लगे हुए लोगों के समूहों के बीच भी प्रतिष्ठा, सुविधाओं और अवसरों की असमानता समाप्त करने का प्रयास करेगा।''

संविधान की धारा 39 के अनुसार राज्य अपनी नीतियों का संचालन इस प्रकार करेगा जिससे ''पुरुष और स्त्री सभी नागरिकों को समान रूप से जीविका के पर्याप्त साधन प्राप्त करने का अधिकार हो'', स्त्री और पुरुष दोनों को समान कार्य के लिए समान वेतन प्राप्त हो, और ''समुदाय के भौतिक संसाधनों का स्वामित्व और नियंत्रण इस प्रकार बँटा हो जिससे सामूहिक हित का सर्वोत्तम रूप से साधन हो''।

इन निदेशक तत्त्वों और सभी नागरिकों को समान न्याय और निःशुल्क कानूनी सहायता सुनिश्चित कराने (धारा 39 क), कुछ दशाओं में काम, शिक्षा और लोक सहायता पाने के अधिकार (धारा 41), कर्मकारों के लिए निर्वाह मजदूरी (धारा 43) और उद्योगों के प्रबन्ध में कर्मकारों के भाग लेने (धारा 43 क) जैसे नीति निदेशक तत्त्वों से यह स्पष्ट है कि संविधान निर्माताओं के सामने एक सामाजिक लोकतन्त्र की तस्वीर थी। वे यह चाहते थे कि इन आदर्शों को नागरिकों के मौलिक अधिकारों का उल्लंघन किए बिना प्राप्त किया जाए। डॉ॰ अम्बेडकर ने संविधान सभा में दिए गए अपने अन्तिम भाषण में स्पष्ट कहा था कि **सामाजिक लोकतन्त्र के आधार के बिना राजनीतिक लोकतन्त्र का अस्तित्व भी अधिक समय नहीं रह सकता है।**[1]

1. Durga Das Basu, *Introduction to the Constitution of India* (New Delhi : Prentice-Hall of India, 1980), p. 24.

नीति निदेशक तत्त्व के अन्तर्गत, अन्य बातों के अलावा, ग्राम पंचायतों के गठन का भी उल्लेख किया गया है (धारा 40)। संविधान के तिहत्तरवें संशोधन द्वारा इस दिशा में महत्त्वपूर्ण कदम उठाया भी गया है। (इसकी चर्चा ''सर्वोदय'' के अन्तर्गत की गया है।)

एक अन्य उल्लेखनीय नीति निदेशक तत्व के अनुसार, ''राज्य, भारत के समस्त राज्यक्षेत्र में नागरिकों के लिए एक समान सिविल संहिता प्राप्त कराने का प्रयास करेगा'' (धारा 44)।

इसी तरह, संविधान की धारा 45 के अनुसार, ''राज्य, इस संविधान के प्रारम्भ से दस वर्ष की अवधि के भीतर सभी बालकों को चौदह वर्ष की आयु पूरी करने तक निःशुल्क और अनिवार्य शिक्षा देने के लिए उपबन्ध करने का प्रयास करेगा।''[1] धारा 46 के अनुसार, राज्य अनुसूचित जातियों और जनजातियों और अन्य कमजोर वर्गों की शिक्षा और आर्थिक हितों को विशेष सावधानी से बढ़ाने का प्रयत्न करेगा और सामाजिक अन्याय और सभी प्रकार के शोषण से उनकी रक्षा करेगा। इसमें कोई सन्देह नहीं है कि अगर भारतीय संविधान की नीति के निदेशक तत्त्वों को लागू करने की दिशा में ठोस कदम उठाएँ जाएँ, तो भारत में एक स्वस्थ, आधुनिक और लोकतान्त्रिक समाज की स्थापना को बल मिलेगा।

आरक्षण

सामाजिक और शैक्षणिक दृष्टि से पिछड़ी जातियों और वर्गों के लिए विधायिकाओं, सरकारी नौकरियों और शिक्षण-संस्थानों में आरक्षण की व्यवस्था भी भारतीय संविधान की एक विशेषता है। संविधान के मौलिक अधिकारों से सम्बन्धित भाग में ही यह स्पष्ट कहा गया है कि राज्य को ''सामाजिक और शैक्षिक दृष्टि से पिछड़े हुए नागरिकों के किन्हीं वर्गों की उन्नति के लिए या अनुसूचित जातियों और अनुसूचित जनजातियों के लिए'' कोई विशेष उपाय करने का अधिकार होगा [धारा 15 (4)]। इसी तरह, संविधान की धारा 16 (4) के अन्तर्गत राज्य को ''पिछड़े हुए नागरिकों के किसी वर्ग के पक्ष में, जिनका प्रतिनिधित्व राज्य की राय में राज्य के अधीन सेवाओं में पर्याप्त नहीं है, नियुक्तियों या पदों के आरक्षण'' का अधिकार दिया गया है।

इस तरह स्पष्ट है कि भारतीय संविधान के अंतर्गत सिर्फ कानूनी समता की बात नहीं की गयी है, बल्कि सामाजिक समता की दिशा में ठोस उपाय करने का अधिकार भी राज्य को दिया गया है। संविधान के इन प्रावधानों के अन्तर्गत सरकारी शिक्षण-संस्थानों और सेवाओं में अनुसूचित जातियों और जनजातियों के लिए आरक्षण की व्यवस्था लम्बे समय से लागू है। इसी तरह, संविधान की धारा 330 (1) द्वारा लोकसभा और धारा 332 (1) द्वारा राज्यों की विधान सभाओं में भी अनुसूचित जातियों और जनजातियों के लिए स्थान आरक्षित किए गए हैं। अब, तिहत्तरवें संविधान संशोधन द्वारा पंचायतों में और चौहत्तरवें संविधान संशोधन द्वारा नगरपालिकाओं में

---

1. अप्रील 2010 से छः से चौदह वर्ष के बच्चों के लिए निःशुल्क और अनिवार्य शिक्षा को कानूनी अधिकार बना दिया गया है।

अनुसूचित जातियों, जनजातियों और महिलाओं के लिए स्थान आरक्षित किए गए हैं। इसके अलावा, राज्य विधान मंडलों को पंचायतों और नगरपालिकाओं में ''पिछड़े वर्गों'' के लिए आरक्षण की व्यवस्था करने के अधिकार भी दिए गए हैं। इन उपायों से निश्चय ही सामाजिक न्याय की दिशा में कदम उठाया गया है।

संविधान की धारा 340 (1) द्वारा राष्ट्रपति को ''पिछड़े वर्गों की दशाओं और जिन कठिनाइयों को वे झेल रहे है उनके अन्वेषण के लिए और उन कठिनाइयों को दूर करने तथा उनकी दशा को सुधारने के लिए संघ या किसी राज्य द्वारा जो उपाय किए जाने चाहिए'' उनके बारे में सिफारिश करने के लिए आयोग नियुक्त करने का अधिकार दिया गया है।

संविधान की धारा 340 के आधार पर राष्ट्रपति द्वारा जनवरी, 1979, में पिछड़ा वर्ग आयोग (द्वितीय) या ''मंडल आयोग'' की नियुक्ति की गयी थी। इस आयोग के मुख्य विचारणीय मुद्दे थे—

1. सामाजिक और शैक्षणिक दृष्टि से पिछड़े वर्गों को परिभाषित करने वाली कसौटी निर्धारित करना।
2. सामाजिक और शैक्षिक दृष्टि से पिछड़े वर्गों के उत्थान के उपायों की सिफारिश करना।

दिसम्बर, 1980 में राष्ट्रपति को दी गयी अपनी रिपोर्ट में आयोग ने 3743 जातियों को ''सामाजिक और शैक्षणिक दृष्टि से पिछड़ा वर्ग'' करार देते हुए, अन्य बातों के अलावा, सरकारी सेवाओं में इन जातियों के लिए 27 प्रतिशत आरक्षण की सिफारिश की। मंडल आयोग के अनुसार भारत की कुल आबादी में इन लगभग पौने चार हजार जातियों की आबादी 52 प्रतिशत है, जबकि प्रथम श्रेणी की सरकारी नौकरियों में इन जातियों का प्रतिनिधित्व 5 प्रतिशत से भी कम (4.69) है।[1]

मंडल आयोग की सिफारिश के आधार पर जब 13 अगस्त, 1990, को भारत सरकार ने केन्द्र सरकार की सेवाओं में पिछड़ी जातियों के लिए 27 प्रतिशत आरक्षण की घोषणा की, तो इस पर काफी विवाद हुआ। आरक्षण-विरोधियों द्वारा इस निर्णय को सुप्रीम कोर्ट में भी चुनौती दी गयी।

आरक्षण पर हुई बहस में एक सवाल यह भी उठाया गया था कि क्या जाति को पिछड़ेपन का आधार मानना सही है। यहाँ पर अगर हम ''जाति'' और ''वर्ग'' के बीच सम्बन्धों की विस्तृत चर्चा में न जाएँ, तो भी इतना तो स्पष्ट है कि हिन्दू वर्ण-व्यवस्था और जाति-व्यवस्था के प्रभाव के कारण, भारतीय सन्दर्भ में जाति सामाजिक और शैक्षणिक पिछड़ेपन का सबसे महत्त्वपूर्ण आधार है। (जाति-व्यवस्था की चर्चा ''जाति भेद : गाँधी एवं अम्बेडकर'' के अन्तर्गत की गयी है।)

परम्परागत रूप से ब्राह्मण जाति में जन्मे व्यक्ति को समाज में अधिक प्रतिष्ठा दी जाती रही है, और पिछड़े एवं दलित जातियों में जन्म व्यक्तियों को कम। इसी तरह,

---

1. दीनानाथ, ***आरक्षण*** (पटना जनाकांक्षा प्रकाशन, 1990), पृष्ठ 19–21.

परम्परागत रूप से ब्राह्मण एवं अन्य उच्च जातियों में जन्में पुरुषों में शिक्षा का प्रचलन अधिक रहा है, जबकि पिछड़ी और दलित जातियों को शिक्षा से वंचित रखा गया।

यह सही है कि लोकतंत्रीकरण और संविधान लागू होने के बाद की नीतियों के कारण दलित और पिछड़ी जातियों में जन्में कुछ व्यक्ति और परिवार अब सामाजिक और शैक्षणिक दृष्टि से पिछड़े नहीं रह गए हैं। (दरअसल, आरक्षण की नीति का उद्देश्य इसी प्रक्रिया को बढ़ावा देना है।) लेकिन इस सामाजिक तथ्य से इनकार नहीं किया जा सकता है कि सामान्य तौर पर पिछड़ी और दलित जातियों की सामाजिक और शैक्षणिक स्थिति अच्छी नहीं है। इस बात की पुष्टि समाजशास्त्रीय अध्ययनों से भी हो सकती है। सुप्रीम कोर्ट ने भी मंडल आयोग की सिफारिश के आधार पर लागू किए आरक्षण के मामले पर अपने निर्णय में जाति के आधार पर केन्द्रीय सेवाओं में आरक्षण को संवैधानिक माना है। अब यह आरक्षण केन्द्र सरकार की सेवाओं में लागू भी हो चुका है।[1] इसलिए, इसमें कोई संदेह नहीं है कि अनुसूचित जातियों, जनजातियों और अन्य पिछड़ी जातियों के लिए आरक्षण पूरी तौर से संविधान-सम्मत है, और इस विषय पर अब किसी विवाद की कोई गुंजाइश नहीं है।

प्रश्न

1. With reference to the Indian constitution elaborate the meaning of 'secularism' (1979)
2. Bring out the salient features of Indian constituion and elaborate its attitude to religion. (1981)
3. Explain the ethical significance of the preamble to Indian constitution. (1982)
4. How do the directive principles of state policy embodied in the Indian constitution contribute to the fulfilment of the changing needs of a healthy modern society? (1983)
5. 'किसी लोकतन्त्र में सामाजिक और शैक्षणिक दृष्टियों से पिछड़े वर्गों की पहचान जाति के द्वारा नहीं की जाती है वरन् रहन-सहन के गरीब स्तरों से स्कूलों में असफलों और छँट जाने वालों से की जाती है।'

   उपर्युक्त मत की व्याख्या और परीक्षा भारतीय लोकतान्त्रिक पद्धति के सन्दर्भ में कीजिए। (1991)

❑

1. वर्ष 2008 से केन्द्र सरकार के शिक्षण संस्थानों में भी अन्य पिछड़ी जातियों के लिए 27 प्रतिशत आरक्षण लागू किए जाने की प्रक्रिया शुरू हो चुकी है। सुप्रीम कोर्ट ने इसे भी संविधान सम्मत माना है।

अध्याय 4

सम्प्रभुता

राजनीति दर्शन और राजनीति विज्ञान के अन्तर्गत राज्य का अध्ययन किया जाता है। राज्य के चार आवश्यक तत्त्व माने गए हैं—एक, आबादी; दो, क्षेत्र; तीन, सरकार और चार, सम्प्रभुता। ''सम्प्रभुता'' एक राजनीतिक अवधारणा है। इसे राज्य का एक आवश्यक गुण माना जाता है, और राजनीति के अध्ययन में इसे अक्सर केन्द्रीय महत्त्व दिया जाता है।

गेटेल के अनुसार ''सम्प्रभुता'' की अवधारणा आधुनिक राजनीति विज्ञान का आधार है।[1] *The New Encyclopaedia Britannica* के अनुसार ''सम्प्रभुता'' राज्य का सबसे मौलिक और विशिष्ट गुण है।[2] जबकि *The Encyclopedia of Philosophy* के अनुसार ''सम्प्रभुता'' के विश्लेषण के क्रम में हम राजनीति दर्शन की सभी प्रमुख समस्याओं के सम्पर्क में आ जाते हैं।[3]

''सम्प्रभुता'' का अंग्रेजी पर्याय ''sovereignty'' है, जो लैटिन शब्द ''supremitas'' से उत्पन्न हुआ है, जिसका अर्थ है ''सर्वोच्च शक्ति''। गेटेल के अनुसार **आन्तरिक सर्वोच्चता और बाह्य स्वतन्त्रता**, या दूसरे शब्दों में, सम्प्रभुता ही वह विशेष गुण है, जो राज्य को अन्य मानवीय संस्थाओं से अलग करता है।

इस तरह, सम्प्रभुता के दो पक्ष हुए : एक, आन्तरिक और दो, बाह्य। आन्तरिक दृष्टि से सम्प्रभुता का अर्थ यह हुआ कि राज्य का अपने क्षेत्र की पूरी आबादी पर पूर्ण कानूनी प्राधिकार रहता है। राज्य द्वारा बनाए गए नियमों को कानून कहा जाता है, और राज्य को, अगर आवश्यक हुआ तो, उसे लागू करने के लिए बल-प्रयोग का अधिकार भी रहता है। ये कानून राज्य के क्षेत्र के अन्तर्गत आने वाली सभी संस्थाओं द्वारा बनाए गए नियमों से ऊपर होते हैं, और ये राज्य के क्षेत्र के अन्तर्गत आने वाले सभी व्यक्तियों और समितियों पर अनिवार्यतः लागू होते हैं। दूसरी ओर, बाह्य दृष्टि से सम्प्रभुता का अर्थ यह हुआ कि राज्य कानूनी दृष्टि से किसी दूसरे राज्य के नियंत्रण से स्वतन्त्र होता है। अन्तर्राष्ट्रीय कानून में सम्प्रभुता का अर्थ होता है किसी राज्य की स्वायत्तता या स्वतन्त्रता।[4]

1. Raymond Garfield Gettell *Political Science*, p. 122.
2. *The New Encyclopaedia Britannica,* vol. 17, p. 609.
3. *The Encyclopedia of Philosophy,* vol. 7, p. 507.
4. Raymond Garfield Gettel, Op. Cit., pp. 25–26.

डी॰ डी॰ रैफेल के अनुसार **राज्य को सम्प्रभु (sovereign) कहने का अर्थ यह हुआ कि राज्य समुदाय में सर्वोच्च और अन्तिम प्राधिकारी (authority) है। राज्य द्वारा बनाए गए नियम किसी भी अन्य समिति द्वारा बनाए गए नियमों से ऊपर होते हैं।**[1]

''सम्प्रभुता'' शब्द के ऊपर बतलाए गए अर्थ में भारत एक सम्प्रभुता सम्पन्न राज्य है। भारतीय संविधान की प्रस्तावना में भी इसका उल्लेख है।

कौटिल्य

कौटिल्य या चाणक्य(321–296बी.सी.) के राजनीतिक विचारों का परिचय ***अर्थशास्त्र*** नाम की पुस्तक से मिलता है। कौटिल्य की यह किताब चन्द्रगुप्त मौर्य के लिए मार्गदर्शक का काम करती थी। कौटिल्य के अनुसार सम्प्रभुता कुल में भी रह सकती है। लेकिन, कौटिल्य की मुख्य रुचि राजतन्त्र में थी। कौटिल्य ने राजा के ईश्वरीय स्वरूप और राजा के पद के ईश्वरीय अनुमोदन की वकालत की है, लेकिन साथ ही इसका राजा के निर्वाचित उद्‌गम के सिद्धान्त से सामंजस्य बैठाने का भी प्रयत्न किया है। कौटिल्य के अनुसार प्राकृतिक अवस्था में, जब राजा का अस्तित्व नहीं था, तब समाज में अराजकता थी, और बलवान द्वारा कमजोर को निगल लिया जाता था। राजा के चार कार्य हैं—जो अर्जित नहीं हुआ है, उसे अर्जित करना। जो अर्जित हो चुका है, उसकी रक्षा करना; जिसकी रक्षा की जा रही है, उसकी वृद्धि करना; और जो अधिशेष (surplus) हो उसे सुपात्र को देना।

कौटिल्य के अनुसार राज्य के सात अंग हैं[2] : (i) स्वामी (राजा), (ii) अमात्य (मंत्री और अन्य राजकीय कर्मचारी), (iii) जनपद (क्षेत्र और आबादी), (iv) दुर्ग, (v) कोष, (vi) दंड (सेना) और (vii) मित्र। (यहाँ पर ''मित्र'' का अर्थ हुआ मित्रता के सूत्र में बँधा दूसरे राज्य का राजा)। कौटिल्य के असार राज्य के इन तत्वों के बीच आंगिक सम्बन्ध है। राज्य की प्रकृति के बारे में कौटिल्य के इस सिद्धान्त को ''सप्तांग'' सिद्धान्त कहा जाता है। राजा की तीन शक्तियाँ हैं—अच्छे परामर्श की शक्ति, स्वयं राजा की तेजस्विता और प्रेरित करने की शक्ति। स्पष्ट है कि कौटिल्य ने राजा को ही सम्प्रभु माना है और राजतंत्र का समर्थन किया है। राजा ''धर्म का प्रवर्तक'' है, लेकिन, कौटिल्य के अनुसार, स्वयं राजा भी धर्म के विधानों से विमुक्त नहीं है। धर्म का प्रवर्तक होने के नाते उसे अपने को काम, क्रोध, लोभ, अहंकार जैसी भावनाओं से मुक्त करना चाहिए।

कौटिल्य के अनुसार, प्रजा के सुख में ही राजा का सुख है। राजा का मुख्य कार्य है सुरक्षा प्रदान करना। राजतन्त्र ही अराजकता के विरुद्ध गारंटी है। राजा का काम है अकाल, बाढ़ और महामारी जैसी प्राकृतिक विपदाओं को टालना। उसे कृषि, उद्योग, खान, अनाथ, वृद्ध, बीमार और गरीब लोगों की रक्षा करनी चाहिए। इसके अलावा, राजा को गुप्तचरों की सहायता से अपराध को नियंत्रित करना चाहिए।[3]

---

1. D. D. Raphael *Problems of Political Philosophy*, p. 51.
2. स्वाम्यमात्यणनपददुर्ग कोशदण्डमित्राणि प्रकृतयः। **अर्थशास्त्र** 6/1 ब्रजकिशोर झा द्वारा उद्धृत, *प्रमुख राजनीतिक चिन्तक* (पटना : बिहार हिन्दी ग्रन्थ अकादमी, 1979), पृ॰ 383.
3. *The New Encyclopaedia Britannica*, vol. 9, p. 323.

बोदाँ

जॉन बोदाँ (Jean Bodin, 1530-96)—16वीं शताब्दी के फ्रेंच विचारक बोदाँ को इस आधुनिक सिद्धान्त का प्रथम प्रवक्ता माना जाता है कि प्रत्येक राज्य में एक निश्चित सम्प्रभु प्राधिकारी का होना जरूरी है। बोदाँ के अनुसार सम्प्रभु शक्ति की मौजूदगी ही वह तत्त्व है, जो राज्य को परिवार जैसी अन्य समितियों से अलग करता है। बोदाँ के विचार में नागरिकता का अर्थ है सम्प्रभु के अधीन रहना। बोदाँ की राय में किसी सामान्य सम्प्रभु की उपस्थिति किसी भी राजनीतिक समुदाय का अनिवार्य तत्त्व है।

बोदाँ के अनुसार ''सम्प्रभुता'' का अर्थ है ''नागरिकों और प्रजा के ऊपर कानून द्वारा अनियंत्रित सर्वोच्च शक्ति''।[1] यह शक्ति स्थायी, असीमित और अहरणीय होती है। इस पर कानून की कोई सीमा नहीं होती है, क्योंकि सम्प्रभु ही कानून का स्रोत होता है। सम्प्रभुता सामान्यतः नागरिकों पर उनकी सहमति से या सहमति के बिना कानून लागू करने का अधिकार है। कानून और कुछ नहीं, बल्कि अपनी सम्प्रभु शक्ति का इस्तेमाल करते हुए, सम्प्रभु द्वारा दिया गया आदेश है। इस तरह, सम्प्रभु की मुख्य विशेषता है किसी श्रेष्ठ, समान या हीन व्यक्ति की सहमति के बिना नागरिकों के लिए कानून बनाने की शक्ति। इसके अलावा, सम्प्रभु युद्ध और शान्ति की घोषणा कर सकता है; न्यायाधीशों की नियुक्ति कर सकता है, अन्तिम विश्लेषण में स्वयं न्यायालय का काम कर सकता है; किसी को कुछ दे सकता है, करेंसी चला सकता है और टैक्स लगा सकता है। बोदाँ की राय में सम्प्रभु के कानून प्रचलनात्मक कानून से ऊपर होते हैं। बोदाँ ने निरंकुश राजतन्त्र का समर्थन किया है।

बोदाँ के अनुसार सम्प्रभु नागरिकों या प्रजा के प्रति उत्तरदायी नहीं होता है। वही सभी के लिए कानून बनाता है, और मिटाता है। लेकिन सम्प्रभु ईश्वर और प्रकृति के नियमों के अधीन होता है। उदाहरण के तौर पर, बोदाँ की राय में, सम्प्रभु को बिना किसी बुद्धिसंगत कारण के प्रजा की सम्पत्ति को जब्त नहीं करना चाहिए। इसी तरह, उसे प्रजा को दिए गए वचनों का पालन करना चाहिए। इसके अलावा, उसे संविधान के मौलिक कानूनों का सम्मान करना चाहिए, जैसे, उत्तराधिकार का कानून, क्योंकि कानूनी प्राधिकार के रूप में यह कानून ही सम्प्रभुता का स्रोत है।

बोदाँ के अनुसार अराजकता को टालने के लिए हर ''सुव्यवस्थित राज्य'' में प्राधिकार के एक अविभाजित स्रोत का रहना जरूरी है। बोदाँ ने राज्य और सरकार के बीच अन्तर किया है। बोदाँ के अनुसार सरकार के अलग-अलग रूप हो सकते हैं, राज्य के नहीं। सरकार के अलग-अलग रूपों में शक्ति अलग-अलग स्थान पर स्थित रहती है। राजतन्त्र में सम्प्रभुता राजा में होती है। राजा अपने सलाहकारों से राय ले सकता है, लेकिन राजा पर उस परामर्श को मानने की कानूनी बाध्यता नहीं होती है। अगर तथाकथित राजा अपने सलाहकारों की सभा की सलाह को मानने के लिए कानूनी रूप से बाध्य हो, तो बोदाँ के अनुसार, वह व्यवस्था राजतंत्र नहीं, बल्कि कुलीनतन्त्र कहलाएगी। अगर अन्तिम

---

1. *The Encyclopedia of Philosophy,* vol. 7, p. 502.

शक्ति किसी निर्वाचित सभा के हाथ में हो, तो वह व्यवस्था लोकतान्त्रिक कहलाती है। संक्षेप में, बोदाँ की राय में मिश्रित राज्य जैसी कोई चीज नहीं होती है। अविभाज्य शक्ति के अभाव में सुव्यवस्थित राज्य का अस्तित्व सम्भव नहीं है। इस शक्ति का किसी एक स्थान पर स्थित रहना जरूरी है, चाहे वह राजा हो, या सभा, या आम जनता। बोदाँ के अनुसार राज्य में सम्प्रभु शक्ति होती है। सरकार उस तन्त्र को कहते हैं जिसके द्वारा इस शक्ति का इस्तेमाल होता है। बोदाँ ने लोकतंत्र और कुलीनतन्त्र की तुलना में राजतंत्र का समर्थन किया है क्योंकि उनके अनुसार इसमें प्राधिकार की एकता और अविभाज्यता सबसे अधिक सुरक्षित मालूम देती है।

बोदाँ निरंकुश राजतन्त्र के समर्थक माने जाते हैं। उन्होंने अपने समय के फ्रांस के राजतन्त्र का समर्थन किया। लेकिन उनके चिन्तन में विसंगतियाँ भी हैं। बोदाँ के अनुसार सम्प्रभु को ''ईश्वर और प्रकृति के नियमों'' के अधीन काम करना चाहिए। अगर थोड़ी देर के लिए मान भी लें कि ईश्वर का अस्तित्व है, तो भी ये ''ईश्वरीय और प्राकृतिक'' नियम क्या हैं, और इनकी जानकारी कैसे मिलेगी, यह विवाद का विषय हो सकता है। स्वयं बोदाँ ने इस सन्दर्भ में सम्पत्ति के अधिकारों को ही विशेष महत्त्व दिया है, जीवन और स्वतन्त्रता के अधिकारों को नहीं। लॉक ने जीवन, स्वतन्त्रता और सम्पत्ति के अधिकारों को प्रमुख प्राकृतिक अधिकार माना है। दूसरे, अगर सम्प्रभु प्रकृति के नियमों का उल्लंघन करे तो, बोदाँ के विचारों के सन्दर्भ में, उसे इसके लिए कानूनी दृष्टि से जवाबदेह बनाने का कोई रास्ता नहीं है। क्या प्रजा काल्पनिक ईश्वर के भरोसे बैठी रहेगी? बोदाँ के अनुसार ऐसी स्थिति में नागरिकों को आदेश का पालन करने से मुक्ति मिल जाती है, लेकिन उन्हें विद्रोह करने का अधिकार नहीं मिलता है। बोदाँ की राय में राजनीतिक ''सुव्यवस्था'' का इतना महत्त्व है कि किसी को भी उसे समाप्त करने का अधिकार नहीं है। हाँ, इससे पड़ोस के राजाओं को ''न्याय'' के हित में हस्तक्षेप करने का अधिकार मिल जाता है!

अगर इस युक्ति को स्वीकार भी कर लिया जाए कि सुव्यवस्थित राज्य के लिए या अराजकता से बचने के लिए एक अविभाज्य सम्प्रभु शक्ति का होना अनिवार्य है, तो इससे यह कहाँ सिद्ध होता है कि इस शक्ति का किसी एक व्यक्ति (राजा) के हाथ में केन्द्रित रहना जरूरी है? यह शक्ति निर्वाचित विधायिका के हाथों में भी रह सकती है। यह भी जरूरी नहीं है कि सम्प्रभुता या सर्वोच्च कानूनी प्राधिकार किसी एक ही संस्था के हाथों में हो। यह विधायिका, कार्यपालिका और न्यायपालिका जैसी अलग-अलग संस्थाओं के बीच विभाजित भी रह सकती है, जैसा कि आधुनिक लोकतन्त्र में होता है। लॉक और मॉन्टेस्क्यू ने स्वतंत्रता की रक्षा के लिए ''शक्ति के विभाजन'' का समर्थन किया है। लॉक जैसे लोकतान्त्रिक विचारकों के अनुसार, अन्तिम विश्लेषण में सम्प्रभुता आम जनता के पास रहती है।

बोदाँ के सम्प्रभुता के सिद्धान्त की यह कह कर भी आलोचना की गयी है कि इसमें एक ओर सम्प्रभुता की परिभाषा ''कानून द्वारा अनियंत्रित सर्वोच्च शक्ति'' के रूप में की गयी है, और दूसरी ओर, उस पर संवैधानिक सीमाओं का उल्लेख किया गया है। इस तरह, बोदाँ ने अपने सम्प्रभुता के सिद्धान्त का संविधानवाद के साथ समन्वय करने

का प्रयास किया है। बोदाँ ने अपने समय के फ्रांस के संवैधानिक कानून का भी समर्थन किया है। उन्होंने यह स्वीकार किया है कि फ्रांस का राजा कानूनी दृष्टि से कुछ कार्यों को नहीं कर सकता है, जैसे उत्तराधिकार के नियम में परिवर्तन। अगर वह ऐसा करेगा तो सम्प्रभुता ही समाप्त हो जाएगी। दूसरी ओर, वे यह भी मानते थे कि फ्रांस का राजा उनके बताए गए अर्थ में सम्प्रभु का श्रेष्ठ उदाहरण है। यहाँ पर आत्म-विरोध स्पष्ट है। एक ओर सम्प्रभु कानून का स्रोत भी है, और दूसरी ओर कुछ संवैधानिक कानून ऐसे हैं जो उसने नहीं बनाए हैं, और जिनमें वह परिवर्तन नहीं ला सकता है। अगर कानून और कुछ नहीं सिर्फ ''सम्प्रभु का आदेश'' है, तो फिर उस पर संवैधानिक कानूनों द्वारा कोई सीमा कैसे लगायी जा सकती है? क्या वह इन कानूनों को बदल नहीं सकता है? दरअसल, निरंकुश राजतन्त्र और संविधानवाद के बीच सामंजस्य बैठाना सम्भव नहीं है।[1] (देखें ''राजतंत्र'')

जो भी हो, बोदाँ को पहला राजनीतिक विचारक माना जाता है, जिसने ''सम्प्रभुता'' की अवधारणा पर अलग से विचार किया, और उसे एक ऐसा आवश्यक तत्त्व माना जो राज्य को अन्य संगठनों से अलग करता है। बोदाँ के राजनीतिक विचारों का प्रभाव हॉब्स पर भी पड़ा।

ऑस्टिन

जॉन ऑस्टिन (1790-1895)—19वीं सदी के उपयोगितावादी दार्शनिकों ने प्राकृतिक कानून और प्राकृतिक अधिकार के सिद्धान्त का विरोध किया है। अंग्रेज उपयोगितावादी दार्शनिक बेन्थम के अनुसार, कानून और कुछ नहीं सिर्फ सम्प्रभु का आदेश है। कानून में ''अधिकतम व्यक्तियों के अधिकतम सुख'' के तर्कसंगत उपयोगिता सिद्धान्त के आधार पर सुधार लाया जा सकता है।

बेन्थम के प्रशंसक ऑस्टिन ने सम्प्रभुता के सिद्धान्त का इस्तेमाल कानून के विश्लेषण के लिए किया है। ऑस्टिन के कानून के आदेश-सिद्धान्त (command theory of law) के अनुसार ''सही अर्थों में कानून'' सम्प्रभु का आदेश है, जो उसकी इच्छा को व्यक्त करता है, और जिसके साथ दण्ड-विधान जुड़ा रहता है। ऑस्टिन की यह मान्यता थी कि नैतिक नियमों और कानूनी नियमों के बीच एक बुनियादी अन्तर होता है। ऑस्टिन के अनुसार कानून और अन्य नियमों के बीच यही अन्तर है कि कानून के साथ शक्ति जुड़ी रहती है। ऑस्टिन के अनुसार नैतिक नियमों और नैतिक अधिकारों का पालन, अगर करवाया जा सकता है, तो व्यापक समुदाय द्वारा ही करवाया जा सकता है। अगर उनका पालन सम्प्रभु द्वारा करवाया जाता है, तो वे कानूनी नियम बन जाते हैं, जिनका पालन किसी मानव शासक द्वारा शक्ति के इस्तेमाल से करवाया जाता है। इसे ही ऑस्टिन ने सही अर्थों में कानून या ''यथार्थवादी कानून'' (positive law) कहा है। ऑस्टिन के अनुसार उसका विशेष स्रोत और उसके साथ जुड़ी दण्ड-व्यवस्था ही यथार्थवादी कानून की पहचान है। ऑस्टिन की राय में सम्प्रभु के आदेश

1. Sabine, *A History of Political Theory*, pp. 377-82.

अविवेकपूर्ण हो सकते हैं, लेकिन वे कभी भी गैरकानूनी नहीं होते। इन आदेशों का नैतिकता के नियमों से विरोध हो सकता है, लेकिन इस विरोध के बावजूद वे वैधानिक होते हैं। इसलिए, ऑस्टिन की राय में वैधानिक दृष्टि से ''बुरे'' कानूनों का अस्तित्व नहीं हो सकता है, क्योंकि कानून और कुछ नहीं सम्प्रभु का आदेश है।

ऑस्टिन के अनुसार किसी भी कानूनी-व्यवस्था में एक सर्वोच्च शक्ति का अस्तित्व अनिवार्य है। एक ऐसा निश्चित श्रेष्ठ मानव, जो अपने जैसे किसी श्रेष्ठ मानव की आज्ञा का पालन करने का अभ्यस्त न हो; और समाज के अधिकांश सदस्य जिसकी आज्ञा का **आदतन** पालन करते हों। ऐसी सर्वोच्च शक्ति की इच्छा ही कानून को वैधता प्रदान करने वाला अन्तिम सिद्धान्त है। इस तरह, ऑस्टिन ने सम्प्रभुता को आज्ञा पालन के समाजशास्त्रीय तथ्य पर आधारित किया है।

ऑस्टिन ने पहली बार ''सम्प्रभुता'' के सन्दर्भ में ''आदत'' (habit) को प्रासंगिक माना है। इसी तरह, ऑस्टिन ही ऐसे पहले विचारक हैं जिनके अनुसार ''सम्प्रभुता'' के सन्दर्भ में यह बात प्रासंगिक है कि समाज में कितने लोगों को किसी को श्रेष्ठ मानने की आदत लगी हुई है।

ऑस्टिन के विचार में इंगलैण्ड की संसद, जिस पर किसी दूसरे प्राधिकारी द्वारा कोई कानूनी सीमा नहीं लगी हुई है, प्रथम दृष्टि से, सम्प्रभु विधायिका का एक उदाहरण है। यह जरूरी नहीं है कि आदतन जिस सर्वोच्च शक्ति की आज्ञा का पालन किया जाता हो वह कोई व्यक्ति या व्यक्तियों का समूह हो। यह सर्वोच्च शक्ति कानून द्वारा बनायी गयी संसद जैसी कोई संस्था भी हो सकती है।[1]

ऑस्टिन के विचारों का समकालीन कानूनी यथार्थवाद (legal positivism) पर गहरा प्रभाव है। बीसवीं सदी के विधि-शास्त्र (jurisprudence) के लेखक एच॰ एल॰ ए॰ हॉर्ट (*The Concept of Law*, 1961) पर भी ऑस्टिन के विचारों का प्रभाव है।

लास्की

हैरॉल्ड॰ जे॰ लास्की—लास्की ने राज्य के एकत्ववादी (monistic) मॉडेल की जगह बहुलवादी (pluralistic) मॉडेल को अपनाया है। बहुलवादियों द्वारा राज्य और समाज के बीच अन्तर किया जाता है। समाज में कई समितियाँ (associations) हैं, और वे अलग-अलग मानवीय आवश्यकताओं को पूरा करती हैं। राज्य का नागरिकों की निष्ठा पर, अन्य समितियों की तुलना में, कोई विशेषाधिकार नहीं होता है। जिन आवश्यकताओं को राज्य पूरा नहीं कर सकता है, उन्हें पूरा करने के लिए ट्रेड यूनियन जैसी अन्य समितियाँ अस्तित्व में आती है। लास्की के अनुसार समाज की अन्य समितियों के संविधान, उद्देश्यों और आन्तरिक सम्बन्धों को नियंत्रित करने का राज्य का दावा, इन समितियों की नैतिक स्वायत्तता पर एक आक्रमण है। प्रत्येक समिति अपने-अपने क्षेत्र में सम्प्रभु है। बहुलवादी इस बात को स्वीकार करते हैं कि राज्य का अस्तित्व आवश्यक है, लेकिन, उनकी राय में, राज्य को व्यवस्था की न्यूनतम शर्तों को बनाए

1. *The Encyclopedia of Philosophy,* vol. 7, p. 503.

रखने के लिए एक 'अम्पायर' का काम करना चाहिए। राज्य को अन्य समितियों के बीच अधिकार-क्षेत्र (jurisdiction) के विवादों का निबटारा करना चाहिए, और एक समिति के सदस्यों को दूसरी समिति के अधिकार-क्षेत्र में अतिक्रमण करने से रोकना चाहिए।[1]

कानून के बारे में लास्की की राय बोदाँ और ऑस्टिन से अलग है। लास्की के अनुसार कानून की वैधता इस पर निर्भर नहीं है कि वह किस स्रोत से आता है। कानून तभी कानून बनता है, जब उसे लागू किया जाता है; और जब उसे स्वीकार किया जाता है। इसका अर्थ यह नहीं कि जिन कानूनों को स्वीकार किया जाता है, वे सभी उचित कानून होते हैं। सम्भव है कि उन्हें सिर्फ उनके पीछे मौजूद ताकत के कारण स्वीकार किया जाता हो।

लास्की के अनुसार कानून की धारणा का तीन अर्थों में इस्तेमाल किया जा सकता है। पहला, औपचारिक वैधानिक (juristic)अर्थ, जो एक घोषणा मात्र से अधिक कुछ भी नहीं, जो अन्ततः सम्प्रभु प्राधिकार के कुछ निर्णयों को लागू करने के संकल्प पर निर्भर करता है। दूसरा अर्थ है, राजनीतिक अर्थ, जब किसी घोषणा को, जिन पर उसे लागू किया जाना है, उनके द्वारा स्वीकार किए जाने पर, वैधता मिल जाती है। तीसरा अर्थ है, नैतिक अर्थ, जब घोषित निर्णयों का इसलिए पालन किया जाना चाहिए, क्योंकि उसके द्वारा जो कुछ करने का प्रस्ताव रखा जाता है, उसे करना नैतिक दृष्टि से उचित है।

लास्की के अनुसार कानून के पहले दो अर्थों में नागरिकों का कोई अन्तर्निहित कर्त्तव्य नहीं है कि वे उनका पालन करें। सिर्फ औपचारिक योग्यता या राजनीतिक शक्ति द्वारा ही कानून का पालन करवाने का अधिकार नहीं मिल जाता है। किसी कानून का पालन करना नागरिकों का कर्त्तव्य तभी है जब वह कानून नैतिक दृष्टि से सन्तोषजनक हो। नैतिक दृष्टि से कानून को वैध होने के लिए उसे अधिकारों की उस व्यवस्था के अनुरूप होना चाहिए, जिन्हें बनाए रखने के लिए राज्य का अस्तित्व है। लास्की के विचार में क्योंकि कानून एक आदेश है, जो नागरिकों के व्यवहार को किसी विशेष ढंग से नियंत्रित करने का प्रयत्न करता है, इसलिए यह जरूरी है कि प्रत्येक नागरिक इसकी जाँच करे कि वह नैतिक दृष्टि से सन्तोषजनक है या नहीं। इस तरह, लास्की के विचार में वैध कानून की जड़ें व्यक्ति के विवेक में ही होती हैं, या हो सकती हैं। नागरिक अपने विवेक की सहमति देकर ही किसी कानून को वैधानिक बनाता है।[2]

समीक्षा

सम्प्रभुता राज्य का एक अनिवार्य तत्त्व है। राज्य के चार तत्त्व हैं—आबादी, क्षेत्र, सरकार और सम्प्रभुता। इन चार तत्त्वों से अलग या स्वतन्त्र राज्य का कोई अस्तित्व

---

1. Ibid., p. 504.
2. William Ebenstein, *Modern Political Thought* (New Delhi : Oxford & IBH Publishing Co., 1970), pp. 137–40.

नहीं है। सम्प्रभुता या सर्वोच्च कानूनी प्राधिकार का इस्तेमाल सरकार द्वारा किया जाता है। सरकार को कानून बनाने और बलपूर्वक कानून को लागू करवाने का अधिकार रहता है। सरकार द्वारा बनाए गए कानून राज्य के क्षेत्र में आने वाली सभी समितियां के नियमों से ऊपर होते हैं, और वे राज्य के क्षेत्र में आने वाली आबादी पर अनिवार्यतः लागू होते हैं।

सम्प्रभुता को राज्य के स्वरूप से अलग करके देखना चाहिए। किसी राज्य में शासन-व्यवस्था निरंकुश राजतन्त्र हो सकती है या लोकतन्त्र; लेकिन दोनों ही सरकारों में सम्प्रभुता रहती है। अन्तर इस बात को लेकर होता है कि सम्प्रभुता का स्रोत किसे माना जाता है, और सम्प्रभु शक्ति का इस्तेमाल किसके द्वारा और कैसे किया जाता है। राजतन्त्र में राजा की सम्प्रभुता का स्रोत ईश्वर को माना गया है, जबकि लोकतन्त्र में सरकार की सम्प्रभुता का स्रोत जनता को माना जाता है। राजतन्त्र में राजा को ईश्वर के प्रति जिम्मेवार माना जाता है, जबकि लोकतन्त्र में शासनतंत्र को जनता के प्रति। राजतन्त्र में सम्प्रभु शक्ति का इस्तेमाल एक व्यक्ति (राजा) द्वारा किया जाता है, जबकि लोकतन्त्र में इसका इस्तेमाल विधायिका, कार्यपालिका और न्यायपालिका जैसी संस्थाओं द्वारा।

कानून के स्वरूप का प्रश्न भी सम्प्रभुता की अवधारणा के साथ जुड़ा है। सम्प्रभुता और कानून जैसे प्रश्नों पर दो दृष्टि से विचार किया जा सकता है, एक, इन्द्रियानुभविक या यथार्थवादी दृष्टि से; और दो, मानक या आदर्शवादी दृष्टि से। अगर इन दो दृष्टिकोणों को अलग-अलग और स्पष्ट रखा जाए, तो बहुत सारे संशयों और भ्रांतियों से बचा जा सकता है।

अगर यथार्थवादी दृष्टि से हम किसी राज्य की सम्प्रभुता पर विचार करेंगे, तो हम यह जानने का प्रयत्न करेंगे कि उस राज्य में सम्प्रभुता का स्रोत किसे माना जाता है, उसमें सम्प्रभुता किसी एक व्यक्ति में निहित है या किसी एक या एक से अधिक संस्थाओं में; सम्प्रभु शक्ति का इस्तेमाल करने वाले व्यक्ति या संस्था को किसके प्रति जिम्मेवार माना जाता है, आदि। जबकि अगर हम सम्प्रभुता के प्रश्न पर मानक दृष्टि से विचार करेंगे, तो हम यह सोचेंगे कि सम्प्रभुता का स्रोत किसे मानना चाहिए; सम्प्रभु-शक्ति का इस्तेमाल एक व्यक्ति द्वारा किया जाना चाहिए, किसी एक संस्था द्वारा या कई संस्थाओं द्वारा; सम्प्रभु शक्ति का इस्तेमाल करने वाले व्यक्ति या संस्थाओं को किसके प्रति जिम्मेवार होना चाहिए, आदि।

अगर यथार्थवादी दृष्टि से देखा जाए, तो कानून सम्प्रभु का आदेश है, जिसके साथ दण्ड की व्यवस्था जुंड़ी रहती है। अगर मानक और लोकतान्त्रिक दृष्टि से देखा जाए, तो कानून को, अन्तिम विश्लेषण में, नागरिकों की सहमति पर आधारित होना चाहिए। कोई कानून यथार्थवादी दृष्टि से वैधानिक होने के बावजूद नैतिक दृष्टि से बुरा कानून हो सकता है। इसे ही इस प्रकार भी कहा जा सकता है कि यह यथार्थवादी दृष्टि से कानून है, लेकिन नैतिक दृष्टि से कानून नहीं है। अगर कानून लोकतान्त्रिक मूल्यों

के अनुरूप हो, तो नागरिकों को उसका पालन करना चाहिए, अन्यथा उसका विरोध करना चाहिए। हर हाल में नागरिकों को कानून का पालन करना चाहिए, यह निरंकुश राजतंत्र का आदर्श हो सकता है, लोकतन्त्र का नहीं। अगर कानून स्वतन्त्रता और समता जैसे बुनियादी लोकतांत्रिक मूल्यों के और न्याय की लोकतान्त्रिक अवधारणा के विरुद्ध हो, तो उनका पालन न करना या विद्रोह करना नागरिकों का अधिकार और दायित्व है।

प्रश्न

1. निम्नलिखित पर अधिक-से-अधिक 200 शब्दों में तर्कपूर्ण टिप्पणी लिखिए:
   (1) 'प्रभुसत्ता' (sovereignty) पर कौटिल्य। (1997)
2. बोदाँ (Bodin) के निरपेक्ष प्रभुसत्ता के सिद्धान्त की व्याख्या कीजिए। प्रजातान्त्रिक प्रभुसत्ता की तुलना में राजतन्त्रीय प्रभुसत्ता को वरीयता देने के लिए उनका क्या तर्क था? इस सन्दर्भ में विचार कीजिए कि क्या उनकी अविभाज्य प्रभुसत्ता की वकालत संविधानवाद पर उनके विश्वास के साथ संगतिपूर्ण थी। (1998)
3. शक्ति ही सम्प्रभुता का निर्धारक तत्त्व है—आस्टिन के इस मत का आलोचनात्मक विवेचन प्रस्तुत कीजिए। (1999)
4. सम्प्रभुता की अवधारणा की व्याख्या कीजिए। इस सन्दर्भ में इस कथन की आलोचनात्मक समीक्षा कीजिए कि सम्प्रभुता असीमित (illimitable) एवं तर्कतः अवभाज्य है। (2006)
5. निम्नलिखित पर अधिक-से-अधिक 200 शब्दों में समालोचनात्मक टिप्पणी लिखिए।
   (क) कौटिल्य की प्रभुतासम्पन्न राज्य की 'सप्तांग' थियोरी। (2008)

❑

अध्याय 5

सामाजिक और राजनीतिक आदर्श : स्वतन्त्रता, समानता और न्याय

स्वतन्त्रता, समानता और न्याय महत्त्वपूर्ण सामाजिक और राजनीतिक आदर्श हैं। भारतीय संविधान की प्रस्तावना में भी इन आदर्शों को प्रमुख स्थान दिया गया है। इसमें भारत के सभी नागरिकों को अभिव्यक्ति, विश्वास, धर्म और उपासना की **स्वतन्त्रता**; प्रतिष्ठा और अवसर की **समानता** एवं सामाजिक, आर्थिक और राजनीतिक **न्याय** प्राप्त कराने की बात की गई है।

''सामाजिक'' का क्षेत्र ''राजनीतिक'' से अधिक व्यापक है। राजनीतिक जीवन भी सामाजिक जीवन का अंग है। जब हम सामाजिक आदर्श के रूप में स्वतन्त्रता और समता की बात करते हैं, तो हम इन्हें राजनीतिक आदर्श के रूप में तो स्वीकार करते ही हैं, लेकिन इसके अलावा सामाजिक जीवन के अन्य क्षेत्रों में भी इन्हें आदर्श के रूप में स्वीकार करते हैं। स्वतंत्रता और समानता के आदर्शों को सिर्फ राज्य और राजनीति पर ही नहीं बल्कि सामाजिक परिवर्तन, जाति, वर्ग, औरत-मर्द सम्बन्ध, विवाह, परिवार, आदि पर भी लागू किया जाता है। इस सन्दर्भ में लोकतांत्रिक राज्य के साथ-साथ लोकतांत्रिक समाज की भी चर्चा की जाती है।

स्वतन्त्रता

स्वतन्त्रता एक महत्वपूर्ण और बुनियादी राजनीतिक आदर्श है। लोकतान्त्रिक चिन्तनधारा के अन्तर्गत स्वतन्त्रता को प्रमुख स्थान दिया जाता है। स्वतन्त्रता और समता को बुनियादी लोकतान्त्रिक मूल्य या आदर्श माना जाता है। लोकतान्त्रिक शासन व्यवस्था को इसलिए पसन्द किया जाता है, और इसका समर्थन भी इसलिए किया जाता है, क्योंकि इसके अन्तर्गत नागरिकों को अधिकतम **स्वतन्त्रता** मिलती है, और प्रत्येक नागरिक को एक **समान** महत्त्व दिया जाता है। इसके अलावा, मानवतावादियों के द्वारा भी **स्वतन्त्रता** को एक बुनियादी राजनीतिक आदर्श के रूप में स्वीकार किया जाता है। मानवतावादियों द्वारा आम तौर से स्वतन्त्रता, मानव अधिकारों और लोकतन्त्र का समर्थन किया जाता है।

''स्वतन्त्रता'' का अर्थ है ''रुकावट या बन्धनों का अभाव।'' अंग्रेजी शब्द ''liberty'', लैटिन शब्द ''liber'' से व्युत्पन्न हुआ है, जिसका अर्थ है– ''बन्धनों का नहीं होना''।

नीतिशास्त्र के अन्तर्गत या नैतिक सन्दर्भों में ''संकल्प की स्वतन्त्रता'' (freedom of will) की चर्चा भी की जाती है। ''संकल्प-स्वातन्त्र्य'' का अर्थ होता है अपने सामने मौजूद कई विकल्पों में से किसी एक को चुनने की **आन्तरिक** स्वतन्त्रता।

लेकिन जब सामाजिक और राजनीतिक सन्दर्भों में ''स्वतन्त्रता'' की चर्चा की जाती है, तो वहाँ पर ''संकल्प की स्वतन्त्रता'' से तात्पर्य नहीं होता है, बल्कि वहाँ पर ''स्वतन्त्रता'' का अर्थ व्यक्ति ने जिस कर्म को करने के लिए चुना है, उसे करने में किसी **बाहरी** रुकावट से स्वतन्त्रता होता है। कोई व्यक्ति जिस कर्म को करना चाहे, उसे करने में कोई रोक नहीं हो, तो वह स्वतन्त्र है। ''स्वतन्त्रता'' की इस अवधारणा को ''सामाजिक स्वतन्त्रता'' कहते हैं।

डी॰ डी॰ रैफेल के अनुसार, ''सामाजिक स्वतन्त्रता'' **व्यक्ति द्वारा चुने गए, या उस कर्म पर जिसे वह चुनता अगर वह यह जानता की वह चुन सकता है, रोक का अभाव है।** रैफेल के अनुसार यहाँ पर यह जोड़ना जरूरी है कि यह रुकावट अवश्य ही या तो दूसरे व्यक्तियों के कर्मों द्वारा जानबूझ कर उत्पन्न की गयी होनी चाहिए, या दूसरों के संकल्पित कर्मों द्वारा उसे हटाना सम्भव होना चाहिए।[1] उदाहरण के तौर पर, अगर किसी व्यक्ति को जेल में डाल दिया जाए, तो इससे उसकी स्वतन्त्रता का हनन होता है, क्योंकि यह रुकावट दूसरों द्वारा लगायी जाती है। दूसरी ओर, जब हम अभाव से स्वतन्त्रता की बात करते हैं, या हम कहते हैं कि मानवता को कैंसर से स्वतन्त्र किया जाना चाहिए, तो हम समझते हैं कि जिस रुकावट की हम बात कर रहे हैं, हालांकि वह मानव द्वारा लगायी नहीं गयी है, लेकिन उसे मानव प्रयत्नों द्वारा दूर किया जा सकता है। अगर कोई रुकावट प्राकृतिक कारणों से हो तो हम यह नहीं कहेंगे कि व्यक्ति उसके कारण स्वतन्त्र नहीं है। उदाहरण के तौर पर, हम यह कह सकते हैं कि मनुष्य उड़ने में **समर्थ** नहीं है, लेकिन यह नहीं कि मनुष्य को उड़ने की **सामाजिक स्वतन्त्रता** नहीं है।

जब हम किन्हीं विशेष परिस्थितियों में स्वतन्त्रता की बात करते हैं, तो दो प्रश्न उठाए जा सकते हैं—किस कार्य को करने **की** स्वतन्त्रता? और किस बात **से** स्वतन्त्रता? पहला प्रश्न यह है कि वे किस किस्म के कर्म हैं जिन पर रुकावट नहीं रहनी चाहिए। जबकि दूसरा प्रश्न यह सवाल उठाता है कि वह कौन-सी रुकावट है जिसे हटाना है।

दूसरे विश्व युद्ध के दौरान अमरीकी राष्ट्रपति रुजवेल्ट और इंगलैण्ड के प्रधानमंत्री चर्चिल द्वारा जारी की गयी अटलांटिक चार्टर में ''चार स्वतन्त्रताओं'' की चर्चा की गयी थी—

(1) अभिव्यक्ति की स्वतन्त्रता
(2) उपासना की स्वतन्त्रता
(3) भय से स्वतन्त्रता, और
(4) अभाव से स्वतन्त्रता

---

1. D. D. Raphael, *Problems of Political Philosophy* (Hong Kong; The Macmillan Press Ltd., 1978), p. 115.

इनमें से पहली दो स्वतन्त्रताओं का सम्बन्ध उन कर्मों से है जिन पर रुकावट नहीं रहनी चाहिए, जबकि बाद की दो स्वतन्त्रताओं का सम्बन्ध उन रुकावटों से हैं, जिन्हें हटाया जाना चाहिए।

स्वतन्त्रता और कानून

राज्य द्वारा बनाए गए कानूनों से व्यक्ति की स्वतन्त्रता सीमित हो जाती है। हो सकता है व्यक्ति राज्य द्वारा बनाए गए कानूनों के कारण ऐसे कार्यों को न कर पाए जिन्हें वह करना चाहता हो। कानून द्वारा व्यक्ति की स्वतन्त्रता पर लगायी गयी सीमाओं का उद्देश्य, या तो दूसरों की स्वतन्त्रता की रक्षा करना हो सकता है, या फिर स्वतन्त्रता के अलावा किसी अन्य मूल्य को प्रोत्साहन देना। कानून द्वारा व्यक्ति की स्वतन्त्रता पर लगायी गयी सीमाएँ कभी उचित और आवश्यक भी हो सकती हैं, तथा कभी अनुचित और अनावश्यक भी। लोकतान्त्रिक राज्य में व्यक्ति की स्वतन्त्रता को सर्वाधिक महत्व दिया जाता है। नागरिकों को अधिक से अधिक स्वतन्त्रता प्राप्त हो, और राज्य द्वारा उनकी स्वतन्त्रता पर कम से कम सीमाएँ लगायी जाएँ—यही लोकतान्त्रिक आदर्श है। लेकिन, विस्तार में जाने पर, यह सीमा ठीक कब और कितनी होनी चाहिए, यह राजनीतिक विचारकों के बीच विवाद का विषय भी रहा है।

राजनीतिक चिन्तन में, खास कर लोकतान्त्रिक चिन्तनधारा के अन्तर्गत, नागरिक के अधिकारों पर बहुत बल दिया जाता है। स्वतन्त्रता के अधिकार को भी नागरिकों के अधिकार के रूप में मान्यता मिली हुई है। कई बार नागरिकों के अधिकारों को राज्य से पूर्व, जन्मजात और प्राकृतिक माना जाता है। उदाहरण के तौर पर, सतरहवीं शताब्दी के लोकतंत्र समर्थक ब्रिटिश दार्शनिक लॉक ने जीवन के अधिकार, **स्वतन्त्रता** और सम्पत्ति के अधिकार को प्राकृतिक माना है। अमरीकी संविधान में जीवन, स्वतन्त्रता और सुख की तलाश के अधिकार को जन्मजात माना गया है। संयुक्त राष्ट्र मानव अधिकार घोषणा-पत्र के अनुसार सभी मनुष्य जन्म से स्वतन्त्र तथा गरिमा और अधिकारों की दृष्टि से एक समान हैं। अधिकारों के स्रोत के बारे में राजनीतिक चिन्तन में कई सिद्धान्त हैं। एक मत के अनुसार अधिकार जन्मजात या प्राकृतिक नहीं, बल्कि **वैधानिक** होते हैं। इस मत के अनुसार राज्य जिन माँगों को स्वीकार करे, और जो कानून द्वारा मान्यता प्राप्त हो, वही अधिकार है।

कभी-कभी कुछ नागरिक अधिकारों को मौलिक अधिकार (fundamental rights) कह कर अधिक महत्त्व दिया जाता है। उदाहरण के तौर पर, भारत के संविधान में नागरिकों के मौलिक या मूल अधिकार की चर्चा है। स्वतन्त्रता के अधिकार और धर्म की स्वतन्त्रता के अधिकार को भारतीय संविधान में मौलिक अधिकार के रूप में मान्यता दी गई है। **स्वतन्त्रता के अधिकार** के अन्तर्गत बोलने और अभिव्यक्ति की स्वतन्त्रता, संगठन बनाने की स्वतन्त्रता, बिना शस्त्रों के शान्तिपूर्वक सम्मेलन करने की स्वतन्त्रता, राज्य के किसी क्षेत्र में निवास करने, आजीविका अपनाने या व्यापार करने की स्वतन्त्रता शामिल है। इसके अलावा, इसका सम्बन्ध ''कानून के शासन'' (rule of law) की अवधारणा से भी है; जिसके अनुसार किसी व्यक्ति को उसके जीवन और स्वतन्त्रता से

कानून द्वारा स्थापित प्रक्रिया से ही वंचित किया जा सकता है, अन्यथा नहीं। धर्म की स्वतन्त्रता के अधिकार के अन्तर्गत नागरिकों को किसी भी धर्म को मानने या न मानने की स्वतन्त्रता मिली हुई है। भारतीय संविधान के अनुसार राज्य को ऐसा कोई कानून बनाने का अधिकार नहीं है, जो नागरिकों के मौलिक अधिकारों को छीनता या कम करता है। नागरिकों की बुनियादी स्वतन्त्रताओं को "नागरिक स्वतन्त्रता" (civil liberties) भी कहा जाता है। संयुक्त राष्ट्र संघ द्वारा स्वीकृत मानव अधिकार घोषणा-पत्र में भी इन स्वतन्त्रताओं को "मानव अधिकारों" के रूप में मान्यता मिली हुई है।

संयुक्त राष्ट्र संघ के चार्टर (U.N. Charter) में मानव अधिकारों (Human Rights) का उल्लेख आया है, और अभिव्यक्ति, उपासना एवं शान्तिमय प्रदर्शन की स्वतन्त्रता जैसे बुनियादी अधिकारों को मानव अधिकारों के रूप में मान्यता दी गयी है। मानव अधिकारों के सार्वभौमिक घोषणा-पत्र (Universal Declaraton of Human Rights) के अनुसार हर व्यक्ति को जीवन, स्वतन्त्रता और सुरक्षा का अधिकार है। घोषणा-पत्र में उल्लिखित अधिकारों में विचारों, विवेक और धर्म की स्वतन्त्रता का अधिकार शामिल है।

स्वतन्त्रता पर मिल के विचार

जॉन स्टुअर्ट मिल उन्नीसवीं शताब्दी के एक अंग्रेज उपयोगितावादी दार्शनिक हैं। मिल ने अपनी पुस्तक *On Liberty* में विचारों और अभिव्यक्ति की स्वतन्त्रता का जबरदस्त समर्थन किया है। मिल के अनुसार राज्य का उद्देश्य है व्यक्ति के सुख में वृद्धि करना। यही उसके अस्तित्व का औचित्य है। मिल की राय में राज्य व्यक्ति के निजी मामलों में कम-से-कम हस्तक्षेप द्वारा ही उनके सुख में वृद्धि कर सकता है। मिल के अनुसार आचरण की स्वतन्त्रता मानव सुख और व्यक्ति एवं समाज के विकास का मुख्य तत्त्व है। मिल की राय में ऐसे मामलों में जहाँ व्यक्ति के आचरण का प्रभाव समुदाय पर नहीं पड़ता हो, व्यक्ति को पूर्ण स्वतन्त्रता मिलनी चाहिए। जबकि ऐसे मामलों में जहाँ व्यक्ति के आचरण का प्रभाव समुदाय पर पड़ता हो, वहाँ अगर व्यक्ति का आचरण समुदाय के कल्याण के विरुद्ध हो, तो समुदाय को व्यक्ति के आचरण को नियंत्रित करने का अधिकार है। मिल के अनुसार सिर्फ दूसरों की स्वतन्त्रता में हस्तक्षेप करने से रोकने के लिए ही किसी व्यक्ति की स्वतन्त्रता पर रोक लगायी जानी चाहिए।

मिल के अनुसार **दूसरों को नुकसान से बचाना ही वह एकमात्र लक्ष्य है जिसे प्राप्त करने के लिए किसी व्यक्ति की स्वतन्त्रता पर रोक लगाना उचित है।** अगर किसी व्यक्ति का कोई कर्म ऐसा है, जिससे दूसरों को कोई नुकसान नहीं पहुँचता हो, तो उस पर रोक नहीं लगायी जानी चाहिए, चाहे भले ही उस कर्म से स्वयं उस व्यक्ति को नुकसान क्यों न पहुँचता हो। मिल के अनुसार ऐसे दृष्टान्तों में व्यक्ति को समझाया जा सकता है, लेकिन उसे बाध्य नहीं किया जाना चाहिए। समाज या राज्य को व्यक्ति के सिर्फ ऐसे ही कर्मों पर रोक लगाने का अधिकार है जिसका असर दूसरों पर पड़ता हो, और जिससे दूसरों को नुकसान पहुँचता हो। जहाँ तक व्यक्ति के ऐसे कर्मों का सवाल है, जिनका असर स्वयं उस तक ही सीमित हो, तो व्यक्ति को अपने

शरीर और दिमाग का मालिक स्वयं माना जाना चाहिए। मिल ने कानून के सार्वजनिक दायरे और नैतिकता के निजी क्षेत्र के बीच अन्तर किया है, ओर कानून द्वारा बुनियादी स्वतन्त्राओं की गारंटी देने की वकालत की है।[1]

स्वतन्त्रता की दो अवधारणाएँ

कुछ विचारकों द्वारा स्वतन्त्रता की दो अवधारणाओं की बात की गयी है। उनके द्वारा स्वतन्त्रता की परम्परागत परिभाषा को निषेधात्मक कहा जाता है, और इसके एवं "सकारात्मक स्वतन्त्रता" के बीच अन्तर किया जाता है। स्वतन्त्रता की सकारात्मक परिभाषा के अन्तर्गत चुनाव (choice) को केन्द्रींय महत्त्व दिया जाता है। उदाहरण के तौर पर, रिचर्ड नॉरमन के अनुसार यह सही है कि स्वतन्त्रता के लिए दूसरे मनुष्यों द्वारा बल-प्रयोग का **अभाव** जरूरी है, जैसा कि स्वतन्त्रता की निषेधात्मक अवधारणा के अन्तर्गत कहा जाता है। लेकिन, अगर हम मात्र हस्तक्षेप के अभाव के निषेधात्मक तथ्य पर बल देने की बजाय **चुनाव** के सकारात्मक तथ्य पर बल देते हैं, तो हम इस तथ्य के प्रति न्याय कर सकते हैं कि स्वतन्त्रता के लिए मात्र बल-प्रयोग के अभाव के अलावा कुछ और भी आवश्यक शर्तें होती हैं। सिर्फ अकेले छोड़ दिए जाने से ही कोई व्यक्ति चुनाव की अपनी क्षमता का प्रयोग नहीं कर सकता है। इसके लिए कुछ सकारात्मक भौतिक और सामाजिक शर्तों का पूरा होना जरूरी है। इस तरह, नॉरमन के अनुसार स्वतन्त्रता का अर्थ है **सार्थक और कारगर चुनाव का, और उसके उपयोग की क्षमता का उपलब्ध होना।** नॉरमन के अनुसार जिनके पास सामाजिक शक्ति, धन और शिक्षा है वे अपने लिए चुनाव करने की दृष्टि से बेहतर स्थिति में होते हैं, और इसलिए वे अधिक स्वतन्त्रता का उपयोग कर सकते हैं।[2]

समानता

स्वतन्त्रता के अलावा समानता भी एक महत्वपूर्ण राजनीतिक आदर्श है। उदार-लोकतान्त्रिक चिन्तनधारा के अन्तर्गत स्वतन्त्रता के साथ-साथ समानता को भी एक राजनीतिक आदर्श के रूप में स्वीकार किया जाता है। उदारवादी जब व्यक्ति की अधिकतम स्वतन्त्रता की बात करते हैं, तो उनका तात्पर्य किसी एक व्यक्ति की नहीं बल्कि **प्रत्येक** व्यक्ति की अधिकतम स्वतन्त्रता से होता है। इस तरह, समता का विचार स्वतन्त्रता में अन्तर्निहित है। लोकतान्त्रिक शासन-व्यवस्था को स्वतन्त्रता और समानता के लोकतान्त्रिक आदर्शों के साथ जोड़ा जाता है। राजनीतिक समानता के अन्तर्गत कानूनी समानता का विचार भी शामिल है। सामाजिक लोकतन्त्रवादियों द्वारा **सामाजिक** समता पर बल दिया जाता है।

समाजवादी चिन्तनधारा के अन्तर्गत समता, विशेष कर आर्थिक समता, को केन्द्रीय स्थान दिया जाता है। साम्यवादियों द्वारा तो उस समय आर्थिक समता के पक्ष

---

1. John Stuart Mill, *Utilitarianism*, (London: The Fontana Libarary, 1962).
2. Keith Graham (ed.), *Contemporary Political Philosophy* (Cambridge : Cambridge University Press, 1982), pp. 83–109.

में स्वतन्त्रता को भी तिलांजलि दे दी जाती है, जब वे ''सर्वहारा की तानाशाही'' की वकालत करने लगते हैं। दूसरी ओर, लोकतान्त्रिक समाजवादियों द्वारा स्वतन्त्रता और समानता के बीच समन्वय स्थापित करने का प्रयत्न किया जाता है।

''समान'' का एक अर्थ है ''एक जैसा'' (identical) होना (A = A)। इस अर्थ में "A" और "A" एक समान हैं। यह तो स्पष्ट ही है कि समानता के इस अर्थ में सभी मनुष्य एक समान या एक जैसे नहीं होते हैं। शारीरिक और मानसिक बनावट की दृष्टि से मनुष्यों के बीच काफी भिन्नता रहती है। लेकिन जब एक राजनीतिक आदर्श के रूप में ''समानता'' की बात की जाती है, तो वहाँ पर यह तात्पर्य नहीं होता है कि सभी व्यक्ति ऊपर बताए गए अर्थ में ''एक समान'' हैं। समानता को एक राजनीतिक आदर्श मानने का अर्थ होता है कि **राजनीतिक दृष्टि से हर व्यक्ति को एक बराबर महत्व दिया जाना चाहिए, क्योंकि जन्म, सेक्स, रंग, जाति और धर्म की दृष्टि से अलग-अलग होने के बावजूद सभी मनुष्य मनुष्य होने के नाते एक समान हैं।** जैसा कि उपयोगितावादी दार्शनिक बेन्थम ने कहा है, हर किसी की गिनती एक के बराबर होनी चाहिए, एक से अधिक नहीं।

''Each one to count for one and none for more than one''.[1]

लोकतान्त्रिक राजनीतिक व्यवस्था में समानता के मूल्य की अभिव्यक्ति ''एक व्यक्ति और एक वोट'' के सिद्धान्त के माध्यम से होती है। चाहे किसी का जन्म ''उच्च'' जाति में हुआ हो, या ''निम्न'' जाति में, चाहे कोई अमीर हो या गरीब, हर व्यक्ति को लोकतंत्र में सिर्फ एक वोट डालने का अधिकार रहता है। इस बारे में जन्म, सेक्स, रंग, जाति, धर्म या आर्थिक स्थिति के आधार पर कोई भेदभाव नहीं बरता जाता है। इसका अर्थ यह हुआ कि लोकतन्त्र में हर नागरिक को राजनीति में हिस्सा लेने या सरकार को प्रभावित करने का एक जैसा और एक बराबर अधिकार रहता है।

कानूनी समानता

राजनीतिक समानता के साथ कानूनी समानता का विचार भी जुड़ा हुआ है। कानूनी समता का अर्थ यह है कि कानून की नजरों में सभी व्यक्ति एक बराबर हैं। **एक जैसे अपराध के लिए हर व्यक्ति को एक जैसी सजा मिलनी चाहिए, यह एक लोकतान्त्रिक आदर्श है।** एक ही अपराध के लिए ब्राह्मण जाति में जन्में व्यक्ति को कम और शूद्र जाति में जन्में व्यक्ति को अधिक सजा देना, जैसा कि ***मनुस्मृति*** में बतलाया गया है, कानूनी समता के लोकतान्त्रिक आदर्श के विरुद्ध है।

सामाजिक समानता

सामाजिक समता का अर्थ यह हुआ कि जन्म, जाति, सेक्स, रंग, धन, धर्म आदि के आधार पर भेदभाव किए बिना सभी व्यक्तियों को मनुष्य होने के नाते समाज में एक जैसा सम्मान और एक जैसी प्रतिष्ठा मिलनी चाहिए।

---

1. अशोक कुमार वर्मा, ***नीतिशास्त्र की रूपरेखा*** (पटना : मोतीलाल बनारसीदास, 1996), पृष्ठ 179.

जाति या वर्ण के आधार पर समाज में व्यक्ति को अलग-अलग प्रतिष्ठा प्रदान करना, ब्राह्मण वर्ण में जन्में व्यक्ति को ''श्रेष्ठ'' और शूद्र में जन्में व्यक्ति को ''हीन'' मानना, जैसा कि वर्ण-व्यवस्था के अन्तर्गत किया जाता है, सामाजिक समता के आदर्श के विरुद्ध है। वर्ग-व्यवस्था भी सामाजिक समता के मूल्य के विरुद्ध है। इसलिए, समतावादियों तथा समाजवादियों द्वारा वर्गविहीन और जातिविहीन समाज को आदर्श माना जाता है।

उदार लोकतान्त्रिक चिन्तनधारा के अन्तर्गत राजनीतिक और कानूनी समानता को मान्यता दी जाती है। फिर भी, व्यवहार में कई बार सामाजिक और आर्थिक गैरबराबरी के कारण, राजनीतिक और कानूनी समानता के बावजूद सामाजिक दृष्टि से प्रतिष्ठित और आर्थिक दृष्टि से सम्पन्न लोग राजनीति पर अपनी संख्या बल की तुलना में अधिक हावी होने लगते हैं। इसलिए, सामाजिक लोकतान्त्रिकवादियों द्वारा सामाजिक-आर्थिक समता पर बल दिया जाता है।

भारतीय संविधान की प्रस्तावना में भारत के सभी नागरिकों को **प्रतिष्ठा और अवसर की समानता** उपलब्ध कराने की बात की गयी है। इसमें समता के अधिकार को भी मौलिक अधिकार माना गया है। **समता के अधिकार** के अन्तर्गत कानून के समक्ष समता का अधिकार शामिल है। राज्य द्वारा धर्म, उदगम, जाति, सेक्स या जन्म स्थान के आधार पर एक नागरिक और दूसरे नागरिक के बीच भेदभाव नहीं किया जा सकता है। भारतीय संविधान द्वारा छुआछूत को समाप्त घोषित किया गया है और इसका किसी भी रूप में आचरण निषिद्ध किया गया है। छुआछूत के आचरण को एक दण्डनीय अपराध माना गया है।

समता के अधिकार को मानव अधिकार के रूप में भी मान्यता मिली हुई है। संयुक्त राष्ट्र संघ के चार्टर के अनुसार, ''**नस्ल, सेक्स, भाषा और धर्म के आधार पर कोई भेदभाव किए बिना सभी के लिए** मानव अधिकारों और मौलिक स्वतन्त्राओं के प्रति सम्मान को प्रोत्साहित करना'' संयुक्त राष्ट्र संघ के मुख्य उद्देश्यों में एक है। मानव अधिकारों के सार्वभौमिक घोषणा-पत्र के अनुसार ''**सभी** मनुष्य जन्म से स्वतन्त्र और गरिमा एवं अधिकारों की दृष्टि से **समान** हैं। उनमें बुद्धि और विवेक है और उन्हें एक-दूसरे के प्रति भाईचारे की भावना से आचरण करना चाहिए।'' गुलामी की प्रथा को इसमें हर रूप में प्रतिबन्धित किया गया है।

आर्थिक समानता

जैसा कि पहले भी उल्लेख किया गया है, समाजवादी चिन्तनधारा के अन्तर्गत आर्थिक समता को केन्द्रीय महत्त्व दिया जाता है। विशेषकर साम्यवादियों द्वारा समाज में वर्गों के अस्तित्व को सीधे-सीधे उत्पादन के साधनों (means of production) के स्वामित्व के साथ जोड़ा जाता है, और वर्गविहीन समाज की स्थापना की दृष्टि से ''सर्वहारा की तानाशाही'' द्वारा उत्पादन के साधनों पर व्यक्तिगत स्वामित्व को समाप्त करने की वकालत की जाती है। इस मत में कई कठिनाइयाँ भी हैं। खासकर इसका स्वतन्त्रता और समता की लोकतान्त्रिक अवधारणा से विरोध दिखता है। इसकी विस्तृत चर्चा ''साम्यवाद'' अध्याय के अन्तर्गत की जाएगी। वैसे, समुदायिक स्वामित्व के

विचार का तानाशाही के साथ कोई अनिवार्य सम्बन्ध नहीं है। लोकतान्त्रिक समाजवादियों द्वारा भी समता की दृष्टि से लोकतन्त्र के दायरे में राज्य द्वारा अर्थव्यवस्था में हस्तक्षेप और सम्पत्ति के अधिकार को कुछ हद तक सीमित करने की वकालत की जाती है। इस तरह, लोकतान्त्रिक समाजवादियों द्वारा स्वतन्त्रता और समता के बीच सामंजस्य स्थापित करने का प्रयास किया जाता है। जो भी हो, समानता की किसी भी लोकतान्त्रिक अवधारणा के अन्तर्गत यह विचार भी शामिल रहता है कि **समाज में प्रत्येक व्यक्ति की न्यूनतम आर्थिक आवश्यकताएँ पूरी होनी चाहिए और प्रत्येक व्यक्ति को आर्थिक क्षेत्र में आगे बढ़ने के लिए समान अवसर मिलना चाहिए।**

भारतीय संविधान में समता के राजनीतिक और कानूनी आदर्श को तो स्वीकार किया ही गया है। इसके अलावा परम्परागत रूप से पिछड़े और दलित वर्गों और जातियों तथा जनजातियों को आगे लाने और समाजिक समता को प्रोत्साहित करने के लिए **विशेष अवसर के सिद्धान्त** को भी मान्यता दी गयी है।

संक्षेप में, कई भिन्नताओं के बावजूद बुनियादी मानव स्वभाव, आवश्यकताएँ और क्षमताएँ एक जैसी हैं। इसलिए, समाज में प्रत्येक व्यक्ति को एक जैसी प्रतिष्ठा, एक जैसे राजनीतिक, कानूनी अधिकार, आर्थिक क्षेत्र में आगे बढ़ने के लिए एक समान अवसर, और अगर आवश्यक हो तो परम्परागत रूप से पिछड़ी-दलित जातियों और वर्गों को बराबरी के स्तर पर आने के लिए विशेष अवसर मिलना चाहिए। इसके अलावा, आर्थिक गैरबराबरी को एक सीमा से अधिक बढ़ने नहीं दिया जाना चाहिए—यही समता का लोकतान्त्रिक आदर्श है।

स्वतन्त्रता और समानता

कभी-कभी कहा जाता है कि स्वतन्त्रता और समानता के मूल्यों के बीच परस्पर विरोध है। क्या वास्तव में ऐसा है?

स्वतन्त्रता और समता इन दोनों मूल्यों को लोकतान्त्रिक चिन्तनधारा में भी महत्त्व दिया जाता है। जब लोकतन्त्रवादी स्वतन्त्रता की बात करते हैं, तब वे किसी एक व्यक्ति की स्वतन्त्रता की नहीं, बल्कि प्रत्येक व्यक्ति की स्वतन्त्रता की बात करते हैं। उदार लोकतन्त्रवादी चाहे सामाजिक-आर्थिक समता को पर्याप्त महत्व न देते हों, लेकिन वे राजनीतिक और कानूनी समता का समर्थन तो करते ही हैं। लोकतान्त्रिक समाजवादियों और सामाजिक लोकतन्त्रवादियों द्वारा स्वतन्त्रता और समता के मूल्यों के समन्वय का प्रयत्न किया जाता है, और इन मूल्यों को सामाजिक और आर्थिक क्षेत्रों में भी लागू करने का प्रयत्न किया जाता है।

समता के कई पक्ष हैं जैसे सामाजिक, राजनीतिक, कानूनी और आर्थिक। सामाजिक, राजनीतिक और कानूनी समता का स्वतन्त्रता के मूल्य से कोई विरोध नहीं दिखता है। अगर समाज में प्रत्येक व्यक्ति को एक बराबर प्रतिष्ठा और एक जैसे राजनीतिक एवं कानूनी अधिकार मिलें, तो इससे किसी की स्वतन्त्रता में कोई बाधा नहीं पहुँचती हैं। ज्यादा-से-ज्यादा यही कहा जा सकता है कि इससे अपने को श्रेष्ठ मानने और दूसरों से हीन जैसा व्यवहार करने की ''स्वतन्त्रता'' नहीं रह जाती है। इस आपत्ति के उत्तर

में यह कहा जा सकता है कि इस ''स्वतन्त्रता'' को समता के मूल्य के पक्ष में सीमित कर दिया जाना चाहिए। स्वतन्त्रता के मूल्य के आधार पर किसी को दूसरे की हत्या करने की, बलात्कार करने की, या मारने-पीटने की आजाद़ी नही दी जाती है। यहाँ पर प्रत्येक व्यक्ति के जीवन और स्वतन्त्रता को ध्यान में रखते हुए व्यक्ति की स्वतन्त्रता को कुछ हद तक सीमित किया जाता है। इसी तरह, प्रत्येक की समानता के मूल्य के आधार पर अपने को श्रेष्ठ और दूसरे को हीन मान कर व्यवहार करने की स्वतन्त्रता को भी कानून द्वारा सीमित किया जाना चाहिए। उदाहरण के तौर पर, भारतीय संविधान में छुआछूत को निषिद्ध घोषित किया गया है, जो उचित ही है।

दरअसल, स्वतन्त्रता और समता के मूल्यों के विरोध की बात आर्थिक समता के सन्दर्भ में की जाती है। उदाहरण के तौर पर, अगर कोई सरकार गरीबी, बेरोजगारी और आर्थिक गैरबराबरी मिटाने के लिए व्यक्तिगत सम्पत्ति के अधिकार को कुछ हद तक नियन्त्रित करती है, तो यह कहा जा सकता है कि इससे व्यक्ति की सम्पत्ति रखने की स्वतन्त्रता सीमित होती है।

स्वतन्त्रता और समता के कई पक्ष हैं। अगर व्यक्तिगत सम्पत्ति रखने, बढ़ाने की स्वतन्त्रता को कुछ हद तक सीमित किया जाता है, तो इससे व्यक्ति के विचारों, अभिव्यक्ति, उपासना और अन्य स्वतन्त्रताओं से कोई अनिवार्य विरोध नहीं है। साम्यवादी व्यवस्था में यह विरोध दिखता है, क्योंकि इसके अन्तर्गत आर्थिक समता के उद्देश्य को ''सर्वहारा की तानाशाही'' के द्वारा हासिल करने का प्रयत्न किया जाता है। संक्षेप में, अगर स्वतन्त्रता और समता के मूल्यों में विरोध की बात की जाती है, तो इसका अगर कोई मतलब है, तो सिर्फ सम्पत्ति रखने की स्वतन्त्रता और आर्थिक समता के सन्दर्भ में। लेकिन, यहाँ पर भी ऐसा लगता है कि जो लोग आर्थिक समता के विरुद्ध हैं उनके द्वारा इस विरोध को बढ़ा-चढ़ा कर दिखाया जाता है।

अगर हम आर्थिक समता की व्याख्या A = A की तरह आर्थिक दृष्टि से सभी को बिल्कुल एक समान बना देने के रूप में नहीं करके, इस रूप में करते हैं कि प्रत्येक व्यक्ति की बुनियादी आर्थिक आवश्यकताओं की पूर्ति होनी चाहिए, प्रत्येक को आर्थिक क्षेत्र में आगे बढ़ने का एक जैसा अवसर, और जो आर्थिक दृष्टि से कमजोर हैं, उन्हें विशेष अवसर मिलना चाहिए, तथा आर्थिक गैरबराबरी को एक सीमा से अधिक बढ़ने नहीं दिया जाना चाहिए; तो आर्थिक समता के इस लक्ष्य को हासिल करने के लिए कुछ लोगों की बेशुमार सम्पत्ति रखने की स्वतन्त्रता को सीमित किया जा सकता है। बल्कि कहा जा सकता है कि इससे हम प्रत्येक व्यक्ति की आर्थिक स्वतन्त्रता की दिशा में बढ़ते हैं। ''आर्थिक स्वतंत्रता'' का अर्थ सिर्फ सम्पत्तिवान लोगों द्वारा सम्पत्ति रखने की स्वतन्त्रता नहीं है। अगर कोई व्यक्ति भुखमरी की कगार पर खड़ा हो, तो फिर यह नहीं कहा जा सकता है कि वह अपना जीवन अपनी मर्जी के अनुसार जीने के लिए **स्वतन्त्र** है। स्वतंत्रता के उपयोग के लिए बुनियादी आर्थिक आवश्यकताओं का पूरा होना भी जरूरी है। अगर हम इस बात को समझते हैं कि स्वतन्त्रता के उपयोग के लिए सिर्फ बन्धनों का अभाव नहीं, बल्कि **आर्थिक क्षमता** भी चाहिए, तो फिर कहा जा सकता है कि इस सीमित अर्थ में भी स्वतन्त्रता और समता के बीच कोई विरोध नहीं है, बल्कि ये एक-दूसरे के पूरक हैं।

कहा जाता है कि ''मुक्त'' बाजार-अर्थव्यवस्था में हर कोई सरकारी हस्तक्षेप के बिना कोई भी उद्योग लगाने, व्यापार करने और बाजार में कुछ भी खरीदने-बेचने के लिए स्वतन्त्र होता है। लेकिन, जिनके पास पूंजी ही नहीं हो, वे अपनी इस स्वतन्त्रता का उपयोग कैसे करेंगे? जिसके पास जितनी अधिक पूंजी रहती है, वे ही इन स्वतन्त्रताओं का अधिक इस्तेमाल करते हैं। इस तरह, पूंजीवादी बाजार-व्यवस्था बड़े पूंजीपतियों के पक्ष में झुकी रहती है।

स्वतन्त्रता के मूल्य के आधार पर नागरिकों को एक-दूसरे की हत्या करने की आजादी तो नहीं दी जाती है? फिर, इस आधार पर बाजार-अर्थव्यवस्था में आर्थिक गैरबराबरी को अनियन्त्रित रूप में बढ़ाने की, और कुछ नागरिकों को भुखमरी और बदहाली की स्थिति में धकेलने की आजादी भी कैसे दी जा सकती है?

आर्थिक क्षमता के अभाव में कई बार राजनीतिक और कानूनी समता भी बेमानी हो जाती है। आर्थिक गैरबराबरी को सरकारी प्रयत्नों द्वारा सीमित और नियंत्रित करने के पक्ष में एक युक्ति यह भी है कि आर्थिक गैरबराबरी से सामाजिक और राजनीतिक शक्ति के क्षेत्र में भी गैरबराबरी पैदा होती है, जो राजनीतिक समता के लोकतान्त्रिक मूल्य के विरुद्ध है। समाज में आर्थिक गैरबरबादी इतनी अधिक नहीं होनी चाहिए, जिससे सामाजिक और राजनीतिक गैरबराबरी का जन्म हो। राजनीतिक लोकतंत्र कारगर ढंग से काम कर सके इसके लिए सामाजिक और आर्थिक लोकतन्त्र जरूरी है। इस तरह, स्वतन्त्रता और समता के मूल्य परस्पर विरोधी नहीं, बल्कि एक-दूसरे के पूरक हैं। एक के अभाव में दूसरे का अस्तित्व सम्भव नहीं है।

न्याय

''न्याय'' शब्द का अंग्रेजी पयार्य ''justice'' लैटिन शब्द ''jus'' से उत्पन्न हुआ है, जिसका अर्थ है ''बाँधना'' (tie)। इस तरह, ''व्युत्पत्ति के अनुसार न्याय उस व्यवस्था का नाम है, जिसके द्वारा एक व्यक्ति दूसरे से सम्बद्ध है।''[1]

डी॰ डी॰ रैफेल ने अपनी पुस्तक *Problems of Political Philosophy* में बतलाया है कि ''न्याय'' (justice) की अवधारणा एक जटिल अवधारणा है; एक, इसका प्रयोग कानून के सन्दर्भ में भी किया जाता है, और सामाजिक नैतिकता के सन्दर्भ में भी। दो, न्याय को एक ओर सम्पूर्ण सामाजिक व्यवस्था से जोड़ा जाता है, और दूसरी ओर सामान्य सामाजिक व्यवस्था के दावों के विपरीत, व्यक्ति के अधिकारों की अभिव्यक्ति से भी। तीन, इसके अलावा, न्याय की अवधारणा को रूढ़िवादी दृष्टि से भी देखा जा सकता है और सुधारवादी दृष्टि से भी।

1. कानून के क्षेत्र में ''न्याय'' शब्द का इस्तेमाल उन सभी सिद्धान्तों और प्रक्रियाओं के लिए किया जाता है, जिनका पालन किया जाना चाहिए। कानून के क्षेत्र में अक्सर कानूनों की व्यवस्था को न्याय की व्यवस्था कहा जाता है। इस सन्दर्भ में ''प्राकृतिक न्याय'' (natural justice) की भी चर्चा की जाती है। कानूनी-व्यवस्था के

---

1. अशोक कुमार वर्मा, ***प्रारम्भिक समाज एवं राजनीति दर्शन***, पृष्ठ-170.

अपेक्षाकृत छोटे लेकिन बुनियादी हिस्से के लिए ''प्राकृतिक न्याय'' शब्द का इस्तेमाल किया जाता है। न्याय-व्यवस्था की पूरी अधिरचना (superstructure) प्राकृतिक न्याय पर ही आधारित रहती है। इस तरह, न्याय-व्यवस्था के अपेक्षाकृत मौलिक अंश को प्राकृतिक न्याय कहते हैं। प्राकृतिक न्याय पर आधारित न्याय-व्यवस्था की अधिरचना का सम्बन्ध प्रचलन, पूर्वोदाहरण (precedent) और अधिनियम (enactment) से रहता है।

दूसरी ओर, सामाजिक नैतिकता के क्षेत्र में न्याय को सामाजिक नैतिकता की सम्पूर्ण व्यवस्था से नहीं जोड़ा जाता है। न्याय सामाजिक नैतिकता की आधारशिला है, इसके बिना सामाजिक नैतिकता का ढाँचा ढह जाएगा, लेकिन यह सम्पूर्ण सामाजिक नैतिकता नहीं है। इस सन्दर्भ में एक ओर न्याय और दूसरी ओर उदारता और परोपकारिता के बीच अन्तर किया जाता है। ऐसा समझा जाता है कि उदारता और परोपकारिता न्याय से परे जाते हैं। व्यक्ति को न्याय की दृष्टि से जो कुछ मिलना चाहिए, उसे उसका अधिकार (right) कहा जाता है। अधिकार के साथ कर्त्तव्य की अवधारणा भी जुड़ी रहती है, जबकि उदारता और परोपकारिता के साथ ऐसी कोई बात नहीं रहती है।

कानून का सम्बन्ध उदारता के नैतिक कर्त्तव्यों से नहीं रहता है। कानून व्यक्ति के अधिकारों की रक्षा करता है, और उसके अनुरूप कर्त्तव्यों का पालन करवाता है। फिर भी, इसका यह अर्थ नहीं है कि न्यायालयों में जो कुछ भी होता है, उसे ''न्यायपूर्ण'' (just) ही कहा जाएगा। उसे कानूनी या नैतिक दृष्टि से ''अन्यायपूर्ण'' कह कर उसकी आलोचना भी की जा सकती है। उदाहरण के तौर पर, अगर कोई कानून ''न्याय'' की नैतिक अवधारणा के अनुरूप न हो, तो उसे ''अन्यायपूर्ण'' कहा जा सकता है। इसी तरह, अगर कानूनी प्रक्रियाएँ न्याय के उन मानदण्डों के अनुरूप न हो, जिनकी उनसे अपेक्षा रखी जाती है, तो फिर कानून के प्रशासन की भी आलोचना की जा सकती है।

2. न्याय की कानूनी और नैतिक अवधारणा सामाजिक व्यवस्था के साथ जुड़ी हुई है। सामाजिक व्यवस्था के किसी भी उल्लंघन को न्याय का उल्लंघन कहा जाता है। न्याय के आधार पर ही इसके लिए सजा भी दी जाती है। खास कर अपराधिक कानून (criminal law) का उद्देश्य सामाजिक व्यवस्था की रक्षा करना होता है। फिर भी, अगर आवश्यक हुआ तो, न्याय की अवधारणा का इस्तेमाल व्यक्ति के अधिकारों का समर्थन करने के लिए भी किया जाता है। अक्सर इन दोनों के बीच कोई विरोध नहीं होता है। पर जब कभी ऐसा होता है, तो व्यक्ति के अधिकारों को कायम रखने के लिए न्याय की अवधारणा का इस्तेमाल किया जाता है।

3. न्याय की रूढ़िवादी अवधारणा के अन्तर्गत न्याय स्थापित सामाजिक व्यवस्था और उसमें मौजूद अधिकारों के वितरण की रक्षा करता है, और यथास्थिति को बनाए रखने का प्रयत्न करता है। जबकि न्याय की सुधारवादी अवधारणा के अन्तर्गत स्थापित सामाजिक व्यवस्था में सुधार और न्याय के वर्तमान आदर्श के अनुरूप अधिकारों के

पुनर्वितरण की माँग की जाती है। आम तौर से जब लोग ''सामाजिक न्याय'' की बात करते हैं, तो वे ''न्याय'' शब्द का सुधारवादी अर्थ में इस्तेमाल करते हैं। इस तरह, ''न्याय'' की अवधारणा एक जटिल अवधारणा है, और इसका विभिन्न सन्दर्भों में अलग-अलग अर्थों में इस्तेमाल किया गया है।[1]

प्लेटो और अरिस्टॉट्ल में न्याय की अवधारणा

प्राचीन ग्रीक नैतिक और राजनीतिक दर्शन में भी ''न्याय'' की अवधारणा की चर्चा हुई है। प्लेटो ने अपने *Republic* में व्यक्ति और राज्य दोनों के सन्दर्भ में ''न्याय'' की चर्चा की है। प्लेटो के अनुसार राज्य या समाज के सन्दर्भ में ''न्याय'' का अर्थ है **विभिन्न सामाजिक वर्गों में सामंजस्य।** प्लेटो के न्याय की धारणा कुलीनतंत्रीय है। लोकतांत्रिक दृष्टि से इसकी आलोचना भी की गयी है, जैसे, कार्ल पॉपर द्वारा। प्लेटो के अनुसार, **वही राज्य ''न्यायपूर्ण'' है, जिसमें हर वर्ग ''अपना-अपना'' काम करे।** पॉपर के अनुसार, इसका अर्थ हुआ—शासक शासन करे, श्रमिक श्रम करे और गुलाम गुलामगिरी। पॉपर की राय में प्लेटो के इस ''न्याय'' की धारणा का समता के मूल्य से कोई सम्बन्ध नहीं है। यह वर्ग-शासन और वर्ग विशेषाधिकार का समर्थन है।[2]

अरिस्टॉट्ल के अनुसार, ''न्याय'' राजनीतिक दर्शन का वास्तविक विषय-वस्तु है। अरिस्टॉट्ल के विचार में राज्य (polis) का मुख्य उद्देश्य है न्याय को लागू करना। अरिस्टॉट्ल ने ''वितरणात्मक'' (distributive) और ''विनिमयात्मक'' (commutative) न्याय के बीच अन्तर किया है। वितरणात्मक न्याय का सम्बन्ध एक वर्ग के बीच वस्तुओं के वितरण से है, जबकि दूसरे का सम्बन्ध इससे है कि किसी विशेष कार्य के सम्पादन में (जैसे कि व्यक्ति को दण्डित करते समय) व्यक्ति के साथ कैसे पेश आया जाए। अरिस्टॉट्ल के अनुसार वितरणात्मक न्याय का सम्बन्ध ''समान लोगों से समानता का व्यवहार'' करने से है; जबकि विनिमयात्मक न्याय का सम्बन्ध किसी को वह देने से है जिसके वह योग्य हो, या जिसे प्राप्त करने का उसे अधिकार है। अरिस्टॉट्ल ने ''गणितीय'' (arithmetical) समानता और ''ज्यामितीय'' (geometrical) या ''आनुपातिक'' समानता के बीच अन्तर किया है। गणितीय समानता के अन्तर्गत प्रत्येक व्यक्ति को बराबर हिस्सा दिया जाता है। अरिस्टॉट्ल के अनुसार इसमें समान और असमान दोनों को बराबर हिस्सा दिया जाता है, जो गलत है। समान व्यक्तियों को एक समान, और असमान व्यक्तियों को असमान हिस्सा दिया जाना चाहिए। अरिस्टॉट्ल के अनुसार अगर बाँसुरियाँ वितरित की जानी है, तो ये उन्हें ही मिलनी चाहिए, जिनमें बाँसुरी बजाने की क्षमता हो। इसी तरह, शासन में उन्हें ही हिस्सा मिलना चाहिए जिनमें शासन करने की क्षमता हो।

गणितीय समानता का सम्बन्ध वितरणात्मक न्याय की लोकतान्त्रिक अवधारणा से

1. D. D. Raphael, Op. Cit., p. 165.
2. K.R. Popper, *The Open Society and its Enemies* (London: Routledge & Kegan Paul, 1984), vol. 1, pp. 86–90.

है; जबकि आनुपातिक समानता की अवधारणा कुलीनतन्त्रीय अवधारणा है। अरिस्टॉट्ल द्वारा, दरअसल, असमान वितरण का समर्थन किया गया है। अरिस्टॉट्ल के अनुसार ''न्याय'' का अर्थ है समान लोगां के साथ समान व्यवहार, और असमान लोगों के साथ उस अनुपात मं असमान व्यवहार, **जिस अनुपात में उनके बीच प्रासंगिक अन्तर या भेद हो।**[1]

इस मत मं कठिनाई यह है कि किस सन्दर्भ में कौन से भेद प्रासंगिक हैं, और कौन से नहीं, इस पर मतभेद सम्भव है। अरिस्टॉट्ल ने तो गुलामी तक का समर्थन किया है![2] आखिर कौन से ऐसे प्रासंगिक भेद हैं, जिनके आधार पर कुछ लोगों के साथ गुलामों जैसे व्यवहार को न्यायसंगत ठहराया जा सकता है?

जब लोकतन्त्र के अन्तर्गत ''एक व्यक्ति और एक वोट'' की बात की जाती है, तो यह माना जाता है कि प्रत्येक व्यक्ति को शासन में एक बराबर हिस्सा मिलना चाहिए। ऐसा कोई भी प्रासंगिक भेद नहीं है, जिसके आधार पर इस दृष्टि से एक नागरिक और दूसरे नागरिक के बीच अन्तर किया जाए। अगर अरिस्टॉट्ल के बाँसुरी के उदाहरण को ही लें, तो प्रश्न उठाया जा सकता है कि जिसके पास बाँसुरी नहीं है, उसमें बाँसुरी बजाने की क्षमता कैसे आ सकती है? बाँसुरी बजाने की क्षमता तो उसमें ही आ सकती है, जिसके पास पहले से ही बाँसुरी है, या जो बाँसुरी का इस्तेमाल करने की स्थिति में हो। अगर ऐसे ही लोगों के बीच बाँसुरी का वितरण किया गया, तो इससे तो समाज में गैरबराबरी घटने की बजाय और बढ़ जाएगी। क्या इसे वितरणात्मक ''न्याय'' कहा जाएगा?

इसी तरह, जिन्हें शासन में हिस्सा लेने का कभी मौका ही न मिला हो, उनमें शासन में हिस्सा लेने की क्षमता है या नहीं, इसकी जाँच कौन और कैसे करेगा? इस सिद्धान्त का परिणाम यही होगा कि जिस वर्ग के हाथ में पहले से शासन है, उसके ही हाथ में राजनीतिक शक्ति निरन्तर बनी रहेगी। जब किसी को पानी में उतरने ही न दिया जाए, तो वह तैरना कैसे सीखेगा?

रोजर स्क्रूटन के अनुसार अरिस्टॉट्ल द्वारा वितरणात्मक और विनिमयात्मक के बीच किया गया भेद अब भी किसी-न-किसी रूप में प्रचलित है, हालांकि अब इन्हें न्याय की दो अलग-अलग अवधारणाएँ नहीं मान कर एक ही अवधारणा के दो अलग-अलग उपयोग माना जाता है। आज के समय में ''सामाजिक न्याय'' की अवधारणा का इस्तेमाल वितरणात्मक अर्थ मैं किया जाता है, जबकि विनिमयात्मक न्याय का लोगों के आपसी आचरण को नियंत्रित करने के सन्दर्भ में।

---

1. Roger Scruton, *A Dictionary of Political Thought*, pp. 244–245.
2. अरिस्टॉट्ल ने अपनी रचना *Politics* में गुलामी-प्रथा का समर्थन किया है। अरिस्टॉट्ल के अनुसार गुलाम एक ''सजीव सम्पत्ति'' है, और गुलामी एक प्राकृतिक व्यवस्था है। कछ लोग जन्म से शासक, और कुछ लोग जन्म से गुलाम होते हैं। कुछ लोगों में बुद्धि नहीं होती है, लेकिन वे समझ सकते हैं, ऐसे लोग ''प्राकृतिक गुलाम'' (natural slaves) होते हैं। ऐसे लोगों के लिए मालिक के अधीन रहना ही श्रेयस्कर है। See. Aristotle's *Politics*, (tr. Benjamin Jowett, New York: Carlton House), pp. 58-60.

बीसवीं सदी के अमरीकी दार्शनिक जॉन रॉल्स ने न्याय के वितरणात्मक पहलू पर बल दिया है। अपनी पुस्तक *Theory of Justice* (1971) में रॉल्स ने राजनीतिक दायित्व के उदार आदर्श और सामाजिक न्याय के वितरणात्मक अवधारणा के बीच सामंजस्य स्थापित करने का प्रयत्न किया है। रॉल्स ने गुलामी प्रथा को हर हाल में अन्यायपूर्ण माना है।

समीक्षा

''न्याय'' जैसी जटिल धारणा पर विचार करते समय कई दृष्टियों से विचार किया जा सकता है। जब कोई व्यक्ति यह प्रश्न उठाता है कि ''न्याय'' क्या है? तो उसके कम-से-कम चार अलग-अलग अर्थ हो सकते हैं—एक, ''न्याय'' शब्द का आम बोलचाल की भाषा में क्या अर्थ है? दो, ''न्याय'' शब्द का इस्तेमाल किसी विशेष क्षेत्र में, जैसे, नीतिशास्त्र, राजनीति दर्शन या कानून के क्षेत्र में, किस अर्थ में किया जाता है? तीन, अगर विशेषज्ञों में भी एक राय न हो, तो ''न्याय'' शब्द का इस्तेमाल महत्त्वपूर्ण नीतिशास्त्रियों, राजनीतिक दार्शनिकों और कानूनविदों द्वारा किस अर्थ में किया गया है? चार, ''न्याय'' शब्द का इस्तेमाल किस अर्थ में किया जाना चाहिए?

अगर इन चार प्रश्नों को अलग-अलग रखा जाए, तो कई अनावश्यक संशय और भ्रान्तियों से बचा जा सकता है। पहले प्रश्न का उत्तर सामान्य, प्रामाणिक मानक शब्दकोशों से मिल सकता है। उदाहरण के तौर पर, *Webster's New Dictionary and Thesaurus* के अनुसार ''just'' का अर्थ है ''upright, fair, proper, right, equitable,…'' और "justice" का अर्थ है "quality of being just, fairness, ..." इसी तरह, *Oxford Advanced Learner's Dictionary* के अनुसार ''justice'' का अर्थ है ''just conduct, the quality of being right and fair,…''

दूसरे और तीसरे प्रश्न का उत्तर सम्बद्ध शास्त्र के शब्दकोशों, विश्वकोशों, पाठ्य-पुस्तकों और सम्बद्ध विचारकों की रचनाओं से मिल सकता है। चौथे प्रश्न को हम अवधारणाओं में सुधार की दृष्टि से भी देख सकते हैं। लेकिन, दरअसल में यह एक नैतिक प्रश्न है। कोई भी विचारक ''न्याय'' की अपनी ओर से जो भी अवधारणा देगा, उसका सम्बन्ध उसकी नैतिक मान्यताओं से होगा। उदाहरण के तौर पर, प्लेटो और अरिस्टॉट्ल जैसे कुलीनतन्त्रीय और गुलामी प्रथा का समर्थन करने वाले दार्शनिकों की ''न्याय'' की अवधारणा किसी लोकतान्त्रिक और समतावादी दार्शनिक को स्वीकार्य नहीं हो सकती। ''न्याय'' की किसी भी लोकतान्त्रिक अवधारणा का स्वतन्त्रता और समता जैसे लोकतान्त्रिक मूल्यों से अवश्य ही सम्बन्ध होना चाहिए।

''न्याय'' की वह अवधारणा किसी काम की नहीं है, जिसके आधार पर गुलामी प्रथा को ''अन्यायपूर्ण'' न कहा जा सके।

प्रश्न

1. निम्नलिखित पर अधिक-से-अधिक 200 शब्दों में तर्कपूर्ण टिप्पणी लिखिए:

(क) स्वतंत्रता (1997)

2. न्याय की अवधारणा को प्रायः वितरणात्मक (distributive) एवं प्रतिकारी (retributive) न्याय में विभाजित किया जाता है। इस भेद की व्याख्या कीजिए एवं जिस आधार पर यह भेद किया जाता है उसका आलोचनात्मक विवेचन कीजिए। (1998)

3. निम्नलिखित पर अधिक से अधिक 200 शब्दों में आलोचनात्मक टिप्पणी लिखिए।
   (क) स्वतंत्रता पर जे० एस० मिल (2000)

4. न्याय का अर्थ है योग्यतानुसार प्रतिफल प्राप्त करना। जो व्यक्ति समाज को जितना देता है उसी के अनुरूप प्रतिफल का वह भागी है। समाज को अधिक देने वाला उस व्यक्ति से अधिक प्रतिफल का भागी है जो समाज को उससे कम देता है। किसने समाज को कितना दिया, इसको निर्धारित करने का एकमात्र निष्पक्ष तरीका है कि लोग सामूहिक रूप से मुक्त बाजार के माध्यम से निश्चित करें। अतएव मुक्त बाजार न्याय प्राप्ति का एकमात्र तरीका है।
   क्या आप उपर्युक्त मत से सहमत हैं? अपने उत्तर को प्रतिपादित करें। (2001)

5. कुछ विचारक स्वतन्त्रता के दो परस्पर अपरिवर्तनीय अर्थों, ''निषेधात्मक'' स्वतन्त्रता एवं ''सकारात्मक'' स्वतंत्रता में विभेदन करते हैं। इस विभेदन की व्याख्या एवं मूल्यांकन कीजिए। (2001)

6. उदार प्रजातन्त्र के आधारभूत सिद्धान्तों का व्याख्यात्मक उल्लेख कीजिए। इस सन्दर्भ में इस विषय पर विचार कीजिए कि न्याय, जो कि उदारवादी प्रजातंत्र का एक मूलभूत आदर्श है, को किस हद तक इसके अन्तर्गत साकार किया जा सकता है। (2001)

7. निम्नलिखित पर अधिक-से-अधिक 200 शब्दों में आलोचनात्मक टिप्पणी लिखिए।
   (क) राजनीतिक आदर्श के रूप में समता की संकल्पना। (2002)

8. न्याय से क्या तात्पर्य है? इसकी प्राप्यता की कौन-सी अनिवार्य और पर्याप्त शर्तें हैं? विवेचन कीजिए। (2002)

9. निम्नलिखित पर 200 शब्दों में समालोचनात्मक टिप्पणी लिखिए।
   (क) 'से स्वतंत्रतता' और 'की स्वतंत्रता' परस्पर अनन्य (exclusive) है।
   (ख) स्वतंत्रता संसार से मुक्ति के रूप में। (2003)

10. निम्नलिखित पर अधिक-से-अधिक 200 शब्दों में समालोजचनात्मक टिप्पणी लिखिए।
    (क) ''समता के आदर्श का तब तक कोई निश्चित कलवेर या अंतर्वस्तु निर्धारित नहीं किया जा सकता है जब तक कि इसे राजनीति एवं समाज के किसी व्यापक सिद्धान्त के अन्तर्गत समाहित न किया जाय।'' (2004)

11. निम्नलिखित पर अधिक-से-अधिक 200 शब्दों में आलोचनात्मक टिप्पणी लिखिए।
    (क) सामाजिक न्याय प्राप्ति का एकमात्र साधन मुक्त बाजार व्यवस्था है।
    (ख) कदाचित निषेधात्मक स्वतंत्रता चुनने की स्वतंत्र्ता को तो सुनिश्चित कर सकती है, परन्तु बिना किसी विश्वसनीय भरोसे के कि ऐसी स्वतंत्रता का वास्तविक सम्पादन होगा। (2007)

12. निम्नलिखित पर अधिक-से-अधिक 200 शब्दों में समालोचनात्मक टिप्पणी लिखिए।
    (क) ''न्याय समवर्गों के साथ समवर्गों की भाँति और असमवर्गों के साथ असमवर्गों की भाँति बरताव करना है।'' (2008)

❑

अध्याय 6

व्यक्ति और राज्य : अधिकार, कर्त्तव्य और दायित्व

व्यक्ति और राज्य के बीच कैसा सम्बन्ध होना चाहिए? यह राजनीति दर्शन का एक महत्वपूर्ण प्रश्न है। एक ओर उदार व्यक्तिवादी विचारक हैं, जिनके अनुसार राज्य में नागरिकों को अधिक-से-अधिक स्वतन्त्रता मिलनी चाहिए; तो दूसरी ओर, सर्वाधिकारवादी विचारक, जो व्यक्ति पर राज्य के पूर्ण नियंत्रण की वकालत करते हैं। राज्य एक सामाजिक समिति है, इसलिए, व्यक्ति और राज्य के बीच सम्बन्ध का प्रश्न व्यक्ति और समाज के बीच सम्बन्ध के व्यापक प्रश्न से भी जुड़ा हुआ है।

राज्य का प्रत्ययवादी सिद्धान्त

हीगेल, ग्रीन और बउजंकेट (Bosanquet) ने राज्य के प्रत्ययवादी सिद्धान्त का समर्थन किया है। हीगेल के अनुसार राज्य मानव समाज का विकसित रूप है—राज्य और समाज में कोई अन्तर नहीं है। राज्य एक अनन्य समुदाय है, जिससे बढ़कर कोई दूसरा मानव समुदाय नहीं है। राज्य का अपना एक स्वतन्त्र अस्तित्व है। राज्य एक सजीव आत्मा है, जिसका स्पष्टीकरण उसके अन्तर्गत व्यक्तियों और छोटी-छोटी संस्थाओं में होता है।

राज्य के प्रत्ययवादी सिद्धान्त के अन्तर्गत राज्य को व्यक्ति से अधिक महत्त्व दिया गया है। व्यक्ति की चेतना राज्य की चेतना की ही आंशिक अभिव्यक्ति है। राज्य ही व्यक्ति के वास्तविक व्यक्तित्व का सृजन करता है, और उसके अस्तित्व की गारंटी देता है। व्यक्ति की "वास्तविक" स्वतन्त्रता राज्य द्वारा ही सम्भव बनायी जाती है, राज्य के अभाव में व्यक्ति के लिए स्वतन्त्रताओं का उपभोग करना सम्भव नहीं हो पाता।

राज्य के माध्यम से "सामान्य संकल्प" (general will) की अभिव्यक्ति होती है, जो समाज के सभी व्यक्तियों के संकल्प का प्रतिनिधित्व करता है, और जो अलग-अलग व्यक्तियों के संकल्पों से स्वतन्त्र और ऊपर होता है। इस तरह, व्यक्ति और राज्य के बीच सम्बन्ध के सन्दर्भ में प्रत्ययवादी सिद्धान्त के अनुसार राज्य साध्य है, और व्यक्ति साधन। राज्य के अधिकार व्यक्ति के "तथाकथित" अधिकारों से ऊपर हैं। व्यक्ति के सभी अधिकार राज्य द्वारा ही प्रदान किए जाते हैं। इसलिए, व्यक्ति के ऐसे कोई भी "वास्तविक" अधिकार नहीं हो सकते हैं, जिनका राज्य के साथ संघर्ष हो। क्योंकि राज्य द्वारा "सामान्य संकल्प" की अभिव्यक्ति होती है, जो अलग-अलग व्यक्तियों के संकल्पों से ऊपर होता है; इसलिए, राज्य के नियन्त्रण में ही, या दूसरे

शब्दों में, राज्य द्वारा बनाए गए कानूनों का पालन करने में ही व्यकित की ''वास्तविक'' स्वतन्त्रता है।[1]

हीगेल द्वारा दी गयी राज्य की प्रत्ययवादी अवधारणा एक निरंकुश (absolutist) राज्य की ओर ले जाती दिखायी देती है। इसे लोकतान्त्रिक दृष्टि से संतोषजनक नहीं माना जा सकता है।

व्यक्तिवाद

व्यक्तिवाद का समर्थन कई विचारकों द्वारा किया गया है। पश्चिम में लॉक और मिल, और भारत में मानवेन्द्रनाथ रॉय और गाँधी इसके प्रमुख समर्थकों में हैं। व्यक्तिवाद का सम्बन्ध अक्सर सामाजिक समझौता सिद्धान्त (social contract theory) से जोड़ा जाता है। लॉक जैसे व्यक्तिवादी विचारकों ने अपने व्यक्तिवाद का समर्थन करने के लिए सामाजिक समझौता सिद्धान्त का सहारा लिया है। लेकिन सामाजिक समझौता सिद्धान्त और व्यक्तिवाद के बीच कोई अनिवार्य तार्किक या ऐतिहासिक सम्बन्ध नहीं है। व्यक्तिवाद का समर्थन स्वतन्त्र रूप में भी किया जा सकता है। पश्चिम में जॉन स्टुअर्ट मिल और भारत में मानवेन्द्रनाथ रॉय जैसे विचारकों ने व्यक्तिवाद का समर्थन किया है, लेकिन उन्होंने इसके लिए सामाजिक समझौता सिद्धान्त की सहायता नहीं ली है।

लॉक

सामाजिक समझौता सिद्धान्त के अनुसार, ''प्राकृतिक अवस्था'' (state of nature) में समाज और राज्य का अस्तित्व नहीं था। लॉक के अनुसार, ''प्राकृतिक अवस्था'' में व्यक्ति एक समान (equal) और प्रकृति के नियम के दायरे में जैसा चाहें वैसा करने के लिए स्वतन्त्र थे। प्राकृतिक नियम से ही मनुष्य को कुछ प्राकृतिक अधिकार मिलते हैं, जिनमें, जीवन, स्वतन्त्रता और सम्पत्ति का अधिकार प्रमुख हैं।

लॉक की राय में प्राकृतिक अवस्था में व्यक्ति के प्राकृतिक अधिकार तो थे, लेकिन शान्ति और सुरक्षा नहीं थी। इसलिए, मनुष्य ने एक समझौते के द्वारा नागरिक समाज (civil society) की स्थापना की, जिसमें उसने सुरक्षा के बदले अपने अधिकारों को कुछ हद तक सीमित किया जाना स्वीकार किया। सभी ने यह स्वीकार किया कि वे बहुमत के शासन को मानेंगे, क्योंकि इसके बिना राज्य का अस्तित्व सम्भव नहीं है। लॉक के अनुसार सरकार का निर्माण न्यास (trust) द्वारा होता है। सरकार के निर्माण के बाद भी सर्वोच्च शक्ति आम जनता के पास ही रहती है। व्यक्ति के प्राकृतिक अधिकार भी, जिन्हें किसी भी स्थिति में उससे अलग नहीं किया जा सकता, पूर्ववत् बने रहते हैं।

लॉक के अनुसार व्यक्ति के प्राकृतिक अधिकारों को उसकी **सहमति** के बिना सीमित नहीं किया जा सकता है। सरकार द्वारा व्यक्ति के अधिकारों को सीमित किया

---

1. C.E.M. Joad, *Introduction to Modern Political Theory* (Delhi : Oxford University, Press, Sixth Impression, 1982) pp. 11-14.

जाता है। इसलिए, कोई भी सरकार तभी वैध (legitimate) हो सकती है, जब वह सहमति पर आधारित हो। लॉक के अनुसार राजनीतिक शक्ति का इस्तेमाल सार्वजनिक शुभ के लिए सहमति के आधार पर किया जाना चाहिए।[1]

मिल

जॉन स्टुअर्ट मिल उपयोगितावादी दार्शनिक हैं। मिल के विचारों की चर्चा पिछले अध्याय में स्वतन्त्रता के आदर्श के सन्दर्भ में की गयी है। अगले अध्याय में भी लोकतान्त्रिक विचारक के रूप में मिल के विचारों की चर्चा होगी।

मिल यह स्वीकार करते हैं कि समाज एक प्राकृतिक वस्तु है, और राज्य में रह कर ही व्यक्ति उस सुख का पूरी तरह अनुभव कर सकता है, जिसकी क्षमता मानव-स्वभाव में है। लेकिन, मिल के अनुसार, इस स्वीकारोक्ति का यह अर्थ नहीं है कि राज्य का अस्तित्व व्यक्ति के सुख के लिए नहीं है। मिल के अनुसार राज्य का उद्देश्य है व्यक्ति के सुख में वृद्धि करना। यही उसके अस्तित्व का औचित्य है।

मिल के विचार में राज्य व्यक्तियों के सुख में वृद्धि कर सकता है, अगर वह उनके निजी मामलों में कम-से-कम हस्तक्षेप करे। मिल ने अपनी पुस्तक *On Liberty* में विचारों और अभिव्यक्ति की स्वतन्त्रता का जबरदस्त समर्थन किया है। मिल के अनुसार आचरण की स्वतन्त्रता मानव सुख और व्यक्ति एवं समाज के विकास का मुख्य तत्त्व है। मिल की राय में ऐसे मामलों में जहाँ व्यक्ति के आचरण का प्रभाव समुदाय पर नहीं पड़ता हो, व्यक्ति को पूर्ण स्वतन्त्रता मिलनी चाहिए। जबकि ऐसे मामलों में जहाँ व्यक्ति के आचरण का प्रभाव समुदाय पर पड़ता हो, वहाँ अगर व्यक्ति का आचरण समुदाय के कल्याण के विरुद्ध हो, तो समुदाय को व्यक्ति के आचरण को नियंत्रित करने का अधिकार है। मिल के अनुसार, ***सिर्फ दूसरों की स्वतन्त्रता में हस्तक्षेप करने से रोकने के लिए ही किसी व्यक्ति की स्वतन्त्रता पर रोक लगायी जानी चाहिए।***[2]

रॉय

मानवेन्द्र नाथ रॉय के अनुसार राज्य समाज का राजनीतिक संगठन है। रॉय के विचार में समाज के मूल में है—व्यक्ति। यह सही है कि सहयोगात्मक सामाजिक सम्बन्धों से व्यक्ति की क्षमताओं के विकास में सहायता मिलती है, लेकिन सामाजिक प्रगति का पैमाना व्यक्ति का विकास है। किसी समूह के अस्तित्व के लिए व्यक्ति का अस्तित्व आवश्यक है। व्यक्ति से स्वतंत्र राष्ट्र या वर्ग में सामूहिक अहं के अस्तित्व को मान लेना एक भूल है। व्यक्ति को प्राप्त स्वतन्त्रता और सुख से अलग सामाजिक विकास एक काल्पनिक आदर्श है। सामाजिक कल्याण व्यक्ति के कल्याण द्वारा ही सम्भव है। किसी भी सामूहिक प्रयत्न या सामाजिक संगठन की सफलता का मापदण्ड उससे समूह की इकाई व्यक्ति को मिलने वाला वास्तविक लाभ है। रॉय के अनुसार

---

1. Roger Scruton, *A Dictionary of Political Thought*, pp. 275-76.
2. John Stuart Mill : *Utilitarianism*, p. 135.

सामाजिक-राजनीतिक दर्शन की शुरूआत इस बुनियादी विचार से होनी चाहिए कि **व्यक्ति समाज से पहले आता है, और व्यक्ति ही स्वतन्त्रता का अनुभव कर सकता है।** (मानवेन्द्रनाथ रॉय के विचारों की चर्चा के लिए देखें, ''मानवतावाद'')

गाँधी

गाँधी ने भी व्यक्तिवाद का समर्थन किया है। गाँधी के अनुसार मूल्यों और राजनीतिक शक्ति की दृष्टि से व्यक्ति का केन्द्रीय महत्त्व है। राज्य और सरकार अपना अस्तित्व और शक्ति व्यक्तियों से प्राप्त करती हैं। राज्य का उद्देश्य होना चाहिए व्यक्ति के सर्वांगीण विकास में सहयोग। राज्य को आम जनता के प्रति सेवा की भावना रखनी चाहिए। कभी भी मालिक जैसा व्यवहार नहीं करना चाहिए।

गाँधी के अनुसार आम नागरिकों को यह ध्यान रखना चाहिए कि उनके सहयोग के बिना सरकार एक कदम भी नहीं चल सकती है। इसलिए उन्हें सरकार के कल्याणकारी कार्यों को लागू करने में, अच्छे कानूनों का पालन करने में और राज्य की रक्षा करने में पूरा सहयोग करना चाहिए। लेकिन दूसरी ओर, अगर राज्य जनता का शोषण करे, उनके विकास में बाधा उत्पन्न करे, तो नागरिकों का यह दायित्व हो जाता है कि वे अपना सहयोग वापस ले लें, और नैतिक दबाव एवं अहिंसक असहयोग द्वारा सरकार को सुधरने के लिए बाध्य करें। इस तरह, **नागरिकों को सहयोग और असहयोग द्वारा सरकार को न्याय के रास्ते पर बनाए रखना चाहिए।**

समीक्षा

राज्य एक सामाजिक समिति है। इसलिए, व्यक्ति और राज्य के बीच सम्बन्ध का प्रश्न व्यक्ति और समाज के बीच सम्बन्ध के व्यापक प्रश्न से जुड़ा हुआ है। व्यक्ति और राज्य के बीच सम्बन्धों के बारे में दो परस्पर विरोधी सिद्धान्त हैं। व्यक्तिवाद के अनुसार व्यक्ति साध्य है, और समाज या राज्य साधन; जबकि राज्य के प्रत्ययवादी सिद्धान्त के अनुसार समाज या राज्य साध्य हैं, और व्यक्ति साधन। इसी तरह, व्यक्तिवादी सिद्धान्त के अनुसार व्यक्ति को समाज और राज्य में अधिक-से-अधिक स्वतन्त्रता मिलनी चाहिए, जबकि प्रत्ययवादी सिद्धान्त के अनुसार व्यक्ति को राज्य के नियंत्रण में रहना चाहिए।

इन दो परस्पर विरोधी सिद्धान्तों में कौन-सा सिद्धान्त सन्तोषजनक है, यह निर्धारित करने के लिए ''समाज'' और ''राज्य'' का अर्थ स्पष्ट करना जरूरी है।

मैकीवर और पेज के अनुसार, ''समाज'' सामाजिक सम्बन्धों का एक ऐसा ताना-बाना है, जो निरन्तर परिवर्तनशील रहता है। (सामाजिक सम्बन्ध ऐसे सम्बन्धों को कहते हैं, जिनमें एक-दूसरे के अस्तित्व का बोध रहता है, और ये सम्बन्ध विभिन्न व्यक्तियों के बीच होते हैं)[1] समाज का क्षेत्र राज्य से व्यापक है। ''समाज'' की इस परिभाषा से स्पष्ट है कि ''समाज'' कोई ठोस वस्तु नहीं है, बल्कि एक अमूर्त धारणा

---

1. R. M. MacIver & Charles H. Page, *Society: An Introductory Analysis* (New Delhi: Macmillan India Ltd. 1981). p. 6.

है। समाज की इकाई है व्यक्ति। समाज के व्यक्तियों से अलग और स्वतन्त्र ''समाज'' का कोई अस्तित्व नहीं होता है।

हम पिछले अध्यायों में राज्य की अवधारणा की चर्चा कर चुके हैं। राज्य एक सामाजिक समिति है, जिसके चार तत्त्व हैं—(1) आबादी (2) क्षेत्र (3) सरकार और (4) सम्प्रभुता। इस तरह, राज्य व्यक्तियों का एक समूह है। राज्य की इकाई है व्यक्ति। राज्य के व्यक्तियों से अलग और स्वतन्त्र ''राज्य'' का कोई अस्तित्व नहीं होता है। व्यक्ति ही मस्तिष्क और चेतना से सम्पन्न है, और व्यक्ति ही सुख-दुख का अनुभव कर सकता है। आबादी के अभाव में किसी राज्य के अस्तित्व की कल्पना नहीं की जा सकती है।

थोड़ी देर के लिए अगर यह मान भी लिया जाए कि ''राज्य का हित'' साध्य है, और व्यक्ति साधन। तो फिर यह प्रश्न उठाया जा सकता है कि ''राज्य का हित'' क्या है? ''राज्य'' के ऊपर दिए गए विश्लेषण से यह स्पष्ट है कि व्यक्ति के हित से स्वतन्त्र ''राज्य के हित'' की कल्पना नहीं की जा सकती है। राज्य के अलग-अलग व्यक्तियों के हितों को मिला कर ही ''राज्य का हित'' बनता है। व्यक्ति का हित क्या है, यह निर्धारित किए बिना हम यह तय नहीं कर सकते हैं कि ''राज्य का हित'' क्या है। राज्य का अस्तित्व व्यक्ति के लिए है, व्यक्ति का अस्तित्व राज्य के लिए नहीं। इस तरह, नैतिक दृष्टि से व्यक्ति समाज और राज्य से पहले आता है। उदाहरण के तौर पर, जब हम एक ''सुखी समाज'' बनाने की बात करते हैं, तो उसका एक ऐसे समाज के सिवा और क्या अर्थ हो सकता है, जिसमें सभी या अधिकांश व्यक्ति सुखी हों? क्या जिस समाज में सभी व्यक्ति दुखी हों, वह समाज सुखी हो सकता है? सुख और दुख का अनुभव व्यक्ति ही कर सकता है, ''समाज'' या ''राज्य'' नहीं। और व्यक्ति तभी सुखी हो सकता है, जब उसे अपने सुख के तलाश की अधिकतम स्वतन्त्रता हो। काल्पनिक ''सामाजिक शुभ'' के नाम पर व्यक्ति के सुख और स्वतन्त्रता का हनन एक बहुत भारी भूल है। इस तरह, नैतिक दृष्टि से व्यक्तिवाद ही एक सन्तोषजनक सिद्धान्त है।

''अधिकार'', ''कर्त्तव्य'' और ''राजनीतिक दायित्व''

''अधिकार'', ''कर्त्तव्य'' और ''राजनीतिक दायित्व'' मौलिक राजनीतिक अवधारणाएँ हैं, जिनका सम्बन्ध व्यक्ति और राज्य के सम्बन्धों से भी है।

अधिकार

जो हमें **मिलना चाहिए**, वह हमारा ''अधिकार'' है; और जो हमें **करना चाहिए**, वह हमारा ''कर्त्तव्य''। ''कर्त्तव्य'' और ''अधिकार'' एक-दूसरे से जुड़े रहते हैं। ''माता-पिता का कर्त्तव्य है कि वे बच्चों की देख-भाल करें'', इसका अर्थ यह भी है कि ''बच्चों का यह अधिकार है कि माता-पिता उनकी देख-भाल करें''। इसी तरह, राजनीतिक सन्दर्भ में, ''राज्य का यह कर्त्तव्य है कि नागरिकों के जान-माल की रक्षा करें'', इसका अर्थ यह हुआ कि ''नागरिकों का यह अधिकार है कि राज्य उनके जान-माल की रक्षा करे''। इसी तरह, अगर ''नागरिकों का यह कर्त्तव्य है कि वे राज्य के

न्यायोचित आदेशों का पालन करें'', तो इसका अर्थ यह हुआ कि राज्य को नागरिकों को आदेश देने का अधिकार है। राज्य के इस अधिकार को ही **''प्राधिकार''** (authority) कहते हैं।

राजनीतिक चिन्तन में, खास कर लोकतान्त्रिक चिन्तनधारा के अन्तर्गत, नागरिक के अधिकारों पर बहुत बल दिया गया है। कई बार नागरिकों के अधिकारों को राज्य से पूर्व, जन्मजात और प्राकृतिक माना गया है। उदाहरण के तौर पर, सतरहवीं शताब्दी के लोकतन्त्र समर्थक ब्रिटिश दार्शनिक लॉक ने जीवन के अधिकार, स्वतन्त्रता और सम्पत्ति के अधिकार को प्राकृतिक माना है। लॉक के विचारों से संयुक्त राज्य अमेरिका के संस्थापकों और फ्रेंच क्रान्तिकारियों ने भी प्रेरणा ली। फ्रेंच क्रान्ति और अमरीकी स्वतन्त्रता की घोषणा के बाद अधिकारों की घोषणा की गयी। अमरीकी संविधान में जीवन, स्वतन्त्रता और सुख की तलाश के अधिकार को जन्मजात माना गया है। संयुक्त राष्ट्र मानव अधिकार घोषणा-पत्र के अनुसार सभी मनुष्य जन्म से स्वतन्त्र और गरिमा और अधिकारों की दृष्टि से एक समान हैं। अधिकारों के स्रोत के बारे में राजनीतिक चिन्तन में कई सिद्धान्त हैं। एक मत के अनुसार अधिकार जन्मजात या प्राकृतिक नहीं, बल्कि वैधानिक होते हैं। इस मत के अनुसार राज्य जिन माँगों को स्वीकार करे, और जो कानून द्वारा मान्यता प्राप्त हो, वही अधिकार है।

अधिकारों का वर्गीकरण भी अलग-अलग ढंग से किया जाता है। कभी-कभी कुछ नागरिक अधिकारों को मौलिक अधिकार (fundamental rights) कह कर अधिक महत्त्व दिया जाता है। उदाहरण के तौर पर, भारत के संविधान में नागरिकों के मौलिक या मूल अधिकार की चर्चा है। यह भारतीय संविधान की एक मुख्य विशेषता है।

भारतीय संविधान में मौलिक अधिकार

भारतीय संविधान में मौलिक अधिकारों को छः वर्गों में बाँटा गया है—(i) समता का अधिकार (ii) स्वतन्त्रत का अधिकार (iii) शोषण के विरुद्ध अधिकार (iv) धर्म की स्वतन्त्रत का अधिकार (v) संस्कृति और शिक्षा सम्बन्धी अधिकार और (vi) संवैधानिक उपचारों का अधिकार।

समता के अधिकार के अन्तर्गत कानून के समक्ष समता (equality before law) का अधिकार शामिल है। राज्य द्वारा धर्म, उद्‌गम, जाति, सेक्स या जन्म-स्थान के आधार पर एक नागरिक और दूसरे नागरिक के बीच भेदभाव नहीं किया जा सकता है। भारतीय संविधान द्वारा छुआछूत को समाप्त घोषित किया गया है, और इसका किसी भी रूप में आचरण निषिद्ध किया गया है। छुआछूत के आचरण को एक दण्डनीय अपराध माना गया है।

स्वतन्त्रता के अधिकार के अन्तर्गत बोलने और अभिव्यक्ति की स्वतन्त्रता, संगठन बनाने की स्वतन्त्रता, बिना शस्त्रों के शान्तिपूर्वक सम्मेलन करने की स्वतंत्रता, राज्य के किसी क्षेत्र में निवास करने, आजीविका अपनाने या व्यापार करने की स्वतन्त्रता शामिल है। इसके अलावा, इसका सम्बन्ध ''कानून के शासन'' (rule of law) की अवधारणा से भी है, जिसके अनुसार किसी व्यक्ति को उसके जीवन और स्वतन्त्रता से कानून द्वारा

स्थापित प्रक्रिया से ही वंचित किया जा सकता है, अन्यथा नहीं। धर्म की स्वतन्त्रत के अधिकार के अन्तर्गत नागरिकों को किसी भी धर्म को मानने या न मानने की स्वतन्त्रता मिली हुई है। संविधान की प्रस्तावना में ही सभी नागरिकों को विचार, अभिव्यक्ति, विश्वास, धर्म और उपासना की स्वतन्त्रता प्राप्त कराने की बात की गयी है। नागरिकों की बुनियादी स्वतन्त्रताओं को ''नागरिक स्वतन्त्रता'' (civil liberities) भी कहा जाता है।

भारतीय संविधान के अनुसार राज्य को ऐसा कोई कानून बनाने का अधिकार नहीं है, जो नागरिकों के मौलिक अधिकारों को छीनता या कम करता है। संवैधानिक उपचारों के अधिकार (right to constitutional remedies) के अन्तर्गत नागरिकों को अपने मौलिक अधिकारों को लागू करवाने के लिए उच्चतम न्यायालय में आवेदन करने का अधिकार प्राप्त है। अगर किसी कानून से, या कार्यपालिका के किसी आदेश से, संविधान में बतलाए गए नागरिकों के मौलिक अधिकारों का उल्लंघन होता हो तो, तो नागरिकों द्वारा चुनौती देने पर, सुप्रीम कोर्ट उसे रद्द कर सकती है। इससे समझ में आता है कि इन अधिकारों को कितना मौलिक माना गया है।

लोकतांत्रिक चिन्तनधारा के अन्तर्गत यह भी माना जाता है कि नागरिकों को अपनी सरकार चुनने का राजनीतिक अधिकार है। भारत के संविधान के अन्तर्गत भी इस अधिकार को मान्यता दी गयी है।

मानव अधिकार

संयुक्त राष्ट्र संघ के चार्टर (U. N. Charter) में मानव अधिकारों (Human Rights) का उल्लेख आया है, और अभिव्यक्ति, उपासना एवं शान्तिमय प्रदर्शन की स्वतन्त्रता जैसे बुनियादी अधिकारों को मानव अधिकारों के रूप में मान्यता दी गयी है। इस चार्टर के अनुसार, ''नस्ल, सेक्स, भाषा और धर्म के आधार पर कोई भेदभाव किए बिना सभी के लिए मानव अधिकारों और मौलिक स्वतन्त्रताओं के प्रति सम्मान को प्रोत्साहित करना'' संयुक्त राष्ट्र संघ (United Nations Organization) के मुख्य उद्देश्यां मे एक है।

10 दिसम्बर, 1948, को संयुक्त राष्ट्र संघ की महासभा (General Assembly) ने मानव अधिकारों के सार्वभौमिक घोषणा-पत्र (Universal Declaration of Human Rights) को ''सारे राष्ट्रों और जनता के लिए उपलब्धि के एक सामान्य मापदण्ड'' के रूप में स्वीकार किया। इस तरह, संयुक्त राष्ट्र संघ के सभी सदस्य राज्य सिद्धान्ततः मानव अधिकारों के घोषणा-पत्र को स्वीकार करते हैं। इस घोषणा-पत्र के अनुसार ''सभी मनुष्य जन्म से स्वतन्त्र और गरिमा एवं अधिकारों की दृष्टि से समान हैं। उनमें बुद्धि और विवेक है और उन्हें एक-दूसरे के प्रति भाईचारे की भावना से आचरण करना चाहिए।''

यहाँ पर फ्रांस की क्रान्ति के बाद से ही लोकतांत्रिक मूल्यों के रूप में मान्यता प्राप्त स्वतन्त्रता, समता और बन्धुता के आदर्शों की गूँज साफ सुनाई दे रही हैं। भारतीय संविधान की प्रस्तावना (preamble) में भी इन मूल्यों का उल्लेख है।

मानव अधिकार घोषणा-पत्र में यह स्पष्ट रूप से लिखा गया है कि घोषणा-पत्र में दिए गए अधिकार और स्वतन्त्रताएँ सभी मनुष्यों के लिए हैं; और इस दृष्टि से उनके बीच नस्ल, रंग, सेक्स, भाषा, धर्म, राजनीतिक या अन्य मत, राष्ट्रीय या सामाजिक उद्गम, सम्पत्ति, जन्म या अन्य प्रस्थिति (status) के आधार पर कोई भेदभाव नहीं किया जाएगा। घोषणा-पत्र के अनुसार हर व्यक्ति को जीवन, स्वन्तत्रता और सुरक्षा का अधिकार है। गुलामी की प्रथा को इसमें हर रूप में प्रतिबन्धित किया गया है। घोषणा-पत्र में उल्लिखित अधिकारों में विचारों, विवेक और धर्म की स्वतन्त्रता का अधिकार शामिल है। धर्म की स्वतन्त्रता के अन्तर्गत धर्म-परिवर्तन की स्वतंत्रता भी है। मानव अधिकार घोषणा-पत्र में तीस धाराएँ हैं, जिनमें विभिन्न मानव अधिकारों का विस्तार से उल्लेख है। इनमें शिक्षा का अधिकार, काम का अधिकार और अपने देश की सरकार में सीधे या अपने चुने हुए प्रतिनिधियों के माध्यम से हिस्सा लेने का अधिकार भी शामिल है। इसके अलावा, इस घोषणा-पत्र में सम्पत्ति का अधिकार, ट्रेड यूनियन बनाने का अधिकार और वयस्क मनुष्यों द्वारा नस्ल, राष्ट्र या धर्म पर आधारित प्रतिबन्ध के बिना स्वेच्छा से विवाह करने का अधिकार भी शामिल है।

घोषणा-पत्र के प्रावधानों को कानूनी रूप देने के लिए संयुक्त राष्ट्र संघ ने दो अन्तर्राष्ट्रीय प्रसंविदाएँ (covenants) भी स्वीकार की हैं, जो किसी राष्ट्र या राज्य द्वारा स्वीकार किए जाने पर उस पर कानूनी रूप से लागू हो जाते हैं—(i) नागरिक और राजनीतिक अधिकारों पर अन्तर्राष्ट्रीय प्रसंविदा (ii) आर्थिक, सामाजिक और सांस्कृतिक अधिकारों पर अन्तर्राष्ट्रीय प्रसंविदा।

नागरिक और राजनीतिक अधिकारों के प्रसंविदा के साथ एक वैकल्पिक संलेख (optional protocol) भी है। जो राज्य इसे स्वीकार करते हैं, उनके नागरिकों को, ऐसा महसूस होने पर कि उनके मानव अधिकारों का उल्लंघन हुआ है संयुक्त राष्ट्र संघ मानव अधिकार समिति में शिकायत करने का अधिकार भी मिल जाता है।

कर्त्तव्य

कर्त्तव्य (duty) की अवधारणा की चर्चा नीतिशास्त्र में भी होती है। जो हमें **करना चाहिए,** वह हमारा ''कर्त्तव्य'' है। उदाहरण के तौर पर, पर हम कहते हैं कि ''बच्चों की देखभाल माता-पिता का कर्त्तव्य है'', तो इसका अर्थ यह हुआ कि ''माता-पिता को बच्चों की देखभाल **करनी चाहिए**''।

''कर्त्तव्य'' की अवधारणा को ''उचित'' (right) की अवधारणा से भी जोड़ सकते हैं। जो ''उचित'' है, उसे हमें ''करना चाहिए'', और जो हमें ''करना चाहिए'' वह हमारा ''कर्त्तव्य'' है। लेकिन, ''उचित'' की तुलना में ''कर्त्तव्य'' के साथ एक बाध्यता जुड़ी रहती है। अगर किसी कर्म के बारे में यह कहते हैं कि यह ''उचित'' है, तो इसका अर्थ होता है कि उसे ''किया जा सकता है'' या ''करना चाहिए''; जबकि उसे ''कर्त्तव्य'' कहने का अर्थ होता है कि उसे **अवश्य** ही करना चाहिए। उदाहरण के तौर पर, दर्शनशास्त्र का अध्ययन एक उचित कार्य है, लेकिन यह हर किसी का कर्त्तव्य नहीं है। जो ''कर्त्तव्य'' है, वह अवश्य ही ''उचित'' होगा। लेकिन यह जरूरी

नहीं कि हर ''उचित'' कार्य ''कर्त्तव्य'' हो। इस दृष्टि से ''उचित'' शब्द ''कर्त्तव्य'' शब्द से व्यापक है। ऐसे उचित कार्य, जिनके साथ बाध्यता जुड़ी हो, ''कर्त्तव्य'' कहलाते हैं।

राजनीति में ''कर्त्तव्य'' का इस्तेमाल राज्य के सन्दर्भ में किया जाता है। राज्य के नागरिकों के प्रति कुछ कर्त्तव्य होते हैं, और नागरिकों के राज्य के प्रति। राज्य के और नागरिक के एक-दूसरे के प्रति क्या कर्त्तव्य होते हैं, या होने चाहिए, इस पर राजनीतिक विचारकों की कई राय हो सकती है, लेकिन यहाँ पर हमारा सम्बन्ध ''कर्त्तव्य'' की अवधारणा को स्पष्ट करने से है। जब हम कहते हैं कि ''राज्य का यह कर्त्तव्य है कि वह नागरिकों के जान-माल की रक्षा करें'', तो इसका अर्थ होता है कि ''गज्य को नागरिकों के जान-माल की रक्षा करनी चाहिए'' या अगर हम कहते हैं कि ''नागरिकों का यह कर्त्तव्य है कि वे राज्य के न्यायोचित आदेशों का पालन करें'', तो इसका अर्थ यह हुआ कि ''नागरिकों को राज्य के न्यायोचित आदेशों का पालन करना चाहिए''। किसी राज्य के सदस्य या नागरिक के रूप में व्यक्ति के जो कर्त्तव्य हैं उन्हें ''नागरिक कर्त्तव्य'' कहा जाता है।

नागरिक कर्त्तव्य

राज्य का सदस्य या नागरिक होने के नाते व्यक्ति के जो कर्त्तव्य है, उन्हें ''नागरिक कर्त्तव्य'' (civic duty) कहते हैं। नैतिक दृष्टि से ''कर्त्तव्य'' का दायरा व्यापक है। माता-पिता के बच्चों के प्रति या बच्चों के माता-पिता के प्रति कर्त्तव्य हो सकते है, लेकिन इन्हें ''नागरिक कर्त्तव्य'' की श्रेणी में नहीं रखा जा सकता है। एक नागरिक होने के नाते जो कर्त्तव्य हैं, जैसे, आम तौर पर राज्य के न्यायोचित आदेशों और कानूनों का पालन करना, उन्हें ही ''नागरिक कर्त्तव्य'' कहा जा सकता है।

नागरिकों के कर्त्तव्य क्या हैं, और क्या नहीं, कब और किस सीमा तक नागरिकों को राज्य के आदेशों का पालन करना चाहिए, ये चर्चा और विवाद के विषय हो सकते हैं। लेकिन, अगर हम इस प्रश्न पर लोकतांत्रिक दृष्टि से विचार करें, तो लोकतांत्रिक नागरिक अधिकारों के साथ जोड़ कर नागरिक कर्त्तव्यों की व्याख्या की जा सकती है।

जीवन, स्वतन्त्रता और समता नागरिकों के मौलिक अधिकार है। इस आधार पर हम कह सकते हैं कि एक-दूसरे के प्रति बन्धुत्व की भावना रखना, अपनी बुद्धि और विवेक का इस्तेमाल करते हुए एक-दूसरे के जीवन, स्वतन्त्रता और समता के अधिकार का सम्मान करना नागरिकों का कर्त्तव्य है। अपनी स्वतन्त्रता की रक्षा और उपयोग करते हुए, प्रत्येक नागरिक को अन्य नागरिकों की स्वतन्त्रता का सम्मान करना चाहिए। इसी तरह, हर नागरिक को अन्य नागरिकों के साथ समता का व्यवहार करना चाहिए। एक-दूसरे को हीन दृष्टि से देखने से बचना चाहिए।

लोकतन्त्र में नागरिकों को सरकार चुनने का अधिकार होता है। इस आधार पर कहा जा सकता है कि राजनीति में सक्रिय दिलचस्पी लेना और राज्य को बेहतर दिशा में ले जाने के लिए राजनीति में हिस्सा लेना नागरिकों का कर्त्तव्य है। इसमें अपने मताधिकार का बुद्धिमतापूर्वक इस्तेमाल करने का कर्त्तव्य भी शामिल है।

लोकतन्त्र में कानून नागरिकों द्वारा निर्वाचित विधायिका के माध्यम से बनाए जाते हैं। इस तरह ये कानून किसी बाहरी निरंकुश शक्ति द्वारा बाहर से आरोपित नहीं, बल्कि स्वयं अपने द्वारा स्वीकृत होते हैं। यह एक किस्म का स्वनियन्त्रण या आत्मानुशासन होता है। इसलिए, नागरिकों का यह कर्त्तव्य बनता है कि वे आमतौर से कानून के प्रति सम्मान रखें और कानून का पालन करें। हाँ, अगर कोई कानून अन्यायपूर्ण हो और उसके द्वारा नागरिकों की स्वतन्त्रताओं को अनावश्यक रूप से सीमित किया जाता हो, तो ऐसे कानूनों का सत्याग्रह सहित अन्य शान्तिमय और लोकतान्त्रित तरीकों से विरोध करना भी नागरिकों का कर्त्तव्य है। आमतौर से नागरिक अधिकारों और स्वतन्त्रताओं की रक्षा के लिए सतत सचेत और प्रयत्नशील रहना भी नागरिकों का कर्त्तव्य है।

राज्य के प्रमुख कार्य हैं—आन्तरिक और बाह्य सुरक्षा को बनाए रखना और जनकल्याण के लिए काम करना। इन लक्ष्यों को हासिल करने के लिए राज्य द्वारा जो सही और न्यायपूर्ण कदम उठाए जाएँ उन्हें लागू करने में सहयोग करना; और गलत एवं अन्यायपूर्ण नीतियों का विरोध करना नागरिक का कर्त्तव्य है। राज्य से सहयोग करने के अलावा, नागरिक स्वयं अपने स्तर पर स्वयंसेवी संगठनों के माध्यम से नागरिकों की समस्याओं को सुलझाने और राज्य को बेहतर दिशा में ले जाने के लिए कार्य कर सकते हैं।

भारतीय संविधान में नागरिकों के मौलिक कर्त्तव्यों का भी उल्लेख है। इन कर्त्तव्यों में संविधान का पालन करना और उसके आदर्शों, संस्थाओं, राष्ट्र ध्वज और राष्ट्र गान का सम्मान करना शामिल है। इसके अलावा, भारतीय संविधान में नागरिकों के निम्नलिखित मौलिक कर्त्तव्य बतलाए गए हैं—

1. भारतीय स्वतन्त्रता आन्दोलन को प्रेरित करने वाले उच्च आदर्शों का पालन करना।
2. भारत की सम्प्रभुता, एकता और अखण्डता की रक्षा करना।
3. भारत के सभी लोगों में समरसता और समान भ्रातृत्व की भावना का निर्माण करना, जो धर्म, भाषा, प्रदेश या वर्ग के सभी भेदभाव से परे हो।
4. ऐसी प्रथाओं का त्याग जो स्त्रियों के सम्मान के विरुद्ध हो।
5. वैज्ञानिक दृष्टिकोण, मानववाद और ज्ञानार्जन एवं सुधार की भावना का विकास।

भारतीय संविधान की प्रस्तावना में ही स्वतंत्रता, समता, बन्धुता और न्याय के आदर्शों का उल्लेख किया गया है। भारतीय स्वतंत्रता आन्दोलन को भी इन मूल्यों ने प्रेरित किया। अतः इन मूल्यों के आलोक में ही नागरिक कर्त्तव्यों की व्याख्या की जा सकती है।

राजनीतिक दायित्व

नागरिकों के राज्य के प्रति दायित्व को या प्रजा के सम्प्रभु के प्रति दायित्व को ''राजनीतिक दायित्व'' (political obligation) कहते हैं। कभी-कभी इसका इस्तेमाल

सम्प्रभु का प्रजा के प्रति दायित्व या दोनों के एक-दूसरे के प्रति दायित्व के लिए भी किया जाता है।[1]

राज्य को नियम बनाने का प्राधिकार रहता है। इसका अर्थ यह हुआ कि राज्य को कानून बनाने का, आदेश देने का और उनका पालन कराने का अधिकार रहता है। अधिकार के साथ कर्त्तव्य भी जुड़े रहते हैं। इसलिए, राज्य को नागरिकों से कानून पालन करवाने का अधिकार रहता है, तो राज्य के नागरिकों के प्रति कुछ कर्त्तव्य भी होते हैं। इनका पालन करना राज्य का दायित्व है। राज्य के सन्दर्भ में नागरिकों के कुछ अधिकार भी होते हैं, जिनकी रक्षा की अपेक्षा राज्य से रहती है। इसी तरह, नागरिकों के राज्य के प्रति कुछ कर्त्तव्य भी होते हैं। नागरिकों का यह दायित्व होता है कि, वे इन कर्त्तव्यों का पालन करें। राज्य के नियमों का पालन नागरिकों को करना ''चाहिए'' (ought)। यह चाहिए कि भावना ही ''दायित्व'' है।

राजनीतिक दायित्व की समस्या, या दूसरे शब्दों में, ''राजनीतिक दायित्व'' क्या है, और इसका क्या औचित्य है—यह समस्या राजनीति दर्शन की केन्द्रीय समस्याओं में से एक है।

रैफेल के अनुसार राज्य के प्राधिकार का अर्थ है कि राज्य को आदेश देने और उनका पालन करवाने का अधिकार रहता है। तदनुरूप नागरिकों का दायित्व रहता है कि वे राज्य के आदेशों का पालन करें। नागरिकों को राज्य के आदेश का पालन क्यों करना चाहिए? यही राजनीतिक दायित्व के आधार की समस्या है। रैफेल के अनुसार, राजनीतिक दायित्व के आधार के पाँच ऐसे सिद्धान्त हैं जिनका अभी भी दार्शनिक महत्त्व है—

(1) राज्य का आधार सामाजिक समझौता (social contract) है।
(2) राज्य का आधार सहमति (consent) है।
(3) राज्य सामान्य संकल्प (general will) का प्रतिनिधित्व करता है।
(4) राज्य न्याय (justice) को सुनिश्चित करता है।
(5) राज्य सामान्य हित (general interest) और सामान्य शुभ (general good) को प्राप्त करने का प्रयत्न करता है।[2]

यहाँ पर हमारी रुचि इन सिद्धान्तों के विस्तार में जाने में नहीं है, बल्कि ''राजनीतिक दायित्व'' की अवधारणा को स्पष्ट करने में है।

प्रश्न

1. 'व्यक्ति न केवल एक घटक है, बल्कि वह राज्य के विकास में अंशदान करने वाला एक महत्त्वपूर्ण घटक है।' स्पष्ट कीजिए और परीक्षा कीजिए। (1997)
2. ''हम राज्य की आज्ञा का पालन इसलिए करते हैं क्योंकि राज्य अन्ततः हमारी ही आत्मा का सच्चे अर्थों में प्रतिनिधि है।'' राज्य की उपर्युक्त अवधारणा के प्रकाश में व्यक्ति तथा राज्य के सम्बन्ध का विवेचन कीजिए। (1999)

---

1. Roger Scruton, Op. Cit.
2. D. D. Raphael, *Problems of Political Philosophy*, p. 85

3. राज्य तथा व्यक्ति की मांगें क्या वास्तव में आपस में टकराती हैं? विवेचन कीजिए। (2000)

4. निम्नलिखित पर अधिक-से-अधिक 200 शब्दों में आलोचनात्मक टिप्पणी लिखिए।

(क) मानव प्रकृति का कोई भी लेखा-जोखा राजनीतिक दर्शन को ठोस आधार नहीं दे सकता है। (2004)

5. निम्नलिखित पर अधिक-से-अधिक 200 शब्दों में आलोचनात्मक टिप्पणी लिखिए।

(क) "राज्य मूर्त स्वतंत्रता की वास्तविकता है।" (2005)

6. निम्नलिखित पर अधिक-से-अधिक 200 शब्दों में आलोचनात्मक टिप्पणी लिखिए।

(क) "अच्छी राजनीतिक व्यवस्था मानव प्रकृति की वस्तुनिष्ठ एवं सही समझ पर आधारित होती है।" (2006)

7. प्राथमिक रूप से दायित्व किसके प्रति होते हैं—व्यक्ति के या राज्य के? चर्चा कीजिए। (2008)

❑

अध्याय 7

लोकतन्त्र

लोकतन्त्र एक किस्म की राजनीतिक व्यवस्था या शासन-तन्त्र का नाम है। उदारवाद या व्यक्तिवाद को, जिसमें प्रत्येक व्यक्ति को अपने-आप में साध्य माना जाता है, और व्यक्ति की अधिकतम स्वतन्त्रता को सर्वोच्च महत्व दिया जाता है, हम लोकतन्त्र का सैद्धान्तिक आधार मान सकते हैं। इस तरह, हम लोकतंत्र का समर्थन करने वाली राजनीतिक विचारधारा को लोकतान्त्रिक विचारधारा कह सकते हैं। इस अध्याय में हम मुख्यतः लोकतान्त्रिक आदर्श, लोकतान्त्रिक सरकार और कुछ लोकतांत्रिक विचारकों की चर्चा करेंगे।

लोकतान्त्रिक आदर्श

लोकतान्त्रिक शासन-व्यवस्था का सम्बन्ध **स्वतन्त्रता** और **समता** के लोकतान्त्रिक मूल्यों या आदर्शों से है। लोकतान्त्रिक शासन-व्यवस्था को इसलिए पसन्द किया जाता है, और इसका समर्थन भी इसलिए किया जाता है, क्योंकि **इसके अन्तर्गत नागरिकों को अधिकतम स्वतन्त्रता मिलती है, और प्रत्येक नागरिक को एक समान महत्त्व दिया जाता है।**

सरकार द्वारा बनाए गए कानूनों से कई बार नागरिकों की स्वतन्त्रता सीमित हो जाती है। लेकिन लोकतन्त्र में नागरिक स्वयं सरकार और कानून बनाते हैं। इसलिए लोकतन्त्र में इस बात की सबसे अधिक गारंटी रहती है कि नागरिकों की स्वतन्त्रता को अनावश्यक रूप से सीमित नहीं किया जाएगा। जब नागरिक अपने द्वारा निर्वाचित सरकार के माध्यम से कानून बनाते हैं, तो फिर यह ऊपर से आरोपित नहीं होता है, बल्कि एक तरह का स्वनियंत्रण या आत्मानुशासन होता है। और अगर कोई सरकार नागरिकों की स्वतन्त्रता को आवश्यकता से अधिक सीमित करे, तो फिर नागरिक चुनाव के माध्यम से उस सरकार को बदल भी सकते हैं। इस तरह, लोकतान्त्रिक शासन-व्यवस्था का स्वतन्त्रता से सीधा सम्बन्ध है।

लोकतन्त्र में नागरिकों की समानता के आदर्श की अभिव्यक्ति सामान्य वयस्क मताधिकार या ''एक व्यक्ति, एक वोट'' के सिद्धान्त द्वारा होती है। इससे यह बात समझ में आती है कि लोकतन्त्र में हर नागरिक को सरकार बनाने और उसे नियंत्रित करने का एक जैसा और बराबर अधिकार रहता है, चाहे वह व्यक्ति जिस भी सामाजिक वर्ग से हो। इस तरह, राजनीतिक समानता लोकतन्त्र का अनिवार्य अंग है। इसके अलावा, लोकतन्त्र में सभी नागरिकों को कानूनी दृष्टि से एक समान माना जाता

है। जैसा कि डी॰ डी॰ रैफेल ने अपनी पुस्तक *Problems of Political Philosophy* में बतलाया है, लोकतन्त्र को शुरू से ही स्वतन्त्रता और समता के मूल्यों से जोड़ा गया है। यहाँ तक कि लोकतन्त्र के आलोचक प्लेटो ने भी लोकतन्त्र की इसलिए आलोचना की है, क्योंकि प्लेटो के अनुसार इस शासन-व्यवस्था का लक्ष्य स्वतन्त्रता और समता है। कुलीनतन्त्र के समर्थक प्लेटो को ये मूल्य स्वीकार्य नहीं थे। इस तरह, जहाँ "लोकतन्त्र" और "लोकतान्त्रिक" शब्दों का इस्तेमाल एक विशेष किस्म की राजनीतिक-व्यवस्था के लिए किया जाता है, वहाँ दूसरी ओर इन शब्दों को स्वतन्त्रता और समानता के सामाजिक-राजनीतिक आदर्शों से भी जोड़ा जाता है।[1]

फ्रांस की क्रान्ति के समय से ही स्वतन्त्रता और समता के अलावा **बन्धुत्व** या भातृत्व के मूल्य को भी लोकतान्त्रिक मूल्य के रूप में स्वीकार किया जाता है। भारत के संविधान की प्रस्तावना में भी इन आदर्शों का उल्लेख किया गया है। स्वतन्त्रता, समता और बन्धुता के अतिरिक्त भारतीय संविधान की प्रस्तावना में सामाजिक, राजनीतिक और आर्थिक न्याय के आदर्श का भी जिक्र किया गया है।

लोकतान्त्रिक सरकार

लोकतान्त्रिक सरकार की अब्राहम लिंकन द्वारा दी गयी सुप्रसिद्ध परिभाषा के अनुसार लोकतान्त्रिक सरकार "**जनता की, जनता द्वारा और जनता के लिए**" होती है।[2] इस परिभाषा में जो सबसे महत्त्वपूर्ण बात है, वह है "जनता द्वारा", क्योंकि जनता की या जनता के लिए सरकार होने का दावा तो तानाशाह भी कर सकते हैं, बल्कि आम तौर से करते ही हैं। लोकतांत्रिक सरकार की सबसे बड़ी विशेषता यही है कि यह सरकार जनता **द्वारा** होती है—लोकतन्त्र में जनता स्वयं सरकार बनाती है। इस तरह, लोकतन्त्र में तन्त्र (सरकार) पर लोक (जनता) का नियन्त्रण रहता है।

लोकतान्त्रिक सरकारों को दो वर्गों में डाला जा सकता है—(1) **प्रत्यक्ष** और (2) **अप्रत्यक्ष**।

प्रत्यक्ष लोकतन्त्र में राज्य के सभी वयस्क नागरिक किसी एक जगह पर इकट्ठे होकर कानून बनाने का, और अन्य सरकारी काम करते हैं। प्राचीन समय में भारत में वैशाली और ग्रीस में एथेन्स में इस किस्म के लोकतन्त्र का अस्तित्व था। आधुनिक समय में स्वीट्ज़रलैंड के "कैन्टन्स" (प्रान्तीय इकाइयों) में इस किस्म के लोकतन्त्र का अस्तित्व है।

अप्रत्यक्ष या प्रातिनिधिक लोकतन्त्र में जनता अपने निर्वाचित प्रतिनिधियों के माध्यम से कानून बनाने का काम और अन्य सरकारी काम करती है। दरअसल, प्रत्यक्ष लोकतन्त्र का अस्तित्व बहुत ही छोटे राज्य या इकाई में ही सम्भव है। बड़ी आबादी वाले राज्यों में प्रत्यक्ष लोकतंत्र व्यावहारिक नहीं है। आज के समय में अप्रत्यक्ष लोकतन्त्र का ही अधिक प्रचलन है।

---

1. D.D. Raphael, *Problems of Political Philosophy,* p. 143.
2. Ibid., p. 146.

किसी भी सरकार के तीन कार्य होते हैं—एक, **कानून बनाना**; दो, **कानून को लागू करना** और तीन, **कानून की व्याख्या करना**। आधुनिक लोकतन्त्र में ये कार्य क्रमशः सरकार के तीन अंगों—विधायिका, कार्यपालिका और न्यायपालिका द्वारा किए जाते हैं। आधुनिक लोकतन्त्र में विधायिका और कार्यपालिका जनता द्वारा निर्वाचित होती है, लेकिन न्यायपालिका निर्वाचित नहीं होती है।

प्रातिनिधिक या अप्रत्यक्ष लोकतन्त्र के दो प्रमुख रूप हैं—एक, **राष्ट्रपति प्रणाली** और दो, **संसदीय प्रणाली।**

संयुक्त राज्य अमेरिका में राष्ट्रपति प्रणाली की सरकार है। इसके अन्तर्गत वहाँ पर राष्ट्रपति को मतदाताओं द्वारा चार वर्षों के लिए चुना जाता है। राष्ट्रपति कार्यपालिका का प्रमुख होता है। राष्ट्रपति प्रणाली के अन्तर्गत विधायिका भी निर्वाचित रहती है। अमेरिका में कानून बनाने का अधिकार विधायिका को है, लेकिन लागू करने या न करने का अधिकार राष्ट्रपति को है। विधायिका राष्ट्रपति को अविश्वास प्रस्ताव पारित कर हटा भी नहीं सकती है। असाधारण परिस्थितियों में भ्रष्टाचार के आरोप पर महाभियोग लगा कर राष्ट्रपति को हटाया जा सकता है। इस तरह, **राष्ट्रपति प्रणाली में कार्यपालिका और विधायिका एक-दूसरे से स्वतन्त्र रहते हैं।** सरकार के तीनों अंग परस्पर एक-दूसरे पर अंकुश रखते हैं।

संसदीय प्रणाली

ब्रिटेन और भारत में संसदीय प्रणाली की सरकार है। ब्रिटेन एक संवैधानिक **राजतन्त्र** है। वास्तविक सत्ता प्रधानमंत्री के पास रहती है, जो संसद के प्रति उत्तरदायी रहता है। दूसरी ओर, भारत एक **गणतन्त्र** है। भारत में संवैधानिक प्रमुख राष्ट्रपति का चुनाव अप्रत्यक्ष तरीके से होता है, लेकिन आम तौर से वास्तविक सत्ता प्रधानमंत्री के हाथ में रहती है। कुछ विशेष परिस्थितियों को छोड़कर, राष्ट्रपति को मंत्रिमंडल के प्रमुख के रूप में प्रधानमंत्री की सलाह के अनुसार काम करना पड़ता है। प्रधानमंत्री और मंत्रिमंडल विधायिका के प्रति उत्तरदायी रहते हैं। कोई भी सरकार (कार्यपालिका) तभी तक सत्ता में बनी रह सकती है, जब तक उसे लोकसभा का विश्वास प्राप्त हो। अगर लोकसभा किसी भी सरकार के विरुद्ध अविश्वास प्रस्ताव पारित कर दे, तो वह सरकार गिर जाती है। लोकसभा का चुनाव सीधे मतदाताओं द्वारा किया जाता है। इस तरह, **संसदीय प्रणाली में कार्यपालिका विधायिका के प्रति उत्तरदायी रहती है।** राष्ट्रपति प्रणाली और संसदीय प्रणाली के लोकतन्त्र के बीच मुख्य अन्तर यही है कि राष्ट्रपति प्रणाली में कार्यपालिका और विधायिका एक-दूसरे से स्वतन्त्र रहते हैं, जबकि संसदीय प्रणाली में कार्यपालिका विधायिका के प्रति उत्तरदायी रहती है।

भारत और ब्रिटेन दोनों में संसदीय प्रणाली की सरकार है, लेकिन दोनों की शासन-प्रणाली में कुछ महत्वपूर्ण अन्तर भी हैं। एक तो भारत संयुक्त राज्य अमेरिका की तरह एक गणतन्त्र है। गणतन्त्र में राज्य का प्रमुख (राष्ट्रपति) निर्वाचित होता है। दूसरे, भारत का संविधान अमेरिका की संविधान की तरह लिखित है, ब्रिटेन के संविधान की तरह अलिखित नहीं। तीसरे, भारत में अमेरिका की तरह न्यायपालिका को

न्यायिक समीक्षा (judicial review) का अधिकार मिला हुआ है। इसका अर्थ यह है कि **संविधान की व्याख्या का अन्तिम अधिकार न्यायपालिका को है।** अगर न्यायपालिका यह समझती है कि विधायिका द्वारा बनाया गया कोई कानून संविधान के विरुद्ध है, तो वह उसे रद्द कर सकती है। इसके विपरीत, ब्रिटेन में विधायिका को सर्वोच्च माना जाता है।

भारत के संविधान की एक महत्त्वपूर्ण विशेषता यह भी है कि इसमें भारत को एक **धर्मनिरपेक्ष** (secular) राज्य घोषित किया गया है। संविधान की प्रस्तावना के अनुसार भारत एक समाजवादी, धर्मनिरपेक्ष और लोकतान्त्रिक गणतन्त्र है। भारत का संविधान धर्मनिरपेक्ष है क्योंकि (1) इसमें किसी भी धर्म को सरकारी धर्म के रूप में मान्यता नहीं दी गयी है। (2) इसमें स्पष्ट कहा गया है कि धर्म के आधार पर एक नागरिक और दूसरे नागरिक के बीच भेदभाव नहीं बरता जाएगा। सुप्रीम कोर्ट के एक महत्वपूर्ण निर्णय के अनुसार **धर्मनिरपेक्षता भारतीय संविधान के बुनियादी ढाँचे का अंग है।** दरअसल, भारत जैसे बहुधर्मी देश में धर्मनिरपेक्षता लोकतन्त्र के अस्तित्व के लिए एक अनिवार्य शर्त है।

लोकतन्त्र में, जैसा कि पहले भी उल्लेख किया गया है, सरकार जनता द्वारा बनायी जाती है। प्रातिनिधिक लोकतन्त्र में जनता अपने प्रतिनिधियों के माध्यम से सरकार बनाती है, जो जनता के प्रति उत्तरदायी रहती है। **नियमित चुनाव और बहुमत द्वारा निर्णय लोकतन्त्र के दो महत्त्वपूर्ण सिद्धान्त हैं।** उदाहरण के तौर पर, भारत की संसदीय प्रणाली में हर पाँच वर्ष पर लोकसभा के चुनाव होते हैं (बशर्ते कि लोकसभा बीच में ही भंग न कर दी जाय)। आम चुनाव के जरिए भारत के मतदाता लोकसभा के सदस्यों का चुनाव करते हैं। लोकसभा में जिस पार्टी या गठबंधन को बहुमत का समर्थन प्राप्त हो वही सरकार बनाती है। कोई भी सरकार तभी तक सत्ता में रहती है, जब तक कि उसे लोकसभा में बहुमत का समर्थन प्राप्त हो। इसी तरह, विधायिका द्वारा कानून बनाने के लिए भी बहुमत का समर्थन अनिवार्य रहता है।

संसदीय प्रणाली की एक विशेषता है **विधायिका** (संसद) **की नियमित बैठकें।** उदाहरण के तौर पर, भारतीय संसद की बैठक समय-समय पर होती रहती है। कानून बनाने और बजट पास करने के अतिरिक्त इन बैठकों में उन विषयों पर चर्चा बहस भी होती है, जो सदस्य समय-समय पर उठाते हैं। अध्यक्ष की अनुमति से ध्यानाकर्षण प्रस्ताव और काम रोको प्रस्ताव द्वारा सरकार का ध्यान जनहित के किसी महत्त्वपूर्ण मुद्दे की ओर दिलाया जा सकता है, और उस पर बहस भी करावायी जा सकती है। इसके अलावा, प्रश्नकाल के दौरान सदस्य अध्यक्ष की अनुमति से किसी भी सरकारी विभाग के बारे में कोई भी प्रश्न पूछ सकते हैं, और सम्बद्ध विभाग के मंत्री के लिए उन प्रश्नों का उत्तर देना अनिवार्य होता है। इन सारे उपायों द्वारा सरकार पर अंकुश रखा जाता है, और इस बात की पुष्टि होती है कि **सरकार लोकसभा के माध्यम से जनता के प्रति जवाबदेह है।** इसके अलावा, इन उपायों से विपक्षी पार्टियाँ विभिन्न महत्त्वपूर्ण प्रश्नों पर अपनी नीतियों को जनता के सामने रखने में समर्थ होती है, ताकि मतदाताओं को यह मालूम हो सके कि अगर उन पार्टियों की सरकारें बनीं, तो वे किन नीतियों पर चलेंगी।

नियमित चुनाव और बहुमत द्वारा निर्णय तो लोकतन्त्र के महत्त्वपूर्ण सिद्धान्त हैं ही, इसके अलावा **लोकतन्त्र का नागरिक स्वतन्त्रताओं के साथ भी अनिवार्य सम्बन्ध है।** उदाहरण के तौर पर, भारत के संविधान में नागरिकों की मौलिक स्वतंत्रताओं को सुनिश्चित किया गया है। अभिव्यक्ति की स्वतन्त्रता, संगठन बनाने की स्वतन्त्रता, शान्तिमय प्रदर्शन करने की स्वतन्त्रता—ये कुछ प्रमुख नागरिक स्वतन्त्रताएँ हैं। अगर कार्यपालिका के किसी आदेश से या विधायिका द्वारा बनाए गए किसी कानून से नागरिक स्वतंत्रताओं सहित नागरिकों के किसी मौलिक अधिकार का उल्लंघन होता हो, तो ऐसे में नागरिकों को न्यायपालिका का दरवाजा खटखटाने का अधिकार प्राप्त है। नागरिकों द्वारा चुनौती दिए जाने पर न्यायपालिका कार्यपालिका के असंवैधानिक और गैरकानूनी आदेश को, या विधायिका द्वारा बनाए गए किसी असंवैधानिक कानून या संवैधानिक संशोधन को रद्द कर सकती है। इस तरह, **नागरिकों की मौलिक स्वतन्त्रताएँ और अधिकार, स्वतन्त्र न्यायपालिका और कानून का शासन भारतीय संसदीय लोकतन्त्र का अभिन्न अंग है।** अभिव्यक्ति की स्वतन्त्रता के साथ ही प्रेस और मीडिया की स्वतन्त्रता भी जुड़ी हुई है।

नागरिकों की स्वतन्त्रताओं का अपने-आप में बुनियादी महत्त्व तो है ही, इसके अलावा सरकार पर अंकुश रखने और सरकार को बदलने के अपने अधिकार के उपयोग के लिए भी इन स्वतन्त्रताओं का अस्तित्व जरूरी है। सरकारी पार्टी के अतिक्ति अन्य राजनीतिक दलों को संगठित करने का अधिकार (संगठन बनाने की स्वतन्त्रता), सरकार की आलोचना करने का अधिकार (अभिव्यक्ति की स्वतन्त्रता) और सरकार से अपनी असहमति को सार्वजनिक प्रदर्शन द्वारा व्यक्त करने का अधिकार अगर नागरिकों को उपलब्ध न हो, तो फिर सरकार बदलने के अधिकार का भी उपयोग नहीं किया जा सकता है। इस तरह, नागरिक स्वतन्त्रताओं का लोकतन्त्र के लिए बुनियादी महत्व है। लोकतन्त्र में बहुमत द्वारा निर्णय जरूर लिए जाते हैं, लेकिन जो अल्पमत में रहते हैं, उन्हें भी अभिव्यक्ति की पूरी स्वतन्त्रता रहती है।

भारतीय संविधान में नागरिकों के मौलिक अधिकारों (Fundamental Rights) के अतिरिक्त राज्य के नीति-निदेशक सिद्धान्तों (Directive Principles of State Policy) का भी उल्लेख है। संविधान के अनुसार कानून बनाते समय इन सिद्धान्तों को लागू करना राज्य का कर्त्तव्य है, लेकिन इन सिद्धान्तों को मौलिक अधिकारों की तरह न्यायालय के माध्यम से लागू नहीं करवाया जा सकता है। एक तरह से इन सिद्धान्तों का उद्देश्य राज्य का मार्गदर्शन करना है। ग्राम पंचायतों का गठन करना, नागरिकों के लिए काम और शिक्षा के अधिकार सुनिश्चित कराना, मजदूरों के लिए उचित मजदूरी और 14 वर्ष तक के सभी बच्चों के लिए निःशुल्क शिक्षा उपलब्ध कराना कुछ प्रमुख नीति-निदेशक सिद्धान्त हैं। इसके अलावा, सभी नागरिकों के लिए एक समान नागरिक संहिता के विकास का प्रयत्न, और अनुसूचित जातियों, जनजातियों एवं अन्य कमजोर वर्गों के शैक्षणिक और आर्थिक हितों को विशेष प्रोत्साहन देना भी नीति-निदेशक सिद्धान्तों में शामिल है।

समीक्षा

लोकतन्त्र की आलोचनाएँ दो दृष्टि से की गयी हैं—एक, लोकतन्त्र-समर्थक दृष्टि से और दो, लोकतन्त्र-विरोधी दृष्टि से। लोकतन्त्र-समर्थक दृष्टि से गयी गयी आलोचनाओं में लोकतन्त्र को पूरी तरह अस्वीकार नहीं किया जाता है, बल्कि उसकी कमियों की ओर ध्यान दिलाकर, उसे और पुष्ट करने की बात की जाती है; जबकि लोकतन्त्र-विरोधी आलोचकों द्वारा लोकतन्त्र को पूरी तरह अस्वीकार किया जाता है और उसके बदले किसी-न-किसी किस्म की तानाशाही की वकालत की जाती है।

प्रातिनिधिक लोकतन्त्र की एक मुख्य आलोचना यह है कि इसमें वास्तविक सत्ता जनता के हाथ में नहीं, बल्कि उसके ''प्रतिनिधियों'' के हाथ में रहती है, और दो चुनावों के बीच जनता का अपने ''प्रतिनिधियों'' पर कोई नियन्त्रण या अंकुश नहीं रह जाता है। इस तरह, ''प्रतिनिधियों'' के हाथों में सत्ता का केन्द्रीकरण हो जाता है, और दो चुनावों के बीच की अवधि में जनता शक्तिहीन हो जाती है। इसलिए, लोकतन्त्र को और अधिक जीवन्त और वास्तविक बनाने के लिए एम॰ एन॰ रॉय, गाँधी, जयप्रकाश और डॉ॰ राममनोहर लोहिया जैसे भारतीय नेताओं, विचारकों ने लोकतन्त्र को अधिक विकेन्द्रित बनाने और उसमें जनता की हिस्सेदारी को और व्यापक बनाने पर बल दिया है। जन-प्रतिनिधियों को निरंकुश होने से रोकने के लिए जयप्रकाश नारायण द्वारा प्रतिनिधि वापसी के अधिकार (Right to Recall) की वकालत की गयी थी। इस किस्म का अधिकार संयुक्त राज्य अमेरिका के कुछ राज्यों में नागरिकों को उपलब्ध है। भारत में पंचायती राज व्यवस्था के अन्तर्गत कुछ प्रान्तों में नागरिकों को अपने प्रतिनिधियों को वापस बुलाने का अधिकार दिया गया है।

इसमें तो कोई सन्देह नहीं कि लोकतन्त्र को और अधिक विकेन्द्रित और सहभागी बनाया जाना चाहिए, और जनप्रतिनिधियों को निरंकुश होने से रोकने के लिए अधिक उपाय किए जाने चाहिए; लेकिन आम तौर से प्रातिनिधिक लोकतन्त्र और भारतीय संसदीय प्रणाली के समर्थन में यह कहा जा सकता है कि दो आम चुनावों के बीच प्रतिनिधियों को निरंकुश होने से रोकने के लिए भी जनता के पास कई उपाय उपलब्ध रहते हैं। उदाहरण के तौर पर, नागरिक या तो न्यायपालिका की मदद ले सकते हैं या फिर प्रेस के जरिए दबाव पैदा कर सकते हैं। शान्तिमय प्रदर्शन का अधिकार तो नागरिकों को रहता ही है। दूसरे, जन-प्रतिनिधियों को इस बात की भी चिन्ता रहती है कि उन्हें देर-सबेर फिर से मतदाताओं का सामना करना ही पड़ेगा। यह भय उन्हें पूरी तरह निरंकुश होने से काफी हद तक रोकता है।

मार्क्सवादी-कम्युनिस्ट दृष्टि से लोकतंत्र की आलोचना के अनुसार ''पूँजीवादी'' या ''बुर्जआ'' लोकतन्त्र में सिर्फ नाम के लिए राजनीतिक सत्ता आम जनता के हाथों में रहती है। दरअसल में, वास्तविक सत्ता ''बुर्जुआ'' वर्गों के हाथों में रहती है, जिनके पास उत्पादन के साधनों का स्वामित्व रहता है। परम्परागत मार्क्सवाद के अनुसार लोकतान्त्रिक तरीकों से बुर्जुआ वर्ग के शासन को समाप्त कर वर्गविहीन और राज्यविहीन साम्यवादी समाज की दिशा में बढ़ना सम्भव नहीं है। इसलिए, हिंसक वर्ग

संघर्ष के माध्यम से ''संक्रमण काल'' में लोकतन्त्र को समाप्त कर ''सर्वहारा की तानाशाही'' स्थापित कर दी जानी चाहिए।

मार्क्सवादी विचारधारा की विस्तृत चर्चा आगे की जाएगी। यहाँ पर हम इतना ही कह सकते हैं कि यह सही है कि लोकतन्त्र में धन-शक्ति द्वारा प्रचार माध्यमों पर अपने नियन्त्रण के कारण कई बार पूँजीपति वर्ग अपनी संख्या के अनुपात में जनमत पर अधिक हावी हो जाते हैं, और अपने निहित-स्वार्थों की रक्षा में सफल होते हैं। लेकिन ऐसा हर समय होना अनिवार्य नहीं है। लोकशक्ति के जागरण और संगठन द्वारा धन-शक्ति के प्रभाव को निष्प्रभावित किया जा सकता है। ब्रिटेन और भारत सहित कई लोकतान्त्रिक देशों में मजदूर और गरीब वर्गों का समर्थन करने वाली लोकतांत्रिक समाजवादी पार्टियाँ पूँजीपतियों द्वारा समर्थित पार्टियों को चुनाव में पराजित कर सत्ता में आ चुकी हैं। भारत में तो कई प्रान्तों में लोकतान्त्रिक प्रक्रिया से मार्क्सवादी पार्टियाँ भी सत्ता में आ चुकी हैं। वास्तविकता तो यह है कि भारत की प्रमुख मार्क्सवादी कम्युनिस्ट पार्टियाँ पूरी तौर से संसदीय लोकतन्त्र की राजनीति में हिस्सा ले रही हैं। सिर्फ कुछ नक्सलवादी या माओवादी समूह ही ''सशस्त्र क्रान्ति'' की बात कर रहे हैं।

संक्षेप में, हम कह सकते हैं कि रूढ़िवादी मार्क्सवादी दृष्टि से की गयी लोकतन्त्र की आलोचना अतिसरलीकृत है। इस आलोचना के आधार पर तानाशाही की वकालत को स्वीकार नहीं किया जा सकता है। हाँ, यह जरूर कहा जा सकता है कि चुनाव प्रणाली में सुधार, राजनीतिक दलों के आय-व्यय की सार्वजनिक जाँच, चुनाव लड़ने के लिए राजनीतिक दलों और उम्मीदवारों को राजकीय सहायता (state funding of elections), मंत्रियों और विधायकों द्वारा अपनी सम्पत्ति का नियमित ब्योरा, आदि अन्य उपायों द्वारा धन-शक्ति और राज्य-शक्ति के बीच के सम्बन्ध को तोड़ने के लिए ठोस उपाय किए जाने चाहिए।

अपनी तमाम खामियों के बावजूद प्रातिनिधिक लोकतन्त्र किसी भी किस्म की तानाशाही व्यवस्था से बेहतर है। लोकतन्त्र में स्वतन्त्रता के साथ राजनीतिक समानता तो रहती ही है, लेकिन सामाजिक-आर्थिक समता के अभाव में अक्सर राजनीतिक समता भी निरर्थक हो जाती है। ऐसे में प्रत्येक व्यक्ति को एक बराबर स्वतन्त्रता भी नहीं मिल पाती है। इसलिए, सामाजिक लोकतन्त्रवादी भी स्वतन्त्रता और समता के मूल्यों को सामाजिक-आर्थिक क्षेत्र पर भी लागू करने पर बल देते हैं। लोकतन्त्र और समाजवाद के समन्वय का प्रयास लोकतान्त्रिक समाजवादियों द्वारा किया गया है। इसकी चर्चा आगे की जाएगी।

लोकतन्त्र का विरोधाभास

लोकतन्त्र की व्याख्या अगर ''बहुमत के शासन'' (rule of the majority) के रूप में की जाती है, तो इससे एक विरोधाभास का जन्म होता है, जिसे ''लोकतन्त्र का विरोधाभास'' (paradox of democracy) कहा जाता है। प्रश्न यह है कि अगर किसी राज्य में किसी समय बहुमत किसी फासिस्ट या रूढ़िवादी कम्युनिस्ट पार्टी का समर्थन करे, जिसका स्वतन्त्र संस्थाओं के अस्तित्व और लोकतन्त्र में विश्वास न हो,

तो ऐसी परिस्थिति में क्या किया जाना चाहिए? ऐसी पार्टियाँ लोकतान्त्रिक तरीके से सत्ता में आने के बाद लोकतन्त्र को नष्ट कर सकती हैं। इसलिए, ऐसे में किसी लोकतान्त्रिक व्यक्ति के लिए, जो बहुमत के शासन के प्रति प्रतिबद्ध हो, बहुत बड़ा संकट पैदा हो जाता है। अगर वह इन परिस्थितियों में फासिस्ट पार्टी के सत्ता में आने का विरोध करता है, तो इसका अर्थ यह हुआ कि वह अपने लोकतान्त्रिक सिद्धान्त के प्रति ईमानदार नहीं है, और दूसरी ओर, अगर वह ऐसी पार्टी का विरोध नहीं करता है, तो वह उसके द्वारा लोकतन्त्र के नष्ट किए जाने में सहायक बनता है। संक्षेप में, समस्या यह है कि **क्या किसी लोकतान्त्रिक व्यक्ति के लिए बहुमत के समर्थन से सत्ता में आने वाली लोकतन्त्र-विरोधी पार्टी का विरोध करना उचित है?**

सतही तौर पर देखने से यह एक बहुत बड़ी समस्या मालूम देती है, लेकिन वास्तव में ऐसा है नहीं। लोकतन्त्र की जो चर्चा पहले की जा चुकी है, उससे यह स्पष्ट है कि, हालांकि ''बहुमत द्वारा निर्णय'' लोकतन्त्र का एक महत्वपूर्ण सिद्धान्त है, लोकतन्त्र का अर्थ बहुमत की तानाशाही नहीं है। लोकतान्त्रिक शासन व्यवस्था की विशेषता यह है कि इसमें शासक जनता द्वारा निर्वाचित होते हैं, और उन्हें समय-समय पर होने वाले चुनावों के माध्यम से सत्ता से हटाया भी जा सकता है। इसके अलावा, लोकतन्त्र में नागरिकों को अभिव्यक्ति की, संगठन बनाने की और बिना हथियारों के शान्तिमय प्रदर्शन करने की स्वतन्त्रता जैसी बुनियादी स्वतन्त्रताएँ भी प्राप्त रहती हैं। जिस शासन व्यवस्था में नागरिकों को ये बुनियादी स्वतन्त्रताएँ प्राप्त न हों, उसे लोकतान्त्रिक नहीं कहा जा सकता है। वैसे भी, इन स्वतंत्रताओं के अभाव में शासक दल का विरोध करने और उसे चुनाव के माध्यम से सत्ता से हटाने के अधिकार का प्रयोग नहीं किया जा सकता है।

लोकतन्त्र में प्रतिबद्धता का अर्थ है लोकतान्त्रिक स्वतन्त्रताओं और संस्थाओं या लोकतान्त्रिक राजीनतिक व्यवस्था में प्रतिबद्धता। इसलिए, अगर किसी लोकतन्त्र-विरोधी पार्टी को किसी समय बहुमत का समर्थन प्राप्त हो, तो भी लोकतान्त्रिक व्यक्ति को बेहिचक ऐसी पार्टी का विरोध करना चाहिए, क्योंकि ये पार्टियाँ लोकतांत्रिक स्वतन्त्रताओं और संस्थाओं में विश्वास नहीं रखती हैं। जैसा कि पहले भी उल्लेख किया जा चुका है, लोकतन्त्र का अर्थ बहुमत की तानाशाही नहीं है। लोकतान्त्रिक व्यवस्था में जो लोग अल्पमत में हैं, उन्हें भी अपने विचारों को व्यक्त करने का और उसका प्रचार करने का पूरा अधिकार रहता है। अगर कोई पार्टी नागरिकों के इस अधिकार को छीनने का इरादा रखती हो, तो एक लोकतान्त्रिक व्यक्ति के लिए ऐसी पार्टी का विरोध करना पूरी तौर से उचित होगा।

The Open Society and its Enemies के लेखक कार्ल पॉपर ने अपनी रचना में ''लोकतन्त्र के विरोधाभास'' का जिक्र किया है।[1] पॉपर के अनुसार ''मुक्त'' समाज में हर किसी को सरकार की नीतियों और कार्यक्रमों की आलोचना की स्वतन्त्रता रहती है, और आलोचना के प्रकाश में नीतियों-कार्यक्रमों में परिवर्तन भी लाया जाता है। सत्ता में

1. Bryan Magee, *Popper* (London : Fontana Paperbacks, 1982), pp. 78-79.

बैठे लोगों को समय-समय पर शान्तिमय तरीके से वैकल्पिक नीतियों में विश्वास रखने वाले लोगों द्वारा बदला भी जा सकता है। नागरिकों को अपने विचारों का प्रचार-प्रसार करने की स्वतन्त्रता रहती है। समय-समय पर स्वतन्त्र चुनाव करवाए जाते हैं। पॉपर के अनुसार ऐसे ही समाज को ''लोकतन्त्र'' कहा जा सकता है।

पॉपर ने बल देकर कहा है कि कि अगर हम लोकतन्त्र को स्वतन्त्र संस्थाओं से जोड़ कर देखते हैं, तो ऐसे में ''लोकतन्त्र के विरोधाभास'' से बचा जा सकता है। जो व्यक्ति स्वतन्त्र लोकतान्त्रिक संस्थाओं की सुरक्षा के लिए प्रतिबद्ध है, वह बिना किसी आत्मविरोध के इन संस्थाओं पर किए जाने वाले आक्रमणों से इनकी रक्षा कर सकता है—चाहे यह आक्रमण अल्पमत की दिशा से हो या बहुमत की दिशा से।

लोकतांत्रिक विचारक
(लॉक, रूसो, मिल और पॉपर)

लॉक

जॉन लॉक (1632-1704) 17वीं शताब्दी में अंग्रेज दार्शनिक हैं, जिनका ज्ञानमीमांसा के क्षेत्र में भी महत्त्वपूर्ण योगदान है। लॉक के राजनीतिक दर्शन को 1688 के ''गौरवपूर्ण क्रान्ति'' (Glorious Revolution) के समर्थन के रूप में देखा जा सकता है। राजनीति दर्शन के क्षेत्र में *Two Treatises of Civil Govenment* (1690) और *Letter of Toleration* (1689) लॉक की महत्त्वपूर्ण रचनाएँ हैं। लॉक की रचनाओं में सीमित सरकार (limited government) का समर्थन किया गया है, और इन्हे आधुनिक उदारवाद (liberalism) की प्रथम अभिव्यक्तियों में एक माना जाता है। लॉक ने निरंकुश राजतंत्र का समर्थन करने वाले दैवी सिद्धान्त (देखें, ''राजतंत्र'') का विरोध किया और नागरिकों के प्राकृतिक अधिकारों (natural rights) पर आधारित सीमित, संवैधानिक सरकार का समर्थन किया। लॉक के इन विचारों से संयुक्त राज्य अमेरिका के संस्थापकों और फ्रेंच क्रान्तिकारियों ने भी प्रेरणा ली। लॉक ने साामजिक समझौता सिद्धान्त (social contract theory) का समर्थन किया है। धार्मिक क्षेत्र में लॉक ने अन्तःकरण की स्वतंत्रता और सहनशीलता की वकालत की है।

लॉक के अनुसार ''प्राकृतिक अवस्था'' (state of nature) में व्यक्ति एक समान (equal) और प्रकृति के नियम के दायरे में जैसा चाहें वैसा करने के लिए स्वतंत्र थे। प्राकृंतिक नियम से ही मनुष्य को कुछ प्राकृतिक अधिकार मिलते हैं, जिनमें जीवन, स्वतंत्रता और सम्पत्ति का अधिकार प्रमुख है।

लॉक ने सम्पत्ति के अधिकार को भी प्राकृतिक अधिकार मानते हुए उसका समर्थन किया है। लॉक के अनुसार, व्यक्ति ने जिस किसी वस्तु के साथ अपने ''श्रम का मिश्रण'' किया है, वह उसकी सम्पत्ति है; बशर्ते, वह पहले से ही किसी के अधिकार में नहीं थी; क्योंकि शरीर के जिन अंगों से वह उन पर काम करता है, वह उसकी अपनी होती है।

लॉक के अनुसार व्यक्ति के प्राकृतिक अधिकारों को उसकी सहमति के बिना सीमित नहीं किया जा सकता है। सरकार द्वारा व्यक्ति के अधिकारों को सीमित किया जाता है। इसलिए, कोई भी सरकार तभी वैध (legitimate) हो सकती है, जब वह सहमति पर आधारित हो। लॉक के अनुसार राजनीतिक शक्ति का इस्तेमाल सार्वजनिक शुभ के लिए और सहमति के आधार पर किया जाना चाहिए।

लॉक की राय में प्राकृतिक अवस्था में व्यक्ति के प्राकृतिक अधिकार तो थे, लेकिन शान्ति और सुरक्षा नहीं थी। इसलिए, मनुष्य ने एक समझौते के द्वारा नागरिक समाज (civil society) की स्थापना की, जिसमें उसने सुरक्षा के बदले अपने अधिकारों को कुछ हद तक सीमित किया जाना स्वीकार किया। सभी ने यह स्वीकार किया कि वे बहुमत के शासन को मानेंगे, क्योंकि इसके बिना राज्य का अस्तित्व सम्भव नहीं है। लॉक के अनुसार सरकार का निर्माण न्यास (trust) द्वारा होता है। सरकार के निर्माण के बाद भी सर्वोच्च शक्ति आम जनता के पास ही रहती है। व्यक्ति के प्राकृतिक अधिकार भी, जिन्हें किसी भी स्थिति में उससे अलग नहीं किया जा सकता, पूर्ववत् बने रहते हैं।

लॉक ने स्वतंत्रता की रक्षा के लिए ''शक्ति के विभाजन'' (separation of power) के सिद्धान्त का समर्थन किया है। आगे चलकर फ्रेंच दार्शनिक मॉन्टेस्क्यू ने ''शक्ति के विभाजन'' के सिद्धान्त को और विकसित किया। इसके अनुसार नागरिकों की स्वतंत्रताओं की सुरक्षा की दृष्टि से सरकार के तीन कामों को—कानून बनाना, कानून को लागू करना और कानून की व्याख्या करना—सरकार के तीन अलग-अलग अंगों—विधायिका, कार्यपालिका और न्यायपालिका—द्वारा किया जाना चाहिए, और सरकार की इन तीनों शाखाओं को एक-दूसरे पर अंकुश रखना चाहिए। इस तरह, लॉक ने सीमित सरकार, संविधान, जनप्रतिनिधित्व और स्वतंत्रताओं की रक्षा के लिए ''शक्ति के विभाजन'' के सिद्धान्त का समर्थन किया है।[1]

रूसो

जीन जैकस रूसो (1712-1778) स्विट्जरलैंड में जन्में 18वीं शताब्दी के दार्शनिक थे, जिन्होंने काफी समय फ्रांस में बिताया था। *Emile* (1762) और *Social Contract* (1762) उनकी महत्त्वपूर्ण रचनाएँ हैं। *Emile* में रूसो ने स्वतंत्रत व्यक्ति के लिए ऐसी शिक्षा का वर्णन किया है, जिससे उसमें प्राकृतिक रूप से अन्तर्निहित अच्छाई न सिर्फ सुरक्षित रहे, बल्कि और अधिक विकसित हो सके।

अपनी रचना *Social Contract* में रूसो ने सामाजिक समझौता सिद्धान्त का समर्थन किया है। इस रचना की शुरूआत इस प्रसिद्ध पंक्ति से हुई है—''मनुष्य स्वतंत्र पैदा होता है, फिर भी वह हर जगह जंजीरों से जकड़ा हुआ है।'' रूसो के अनुसार, मनुष्य प्राकृतिक रूप से अच्छा और स्वतंत्र है। वह उन संस्थाओं द्वारा बुरा और अस्वतंत्र बनाया जाता है, जो उसकी शक्ति को नकारती हैं। रूसो की राय में प्रत्यक्ष लोकतंत्र एकमात्र ऐसी शासन व्यवस्था है, जिसमें व्यक्ति की प्राकृतिक स्वतंत्रता

---

1. Roger Scruton, *A Dictionary of Political Thought*. Also see, Sabine, A *History of Political Theory*.

सुरक्षित रहती है, क्योंकि इसमें वैधता का आधार सहमति होती है। लेकिन इस किस्म के लोकतंत्र का भी अपना विरोधाभास है। जब व्यक्ति के अपने चुनाव और बाकी समुदाय के बीच संघर्ष हो, तो वह अपनी स्वतंत्रता को कुछ हिस्से तक समुदाय को समर्पित कर देता है। इस समर्पण का स्वरूप समाज के प्रत्येक व्यक्ति और अन्य सभी व्यक्तियों के बीच सामान्य शुभ के लिए किए गए एक सामाजिक समझौते के जैसा होता है। इस समझौते द्वारा एक ऐसी समिति का निर्माण होता है, जिसकी अपनी एक सामूहिक पहचान (corporate identity) और जिसका अपना व्यक्तित्व होता है। जब यह समिति निष्क्रिय रहती है, तो उसे ''राज्य'' और जब सक्रिय रहती है, तो उसे ''सम्प्रभु'' कहा जाता है। किसी भी वैधानिक व्यक्ति (legal person) की तरह, उसका अपना संकल्प (will) होता है। रूसो ने इसे ''सामान्य संकल्प'' (general will) कहा है, जो ''सभी के संकल्प'' (अलग-अलग व्यक्तियों के संकल्पों की समष्टि) से भिन्न होता है। यह सामान्य संकल्प सार्वजनिक नैतिक उद्देश्यों के लिए काम करता है, और ''न्याय'' सुनिश्चित करने की दृष्टि से व्यक्ति को उसके आदेशों का पालन करना चाहिए। रूसो के अनुसार, जिस किसी व्यक्ति के अपने निजी संकल्प और सामान्य संकल्प के बीच संघर्ष हो, वह अपने-आप के साथ संघर्षमय है। ऐसा व्यक्ति ''व्याघात'' (contradiction) में जीने का प्रयत्न कर रहा है। अगर ऐसे व्यक्ति को सामान्य संकल्प के सामने झुकाया नहीं गया, तो यह उसकी स्वतंत्रता को नकारने के बराबर होगा। इसलिए, उसे ''स्वतंत्र होने के लिए बाध्य'' किया जाना चाहिए। यहाँ पर रूसो के विचारों में विरोधाभास नजर आता है। रूसो के विचारों को स्वतंत्रता तथा मनुष्य के अधिकारों के समर्थन और हर किस्म की निरंकुश सरकार के विरोध के रूप में देखा जा सकता है। लेकिन रूसो के विचारों में निरंकुशता का समर्थन करने वाली प्रवृत्तियाँ भी नजर आती हैं।[1]

मिल

जॉन स्टुअर्ट मिल (1806-1873) उन्नीसवीं शताब्दी के एक अंग्रेज दार्शनिक हैं, जिनका तर्कशास्त्र, नीतिशास्त्र के अलावे राजनीति दर्शन और अर्थशास्त्र के क्षेत्र में भी योगदान है। नीतिशास्त्र और राजनीति दर्शन की दृष्टि से *On Liberty* (1859), *Utilitarainism* (1863), *Representative Government* (1861) और *Subjection of Women* (1865) मिल की प्रमुख रचनाएँ हैं। मिल ने महिलाओं के कानूनी और सामाजिक अधिकारों का भी समर्थन किया है। मिल के अनुसार स्त्री और पुरुष के बीच ऐसा कोई अन्तर नहीं है, जिससे अधिकारों के क्षेत्र में उनके बीच भेदभाव किया जाए।

नीतिशास्त्र के क्षेत्र में मिल के विचारों को ''उपयोगितावाद'' (utilitraianism) कहा जाता है। वे बेन्थम की तरह उपयोगिता सिद्धान्त का समर्थन करते हैं, जिसके अनुसार कोई कर्म ''उपयोगी'' और ''उचित'' है, अगर उससे ''अधिकतम के अधिकतम सुख'' में वृद्धि होती हो। इसी सिद्धान्त को फिर नैतिक नियमों और कानूनों

---

1. Ibid.

पर भी लागू किया जा सकता है। ''सुख'' के स्वरूप और मानव स्वभाव के बारे में मिल के विचार बेन्थम से कुछ अलग हैं।[1]

राजनीति दर्शन के क्षेत्र में मिल के विचारों को उदारवाद या व्यक्तिवाद कहा जाता है। अन्य उपयोगितावादी विचारकों की तरह मिल ने भी ''सामान्य संकल्प'' और ''राज्य के व्यक्तित्व'' जैसी अमूर्त अवधारणाओं का विरोध किया, जिनका इस्तेमाल हीगेल द्वारा निरंकुशता (absolutism) का समर्थन करने के लिए किया गया। मिल के अनुसार राज्य एक स्वाभाविक और प्राकृतिक संगठन है। राज्य में रह कर ही व्यक्ति उस सुख का पूरी तौर से अनुभव कर सकता है, जिसकी क्षमता मानव-स्वभाव में है। लेकिन, मिल के अनुसार, इस स्वीकारोक्ति का यह अर्थ नहीं है कि राज्य का अस्तित्व व्यक्ति के सुख के लिए नहीं है। मिल के अनुसार राज्य का उद्देश्य है व्यक्ति के सुख में सक्रिय रूप में वृद्धि करना। यही उसके अस्तित्व का औचित्य है।

मिल की राय में राज्य व्यक्ति के निजी मामलों में कम-से-कम हस्तक्षेप द्वारा ही उनके सुख में वृद्धि कर सकता है। मिल ने अपनी पुस्तक *On Liberty* में विचारों और अभिव्यक्ति की स्वतंत्रता का जबरदस्त समर्थन किया है। मिल के अनुसार आचरण की स्वतंत्रता मानव सुख और व्यक्ति एवं समाज के विकास का मुख्य तत्त्व है। मिल की राय में ऐसे मामलों में जहाँ व्यक्ति के आचरण का प्रभाव समुदाय पर नहीं पड़ता हो, व्यक्ति को पूर्ण स्वतंत्रता मिलनी चाहिए। जबकि ऐसे मामलों में जहाँ व्यक्ति के आचरण का प्रभाव समुदाय पर पड़ता हो, वहाँ अगर व्यक्ति का आचरण समुदाय के कल्याण के विरुद्ध हो, तो समुदाय को व्यक्ति के आचरण को नियंत्रित करने का अधिकार है। मिल के अनुसार सिर्फ दूसरों की स्वतंत्रता में हस्तक्षेप करने से रोकने के लिए ही किसी व्यक्ति की स्वतंत्रता पर रोक लगायी जानी चाहिए।

मिल के अनुसार **दूसरों को नुकसान से बचाना ही एक वह एकमात्र लक्ष्य है जिसे प्राप्त करने के लिए किसी व्यक्ति की स्वतंत्रता पर रोक लगाना उचित है।** अगर किसी व्यक्ति का कोई कर्म ऐसा है, जिससे दूसरों को कोई नुकसान नहीं पहुँचता हो, तो उस पर रोक नहीं लगायी जानी चाहिए, चाहे भले उस कर्म से स्वयं उस व्यक्ति को नुकसान क्यों न पहुँचता हो। मिल के अनुसार ऐसे दृष्टांतों में व्यक्ति को समझाया जा सकता है, लेकिन उसे बाध्य नहीं किया जाना चाहिए। समाज या राज्य को व्यक्ति के सिर्फ ऐसे ही कर्मों पर रोक लगाने का अधिकार है, जिसका असर दूसरों पर पड़ता हो, और जिससे दूसरों को नुकसान पहुँचता हो। जहाँ तक व्यक्ति के ऐसे कर्मों का सवाल है, जिनका असर स्वयं उस तक ही सीमित हो, तो व्यक्ति को अपने शरीर और दिमाग का मालिक स्वयं माना जाना चाहिए।

मिल के अनुसार अगर जनमत किसी विचार के बिल्कुल विरुद्ध हो, तो भी राज्य को उसके दमन का अधिकार नहीं है। राज्य का काम व्यक्ति के सुख में वृद्धि करना है।

---

1. Mill. *Uitilitraianism.*

इसलिए राज्य को जो लोग अल्पमत में हों, उनके विचारों का दमन कर उनके सुख में हस्तक्षेप नहीं करना चाहिए।

मिल ने कानून द्वारा बुनियादी स्वतंत्रताओं की गारंटी देने की वकालत की है। मिल ने कानून के सार्वजनिक दायरे और नैतिकता के निजी क्षेत्र के बीच अन्तर किया है।

Representative Government में मिल ने आनुपातिक प्रतिनिधित्व (proportional representation) पर आधारित आदर्श राजनीतिक व्यवस्था का चित्रण और समर्थन किया है। इस व्यवस्था में, मिल के अनुसार सरकार की संस्थाओं में अल्पसंख्यकों का भी प्रतिनिधित्व होगा, और सभी नागरिकों के अधिकारों की पक्की गारंटी होगी। प्रत्येक व्यक्ति को आत्म विकास के अधिकतम अवसर प्राप्त होंगे। इस तरह, मिल ने उपयोगितावाद, व्यक्तिवाद, उदारवाद, व्यक्ति की मौलिक स्वतंत्रताओं, महिलाओं और अल्पसंख्यकों के अधिकार और प्रतिनिधि लोकतंत्र का समर्थन किया है।

पॉपर

कार्ल रेमण्ड पॉपर (1902-1994) का जन्म बीसवीं शताब्दी में ऑस्ट्रिया में हुआ। समाज और राजनीतिक दर्शन के अलावे विज्ञान के दर्शन के क्षेत्र में भी पॉपर का महत्त्वपूर्ण योगदान है। दरअसल, पॉपर ने समाज-राजनीति दर्शन के क्षेत्र में भी अपने विज्ञान के दर्शन के निष्कर्षों को लागू किया है। *Logic of Scientifc Discovery* (1935), *The Open Society and its Enemies* (1945), *Poverty of Historicism* (1957) पॉपर की महत्त्वपूर्ण रचनाएँ हैं।

The Open Society and its Enemies की रचना की शुरूआत पॉपर ने मार्च 1936 में उस दिन की थी, जिस दिन उन्हें ऑस्ट्रिया पर नात्सी हमले की जानकारी मिली थी। उस समय में न्यूजीलैण्ड विश्वविद्यालय में दर्शनशास्त्र के शिक्षक थे। पॉपर के अनुसार उनकी यह किबात राजनीति दर्शन और इतिहास दर्शन का समीक्षात्मक परिचय है, और उसमें सामाजिक पुनर्निर्माण के सिद्धान्तों की जाँच की गयी है। इस पुस्तक में व्यक्त पॉपर के विचारों का सकारात्मक पक्ष है, "मुक्त" (open) और लोकतांत्रिक समाज का समर्थन; और इसका नकारात्मक पक्ष है, "मुक्त समाज" की विरोधी विचारधाराओं की समीक्षा। पुस्तक के पहले भाग में प्लेटो और दूसरे भाग में हीगेल और मार्क्स के विचारों की समीक्षा की गई है।

पॉपर "मुक्त समाज" के बहुत बड़े समर्थक हैं। पॉपर ने मुक्त समाज की समस्याओं पर विज्ञान की समीक्षात्मक और बुद्धिसंगत विधियों को लागू करने का प्रयत्न किया है। पॉपर के अनुसार, "मुक्त" समाज में निरंकुश प्राधिकार को अस्वीकार किया जाता है तथा स्वतंत्रता, मानवीयता और बुद्धिसंगत समीक्षा को महत्त्व दिया जाता है। पॉपर के अनुसार तार्किक और वैज्ञानिक दृष्टि से एक "मुक्त समाज" एक "बन्द समाज" (closed society) की तुलना में अपनी समस्याओं का बेहतर ढंग से समाधान कर सकता है। "मुक्त" समाज में हर किसी को सरकार की नीतियों और कार्यक्रमों की आलोचना की स्वतंत्रता रहती है, और आलोचना के प्रकाश में नीतियों-कार्यक्रमों में परिवर्तन भी लाया जाता है। सत्ता में बैठे लोगों को समय-समय पर

शान्तिमत तरीके से वैकल्पिक नीतियों में विश्वास रखने वाले लोगों द्वारा बदला भी जा सकता है। नागरिकों को अपने विचारों का प्रचार-प्रसार करने की स्वतंत्रता रहती है। समय-समय पर स्वतंत्र चुनाव करवाए जाते हैं। पॉपर के अनुसार ऐसे ही समाज को "लोकतंत्र" कहा जा सकता है।

पॉपर के अनुसार जीवन को जीने का सर्वप्रथम अर्थ है समस्याओं को सुलझाना। इसलिए, पॉपर ऐसे समाज की वकालत करते हैं, जो अपनी समस्याओं को सुलझाने में सक्षम हो। समस्याओं को सुलझाने के लिए "परीक्षण समाधान" (trial solutions) का सुस्पष्ट प्रतिपादन और फिर उनकी समीक्षा द्वारा दोषों का निवारण जरूरी है। इसलिए पॉपर ऐसा समाज चाहते हैं जिसमें अलग-अलग प्रस्तावों को रखने की पूरी छूट हो, और जिसमें समीक्षा की, और समीक्षा के प्रकाश में परिवर्तन की वास्तविक सम्भावना हो। पॉपर के अनुसार अगर किसी नैतिक सोच-विचार को छोड़ दें, तो भी इस किस्म का समाज अपनी समस्याओं को सुलझाने में अधिक सक्षम होगा।

पॉपर के अनुसार व्यावहारिक और नैतिक दृष्टि से सर्वश्रेष्ठ समाज वह है जिसमें नागरिकों को अधिकतम स्वतंत्रता रहती है। इस अधिकतम स्वतंत्रता का सृजन और पोषण इस उद्देश्य से राज्य की शक्ति द्वारा समर्थिक संस्थाओं के माध्यम से ही हो सकता है। इस दृष्टि से राजनीतिक, आर्थिक और सामाजिक क्षेत्र में राज्य का हस्तक्षेप जरूरी है। बहुत अधिक या बहुत कम हस्तक्षेप से स्वतन्त्रता अनावश्यक रूप से सीमित हो जायेगी। इस खतरे से बचने के लिए सबसे महत्त्वपूर्ण है ऐसी संवैधानिक व्यवस्था जिसके अन्तर्गत शासितों द्वारा शासकों को हटाया जा सके, और उनके स्थान पर वैकल्पिक नीतियों में विश्वास रखने वाले व्यक्तियों को लाया जा सके। पॉपर के अनुसार यह मुक्त समाज और लोकतंत्र के अस्तित्व के लिए अनिवार्य शर्त है।

पॉपर के अनुसार राजनीति में महत्त्वपूर्ण प्रश्न यह नहीं है कि "शासन कौन करे?" बल्कि यह है कि "ऐसी संस्थाएँ कैसे बनायी जाएँ, जो बुरे शासकों के खतरे को कम-से-कम करें?"

पॉपर ने उन समाज दर्शनों की भी आलोचना की है जो लोकतांत्रिक सुधार की सम्भावना पर प्रश्नचिह्न लगाते हैं। पॉपर के अनुसार इनमें सबसे प्रभावशाली है **इतिहासपरतावाद** (historicism)। पॉपर के अनुसार वैज्ञानिक विधि द्वारा व्यापक ऐतिहासिक भविष्यवाणियाँ (prophecies) सम्भव नहीं है। भविष्य हम पर निर्भर है, और हम किसी ऐतिहासिक अनिवार्यता पर निर्भर नहीं है। पॉपर के अनुसार हम अपने भविष्य के निर्माता बन सकते हैं, अगर हम उसके भविष्यवक्ता होने का दिखावा करना छोड़ दें। पॉपर की राय में कुछ समाज दार्शनिक यह मानते हैं कि समाज विज्ञानों का मुख्य काम दूरगामी ऐतिहासिक भविष्यवाणी करना है। वे ऐसा समझते हैं कि उन्होंने इतिहास के ऐसे नियमों को ढूँढ लिया है, जिनके आधार पर वे ऐतिहासिक घटनाओं की दिशा के बारे में भविष्यवाणी कर सकते हैं। इस किस्म के समाज दर्शनों को पॉपर ने इतिहासपरतावाद कहा है। *The Open Society and its Enemies* और *Poverty of Historicism* में पॉपर ने इतिहासपरतावाद का विरोध किया है। पॉपर के अनुसार

वैज्ञानिक भविष्यवाणी (scientific prediction) और ऐतिहासिक भविष्यवाणी (historical prophecy) के बीच अन्तर है।

पॉपर के अनुसार ज्ञान के विकास का प्रभाव इतिहास पर पड़ता है, लेकिन ज्ञान के विकास के या उसके सामान्य प्रभावों के बारे में पहले से कोई भविष्यवाणी सम्भव नहीं है। आने वाले ज्ञान के बारे में तो भविष्यवाणी तभी की जा सकती है, जब वह ज्ञान पहले से ही हमारे पास हो। यह इतिहासपरतावाद के विरुद्ध पॉपर की प्रमुख युक्ति है। दूसरे, पॉपर के अनुसार समाज विज्ञान का स्वरूप ही ऐसा है कि सम्पूर्ण सामाजिक विकास के नियम नहीं बनाए जा सकते हैं। सिर्फ अलग-अलग और पृथक सामाजिक इकाइयों के बारे में ही नियम बनाए जा सकते हैं।

इन आधारों पर पॉपर ने यह निष्कर्ष निकाला है कि सामाजिक समस्याओं के क्षेत्र में सम्पूर्ण परिवर्तन के पक्ष में कोई तर्कसंगत आधार दे पाना सम्भव नहीं है। इसके लिए जितने समाजशास्त्रीय ज्ञान की आवश्यकता होगी, वह उपलब्ध नहीं है। इस ज्ञान के अभाव में ऐसी कोई भी योजना दिशाहीन होगी। इसलिए, पॉपर ने ''यूटोपियन सामाजिक इंजीनियरी'' के स्थान पर ''खण्डशः सामाजिक इंजीनियरी'' (piecemeal social engineering) की वकालत की है। ''यूटोपियन सामाजिक इंजीनियरी'' में पहले एक ''आदर्श'' समाज या राज्य की तस्वीर बना ली जाती है, और फिर उसे प्राप्त करने के तरीकों को ढूँटा जाता है। इस दृष्टिकोण के विरोध में पॉपर का यह मानना है कि हम चाहे जहाँ भी जाना चाहें, शुरूआत वहीं से करनी होगी जहाँ हम हैं। राजनीति के क्षेत्र में हम बिलकुल शून्य से या नए सिरे से शुरूआत नहीं कर सकते हैं। यह कहना कि कुछ बदलने से पहले हमें सब कुछ बदलना होगा, एक आत्मविरोधी बात है। इसलिए समाज के पूर्ण या व्यापक परिवर्तन की बजाय सार्वजनिक नीति का उद्देश्य ऐसे दुखों को कम-से-कम करना होना चाहिए, जिन्हें टाला जा सकता है (minimize avoidable suffering)। इसके लिए तत्काल उन समस्याओं की ओर ध्यान देना चाहिए, जो लोगों को सबसे अधिक परेशान कर रही हों। यह काम वैज्ञानिक विधि से किया जाना चाहिए, और ऐसा एक मुक्त समाज में ही सम्भव है।[1]

प्रश्न

1. Explain the values which Democracy upholds. (1979)
2. Comment critically in not more than 200 words—
   (a) A free press is a necessary condition of democracy. (1982)
3. निम्नलिखित पर आलोचनात्मक टिप्पणी लिखिए। व्याख्या दो सौ से अधिक शब्दों में न हो—
   (क) जब तक सामान्य शिक्षा एक दार्शनिक दृष्टिकोण नहीं प्रदान करती तब तक कोई सफल लोकतांत्रिक समाज नहीं हो सकता है। (1987)
4. निम्नलिखित मत पर आलोचनात्मक व्याख्या लिखिए। व्याख्या दो सौ से अधिक शब्दों में न हो—

1. K. R. Popper, *The Open Societies and its Enemies.*

(क) वास्तविक स्वराज्य कुछ लोगों द्वारा सत्ता का अधिग्रहण करने से नहीं आएगा। प्रत्युत्त जब सत्ता का दुरूपयोग हो तो सभी लोगों द्वारा उसका प्रतिरोध करने की सामर्थ्य प्राप्त करने से आयेगा। (1989)

5. लोकतन्त्र का विरोधाभास क्या है? उसका समाधान करने के लिए कौन-कौन से प्रयत्न किए गए हैं? (1989)

6. निम्नलिखित पर आलोचनात्मक टिप्पणी लिखिए। टिप्पणी दो सौ से अधिक शब्दों में न हो—
(क) लोकतन्त्र के आदर्श (1995)

7. ''लोकतन्त्र केवल सरकार का एक प्रकार नहीं है बल्कि वह एक जीवन-पद्धति भी है।'' चर्चा कीजिए। (1997)

8. निम्नलिखित पर अधिक-से-अधिक दो सौ शब्दों में आलोचनात्मक टिप्पणी लिखिए—
(क) उदार लोकतंत्र (1999)

9. निम्नलिखित पर अधिक-से-अधिक दो सौ शब्दों में आलोचनात्मक टिप्पणी लिखिए—
(क) प्रजातन्त्र की अवधारणा विरोधाभासी है (2001)

10. उदारवादी प्रजातन्त्र के आधारभूत सिद्धान्तों का व्याख्यात्मक उल्लेख कीजिए। इस सन्दर्भ में इस विषय पर विचार कीजिए कि न्याय, जो कि उदारवादी प्रजातंत्र का एक मूलभूत आदर्श है, को किस हद तक इसके अन्तर्गत साकार किया जा सकता है। (2001)

11. क्या आप सोचते हैं कि लोकतंत्र शासन का सर्वोत्तम रूप है? क्या 'लोकतंत्र से परे' की कोई गुंजाइश है? इस सन्दर्भ में 'योग्यता तंत्र' की अवधारणा का विश्लेषण कीजिए। (2002)

12. निम्नलिखित पर अधिक-से-अधिक 200 शब्दों में टिप्पणी लिखिए—
(क) लोकतांत्रिक राज्य में सरकारी कर्मचारियों द्वारा हड़ताल का कोई औचित्य नहीं है। (2003)

13. निम्नलिखित पर अधिक-से-अधिक 200 शब्दों में आलोचनात्मक टिप्पणी लिखिए—
(क) ''प्रजातंत्र की अवधारणा सारतः विवादित अवधारणा है।'' (2004)

14. निम्नलिखित पर अधिक-से-अधिक 200 शब्दों में समालोचनात्मक टिप्पणी लिखिए।
(क) ''आर्थिक क्षेत्र में शक्ति के साथ के बिना राजनीतिक लोकतंत्र खोखला होता है।'' (2005)

15. निम्नलिखित पर लगभग 200 शब्दों में आलोचनात्मक टिप्पणी लिखिए—
(क) ''प्रजातंत्र, जो कि प्रत्येक व्यक्ति की धारणा को एक समान मानता है, यह निर्धारित करने में अक्षम है कि क्या करना उचित है।'' (2006)

16. निम्नलिखित पर अधिक-से-अधिक 200 शब्दों में आलोचनात्मक टिप्पणी लिखिए—
(क) प्रजातंत्र, जो व्यक्ति की धारणा को एक समान महत्त्व देता है, वह यह निर्धारण करने में सक्षम नहीं होता कि क्या उचित या अनुचित है। (2007)

17. कुछ उदारवादी राजनीतिक विचारकों के अनुसार सामाजिक एवं आर्थिक समानता केवल इस शर्त पर न्यायोचित है कि उनका लाभ समाज में निम्नतर स्तर के सदस्यों को मिलता है। क्या यह विचार उदारवाद के व्यक्ति-स्वातंत्र्य की सैद्धान्तिक हिमायत के साथ संगत है? विवेचन कीजिए। (2007)

18. निम्नलिखित पर अधिक-से-अधिक 200 शब्दों में समालोचनात्मक टिप्पणी लिखिए—
(क) ''लोकतांत्रिक सरकार लोकतंत्र के राजनीतिक दर्शन के सिद्धांतों की प्रोन्नति करने का दावा करती है।'' (2008)

❑

अध्याय 8

समाजवाद

समाजवाद के दो प्रमुख रूप हैं—(1) सर्वाधिकारवादी समाजवाद या साम्यवाद और (2) लोकतान्त्रिक समाजवाद। समाजवादी विचारधारा के अन्तर्गत आर्थिक समता पर बल दिया जाता है और अनियंत्रित पूँजीवाद का विरोध किया जाता है। इस अध्याय में मुख्यतः पूँजीवाद और लोकतान्त्रिक समाजवादी की चर्चा की जाएगी। साम्यवाद की चर्चा अगले अध्याय में की गयी है।

पूँजीवाद

A Dictionary of Politics के अनुसार, पूँजीवाद वह आर्थिक व्यवस्था है, जिसमें उत्पादन के साधनों का स्वामित्व एक छोटे अल्पमत वर्ग के हाथ में केन्द्रित रहता है, और जिसके अन्तर्गत एक सम्पत्तिविहीन वर्ग भी होता है, जो आजीविका के लिए अपने श्रम को बेचता है।[1]

A Dictionary of Political Thought के अनुसार **पूँजीवादी व्यवस्था में पूँजीपति वर्ग, जिसके हाथों में उत्पादन के साधनों का स्वामित्व रहता है, अपने उत्पादनों को बाजार में बेच कर मुनाफा (profit) कमाता है, जबकि मजदूर वर्ग अपने श्रम को बेचकर मजदूरी (wage) प्राप्त करता है। पूँजीवादी अर्थव्यवस्था के लिए उत्पादन के साधनों में व्यक्तिगत स्वामित्व या निजी सम्पति की संस्था, बाजार अर्थव्यवस्था और श्रम के विभाजन का अस्तित्व जरूरी है।**[2]

बाजार अर्थव्यवस्था या मुक्त बाजार व्यवस्था में वितरण और विनिमय पर राज्य का कोई नियंत्रण नहीं होता है, और दाम (price) का निर्धारण माँग (demand) और आपूर्ति (supply) के बाजार की शक्तियों द्वारा होता है।

मार्क्सवाद के अनुसार पूँजीवाद ऐतिहासिक विकास की एक स्थिति है, जिसमें उत्पादन का मुख्य साधन कारखाने होते हैं। पूँजीवाद के अन्तर्गत दो वर्ग होते हैं—(i) कारखानों के मालिकों का वर्ग या ''बुर्जुआ'' वर्ग और (ii) कारखानों में काम करने वाले मजदूरों का वर्ग या ''सर्वहारा'' वर्ग।

''पूँजीवाद'' शब्द का प्रयोग उस राजनीतिक-आर्थिक विचारधारा के लिए भी किया जाता है, जिसके द्वारा पूँजीवादी अर्थव्यवस्था का समर्थन किया जाता है।

---

1. Florence Elliott, *A Dictionary of Politics* (Middlesex, England : Penguin Books, seventh edition, 1974), p. 80
2. Roger Scruton, *A Dictionary of Political Thought*, pp. 52-53.

पूँजीवाद का समर्थन इसलिए भी किया जाता है, क्योंकि इसे व्यक्तिगत सम्पत्ति की संस्था का अनिवार्य परिणाम समझा जाता है। व्यक्तिगत सम्पत्ति का समर्थन कई आधारों पर किया गया है। हीगेल ने इसे सामाजिक दृष्टि से अनिवार्य माना है। हीगेल के अनुसार व्यक्तिगत स्वतंत्रता की दृष्टि से व्यक्तिगत सम्पत्ति की संस्था अनिवार्य है। दूसरी ओर, लॉक ने सम्पत्ति के अधिकार को प्राकृतिक अधिकार मानते हुए इसका समर्थन किया है। लॉक के अनुसार, व्यक्ति ने जिस किसी वस्तु के साथ अपने ''श्रम का मिश्रण'' किया है, वह उसकी सम्पत्ति है; बशर्ते, वह पहले से ही किसी के अधिकार में नहीं थी; क्योंकि शरीर के जिन अंगों से वह उन पर काम करता है, वह उसकी अपनी होती है। लॉक के अनुसार सभी न्यायसंगत हस्तांतरणों द्वारा भी यह प्राकृतिक अधिकार सुरक्षित रहता है। इस तरह, सिद्धान्ततः सभी वर्तमान सम्पत्ति अधिकारों के मूल स्रोत में जाकर यह जाना जा सकता है कि उसे कैसे अर्जित किया गया, और इस आधार पर यह भी निर्धारित किया जा सकता है कि कौन-सी सम्पत्ति उचित तरीके से हासिल की गयी है, और कौन अनुचित तरीके से।

पूँजीवाद का समर्थन इसलिए भी किया जाता है क्योंकि इसे बाजार अर्थव्यवस्था के लिए अनिवार्य समझा जाता है। बाजार अर्थव्यवस्था के समर्थन में कहा जाता है कि इसके द्वारा उत्पादन को अधिकतम करने और सीमित साधनों का युक्तिसंगत वितरण करने में सहायता मिलती है। इस प्रकार यह पूँजीपति और श्रमिक दोनों वर्गों के भौतिक सुख-सुविधाओं में वृद्धि करने में सहायक है।

ऐडम स्मिथ (1723-1790) ने आर्थिक अहस्तक्षेप की नीति (laissez-faire) का समर्थन किया है। स्मिथ के अनुसार बाजार को अगर उसके अपने हाल पर छोड़ दिया जाए, तो उसमें कुछ बुराइयाँ भी हैं, फिर भी यह एक सन्तुलन की ओर ले जाता है, जो अन्य किसी आर्थिक व्यवस्था में नहीं है। स्मिथ ने लाभ मनोवृत्ति (profit motive) का समर्थन किया है। स्मिथ के अनुसार पूँजीपति का उद्देश्य उसका अपना निजी लाभ होता है, लेकिन अपने इस उद्देश्य के बावजूद वह सामान्य कल्याण के लिए काम करता है। अधिक मुनाफा कमाने के लिए वह ऐसी वस्तुओं का उत्पादन और विक्रय करता है जिससे अधिक-से-अधिक आवश्यकताओं की सन्तुष्टि होती है। स्मिथ के अनुसार राज्य को आर्थिक क्षेत्र में हस्तक्षेप नहीं करना चाहिए। आर्थिक क्षेत्र को ''बाजार की शक्तियों'' के भरोसे छोड़ देना चाहिए।

बाजार अर्थव्यवस्था का समर्थन स्वतंत्रता के आदर्श के आधार पर भी किया जाता है। जिस तरह मनुष्य को राजनीतिक स्वतंत्रता मिलनी चाहिए, उसी तरह उसे आर्थिक स्वतंत्रता भी मिलनी चाहिए। राज्य को अर्थव्यवस्था में हस्तक्षेप नहीं करना चाहिए, या कम-से-कम हस्तक्षेप करना चाहिए। पूँजीवाद के समर्थन में यह भी कहा जाता है कि पूँजीवाद को नष्ट करने के किसी भी प्रयत्न से सारी शक्ति व्यक्ति से राज्य के हाथों में चली जाएगी, और इससे राज्य की शक्ति इतनी बढ़ जाएगी कि किसी-न-किसी किस्म के सर्वाधिकारवाद का जन्म होगा।

इन युक्तियों के विरुद्ध समाजवादी आम तौर से यह कहते हैं कि पूँजीवाद, जिसमें

मुनाफा उत्पादकों के हाथ में न जाकर किसी अन्य के हाथों में जाता है, अपने-आप में अन्यायपूर्ण है। अनियंत्रित पूँजीवाद में धन का असमान वितरण, मजदूरों का शोषण और पूँजी का केन्द्रीकरण होता है। पूँजीवादी लोकतंत्र में लोकतंत्र का सिर्फ आभास होता है। वास्तविक शक्ति पूँजीपतियों के एक छोटे से वर्ग के हाथ में आ जाती है, जो अपने कर्मचारियों के प्रति जबावदेह नहीं होते।

समाजवादी विचारकों के द्वारा व्यक्तिगत सम्पत्ति की संस्था का भी विरोध किया गया है। उदाहरण के तौर पर फ्रेंच दार्शनिक प्राउधाँ (1809-1865) ने अपनी पुस्तक *What is Property ?* (1840) में उन्नीसवीं सदी के फ्रांस में प्रचलित सम्पति के कई अधिकारों का विरोध किया, खास कर ऐसे अधिकार, जो दूसरे व्यक्ति के आचरण पर कारगर नियंत्रण स्थापित करते हों, प्राउधाँ के अनुसार सम्पत्ति चोरी हैं।

साम्यवाद के अन्तर्गत उत्पादन के साधनों में निजी स्वामित्व को शोषण, गैरबराबरी और वर्ग का आधार माना गया है। साम्यवाद के अनुसार वर्गविहीन समाज की स्थापना के लिए उत्पादन के साधनों में निजी स्वामित्व को समाप्त कर सामुदायिक स्वामित्व की स्थापना जरूरी है।

उदारवादी विचारक जॉन स्टुअर्ट मिल ने भी अपनी *Principles of Political Economy* में पूर्ण आर्थिक अहस्तक्षेप की नीति का समर्थन नहीं किया है। मिल के अनुसार पूँजीवादी व्यवस्था में न्यायपूर्ण और व्यवस्थित आर्थिक विकास सिर्फ तभी हो सकता है जब ट्रेड यूनियनों का अस्तित्व हो। इससे ही उद्योग के मालिकों और उनके कर्मचारियों के सौदे की शक्ति में संतुलन और समता आ सकती है। मिल ने सामाजिक न्याय की दृष्टि से पुर्नवितरण के लिए कई प्रस्ताव दिए हैं, जिनमें से अधिकांश का सम्बन्ध टैक्स लगाने से है, खास कर मृत्यु के बाद। मिल ने आनुवंशिक सिद्धान्त के विरुद्ध युक्तियाँ दी हैं।

पॉपर ने अपनी पुस्तक *The Open Society and its Enemies* में आर्थिक स्वतंत्रता के विरोधाभास (paradox of economic freedom) की ओर ध्यान दिलाया है, जिसके द्वारा अमीरों द्वारा गरीबों का अनियंत्रित शोषण होता है, और जिसके परिणामस्वरूप गरीबों की कोई आर्थिक स्वतंत्रता नहीं रह जाती है। पॉपर के अनुसार यहाँ पर स्थिति में सुधार के लिए राजनीतिक उपाय जरूरी है। राज्य की शक्ति द्वारा समर्थित ऐसी सामाजिक संस्थाओं का निर्माण होना चाहिए जिनके द्वारा आर्थिक दृष्टि से कमजोर लोगों की आर्थिक दृष्टि से शक्तिशाली से रक्षा की जा सके। इसका अर्थ यह है कि अनियंत्रित अर्थव्यवस्था में अहस्तक्षेप की नीति को छोड़ना होगा। पॉपर के अनुसार अगर हम स्वतंत्रता की रक्षा चाहते हैं, तो हमें यह माँग करनी होगी कि सरकारें असीमित्त आर्थिक स्वतंत्रता की नीति को त्याग कर उसके बदले योजनाबद्ध आर्थिक हस्तक्षेप (economic interventionism) की नीति पर चलें।[1]

---

1. Bryan Magee *Popper*, pp. 80-81.

समाजवाद

समाजवाद एक काफी प्रभावशाली राजनीतिक विचारधारा रही है। एक समय "समाजवाद" शब्द के आकर्षण के कारण कई ऐसे राजनीतिज्ञों द्वारा भी अपनी नीतियों के लिए "समाजवाद" शब्द का प्रयोग किया जाने लगा, जो वास्तव में समाजवादी नहीं थे। शायद इसलिए सी॰ इ॰ एम॰ जोड ने समाजवादी विचारधारा की चर्चा करते हुए कहा है कि "समाजवाद एक ऐसी आकारहीन टोपी है, जिसे हर कोई पहनता है।"[1]

"समाजवाद" शब्द के लापरवाह इस्तेमाल से पैदा होने वाले भ्रम को अगर छोड़ भी दें, तो भी जिसे व्यापक दृष्टि से समाजवादी विचारधारा कहा जा सकता है, उसमें कई महत्वपूर्ण उपधाराएँ भी रही हैं, जिनमें कई महत्त्वपूर्ण मुद्दों पर सैद्धान्तिक मतभेद भी रहे हैं, जैसे, लोकतन्त्र और राज्य के प्रति दृष्टिकोण को ले कर।

बीसवीं सदी के प्रारम्भ में ब्रिटेन, फ्रान्स और रूस में कई किस्म की समाजवादी राजनीतिक धाराएँ प्रचलित थीं। 1918 में पहली बार प्रकाशित अपनी पुस्तक *Roads to Freedom* में रसेल ने समाजवाद, अराजकतावाद (anarchism) और श्रमिक संघवाद (syndicalism) की चर्चा की है। अपनी इस पुस्तक में रसेल ने अराजकतावाद को समाजवाद के करीब माना है। अराजकतावाद के प्रति सहानुभूति होने के बाद भी रसेल ने व्यावहारिकता के आधार पर श्रेणी समाजवाद (guild socialism) का समर्थन किया है। इस पुस्तक में फैबियनवाद (Fabianism) का भी संक्षिप्त उल्लेख है, जिसका प्रभाव ब्रिटेन की लेबर पार्टी पर पड़ा।[2]

अराजकतावाद

अराजकतावाद वह राजनीतिक सिद्धान्त है, जो राज्य को एक अनावश्यक बुराई मानता है, और राज्यविहीन समाज को एक आदर्श। अराजकतावाद के अन्तर्गत राज्य का विरोध किया गया है, क्योंकि राज्य द्वारा नागरिकों पर बल-प्रयोग किया जाता है। अराजकतावाद में व्यक्ति की स्वतंत्रता को स्वोंच्च महत्त्व दिया जाता है। अराजकतावाद में समुदाय द्वारा व्यक्ति पर किसी भी बल-प्रयोग और नियंत्रण का विरोध किया जाता है। उन्नीसवीं सदी के अराजकतावादी व्यक्ति की स्वतंत्र समितियाँ चाहते थे, जिसमें कोई सेना, पुलिस, अदालत या जेल न हो। अराजकतवादियों के अनुसार व्यक्ति एक राज्यविहीन समाज में, राज्य जैसी किसी बाहरी समिति द्वारा हस्तक्षेप और बल-प्रयोग के बिना भी, परस्पर सहयोग और सद्‌भावना से जीवन बिता सकते हैं। कुछ अराजकतावादियों ने अपने उद्देश्यों को हासिल करने के लिए हिंसक और आतंकवादी तरीकों को अपनाया, जबकि कुछ ने शान्तिमय तरीकों को।

रूसी क्रान्तिकारी बाकुनिन (1814-1876) के अराजकतवाद के अन्तर्गत जमीन और पूँजी के सामुदायिक स्वामित्व की वकालत की गयी है। इस दृष्टि से यह

1. C.E.M. Joad, *Introduction to Modern Political Theory*, p. 40.
2. Bertrand Russell, *Roads to Freedom* (London : Unwin Paperbacks, 1977).

समाजवाद के करीब है। रसेल ने बाकुनिन के विचारों को अराजकतवादी साम्यवाद (anarachist communism) कहा है, तथा इसके और व्यक्तिवादी अराजकतवाद (individualistic anarchism) के बीच अन्तर किया है। बाकुनिन को रसेल ने अराजकतवादी साम्यवाद का जनक माना है। बाकुनिन पर प्राऊधाँ के विचारों का भी प्रभाव था। बाकुनिन और मार्क्स के बीच कुछ मतभेद भी थे। बाकुनिन के अनुसार हिंसक संघर्ष और आतंकवाद द्वारा क्रान्तिकारी परिवर्तन लाया जा सकता है, जिसका मुख्य उद्देश्य होना चाहिए सभी राजनीतिक, सामाजिक और धार्मिक संस्थाओं को समाप्त कर, उनके स्थान पर स्वतंत्र समितियों के स्वतंत्र संघ की स्थापना। इस संघ में सभी को एक बराबर अधिकार और सुविधाएँ होंगी। यहाँ तक की उन्हें संघ से अलग होने का भी अधिकार होगा।

मार्क्सवादी-साम्यवाद भी अराजकतावादी है। इसके अन्तर्गत राज्य को एक वर्ग द्वारा दूसरे वर्ग के शोषण का औजार माना गया है। वर्गविहीन समाज में राज्य की कोई आवश्यकता नहीं रहेगी और राज्य का विसर्जन हो जाएगा। लेकिन, इसमें ''संक्रमण काल'' में ''सर्वहारा की तानाशाही'' की वकालत की गयी है। सर्वोदय में भी अराजकतावादी प्रवृत्तियाँ हैं। गाँधी अहिंसक समाज चाहते थे। राज्य द्वारा हिंसा की जाती है, इसलिए वे राज्यविहीन समाज को आदर्श मानते थे। क्योंकि व्यवहार में इस आदर्श को पूरी तौर से प्राप्त करना सम्भव नहीं है, इसलिए उन्होंने अमेरिकन विचारक थ्यूरो की इस उक्ति को अपनाया ''वह सरकार सर्वश्रेष्ठ है जो कम-से-कम शासन करे।'' गाँधी पर रूसी लेखक-विचारक तॉल्सतॉय के विचारों का भी प्रभाव था।

श्रमिक संघवाद

''श्रमिक संघवाद'' अंग्रेजी शब्द "syndicalism" का हिन्दी पर्याय है। "Syndicalism" फ्रेंच शब्द "syndical" से बना है, जिसका अर्थ होता है, ''ट्रेड यूनियन''। श्रमिक संघवाद 1890 में फ्रांस में शुरू हुए एक ट्रेड यूनियन आन्दोलन का नाम है।[1] श्रमिक संघवाद के अन्तर्गत नए समाज के आधार और नए समाज के सृजन के औजार के रूप में श्रमिक संघ या ट्रेड यूनियन को केन्द्रीय स्थान दिया जाता है। इसके अन्तर्गत पूँजी को चोरी माना जाता है, और पूँजीवादी समाज में वर्ग संघर्ष का समर्थन किया जाता है। इसके द्वारा उत्पादन के साधनों में व्यक्तिगत स्वामित्व को समाप्त कर सामुदायिक स्वामित्व के स्थापना की बात की जाती है।

सी॰ इ॰ एम॰ जोड के अनुसार श्रमिक संघवाद पर मार्क्स की बजाय प्राऊधाँ के विचारों का प्रभाव था। श्रमिक संघवाद के अनुसार श्रमिकों और उत्पादकों का न सिर्फ आर्थिक और औद्योगिक क्षेत्र पर, बल्कि राजनीतिक क्षेत्र पर भी नियंत्रण होना चाहिए। राज्य का अस्तित्व समाप्त हो जाना चाहिए और राज्य के कार्य श्रमिक संघों द्वारा किए जाने चाहिए। इस तरह श्रमिक संघवाद में भी अराजकतावादी तत्त्व हैं।

---

1. Roger Scruton, *A Dictionary of Political Thought.*

श्रेणी-समाजवाद

A Dictionary of Political Thought के अनुसार श्रेणी-समाजवाद (guild socialism) श्रमिक संघवाद का ब्रिटिश रूप है। इस आन्दोलन के अन्तर्गत राजकीय समाजवाद (state socialism) का विरोध किया गया है। राजकीय समाजवाद के अनुसार उद्योगों का नियंत्रण राज्य के हाथों में होना चाहिए, जबकि श्रेणी समाजवाद के अनुसार ट्रेड यूनियनों का संगठन 'गिल्ड' (श्रेणी या संघ) के रूप में किया जाना चाहिए और उन्हें ही उद्योगों का संचालन करना चाहिए। बट्रेण्ड रसेल के अनुसार श्रेणी समाजवाद के अन्तर्गत राजकीय समाजवाद और श्रमिक संघवाद दोनों के वैध तत्त्वों के समन्वय का प्रयास किया गया है। इसके अन्तर्गत ट्रेड यूनियनों के संघ की व्यवस्था का समर्थन किया गया है। जोड के अनुसार श्रमिक संघवाद और श्रेणी समाजवाद के बीच यह अन्तर है कि आर्थिक क्षेत्र में तो वे भी श्रमिक संघवादियों की तरह ही यह मानते हैं कि इस क्षेत्र का नियंत्रण श्रमिक संघों के हाथ में होना चाहिए, लेकिन वे इसके अलावा राजनीतिक क्षेत्र में ''सामान्य संकल्प'' (common will) के प्रतिनिधित्व की आवश्यकता को भी स्वीकार करते हैं।

फैबिनयवाद

''फैबियनवाद'' (Fabianism) शब्द रोमन जेनरल फैबियस के नाम से जुड़ा हुआ है, जो अपने दुश्मन को धीरे-धीरे थका कर युद्ध जीतने की रणनीति में विश्वास रखते थे। उन ब्रिटिश समाजवादियों ने, जो हिंसक क्रान्ति की बजाय संवैधानिक सरकार के दायरे में क्रमिक सुधार द्वारा अपने लक्ष्य को हासिल करना चाहते थे, 1884 में फैब्यिन सोसांइटी की स्थापना की। फैबियन सोसाइटी द्वारा राजकीय समाजवाद का समर्थन किया गया है। इस समाज में सिडनी वेब, जॉर्ज बर्नाड शॉ और एच॰ जी॰ वेल्स जैसे कई प्रभावशाली बुद्धिजीवी थे, और उन्होंने समाजवाद को बौद्धिक एवं राजनीतिक दृष्टि से सम्मानजनक बनाने के लिए काफी काम किया। फैबियन सोसाइटी का प्रभाब लेबर पार्टी पर भी रहा, और लेबर पार्टी की स्थापना में भी उसकी भूमिका रही है।

इस तरह, इतिहास में समाजवाद के कई रूप रहे हैं और लोकतंत्र एवं राज्य की भूमिका जैसे महत्त्वपूर्ण मुद्दों पर इनके बीच सैद्धान्तिक मतभेद भी रहे हैं। लेकिन इन बुनियादी सैद्धान्तिक मतभेदों के बाद भी ''समाजवादी'' कही जाने वाली विचारधाराओं में कुछ बातें सामान्य जरूर हैं, जिनके आधार पर इन सबको व्यापक दृष्टि से ''समाजवादी'' कहा जा सकता है।

समाजवादी विचारधारा की सबसे महत्त्वपूर्ण विशेषता यह है कि **इस चिन्तनधारा में समता और विशेष कर आर्थिक समता के लक्ष्य को महत्त्वपूर्ण स्थान दिया जाता है।**

A Dictionary of Politics के अनुसार समाजवाद एक ऐसा, **''राजनीतिक और आर्थिक सिद्धान्त है जिसके अनुसार उत्पादन, वितरण और विनिमय के साधनों पर जनता का स्वामित्व और नियन्त्रण होना चाहिए। हर किसी को**

अपनी प्रतिभा के विकास का समान अवसर मिलना चाहिए, और समुदाय के धन-सम्पत्ति का न्यायसंगत वितरण होना चाहिए।''[1]

समाजवाद को कई दृष्टियां से वर्गीकृत किया गया है और किया जा सकता है, जैसे, राज्य के प्रति दृष्टिकोण को लेकर (1) राजकीय समाजवाद और (2) अराजकतावादी समाजवाद।

इसी तरह, समाजवाद की दिशा में परिवर्तन के लिए अपनायी गयी विधि की दृष्टि से (1) विकासात्मक समाजवाद और (2) क्रान्तिकारी समाजवाद।

मार्क्सवाद के अन्तर्गत समाजवाद को (1) यूटोपियन समाजवाद और (2) वैज्ञानिक समाजवाद में वर्गीकृत किया गया है।

समाजवादी चिन्तनधाराओं में सबसे महत्त्वपूर्ण अन्तर लोकतन्त्र के प्रति दृष्टिकोण को लेकर है। इस दृष्टि से हम समाजवादी चिन्तनधारा को दो विभागों में बाँट सकते हैं—

1. लोकतान्त्रिक समाजवाद और
2. सर्वाधिकारवादी समाजवाद (totalitarian socialism)

परम्परागत मार्क्सवाद-साम्यवाद को, जिसके अन्तर्गत ''बुर्जआ'' लोकतन्त्र को नष्ट कर, ''सर्वहारा की तानाशाही'' स्थापित करने की वकालत की जाती है, हम सर्वाधिकारवादी समाजवाद के अन्तर्गत रख सकते हैं। (सर्वाधिकारवादी शासन व्यवस्था में एक पार्टी की तानाशाही रहती है। इसमें संगठन बनाने की स्वतन्त्रता सहित नागरिक स्वतन्त्रताओं का और स्वायत्त संस्थाओं का अभाव रहता है।)

लोकतान्त्रिक समाजवाद

लोकतान्त्रिक समाजवाद में, जैसा कि नाम से ही स्पष्ट है, लोकतन्त्र का समर्थन किया जाता है। कई बार लोकतान्त्रिक समाजवादियों द्वारा अपनी विचारधारा के लिए ''लोकतान्त्रिक'' विशेषण के बिना सिर्फ ''समाजवादी'' शब्द का प्रयोग भी किया जाता है। उदाहरण के तौर पर, आजादी के बाद कांग्रेस पार्टी से अलग होकर, जयप्रकाश नारायण और राममनोहर लोहिया ने जिस ''समाजवादी'' पार्टी का गठन किया था, वह दरअसल **लोकतान्त्रिक** समाजवादी पार्टी थी। इसी तरह, फ्रांस के भूतपूर्व ''समाजवादी'' राष्ट्रपति मितराँ भी लोकतांत्रिक समाजवादी थे। ब्रिटेन की लेबर पार्टी भी लोकतान्त्रिक समाजवादी पार्टी है। फैबियनवाद भी एक किस्म का लोकतान्त्रिक समाजवाद है। जर्मनी में ''सामाजिक लोकतंत्र'' (social democracy) शब्द का अधिक इस्तेमाल होता है।[2]

लोकतान्त्रिक समाजवादियों के अनुसार समाजवाद की स्थापना के लिए साधन और साध्य दोनों ही रूपों में लोकतन्त्र का अस्तित्व एक अनिवार्य शर्त है। उदाहरण

---

1. Florence Elliott, *A Dictionary of Politics*, p. 421
2. Roger Scruton, *A Dictionary of Political Thought*.

के तौर पर, जयप्रकाश नारायण ने अपने चिन्तन के लोकतांत्रिक समाजवादी दौर में यह स्पष्ट कहा था कि **लोकतंत्र के अभाव में समाजवाद का अस्तित्व असम्भव है।**

इसी तरह, जहाँ साम्यवाद के अन्तर्गत समाजवाद की स्थापना के लिए हिंसक वर्ग संघर्ष और ''सर्वहारा की तानाशाही'' की वकालत की जाती है, वहाँ लोकतांत्रिक समाजवादियों के अनुसार किसी लोकतान्त्रिक राजनीतिक व्यवस्था में, लोकतान्त्रिक साधनों को अपना कर, समाजवाद की दिशा में बढ़ना सम्भव है। इसलिए, लोकतान्त्रिक समाजवादी समाजवाद की स्थापना के लिए लोकतन्त्र को नष्ट करने या उखाड़ फेंकने की बजाय, लोकतन्त्र को और अधिक मजबूत बनाने का, और समाजवाद की दिशा में बढ़ने के लिए अभिव्यक्ति की स्वतन्त्रता और संगठन बनाने की स्वतंत्रता जैसी लोकतान्त्रिक स्वतन्त्रताओं का उपयोग करने का समर्थन करते हैं। स्पष्ट है कि लोकतांत्रिक समाजवादी लोकतंत्र के मार्क्सवादी विश्लेषण को स्वीकार नहीं करते। इसके अलावा, वे हिंसक वर्ग संघर्ष और ''सर्वहारा की तानाशाही'' के साम्यवादी सिद्धान्त को भी अस्वीकार करते हैं। यह भी जरूरी नहीं है कि लोकतांत्रिक समाजवादी द्वन्द्वात्मक भौतिकवाद और ऐतिहासिक भौतिकवाद के मार्क्सवादी सिद्धान्तों को स्वीकार करें।

आर्थिक दृष्टि से लोकतांत्रिक समाजवादियों की स्थिति पूँजीवाद और साम्यवाद के बीच की है। न तो वे अनियंत्रित पूंजीवाद या सरकार द्वारा पूर्ण आर्थिक अहस्तक्षेप (laissez-faire) की नीति का समर्थन करते हैं; और न ही अर्थव्यवस्था पर पूर्ण सरकारी नियंत्रण का, जैसा कि सर्वाधिकारवादी समाजवाद या साम्यवाद में होता है। लोकतांत्रिक समाजवादी गैरबराबरी मिटाने और सामाजिक-आर्थिक समता के लक्ष्य की ओर बढ़ने के लिए अर्थव्यवस्था में सरकारी हस्तक्षेप का समर्थन करते हैं, लेकिन वे अर्थव्यवस्था पर पूर्ण सरकारी नियंत्रण का समर्थन नहीं करते हैं। भारत, ब्रिटेन, जर्मनी, फ्रांस, स्वीडन और जापान आदि देशों में समय-समय पर लोकतांत्रिक समाजवादी पार्टियाँ सत्ता में आयी हैं, लेकिन उन्होंने अर्थ-व्यवस्था पर पूर्ण सरकारी नियंत्रण स्थापित करने का प्रयत्न नहीं किया। लेकिन इस सन्दर्भ में विभिन्न देशों की स्थिति अलग-अलग हैं, और विस्तार में जाने पर लोकतांत्रिक समाजवादियों के विचार कुछ अलग-अलग भी हो सकते हैं।

अर्थव्यवस्था में सरकारी हस्तक्षेप का सही स्वरूप और विस्तार क्या हो, इस बारे में लोकतांत्रिक समाजवादियों में भी मतभेद हो सकते हैं। उदाहरण के तौर पर, पहले भारत में लोकतांत्रिक समाजवादियों द्वारा भी उद्योगों, कम से कम बुनियादी उद्योगों के सामाजीकरण या सरकारीकरण पर अत्यधिक बल दिया जाता था, लेकिन अब ऐसा नहीं है। फिर भी, आम तौर से लोकतांत्रिक समाजवादियों द्वारा सार्वजनिक क्षेत्र के उद्योगों के अन्धाधुन्ध निजीकरण का और भारतीय अर्थव्यवस्था को मिश्रित अर्थव्यवस्था से पूरी तौर पर पूँजीवादी अर्थव्यवस्था की ओर धकेलने का विरोध किया जाता है। भारत में इस समय लोकतांत्रिक समाजवादियों द्वारा जाति पर आधारित सामाजिक-आर्थिक गैरबराबरी को मिटाने के लिए सरकारी नौकरियों और शिक्षण संस्थानों में पिछड़ी एवं दलित जातियों के लिए आरक्षण पर बल दिया जा रहा है। भारतीय

समाजवादी, डॉ. राममनोहर लोहिया, द्वारा पिछड़ी और दलित जातियों के लिए आरक्षण का समर्थन किया गया है। जो भी हो, **लोकतांत्रिक समाजवादी सरकार द्वारा आर्थिक क्षेत्र में पूर्ण अहस्तक्षेप की नीति का भी समर्थन नहीं करते हैं। वे सामाजिक-आर्थिक गैरबराबरी मिटाने के लिए किसी न किसी रूप में सरकार द्वारा हस्तक्षेप की वकालत करते हैं।**

एक तरह से देखा जाए तो लोकतांत्रिक समाजवादी अपनी राजनीतिक विचारधारा में उदार लोकतंत्रवादी और समाजवादी—दोनों विचारधाराओं के महत्वपूर्ण तत्त्वों को स्थान देते हैं। उदार लोकतंत्रवादी समता से अधिक स्वतंत्रता पर बल देते हैं। लोकतंत्र के समर्थक होने के नाते वे राजनीतिक समता के आदर्श को भी अवश्य स्वीकार करते हैं, लेकिन उनके द्वारा सामाजिक-आर्थिक समता को पर्याप्त महत्व नहीं दिया जाता है। सामाजिक-आर्थिक समता के अभाव में राजनीतिक समता भी कभी-कभी बेमानी हो जाती है। मार्क्स ने लोकतंत्र के इसी पक्ष की आलोचना की थी।

दूसरी ओर, मार्क्सवाद-साम्यवाद में समता के लक्ष्य को प्राप्त करने के लिए स्वतंत्रता को तिलांजलि दे दी जाती है। यहाँ तक कि साम्यवादी व्यवस्था में राजनीतिक समता भी नहीं रहती है; क्योंकि साम्यवाद की सरकारी व्याख्या से अलग विचार रखने वालों को अभिव्यक्ति की स्वतन्त्रता या संगठन बनाने का अधिकार नहीं रहता है।

लोकतान्त्रिक समाजवादी भी साम्यवादियों की तरह आर्थिक समता का समर्थन करते हैं, लेकिन वे इस लक्ष्य को लोकतान्त्रिक साधनों द्वारा लोकतन्त्र के दायरे में प्राप्त करने पर बल देते हैं। इस तरह, हम कह सकते हैं कि **लोकतान्त्रिक समाजवादी स्वतन्त्रता और समता दोनों को अभिन्न मानते हुए बराबर महत्त्व देते हैं,** और इन मूल्यों को सिर्फ राजनीतिक क्षेत्र तक सीमित रखने की बजाय सामाजिक-आर्थिक क्षेत्र में भी लागू करने पर बल देते हैं। दरअसल, इस विचारधारा तक लोकतांत्रिक दिशा से भी पहुँचा जा सकता है। उदाहरण के तौर पर, सामाजिक लोकतन्त्रवादी (social democrat) लोकतंत्र का समर्थन करते हुए स्वतन्त्रता और समता के लोकतान्त्रिक मूल्यों को सामाजिक-आर्थिक क्षेत्र में भी लागू करने का प्रयत्न करते हैं। इस तरह, हम कह सकते हैं कि लोकतान्त्रिक समाजवादी विचारधारा में लोकतान्त्रिक और समाजवादी दोनों राजनीतिक विचारधाराओं का संगम हो जाता है।

समीक्षा

लोकतान्त्रिक समाजवादी विचारधारा में लोकतान्त्रिक और समाजवादी दोनों ही धाराओं के गुण मौजूद हैं, यह इसकी एक विशेषता है। सामाजिक और आर्थिक गैरबराबरी मिटाने के लिए सरकार को हस्तक्षेप करना ही चाहिए, यही उचित मालूम देता है। पूर्ण अहस्तक्षेप की नीति से सिर्फ सम्पन्न वर्गों को ही लाभ हो सकता है, लेकिन सरकार द्वारा कारगर हस्तक्षेप के उपाय क्या हों, यह एक विवादास्पद प्रश्न हो सकता है।

अत्यधिक सरकारी हस्तक्षेप और नियन्त्रण से राजनीतिक सत्ता के साथ-साथ आर्थिक सत्ता का भी सरकार के हाथों में केन्द्रीकरण हो जाता है, और इससे नागरिकों

की स्वतन्त्रता के लिए भी खतरा पैदा हो सकता है। दूसरी ओर, अनियन्त्रित पूँजीवाद में अतिशय गैरबराबरी और आर्थिक शक्ति के केन्द्रीकरण से सामाजिक, राजनीतिक और कानूनी गैरबराबरी का जन्म होता है। इन दोनों खतरों से बचने के लिए राजनीतिक और आर्थिक शक्ति का अधिकतम विकेन्द्रीकरण और राज्य पर नागरिकों का अधिक-से-अधिक नियंत्रण जरूरी है। सामाजिक और आर्थिक लोकतन्त्र के अभाव में राजनीतिक लोकतन्त्र भी कारगर रूप से काम नहीं कर सकता है।

परम्परागत रूप से लोकतान्त्रिक समाजवादियों द्वारा भी उद्योगों के सरकारीकरण या ''राष्ट्रीयकरण'' पर बल दिया जाता रहा है। भारत में भी सार्वजनिक क्षेत्र में कई उद्योगों की स्थापना की गयी और कई उद्योगों का ''राष्ट्रीयकरण'' किया गया, लेकिन सिर्फ इससे गैरबराबरी मिटाने में कोई बहुत मदद मिली है, ऐसा नहीं दिखता है। अगर सरकारी उद्योग लगातर घाटे में चलें, तो इससे उल्टा नुकसान ही होता है। लेकिन सार्वजनिक क्षेत्र के जो उद्योग मुनाफे में चल रहे हों, उन्हें बन्द करने का या बड़े पूँजीपतियों के हाथों बेचने का भी कोई औचित्य नहीं दिखता है। इससे तो समाज में आर्थिक शक्ति का केन्द्रीकरण होता है और आर्थिक गैरबराबरी बढ़ती है। फिर, यह भी ध्यान रखने की बात है कि सार्वजनिक क्षेत्र के सभी उद्योग मुनाफे की दृष्टि से नहीं चलाए जाते हैं। सरकार मुनाफा कमाने वाली व्यावसायिक संस्था नहीं है, सरकार का उद्देश्य है जन-कल्याण और विशेष तौर से आर्थिक दृष्टि से कमजोर वर्गों के हितों की रक्षा। अगर जन-कल्याण की दृष्टि से कुछ उद्योगों और आर्थिक संस्थाओं को सार्वजनिक क्षेत्र में चलाना जरूरी हो, तो उन्हें सार्वजनिक क्षेत्र में ही चलाया जा सकता है। भारतीय अर्थव्यवस्था को मिश्रित अर्थव्यवस्था से पूरी तौर से पूँजीवादी अर्थव्यवस्था की ओर धकेल दिया जाए, इसका कोई औचित्य नहीं दिखता। अनियंत्रित पूँजीवाद की बुराइयाँ जगजाहिर हैं। इसमें सिर्फ पूँजीपति वर्ग का हित-साधन होता है। कहा जाता है कि ''मुक्त'' बाजार-अर्थव्यवस्था में हर कोई सरकारी हस्तक्षेप के बिना कोई भी उद्योग लगाने, व्यापार करने और बाजार में कुछ भी खरीदने-बेचने के लिए स्वतन्त्र होता है। लेकिन, जिनके पास पूँजी ही नहीं हो, वे अपनी इस स्वतंत्रता का उपयोग कैसे करेंगे? जिसके पास जितनी अधिक पूँजी रहती है, वे ही इन स्वतन्त्रताओं का अधिक इस्तेमाल करते हैं। इस तरह, पूँजीवादी बाजार-व्यवस्था बड़े पूँजीपतियों के पक्ष में झुकी रहती है।

इसके अलावा, लोकतांन्त्रिक समाजवादी दृष्टि से सरकार को अपने साधनों का इस्तेमाल कृषि और औद्योगिक संरचना के विकास के अलावे नागरिकों, खासकर कमजोर वर्गों के लिए स्वास्थ्य और शिक्षा सेवाओं के विस्तार के लिए करना चाहिए। गरीबी मिटाने और भुखमरी को टालने के लिए रोजगार गारंटी जैसी योजनाएँ भी चलायी जानी चाहिए।

कई बार सरकार द्वारा गरीब वर्गों और मजदूरों के हित में कई नियम-कानून बनाए जाते हैं, लेकिन अक्सर सरकारी तंत्र के असंवेदनशील और भ्रष्ट होने के कारण इससे गरीब वर्गों को कोई बहुत अधिक वास्तविक लाभ नहीं होता है, और उल्टे यह सरकारी तंत्र के लिए भ्रष्टाचार का और आम लोगों को परेशान करने का साधन मात्र बन कर

रह जाता है। ये उपाय अपने वास्तविक लक्ष्य को कैसे प्राप्त करें इस बारे में सोचने की जरूरत है।

इसमें सन्देह नहीं है कि गैरबराबरी मिटाने के कई परम्परागत उपाय उतने कारगर साबित नहीं हुए हैं। लेकिन इसका यह अर्थ भी नहीं है कि अर्थव्यवस्था को सिर्फ बाजार के भरोसे ही छोड़ दिया जाए और सरकार गरीबी-बेरोजगारी, और गैरबराबरी मिटाने के लिए या जन-कल्याण के लिए कुछ करे ही नहीं। आज लोकतान्त्रिक समाजवादियों के सामने यह एक बहुत बड़ी चुनौती है कि वे **गरीबी और गैरबराबरी मिटाने के भ्रष्टाचार-मुक्त और कारगर उपायों की नए सिरे से तलाश करें।** सरकारी हस्तक्षेप कम से कम हो, लेकिन उसका कारगर और प्रभावी होना जरूरी है।

कभी-कभी कहा जाता है कि लोकतान्त्रिक और समाजवादी विचारधाराओं का समन्वय सम्भव नहीं है, क्योंकि स्वतन्त्रता और समता के मूल्यों के बीच परस्पर विरोध है। लेकिन यह बात सही नहीं मालूम देती है। इसकी चर्चा स्वतन्त्रता और समता के मूल्यों के सन्दर्भ में की गयी है। स्वतन्त्रता और समता इन दोनों मूल्यों को लोकतान्त्रिक चिन्तनधारा में भी महत्व दिया जाता है। जब लोकतन्त्रवादी स्वतन्त्रता की बात करते हैं, तब वे किसी एक व्यक्ति की स्वतन्त्रता की नहीं, बल्कि प्रत्येक व्यक्ति की स्वतंत्रता की बात करते हैं। उदार लोकतन्त्रवादी चाहे सामाजिक-आर्थिक समता को पर्याप्त महत्व न देते हों, लेकिन वे राजनीतिक और कानूनी समता का समर्थन तो करते ही हैं। सामाजिक-आर्थिक समता के अभाव में कई बार राजनीतिक और कानूनी समता का लाभ भी नागरिकों को नहीं मिल पाता है। अगर कोई व्यक्ति भुखमरी की कगार पर खड़ा हो, तो फिर यह नहीं कहा जा सकता है कि वह अपना जीवन अपनी मर्जी के अनुसार जीने के लिए **स्वतंत्र** है। स्वतन्त्रता के उपयोग के लिए बुनियादी आर्थिक आवश्यकताओं का पूरा होना भी जरूरी है। आर्थिक क्षमता के अभाव में स्वतन्त्रता का भी कोई अर्थ नहीं रह जाता है। स्वतंत्रता के अन्तर्गत आर्थिक स्वतन्त्रता भी शामिल है; और ''आर्थिक स्वतन्त्रता'' का अर्थ मात्र पूँजीपति वर्ग की स्वतन्त्रता नहीं है। इसका अर्थ है प्रत्येक नागरिक की आर्थिक बंधनों से मुक्ति। इसलिए, लोकतान्त्रिक समाजवादी और सामाजिक लोकतन्त्रवादी दोनों ही सरकार द्वारा आर्थिक क्षेत्र में हस्तक्षेप का समर्थन करते हैं। अगर यह हस्तक्षेप कम-से-कम हो, और इसके द्वारा स्वतन्त्रता को अनावश्यक रूप से सीमित न किया जाए, तो फिर यह नहीं कहा जा सकता है कि इसका स्वतन्त्रता के मूल्य से विरोध है। बल्कि स्वतन्त्रता और समता के मूल्य एक-दूसरे के पूरक हैं। स्वतन्त्रता के मूल्य के आधार पर नागरिकों को एक-दूसरे की हत्या करने की आजादी तो नहीं दी जाती है? फिर, इस आधार पर बाजार-अर्थव्यवस्था को कुछ नागरिकों को भुखमरी और बदहाली की स्थिति में धकेलने की आज़ादी भी कैसे दी जा सकती है?

प्रश्न

1. Examine how far Demorcary and Socialism can go together. (1980)
2. समाजवाद और प्रजातन्त्र को संयुक्त करने में जो कठिनाइयाँ आती है उनको स्पष्ट कीजिए। (1988)

3. लोकतन्त्र तथा समाजवाद एक साथ नहीं चल सकते, इस मत का आलोचनात्मक विवेचन कीजिए। (1992)

4. समाजवाद एवं मार्क्सवाद के सैद्धान्तिक भेदों का उल्लेख कीजिए। (2000)

5. न्याय का अर्थ है योग्यतानुसार प्रतिफल प्राप्त करना। जो व्यक्ति समाज को जितना देता है उसी अनरूप प्रतिफल का वह भागी है। समाज को अधिक देने वाला उस व्यक्ति से अधिक प्रतिफल का भागी है जो समाज को उससे कम देता है। किसने समाज को कितना दिया, इसको निर्धारित करने का एकमात्र निष्पक्ष तरीका है कि लोग सामूहिक रूप से मुक्त बाजार के माध्यम से इसे निश्चित करें। अतएव मुक्त बाजार न्याय प्राप्ति का एकमात्र तरीका है।

क्या आप उपर्युक्त मत से सहमत हैं? अपने उत्तर को प्रतिपादित करें। (2001)

6. वैयक्तिक स्वतंत्रता के आदर्श के प्रति समाजवाद और उदारवाद दोनों की स्व-घोषित प्रतिबद्धता के बावजूद इन विचारधाराओं के बीच यह आदर्श घोर विवाद का मसला है। क्यों? विवेचन कीजिए। (2004)

7. निम्नलिखित पर लगभग 200 शब्दों में समालोचनात्मक टिप्पणी लिखिए—

(क) ''समाजवाद साम्यवाद की सर्वाधिकारी विविक्षाओं (implications) से बचता है और उदार लोकतांत्रिक संविधानों के दायरे में कार्य करता है।'' (2005)

8. समाजवाद से आप क्या समझते हैं, इसका उल्लेख कीजिए। क्या यह आवश्यक है कि समाजवाद को उन मूल्यों एवं आदर्शों के मानकीय (normative) पदों से परिभाषित किया जाए जिनकी प्राप्ति के लिए समाजवादी प्रयासरत हैं, या कि उन वर्णनात्मक पदों से जो समाजवादी व्यवस्था के आर्थिक एवं राजनीतिक संस्थाओं के चारित्रिक लक्षणों का उल्लेख करते हैं? क्या इन दोनों के बीच तनाव का समुचित समाधान किया जा सकता है? विचार कीजिए। (2006, 2007)

9. निम्नलिखित पर अधिक-से-अधिक 200 शब्दों में आलोचनात्मक टिप्पणी लिखिए—

(क) सामाजिक न्याय प्राप्ति का एकमात्र साधन मुक्त बाजार अर्थव्यवस्था है। (2007)

❑

अध्याय 9

साम्यवाद

"मार्क्सवाद" और "साम्यवाद" शब्दों का प्रयोग अक्सर पर्यायवाची शब्दों के रूप में किया जाता है, और कभी-कभी दोनों के बीच अन्तर भी किया जाता है। उदाहरण के तौर पर, *A History of Political Theory* के लेखक सेबिन ने मार्क्स और एंगेल्स के उन मूल विचारों को "मार्क्सवाद" कहा है, जो कम्युनिस्ट घोषणापत्र और मार्क्स एवं एंगेल्स की उन परिपक्व रचनाओं पर आधारित हैं, जो उनके जीवन काल में प्रकाशित हुईं। दूसरी ओर, सेबिन ने मार्क्सवाद के लेनिन द्वारा संशोधित रूपान्तर को "मार्क्सवाद-लेनिनवाद" या "साम्यवाद" कहा है।[1]

भूतपूर्व सोवियत संघ में साम्यवाद की स्थापना के बाद विश्व की साम्यवादी पार्टियों द्वारा मुख्यतः मार्क्सवाद-लेनिनवाद या सोवियत साम्यवाद को ही अपनी राजनीतिक विचारधारा का आधार बनाया गया था। इसके अलावा, मार्क्सवाद-साम्यवाद के और भी कई रूप हैं जिनमें प्रमुख हैं माओवाद। आज कल "नव मार्क्सवाद" की चर्चा भी होती है, जो मार्क्स के उन पहले की रचनाओं पर आधारित है, जो उनके जीवन काल में प्रकाशित नहीं हुई थीं।

"समाजवाद" शब्द के व्यापक अर्थ में लोकतान्त्रिक समाजवाद के अतिरिक्त साम्यवाद को भी इसके अन्तर्गत शामिल किया जाता है। उदाहरण के तौर पर, भूतपूर्व सोवियत संघ को सरकारी तौर पर "समाजवादी गणराज्य" कहा जाता था। एंगेल्स ने मार्क्सवाद या साम्यवाद को "वैज्ञानिक समाजवाद" कहा है।

मार्क्सवाद

अपने मूल रूप में **मार्क्सवाद मुख्यतः सामाजिक परिवर्तन की व्याख्या का दावा करने वाला सिद्धान्त या इतिहास-दर्शन है।** मौलिक मार्क्सवाद के दो मुख्य सिद्धान्त है, जिन्हें हम मार्क्सवाद-साम्यवाद का दार्शनिक आधार कह सकते हैं।

1. द्वन्द्वात्मक भौतिकवाद—इसके अन्तर्गत मार्क्स ने हीगेल की द्वन्द्वात्मक विधि को जर्मन भौतिकवादी फ्यूरबाख के **भौतिकवाद** के साथ जोड़ने की कोशिश की थी। मार्क्स ने हीगेल की द्वन्द्वात्मक विधि (dialectical method) को तो अपनाया, लेकिन उनके प्रत्ययवादी तत्वमीमांसा को अस्वीकार कर दिया। प्रत्ययवाद (idealism) की जगह मार्क्स ने भौतिकवाद (materialism) को अपनाया। हीगेल के अनुसार विचारों का प्रभाव

1. George H Sabine, *A History of Political Theory* (New Delhi : Oxford & IBH Publishing Co., fourth edition, 1973)

भौतिक (सामाजिक-आर्थिक) स्थितियों पर पड़ता है, जबकि मार्क्स के अनुसार व्यक्ति के विचार अन्तिम विश्लेषण में भौतिक स्थितियों द्वारा निर्धारित होते हैं। इसी सन्दर्भ में मार्क्स की यह प्रसिद्ध उक्ति भी है कि हीगेल का द्वन्द्ववाद सिर के बल खड़ा था और मैनें उसे सीधा कर पैर पर खड़ा कर दिया।

2. ऐतिहासिक भौतिकवाद या इतिहास की आर्थिक व्याख्या—सामाजिक-राजनीतिक दर्शन की दृष्टि से द्वन्द्वात्मक भौतिकवाद (dialectical materialism) की तुलना में ऐतिहासिक भौतिकवाद (historical materialism) या इतिहास की आर्थिक व्याख्या का महत्त्व अधिक है। मार्क्सवादी इतिहास की व्याख्या के अनुसार किसी भी समाज के ढाँचे में मुख्य बात उसकी आर्थिक संरचना (economic structure) होती है। यह आर्थिक संरचना ''उत्पादन के सम्बन्धों'' (production relations) यानी उन सम्बन्धों से बनती है जिनमें व्यक्ति उत्पादन के क्रम में, अपनी इच्छा से स्वतन्त्र, अनिवार्य रूप से जुड़ने के लिए बाध्य होते हैं। दूसरी ओर, ये उत्पादन-सम्बन्ध इस बात पर निर्भर करते हैं कि उस समाज में ''उत्पादन की शक्तियों'' (forces of production) का यानी उत्पादन की तकनीक और इस तकनीक का उपयोग करने की क्षमता से सम्पन्न व्यक्तियों का कितना विकास हुआ है। समाज के इस आर्थिक आधार (economic base) पर ही उसकी कानूनी, राजनीतिक और सांस्कृतिक अधिरचना (supersturcture) आधारित रहती है।

मार्क्सवाद के अनुसार जब किसी समाज में ''उत्पादन की शक्तियों'' का अधिक विकास हो जाता है, तब इन शक्तियों और ''उत्पादन के सम्बन्धों'' के बीच ''अन्तर्विरोध'' (contradiction) पैदा हो जाता है, और इस ''अन्तर्विरोध'' के कारण समाज की आर्थिक संरचना में परिवर्तन आ जाता है। इसके बाद नए ''उत्पादन के सम्बन्धों'' के अनुरूप समाज की कानूनी, राजनीतिक और सांस्कृतिक अधिरचना में भी अपेक्षाकृत तेजी से परिवर्तन आ जाता है। इस प्रकार **प्रत्येक समाज परिवर्तन की विभिन्न स्थितियों—आदिम साम्यवाद, दास प्रथा पर आधारित प्राचीन समाज, सामन्तवाद और पूँजीवाद से गुजरता हुआ अनिर्वायत: साम्यवाद की दिशा में बढ़ता है।**

ऐतिहासिक भौतिकवाद का एक महत्त्वपूर्ण पक्ष यह है कि इस सिद्धान्त के अनुसार अन्तिम विश्लेषण में मनुष्य के विचार या उसकी ''चेतना'', ''भौतिक ऐतिहासिक शक्तियों'' या उसके ''जीवन'' द्वारा निर्धारित होती है। अगर अधिक ठोस रूप में कहा जाए तो इसका अर्थ यह है कि किसी भी व्यक्ति के विचार और मूल्य आर्थिक संरचना में उसकी स्थिति द्वारा अनिवार्यतः निर्धारित होते हैं। उदाहरण के तौर पर, अगर कोई ''बुर्जुआ'' विचारक चाहे सचेत रूप में जितना भी प्रयत्न करे, लेकिन उसकी विचारधारा ''बुर्जुआ'' वर्ग के निहित स्वार्थों से प्रभावित हुए बिना नहीं रह सकती है। इसे ही एंगेल्स ने यह कह कर व्यक्त किया है कि **''विचारधारा (ideology) एक प्रक्रिया है जिसे तथाकथित विचारक सचेत होकर जरूर सम्पन्न करता है, लेकिन वह ऐसा झूठी चेतना (false consciousness) से करता है।''**[1]

---

1. Roger Scruton, *A Dictionary of Political Thought* (London: Pan Books, 1983), p. 167.

इस तरह, अपने मौलिक रूप में मार्क्सवाद एक इतिहास-दर्शन है, जिसके अनुसार प्रत्येक समाज अनिवार्य रूप से परिवर्तन की विभिन्न स्थितियों से गुजरता हुआ एक वर्गविहीन और राज्यविहीन समाज की ओर बढ़ रहा है; और जिसके अनुसार मनुष्य की ''चेतना'' उसकी सामाजिक या ''भौतिक'' स्थिति पर निर्भर करती है।

मार्क्सवाद-लेनिनवाद

अपने संशोधित रूप में मार्क्सवाद-लेनिनवाद या साम्यवाद क्रान्ति करने की एक तकनीक है, जिसके जरिए वर्गविहीन और राज्यविहीन समाज, या दूसरे शब्दों में, साम्यवादी समाज की स्थापना की आशा रखी जाती है। मार्क्सवाद-लेनिनवाद के संशोधित रूप के अन्तर्गत हिंसक वर्ग-संघर्ष और ''सर्वहारा की तानाशाही'' के सिद्धान्तों को महत्त्वपूर्ण स्थान दिया गया है। साम्यवाद के प्रमुख सिद्धान्त इस प्रकार है—

1. राज्य का सिद्धान्त—साम्यवाद के अनुसार **राज्य हमेशा एक वर्ग द्वारा दूसरे वर्ग के शोषण का औजार होता है।** उदाहरण के तौर पर, सामन्तवादी व्यवस्था में राज्य सामन्तों द्वारा भूमिहीनों के शोषण का औजार होता है। इसी तरह, पूँजीवादी व्यवस्था में राज्य ''बुर्जुआ'' वर्ग द्वारा ''सर्वहारा'' वर्ग के शोषण का साधन होता है। इसलिए, साम्यवाद के अनुसार आदर्श वर्गविहीन समाज में राज्य की कोई आवश्यकता नहीं रह जाएगी और राज्य का विसर्जन हो जाएगा। इस तरह, आदर्श साम्यवादी समाज वर्गविहीन होने के अलावा राज्यविहीन भी होगा।

2. वर्ग संघर्ष का सिद्धान्त—साम्यवाद के अनुसार **वर्ग का आधार आर्थिक है।** ''वर्ग'' उस सामाजिक समूह को कहते हैं, जिसके सदस्यों का ''उत्पादन के साधनों'' (means of production) के साथ एक जैसा सम्बन्ध होता है। उदाहरण के तौर पर, सामन्तवादी व्यवस्था में दो वर्ग होते हैं—एक, जमीन मालिकों या सामन्तों का, और दूसरा, भूमिहीन मजूदरों का। इसी तरह, पूँजीवाद व्यवस्था में भी दो वर्ग होते हैं—एक, कारखानों के मालिकों का वर्ग या बुर्जुआ वर्ग, और दूसरा, कारखानों में काम करने वाले मजदूरों का वर्ग या सर्वहारा वर्ग।

साम्यवाद के अनुसार अब तक के **सभी समाजों का इतिहास वर्ग-संघर्षों का इतिहास है।** वर्ग-संघर्ष द्वारा ही समाज की आर्थिक संरचना में परिवर्तन आता है। उदाहरण के तौर पर, पूँजीवादी व्यवस्था में बुर्जुआ वर्ग और सर्वहारा वर्ग के बीच हिंसक वर्ग संघर्ष होगा जिसके परिणामस्वरूप सर्वहारा वर्ग की तानाशाही की स्थापना होगी। इस तानाशाही के जरिए उत्पादन के साधनों में व्यक्तिगत स्वामित्व को समाप्त कर दिया जाएगा और सामुदायिक स्वामित्व की स्थापना होगी। सामुदायिक स्वामित्व की स्थापना होने पर समाज के सभी सदस्यों के उत्पादन के साधनों के साथ एक जैसे सम्बन्ध हो जाएँगे, और इस तरह एक वर्गविहीन समाज की स्थापना हो जाएगी। क्योंकि साम्यवाद के अनुसार राज्य एक वर्ग द्वारा दूसरे वर्ग के शोषण का औजार होता है, इसलिए वर्गविहीन समाज में राज्य का भी विसर्जन हो जाएगा।

मार्क्स ने भी मूलतः हिंसक वर्ग संघर्ष की कल्पना की थी। लेकिन मार्क्स ने बाद में यह भी माना था कि कुछ विशेष परिस्थितियों में वर्ग-संघर्ष शान्तिमय भी हो सकता है। इसके विपरीत, लेनिन के अनुसार, हिंसक वर्ग-संघर्ष के बिना साम्यवाद की स्थापना सम्भव नहीं है।

3. सर्वहारा की तानाशाही—रूढ़िवादी साम्यवादी विचारधारा के अनुसार, लोकतान्त्रिक तरीकों से साम्यवाद की दिशा में बढ़ना सम्भव नहीं है। ''बुर्जुआ'' लोकतन्त्र में वास्तविक सत्ता ''बुर्जुआ'' वर्ग के हाथों में रहती है। इस तरह, ''बुर्जुआ'' लोकतन्त्र वास्तव में बुर्जुआ वर्ग की तानाशाही होती है। संघर्ष की निर्णायक घड़ी में ''बुर्जुआ'' वर्ग अपने लोकतान्त्रिक मुखौटे को उतार फेंकेगा। इसलिए, साम्यवाद की दिशा में बढ़ने के लिए ''संक्रमण काल'' (transition period) में हिंसक वर्ग-संघर्ष द्वारा ''सर्वहारा की तानाशाही'' (dictatorship of proletariat) की स्थापना जरूरी है।

लेनिन के प्रभाव से ''सर्वहारा की तानाशाही'' की मूल मार्क्सवादी अवधारणा में भी परिवर्तन आया। लेनिन के अनुसार सर्वहारा वर्ग अपने-आप में वर्ग-चेतना और अपनी क्रान्तिकारी भूमिका के ज्ञान से सम्पन्न नहीं रहता है। यह क्रान्तिकारी चेतना से सम्पन्न मध्यमवर्गीय बुद्धिजीवियों का काम होता है कि वह सर्वहारा वर्ग तक क्रान्तिकारी विचारधारा को पहुँचाए और उन्हें नेतृत्व प्रदान करे। लेनिन के अनुसार यह काम एक केन्द्रीकृत, अनुशासित और गुप्त रूप से काम करने वाली पार्टी के माध्यम से ही किया जा सकता है। इस तरह, लेनिन की राय में मध्यमवर्गीय बुद्धिजीवियों के नेतृत्व में कम्युनिस्ट पार्टी ही ''सर्वहारा क्रान्ति'' का नेतृत्व कर सकती है। इसका अर्थ यह हुआ कि व्यवहार में ''सर्वहारा वर्ग की तानाशाही'' दरअसल कम्युनिस्ट पार्टी की तानाशाही बन जाती है।

4. ''क्रान्तिकारी'' नीतिशास्त्र—लेनिन के अनुसार साम्यवादी नैतिकता पूरी तौर से सर्वहारा वर्ग के हित का साधन है। दरअसल में महत्त्वपूर्ण है साध्य—क्रान्तिकारी लक्ष्य को प्राप्त करने के लिए किसी भी साधन को अपनाया जा सकता है, चाहे वह ''बुर्जुआ'' नैतिकता की दृष्टि से कितना भी आपत्तिजनक क्यों न मालूम देता हो। सर्वहारा वर्ग के हित के लिए जो कुछ भी किया जाए, वह नैतिक दृष्टि से सही है।

5. एक देश में समाजवाद—भूतपूर्व सोवियत संघ के साम्यवादियों के बीच एक विवाद इस प्रश्न को लेकर चला था कि एक देश में समाजवाद की स्थापना सम्भव है या नहीं। मूलतः मार्क्सवाद एक अन्तरराष्ट्रीय विचारधारा है। 1924 में स्टालिन द्वारा ''एक देश में समाजवाद'' के सिद्धान्त के प्रतिपादन के पहले सोवियत संघ में भी कम्युनिस्ट पार्टी की आधिकारिक घोषित नीति यही थी कि सोवियत संघ में समाजवाद की स्थायी स्थापना तभी हो सकती है, जबकि पश्चिम यूरोप के देशों में भी कम्युनिस्ट क्रान्ति हो। लेनिन के बाद स्टालिन ने इस नीति को बदलते हुए यह घोषणा की कि समाजवाद की स्थापना एक देश में सम्भव है। इसके विपरीत, लेनिन के प्रमुख सहयोगी त्रात्स्की का यह मानना था कि अन्तरराष्ट्रीय क्रान्ति की सहायता के बिना सोवियत संघ में भी क्रान्ति असफल हो जाएगी। इसलिए, उन्होंने ''स्थायी'' क्रान्ति या निरन्तर क्रान्ति (permanent revolution) की वकालत की। स्टालिन और त्रात्स्की के बीच हुए सत्ता संघर्ष में त्रात्स्की की हार हुई, और बाद में निर्वासित जीवन बिता रहे त्रात्स्की की संदिग्ध परिस्थितियों में हत्या कर दी गयी।

6. साम्राज्यवाद का सिद्धान्त—वैसे तो मौलिक रूप में मार्क्सवाद एक इतिहास-दर्शन है, और मार्क्सवाद-लेनिनवाद साम्यवादी क्रान्ति करने की एक तकनीक। लेकिन व्यवहार में यह अन्तर हमेशा सुस्पष्ट नहीं रहा है। मार्क्स की रूचि क्रान्ति करने में भी थी। इसी तरह, लेनिन ने इतिहास-दर्शन के क्षेत्र में भी योगदान देने का प्रयत्न किया है। मार्क्स ने ब्रिटेन में "सर्वहारा क्रान्ति" की भविष्यवाणी की थी, पर वास्तव में ऐसा कुछ हुआ नहीं। लेनिन ने अपने "साम्राज्यवाद के सिद्धान्त" (doctrine of imperialism) द्वारा इसकी व्याख्या का प्रयत्न किया। लेनिन के अनुसार, ब्रिटेन में सर्वहारा क्रान्ति इसलिए नहीं हुई, क्योंकि वहाँ पूँजीवाद और साम्यवाद के बीच में "साम्राज्यवाद" आ गया। ब्रिटेन ने कई देशों को उपनिवेश बना लिया, और उनका आर्थिक शोषण करने लगा। इसलिए, मार्क्स की भविष्यवाणी के अनुरूप ब्रिटेन के सर्वहारा वर्ग की स्थिति में निरन्तर गिरावट नहीं आई। बल्कि ब्रिटेन द्वारा अन्य देशों के औपनिवेशिक शोषण का हिस्सेदार बन जाने के कारण, उनकी दशा में सुधार हुआ, और वे वर्ग-संघर्ष की ओर अग्रसर नहीं हुए। इसलिए, मार्क्स की भविष्यवाणी के अनुरूप ब्रिटेन में क्रान्ति नहीं हुई।

माओवाद

माओवाद भी मार्क्सवाद का एक रूप है। माओवाद का सम्बन्ध चीनी नेता माओत्से-तुंग से है, जिन्होंने चीन में साम्यवादी राज्य की स्थापना की। परम्परागत मार्क्सवाद और माओवाद के बीच कुछ प्रमुख अन्तर इस प्रकार हैं—

1. क्रान्ति में गरीब किसानों (peasants) की भूमिका—परम्परागत रूप से मार्क्सवाद के अन्तर्गत "सर्वहारा वर्ग" (कारखानों में काम करने वाले मजदूरों के वर्ग) को क्रान्तिकारी वर्ग माना गया है। जबकि माओ ने क्रान्ति की रणनीति के अन्तर्गत छोटे और भूमिहीन किसानों को केन्द्रीय महत्त्व दिया है। माओ के अनुसार गरीब किसानों के नेतृत्व के बिना क्रान्ति नहीं हो सकती है।

2. गुरिल्ला युद्ध—माओवाद के अन्तर्गत गुरिल्ला युद्ध को बहुत महत्त्व दिया गया है। माओ ने स्वयं लाल सेना का गठन किया था, और गुरिल्ला युद्ध की सहायता ली थी। माओ के अनुसार शहरों में साम्राज्यवादी और प्रतिक्रियावादी ताकतें अधिक मजबूती से स्थापित रहती हैं। इसलिए, सही रणनीति यह है कि ताकतवर दुश्मन से सीधे टक्कर लेने की बजाए, गाँवों में क्रान्तिकारी आधार-क्षेत्र बना कर शहरों को घेरा जाए।

माओ के अनुसार दुनिया को सिर्फ बन्दूक द्वारा बदला जा सकता है। जो कोई भी राजनीतिक शक्ति पर कब्जा करना, और उस पर अपना नियंत्रण बनाए रखना चाहता है, उसके पास एक मजबूत सेना होनी चाहिए। माओ के प्रसिद्ध शब्दों में, "राजनीतिक शक्ति बन्दूक की नली से निकलती है।"

3. राज्य का सिद्धान्त—परम्परागत मार्क्सवाद के अनुसार राज्य एक वर्ग द्वारा दूसरे वर्ग के शोषण का औजार है। इसलिए, एक वर्गविहीन समाज में राज्य की कोई आवश्यकता नहीं रह जाएगी, और राज्य का विसर्जन हो जाएगा। इसके विपरीत, माओ के अनुसार समाज में दो किस्म के अन्तर्विरोध होते हैं—एक, विरोधात्मक अन्तर्विरोध

(antagonistic contradiction) और दो, अविरोधात्मक अन्तर्विरोध (non-antagonistic contradiction)। विरोधात्मक अन्तर्विरोध वह है जो क्रान्तिकारियों और आम जनता के दुश्मनों के बीच होता है। दूसरी ओर, अविरोधात्मक अन्तर्विरोध आम जनता के बीच रहता है। इन अविरोधात्मक अन्तर्विरोधों को सुलझाने के लिए राज्य की आवश्यकता रहेगी। इसलिए, माओ के अनुसार साम्यवाद के अन्तर्गत राज्य का विसर्जन नहीं होगा।[1]

समाजवादी मानवतावाद

बीसवीं सदी में मार्क्स के जीवनकाल में अप्रकाशित रचनाओं—*Economic and Philosophical Manuscripts*—के प्रकाशन के बाद से मार्क्स को मानवतावाद से भी जोड़ा जाने लगा है। उदाहरण के तौर पर, एरिक फ्रॉम ने 1967 में *Socialist Humanism* नाम की एक किताब प्रकाशित की, जिसमें फ्रॉम के अलावा विभिन्न लेखकों की रचनाएँ संकलित हैं। फ्रॉम के अनुसार, मानवतावाद मानव जाति की एकता और अपने प्रयत्न द्वारा अपने को पूर्णता की ओर ले जाने की मानव की क्षमता में विश्वास है। फ्रॉम ने कई अन्य विचारकों के अलावा मार्क्स को भी मानवतावादी माना है। फ्रॉम की पुस्तक के अधिकांश लेखक मार्क्सवादी या समाजवादी हैं। इस पुस्तक में संकलित ''The Sources of Socialist Humanism'' (समाजवादी मानवतावाद के स्रोत) शीर्षक अपने लेख में इवान स्विताक (Ivan Svitak) ने भी मार्क्स को मानवतावादी बतलाया है। स्विताक के अनुसार मार्क्स के 1844 के *Economic and Philosphical Manuscripts* के सार को इस प्रकार व्यक्त किया जा सकता है—''मानवतावाद के बिना साम्यवाद साम्यवाद नहीं है। और साम्यवाद के बिना मानवतावाद मानवतावाद नहीं है।''[2]

मानवतावादी समाजवाद या मार्क्सवाद के अन्तर्गत ऐतिहासिक भौतिकवाद की बजाय मानव चेतना और मूल्यों को अधिक महत्त्व दिया जाता है। इसके अन्तर्गत विरसन (alienation) की अवधारणा को केन्द्रीय स्थान दिया गया है।[3]

समीक्षा

मार्क्स की एक प्रसिद्ध उक्ति है कि **दार्शनिकों ने अब तक सिर्फ विश्व की व्याख्या की है, जबकि आवश्यकता है उसे बदलने की।** मार्क्सवाद अपने मौलिक रूप में सामाजिक परिवर्तन या इतिहास की व्याख्या करने वाला एक सिद्धान्त है। मार्क्सवाद के अनुसार उसके सिद्धान्त से सामाजिक परिवर्तन या इतिहास की वैज्ञानिक व्याख्या हो जाती है। यही कारण है कि एंगेल्स ने मार्क्सवाद को ''वैज्ञानिक'' समाजवाद कहा था। लेकिन, जैसा कि मार्क्स के ऊपर दिए गए कथन से स्पष्ट है, स्वयं मार्क्स की रुचि एक समाज वैज्ञानिक के रूप में सिर्फ सामाजिक परिवर्तन की व्याख्या करने में नहीं, बल्कि समाज में परिवर्तन लाने में भी थी।

---

1. Sabine, op. cit, pp. 782-87.
2. Dr. Finngeir Hiorth, *Introduction to Humanism* (Pune: Indian Secular Society, 1996), pp.13-18.
3. Roger Scruton, Op. Cit.

दार्शनिकों के बारे में मार्क्स का सामान्यीकरण कहाँ तक सही है, यह एक अलग प्रश्न है। वैसे, दार्शनिकों के समर्थन में इतना जरूर कहा जा सकता है कि जहाँ एक ओर कई ऐसे दार्शनिक हुए हैं जिनकी मुख्य रुचि ज्ञानमीमांसा या तत्त्वमीमांसा (विश्व की व्याख्या) में रही है; वहाँ दूसरी ओर, आधुनिक काल में लॉक, वाल्तेयर, रूसो, बेन्थम, मिल और बीसवीं सदी में बट्रेण्ड रसेल, सार्त्र और कार्ल पॉपर जैसे कई दार्शनिक भी हुए हैं, जिनकी रूचि सामाजिक-राजनीतिक परिवर्तन में थी।

यह भी कहा जा सकता है कि विश्व को समझने का प्रयत्न भी अपने-आप में एक महत्त्वपूर्ण कार्य है, और विश्व के वास्तविक स्वरूप को समझे बिना मानव जीवन को बेहतर बनाने के लिए यथार्थवादी तरीके से कोई ठोस काम कर पाना भी सम्भव नहीं है। इसलिए, विश्व को समझने के प्रयत्नों की अवहेलना भी ठीक नहीं है।

अगर समाज-दार्शनिक दृष्टि से देखें, तो किसी समाज में बेहतर दिशा में परिवर्तन लाने के लिए व्यावहारिक प्रयत्न करने के लिए उस समाज की वास्तविक स्थिति और उसमें चल रही प्रक्रियाओं को सही-सही समझना जरूरी है। और यह काम, जैसा कि मार्क्सवादियों का भी मानना है, वैज्ञानिक विधि को अपना कर ही किया जा सकता है। लेकिन, दूसरी ओर, समाज को ''बेहतर'' दिशा में बदलने के सन्दर्भ में यह महत्त्वपूर्ण प्रश्न भी उठता है कि ''बेहतर'' दिशा क्या है? इस प्रश्न का उत्तर नीतिशास्त्र और सामाजिक आदर्शों से जोड़ कर ही दिया जा सकता है। इस तरह, **समाज में बेहतर दिशा में परिवर्तन लाने के लिए समाज के प्रति वैज्ञानिक और नैतिक दोनों किस्म के दृष्टिकोण को अपनाना जरूरी है।** यह बात जरूर है कि जब हम समाज को उसके वास्तविक रूप में समझने का प्रयत्न करते हैं, उस समय हमें अपनी नैतिक मान्यताओं को पृष्ठभूमि में रखना चाहिए। इसके अलावा, हमारी नैतिक मान्यताओं को भी मानव-स्वभाव की वास्तविकताओं पर आधारित होना चाहिए। अगर समाज परिवर्तन की कोई योजना इस अर्थ में अव्यावहारिक हो कि उसका मानव-स्वभाव से मेल न हो, या उसे बनाने में अपने समय की सामाजिक वास्तविकताओं को ध्यान में न रखा गया हो, तो उसकी आलोचना जरूर की जा सकती है; लेकिन सामाजिक परिवर्तन के प्रति नैतिक मूल्यों पर आधारित किसी भी दृष्टिकोण की ''यूटोपियन'' कह कर आलोचना करना, और **समाज-परिवर्तन के प्रति नैतिक दृष्टिकोण को पूरी तौर से नकार देना, सही नहीं है।** यह मार्क्सवाद की एक बुनियादी सैद्धान्तिक कमजोरी है।

अपने मौलिक रूप में, मार्क्सवाद एक इतिहास दर्शन है, जिसके अनुसार प्रत्येक मानव-समाज का विकास इतिहास के या सामाजिक परिवर्तन के किसी नियम के अनुसार एक निश्चित तरीके से एक निश्चित दिशा में होता है। इतिहास के प्रति इस किस्म के दृष्टिकोण को कार्ल पॉपर ने ''इतिहासपरतावाद'' (historicism) कहा है। मार्क्सवाद ही एकमात्र इतिहासपरतावादी सिद्धान्त नहीं है। यह मानने का कोई कारण नहीं दिखता है कि मार्क्सवाद या कोई भी अन्य इतिहासपरतावदी सिद्धान्त सत्य है। **हर समाज में किसी एक ही बने-बनाए नियम के अनुसार परिवर्तन नहीं आता है। अलग-अलग समाजों में अलग-अलग कारणों से अलग-अलग तरीकों से परिवर्तन आ सकता है।**

मार्क्स ने अपने इतिहास की आर्थिक व्याख्या के आधार पर ब्रिटेन में ''सर्वहारा क्रान्ति'' की भविष्यवाणी की थी, लेकिन वास्तव में ऐसा कुछ भी नहीं हुआ। इसके विपरीत, वहाँ पर लोकतान्त्रिक तरीकों से लेबर पार्टी कई बार सत्ता में आ चुकी है, जबकि मार्क्स ने इसकी कल्पना नहीं की थी। दूसरी ओर, माक्सर्ववाद के अनुसार रूस जैसे अर्ध-सामन्ती और अर्ध-पूँजीवादी समाज में या चीन जैसे सामन्तवादी देश में कम्युनिस्ट पार्टी की तानाशाही की स्थापना नहीं होनी चाहिए थी, लेकिन ऐसा हो गया। अगर ब्रिटेन में क्रान्ति न होने की लेनिन द्वारा की गयी व्याख्या को सही मान भी लिया जाए, तो भी इससे यह तो स्पष्ट होता ही है कि इतिहास किसी बने-बनाए ढर्रे के अनुसार नहीं चलता है।

इसी तरह, भूतपूर्व सोवियत संघ में उत्पादन के साधनों में व्यक्तिगत स्वामित्व के समाप्त हो जाने के बाद, वर्गविहीन समाज की स्थापना हो जानी चाहिए थी, लेकिन ऐसा नहीं हुआ। बल्कि राजनीतिक और आर्थिक सत्ता से सम्पन्न कम्युनिस्ट नौकरशाहों के एक नए शक्तिशाली वर्ग का उदय हो गया।

सोवियत संघ में आधिकारिक तौर पर यही दावा किया जाता था कि वहाँ पर वर्गविहीन समाज की स्थापना हो चुकी थी। अगर ऐसा था, तो फिर वहाँ पर राज्य का विसर्जन हो जाना चाहिए था। सोवियत संघ में राज्य का विसर्जन तो नहीं हुआ, लेकिन सोवियत संघ का विघटन जरूर हो गया। इस विघटन के परिणामस्वरूप अनेक स्वतन्त्र राज्यों का उदय हो गया। चीन की स्थिति तो और भी अजीब है। वहाँ एक ओर कम्युनिस्ट पार्टी की तानाशाही अभी बरकरार है, और दूसरी ओर, अर्थव्यवस्था में निजी क्षेत्र और विदेशी पूँजी को बढ़ावा दिया जा रहा है! यह पूरी तरह स्पष्ट है कि **इन सारे ऐतिहासिक तथ्यों की व्याख्या मार्क्सवादी इतिहास दर्शन के आधार पर सम्भव नहीं है।** सामाजिक परिवर्तन में आर्थिक कारक ही एकमात्र कारक नहीं होता है। विचारों, मूल्यों और मानव-प्रयत्नों की भी इसमें महत्त्वपूर्ण भूमिका रहती है। भूतपूर्व मार्क्सवादी मानवेन्द्रनाथ रॉय ने भी अपने नवमानवतावादी या रैडिकल मानवतावादी दर्शन में इतिहास के मार्क्सवादी सिद्धान्त की आलोचना की है। रॉय ने यह बुनियादी प्रश्न उठाया है कि **अगर इतिहास आर्थिक दृष्टि से पूर्वनिर्धारित है, तो फिर हम मानव-प्रयत्नों द्वारा क्रान्ति कैसे कर सकते हैं?** रॉय के इतिहास की मानवतावादी व्याख्या के अनुसार इतिहास का निर्माता स्वयं मानव है। उत्पादन के साधन और समाज की आर्थिक संरचना सहित मानव-समाज एक मानवीय रचना है। इस तरह, रॉय ने इस मार्क्सवादी सिद्धान्त को अस्वीकार किया है कि विचारधाराएँ और नैतिक मूल्य समाज के आर्थिक ढाँचे की अधिरचना (superstructure) मात्र हैं। रॉय के अनुसार विचारों की उत्पत्ति भौतिक विश्व की पृष्ठिभूमि में मानव मस्तिष्क में ही होती है, लेकिन एक बार उत्पन्न हो जाने के बाद विचारों का अपना स्वतंत्र अस्तित्व होता है, और अपने स्वतन्त्र नियम होते हैं। विचारों का विकास और समाज का विकास, ये दोनों प्रक्रियाएँ समानान्तर चलती हैं, और एक-दूसरे को प्रभावित करती हैं।

मार्क्सवाद के अनुसार व्यक्ति की ''चेतना'' या उसके विचार, उसके ''सामाजिक अस्तित्व'' (social existence) पर निर्भर हैं। ऐसा कई बार वास्तव में होता भी है।

लेकिन **अगर इसे एक वैज्ञानिक नियम मान लिया जाए, तो मार्क्सवाद की लोकतन्त्र की आलोचना की तरह यह भी एक अतिसरलीकरण है।** किसी विचारक के लिए अपने वर्ग हित से ऊपर उठकर तार्किक और वैज्ञानिक दृष्टि से सोचना कठिन हो सकता है, खासकर सामाजिक, राजनीतिक और आर्थिक मुद्दों पर, लेकिन यह पूरी तौर से असम्भव नहीं। मार्क्स और एंगेल्स ने स्वयं भी इस सम्भावना को स्वीकार किया था। दरअसल, मार्क्स या एंगेल्स का जन्म भी सर्वहारा वर्ग में नहीं हुआ था। ऐसा मान लेने का तो कोई कारण नहीं है कि मार्क्स और एंगेल्स पहले और अन्तिम ऐसे विचारक थे जो अपने वर्ग हित से ऊपर उठकर सामाजिक मुद्दों के बारे में सोच पाए।

अगर मार्क्सवाद को इतिहास दर्शन के रूप में न देख कर, क्रान्ति करने की तकनीक के रूप में देखा जाए, जैसाकि मार्क्सवाद-लेनिनवाद के अन्तर्गत देखा जाता है, तो भी यह स्पष्ट है कि **मार्क्सवादी-लेनिनवादी तौर-तरीकों से भूतपूर्व सोवियत संघ में वर्गविहीन और राज्यविहीन समाज की स्थापना नहीं हुई थी।**

दरअसल, राज्य और वर्ग की मार्क्सवादी अवधारणा सन्तोषजनक नहीं है। किन्हीं परिस्थितियों में राज्य एक वर्ग द्वारा दूसरे वर्ग के शोषण का औजार हो सकता है, लेकिन यह राज्य का अनिवार्य चरित्र नहीं है। राज्य का चरित्र इस बात पर निर्भर है कि राज्य पर किन शक्तियों का नियंत्रण है। अगर राज्य पर रूढ़िवादी दक्षिणपंथी शक्तियों का नियंत्रण हो, तो राज्य का चरित्र दूसरा होगा, और अगर राज्य पर लोकतान्त्रिक समाजवादी शक्तियों का नियंत्रण हो, तो उसका चरित्र अलग होगा। इसके अलावा, राज्य के कई महत्वपूर्ण कार्य भी हैं, जैसे, नागरिकों की जानमाल की रक्षा करना और जन-कल्याण के उपाय करना। गरीबी, बेरोजगारी और गैरबराबरी को नियंत्रित करना भी राज्य का कार्य हो सकता है। इसलिए **एक आदर्श समाज में राज्य के विसर्जन की बात अव्यावहारिक है।** यह जरूर सम्भव है कि राज्य शक्ति का अधिक से अधिक विकेन्द्रीकरण हो, राज्य पर नागरिकों का अधिक से अधिक नियंत्रण स्थापित हो, और राज्य द्वारा बल-प्रयोग कम-से-कम किया जाए।

इसी तरह, मार्क्सवाद के अन्तर्गत वर्ग की अवधारणा भी सन्तोषजनक नहीं है। **वर्ग के निर्धारण में आर्थिक कारक ही एकमात्र कारक नहीं है। इसके अलावा, जन्म, सत्ता, व्यवसाय और शिक्षा जैसे वर्ग के अन्य निर्धारक भी होते हैं।** उदाहरण के तौर पर, हिन्दू जाति-व्यवस्था में व्यक्ति की जाति का निर्धारण उसके जन्म के आधार पर होता है। इसका ''उत्पादन के सम्बन्धों'' से कोई रिश्ता नहीं है। खास कर भारत जैसे देश में जाति सामाजिक गैरबराबरी और वर्ग का एक प्रमुख आधार है। भारत में जातिविहीन समाज की स्थापना के बिना वर्गविहीन समाज की स्थापना सम्भव नहीं है।

अगर व्यावहारिक राजनीति की दृष्टि से देखा जाए, तो जिस साम्यवादी सिद्धान्त का सबसे अधिक विरोध हुआ है, वह है ''सर्वहारा की तानाशाही'' का सिद्धान्त। राजनीतिक शक्ति के अधिकतम विकेन्द्रीकरण और सामाजिक गैरबराबरी को कम-से-कम करने के लक्ष्यों को सामाजिक लोकतन्त्रवादी सहित कई गैर-साम्यवादी विचारक भी सहर्ष स्वीकार करेंगे। जयप्रकाश नारायण की ''सम्पूर्ण क्रान्ति'' के अन्तर्गत भी इन लक्ष्यों को स्वीकार

किया गया है। लेकिन **''सर्वहारा की तानाशाही'' और हिंसक वर्ग संघर्ष के साम्यवादी सिद्धान्तों को किसी भी लोकतान्त्रिक व्यक्ति के लिए स्वीकार कर पाना सम्भव नहीं है।**

वैसे, देखा जाए तो अन्तिम विश्लेषण में मार्क्सवाद-साम्यवाद में भी लोकतान्त्रिक मूल्यों को पूरी तौर से नकारा नहीं गया है। मार्क्सवाद के अनुसार ''बुर्जुआ'' लोकतन्त्र ''वास्तविक'' लोकतन्त्र नहीं है। ''सर्वहारा की तानाशाही'' की प्रक्रिया से गुजरने के बाद जब राज्यविहीन और वर्गविहीन, साम्यवादी समाज की स्थापना हो जाएगी, तो वही एक ऐसा वास्तविक लोकतन्त्र होगा, जिसमें हर नागरिक स्वतन्त्र और समान होगा। लेकिन दिक्कत यह है कि साम्यवाद का यह आदर्श रूप तो आज तक किसी भी ''साम्यवादी'' देश में देखने को नहीं मिला है, मगर अतीत में हंगरी, चेकोस्लोवाकिया और पोलैंड जैसे देशों में साम्यवादियों की भूमिका लोकतंत्र-विरोधी रह चुकी है। ''सर्वहारा की तानाशाही'' का सिद्धान्त अपने-आप में एक लोकतन्त्र-विरोधी सिद्धान्त है ही, लेकिन यह और भी विकृत होकर सर्वहारा वर्ग पर कम्युनिस्ट पार्टी की तानाशाही में बदल गया। जिस समय पौलैंड एक साम्यवादी देश था, उस समय कम्युनिस्ट पार्टी के नियंत्रण से स्वतन्त्र ट्रेड यूनियन की स्थापना करने के लिए मजदूर वर्गों के आन्दोलन—सॉलिडैरिटी—को काफी लम्बा संघर्ष करना पड़ा, और सरकारी दमन का सामना करना पड़ा।

दरअसल, तथाकथित बुर्जुआ लोकतन्त्र की मार्क्सवादी-साम्यवादी आलोचना एकतरफा साबित हुई है। (इसकी चर्चा ''लोकतन्त्र'' के अन्तर्गत की गयी है) **मार्क्स और एंगेल्स लोकतन्त्र की सम्भावनाओं का सही आकलन करने में असमर्थ रहे।** लोकतन्त्र को सिर्फ अर्थिक चश्मे से देखना ठीक नहीं है। लोकतान्त्रिक स्वतन्त्रताओं और लोकतान्त्रिक राजनीतिक व्यवस्था का अपने-आप में स्वतन्त्र महत्व और अस्तित्व है। इसे आर्थिक संरचना की अधिरचना (superstructure) मात्र कहर कर नकारा नहीं जा सकता है। मार्क्स ने यह कल्पना नहीं की थी कि ब्रिटेन में ''बुर्जुआ'' लोकतन्त्र के दायरे में ही मजदूरों की पार्टी सत्ता में आ सकती है। लेकिन ब्रिटेन सहित कई देशों में लोकतान्त्रिक तरीकों का इस्तेमाल करते हुए लोकतान्त्रिक समाजवादी पार्टियाँ पूँजीपतियों द्वारा समर्थित पार्टियों को सफलतापूर्वक पराजित कर सत्ता में आ चुकी है। भारत में भी लोकतान्त्रिक समाजवादी और साम्यवादी पार्टियाँ लोकतान्त्रिक तरीकों का इस्तेमाल कर विभिन्न प्रान्तों और केन्द्र सरकार में सत्ता में आ चुकी हैं। नेपाल के भूतपूर्व माओवादी हिंसा का रास्ता छोड़ने के बाद लोकतांत्रिक तरीके से सत्ता में आ चुके हैं।

अभिव्यक्ति की स्वतन्त्रता, संगठन बनाने की स्वतन्त्रता और शान्तिमय प्रदर्शन करने की स्वतन्त्रता जैसी बुनियादी स्वतन्त्रताओं के महत्त्व को नकारा नहीं जा सकता है। मानव अपने स्वभाव से ही स्वतन्त्रता-प्रेमी है। यही कारण है कि आज इन स्वतन्त्रताओं को मानव-अधिकारों (human rights) के रूप में सारे विश्व में सैद्धान्तिक मान्यता मिली हुई है। रूस के अलावे आज पूर्वी यूरोप के भूतपूर्व साम्यवादी देशों में अब लोकतन्त्र की स्थापना हो चुकी है। इन देशों की अधिकांश साम्यवादी पार्टियों ने अपने को लोकतान्त्रिक समाजवादी पार्टियों में बदल दिया है। भारत में भी ''नक्सलवादी'' या ''माओवादी'' समूहों को छोड़कर अधिकांश साम्यवादी पार्टियाँ पूरी तौर से संसदीय लोकतंत्र में हिस्सा ले रही है।

प्रश्न

1. Explain Communism as a political ideology and discuss whether it could be realized through constitutional methods. (1980)
2. Is it possible to have communism along with democracy? Discuss (1981)
3. Comment critically in not more than 200 words :–
   (a) Communism is good, but its methods are bad. (1982)
4. Give arguments in not more than 200 words each, either for or against the following views—
   (a) Philosophers have so far been interpreting the universe, our need is to change it.
   (b) Marxism is out of date today; to talk of Marxism is reaction. (1983)
5. अपने दृष्टिकोण से निम्नलिखित मत पर आलोचनात्मक व्याख्या लिखिए किन्तु व्याख्या 200 शब्दों से अधिक में न हो—
   (क) बहुतों को स्वतन्त्र करने के लिए कुछ को कैद करने से साम्यवाद का आरम्भ हुआ और तब उसने कुछ की सुरक्षा के लिए बहुतों को बेड़ी पहना दी। (1984)
6. निम्नलिखित पर आलोचनात्मक टिप्पणी लिखिए किन्तु प्रत्येक टिप्पणी 200 शब्दों से अधिक में न हो—
   (क) मनुष्य चाहे जो करे किन्तु अन्ततोगत्वा ऐतिहासिक शक्तियाँ उसके विचार और कर्म का निर्धारण करती हैं—क्या इस मत से आप सहमत हैं? विवेचन कीजिए। (1985)
7. सर्वाधिकारवाद के विभिन्न प्रकारों का विवेचन कीजिए तथा मानव स्वतन्त्रता के बारे में उनके मतों की परीक्षा कीजिए। (1986)
8. निम्नलिखित पर आलोचनात्मक टिप्पणी लिखिए और प्रत्येक टिप्पणी 200 से अधिक शब्दों में न हो—
   (क) वस्तुतः यदि गुरु-भक्ति अनुज्ञा देती तो लेनिनवाद ने मार्क्सवाद को सिर के बल खड़ा कर देने का दावा किया होता जैसे मार्क्स ने हेगेल के द्वन्द्वन्याय को पैरों पर खड़ा करने का दावा किया था। (1987)
9. निम्नलिखित पर आलोचनात्मक टिप्पणी लिखिए और टिप्पणी 200 से अधिक शब्दों में न हो—
   (क) साम्यवाद की स्वतन्त्रता से संगति नहीं है। (1988)
10. अधिक-से-अधिक दो सौ शब्दों में आलोचनात्मक व्याख्या कीजिए—
    (क) जीवन दर्शनशास्त्र द्वारा निर्धारित नहीं होता है, अपितु दर्शनशास्त्र ही जीवन द्वारा निर्धारित होता है। (1989)
11. निम्नलिखित कथन पर आलोचनात्मक टिप्पणी लिखिए। टिप्पणी 200 शब्दों से अधिक न हो—
    (क) विचारधारा एक प्रक्रिया है जिसे विचारक नामक व्यक्ति सचमुच सचेत होकर सम्पन्न करता है, किन्तु ऐसा वह झूठी चेतना से करता है। (1990)
12. साम्यवाद अपने भविष्य के लिए लोकतन्त्र की ओर क्यों झुक रहा है? क्या वह लोकतंत्र के साथ अपने विरोध को पार कर गया है? युक्तियों और उदाहरणों के साथ उत्तर दीजिए। (1990)
13. निम्नलिखित कथन पर आलोचनात्मक टिप्पणी लिखिए। टिप्पणी 200 शब्दों से अधिक में न हो—
    (क) जब समाजवाद राष्ट्रवाद हो जाता है तब वह समाजवाद नहीं रह जाता है। (1991)
14. मार्क्सवाद की वर्तमान दुर्दशा का विश्लेषण कीजिए और इस बात का विवेचन कीजिए कि वह एक सफल राजनीतिक विचारधारा के रूप में जीवित रहेगा या नहीं। (1991)

15. निम्नलिखित पर आलोचनात्मक टिप्पणी लिखिए। टिप्पणी 200 शब्दों से अधिक न हो—
(क) साम्यवाद का दार्शनिक आधार (1992)

16. निम्न कथन पर आलोचनात्मक टिप्पणी लिखिए। टिप्पणी 200 शब्दों से अधिक न हो—
(क) साम्यवाद पर प्रजातन्त्र की विजय (1993)

17. साम्यवाद का तत्त्वमीमांसीय आधार उसके सामाजिक आदर्शों का सहायक नहीं है—इस मत की समालोचना कीजिए। (1994)

18. साम्यवाद के दार्शनिक एवं सामाजिक पक्षों के बीच सम्बन्ध का आलोचनात्मक विवेचन कीजिए। (1996)

19. मार्क्सवाद और सर्वोदय के आदर्श के बीच समानताएँ और विभिन्नताएँ बताइए। (1997)

20. निम्नलिखित पर अधिक-से-अधिक 200 शब्दों में आलोचनात्मक टिप्पणी लिखिए:
(क) समाजवादी मानवतावाद (1998)

21. समाजवाद और मार्क्सवाद के सैद्धान्तिक भेदों का उल्लेख कीजिए। (2000)

22. वैयक्तिक स्वतंत्रता के आदर्श के प्रति समाजवाद एवं उदारवाद दोनों की स्व-घोषित प्रतिबद्धता के बावजूद इन विचारधाराओं के बीच यह आदर्श घोर विवाद का मसला है। क्यों? विवेचन कीजिए। (2004)

24. निम्नलिखित पर लगभग 200 शब्दों में समालोचनात्मक टिप्पणी लिखिए—
(क) "समाजवाद साम्यवाद की सर्वाधिकारी विविक्षाओं (implications) से बचता है और उदार लोकतांत्रिक संविधानों के दायरे में कार्य करता है। (2005)

❑

अध्याय 10

सर्वोदय

''सर्वोदय'' शब्द का अर्थ है ''सब का उदय''। **गाँधी के सम्पूर्ण सामाजिक-राजनीतिक चिन्तन के लिए ''सर्वोदय दर्शन'' शब्द का प्रयोग किया जाता है।** गाँधी की कल्पना के आदर्श समाज को ''सर्वोदय समाज'' कहा जाता है। इसके अलावा, आजादी के बाद विनोबा द्वारा चलाए गए भूदान-ग्रामदान आन्दोलन को भी सर्वोदय आन्दोलन कहा जाता है। इस आन्दोलन में विनोबा के अलावा जयप्रकाश नारायण की भी प्रमुख भूमिका थी।

गाँधी ने अपने सामाजिक-राजनीतिक चिन्तन को नैतिक मूल्यों पर आधारित किया है। वे अपने संरक्षण में चलने वाले ''आश्रम'' के सदस्यों को छः नैतिक सद्‌गुणों का पालन करने का व्रत दिलवाते थे—एक, **अहिंसा**, दो, **सत्य**, तीन, **अस्तेय (चोरी नहीं करना)**, चार, **अपरिग्रह (संग्रह नहीं करना)**, पाँच, **ब्रह्मचर्य** और छः **अभय।**

इनमें से प्रथम पाँच सद्‌गुणों को जैन, बौद्ध और योग दर्शन के अन्तर्गत मान्यता मिली हुई है। प्रशस्तपाद ने इनमें से चार सद्‌गुणों—**अहिंसा, सत्य, अस्तेय, ब्रह्मचर्य**—को ''सामान्य धर्म'' के रूप में स्वीकार किया है। छठा सद्‌गुण—**अभय**—गाँधी ने अपनी ओर से जोड़ा है।

सामाजिक चिन्तन

अपने सामाजिक चिन्तन में गाँधी ने **जन्म पर आधारित हिन्दू वर्ण-व्यवस्था का समर्थन किया है, लेकिन वर्ण-व्यवस्था की उनकी व्याख्या *मनुस्मृति* जैसे हिन्दू धर्मशास्त्रों में दी गयी वर्ण-व्यवस्था की व्याख्या से कुछ अलग थी।**

वर्ण-व्यवस्था के अन्तर्गत हिन्दू समाज को चार वर्णों—ब्राह्मण, क्षत्रिय, वैश्य और शूद्र—में बाँटा गया है। इनमें प्रतिष्ठा की दृष्टि से सबसे ऊपर ब्राह्मण, उनके नीचे क्षत्रिय, उसके बाद वैश्य और सबसे नीचे शूद्रों को रखा गया है। ब्राह्मणों के लिए अध्ययन और शिक्षण, क्षत्रियों के लिए शासन और युद्ध, वैश्यों के लिए कृषि और व्यापार एवं शूद्रों के लिए ऊपर के तीन ''द्विज'' वर्णों की शारीरिक श्रम द्वारा सेवा का कार्य निर्धारित किया गया है। ***मनुस्मृति*** के अनुसार अध्ययन और शिक्षा प्राप्त करने का अधिकार सिर्फ ''द्विज'' वर्णों के पुरुषों को है। इसी तरह, परम्परागत रूप से वर्ण-व्यवस्था के अन्तर्गत एक वर्ण और दूसरे वर्ण में जन्में व्यक्तियों के बीच विवाह पर भी प्रतिबन्ध लगाया गया है।

"आदर्श" वर्ण-व्यवस्था

गाँधी के अनुसार वर्ण का नियम मनुष्य के प्राकृतिक स्वभाव और सीमाओं के अध्ययन के बाद बनाया गया है। प्रत्येक व्यक्ति कुछ सीमाओं के साथ पैदा होता है, जिन्हें वह पार नहीं कर सकता है। इसलिए, प्रत्येक व्यक्ति को अपने वर्ण के पेशे को ही अपनाना चाहिए। इससे "बेकार की प्रतिस्पर्धा" पर रोक लगती है। दूसरे शब्दों में, गाँधी के अनुसार वर्ण-व्यवस्था "जन्म पर आधारित श्रम का स्वस्थ विभाजन" है। गाँधी के शब्दों में, **"वर्ण-व्यवस्था हमें सिखाती है कि हम में से प्रत्येक को अपने खानदानी पेशे द्वारा रोजी कमानी चाहिए।"**[1]

इस तरह, गाँधी जन्म पर आधारित वर्ण-व्यवस्था का समर्थन करते थे, लेकिन साथ ही उनका यह भी मानना था कि **वर्ण-व्यवस्था का ऊँच-नीच, अन्तर्जातीय विवाहों पर प्रतिबन्ध या छुआछूत से कोई सम्बन्ध नहीं है।** गाँधी के अनुसार वर्ण का सम्बन्ध कर्त्तव्यों से है, विशेषाधिकारों से नहीं। "वर्तमान जाति-व्यवस्था वर्णाश्रम की प्रतिस्थापना (antithesis) है।" इसे जल्दी-से-जल्दी समाप्त कर दिया जाना चाहिए।[2]

समान वेतन और प्रतिष्ठा

एक ओर गाँधी यह चाहते थे कि जन्म पर आधारित "आदर्श" वर्ण-व्यवस्था की स्थापना हो, और दूसरी ओर वे **छुआछूत का विरोध करते थे और चाहते थे कि समाज में प्रत्येक व्यक्ति को बराबर सम्मान और प्रतिष्ठा मिले।** उनके अनुसार वकील, डाक्टर, शिक्षक और भंगी सभी समाज की सेवा करते हैं, इसलिए **सबको एक बराबर वेतन और प्रतिष्ठा मिलनी चाहिए।** गाँधी इस बात को समझते थे कि इस उच्च उद्देश्य को तत्काल हासिल नहीं किया जा सकता है। लेकिन, उनका यह मानना था कि हर समाज में इस लक्ष्य को स्वीकार किया जाना चाहिए, और इसे हासिल करने के लिए निरन्तर प्रयत्न करना चाहिए।

समाज में शारीरिक श्रम को प्रतिष्ठित करने के लिए गाँधी ने "रोटी-श्रम" (bread labour) का विचार सामने रखा। उनके अनुसार **हर व्यक्ति को हर रोज कुछ शारीरिक श्रम जरूर करना चाहिए,** ऐसे लोगों को भी जिनका व्यवसाय मानसिक श्रम से जुड़ा है। इससे शारीरिक श्रम को प्रतिष्ठित करने और शारीरिक श्रम से जुड़े व्यवसाय में लगे लोगों की सामाजिक प्रतिष्ठा को बढ़ाने में मदद मिलेगी। "रोटी-श्रम" और सभी व्यवसायों में लगे लोगों की बराबर प्रतिष्ठा के विचार को अपनाने की प्रेरणा गाँधी को रस्किन की पुस्तक *Unto This Last* से मिली थी। यह गाँधी की प्रिय पुस्तक थी।

राजनीतिक चिन्तन

गाँधी के राजनीतिक चिन्तन में मार्क्सवाद-साम्यवाद की तरह, अराजकतावादी (anarchist) प्रवृत्तियाँ हैं। वे राज्यविहीन समाज को आदर्श मानते थे, लेकिन क्योंकि

1. Nirmal Kumar Bose, *Selections from Gandhi* (Ahmedabad: Navjivan Publishing House, 1972), p. 265.
2. I bid.

व्यवहार में इस आदर्श को पूरी तरह प्राप्त करना सम्भव नहीं है, इसलिए उन्होंने अमेरिकन विचारक थ्यूरो की इस उक्ति को अपनाया कि **''वह सरकार सर्वश्रेष्ठ है, जो कम-से-कम शासन करे''**।[1] गाँधी पर रूसी अराजकतावादी विचारक-लेखक टॉल्सटॉय के विचारों का भी प्रभाव था।

व्यक्ति और राज्य

समाज-दार्शनिक दृष्टि से गाँधी व्यक्तिवादी थे। गाँधी के अनुसार मूल्यों और सत्ता की दृष्टि से व्यक्ति का केन्द्रीय महत्त्व है। राज्य और सरकार अपना अस्तित्व और सत्ता व्यक्तियों से प्राप्त करती हैं। राज्य का उद्देश्य होना चाहिए व्यक्ति के सर्वांगीण विकास में सहयोग। राज्य को आम जनता के प्रति सेवा की भावना रखनी चाहिए। कभी भी मालिक जैसा व्यवहार नहीं करना चाहिए।

गाँधी के अनुसार आम नागरिकों को यह ध्यान रखना चाहिए कि उनके सहयोग के बिना सरकार एक कदम भी नहीं चल सकती है। इसलिए, उन्हें सरकार के कल्याणकारी कार्यों को लागू करने में, अच्छे कानूनों का पालन करने में, और राज्य की रक्षा करने में पूरा सहयोग करना चाहिए। लेकिन, दूसरी ओर, अगर राज्य जनता का शोषण करे, उनके विकास में बाधा उत्पन्न करे, तो नागरिकों का यह दायित्व हो जाता है कि वे अपना सहयोग वापस ले लें, और नैतिक दबाव एवं अहिंसक असहयोग द्वारा सरकार को सुधरने के लिए बाध्य करें। इस तरह, **नागरिकों को सहयोग और असहयोग द्वारा सरकार को न्याय के रास्ते पर बनाए रखना चाहिए।** गाँधी के अनुसार सच्चा स्वराज्य कुछ लोगों द्वारा सत्ता प्राप्त करने से नहीं आएगा, बल्कि सभी लोगों द्वारा सत्ता के दुरुपयोग का प्रतिरोध करने की क्षमता को प्राप्त करने से आएगा।

विकेन्द्रीकरण

गाँधी राज्य की सत्ता को बढ़ाए जाने के विरुद्ध थे, क्योंकि उनके अनुसार हालांकि राज्य की सत्ता कई बार शोषण समाप्त करने के उद्देश्य से बढ़ायी जाती है, लेकिन यह प्रगति के मूल तत्त्व व्यक्ति के व्यक्तित्व को नष्ट करके, मानवता का बहुत बड़ा अहित करती है। इसलिए, गाँधी राज्य की सत्ता को कम-से-कम रखने के और राजनीतिक सत्ता के अधिकतम विकेन्द्रीकरण के पक्ष में थे। वे **विकेन्द्रित ग्राम-गणराज्यों** का समर्थन करते थे। उनका मानना था कि प्रत्येक गाँव, जहाँ तक सम्भव हो, भोजन, कपड़ा, पानी, दूध, सफाई, माध्यमिक शिक्षा और मनोरंजन के मामले में आत्मनिर्भर हो। ग्रामवासी स्वयं बारी-बारी से गाँव की रक्षा करें। गाँव की सरकार गाँव के वयस्क नागरिकों द्वारा निर्वाचित पंचायत के माध्यम से चलायी जाए। गाँव की अर्थव्यवस्था मुख्यतः कृषि और छोटे-कुटीर उद्योगों पर आधारित हो। इस तरह, गाँधी के अनुसार **हरेक गाँव एक आदर्श लोकतन्त्र हो, जिसमें नागरिकों को स्वतन्त्रता प्राप्त हो और जिसकी सरकार, सहयोग और अहिंसा के आधार पर काम**

---

1. D. M. Datta, *The Philosophy of Mahatma Gandhi* (Calcutta :University of Calcutta, 1968), p. 153.

करने वाली नागरिकों की अपनी सरकार हो। व्यक्ति की बुनियादी आवश्यकताएँ पूरी हों, और उसे अपने व्यक्तित्व के विकास का पूरा अवसर प्राप्त हो।

गाँधी के ग्राम-स्वराज के विचार को भारतीय संविधान में भी काफी हद तक शामिल किया गया है। राज्य की नीति निदेशक तत्त्व (Directive Principles of State Policy) के अनुसार, "राज्य ग्राम पंचायतों का संगठन करने के लिए कदम उठाएगा और उनको ऐसी शक्तियाँ और प्राधिकार प्रदान करेगा जो उन्हें स्वायत्त शासन की इकाइयों के रूप में कार्य करने योग्य बनाने के लिए आवश्यक हो" (धारा 40)। संविधान लागू होने के बाद से कई प्रान्तों में पंचायती राज्य व्यवस्था लागू भी की गयी। लेकिन अक्सर पंचायतों के चुनाव नियमित रूप से नहीं हो पाते थे और कई बार उन्हें समय से पहले विघटित कर दिया जाता था। अब संविधान के तिहत्तरवें (73वें) संशोधन द्वारा पंचायती व्यवस्था को ठोस आधार दिया गया है। इस संवधिान संशोधन द्वारा पंचायतों की संरचना, कार्यकाल, शक्तियाँ, प्राधिकार और उत्तरदायित्व को स्पष्टता से परिभाषित किया गया है। पंचायतों के चुनाव करवाने के लिए राज्य निर्वाचन आयोग की व्यवस्था की गयी है। इन प्रावधानों को लागू करने के सन्दर्भ में राज्य विधान-मंडलों और राज्य सरकारों को अधिकार दिए गए हैं। पंचायतों का कार्यकाल पाँच वर्ष का होगा, और अगर कार्यकाल पूरा होने से पहले पंचायतों का विघटन किया गया, तो छः महीने के अन्दर फिर से चुनाव करवाना अनिवार्य होगा।

आर्थिक चिन्तन

गाँधी समाज में **शारीरिक श्रम की प्रतिष्ठा चाहते थे और यह भी चाहते थे कि समाज के हर व्यवसाय में लगे लोगों को बराबर सम्मान और वेतन मिले**—इसकी चर्चा हम पहले भी कर चुके हैं। गाँधी के अनुसार श्रम पूँजी से श्रेष्ठ है। उनका मानना था कि अगर श्रमिक पूँजीवाद के विरुद्ध इकट्ठे हो जाएँ, तो पूँजीवाद का अन्त हो जाएगा। लेकिन वे साम्यवादियों की तरह बलपूर्वक पूँजीवाद को उखाड़ फेंकने के पक्ष में नहीं थे। उनके अनुसार यह प्रक्रिया वर्ग-द्वेष पर आधारित है, जो अहिंसा या प्रेम के नैतिक मूल्य के विरुद्ध है। गाँधी के अनुसार जिस तरह पूँजीपतियों द्वारा श्रमिकों को उनके श्रम के न्यायसंगत मूल्य से वंचित रखना नैतिक दृष्टि से अनुचित है, वैसे ही श्रमिकों द्वारा अतिरंजित माँगों से पूँजीपतियों को परेशान करना और उद्योगों को नष्ट करना भी अनुचित है। वे पूँजीपति और मजदूर वर्ग के बीच संघर्ष नहीं, सहयोग और सहअस्तित्व का समर्थन करते थे।

ट्रस्टीशिप

गाँधी समाज से **गैरबराबरी मिटाने के और आर्थिक समता स्थापित किए जाने के पक्ष में थे।** लेकिन वे साम्यवादियों की तरह यह नहीं मानते थे कि इसके लिए उत्पादन के साधनों में व्यक्तिगत स्वामित्व को समाप्त कर दिया जाना चाहिए। उनके अनुसार ट्रस्टीशिप के सिद्धान्त द्वारा इस लक्ष्य को प्राप्त किया जा सकता है।

गाँधी के अनुसार पूँजीपतियों को यह समझना चाहिए कि उनके पास जमा पूँजी श्रमिकों के श्रम का परिणाम है। इसलिए, एक पूँजीपति या जमीन-मालिक को, जिसके

पास आवश्यकता से अधिक धन हो, अपने आप को उस धन का ट्रस्टी मानना चाहिए। उसे समझना चाहिए कि वह धन आम जनता का है जो उसके पास धरोहर है, और इसलिए उस **धन का इस्तेमाल अपने निजी आराम के लिए करने की बजाय उसे जन-कल्याण के कार्यों में लगाना चाहिए।**

गाँधी सत्य, अहिंसा, ब्रह्मचर्य, अपरिग्रह और अस्तेय जैसे नैतिक मूल्यों में विश्वास करते थे। उनके अनुसार, एक हद तक शारीरिक सुविधा और आराम का होना जरूरी है, लेकिन उस हद से आगे बढ़ने पर ये सुविधाएँ और आराम सहायक बनने की बजाए ''आध्यात्मिक'' उन्नति में बाधक बन जाते हैं। गाँधी के विचार में सच्ची सभ्यता के लक्षण परिग्रह बढ़ाना नहीं है, बल्कि सोच-समझ कर अपनी इच्छा से उसे कम करना है। गाँधी के अनुसार कोई चीज वास्तव में चुराई नहीं गयी हो तो भी अगर हम आवश्यकता के बिना उसका संग्रह करते हैं, तो उसे चोरी का माल समझा जाना चाहिए। गाँधी के अनुसार अगर हर कोई सिर्फ अपनी जरूरत की चीजों का ही संग्रह करे, तो किसी को कमी महसूस न हो और सब को संतोष हो। अगर अमीर व्यक्ति अपना बहुत ज्यादा परिग्रह छोड़े तो गरीब को भी अपनी जरूरत की चीजें आसानी से मिल जाएँ और दोनों को संतोष होगा। गाँधी की राय में अगर कोई ऐसी चीज लेता और रखता है, जिसकी उसे किसी तात्कालिक उपयोग के लिए जरूरत नहीं है, तो वह उसकी किसी दूसरे से चोरी ही करता है। यदि हरेक आदमी जितना उसे चाहिए उससे ज्यादा न ले, तो दुनिया में न गरीबी रहे न कोई आदमी भूखा मरे।

ट्रस्टीशिप के सिद्धान्त के साथ इसकी व्यावहारिकता का प्रश्न भी जुड़ा हुआ है। गाँधी के अनुसार बुद्धि और प्रेम की बुनियादी मानव-प्रवृत्तियों के आधार पर पूँजीपतियों को यह समझाया जा सकता है कि उनके पस जमा पूँजी श्रमिकों के श्रम का फल है, और वे उसे इसी रूप में देखें। भूदान आन्दोलन के दौरान विनोबा और जयप्रकाश नारायण बहुत सारे जमीन मालिकों को अपनी जमीन का कुछ हिस्सा भूमिहीनों को देने के लिए राजी करवाने में सफल भी रहे थे। लेकिन, जैसा कि ज़े॰ पी॰ ने स्वयं स्वीकार किया था, यह प्रक्रिया एक सीमा तक जा कर रुक गयी थी। गाँधी के अनुसार **अगर सम्पत्तिवान वर्ग समझाने-बुझाने से अपने को ट्रस्टी मानने से इनकार करते हैं, तो अन्तिम विकल्प के रूप में असहयोग या सत्याग्रह का सहारा भी लिया जा सकता है।** आजादी के कुछ समय पहले उन्होंने वैधानिक ट्रस्टीशिप का भी समर्थन किया था, लेकिन उनके अनुसार इस किस्म के कानून को ऊपर से लादे जाने की बजाए, सामाजिक परिस्थितियों के परिपक्व होने पर, जनता द्वारा पंचायत स्तर से लागू किया जाना चाहिए।[1]

औद्योगीकरण और मशीन के प्रति दृष्टिकोण

गाँधी उद्योगवाद (industrialism) के विरुद्ध थे। वे विश्व के औद्योगिक दृष्टि से विकसित देशों की तरह भारत का औद्योगीकरण नहीं चाहते थे। बड़े उद्योगों को वे एक

1. ट्रस्टीशिप की विस्तृत चर्चा के लिए देखें, रमेन्द्र, ''सम्पत्ति'', ***समाज और राजनीति दर्शन***, पृ॰ 107-110

बुराई मानते थे। एक समय तो उन्होंने यह भी कह दिया था कि रेल और टेलिग्राफ मनुष्य के नैतिक विकास के लिए जरूरी नहीं है, हालांकि वे इन सुविधाओं को समाप्त करने की वकालत नहीं करते थे। बाद में उन्होंने स्पष्ट करने का प्रयत्न किया कि वे मशीन के नहीं, बल्कि मशीन के दुरुपयोग के विरुद्ध थे। चर्खा भी एक मशीन ही है। उनके अनुसार मनुष्य के स्थान पर मशीन का इस्तेमाल नहीं किया जाना चाहिए। गाँधी के अनुसार मशीन का ऐसा उपयोग नहीं किया जाना चाहिए, जिससे (i) बेरोजगारी बढ़े, (ii) अमीर पूंजीपतियों द्वारा गरीब श्रमिकों का, और एक देश द्वारा दूसरे देश का शोषण हो, (iii) बड़े उद्यागों और बड़े शहरों द्वारा समाज केन्द्रीकरण की दिशा में बढ़े, और इसके साथ जुड़ी नैतिक बुराइयाँ उत्पन्न हों, एवं (iv) मशीन पर अतिशय निर्भरता के कारण मनुष्य अपने शरीर के अंगों से काम ही लेना छोड़ दे।

मशीन और मशीनी सभ्यता के विरुद्ध गाँधी की इन आपत्तियों में कुछ बल जरूर है, लेकिन इस तथ्य से भी इनकार नहीं किया जा सकता है कि गाँधी बुनियादी तौर पर मशीन और उद्योगों के प्रति नकारात्मक दृष्टिकोण रखते थे। गाँधी अपरिग्रह या असंग्रह का समर्थन करने थे। ऐसे में उत्पादन और उपभोग को बढ़ाने वाली मशीनों और उद्योगों के प्रति उनका नकारात्मक दृष्टिकोण समझ में आने के लायक है।

साध्य और साधन

सामाजिक परिवर्तन की प्रक्रिया के अन्तर्गत गाँधी ने **साध्य और साधन की एकता** पर अत्यधिक बल दिया है। साम्यवाद की चर्चा करते समय हमने देखा था कि लेनिन के ''क्रान्तिकारी नीतिशास्त्र'' के अनुसार अगर साध्य सही हों, तो फिर उसे प्राप्त करने के लिए कोई भी साधन अपनाया जा सकता है। इसके विपरीत, गाँधी के अनुसार **अच्छे साध्य को प्राप्त करने के लिए अच्छे साधनों को अपनाना भी जरूरी है।** साधन को साध्य के अनुरूप होना चाहिए। अगर हमारा उद्देश्य सत्य और अहिंसा पर आधारित समाज की रचना करना हो, तो फिर उसके लिए अपनाए गए साधनों को भी सत्य और अहिंसा पर आधारित होना चाहिए।

सत्याग्रह

''सत्याग्रह'' शब्द दो शब्दों से मिलकर बना है ''सत्य'' और ''आग्रह''। इस तरह, ''सत्याग्रह'' शब्द का अर्थ हुआ ''सत्य के लिए आग्रह''। गाँधी के अनुसार **सत्य को पाने का सही रास्ता अहिंसा या प्रेम** है। सत्याग्रह की विधि सत्य और अहिंसा के नैतिक मूल्यों पर आधारित है। सत्याग्रह के कई रूप हैं, जैसे, **नागरिक अवज्ञा** या किसी अनैतिक कानून को मानने से इनकार करना, **अनुचित टैक्स नहीं देना,** आदि। **असहयोग, अनशन, बन्द** आदि सत्याग्रह के अन्य रूप हैं। गाँधी ने इन विधियों का इस्तेमाल पहले दक्षिण अफ्रीका में और फिर बाद में भारत में ब्रिटिश सरकार के विरुद्ध किया।

गाँधी के अनुसार सत्याग्रह का उद्देश्य सामने वाले को पराजित या अपमानित करना नहीं होता है, बल्कि उसमें अन्तर्निहित मानवीय भावनाओं को जगाकर उसे सुधरने का

मौका देना होता है। सत्याग्रही सामने वाले में परिवर्तन लाने के लिए स्वयं कष्ट सहता है। गाँधी के अनुसार सत्याग्रही को ईमानदार, अनुशासित और निर्भय होना चाहिए। इसके अलावा, उसे त्याग के लिए भी तैयार रहना चाहिए। सत्याग्रह की विधि की विस्तृत चर्चा आगे ''सत्याग्रह'' अध्याय के अन्तर्गत की गयी है।

विनोबा और जे॰ पी॰

''सर्वोदय आन्दोलन'' शब्द का इस्तेमाल विनोबा द्वारा चलाए गए भूदान-ग्रामदान आन्दोलन के लिए भी किया जाता है। इस आन्दोलन में जयप्रकाश नारायण की भी महत्त्वपूर्ण भूमिका थी। भूदान आन्दोलन के दौरान विनोबा और जे॰ पी॰ बहुत सारे जमीन मालिकों को अपनी जमीन का कुछ हिस्सा भूमिहीनों को देने के लिए राजी करवाने में सफल रहे थे। सर्वोदय आन्दोलन में शामिल होने से पहले जे॰ पी॰ ने विनोबा के साथ चर्चाएँ कर अपने को आश्वस्त कर लिया था कि उनका आन्दोलन सिर्फ जमीन के बँटवारे के लिए नहीं था, बल्कि उसका लक्ष्य व्यक्ति और समाज का सम्पूर्ण परिवर्तन था। 1954 से 1974 तक विनोबा के सर्वोदय आन्दोलन में काम करने के बाद जे॰ पी॰ को यह महसूस होने लगा कि ग्राम-स्वराज आन्दोलन के जरिए अहिंसक क्रान्ति होने वाली नहीं है। इसके बाद वे दूसरे रास्ते की तलाश करने लगे। अन्ततः 1974 के बिहार आन्दोलन के दौरान उन्होंने ''सम्पूर्ण क्रान्ति'' का विचार दिया।

सम्पूर्ण क्रान्ति के दौर में जे॰ पी॰ और विनोबा के बीच मुख्य अन्तर संघर्ष के प्रश्न पर था। शायद विनोबा यह सोचते थे कि शान्तिमय संघर्ष के बिना ही राजनीतिक व्यवस्था में संरचनात्मक परिवर्तन लाया जा सकता है। वे हर हाल में संघर्ष को टालने के लिएं उत्सुक मालूम देते थे। जबकि, जे॰ पी॰ की यह निश्चित मान्यता थी कि **शान्तिमय जन-संघर्ष के बिना सम्पूर्ण क्रान्ति सम्भव नहीं है।** जे॰ पी॰ की सम्पूर्ण क्रान्ति और विनोबा द्वारा चलाए जा रहे सर्वोदय आन्दोलन के बीच का अन्तर जे॰ पी॰ के ''शान्तिमय वर्ग-संघर्ष'' के विचार द्वारा भी स्पष्ट होता है।

जे॰ पी॰ की सम्पूर्ण क्रान्ति और विनोबा द्वारा चलाए गए सर्वोदय आन्दोलन के बीच दूसरा महत्त्वपूर्ण अन्तर राज्य के प्रति दृष्टिकोण को लेकर था। विनोबा के सर्वोदय आन्दोलन के अन्तर्गत राज्य और राजनीति की पूर्ण अवहेलना की गयी थी, या उसके प्रति तटस्थता बरती गयी थी। ऐसा मान लिया गया था कि एक लोकतांत्रिक देश में बड़े पैमाने पर जनता के बीच सीधे कार्य करने पर उसका स्वभावतः राज्य पर असर पड़ेगा। इसलिए, उसकी ओर विशेष ध्यान देने की जरूरत नहीं है। जे॰ पी॰ के अनुसार यह मान्यता गलत थी। क्योंकि समाज और राजनीति में जड़ें जमाये हुए निहित स्वार्थ राज्य को अपने नियंत्रण में बनाए रखने के लिए तत्पर रहते हैं। इसलिए, जे॰ पी॰ स्वयं राज्य-शक्ति नहीं प्राप्त करना चाहते हुए भी, राज्य-शक्ति को लोकशक्ति के प्रति उत्तरदायी बनाने की आवश्यकता, और इस दृष्टि से सत्ता की राजनीति में हस्तक्षेप करने की वांछनीयता के प्रति पूरी तरह सचेत थे। राज्य-शक्ति पर लोकशक्ति का अंकुश स्थापित करना सम्पूर्ण क्रान्ति का एक मुख्य राजनीतिक उद्देश्य है।

अगर देखा जाए तो इन दो मुद्दों पर जे॰ पी॰ का दृष्टिकोण विनोबा के दृष्टिकोण की तुलना में गाँधी के दृष्टिकोण के अधिक करीब है। गाँधी को संघर्ष से कोई परहेज नहीं था, दरअसल, सत्याग्रह की प्रक्रिया राजनीति को गाँधी का एक मुख्य योगदान है। इसी तरह, स्वयं सत्ता की राजनीति से अलग रहते हुए भी गाँधी राज्य-शक्ति या सत्ता की राजनीति के प्रति तटस्थ नहीं थे; न ही आवश्यकता पड़ने पर स्थापित सरकार के विरुद्ध संघर्ष का आह्वान करने में उन्हें कोई हिचकिचाहट थी। यहाँ पर सम्पूर्ण क्रान्ति और सर्वोदय के बीच जो अन्तर है, वह गाँधी के विचारों से नहीं, बल्कि गाँधी के विचारों की विनोबा द्वारा की गयी व्याख्या और संशोधनों से है।[1]

समीक्षा

गाँधी के राजनीतिक चिन्तन में कई विशेषताएँ हैं। **राजनीति को नैतिकता से जोड़ने का आग्रह, राजनीतिक शक्ति के विकेन्द्रीकरण पर बल, और सत्याग्रह की विधि को राजनीति में उनका प्रमुख योगदान माना जा सकता है।** सामान्य तौर पर, राजनीतिक सत्ता के विकेन्द्रीकरण का समर्थन एम॰ एन॰ रॉय, जयप्रकाश नारायण और डॉ. राममनोहर लोहिया ने भी किया है।

मार्क्सवाद से मोहभंग होने के बाद जब जयप्रकाश नारायण गाँधी के विचारों की ओर आकर्षित हुए, तो उन्होंने गाँधी-विचार से चार मुख्य तत्त्वों को अपनाया—एक, उसका नैतिक आधार और मूल्यों से लगाव; दूसरे, सत्याग्रह द्वारा सामाजिक क्रान्ति की तकनीक; तीसरे, राजनीतिक-आर्थिक सत्ता के विकेन्द्रीकरण का आग्रह; और चौथे, छोटे समुदाय और समुचित तकनीक (appropriate technology) पर बल। जे॰ पी॰ ने इन विचारों को ''सम्पूर्ण क्रान्ति'' के अपने चिन्तन के अन्तर्गत भी स्थान दिया है।

जे॰ पी॰ ने इस तथ्य की ओर ध्यान दिलाया है कि सर्वोदय और साम्यवाद के सामाजिक-राजनीतिक आदर्श लगभग एक जैसे हैं। **दोनों ही वर्गविहीन और राज्यविहीन समाज के आदर्श को स्वीकार करते हैं।** जे॰ पी॰ की राय में **सर्वोदय दर्शन हमें इन आदर्शों तक पहुँचने का बेहतर रास्ता दिखलाता है,** क्योंकि इसके द्वारा बताए गए मार्ग में साध्य और साधन के बाच संगति है। जे॰ पी॰ के अनुसार साध्य और साधन के बीच असंगति के कारण ही भूतपूर्व सोवियत संघ में साम्यवादी वर्गविहीन और राज्यविहीन समाज के अपने लक्ष्य को प्राप्त नहीं कर सके, बल्कि उल्टे वहाँ पर एक केन्द्रीकृत, सर्वाधिकारवादी शासन-व्यवस्था की स्थापना हो गयी। लेकिन जे० पी० सर्वोदय को भी सामाजिक दर्शन का अन्तिम शब्द नहीं मानते थे। वे गाँधी के विचारों के ''बुद्धिहीन उपयोग'' के नहीं, बल्कि उसके ''गतिशील और क्रान्तिकारी रूपान्तर'' के पक्ष में थे।[2]

यह सोचना एक भूल होगी कि गाँधी के पास हमारी हर राजनीतिक-सामाजिक

---

1. रमेन्द्र ''जयप्रकाश नारायण'', अशोक कुमार वर्मा (सं.), ***स्वतंत्रोत्तर भारतीय दार्शनिक चिंतन*** (पटना : मोतीलाल बनारसीदास, 1993) पृ० 136–38.

2. वहीं, पृष्ठ 134-35

समस्या का बना बनाया और अन्तिम समाधान मौजूद है। उदाहरण के तौर पर, व्यक्ति की स्वतन्त्रता को बनाए रखने के लिए राज्य की शक्ति को कम से कम रखने का गाँधी का आग्रह मोटे पर सही है। लेकिन भारत जैसे गरीब देश में **बेरोजगारी और गरीबी मिटाने एवं गैरबराबरी को नियन्त्रित करने के लिए कारगर सरकारी हस्तक्षेप भी जरूरी है।** आज की परिस्थितियों में अगर सरकार ''कम से कम'' शासन करे, तो फिर सर्वोदय विचार और रूढ़िवादी आर्थिक अहस्तक्षेप की नीति (laissez-faire) के बीच कोई अन्तर नहीं रह जाता है। इस किस्म के दृष्टिकोण से सबका नहीं, बल्कि सिर्फ सम्पन्न वर्गों का ही उदय हो सकता है। यह नहीं भूलना चाहिए कि **लोकतन्त्र में सरकार पर जनता का नियन्त्रण रहता है, और सरकार का यह दायित्व और कर्त्तव्य बनता है कि वह जनहित में कार्य करे।**

इसी तरह, गाँधी के इस विचार को भी स्वीकार किया जा सकता है कि जहाँ तक सम्भव हो गाँव स्वाबलम्बी हों और तकनीक का विकास छोटे समुदायों की आवश्यकता को ध्यान में रखकर किया जाए। लेकिन **''समुचित तकनीक'' के नाम पर हर नयी तकनीक का विरोध भी सही नहीं है।** इसका कोई कारण नहीं दिखता है कि ट्रैक्टर और पम्पिंग सेट के अलावे गाँवों में रेडियो, टेलिवीजन, फोन, कम्प्यूटर, इन्टरनेट आदि का इस्तेमाल न किया जाए। **इन सभी वस्तुओं का उत्पादन गाँव के स्तर पर न सम्भव है, और न जरूरी।** गाँधी ब्रह्मचर्य और अपरिग्रह जैसे मूल्यों से प्रभावित थे। उन्होंने जिस ''आदर्श'' जीवन-स्तर की कल्पना की थी, एक औसत व्यक्ति का जीवन-स्तर उससे कुछ अधिक ऊँचा होना चाहिए। सामाजिक-राजनीतिक नीति का उद्देश्य सभी भारतवासियों को संन्यासी बनाना नहीं हो सकता है।

गाँधी ने अपने समाजिक-राजनीतिक चिन्तन में मूल्यों और नैतिकता को मुख्य स्थान दिया है—साध्य और साधन की एकता पर बल दिया है, यह उनके राजनीतिक चिन्तन की एक विशेषता है। लेकिन गाँधी जहाँ **एक ओर राजनीति को नैतिकता से जोड़ते थे, वहाँ दूसरी ओर, वे स्पष्ट तौर से नैतिकता को संगठित धर्मों से जोड़ते थे।** अपने सामाजिक-राजनीतिक चिन्तन को व्यक्त करने के लिए उन्होंने ''राम राज्य'' जैसे शब्द का इस्तेमाल किया, जिसका सम्बन्ध हिन्दू धर्म से है। वे अपने को ''सनातनी हिन्दू'' कहते थे, और जन्म पर आधारित वर्ण-व्यवस्था का समर्थन करते थे।[1] इसके अलावा, वे गोहत्याबन्दी और ब्रह्मचर्य का भी समर्थन करते थे। गाँधी ने ईश्वर और संगठित धर्मों के बारे में बहुत कुछ लिखा, और उसे अपने सामाजिक-राजनीतिक चिन्तन से जोड़ा भी। इस तरह, **गाँधी के सामाजिक-राजनीतिक चिन्तन को धर्मनिरपेक्ष (धर्म से स्वतन्त्र) नहीं कहा जा सकता है।** वे खुद को ''सनातनी हिन्दू'' कहते हुए भी सभी धर्मों के लिए एक जैसे बराबर सम्मान की वकालत करते थे। इसे अधिक-से-अधिक ''सर्वधर्म समभाव'' कहा जा सकता है, ''धर्मनिरपेक्षता'' नहीं। ''धर्मनिरपेक्षता'' का राजनीतिक अर्थ है धर्म और राजनीति के बीच पूर्ण सम्बन्ध-

1. Ramendra, *Why I am Not a Hindu &Why I do not want Ramrajya* (Patna : Bihar Rationalist Society, 1995).

विच्छेद, और इस कसौटी पर गाँधी की राजनीति खरी नहीं उतरती है। (धर्मनिरपेक्षता और सर्वधर्म समभाव की चर्चा ''धर्मतन्त्र और धर्मनिरपेक्षता'' अध्याय के अन्तर्गत की गयी है।) वैसे स्वतंत्रता प्राप्ति के बाद गाँधी ने धर्मनिरपेक्ष राज्य का समर्थन किया है। (देखें, ''धर्म-परिवर्तन'' भाग-2)।

उल्लेखनीय है कि मानवेन्द्रनाथ राय भी व्यक्ति की स्वतन्त्रता को सर्वोच्च महत्व देते हुए, राज्य को व्यक्ति के हित का साधन मानते थे। उन्होंने भी राजनीति को नैतिकता से जोड़ने पर बल दिया है। लेकिन, उन्होंने गाँधी की तरह **नैतिकता को संगठित धर्मों से जोड़ने की बजाय बुद्धिवाद-मानवतावाद से जोड़ा है।** इसी तरह, जयप्रकाश नारायण ने गाँधी के चिन्तन के महत्त्वपूर्ण तत्त्वों को अपनाते हुए भी, अपने सामाजिक-राजनीतिक चिन्तन को व्यक्त करने के लिए धर्मनिरपेक्ष और आधुनिक शब्दावली को अपनाया है, गाँधी की तरह धार्मिक शब्दावली को नहीं।

धार्मिक दृष्टिकोण के कारण गाँधी के सामाजिक चिन्तन में भी जबरदस्त विसंगति आ गयी है। एक ओर वे जाति और छुआछूत का विरोध करते थे, और दूसरी ओर, वे जन्म पर आधारित वर्ण-व्यवस्था का समर्थन करते थे। उनके अनुसार वर्ण-व्यवस्था का ऊँच-नीच, अन्तरजातीय विवाहों पर प्रतिबन्ध और छुआछूत से कोई सम्बन्ध नहीं है। दरअसल, **गाँधी द्वारा की गयी वर्ण-व्यवस्था की व्याख्या तथ्यों के अनुरूप नहीं है।** ***मनुस्मृति*** जैसे मान्यता प्राप्त हिन्दू धर्मशास्त्र में की गयी वर्ण-व्यवस्था की व्याख्या के अनुसार वर्ण-व्यवस्था का ऊँच-नीच, अन्तरजातीय विवाहों पर प्रतिबन्ध और छुआछूत से सीधा सम्बन्ध है। हिन्दू वर्ण-व्यवस्था क्या है, यह जानने के लिए हिन्दू धर्मशास्त्रों की मदद ली जानी चाहिए, न कि अपनी कल्पना की। गाँधी की ''आदर्श'' वर्ण-व्यवस्था अर्ध-वास्तविक और अर्ध-काल्पनिक है। **जन्म पर आधारित वर्ण ही जाति का मूल तत्त्व है। इसलिए, एक ओर वर्ण का समर्थन और दूसरी ओर, जाति का विरोध एक बहुत जबरदस्त तार्किक असंगति है।** जन्म पर आधारित वर्ण-व्यवस्था का समर्थन कर गाँधी एक तरह से जाति-व्यवस्था का ही समर्थन कर रहे थे।

वर्ण-व्यवस्था के प्रति गाँधी के रवैए की डॉ० अम्बेडकर ने भी कड़ी आलोचना की है। उन्होंने हिन्दू धर्मशास्त्रों से उद्धरण दे कर वर्ण-व्यवस्था की विकृति को उजागर किया है। उन्होंने जोर देकर कहा है कि वर्ण-व्यवस्था पर आक्रमण किए बिना जाति-व्यवस्था और छुआछूत को जड़ से मिटाना सम्भव नहीं है।[1] वर्ण-व्यवस्था के प्रति अम्बेडकर का दृष्टिकोण गाँधी की तुलना में अधिक तर्कसंगत और तथ्यों के अनुरूप है। (वर्ण-व्यवस्था पर गाँधी और अम्बेडकर के विचारों के तुलनात्मक अध्ययन के लिए देखें अध्याय ''जातिभेद : गाँधी एवं अम्बेडकर'')

---

1. Dr. B. R. Ambedkar, "Annihilation of Caste" in *Dr. Babasaheb Ambedkar Writings and Speeches*, vol. 1 (Bombay : Education Department, Government of Maharashtra, 1989).

प्रश्न

1. Compare and evaluate the idelogies of Sarvodaya and Commuism. (1979)
2. Discuss the merits and demerits of Sarvodaya as a way of life. (1980)
3. Distinguish clearly between socialism, communism and fascism. Is Gandhism an ideology? How far is it an alternative to communism. (1983)
4. सर्वोदय सिद्धान्त की व्याख्या कीजिए। हमारे संविधान में इसको कहाँ तक शामिल किया गया है? (1984)
5. सर्वोदय विचार की व्याख्या कीजिए। क्या यह समकालीन राजनीतिक विचारधाराओं का व्यावहारिक विकल्प हो सकता है? विवेचन कीजिए। (1985)
6. निम्नलिखित मत की आलोचनात्मक व्याख्या कीजिए। व्याख्या 200 शब्दों से अधिक में न हो—
   (a) वास्तविक स्वराज कुछ लोगों द्वारा सत्ता का अधिग्रहण करने से नहीं आएगा, प्रत्युत जब सत्ता का दुरुपयोग हो तो सभी लोगों द्वारा उसका प्रतिरोध करने का सामर्थ्य प्राप्त करने से वह आएगा। (1989)
7. सर्वोदय-दर्शन के सन्दर्भ में निम्नलिखित कथन की व्याख्या और परीक्षा कीजिए—
   "राज्य नैतिकता के प्रत्यय की मूर्तता है"। (1990)
8. सर्वोदय-दर्शन अलोकतांत्रिक है क्योंकि वह व्यक्तिगत सम्पत्ति के स्थान पर ट्रस्टीशिप (न्यासवाद) की वकालत करता है। इस मत का आलोचनात्मक विवेचन कीजिए। (1993)
9. निम्नलिखित पर अलोचनात्मक टिप्पणी लिखिए। टिप्पणी 200 शब्दों से अधिक न हो—
   (a) सर्वोदय के लिए वर्ण-व्यवस्था की प्रासंगिकता (1995)
10. निम्नांकित पर अधिक-से-अधिक 200 शब्दों में आलोचनात्मक टिप्पणी लिखिए:
    (a) सर्वोदय का दार्शनिक पक्ष (1996)
11. मार्क्सवाद और सर्वोदय के आदर्श के बीच समानताएँ और विभिन्नताएँ बताएँ। (1990)
12. निम्नलिखित पर अधिक से अधिक 200 शब्दों में आलोचनात्मक टिप्पणी लिखिए—
    (क) सर्वोदय (1999)
13. आप 'सर्वोदय' से क्या समझते हैं? इस सम्बन्ध में महात्मा गाँधी के निम्नलिखित कथन पर विचार कीजिए : "प्रत्येक व्यक्ति के पास, अपने पड़ोसियों के द्वारा बराबर उपयोग के संगत, अपनी प्रतिभाओं का इस्तेमाल करने की पूर्ण स्वतंत्रता का होना जरूरी है, परन्तु किसी को भी प्रतिभाओं से लाभों के मनमाने उपयोग का हक नहीं है। वह राष्ट्र का एक भाग होता है या यों कहिए कि चारो ओर की सामाजिक संरचना का एक भाग। इसलिए, वह अपनी प्रतिभाओं का इस्तेमाल अपने लिए नहीं, बल्कि उस सामाजिक संरचना के लिए, जिसका वह केवल एक भाग है और जिसकी मौन अनुमति से वह जीता है, कर सकता है।" क्या आप उपरोक्त दृष्टिकोण से सहमत होंगे? सम्भव आपत्तियों के विरुद्ध आप अपनी स्थिति के पक्ष में तर्क दीजिए। (2003)

❑

अध्याय 11

मानवतावाद

''मानवतावाद'' का अर्थ

''मानवतावाद'' शब्द का इस्तेमाल कई अर्थों में किया गया है, और इतिहास में इसके अनेक रूप मिलते हैं। भारत के लोकायत या चार्वाक दर्शन में, चीन के कन्फ्युनिशयन दर्शन में और प्राचीन ग्रीस में प्रोटागोरस एवं अन्य दार्शनिकों के विचारों में इसकी पूर्वछाया देखी जा सकती है। मानवतावाद को 14वीं शताब्दी के उत्तरार्द्ध में इटली के नवजागरण काल के साहित्यिक आन्दोलन से भी जोड़ा जाता है।[1]

बीसवीं सदी के कई पश्चिमी और भारतीय दार्शनिकों ने मानवतावाद का समर्थन किया है। कॉर्लिस लामोन्ट का प्रकृतिवादी या लोकतांत्रिक मानवतावाद और मानवेन्द्र नाथ रॉय का रैडिकल या वैज्ञानिक मानवतावाद इसके कुछ प्रमुख उदाहरण हैं। फ्रेंच दार्शनिक सार्त्र ने भी अपने अस्तित्वाद को मानवतावाद के रूप में प्रस्तुत किया है।

मानवतावाद की चर्चा राजनीतिक विचारधारा के रूप में भी की जाती है, और धर्म के विकल्प के रूप में भी। आरम्भ में कुछ मानवतावादी मानवतावाद को धर्म भी मानते थे, क्योंकि उनके अनुसार मानवतावाद व्यक्ति के जीवन में वही भूमिका निभाता है, जो भूमिका परम्परागत रूप में धर्म द्वारा निभायी जाती थी। ऐसे मानवतावादियों के लिए अमरीका में ''धार्मिक मानवतावादी'' शब्द का इस्तेमाल किया गया और उनके मानवतावाद को ''धार्मिक मानवतावाद'' कहा गया (देखें परिशिष्ट-1, ''जॉन डूवी का मानवतावाद'')। लेकिन, ''धर्मनिरपेक्ष मानवतावादियों'' द्वारा मानवतावाद को धर्म से स्वतंत्र एक जीवन मुद्रा (life stance) या जीवन-दर्शन माना जाता है। धर्म का आधार आस्था है, और इसमें परलोकवाद को महत्त्व दिया जाता है, जबकि मानवतावाद में बुद्धि और वैज्ञानिक चिन्तन को केन्द्रीय स्थान देते हुए इहलोकवाद को महत्त्व दिया जाता है। इसलिए, मानवतावाद को धर्म का विकल्प और एक जीवन-दर्शन मानना ही बेहतर है। अब, बीसवीं सदी में धीरे-धीरे ''मानवतावाद'' शब्द का प्रयोग मुख्यतः ''धर्मनिरपेक्ष मानवतावाद'' के अर्थ में होने लगा है। इस अर्थ में मानवतावाद का बुद्धिवाद से निकट सम्बन्ध है।[2] प्रमुख शब्दकोशों में ''मानवतावाद'' को एक गैरधार्मिक दर्शन माना गया है।

ऑक्सफोर्ड डिक्शनरी के अनुसार मानवतावाद ईश्वर से सम्बन्धित न होकर मनुष्य के हितों से सम्बन्धित है।

---

1. *The Encyclopedia of Philosophy,* vol. 4, pp. 69-70.
2. Finngeir Hiorth, *Introduction to Humanism* (Pune : Indian Secular Society, 1996), pp. 23-38.

बाल्डविन की ***डिक्शनरी ऑफ फिलॉसफि एण्ड साइकॉलजि*** के अनुसार, ''यह विचार, विश्वास अथवा कर्म सम्बन्धी वह पद्धति है, जो ईश्वर का परित्याग करके मनुष्य तथा सांसारिक वस्तुओं पर ही केन्द्रित रहती है।''[1]

लिट्ल ऑक्सफोर्ड डिक्शनरी (1995 संस्करण) के अनुसार, मानवतावाद उदार मानवीय मूल्यों पर आधारित गैरधार्मिक दर्शन है।

कॉलिन्स कन्साइज डिक्शनरी के अनुसार, मानवतावाद अपने प्रयत्नों द्वारा मानवता के विकास के पक्ष में धर्म का परित्याग है।[2]

पॉल कर्ज द्वारा ड्राफ्ट किए गए, और ए॰ जे॰ एयर, अर्नेस्ट नगेल, मिलोवान जिलास, वी॰ एम॰ तारकुंडे सहित दुनिया के कई प्रमुख मानवतावादियों के हस्ताक्षर से 1980 में जारी किए गए ***धर्मनिरपेक्ष मानवतावादी घोषणा-पत्र*** में मानवतावाद को बुद्धि, मुक्त अन्वेषण, स्वतंत्रता, धार्मिक संदेहवाद, धर्मनिरपेक्षता और लोकतंत्र के साथ जोड़ा गया है।

मानवतावादियों के अन्तर्राष्ट्रीय संगठन **इंटरनैशनल ह्यूमैनिस्ट एण्ड एथिकल यूनियन** द्वारा 1996 में ''मानवतावाद'' की ''न्यूनतम परिभाषा'' इस प्रकार की गयी है, ''मानवतावाद एक लोकतान्त्रिक और नैतिक जीवन मुद्रा है जो दृढ़तापूर्वक यह कहता है कि मानव को अपने जीवन को अर्थ और आकार प्रदान करने का अधिकार और उत्तरदायित्व है। यह मानवीय क्षमताओं द्वारा, बुद्धि और मुक्त अन्वेषण की मनोवृत्ति से, मानवीय और अन्य प्राकृतिक मूल्यों पर आधारित नैतिकता द्वारा एक अधिक मानवोचित समाज के बनाए जाने का समर्थन करता है। यह ईश्वरवादी नहीं है, और यह वास्तविकता के अतिप्राकृतिक दृष्टिकोणों को स्वीकार नहीं करता है।''[3]

Introduction to Humanism के लेखक फिनगीर हिऑर्थ के अनुसार मानवतावाद वह विचारधारा है, जो मनुष्य को केन्द्र में रखती है। यह मानवहित, मानव कल्याण, मानव गरिमा और मानवीय मूल्यों को सामने रख कर चलती है। इसमें तर्कबुद्धि को महत्त्व दिया जाता है। कुछ मानवतावादी अपने को ''बुद्धिवादी'' भी कहते है। डॉ॰ हिऑर्थ के अनुसार मानवतावाद में ईश्वर के विपरीत मानव पर ध्यान केन्द्रित किया जाता है। इसमें मनुष्य की स्वायत्तता पर बल दिया जाता है, और कहा जाता है कि मनुष्य किसी अतिप्राकृतिक शक्ति पर निर्भर नहीं है। इस अर्थ में ''मानवतावाद'' लगभग ''धर्मनिरपेक्षता'' के समरूप है।[4]

धर्म-दर्शन की मूल समस्याएँ के लेखक वेद प्रकाश वर्मा के अनुसार मानवतावाद *''मूलतः मानव-केन्द्रित दर्शन है जो अलौकिक या अतिप्राकृतिक शक्तियों के स्थान पर स्वयं मनुष्य के अनुभव एवं उसकी तर्कबुद्धि को ही सर्वाधिक महत्त्व देता है, और मानव-जाति के भाग्य के निर्माण के लिए केवल मनुष्य को ही उत्तरदायी मानता है।''*[5]

1. वेद प्रकाश वर्मा, ***धर्मदर्शन की मूल समस्याएँ*** (दिल्ली : दिल्ली विश्वविद्यालय, 1991), पृष्ठ—459.
2. Levi Fragell, "A Global Humanist Identity", *International Humanist News*, vol. 4, no. 4, December 1996, pp. 7-8.
3. ***बुद्धिवादी***, वर्ष 11, अंक 4, अक्टूबर, 1997, पृष्ठ 4.
4. Finngeir Hiorth, Op. Cit, p. 164.
5. वेद प्रकाश वर्मा, वहीं, पृष्ठ 461-62.

मानवतावाद और बुद्धिवाद

दर्शनशास्त्र में "बुद्धिवाद" का प्रयोग मुख्यतः ज्ञानमीमांसा के उस सिद्धान्त के लिए किया जाता है, जिसके अनुसार **इन्द्रियानुभव के इस्तेमाल के बिना** सिर्फ तर्कबुद्धि के इस्तेमाल से ज्ञान प्राप्त किया जा सकता है। फ्रेंच दार्शनिक डेकार्ट का दर्शन इसका एक उदाहरण है। लेकिन "बुद्धिवाद" का एक व्यापक अर्थ भी है, जिस अर्थ में इस शब्द का प्रयोग आम बोल-चाल में किया जाता है। इस अर्थ में "बुद्धिवाद" इन्द्रियानुभव के विरुद्ध नहीं है। इस अर्थ में बुद्धिवाद के अनुसार **इन्द्रियानुभव सहित** तर्कबुद्धि ज्ञान का एकमात्र स्रोत है। बुद्धिवादियों के द्वारा तार्किक और वैज्ञानिक चिन्तन का समर्थन किया जाता है। मानवतावाद के सन्दर्भ में जब बुद्धिवाद की बात की जाती है, तो उस समय "बुद्धिवादी" शब्द का प्रयोग व्यापक अर्थ में ही किया जाता है।

रैशनलिस्ट प्रेस एसोसिएशन द्वारा 1899 में "बुद्धिवाद" की परिभाषा एक ऐसे "मानसिक दृष्टिकोण" के रूप में की गयी है **"जो निस्संकोच बुद्धि की सर्वोच्चता को स्वीकार करता है और जिसका उद्देश्य दर्शनशास्त्र और नीतिशास्त्र की ऐसी व्यवस्था को स्थापित करना है, जिसका सत्यापन इन्द्रियानुभव द्वारा हो सके और जो सभी मनमानी पूर्वमान्यताओं या शब्द-प्रमाण से स्वतन्त्र हो।"**[1]

इस तरह, व्यापक अर्थ में बुद्धिवादियों द्वारा इन्द्रियानुभव को तो स्वीकार किया ही जाता है, बल्कि बुद्धिवादी "धर्म से स्वतन्त्र" और "इहलोकवादी" के मूल अर्थ में "धर्मनिरपेक्ष" भी होते हैं।

जैसा कि पहले भी जिक्र किया गया है, ***धर्मनिरपेक्ष मानवतावादी घोषणा-पत्र*** में धर्मनिरपेक्ष मानवतावाद को बुद्धि के साथ जोड़ा गया है। घोषणा-पत्र के अनुसारः "हम ज्ञान के विकास और सत्य के दावों की जाँच के लिए अन्वेषण की बुद्धिसंगत विधियों, तर्कशास्त्र और प्रमाण के उपयोग के लिए प्रतिबद्ध हैं।"[2]

इसी तरह, इस घोषणा-पत्र में समीक्षात्मक बुद्धि पर आधारित नैतिकता का भी समर्थन किया गया हैः "धर्मनिरपेक्ष मानवतावादियों के लिए, नैतिक आचरण का मूल्यांकन समीक्षात्मक बुद्धि द्वारा किया जाता है, या किया जाना चाहिए; और उनका लक्ष्य ऐसे स्वायत्त और जिम्मेवार व्यक्तियों का विकास है जो, मानव व्यवहार की अपनी समझ के आधार पर, जीवन में अपने चुनाव स्वयं करने में सक्षम हों।"[3]

ऊपर की गयी चर्चा से यह स्पष्ट है कि बुद्धिवाद और आधुनिक मानवतावाद के बीच निकट सम्बन्ध है। ए सोलोमन के अनुसार, **"धार्मिक और इतिहास में जाने गए मानवतावाद के अन्य रूपों से अलग, आधुनिक मानवतावाद अपने आधार के रूप में बुद्धिवादी मानसिक दृष्टिकोण को स्वीकार करता है।"**[4]

---

1. ए. सोलोमोन, ***बुद्धिवाद और मानवतावादी दृष्टिकोण***, अनु. रमेन्द्र (पटनाः बिहार बुद्धिवादी समाज, 1997), पृष्ठ 5-6.
2. पॉल कर्ज, ***धर्मनिरपेक्ष मानवतावादी घोषणा-पत्र***, अनु. रमेन्द्र (पटना : बिहार बुद्धिवादी समाज, 1997), पृष्ठ 14.
3. वही, पृष्ठ 9.
4. ए. सोलोमोन, वहीं, पृष्ठ 9.

स्वतन्त्रता, मानव अधिकार और लोकतन्त्र

मानवतावादियों द्वारा एक ओर स्वतंत्रता, मानव अधिकारों और लोकतंत्र का समर्थन किया जाता है; और दूसरी ओर, हर किस्म के सर्वाधिकारवाद या तानाशाही का विरोध किया जाता है। ***धर्मनिरपेक्ष मानवतावादी घोषणा-पत्र*** के अनुसार : ''यह घोषणा-पत्र केवल ऐसे धर्मनिरपेक्ष मानवतावाद का समर्थन करता है जो स्पष्ट तौर से लोकतन्त्र के लिए प्रतिबद्ध है। यह वैसे सभी विश्वासों के विरुद्ध है, जो अपने मूल्यों के लिए अतिप्राकृतिक समर्थन की सहायता लेते हैं, या तानाशाही द्वारा शासन का समर्थन करते हैं।''[1]

स्वतन्त्रता के आदर्श का समर्थन करते हुए घोषणा-पत्र में न सिर्फ विवेक और विश्वास की स्वतन्त्रता को, बल्कि ''वास्तविक राजनीतिक स्वतन्त्रता, बहुमत शासन पर आधारित लोकतान्त्रिक निर्णय प्रक्रिया, अल्पसंख्यक के अधिकारों और कानून के शासन'' को भी स्वतन्त्रता के अन्तर्गत शामिल किया गया है। घोषणा-पत्र के अनुसार: ''हम जीवन, स्वतन्त्रता और सुख की खोज की सुरक्षा के अधिकार सहित, बुनियादी मानव-अधिकारों की रक्षा के पक्ष में हैं।''[2]

इसके अलावा, घोषणा-पत्र के अनुसार ''मुक्त समाज में आर्थिक स्वतन्त्रता को भी कुछ हद तक प्रोत्साहित किया जाना चाहिए। उस पर सिर्फ ऐसे ही प्रतिबन्ध लगाए जाने चाहिए, जो सार्वजनिक हित में जरूरी हों।[3]

इस तरह, मानवतावादियों द्वारा उदार लोकतांत्रिक मूल्यों और लोकतांत्रिक शासन पद्धति का समर्थन किया गया है।

धर्मनिरपेक्षता

''धर्मनिरपेक्षता'' शब्द के दो प्रमुख अर्थ हैं—(i) पहले अर्थ में ''धर्मनिरपेक्षता'' उस ऐहिक विचारधारा को कहते हैं, जो धार्मिक विश्वास को अस्वीकार करती है। (ऐहिकता का सम्बन्ध इस लोक से होता है, परलोक से नहीं।) (ii) राजनीतिक सन्दर्भ में ''धर्मनिरपेक्षता'' इस विश्वास को कहते हैं कि राज्य तथा सार्वजनिक शिक्षा को धर्म से पूरी तरह अलग रखना चाहिए।

धर्मनिरपेक्ष मानवतावादी ''धर्मनिरपेक्ष'' शब्द के पहले अर्थ में तो धर्मनिरपेक्ष होते ही हैं, इसके अलावा उनके द्वारा ''धर्मनिरपेक्ष'' शब्द के दूसरे अर्थ में धर्मनिरपेक्ष राज्य का, या दूसरे शब्दों में, धर्म और राज्य को एक-दूसरे से अलग रखे जाने का समर्थन किया जाता है।

धर्मनिरपेक्ष मानवतावादी घोषणा-पत्र के अनुसार, ''इतिहास के सबक बिल्कुल स्पष्ट हैं: जब भी किसी राज्य में एक धर्म या विचारधारा को स्थापित कर प्रमुख स्थान दिया जाता है, अल्पसंख्यक विचार खतरे में पड़ जाते हैं।''[4]

1. पॉल कर्ज, वहीं, पृष्ठ 1.
2. वही पृष्ठ 7.
3. वही
4. वहीं, पृष्ठ 6.

घोषणा-पत्र के अनुसार एक बहुलवादी, मुक्त लोकतांत्रिक समाज में पुरोहित वर्ग को अपने अनुदार विचारों को कानून बना कर पूरे समाज पर लादने की अनुमति नहीं दी जानी चाहिए। सम्प्रदायवादी धार्मिक संस्थाओं को सहायता देने के लिए कोई टैक्स वसूल नहीं किया जाना चाहिए। दूसरी ओर, ''सार्वजनिक राजस्व के भार को उठाने में चर्च की सम्पत्ति को भी अपना हिस्सा बँटाना चाहिए, और उस पर टैक्स की कोई छूट नहीं दी जानी चाहिए।''[1]

घोषणा-पत्र के अनुसार, ''सार्वजनिक संस्थाओं (राजनीतिक और शैक्षणिक) में अनिवार्य धार्मिक शपथ और प्रार्थना भी चर्च और राज्य के पृथक्करण के सिद्धान्त का उल्लंघन है।''[2]

लामोन्ट का प्रकृतिवादी या लोकतांत्रिक मानवतावाद

अमरीकी दार्शनिक कॉर्लिस लामोन्ट ने 1949 में पहली बार प्रकाशित अपनी पुस्तक *The Philosohpy of Humanism* में मानवतावाद का प्रबल समर्थन किया है। लामोन्ट के अनुसार **मानवतावाद इस प्राकृतिक विश्व में समस्त मानवता के अधिकतर शुभ (greater good) के लिए सहर्ष सेवा का दर्शन है। यह बुद्धि, विज्ञान और लोकतन्त्र की विधियों का समर्थन करता है।**

लामोन्ट के अनुसार मानवतावाद प्रकृतिवाद (naturalism) का समर्थन करता है। यह ईश्वर और मृत्यु के बाद जीवन सहित हर किस्म के अतिप्रकृतिवाद (supernaturalism) को कोरी कल्पना मानता है। मानवतावाद के अनुसार मानव में इतनी क्षमता है कि वह साहस और दूरदृष्टि के साथ, मुख्यतः बुद्धि और वैज्ञानिक विधि की सहायता से, अपनी समस्याओं को सुलझा सकता है। मानवतावाद हर किस्म के भाग्यवाद और नियतिवाद को अस्वीकार करता है। मानवतावाद के अनुसार, कुछ सीमाओं के अन्तर्गत, मानव अपने भविष्य का निर्माण स्वयं कर सकता है। मानवतावाद इस विश्व में सुख, स्वतन्त्रता और प्रगति को सर्वोच्च लक्ष्य मानने वाली नैतिकता का समर्थन करता है।

लामोन्ट ने अपने मानवतावाद के अन्तर्गत लोकतन्त्र को अत्यधिक महत्त्व दिया है। लामोन्ट के अनुसार मानवतावाद का सामाजिक लक्ष्य है सारे विश्व में लोकतन्त्र, शान्ति और एक समृद्ध आर्थिक व्यवस्था पर आधारित उच्च जीवन स्तर की स्थापना। मानवतावाद बुद्धि और वैज्ञानिक विधि के पूर्ण सामाजिक क्रियान्वयन में विश्वास रखता है। यह लोकतांत्रिक प्रक्रियाओं, और जीवन के सभी क्षेत्रों में अभिव्यक्ति की पूर्ण स्वतन्त्रता और नागरिक अधिकारों सहित, एक संसदीय सरकार का समर्थन करता है। लामोन्ट के विचार में मानव जीवन के सभी प्रासंगिक क्षेत्रों में लोकतंत्र का व्यापक विस्तार मानवतावादी सिद्धान्त की एक आवश्यक मांग है। **लोकतंत्र एक विधि भी है, और एक लक्ष्य भी। यह राजनीतिक जीवन के संचालन का, सामाजिक परिवर्तन का, और सार्वजनिक मतभेदों को सुलझाने का सबसे समझदारी भरा रास्ता है।** लामोन्ट

1. वहीं.
2. वहीं.

की राय में लोकतन्त्र का अर्थ सिर्फ राजनीतिक लोकतन्त्र और नागरिक स्वतन्त्रताएँ ही नहीं हैं। इसके कम-से-कम दस अलग-अलग रूप हैं, जो आपस में परस्पर जुड़े हुए भी हैं: एक, राजनीतिक लोकतन्त्र; दो, नागरिक स्वतंत्रताएँ; तीन, नस्लीय या प्रजातीय लोकतंत्र; चार, आर्थिक लोकतन्त्र; पाँच, संगठनात्मक लोकतंत्र; छः, सामाजिक लोकतन्त्र; सात, सांस्कृतिक और शैक्षणिक लोकतंत्र; आठ, धर्म और दर्शन में लोकतन्त्र; नौ, औरत-मर्द सम्बन्धों में लोकतंत्र; और दस, अन्तरराष्ट्रीय लोकतन्त्र। इस तरह, लामोन्ट ने लोकतन्त्र और लोकतान्त्रिक मूल्यों के व्यापकतम विस्तार पर बल दिया है।[1]

रॉय का नवमानवतावाद

बीसवीं सदी के भारतीय विचारकों में, अन्य लोगों के अलावा, मानवेन्द्रनाथ रॉय, पेरियार, जवाहरलाल नेहरू, ए॰ बी॰ शाह और नरसिंह नारायण ने मानवतावाद का समर्थन किया है। यहाँ पर हम मानवेन्द्रनाथ रॉय के रैडिकल मानवतावाद की चर्चा करेंगे।

रॉय के नवमानवतावाद या रैडिकल मानवतावाद का परिचय 1947 में प्रकाशित *New Humanism* से मिलता है। इसे रॉय द्वारा स्थापित रैडिकल डेमोक्रैटिक पार्टी के घोषणा-पत्र के रूप में जारी किया गया था। इस घोषणा-पत्र का प्रारूप रॉय ने ही तैयार किया था। घोषणा-पत्र में व्यक्त किए गए विचार, रॉय के शब्दों में "आलोचनात्मक मार्क्सवादियों और भूतपूर्व कम्युनिस्टों के एक समूह" द्वारा विकसित किए गए हैं। घोषणा-पत्र की केन्द्रीय विषय-वस्तु 'रैडिकल लोकतंत्र पर 22 सिद्धान्त सूत्र" (Principles of Radical Democracy—22 Theses) है। घोषणा-पत्र में व्यक्त विचारों पर चिन्तन के बाद रॉय अन्ततः इस निष्कर्ष पर पहुँचे थे कि पार्टी राजनीति और उनकी कल्पना के आदर्श लोकतंत्र के बीच परस्पर संगति नहीं है। इसलिए, 1948 में रैडिकल डेमोक्रेटिक पार्टी ने राजनीतिक पार्टी के रूप में काम करना छोड़ कर अपने को **रैडिकल मानवतावादी आन्दोलन** में बदल दिया था।

अपने नवमानवतावाद में मानवेन्द्रनाथ रॉय ने **व्यक्ति और उसकी स्वतन्त्रता को सर्वोच्च स्थान दिया है।** रॉय की प्रथम थीसिस के अनुसार व्यक्ति ही समाज के मूल में है। व्यक्ति को प्राप्त स्वतंत्रता और सुख से अलग सामाजिक विकास एक काल्पनिक आदर्श है। सामाजिक कल्याण व्यक्ति के कल्याण द्वारा ही सम्भव है।

रॉय की दूसरी थीसिस के अनुसार **स्वतन्त्रता की खोज और सत्य की तलाश मानव विकास के बुनियादी प्रेरक तत्त्व हैं।** स्वतन्त्रता की खोज बुद्धि और भावना के उच्च स्तर पर जीव-वैज्ञानिक अस्तित्व के संघर्ष या जीवन-संघर्ष (struggle for existence) का ही विस्तार है। सत्य की तलाश इस संघर्ष का ही परिणाम है। तीसरी थीसिस के अनुसार सभी व्यक्तिगत और सामूहिक मानवीय प्रयत्नों का लक्ष्य है अधिक-से-अधिक स्वतंत्रता प्राप्त करना। इस तरह, अगर हम समाज-दार्शनिक दृष्टि से देखें, तो स्वतंत्रता की खोज को जीव वैज्ञानिक अस्तित्व के संघर्ष से जोड़ने के अलावा, रॉय

1. Corliss Lamont, *The Philosophy of Humanism* (Amherst: New York Humanist Press, 1997), pp. 12-15 & 285-98.

की प्रथम तीन थीसिस का सार है—व्यक्तिवाद। रॉय ने समूहवाद के विपरीत व्यक्तिवाद का समर्थन किया है। रॉय ने व्यक्ति और उसकी स्वतंत्रता को साध्य और सामाजिक संगठन को इसके लिए साधन माना है। रॉय के अनुसार सामाजिक-राजनीतिक दर्शन की शुरूआत इस बुनियादी विचार से होनी चाहिए कि **व्यक्ति समाज से पहले आता है, और व्यक्ति ही स्वतन्त्रता का अनुभव कर सकता है।**

थीसिस 4, 5 और 6 में रॉय ने इतिहास की मार्क्सवादी व्याख्या (ऐतिहासिक भौतिकवाद) या, दूसरों शब्दों में, इतिहास की आर्थिक व्याख्या की आलोचना की है, और इतिहास की नयी मानवतावादी व्याख्या प्रस्तुत की है। रॉय ने स्पष्ट शब्दों में मार्क्सवादी इतिहास की आर्थिक व्याख्या के इस सिद्धान्त को अस्वीकार किया है कि विचारधाराएँ और नैतिक मूल्य समाज के आर्थिक ढाँचे की अधिरचना (superstructure) मात्र हैं। रॉय के अनुसार विचारों की उत्पत्ति भी भौतिक विश्व की पृष्ठभूमि में मानव मस्तिष्क में ही होती है, लेकिन **एक बार उत्पन्न हो जाने के बाद विचारों का अपना स्वतन्त्र अस्तित्व होता है, और अपने स्वतन्त्र नियम होते हैं। विचारों का विकास और समाज का विकास–ये दोनों प्रक्रियाएँ एक-दूसरे के समानान्तर चलती हैं, और एक-दूसरे को प्रभावित करती हैं।** लेकिन मानवीय विकास की इस समग्र प्रक्रिया में, हम किसी भी समय ऐतिहासिक घटनाओं और विचारों के विकास के बीच **कार्य-कारण सम्बन्ध नहीं सिद्ध कर सकते हैं।** विचारों का विकास अपने स्वतंत्र तार्किक नियमों के आधार पर होता है, और इनका हमारे आचरण पर जबरदस्त प्रभाव पड़ता है। संक्षेप में, रॉय ने अपनी इतिहास की मानवतावादी व्याख्या में मानव-संकल्प और विचारों एवं नैतिक मूल्यों को केन्द्रीय महत्त्व दिया है, और इन कारणों की अवहेलना करने के लिए इतिहास की आर्थिक व्याख्या की आलोचना की है।

थीसिस संख्या 7, 8, 9, 10 और 11 में रॉय ने कम्युनिस्ट सिद्धान्तों और व्यवहार की आलोचना की है। यह आलोचना मुख्य रूप से "बोलशेविक क्रान्ति" के बाद के सोवियत संघ के अनुभव के आधार पर की गयी है। रॉय के अनुसार स्वतंत्रता पर आधारित विश्व की रचना के लिए क्रान्ति का मात्र समाज के आर्थिक पुनर्निर्माण से आगे जाना जरूरी है। जिस तरह आर्थिक लोकतंत्र के अभाव में राजनीतिक लोकतंत्र सम्भव नहीं है, उसी तरह राजनीतिक लोकतंत्र के अभाव में आर्थिक लोकतंत्र भी सम्भव नहीं है।

रॉय ने राज्य की मार्क्सवादी अवधारणा को भी अस्वीकार किया है। मार्क्सवाद के अनुसार राज्य एक वर्ग द्वारा दूसरे वर्ग के शोषण का औजार है, जबकि रॉय के अनुसार **राज्य समाज का राजनीतिक संगठन है।** कम्युनिज्म के अन्तर्गत राज्य के विसर्जित हो जाने की बात एक "यूटोपिया" या काल्पनिक आदर्श है, जो अनुभव के आधार पर गलत साबित हो चुकी है।

इसी तरह, रॉय ने "सर्वहारा की तानाशाही" के कम्युनिस्ट सिद्धान्त को भी अस्वीकार किया है। रॉय के अनुसार यह एक आत्म-विरोधी बात है कि स्वतन्त्रता के निषेध (तानाशाही) के माध्यम से हमें स्वतंत्रता प्राप्त हो सकती है।

जहाँ एक ओर थीसिस संख्या 7, 8, 9, 10 और 11 में रॉय ने कम्युनिस्ट तानाशाही की आलोचना की है; वहाँ दूसरी ओर, थीसिस संख्या 12 और 13 में उन्होंने औपचारिक संसदीय लोकतंत्र की त्रुटियों की ओर ध्यान दिलाया है। रॉय के अनुसार **संसदीय लोकतंत्र की त्रुटियों का कारण है सत्ता का प्रतिनिधियों के हाथों में सौंपा जाना। लोकतंत्र को कारगर बनाने के लिए सत्ता का हमेशा जनता के हाथों में रहना जरूरी है।**

थीसिस संख्या 14 से 22 में रॉय ने सत्ता के विकेन्द्रीकरण और जनता की सीधी हिस्सेदारी पर आधारित रैडिकल लोकतंत्र का विकल्प प्रस्तुत किया है। साथ ही, यह भी बतलाया है कि इस लक्ष्य को कैसे हासिल किया जा सकता है। रॉय के अनुसार संसदीय लोकतंत्र का विकल्प तानाशाही नहीं, बल्कि देशव्यापी लोक समितियों के जाल पर आधारित संगठित लोकतंत्र है। इस संगठित या रैडिकल लोकतंत्र में राज्य का ढाँचा एक पिरामिड की तरह होगा जिसका आधार लोक समितियाँ होंगी। इन लोकसमितियों के जरिए राज्य पर जनता का प्रत्यक्ष नियंत्रण स्थापित होगा।

रॉय के अनुसार किसी भी क्रान्तिकारी या मुक्तिदायी सामाजिक-दर्शन का कार्य इस बुनियादी तथ्य पर बल देना है कि **अपने विश्व का निर्माता स्वयं मानव है, और वह एक चिन्तनशील प्राणी और व्यक्ति के रूप में ही विश्व का नवनिर्माण कर सकता है।** मनुष्य का मस्तिष्क भी एक उत्पादन का साधन है, और इसमें सबसे क्रान्तिकारी वस्तु का उत्पादन होता है। क्रान्ति के लिए रूढ़िभंजक विचारों का होना जरूरी है। रॉय के अनुसार उनकी कल्पना के रैडिकल लोकतांत्रिक समाज का निर्माण, स्वतंत्रता के लक्ष्य से प्रेरित ऐसे मनुष्यों के प्रयत्नों से होगा जो ***जनता के भावी शासक के रूप में नहीं, बल्कि उनके दोस्त, दार्शनिक और मार्गदर्शक के रूप में काम करेंगे।*** स्वतन्त्रता के अपने लक्ष्य को ध्यान में रखते हुए उनका राजनीतिक व्यवहार तर्कबुद्धिसंगत और इसलिए नैतिक होगा। स्वतन्त्रता और सत्ता के केन्द्रीकरण के बीच तार्किक असंगति को समझते हुए रैडिकल लोकतन्त्रवादी सत्ता के अधिकतम विकेन्द्रीकरण के लिए प्रयत्न करेंगे।

रॉय की यह मान्यता थी कि सामाजिक क्रान्ति के पहले दार्शनिक क्रान्ति का होना जरूरी है। उनके अनुसार **भाग्य और भगवान भारतीय जनता की गुलामी की जंजीर की सबसे मजबूत कड़ी हैं।** रॉय के अनुसार, भारत को एक बुद्धिवादी और मानवतावादी नवजागरण की आवश्यकता है। इसके बिना लोकतंत्र का आधार सुदृढ़ नहीं हो पाएगा। रॉय ईश्वर, आत्मा, भाग्यवाद और कर्मवाद के विरुद्ध थे। वे वैज्ञानिक दृष्टिकोण और धर्मनिरपेक्ष नैतिकता के पक्ष में थे। रॉय की यह कल्पना थी कि रैडिकल मानवतावादी आन्दोलन एक स्कूल की तरह होगा, जो भारत की जनता को भाग्य और उसके शीर्ष पर विराजमान भगवान के विरुद्ध विद्रोह करना सिखाएगा। रॉय के अनुसार क्रान्तिकारी व्यक्ति वही है, जो इस बात को समझता है कि यह विश्व

किसी अतिप्राकृतिक सत्ता द्वारा निर्मित नहीं है, और इसे मानव प्रयत्नों द्वारा बेहतर बनाया जा सकता है।[1]

रैडिकल मानवतावाद और मार्क्सवाद

रॉय एक भूतपूर्व मार्क्सवादी थे। ऐसे में यह विचारणीय प्रश्न है कि रॉय के नव-मानवतावादी सामाजिक-राजनीतिक दर्शन और मार्क्सवाद में क्या अन्तर है। रॉय मार्क्सवाद के बुनियादी सिद्धान्तों द्वन्द्वात्मक भौतिकवाद और ऐतिहासिक भौतिकवाद को अस्वीकार करते थे। रॉय भौतिकवाद को द्वन्द्वन्याय (dialectic) से जोड़े जाने के विरुद्ध थे। उन्होंने भौतिकवाद के संशोधित रूप "भौतिकीय वास्तववाद" (physical realism) का समर्थन किया है। इसी तरह, उन्होंने अपने मानवतावादी इतिहास की व्याख्या में मानव-प्रयत्नों, विचारों और नैतिक मूल्यों को महत्वपूर्ण स्थान दिया है। इसके अलावा, रॉय ने राज्य की मार्क्सवादी अवधारणा को भी अस्वीकार किया है। रॉय के अनुसार राज्य समाज का राजनीतिक संगठन है, और राज्यविहीन समाज की स्थापना सम्भव नहीं है। इस तरह, रॉय राजनीतिक विकेन्द्रीकरण के समर्थक होते हुए भी अराजकतावादी नहीं हैं।

"सर्वहारा की तानाशाही" के सिद्धान्त से भी रॉय असहमत थे। रॉय के अनुसार तानाशाही के माध्यम से लोकतंत्र की स्थापना नहीं की जा सकती है। इसी तरह, रॉय ने हिंसक वर्ग-संघर्ष के सिद्धान्त को भी अस्वीकार किया है—इतिहास दर्शन के रूप में भी और क्रान्ति की तकनीक के रूप में भी। मार्क्सवाद के अनुसार अब तक का इतिहास वर्ग-संघर्षों का इतिहास रहा है। रॉय यह स्वीकार करते हैं कि कोई भी समाज वर्गों में विभाजित रहता है, और अलग-अलग वर्गों के अपने अलग-अलग वर्ग-हित होते हैं। लेकिन, रॉय के अनुसार, इसके अलावा समाज में संयोजक प्रवृत्तियाँ भी होती हैं, जो समाज को जोड़कर रखती हैं। अगर ऐसा न हो तो सामाजिक विकास कभी भी सम्भव न हो, और बार-बार समाज का विघटन हो जाए। मार्क्सवादी भविष्यवाणी के अनुसार पूँजीवादी समाज दो परस्पर विरोधी गुटों—बुर्जुआ और सर्वहारा—में विभाजित नहीं हुआ है। रॉय के विचार में इससे वर्ग-संर्घ के सिद्धान्त की सत्यता पर सन्देह उत्पन्न होता है।

रॉय के अनुसार पूँजीवादी समाज में मध्यम वर्ग की भूमिका के बारे में मार्क्सवाद निश्चित रूप से गलत साबित हुआ है। मध्यम वर्ग, मार्क्स की भविष्यवाणी के अनुसार, गायब नहीं हुआ है, बल्कि और बड़ा हो गया है। यह वर्ग भी यथास्थिति का विरोधी है। आर्थिक दृष्टि से इसकी स्थिति भी सर्वहारा जैसी ही है, लेकिन शिक्षित होने के नाते इस वर्ग का समाज पर काफी प्रभाव है। रॉय ध्यान दिलाते हैं कि समाजवाद भी मध्यम वर्ग की विचारधारा है। आर्थिक दृष्टि से सर्वहारा के समकक्ष होने के कारण

1. रमेन्द्र, "मानवेन्द्रनाथ रॉय", अशोक कुमार वर्मा (सं०) *स्वतंत्रोत्तर भारतीय दार्शनिक चिन्तन* (पटना : मोतीलाल बनारसीदास, 1993), पृष्ठ 59-83.

Also see, Ramendra, *M. N. Roy's New Humanism and Materialism* (Patna : Buddhiwadi Foundation, 2001).

मध्यम वर्ग भी क्रान्ति में शामिल हो सकता है, लेकिन सांस्कृतिक दृष्टि से उसकी स्थिति सर्वहारा जैसी नहीं है। रॉय के विचार में मध्यम वर्ग को सांस्कृतिक और नैतिक मूल्यों से लगाव रहता है। मध्यम वर्ग में ऐसे व्यक्ति पैदा हो सकते हैं जो आर्थिक हितों के टकराव से आगे देख सकें और सामाजिक न्याय एवं सामंजस्य पर आधारित नयी सामाजिक व्यवस्था की कल्पना कर सकें।

मार्क्स और खास कर लेनिन ने यह कल्पना की थी कि आर्थिक आधार पर समाज के परस्पर दो विरोधी वर्गों में बँट जाने के बाद हिंसक विद्रोह के जरिए क्रान्ति और तानाशाही की स्थापना सम्भव होगी। रॉय ने ध्यान दिलाया है कि रूसी अनुभव से सिद्ध होता है कि यह सिद्धान्त आत्म-विरोधी है। इससे राजनीतिक प्रभुत्व, सांस्कृतिक जकड़न और आर्थिक गुलामी के नए रूप पैदा होते हैं। रॉय के अनुसार मार्क्स के बाद से हुए वैज्ञानिक आविष्कारों से आधुनिक राज्यों की सैन्य-शक्ति इतनी बढ़ गयी है कि अल्पमत द्वारा सैनिक विद्रोह के जरिए सत्ता पर कब्जा करना सम्भव नहीं है।

इसलिए, रॉय के विचार में क्रान्ति के नए दर्शन को यथास्थिति के बचे हुए नैतिक आधार को नष्ट करने और नयी व्यवस्था के अपने चित्र द्वारा वर्तमान स्थिति से असंतुष्ट सभी लोगों को प्रेरित करने में समर्थ होना चाहिए। इसके अन्तर्गत आज के युग के अनुकूल क्रान्ति करने का नया मार्ग भी बतलाया जाना चाहिए। रॉय ने यह स्वीकार किया है कि सामाजिक परिवर्तन लाने के ठोस कदम अलग-अलग स्थानों पर परिस्थितियों के अनुसार अलग-अलग होंगे, लेकिन उनके अनुसार अगर मानव स्वतंत्रता के आन्दोलन को सफल होना है तो उसे सीमित वर्गीय आधार से बाहर निकलकर एक व्यापक मानवीय दृष्टिकोण से प्रेरणा ग्रहण करनी होगी।

समीक्षा

लामोन्ट और मानवेन्द्रनाथ रॉय दोनों मानवतावाद के प्रबल समर्थक हैं। रॉय ने अपने मानवतावाद को 22 थीसीस के माध्यम से मुख्यतः एक लोकतांत्रिक सामाजिक-राजनीतिक दर्शन के रूप में व्यक्त किया है। दूसरी ओर, लामोन्ट ने इसे एक सम्पूर्ण जीवन दर्शन के रूप में प्रस्तुत किया है, जिसके अन्तर्गत लोकतंत्र को केन्द्रीय स्थान दिया गया है। वैसे, लामोन्ट और रॉय दोनों ने **बुद्धि, वैज्ञानिक विधि, धर्मनिरपेक्ष नैतिकता और लोकतंत्र का समर्थन किया है। दोनों ने ही मानव केन्द्रित दर्शन का समर्थन करते हुए, परलोकवाद और अतिप्राकृतिक को अस्वीकार किया है। दोनों के अनुसार मनुष्य अपने भविष्य का निर्माता स्वयं है।** मानवतावाद की ये विशेषताएँ तर्कसंगत, आकर्षक और ग्रहण करने योग्य हैं।

रॉय ने दलविहीन लोकतंत्र की भी वकालत की है। यह सही है कि दार्शनिक क्रान्ति के लिए काम करने की दृष्टि से राजनीतिक दल एक सक्षम औजार नहीं मालूम देता है। क्योंकि दार्शनिक क्रान्ति के लिए एक दूरगामी दार्शनिक दृष्टि अपनानी पड़ती है, जबकि राजनीतिक दलों का सम्बन्ध तात्कालिक राजनीतिक समस्याओं से होता है। फिर भी, किसी भी लोकतांत्रिक राजनीतिक व्यवस्था में राजनीतिक दलों का अपना महत्त्व होता है।

लामोन्ट और रॉय दोनों ही मानवतावाद को एक ''बन्द'' विचारधारा के रूप में नहीं, बल्कि एक वैज्ञानिक और ''खुली'' विचारधारा के रूप में व्यक्त करते हैं। जे॰ पी॰ ने भी समाज परिवर्तन के प्रति एक मूल्यनिष्ठ वैज्ञानिक दृष्टिकोण अपनाने पर बल दिया है। **अपने मौलिक रूप में मानवतावाद का दर्शन सारे विश्व के लिए प्रासंगिक है।** लेकिन सामाजिक-राजनीतिक दृष्टि से, अलग-अलग सामाजिक-राजनीतिक परिस्थितियों के कारण, अलग-अलग समाजों में मानवतावादी आदर्शों तक पहुँचने के रास्ते अलग-अलग हो सकते हैं। अमरीकी मानवतावादियों और भारतीय मानवतावादियों की प्राथमिकताएँ अलग-अलग हो सकती हैं। भारतीय सन्दर्भ में, हिन्दू जाति-व्यवस्था या ब्राह्मणवाद (वर्ण-व्यवस्था) की ओर ध्यान देना जरूरी है। इसी तरह, भारतीय सन्दर्भ में गरीबी, निरक्षरता, बेरोजगारी और गैरबराबरी को देखते हुए, खुले दिमाग से मानवतावाद के आर्थिक पक्ष को विकसित करने की भी जरूरत है। इसके लिए लोकतांत्रिक समाजवादी चिंतन से भी सहायता ली जा सकती है।

प्रश्न

1. मानवतावाद की व्याख्या कीजिए तथा उत्कट (radical) मानवतावाद के मूलभूत लक्षणों का विवेचन कीजिए। (1999)
2. मार्क्सवाद की प्रतिक्रिया के रूप में एम॰ एन॰ रॉय के मानववाद का मूल्यांकन कीजिए। (2002)
3. मानवतावाद क्या है? उसके विभिन्न प्रकार कौन से हैं? एम॰ एन॰ राय का उग्र (रैडिकल) मानवतावाद मार्क्सवाद से किस प्रकार भिन्न है, यदि वह भिन्न है। चर्चा कीजिए। (2005)
4. निम्नलिखित पर लगभग 200 शब्दों में आलोचनात्मक टिप्पणी लिखिए—

   (क) ''ईसाई मानवतवाद स्वद्वन्द्वात्मक पद है।'' (2006)

❑

अध्याय 12

धर्मतंत्र और धर्मनिरपेक्षता

''धर्मतंत्र'' अंग्रेजी शब्द "theocracy" (थियॉक्रसि) का हिन्दी पर्याय है। "Theocracy" का शाब्दिक अर्थ है ''ईश्वर द्वारा सरकार'', लेकिन सामान्य बोल-चाल में इस शब्द का प्रयोग **''पुरोहितों द्वारा सरकार''** (government by priests) के अर्थ में किया जाता है। इस शब्द को यहूदी इतिहासकार जोसेफस द्वारा यहूदी धर्मग्रन्थ **तोरा** (Torah) पर आधारित सरकार की अवधारणा को व्यक्त करने के लिए गढ़ा गया है।[1]

धर्मतांत्रिक शासन व्यवस्था में सरकार किसी धर्म-विशेष की मान्यताओं के आधार पर चलायी जाती है। उदाहरण के तौर पर, ईसाई धर्मतन्त्र में ईसाई धर्म के, और इस्लामी धर्मतन्त्र में इस्लाम के अनुसार। इस तरह, धर्मतन्त्र में **किसी धर्म-विशेष को सरकारी धर्म के रूप में मान्यता दी जाती है, और सरकार उस धर्म की मान्यताओं के अनुसार काम करती है।**

धर्मतन्त्र में राजनीतिक सत्ता प्रत्यक्ष या अप्रत्यक्ष रूप से उस धर्म के पुरोहित वर्ग के हाथों में रहती है। धर्मतन्त्र में सरकारी धर्म को नहीं माननेवाले नागरिकों की स्थिति दूसरे दर्जे की हो जाती है। इस तरह, धर्मतन्त्र में **राजनीति का धर्मनिरपेक्षीकरण (secularization) नहीं हुआ होता है।** दूसरे शब्दों में, राजनीति को धर्म से अलग और स्वतन्त्र नहीं माना जाता है।

धर्मतान्त्रिक राज्य की अवधारणा धर्मनिरपेक्ष (secular) राज्य की अवधारणा के ठीक विपरीत है। धर्मनिरपेक्ष राज्य में राजनीति, राज्य और चर्च या संगठित धर्मों के बीच पूर्ण अलगाव रहता है। राज्य का किसी भी धर्म से कोई सम्बन्ध नहीं रहता है। इसका दूसरा पक्ष यह भी है कि धर्मनिरपेक्ष राज्य में राज्य को लौकिक मामलों में सर्वोपरि और धर्म से ऊपर माना जाता है। दूसरी ओर, **धर्मतन्त्र में राज्य की सत्ता को धर्म के अधीन माना जाता है।** इसी तरह, धर्मतन्त्र के विपरीत, एक धर्मनिरपेक्ष राज्य में किसी भी धर्म को सरकारी धर्म के रूप में मान्यता नहीं प्रदान की जाती है। राज्य के कार्य धर्म से स्वतन्त्र रूप में चलाए जाते हैं। राजनीतिक दृष्टि से धर्मगुरुओं की स्थिति भी सामान्य नागरिकों जैसी ही रहती है। धर्मगुरु होने के नाते उन्हें किसी किस्म का विशेषाधिकार नहीं प्राप्त रहता है। साथ ही, नागरिकों के बीच धर्म के आधार पर भेदभाव नहीं बरता जाता है।

1. Roger Scruton *A Dictionary of Political Thought* (London : Pan Books, 1982), pp. 61-62.

धर्मतान्त्रिक राजनीतिक व्यवस्था को लोकतान्त्रिक भी नहीं माना जा सकता है। लोकतन्त्र में राजनीतिक सत्ता ''लोक'' (नागरिकों) के निर्वाचित प्रतिनिधियों के हाथ में रहती है। जबकि धर्मतन्त्र में राजनीतिक सत्ता धर्मगुरुओं के हाथ में रहती है।

लोकतान्त्रिक दृष्टि से धर्म के आधार पर नागरिकों के बीच भेदभाव भी उचित नहीं है। इससे नागरिकों के किसी भी धर्म को मानने या न मानने की लोकतान्त्रिक स्वतन्त्रता का उल्लंघन होता है। अन्तर्राष्ट्रीय स्तर पर भी इस स्वतन्त्रता को मानव अधिकार के रूप में मान्यता मिली हुई है।

स्वतन्त्रता के अलावे समता भी एक लोकतांत्रिक मूल्य है। इसकी अभिव्यक्ति ''एक व्यक्ति, एक वोट'' के सिद्धान्त के माध्यम से होती है। अगर किसी राजनीतिक व्यवस्था में किसी एक धर्म को सरकारी धर्म के रूप में मान्यता दी जाती है, तो इससे अन्य धर्मों को मानने वालों की, और किसी भी धर्म को न मानने वाले मानवतावादियों और अन्य लोगों की स्थिति दूसरे दर्जे के नागरिकों जैसी हो जाएगी, और यह बात समता के लोकतांत्रिक मूल्य के विरुद्ध होगी।

वैसे भी, आज के आधुनिक समय में जब विज्ञान और टेक्नॉलाजी का तेजी से विकास हो रहा है, किसी भी धर्म के आधार पर काम करने वाली सरकार समाज को पीछे की ओर ही ले जाएगी। **किसी भी आधुनिक राज्य को स्वतंत्रता, समता और बन्धुता के मानवीय मूल्यों और वैज्ञानिक एवं तार्किक चिन्तन के आधार पर चलाया जाना चाहिए, न कि धार्मिक रूढ़ियों और अंधविश्वासों के आधार पर।**

उदाहरण के तौर पर, भारत एक धर्मनिरपेक्ष और लोकतांत्रिक राज्य है। भारत के संविधान में किसी भी धर्म को सरकारी धर्म के रूप में मान्यता नहीं दी गयी है, और यह स्पष्ट तौर से कहा गया है कि धर्म के आधार पर नागरिकों के बीच भेदभाव नहीं बरता जाएगा। साथ ही, भारत में नागरिकों को किसी भी धर्म को मानने या न मानने की स्वतंत्रता मिली हुई है। भारतीय संविधान के अनुसार, किसी भी नागरिक को किसी धर्म-विशेष के संरक्षण या प्रोत्साहन के लिए टैक्स देने को मजबूर नहीं किया जा सकता है। संविधान में यह भी कहा गया है कि पूरी तरह राज्य के कोष से चलने वाली शिक्षण-संस्थाओं में कोई धार्मिक शिक्षा नहीं दी जा सकती है। इसके अलावा, भारत के संविधान के अनुसार, राज्य सामाजिक सुधार की दृष्टि से धर्म में हस्तक्षेप कर सकता है। इस तरह, राज्य को धर्म से स्वतंत्र और ऊपर माना गया है।

अब, अगर भारत को धर्मनिरपेक्ष लोकतंत्र से हिन्दू, इस्लामी, ईसाई या सिक्ख धर्मतंत्र में बदल दिया जाता है, और वर्तमान धर्मनिरपेक्ष संविधान के बदले **मनुस्मृति, कुरान** या **बाइबिल** के आधार पर सरकार चलाने का प्रयत्न किया जाता है, तो इसे एक अलोकतांत्रिक और प्रतिगामी कदम ही माना जाएगा।

धर्मनिरपेक्षता

''धर्मनिरपेक्षता'' का अर्थ

''धर्मनिरपेक्षता'' (secularism) शब्द के अर्थ को लेकर काफी भ्रम फैला हुआ

है। भारत में अक्सर इस शब्द का प्रयोग ''सर्वधर्म समभाव'' (सभी धर्मों का एक जैसा बराबर सम्मान) के अर्थ में भी किया गया है। प्रश्न यह है कि वास्तव में ''धर्मनिरपेक्षता'' शब्द का अर्थ क्या है?

किसी भी शब्द के अर्थ की चर्चा करते समय हमें यह ध्यान रखना चाहिए कि जो शब्द भाषा में पहले से प्रचलित हैं, वे हममें से किसी की निजी सम्पत्ति नहीं है। इसलिए हम उन शब्दों का अपनी ओर से मनमाना अर्थ निर्धारित नहीं कर सकते हैं। इन शब्दों का पहले से भाषा में एक या एक से अधिक निर्धारित अर्थों में इस्तेमाल होता रहता है, और उस भाषा को लिखने-बोलने वाले अधिकांश लोग उनका प्रयोग उन्हीं अर्थों में करते हैं। अगर ऐसा न हो, और हर कोई हर शब्द का अपनी ओर से अलग-अलग अर्थ निर्धारित करने लगे, तो भाषा के माध्यम से संप्रेक्षण ही असम्भव हो जाएगा। **स्पष्टता की दृष्टि से यही व्यावहारिक है कि किसी शब्द का आम तौर से उसी अर्थ में प्रयोग किया जाए जिस अर्थ में भाषा में पहले से उसका प्रयोग होता आ रहा है।**

किसी शब्द का मान्य और रूढ़ या ''सार्वजनिक अर्थ'' (public meaning) क्या है, इसे मानक शब्दकोशों की सहायता से जाना जा सकता है। ''धर्मनिरपेक्ष'' शब्द अंग्रेजी शब्द "secular" का हिन्दी पर्याय है। कामिल बुल्के के अंग्रेजी-हिन्दी शब्दकोश में "secular" शब्द के लिए निम्नलिखित अर्थ दिए गए हैं—1. Temporal (लौकिक), ऐहिक, सांसारिक, दुनियावी, 2. Secularistic (धर्मनिरपेक्ष, धर्मविरुद्ध)।

इसी तरह, *Webster's New World Dictionary* के अनुसार "secular" का अर्थ है—"not related to church or religion; not sacred or religious; temporal, worldly".

इसी शब्दकोश में "secularism" के निम्नलिखित अर्थ दिए गए हैं—

"1. Worldly spirit views, etc. esp. a system of beliefs and practices that rejects any form of religious faith.

2. The belief that religion should be strictly separated from the state or government, esp. from public education."

इस तरह, वैचारिक स्तर पर ''धर्मनिरपेक्ष'' और ''धर्मनिरपेक्षता'' शब्द के अर्थ को लेकर कोई अस्पष्टता नहीं है। ''धर्मनिरपेक्ष'' का अर्थ है **''धर्म से स्वतन्त्र''** या **''जिसका सम्बन्ध लौकिक से हो, आध्यात्मिक या धार्मिक से नहीं''**। ''धर्मनिरपेक्षता'' के दो अर्थ हुए—(i) पहले अर्थ में ''धर्मनिरपेक्षता'' **उस ऐहिक विचारधारा को कहते हैं, जो धार्मिक विश्वास को अस्वीकार करती है।** (ऐहिकता का सम्बन्ध इस लोक से होता है, परलोक से नहीं।) (ii) राजनीतिक सन्दर्भ में ''धर्मनिरपेक्षता'' **इस विश्वास को कहते हैं कि राज्य तथा सार्वजनिक शिक्षा को धर्म से पूरी तरह अलग रखना चाहिए।** इस तरह, राजनीतिक सन्दर्भ में ''धर्मनिरपेक्षता'' का अर्थ है—**राज्य, राजनीति और चर्च या संगठित धर्मों के बीच पूर्ण अलगाव।** एक धर्मनिरपेक्ष राज्य का पूरा सम्बन्ध **लौकिक मामलों** से होता है, और उसका किसी

भी संगठित धर्म से कोई सम्बन्ध नहीं रहता है। इसका दूसरा पक्ष यह भी है कि एक धर्मनिरपेक्ष राज्य में **लौकिक मामलों में राज्य को सर्वोपरि माना जाता है।** इस दृष्टि से एक धर्मनिरपेक्ष राज्य और एक धर्मतंत्र (theoracy) के बीच मौलिक अन्तर होता है।

''धर्मनिरपेक्षता'' और ''सर्वधर्म समभाव''

भारत में कभी-कभी ''धर्मनिरपेक्षता'' शब्द का इस्तेमाल ''सर्वधर्म समभाव'' के अर्थ में भी किया जाता है। ''सर्वधर्म समभाव'' का अर्थ है ''सभी धर्मों का बराबर सम्मान''। गाँधी ने भी सर्वधर्म समभाव का समर्थन किया है। जैसा कि ऊपर की गयी चर्चा से स्पष्ट है, ''धर्मनिरपेक्षता'' और ''सर्वधर्म समभाव'' पर्यायवाची शब्द नहीं है। राजनीतिक सन्दर्भ में ''धर्मनिरपेक्षता'' का अर्थ है ''धर्म से स्वतंत्र''। इसका न तो धर्मों के सम्मान से कोई सम्बन्ध है, और न असम्मान से। इसका अर्थ है धर्मों के प्रति तटस्थता। इसके अलावा, ''धर्मनिरपेक्षता'' धर्म से स्वतंत्र इहलोकवादी विचारधारा को भी कहते हैं। इस अर्थ में धर्मनिरपेक्षता के अन्तर्गत इहलौकिकता और वैज्ञानिकता पर बल दिया जाता है, और धर्म के प्रति उदासीनता बरती जाती है।

सरकारी आयोजनों में सभी धर्मों के धमग्रन्थों के पाठ और सरकारी पदाधिकारियों द्वारा सार्वजनिक तौर पर सभी धर्मों के धर्म-स्थलों पर जाने का सर्वधर्म समभाव की दृष्टि से समर्थन किया जा सकता है, लेकिन धर्मनिरपेक्षता की दृष्टि से नहीं। ''सर्वधर्म समभाव'' और ''धर्मनिरपेक्षता'' एक नहीं हैं। जो लोग ''सर्वधर्म समभाव'' की नीति में विश्वास रखते हैं, उनके लिए ''धर्मनिरपेक्षता'' शब्द का अर्थ मनमाने ढंग से बदलने के प्रयत्न की बजाय, ईमानदारी का रास्ता यह है कि वे साफ-साफ कहें कि वे धर्मनिरपेक्षता में नहीं, बल्कि सर्वधर्म समभाव में विश्वास रखते हैं। ''धर्मनिरपेक्षता'' शब्द के अर्थ को लेकर भ्रम इसलिए पैदा हुआ है, क्योंकि **कुछ लोग सही अर्थों में धर्मनिरपेक्ष नहीं होने के बाद भी, इस शब्द के आकर्षण के कारण अपने को ''धर्मनिरपेक्ष'' कहते हैं, या कहना चाहते हैं।**

धर्मनिरपेक्षता का औचित्य

कुछ लोगों का यह विचार है कि ''धर्मनिरपेक्षता'' की ऊपर दी गयी अवधारणा ''परिश्चमी'' है, और इसलिए भारत के लिए उपयुक्त नहीं है। पहली बात तो यह है कि अगर कोई पश्चिमी चीज अच्छी हो, तो फिर उसका **सिर्फ इसलिए** विरोध करना कहाँ तक उचित है, **क्योंकि** वह पश्चिमी है? किसी चीज का सिर्फ इसलिए विरोध करना, **क्योंकि** वह पश्चिमी है, या विदेशी है; विदेश-द्वेषी मानसिकता का परिचायक है, और इससे भारतीयों का कोई कल्याण नहीं हो सकता है। वैसे तो, यह भी कहा जा सकता है कि आधुनिक भारतीय लोकतंत्र भी ''पश्चिमी'' है, तो क्या इस आधार पर हम लोकतंत्र को भी अस्वीकार कर दें? काफी धार्मिक झगड़ों के बाद पश्चिम में धर्मनिरपेक्ष राज्य की अवधारणा का विकास हुआ है, तो फिर इस अनुभव से लाभ क्यों न उठाया जाए?

कभी-कभी यह भी कहा जाता है कि भारत जैसे धर्म-प्रधान देश में धर्मनिरपेक्षता की नीति चल नहीं सकती है। यह सही है कि बुद्धिवादी-मानवतावादी दृष्टि से आदर्श

स्थिति यही होगी कि हर व्यक्ति अपने निजी जीवन में भी धर्मनिरपेक्ष और मानवतावादी जीवन-दर्शन को अपनाए। आधुनिकीकरण और उससे जुड़ी धर्मनिरपेक्षीकरण की प्रक्रिया द्वारा भारतीय समाज इस दिशा में बढ़ भी रहा है। लेकिन तात्कालिक दृष्टि से धर्मनिरपेक्ष राज्य को, और राजनीति में धर्मनिरपेक्षता को बनाए रखने के लिए यह जरूरी नहीं है कि सभी नागरिक तत्काल निजी जीवन में भी धर्मनिरपेक्ष हो जाएँ। अगर समाज के अधिकांश लोग अपने निजी जीवन में धार्मिक हों, जैसा कि आज के भारत में हैं, तो भी राज्य और राजनीति धर्मनिरपेक्ष रह सकते हैं, बशर्ते कि नागरिकों और राजनीतिक दलों में कम-से-कम इस बात पर आम सहमति हो कि **धर्म को निजी जीवन तक ही सीमित रखा जाए**, और उसे राजनीति का विषय बनाकर सार्वजनिक जीवन में न घसीटा जाए।

वास्तविकता तो यह है कि भारत जैसे बहुधर्मी देश में, जहाँ हिन्दू, इस्लाम, ईसाई, सिक्ख, जैन, बौद्ध, पारसी और यहूदी—दुनिया के सभी प्रमुख धर्मों को मानने वाले लोग रहते हैं; और जहाँ ऐसे बुद्धिवादी मानवतावादियों की भी अच्छी खासी संख्या है, जो किसी भी संगठित धर्म को स्वीकार नहीं करते हैं, **लोकतंत्र के अस्तित्व को बनाए रखने के लिए धर्मनिरपेक्षता एक अनिवार्य शर्त है।**

स्वतंत्रता, समता और बन्धुता—ये तीन प्रमुख लोकतांत्रिक मूल्य हैं। सभी नागरिक राजनीतिक दृष्टि से एक समान या बराबर हैं, यह एक लोकतांत्रिक आदर्श है। इसकी अभिव्यक्ति 'एक व्यक्ति, एक वोट' के सिद्धान्त के माध्यम से होती है। कानूनी समानता भी इसका एक अंग है। थोड़ी देर के लिए मान लिया जाए कि भारत को हिन्दू या इस्लामी धर्मतन्त्र में बदल दिया जाता है, तो इसका अर्थ यह होगा कि सभी गैर हिन्दुओं या गैर मुसलमानों की स्थिति दूसरे दर्जे के नागरिक की हो जाएगी, और यह बात समता के लोकतांत्रिक मूल्य के विरुद्ध होगी। दरअसल, भारत में किसी भी धर्म को सरकारी धर्म के रूप में मान्यता प्रदान करने का अर्थ होगा धार्मिक संघर्ष, कलह और गृह-युद्ध को आमंत्रण।

इसलिए, भारतीय संविधान के धर्मनिरपेक्ष चरित्र को बनाए रखते हुए, भारत के राजनीतिक जीवन में धर्मनिरपेक्षता को पुष्ट करना बहुत जरूरी है। इसके लिए धर्मनिरपेक्षता की नीति को अब तक जिस प्रकार अमल में लाया गया है, उसमें कुछ सुधार भी अपेक्षित है। सरकारी आयोजनों का किसी भी धर्म के धार्मिक अनुष्ठानों से कोई सम्बन्ध नहीं रहना चाहिए। राष्ट्रपति और प्रधानमंत्री जैसे पदाधिकारियों को सरकारी हैसियत से न तो किसी धार्मिक-स्थल पर जाना चाहिए, और न किसी धार्मिक आयोजन में शामिल होना चाहिए। अगर वे अपने निजी विश्वासों के कारण अपनी निजी हैसियत में ऐसा करते हैं, तो फिर इसका सरकारी प्रचार-माध्यमों से प्रचार नहीं किया जाना चाहिए। इसके अलावा, सरकारी प्रचार-माध्यमों का इस्तेमाल विभिन्न धर्मों के अंधविश्वासों, मिथकों और पुराणों को प्रोत्साहित करने के लिए नहीं; बल्कि तार्किक, वैज्ञानिक दृष्टिकोण, मानवतावाद और सुधार की मनोवृत्ति को बढ़ावा देने के लिए किया जाना चाहिए। शिक्षा के धर्मनिरपेक्ष और वैज्ञानिक चरित्र के साथ खिलवाड़

करने की बजाय उसे और अधिक पुष्ट किया जाना चाहिए। इसी तरह, विभिन्न धर्मों के निजी कानूनों में स्वतंत्रता, समता और बन्धुता के लोकतांत्रिक मूल्यों के अनुरूप सुधार लाकर एक धर्मनिरपेक्ष और लोकतांत्रिक, समान नागरिक संहिता की दिशा में बढ़ना जरूरी है। **''सर्वधर्म समभाव'' के नाम पर सभी धर्मों की रूढ़िवादिता और अंधविश्वासों को प्रोत्साहन देना, धर्मनिरपेक्षता नहीं, बल्कि धर्मनिरपेक्षता की विकृति है।** (धर्मनिरपेक्षता की और अधिक विस्तृत चर्चा के लिए देखें, ''धर्मनिरपेक्षता'' भाग-2)।

प्रश्न

1. Write critical note on the following—
(1) Theoracy (1979)

2. Write critical note on the following—
(1) State and Religion (1980)

3. निम्नलिखित पर आलोचनात्मक टिप्पणी लिखिए। टिप्पणी 200 शब्दों से अधिक न हो—
(क) राजनैतिक विचारधारा के रूप में धर्मतन्त्र। (1995)

4. निम्नलिखित पर आलोचनात्मक टिप्पणी लिखिए। टिप्पणी 200 शब्दों से अधिक न हो—
(क) भारत के सन्दर्भ में धर्मनिरपेक्षता। (2000)

5. (क) ''धर्मविहीन राजनीति नितान्त निन्दनीय है जिससे हमेशा बचना चाहिए।'' —महात्मा गाँधी। (2001)

6. निम्नलिखित पर अधिक-से-अधिक 200 शब्दों में समालोचनात्मक टिप्पणी लिखिए—
(क) सर्वधर्म समभाव पर महात्मा गाँधी के विचार। (2002)

❑

अध्याय 13

फासिस्टवाद

"फासिज्म" शब्द का इस्तेमाल मूलतः इटली के तानाशाह बेनितो मुसोलिनी द्वारा चलाए गए **राष्ट्रवादी, कम्युनिस्ट-विरोधी और सर्वाधिकारवादी (totalitarian) राजनीतिक आन्दोलन के लिए किया जाता था।** बाद में, इस शब्द का इस्तेमाल मुसोलिनी के आन्दोलन से मिलते-जुलते अन्य राजनीतिक आन्दोलनों के लिए किया जाने लगा, जैसे हिटलर के "नाजीस्म" (Nazism) के लिए। "फासिज्म" शब्द इतावली शब्द "फैसिओ" (fascio) से बना है, जो स्वयं लैटिन शब्द "फैसेज" (fasces) से निकला है। "फैसेज" छड़ी के ऐसे बंडल को कहते हैं जिसके बीच में कुल्हाड़ी लगी रहती है। प्राचीन रोम में इसे राज्य शक्ति (state power) का प्रतीक माना जाता था। फासिज्म के अन्तर्गत **राष्ट्रवाद, राज्य की शक्ति और एक सर्वोच्च नेता के पीछे इकट्ठे होने पर अत्यधिक बल दिया जाता है।**

1922 में मुसोलिनी के सत्ता में आने से पहले इटली में संसदीय लोकतंत्र काम कर रहा था। मुसोलिनी ने पहले तो समाजवादी होने का दावा किया, लेकिन सत्ता में आने के बाद उसने लोकतंत्र को नष्ट कर दिया, और अपने समाजवादी कार्यक्रम को भी त्याग दिया। मुसोलिनी के सत्ता में आने के बाद फासिस्ट पार्टी को इटली का एकमात्र अधिकृत राजनीतिक संगठन घोषित कर दिया गया। मुसोलिनी ने संसद को "गप्पबाजी के अड्डे" (talking shop) की संज्ञा दी। सत्ता में बने रहना ही उसका एकमात्र उद्देश्य रह गया। मुसोलिनी के शब्दों में, "हमारा कार्यक्रम बहुत सरल है, हम इटली पर शासन करना चाहते हैं।"[1] **मुसोलिनी की फासिस्ट पार्टी को एक सैनिक संगठन के रूप में संगठित किया गया था।** इसके सभी सदस्य काली शर्ट पहनते थे।

आगे चलकर मुसोलिनी की फासिस्ट पार्टी ने जर्मन "राष्ट्रीय समाजवाद" के लिए एक मॉडेल का काम किया। "नाजी" या "नात्सी" (Nazi) शब्द का इस्तेमाल "राष्ट्रीय समाजवाद" (National Socialism) के लिए किया जाता है। हिटलर ने नाजीस्म या जर्मन "राष्ट्रीय समाजवाद" को "अन्तर्राष्ट्रीय समाजवाद" (साम्यवाद) के एक विकल्प के रूप में पेश किया। लेकिन इसमें शुरू से ही नस्लवाद या प्रजातीयता (racism) और सैनिक महत्त्वाकांक्षा जुड़ी हुई थी।

हिटलर ने संवैधानिक तरीकों से सत्ता में आने के बाद संवैधानिक व्यवस्था को नष्ट कर दिया। उसने प्रथम विश्व युद्ध में जर्मनी के अपमान की बात की, और इस आधार

---

1. *The New Encyclopeadia Britannica,* vol. 7, p. 185.

पर उग्र जर्मन राष्ट्रवाद को उभारा। एक ओर उसने "जर्मन आर्य" प्रजाति (race) की श्रेष्ठता की बात की, और दूसरी ओर, अल्पसंख्यक यहूदियों को जर्मनी की सभी समस्याओं के लिए जिम्मेवार बतलाया। उसने यहूदियों के विरुद्ध सिलसिलेवार नफरत का प्रचार किया और अन्ततः बड़े पैमाने पर उनकी हत्या करवायी। यहूदियों के अलावा और जिस किसी ने हिटलर का राजनीतिक विरोध किया उसका निमर्मतापूर्वक दमन किया। संक्षेप में, **फासिज्म एक लोकतंत्र-विरोधी और सर्वाधिकारवादी विचारधारा है।** फासिज्म के विभिन्न रूपों में जो बात सामान्य है, वह यह कि इसमें **"राष्ट्र" और राज्य की शक्ति को सर्वाधिक महत्त्व दिया गया है।** फासिज्म के अनुसार **राज्य को नागरिकों के जीवन के हर क्षेत्र में हस्तक्षेप करने का अधिकार है।** राज्य को व्यक्ति की स्वतंत्रता के दमन का भी पूरा अधिकार है। मुसोलिनी के शब्दों में, "सब कुछ राज्य के लिए है, राज्य से परे और राज्य के विरुद्ध कुछ भी नहीं।"[1]

इस तरह, फासिस्ट व्यवस्था में एक व्यक्ति और एक पार्टी की तानाशाही रहती है। इसमें नागरिक स्वतंत्रताओं का अभाव रहता है। नागरिक अवज्ञा के प्रति फासिज्म का दृष्टिकोण क्या होगा, इसे आसानी से समझा जा सकता है। फासिज्म व्यक्ति की स्वतंत्रता के विरुद्ध है, और इसके अनुसार नागरिकों को सरकार की अवज्ञा का कोई अधिकार नहीं है।

"स्वतंत्रता, समता और बन्धुता" के लोकतांत्रिक नारे के विपरीत, मुसोलिनी ने "विश्वास करो, आदेश का पालन करो और लड़ो" (to believe, to obey, to combat) का नारा दिया।[2]

रोजर स्क्रूटन के अनुसार फासिज्म की निम्नलिखित विशेषताएँ हैं—एक, राष्ट्रवाद; दो, लोकतंत्र, समतावाद और उदार मूल्यों का विरोध; तीन, नेता के प्रति भक्ति और उसके विशेष गुणों के लिए श्रद्धा; चार, सामूहिक संगठनों के प्रति सम्मान और उसके साथ जुड़े प्रतीकों, जैसे, वर्दी, परेड और सैनिक अनुशासन से प्रेम। जर्मनी में फासिज्म के साथ हिंसक यहूदी-विरोध भी जुड़ गया। कभी-कभी "फासिस्ट" शब्द का इस्तेमाल व्यापक रूप में ऐसी किसी भी विचारधारा के लिए भी किया जाता है, जो उदार-वामपंथी विचारधारा के विरुद्ध हो।[3]

फासिज्म और साम्यवाद

फासिज्म और साम्यवाद दोनों को सर्वाधिकारवादी (totalitarian) राजनीतिक विचारधारा माना जाता है। **सर्वाधिकारवादी शासन व्यवस्था में एक पार्टी की तानाशाही रहती है। इसमें संगठन बनाने की स्वतंत्रता सहित नागरिक स्वतंत्रताओं का और स्वायत्त संस्थाओं का अभाव रहता है।** न्यायपालिका, विश्वविद्यालय, रेडियो, टी॰ वी॰, प्रेस आदि सभी सरकार के पूर्ण नियंत्रण में रहते हैं। ऐसा समझा जाता है कि **सरकार को नागरिकों के विचारों सहित उनके जीवन के हर क्षेत्र में**

1. George H. Sabine, *A History of Political Theory,* p. 818.
2. *The New Encyclopaedia Britannica,* vol. 7, p. 183.
3. Roger Scruton, *A Dictionary of Political Thought,* p. 169.

हस्तक्षेप करने का पूरा अधिकार है। संक्षेप में, सर्वाधिकारवादी शासन व्यवस्था में व्यक्ति की स्वतंत्रता की, जो एक सर्वोच्च लोकतांत्रिक मूल्य है, कोई महत्त्व नहीं दिया जाता है। इस तरह, **सर्वाधिकारवाद एक लोकतंत्र-विरोधी विचारधारा है।**

मुसोलिनी की इटली, हिटलर की जर्मनी, भूतपूर्व सोवियत संघ और कम्युनिस्ट चीन को सर्वाधिकारवादी शासन व्यवस्था का उदाहरण माना जाता है।

ऊपरी तौर से ऐसा लगता है कि फासिज्म और साम्यवाद दोनों एक ही जैसी लोकतंत्र-विरोधी और सर्वाधिकारवादी विचारधाराएँ हैं। पर वास्तव में ऐसा नहीं है। लोकतंत्र-विरोधी और सर्वाधिकारवादी होने के बावजूद, **साम्यवाद और फासिज्म के बीच महत्त्वपूर्ण भिन्नताएँ भी हैं।** आम तौर से कम्युनिष्ट और फासिस्ट एक-दूसरे का विरोध करते हैं।

साम्यवाद एक अराजकतावादी (anarchist) राजनीतिक विचारधारा है। साम्यवाद के अनुसार राज्य एक वर्ग द्वारा दूसरे वर्ग के शोषण का औजार है। दरअसल, साम्यवाद के अन्तर्गत, अन्तिम विश्लेषण में, राज्यविहीन और वर्गविहीन समाज को एक आदर्श माना गया है। साम्यवाद के अनुसार ''बुर्जुआ लोकतंत्र'' में नागरिकों को ''वास्तविक स्वतंत्रता'' प्राप्त नहीं रहती है। आदर्श साम्यवादी—वर्गविहीन और राज्यविहीन—समाज में ही नागरिक ''सही मायने में'' स्वतंत्र और समान होंगे। इसके विपरीत, फासिज्म के अन्तर्गत राज्य और उसकी शक्ति को ही सर्वोच्च महत्त्व देते हुए, उसका गुणगान किया गया है। मुसोलिनी और हिटलर ने ''समाजवादी'' होने के दावे जरूर किए थे, लेकिन सत्ता में आने के बाद उनमें गैरबराबरी मिटाने के प्रति कोई लगाव नहीं दिखा।

इसी तरह, साम्यवादी विचारधारा के अन्तर्गत ''सर्वहारा वर्ग'' को क्रान्तिकारी वर्ग माना गया है, और उसके हितों को सर्वाधिक महत्त्व दिया गया है। मूलतः साम्यवाद एक अन्तर्राष्ट्रीय विचारधारा है। इसमें सारी दुनिया के मजदूरों को एक होने का नारा दिया गया है। जबकि दूसरी ओर, फासिज्म के अन्तर्गत ''राष्ट्रवाद'' को अंधराष्ट्रवाद की हद तक उभारा जाता है। हिटलर ने तो फासिज्म को प्रजातीयता (racism) और ''जर्मन आर्य प्रजाति'' की श्रेष्ठता और ''खून की शुद्धता'' बनाए रखने से जोड़ दिया।

साम्यवाद के अनुसार ''बुर्जुआ वर्ग'' और ''सर्वहारा वर्ग'' के बीच संघर्ष के बाद ''संक्रमण काल'' में ''सर्वहारा की तानाशाही'' की स्थापना हो जाएगी, और इस तानाशाही द्वारा ''उत्पादन के साधनों'' पर व्यक्तिगत स्वामित्व को समाप्त कर एक वर्गविहीन समाज की स्थापना की जाएगी। फासिस्ट तानाशाही के साथ इस तरह की कोई विचारधारा जुड़ी हुई नहीं। दरअसल, फासिज्म कोई बहुत अधिक विकसित राजनीतिक विचारधारा है भी नहीं। मुसोलिनी द्वारा दिए गए नारों में एक नारा यह भी था—''बातें नहीं, काम'' (Action, not talk)। इसी तरह, मुसोलिनी के अनुसार, ''मताग्रह की कोई आवश्यकता नहीं है, अनुशासन ही काफी है'' (There is no need for dogma, dicipline suffices)।[1] साम्यवादी विचारधारा सही है या गलत,

1. Geroge H. Sabine, Op. Cit. p. 799.

यह एक अलग प्रश्न है, लेकिन इस तथ्य से इनकार नहीं किया जा सकता है कि मार्क्सवाद-साम्यवाद के अन्तर्गत इतिहास, समाज, सामाजिक परिवर्तन, क्रान्ति, गैरबराबरी के स्रोत और राज्य के चरित्र आदि को व्यवस्थित ढंग से समझने की कोशिश की गयी है।

व्यावहारिक राजनीति की दृष्टि से ''सर्वहारा की तानाशाही'' की अलोकतांत्रिक धारणा साम्यवाद की सबसे बड़ी कमजोरी है। व्यवहार में कम्युनिस्ट तानाशाही के लोकतंत्र-विरोधी और सर्वाधिकारवादी चरित्र के कारण ही साम्यवाद और फासिज्म के बीच समानता दिखती है।

फासिज्म और समाजवाद

समाजवाद के दो मुख्य रूप हैं—(i) **सर्वाधिकारवादी समाजवाद या साम्यवाद** और (ii) **लोकतांत्रिक समाजवाद** (इसकी चर्चा ''समाजवाद'' के अन्तर्गत की गयी है।) ऊपर की गयी चर्चा से यह स्पष्ट है कि फासिज्म और साम्यवाद के बीच कई भिन्नताएँ हैं। जहाँ तक लोकतांत्रिक समाजवाद और फासिज्म का प्रश्न है, तो दोनों में कोई समानता नहीं है, क्योंकि जहाँ एक ओर **लोकतांत्रिक समाजवाद एक लोकतांत्रिक विचारधारा है,** वहाँ दूसरी ओर, **फासिज्म एक लोकतंत्र-विरोधी और सर्वाधिकारवादी राजनीतिक विचारधारा है।** वैसे भी, समाजवादी विचारधाराओं की मुख्य विशेषता यह है कि इसके अन्तर्गत समता और खासकर आर्थिक समता को अत्यधिक महत्त्व दिया जाता है। इस कसौटी पर भी फासिज्म को समाजवादी विचारधारा नहीं माना जा सकता है। मुसोलिनी और हिटलर ने ''समाजवादी'' शब्द का प्रयोग भले किया हो, लेकिन इसे ''समाजवादी'' शब्द के अवसरवादी प्रयोग का उदाहरण मानना चाहिए।

फासिज्म और पॉपर

कार्ल पॉपर के विचारों की चर्चा हम ''लोकतंत्र'' के अन्तर्गत कर चुके हैं। पॉपर का जन्म ऑस्ट्रिया में हुआ था। उन्होने अपनी प्रसिद्ध पुस्तक *The Open Society and its Enemies* की रचना की शुरूआत उस दिन की थी, जिस दिन उन्हें ऑस्ट्रिया पर नात्सी हमले की जानकारी मिली थी। अपनी पुस्तक में पॉपर ने ''सर्वाधिकारवाद'' को समझने और उसके विरुद्ध संघर्ष करने पर बल दिया है। पॉपर के अनुसार वर्तमान पश्चिमी सभ्यता मानवीयता, बुद्धिमत्ता, समता और स्वतंत्रता की ओर बढ़ने का प्रयत्न कर रही है। लेकिन वह ''बन्द'' समाज में ''मुक्त'' समाज के अपने संक्रमण के आघात (shock) से अब तक पूरी तौर से उबर नहीं पाई है। कबिलाई ''बन्द'' समाज में व्यक्ति जादूई शक्तियों के सामने नतमस्तक रहता है; जबकि ''मुक्त'' समाज में मनुष्य की समीक्षात्मक क्षमताएँ स्वतंत्र रहती हैं। अपने जन्म के इस आघात से न उबर पाना ही उन कारकों में से एक है, जिनके कारण ऐसी प्रतिक्रियावादी विचारधाराओं का उदय होता है, जो सभ्यता को पीछे मोड़ कर फिर से बन्द समाज की ओर वापस ले जाना चाहती है। पॉपर के अनुसार ''सर्वाधिकारवाद'' इसी प्रतिक्रियावादी परम्परा का अंग है।[1]

---

1. K. R. Popper, *The Open Society and its Enemies,* vol. 1, p. 1

प्रश्न

1. Write critical note on the following—
   (1) Facism (1980)
2. Distinguish clearly between Socialism, Communism and Fascism. Is Gandhism an ideology ? How far is it an alternative to Communism ? (1983)
3. अपने दृष्टिकोण से निम्नलिखित मत पर आलोचनात्मक व्याख्या लिखिए किन्तु व्याख्या 200 शब्दों से अधिक में न हो।
   (क) लगभग पूर्ण संविधान के अन्तर्गत उपस्थापनाओं पर कुछ अत्यन्त अत्याचारी शासनों का निर्माण हुआ है। (1984)
4. सर्वाधिकारंवाद के विभिन्न प्रकारों का विवेचन कीजिए तथा मानव स्वतंत्रता के बारे में उनके मतों की परीक्षा कीजिए। (1986)
5. क्या नागरिक कभी अपनी सरकार की अवज्ञा कर सकता है? फासिस्टवाद, साम्यवाद और सर्वोदय-दर्शन के अनुसार उत्तर दीजिए और उन मूल्यों की व्याख्या कीजिए जो सविनय अवज्ञा को उचित ठहराते हैं। (1989)
6. निम्नलिखित पर आलोचनात्मक टिप्पणी लिखिए। टिप्पणी 200 शब्दों से अधिक न हो—
   (क) जब समाजवाद राष्ट्रवाद हो जाता है तब वह समाजवाद नहीं रह जाता है।(1991)

❑

अध्याय 14

राजतंत्र

''राजतंत्र'' अंग्रेजी शब्द "monarchy" का हिन्दी पर्याय है। "Monarchy" का शाब्दिक अर्थ है ''एक का शासन''। राजतंत्रीय शासन-व्यवस्था में कोई एक व्यक्ति—राजा या रानी—आजीवन शासक रहता है, बशर्ते कि वह राजसिंहासन को त्याग न दे, या उसे बलपूर्वक हटा न दिया जाए।

राजतंत्र के दो रूप हैं—एक, निरंकुश राजतंत्र; और दो, सीमित या संवैधानिक राजतंत्र।

संवैधानिक राजतंत्र में राजा या रानी वास्तविक राजनीतिक शक्ति का इस्तेमाल नहीं करते हैं। उनकी भूमिका आलंकारिक या मात्र नाम के अध्यक्ष की होती है। वास्तविक शक्ति आमलोगों द्वारा निर्वाचित विधायिका और कार्यपालिका के पास रहती है। उदाहरण के तौर पर, ब्रिटेन एक संवैधानिक राजतंत्र है। व्यवहार में यह एक संसदीय लोकतंत्र है, जिसमें कानून बनाने की शक्ति निर्वाचित विधायिका के पास है; और कानून लागू करने की वास्तविक शक्ति प्रधानमंत्री के नेतृत्व में मंत्रिमण्डल के पास, जो निर्वाचित विधायिका के प्रति जवाबदेह रहती है। संवैधानिक राजतंत्र में राजा की शक्ति संविधान द्वारा सीमित रहती है।

निरंकुश राजतंत्र आधुनिक युग में उतना प्रचलित नहीं है, हालांकि यह पूरी तौर से समाप्त भी नहीं हुआ है। कई देशों में ऐसी तानाशाही-व्यवस्था है, जो राजतंत्र से मिलती-जुलती है, भले इन राज्यों के शासक अपने को ''राजा'' नहीं कह कर ''राष्ट्रपति'' या ''अध्यक्ष'' कहते हों। अपने विशुद्ध रूप में राजतंत्र को प्राचीन और मध्ययुग से जोड़ा जाता है, जब भारत सहित दुनिया के अधिकांश देशों में निरंकुश राजतंत्र का बोल-बाला था। राजतंत्र एक अलोकतांत्रिक शासन प्रणाली है, इसलिए लोकतंत्र के युग में इसका पतनशील होना स्वाभाविक ही है।

राजतंत्र को लोकतंत्र से उसकी तुलना करके समझा जा सकता है। आधुनिक लोकतंत्र में सरकार के तीन काम—कानून बनाना, कानून को लागू करना और कानून की व्याख्या करना—सरकार के तीन अलग-अलग अंगों—विधायिका, कार्यपालिका और न्यायपालिका—द्वारा किए जाते हैं। जबकि राजतंत्र में ये तीनों शक्तियाँ एक ही व्यक्ति में केन्द्रित रहती हैं।

आधुनिक लोकतंत्र में सरकार के अलग-अलग अंगों के कार्यों और अधिकारों को संविधान द्वारा परिभाषित किया जाता है। संविधान में राज्य और राज्य के नागरिकों के अधिकारों का, और कानून बनाने की प्रक्रिया, आदि, महत्त्वपूर्ण बातों का उल्लेख रहता

है। संवैधानिक व्यवस्था के अन्तर्गत सरकार के विभिन्न अंगों को संविधान के अनुसार ही काम करना पड़ता है। दूसरी ओर, निरंकुश राजतंत्र में संविधान जैसी कोई चीज नहीं होती है। राजा के अधिकारों पर कोई सीमा नहीं रहती है।

लोकतांत्रिक शासन प्रणाली और संविधानवाद के साथ ''कानून का शासन'' (rule of law) की धारणा जुड़ी रहती है, जिसके अनुसार राजनीतिक व्यवस्था को कानून और नियमों द्वारा संचालित होना चाहिए। संविधानवाद के अन्तर्गत किसी एक व्यक्ति के मनमाने शासन की बजाय कानून के शासन को केन्द्रीय महत्त्व दिया जाता है। कानून के शासन की अवधारणा के साथ यह मान्यता भी जुड़ी रहती है कि कानून को न्यायांगत होना चाहिए, और उसे सभी नागरिकों पर एक ढंग से लागू किया जाना चाहिए। जबकि निरंकुश राजतंत्र का कानून के शासन से कोई सम्बन्ध नहीं है। निरंकुश राजतन्त्र या तानाशाही में राजा या तानाशाह की मर्जी ही सर्वोपरि होती है। राजा जो बोल दे, वही कानून होता है। वह जो भी आदेश देना चाहे, दे सकता है; किसी विवाद में कुछ भी फैसला सुना सकता है। राजा ही कानून बनाने, कानून को लागू करने और कानून की व्याख्या करने वाला अन्तिम और सर्वोच्च अधिकारी होता है।

इसी तरह, आधुनिक लोकतंत्र में नागरिकों के मौलिक स्वतंत्रताओं को मान्यता मिली रहती है, और राज्य को उनका उल्लंघन करने का अधिकार नहीं होता है, जबकि राजतंत्र में ऐसी कोई बात नहीं होती है।

सबसे बढ़ कर, आधुनिक लोकतंत्र में विधायिका और कार्यपालिका आम जनता द्वारा निर्वाचित होती है। समय-समय पर होने वाले आम चुनावों के माध्यम से किसी सरकार को शान्तिमय तरीके से बदला भी जा सकता है, और उसके स्थान पर नए लोगों को लाया जा सकता है। जबकि राजतंत्र में शक्ति प्राप्त करने या शक्ति के हस्तांरण की प्रणाली शान्तिमय और लोकतांत्रिक नहीं होती है। राजा या तो युद्ध के जरिए राजसिंहासन प्राप्त करता है, या फिर आनुवंशिक तरीके से। अगर राजतंत्रीय दृष्टि से सब कुछ ठीक चलता रहा तो राजा का सबसे बड़ा बेटा राजा बनता है। नहीं तो, राजतंत्र में प्रधानमंत्री या सेनापति द्वारा राजनीतिक शक्ति हथियाने, या राजा बनने के लिए अपने भाइयों की हत्या या अपने पिता को जेल में डालने जैसी घटना भी घट जाया करती थीं।

लोकतंत्र का सम्बन्ध लोकप्रिय सम्प्रभुता (popular sovereignty) के सिद्धान्त से माना जाता है। इसका अर्थ हुआ कि जनता ही अंतिम सम्प्रभु है। राजनीतिक शक्ति का मूल स्रोत जनता है। भारत के संविधान में भी इसको मान्यता दी गयी है। जबकि निरंकुश राजतंत्र में राजा ही सम्प्रभु माना जाता है, ''प्रजा'' की कोई खास हैसियत नहीं रहती है।

राजतंत्र को अक्सर दैवी अधिकार सिद्धान्त से भी जोड़ा जाता है। इसके अन्तर्गत राज्य को ईश्वर द्वारा निर्मित और राजा को पृथ्वी पर ईश्वर का प्रतिनिधि माना जाता है। इसलिए, राजा के आदेशों का पालन करना प्रजा का धार्मिक कर्त्तव्य माना जाता है। यह समझा जाता है कि ऐसा न करने पर वे पाप के भागी होंगे। राजा के विरोध को ईश्वर के विरोध के बराबर माना जाता है।

स्पष्ट है कि इस काल्पनिक सिद्धान्त द्वारा राजतंत्र को ईश्वरीय और धार्मिक मान्यता प्रदान करने का प्रयत्न किया जाता है। स्वाभाविक है कि लॉक जैसे लोकतांत्रिक विचारकों द्वारा दैवी सिद्धान्त का विरोध किया गया है। राजतंत्र को किसी भी दृष्टि से उपयुक्त शासन-व्यवस्था नही माना जा सकता है, चाहे वह तथाकथित ''रामराज्य'' ही क्यों न हो।

प्लेटो के ''दार्शनिक राजा'' की अवधारणा

प्राचीन ग्रीक दार्शनिक प्लेटो (428-348 बी॰सी॰) ने अपनी पुस्तक *Republic* में ''आदर्श राज्य'' और उसमें ''दार्शनिक राजा'' (philosopher king) की भूमिका की चर्चा की है। प्लेटो ने *Republic* की शुरूआत में ही यह प्रश्न उठाया है कि ''न्याय'' क्या है? प्लेटो के अनुसार, ''न्यायपूर्ण'' राज्य वह है जो एक व्यक्ति और एक काम के सिद्धान्त पर आधारित हो। हर व्यक्ति को वही काम करना चाहिए, जिसके लिए वह सबसे उपयुक्त हो और उसे दूसरों के काम में हस्तक्षेप नहीं करना चाहिए। प्लेटो के ''आदर्श राज्य'' में ''श्रम का विभाजन'' है। इसमें तीन वर्ग हैं : एक, अभिभावक; दो, सैनिक; और तीन, उत्पादक श्रम में लगे लोग। प्लेटो के अनुसार, सभी इनसान गुण की दृष्टि से एक जैसे नहीं होते हैं। जिनमें बुद्धि का तत्व प्रधान है उन्हें पहले वर्ग में, जिनमें साहस का तत्व प्रधान है उन्हें दूसरे वर्ग में, और जिनमें इच्छाएँ प्रमुख हैं उन्हें तीसरे वर्ग में रहना चाहिए। ''आदर्श'' या ''न्यायपूर्ण'' राज्य वह है, जिनमें ये तीनों वर्ग ''अपना-अपना'' काम करें। दूसरे शब्दों में, सैनिक वर्ग अभिभावक वर्ग के नियन्त्रण में, और उत्पादक श्रम में लगा तीसरा वर्ग सैनिक वर्ग के नियन्त्रण में रहे। कोई एक-दूसरे के काम में हस्तक्षेप न करे।

''दार्शनिक राजा'' की अवधारणा की चर्चा प्लेटो द्वारा ''आदर्श राज्य'' की व्यावहारिकता के सन्दर्भ में की गयी है। प्लेटो के अनुसार राज्य और मानवता की समस्याओं का तब तक अन्त नहीं होगा, जब तक दार्शनिक राजा न बन जाए, या राजा सही अर्थ में दार्शनिक न बन जाए; और राजनीतिक शक्ति एवं दर्शन एक ही हाथों में न आ जाएँ। यही वह एकमात्र परिवर्तन है जिससे ''आदर्श'' राज्य की स्थापना हो पाएगी। प्लेटो के अनुसार, इसके सिवा समाज या व्यक्ति के सुख का कोई दूसरा रास्ता नहीं है।

प्लेटो की राय में कुछ लोग ऐसे होते हैं जो स्वाभाविक रूप से दर्शन और राजनीतिक नेतृत्व के योग्य होते हैं। ऐसे ही लोगों को शासक बनना चाहिए और, बाकी को उनका अनुसरण करना चाहिए। प्लेटो के अनुसार ''दार्शनिक'' वह है, जो ज्ञान के हर क्षेत्र के बारे में जानने और सीखने के लिए उत्सुक रहता है, और कभी भी सन्तुष्ट नहीं होता। प्लेटो के अनुसार दाशनिक का लगाव इन्द्रियानुभव के परिवर्तनशील जगत से नहीं होता है, बल्कि उसमें ''अपरिवर्तनशील और नित्य'' वास्तविकता को समझने की क्षमता रहती है। दार्शनिक के पास पूर्णता का एक स्पष्ट मापदण्ड होता है, जिसके आधार पर वह इस विश्व के लिए क्या अच्छा और उचित है, इससे सम्बन्धित नियम बना सकता है। एक अच्छा दार्शनिक होने के लिए अच्छी याददाश्त, सीखने की

उत्सुकता, सत्य और न्याय से प्रेम, साहस और आत्म-नियन्त्रण चाहिए। इससे अधिक शासकों से कोई क्या अपेक्षा रख सकता है?[1]

स्पष्ट है कि प्लेटो के ''आदर्श राज्य'' और ''दार्शनिक राजा'' की अवधारणा लोकतांत्रिक नहीं है। इसमें आम नागरिकों से राजनीति में हिस्सा लेने की अपेक्षा नहीं रखी जाती है, न ही शासक पर आम जनता का कोई नियन्त्रण होता है। प्लेटो के ''आदर्श राज्य'' में और भी कई ऐसे तत्त्व हैं, जो उसे सर्वाधिकारवाद की ओर ले जाते हैं, जैसे सेन्सर और झूठे प्रोपगैण्डा की सहायता लेने की वकालत। आम जनता दार्शनिक राजा के भरोसे जिन्दगी गुजारे और स्वयं राज-काज में कोई दिलचस्पी न ले, यह कोई लोकतांत्रिक आदर्श नहीं है। अगर दार्शनिक राजा निरंकुश हो जाए तो? हाँ, अगर किसी लोकतांत्रिक व्यवस्था में आम जनता दार्शनिक रूझान वाले नेता को शासक चुने तो यह अलग बात है। राजा चाहे दार्शनिक हो, या कोई अज्ञानी व्यक्ति, राजतंत्र राजतंत्र ही है, वह लोकतंत्र का विकल्प नहीं बन सकता है।

प्लेटो द्वारा अपने जीवन काल में दार्शनिक राजा की अवधारणा को लागू करने के प्रयत्न असफल रहे। प्लेटो ने अपनी बाद की रचना *Laws* में स्वयं ही ''दार्शनिक राजा'' की अवधारणा को अव्यावहारिक मान कर त्याग दिया।[2] *Politicus* में प्लेटो ने स्वीकार किया है कि किसी एक व्यक्ति के हाथ में अनियंत्रित शक्ति देना ठीक नहीं है, और इसलिए उन्होंने अपनी इस रचना में कानून के शासन पर बल दिया है।

प्लेटो के ''आदर्श'' राज्य की अवधारणा की रसेल और पॉपर जैसे लोकतंत्र-समर्थक दार्शनिकों ने भी आलोचना की है। रसेल के अनुसार, कानून द्वारा परिभाषित नागरिकों का कोई भी वर्ग सभी की तुलना में अधिक ''बुद्धिमान'' होगा, इसकी कोई गारंटी नहीं है। पॉपर ने अपनी पुस्तक *The Open Societies and its Enemies* के प्रथम खण्ड में प्लेटो के विचारों की आलोचना की है। पॉपर के अनुसार प्लेटो की विचारधारा प्रतिक्रियावादी है, जो ''मुक्त'' समाज में सर्वाधिकारवादी ''बन्द'' समाज की ओर लौटना चाहती है। पॉपर के अनुसार राजनीति में महत्त्वपूर्ण प्रश्न यह नहीं है कि ''शासन कौन करे?'', बल्कि यह है कि ''ऐसी संस्थाएँ कैसे बनायी जाएँ, जो बुरे शासकों के खतरे को कम-से-कम करें?''

पॉपर के प्लेटो की ''न्याय'' की अवधारणा की भी आलोचना की है। प्लेटो के अनुसार, वही राज्य ''न्यायपूर्ण'' है, जिसमें हर वर्ग ''अपना-अपना'' काम करे। पॉपर के अनुसार, इसका अर्थ हुआ—शासक शासन करे, श्रमिक श्रम करे, और गुलाम गुलामगिरी। पॉपर की राय में प्लेटो के इस ''न्याय'' की धारणा का समता के मूल्य से कोई सम्बन्ध नहीं है। यह वर्ग-शासन और वर्ग-विशेषाधिकार का समर्थन है।[3]

❑

1. Plato, *The Republic*, tr. Desmond Lee (Harmonds Worth, Middlesex, England : Penguin Books Ltd, 1977)
2. *The Encyclopedia of Philosophy*, vol. 6, p. 157
3. K. R. Popper, *The Open Society and its Enemies*, vol. 1, p. 90

अध्याय 15

अराजकतावाद

(ANARCHISM)

अराजकतावाद उन्नीसवीं सदी में एक प्रभावशाली राजनीतिक विचारधारा थी। फ्रांस में प्राउधाँ ने अराजकतावाद का समर्थन किया। रूस में बाकुनिन और क्रोपोटकिन जैसे अराजतकतावादी हुए। आज स्वतन्त्र राजनीतिक विचारधारा के रूप में अराजकतावाद का उतना प्रभाव नहीं रह गया है। लेकिन, साम्यवाद, सर्वोदय और सम्पूर्ण क्रान्ति पर भी अराजकतावाद का प्रभाव है, और इन विचारधारओं के माध्यम से अराजकतावाद आज भी जीवित है।(अमरीकी राजनीति दार्शनिक रॉबर्ट पॉल वोल्फ ने अपने एक छोटे से तार्किक निबन्ध में अराजकतावाद का समर्थन किया है।)

''अराजकतावाद'' को कभी-कभी लूटपाट, हिंसा, अव्यवस्था और आतंवाद से जोड़ दिया जाता है। बुरे अर्थ में ''अराजकतावादी'' शब्द का इस्तेमाल ऐसे लोगों के लिए भी किया गया है, जो किसी भी कानून को नहीं मानते और समाज में अव्यवस्था फैलाना चाहते हैं। लेकिन, समाज-राजनीति दर्शन की दृष्टि से यह सही नहीं है। कुछ अराजकतवादियों ने जरूर आतंकवादी तरीकों का समर्थन किया है, लेकिन अराजकतावाद और आतंकवाद के बीच कोई अनिवार्य सम्बन्ध नहीं है।

''अराजकतावाद'' अंग्रेजी शब्द "anarchism" का हिन्दी पर्याय है, जो ग्रीक "anarchos" से निकला है, जिसका अर्थ है "no government"। एक सामाजिक-राजनीजिक दर्शन के रूप में अराजकतावाद हर किस्म के प्राधिकार (authority) को अस्वीकार करता है, और यह मानता है कि स्वैच्छिक (voluntary) संस्थाओं के माध्यम से ही मनुष्य की प्राकृतिक सामाजिक प्रवृत्तियों की सर्वश्रेष्ठ अभिव्यक्ति हो सकती है।[1]

अराजकतावाद वह राजनीतिक सिद्धान्त है, जो राज्य को एक अनावश्यक बुराई मानता है, और राज्यविहीन समाज को एक आदर्श। अराजकतावाद के अन्तर्गत राज्य का विरोध किया गया है, क्योंकि राज्य द्वारा नागरिकों पर बल-प्रयोग किया जाता है। अराजकतावाद में व्यक्ति की स्वतंत्रता को सर्वोच्च महत्त्व दिया जाता है। अराजकतावाद में समुदाय द्वारा व्यक्ति पर किसी भी बल-प्रयोग और नियंत्रण का विरोध किया जाता है। उन्नीसवीं सदी के अराजकतावादी व्यक्ति की स्वतंत्र समितियाँ चाहते थे, जिसमें कोई सेना, पुलिस, अदालत या जेल न हो। अराजकतवादियों के अनुसार व्यक्ति एक

1. *Encyclopedia of Philosophy*, vol. 1, p. 111.

राज्यविहीन समाज में, राज्य जैसी किसी बाहरी समिति द्वारा हस्तक्षेप और बल-प्रयोग के बिना भी, परस्पर सहयोग और सद्भावना से जीवन बिता सकते हैं। कुछ अराजकतावादियों ने अपने उद्देश्यों को हासिल करने के लिए हिंसक और आतंकवादी तरीकों को अपनाया, जबकि कुछ ने शान्तिमय तरीकों को।

अपनी पुस्तक *Democracy and its Critics* में डैह्ल ने अराजकतावाद की व्याख्या इस प्रकार की है : अराजकतावाद के अनुसार समाज को राज्यविहीन होना चाहिए और समाज में सिर्फ स्वैच्छिक संगठन होने चाहिए। राज्य द्वारा बल-प्रयोग किया जाता है। क्योंकि बल-प्रयोग अपने-आप में बुरी चीज है, इसलिए, राज्य भी अनिवार्यतः एक बुराई है, और इस अनावश्यक बुराई को हटाकर इसकी जगह स्वैच्छिक समितियाँ बनाई जानी चाहिए।[1]

आतंकवाद और अरातकतावाद

कभी-कभी आतंकवाद (terrorism) और अराजकतावाद (anarchism) को एक मान लिया जाता है। आतंकवादियों के लिए "अराजकतवादी" शब्द का इस्तेमाल भी किया जाता है, लेकिन यह सही नहीं है। क्रोपोटकिन और बाकुनिन जैसे कुछ रूसी अराजतकतावादियों ने राज्यविहीन समाज के अपने लक्ष्य को हासिल करने के लिए आतंकवादी तरीकों को अपनाया था। शायद इसलिए आतंकवाद और अराजकतवाद को कभी-कभी जोड़ दिया जाता है। **लेकिन अराजकतावाद और आतंकवाद एक-दूसरे से अलग हैं** और इनके बीच कोई अनिवार्य सम्बन्ध नहीं है। अराजकतावाद राजनीति का एक सिद्धान्त है, जिसके अनुसार राज्य एक अनावश्यक बुराई है, और व्यक्ति एक राज्यविहीन समाज में, राज्य जैसी किसी बाहरी समिति द्वारा हस्तक्षेप और बल-प्रयोग के बिना भी, परस्पर सहयोग और सद्भावना से जीवन बिता सकते हैं। दूसरी ओर, **आतंकवाद राजनीतिक लक्ष्यों को प्राप्त करने का एक तरीका है।** यह जरूरी नहीं है कि हर अराजकतावादी अपने लक्ष्य को प्राप्त करने के लिए आतंकवाद का ही सहारा ले। उदाहरण के तौर पर, गाँधी के राजनीति चिन्तन में भी अराजकतावादी प्रवृत्तियाँ हैं लेकिन गाँधी ने अपने राजनीतिक लक्ष्य को प्राप्त करने के लिए सत्याग्रह की विधि को अपनाया। वे हिंसा और आतंकवाद के पूरी तौर से विरुद्ध थे। इसी तरह, जे॰ पी॰ ने भी शान्तिमय सम्पूर्ण क्रान्ति का समर्थन किया है।

जिस तरह **यह जरूरी नहीं है कि प्रत्येक अराजकतवादी आतंकवादी हो, उसी तरह यह भी जरूरी नहीं है कि हर आतंकवादी अराजकतावादी हो। आतंकवादी विधि का इस्तेमाल विभिन्न राजनीतिक उद्देश्यों के लिए किया जाता है।** उदाहरण के तौर पर, भारतीय स्वतंत्रता आन्दोलन में भी आतंवादी तरीकों का इस्तेमाल किया गया था। स्वतंत्र भारत में पंजाब और कश्मीर में अलगाववादियों द्वारा आतंकवादी तरीकों का इस्तेमाल किया गया। इसी तरह, नक्सलवादियों द्वारा भूपतियों को आतंकित

1. Robert A. Dahl, *Democracy and its Critics* (New Delhi : Orient Longman Ltd., 1991, p. 38)

करने और साम्यवाद की दिशा में बढ़ने के लिए आतंकवादी तरीकों का इस्तेमाल किया गया। अन्तर्राष्ट्रीय स्तर पर श्रीलंका में ''तमिल टाइगर्स'' द्वारा स्वतंत्र तमिल राज्य की स्थापना के लिए आतंकवादी तरीकों का उपयोग किया गया। इसका इस्तेमाल विदेशी शासन का विरोध करने, स्वतंत्र राज्य की स्थापना करने, राजनीतिक विरोध को दबाने और अन्य राजनीतिक उद्देश्यों के लिए भी किया जा सकता है। इस तरह आतंकवाद का अराजकतावाद के साथ कोई अनिवार्य सम्बन्ध नहीं है।

उन्नीसवीं शताब्दी में अराजकतावाद

1918 में प्रकाशित अपनी पुस्तक *Roads to Freedom* में रसेल ने अराजकतावाद की चर्चा की है। रसेल ने अराजकतवाद की व्याख्या इस प्रकार की है—अराजकतावाद वह सिद्धान्त है जो हर किस्म के बल-प्रयोग पर आधारित सरकार के विरुद्ध है। यह राज्य के विरुद्ध है क्योंकि राज्य द्वारा समुदाय पर बल-प्रयोग किया जाता है। अराजकतावाद के अन्तर्गत व्यक्ति की स्वतंत्रता को सर्वोच्च आदर्श माना जाता है, और व्यक्ति पर समुदाय द्वारा बलपूर्वक नियन्त्रण को समाप्त करने के सीधे रास्ते द्वारा इस लक्ष्य को हासिल करने का प्रयत्न किया जाता है।[1]

प्राउधाँ—उन्नीसवीं शताब्दी में फ्रेंच विचारक प्राउधाँ ने अपने-आप को स्पष्ट रूप से अराजकतावादी कहा है। अपनी पुस्तक *What is Property ?* (Paris, 1840) में प्राउधाँ ने अपने-आप को अराजकतावादी बताया है, क्योंकि उनका मानना था कि प्राधिकार पर आधारित राजनीतिक संगठन का स्थान स्वैच्छिक समझौतों पर आधारित सामाजिक और आर्थिक संगठनों को ले लेना चाहिए।[2]

प्राउधाँ ने उन्नीसवीं सदी के फ्रांस में प्रचलित सम्पत्ति के कई अधिकारों का विरोध किया, खास कर ऐसे अधिकार, जो दूसरे व्यक्ति के आचरण पर कारगर नियन्त्रण स्थापित करते हों। प्राउधाँ के अनुसार सम्पत्ति चोरी है। प्राउधाँ ने व्यक्ति के अधिकारों और स्वतंत्रता का समर्थन किया है, और उस हद तक व्यक्तिगत सम्पत्ति का भी समर्थन किया है जिस हद तक वह इसके लिए जरूरी है।[3]

बाकुनिन—रसेल के अनुसार आधुनिक अराजकतवाद का सम्बन्ध भूमि और पूँजी के सामुदायिक स्वामित्व के साथ जुड़ा हुआ है, और इस दृष्टि से यह समाजवाद के करीब है। उदाहरण के तौर पर, रूसी क्रान्तिकारी बाकुनिन (1814-1876) के अराजकतवाद के अन्तर्गत जमीन और पूँजी के सामुदायिक स्वामित्व की वकालत की गयी है। रसेल ने बाकुनिन के विचारों को अराजकतवादी साम्यवाद (anarchist communism) कहा है, तथा इसके और व्यक्तिवादी अराजकतवाद (individualistic anarchism) के बीच अन्तर किया है। बाकुनिन को रसेल ने अराजकतवादी साम्यवाद का जनक माना है। बाकुनिन का परिचय प्राउधाँ के साथ भी था, और बाकुनिन पर उनके विचारों का भी काफी प्रभाव था। बाकुनिन का मार्क्स और एंगेल्स से भी परिचय था।

1. Bertrand Russell, *Roads to Freedom,* pp. 44-45.
2. *Encyclopedia of Philosphy,* vol. 1, p. 111.
3. *A Dictionary of Political Thought,* p. 385.

लेकिन, बाकुनिन और मार्क्स के बीच कुछ बुनियादी मतभेद भी थे, जो कभी-कभी काफी कटु रूप भी धारण कर लेते थे। बाकुनिन के अनुसार हिंसक संघर्ष और आतंकवाद द्वारा क्रान्तिकारी परिवर्तन लाया जा सकता है, जिसका मुख्य उद्देश्य होना चाहिए सभी राजनीतिक, सामाजिक और धार्मिक संस्थाओं को समाप्त कर, उनके स्थान पर स्वतंत्र समितियों के स्वतंत्र संघ की स्थापना। इस संघ में सभी को एक बराबर अधिकार और सुविधाएँ हांगी। यहाँ तक की उन्हें संघ से अलग होने का भी अधिकार होगा।

1872 में बाकुनिन और उनके अराजकतावादी अनुयायियों को कटु संघर्ष के बाद मार्क्सवादी इन्टरनेशनल से बाहर निकाल दिया गया। मतभेद का मुख्य मुद्दा राज्य की भूमिका को लेकर था। मार्क्स और उनके अनुयायी यह मानते थे कि समाजवादी क्रान्ति के बाद भी राज्य का अस्तित्व कुछ समय के लिए बना रहेगा। जबकि बाकुनिन और उनके अनुयायी राज्य को पूरी तौर से अस्वीकार करते थे।

क्रोपोटकिन—रसेल के अनुसार, बाकुनिन का जीवन और उनकी रचनाएँ दोनों ही उथल-पुथल से भरी हुई हैं। बाकुनिन ने मार्क्स की तरह व्यवस्थित लेखन नहीं किया। लेकिन उनके शिष्य क्रोपोटकिन ने अराजकतावाद को अधिक व्यवस्थित ढंग से रखने का प्रयत्न किया है।[1]

क्रोपोटकिन के अनुसार अराजकतवाद जीवन और आचरण का वह सिद्धान्त जिसके अन्तर्गत सरकार के बिना समाज की कल्पना की जाती है। ऐसे समाज में सामंजस्य की स्थापना कानून के अधीन रह कर, या किसी प्राधिकार के आदेश का पालन द्वारा नहीं की जाती है; बल्कि समाज में सामंजस्य की स्थापना उत्पादन, उपभोग और सभ्य जीवन की अनगिनत आवश्यकताओं की पूर्ति के लिए स्वतन्त्रतापूर्वक बनाई गई समितियों और विभिन्न समूहों के बीच स्वतन्त्र समझौतों द्वारा की जाती है। क्रोपोटकिन के अनुसार समाज की अराजकतवादी कल्पना कोई अव्यावहारिक यूटोपिया नहीं है। यह समुदाय में चल रही और बढ़ रही प्रवृत्तियों के विश्लेषण पर आधारित है।

अराजकतावाद के अन्तर्गत व्यक्ति की हर किस्म के प्राधिकार से मुक्ति की बात की गयी है। खास कर प्राधिकार के तीन मुख्य स्रोतों से—एक, मनुष्य की उत्पादक के रूप में पूँजीपतियों की दासता से मुक्ति; दो, मनुष्य की नागरिक के रूप में राज्य की दासता से मुक्ति; तीन, मनुष्य की व्यक्ति के रूप में सर्वशक्तिमान ईश्वर जैसे काल्पनिक सत्ताओं पर अधारित धार्मिक नैतिकता के प्राधिकार से मुक्ति।[2]

साम्यवाद

अन्तिम विश्लेषण में मार्क्सवादी-साम्यवाद भी अराजकतावादी है। साम्यवाद के अनुसार राज्य हमेशा एक वर्ग द्वारा दूसरे वर्ग के शोषण का औजार होता है। वर्गविहीन समाज में राज्य की कोई आवश्यकता नहीं रहेगी और राज्य का विसर्जन हो जाएगा। इस तरह, आदर्श साम्यवादी समाज वर्गविहीन होने के अलावा राज्यविहीन भी होगा।

1. Ibid, p. 46.
2. C. E. M. Joad, *Introduction to Modern Political Theory*, pp. 98-102.

लेकिन इसमें ''संक्रमण काल'' में ''सर्वहारा की तानाशाही'' की वकालत की गयी है। लेनिन का यह मानना था कि जब सर्वहारा की तानाशाही अपने उद्देश्य को प्राप्त कर लेगी तब राज्य के संगठन को नष्ट कर दिया जाएगा। राज्य का विसर्जन हो जाएगा, और उसका स्थान समाज का ''स्वतंत्र संगठन'' ले लेगा। यह सार्वजनिक कार्यों के निपटारे के लिए स्वैच्छिक समितियों पर आधारित स्वतंत्र समाज होगा।

सर्वोदय

सर्वोदय में भी अराजकतावादी प्रवृत्तियाँ हैं। गाँधी अहिंसक समाज चाहते थे। राज्य द्वारा हिंसा की जाती है, इसलिए वे राज्यविहीन समाज को आदर्श मानते थे। क्योंकि व्यवहार में इस आदर्श को पूरी तौर से प्राप्त करना सम्भव नहीं है, इसलिए उन्होंने अमेरिकन विचारक थ्यूरो की इस उक्ति को अपनाया—''वह सरकार सर्वश्रेष्ठ है, जो कम-से-कम शासन करे।''[1] गाँधी पर रूसी अराजकतावादी विचारक-लेखक टॉल्सटॉय के विचारों का भी प्रभाव था।

समाज-दार्शनिक दृष्टि से गाँधी व्यक्तिवादी थे। गाँधी के अनुसार मूल्यों और सत्ता की दृष्टि से व्यक्ति का केन्द्रीय महत्त्व है। राज्य और सरकार अपना अस्तित्व और शक्ति व्यक्तियों से प्राप्त करती हैं। राज्य का उद्देश्य होना चाहिए व्यक्ति के सर्वांगीण विकास में सहयोग।

गाँधी राज्य की शक्ति को बढ़ाए जाने के विरुद्ध थे, क्योंकि उनके अनुसार हालांकि राज्य की शक्ति कई बार शोषण समाप्त करने के उद्देश्य से बढ़ायी जाती है, लेकिन यह प्रगति के मूल तत्त्व-व्यक्ति के व्यक्तित्व को नष्ट करके, मानवता का बहुत बड़ा अहित करती है। इसलिए, गाँधी राज्य की शक्ति को कम-से-कम रखने और राजनीतिक शक्ति के अधिकतम विकेन्द्रीकरण के पक्ष में थे। वे विकेन्द्रित ग्राम-गणराज्यों का समर्थन करते थे। गाँधी के अनुसार हरेक गाँव एक आदर्श लोकतंत्र हो, जिसमें नागरिकों को स्वतन्त्रता प्राप्त हो और जिसकी सरकार, सहयोग और अहिंसा के आधार पर काम करने वाली नागरिकों की अपनी सरकार हो। व्यक्ति की बुनियादी आवश्यकताएँ पूरी हों, और उसे अपने व्यक्तित्व के विकास का पूरा अवसर प्राप्त हो।

जे॰ पी॰

जे॰ पी॰ ने इस तथ्य की ओर ध्यान दिलाया है कि साम्यवाद और सर्वोदय दोनों के अन्तर्गत राज्यविहीन समाज के आदर्श को स्वीकार किया गया है। जे॰ पी॰ के अनुसार एक राज्यविहीन समाज में ही मानवीय स्वतंत्रता पूर्ण एवं समग्र रूप में साकार हो पाएगी। राज्य का पूर्ण विसर्जन कहाँ तक सम्भव है, इस बारे में जे॰ पी॰ पूरी तरह आश्वस्त नहीं थे, लेकिन उनका यह दृढ़ विश्वास था कि ''सामाजिक प्रयास के श्रेष्ठतम लक्ष्यों में से एक यह है कि राज्य के अधिकारों और कृत्यों तथा उसके क्षेत्रों को यथासम्भव कम किया जाना चाहिए।'' जे॰ पी॰ के अनुसार, ''मानवीय विकास की

1. D. M. Datta, *The Philosophy of Mahatma Gandhi* (Calcutta : University of Calcutta, 1968), p. 153

कसौटी'' यह है कि, ''मनुष्य कहाँ तक अपने मानव-बन्धुओं के साथ मैत्री, न्याय एवं सहयोगपूर्वक, बिना किसी बाह्य नियन्त्रण के रह सकता है।''[1]

समीक्षा

यह सही है कि साम्यवाद और सर्वोदय दोनों में अराजकतावदी प्रवृत्तियाँ हैं। मार्क्सवाद के अन्तर्गत राज्य को अनिवार्यतः एक वर्ग द्वारा दूसरे वर्ग के शोषण का औजार माना गया है। लेकिन, राज्य की मार्क्सवादी धारणा सन्तोषजनक नहीं है। किन्हीं परिस्थितियों में राज्य एक वर्ग द्वारा दूसरे वर्ग के शोषण का औजार हो सकता है, लेकिन यह राज्य का अनिवार्य चरित्र नहीं है। राज्य का चरित्र इस बात पर निर्भर है कि राज्य पर किन शक्तियों का नियन्त्रण है। अगर राज्य पर रूढ़िवादी दक्षिणपंथी शक्तियों का नियंत्रण हो, तो राज्य का चरित्र दूसरा होगा और अगर राज्य पर लोकतांत्रिक समाजवादी शक्तियों का नियंत्रण हो, तो उसका चरित्र अलग होगा। इसके अलावा, राज्य के कई महत्त्वपूर्ण कार्य भी हैं, जैसे, नागरिकों की जान-माल की रक्षा करना और जन-कल्याण के उपाय करना। गरीबी, बेरोजगारी और गैरबराबरी को नियंत्रित करना भी राज्य का कार्य हो सकता है।

सर्वोदय में अहिंसक समाज को आदर्श माना गया है और राज्य को इसलिए एक बुराई माना गया है, क्योंकि राज्य हिंसा पर आधारित है। अहिंसक समाज के आदर्श को स्वीकार किया जा सकता है, और यह भी माना जा सकता है कि राज्य के द्वारा कम-से-कम हिंसा होनी चाहिए। अगर सभी नागरिक स्वेच्छा से नैतिक आचरण करें और राज्य द्वारा बलपूर्वक कानून को लागू करवाने की आवश्यकता न रहे, तब तो बहुत ही अच्छी बात है। लेकिन, क्या यह व्यवहार में सम्भव है? अगर हजार में से एक व्यक्ति भी हत्या और बलात्कार जैसे अपराध करना चाहे, तो फिर उसे राज्य द्वारा बल-प्रयोग से रोकना ही होगा। इसलिए, **एक आदर्श समाज में राज्य के विसर्जन की बात अव्यावहारिक मालूम देती है।** यह जरूर सम्भव है कि राज्य शक्ति का अधिक-से-अधिक विकेन्द्रीकरण हो, राज्य पर नागरिकों का अधिक-से-अधिक नियंत्रण स्थापित हो, और राज्य द्वारा बल-प्रयोग कम-से-कम किया जाए। राज्यविहीन समाज की बात करने की बजाए इसे ही एक व्यावहारिक लक्ष्य मानकर प्राप्त करने प्रयत्न करना चाहिए। थ्यूरो के अनुसार, ''वह सरकार सर्वश्रेष्ठ है, जो कम-से-कम शासन करे''। इसकी बजाए, अराजकतावादी आदर्श को यह कह कर बेहतर ढंग से व्यक्त किया जा सकता है कि, **''वह सरकार सर्वश्रेष्ठ है, जो अधिक-से-अधिक स्वैच्छिक जनसहयोग से चले और कम-से-कम बल का प्रयोग करे।''**

प्रश्न

1. निम्नलिखित पर लगभग 200 शब्दों में आलोचनात्मक टिप्पणी लिखिए—

   (क) ''राज्य के प्राधिकार (authotiry) के आधिपत्य को स्वीकारना उस कर्त्तव्य से असंगत है जिसके अनुसार स्वतंत्रता का अनुकरण करना (to act autonomously) मनुष्य जाति का परम कर्त्तव्य है।'' (रॉबर्ट पॉल वूल्फ) (2006, 2007)

❑

1. अशोक कुमार वर्मा (सं॰), **स्वतंत्रोत्तर भारतीय दार्शनिक चिंतन,** पृष्ठ 111.

अध्याय 16

बहुसंस्कृतिवाद

(MULTICULTURALISM)

बहुसंस्कृतिवाद एक अपेक्षाकृत नयी विचारधारा या आन्दोलन है। इसका उदय बीसवीं सदी के 1960 के दशक में कैनेडा और संयुक्त राज्य अमेरिका जैसे अंग्रेजीभाषी देशों में हुआ।

वेबस्टर्स न्यू वर्ल्ड कॉलेज डिक्शनरी के अनुसार, बहुसंस्कृतिवाद उस नीति या व्यवहार को कहते हैं जिसके अर्न्तगत समाज के सभी समूहों की सांस्कृतिक आवश्यकताओं और योगदान को एक बराबर ध्यान या प्रतिनिधित्व दिया जाता है; ऐसे अल्पसंख्यक समूहों को, जिन्हें अतीत में कम प्रतिनिधित्व मिला हो, विशेष महत्त्व भी दिया जा सकता है, जैसे, द्विभाषी शिक्षा द्वारा।[1]

दि अमेरिकन हेरिटेज डिक्शनरी ऑफ दि इंग्लिश लैंग्वेज के अनुसार, बहुसंस्कृतिवाद एक ऐसी सामाजिक और शैक्षणिक विचारधारा का नाम है, जो समाज में सिर्फ एक मुख्यधारा की संस्कृति के स्थान पर समाज में मौजूद विभिन्न संस्कृतियों में रूचि को प्रोत्साहित करती है।[2]

इस तरह, बहुसंस्कृतिवाद के अनुसार कि एक क्षेत्र में किसी एक संस्कृति के प्रभुत्व के बिना कई संस्कृतियों का सहअस्तित्व रह सकता है। बहुसंस्कृतिवाद द्वारा नस्ल और सेक्स सहित हर किस्म के भेदभाव को समाप्त करने का प्रयत्न किया जाता है।[3]

1970 के बाद से संयुक्त राज्य अमेरिका में बहुसंस्कृतिवाद के समर्थकों द्वारा खास तौर से शिक्षा के क्षेत्र में पाठ्यक्रम, शोध आदि में ऐतिहासिक तौर पर प्रतिकूल परिस्थितियों में रह रहे अल्पसंख्यक प्रजातियों (races) के विशिष्ट ज्ञान और रुचियों को पर्याप्त स्थान देने की वकालत की गयी। इसके अलावा, उन्होंने शिक्षकों और विद्यार्थियों के बीच ऐसे प्रतिकूल परिस्थितियों में रह रहे समूहों के प्रतिनिधित्व को बढ़ा कर अधिक विविधता की ओर बढ़ने पर बल दिया।[4]

---

1. *"Multiculturalism," Webster's New World College Dictionary, 2009.*
2. *"Multiculturialism," The American Heritage Dictionary of the English Language, Fourth Edition, Houghton Mifflin Company, 2004.*
3. *"Multiculturalism," The Columbia Electronic Encyclopedia,* Sixth Edition, Columbia University Press., 2003.
4. "*Multiculturalism*" from *Encyclopedia of Philosophy.* Copyright 2001-2006 by MacMillian Reference USA, an imprint of the Gale Group.

Political Theory : An Introduction के लेखक एन्ड्रयू हेवुड के अनुसार, बहुसंस्कृतिवाद द्वारा प्रजातीय, नृजातीय (ethnic)[1] और भाषायी अन्तर से जुड़ी सामुदायिक विविधता का सकारात्मक अनुमोदन किया जाता है। संयुक्त राज्य अमेरिका में 1960 के दशक में इसका उदय काले लोगों के आत्मसम्मान को स्थापित करने के आन्दोलन से जुड़ा हुआ है। **बहुसंस्कृतिवाद द्वारा सांस्कृतिक विविधता के तथ्य को सार्वजनिक रूप से स्वीकार करने और उसका सम्मान करने पर बल दिया जाता है।**[2]

हेवुड की राय में बहुसंस्कृतिवाद सामंजस्यपूर्ण कार्यक्रम आधारित राजनीतिक सिद्धान्त से अधिक एक विशिष्ट राजनीतिक **दृष्टिकोण** है। बहुसंस्कृतिवाद के सिद्धान्तकर्त्ता सांस्कृतिक विविधता के पक्ष में मोटे तौर पर दो किस्म की युक्तियाँ देते हैं—एक, उससे व्यक्ति को होने वाले लाभ पर आधारित, और दो, उससे समाज को होने वाले लाभ पर आधारित।

बहुसंस्कृतिवाद इस तथ्य को मान्यता प्रदान करता है कि व्यक्ति इस अर्थ में अपनी संस्कृति से अभिन्न रूप से जुड़ा रहता है कि वह काफी हद तक विश्व की अपनी समझ और अपनी नैतिक मान्यताओं की संरचना तथा अपनी व्यक्तिगत पहचान को उस संस्कृति से प्राप्त करता है, जिसमें वह रहता है और विकसित होता है। इसलिए, अलग-अलग विशिष्ट संस्कृतियों की रक्षा की जानी चाहिए और उन्हें मजबूत बनाना चाहिए, खास तौर से जब उनका सम्बन्ध अल्पसंख्यक और कमजोर समूहों से हो। इस आधार पर बहुसंस्कृतिवाद द्वारा प्रतिनिधित्व के अधिकार तथा सांस्कृतिक और धार्मिक प्रथाओं के सम्मान का अधिकार सहित अल्पसंख्यक अधिकारों और बहुसांस्कृतिक अधिकारों का समर्थन किया जाता है।

समाज के लिए बहुसंस्कृतिवाद विविधता के लाभों को सामने लाता है; संस्कृतियों के पारस्परिक प्रभाव से एक गतिशीलता और समृद्धि का जन्म होता है। इसके अलावा, बहुसंस्कृतिवाद स्वयं अपनी संस्कृति के प्रति अन्तर्दृष्टि को विकसित करते हुए, दूसरी संस्कृतियों और धर्मों के प्रति सहिष्णुता और सम्मान को प्रोत्साहित करता है।[3]

जैसा कि पहले भी उल्लेख किया जा चुका है, संयुक्त राज्य अमेरिका में बहुसंस्कृतिवाद की शुरूआत 1960 के दशक में काले लोगों के आत्मसम्मान के आन्दोलन से हुई। ऑस्ट्रेलिया की सरकार 1970 से ही आधिकारिक तौर पर बहुसंस्कृतिवाद के लिए प्रतिबद्ध रही है। न्यूजीलैंड में इसका सम्बन्ध विशिष्ट राष्ट्रीय पहचान के विकास में माओरी संस्कृति के योगदान को मान्यता प्रदान करने से है। कैनेडा में इसका सम्बन्ध फ्रेंच बोलने वाले कोबैक (Quebec) आबादी और बहुसंख्यक अंग्रेजी भाषी

---

1. नृजातीय समूह (ethinic group) : कोई विशिष्ट समूह जिसकी अपनी अलग संस्कृति या साझा प्रचलन हों।
2. Andrew Heywood, *Political Theory : An Introduction*, (New York : Palgrave Macmillan, Third edition, 2004), p. 214.
3. Ibid, p. 215.

आबादी के बीच मेल-मिलाप स्थापित करने और देशी इन्उइट लोगों के अधिकारों को मान्यता प्रदान करने से है।[1]

कैनेडा के राजनीतिक दार्शनिक विल किमलिका (1962) बहुसंस्कृतिवाद के एक प्रमुख समर्थक हैं। इसके अलावा, कैनेडा के ही चार्ल्स टेलर (1931) और ब्रिटेन के भिक्खू पारेक (1935) भी बहुसंस्कृतिवाद के समर्थक हैं।

बहुसंस्कृतिवाद के समर्थकों ने अक्सर अपना ध्यान अल्पसंख्यकों के अधिकारों पर केन्द्रित किया है। अपनी पुस्तक *Multicultural Citizenship* (1995) में किमलिका ने तीन किस्म के अल्पसंख्यक अधिकारों की बात की है—(1) **स्वशासन के अधिकार**, (2) **बहुनृजातीय** (polyethnic) **अधिकार** और (3) **प्रतिनिधित्व का अधिकार**। किमलिका के अनुसार अमेरिका के मूल निवासियों, कैनेडा के इन्उइट, न्यूजीलैंड के माओरी और ऑस्ट्रेलिया के आदिवासियों जैसे ''राष्ट्रीय अल्पसंख्यकों'' को, जो किसी एक क्षेत्र में रहते हैं और जिनकी अपनी एक साझा भाषा और जीवनशैली है, स्वशासन का अधिकार मिलना चाहिए।

बहुनृजातीय अधिकार ऐसे अधिकार हैं जो नृजातीय समूहों और आप्रवास द्वारा विकसित हुए धार्मिक अल्पसंख्यकों को अपनी सांस्कृतिक विशिष्टता को बनाए रखने में सहायता करते हैं। ये अधिकार कानूनी छूट दिए जाने के आधार बनते हैं। उदाहरण के तौर पर, यहूदियों और मुसलमानों को पशुवध के कानूनों से छूट, सिक्ख पुरुषों को मोटरसायकिल हेलमेट पहनने से छूट और मुस्लिम लड़कियों को स्कूलों में पोशाक सम्बन्धी नियमों से छूट।

विशेष प्रतिनिधित्व अधिकारों द्वारा शिक्षा और राजनीतिक एवं सार्वजनिक जीवन के वरिष्ठ पदों में अल्पसंख्यक और प्रतिकूल परिस्थितियों में रह रहे समूहों के कम प्रतिनिधित्व को दूर करने का प्रयास किया जाता है। इन अधिकारों द्वारा विपरीत या सकारात्मक भेदभाव की सहायता से अतीत में हुए भेदभाव और वर्तमान में जारी सांस्कृतिक अधीनता की क्षतिपूर्ति करने का प्रयास किया जाता है। इसका औचित्य यह है कि इसके द्वारा न सिर्फ पूर्ण और समान हिस्सेदारी को सुनिश्चित किया जाता है, बल्कि यह भी कि यह एकमात्र ऐसा साधन है जिससे इस बात की गारन्टी दी जा सकती है कि सार्वजनिक नीति सिर्फ परम्परागत रूप से प्रमुख या प्रभुत्व-सम्पन्न समूहों के हितों की नहीं, बल्कि सभी समूहों के हितों को प्रतिबिम्बित कर सकें।[2]

भारत में बहुसंस्कृतिवाद

जैसी कि हम चर्चा कर चुके हैं, बहुसंस्कृतिवाद का उदय 1960 के दशक में कैनेडा और संयुक्त राज्य अमेरिका जैसे अंग्रेजी-भाषी देशों में हुआ है। भारत में चाहे ''बहुसंस्कृतिवाद'' शब्द का इस्तेमाल न हुआ हो, लेकिन ऐसा लगता है कि बहुसंस्कृतिवाद से जुड़े कुछ विचार भारत में कुछ हद तक पहले से ही प्रचलित रहे

1. Ibid, p. 214.
2. Ibid, pp. 214-17.

हैं। भारत एक बहुभाषी और बहुधर्मी देश है। 1950 में लागू किए गए भारत के संविधान में हिन्दी भारत की राजकीय भाषा घोषित की गयी है, लेकिन इसके अलावा, असमिया, उड़िया, बांग्ला, पंजाबी, मराठी, तेलुगु, तमिल, कन्नड़, मलयाली और उर्दू सहित कई भारतीय भाषाओं को संवैधानिक मान्यता मिली हुई है। सहयोगी राजभाषा के रूप में अंग्रेजी का इस्तेमाल भी जारी है। भारत में प्रान्तों का गठन भाषायी आधार पर किया गया है, और सम्बद्ध प्रान्तों में राजकीय कामकाम वहाँ की क्षेत्रीय भाषाओं में ही होता है। कुछ प्रान्तों में अधिकांश मुस्लिम अल्पसंख्यकों द्वारा इस्तेमाल की जाने वाली उर्दू भाषा को दूसरे राजकीय भाषा के रूप में मान्यता मिली हुई है।

भारत के संविधान में धार्मिक स्वतंत्रता के अधिकार को भी मौलिक अधिकार के रूप में मान्यता दी गयी है। इसके अलावा, सांस्कृतिक और शैक्षणिक अधिकारों को भी संवैधानिक मान्यता प्रदान की गयी है, जिसके अन्तर्गत धार्मिक और भाषायी अल्पसंख्यकों के शैक्षणिक संस्थान स्थापित करने और चलाने का अधिकार भी शामिल है। संविधान की धारा 29(1) में स्पष्ट कहा गया है, ''भारत के राज्यक्षेत्र या उसके किसी भाग के निवासी नागरिकों के किसी अनुभाग को, जिसकी अपनी विशेष भाषा, लिपि या संस्कृति है, उसे बनाए रखने का अधिकार होगा।''

इसी तरह, भारत में 1950 में संविधान के लागू होने के बाद से ही सामाजिक और शैक्षणिक दृष्टि से पिछड़ी, अनुसूचित जातियों और जनजातियों के लिए विधायिकाओं, सरकारी नौकरियों और शिक्षण संस्थानों में आरक्षण की व्यवस्था लागू है। संविधान की धारा 16(4) के अन्तर्गत राज्य को ''पिछड़े हुए नागरिकों के किसी वर्ग के पक्ष में, जिनका प्रतिनिधित्व राज्य की राय में राज्य के अधीन सेवाओं में पर्याप्त नहीं है, नियुक्तियों या पदों के आरक्षण'' का अधिकार दिया गया है। आज की तारीख में केन्द्र सरकार की सेवाओं और शिक्षण संस्थानों में अनुसूचित जातियों और जनजातियों के अलावा अन्य पिछड़ी जातियों के लिए भी स्थान आरक्षित हैं। ऐसी ही व्यवस्था कई प्रान्तों में भी है। तिहत्तरवें संविधान संशोधन द्वारा पंचायतों में और चौहत्तरवें संविधान संशोधन द्वारा नगरपालिकाओं में अनुसूचित जातियों, जनजातियों और महिलाओं के लिए स्थान आरक्षित किए गए हैं। इसके अलावा, राज्य विधान मंडलों को पंचायतों और नगरपालिकाओं में ''पिछड़े वर्गों'' के लिए आरक्षण की व्यवस्था करने के अधिकार भी दिए गए हैं।

इस तरह, कहा जा सकता है कि बहुसंस्कृतिवाद के क्षेत्र में भारत एक अग्रणी देश है। लेकिन, दूसरी ओर, भारत में अब तक निजी क्षेत्र की सेवाओं में आरक्षण या विविधता के विचार को लागू नहीं किया गया है। इसी तरह, भारत में ऐसी राजनीतिक विचारधारा भी है जो भारत को हिन्दू राष्ट्र घोषित करते हुए एक राष्ट्र, एक भाषा और एक संस्कृति की बात करती है। कुछ लोग इस तथ्य को स्वीकार नहीं करना चाहते हैं कि भारत एक बहुभाषी और बहुधर्मी देश है जिसमें कई संस्कृतियाँ हैं। ऐसी ताकतों द्वारा धर्म-परिवर्तन पर रोक लगाने की कोशिश भी की जाती है। हम कह सकते हैं कि ये प्रवृतियाँ बहुसंस्कृतिवाद के विरुद्ध हैं।

समीक्षा

बहुसंस्कृतिवाद और अल्पसंख्यकों के अधिकारों के सिद्धान्त की आलोचनाएँ भी हुई हैं। इन आलोचनाओं के मूल में यह विचार है कि बहुसंस्कृतिवाद द्वारा एकता और समानता की बजाय लोगों के बीच विभाजन पर अधिक बल दिया जाता है, तथा अल्पसंख्यकों के अधिकारों को बहुसंख्यकों के हितों से अधिक महत्त्व दिया जाता है। नृजातीयता पर अधिक बल दिए जाने से राष्ट्रीयता और नागरिक एकता कमजोर होती है। इस किस्म की आलोचनाएँ खास तौर से रूढ़िवादियों द्वारा की जाती हैं। उनके अनुसार बहुसंस्कृतिवादी समाज स्वाभाविक रूप से टूटे-फूटे और संघर्षमय रहते हैं। सफल और स्थायी समाजों को साझा मूल्यों और सामान्य संस्कृति पर आधारित होना चाहिए।[1]

हेवुड के अनुसार, उदारवादी विचारकों के बीच बहुसंस्कृतिवाद के प्रति दो किस्म के दृष्टिकोण रहे हैं। कुछ के अनुसार इससे उदार सहिष्णुता की अभिव्यक्ति होती है, जबकि कुछ विचारकों ने इस पर संदेह व्यक्त किया है कि विशेष अल्पसंख्यक अधिकारों और उदार राजनीतिक व्यवस्था के बीच कहाँ तक सामंजस्य है। उदारवाद के अन्तर्गत व्यक्ति की स्वायत्तता का सम्मान किया जाता है। इसलिए उदारवादियों के लिए स्त्री सुन्नत (female circumcision) जैसी अनुदार और असहिष्णु सांस्कृतिक प्रथाओं के प्रति सहनशील रवैया अपनाना कठिन है। ऐसे में उदारवादियों द्वारा समूह की पहचान और परम्परागत मूल्यों के प्रति चिन्ता की बजाय मानव अधिकारों और नागरिक स्वतंत्रताओं के प्रति सम्मान को अधिक महत्त्व दिया जाता है। उदारवादियों द्वारा आम-तौर से प्रतिनिधित्व के अधिकार और स्वशासन के अधिकार का समर्थन किया जाता है। नृजातीय अधिकारों के साथ समस्या यह है कि इनके अन्तर्गत सांस्कृतिक विशिष्टता को बनाए रखने के लिए कानूनी छूट देने की बात की जाती है। इस तरह की छूट से सांस्कृतिक समूहों की अलग पहचान बनाए रखने में मदद मिलती है, लेकिन ऐसा उन एकीकृत करने वाले नागरिक और राजनीतिक मूल्यों की कीमत पर होता है, जिनके प्रति समाज के सभी सदस्यों से सम्मान की अपेक्षा की जाती है। उदाहरण के तौर पर, फ्रांस में सरकारी स्कूलों में धार्मिक पोशाक और धार्मिक प्रतीकों पर प्रतिबन्ध लगाया गया है। ऐसा उदार धर्मनिरपेक्षता के आधारभूत सिद्धान्त—चर्च और राज्य के अलगाव—को बनाए रखने के लिए और मुस्लिम पर्दा से जुड़े लिंग असमानता का विरोध करने के लिए गया है।[2]

अगर मानवतावादी या धर्मनिरपेक्ष लोकतांत्रिक दृष्टि से देखें तो स्वशासन के अधिकार और विशेष प्रतिनिधित्व के अधिकार तो ठीक ही मालूम देते हैं। लेकिन, नृजातीय अधिकारों को वहीं तक मान्यता दी जा सकती है जिस हद तक उनका स्वतंत्रता और समानता जैसे बुनियादी लोकतांत्रिक मूल्यों और मानव अधिकारों से विरोध न हो। उदाहरण के तौर पर, भारत में परम्परागत रूप से हिन्दुओं के बीच

1. Andrew Heywood, Op. Cit, pp. 217-18.
2. Ibid.

छुआछूत की प्रथा प्रचलित रही है। इसी तरह, विशेष कर दक्षिण भारत के कुछ प्रान्तों में देवदासी प्रथा भी प्रचलित रही है। तो क्या नृजातीय अधिकारों के अन्तर्गत इन सामाजिक बुराइयों के प्रति भी सहिष्णुता बरतनी चाहिए? वास्तविकता तो यह है कि भारत के संविधान में छुआछूत को समाप्त घोषित किया गया है, और भारत में छुआछूत के विरुद्ध कानून भी बनाए गए हैं, जो कि उचित ही है। इसी तरह कई प्रान्तों में देवदासी प्रथा के विरुद्ध भी कानून बनाए गए हैं।

भारत में कुछ प्रान्तों में आदिवासी जनजातियों के बीच किसी असहाय औरत को ''डायन'' घोषित कर मार डालने की प्रथा भी है, तो क्या सांस्कृतिक विशिष्टता और पहचान बनाए रखने की युक्ति के आधार पर इसके प्रति भी सहिष्णुता बरती जाए? भारतीय मुसलमानों के बीच भी मौखिक तलाक और पर्दा जैसी सामाजिक बुराइयाँ मौजूद हैं, जो लिंग समानता के विरुद्ध है। नृजातीय अधिकारों के आधार पर वांछनीय सामाजिक सुधारों का विरोध उचित नहीं होगा।

प्रश्न

1. क्या बहुसंस्कृतिवाद एक वरदान है या कि एक अभिशाप? चर्चा कीजिए। (2008)

❑

अध्याय 17

संविधानवाद और संवैधानिक विधि

राजनीति का सम्बन्ध राज्य (state) से होता है। राजनीतिक व्यवस्था लोकतांत्रिक हो चाहे कोई अन्य, किसी भी राजनीतिक व्यवस्था में राजनीतिक शक्ति का, विशेषकर कानून बनाने और अगर आवश्यक हुआ तो उसे बलपूर्वक लागू कराने के राज्य के अधिकार का, इस्तेमाल किन लोगों द्वारा और किन लक्ष्यों को प्राप्त करने के लिए किया जाए, इस बारे में अक्सर नागरिकों के बीच मतभेद रहते हैं।

नागरिकों का एक हिस्सा ऐसा भी होता है, जो राजनीतिक दृष्टि से निष्क्रिय रहता है। दूसरी ओर, **कई नागरिक व्यक्तिगत और सामूहिक रूप से संगठित होकर सरकार को बदलने या उसकी नीतियों और कार्यक्रमों को प्रभावित करने का प्रयत्न करते हैं।** इसके अलावा, स्वयं सरकार या जो लोग सत्ता में हैं, वे भी अपने राजनीतिक लक्ष्यों को प्राप्त करने की कोशिश करते हैं। इन लक्ष्यों को प्राप्त करने के लिए कई विधियों का इस्तेमाल किया जाता है। इन्हीं विधियों को राजनीतिक क्रियाविधि की पद्धतियाँ (Methods of political action) कहा जाता है। **संवैधानिक विधि, सत्याग्रह, क्रान्ति** और **आतंकवाद** राजनीतिक क्रियाविधि की चार मुख्य पद्धतियाँ हैं। भारतीय स्वतंत्रता आन्दोलन में विभिन्न राजनीतिक समूहों द्वारा इन चारों विधियों का इस्तेमाल किया गया है। स्वतंत्रता के बाद भी देश की राजनीति में इन चारों विधियों का इस्तेमाल किया जा रहा है। इसके अलावा, विश्व भर में राजनीतिक लक्ष्यों को प्राप्त करने के लिए इन विधियों का इस्तेमाल किया जा रहा है।

संवैधानिक विधि का सम्बन्ध संविधानवाद से है। संविधानवाद को राजनीति दर्शन के एक सामान्य सिद्धान्त के रूप में देखा जा सकता है, और राजनीतिक क्रियाविधि की एक पद्धति के रूप में भी।

सामान्य सिद्धान्त के रूप में संविधानवाद एक आधुनिक अवधारणा है, जिसके अनुसार **राजनीतिक व्यवस्था को कानून और नियमों द्वारा संचालित होना चाहिए।** संविधानवाद के अन्तर्गत किसी एक व्यक्ति के मनमाने शासन की बजाय कानून के शासन को केन्द्रीय महत्त्व दिया जाता है। निरंकुश राजतन्त्र या तानाशाही में राजा या तानाशाह की मर्जी ही सर्वोपरि होती है। राजा जो बोल दे, वही कानून होता है। वह जो भी आदेश देना चाहे, दे सकता है; किसी विवाद में कुछ भी फैसला सुना सकता है। इसके विपरीत, आधुनिक लोकतंत्र में शासन कानून के आधार पर चलाया जाता है। **कानून के शासन की अवधारणा के साथ यह मान्यता भी जुड़ी हुई**

है कि कानून को न्यायसंगत होना चाहिए और उसे सभी नागरिकों पर एक ढंग से लागू किया जाना चाहिए। कानून की निगाह में सभी नागरिकों को एक समान माना जाता है।

किसी राजनीतिक व्यवस्था के बुनियादी कानून (basic law) को ''संविधान'' कहा जाता है। संविधान में राज्य और राज्य के नागरिकों के अधिकारों का और कानून बनाने की प्रक्रिया आदि महत्त्वपूर्ण बातों का उल्लेख रहता है। किसी राज्य की शासन-व्यवस्था उस राज्य के संविधान के अनुसार ही चलायी जाती है। उदाहरण के तौर पर, भारत के संविधान में, अन्य बातों के अलावा, नागरिकों के मौलिक अधिकारों, सरकार के विभिन्न अंगों—विधायिका, कार्यपालिका और न्यायपालिका—के अधिकारों और कानून बनाने की प्रक्रिया का उल्लेख है।

संवैधानिक व्यवस्था में सरकार के विभिन्न अंगों को संविधान के अनुसार ही काम करना होता है। उदाहरण के तौर पर, भारतीय संसद उन्हीं विषयों पर और उसी प्रक्रिया द्वारा कानून बना सकती है, जो संविधान में बतायी गयी है। न्यायपालिका भी संविधान के दायरे में ही कानून की व्याख्या करती है। न्यायपालिका के सामने लाए गए मुद्दोंपर संविधान और कानून के आधार पर ही फैसला सुनाया जाता है। इसी तरह, कार्यपालिका को भी कानून के अनुसार ही काम करना होता है। **अगर नागरिकों को यह महसूस हो कि संसद द्वारा बनाया गया कोई कानून असंवैधानिक है, या कार्यपालिका का कोई आदेश गैरकानूनी है, या उससे उनके मौलिक अधिकारों का हनन होता है, तो वे उसे अदालत में चुनौती दे सकते हैं।** भारत के संविधान के अन्तर्गत संविधान और कानून की अन्तिम व्याख्या का अधिकार सर्वोच्च न्यायालय (Supreme Court) को प्राप्त है।

राजनीतिक क्रियाविधि के रूप में संविधानवाद

संविधानवाद की ऊपर की गयी चर्चा से ही स्पष्ट हो जाना चाहिए कि राजनीतिक क्रियाविधि की पद्धति के रूप में संविधानवाद क्या है। **जब राजनीतिक लक्ष्यों को प्राप्त करने के लिए संविधान द्वारा मान्यता प्राप्त कानूनी विधियों को अपनाया जाता है, तो उसे संविधानवाद या संवैधानिक विधि कहते हैं।** उदाहरण के तौर पर अगर, भूमि के स्वामित्व के क्षेत्र में गैरबराबरी मिटाने के लिए कोई सरकार कानून द्वारा सीमा से अधिक भूमि अपने हाथ में ले ले, और उसे भूमिहीनों में बाँट दे, तो इसे संवैधानिक विधि कहा जाएगा। इसी तरह, अगर कोई सरकार कानून बना कर पूँजीपतियों पर ट्रस्टीशिप लागू करती है, या ग्रामीण भूमि की तरह शहरी और औद्योगिक सम्पत्ति पर भी कानून द्वारा सीमा लगाती है, तो यह भी संवैधानिक विधि के ही अन्तर्गत आएगा। लेकिन अगर हिंसक या अहिंसक क्रान्ति द्वारा सभी भूमिवानों की भूमि और पूँजीपतियों की सत्पत्ति छीन ली जाए, और उसे सार्वजनिक बना दिया जाए, तो इसे संवैधानिक विधि नहीं माना जाएगा।

किसी व्यक्ति या राजनीतिक दल को सत्ता से हटाने के लिए अगर नागरिक आम चुनाव में उसके विरुद्ध वोट डालते हैं, तो इसे राजनीतिक क्रियाविधि की संवैधानिक

पद्धति का उदाहरण माना जाएगा। लेकिन अगर इस लक्ष्य को प्राप्त करने के लिए राष्ट्रपति या प्रधानमंत्री की हत्या कर दी जाए, तो इसे असंवैधानिक विधि कहा जाएगा। राजनीतिक क्रियाविधि की संवैधानिक पद्धति के और भी कई उदाहरण दिए जा सकते हैं। भारतीय सन्दर्भ में, अगर संसद-सदस्यों द्वारा संसद में सभापति की अनुमति से सरकार का ध्यान किसी आवश्यक मुद्दे की ओर आकर्षित किया जाता है; किसी विधेयक या नीति का समर्थन या विरोध किया जाता है; या फिर अविश्वास प्रस्ताव पारित कर किसी सरकार को गिरा दिया जाता है; तो ये सभी संवैधानिक विधि के ही उदाहरण हैं।

इसी तरह, अगर नागरिकों द्वारा किसी कानून की संवैधानिक वैधता को या कार्यपालिका के किसी आदेश को न्यायालयों में चुनौती दी जाती है; या न्यायालयों के माध्यम से सरकार को जनहित में कोई काम करने के लिए बाध्य करने का प्रयत्न किया जाता है, तो इसे संवैधानिक विधि का उदाहरण माना जाएगा।

भारत के संविधान के अन्तर्गत नागरिकों को कुछ बुनियादी स्वतंत्रताएँ मिली हुई हैं, जैसे, अभिव्यक्ति की स्वतंत्रता, संगठन बनाने की स्वतंत्रता, बिना हथियारों के शान्तिमय तरीके से एकत्रित होने की स्वतंत्रता, आदि। प्रेस की स्वतंत्रता भी अभिव्यक्ति की स्वतंत्रता का ही अंग है। इसलिए, किसी राजनीतिक विचारधारा, नीति या कार्यक्रम के पक्ष-विपक्ष में बैठक, गोष्ठी, सभा, शान्तिमय प्रदर्शन आदि आयोजित करना, या पत्र-पत्रिकाओं में लिखना, कोई राजनीतिक संगठन बनाना—ये सभी संवैधानिक विधि के अन्तर्गत आते हैं।

संक्षेप में, **राजनीतिक लक्ष्यों को प्राप्त करने के लिए संविधान और कानून द्वारा मान्यता प्राप्त जो भी विधि अनायी जाए वह संवैधानिक विधि है।** इस विधि का सम्बन्ध विधायिका, कार्यपालिका, न्यायपालिका और प्रेस की स्वतंत्रता सहित नागरिकों की मौलिक स्वतंत्रताओं से हो सकता है। इसके विपरीत, हत्या, हिंसा या कोई भी गैरकानूनी तरीका संवैधानिक विधि के दायरे से बाहर है।

संवैधानिक विधि की सीमा

लोकतांत्रिक राजनीतिक व्यवस्था के अन्तर्गत संवैधानिक विधि का क्षेत्र काफी व्यापक होता है। किसी लोकतांत्रिक राजनीतिक व्यवस्था में जहाँ तक सम्भव हो आम तौर से राजनीतिक लक्ष्यों को प्राप्त करने के लिए संवैधानिक विधि का ही उपयोग किया जाना चाहिए। **लोकतांत्रिक व्यवस्था सुचारू रूप से चले इसके लिए नागरिकों में कानून के प्रति सम्मान की भावना जरूरी है। आम तौर से नागरिकों द्वारा कानून का पालन किया जाना चाहिए।** अगर नागरिक किसी कानून से असन्तुष्ट हों, तो उसे बदलने के लिए सामान्य तौर से संवैधानिक विधि को ही अपनाना चाहिए। अगर कोई कानून बहुत ही अन्यायपूर्ण हो, तो उसका विरोध करने के लिए अन्तिम विकल्प के रूप में सत्याग्रह का इस्तेमाल किया जा सकता है।

जयप्रकाश नारायण ने अपनी रचनाओं में यह प्रश्न उठाया है कि संवैधानिक विधि से सामाजिक-राजनीतिक क्रान्ति सम्भव है या नहीं। उनके अनुसार सिर्फ संवैधानिक

विधि या कानून के माध्यम से क्रान्ति सम्भव नहीं है। निहित स्वार्थों के जाल को तोड़ने के लिए सत्याग्रह के रूप में जनता की सीधी कार्यवाही भी जरूरी है। एक प्रश्न यह भी उठाया जाता है, कि सत्याग्रह की विधि को संवैधानिक माना जा सकता है या नहीं। इसकी चर्चा ''सत्याग्रह'' के अन्तर्गत आगे की जाएगी।

संवैधानिक विधि की चर्चा करते समय यह ध्यान रखना चाहिए कि अगर किसी राज्य में लोकतंत्र न हो, और संविधान के अन्तर्गत नागरिकों को मौलिक स्वतंत्रताएँ प्राप्त न हों, तो ऐसे में संवैधानिक विधि का दायरा बहुत सीमित हो जाता है। ऐसे में सत्याग्रह और अन्य क्रान्तिकारी विधियों का सहारा लेना अनिवार्य हो जा सकता है। भारत की स्वतंत्रता के आन्दोलन में संवैधानिक विवि को अनाया गया था, लेकिन इसमें सन्देह है कि सिर्फ संवैधानिक विधि के प्रयोग से भारत को आजादी मिल पाती।

प्रश्न

1. निम्नलिखित पर आलोचनात्मक टिप्पणी लिखिए। टिप्पणी 200 शब्दों से अधिक न हो—
   (क) संविधानवाद की सीमाएँ (1992)

❑

अध्याय 18

सत्याग्रह

सत्याग्रह की विधि राजनीति को गाँधी का एक महत्त्वपूण योगदान है। गाँधी को इसकी प्रेरणा रूसी लेखक-विचारक तॉल्स्तॉय की रचनाओं से मिली। अमरीकी विचारक थ्यूरो ने भी सविनय अवज्ञा के विचार का प्रतिपादन किया था, और व्यक्तिगत तौर पर इसका प्रयोग भी किया था। गाँधी ने इसे और भी विकसित किया, और पहली बाहर बड़े पैमाने पर राजनीति में इसका इस्तेमाल किया।

सत्याग्रह की विधि पर प्रयोग गाँधी ने पहले-पहल दक्षिण अफ्रीका में उन कानूनों के विरुद्ध किया जिनके द्वारा भारतीय लोगों के साथ भेदभाव बरता जाता था। उस समय इस विधि को ''निष्क्रिय प्रतिरोध'' (passive resistance) के नाम से जाना जाता था। बाद में गाँधी ने इसे ''सत्याग्रह'' का नाम दे दिया, क्योंकि उनके अनुसार यह निष्क्रिय नहीं, बल्कि एक सक्रिय विधि है। भारत की स्वतंत्रता के आन्दोलन में गाँधी ने पहली बार सत्याग्रह की विधि का इस्तेमाल चम्पारण (बिहार) में किया। इसके बाद से सारे भारत में ब्रिटिश सरकार के विरुद्ध इसका बड़े पैमाने पर इस्तेमाल हुआ। स्वतंत्रता मिलने के बाद भी भारत की राजनीति में विभिन्न राजनीतिक दलों और गैरदलीय समूहों एवं आन्दोलनों द्वारा इस विधि का प्रयोग किया गया है। सत्याग्रह की विधि का इस्तेमाल सिर्फ सरकार के विरुद्ध ही नहीं, बल्कि छुआछूत जैसी सामाजिक कुप्रथाओं के विरुद्ध भी किया गया है। गाँधी के अनुसार सत्याग्रह की विधि का इस्तेमाल परिवार में भी किया जा सकता है।

सत्याग्रह का अर्थ

''सत्याग्रह'' शब्द दो शब्दों से मिलकर बना है ''सत्य'' और ''आग्रह''। ''सत्याग्रह'' का अर्थ है ''सत्य के लिए आग्रह''। सत्याग्रही दृढ़ निश्चय के साथ, हर कष्ट को सहता हुआ और हर त्याग करता हुआ, सत्य पर टिका रहता है। गाँधी के अनुसार सत्य को अहिंसा द्वारा प्राप्त किया जा सकता है। ''अहिंसा'' की व्याख्या गाँधी भावात्मक रूप से करते थे। उनके अनुसार ''अहिंसा'' का अर्थ मात्र हिंसा का अभाव नहीं, बल्कि प्रेम है। सत्याग्रह में प्रेम और संयम के साथ सामने वाले व्यक्ति के विचारों में परिवर्तन लाने का प्रयत्न किया जाता है। इस तरह, **सत्याग्रह की विधि सत्य और अहिंसा के नैतिक मूल्यों पर आधारित है।**

सत्याग्रह का नैतिक आधार

सत्याग्रह की विधि सत्य और अहिंसा के नैतिक मूल्यों पर तो आधारित है ही।

इसके अलावा, सत्याग्रह के मूल में यह विश्वास भी निहित रहता है कि **प्रत्येक मानव मूलतः स्वभाव से अच्छा होता है।** इसलिए, सत्याग्रह का उद्देश्य सामने वाले व्यक्ति को पराजित या अपमानित करना नहीं होता है; बल्कि उसकी अन्तर्निहित मानवीय भावनाओं को जगा कर, उसके विचारों में परिवर्तन लाना होता है। सत्याग्रही का उद्देश्य प्रेम द्वारा गलत काम करने वाले व्यक्ति की न्याय की भावना को जगा कर उसे सुधारना होता है।

गाँधी साध्य और साधना की एकता में विश्वास रखते थे। उनकी यह मान्यता थी कि साधन को साध्य के अनुरूप होना चाहिए। उनके अनुसार आदर्श समाज को सत्य और अहिंसा पर आधारित होना चाहिए, और इस लक्ष्य को सत्य और अहिंसा पर आधारित विधि या सत्याग्रह की विधि द्वारा ही प्राप्त किया जा सकता है।

सत्याग्रह की प्रक्रिया

गाँधी के अनुसार सत्याग्रह का इस्तेमाल **अंतिम औजार के रूप में किया जाना चाहिए।** सत्याग्रह व्यक्ति को पहले निष्पक्ष भाव से इस बात की जाँच कर लेनी चाहिए कि उसकी अपनी माँगें सही या न्यायोचित हैं या नहीं। उसे अपने दिमाग से सामने वाले व्यक्ति के प्रति हिंसा और नफरत की भावना को पूरी तरह निकाल देना चाहिए। पहले सामने वाले व्यक्ति को समझा-बुझा कर उसके विचारों में परिवर्तन लाने का प्रयत्न करना चाहिए। हर कदम पर सामने वाले व्यक्ति को सुधरने का पूरा मौका देना चाहिए। अगर इसमें सफलता न मिले, तभी अन्तिम विकल्प के रूप में सत्याग्रह का रास्ता अपनाना चाहिए। वैसे, **व्यापक अर्थ में सामने वाले व्यक्ति को समझाने का प्रयत्न भी सत्याग्रह का अंग है।**

सत्याग्रही के गुण

गाँधी के अनुसार सत्याग्रह की विधि को अपनाने के लिए नैतिक तैयारी जरूरी है। सत्याग्रही को **निस्वार्थ, निर्भय, ईमानदार और अनुशासित होना चाहिए।** इसके अलावा, सत्याग्रही को कष्ट सहने और त्याग करने के लिए तैयार रहना चाहिए। **सत्याग्रही को मन, वचन और कर्म से सत्य और अहिंसा का पालन करना चाहिए। सत्याग्रही की कथनी और करनी में एकता भी बहुत जरूरी है। सत्याग्रही व्यक्ति को सबसे पहले अपने-आप को उन बुराइयों से मुक्त कर लेना चाहिए, जिनके विरुद्ध वह संघर्ष कर रहा हो।** इन सब बातों के अलावा यह भी जरूरी है कि सत्याग्रही मानव की अन्तर्निहित अच्छाई में विश्वास रखता हो। अगर नैतिक तैयारी के बिना सत्याग्रह की विधि का उपयोग किया जाए, तो वह प्रभावी नहीं रह जाता है, और सफलता की सम्भावना भी कम हो जाती है।

गाँधी के अनुसार सत्याग्रह कमजोर लोगों का हथियार नहीं है। सत्याग्रह के लिए हर तरह का कष्ट—लाठी, गोली और यहाँ तक कि मृत्यु—का सामना करने का साहस चाहिए। अगर सत्याग्रही व्यक्तियों में अपनी माँगों के न्यायोचित होने पर पूरा विश्वास न हो, और दमन का सामना करने का नैतिक बल न हो, तो फिर ऐसे में सत्याग्रह पर आधारित आन्दोलन अधिक समय तक नहीं चल सकता है।

सत्याग्रह के रूप

सत्याग्रह के कई रूप हैं—(i) **सविनय अवज्ञा**—इसके अन्तर्गत किसी अनुचित समझे जाने वाले कानून को तोड़ने और टैक्स नहीं देने का अभियान शामिल है। लेकिन कानून तोड़ने के बाद सत्याग्रही स्वेच्छा से उसकी सजा भुगतने के लिए भी तैयार रहता है। उदाहरण के तौर पर, स्वतंत्रता आन्दोलन के दौरान गाँधी द्वारा ''नमक सत्याग्रह'' के जरिए नमक कानून को तोड़ा गया था। (ii) **असहयोग**—अन्याय करने वाले व्यक्ति या सरकार से असहयोग करना। (iii) **बन्द या हड़ताल**—विरोध व्यक्त करने के लिए काम-काज बन्द कर देना। (iv) **अनशन**—विरोध व्यक्त करने के लिए, किसी माँग के समर्थन में या अच्छी भावनाओं को जगाने के लिए उपवास करना। गाँधी ने हिन्दू-मुस्लिम दंगों को शान्त करने के लिए और कई अन्य अवसरों पर आमरण अनशन का सहारा लिया था।

सत्याग्रह और संविधानवाद

कभी-कभी यह प्रश्न भी उठाया जाता है कि सत्याग्रह की विधि संवैधानिक है या असंवैधानिक। भारत जैसे संसदीय लोकतंत्र में सत्याग्रह की विधि को अपनाने का क्या औचित्य है? सत्याग्रह के अन्तर्गत कई बार नागरिकों द्वारा उन कानूनों को जान-बूझकर तोड़ा जाता है, जिन्हें वे अन्यायपूर्ण समझते हैं। इसलिए, अगर हम संवैधानिक विधि की व्याख्या कानून द्वारा मान्यता प्राप्त विधि के रूप में करते हैं, तो सत्याग्रह की विधि असंवैधानिक मालूम देती है। लेकिन सत्याग्रह के अन्य रूप भी हैं, जैसे, बन्द या हड़ताल। अगर किसी मुद्दे पर अपनी असहमति या विरोध व्यक्त करने के लिए नागरिक स्वेच्छा से काम-काज बन्द कर देते हैं, तो इसमें असंवैधानिक कुछ भी नहीं है। सविनय अवज्ञा के अन्तर्गत सत्याग्रही द्वारा कानून को जरूर तोड़ा जाता है, लेकिन ऐसी स्थिति में भी सत्याग्रही उस कानून को तोड़ने की कानून द्वारा निर्धारित सजा भुगतने के लिए तैयार रहता है। इस तरह सत्याग्रही कानून को तोड़ते हुए भी सरकार के कानून बनाने और उसे लागू करने के अधिकार को चुनौती नहीं देता है, बल्कि वह स्वयं कष्ट सह कर किसी कानून-विशेष के अन्यायपूर्ण चरित्र की ओर अपनी सरकार और आम जनता का ध्यान आकर्षित करता है। इसलिए, **सत्याग्रह की विधि को हिंसा और आतंकवाद की तरह पूरी तरह असंवैधानिक भी नहीं कहा जा सकता है।**

यह सही है कि भारत जैसे लोकतांत्रिक देश में संवैधानिक विधि का दायरा काफी व्यापक है, और राजनीतिक लक्ष्यों को प्राप्त करने के लिए आमतौर से कानूनी तरीकों को ही अपनाना चाहिए। लेकिन सत्याग्रह तो एक अन्तिम औजार है। गाँधी और जयप्रकाश जैसे सत्याग्रह के समर्थक भी अन्तिम विकल्प के रूप में ही सत्याग्रह की विधि का समर्थन करते थे।

सत्याग्रह का औचित्य

सत्याग्रह, विशेष कर सविनय अवज्ञा के औचित्य के बारे में गाँधी के विचार बिलकुल स्पष्ट हैं। गाँधी के अनुसार आम नागरिकों को यह ध्यान रखना चाहिए कि

उनके सहयोग के बिना सरकार काम नहीं कर सकती है। इसलिए, उन्हें सरकार के कल्याणकारी कार्यों में, अच्छे कानूनों का पालन करने में, और राज्य की रक्षा करने में सरकार के साथ पूरा सहयोग करना चाहिए। लेकिन दूसरी ओर, अगर राज्य जनता का शोषण करे, उनके विकास में बाधा उत्पन्न करे, तो नागरिकों का यह दायित्व हो जाता है कि वे अपना सहयोग वापस ले लें; और नैतिक दबाव एवं अहिंसक असहयोग द्वारा सरकार को सुधरने के लिए बाध्य करें। संक्षेप में, **सरकार द्वारा अनैतिक और अन्यायपूर्ण आचरण ही सत्याग्रह का औचित्य है।** सरकार द्वारा बनाए गए अनैतिक कानूनों का पालन करना नागरिकों का नैतिक दायित्व नहीं है।

सत्याग्रह की सीमा

सत्याग्रह की विधि सामाजिक-राजनीतिक लक्ष्यों को प्राप्त करने के लिए एक उत्तम विधि है। यह सत्य और अहिंसा के मूल्यों पर आधारित एक उच्च आदर्श है। **लोकतांत्रिक व्यवस्था में राजनीतिक लक्ष्यों को प्राप्त करने के लिए संवैधानिक विधि और अन्तिम विकल्प के रूप में सविनय अवज्ञा का इस्तेमाल किया जाना चाहिए।** लोकतांत्रिक व्यवस्था में राजनीतिक लक्ष्यों को प्राप्त करने के लिए हिंसा और आतंकवाद के इस्तेमाल का कोई नैतिक औचित्य नहीं है। जहाँ पर परिस्थितियाँ अलोकतांत्रिक हों, वहाँ पर भी जहाँ तक सम्भव हो, इस विधि का इस्तेमाल किया जाना चाहिए, जैसा कि भारतीय स्वतंत्रता आन्दोलन में किया गया था।

सत्याग्रह के मूल में सामने वाले व्यक्ति की अच्छाई में विश्वास निहित है। इसलिए, सत्याग्रह की सफलता बहुत कुछ सामने वाले की अच्छाई पर निर्भर है। हिटलर और स्टालिन जैसे निर्मम और क्रूर तानाशाहों के सामने सत्याग्रह की विधि कितनी कारगर होगी, इसमें संदेह है। चीन की राजधानी बेइजिंग के प्रमुख चौराहे पर जब लोकतंत्र-समर्थक छात्र-युवा चीनी सेना के टैंकों के आगे लेट गए, तो उन्हें निर्ममतापूर्वक टैंकों द्वारा कुचल दिया गया। इसी तरह, इसमें भी संदेह है कि विदेशी आक्रमणकारी सेना के सामने सत्याग्रह की विधि कारगर हो सकती है। वैसे भी, इसका कोई नैतिक औचित्य नहीं है कि सत्याग्रही क्रूर तानाशाहों या आक्रमणकारी सेनाओं की ''अन्तर्निहित मानवीय भावनाओं'' को जगाने के प्रयत्न में अपने जान की बलि चढ़ा दें। सेना का मुकाबला सेना के जरिए ही किया जाना चाहिए। लेकिन एक लोकतांत्रिक राजनीतिक व्यवस्था में राजनीतिक लक्ष्यों को प्राप्त करने के लिए सत्याग्रह की विधि कारगर हो सकती है।

प्रश्न

1. Write critical note on—
   (a) Satyagraha (1980)
2. निम्नलिखित पर आलोचनात्मक टिप्पणी लिखिए और टिप्पणी 200 शब्दों से अधिक न हो—
   (a) यदि सत्याग्रहरूपी अस्त्र से लड़ाई लड़ी जाती है तो त्वरित विघटन और पराजय सम्भाले गए और कृत्रिम आन्दोलनों की अनिवार्य नियति है। (1986)

3. 'सत्याग्रह' क्या है? इसकी सफलता की शर्तें क्या हैं? और इसकी विविध प्रविधियाँ क्या हैं? विवेचना कीजिए। (1987)
4. क्या कोई नागरिक कभी अपनी सरकार की अवज्ञा कर सकता है? फासिस्टवाद, साम्यवाद और सर्वोदय दर्शन के अनुसार उत्तर दीजिए और उन मूल्यों की व्याख्या कीजिए जो सनिवय अवज्ञा को उचित ठहराते हैं। (1989)
5. निम्नलिखित कथन पर आलोचनात्मक टिप्पणी लिखिए। टिप्पणी 200 शब्दों से अधिक न हो– (1990)
   (a) सविनय अवज्ञा की सफलता उस सीमा पर निर्भर करती है, जहाँ तक वह न्यायिक प्रक्रिया को रोक सके या विलम्बित कर सके। (1990)
6. निम्नलिखित पर आलोचनात्मक टिप्पणी लिखिए। टिप्पणी 200 शब्दों से अधिक में न हो–
   (a) प्रौढ़ मताधिकार पर आधारित संसदीय लोकतन्त्र में सत्याग्रह की कोई भूमिका नहीं है। (1991)
7. निम्न कथन पर आलोचनात्मक टिप्पणी लिखिए। टिप्पणी 200 शब्दों से अधिक न हो–
   (a) सत्याग्रह की सीमाएँ। (1993)
8. निम्नलिखित पर आलोचनात्मक टिप्पणी लिखिए। टिप्पणी 200 शब्दों से अधिक में न हो–
   (a) सत्याग्रह एक संवैधानिकता के रूप में। (1994)

❑

अध्याय 19

आतंकवाद

आतंकवाद के अन्तर्गत राजनीतिक लक्ष्यों को प्राप्त करने के लिए **सिलसिलेवार ढंग से हिंसा और आतंक का सहारा लिया जाता है।** इसमें हत्याएँ, अपहरण, तोड़-फोड़, सार्वजनिक स्थानों पर बम फेंकना, रेडियो-टी॰वी॰ स्टेशन, रेल, पुल, आदि जैसे महत्त्वपूर्ण ठिकानों को बम से उड़ा देना, हवाई जहाज को ''हाइजैक'' (hijack) करना आदि शामिल है। भारत सहित दुनिया भर में विभिन्न राजनीतिक उद्देश्यों को प्राप्त करने के लिए आतंकवाद का इस्तेमाल किया गया और किया जा रहा है।

ऐसा नहीं है कि आतंकवादी तरीकों का इस्तेमाल सिर्फ गैरसरकारी समूहों द्वारा किया जाता है। अगर सत्ताधिकारियों द्वारा अपने राजनीतिक विरोधियों को दबाने और आतंकित करने के लिए गैरकानूनी ढंग से उनकी हत्या, अपहरण आदि का सहारा लिया जाता है, जैसा कि कुछ देशों में किया गया है, तो उसे भी आतंकवाद ही कहा जाएगा। इस किस्म के आतंकवाद को **''राजकीय आतंकवाद''** (state terrorism) कहा जाता है। कुछ सरकारों द्वारा दूसरे देशों में आतंकवाद को प्रोत्साहन भी दिया जाता है। जबकि दूसरी ओर, आतंकवाद की रोक-थाम के लिए अन्तरराष्ट्रीय स्तर पर प्रयत्न भी किए जा रहे हैं।

आतंकवाद और अराजकतावाद

कभी-कभी **आतंकवाद** (terrorism) और **अराजकतवाद** (anarchism) को एक मान लिया जाता है। आतंकवादियों के लिए ''अराजकतावादी'' (anarchist) शब्द का इस्तेमाल भी किया जाता है, लेकिन यह सही नहीं है। क्रोपोटकिन और बाकुनिन जैसे कुछ रूसी अराजकतावादियों ने राज्यविहीन समाज के अपने लक्ष्य को हासिल करने के लिए आतंकवादी तरीकों को अपनाया था। शायद इसलिए आतंकवाद और अराजकतवाद को कभी-कभी जोड़ दिया जाता है। लेकिन **अराजकतावाद और आतंकवाद एक-दूसरे से अलग हैं**, और इनके बीच कोई अनिवार्य सम्बन्ध नहीं है। अराजकतावाद राजनीति का एक सिद्धान्त है, जिसके अनुसार राज्य एक अनावश्यक बुराई है, और व्यक्ति एक राज्यविहीन समाज में, राज्य जैसी किसी बाहरी संस्था द्वारा हस्तक्षेप और बल-प्रयोग के बिना भी, परस्पर सहयोग और सद्भावना से जीवन बिता सकते हैं। दूसरी ओर, **आतंकवाद राजनीतिक लक्ष्यों को प्राप्त करने का एक तरीका है।** यह जरूरी नहीं है कि हर अराजकतावादी अपने लक्ष्य को प्राप्त करने के लिए आतंकवाद का ही सहारा ले। उदाहरण के तौर पर, गाँधी के राजनीतिक चिन्तन में भी अराजकतावादी प्रवृतियाँ हैं (देखें, ''सर्वोदय''), लेकिन गाँधी ने अपने

राजनीतिक लक्ष्य को प्राप्त करने के लिए सत्याग्रह की विधि को अपनाया। वे हिंसा और आतंकवाद के पूरी तौर से विरुद्ध थे।

जिस तरह, यह जरूरी नहीं है कि प्रत्येक अराजकतावादी आतंकवादी हो, उसी तरह यह भी जरूरी नहीं है कि हर आतंकवादी अराजकतावादी हो। **आतंकवादी विधि का इस्तेमाल विभिन्न राजनीतिक उद्देश्यों के लिए किया जाता है।** उदाहरण के तौर, भारतीय स्वतन्त्रता आन्दोलन में भी आतंकवादी तरीकों का इस्तेमाल किया गया था। स्वतन्त्र भारत में पंजाब और कश्मीर में अलगाववादियों द्वारा आतंकवादी तरीकों का इस्तेमाल किया गया। इसी तरह, नक्सलवादियों द्वारा भूपतियों को आतंकित करने और साम्यवाद की दिशा में बढ़ने के लिए आतंकवादी तरीकों का इस्तेमाल किया गया। अन्तरराष्ट्रीय स्तर पर श्रीलंका में ''तमिल टाइगर्स'' द्वारा स्वतन्त्र तमिल राज्य की स्थापना के लिए आतंकवादी तरीकों का उपयोग किया गया। एक समय फिलीस्तीनी मुक्ति आन्दोलन (पी०एल०ओ) द्वारा स्वतन्त्र फिलीस्तीनी राज्य की स्थापना के लिए आतंकवादी तरीकों को अपनाया गया था। अमरीकी विदेश नीति से असन्तुष्ट कुछ समूहों द्वारा अमेरिका पर भी समय-समय पर आतंकवादी हमले किए गए हैं। कई सरकारों द्वारा राजनीतिक विरोध को दबाने के लिए आतंकवादी तरीकों को अपनाया जाता है। संक्षेप में, आतंकवाद राजनीतिक क्रियाविधि की एक पद्धति है। इसका इस्तेमाल विदेशी शासन का विरोध करने, स्वतंत्र राज्य की स्थापना करने, राजनीतिक विरोध को दबाने और अन्य राजनीतिक उद्देश्यों के लिए भी किया जा सकता है। इसका अराजकतावाद के साथ कोई अनिवार्य सम्बन्ध नहीं है।

आतंकवाद : साधन और साध्य

राजनीतिक नैतिकता के बारे में दो तरह के दृष्टिकोण हैं। एक दृष्टिकोण लेनिन का है, जिसके अनुसार अच्छे लक्ष्य को प्राप्त करने के लिए कोई भी साधन अपनाया जा सकता है। अगर लक्ष्य हो क्रान्ति करना, तो फिर इस लक्ष्य को हासिल करने के लिए झूठ या हिंसा को भी अपनाया जा सकता है, चाहे यह ''बुर्जुआ'' नैतिकता की दृष्टि से कितना भी अनुचित क्यों न मालूम दे। इस दृष्टि से देखने पर स्वतन्त्रता जैसे लक्ष्य को प्राप्त करने के लिए आतंकवादी तरीकों को भी अपनाया जा सकता है।

दूसरा दृष्टिकोण गाँधी का है, जिसके अनुसार सिर्फ साध्य का अच्छा होना पर्याप्त नहीं है। अच्छे साध्य को प्राप्त करने के लिए साधन का भी अच्छा होना जरूरी है। साधन को साध्य के अनुरूप होना चाहिए। इस दृष्टि से आतंकवादी तरीकों को सही नहीं माना जा सकता है। **आतंकवादियों के इरादे चाहे कितने भी नेक क्यों न हों, उन्हें उनके द्वारा अपनाए गए तरीके के कष्टदायी परिणामों की जिम्मेवारी से मुक्त नहीं किया जा सकता है।** उदाहरण के तौर पर, कई बार आतंकवादियों द्वारा ऐसे लोगों की भी हत्या कर दी जाती है, या अपहरण कर लिया जाता है, जिनका उस वास्तविक या काल्पनिक अन्याय से कोई सम्बन्ध नहीं होता है, जिसका वे विरोध कर रहे होते हैं।

दरअसल, साधन की दृष्टि से जो सबसे महत्त्वपूर्ण प्रश्न है, वह यह है कि क्या अपनाए गए साधनों से वास्तव में उन साध्यों को प्राप्त किया जा सकता है, जिन्हें हासिल करने के लिए वे साधन अपनाए गए हैं। इस अर्थ में साधन को साध्य के अनुरूप होना चाहिए, क्योंकि अगर साधन का चुनाव सोच-समझ कर नहीं किया जाता है, तो तमाम नेक इरादों के बावजूद परिणाम उल्टा हो सकता है।

आतंकवाद और लोकतन्त्र

क्या किसी लोकतान्त्रिक व्यवस्था में नागरिकों द्वारा आतंकवादी विधि को अपनाए जाने का कोई नैतिक औचित्य है?—यह एक महत्त्वपूर्ण प्रश्न है। किसी भी लोकतान्त्रिक राजनीतिक व्यवस्था में नागरिकों को अभिव्यक्ति की, संगठन बनाने की और शान्तिमय तरीके से प्रदर्शन करने की स्वतन्त्रता रहती है। सरकार का निर्वाचन भी समय-समय पर नागरिकों द्वारा ही किया जाता है। सरकार को नियन्त्रित करने या बदलने के लिए नागरिकों के पास कई संवैधानिक तरीके उपलब्ध रहते हैं। इसके अलावा, आवश्यकता पड़ने पर लोकतन्त्र के दायरे में सविनय अवज्ञा सहित सत्याग्रह की विधि को भी अपनाया जा सकता है। यहाँ तक कि शान्तिमय तरीके से लोकतान्त्रिक क्रान्ति के लिए भी काम करना सम्भव रहता है। ऐसे में हिंसक या आतंकवादी विधि को अपनाने का कोई औचित्य नहीं है।

अगर जन-समर्थन प्राप्त हो, तो लोकतान्त्रिक व्यवस्था में राजनीतिक लक्ष्यों को लोकतान्त्रिक तरीके से प्राप्त किया जा सकता है, और अगर जन-समर्थन के अभाव में आतंकवादी तरीकों को अपनाया जाता है, तो इसका अर्थ यह हुआ कि आतंकवादी **अल्पमत में होने के बावजूद भी जबरदस्ती अपनी बात जनता पर लादना चाहते हैं। यह सरासर अनुचित है।** ऐसी परिस्थिति में आतंकवाद की परिणति किसी-न-किसी किस्म की तानाशाही में ही हो सकती है। अगर आतंकवादी समूह यह दावा करते है कि वे जो कुछ कर रहे हैं, वह ''जनहित'' में कर रहे हैं, तो फिर उनमें इतना संयम भी होना चाहिए कि वे जिनके हित में काम करने का दावा कर रहे हैं, उन्हें अपनी बात समझा कर उनका समर्थन हासिल कर सकें।

अलोकतान्त्रिक परिस्थितियों में भी जहाँ तक सम्भव हो लोकतान्त्रिक और सत्याग्रह का रास्ता ही श्रेष्ठ है, क्योंकि इसमें साधन और साध्य के बीच एकता रहती है। लेकिन, अगर किसी राजनीतिक व्यवस्था में विरोध से सारे रास्ते बन्द हों, और सत्याग्रह को भी निर्ममतापूर्वक कुचल दिया जाए, तो ऐसे में क्रूर तानाशाहों के विरुद्ध अगर सम्भव हो तो आतंकवाद का रास्ता भी अपनाया जा सकता है। मगर ऐसी स्थिति में भी **निर्दोष लोगों के अपहरण और हत्या का कोई औचित्य नहीं हो सकता है।** अगर आतंकवादी अपने राजनीतिक लक्ष्यों को प्राप्त करने के लिए निर्दोष लोगों की हत्या करते हैं, या उन्हें यंत्रणा और कष्ट देते हैं, तो इसका अर्थ यह हुआ कि वे उनका इस्तेमाल मात्र साधन के रूप में करते हैं। यह इस नैतिक सिद्धान्त के विरुद्ध है कि **प्रत्येक व्यक्ति का जीवन, सुख और स्वतन्त्रता अपने-आप में साध्य है, किसी दूसरे के लक्ष्यों का साधन नहीं।**

आतंकवाद की सीमा

अगर लोकतान्त्रिक व्यवस्था में आतंकवादी तरीके अपनाए जाते हैं, तो आतंकवादी समूहों द्वारा जन-समर्थन प्राप्त करना या जनमत को अपने पक्ष में करना और भी कठिन हो जाता है। अपने तौर-तरीकों के कारण वे जनसहानुभूति और समर्थन खो बैठते हैं, जो किसी भी आन्दोलन की सफलता के लिए बहुत जरूरी है। दूसरी ओर, सरकार को भी आतंकवाद के कारण दमनकारी और लोकतन्त्र-विरोधी कानूनों को लागू करने का मौका मिल जाता है। बाद में इन कानूनों का दुरुपयोग शान्तिमय और लोकतान्त्रिक राजनीतिक विरोधियों के विरुद्ध भी किया जाने लगता है। लोकतान्त्रिक सरकार को हिंसा और आतंक फैलाने वालों को सजा देने का पूरा अधिकार है, लेकिन यह काम **मानव अधिकारों का उल्लंघन किए बिना** किया जाना चाहिए। दूसरी ओर, आतंकवादी समूहों को भी यह समझना चाहिए कि वे अपने तौर-तरीकों से ज्यादा-से-ज्यादा कुछ समय तक सरकार और जनता को परेशान कर सकते हैं, लेकिन इससे अधिक कुछ भी हासिल नहीं कर सकते हैं। आतंकवादियों और सरकारी सेना के बीच सीधी टक्कर का परिणाम क्या होगा, इसे आसानी से समझा जा सकता है। सामान्य तौर पर भी आतंकवाद की यही सीमा है। आतंकवादी समूहों के लिए इधर-उधर कमजोर ठिकानों पर हमला करना सम्भव है, लेकिन किसी आधुनिक सेना से सीधी टक्कर लेना सम्भव नहीं है।

स्वतन्त्र भारत में आतंकवाद

भारतीय स्वतन्त्रता आन्दोलन में तो कुछ लोगों द्वारा आतंकवादी तरीकों का इस्तेमाल किया ही गया। इसके अलावा, स्वतन्त्रता के बाद भी भारत की राजनीति में आतंकवादी तरीकों का इस्तेमाल किया गया है। आजादी के कुछ ही समय बाद गाँधी की हत्या कर दी गयी। अस्सी के दशक में उस समय आतंकवादी हिंसा अपनी चरम सीमा पर पहुँच गयी, जब 1984 में तत्कालीन प्रधानमंत्री इन्दिरा गाँधी की हत्या कर दी गयी। 1991 में भूतपूर्व प्रधानमंत्री राजीव गाँधी की हत्या कर दी गयी। 2001 में भारतीय संसद पर भी आतंकवादी हमला हो चुका है। 2008 में मुम्बई में भी आतंकवादी हमले हो चुके हैं।

अस्सी और नब्बे के दशक में पंजाब, कश्मीर, असम सहित उत्तर-पूर्व और दक्षिण में तमिलनाडु में आतंकवाद की समस्या रही है। इसके अलावा, आन्ध्रप्रदेश, झारखंड और बिहार में नक्सलवादी समूहों और उनके दक्षिणपंथी विरोधियों द्वारा भी आतंकवादी तरीके अपनाए गए हैं। दरअसल, आतंकवाद की समस्या बहुत जटिल है। इस बात की चर्चा पहले भी की जा चुकी है कि अलग-अलग राजनीतिक समूहों द्वारा अलग-अलग राजनीतिक उद्देश्यों को प्राप्त करने के लिए आतंकवादी तरीके अपनाए जाते हैं। इसलिए, आतंकवाद के कारण और निदान के बारे में कोई सामान्य समाधान प्रस्तुत कर पाना बहुत मुश्किल है।

अलग-अलग क्षेत्रों में आतंकवाद के अलग-अलग कारण हो सकते हैं। वैसे देखा जाए तो छिट-पुट समूहों द्वारा आतंकवाद कोई बहुत बड़ी समस्या नहीं है। इससे कानूनी उपायों द्वारा आसानी से निबटा जा सकता है। दरअसल, आतंकवाद एक बड़ी

समस्या तब बनती है, जब उसे जनता के एक बड़े हिस्से की सहानुभूति प्राप्त होने लगती है। ऐसा क्यों होता है?

आम तौर से ऐसा तभी होता है, जब—

(1) आतंकवादियों द्वारा उठायी जा रही माँगों को जनता के एक हिस्से का समर्थन प्राप्त हो।

(2) जब जनता का एक बड़ा हिस्सा चाहे सही या गलत रूप में यह महसूस करने लगा हो कि लोकतान्त्रिक तरीकों से उनकी जायज मांगों को पूरा किया जाने के रास्ते बन्द हो चुके हैं।

(3) आतंकवादी हिंसा से निबटने के लिए सरकारी सुरक्षा सेवाओं द्वारा गैरकानूनी दमन का रास्ता अपनाया जाता हो। ऐसा होने पर आम जनता के एक हिस्से की सहानुभूति आतंकवादियों को मिल जाती है।

यह नहीं भूलना चाहिए कि आतंकवादी व्यक्ति और समूह अपने उद्देश्यों को प्राप्त करने के लिए दूसरों की जान तो लेते ही हैं, पर, इसके अलावा, वे एक तरह से अपने उद्देश्यों को प्राप्त करने के लिए अपने जान की बाजी भी लगा देते हैं। कोई भी व्यक्ति ऐसा बहुत आसानी से या हल्के ढंग से नहीं करेगा। इसलिए, आतंकवाद की समस्या को सुलझाने के लिए जिस किसी भी क्षेत्र में आतंकवाद पनप रहा हो, वहाँ की सामाजिक-राजनीतिक-आर्थिक परिस्थितियों का विस्तृत अध्ययन करने के बाद, इस समस्या को जड़ से समाप्त करने का प्रयत्न करना चाहिए। उदाहरण के तौर पर, पश्चिम एशिया की अन्तरराष्ट्रीय समस्या को लें। इसराइल को कुछ फिलीस्तीनी समूहों द्वारा आतंकवाद का सामना करना पड़ा है। अगर गहराई से देखा जाए तो इसराइल द्वारा फिलीस्तीनी क्षेत्र पर सैनिक कब्जा इस समस्या का मूल कारण है। स्वतन्त्र फिलीस्तीनी राज्य की स्थापना के बिना इस समस्या का समाधान सम्भव नहीं है। इसराइल की सरकार काफी समय से सिर्फ सैनिक उपायों द्वारा इसका समाधान करने का प्रयत्न कर रही है, लेकिन उसे इसमें सफलता नहीं मिली है।

सामान्य तौर पर, अगर आतंकवाद के एक बड़ी समस्या बनने के ऊपर बताए गए कारणों को ध्यान में रखा जाए, तो यह भी समझा जा सकता है कि आतंकवाद की समस्या को सुलझाने के लिए क्या किया जाना चाहिए—

(1) अगर आतंकवादियों की कुछ माँगें न्यायोचित हों और उन्हें जनता के बड़े हिस्से का समर्थन प्राप्त हो, तो ऐसी माँगों को संविधान और कानून के दायरे में पूरा किया जाना चाहिए।

(2) अगर प्रभावित क्षेत्र में किन्हीं कारणों से लोकतान्त्रिक प्रक्रिया रुक गयी हो, तो उसे फिर से बहाल किया जाना चाहिए। जैसे यह बात सही है कि लोकतान्त्रिक व्यवस्था में हिंसा और आतंकवादी तरीकों को अपनाने का कोई औचित्य नहीं है, वैसे ही यह भी सही है कि लोकतान्त्रिक स्वतन्त्रताओं और सरकार में जनता की हिस्सेदारी के अभाव में राजनीतिक समूहों द्वारा आतंकवादी तरीके अपनाए जाने की सम्भावना बढ़ जाती है।

(3) अगर किसी लोकतान्त्रिक व्यवस्था में लोकतान्त्रिक उपायों के उलब्ध रहने पर भी राजनीतिक समूहों द्वारा हिंसा और आतंकवाद का रास्ता अपनाया जाए, तो ऐसे में किसी लोकतान्त्रिक राज्य को ऐसे समूहों के विरुद्ध कार्यवाही करने का पूरा अधिकार है। लेकिन ऐसा कानूनी तरीके से मानव अधिकारों का उल्लंघन किए बिना किया जाना चाहिए। **निजी समूहों द्वारा आतंकवाद का उत्तर सरकारी आतंकवाद नहीं है।** यही सही है कि निजी आतंकवादी समूहों द्वारा भी मानव अधिकारों का उल्लंघन किया जाता है। लेकिन इसका अर्थ यह नहीं है कि लोकतान्त्रिक सरकार भी, लोकतन्त्र के सिद्धान्तों को त्याग कर, मानव अधिकारों का उल्लंघन करना शुरू कर दे! इस सन्दर्भ में लोकतान्त्रिक राज्य और सरकार की जिम्मेवारियाँ कहीं बड़ी होती हैं।

कभी-कभी कहा जाता है कि कुछ भारतीय राज्यों में पनपने वाले आतंकवाद का मुख्य कारण विदेशी राष्ट्रों का हस्तक्षेप है। लेकिन आतंकवाद की ऊपर की गयी चर्चा के आधार पर यह समझा जा सकता है कि यह बात पूरी तौर से सही नहीं है। वैसे सीमावर्ती प्रान्तों में विदेशी राष्ट्रों के सरकारी या गैरसरकारी हस्तक्षेप की सम्भावना से इनकार नहीं किया जा सकता है। कुछ हद तक ऐसा होता भी है। लेकिन इसे भारत में आतंकवाद का एकमात्र या मुख्य कारण नहीं माना जा सकता है।

विदेशी राष्ट्रों के हस्तक्षेप से छिट-पुट आतंकवादी घटनाएँ जरूर करवायी जा सकती हैं, लेकिन जैसी कि पहले भी चर्चा की गयी है, आतंकवाद की समस्या बड़ी समस्या तभी बनती है, जब उसे स्थानीय जनता के एक बड़े हिस्से की सहानुभूति प्राप्त हो। इसके बिना आतंकवादियों के लिए सुरक्षा सेवाओं के सामने टिक पाना सम्भव नहीं होता है। लोकतान्त्रिक प्रक्रियाओं को रोक दिया जाना भी आतंकवाद के पनपने का एक बड़ा कारण है। अगर देश के किसी हिस्से में अनाधिकार विदेशी हस्तक्षेप हो रहा हो, तो उस पर निश्चय ही रोक लगनी चाहिए, लेकिन साथ ही अपने देश में मौजूद आतंकवाद की जड़ों की ओर भी ध्यान देना चाहिए।

प्रश्न

1. Comment in about 200 words—
   (a) Ethics of terrorism (1981)
2. भारत में आतंकवाद के वर्तमान उभार के क्या कारण हैं? उसके दूर करने के सम्भव उपाय क्या हैं? (1985)
3. आतंकवाद क्या है? क्या राजनीतिक कर्म की एक पद्धति के रूप में आतंकवाद का औचित्य किसी अर्थ में सिद्ध किया जा सकता है? अपने उत्तर के पक्ष में युक्ति दीजिए। (1987)
4. निम्नलिखित पर आलोचनात्मक टिप्पणी लिखिए और टिप्पणी 200 शब्दों से अधिक शब्दों में न हो—
   (a) आतंकवाद, जो कुछ भारतीय राज्यों में फल रहा है, का मुख्य कारण विदेशी राष्ट्रों का हस्तक्षेप है। (1988)
5. 'जब सत्याग्रह विफल हो जाता है तब आतंकवाद पैदा हो जाता है।' क्या आप उपर्युक्त कथन से सहमत हैं? अपने उत्तर के लिए तर्क दीजिए। (1992)
6. निम्नलिखित पर आलोचनात्मक टिप्पणी लिखिए। टिप्पणी 200 शब्दों से अधिक में न हो—
   (a) आतंकवाद और लोकतन्त्र (1994)

❑

अध्याय 20

क्रान्ति

"क्रान्ति" का अर्थ

"क्रान्ति" शब्द का प्रयोग गैरराजनीतिक सन्दर्भों में भी किया जाता है, जैसे, दार्शनिक क्रान्ति, औद्योगिक क्रान्ति, फैशन के क्षेत्र में क्रान्ति, हरित क्रान्ति, वगैरह-वगैरह। लेकिन "क्रान्ति" शब्द के इन सभी प्रयोगों में एक बात सामान्य है—जब **किसी व्यवस्था या स्थिति में औसत से काफी तेज गति से बुनियादी परिवर्तन आता है, तो उसे "क्रान्ति" कहा जाता है।**

राजनीतिक क्रियाविधि की पद्धति के रूप में क्रान्ति की वकालत करने का अर्थ है **स्थापित राजनीतिक व्यवस्था को जड़ से उखाड़ फेंकने या उसमें तेजी से बुनियादी परिवर्तन लाने की वकालत करना।**

क्रान्ति की दिशा

क्रान्ति के साथ **तेज गति** और **बुनियादी परिवर्तन** के अतिरिक्त क्रान्ति की **दिशा** की अवधारणा भी जुड़ी रहती है। क्रान्ति के समर्थक किसी भी दिशा में तेजी से आने वाले बुनियादी परिवर्तन को क्रान्ति नहीं कहते हैं। बल्कि वे जिन राजनीतिक आदर्शों का समर्थन करते हैं, उन आदर्शों की दिशा में तेजी से आए बुनियादी परिवर्तन को क्रान्ति कहते हैं। उसके विपरीत दिशा में तेजी से आए बुनियादी परिर्वतन को **"प्रतिक्रान्ति"** (counter revolution) कहा जाता है।

इस तरह, कोई राजनीतिक परिवर्तन "क्रान्ति" है या "प्रतिक्रान्ति"' यह देखने वाले के राजनीतिक दृष्टिकोण पर निर्भर करता है। उदाहरण के तौर पर, अगर किसी लोकतान्त्रिक राजनीतिक व्यवस्था में लोकतन्त्र को जड़ से उखाड़ फेंका जाए और उसके बदले कम्युनिस्ट तानाशाही की स्थापना हो जाए, तो परम्परागत साम्यवादी दृष्टिकोण से इसे "क्रान्ति" कहा जाएगा, लेकिन लोकतान्त्रिक दृष्टि से इसे प्रतिक्रान्ति ही कहा जा सकता है। इसी तरह, भूतपूर्व सोवियत संघ से निकले राज्यों और पूर्वी यूरोप के कई राज्यों में साम्यवाद की जगह लोकतन्त्र की स्थापना को लोकतान्त्रिक दृष्टि से "क्रान्ति" कहा जाएगा, और रूढ़िवादी साम्यवादी दृष्टिकोण से "प्रतिक्रान्ति"।

"क्रान्ति" और "सुधार"

"क्रान्ति" (revolution) और **"सुधार"** (reform) के बीच अक्सर अन्तर किया जाता है। अगर स्थापित राजनीतिक व्यवस्था को जड़ से उखाड़ फेंका जाए, तो उसे "क्रान्ति" और अगर स्थापित व्यवस्था को बनाए रखते हुए, उसके दायरे में

बेहतर दिशा में परिवर्तन लाए जाएँ, तो उसे "सुधार" कहा जाता है। उदाहरण के तौर पर, अगर भारत के वर्तमान संविधान को पूरी तरह अस्वीकार कर दिया जाए, और नए सिरे से नए संविधान के अन्तर्गत ग्राम-स्वराज्य की स्थापना की जाए, तो उसे "क्रान्ति" कहेंगे, और अगर वर्तमान संविधान के दायरे में संवैधानिक संशोधनों और कानून के माध्यम से इस दिशा में बढ़ने का प्रयत्न किया जाए, जैसा कि अभी किया जा रहा है, तो उसे "सुधार" कहा जाएगा।

वास्तव में अगर देखा जाए तो **क्रान्ति और सुधार के बीच डिग्री का ही अन्तर है, विशेषकर एक लोकतान्त्रिक राजनीतिक व्यवस्था में।** उदाहरण के तौर पर, अगर भारत के वर्तमान संविधान के दायरे में राजनीतिक व्यवस्था में व्यापक पैमाने पर तेजी से बुनियादी सुधार लाए जाएँ—भ्रष्टाचार पर रोक लगाने के लिए लोकपाल जैसे संस्थागत उपाय किए जाएँ, चुनाव प्रणाली में सुधार लाया जाए, रेडियो और टी.वी. को स्वायत्तता प्रदान की जाए, राजनीतिक आर्थिक सत्ता का अधिक-से-अधिक विकेन्द्रीकरण किया जाए, आरक्षण और भूमि सुधार कानूनों को तेजी से लागू किया जाए और शहरी एवं औद्योगिक सम्पत्ति पर भी सीमा लगा दी जाए—तो इन सबका का सम्मिलित परिणाम क्रान्तिकारी ही होगा। इस दृष्टि से क्रान्ति के लिए स्थापित लोकतान्त्रिक व्यवस्था को जड़ से उखाड़ फेंकना न आवश्यक है, न उचित। जब वर्तमान लोकतान्त्रिक संविधान के दायरे में जनता के समर्थन से राजनीति में क्रान्तिकारी परिवर्तन ला पाना सम्भव है, तो फिर इस व्यवस्था को उखाड़ फेंकने का क्या औचित्य हो सकता है?

किसी अलोकतान्त्रिक और अधिनायकवादी व्यवस्था में हिंसा और सत्ता में बलपूर्वक परिवर्तन लाना क्रान्ति के लिए आवश्यक हो सकता है, लेकिन यह हर परिस्थिति में क्रान्ति का अनिवार्य अंग नहीं है। उदाहरण के तौर पर, हम जयप्रकाश नारायण के "सम्पूर्ण क्रान्ति" (total revolution) की अवधारणा को लें। सम्पूर्ण क्रान्ति की विधि की चर्चा करते हुए जे॰ पी॰ ने स्पष्ट कहा है कि, "सम्पूर्ण क्रान्ति शान्तिमय तरीके से, समाज के लोकतान्त्रिक ढाँचे को क्षतिग्रस्त किए बिना और जनता की लोकतान्त्रिक जीवन-पद्धति को प्रभावित किए बिना करनी है।"[1]

जे॰ पी॰ के अनुसार लोकशिक्षण द्वारा लोकशक्ति के जागरण, संगठन एवं संघर्ष और रचना की दोहरी प्रक्रिया द्वारा समाज में सम्पूर्ण क्रान्ति सम्भव है। जे॰पी॰ की राय में सिर्फ संवैधानिक विधि द्वारा क्रान्ति सम्भव नहीं है। इसके लिए जनता की सीधी कार्यवाही—सविनय अवज्ञा और असहयोग, संक्षेप में, सत्याग्रह भी आवश्यक है। (सत्याग्रह की विधि हिंसा और आतंकवाद की तरह संविधानवाद के पूरी तौर से विरुद्ध नहीं है। इसकी चर्चा "सत्याग्रह" अध्याय के अन्तर्गत की गयी है।)

इस तरह, जे॰ पी॰ के अनुसार सम्पूर्ण क्रान्ति के लिए न तो भारतीय लोकतान्त्रिक संवैधानिक व्यवस्था को उखाड़ फेंकने की जरूरत है, और न हिंसा और आतंकवाद

1. जयप्रकाश नारायण : ***कारावास की कहानी***, (पटना : बिहार सर्वोदय भण्डार, 1977) पृष्ठ 37.

जैसे असंवैधानिक तरीकों को अपनाने की। **सम्पूर्ण क्रान्ति एक लोकतान्त्रिक क्रान्ति है, जो लोकतान्त्रिक तरीकों से लोकतन्त्र को और अधिक मजबूत बनाने; और स्वतन्त्रता, समता एवं बन्धुता के मूल्यों को जीवन के हर क्षेत्र में उतारने का लक्ष्य सामने रखती है।** इसके अलावा, जे० पी० के अनुसार सम्पूर्ण क्रान्ति कोई एक घटना नहीं है, बल्कि यह निरंतर चलने वाली एक प्रक्रिया है। जे० पी० की राय में समाज में हर समय परिवर्तन होता ही रहता है, लेकिन क्रान्तिकारी परिवर्तन की विशेषता यह होती है कि वह औसत से काफी तेज रफ्तार से होता है, बुनियादी होता है और बेहतर दिशा में होता है।

क्रान्ति और हिंसा

कभी-कभी क्रान्ति को अनिवार्य रूप से हिंसा के साथ जोड़ कर देखा जाता है। उदाहरण के तौर पर, भारतीय स्वतन्त्रता आन्दोलन में जिन लोगों ने हिंसा का प्रयोग किया, उन्हें आम तौर से ''क्रान्तिकारी'' कहा जाता है। लेकिन अगर राजनीतिक क्रान्ति का अर्थ है राजनीतिक व्यवस्था में तेजी से शुभ दिशा में बुनियादी परिवर्तन, तो फिर ''क्रान्ति'' की अवधारणा को अनिवार्यतः ''हिंसा'' के साथ जोड़ने का अर्थ यह हुआ कि इस किस्म का परिवर्तन सिर्फ हिंसक तरीकों से ही लाया जा सकता है, जबकि ऐसा मानने का कोई ठोस कारण नहीं है। वास्तविकता तो यह है कि जयप्रकाश नारायण या जे० पी० जैसे क्रान्ति के समर्थक यह मानते हैं कि हिंसक तरीकों से क्रान्ति हो ही नहीं सकती है। ऐसे में **अवधारणात्मक (conceptual) स्तर पर ''क्रान्ति'' और ''हिंसा'' के बीच अनिवार्य सम्बन्ध जोड़ देना ठीक नहीं है।** ''क्रान्ति'' की परिभाषा, ऊपर दी गयी परिभाषा की तरह, ऐसी होनी चाहिए, जिससे यह प्रश्न कि क्रान्ति शान्तिमय तरीके से सम्भव है या हिंसक तरीके से, एक खुला प्रश्न रहे।

हिंसक क्रान्ति बनाम शान्तिमय क्रान्ति

क्रान्ति हिंसक तरीकों से हो सकती है, या अहिंसक तरीकों से, इस बारे में क्रान्तिकारियों के बीच मतभेद रहे हैं। लेनिन के अनुसार सिर्फ हिंसक तरीकों से ही क्रान्ति हो सकती है। मार्क्स ने भी हिंसक वर्ग संघर्ष की ही कल्पना की थी, हालांकि बाद में मार्क्स ने यह स्वीकार किया था कि कुछ परिस्थितियों में शान्तिमय प्रक्रिया द्वारा भी क्रान्ति सम्भव है। लेनिन और माओ ने हिंसक क्रान्ति का समर्थन किया है।

हिंसक और अहिंसक क्रान्ति के प्रश्न पर जयप्रकाश नारायण के विचारों के विकास का अध्ययन काफी शिक्षाप्रद है। जब जे० पी० मार्क्सवादी-साम्यवादी थे, उस समय वे हिंसक तरीकों का समर्थन करते थे। 1942 के 'भारत छोड़ो' आन्दोलन के समय उन्हें हिंसक तरीकों को अपनाने में कोई हिचकिचाहट नहीं हुई थी। आगे चलकर अपने चिन्तन के लोकतान्त्रिक समाजवादी दौर में जे० पी० यह मानने लगे थे कि **जिस समाज में लोकतान्त्रिक तरीकों से सामाजिक परिवर्तन लाना सम्भव हो, उस समाज में हिंसा का सहारा लेना प्रतिक्रान्तिकारी है।** उस समय उनका यह मानना था कि जिस समाज में लोकतान्त्रिक स्वतन्त्रताएँ नहीं हैं, वहाँ पर भी हिंसक क्रान्ति के लिए बहुसंख्यक जनता का समर्थन अनिवार्य है। 1974 में जब जे० पी० ने बिहार आन्दोलन का नेतृत्व संभाला और सम्पूर्ण क्रान्ति को उसका दूरगामी लक्ष्य घोषित

किया, तब उन्होंने इस बात पर बल दिया कि **शान्तिमयता सम्पूर्ण क्रान्ति के लिए एक अनिवार्य शर्त है।** हिंसा-अहिंसा के सवाल पर विचार करते-करते 1974 के आन्दोलन की शुरूआत के पहले जे॰ पी॰ इन निष्कर्षों तक पहुँच चुके थे—(1) हिंसक तरीकों से क्रान्ति सम्भव नहीं है। (2) सिर्फ संवैधानिक तरीकों से भी क्रान्ति सम्भव नहीं है, और (3) अहिंसक तरीकों से क्रान्ति सम्भव है, हालांकि इस सम्भावना की ओर पर्याप्त ध्यान नहीं दिया गया है।

हिंसक क्रान्ति के विरुद्ध जे॰ पी॰ की मुख्य युक्ति यह थी कि **हिंसक क्रान्ति में साध्य और साधन के बीच मेल नहीं रहता है।** इसलिए, क्रान्तिकारियों के तमाम नेक इरादों के बावजूद हिंसक क्रान्ति के बाद राजनीतिक शक्ति आम जनता के हाथों में नहीं आती है, बल्कि जनता के नाम पर एक नयी तानाशाही का जन्म होता है। जो राजनीतिक शक्ति बन्दूक की नली से निकलती है, वह उन्हीं के पास रहती है, जिनके पास बन्दूक हो । बन्दूक आम जनता के पास नहीं होती है, बल्कि सेना और हिंसा के संगठित तन्त्रों के हाथ में रहती है। इन तन्त्रों पर जिनका नियन्त्रण होता है, राजनीतिक शक्ति भी उन्हीं के पास रहती है। इस तरह, जनता के नाम पर एक तानाशाही का जन्म होता है। इसलिए, जे॰ पी॰ जनता की **अहिंसक शक्ति—मुख्यत: विचार परिवर्तन और जहाँ आवश्यक हो सत्याग्रह द्वारा क्रान्ति लाए जाने के पक्ष में थे।**[1]

हिंसक क्रान्ति के विरुद्ध जे॰ पी॰ की युक्तियों में काफी बल है। यह मुख्यत: भूतपूर्व सोवियत संघ और चीन के अनुभव पर आधारित है। दरअसल, क्रान्ति शान्तिमय तरीके से हो सकती है, या हिंसक तरीके से इस प्रश्न के उत्तर का दो बातों से सम्बन्ध है—एक, क्रान्ति का लक्ष्य क्या है, और दो, जिस राज्य में क्रान्ति लाने का प्रयत्न किया जा रहा है, उसकी राजनीतिक व्यवस्था का स्वरूप क्या है। अगर क्रान्ति का लक्ष्य लोकतन्त्र को और अधिक मजबूत बनाना एवं राजनीतिक शक्ति को आम जनता के हाथों में ले जाना हो; और राजनीतिक व्यवस्था का स्वरूप लोकतान्त्रिक हो, तो फिर इसमें कोई सन्देह नहीं है कि क्रान्ति के लिए शान्तिमय तरीके ही अपनाए जाने चाहिए। अगर राजनीतिक व्यवस्था अलोकतान्त्रिक हो, तो भी अगर सम्भव हो तो लोकतान्त्रिक और शान्तिमय तरीकों को ही अपनाया जाना चाहिए, जैसा कि भारतीय स्वतन्त्रता आन्दोलन में मुख्य रूप से किया गया था। लेकिन महत्त्वपूर्ण प्रश्न यह है कि अगर शासन व्यवस्था अलोकतान्त्रिक हो, और उसके द्वारा शान्तिमय आन्दोलनों को निमर्मतापूर्वक कुचल दिया जाता हो, तो ऐसे में क्या किया जाए? ऐसी परिस्थितियों में अगर सम्भव हो तो हिंसक तरीकों को अपनाया जा सकता है, लेकिन ऐसे में भी क्रान्ति की सफलता के लिए बहुसंख्यक जनता का समर्थन जरूरी है। दूसरे, आज की आधुनिक सेनाओं के सन्दर्भ में हिंसक क्रान्ति का आयोजन बहुत कठिन है। यह तब तक सम्भव नहीं है, जब तक कि या तो सेना तटस्थ ना रहे, या फिर सेना का एक बड़ा हिस्सा क्रान्तिकारियों के साथ न हो जाए। अगर सेना की सहायता से क्रान्ति की जाती है, तो इस बात का खतरा भी रहता है कि वास्तविक सत्ता जनता की हाथों में आने

---

1. रमेन्द्र, ***शान्तिमयता क्यों?*** (पटना : राजेन्द्र प्रकाशन, 1986).

की बजाय सेना के हाथों में चली जाए। जबकि दूसरी ओर, शान्तिमय क्रान्ति के लिए सेना की सहायता लेने की कोई आवश्यकता नहीं रहती है, और इस बात की सम्भावना भी अधिक रहती है कि सेना तटस्थ रहेगी।

क्रान्ति का नैतिक औचित्य

लोकतान्त्रिक क्रान्ति का नैतिक औचित्य तो अपने-आप में ही स्पष्ट है। लोकतान्त्रिक क्रान्ति का उद्देश्य यह होता है कि स्वतन्त्रता, समता और बन्धुता के लोकतान्त्रिक मूल्य सिर्फ संविधान के पन्नों तक, या राजनीतिक क्षेत्र तक ही सीमित न रहें, बल्कि उन्हें जन-जन के सामाजिक जीवन में भी उतारा जा सके। इसी तरह, लोकतान्त्रिक क्रान्ति का उद्देश्य यह भी होता है कि सत्ता के अधिकतम विकेन्द्रीकरण और जनता की व्यापक हिस्सेदारी द्वारा तंत्र पर लोक का वास्तविक नियंत्रण स्थापित किया जा सके। अगर किसी लोकतान्त्रिक राजनीतिक व्यवस्था में लोकतान्त्रिक तरीकों को अपना कर इन लक्ष्यों की ओर बढ़ने का प्रयत्न किया जाए, तो इसे उचित ही कहा जाएगा।

दूसरी ओर, किसी लोकतान्त्रिक राजनीतिक व्यवस्था को हिंसक तरीकों से उखाड़ फेंकने के प्रयत्नों को उचित नहीं माना जा सकता है। लोकतान्त्रिक व्यवस्था में लोकतान्त्रिक तरीकों से साम्यवादी तानाशाही की स्थापना भले न सम्भव हो, लेकिन स्वतन्त्रता और समता के मूल्यों की दिशा में बढ़ना निश्चित तौर से सम्भव है। अगर बहुमत का समर्थन प्राप्त हो तो इन लक्ष्यों की ओर लोकतान्त्रिक तरीकों से बढ़ा जा सकता है, और अगर बहुमत का समर्थन प्राप्त न हो, तो ऐसे में हिंसा का सहारा लेने को, क्रान्तिकारियों द्वारा, अल्पमत में होने के बावजूद, बहुमत पर अपने विचारों को जबरदस्ती लादने का प्रयत्न ही कहा जाएगा। इसे लोकतान्त्रिक दृष्टि से उचित नहीं माना जा सकता है।

क्रान्ति की सीमा

कहा जाता है कि क्रान्तियाँ क्रान्तिकारियों की मर्जी से नहीं हुआ करती हैं। इसका अर्थ यह हुआ कि क्रान्ति के लिए क्रान्तिकारी नेतृत्व और संगठन तो चाहिए ही, लेकिन इसके अलावा सामाजिक-राजनीतिक परिस्थितियों का परिपक्व होना भी जरूरी है। सामाजिक-राजनीतिक परिस्थितियों के परिपक्व हुए बिना क्रान्तिकारियों द्वारा क्रान्ति कर पाना सम्भव नहीं है। यह सही है कि सामाजिक-राजनीतिक परिस्थितियों को तैयार करने और क्रान्ति के अनुकूल बनाने में भी क्रान्तिकारी नेतृत्व और संगठन की भूमिका हो सकती है, और होती भी है, लेकिन ऐसा हमेशा और तुरन्त बहुत जल्दी में कर पाना सम्भव नहीं रहता है। क्रान्ति के दौरान परिवर्तन अपेक्षाकृत तेजी से जरूर होते हैं, लेकिन परिस्थितियों के परिपक्व हो जाने के बाद। इसके लिए लम्बी तैयारी और संयम की आवश्यकता होती है। क्रान्ति तभी सम्भव है जब आम जनता के बीच स्थापित राजनीतिक व्यवस्था के प्रति व्यापक असन्तोष हो, और वे मनोवैज्ञानिक दृष्टि से परिवर्तन के लिए तैयार हों।

प्रश्न

1. Write critical note on the following—
   (i) Total Revolution (1979)
2. Give arguments in not more than 200 words **either** for **or** against the following view—
   (a) Revolutions need not always be accompanied by mob-masacres and murder of ruling classess, or with firing squads; they can be silent also. (1983)
3. निम्नलिखित पर आलोचनात्मक टिप्पणी लिखिए किन्तु टिप्पणी 200 शब्दों से अधिक में न हों—
   (a) क्रान्ति के बारे में सिद्धान्त बनाने की अपेक्षा क्रान्ति करना अधिक श्रेयस्कर है। (1986)
4. निम्नलिखित पर आलोचनात्मक टिप्पणी लिखिए और टिप्पणी 200 शब्दों से अधिक न हो—
   (a) यदि मन्द परिमाणात्मक परिवर्तनों का तीव्र और आकस्मिक गुणात्मक परिवर्तनों में बदलना विकास का एक नियम है तो स्पष्ट है कि दबे हुए वर्गों द्वारा की गयी क्रान्तियाँ बिल्कुल स्वाभाविक और अनिवार्य घटनाएँ हैं। (1986)
5. निम्नलिखित पर आलोचनात्मक टिप्पणी लिखिए ओर टिप्पणी 200 से अधिक शब्दों में न हो—
   (a) बिना हिंसा के क्रान्ति नहीं हो सकती है। (1988)
6. निम्नलिखित कथन पर आलोचनात्मक टिप्पणी लिखिए। टिप्पणी 200 शब्दों से अधिक में न हो—
   (a) बलात् राज्य परिवर्तन का तत्त्व क्रान्ति का अनिवार्य तत्त्व है। (1991)
7. निम्नलिखित पर आलोचनात्मक टिप्पणी लिखिए। टिप्पणी 200 शब्दों से अधिक न हो—
   (a) रक्तहीन क्रान्ति (1995)
8. निम्नांकित पर आलोचनात्मक टिप्पणी लिखिए। टिप्पणी 200 शब्दों से अधिक नहीं हो—
   (a) संवैधानिकतावाद के माध्यम से क्रान्ति (1996)

❑

अध्याय 21

भारतीय सामाजिक संस्थाओं के सन्दर्भ में परम्परा, परिवर्तन और आधुनिकता

''परम्परा'' (tradition) और ''आधुनिकता'' (modernity) विषय का सम्बन्ध ''सामाजिक परिवर्तन'' (social change) से है। इस तरह, ये दोनों विषय परस्पर एक-दूसरे से जुड़े हुए हैं। भारतीय सन्दर्भ में यह कहा जा सकता है कि, मोटे तौर पर, सामाजिक परिवर्तन की दिशा परम्परा से आधुनिकता की ओर है।

''सामाजिक परिवर्तन'' का अर्थ

''सामाजिक परिवर्तन'' का अर्थ है ''सामाजिक संरचना (social structure) में परिवर्तन''। मैकीवर और पेज के अनुसार केवल ''सामाजिक सम्बन्धों'' (social relationships) में परिवर्तन को ही सामाजिक परिवर्तन मानना चाहिए। दरअसल, उन्होंने ''समाज'' की परिभाषा ही **सामाजिक सम्बन्धों के ऐसे ताने-बाने के रूप में की है, जो निरन्तर परिवर्तनशील है।**[1]

यह सही है कि सामाजिक सम्बन्ध निरन्तर परिवर्तनशील होते हैं, लेकिन उनमें कुछ अपेक्षाकृत स्थायी तत्त्व भी होते हैं। सामाजिक सम्बन्ध स्थापित होने की प्रक्रिया में कई बार कुछ हद तक पुनरावृत्ति भी होती है। इन्हीं अपेक्षाकृत स्थायी अन्तरसम्बन्धों को सामाजिक संरचना कहते हैं। मैकीवर और पेज ने ''सामाजिक संरचना'' की परिभाषा ''**वर्तमान** सम्बन्धों के अंतर्बंधन (nexus)'' के रूप में की है। इस तरह, मैकीवर और पेज के अनुसार ''सामाजिक परिवर्तन'' **सामाजिक संरचना में परिवर्तन** को कहते हैं।

हैरी एम॰ जॉनसन ने भी अपनी पुस्तक *Sociology: A Systematic Introduction* में ''सामाजिक परिवर्तन'' को ''सामाजिक संरचना में परिवर्तन'' के रूप में परिभाषित करते हुए सामाजिक परिवर्तन के निम्नलिखित प्रकार बतलाए हैं[2]—

(i) सामाजिक मूल्यों में परिवर्तन

(ii) सामाजिक संस्थाओं में परिवर्तन

(iii) सामाजिक लाभों (social rewards) के स्वामित्व में परिवर्तन

---

1. R. M. MacIver & Charles H. Page, *Society : An Introductory Analysis* (New Delhi : Macmillan India Limited, 1981), *p.5.*
2. Harry M. Johnson, *Sociology : A Systematic Introduction* (New Delhi : Allied Publishers Private Limited, 1978), *p.626.*

(iv) समाज के कार्मिकों (personnel) में परिवर्तन

(v) समाज के कार्मिकों की योग्यता और मनोवृत्ति में परिवर्तन।

सामाजिक परिवर्तन की व्याख्या

समाजशास्त्र की शुरूआत के समय ही कोंम्ट (Comte), स्पेन्सर और मार्क्स जैसे समाजशास्त्रियों ने एक सर्वव्यापी नियम द्वारा सभी समाजों में हो रहे परिवर्तनों की व्याख्या का और उनके बारे में भविष्यवाणी का प्रयत्न किया। लेकिन इन प्रयत्नों में पर्याप्त सफलता नहीं मिली। ऐसा मान लेने का कोई कारण नहीं है कि हर समाज में अनिवार्य रूप से किसी एक ही तरीके से और एक ही दिशा में परिवर्तन होता है। इसलिए, **बीसवीं शताब्दी के प्रारम्भ से समाजशास्त्र में सामाजिक परिवर्तन के विश्वव्यापी नियमों की स्थापना के प्रयत्न की बजाय सटीक निरीक्षण, सर्वेक्षण और माप (measurement) द्वारा विशेष समाजों, समुदायों और संस्थाओं में आ रहे परिवर्तनों के विस्तृत और ठोस अध्ययन को अधिक महत्व दिया जाने लगा है।**

यह एक तथ्य है कि प्रत्येक समाज में हर समय परिवर्तन आता रहता है, चाहे वह समाज ऊपर से कितना भी स्थिर क्यों न दिखाई देता हो। लेकिन अलग-अलग समाजों में इस परिवर्तन की **रफ्तार** और **दिशा** अलग-अलग होती है।

मैकीवर और पेज ने अपनी पुस्तक *Society : An Introductory Analysis* के तीसरे खण्ड में सामाजिक परिवर्तन की विस्तृत चर्चा की है। उनके अनुसार समाजशास्त्र में **सामाजिक परिवर्तन के अपरिवर्तनीय नियमों (eternal laws) की स्थापना तो सम्भव नहीं है, लेकिन सामाजिक परिवर्तन की व्याख्या ज़रूर सम्भव है।** मैकीवर और पेज के अनुसार सामाजिक परिवर्तन के चार स्थायी निर्धारक (permanent conditions) हैं—

(i) भौतिक पर्यावरण (physical environment)

(ii) जैविक निर्धारक (biological condition)

(iii) तकनीकी व्यवस्था (technological order)

(iv) सांस्कृतिक व्यवस्था (cultural order)

इनमें से प्रथम दो निर्धारक **प्राकृतिक** और बाद वाले दो निर्धारक **मानव-निर्मित** हैं। सामाजिक परिवर्तन के इन चार कारकों में भी परिवर्तन के अपने अलग-अलग निर्धारक होते हैं। **इन कारकों में आने वाले परिवर्तन की अनुक्रिया (response) से समाज में भी परिवर्तन आ जाता है।** उदाहरण के तौर पर, हम "तकनीकी व्यवस्था" को लें। अपनी आवश्यकताओं को पूरा करने के **सचेत प्रयत्न** में मनुष्य तकनीक का विकास करता है। लेकिन इन तकनीकी आविष्कारों के उपयोग के क्रम में वह अपनी कल्पना या अभिप्राय से भी कहीं ज्यादा गहरे और व्यापक परिवर्तनों को जन्म देता है। यह ठीक वैसे ही है जैसे हम कोई नया घर बनाते हैं, और फिर यह पाते हैं कि उसमें रहने के लिए हमें अपनी कई आदतों को बदलना होगा। समाजशास्त्री प्रो. ओगबर्न ने रेडियो पर किए गए अपने अध्ययन में ऐसे एक सौ पचास प्रभावों की चर्चा

की है। इनमें ''सुबह के व्यायाम को प्रोत्साहन'' से लेकर ''राष्ट्रों के बीच सांस्कृतिक प्रसार'' शामिल है। इसके अलावा, जैसा कि मैकीवर और पेज ने ध्यान दिलाया है, कई बार तकनीकी यंत्रों का इस्तेमाल करने के क्रम में सामाजिक सम्बन्धों में भी परिवर्तन लाना पड़ता है।

अन्य समाजों की तरह भारत में भी तकनीक या प्रौद्योगिकी सामाजिक परिवर्तन का एक बड़ा स्रोत है। प्रिंटिंग प्रेस, रेल, रेडियो और फोन के आने से भारतीय समाज में परिवर्तन को काफी बल मिला। अब बड़े पैमाने पर टी॰ वी॰, खासकर उपग्रह टी॰ वी॰, कम्प्यूटर और फैक्स, इंटरनेट और मोबाइल फोन जैसे आधुनिक संचार माध्यमों के आ जाने से सामाजिक परिवर्तन की प्रक्रिया और तेज हो रही है। तकनीकी विकास के सामाजिक परिणाम इतने दूरगामी और महत्त्वपूर्ण हैं कि वेवलेन जैसे कुछ समाजशास्त्री इसे सामाजिक परिवर्तन की मुख्य व्याख्या मानते हैं। लेकिन, तकनीक का समाज पर एकतरफा असर नहीं पड़ता है। बहुत कुछ इस पर भी निर्भर करता है कि समाज में पहले से कौन से मूल्य प्रचलित हैं। उदाहरण के तौर पर, एक सर्वाधिकारवादी समाज में, जहाँ संचार माध्यमों पर पूर्ण सरकारी नियन्त्रण हो, टी॰ वी॰ का असर सरकार द्वारा चाही जा रही दिशा में होगा; जबकि एक लोकतान्त्रिक और मुक्त समाज में टी॰ वी॰ का समाज पर अलग तरीके से असर होगा। इसके अलावा, जैसी कि हम आगे चर्चा करेंगे, सचेत प्रयत्न द्वारा सांस्कृतिक मूल्यों में भी परिवर्तन आता रहता है। इस तरह, सांस्कृतिक कारक भी सामाजिक परिवर्तन का एक महत्त्वपूर्ण कारक है।

परम्परा

मनुष्य को दो तरह की वस्तुएँ विरासत में मिलती हैं, एक, जैविक, और दो, सामाजिक। जैविक विरासत में वे आनुवंशिक शारीरिक और मानसिक गुण आ जाते हैं, जो माता-पिता से विरासत में मिलते हैं। दूसरी ओर, सामाजिक विरासत में भोजन, कपड़ा, मकान, खिलौने, मूल्य (values), नैतिक प्रतिमान (ethical norms), प्रचलन (customs), विश्वास और भाषा जैसी चीजें आ जाती हैं।

''परम्परा'' शब्द का इस्तेमाल, कुछ विचारकों ने व्यापक अर्थ में किया है और कुछ ने सीमित में। व्यापक अर्थ में ''परम्परा'' और ''सामाजिक विरासत'' (social heritage), जिसकी चर्चा ऊपर की गयी है, दोनों को एक माना गया है।

देखा जाए तो किसी भी पीढ़ी को सामाजिक विरासत में दो तरह की वस्तुएँ मिलती हैं—एक, ''भौतिक'' (physical), जैसे, रोटी, कपड़ा, मकान, किताबें और मशीन आदि; और दो, ''अभौतिक'' (non physical), जैसे, भाषा, मूल्य, नैतिक प्रतिमान, विश्वास, प्रचलन, सामाजिक संस्थाएँ आदि। सीमित अर्थ में, **''परम्परा'' सामाजिक विरासत का वह ''अभौतिक'' अंश है, जो एक पीढ़ी से दूसरी पीढ़ी को हस्तान्तरित होता रहता है।** इस सीमित अर्थ में ''परम्परा'' की अवधारणा ''संस्कृति'' की अवधारणा से मिलती-जुलती है। रैल्फ लिन्टन के अनुसार **किसी समाज के सदस्यों के व्यवहार करने के तरीकों को, उनके साझा विचारों और आदतों को, जिन्हें वे समाज में सीखते हैं, और पीढ़ी-दर-पीढ़ी हस्तान्तरित करते हैं, उस समाज की ''संस्कृति'' कहते हैं।**

इस तरह, परम्परा द्वारा नई पीढ़ी को पिछली पीढ़ियों का संचित ज्ञान प्राप्त होता है। बने-बनाए नैतिक प्रतिमान मिलते हैं जिनके द्वारा उनका इस बारे में मार्गदर्शन होता है कि विभिन्न स्थितियों में सही और ''उचित'' आचरण क्या है। इससे सामाजिक व्यवहार में सरलता आती है। मगर यह परम्परा का एक पक्ष हुआ। यह जरूरी नहीं है कि परम्परा द्वारा जो ''ज्ञान'' विरासत में मिले, वह पूरी तौर से वास्तविक अर्थों में ज्ञान ही हो। एक ओर जहाँ हमें परम्परा द्वारा पिछली पीढ़ियों का संचित ज्ञान मिलता है, वहाँ दूसरी ओर संचित अंधविश्वास, अवैज्ञानिक मान्यताएँ और कुरीतियाँ भी प्राप्त होती हैं। इसके अतिरिक्त कई ऐसे तौर-तरीके, प्रचलन, जिनका सम्भव है कभी महत्त्व रहा हो, लेकिन जो आज के नए ज्ञान-विज्ञान, लोकतांत्रिक मूल्यों और नई समस्याओं की दृष्टि से अप्रासंगिक हो चुके हैं।

यह भी जरूरी नहीं है कि परम्परा द्वारा प्राप्त सभी ''नैतिक प्रतिमान'' तार्किक दृष्टि से वास्तव में उचित या वांछनीय हों। उदाहरण के तौर पर, सती जैसी क्रूर प्रथा, छुआछूत और जाति-व्यवस्था (वर्ण-व्यवस्था) जैसी अलोकतान्त्रिक संस्थाएँ भी भारतीय परम्परा का, विशेषकर हिन्दू परम्परा का अंग रही हैं। इसी तरह, भारतीय मुसलमानों के बीच बहु-विवाह और मौखिक तलाक जैसी सामाजिक संस्थाएँ अभी भी मौजूद हैं, जिनका औरत-मर्द बराबरी के आधुनिक और लोकतान्त्रिक आदर्श से कोई मेल नहीं है। हिन्दू वर्ण-व्यवस्था के अन्तर्गत भी औरतों को पुरुषों की तुलना में दूसरा दर्जा दिया गया है। इस तरह, परम्परागत रूप से भारतीय समाज में, दुनिया के अधिकांश समाजों की तरह, औरत-मर्द गैरबराबरी भी मौजूद है।

इसी तरह, आज की भारतीय पीढ़ी को गरीबी, अशिक्षा, गैरबराबरी, धार्मिक रूढ़िवादिता और साम्प्रदायिक विद्वेष जैसी समस्याएँ भी सामाजिक विरासत में ही मिली हैं। मगर, जैसा कि पहले भी उल्लेख किया गया, सामाजिक विरासत या परम्परा से सिर्फ एक किस्म की चीजें नहीं मिलती हैं। यह नहीं भूलना चाहिए कि विज्ञान, तकनीक, लोकतान्त्रिक मूल्य, लोकतान्त्रिक संस्थाएँ और आधुनिक शिक्षा पद्धति भी आज की पीढ़ी को परम्परा से ही प्राप्त हो रही है। इस तरह, आज के समय में भारतीय परम्परा में आधुनिकता के तत्त्व भी शामिल हैं। ऐसे में समाज को आधुनिकता की दिशा में ले जाने के लिए, जहाँ **एक ओर, परम्परा द्वारा प्राप्त वास्तविक ज्ञान और उपयोगी नैतिक मान्यताओं एवं सामाजिक संस्थाओं को बचाए रखना, और उन्हें अधिक मजबूत बनाना, जरूरी है; वहीं दूसरी ओर हमारी परम्परा में जो कुछ अतार्किक, अवैज्ञानिक और अलोकतान्त्रिक है उसका त्याग करना भी बहुत जरूरी है।**

आधुनिकता

जैसा कि पहले उल्लेख किया गया है, हर समाज में सामाजिक परिवर्तन होता ही रहता है। इस दृष्टि से अगर एक समाज और दूसरे समाज के बीच कोई अन्तर होता है, तो यह कि अलग-अलग समाज में इस परिवर्तन की रफ्तार और दिशा अलग-अलग होती है। सामाजिक परिवर्तन को प्रभावित करने वाले कारकों (factors) में परिवर्तन आने पर उसका प्रभाव समाज पर भी पड़ता है और परिणामस्वरूप, अनुकूलन

(adaptation) की प्रक्रिया द्वारा समाज में भी परिवर्तन आ जाता है। उदाहरण के तौर पर, आँधी, भूकम्प और बाढ़ जैसी प्राकृतिक विपदाओं के कारण भौतिक पर्यावरण में जो परिवर्तन आता है, उसके प्रभाव से; या फिर आबादी बढ़ने जैसे जैविक कारण से; या प्रिंटिंग प्रेस, रेल, रेडियो, उपग्रह टी॰ वी॰ और कम्प्यूटर जैसे तकनीक के प्रभाव से।

हर समाज की आबादी जनसंख्या की दृष्टि से लगातार बदलती रहती है। इन परिवर्तनों का सामाजिक परिवर्तन से निकट सम्बन्ध रहता है। उदाहरण के तौर पर, बढ़ती हुई आबादी से जीवन-स्तर में गिरावट आने का खतरा बढ़ जाता है, और इससे आबादी के प्रति लोगों के दृष्टिकोण में परिवर्तन आ जाता है। भारत में बढ़ती हुई आबादी के कारण सरकार ने बर्थ-कन्ट्रोल और परिवार नियोजन का प्रचार शुरू किया, जिससे बहुत सारे लोग प्रभावित हो रहे हैं। बर्थ-कन्ट्रोल का असर पारिवारिक सम्बन्धों पर यहाँ तक कि विवाह के प्रति दृष्टिकोण पर भी पड़ता है। धीरे-धीरे छोटे परिवार के आदर्श को अधिकाधिक लोगों द्वारा अपनाया जा रहा है।

इसके अलावा, जैविक कारणों से माता-पिता और उनके बच्चों में, और एक ही माता-पिता के बच्चों में आपस में काफी अन्तर आ जाता है। इसलिए, **कोई भी नयी पीढ़ी अपनी पुरानी पीढ़ी की फोटोकॉपी नहीं होती है।**

जैविक कारणों और स्वयं सामाजिक प्राणियों द्वारा शुरू किए गए परिवर्तनों के बीच सहयोग भी होता है। **हर पुरानी पीढ़ी अपने सामाजिक विरासत को परिवर्तनों और संशोधनों के साथ नयी पीढ़ी को हस्तान्तरित करती है। इसी तरह, कोई भी नयी पीढ़ी अपनी सांस्कृतिक विरासत को ज्यों का त्यों बिना किसी काट-छाँट के यांत्रिक रूप से ग्रहण नहीं करती है।** सामाजिक विरासत संचयी (cumulative) होती है, लेकिन इसमें काफी चयन और निराकरण भी होता है। सामाजिक विरासत जितनी विस्तृत होती है, परिवर्तन की सम्भावनाएँ उतनी ही अधिक होती हैं।

इस तरह, जैविक कारणों के अलावा, सांस्कृतिक कारणों से भी समाज में परिवर्तन आते रहते हैं। सांस्कृतिक मूल्य भी बदलते हुए अनुभवों के साथ बदलते रहते हैं। जो बात अभिभावकों को सही मालूम देती है, वह उनके बच्चों को सही नहीं मालूम देती हैं। हर पीढ़ी के अलग-अलग मूल्यांकन होते हैं। इसके अलावा, भारत जैसे किसी भी जटिल और मिश्रित समाज में सांस्कृतिक रुचियों में काफी विविधता रहती है। **अलग-अलग समूहों के अलग-अलग मूल्य और नैतिक प्रतिमान होते हैं, जिनके बीच संघर्ष भी होता है। इस संघर्ष में हर समूह अपने मूल्यों को प्रोत्साहित करने के लिए प्राप्त होने वाले अवसरों का लाभ उठाता है।** भारतीय समाज में जहाँ एक ओर जाति-व्यवस्था और उसके साथ जुड़े धर्मतंत्रीय और श्रेणीवादी (hierarchical) मूल्य हैं, वहाँ दूसरी ओर स्वतन्त्रता, समता और बन्धुता के लोकतान्त्रिक मूल्य और लोकतान्त्रिक राजनीतिक व्यवस्था है। इसी तरह, जहाँ एक ओर धार्मिक रुढ़िवादिता और साम्प्रदायिकता है, तो वहाँ दूसरी ओर, विज्ञान, तकनीक और धर्मनिरपेक्ष, बुद्धिवादी-मानवतावादी प्रवृत्तियाँ भी हैं। इन प्रवृत्तियों के बीच संघर्ष जारी है। इस तरह, **भारतीय समाज में अचेतन और चेतन प्रयत्नों द्वारा सामाजिक परिवर्तन की प्रक्रिया चल रही है।**

प्रश्न यह है कि इनमें से किन परिवर्तनों को आधुनिकता की दिशा में परिवर्तन माना जाए? ''आधुनिकता'' या ''आधुनिकीकरण'' क्या है?

प्रसिद्ध समाजशास्त्री एम॰ एन॰ श्रीनिवास ने अपनी पुस्तक *Social Change in Modern India* में भारतीय समाज में आ रहे परिवर्तनों का विश्लेषण करने के लिए तीन अवधारणाओं का इस्तेमाल किया है—

(i) संस्कृतिकरण (sanskritization)

(ii) पश्चिमीकरण (westernization)

(iii) धर्मनिरपेक्षीकरण (secularization)[1]

श्रीनिवास के अनुसार, ''संस्कृतिकरण'' वह प्रक्रिया है, जिसके द्वारा **कोई ''निम्न'' हिन्दू जाति या आदिवासी या अन्य समूह अपने प्रचलन, कर्मकांड, विचारधारा और जीवन के तरीकों में किसी ''उच्च'' (अक्सर ''द्विज'') जाति की दिशा में परिवर्तन लाता है। संस्कृतिकरण की यह प्रक्रिया हिन्दुओं तक ही सीमित है,** और यह भारतीय समाज में लम्बे समय से चली आ रही है। लेकिन, जैसा कि श्रीनिवास ने खुद कहा है, इस प्रक्रिया से सामाजिक संरचना में कोई बुनियादी परिवर्तन नहीं आता है, सिर्फ जाति-व्यवस्था में जातियों की स्थिति में थोड़ा-बहुत परिवर्तन आता है।

पश्चिमीकरण

''पश्चिमीकरण'' शब्द का इस्तेमाल श्रीनिवास ने **एक सौ पचास वर्ष के ब्रिटिश शासन से भारतीय समाज और संस्कृति में आने वाले परिवर्तनों के लिए किया है।** इसके अन्तर्गत तकनीक, संस्थाओं, विचारधाराओं और मूल्यों में आने वाले परिवर्तन शामिल हैं।

श्रीनिवास के अनुसार ब्रिटिश शासन के परिणामस्वरूप भारतीय समाज और संस्कृति में बुनियादी और दूरगामी परिवर्तनों की शुरूआत हुई। ब्रिटिश शासन के दौरान आधुनिक नौकरशाही (bureaucracy), सेना, पुलिस और न्यायालयों की स्थापना की गयी। रेल और डाक-तार जैसे आधुनिक संचार माध्यमों की शुरूआत की गयी, और आधुनिक किस्म के स्कूल-कॉलेजों की स्थापना की गयी। इस तरह, ब्रिटिश शासन के दौरान भारत में आधुनिक राज्य की नींव डाली गयी। इसके अलावा, ब्रिटिश अपने साथ प्रिंटिंग प्रेस भी लाए, जो अपने-आप में भारतीय समाज में बहुआयामी परिवर्तनों का एक बहुत बड़ा स्रोत बना।

पश्चिमीकरण के कारण भारतीय समाज में न सिर्फ नई संस्थाओं का प्रवेश हुआ (जैसे, समाचारपत्र, चुनाव, ईसाई मिशन, आदि), बल्कि पुरानी संस्थाओं में भी आधारभूत परिवर्तन हुए, जैसे, परम्परागत शिक्षा और कानूनी व्यवस्था में। उदाहरण के तौर पर, परम्परागत हिन्दू शिक्षा प्रणाली के अन्तर्गत सिर्फ उच्च (''द्विज'') जातियों के पुरुष ही शिक्षा प्राप्त कर सकते थे। शिक्षा ब्राह्मण जाति के पुरुषों द्वारा ही दी जाती

1. M N Srinivas : *Social Change in Modern India* (Bombay : Orient Longman Limited, 1980).

थी। शूद्रों और दलितों के अलावा ''द्विज'' जातियों के स्त्रियों की शिक्षा पर भी प्रतिबन्ध था। औरतों की शिक्षा के लिए राममोहन रॉय, विद्यासागर और ज्योतिराव फुले जैसे समाज-सुधारकों को काफी प्रयत्न करना पड़ा। इसके अलावा, शिक्षा के अन्तर्गत परम्परागत हिन्दू धार्मिक दर्शन से जुड़ी बातें ही बतलायी जाती थीं।

इसी तरह, मनु द्वारा निर्धारित परम्परागत हिन्दू कानून के अनुसार एक ही अपराध के लिए अलग-अलग वर्णों के लिए अलग-अलग सजा की व्यवस्था थी—ब्राह्मणों के लिए सबसे कम और शूद्रों के लिए सबसे अधिक। इतना ही नहीं, अगर एक ही अपराध ब्राह्मण के विरुद्ध किया गया हो, तो अधिक दण्ड की, और अगर शूद्र के विरुद्ध किया गया हो, तो कम दण्ड की व्यवस्था थी। दूसरी ओर, इस्लामी कानून में गुलामी की प्रथा को भी मान्यता प्राप्त थी, और गैर-मुस्लिमों की गवाही को स्वीकार नहीं किया जाता था। रूढ़िवादी हिन्दू और मुसलमान दोनों ही अपने-अपने कानूनों को ''ईश्वरीय'' मानते थे। कानूनी समानता (equality before law) की लोकतान्त्रिक धारणा का उदय नहीं हुआ था।

धर्मनिरपेक्षीकरण

श्रीनिवास के अनुसार, भारतीय सन्दर्भ में, **धर्मनिरपेक्षीकरण पश्चिमकरण का एक महत्वपूर्ण परिणाम है।** ''धर्मनिरपेक्षीकरण'' का अर्थ यह हुआ कि **जीवन के जिन क्षेत्रों को पहले धर्म के दायरे में माना जाता था, उन्हें अब वैसा नहीं माना जाता है।** धर्मनिरपेक्षीकरण के कारण समाज के विभिन्न पक्षों को, जैसे, आर्थिक, राजनीतिक, वैज्ञानिक और नैतिक पक्ष को अलग-अलग माना जाने लगता है। धर्मनिरपेक्ष राज्य और संगठित धर्म (चर्च) के बीच जो अन्तर माना जाता है, वह इसी पृथक्करण का परिणाम है। इस पृथक्करण के अलावा, धर्मनिरपेक्षीकरण का दूसरा अनिवार्य तत्त्व है—**बुद्धिवाद** (rationalism)। बुद्धिवाद के अन्तर्गत **विश्व को समझने और व्यक्ति एवं समाज के जीवन को नियंत्रित करने के लिए तर्कबुद्धि (reason) की सहायता ली जाती है, और हर अतार्किक बात का विरोध किया जाता है। बुद्धिवाद द्वारा परम्परागत अंधविश्वासों, रूढ़ियों और मान्यताओं को हटा कर, उनकी जगह आधुनिक ज्ञान-विज्ञान को रखा जाता है।**

पश्चिमीकरण की ऊपर की गयी चर्चा से यह स्पष्ट है कि ब्रिटिश शासन के दौरान ही धर्मनिरपेक्षीकरण की प्रक्रिया शुरू हो चुकी थी, खास कर शिक्षा और कानून के क्षेत्र में। ब्रिटिश शासन द्वारा स्थापित स्कूल-कॉलेजों में आधुनिक ज्ञान-विज्ञान की ही शिक्षा दी जाती थी। आधुनिक चिकित्सा और इन्जीनियरिंग की पद्धति भी ब्रिटिश द्वारा भारत में लायी गयी।

इसी तरह, कानून के क्षेत्र में, जैसा कि पहले उल्लेख किया गया, परम्परागत रूप से हिन्दू और मुसलमानों के कानून का सम्बन्ध धर्म से था, और वे इसे ईश्वरीय मानते थे। लेकिन जब ब्रिटिश कानूनों द्वारा धर्म के साथ जुड़ी सती और गुलामी जैसी सामाजिक बुराइयों पर कानूनी रोक लगा दी गयी, तो एक तरह से इस सिद्धान्त को मान्यता दी गयी कि उन्हीं धार्मिक प्रचलनों को समाज में बना रहने दिया जा सकता है,

जो तर्कबुद्धि और मानवतावाद की दृष्टि से सही हों। ब्रिटिश शासन के दौरान ही धीरे-धीरे हिन्दू और मुसलमानों के विवाह और परिवार सम्बन्धी निजी कानून (personal law) को छोड़ कर सभी कानूनों को धर्मनिरपेक्ष बना दिया गया। 1864 में न्यायाधीशों के लिए हिन्दू पंडितों और मुस्लिम काज़ियों को सलाहकार के रूप में रखने की प्रथा को भी समाप्त कर दिया गया। ब्रिटिश शासन द्वारा भारतीय समाज में धर्मनिरपेक्षीकरण की जो प्रक्रिया शुरू हुई उसकी परिणति स्वतन्त्र भारत में एक धर्मनिरपेक्ष राज्य में हुई। स्वतन्त्रता के बाद हिन्दू कानून में लोकतान्त्रिक दृष्टि से कई सुधार किए गए हैं। मुस्लिम निजी कानून में सुधार की, खास कर बहु-विवाह और मौखिक तलाक को समाप्त किए जाने की माँग भी बीच-बीच में उठती है, हालांकि रूढ़िवादी मुस्लिमों द्वारा अभी भी इसका विरोध किया जाता है। भारत के संविधान में समान नागरिक संहिता (uniform civil code) को राज्य के नीति निदेशक तत्वों में स्थान दिया गया है।

लोकतन्त्रीकरण
(Democratization)

ऐसा नहीं है कि भारत के आजाद होने के बाद ''पश्चिमीकरण'' या ''आधुनिकीकरण'' की प्रक्रिया रुक गयी है, बल्कि यह और अधिक तेज हो गयी है। श्रीनिवास ने भी स्वीकार किया है कि आजादी के बाद इस दिशा में एक बड़ी छलांग लगायी गयी है। उदाहरण के तौर पर, स्वतंत्र भारत के संविधान में छुआछूत को समाप्त कर दिया गया है, और छुआछूत बरतने को एक दण्डनीय अपराध घोषित किया गया है। जैसा कि श्रीनिवास ने कहा है, शायद ही कोई विदेशी सरकार दलितों के मन्दिरों में जाने के अधिकार और उच्च जातियों के कुओं से पानी लेने के अधिकार को लागू करने का साहस कर पाती। भारतीय संविधान में सामाजिक न्याय और समता, स्वतन्त्रता एवं बन्धुता के लोकतान्त्रिक मूल्यों को केन्द्रीय स्थान दिया गया है। न सिर्फ समता और स्वतंत्रता के अधिकार को मौलिक अधिकार के रूप में मान्यता दी गयी है, बल्कि अनुसूचित जातियों, जनजातियों और अन्य सामाजिक एवं शैक्षणिक दृष्टि से पिछड़ी जातियों को आगे लाने के लिए आरक्षण जैसे विशेष उपाय भी किए गए हैं।

भारत में धर्मनिरपेक्ष, लोकतान्त्रिक संविधान के लागू किए जाने से और लोकसभा एवं विभिन्न विधानसभाओं के चुनावों में आम जनता की व्यापक हिस्सेदारी से, भारतीय समाज में परिवर्तन की रफ्तार और अधिक तेज हो गयी है। इस प्रक्रिया को हम ''लोकतन्त्रीकरण'' कह सकते हैं। वैसे, इसे ''पश्चिमीकरण'' की व्यापक प्रक्रिया का अंग भी माना जा सकता है। श्रीनिवास ने भी अपनी पुस्तक के 1977 संस्करण की प्रस्तावना में भारतीय सामाजिक और सांस्कृतिक जीवन पर ''राजनीतिकरण'' (politicization) के बढ़ते प्रभाव की ओर ध्यान दिलाया है।

''पश्चिमीकरण'' (westernization) और ''आधुनिकीकरण'' (modernization)

''आधुनिकीकरण'' शब्द का प्रयोग कभी-कभी ''पश्चिमीकरण'' के पर्यायवाची के

रूप में किया जाता है। श्रीनिवास के अनुसार **''पश्चिमीकरण'' शब्द नैतिक दृष्टि से तटस्थ है। इसके साथ अच्छे या बुरे की अवधारणा नहीं जुड़ी हुई है, जबकि ''आधुनिकीकरण'' का इस्तेमाल आम तौर से अच्छे अर्थ में किया जाता है।**

''आधुनिकीकरण'' में दो तत्त्व निहित हैं—

(i) युक्तिपूर्ण समीक्षात्मक दृष्टिकोण

(ii) धर्मनिरपेक्ष दृष्टिकोण[1]

ऊपर की गयी चर्चा से स्पष्ट है कि जिस रूप में श्रीनिवास ने ''पश्चिमीकरण'' की व्याख्या की है, उसमें आधुनिकता के ये दो तत्त्व भी मौजूद हैं। इस दृष्टि से ''पश्चिमीकरण'' और ''आधुनिकीकरण'' काफी हद तक समानार्थक है। ''पश्चिमीकरण'' भारतीय समाज के आधुनिकीकरण का एक बड़ा स्रोत है। लेकिन पश्चिमी प्रभाव से होने वाले हर परिवर्तन को आधुनिकता की दिशा में परिवर्तन नहीं कहा जा सकता है। उदाहरण के तौर पर, पश्चिमीकरण के जरिए कई भारतीय ईसाई हो गए, लेकिन इसे आधुनिकीकरण नहीं कहा जा सकता है, क्योंकि ईसाई धर्म के भी अपने अंधविश्वास हैं। अंधविश्वासों के एक समूह को छोड़ कर दूसरे समूह को अपना लेना आधुनिकता की दिशा में परिवर्तन नहीं माना जाएगा। **आधुनिकीकरण के अन्तर्गत धार्मिक अंधविश्वास से समीक्षात्मक और धर्मनिरपेक्ष दृष्टिकोण की दिशा में परिवर्तन शामिल है।** इसलिए, सिर्फ ऐसे ही परिवर्तनों को जो समाज को धार्मिक रूढ़िवादिता और अंधविश्वासी मानसिकता से समीक्षात्मक और धर्मनिरपेक्ष दृष्टिकोण की दिशा में ले जाएँ, आधुनिकता की दिशा में परिवर्तन माना जा सकता है।

आधुनिकता और नगरीकरण (Urbanisation)

आम तौर पर ग्रामीण क्षेत्रों की तुलना में शहरी क्षेत्रों पर पश्चिमी प्रभाव अधिक पड़ता है। इसी तरह, शहरों में छोटे शहरों की तुलना में बड़े शहरों पर पश्चिमीकरण का प्रभाव अधिक पड़ता है। लेकिन जैसे-जैसे ग्रामीण क्षेत्रों को सड़क, रेल, डाक-तार और फोन द्वारा शहरों से जोड़ा जा रहा है। रेडियो और दूरदर्शन का प्रचार-प्रसार बढ़ रहा है, वैसे-वैसे ग्रामीण क्षेत्रों में भी आधुनिकीकरण की प्रक्रिया तेज हो रही है। आधुनिक शिक्षा के प्रसार का भी इसमें महत्त्वपूर्ण योगदान है।

भारतीय सन्दर्भ में लोकतंत्रीकरण भी आधुनिकीकरण का महत्वपूर्ण अंग है। लोकतन्त्रीकरण का प्रभाव शहरों के अलावा ग्रामीण क्षेत्रों पर भी पड़ता है। उदाहरण के तौर पर, आज के भारतीय राजनीति की एक विशेषता यह है कि इसमें परम्परागत रूप से पिछड़ी और दलित जातियाँ तेजी से आगे आ रही हैं। एक के बाद एक, विभिन्न प्रान्तों में और अब राष्ट्रीय स्तर पर भी राजनीतिक सत्ता ''द्विज'' जातियों के हाथों से

---

1. अशोक कुमार वर्मा, ***प्रारम्भिक समाज एवं राजनीति दर्शन*** (पटना : मोतीलाल बनारसीदास, 1986), पृष्ठ-130.

पिछड़ी और दलित जातियों के हाथों में जा रही है। भारत की आबादी का बड़ा हिस्सा ग्रामीण क्षेत्रों में रहता है। इसलिए, **ग्रामीण** क्षेत्रों में लोकतान्त्रिक मूल्यों के प्रचार-प्रसार और जागृति के बिना यह सम्भव नहीं है। वैसे, भारत एक बहुत विशाल देश है, और इस मामले में, अन्य बातों की तरह, एक क्षेत्र और दूसरे क्षेत्र के बीच डिग्री का अन्तर भी हो सकता है।

जाति-व्यवस्था और सामाजिक परिवर्तन

भारतीय समाज में आ रहे परिवर्तनों की ऊपर की गयी सामान्य चर्चा के अन्तर्गत भी जाति-व्यवस्था (caste-system) और उसमें आ रहे परिवर्तनों का जिक्र आया है। **जाति-व्यवस्था एक उल्लेखनीय भारतीय सामाजिक संस्था है, जिसका विशेष सम्बन्ध हिन्दू धर्म और समाज से है।** लेकिन, क्योंकि भारत के अधिकांश मुसलमान और ईसाई पहले हिन्दू थे, इसलिए भारत के मुसलमानों और ईसाइयों के बीच भी जाति का प्रवेश हो गया है।

A New Dictionary of Sociology के अनुसार **जाति वंशानुगत (hereditary), अन्तर्विवाही (endogamous) और व्यावसायिक समूहों (occupational groups) की ऐसी श्रेणी (hierarchy) है, जिसमें विभिन्न जातियों की स्थिति पूर्व निश्चित रहती है, और विभिन्न जातियों के बीच धार्मिक आधार पर परस्पर दूरी बनी रहती है।**[1]

जाति-व्यवस्था के निम्नलिखित लक्षण हैं—

(i) हिन्दू जाति-व्यवस्था एक किस्म का **''सामाजिक स्तरीकरण''**[2] (social stratification) है, जिसे हिन्दू धर्म द्वारा मान्यता प्राप्त है। ***ऋग्वेद*** के पुरुष सूक्त के अनुसार इस विश्व के सृष्टिकर्त्ता (पुरुष) ने अपने सिर से ब्राह्मण, कंधों से क्षत्रिय, जांघों से वैश्य और पैरों से शूद्र की रचना की। ***मनुस्मृति*** में भी इसी बात को दुहराया गया है, सिवाय इसके कि वहाँ पर ''पुरुष'' की बजाय ''ब्रह्मा'' शब्द का इस्तेमाल किया गया है।

इसे विभिन्न वर्णों और जातियों के उद्गम के वास्तविक समाजशास्त्रीय वर्णन के रूप में तो स्वीकार नहीं किया जा सकता है, लेकिन इससे इतना तो स्पष्ट है कि **हिन्दू धर्म में वर्ण-व्यवस्था या जाति-व्यवस्था को ईश्वरीय और धार्मिक मान्यता प्रदान की गयी है।**

(ii) जाति **आनुवंशिक** है, या दूसरे शब्दों में, यह जन्म पर आधारित है। हर हिन्दू अनिवार्य रूप से अपने माता-पिता की जाति का सदस्य होता है, और वह आजीवन उसी जाति का सदस्य रहता है। यदि कोई व्यक्ति ब्राह्मण जाति

---

1. G. Duncan Mitchell, *A New Dictionary of Sociology* (London: Routledge & Kegan Paul, 1979), p. 194.
2. जब समाज में अलग-अलग प्रतिष्ठा के आधार पर अलग-अलग स्तरों या प्रतिष्ठा-समूहों की श्रेणी बन जाती है, तो इस प्रक्रिया को सामाजिक स्तरीकरण कहते हैं। एक स्तर में वही लोग रहते हैं जिनकी सामाजिक प्रतिष्ठा बराबर या लगभग एक बराबर होती है।

में जन्मा है, तो ब्राह्मण ही कहलाएगा, चाहे वह ज्ञान से सम्पन्न हो या नहीं। दूसरी ओर, अगर कोई व्यक्ति किसी दलित जाति में जन्मा है, तो उसे उसी जाति का माना जाएगा, चाहे वह कितना भी ज्ञान या धन क्यों न अर्जित कर ले।

(iii) जाति **अन्तर्विवाही समूह** होते हैं। इसका अर्थ यह हुआ कि दो अलग-अलग जातियों के व्यक्तियों के बीच अन्तर्जातीय विवाह वर्जित होता है, और परम्परागत रूप से ऐसे विवाहों को बहुत अधिक हतोत्साहित किया जाता है।

(iv) **जातियों के बीच एक सामाजिक दूरी (social distance) रहती है।** परम्परागत रूप से दो जातियों के बीच सिर्फ विवाह पर ही नहीं, बल्कि कुछ जातियों के बीच सामाजिक सम्पर्क के अन्य रूपों, जैसे, एक साथ खाना खाने पर भी रोक रहती है। निम्न समझी जाने वाली जातियों को उच्च समझी जाने वाली जातियों के निकट सामाजिक सम्पर्क से दूर रखा जाता है। ऐसा समझा जाता है जैसे ब्राह्मण, क्षत्रिय और वैश्य, शूद्रों की तुलना में किसी दूसरी मिट्टी के बने हुए हों। जबकि ''अवर्ण'' (वर्णबाह्य) या ''अछूतों'' को शूद्रों से भी नीचे समझा जाता है। **परम्परागत रूप से ऐसा माना जाता है कि उनके छूने मात्र से भोजन और पानी अपवित्र हो जाते हैं।** कई क्षेत्रों में तो उन्हें ''उच्च'' जाति के हिन्दुओं के आस-पास आने तक नहीं दिया जाता है, और मन्दिरों में प्रवेश तक नहीं करने दिया जाता है। परम्परागत रूप से दलितों को उच्च जातियों के कुओं से पानी लेने की अनुमति भी नहीं रहती है। कई बार उन्हें सार्वजनिक तालाबों में नहाने भी नहीं दिया जाता है और सार्वजनिक सड़कों का इस्तेमाल नहीं करने दिया जाता है।

(v) जाति **व्यावसायिक समूह** हैं। परम्परागत रूप से किसी एक जाति का किसी एक व्यवसाय से सम्बन्ध रहा है। ***मनुस्मृति*** के अनुसार इस विश्व के ''सृष्टिकर्त्ता'' ने ही अलग-अलग वर्णों (जातियों) के लिए अलग-अलग वर्ण-धर्म और व्यवसाय निर्धारित कर दिए। ब्राह्मणों की रचना शिक्षक और पुरोहित का काम करने के लिए की गयी; क्षत्रियों का प्रजापालन करने के लिए; वैश्यों का पशुओं की रक्षा, व्यापार कृषि और सूद पर पैसा देने के लिए; और शूद्रों की रचना ही ब्रह्मा ने इसलिए की है कि वे ''बिना निन्दा किए'' ब्राह्मण, क्षत्रिय और वैश्य या ''द्विज'' वर्णों की सेवा करें।

परम्परागत रूप से न सिर्फ विभिन्न जातियों का किसी एक व्यवसाय से सम्बन्ध रहा है, बल्कि कई जातियों के नाम से ही उनके व्यवसाय की भी जानकारी मिलती है, जैसे, कुम्हार, लोहार, सुनार, माली, मल्लाह, हजाम, तेली, आदि।

(vi) प्रत्येक जाति की एक **उप-संस्कृति** (sub-culture) होती है, जो उसे अन्य जातियों से अलग एक विशिष्ट पहचान प्रदान करती है।

जाति, वर्ग और सामाजिक गतिशीलता

जाति और सामाजिक वर्ग (social class) में निम्नलिखित समानताएँ हैं—

(i) जाति और वर्ग दोनों ही **''सामाजिक स्तरीकरण''** के रूप हैं। दूसरे शब्दों में, ज़ाति और वर्ग दोनों ही समाज में श्रेणीबद्ध स्तर (strata) होते हैं।

(ii) एक जाति और वर्ग के सदस्यों और दूसरी जाति और वर्ग के सदस्यों के बीच एक **''सामाजिक दूरी''** होती है। उनके बीच निकट किस्म के सामाजिक सम्पर्क नहीं होते हैं। इस मामले में वर्ग और जाति के बीच सिर्फ मात्रा का अन्तर होता है। उदाहरण के तौर पर, सामाजिक दूरी के चरम उदाहरण छुआछूत का सम्बन्ध जाति-व्यवस्था से है, वर्ग-व्यवस्था से नहीं।

(iii) वर्ग और जाति दोनों की एक **उप-संस्कृति** विकसित हो जाती है, जो उन्हें अन्य वर्गों और जातियों से अलग कर देती है।

दूसरी ओर, जाति और वर्ग के बीच महत्त्वपूर्ण अन्तर भी हैं—

(i) वर्ग **धर्मनिरपेक्ष** होता है, जबकि जाति का सम्बन्ध हिन्दू धर्म से है, और इसे हिन्दू धर्म द्वारा मान्यता प्राप्त है।

(ii) जाति पूरी तरह जन्म पर आधारित होती है, जबकि वर्ग के निर्धारक **जन्म सहित और भी कई कारक (व्यवसाय, धन, शिक्षा, आदि) होते हैं।** इसलिए, वर्ग-व्यवस्था में **''सामाजिक गतिशीलता''** (social mobility) या दूसरे शब्दों में, सामाजिक सीढ़ी पर ऊपर और नीचे आने-जाने की सम्भावना रहती है। अगर कोई व्यक्ति अधिक शिक्षा और धन प्राप्त कर ले, या ऐसे व्यवसाय को अपना ले, जिसे समाज में सम्मानित समझा जाता हो, तो उसकी सामाजिक प्रतिष्ठा या ''प्रस्थिति'' (status) बढ़ जाती है। विपरीत स्थितियों में इसका उल्टा भी हो सकता है। दूसरी ओर, जाति का व्यक्ति के व्यक्तिगत गुणों और प्रयत्नों से कोई सम्बन्ध नहीं है। चाहे कोई व्यक्ति कितनी भी शिक्षा या धन अर्जित कर ले, किसी भी व्यवसाय में चला जाए, उसकी जाति वही मानी जाती है, जिसमें उसका जन्म हुआ है। इस तरह, किसी व्यक्ति की जाति पूरी तौर से उसके जन्म पर आधारित होती है, और इसे बदलने के लिए वह कुछ भी नहीं कर सकता है। **जाति-व्यवस्था में सामाजिक गतिशीलता का अभाव रहता है।**

जाति व्यवस्था और वर्ग-व्यवस्था के बीच के इस अन्तर को कभी-कभी यह कह कर व्यक्त किया जाता है कि वर्ग-व्यवस्था एक ''खुली'' (open) व्यवस्था है, जबकि जाति-व्यवस्था एक ''बन्द'' (closed) व्यवस्था।

(iii) जाति अन्तर्विवाही समूह होते हैं। जाति-व्यवस्था के अन्तर्गत परम्परागत रूप से एक जाति और दूसरी जाति के बीच अन्तर्जातीय विवाहों पर कड़ी पाबन्दी रही है। अन्तर्जातीय विवाह करने वालों के लिए दण्ड की व्यवस्था भी रही है। दूसरी ओर, वर्ग-व्यवस्था में इस प्रकार के विवाहों की अनुमति रहती है, चाहे भले इसे बहुत अधिक प्रोत्साहन नहीं दिया जाता हो। यहाँ पर भी जाति

और वर्ग के बीच डिग्री का ही अन्तर रहता है। अन्तर्जातीय विवाहों पर रोक भी एक किस्म की सामाजिक दूरी ही है; और वर्ग व्यवस्था में जाति-व्यवस्था की तुलना में सामाजिक दूरी कम कठोर होती है।

(iv) परम्परागत रूप से प्रत्येक जाति का किसी एक व्यवसाय से सम्बन्ध रहा है, जबकि एक वर्ग में अलग-अलग व्यवसायों से जुड़े लोग भी हो सकते हैं, जिनकी समाज में लगभग बराबर प्रतिष्ठा हो।

संक्षेप में, हम कह सकते हैं कि ''वर्ग'' की अवधारणा ''जाति'' की अवधारणा से अधिक व्यापक है। समाजशास्त्री कूले के अनुसार **''जाति'' और कुछ नहीं ''आनुवंशिक वर्ग'' (hereditary class) है।** दूसरे शब्दों में, **जाति हिन्दू धर्म द्वारा मान्यता प्राप्त एक ''बन्द'' वर्ग है, जिसमें सामाजिक दूरी अधिक कठोर होती है।**

जाति-व्यवस्था में परिवर्तन

''संस्कृतिकरण'' की प्रक्रिया से जाति-व्यवस्था के दायरे में आने वाले मामूली परिवर्तन की चर्चा पहले भी की जा चुकी है। जातीय संरचना में कहीं अधिक महत्त्वपूर्ण परिवर्तन ''पश्चिमीकरण'' या ''आधुनिकीकरण'' की प्रक्रिया द्वारा आ रहे हैं। इसमें भी लोकतन्त्रीकरण या राजनीतिकरण का प्रमुख योगदान है।

जैसा कि पहले भी उल्लेख किया गया है, ''पश्चिमीकरण'' की प्रक्रिया की शुरूआत के पहले हिन्दू कानून में अपराधी और अपराध के शिकार व्यक्ति की जाति के आधार पर अलग-अलग दण्ड की व्यवस्था थी। इसी तरह, परम्परागत किस्म के विद्यालयों में दी जाने वाली शिक्षा ''द्विज'' जातियों के पुरुषों तक ही सीमित थी। छुआछूत जैसी बुराई भी अपने चरम रूप में समाज में मौजूद थी। उस समय की स्थिति की तुलना अगर आज की स्थिति से करें, तो हमें जाति-व्यवस्था में आए परिवर्तनों का सही अन्दाज मिल जाएगा।**छुआछूत को असंवैधानिक घोषित किया जा चुका है, हालांकि यह बुराई अभी भी समाज से पूरी तौर से समाप्त नहीं हुई है।** अनुसूचित जातियों, जनजातियों और सामाजिक-शैक्षणिक दृष्टि से पिछड़ी अन्य जातियों के लिए शिक्षण संस्थानों और सरकारी नौकरियों में स्थान आरक्षित हैं। अनुसूचित जातियों और जनजातियों के लिए विधायिकाओं, नगरपालिकाओं और पंचायतों में भी स्थान आरक्षित हैं। अब अगर इसे **राजनीति में परम्परागत रूप से पिछड़ी और दलित जातियों की बढ़ती हिस्सेदारी और प्रभाव** के साथ जोड़कर देखें, तो यह बात समझ में आ सकती है कि आम तौर से पिछले 200 वर्षों में और खास कर पिछले पचास वर्षों में जाति-व्यवस्था में कितना परिवर्तन आया है, और आ रहा है।

वास्तविकता तो यह है कि जाति-व्यवस्था स्वतन्त्रता, समता और बन्धुता के लोकतान्त्रिक मूल्यों के विरुद्ध है। इसमें न तो व्यक्ति को अपना व्यवसाय और जीवन साथी चुनने की स्वतन्त्रता रहती है, और न हर किसी को समाज में एक बराबर प्रतिष्ठा। यही कारण है कि स्वतन्त्रता, समता, बन्धुता और सामाजिक न्याय के मूल्यों पर आधारित भारतीय संविधान के लागू होने से जो लोकतंत्रीकरण की प्रक्रिया शुरू हुई है,

उससे जाति-व्यवस्था निरन्तर कमजोर हो रही है। आरक्षण की नीति के कारण पिछड़ी और दलित जातियों को उन प्रतिष्ठित समझे जाने वाले व्यवसायों और पदों पर आने का अवसर मिल रहा है, जिन पर पहले "द्विज" जातियों का एकाधिकार था। इस तरह, **जाति और व्यवसाय के बीच का परम्परागत सम्बन्ध अब टूटने लगा है।** यह सोच लेना एक भूल होगी कि आज के समय में सभी शिक्षक ब्राह्मण हैं। वैसे यह भी सही है कि अभी भी शिक्षकों में ब्राह्मणों की संख्या अधिक होगी, और भंगी का काम करने वालों के बीच भंगी जाति में जन्मे व्यक्तियों की, लेकिन अब इन व्यवसायों और जातियों के बीच पहले जैसा अटूट सम्बन्ध नहीं रह गया है।

अन्तर्जातीय विवाहों पर लगे परम्परागत प्रतिबन्ध के बारे में भी यही कहा जा सकता है। आधुनिकीकरण और लोकतन्त्रीकरण की प्रक्रिया द्वारा इसमें भी परिवर्तन आ रहा है। **कई समाज सुधारकों और प्रगतिशील समूहों द्वारा अन्तर्जातीय विवाहों को प्रोत्साहित करने के प्रयत्न हुए हैं।** इस समय धर्मनिरपेक्ष **विशेष विवाह अधिनियम** (Special Marriage Act) के अन्तर्गत दो वयस्क भारतीय नागरिकों को परस्पर सहमति से विवाह करने का अधिकार प्राप्त है, चाहे उनका जन्म किसी भी जाति या धर्म में हुआ हो। दूसरी ओर, समाज के एक बड़े हिस्से में और पुलिस प्रशासन में अभी भी अन्तर्जातीय विवाहों के विरुद्ध पूर्वाग्रह बना हुआ है। अभी भी अधिकांश तयशुदा विवाह (arranged marriage) एक ही जाति में हो रहे हैं। फिर भी, समाजशास्त्रीय अध्ययनों से मालूम होता है कि पहले की तुलना में इस किस्म के विवाहों की संख्या बढ़ रही है, और अब ऐसे विवाहों को सामाजिक मान्यता भी मिल रही है।

संक्षेप में, कहा जा सकता है कि पिछले दो सौ वर्षों में आए बड़े परिवर्तनों के बाद भी समाज से जाति-व्यवस्था पूरी तौर से मिटी नहीं है। छुआछूत को भी पूरी तौर से समाप्त नहीं किया जा सका है। जातिविहीन समाज की मंजिल अभी भी दूर है, और इसे प्राप्त करने के लिए अभी बहुत कुछ किया जाना बाकी है। मगर इस सन्दर्भ में परिवर्तन की दिशा क्या है, इस बारे में संदेह की कोई गुंजाइश नहीं है।

महिलाओं की स्थिति और सामाजिक परिवर्तन

परम्परागत रूप से भारतीय समाज में महिलाओं को दूसरे दर्जे का स्थान दिया गया है। वर्ण-व्यवस्था के अन्तर्गत "शूद्रों" के अलावे "द्विज" जाति की महिलाओं को भी उपनयन और **वेद** के अध्ययन का अधिकार प्राप्त नहीं रहा है। उनके लिए विवाह ही उपनयन के बराबर है, और पति की सेवा ही **वेद** के अध्ययन के। पति चाहे जैसा भी हो पत्नी को उसे "देवता" मानना चाहिए। **मनुस्मृति** में तो यहाँ तक कह दिया गया है कि **औरत कभी भी स्वतन्त्र और आत्मनिर्भर होने के लायक नहीं है, उसे विवाह से पहले पिता के, विवाह के बाद पति के और पति के बाद पुत्र के अधीन रहना चाहिए।** मुस्लिम समाज भी परम्परागत रूप से पुरुष-प्रधान समाज रहा है। पर्दा, बहु-विवाह और मौखिक तलाक जैसी संस्थाएँ महिलाओं की दशा को दिखलाती हैं।

आधुनिकीकरण की प्रक्रिया की शुरूआत के पहले महिलाओं में शिक्षा का प्रसार लगभग नहीं के बराबर था। सती, महिला-शिशु हत्या (female infanticide), बहु-विवाह और बाल-विवाह जैसी बुराइयाँ समाज में प्रचलित थीं। विधवाओं की स्थिति भी दयनीय थी। उन्नीसवीं सदी में राममोहन रॉय, विद्यासागर और फुले ने महिलाओं की शिक्षा के लिए विशेष प्रयत्न किए। उन्होंने विधवाओं के पुनर्विवाह को प्रोत्साहन देकर विधवाओं की स्थिति को सुधारने का प्रयत्न किया। सती और महिला-शिशुहत्या पर ब्रिटिश सरकार द्वारा ही कानूनी रोक लगा दी गयी।

भारत के संविधान में जाति और धर्म के अलावे **लिंग पर आधारित भेदभाव को भी समाप्त कर दिया गया है। समता के अधिकार को एक मौलिक अधिकार के रूप में मान्यता दी गयी है।** नागरिक की हैसियत से महिलाओं को पुरुषों के बराबर अधिकार मिले हुए हैं। परिवार नियोजन और छोटे परिवार के आदर्श के प्रचार-प्रसार से भी महिलाओं की स्थिति में सुधार हुआ है। पहले की तुलना में महिलाओं के बीच शिक्षा का प्रसार निश्चित बढ़ा है, लेकिन वह अभी भी पुरुषों की तुलना में कम है। शिक्षक, वकील, डॉक्टर, इन्जीनियर, ऑफिसर, उद्योग, व्यापार, पत्रकारिता आदि क्षेत्रों में महिलाओं की संख्या पहले की तुलना में काफी बढ़ गयी है, लेकिन अभी भी उनकी संख्या पुरुषों की तुलना में कम है। राजनीति और समाज सेवा सहित सामाजिक जीवन के अन्य क्षेत्रों में भी ऐसी ही स्थिति है। **महिलाओं की स्थिति में सुधार जरूर हुआ है, लेकिन वह पर्याप्त नहीं है।**

स्वतन्त्रता के बाद हिन्दू कानून में किए गए सुधारों द्वारा महिलाओं की कानूनी स्थिति को बेहतर बनाया गया है। वर्तमान कानूनी स्थिति यह है कि एक ओर बहु-विवाह और बाल-विवाह पर कानूनी रोक लगायी गयी है, और दूसरी ओर अन्तर्जातीय विवाह और विधवा-पुनर्विवाह की अनुमति दी गयी है। पिता की सम्पत्ति में पुरुष और स्त्री को काफी हद तक बराबर का अधिकार दिया गया है। इसी तरह, स्त्री और पुरुष दोनों को तलाक का अधिकार दिया गया है। (परम्परागत हिन्दू कानून में तलाक का प्रावधान नहीं था।)

यह बात सही है कि **महिलाओं की संवैधानिक और कानूनी स्थिति और समाज में उनकी वास्तविक स्थिति के बीच आज भी एक दूरी है।** फिर भी, इन कानूनी सुधारों का अपना महत्व है। एक तरह से यह परिवर्तन की दिशा को निर्धारित कर रहे हैं। कोई भी जागरूक महिला इन कानूनी सुधारों का लाभ उठा सकती है। दुःख की बात है कि मुस्लिम निजी कानून में अभी भी बहु-विवाह और एकतरफा मौखिक तलाक जैसी बुराइयों को कानूनी मान्यता प्राप्त है।

तिहत्तरवें संविधान संशोधन द्वारा पंचायतों में और चौहत्तरवें संशोधन द्वारा नगरपालिकाओं में महिलाओं के लिए एक तिहाई स्थान आरक्षित किए गए हैं। यह महिलाओं की राजनीतिक हिस्सेदारी बढ़ाने और उनकी सामाजिक स्थिति सुधारने की दिशा में एक बड़ा कदम है। अब लोकसभा और विधानसभाओं में भी महिलाओं के लिए एक तिहाई स्थान आरक्षित करने का प्रस्ताव है। महिलाओं की स्थिति को सुधारने के लिए इस प्रस्ताव को लागू करने के अलावा, जिस तरह पंचायतों और नगरपालिकाओं

में अनुसूचित जातियों और जनजातियों के लिए आरक्षित स्थानों में से एक तिहाई स्थान इन वर्गों की महिलाओं के लिए आरक्षित किए गए हैं; उसी तरह शिक्षण संस्थानों और सरकारी नौकरियों में अनुसूचित जातियों, जनजातियों और अन्य पिछड़ी जातियों के लिए आरक्षित स्थानों में से एक तिहाई स्थान इन वर्गों की महिलाओं के लिए आरक्षित किया जा सकता है। महिलाओं के बीच शिक्षा के प्रसार के लिए विशेष प्रयत्न अति आवश्यक है।

परिवार और सामाजिक परिवर्तन

आधुनिकीकरण की प्रक्रिया का, खास कर औरत-मर्द बराबरी के लोकतान्त्रिक आदर्श का भारतीय परिवार पर भी असर पड़ रहा है। चार किस्म के प्रभाव साफ दिख रहे हैं।

(i) **बहु-विवाह (*Polygamy*) से एक-विवाह (*Monogamy*) की ओर**—आधुनिकीकरण की प्रक्रिया की शुरूआत के पहले हिन्दुओं में भी बहु-विवाह का प्रचलन था, लेकिन अब इसे कानूनी मान्यता प्राप्त नहीं है। मुस्लिम निजी कानून में बहु-विवाह को अभी भी कानूनी मान्यता प्राप्त है। लेकिन सामाजिक सुधार के अन्य कानूनों की तरह, यहाँ पर भी कानूनी स्थिति और वास्तविक सामाजिक स्थिति के बीच अन्तर है। हिन्दू समाज में गैरकानूनी होने के बावजूद अभी भी बहु-विवाह के दृष्टान्त मिल जाते हैं। दूसरी ओर, यह सोचना भी एक भूल होगी कि अधिकांश भारतीय मुस्लिम परिवार बहु-विवाह पर आधारित है। दरअसल, व्यवहार में अधिकांश मुस्लिम परिवार एक-विवाह पर आधारित है। इसमें सन्देह नहीं है कि सामाजिक परिवर्तन की दिशा बहु-विवाह से एक-विवाह की ओर है।

(ii) **संयुक्त परिवार (*Joint family*) से एकाकी परिवार (*Nuclear family*) की दिशा में**—आधुनिकीकरण के साथ जुड़ी नगरीकरण (urbanization) की प्रक्रिया भी है, जिसके परिणामस्वरूप संयुक्त परिवार से ''न्यूक्लियर'' परिवार की दिशा में परिवर्तन आ रहा है। ''न्यूक्लियर'' परिवार में सिर्फ पति-पत्नी और उनके अविवाहित बच्चे रहते हैं, जबकि संयुक्त परिवार के अन्दर दो या दो से अधिक ''न्यूक्लियर'' परिवार रहते हैं।

(iii) **बड़े परिवार से छोटे परिवार की दिशा में**—परिवार नियोजन के प्रचार-प्रसार से बड़े परिवार की जगह छोटे परिवार के आदर्श को अपनाया जा रहा है। इसकी चर्चा पहले भी की जा चुकी है।

(iv) **तयशुदा विवाह (*Arranged marriage*) से परस्पर सहमति द्वारा विवाह (*Marriage by mutual consent*) की दिशा में**—भारत में परम्परागत रूप से विवाह माता-पिता या अभिभावकों की मर्जी से, और एक ही जाति में तय किए जाते रहे हैं। लेकिन अब यह स्थिति बदलने लगी है। अपनी मर्जी से किए जाने वाले अन्तर्जातीय और अन्तर्धार्मिक विवाहों को कानूनी मान्यता तो बहुत पहले से मिली हुई है। अब ऐसे परस्पर सहमति

द्वारा किए जाने वाले विवाहों को, जिनको लोकप्रिय भाषा में ''प्रेम विवाह'' कहा जाता है, सामाजिक मान्यता भी मिलने लगी है। इसकी चर्चा जाति-व्यवस्था में आ रहे परिवर्तनों के अन्तर्गत भी की गयी है।

ऊपर बताए गए परिवर्तनों के अलावे परिवार संस्था में और भी कई परिवर्तन आ रहे हैं। उदाहरण के तौर पर, तलाक और विधवा विवाह के प्रति दृष्टिकोण भी पहले की तुलना में बदल रहा है, लेकिन इस सम्बन्ध में अभी भी परम्परागत दृष्टिकोण समाज पर काफी हद तक हावी है। दूसरी ओर, अब **पहले की तुलना में लड़कियों को शिक्षित करने की प्रवृत्ति निरन्तर बढ़ रही है, जबकि परम्परागत रूप से परिवार में लड़कियों की शिक्षा को महत्त्व नहीं दिया जाता था।** इसी तरह, परम्परागत रूप से यही समझा जाता रहा है कि पुरुष का काम घर से बाहर काम करना और पैसे कमाना है, जबकि औरत का काम बच्चों और घर की देखभाल करना है। खास कर मध्यमवर्गीय परिवारों में इस किस्म का श्रम का विभाजन प्रचलित रहा है। आधुनिकीकरण के प्रभाव से पहले की तुलना में बहुत अधिक मध्यमवर्गीय महिलाएँ घर से बाहर काम करने लगी हैं। पहले मध्यमवर्गीय पुरुष इसे अपनी बहुत बड़ी तौहीन समझते थे, लेकिन अब इस मानसिकता में भी परिवर्तन आ रहा है। कई ऐसे परिवार मिल जाएँगे जिसमें औरत-मर्द दोनों ही घर से बाहर काम करते हैं। इसे एक तरह से सामाजिक मान्यता मिल चुकी है और परिवार संस्था पर भी इसका असर पड़ रहा है।

भारतीय समाज पर विज्ञान और प्रौद्योगिकी (Technology) का प्रभाव

भारतीय समाज पर प्रौद्योगिकी या तकनीक के प्रभाव की चर्चा पहले भी की जा चुकी है। मैकीवर और पेज ने सामाजिक परिवर्तन के जिन चार ''स्थायी निर्धारकों'' (permanent conditions) की बात है, उसमें तकनीकी व्यवस्था भी एक है। प्रौद्योगिकी में परिवर्तन का समाज पर इतना असर होता है कि वेवलेन जैसे कुछ समाजशास्त्री इसे परिवर्तन की मुख्य व्याख्या मानते हैं।

किसी भी अन्य समाज की तरह भारतीय समाज पर भी तकनीकी परिवर्तन का बहुत असर हुआ है। ''पश्चिमीकरण'' की प्रक्रिया कितनी व्यापक और बहुआयामी है, इसकी चर्चा पहले की जा चुकी है। श्रीनिवास के अनुसार ''पश्चिमीकरण'' के अन्तर्गत संस्थाओं और मूल्यों में आने वाले परिवर्तन के साथ-साथ तकनीक में आनेवाला परिवर्तन भी शामिल है। ब्रिटिश काल में रेल, डाक-तार, फोन और रेडियो जैसे आधुनिक संचार माध्यमों के आने से भारतीय समाज में परिवर्तन को काफी बल मिला। ब्रिटिश अपने साथ प्रिंटिंग प्रेस भी लाए। जैसा कि श्रीनिवास ने कहा है, **प्रिंटिंग प्रेस से भारतीय समाज में इतने गहरे और बहुपक्षीय परिवर्तन आए हैं कि इस पर अलग से एक किताब लिखी जा सकती है।** किताबों और पत्रिकाओं के प्रकाशित होने का एक असर यह हुआ कि **ज्ञान को एक छोटे से आनुवंशिक वर्ग का एकाधिकार बना कर रख पाना असम्भव हो गया।** समाचार-पत्रों से लोगों को देश और विदेश की खबरें मिलने लगीं। रेडियो के आने से यह प्रक्रिया और मजबूत हुई।

आधुनिक संचार माध्यमों के आ जाने से **विचारों और सूचनाओं का आवागमन भी तेज हो जाता है। इससे सामाजिक परिवर्तन की प्रक्रिया को बल मिलता है।** जब अलग-अलग किस्म के मूल्य और विचारधाराएँ एक-दूसरे के सम्पर्क में आती हैं, तो इससे सामाजिक परिवर्तन की प्रक्रिया तेज होती है। पश्चिमीकरण खुद इसका एक उदाहरण है। इसलिए, सामाजिक परिवर्तन की दृष्टि से आधुनिक संचार माध्यमों का बड़ा महत्त्व है।

स्वतन्त्रता के बाद भी भारत में आधुनिक टेक्नॉलजि को लाने के लगातार प्रयत्न हुए हैं। संचार के क्षेत्र में उपग्रह टी॰ वी॰, कम्प्यूटर, इंटरनेट, फैक्स और मोबाइल फोन आदि के आ जाने से सूचनाओं और विचारों का आदान-प्रदान और तेज हो गया है। आज पटना में अपने घर में बैठा एक व्यक्ति टी॰ वी॰ के माध्यम से दक्षिण अफ्रीका में नेल्सन मंडेला के राष्ट्रपति बनने की घटना को, या एटलांटा (अमेरिका) में ओलम्पिक खेलों की शुरूआत जैसी घटनाओं को ठीक उसी समय देख सकता है, जिस समय वे घटित हो रही हैं। इसके अलावा, वह अपनी लोकसभा और राज्य सभा में होने वाली बहसों का सीधा प्रसारण भी देख सकता है। आज से बीस-पच्चीस वर्ष पहले इसकी कल्पना भी नहीं की जा सकती थी। उपग्रह टी॰ वी॰ के माध्यम से ही यह सम्भव हो सका है। इसी तरह, कम्प्यूटर और उपग्रह टी॰ वी॰ के सहयोग से आम नागरिकों तक चुनाव परिणाम और उसका विश्लेषण पहले की तुलना में बहुत तेजी से पहुँचने लगे हैं। स्वाभाविक है कि इससे राजनीतिकरण और लोकतन्त्रीकरण की प्रक्रिया और तेज होगी।

बर्थ-कन्ट्रोल या परिवार नियोजन की तकनीक का आबादी और परिवार या विवाह के प्रति दृष्टिकोण पर पड़ने वाले परिवर्तन का उल्लेख पहले भी किया गया है। इसी तरह, जैसा कि मैकीवर और पेज ने कहा है, **तकनीक का प्रयोग करने के क्रम में कई बार सामाजिक सम्बन्धों में भी परिवर्तन आ जाता है।** उदाहरण के तौर पर, सार्वजनिक बस, ट्राम या ट्रेन में छुआछूत का पालन करना बहुत कठिन है। कोई भी व्यक्ति, जो इन वाहनों द्वारा सफर करना चाहता है, उसे अपने कई जातीय पूर्वाग्रहों को घर पर ही छोड़ना होगा।

सामाजिक परिवर्तन के तकनीकी कारण और सांस्कृतिक कारणों के बीच सहयोग भी होता है। **अलग-अलग सांस्कृतिक परिवेश में एक ही तकनीक का अलग-अलग ढंग से इस्तेमाल और असर भी हो सकता है।** उदाहरण के तौर पर, जब प्रिंटिंग प्रेस को आधुनिक ज्ञान-विज्ञान और लोकतान्त्रिक मूल्यों के साथ जोड़ दिया जाता है, तो आधुनिकीकरण की दृष्टि से उसका महत्त्व और अधिक बढ़ जाता है। दूसरी ओर, प्रिंटिंग प्रेस का इस्तेमाल अंधविश्वासों और फासिस्ट विचारों के प्रचार-प्रसार के लिए भी किया जा सकता है। सर्वाधिकारवादी शासन व्यवस्था में संचार माध्यमों का इस्तेमाल बिल्कुल अलग ढंग से किया जाता है। लेकिन भारत के लोकतान्त्रिक परिवेश में संचार-सम्बन्धी आधुनिक टेक्नॉलजि की आधुनिकीकरण की दृष्टि से एक सकारात्मक भूमिका है।

आधुनिकीकरण के रास्ते में बाधाएँ

आधुनिकीकरण के दो तत्त्व हैं—(i) युक्तिपूर्ण समीक्षात्मक दृष्टिकोण, और (ii) धर्मनिरपेक्ष दृष्टिकोण। सिर्फ ऐसे ही परिवर्तनों को जो समाज को अंधविश्वासी मानसिकता और धार्मिक रुढ़िवादिता से समीक्षात्मक और धर्मनिरपेक्ष दृष्टिकोण की दिशा में ले जाएँ, आधुनिकता की दिशा में परिवर्तन कहा जा सकता है। ऐसे में यह समझना आसान है कि सामाजिक परिवर्तन के क्षेत्र में आधुनिकीकरण के रास्ते में कौन-सी बाधाएँ हैं। जहाँ एक ओर **आधुनिक विज्ञान और दर्शन समाज के आधुनिकीकरण में सहायक है, वहाँ दूसरी ओर अंधविश्वासी मानसिकता और धार्मिक रूढ़िवादिता समाज के आधुनिकीकरण के रास्ते में मुख्य बाधाएँ हैं।**

विज्ञान और आधुनिक दर्शन में इस बात पर बल दिया जाता है कि **किसी भी बात को प्रमाण या तार्किक युक्तियों के बिना स्वीकार नहीं किया जाए, जो कि आधुनिकता का सार तत्त्व है।** दूसरी ओर, संगठित धर्मों द्वारा तार्किक और स्वतंत्र चिन्तन को हतोत्साहित किया जाता है, और उसके बदले श्रद्धा या आस्था (faith) को प्रतिष्ठित किया जाता है। ईसाई धर्म के अनुसार ***बाइबिल*** ''ईश्वर की वाणी'' है, तो इस्लाम के अनुसार ***कुरान*** । ''सनातन'' हिन्दू धर्म द्वारा **वेद** को या तो ''ईश्वर की वाणी'' माना जाता है या ''अनादि''। दोनों ही दशाओं में उसे प्रामाणिक और अन्तिम सत्य माना जाता है। इस किस्म के दृष्टिकोण से ज्ञान-विज्ञान के विकास में बाधा पहुँचती है। पश्चिम में एक ओर चर्च और दूसरी ओर वैज्ञानिकों-दार्शनिकों के बीच हुआ संघर्ष इस बात का गवाह है। कोपरनिकस, गैलीलियो और डारविन के वैज्ञानिक सिद्धान्तों का चर्च द्वारा विरोध किया गया। इतालवी दार्शनिक ब्रूनो को तो चर्च के आदेश पर जिन्दा ही जला दिया गया, क्योंकि उसने कोपरनिकस के इस सिद्धान्त का समर्थन किया कि पृथ्वी अपनी धुरी पर और सूर्य के इर्द-गिर्द घूमती है। (***बाइबिल*** के अनुसार पृथ्वी स्थिर है और सूर्य पृथ्वी के इर्द-गिर्द घूमता है।)

धार्मिक रूढ़िवादिता से ज्ञान-विज्ञान के विकास में तो बाधा उत्पन्न होती ही है, इसके अलावा सामाजिक सुधार का रास्ता भी रूक जाता है। जैसा कि पश्चिमीकरण के सन्दर्भ में उल्लेख किया गया है, हिन्दू और मुसलमान परम्परागत रूप से अपने कानूनों को ''ईश्वरीय'' मानते आ रहे हैं। राममोहन रॉय ने जब सती प्रथा का विरोध किया, तो रूढ़िवादियों ने शास्त्रों की दुहाई देकर इस क्रूर और अमानवीय प्रथा को सही ठहराने की कोशिश की। आजादी के बाद भी हाल के दिनों में पुरी के पूर्व शंकराचार्य निरंजनदेव ने देवराला (सती) और नाथद्वारा (छुआछूत) काण्डों के सन्दर्भ में सती और छुआछूत को सही ठहराने की कोशिश की। इसी तरह, मुस्लिम निजी कानून में किसी भी सुधार का रूढ़िवादियों द्वारा यह कह कर विरोध किया जाता है कि इस्लामी कानून या शरियत ''ईश्वरीय'' है।

अशिक्षा भी भारतीय समाज के आधुनिकीकरण के रास्ते में एक बाधा है। धर्मनिरपेक्ष और आधुनिक शिक्षा से अंधविश्वासों की जकड़न कमजोर करने, और

समाज के आधुनिकीकरण में सहायता मिलती है। इस दृष्टि से **आधुनिक, धर्मनिरपेक्ष शिक्षा का व्यापक प्रचार-प्रसार जरूरी है।**

अंधविश्वास, धार्मिक रूढ़िवादिता, अशिक्षा के अलावा जाति-व्यवस्था भी समाज के आधुनिकीकरण के रास्ते में एक बहुत बड़ी बाधा है। परम्परागत रूप से वर्ण-व्यवस्था के अन्तर्गत शूद्रों और औरतों को शिक्षा से वंचित रखा गया। दलितों और आदिवासियों को तो ''वर्ण बाह्य'' ही घोषित कर दिया गया। शिक्षा को सिर्फ ''द्विज'' पुरुषों का एकाधिकार बना कर रख दिया गया। जिस समाज में समाज के एक बड़े हिस्से को जान-बूझ कर शिक्षा से वंचित रखा जाता हो, उसकी क्या दशा होगी इसकी आसानी से कल्पना की जा सकती है।

इसके अलावा, लोकतन्त्रीकरण भी आधुनिकीकरण का एक अंग है। इसके अन्तर्गत स्वतंत्रता, समता और बन्धुता के धर्मनिरपेक्ष और मानवीय मूल्यों को अपनाया जाता है। पहले भी चर्चा की जा चुकी है कि जाति-व्यवस्था लोकतान्त्रिक मूल्यों के विरुद्ध है। इस दृष्टि से भी जाति-व्यवस्था समाज के आधुनिकीकरण के रास्ते में एक बाधा है।

''पश्चिमीकरण'' और ''आधुनिकीकरण'' को पूरी तौर से पर्यायवाची तो नहीं माना जा सकता है, लेकिन, जैसा कि पहले भी उल्लेख किया गया है, भारतीय सन्दर्भ में पश्चिमीकरण समाज के आधुनिकीकरण का एक महत्त्वपूर्ण स्रोत है। ऐसे में पश्चिमी या विदेशी-विरोधी मानसिकता भी समाज के आधुनिकीकरण के रास्ते में एक बाधा है। किसी भी चीज का सिर्फ इसलिए विरोध करना क्योंकि वह ''पश्चिमी'' या ''विदेशी'' है, अतार्किक और आत्मघाती है। इस किस्म के विदेश-द्वेषी मानसिकता (xenophobia) से हम विदेशों की अच्छी चीजों को अपनाने से वंचित रह जाएँगे, और खुद अपना ही नुकसान करेंगे। उदाहरण के तौर पर, कुछ लोगों ने धर्मनिरपेक्षता का यह कह कर विरोध करना शुरू कर दिया है कि यह ''पश्चिमी'' है। इस तरह तो संसदीय लोकतन्त्र, आधुनिक टेक्नॉलजि और चिकित्सा पद्धति का भी यह कहकर विरोध किया जा सकता है कि यह पश्चिमी है। इस किस्म का अंधविरोध हमें कहाँ ले जाएगा इसकी कल्पना की जा सकती है।

वैसे पश्चिम के प्रति भारतीय समाज में दो किस्म का दृष्टिकोण पाया जाता है। कुछ लोग ऐसे भी हैं, जो पश्चिम के अन्धानुकरण को ही आधुनिकता समझते हैं। यह भी सही नहीं है। समाज को आधुनिकीकरण की दिशा में ले जाने के लिए **परम्परा और पश्चिमी प्रभाव दोनों के प्रति तार्किक और समीक्षात्मक दृष्टिकोण अपनाना जरूरी है।** हमारी अपनी परम्परा में जो कुछ तार्किक, वैज्ञानिक और लोकतान्त्रिक है, उसे बचाए रखना चाहिए; और जो कुछ अतार्किक, अवैज्ञानिक और अलोकतान्त्रिक है, उसका त्याग करना चाहिए। ठीक इसी तरह, पश्चिमी संस्कृति और दर्शन की अच्छी बातों को, जैसे, तार्किक-वैज्ञानिक दृष्टिकोण, लोकतान्त्रिक मूल्य और मानवतावाद को हमें जरूर अपनाना चाहिए, लेकिन पश्चिमी प्रभाव से प्राप्त अंधविश्वासों और अमानवीय अलोकतान्त्रिक बातों को अस्वीकार करना चाहिए। समाज के आधुनिकीकरण की दृष्टि से मुख्य बात है **तार्किक, वैज्ञानिक और धर्मनिरपेक्ष दृष्टिकोण को अपनाना।**

प्रश्न

1. Write critical notes on the following—
   (i) Caste system (ii) Modernity (1979)
2. Write critical notes on the following—
   (i) Castes and classes. (ii) Tradition and Modernity (1980)
3. Comment in about 200 words each—
   (a) The problem of Harijans
   (b) The status of women in theory and practice (1981)
4. Comment critically on the following in not more than 200 words:
   (a) Untouchability is a form of apartheid. (1982)
5. Discuss critically the question whether the growing needs of a scientific and technological society in India confilict with traditional values of Indian society (1983)
6. भारतीय समाज पर विज्ञान और तकनीकी के प्रभाव का विवेचन कीजिए। आपके मत से, वे कौन से परम्परागत कारण हैं जो इसकी प्रगति को रोकने या कम करने में सहायक हुए हैं? (1984)
7. भारतीय समाज के परम्परागत मूल्य आप किन्हें मानेंगे? क्या उनका समन्वय समाज के आधुनिकीकरण की भारी आवश्यकताओं से हो सकता है? विवेचन कीजिए। (1986)
8. आधुनिकीकरण के मूलभूत लक्षणों को स्पष्ट कीजिए। उन विभिन्न समस्याओं का विवेचन कीजिए जिनका सामान्य भारतीय समाज अपने को आधुनिक बनाने में कर रहा है और यदि कोई उपयुक्त उपचार हो तो तर्क देते हुए उन्हें बताइए। (1987)
9. निम्नलिखित पर आलोचनात्मक टिप्पणी लिखिए और टिप्पणी 200 से अधिक शब्दों में न हो:
   (a) सामाजिक संस्थाओं में अपेक्षित परिवर्तन का कोई पर्याप्त प्रमाण नहीं है। (1988)
10. आधुनिकता क्या है? वह भारतीय समाज के परम्परागत ढाँचे को कैसे प्रभावित कर रही है? ग्राम समाज के विशिष्ट सन्दर्भ में विवेचन कीजिए। (1989)
11. भारतीय सामाजिक संस्थाओं में घटित परिवर्तन के तत्त्वों का विश्लेषण और मूल्यांकन कीजिए। (1990)
12. सामाजिक गतिशीलता क्या है? भारत की जाति-व्यवस्था में इसने क्या परिवर्तन किए हैं? (1991)
13. भारत में पारिवारिक जीवन के वर्तमान परिवर्तन के स्वरूप तथा तात्पर्यों का विवेचन कीजिए। (1992)
14. भारत में धार्मिक संस्थाओं के आधुनिकीकरण की सम्भावना का विवेचन कीजिए। (1993)
15. क्या यह आदर्श—"अपनी माता को देवी मानो" (मातृ देवी भव) हमारे आधुनिक भारतीय पारिवारिक जीवन में प्राप्त हो सकता है? कारण सहित स्पष्टीकरण कीजिए। (1994)
16. उन परम्परागत भारतीय मूल्यों का निर्धारण कीजिए जो आज के भारतीय परिवार द्वारा प्रोत्साहित किए जाने चाहिए। इन मूल्यों का प्रोत्साहन कैसे हो सकता है? (1996)

❑

अध्याय 22

जातिभेद : गाँधी एवं अम्बेडकर

जातिभेद या जाति पर आधारित भेदभाव का सम्बन्ध जाति-व्यवस्था से है। जाति-व्यवस्था एक उल्लेखनीय भारतीय सामाजिक संस्था है, जिसका विशेष सम्बन्ध हिन्दू धर्म और समाज से है। लेकिन, क्योंकि भारत के अधिकांश मुसलमान और ईसाई पहले हिन्दू थे इसलिए भारत के मुसलमानों और ईसाइयों के बीच भी जाति का प्रवेश हो गया है। सिक्ख समाज भी इससे अछूता नहीं रह पाया है।

जाति

Macmillan Student Encyclopedia of Sociology के अनुसार, जाति का सम्बन्ध भारत और उसके आस-पास के क्षेत्रों में पाए जाने वाले परम्परागत हिन्दू सामाजिक संगठन से है। इसके अन्तर्गत निम्नलिखित बातें आ जाती हैं— (i) अन्तर्विवाह, (ii) व्यक्तिगत और सामाजिक सम्पर्क से सम्बन्धित कड़े नियम, (iii) व्यावसायिक एकरूपता, (iv) हर जाति में एक जैसी आर्थिक क्रियाएँ और कर्मकांड।

A New Dictionary of Sociology के अनुसार, एक शुद्ध जाति-व्यवस्था की जड़ें धार्मिक-व्यवस्था में होती हैं। **जाति वंशानुगत (hereditary), अन्तर्विवाही (endogamous) और व्यावसायिक समूहों (occupational groups) की ऐसी श्रेणी (hierarchy) है, जिसमें विभिन्न जातियों की सामाजिक स्थिति पूर्व निश्चित रहती है और विभिन्न जातियों के बीच धार्मिक आधार पर परस्पर दूरी बनी रहती है।**[1]

इस तरह, जाति-व्यवस्था के निम्नलिखित लक्षण हैं—

(1) हिन्दू जाति-व्यवस्था एक किस्म का **सामाजिक स्तरीकरण**[2] है, जिसे हिन्दू धर्म द्वारा मान्यता प्राप्त है। ***ऋग्वेद*** के पुरुष सूक्त के अनुसार इस विश्व के सृष्टिकर्त्ता (पुरुष) ने अपने सिर से ब्राह्मण, कंधों से क्षत्रिय, जाँघों से वैश्य और पैरों से शूद्र की रचना की। ***मनुस्मृति*** में भी इसी बात को दुहराया गया है, सिवाय इसके कि वहाँ पर ''पुरुष'' की बजाय ''ब्रह्मा'' शब्द का इस्तेमाल किया गया है।

---

1. G. Duncan Mitchell (ed.) *A New Dictionary of Sociology*, pp. 194-95.
2. जब समाज में अलग-अलग प्रतिष्ठा के आधार पर अलग-अलग स्तरों या प्रतिष्ठा-समूहों की श्रेणी बन जाती है, तो इस प्रक्रिया को सामाजिक स्तरीकरण कहते हैं। एक स्तर में वही लोग रहते हैं जिनकी सामाजिक प्रतिष्ठा बराबर या लगभग एक बराबर होती है।

इसे विभिन्न वर्णों और जातियों के उद्‌गम के वास्तविक समाजशास्त्रीय वर्णन के रूप में स्वीकार नहीं किया जा सकता है, लेकिन इससे इतना तो स्पष्ट है कि **हिन्दू धर्म में वर्ण-व्यवस्था या जाति-व्यवस्था को ईश्वरीय और धार्मिक मान्यता प्रदान की गयी है।**

(2) जाति आनुवंशिक है, या दूसरे शब्दों में, यह जन्म पर आधारित है। हर हिन्दू अनिवार्य रूप से अपने माता-पिता की जाति का सदस्य होता है, और वह आजीवन उसी जाति का सदस्य रहता है। यदि कोई व्यक्ति ब्राह्मण जाति में जन्मा है, तो ब्राह्मण ही कहलाएगा, चाहे वह ज्ञान से सम्पन्न हो या नहीं। दूसरी ओर, अगर कोई व्यक्ति किसी दलित जाति में जन्मा है, तो उसे उसी जाति का माना जाएगा, चाहे वह कितना भी ज्ञान या धन क्यों न अर्जित कर ले।

(3) जाति **अन्तर्विवाही समूह** होते हैं। इसका अर्थ यह हुआ कि दो अलग-अलग जातियों के व्यक्तियों के बीच अन्तर्जातीय विवाह वर्जित होता है, और परम्परागत रूप से ऐसे विवाहों को बहुत अधिक हतोत्साहित किया जाता है।

(4) जातियों के बीच एक **सामाजिक दूरी** (social distance) रहती है। परम्परागत रूप से दो जातियों के बीच सिर्फ विवाह पर ही नहीं, बल्कि कुछ जातियों के बीच सामाजिक सम्पर्क के अन्य रूपों, जैसे, एक साथ खाना खाने पर भी रोक रहती है। निम्न समझी जाने वाली जातियों को उच्च समझी जाने वाली जातियों के निकट सामाजिक सम्पर्क से दूर रखा जाता है। ऐसा समझा जाता है जैसे ब्राह्मण, क्षत्रिय और वैश्य, शूद्रों की तुलना में किसी दूसरी मिट्टी के बने हुए हों। जबकि ''अवर्ण'' (वर्ण-बाह्य) या ''अछूतों'' को शूद्रों से भी नीचे समझा जाता है। **परम्परागत रूप से ऐसा माना जाता है कि उनके छूने मात्र से भोजन और पानी अपवित्र हो जाते हैं।** कई क्षेत्रों में तो उन्हें ''उच्च'' जाति के हिन्दुओं के आस-पास आने तक नहीं दिया जाता है, और मन्दिरों में प्रवेश तक नहीं करने दिया जाता है। परम्परागत रूप से दलितों को उच्च जातियों के कुँओं से पानी लेने की अनुमति भी नहीं रहती है। कई बार उन्हें सार्वजनिक तालाबों में नहाने भी नहीं दिया जाता है और सार्वजनिक सड़कों का इस्तेमाल नहीं करने दिया जाता है।

(5) जाति **व्यावसायिक समूह** है। परम्परागत रूप से किसी एक जाति का किसी एक व्यवसाय से सम्बन्ध रहा है। ***मनुस्मृति*** के अनुसार इस विश्व के ''सृष्टिकर्त्ता'' ने ही अलग-अलग वर्णों (जातियों) के लिए अलग-अलग वर्ण-धर्म और व्यवसाय निर्धारित कर दिए। ब्राह्मणों की रचना शिक्षक और पुरोहित का काम करने के लिए की गयी; क्षत्रियों का प्रजापालन करने के लिए; वैश्यों का पशुओं की रक्षा, व्यापार कृषि और सूद पर पैसा देने के लिए; और शूद्रों की रचना ही ब्रह्मा ने इसलिए की है कि वे ''बिना निन्दा किए'' ब्राह्मण, क्षत्रिय और वैश्य या ''द्विज'' वर्णों की सेवा करें।

परम्परागत रूप से न सिर्फ जातियों का किसी एक व्यवसाय से सम्बन्ध रहा है, बल्कि कई जातियों के नाम से ही उनके व्यवसाय की भी जानकारी मिलती है, जैसे, कुम्हार, लोहार, सोनार, माली, मल्लाह, हजाम, तेली आदि।

(6) प्रत्येक जाति की एक **उप-संस्कृति** (sub-culture) होती है, जो उसे अन्य जातियों से अलग एक विशिष्ट पहचान प्रदान करती है। विवाह, जन्म और मृत्यु से सम्बन्धित उनके एक जैसे प्रचलन और एक जैसी जीवन-शैली होती है।

वर्ण-व्यवस्था

मनुस्मृति हिन्दुओं का एक महत्त्वपूर्ण धर्मशास्त्र है। ***मनुस्मृति*** जैसे हिन्दू धर्मशास्त्रों में वर्ण-व्यवस्था का समर्थन किया गया है। इसे हम जाति-व्यवस्था का सैद्धान्तिक समर्थन मान सकते हैं। ***मनुस्मृति*** में बतायी गयी वर्ण-व्यवस्था या चातुर्वर्ण्य की प्रमुख विशेषताएँ इस प्रकार है :

(1) इसमें जन्म के आधार पर हिन्दू समाज को चार वर्णों में बाँट दिया गया है। इनमें से सिर्फ पहले तीन—ब्राह्मण, क्षत्रिय और वैश्य—को, जिन्हें ''द्विज'' कहा जाता है, उपनयन का और **वेदों** के अध्ययन का अधिकार दिया गया है। शूद्रों और द्विज वर्ण की महिलाओं को अध्ययन के अधिकार से वंचित रखा गया है।

(2) इसमें अलग-अलग वर्णों के लिए अलग-अलग धर्म और व्यवसाय निर्धारित कर दिए गए हैं। राजा से यह अपेक्षा रखी जाती है कि वह कठोरता से इसका पालन करवाये।

(3) ब्राह्मणों को चारों वर्णों में सबसे श्रेष्ठ माना गया है और क्षत्रिय, वैश्य और शूद्रों को ब्राह्मणों से हीन। शूद्रों को इस श्रेणीबद्ध व्यवस्था में सबसे नीचा स्थान दिया गया है।

(4) इसमें औरत-मर्द गैरबराबरी को मान्यता प्रदान की गयी है। ब्राह्मण, क्षत्रिय और वैश्य वर्णों की औरतों सहित सभी औरतों को उपनयन और **वेद** के अध्ययन के अधिकार से वंचित किया गया है। उनके लिए विवाह ही यज्ञोपवीत के बराबर है, और पति की सेवा ही गुरुकुल निवास और **वेद** के अध्ययन के बराबर।[1] इसके अलावा, मनु के अनुसार, ''स्त्री बचपन में पिता के, जवानी में पति के और पति के मर जाने पर बुढ़ापे में पुत्र के वश में रहे (उनकी आज्ञा तथा सम्मति के अनुसार कार्य करे) स्वतन्त्र कभी न रहे।''[2]

(5) ***मनुस्मृति*** में कानून की नजरों में अलग-अलग वर्णों को एक समान नहीं माना गया है। मनु द्वारा संहिताबद्ध हिन्दू कानून असमानता के सिद्धान्त पर आधारित है। किसी एक अपराध के लिए सभी वर्णों के लिए एक जैसी सजा निर्धारित नहीं की गयी है। दरअसल, किसी अपराध के लिए दण्ड क्या हो, यह अपराध के शिकार और अपराध करने वाले व्यक्ति के वर्ण पर निर्भर है। एक ही अपराध के लिए ब्राह्मण को नर्म या मामूली सजा, जबकि शूद्र को कठोर-से-कठोर सजा देने का प्रावधान है।

---

1. ***मनुस्मृति*** (वाराणसी, चौखम्भा संस्कृत संस्थान, 1982), 2:67.
2. वहीं, 5 148.

(6) एक वर्ण और दूसरे वर्ण के बीच विवाह पर प्रतिबन्ध भी ***मनुस्मृति*** में बतलाए गए वर्ण-व्यवस्था की एक विशेषता है।

(7) छुआछूत बरतने का समर्थन भी ***मनुस्मृति*** में बतलाए गए सामाजिक स्तरीकरण की व्यवस्था का एक अंग है। मनु ने चार वर्णों के अलावा बाकी सभी जातियों को "वर्ण-संकर" की संज्ञा दी है। दूसरे शब्दों में, मनु के अनुसार इनका जन्म चार वर्णों के अनुलोम (उच्च वर्ण पुरुष और निम्न वर्ण स्त्री) और प्रतिलोम (निम्न वर्ण पुरुष और उच्च वर्ण स्त्री) मिश्रण से हुआ है।[1] उदाहरण के तौर पर, ***मनुस्मृति*** के अनुसार निषाद जाति का जन्म ब्राह्मण पुरुष और शूद्र स्त्री के बीच अनुलोम सम्बन्ध से हुआ है,[2] जबकि चण्डाल जाति का जन्म शूद्र पुरुष और ब्राह्मण स्त्री के बीच प्रतिलोम सम्बन्ध से।[3] चण्डाल जाति को मनु ने "मनुष्यों में नीचतम" बतलाया है।

मनुस्मृति के अनुसार चण्डाल जाति के लोगों को गाँव के अन्दर नहीं, बल्कि गाँव के बाहर श्मशान, पहाड़ और उपवनों में निवास करना चाहिए। उन्हें बैल, गाय और घोड़े पालने का अधिकार नहीं है। वे कुत्तों और गधों को रख सकते हैं। "कफन इनका वस्त्र हो, फूटे बर्तनों में ये भोजन करें, इनके भूषण लोहे के बने हों और ये सर्वदा भ्रमण करते रहें (एक स्थान पर बहुत दिनों तक निवास नहीं करें)।"[4] वे रात के समय गाँवों या शहरों में न घूमें। राजा की आज्ञा से, विशेष चिह्न धारण किए हुए, काम के लिए दिन में घूमें, और लावारिस मुर्दों को गाँव से बाहर श्मसान में ले जाएँ।[5]

मनु के अनुसार "धर्माचरण करने वाले" व्यक्तियों को चण्डाल के साथ कोई सामाजिक सम्बन्ध (लेन-देन, विवाह आदि) नहीं रखना चाहिए। यहाँ तक कि उनसे बातचीत भी नहीं करनी चाहिए, और उनकी ओर देखना भी नहीं चाहिए।[6]

(8) **मनुस्मृति** में वर्ण-व्यवस्था को धार्मिक और ईश्वरीय मान्यता प्रदान की गयी है। मनु ने यह दावा करके कि चारों वर्णों और मनुस्मृति की रचना ब्रह्मा द्वारा की गयी है, वर्ण-व्यवस्था को धार्मिक मान्यता प्रदान की है, और इसके प्रति एक संदेहरहित अन्ध-आस्था की माँग की है।[7]

गाँधी

गाँधी एक ओर जन्म पर आधारित हिन्दू वर्ण-व्यवस्था का समर्थन करते थे, और दूसरी ओर वे जातिभेद और छुआछूत का विरोध करते थे। लेकिन वर्ण-व्यवस्था की गाँधी की व्याख्या ***मनुस्मृति*** जैसे हिन्दू धर्मशास्त्रों में दी गयी वर्ण-व्यवस्था की व्याख्या से कुछ अलग है।

---

1. वहीं, 10 ; 25.
2. वहीं, 10 ; 8.
3. वहीं, 10 ; 12.
4. वहीं, 10 ; 50, 51, 52.
5. वहीं, 10 ; 54, 55.
6. वहीं, 10 ; 53.
7. ***मनुस्मृति*** के अनुसार वर्ण-व्यवस्था की विस्तृत व्याख्या के लिए देखें, रमेन्द्र, ***मैं हिन्दू क्यों नहीं और मैं बुद्धिवादी कैसे बना*** (पटना : बुद्धिवादी फाउंडेशन, 2001), पृष्ठ 20-27.

''आदर्श'' वर्ण-व्यवस्था

गाँधी के अनुसार वर्ण का नियम मनुष्य के प्राकृतिक स्वभाव और सीमाओं के अध्ययन के बाद बनाया गया है। प्रत्येक व्यक्ति कुछ सीमाओं के साथ पैदा होता है, जिन्हें वह पार नहीं कर सकता है। इसलिए, प्रत्येक व्यक्ति को अपने वर्ण के पेशे को ही अपनाना चाहिए। इससे ''बेकार की प्रतिस्पर्धा'' पर रोक लगती है। दूसरे शब्दों में, गाँधी के अनुसार वर्ण-व्यवस्था ''जन्म पर आधारित श्रम का स्वस्थ विभाजन'' है। गाँधी के शब्दों में, ''वर्ण-व्यवस्था हमें सिखाती है कि हममें से प्रत्येक को अपने खानदानी पेशे द्वारा रोजी कमानी चाहिए''।[1]

इस तरह, गाँधी जन्म पर आधारित वर्ण-व्यवस्था का समर्थन करते थे, लेकिन साथ ही उनका यह भी मानना था कि वर्ण-व्यवस्था का ऊँच-नीच, अन्तर्जातीय विवाहों पर प्रतिबन्ध या छुआछूत से कोई सम्बन्ध नहीं है। गाँधी के अनुसार वर्ण का सम्बन्ध कर्त्तव्यों से है, विशेषाधिकारों से नहीं।

गाँधी के शब्दों में, ''मैं वर्णाश्रम को जन्म पर आधारित श्रम का स्वस्थ विभाजन मानता हूँ। जाति का वर्तमान स्वरूप इसके मौलिक रूप की विकृति है। मेरे साथ श्रेष्ठता और हीनता का सवाल नहीं है। यह पूरी तौर से कर्त्तव्य का सवाल है।''[2]

समान वेतन और प्रतिष्ठा

एक ओर गाँधी यह चाहते थे कि जन्म पर आधारित ''आदर्श'' वर्ण-व्यवस्था की स्थापना हो, और दूसरी ओर वे छुआछूत का विरोध करते थे और चाहते थे कि समाज में प्रत्येक व्यक्ति को बराबर सम्मान और प्रतिष्ठा मिले। उनके अनुसार वकील, डॉक्टर, शिक्षक और भंगी सभी समाज की सेवा करते हैं, इसलिए सबको एक बराबर वेतन और प्रतिष्ठा मिलनी चाहिए। समाज में शारीरिक श्रम को प्रतिष्ठित करने के लिए गाँधी ने ''रोटी-श्रम'' (bread labour) का विचार सामने रखा। उनके अनुसार हर व्यक्ति को हर रोज कुछ शारीरिक श्रम जरूर करना चाहिए, ऐसे लोगों को भी जिनका व्यवसाय मानसिक श्रम से जुड़ा है। इससे शारीरिक श्रम को प्रतिष्ठित करने और शारीरिक श्रम से जुड़े व्यवसाय में लगे लोगों की सामाजिक प्रतिष्ठा को बढ़ाने में मदद मिलेगी।

अन्तरभोज और अन्तरजातीय विवाह

अन्तरभोज और अन्तरजातीय विवाहों के बारे में गाँधी के विचारों में समय के साथ काफी परिवर्तन आया। एक समय वे अन्तरभोज और अन्तरविवाह पर प्रतिबन्ध का समर्थन करते थे। जैसा कि उन्होंने ***यंग इंडिया*** में 1921 में लिखा है:

''हिन्दू धर्म में वर्णों कें बीच अन्तरभोज और अन्तरविवाह को सुस्पष्ट रूप से हतोत्साहित किया गया है। अपने बेटे के साथ भोजन करना हिन्दू के कर्त्तव्य का अंग नहीं है। और वधू के अपने चुनाव को एक विशेष समूह तक सीमित करके वह दुर्लभ

---

1. Nirmal Kumar Bose *Selections from Gandhi* (Ahmedabad : Navajivan Publishing House, 1972), p. 265.
2. Ibid, p. 263.

आत्मसंयम का परिचय देता है। अन्तरविवाह और अन्तरभोज पर प्रतिबन्ध आत्मा के तीव्र विकास के लिए जरूरी है।''[1]

जबकि 1932 में एक प्रेस वक्तव्य में गाँधी ने स्पष्ट तौर से कहा है कि अन्तरभोज और अन्तरजातीय विवाहों पर प्रतिबन्ध हिन्दू धर्म का हिस्सा नहीं है।[2] इसी तरह, 1935 में ***हरिजन*** पत्रिका में लिखते हुए गाँधी ने यह विचार व्यक्त किया है कि वर्णाश्रम में अन्तरभोज और अन्तरजातीय विवाहों पर न कोई प्रतिबन्ध था और न होना चाहिए।[3] 1946 तक आते-आते गाँधी ने यह नियम बना लिया था कि वे सेवाग्राम आश्रम में कोई भी विवाह तभी करवाएँगे जब वर और वधू में से कोई एक पक्ष हरिजन होगा।[4]

छुआछूत

गाँधी छुआछूत के पूरी तौर से विरुद्ध थे। 1921 में ***यंग इंडिया*** में लिखते हुए उन्होंने कहा, ''छुआछूत को मान्यता प्रदान करके हिन्दू धर्म ने पाप किया है''। उनके अनुसार हिन्दुओं से यह बीमारी मुसलमानों में भी फैल गयी है।[5] गाँधी यह मानते थे कि छुआछूत एक प्लेग की तरह है जिससे लड़ना हर हिन्दू का कर्तव्य है। उनके अनुसार, छुआछूत ने लाखों-करोड़ों इन्सानों को लगभग गुलामी की स्थिति में धकेल कर रख दिया है।[6]

जाति और वर्ण

गाँधी 1920 में ***यंग इंडिया*** में लिखते हुए कहते हैं कि चार वर्ण ही बुनियादी, प्राकृतिक और आवश्यक हैं। अनगिनत उपजातियाँ कभी सुविधाजनक हैं तो अक्सर बाधाएँ हैं। जितनी जल्दी इनका विलयन हो जाए उतना ही अच्छा है।[7] इसी तरह, 1926 में ***यंग इंडिया*** में लिखते हुए वे कहते हैं कि वर्तमान अनगिनत विभाजन और उनसे जुड़े विस्तृत कर्मकांड हिन्दुओं और उनके पड़ोसियों की धार्मिक भावना और सामाजिक खुशहाली के लिए नुकसानदेह हैं।[8] गाँधी के अनुसार, ''वर्तमान जाति-व्यवस्था वर्णाश्रम की प्रतिस्थापना (antithesis) है''। इसे जल्दी से जल्दी समाप्त कर दिया जाना चाहिए।[9]

अम्बेडकर

अम्बेडकर वर्ण-व्यवस्था, जाति और छुआछूत के पूरी तौर से विरुद्ध थे। उन्होंने वर्ण-व्यवस्था को मान्यता प्रदान करने के लिए हिन्दू धर्म की घोर आलोचना की है।

---

1. N. K. Bose, Op. Cit., p. 266.
2. Ibid.
3. Ibid., p. 267.
4. Ibid., p. 268.
5. Ibid.
6. Ibid., p. 269.
7. Ibid., p. 265.
8. Ibid.
9. Ibid.

उनके द्वारा जीवन के अन्तिम काल में हिन्दू धर्म का त्याग कर बौद्ध धर्म को अपनाने के मुख्य कारणों में वर्ण-व्यवस्था एक है।[1] इस सन्दर्भ में *Annhilation of Caste, Philosophy of Hinduism, Riddles in Hinduism* और *The Buddha and His Dhamma* उनकी कुछ प्रमुख रचनाएँ हैं। इनमें से सिर्फ *Annhilation of Caste* का प्रकाशन में जीवन काल में हुआ। बाकी सभी उनकी मृत्यु के बाद प्रकाशित हुई है। *Annhilation of Caste* में व्यक्त विचारों को लेकर अम्बेडकर और गाँधी के बीच सार्वजनिक मतभेद भी हुए थे। नीचे हम इस रचना में व्यक्त अम्बेडकर के विचारों की चर्चा करेंगे।

जातिप्रथा-उन्मूलन

जातिप्रथा-उन्मूलन पुस्तक को डॉ॰ अम्बेडकर ने मूलतः 1936 में लाहौर के जात-पात तोड़क मण्डल के वार्षिक सम्मेलन के लिए अध्यक्षीय भाषण के रूप में तैयार किया था। यह भाषण सम्मेलन के स्वागत समिति द्वारा इस आधार पर सम्मेलन को रद्द कर दिए जाने के कारण पढ़ा नहीं जा सका कि भाषण में व्यक्त विचार सम्मेलन के लिए ''असहनीय'' होंगे। अपने भाषण के अन्त में डॉ॰ अम्बेडकर ने हिन्दू धर्म को छोड़ने के अपने संकल्प को व्यक्त किया था। अन्ततः डॉ॰ अम्बेडकर ने स्वयं इसे पुस्तक के रूप में प्रकाशित किया। मूलतः अंग्रेजी में लिखी गयी इस किताब का अनुवाद हिन्दी में भी उपलब्ध है। इसके दूसरे संस्करण ***जातिप्रथा-उन्मूलन और महात्मा गाँधी को दिया गया उत्तर*** में डॉ॰ अम्बेडकर ने परिशिष्ट-1 के अन्तर्गत गाँधी द्वारा ***हरिजन*** पत्रिका में अम्बेडकर के भाषण की समीक्षा करते हुए लिखे गए दो लेखों को शामिल किया है; जबकि परिशिष्ट-2 में उन्होंने परिशिष्ट-1 में दिए गए गाँधी के विचारों के उत्तर में अपने विचारों को सामने रखा है। जाति के उन्मूलन के प्रश्न पर गाँधी और अम्बेडकर के मतभेदों के अध्ययन की दृष्टि से यह पुस्तक महत्त्वपूर्ण है।[2]

अन्तरभोज और अन्तरविवाह

जातिप्रथा-उन्मूलन में डॉ॰ अम्बेडकर ने, अन्य बातों के अलावा, जाति को समाप्त करने के तरीकों की चर्चा की है। एक विचार यह है कि जाति व्यवस्था को समाप्त करने के लिए सबसे पहले उप-जातियों को समाप्त करना चाहिए। लेकिन, अम्बेडकर के अनुसार इस बात की कोई गारन्टी नहीं है कि उप-जातियों के समाप्त होने के परिणामस्वरूप जातियाँ निश्चित रूप से समाप्त हो जाएँगी। बल्कि उप-जातियों के समाप्त होने से जातियों की जड़ें और मजबूत हो जाएँगी।[3]

अन्तरभोज को भी जाति व्यवस्था को समाप्त करने का एक उपाय माना जाता है। लेकिन, अम्बेडकर की राय में यह उपाय भी पर्याप्त नहीं है। उनके अनुसार अन्तरजातीय

---

1. रमेन्द्र, *डॉ॰ अम्बेडकर ने हिन्दू धर्म का त्याग क्यों किया* (पटना : बिहार बुद्धिवादी समाज, 1997), पृष्ठ 16.
2. ***बाबा साहेब डॉ॰ अम्बेडकर सम्पूर्ण वाङ्मय***, खण्ड 1, (नई दिल्ली : डॉ॰ अम्बेडकर प्रतिष्ठान, 1998), पृष्ठ 37-122
3. वहीं, पृष्ठ 90

विवाहों द्वारा ही जाति को मिटाया जा सकता है। अम्बेडकर के शब्दों में, "जाति-व्यवस्था को समाप्त करने का वास्तविक उपाय अन्तरजातीय विवाह ही है। जाति-व्यवस्था समाप्त करने के लिए जाति-विलय जैसे उपाय को छोड़ कर और कोई कारगर उपाय सिद्ध नहीं होगा।"[1]

अम्बेडकर के अनुसार यह धारणा सही है कि **जब अन्तरजातीय खान-पान एवं विवाह सामान्य व्यवहार की बात हो जाएँगे तो जाति एक प्रभावशाली ताकत नहीं रहेगी।** लेकिन, अम्बेडकर ने एक अधिक बुनियादी प्रश्न उठाया है—आखिर अधिकांश हिन्दू अन्तरभोज और अन्तरविवाह क्यों नहीं करते हैं? अम्बेडकर के अनुसार ऐसा इसलिए है, क्योंकि "अन्तरजातीय खान-पान तथा विवाह धार्मिक विश्वास और रीति-रिवाज का विरोधी है"। हिन्दू अपने "धार्मिक विचारों" के कारण जाति को मानते हैं। उनके धर्मशास्त्र ही उन्हें जाति को धर्म के रूप में मानने की शिक्षा देते हैं। इसलिए, अम्बेडकर की राय में, **जाति की समस्या का "वास्तविक निदान शास्त्रों में लोगों के विश्वास को खत्म करना है"।**[2]

अम्बेडकर के शब्दों में, "वैसे लोगों की आलोचना करना या उनकी हँसी उड़ाना बेकार है जो अन्तरजातीय खान-पान या विवाह नहीं करते हैं या कभी-कभी अन्तरजातीय खान-पान और विवाह कर लेते हैं, इससे कोई लाभ नहीं हो सकता। इसका वास्तविक निदान शास्त्रों में लोगों के विश्वास को खत्म करना है। इसमें आपको कैसे सफलता मिलेगी, जब तक शास्त्रों को मनुष्य के विचार एवं विश्वास को प्रभावित करने देते रहेंगे? शास्त्रों के अधिकार को चुनौती नहीं देना, लोगों को शास्त्रों में विश्वास करने देना और फिर लोगों पर अमानवीय तर्क-विहीन व्यवहार करने के लिए आलोचना करना सामाजिक सुधार का कोई उचित तरीका नहीं है। समाज सुधारक, जिनमें महात्मा गाँधी भी शामिल हैं, अस्पृश्यता हटाना चाहते हैं, पर लगता है कि उन्होंने यह महसूस नहीं किया है कि लोगों का कार्य शास्त्रों में विश्वास का प्रतिफल मात्र है, और ये कभी भी अपने व्यवहार में परिवर्तन नहीं लायेंगे जब तक कि शास्त्रों में उनका विश्वास खत्म नहीं होता है, क्योंकि उनका व्यवहार शास्त्र पर आधारित है।"[3]

अम्बेडकर और गाँधी

जुलाई 11, 1936 में ***हरिजन*** में प्रकाशित एक संक्षिप्त लेख में गाँधी ने अम्बेडकर को "हिन्दू धर्म के लिए एक चुनौती" बतलाया है। उनके अनुसार कोई भी समाज सुधारक अम्बेडकर की ***जातिप्रथा-उन्मूलन*** की उपेक्षा नहीं कर सकता है। दूसरी ओर, गाँधी के अनुसार इस रचना में व्यक्त अम्बेडकर के विचारों पर गम्भीर आपत्तियाँ की जा सकती हैं।

---

1. वहीं, पृष्ठ 90-91
2. *Dr. Babasaheb Ambedkar Writings and Speeches*, vol. 1, (Bombay : Education Department, Government of Maharashtra, 1989), pp. 68-69.
3. Ibid.

गाँधी के अनुसार, अम्बेडकर ने अपने कथन के समर्थन में अध्याय और श्लोकों के प्रमाण दे कर तीन आरोप लगाए हैं:—

पहला सवर्ण हिन्दुओं द्वारा अमानवीय व्यवहार का, दूसरा गलत काम करने वालों द्वारा इसे निर्लज्जता से सही ठहराये जाने का और तीसरे यह खोज कि उनके धर्मशास्त्रों द्वारा इसे उचित ठहराया गया है।[1]

हरिजन में ही जुलाई 18, 1936 को प्रकाशित एक लेख में गाँधी ने ***वेद, उपनिषद, स्मृति*** और ***रामायण, महाभारत*** सहित पुराणों को हिन्दू धर्मग्रन्थ माना है, हालांकि उनके अनुसार यह अन्तिम सूची नहीं है। गाँधी के अनुसार ***स्मृतियों*** में काफी कुछ ऐसा है जिसे ईश्वर की वाणी के रूप में कभी भी स्वीकार नहीं किया जा सकता है। उनके अनुसार ***स्मृतियों*** से अम्बेडकर द्वारा उद्धृत अंश प्रामाणिक नहीं माने जा सकते हैं। ऐसी किसी भी बात को ईश्वर की वाणी के रूप में स्वीकार नहीं किया जा सकता है जिसकी तर्कबुद्धि द्वारा जाँच सम्भव न हो और जिसका ''आध्यात्मिक अनुभव'' करना सम्भव न हो। गाँधी के अनुसार शास्त्रें में बहुत सी बातें बाद में जोड़ दी गयी हैं। अगर उन अंशों को हटा दिया जाए तो भी शास्त्रों की सही व्याख्या का प्रश्न बना ही रहेगा। गाँधी के अनुसार शास्त्रों की व्याख्या विद्वानों द्वारा नहीं बल्कि संतों और मनीषियों द्वारा होनी चाहिए।

गाँधी के विचार में जाति का धर्म से कोई सम्बन्ध नहीं है। उनके अनुसार जाति आध्यात्मिक और राष्ट्रीय विकास के लिए नुकसानदेह है। वर्ण और आश्रम का जाति से कोई सम्बन्ध नहीं है। जन्म पर आधारित वर्ण का समर्थन करते हुए वे कहते हैं कि वर्ण का नियम हमें सिर्फ यह सिखलाता है कि अपनी रोजी-रोटी के लिए हमें अपने पूर्वजों के पेशों को अपनाना चाहिए। यह हमारे अधिकारों को नहीं बल्कि कर्त्तव्यों को परिभाषित करता है। इसका ऊँच-नीच और छुआछूत से कोई सम्बन्ध नहीं है। ब्राह्मण और भंगी दोनों के काम प्रतिष्ठा की दृष्टि से एक समान हैं।[2]

जातिप्रथा—उन्मूलन और महात्मा गाँधी को दिया गया उत्तर के परिशिष्ट-2 में अम्बेडकर ने गाँधी की आलोचनाओं का उत्तर दिया है।

अम्बेडकर के अनुसार उनके भाषण में व्यक्त मुख्य बातें इस प्रकार है :

(1) जाति ने हिन्दुओं को बर्बाद किया है।

(2) चातुर्वण्य के आधार पर हिन्दू समाज का पुनर्गठन असम्भव है।

(3) चातुर्वण्य के आधार पर हिन्दू समाज का पुनर्गठन हानिकारक है, क्योंकि वर्ण-व्यवस्था आमलोगों को ज्ञान प्राप्त करने के अवसरों से वंचित कर उनकी अवनति करती है, और शस्त्र धारण करने के अधिकार से वंचित कर उन्हें दुर्बल बनाती है।

(4) हिन्दू समाज को ऐसे धार्मिक आधार पर पुनर्गठित किया जाना चाहिए जो स्वतंत्रता, समता और बन्धुता के मूल्यों को मान्यता प्रदान करे।

---

1. Ibid., p. 81.
2. Ibid., pp. 82-83

(5) इस उद्देश्य को हासिल करने के लिए जाति और वर्ण के पीछे धार्मिक पवित्रता की भावना को नष्ट किया जाना चाहिए।

(6) शास्त्रों के दैवी प्राधिकार या प्रामाणिकता का त्याग करके ही जाति और वर्ण की पवित्रता को नष्ट किया जा सकता है।

अम्बेडकर के अनुसार गाँधी द्वारा उठायी गयी आपत्तियाँ पूरी तरह अप्रासंगिक हैं और उनका उनके भाषण के मुख्य युक्ति से कोई सम्बन्ध नहीं है। अम्बेडकर की राय में आम जनता इसमें कोई अन्तर नहीं करती है कि शास्त्रों के कौन से अंश वास्तविक हैं और कौन से बाद में जोड़े गए हैं। निरक्षर और आम लोगों को तो यह भी मालूम नहीं है कि शास्त्रों में क्या लिखा गया है। उन्हें जो बतलाया गया है उस पर उन्होंने विश्वास कर लिया; और उन्हें यही समझाया गया है कि शास्त्रों में जाति और छुआछूत बरतने को धार्मिक कर्त्तव्य बतलाया गया है।

अम्बेडकर के अनुसार गाँधी ने जिस तरह वर्ण की व्याख्या की है उससे ''वर्ण'' और ''जाति'' के बीच कोई अन्तर नहीं रह जाता है। गाँधी के अनुसार वर्ण का अर्थ यह है कि हर किसी को अपने पूर्वजों के व्यवसाय को अपनाना चाहिए। जाति का सार तत्त्व भी यही है। अन्य बातों के अलावा, अपने उत्तर में अम्बेडकर ने यह सवाल भी उठाया है कि अगर गाँधी के अनुसार हर किसी को अपने खानदानी पेशे को अपनाना चाहिए तो फिर बनिया जाति का हो कर भी उन्होंने पहले वकालत का व्यवसाय क्यों अपनाया? फिर, बाद में वे ''आधे सन्त और आधे राजनीतिज्ञ'' क्यों बन गए? उनके सबसे छोटे बेटे ने एक समाचारपत्र के मालिक के लिए काम करना चुना। लेकिन गाँधी ने कभी भी अपने पूर्वजों के व्यवसाय को न अपनाने के लिए उसकी निन्दा नहीं की।[1]

समीक्षा

जाति-व्यवस्था या सामाजिक स्तरीकरण के किसी भी रूप और सामाजिक समता के आदर्श के बीच विरोध तो स्पष्ट ही है। खास कर किसी एक जाति में जन्म के आधार पर ही किसी व्यक्ति को श्रेष्ठ और किसी को हीन मान लेने का कोई नैतिक औचित्य नहीं है। हिन्दू जाति-व्यवस्था में ब्राह्मण जाति में जन्में व्यक्ति को सबसे श्रेष्ठ माना जाता है और अन्य जातियों को क्रमशः उनसे हीन। सामाजिक सीढ़ी के सबसे नीचे दलित जातियों का स्थान होता है। जाति-व्यवस्था में गैरबराबरी की सबसे विकृत अभिव्यक्ति छुआछूत के रूप में होती है, जो सम्भवतः भारतीय समाज की सबसे बड़ी बुराई है।

इसके अलावा, जाति-व्यवस्था का स्वतन्त्रता के मूल्य से भी विरोध है। उदाहरण के तौर पर, जाति परम्परागत रूप से अन्तर्विवाही समूह रहे हैं, जिनका एक खास व्यवसाय से सम्बन्ध रहा है। एक विशेष जाति में जन्मे व्यक्ति से यह आशा की जाती है कि वह अपनी जाति में ही विवाह करे और अपनी जाति से जुड़े व्यवसाय को ही अपनाए। इससे ***व्यक्ति की व्यवसाय और जीवनसाथी चुनने की स्वतन्त्रता अनावश्यक रूप से सीमित हो जाती है।***

इसी तरह, एक जाति और दूसरी जाति के बीच की सामाजिक दूरी से सामुदायिक

1. Ibid., pp. 86-96

भावना के विकास में बाधा पहुँचती है। जाति का यह पक्ष बन्धुता के मूल्य के विपरीत है। यह सही है कि एक जाति के लोगों में आपस में बन्धुता की भावना रहती है, लेकिन दूसरी ओर, उनमें उसी अनुपात में दूसरी जातियों से दूरी और विरोध की भावना भी रहती है। दरअसल, किसी समाज में तब तक सही मायने में बन्धुता नहीं रह सकती है, जब तक कि समाज के सदस्य एक-दूसरे को सामाजिक दृष्टि से बराबर न माने। जाति-व्यवस्था में वर्ग-व्यवस्था की तुलना में सामाजिक दूरी अधिक कठोर होती है, जैसे, छुआछूत में। इसलिए, यह वर्ग-व्यवस्था की तुलना में कहीं अधिक बन्धुता के मूल्य के विरुद्ध है।

कभी-कभी वर्ग-व्यवस्था की तरह जैविक आधार पर जाति-व्यवस्था को भी सही ठहराने के प्रयत्न किए जाते हैं। लेकिन, प्राकृतिक भिन्नता और सामाजिक गैरबराबरी के बीच कोई अनिवार्य सम्बन्ध नहीं है। सामाजिक गैरबराबरी कुछ गुणों को दूसरे गुणों की तुलना में अधिक महत्त्व देने के नैतिक निर्णय का परिणाम है। इसलिए, इस आधार पर जाति-व्यस्वथा को सही ठहराने का प्रयत्न असफल है।

जाति-व्यवस्था के सबसे मुखर समर्थन में जो बात कही जाती है, वह यह है कि मनुष्य जन्म से ही असमान होते हैं, और इसलिए, यह एक प्राकृतिक और स्वाभाविक बात है कि बेटे अपने पिता के पेशे को अपनाएँ। लेकिन, इस कथन का भी कोई जैविक आधार नहीं है। दरअसल में, यह पूरी तौर से अवैज्ञानिक बात है। यह एक वैज्ञानिक दृष्टि से प्रमाणित तथ्य है कि अर्जित गुणों का एक पीढ़ी से दूसरी पीढ़ी तक जैविक रूप में हस्तान्तरण नहीं होता है, केवल जीन से सम्बन्धित गुणों का ही एक पीढ़ी से दूसरी पीढ़ी तक स्थानान्तरण होता है। उदाहरण के तौर पर, बढ़ईगिरी का ज्ञान एक अर्जित गुण है, ठीक उसी तरह जिस तरह दर्शनशास्त्र का ज्ञान भी एक अर्जित गुण है। न तो बढ़ई के बेटे का जन्म बढ़ईगिरी के ज्ञान के साथ होता है और न ही किसी दार्शनिक के बेटे का जन्म दर्शनशास्त्र के ज्ञान के साथ। ये अर्जित गुण हैं, इसलिए ये जैविक दृष्टि से वंशानुगत नहीं होते हैं। अगर कभी-कभी, हालांकि हमेशा नहीं, इन विषयों की औपचारिक शिक्षा पाए बिना, एक बढ़ई का बेटा अच्छा बढ़ई बन जाता है, या एक दार्शनिक का बेटा दर्शनशास्त्र का अच्छा ज्ञान अर्जित कर लेता है, तो वह इसलिए नहीं कि उनका जन्म आवश्यक ज्ञान के साथ होता है, बल्कि सिर्फ इसलिए क्योंकि उन्हें अपने घर में एक अनुकूल माहौल मिलता है, जिससे उनके लिए इन गुणों को अर्जित कर पाना सम्भव होता है। अगर उनके स्थानों को बदल दिया जाए तो परिणाम अलग भी हो सकता है।

कोई कह सकता है कि हालांकि बढ़ईगिरी या दर्शन का ज्ञान जैविक दृष्टि से वंशानुगत नहीं होता है, लेकिन वे मानसिक गुण, जो व्यक्ति को अपेक्षित ज्ञान को अर्जित करने में सक्षम बनाते हैं, वंशानुगत होते हैं। यह बात भी पूरी तौर से सही नहीं है। कुछ शारीरिक और मानसिक गुण निश्चय ही वंशानुगत होते हैं, लेकिन इसका अर्थ यह नहीं है कि बेटे शारीरिक और मानसिक गुणों की दृष्टि से हमेशा बिल्कुल अपने पिता जैसे ही होते हैं, यह एक जानी हुई बात है—और कोई भी व्यक्ति सावधानीपूर्वक निरीक्षण कर इसकी जाँच कर सकता है—कि क्रोमोसोम और जीन के अलग-अलग

क्रमपरिवर्तन और संयोग के कारण एक ही माँ-बाप के बच्चे हमेशा ही आपस में एक-दूसरे से या अपने माता-पिता से पूरी तरह एकरूप नहीं होते हैं। बल्कि ज्यादातर वे एक-दूसरे से अलग होते हैं। उदाहरण के तौर पर, एक ही माँ-बाप के बेटे-बेटियों में कोई अधिक और कोई कम लम्बा हो सकता है। इसी तरह, उनकी चमड़ी, बालों और आँखों का रंग भी अलग-अलग हो सकता है। जो बात शारीरिक गुणों के लिए सही है, वही बात मानसिक गुणों के लिए भी सही है। संक्षेप में, यह जरूरी नहीं है कि किसी बच्चे में अपने पिता के मानसिक गुण होंगे ही। ऐसा हो भी सकता है, और नहीं भी। इसलिए, **बच्चों को जबरदस्ती उनके पूर्वजों के व्यवसाय में ही रहने के लिए बाध्य करने का कोई वैज्ञानिक आधार नहीं है।**

समाजशास्त्र के एक लेखक एम॰ हैरालाम्बस के अनुसार, ''किसी भी व्यक्ति को उसके माँ-बाप की जाति का माना जाता है और वह उस जाति के व्यवसाय को यन्त्रवत अपनाता है जिसमें उसका जन्म हुआ है। इसलिए, जैविक दृष्टि से किसी अछूत की रुचियाँ और क्षमताएँ चाहे जो भी हों, वह किसी भी तरह ब्राह्मण नहीं बन सकता है। जब तक कि यह नहीं मान लिया जाए कि श्रेष्ठ किस्म के जीन स्थायी रूप से ब्राह्मणों में ही मौजूद रहते हैं, और ऐसा मानने के लिए कोई प्रमाण नहीं है कि वास्तव में ऐसी बात है, तो सम्भवतः परम्परागत हिन्दू समाज में सामाजिक दृष्टि से पैदा की गयी गैरबराबरी का जीन पर आधारित असमानता के साथ कोई सम्बन्ध नहीं है।''[1]

जाति-व्यवस्था के समर्थन में अक्सर यह कहा जाता है कि यह श्रम के विभाजन की एक व्यवस्था है। श्रम का विभाजन वर्ग-व्यवस्था में भी होता है। समाज में अलग-अलग व्यवसायों के अस्तित्व के बाद भी वर्गविहीन समाज की स्थापना हो सकती है अगर इसके साथ श्रेष्ठता और हीनता की भावना न जोड़ी जाए। जहाँ तक जाति-व्यवस्थां का सम्बन्ध है, तो यह स्पष्ट है कि जाति रुचि और योग्यता पर आधारित श्रम का विभाजन नहीं है। यह जन्म पर आधारित श्रम के विभाजन की व्यवस्था है, जिसका कोई औचित्य नहीं। इसके अलावा, जाति-व्यवस्था के साथ परम्परागत रूप से और भी कई बुराइयाँ जुड़ी हुई हैं, जैसे श्रेष्ठता और हीनता की भावना, कानूनी गैरबराबरी, शिक्षा के समान अधिकार से लोगों को वंचित रखना तथा एक जाति और दूसरी जाति के बीच विवाह पर रोक। इन बातों का श्रम के विभाजन से कोई अनिवार्य सम्बन्ध नहीं है। श्रम का विभाजन लगभग सभी समाजों में पाया जाता है, लेकिन जाति-व्यवस्था का अस्तित्व हर समाज में नहीं है। इसलिए, जाति-व्यवस्था को श्रम के विभाजन के रूप में सही ठहराने का प्रयत्न बेकार है।

जाति-व्यवस्था के समर्थन में जो दूसरी बात आम तौर से कही जाती है वह यह है कि अपने मौलिक रूप में यह व्यवस्था जन्म पर नहीं, बल्कि रुचि और योग्यता पर आधारित थी। अब, वास्तव में ऐसा कभी था या नहीं, यह एक ऐतिहासिक शोध का विषय है। अधिक सम्भावना तो इसी बात की है कि जातियों के उद्‌गम का प्रजातीय सिद्धान्त ही सही है। वैसे, जाति-व्यवस्था का उद्‌गम चाहे जैसे भी हुआ हो, अगर हम

---

1. M. Haralambos with R. M. Heald : *Sociology : Themes and Perspectives, (Delhi : Oxford University Press, 1984)* : pp. 27-28.

थोड़ी देर के लिए यह मान भी लें कि जाति-व्यवस्था मूलतः रुचि और योग्यता पर आधारित थी, तो भी इससे कोई फर्क नहीं पड़ता है। यह तो नहीं कहा जा सकता है कि **क्योंकि** यह व्यवस्था कभी सुदूर अतीत में रूचि और योग्यता पर आधारित थी, **इसलिए** हमें खुशी के साथ जन्म पर आधारित वर्तमान व्यवस्था को बर्दाश्त करना चाहिए?

वैसे भी ***मनुस्मृति*** की रचना सम्भवतः 200 बी॰सी॰ और 200 ए॰ डी॰ के बीच हुई है[1], और इसमें वर्ण-व्यवस्था की व्याख्या जिस तरह की गयी है, वह पूरी तौर से जन्म पर आधारित है। गौतम बुद्ध ने आज से लगभग ढाई हजार साल पहले ही ***वेदों*** की प्रामाणिकता और वर्ण-व्यवस्था को चुनौती दी थी। ***बौद्ध त्रिपिटकों*** में खास कर ***दीर्घ निकाय*** और ***मज्झिम निकाय*** में कई ऐसे अंश हैं जिनमें ब्राह्मणों को इस दावे को चुनौती दी गयी है कि वे ब्रह्मा के मुँह से जन्मे हैं और एकमात्र उन्हें ही शिक्षा प्रदान करने और बाकी समाज पर आध्यात्मिक शासन करने का विशेषाधिकार मिला हुआ है।[2] ***मज्झिम निकाय*** में कई बार बुद्ध को वर्ण-व्यवस्था का खंडन करते हुए बतलाया गया है। बुद्ध के अनुसार समाज में व्यक्ति के स्थान और कार्य को किसी जाति विशेष में उसके जन्म के आधार पर निर्धारित करना अतर्कसंगत है। बुद्ध को यह कहते हुए भी बतलाया गया है कि व्यक्ति का जन्म किस जाति या वर्ण में हुआ है, इस पर ध्यान दिए बिना हर व्यक्ति को कानून की नजर में बराबर माना जाना चाहिए।[3] इस तरह, यह स्पष्ट है कि जाति-व्यवस्था अगर कभी अपने तथाकथित आदर्श रूप में रही भी हो—हालांकि इसमें काफी सन्देह है—तो भी आज से कम-से-कम ढाई हजार साल पहले बुद्ध के समय ही इसका पतन हो चुका था।

संक्षेप में, जाति-व्यवस्था स्वतन्त्रता, समता और बन्धुता के लोकतान्त्रिक मूल्यों के विरुद्ध है, और इसका कोई वैज्ञानिक आधार नहीं है। इसलिए, यह आश्चर्यजनक नहीं है कि उन्नीसवीं सदी में फूले ने और बीसवीं सदी में पेरियार, अम्बेडकर, लोहिया और जयप्रकाश जैसे प्रमुख भारतीय विचारक-नेताओं ने अपने-अपने ढंग से जाति-व्यवस्था का प्रबल विरोध किया है।

गाँधी ने भी छुआछूत का विरोध किया है। बाद में वे अन्तराजीय विवाहों का भी समर्थन करने लगे थे। एक ओर वे जाति और छुआछूत का विरोध करते थे, और दूसरी ओर, वे जन्म पर आधारित वर्ण-व्यवस्था का समर्थन करते थे। उनके अनुसार वर्ण-व्यवस्था का ऊँच-नीच, अन्तरजातीय विवाहों पर प्रतिबन्ध और छुआछूत से कोई सम्बन्ध नहीं है। दरअसल, गाँधी द्वारा की गयी वर्ण-व्यवस्था की व्याख्या तथ्यों के अनुरूप नहीं है। ***मनुस्मृति*** जैसे मान्यता प्राप्त हिन्दू धर्मशास्त्र में की गयी वर्ण-व्यवस्था की व्याख्या के अनुसार वर्ण-व्यवस्था का ऊँच-नीच, अन्तरजातीय विवाहों पर प्रतिबन्ध

1. ***मनुस्मृति*** (वाराणसी : चौखम्भा संस्कृत संस्थान, 1982), पृ॰ 10-11.
2. A. K. Warder, *Indian Buddhism* (Delhi : Motilal Banarsidass, 1980), p. 163.
3. Y. Masih, *The Hindu Religious Thought* (Delhi : Motilal Banarsidass, 1983) pp. 336-87.

और छुआछूत से सीधा सम्बन्ध है। हिन्दू वर्ण-व्यवस्था क्या है, यह जानने के लिए हिन्दू धर्मशास्त्रों की मदद ली जानी चाहिए, न कि अपनी कल्पना की। गाँधी की ''आदर्श'' वर्ण-व्यवस्था अर्ध-वास्तविक और अर्ध-काल्पनिक है। जन्म पर आधारित वर्ण ही जाति का मूल तत्त्व है। इसलिए, एक ओर वर्ण का समर्थन और दूसरी ओर, जाति का विरोध एक बहुत जबरदस्त तार्किक असंगति है। जन्म पर आधारित वर्ण-व्यवस्था का समर्थन कर गाँधी एक तरह से जाति-व्यवस्था का ही समर्थन कर रहे थे। वर्ण-व्यवस्था के प्रति अम्बेडकर का दृष्टिकोण गाँधी की तुलना में अधिक तर्कसंगत और तथ्यों के अनुरूप है।

प्रश्न

1. जाति विभेदीकरण-सकारात्मक या अन्य प्रकार से-का समग्र समाज की समरसता पर पड़ने वाले प्रभाव पर चर्चा कीजिए। (2008)

❑

अध्याय 23

लिंग समानता

(Gender Equality)

वर्ग-व्यवस्था और जाति-व्यवस्था की तरह औरत-मर्द गैरबराबरी भी सामाजिक समता के आदर्श के विरुद्ध हैं। लिंग समानता, या दूसरे शब्दों में, औरत-मर्द बराबरी सामाजिक समता के व्यापक आदर्श का एक हिस्सा है। सामाजिक समता का अर्थ यह हुआ कि सामाजिक दृष्टि से हर व्यक्ति को एक बराबर महत्त्व दिया जाना चाहिए, क्योंकि जन्म, सेक्स, रंग, जाति और धर्म की दृष्टि से अलग-अलग होने के बावजूद सभी मनुष्य मनुष्य होने के नाते एक समान हैं। भारतीय संविधान की प्रस्तावना में भारत के सभी नागरिकों को **प्रतिष्ठा और अवसर की समानता** उपलब्ध कराने की बात की गयी है। इसमें समता के अधिकार को भी मौलिक अधिकार माना गया है। समता के अधिकार के अन्तर्गत कानून के समक्ष समता का अधिकार शामिल है। राज्य द्वारा धर्म, उद्‌गम, जाति, सेक्स या जन्म स्थान के आधार पर एक नागरिक और दूसरे नागरिक के बीच भेदभाव नहीं किया जा सकता है। समता के अधिकार को मानव अधिकार के रूप में भी मान्यता मिली हुई है। संयुक्त राष्ट्रसंघ के चार्टर के अनुसार, ''नस्ल, सेक्स, भाषा और धर्म के आधार पर कोई भेदभाव किए बिना सभी के लिए मानव अधिकारों और मौलिक स्वतन्त्रताओं के प्रति सम्मान को प्रोत्साहित करना'' संयुक्त राष्ट्र संघ के मुख्य उद्देश्यों में एक है। मानव अधिकारों के सार्वभौमिक घोषणा-पत्र के अनुसार **''सभी मनुष्य जन्म से स्वतंत्र और गरिमा एवं अधिकारों की दृष्टि से समान है।''** इस तरह सेक्स के आधार पर कोई भी भेदभाव लिंग समानता के आदर्श के विरुद्ध है। लिंग समानता के अन्तर्गत राजनीतिक समानता भी शामिल है।

जाति या वर्ग की तरह, महिलाओं की समस्या पर भी दो दृष्टि से विचार किया जा सकता है: एक, समाजशास्त्रीय या यथार्थवादी दृष्टि से, और दूसरे, समाज-दार्शनिक या मानक दृष्टि से। महिलाओं की समस्या पर समाज-दार्शनिक दृष्टि से विचार करने के लिए भी पहले वास्तविक स्थिति की जानकारी जरूरी है।

औरत और समाज : एम समाजशास्त्रीय दृष्टि

और-मर्द गैरबराबरी एक सामाजिक वास्तविकता है। हैरालाम्बस की पुस्तक *Sociology : Themes and Perspectives* के एक खण्ड में महिलाओं की सामाजिक स्थिति पर विचार किया गया है। हैरालाम्बस के अनुसार, महिलाएँ बच्चों को जन्म देती हैं; महिलाएँ माँ और पत्नी हैं; महिलाएँ खाना बनाती हैं; मरम्मत, सिलाई और धुलाई

का काम करती है; वे पुरुषों की देखभाल करती हैं; और वे पुरुषों के प्राधिकार (authority) के अधीन रहती है। उन्हें उच्च प्रतिष्ठा वाले व्यवसायों और शक्तिशाली पदों से अलग रखा जाता है। ये सामान्यीकरण, कुछ हद तक लगभग सभी ज्ञात मानव समाजों पर लागू होते हैं। सेक्स या लिंग पर आधारित श्रम का विभाजन समाज में सबसे बुनियादी किस्म का विभाजन मालूम देता है। सरल शिकारी और संग्रह करने वाले समूह (hunting and gathering bands) से ले कर जटिल-से-जटिल औद्योगिक समाजों में कुछ कामों को मर्दों का काम माना जाता है और कुछ को औरतों का। प्रतिष्ठा, धन और शक्ति की दृष्टि से लगभग हमेशा औरतों की लिंग भूमिकाओं (gender roles) को कम महत्त्व दिया जाता है।

बीसवीं सदी में, खासकर नारी मुक्ति आन्दोलन के उदय के बाद से, सेक्स पर आधारित श्रम के विभाजन और औरत-मर्द गैरबराबरी पर काफी जोरदार बहस हुई है। हैरालाम्बस के अनुसार इस बहस में मुख्यतः दो पक्ष सामने आए हैं। एक पक्ष के अनुसार, कुछ हद तक औरत और मर्द के बीच जैविक या जेनेटिक भिन्नता औरत-मर्द गैरबराबरी का आधार है। दूसरे पक्ष के अनुसार लिंग भूमिकाएँ संस्कृति द्वारा निर्धारित की जाती हैं और सेक्स सम्बन्धी गैरबराबरी समाज में बनाए गए शक्ति सम्बन्धों (power relationships) का परिणाम है।[1] उदाहरण के तौर पर, एक ओर मानवशास्त्री जॉर्ज पीटर मर्डक (George Peter Murdock) के विचार हैं; और दूसरी ओर, ब्रिटिश समाजशास्त्री ऐन्न ओकली (Ann Oakley) के।

मर्डक—मर्डक के अनुसार, समाज में औरत और मर्द के बीच श्रम के विभाजन का आधार औरत और मर्द के बीच जैविक भिन्नता है। पुरुषों में अधिक शारीरिक शक्ति होती है, और महिलाओं द्वारा बच्चों को जन्म दिया जाता है। इसलिए, व्यावहारिकता के आधार पर पुरुषों और महिलाओं के लिए अलग-अलग लिंग भूमिकाएँ बन जाती है। मर्डक की राय में औरत और मर्द की जैविक भिन्नता को देखते हुए सेक्स-आधारित श्रम का विभाजन समाज को संगठित करने का सबसे कार्यकुशल तरीका है।

शिकार और संग्रह करने वाले समूहों से लेकर आधुनिक राष्ट्रीय-राज्यों के 224 समाजो में औरत और मर्दों की भूमिका के अपने अध्ययन के आधार पर मर्डक ने यह निष्कर्ष निकाला कि इन समाजों में शिकार करने का, लकड़ी काटने का और उत्खनन का काम मुख्यतः पुरुष करते हैं; जबकि खाना बनाने का, सब्जी बटोरने का, पानी लाने का और कपड़े सिलने-मरम्मत करने का काम औरतें करती हैं। मर्डक के अनुसार, अपने ''श्रेष्ठ'' शारीरिक ताकत के कारण पुरुष लकड़ी काटने, उत्खनन, जमीन की सफाई और मकान बनाने जैसे ''शारीरिक दृष्टि से कठिन'' कामों को बेहतर तरीके से कर सकते हैं; क्योंकि उनपर बच्चों को जन्म देने और उनकी देखभाल करने का बोझ नहीं रहता है। वे शिकार करने, मछली पकड़ने, जानवर चराने या व्यापार करने के लिए दूर तक जा सकते हैं। दूसरी ओर, महिलाएँ ऐसे ''हल्के'' काम आसानी से कर सकती

1. M. Haralambos with R. M. Heald, *Sociology : Themes and Perrpectives*, (Delhi : Oxford University Press, 1984), p. 369.

हैं, जिन्हें घर पर रह कर या घर के पास रह कर किया जा सकता है, जैसे, सब्जी इकट्ठा करना, पानी लाना, खाना बनाना, कपड़े और बर्तन बनाना। इस तरह, बच्चे को जन्म देने और उसका पालन करने की जैविक भूमिका के कारण औरत घर से बँध कर रहती हैं। अपने शरीर-गठन के कारण वह हल्के शारीरिक श्रम से जुड़े कामों को कर सकती हैं। मर्डक के अनुसार, उनके द्वारा अध्ययन किए गए सभी समाजों में सेक्स-आधारित श्रम का विभाजन मौजूद है। इससे वे यह निष्कर्ष निकालते हैं कि इस विभाजन में जो अन्तर्निहित लाभ है, सम्भवतः उस कारण ही यह विभाजन ''सार्वभौमिक'' है।[1]

ओकली—दूसरी ओर, नारी मुक्ति आन्दोलन की समर्थक महिला समाजशास्त्री ओकली के अनुसार लिंग भूमिकाएँ संस्कृति द्वारा निर्धारित होती हैं। यह सार्वभौतिक नहीं है। मानव संस्कृति में बहुत विविधता है, और यह विविधता मानवनिर्मित है, न कि जैविक शक्तियों पर आधारित। ओकली ने स्वयं मर्डक द्वारा किए गए अध्ययन के आधार पर मर्डक के निष्कर्षों को चुनौती दी है। उनके अनुसार मर्डक ने अपने अध्ययन से प्राप्त सामग्री (data) की पूर्वाग्रहयुक्त व्याख्या की है। वे अन्य संस्कृतियों को पश्चिमी और पुरुष की दृष्टि से देखते हैं। मर्डक द्वारा अध्ययन किए गए समाजों में से 14 समाज ऐसे हैं, जिनमें लकड़ी काटने का काम या तो सिर्फ औरतों द्वारा किया जाता है, या औरत-मर्द दोनों द्वारा। 36 समाज ऐसे हैं, जिनमें जमीन की सफाई का काम औरतों द्वारा किया जाता है। इसी तरह, 38 समाज ऐसे हैं जिनमें खाना बनाने का काम मिल-जुल कर किया जाता है। ओकली के अनुसार कई ऐसे समाज हैं जिनमें श्रम के विभाजन पर जैविकता का कोई प्रभाव नहीं दिखता है। कॉन्गो के जंगलों में रहनेवाले शिकारी और संग्रहक मबूती पिग्मियों के बीच श्रम के विभाजन के कोई विशेष नियम नहीं होते हैं। पुरुष और स्त्री एक साथ शिकार करते हैं। पिता और माँ की भूमिका के बीच कोई स्पष्ट अन्तर नहीं रहता है—दोनों मिल-जुलकर बच्चों की देखभाल करते हैं। ऑस्ट्रेलिया के तस्मानिया की आदिम जनजातियों में महिलाएँ शिकार करने और मछली पकड़ने का काम भी करती हैं। चीन, रूस, क्यूबा और इजराइल में महिलाएँ सेना की महत्त्वपूर्ण अंग हैं। भारत में मकान बनाने वाले श्रमिकों में 12 प्रतिशत महिलाएँ हैं। कुछ एशियाई और लैटिन अमरीकी देशों में उत्खनन के काम में लगे श्रमिकों में से एक चौथाई महिलाएँ हैं। ओकली के अनुसार, इन उदाहरणों से यह स्पष्ट हो जाता है कि कोई भी काम ऐसे नहीं हैं, जो सिर्फ महिलाओं द्वारा किए जाते हों, और न ही महिलाएँ शारीरिक ताकत के कारण किन्हीं कामों को करने में अक्षम हैं। उनके अनुसार जैविक कारणों से कठिन शारीरिक श्रम वाले कार्यों को करने में महिलाओं की अक्षमता एक मिथ है। लिंग भूमिकाएँ संस्कृति द्वारा निर्धारित की जाती हैं न कि जैविकता द्वारा।[2]

मार्क्सवादी विश्लेषण—एंगेल्स और मार्क्स द्वारा भी समाज में औरत की

---

1. M. Haralambos with R. M. Heald, *Sociology : Themes and Perspectives* (Delhi : Oxford University Press, 1984), p. 371.
2. Ibid., pp. 373-75.

स्थिति का विश्लेषण किया गया है। एंगेल्स के अनुसार, समाज में औरतों की अधीनता निजी सम्पत्ति की संस्था, विशेष कर उत्पादन के साधनों के निजी स्वामित्व का परिणाम हैं। एक-विवाह (monogamy) का जन्म निजी सम्पत्ति की संस्था की रक्षा के लिए हुआ है। जब एक पुरुष व्यक्ति के हाथ में काफी धन इकट्ठा हो गया, और वह यह इच्छा रखने लगा कि वह धन सिर्फ उसकी अपनी संतान को मिले, तो एक-विवाह का जन्म हुआ। पुरुषों को महिलाओं को नियन्त्रित करने की जरूरत हुई ताकि वे "निर्विवाद" रूप से अपने संतान की पहचान कर सकें। पुरुष प्रधान एक-विवाह में पत्नी आर्थिक दृष्टि से पति पर निर्भर रहती है। इसलिए, पति के लिए पत्नी को नियन्त्रित करना सम्भव हुआ। एंगेल्स के अनुसार, विवाह में पुरुष की प्रधानता उसकी आर्थिक प्रधानता का परिणाम है। एक बार पुरुष की आर्थिक प्रधानता के समाप्त होने पर विवाह में पुरुष की प्रधानता भी समाप्त हो जाएगी।

मार्क्स और एंगेल्स के अनुसार, पूँजीवादी समाज में महिला-श्रमिकों की माँग के कारण जैसे-जैसे औरत की पति पर निर्भरता खत्म होती जाएगी, वैसे-वैसे परिवार के अन्दर पुरुष के प्रभुत्व से भी मुक्ति मिल जाएगी। लेकिन, बुर्जुआ पत्नियों पर पति का नियन्त्रण बना रहेगा, क्योंकि उन्हें अभी भी सम्पति के उत्तराधिकारियों को जन्म देना होगा।

मार्क्स और एंगेल्स के अनुसार, समाजवादी समाज में जब उत्पादन के साधनों का सामुदायिक स्वामित्व होगा, तब औरत-मर्द के बीच सही अर्थों में समानता स्थापित हो जाएगी। बुजुर्आ पत्नी पतियों के सम्पत्ति के लिए उत्तराधिकारी पैदा करने वाली निजी सम्पत्ति नहीं रह जाएगी, क्योंकि तब विरासत में देने के लिए कोई सम्पति ही नहीं रह जाएगी। घर चलाने और माँ का काम औरतों को व्यक्तिगत रूप से नहीं करना होगा, क्योंकि यह पूरे समुदाय का दायित्व बन जाएगा।[1]

औरत-मर्द गैरबराबरी के इस मार्क्सवादी विश्लेषण से इतना तो स्पष्ट है कि मार्क्स और एंगेल्स औरत-मर्द की समानता के आदर्श को स्वीकार करते थे; और वे इसका स्रोत आर्थिक गैरबराबरी में देखते हुए आर्थिक समता की वकालत करते थे, जो उनके अनुसार उत्पादन के साधनों के सामुदायिक स्वामित्व से ही सम्भव है।

औरत की सामाजिक स्थिति के मार्क्सवादी विश्लेषण की कई दिशाओं से आलोचना की गयी है। एक, सेक्स सम्बन्धी भेदभाव का अस्तित्व आर्थिक वर्ग के उदय के पहले से है।[2] ऐसे समाजों में भी औरत-मर्द गैरबराबरी का अस्तित्व पाया जाता है, जिनमें निजी सम्पत्ति की संस्था का पूर्ण विकास नहीं हुआ है, विशेष कर उत्पादन के साधनों में। इसकी व्याख्या कैसे होगी? दूसरे, पूँजीवादी समाज में मार्क्स और एंगेल्स की भविष्यवाणी के अनुसार सर्वहारा वर्ग में औरत-मर्द बराबरी पूरी तौर से स्थापित नहीं हुई है;[3] जबकि दूसरी ओर, बुर्जुआ वर्ग की महिलाओं की स्थिति में भी कुछ सुधार

1. M. Haralambos with R. M. Heald, *Sociology : Themes and Perspectives* (Delhi : Oxford University Press) pp. 390-91.
2. Ibid., p. 398.
3. Ibid., p. 391.

हुआ है। तीसरे, भूतपूर्व सोवियत संघ में उत्पादन के साधनों पर निजी स्वामित्व के समाप्त होने के बाद भी पूरी तौर से औरत-मर्द बराबरी स्थापित नहीं हुई थी।[1] यहाँ पर प्रश्न यह नहीं है कि निजी सम्पत्ति की संस्था अपने-आप में सही है, या गलत। यह एक स्वतन्त्र प्रश्न है। यहाँ पर प्रश्न यह है कि क्या औरत-मर्द गैरबराबरी का निजी सम्पति से अनिवार्य सम्बन्ध है। क्या औरत-मर्द गैरबराबरी की मार्क्सवादी व्याख्या पूरी तौर से सही है? दरअसल, यह समस्या कहीं अधिक जटिल मालूम देती है। निजी सम्पति की संस्था से तो औरत और औरत एवं मर्द और मर्द के बीच भी गैरबराबरी पैदा होती है।[2] औरत-मर्द गैरबराबरी का कुछ हद तक जैविक और कुछ हद तक सांस्कृतिक आधार मालूम देता है। औरत और मर्द दोनों आर्थिक दृष्टि से आत्मनिर्भर और समान हों, इसे एक आदर्श माना जा सकता है। यह आर्थिक समता के व्यापक आदर्श का अंग है, जिसकी चर्चा हम सामाजिक आदर्श के अन्तर्गत कर चुके हैं। लेकिन, औरत-मर्द गैरबराबरी को समझने और उसे मिटाने के लिए उसके जैविक और सांस्कृतिक आधारों की ओर ध्यान देना भी जरूरी है।

औरत : जाति और वर्ग

हम यह चर्चा कर चुके हैं कि लगभग सभी या अधिकांश समाजों में औरत-मर्द के बीच एक श्रम का विभाजन होता है। इसके अलावा, औरत द्वारा किए जाने वाले कामों को कम प्रतिष्ठा दी जाती है। इस तरह, समाज-परिवार में पुरुष और स्त्री को दी जाने वाली प्रतिष्ठा में अन्तर होता है।

हम पहले ही चर्चा कर चुके हैं कि समाज में अलग-अलग दी जाने वाली प्रतिष्ठा के आधार पर सामाजिक वर्ग बन जाते हैं। जाति-व्यवस्था के साथ भी श्रेष्ठता और हीनता की भावना जुड़ी रहती है। प्रश्न यह है कि **क्या हम औरत को सामाजिक वर्ग या जाति मान सकते हैं?**

पहले हम जाति को लें। इतना तो स्पष्ट ही है कि औरत एक जाति नहीं है। जाति एक अन्तर्विवाही समूह है। हर जाति में औरत-मर्द दोनों होते हैं। इस तरह, औरत जातियों में बँटी हुई है। सभी जातियों के औरतों की सामाजिक स्थिति भी एक जैसी नहीं है। ब्राह्मण जाति की औरतों की सामाजिक स्थिति दलित या पिछड़ी जातियों की औरतों की तुलना में बेहतर है। उन्हें ''अछूत'' नहीं माना जाता है, हालांकि ब्राह्मण जाति के पुरुषों की तुलना में उनकी स्थिति दूसरे दर्जे की है। परम्परागत रूप से ब्राह्मण जाति की औरतों का उपनयन नहीं होता है, उन्हें शिक्षक का पुरोहित बनने का अधिकार नहीं प्राप्त रहा है। अब ब्राह्मण औरतें शिक्षित भी हो रही हैं और शिक्षक भी बन रही हैं, लेकिन अभी भी पुरोहित का काम ब्राह्मण पुरुष ही करते हैं। देखा जाए तो दलित जातियों की औरतों की स्थिति सबसे खराब है। एक ओर वे जाति-श्रेणी में भी सबसे नीचे हैं, दूसरे अपनी जाति के पुरुषों की तुलना में भी उनकी स्थिति दूसरे दर्जे की है। जाति और औरत के इस सम्बन्ध से यह बात भी समझ में आती है कि जाति-व्यवस्था

---

1. Ibid., p. 393.
2. Ibid., p. 397.

में समता की दिशा में आ रहे परिवर्तनों का औरत की स्थिति पर भी असर पड़ेगा। पिछड़ी और दलित जातियों की सामाजिक स्थिति में सुधार का लाभ पिछड़ी और दलित जातियों की औरतों को भी मिलेगा, और मिल रहा है, चाहे भले शुरूआत में इन जातियों के पुरुष ही जाति के आधार पर दिए जा रहे आरक्षण जैसी सुविधाओं का अधिक लाभ उठाएँ। उदाहरण के तौर पर, अगर दलित जातियों के साथ ''अछूत'' जैसा व्यवहार बन्द होता है, तो इसका लाभ दलित पुरुषों के साथ, दलित औरतों को भी मिलता है।

अब, हम सामाजिक वर्ग को लें। क्या औरत एक सामाजिक वर्ग है? यहाँ पर भी हमारा उत्तर नकारात्मक ही होगा। औरत एक सामाजिक वर्ग तब बनतीं जब समाज में सभी औरतों की प्रतिष्ठा लगभग एक बराबर होती, और उनके बीच कोई **सामाजिक दूरी नहीं होती है।** लेकिन, वास्तविकता यह है कि औरतें अलग-अलग सामाजिक वर्गों में बँटी हुई हैं। एक वर्ग और दूसरे वर्ग की औरतों के बीच एक सामाजिक दूरी होती है।

यह सही है कि एक वर्ग की स्त्री और पुरुषों के बीच प्रतिष्ठा का अन्तर होता है, जैसे, परिवार के अन्दर। लेकिन, यह अन्तर इतना नहीं होता है कि उन्हें दो अलग-अलग वर्ग मान लिया जाए। उल्लेखनीय है कि दो व्यक्तियों में थोड़ी-बहुत प्रतिष्ठता के अन्तर से सामाजिक वर्ग नहीं बनता है। सामाजिक वर्ग तब बनता है जब प्रतिष्ठा का अन्तर इतना अधिक हो कि उनके बीच एक सामाजिक दूरी आ जाए। आपस में विवाह न करना सामाजिक दूरी का सबसे बड़ा उदाहरण है। इसलिए, यह कहना कि पति-पत्नी के बीच कोई **सामाजिक दूरी** होती है, बेकार की बात है। दरअसल, एक परिवार के सदस्यों के बीच कोई सामाजिक दूरी नहीं होती, चाहे भले परिवार के पुरुष मुखिया को अन्य सदस्यों की तुलना में अधिक प्रतिष्ठा दी जाती हो। इसलिए, कुछ समाजशास्त्रियों की यह राय ठीक मालूम देती है कि सामाजिक वर्ग की इकाई परिवार है। एक परिवार के सदस्य, चाहे वे पति-पत्नी हों या बेटे-बेटी एक ही सामाजिक वर्ग के होते हैं। परिवार के अन्दर भले ही उनकी प्रतिष्ठा में अन्तर होता है।

संक्षेप में, भारत में महिलाएँ अलग-अलग जातियों और वर्गों में बँटी हुई हैं। सभी महिलाओं की सामाजिक प्रतिष्ठा एक बराबर नहीं है। अपनी जाति या वर्ग के अन्दर पुरुषों की तुलना में आम तौर से स्त्रियों की स्थिति दूसरे दर्जे की है। फिर भी, इस तथ्य से इनकार नहीं किया जा सकता है कि सभी वर्गों और जातियों की महिलाओं को महिला होने के नाते कुछ विशेष समस्याओं का सामना करना पड़ता है—एक खास किस्म के श्रम के विभाजन को उनके ऊपर आरोपित किया जाता है, और उनके द्वारा किए जाने वाले कामों को कम प्रतिष्ठा दी जाती है। महिलाएँ महिलाओं के रूप में संगठित हो कर इसके विरुद्ध संघर्ष कर सकती हैं। लेकिन, दूसरी ओर, यह भी सही है कि पिछड़ी और दलित जातियों की महिलाओं को दो किस्म की समस्याओं का सामना करना पड़ता है: एक, पिछड़ी और दलित जातियों की सदस्य होने के कारण; और दूसरे महिला होने के कारण। इसलिए, महिलाओं की स्थिति सुधारने के आन्दोलन के अन्दर पिछड़ी जातियों-वर्गों की महिलाओं की समस्याओं की ओर विशेष ध्यान देना जरूरी है।

औरत और सामाजिक परिवर्तन

सामाजिक वास्तविकता काफी जटिल और परिवर्तनशील होती है। समाजशास्त्री विलियम जे॰ गूड (William J. Goode) के अनुसार, सारी दुनिया में महिलाएँ समानता के अधिकार का दावा कर रही हैं, काम के क्षेत्र में भी और परिवार के अन्दर भी। उनका यह ''विद्रोह'' समानता की विश्वव्यापी माँग का हिस्सा है। यह माँग प्रजातियों, जातियों, उपनिवेशों और उपराष्ट्रीयताओं द्वारा भी की जा रही है। दुनिया के उत्पीड़ित समूह अब अपनी निम्न स्थिति को स्वीकार करने के लिए तैयार नहीं हैं। गूड ने अन्दाज लगाया है कि समानता की दिशा में परिवर्तन का यह आन्दोलन चलता रहेगा। पुरुष इसका हठपूर्वक विरोध करेंगे, लेकिन वे फिर अन्ततः अनिच्छापूर्वक इसके अनुकूल हो जाएँगे। क्योंकि महिलाएँ अधिक समानता की माँग जारी रखेंगी, और आम तौर से, पुरुष भी यही पसन्द करेंगे की महिलाएँ खुश रहें।[1]

बीसवीं सदी में समाज में महिलाओं की स्थिति में काफी परिवर्तन आया है। उदाहरण के तौर पर, हम वोट के अधिकार को लें। राजनीतिक समानता के इस अधिकार को हासिल करने के लिए अतीत में महिलाओं को काफी संघर्ष करना पड़ा है। भूतपर्वू सोवियत संघ में 1917 में, संयुक्त राज्य अमेरिका में 1920 में और ग्रेट ब्रिटेन में 1928 में महिलाओं को मतदान का अधिकार प्राप्त हुआ।[2] भारत के संविधान में औरत और मर्द को वोट डालने और चुनाव लड़ने का एक जैसा अधिकार दिया गया है। पुरुषों के बराबर राजनीतिक अधिकार मिलने के बाद भी उच्च राजनीतिक पदों पर पुरुषों की तुलना में महिलाओं की संख्या काफी कम है। भारत में इस असन्तुलन को दूर करने के लिए आरक्षण की सहायता भी ली जा रही है। दरअसल, लिंग समानता का आदर्श काफी व्यापक है। इसका सम्बन्ध राजनीतिक समानता के अतिरिक्त शिक्षा, रोजगार, विवाह, परिवार और सम्पत्ति के क्षेत्र में समानता से भी है। उन्नीसवीं और बीसवीं सदी में नारी मुक्ति आन्दोलन द्वारा इन प्रश्नों को सशक्त ढंग से उठाया गया है।[3]

अब हम विशेष कर भारत के सन्दर्भ में महिलाओं की बदलती हुई स्थिति की चर्चा करेंगे। भारत एक विशाल देश है। यहाँ कई भाषाएँ हैं, कई धर्म हैं। लोकतंत्र, मानवतावाद, समाजवाद और साम्यवाद जैसी विचारधाराओं का भी समाज पर प्रभाव है। इसके अलावा, समाज अलग-अलग वर्गों-जातियों में बँटा हुआ है। अलग-अलग क्षेत्रों में अलग-अलग धार्मिक समूहों और अलग-अलग वर्गों-जातियों में महिलाओं की स्थिति कुछ अलग-अलग भी हो सकती है। फिर भी, कुछ बातें सामान्य तौर से कही जा सकती हैं। एक, परम्परागत रूप से भारतीय समाज भी पुरुष-प्रधान समाज रहा है और भारत में भी औरत-मर्द गैरबराबरी मौजूद रही है। दो, भारतीय महिलाओं की

---

1. William J. Goode, *The Family* (New Delhi : Prentice-Hall of India Pvt. Ltd, 1987) pp. 139-40.
2. *The New Encyclopaedia Britannica,* vol., 19, p. 912.
3. *The New Encylopaedia Britannica,* vol., 19, p. 910.

स्थिति में समता की दिशा में परिवर्तन आ रहा है। तीन, यह परिवर्तन पर्याप्त नहीं है, औरत-मर्द बराबरी के सामाजिक आदर्श और सामाजिक वास्तविकता के बीच अभी भी एक बड़ी खाई है।

भारतीय समाज में, अधिकांश अन्य समाजों की तरह, औरत-मर्द गैरबराबरी मौजूद रही है। परम्परागत रूप से भारतीय समाज में महिलाओं को दूसरे दर्जे का स्थान दिया गया है। हिन्दू धर्मशास्त्र ***मनुस्मृति*** में औरतों के प्रति व्यक्त दृष्टिकोण इसका एक उदाहरण है। वर्ण-व्यवस्था के अन्तर्गत ''शूद्रों'' के अलावे ''द्विज'' जाति की महिलाओं को भी उपनयन और **वेद** के अध्ययन का अधिकार प्राप्त नहीं रहा है। उनके लिए विवाह ही उपनयन के बराबर है, और पति की सेवा ही **वेद** के अध्ययन के।[1] पति चाहे जैसा भी हो पत्नी को उसे ''देवता'' मानना चाहिए।[2] ***मनुस्मृति*** में तो यहाँ तक कह दिया गया है कि **औरत कभी भी स्वतन्त्र और आत्मनिर्भर होने के लायक नहीं है, उसे विवाह से पहले पिता के, विवाह के बाद पति के और पति के बाद पुत्र के अधीन रहना चाहिए।**[3] मुस्लिम समाज भी परम्परागत रूप से पुरुष-प्रधान समाज रहा है। पर्दा, बहु-विवाह और मौखिक तलाक जैसी संस्थाएँ महिलाओं की दशा को दिखलाती हैं। हिन्दू, ईसाई[4] और इस्लाम[5] धर्मों सहित अधिकांश धर्मों द्वारा औरत-मर्द के बीच के परम्परागत श्रम के विभाजन और गैरबराबरी को मान्यता प्रदान की गयी है।

आधुनिकीकरण और लोकतन्त्रीकरण की प्रक्रिया के परिणामस्वरूप भारत में भी महिलाओं की स्थिति में परिवर्तन आ रहा है। आधुनिकीकरण की प्रक्रिया की शुरूआत के पहले महिलाओं में शिक्षा का प्रसार लगभग नहीं के बराबर था। सती, महिला-शिशु हत्या (female infaticide) बहु-विवाह और बाल-विवाह जैसी बुराइयाँ समाज में बड़े पैमाने पर प्रचलित थीं। विधवाओं की स्थिति भी दयनीय थी। एम॰ एन॰ श्रीनिवास के अनुसार, ''पश्चिमीकरण'' की प्रक्रिया के शुरूआत के पहले परम्परागत हिन्दू शिक्षा सिर्फ ''उच्च'' जातियों के बच्चों तक सीमित थी।[6] स्वाभाविक ही है कि यह परम्परागत हिन्दू शिक्षा सिर्फ ''उच्च'' जातियों के पुरुषों तक ही सीमित थी। उन्नीसवीं सदी में बंगाल में राममोहन रॉय और महाराष्ट्र में ज्योतिबा फुले जैसे समाज सुधारकों को औरतों के बीच शिक्षा के प्रसार के लिए बहुत प्रयत्न करना पड़ा। उन्होंने विधवाओं के पुनर्विवाह को प्रोत्साहन देकर विधवाओं की स्थिति को सुधारने का प्रयत्न किया। बंगाल में भी विद्यासागर ने विधवाओं (मुख्यतः ब्राह्मण) की स्थिति को सुधारने का प्रयत्न किया। समाज सुधारकों के प्रयत्न के परिणामस्वरूप ब्रिटिश सरकार द्वारा 1829 में सती

---

1. ***मनुस्मृति*** (वाराणसी : चौखम्भा संस्कृत संस्थान, 1982), 2 : 67
2. वहीं, 5:154.
3. वहीं, 5:148.
4. Haralambos, Op. Cit., p. 369.
5. Ibn Warraq, *Why I am not a Muslim* (Amherst, New York : Prometheus Books, 1995), pp. 290-327.
6. M. N. Sriniwas, *Social Change in Modern India* (Bombay : Orient Longman Ltd., 1980), p. 48.

प्रथा पर और 1833 में नरबलि और गुलामी प्रथा सहित महिला शिशु हत्या पर भी कानूनी रोक लगा दी गयी।[1]

बीसवीं सदी में गाँधी ने स्वतन्त्रता आन्दोलन में महिलाओं की हिस्सेदारी को प्रोत्साहित किया, हालांकि औरत-मर्द सम्बन्धों पर उनके कुछ विचार रूढ़िवादी थे। वे एक ओर बाल-विवाह का विरोध करते थे और विधवा विवाह का समर्थन करते थे, और दूसरी ओर, गर्भनिरोधक द्वारा बर्थ कन्ट्रोल और प्रेम विवाह का विरोध करते थे। उन्होंने औरत-मर्द के बीच परम्परागत श्रम के विभाजन का भी समर्थन किया है। लेकिन, उनके द्वारा अपनाए गए सत्याग्रह की विधि से स्वतन्त्रता आन्दोलन में औरतों की हिस्सेदारी को प्रोत्साहन मिला।[2]

बीसवीं सदी में ही तमिलनाडु में पैरियार ने औरत-मर्द बराबरी की वकालत की। उन्होंने अपने आत्मसम्मान आन्दोलन में इसे महत्त्वपूर्ण स्थान दिया। वे औरतों के लिए सम्पति में बराबरी के अधिकार का, और विधवा पुनर्विवाह का समर्थन करते थे। इसके अलावा, वे गर्भनिरोधक द्वारा बर्थ कन्ट्रोल के भी समर्थन में थे। पैरियार ने औरत-मर्द की परस्पर सहमति से, और ब्राह्मण पुरोहित की उपस्थिति या किसी धार्मिक कर्मकाण्ड के बिना, आत्मसम्मान विवाह का समर्थन किया। पैरियार देवदासी प्रथा को भी समाप्त करने के पक्ष में थे,[3] जिसके अन्तर्गत खास कर दक्षिण भारत में हिन्दू मन्दिरों में अधिकांश दलित जातियों की नाबालिग लड़कियों को देह-कर्म करने के लिए बाध्य किया जाता है।[4]

1950 में लागू किए गए भारतीय संविधान में औरत-मर्द को बराबरी के अधिकार दिए गए। भारत के संविधान में जाति और धर्म के अलावे **लिंग पर आधारित भेदभाव को भी समाप्त कर दिया गया है। समता के अधिकार को एक मौलिक अधिकार के रूप में मान्यता दी गयी है।** स्वतंत्रता के बाद हिन्दू कानून में सुधार लाया गया। इसमें डा॰ अम्बेडकर की प्रमुख भूमिका रहीं।[5] आजादी के बाद, 1974 के बिहार आन्दोलन के दौरान, जयप्रकाश नारायण ने सम्पूर्ण क्रान्ति के अपने चिन्तन के अन्तर्गत औरत-मर्द के बराबरी को स्थान दिया।[6] मोटे तौर पर, लोकतान्त्रिक और समाजवादी चिन्तन का प्रभाव औरत-मर्द बराबरी के पक्ष में रहा है। स्वयं महिलाओं के कई संगठन बने। नारी मुक्ति आन्दोलन का भारत पर भी असर पड़ा, और महिलाओं ने अपने अधिकारों के लिए संघर्ष किया।

---

1. Ibid., p. 47.
2. Nirmal Kumarl Bose, *Selections from Gandhi* (Ahmedabad : Navajivan Publishing House, 1972), pp. 271-83.
3. K. Veeramani (ed.) *Periyar on Women's Rights* (Madras : Emerald Publishers, 1996).
4. Jogan Shankar, *Devadasi Cult : A Sociological Analysis* (New Delhi : Ashish Publishing House, 1994), pp. 167-69.
5. Dhanajay Keer, *Dr. Ambedkar Life and Mission* (Bombay : Popular Prakashan, 1997), pp. 394-419.
6. डॉ॰ रमेन्द्र (सं॰), ***जयप्रकाश विचार संलकन*** (पटना : राजेन्द्र प्रकाशन, 1986), पृ॰ 13-14.

आजादी के बाद परिवार नियोजन और छोटे परिवार के आदर्श के प्रचार-प्रसार से भी महिलाओं की स्थिति में सुधार हुआ है। पिछले दो सौ वर्षों में महिलाओं में साक्षरता बढ़ी है, और उच्च शिक्षा में महिलाओं की संख्या बढ़ी है; लेकिन यह अभी भी पुरुषों की तुलना में कम है। इसी तरह, प्रोफेसर, वकील, डॉक्टर, इन्जीनियर, ऑफिसर, उद्योग, व्यापार, पत्रकारिता आदि जैसे जिन व्यवसायों में पहले पुरुषों का वर्चस्व था, अब महिलाओं की संख्या बढ़ी है; लेकिन अभी भी उनकी संख्या पुरुषों की तुलना में कम है। राजनीति और समाज सेवा सहित सामाजिक जीवन के अन्य क्षेत्रों में भी ऐसी ही स्थिति है। राजनीति और सामाजिक परिवर्तन के क्षेत्र में पहले से अधिक महिलाएँ सक्रिय हैं। 1952 में लोकसभा में महिलाओं का प्रतिनिधित्व 4.41 प्रतिशत था, जो 1998 में 7.92 प्रतिशत हुआ है।[1] यह बहुत मामूली वृद्धि है। ***इस तरह महिलाओं की स्थिति में सुधार जरूर हुआ है; लेकिन वह पर्याप्त नहीं है।***

स्वतन्त्रता के बाद हिन्दू कानून में किए गए सुधारों द्वारा महिलाओं की कानूनी स्थिति को बेहतर बनाया गया है। वर्तमान कानूनी स्थिति यह है कि एक ओर बहु-विवाह और बाल-विवाह पर कानूनी रोक लगायी गयी है, और दूसरी ओर अन्तर्जातीय विवाह और विधवा-पुनर्विवाह की अनुमति दी गयी है। पिता की सम्पत्ति में पुरुष और स्त्री को काफी हद तक बराबर का अधिकार दिया गया है। इसी तरह, स्त्री और पुरुष दोनों को तलाक का अधिकार दिया गया है (परम्परागत हिन्दू कानून में तलाक का प्रावधान नहीं था)।

यह बात सही है कि ***महिलाओं की संवैधानिक और कानूनी स्थिति और समाज में उनकी वास्तविक स्थिति के बीच आज भी एक दूरी है।*** फिर भी, इन कानूनी सुधारों का अपना महत्त्व है। एक तरह से यह परिवर्तन की दिशा को निर्धारित कर रहे हैं। कोई भी जागरूक महिला इन कानूनी सुधारों का लाभ उठा सकती है। दुःख की बात है कि मुस्लिम निजी कानून में अभी भी बहु-विवाह और एकतरफा मौखिक तलाक जैसी बुराइयों को कानूनी मान्यता प्राप्त है। सम्पत्ति के अधिकार के मामले में भी मुस्लिम महिलाओं की स्थिति बदतर है।

तिहत्तरवें संविधान संशोधन द्वारा पंचायतों में, और चौहत्तरवें संशोधन द्वारा नगरपालिकाओं में महिलाओं के लिए एक तिहाई स्थान आरक्षित किए गए हैं। यह महिलाओं की राजनीतिक हिस्सेदारी बढ़ाने और उनकी सामाजिक स्थिति सुधारने की दिशा में एक बड़ा कदम है। अब लोकसभा और विधानसभाओं में भी महिलाओं के लिए एक तिहाई स्थान आरक्षित करने का प्रस्ताव है। महिलाओं की स्थिति को सुधारने के लिए इस प्रस्ताव को लागू करने के अलावा, जिस तरह पंचायतों और नगरपालिकाओं में अनुसूचित जातियों और जनजातियों के लिए आरक्षित स्थानों में से एक तिहाई स्थान इन वर्गों की महिलाओं के लिए आरक्षित किए गए हैं; उसी तरह शिक्षण संस्थानों और सरकारी नौकरियों में अनुसूचित जातियों, जनजातियों और अन्य पिछड़ी जातियों के

1. "Enhancing Women Representation in Legislatures", *Manushi*, No. 116, Jan-Feb, 2000.

लिए आरक्षित स्थानों में से एक तिहाई स्थान इन वर्गों की महिलाओं के लिए आरक्षित किया जा सकता है। महिलाओं के बीच शिक्षा के प्रसार के लिए विशेष प्रयत्न अति आवश्यक है। इसके बिना महिला शक्तिकरण सम्भव नहीं है।

इस तरह, महिलाओं की स्थिति में सुधार के बावजूद अभी भी स्थिति सन्तोषजनक नहीं है। आज भी बेटी की बजाय बेटे के प्रति विशेष लगाव अधिकांश परिवारों में साफ दिखता है। ''स्त्रीभ्रूण हत्या'' (female foeticide) जैसी बुराइयाँ भी इस मनोवृत्ति से ही जुड़ी हुई हैं। इसे हम महिला शिशु हत्या (femal infanticide) का आधुनिक रूप मान सकते हैं। बेटी की शिक्षा और स्वास्थ्य को भी कई परिवारों में पर्याप्त महत्त्व नहीं दिया जाता है। एक ओर दहेज जैसी बुराई हैं, तो दूसरी ओर लड़कियों को सम्पत्ति का अधिकार भी व्यवहार में कम ही हासिल हो पाता है। विवाह के दौरान वर और वधू परिवार के एक-दूसरे के साथ व्यवहार में भी औरत-मर्द गैरबराबरी साफ दिखाई देती है। समाज में औरत की स्थिति की जानकारी सेक्स अनुपात (sex ratio) से भी मिलती है। 2001 की जनगणना के अनुसार, भारत में प्रत्येक 1000 पुरुष पर, 933 महिलाएँ हैं। यह संख्या 1991 की जनगणना की प्रत्येक 1000 पुरुष पर 927 महिलाओं की संख्या से कुछ अधिक है, फिर भी कम है।[1] चिन्ताजनक बात यह है कि 0-6 के उम्र के बच्चों में यह संख्या 1991 के 945 से घट कर 2001 में 927 हो गयी है। हिमाचल, पंजाब, हरियाणा, गुजरात, उत्तरांचल, महाराष्ट्र और चंडीगढ़ में इस दिशा में सबसे अधिक गिरावट आयी है। हरियाणा में यह संख्या 869, पंजाब में 886, दिल्ली में 833 और चंडीगढ़ में 833 है।[2] इससे यह बात समझ में आती है कि औरत-मर्द बराबरी की दिशा में अभी और बहुत कुछ करने की जरूरत है।

औरत और समाज : एक मानक दृष्टि

इस खण्ड में हम औरत की सामाजिक स्थिति पर मुख्यतः स्वतंत्रता और समता के आदर्शों की दृष्टि से विचार करेंगे।

विभिन्न समाजों में औरत-मर्द गैरबराबरी क्यों है, इसकी व्याख्या करने के लिए कई सिद्धान्त दिए गए हैं। हम चर्चा कर चुके हैं कि एक पक्ष के अनुसार इस गैरबराबरी का आधार जैविक, और दूसरे पक्ष के अनुसार इसका आधार सांस्कृतिक है। इसके अलावा, मार्क्सवादी दृष्टिकोण भी है जिसके अनुसार औरत-मर्द गैरबराबरी का आधार निजी सम्पत्ति की संस्था है, खासकर उत्पादन के साधनों का निजी स्वामित्व। फिर, इस मत की आलोचना भी की गयी है।

औरत-मर्द गैरबराबरी की व्याख्या चाहे जो भी हो, सवाल यह है कि ***क्या यह नैतिक दृष्टि से उचित है?*** किसी समाज में मौजूद औरत-मर्द गैरबराबरी की *वैज्ञानिक व्याख्या* (scientific expanation) करना, और उसका ***नैतिक औचित्य***

---

1. Malini Karkal. "Has the Sex Ratio really improved ?" *Manushi*, No. 24, May-June 2001, p. 17.
2. Sarjeet Krishan, "Death wish for Daughters", *Manushi*, No. 131 of 2002, pp.18-19.

(moral justification) दिखलाना दोनों एक बात नहीं है। थोड़ी देर के लिए मान लें कि औरत-मर्द गैरबराबरी की व्याख्या के लिए जैविक सिद्धान्त सही है, और शिकार करने वाले समाजों में इस गैरबराबरी का उदय हुआ; तो क्या इससे यह साबित हो जाएगा कि आज के कृषि और औद्योगिक समाजों में, जबकि बर्थ कन्ट्रोल भी सम्भव है, और जबकि भोजन जुटाने के लिए शिकार पर नहीं जाना पड़ता है, इसे बनाए रखना उचित है? (वैसे, हम यह चर्चा कर चुके हैं कि शिकार करने वाले सभी समाजों में भी बिल्कुल एक जैसा श्रम का विभाजन नहीं है।)

जब हम मानक दृष्टि से औरत-मर्द गैरबराबरी की बात करते हैं, और समता के आदर्श को सामने रखते हैं, तो महत्त्वपूर्ण बात यह है कि हम कोई ऐसा प्रस्ताव न रखें, जो प्राकृतिक या जैविक दृष्टि से सम्भव न हो। उदाहरण के तौर पर, हम यह नहीं कह सकते हैं कि पुरुषों को भी नौ महीने बच्चों को गर्भ में रखना चाहिए या उन्हें अपना दूध पिलाना चाहिए, क्योंकि यह प्राकृतिक दृष्टि से सम्भव नहीं है। लेकिन, इसके अलावा, और जितने भी काम हैं उनमें साझेदारी सम्भव है। औरत-मर्द के बीच श्रम के विभान पर समाजशास्त्रीय चर्चा से स्पष्ट हुआ है कि यह विभाजन अधिकांशतः सांस्कृतिक है, न कि जैविक।

इसलिए, स्वतन्त्रता की दृष्टि से सभी औरतों पर या मर्दों पर भी किसी एक श्रम के विभाजन को आरोपित करना उचित नहीं है। कई समाजों में महिलाएँ शिकार भी करतीं हैं; दूसरी ओर कई समाजों में पुरुष बच्चों की देखभाल भी करते हैं। इसके अलावा, ऐसे समाज भी हैं, जहाँ औरत और मर्द ये दोनों काम मिल-जुल कर करते हैं। इस तरह, शिकार करना, लकड़ी काटना, उत्खनन, खाना बनाना, बच्चों की देखभाल, कपड़ों की मरम्मत जैसे काम औरत और मर्द दोनों कर सकते हैं। फिर, एक ही काम किसी एक समाज में मर्दों द्वारा और किसी दूसरे समाज में औरतों द्वारा किए जाते हैं। औरत-मर्द के बीच श्रम के विभाजन में सांस्कृतिक विविधता के सन्दर्भ में उड़ीसा के बोंडा जनजाति का उदाहरण उल्लेखनीय है। इस जनजाति में कम उम्र (10-15 वर्ष) के लड़कों का विवाह अपने से 10-15 वर्ष बड़ी औरतों से कर दिया जाता है। वैवाहिक जीवन के पहले हिस्से में पत्नी पति की रक्षा करती है, जंगल से भोजन इकट्ठा करती है; जबकि पत्नी के वृद्ध हो जाने पर पति यह काम करता है। इस तरह, पति-पत्नी की भूमिका में अदला-बदली हो जाती है।[1]

ऊपर दिए गए उदाहरणों से यह बात समझ में आती है कि औरत और मर्द के बीच श्रम का विभाजन अधिकांशतः सांस्कृतिक है, और इसे मानव निर्णय द्वारा बदला भी जा सकता है। उदाहरण के तौर पर हम शिक्षा के क्षेत्र को ही लें, परम्परागत रूप से भारत में महिलाओं को शिक्षा से वंचित रखा जाता था। लेकिन अब जब उन्हें शिक्षा के क्षेत्र में आगे आने का अवसर प्रदान किया गया है, तो कई बार स्कूलों और कॉलेजों में लड़कियाँ लड़कों से बेहतर प्रदर्शन भी कर रही हैं। आज भारतीय समाज में औरतें

---

1. R. P. Mohanty, "A Reversal of Family Roles", *Manushi,* No. 127, pp. 35.

कई ऐसे कामों को कर रही हैं, जिनके बारे में कुछ समय पहले तक यह समझा जाता था कि उसे सिर्फ पुरुष ही कर सकते हैं। इनमें कॉलेज या विश्वविद्यालयों में पढ़ाने, डॉक्टरी, इन्जीनियरी से लेकर हवाई जहाज उड़ाने तक के काम शामिल हैं। कई महिलाएँ कृषि और मकान बनाने के क्षेत्र में मजदूरी और यहाँ तक कि उत्खनन के काम में भी लगी हुई हैं।

आज के समय ऐसे कई परिवार हैं, जिनमें औरत-मर्द दोनों घर से बाहर भी काम करते हैं, और घर के अन्दर के कामों में भी सहयोग करते हैं। ऐसे परिवार भी सम्भव है, जिसमें औरत बाहर का काम करती हों, पुरुष घर के अन्दर का। और ऐसे परिवार तो हैं ही जिनमें पुरुष घर से बाहर का काम करते हैं; और महिलाएँ घर के अन्दर का। स्वतंत्रता की दृष्टि से इनमें से किसी भी एक मॉडल को सभी परिवारों पर आरोपित करना उचित नहीं है। प्रत्येक पति-पत्नी को यह स्वतंत्रता मिलनी चाहिए कि अपनी रुचि और क्षमता के आधार पर आपस में जैसा श्रम का विभाजन करना चाहें, करें।

समता की दृष्टि से यह जरूरी है कि औरत और मर्द के बीच श्रम का विभाजन चाहे जो भी हो, दोनों के कामों को बराबर प्रतिष्ठा दी जाए। सिर्फ श्रम के विभाजन से अपने-आप सामाजिक गैरबराबरी पैदा नहीं हो जाती है। सामाजिक गैरबराबरी तब पैदा होती है, जब श्रम के विभाजन के साथ श्रेष्ठता और हीनता की भावना जुड़ जाती है। यही बात औरत-मर्द सम्बन्धों पर भी लागू होती है। परम्परागत श्रम के विभाजन के अन्तर्गत औरत खाना बनाने और बच्चों के देखभाल का काम करती है, तो क्या इस काम का महत्त्व नहीं है? ***गैरबराबरी इसलिए पैदा होती है, क्योंकि औरत द्वारा किए जाने वाले कामों को कम प्रतिष्ठा दी जाती है और पुरुष द्वारा किये जाने वाले कामों को श्रेष्ठ मान लिया जाता है।*** समाजशास्त्रीय अध्ययनों से यह पाया जाता है कि एक ही काम जैसे कपड़े बनाना, बर्तन बनाना, सिलाई करना जब किसी समाज में औरतों द्वारा किए जाते हैं, तो उसे कम प्रतिष्ठा दी जाती है, और जब किसी समाज में पुरुषों द्वारा किए जाते हैं, तो उसे अधिक प्रतिष्ठा दी जाती है।[1] इसलिए, **सवाल मनोवृत्ति को बदलने का है।** औरत और मर्द में जैविक अन्तर है, लेकिन एक को श्रेष्ठ और दूसरे को हीन मानना जैविक अन्तर का **वर्णन** नहीं, बल्कि **मूल्यांकन** है। उदाहरण के तौर पर, औरत बच्चों को जन्म दे सकती है, दूध पिला सकती है, पुरुष यह काम नहीं कर सकते हैं। इस आधार पर यह भी तो कहा जा सकता है कि औरत द्वारा किए जाने वाले काम श्रेष्ठ हैं, और पुरुषों द्वारा किए जाने वाले काम हीन। पुरुष द्वारा किए जाने वाले काम श्रेष्ठ हैं, और औरत द्वारा किए जाने वाले हीन, यह जैविक स्थिति का वर्णन मात्र नहीं है, बल्कि उसका मूल्यांकन है। जब औरत-मर्द दोनों एक-दूसरे द्वारा किये जाने वाले काम के महत्त्व को समझेंगे और उसका सम्मान करेंगे, तभी समाज में औरत-मर्द बराबरी आएगी।

मानक दृष्टि से विचार करने पर यही कहा जा सकता है कि बेटे और बेटियों का दुनिया में एक जैसा स्वागत होना चाहिए। उन्हें एक जैसी शिक्षा मिलनी चाहिए, उनके स्वास्थ्य को एक बराबर महत्त्व मिलना चाहिए। यह नहीं मान लेना चाहिए कि औरत

---

1. Haralambos, Op. Cit., p. 376.

के जीवन का एकमात्र लक्ष्य विवाह करना है, और पुरुष के जीवन का एकमात्र लक्ष्य पैसे कमाना है। लड़के और लड़कियों को एक जैसी शिक्षा मिलनी चाहिए, ताकि दोनों आगे चल कर आत्मनिर्भर बन सकें, घर-बाहर दोनों का काम कर सकें। माँ-बाप की सम्पत्ति में दोनों को बराबर का अधिकार मिलना चाहिए। संक्षेप में, वैवाहिक और पारिवारिक सम्बन्धों का आधार स्वतंत्रता और समता होनी चाहिए। वयस्क औरत और मर्द स्वतंत्रतापूर्वक समता के आधार पर विवाह करें, मिल-जुल कर परिवार चलाएँ। परिवार का मुखिया सिर्फ पुरुष न हो, पति-पत्नी दोनों मिल कर परिवार के महत्त्वपूर्ण निर्णय लें, बेटे और बेटी के बीच किसी किस्म का भेदभाव न हो। घर-परिवार के बाहर भी सभी काम औरत-मर्द दोनों के लिए खुले रहे। दोनों द्वारा किए जाने वाले कामों को समान प्रतिष्ठा दी जाए। एक समान काम के लिए एक समान वेतन हो। औरत-मर्द के लिए दोहरे नैतिक मापदण्ड न हों। सभी कानून पूरी तरह स्वतन्त्रता और समता के मूल्यों पर आधारित हों। यही लिंग समानता का लोकतान्त्रिक आदर्श हैं।

लिंग समानता का प्रश्न काफी व्यापक प्रश्न है, और इसके कई आयाम हैं, जैसे, सामाजिक, नैतिक, राजनीतिक, आर्थिक और शैक्षणिक। लिंग समानता के आदर्श की ओर बढ़ने के लिए औरत और मर्द दोनों को ही बदलना होगा। साथ ही, औरत और मर्द की रूढ़िबद्ध धारणाओं (stereotypes) को भी बदलना होगा। औरत-मर्द बराबरी के सन्दर्भ में यह ध्यान रखना होगा कि औरत और मर्द दो अलग-अलग सामाजिक वर्ग या जातियाँ नहीं हैं। हर वर्ग और जाति में महिलाएँ और पुरुष दोनों होते हैं। इसके अलावा, अलग-अलग वर्गों और जातियों में महिलाओं की स्थिति अलग-अलग है। दूसरे, औरत-मर्द बराबरी के लिए एक महत्त्वपूर्ण मोर्चा परिवार है। परिवार में औरत-मर्द के बीच पति-पत्नी, माँ-बेटे, पिता-बेटी और भाई-बहन का सम्बन्ध रहता है। इसलिए यहाँ, पर उस तरह दो परस्पर विरोधी गुटों में बँट कर संघर्ष सम्भव नहीं दिखता है, जैसा जाति और वर्ग में सम्भव है। इसलिए, औरतों को तो अपनी मानसिकता बदल कर अपने अधिकारों के लिए संघर्ष करना ही होगा। साथ ही, पुरुषों को भी अपनी मानसिकता बदल कर इस संघर्ष में औरतों का साथ देना होगा।

प्रश्न

1. निम्नलिखित पर अधिक-से-अधिक 200 शब्दों में आलोचनात्मक टिप्पणी लिखिए—
   (क) लैंगिक अन्याय (1998)
2. "जो बात स्त्रियों को अभी सीखनी है वह यह है कि कोई भी आपको शक्ति नहीं देता। आपको स्वयं इसे लेना है।" टिप्पणी करें। (2000)
3. निम्नलिखित पर अधिक-से-अधिक 200 शब्दों में आलोचनात्मक टिप्पणी लिखिए—
   (क) स्त्री-पुरुष असमानता का कारण सर्वथा जैविक है। (2001)
4. निम्नलिखित पर अधिक-से-अधिक 200 शब्दों में टिप्पणी लिखिए—
   (क) स्त्री-पुरुष समता : तात्पर्य एवं आवश्यकता। (2002)
5. आपके विचार में स्त्री-पुरुष असमता का क्या स्रोत है? क्या इसकी जड़ें प्राथमिक रूप से मानव जीवविज्ञान में है? इस असमता को किस तरीके से, यदि किया जा सकता है,

तो समाप्त किया जा सकता है? इन मुद्दों पर अपनी स्थिति को समझाइए और उसके पक्ष में तर्क दीजिए। (2003)

6. निम्नलिखित पर अधिक-से-अधिक 200 शब्दों में टिप्पणी लिखिए—

(क) ''स्त्री पुरुष समानता की प्राप्ति केवल समाजवादी समाज में हो सकती है।'' (2004)

7. निम्नलिखित पर लगभग 200 शब्दों में टिप्पणी लिखिए—

(क) ''सेक्स एक जैविक संवर्ग है, जबकि लिंग (जैंडर) लैंगिक अन्तर की सांस्कृतिकतः रूपित अभिव्यक्ति है।'' (2005)

❑

अध्याय 24

वैज्ञानिक दृष्टिकोण और प्रगति

विज्ञान का समाज पर मुख्यतः दो तरीके से असर होता है—पहला, वैज्ञानिक दृष्टिकोण के द्वारा; और दूसरा, वैज्ञानिक विधि के इस्तेमाल से हुए तकनीकी आविष्कारों के जरिए। तकनीक और प्रौद्योगिकी का समाज पर काफी असर पड़ता है। यहाँ तक कि कुछ समाजशास्त्री प्रौद्योगिकी को ही सामाजिक परिवर्तन का मुख्य कारक मानते हैं।

अपनी आवश्यकताओं को पूरा करने के सचेत प्रयत्न में मनुष्य प्रौद्योगिकी का विकास करता है, लेकिन इन तकनीकी आविष्कारों के प्रयोग के क्रम में वह अपनी कल्पना या अभिप्राय से कहीं ज्यादा गहरे और व्यापक परिवर्तनों को जन्म देता है। यह ठीक वैसे ही है जैसे हम कोई नया घर बनाते हैं, और फिर यह पाते हैं कि उसमें रहने के लिए हमें अपनी कई आदतों को बदलना होगा। समाजशास्त्री प्रोफेसर ओगबर्न ने रेडियो पर किए गए अध्ययन में ऐसे एक सौ पचास प्रभावों की चर्चा की है। इनमें "सुबह के व्यायाम को प्रोत्साहन" से लेकर "राष्ट्रों के बीच सांस्कृतिक प्रसार" शामिल है। इसके अलावा, जैसा कि मैकीवर और पेज ने ध्यान दिलाया है, कई बार तकनीकी यन्त्रों का इस्तेमाल करने के क्रम में सामाजिक सम्बन्धों में भी परिवर्तन लाना पड़ता है।[1]

अन्य समाजों की तरह भारत में भी तकनीक सामाजिक परिवर्तन का एक बड़ा स्रोत है। प्रिंटिंग प्रेस, रेल, रेडियो और फोन के आने से भारतीय समाज में परिवर्तन को काफी बल मिला। अब बड़े पैमाने पर टी॰ वी॰, कम्प्यूटर और इंटरनेट जैसे आधुनिक संचार माध्यमों के आ जाने से सामाजिक परिवर्तन की प्रक्रिया और तेज हो रही है। तकनीकी विकास के सामाजिक परिणाम इतने दूरगामी और महत्त्वपूर्ण हैं कि वेवलेन जैसे कुछ समाजशास्त्री इसे सामाजिक परिवर्तन की मुख्य व्याख्या मानते हैं।[2]

वैज्ञानिक दृष्टिकोण के द्वारा समाज पर पड़ने वाला असर एक मायने में कहीं अधिक बुनियादी होता है। इससे समाज की बुनियादी मान्यताओं, विश्वासों या समाज की संस्कृति के मूल तत्त्व—दर्शन—में ही परिवर्तन आ जाता है।

वैज्ञानिक विधि की विशेषता यह होती है कि वह इन्द्रियानुभव—निरीक्षण और प्रयोग—पर आधारित होती है। विज्ञान में सत्यापन (verification) के बिना किसी

1. R. M. MacIver & Charles H. Page, *Society : An Introductory Analysis* (New Delhi: Macmilan India Limited), pp. 515-16.
2. वैसे सामाजिक परिवर्तन के सांस्कृतिक सहित और भी कारक होते हैं। देखें, "भारतीय सामाजिक संस्थाओं के सन्दर्भ में परम्परा, परिवर्तन और आधुनिकता"

सिद्धान्त को सत्य स्वीकार नहीं किया जाता है। जब तक किसी सिद्धान्त का सत्यापन नहीं हो जाए, तब तक उसे सिर्फ प्राक्कल्पना (hypothesis) के रूप में ही स्वीकार किया जाता है।

वैज्ञानिक दृष्टिकोण और आधुनिक दार्शनिक दृष्टिकोण एक-दूसरे के काफी करीब हैं। दर्शनशास्त्र की एक महत्त्वपूर्ण शाखा है—तर्कशास्त्र, और आगमन तर्कशास्त्र के अन्तर्गत मुख्यतः वैज्ञानिक विधि का ही अध्ययन किया जाता है। इसके अलावा, दर्शनशास्त्र में भी तर्कसंगत प्रमाण के बिना किसी सिद्धान्त को सत्य स्वीकार नहीं किया जाता है। दर्शनशास्त्र और विज्ञान में अन्तर यह है कि दार्शनिक **तार्किक विश्लेषण** की सहायता लेते हैं, जबकि वैज्ञानिक निरीक्षण और प्रयोग का। विज्ञान में तथ्यों के निरीक्षण (observation), प्रयोग (experiment), प्राक्कल्पना (hypothesis) और सत्यापन (verification) द्वारा सामान्य नियमों की स्थापना के लिए प्रयत्न किए जाते हैं। दूसरी ओर, दार्शनिक वैज्ञानिकों की तरह प्रयोगशालाओं में प्रयोग नहीं करते हैं। वे मुख्य रूप से विश्लेषण की सहायता लेते हैं। वैसे तो दर्शन के लम्बे इतिहास में अलग-अलग समस्याओं के समाधान के लिए दार्शनिकों द्वारा अलग-अलग विधियाँ अपनायी गयी हैं। लेकिन बीसवीं सदी में अंग्रेजी भाषी देशों में और उनके प्रभाव से भारत में भी विश्लेषणात्मक विधि की ही प्रमुखता रही है। समकालीन दार्शनिक विश्लेषण में **सम्प्रत्ययों के स्पष्टीकरण** (clarification of concepts) और **विश्वासों के समीक्षात्मक मूल्यांकन** (critical evaluation of beliefs) का केन्द्रीय स्थान है। समकालीन विश्लेषणात्मक दार्शनिकों द्वारा तथ्य-सम्बन्धी सिद्धान्तों की सत्यता की जाँच के लिए विज्ञान की सहायता ली जाती है। इस तरह, दर्शन और विज्ञान एक-दूसरे के सहायक हो जाते हैं, और व्यापक अर्थ में दार्शनिकों द्वारा भी ''वैज्ञानिक दृष्टिकोण'' को अपनाया जाता है।[1]

सामाजिक प्रगति

सामाजिक प्रगति या किसी भी समाज के आधुनिकीकरण में वैज्ञानिक दृष्टिकोण का बड़ा केन्द्रीय महत्त्व होता है। ''आधुनिकीकरण'' में दो तत्त्व निहित हैं—

(i) युक्तिपूर्ण समीक्षात्मक दृष्टिकोण और

(ii) धर्मनिरपेक्ष दृष्टिकोण

आधुनिकीकरण के अन्तर्गत धार्मिक अंधविश्वास से समीक्षात्मक और धर्मनिरपेक्ष दृष्टिकोण की दिशा में परिवर्तन शामिल है। सिर्फ ऐसे ही परिवर्तनों को जो समाज को अंधविश्वासी मानसिकता और धार्मिक रूढ़िवादिता से समीक्षात्मक और धर्मनिरपेक्ष दृष्टिकोण की दिशा में ले जाएँ, आधुनिकता की दिशा में परिवर्तन कहा जा सकता है। जहाँ एक ओर आधुनिक विज्ञान और दर्शन समाज के आधुनिकीकरण में सहायक हैं, वहाँ दूसरी ओर, अंधविश्वासी मानसिकता और धार्मिक रूढ़िवादिता समाज के आधुनिकीकरण के रास्ते में मुख्य बाधाएँ हैं।

---

1. दार्शनिक विधि की विस्तृत चर्चा के लिए देखें ''दर्शनशास्त्र का स्वरूपः जीवन, विचार और संस्कृति से सम्बन्ध''

विज्ञान और आधुनिक दर्शन में इस बात पर बल दिया जाता है कि **किसी भी बात को प्रमाण, या तार्किक युक्तियों के बिना स्वीकार नहीं किया जाए, जो कि आधुनिकता का सार तत्त्व है।** इसके विपरीत, संगठित धर्मों द्वारा तार्किक और स्वतन्त्र चिन्तन को हतोत्साहित किया जाता है, और उसके बदले श्रद्धा या **आस्था** (faith) को प्रतिष्ठित किया जाता है। इस किस्म के दृष्टिकोण से ज्ञान-विज्ञान के विकास में बाधा पहुँचती है। पश्चिम में एक ओर चर्च और दूसरी ओर वैज्ञानिकों-दार्शनिकों के बीच हुआ संघर्ष इस बात का गवाह है।

वैज्ञानिक दृष्टिकोण युक्तिपूर्ण और समीक्षात्मक तो होता ही है; इसी तरह, यह ''इहलोकवादी'' के अर्थ में ''धर्मनिरपेक्ष'' भी होता है। वैज्ञानिक व्याख्या में ऐसे किसी भी अतिप्राकृतिक साधन की सहायता नहीं ली जाती है जिसका इन्द्रियानुभव द्वारा ज्ञान नहीं मिलता हो। इस तरह, दर्शनशास्त्र के अध्ययन-अध्यापन की तरह, वैज्ञानिक दृष्टिकोण भी समाज को परम्परा से आधुनिकता की दिशा में ले जाने में, या दूसरे शब्दों में, सामाजिक प्रगति में सहायक है।

बट्रेण्ड रसेल ने अपनी पुस्तक *The Impact of Science on Society* में, अन्य बातों के अलावा, विज्ञान के निम्नलिखित प्रभावों की चर्चा की है—एक, विज्ञान का सीधा वैचारिक असर जिसके परिणामस्वरूप हम कई परम्परागत विश्वासों को छोड़ देते हैं, और विज्ञान द्वारा सुझाए गए नए विश्वासों को अपना लेते हैं। दूसरे, विज्ञान से उत्पन्न नयी प्रौद्योगिकी का प्रभाव, जिससे सामाजिक संगठन में गम्भीर परिवर्तन आते हैं, और परिणामस्वरूप धीरे-धीरे समानान्तर राजनीतिक परिवर्तन भी आ जाते हैं।[1]

Scientific Method के लेखक ए० बी० शाह के अनुसार विज्ञान का मानव जीवन पर तीन किस्म के प्रभाव पड़ते हैं—

(i) तकनीकी
(ii) सांस्कृतिक और
(iii) दार्शनिक।

शाह के अनुसार प्रिंटिंग प्रेस ने ज्ञान को धार्मिक से धर्मनिरपेक्ष धरातल पर लाकर मानव जाति को अंधविश्वासों से मुक्ति दिलायी है। आधुनिक प्रौद्योगिकी के द्वारा ज्ञान और कला की विशाल निधि, जो पहले कुछ चुने हुए लोगों तक ही सीमित थी, आम लोगों तक पहुँच पायी है।[2] किसी एक वर्ग या जाति द्वारा अब ज्ञान के किसी भी क्षेत्र पर एकाधिकार बना कर रख पाना सम्भव नहीं है। प्रिंटिंग प्रेस द्वारा किताबों में उपलब्ध ज्ञान को, और अब कम्प्यूटर-इन्टरनेट द्वारा उपलब्ध ज्ञान को, कोई भी व्यक्ति हासिल कर सकता है, चाहे वह औरत हो या मर्द या चाहे उसकी कोई भी जाति हो।

---

1. Bertand Russell, *The Impact of Science on Society* (London : Unwin Paperbacks, 1976), p .11.
2. A. B. Shah, *Scientific Method* (New Delhi : Allied Publishers Private Limited, 1974), pp. 1-10.

प्रश्न

1. निम्नलिखित पर अधिक-से-अधिक दो सौ शब्दों में आलोचनात्मक टिप्पणी लिखिए—
   (क) वैज्ञानिक प्रगति। (1998)
2. निम्नलिखित षर अधिक-से-अधिक दो सौ शब्दों में आलोचनात्मक टिप्पणी लिखिए—
   (क) वैज्ञानिक मनोवृत्ति। (1999)
3. निम्नलिखित पर अधिक-से-अधिक दो सौ शब्दों में आलोचनात्मक टिप्पणी लिखिए—
   (क) शुभ जीवन में वैज्ञानिक मनोवृत्ति की भूमिका (2002)
4. आप ''प्रगति'' शब्द से क्या समझते हैं? क्या मानवों ने अपने क्रियाकलपाओं के सभी क्षेत्रों में प्रगति की है।'' चर्चा कीजिए। (2005)

❑

अध्याय 25

विकास और सामाजिक प्रगति
(DEVELOPMENT AND SOCIAL PROGRESS)

''विकास'' (development) की अवधारणा को आमतौर से आर्थिक विकास से जोड़ा जाता है, जबकि ''सामाजिक प्रगति'' (social progress) की अवधारणा उससे कहीं अधिक व्यापक है। सामाजिक प्रगति के अन्तर्गत राजनीतिक, आर्थिक और शैक्षणिक प्रगति को भी शामिल माना जा सकता है।

विकास

A Dictionary of Political Thought के अनुसार ''विकास'' शब्द का इस्तेमाल आमतौर से प्रति व्यक्ति आय में आर्थिक वृद्धि और आर्थिक विकास लाने की दृष्टि से आर्थिक संरचना में बुनियादी परिवर्तनों के लिए किया जाता है। आमतौर से इसके अन्तर्गत औद्योगीकरण, औद्योगिक क्षेत्रों की दिशा में मजदूरों का स्थानान्तरण, श्रम का विभाजन, उत्पादन के सम्बन्धों में परिवर्तन और विनिवेश में वृद्धि को शामिल माना जाता है।

आर्थिक विकास का उद्देश्य क्या है, और आर्थिक विकास किस प्रकार लाया जा सकता है यह अर्थशास्त्रियों और राजनीतिक विचारकों के बीच मतभेद का मुद्दा रहा है। एक ओर पूँजीवादी विचारधारा है, तो दूसरी ओर साम्यवादी विचारधारा, जिसका बीसवीं सदी में काफी प्रभाव रहा। इसके अलावा, लोकतांत्रिक समाजवाद का रास्ता भी है, जिसे मिश्रित अर्थव्यवस्था के साथ जोड़ा जा सकता है (देखें, ''समाजवाद'')।

औद्योगीकरण और आर्थिक विकास के मौजूदा मॉडेल से जुड़े प्रदूषण, वायुमंडल का तापमान बढ़ने और उसके परिणामस्वरूप होने वाले जलवायु परिवर्तन ने आज मानव को पहले की तुलना में पर्यावरण के प्रति अधिक संवेदनशील बना दिया है। इसलिए अब ''संपोष्य विकास की अवधारणा'' (concept of sustainable development) की बात होने लगी है। (देखें, ''पारिस्थितिकी का दर्शन'')

सामाजिक प्रगति

''प्रगति'' की अवधारणा का सम्बन्ध सामाजिक परिवर्तन से है। मोटे तौर पर कहा जा सकता है कि ''सामाजिक प्रगति'' का अर्थ है ''बेहतर दिशा में सामाजिक परिवर्तन''। लेकिन, ''बेहतर दिशा'' किसे कहेंगे यह फिर नैतिक और सामाजिक-राजनीतिक विचारकों के बीच मतभेद का मुद्दा हो सकता है। सामाजिक आदर्शों का प्रश्न पूरी तौर से एक नैतिक प्रश्न है। लोकतांत्रिक और मानवतावादी दृष्टि से स्वतंत्रता, समता और बन्धुता के मूल्यों को सामाजिक आदर्श के रूप में स्वीकार किया

जाता है। किसी भी समाज में आ रहे सामाजिक परिवर्तन का मूल्यांकन इन मूल्यों के आधार पर किया जा सकता है। जो परिवर्तन इन मूल्यों की दिशा में हों उन्हें हम बेहतर दिशा में और जो परिवर्तन विपरीत दिशा में हों उन्हें हम बदतर दिशा में परिवर्तन मानेंगे। (देखें ''भारतीय सामाजिक संस्थाओं के सन्दर्भ में परम्परा, परिवर्तन और आधुनिकता'')

सामाजिक प्रगति के सन्दर्भ में ''आधुनिकता'' (modernity) की अवधारणा भी उल्लेखनीय है। ''आधुनिकता'' की एक व्याख्या के अनुसार ''आधुनिकीकरण'' (modernization) में दो तत्व निहित हैं—

(1) युक्तिपूर्ण समीक्षात्मक दृष्टिकोण, और

(2) धर्मनिरपेक्ष दृष्टिकोण

आधुनिकीकरण के अन्तर्गत धार्मिक अंधविश्वास से समीक्षात्मक और धर्मनिरपेक्ष दृष्टिकोण की दिशा में परिवर्तन शामिल है। सिर्फ ऐसे ही परिवर्तनों को जो समाज को अंधविश्वासी मानसिकता और धार्मिक रूढ़िवादिता से समीक्षात्मक और धर्मनिरपेक्ष दृष्टिकोण की दिशा में ले जाए, आधुनिकता की दिशा में परिवर्तन कहा जा सकता है। जहाँ एक ओर आधुनिक विज्ञान और दर्शन समाज के आधुनिकीकरण में सहायक हैं, वहाँ दूसरी ओर, अंधविश्वासी मानसिकता और धार्मिक रूढ़िवादिता समाज के आधुनिकीकरण के रास्ते में मुख्य बाधाएँ हैं। इस तरह, सामाजिक प्रगति में वैज्ञानिक दृष्टिकोण का केन्द्रीय महत्व होता है। (देखें, ''वैज्ञानिक दृष्टिकोण और प्रगति'')

एक मत के अनुसार मानव मूल्यों के क्षेत्र में ''प्रगति'' की अवधारणा के समावेश का सम्बन्ध वैज्ञानिक क्रान्ति और उसके परिणामस्वरूप होने वाले विचारों के धर्मनिरपेक्षीकरण से है। ''प्रगति में विश्वास'' एक किस्म की आशावादिता है, जिसके दो पक्ष हैं— (1) यह विश्वास कि समाज में विकास होता है। यह विश्वास की विश्व से सम्बन्धित एक 'प्रगतिशील **दृष्टिकोण**'' भी है, जिसका सम्बन्ध विशिष्ट मूल्यों और विश्वासों से है। इस दृष्टिकोण की कभी-कभी ''प्रगतिवाद'' (progressivism) भी कहा जाता है और यह उदार मानवतावाद से प्रेरणा ग्रहण करता है। इसके अन्तर्गत व्यक्ति को दमनकारी अंधविश्वासों से पूरी तौर से मुक्ति दिलाने की बात की जाती है।[1]

विकास और सामाजिक प्रगति

विकास या आर्थिक विकास के परिणामस्वरूप समाज में अनिवार्यतः सामाजिक प्रगति भी हो जाएगी यह जरूरी नहीं है। आर्थिक विकास के परिणामस्वरूप सामाजिक प्रगति होगी या नहीं यह इस बात पर निर्भर है कि विकास का कौन-सा मॉडेल अपनाया गया है, और उसका सामाजिक-राजनीतिक सन्दर्भ क्या है। उदाहरण के तौर पर, यह जरूरी नहीं है कि पूँजीवादी विकास से हम अनिवार्यतः सामाजिक प्रगति की ओर बढ़े, बल्कि इससे धन और शक्ति का केन्द्रीकरण भी हो सकता है। यह भी सम्भव है कि मुनाफा मनोवृत्ति से प्रेरित उपभोक्तावाद, अन्धाधुन्ध औद्योगीकरण और खपत में वृद्धि

1. Roger Scruton, *A Dictionary of Political Thought*, p. 380.

से हम पर्यावरण को इतना बिगाड़ लें कि मानव जाति का अस्तित्व ही खतरे में पड़ जाए।

विकास के कारण हम सामाजिक प्रगति कर सकें इसके लिए विकास का समावेशी होना जरूरी है। यह जरूरी है कि सरकार गरीबी मिटाने के लिए और आमलोगों के लिए—खास कर सामाजिक-आर्थिक दृष्टि से कमजोर तबकों के लिए—स्वास्थ्य और शिक्षा सेवा उपलब्ध कराने के सक्रिय उपाय करें। शिक्षा का धर्मनिरपेक्ष, वैज्ञानिक और मानवतावादी होना भी जरूरी है ताकि समाज अंधविश्वासी मानसिकता से वैज्ञानिक दृष्टिकोण की ओर तथा स्वतंत्रता, समता और बन्धुता के मूल्यों की ओर बढ़ सके। सामाजिक परिवर्तन के कई कारक होते हैं। भारतीय समाज में भी अचेतन और चेतन प्रयत्नों द्वारा सामाजिक परिवर्तन की प्रक्रिया चल रही है। यह परिवर्तन बेहतर दिशा में हो इसके लिए काफी हद तक सचेत प्रयत्न जरूरी है।

प्रश्न

1. आप 'प्रगति' शब्द से क्या समझते हैं? क्या मानवों ने अपने क्रियाकलापों के सभी क्षेत्रों में प्रगति की है? चर्चा कीजिए। (2005)

❑

अध्याय 26

पारिस्थितिकी का दर्शन
(PHILOSOPHY OF ECOLOGY)

परिस्थिति-विज्ञान या पारिस्थितिकी (ecology) जीव-विज्ञान (biology) की एक शाखा है। इसे जीव-परिस्थितिविज्ञान (bio-ecology) या पर्यावरण-जीवविज्ञान (environmental biology) भी कहा जाता है। इसके अन्तर्गत जीव (organism) का एक-दूसरे के साथ और पर्यावरण के साथ सम्बन्धों का अध्ययन किया जाता है।[1]

1960 के पहले तक विज्ञान के क्षेत्र में कई लोगों द्वारा परिस्थिति-विज्ञान को दूसरे दर्जे का स्थान दिया जाता था। 1960 के दशक में, जैसे-जैसे पर्यावरण सम्बन्धी समस्याएँ प्रमुख होती चली गयीं, परिस्थिति-विज्ञान जीव-विज्ञान के सबसे महत्त्वपूर्ण और लोकप्रिय पक्षों में से एक के रूप में उभर कर सामने आया।[2]

''Ecology'' शब्द का प्रयोग जर्मन प्राणी-वैज्ञानिक (zoologist) अर्नेस्ट हैकेल (Ernst Haeckel) द्वारा शुरू किया गया। यह शब्द ग्रीक शब्द ''oikos'' से आया है, जिसका अर्थ है ''घर या रहने की जगह''।[3]

संक्षेप में, **परिस्थिति-विज्ञान का सम्बन्ध जीव और उसके पर्यावरण से है। पर्यावरण के अन्तर्गत जैव और भौतिक वातावरण दोनों ही शामिल हैं।**

दर्शनशास्त्र के अन्तर्गत परम्परागत रूप से पारिस्थितिकी या पर्यावरण सम्बन्धी समस्याओं का अध्ययन नहीं किया जाता है। अब नीतिशास्त्र की शाखा व्यावहारिक नीतिशास्त्र (applied ethics) के अन्तर्गत इसके अध्ययन को महत्व दिया जाने लगा है। **अनुप्रयुक्त या व्यावहारिक नीतिशास्त्र के अन्तर्गत किसी तात्कालिक महत्व की व्यावहारिक समस्या का नैतिक समाधान ढूँढ़ने का प्रयास किया जाता है।**[4] अनुप्रयुक्त नीतिशास्त्र के एक महत्वपूर्ण लेखक पीटर सिंगर के अनुसार अनुप्रयुक्त या व्यावहारिक नीतिशास्त्र के अन्तर्गत प्रजातीय अल्पसंख्यकों (racial minorities) के साथ व्यवहार, महिलाओं की समानता, भोजन और शोध के लिए पशुओं का इस्तेमाल, गर्भपात, सुखमृत्यु (euthanasia) और समृद्ध लोगों का गरीबों के प्रति दायित्व जैसे व्यावहारिक मुद्दों पर विचार किया जाता है।[5]

---

1. *The New Encyclopaedia Britannica,* vol. 3, p.777.
2. Ibid. vol. 6, p. 197.
3. Ibid.
4. Peter Singer (ed.), *Applied Ethics* (Oxford : Oxford University Press, 1986), p. 1.
5. Peter Singer, *Practical Ethics* (Cambridge : Cambridge University Press), p. 1.

इस तरह, अब पर्यावरण से जुड़ी समस्याओं का अध्ययन भी नीतिशास्त्र के अन्तर्गत होने लगा है। इस समय तो *The Journal of Environmental Ethics* के नाम से एक दार्शनिक शोध-पत्रिका का भी प्रकाशन हो रहा है।

पर्यावरण सम्बन्धी नीतिशास्त्र की पहली समस्या है "पर्यावरण" शब्द के अर्थ को स्पष्ट करना। वैसे तो व्यापक अर्थ में मनुष्य के पर्यावरण या वातावरण (surrondings) के अन्तर्गत अन्य मानव भी आ जाते हैं, लेकिन जब आम तौर से "पर्यावरण" की चर्चा होती है, तो उसका तात्पर्य "गैर-मानवीय पर्यावरण" (non-human environment) से होता है। इस अर्थ में मनुष्य के पर्यावरण के अन्तर्गत मनुष्य को छोड़कर अन्य पशु-पक्षी, पेड़-पौधे, नदी-पहाड़ आदि आ जाते हैं।

बढ़ती हुई आबादी, तेजी से खत्म होते प्राकृतिक संसाधन, प्रदूषण के कारण पर्यावरण का बिगड़ता हुआ सन्तुलन, और मनुष्य पर उसके दुष्प्रभाव ने मानव को पहले की तुलना में पर्यावरण के प्रति अधिक सचेत होने के लिए बाध्य कर दिया है। लेकिन, जैसा कि पहले भी जिक्र किया गया है, परम्परागत रूप से नीतिशास्त्र का सम्बन्ध, **अन्य मनुष्यों पर पड़ने वाले प्रभाव के सन्दर्भ में,** मानव आचरण के अध्ययन से रहा है। मानव आचरण के अन्य पशुओं, पेड़-पौधों और नदी-पहाड़ों पर पड़ने वाले प्रभाव का अध्ययन भी नीतिशास्त्र के अन्तर्गत किया जाए, यह एक नया प्रस्ताव है।

पशु नीतिशास्त्र

पर्यावरण नीतिशास्त्र के अन्तर्गत पशु-नीतिशास्त्र (animal ethics) का विषय भी है। इसमें मनुष्य का अन्य जानवरों के प्रति व्यवहार का प्रश्न उठाया जाता है। पीटर सिंगर ने अपने महत्त्वपूर्ण लेख "All Animals are Equal" में इस प्रश्न को सशक्त ढंग से उठाया है, और दर्शनशास्त्र के क्षेत्र को अधिक व्यापक बनाने की वकालत की है।

पीटर सिंगर के अनुसार अश्वेत लोगों की मुक्ति का आन्दोलन और नारी मुक्ति आन्दोलन निकट अतीत के दो महत्त्वपूर्ण मुक्तिदायी आन्दोलन रहे हैं। किसी भी मुक्तिदायी आन्दोलन द्वारा समानता के सिद्धान्त की पुनर्व्याख्या के द्वारा मनुष्य के नैतिक क्षितिज को और व्यापक बनाया जाता है। इसके परिणामस्वरूप जिन आचरणों और पूर्वाग्रहों को पहले स्वाभाविक और अपरिहार्य माना जाता था, उनका फिर से मूल्यांकन किया जाता है, और मनुष्य द्वारा अपनी मौलिक अभिवृत्तियों में परिवर्तन लाया जाता है। सिंगर के अनुसार अगर हम इस किस्म का मानसिक परिवर्तन ला पाते हैं, तो हम यह देखने में समर्थ हो जाते हैं कि हमारी अभिवृत्तियों और व्यवहारों में एक संगत पैटर्न है, जो किसी एक समूह के हित में काम करता है, आम तौर से उस समूह के, जिसके हम स्वयं सदस्य होते हैं। इस तरह, हम यह देख पाते हैं कि एक नए मुक्तिदायी आन्दोलन की आवश्यकता है। सिंगर ने अपने लेख में यह प्रस्ताव रखा है कि हमारे द्वारा अन्य पशुओं के प्रति अभिवृत्ति में भी इस प्रकार का परिवर्तन लाया जाए। दूसरे शब्दों में, सिंगर का यह कहना है कि **समानता के जिस मौलिक**

सिद्धान्त की बात हम मानव के सन्दर्भ में करते हैं, उसे अन्य पशुओं पर भी लागू किया जाए।

सिंगर के विचार में समानता के सिद्धान्त का एक निहितार्थ यह है कि हम दूसरों के साथ कैसा व्यवहार करते हैं, इसे उनकी योग्यता या अन्य गुणों पर आधारित नहीं होना चाहिए। अगर दो व्यक्तियों के बीच तथ्य-सम्बन्धी **कुछ भिन्नता है, तो इसके आधार पर उनकी आवश्यकताओं और हितों को अलग-अलग महत्त्व देने को उचित नहीं ठहारांया जा सकता है।** नस्लवाद (racism)और सेक्सवाद (sexism) का विरोध भी अन्ततः इसी आधार पर किया जा सकता है। सिंगर के अनुसार अगर कोई व्यक्ति अधिक बुद्धिमान हो तो उसे दूसरे व्यक्तियों का साधन के रूप में इस्तेमाल करने का अधिकार नहीं मिल जाता है। फिर, इस आधार पर मनुष्यों द्वारा अन्य पशुओं के शोषण का अधिकार कैसे मिल सकता है? दुख और सुख का अनुभव करने की क्षमता मनुष्य की तरह अन्य पशुओं में भी है। इसलिए, सिंगर की राय में, इस दृष्टि से अन्य पशुओं को भी मनुष्य के समान मानना चाहिए।

सिंगर के अनुसार जिस तरह नस्लवादी या प्रजातिवादी (racist) लोग अपनी प्रजाति (race) के सदस्यों के हितों को अन्य प्रजातियों के हितों की तुलना में अधिक महत्त्व देते हैं, और समानता के सिद्धान्त का उल्लंघन करते हैं। उसी तरह 'स्पीशीजिस्ट' (speciesist) लोग अपनी 'स्पीशीज' (मानव जाति) के हितों को अन्य जीवों के हितों की तुलना में अधिक महत्त्व देते हैं। सिंगर की राय में अधिकांश मनुष्य 'स्पीशीजिस्ट' होते हैं। इसका परिचय इस बात से ही मिल जाता है कि अधिकतर मनुष्यों का खास कर शहरी और औद्योगिकृत समाजों में, अन्य 'स्पीशीज' के साथ सबसे सीधा सम्बन्ध भोजन के समय होता है—वे उन्हें खाते हैं। ऐसा कर के वे उन्हें पूरी तरह अपने साध्यों के लिए साधन के रूप में इस्तेमाल करते हैं। वे उनके जीवन और कल्याण को एक विशेष किस्म के पकवान के लिए अपने स्वाद के अधीन रखते हैं। सिंगर के अनुसार अन्य पशुओं को भोजन में खाना पूरी तरह ''स्वाद'' का प्रश्न है, क्योंकि मांसाहार को पोषण की आवश्यकताओं को पूरा करने के आधार पर उचित नहीं ठहराया जा सकता है। यह पूरी तौर से साबित हो चुका है कि हम प्रोटीन और अन्य पोषक तत्त्वों सम्बन्धी अपनी आवश्यकताओं को सब्जियों के द्वारा पूरा कर सकते हैं। सिंगर की राय में 'स्पीशीजिस्म' से बचने के लिए हमें मांसाहर को छोड़ देना चाहिए। यह हमारा नैतिक दायित्व है।

सिंगर के अनुसार वैज्ञानिक शोध के लिए पशुओं का इस्तेमाल और उनकी हत्या 'स्पीशीजिस्म' का दूसरा उदाहरण है। सिंगर ने आधुनिक दर्शनशास्त्र में 'स्पीशीजिस्म' की भी चर्चा की है। सिंगर के विचार में दर्शन को अपने युग की बुनियादी पूर्वमान्यताओं के बारे में प्रश्न उठाना चाहिए। दर्शन का मुख्य कार्य उन बातों के बारे में सावधानीपूर्वक और समीक्षात्मक तरीके से सोचना है, जिन्हें लोग आम तौर से सही मानकर चलते हैं। यही दर्शन को एक सार्थक कार्य बनाता है। दुख की बात है कि दर्शन हमेशा अपनी इस ऐतिहासिक भूमिका को निभा नहीं पाता है। दार्शनिक भी इन्सान ही होते हैं, और

उन पर उस समाज की पूर्वमान्यताओं का असर पड़ता है, जिसके वे सदस्य होते हैं। कभी-कभी वे अपने को प्रचलित विचारधारा से स्वतंत्र करने में समर्थ होते हैं—लेकिन अधिकतर वे प्रचलित विचारधारा के परिष्कृत समर्थक बन जाते हैं। ''स्पीशीजिस्म'' के सन्दर्भ में जिस रूप में विश्वविद्यालयों में दर्शनशास्त्र का अध्ययन-अध्यापन हो रहा है, वह सिंगर के अनुसार, अन्य जीवों (species) के साथ सम्बन्धों के बारे में हमारी पूर्वमान्यताओं को चुनौती देने में असमर्थ है। जिन दार्शनिकों ने इस विषय पर लिखा है वे भी उन्हीं पूर्वमान्यताओं से ग्रस्त रहे हैं, जिनसे अधिकांश लोग प्रभावित रहते हैं।

सिंगर ने इस तथ्य की ओर ध्यान दिलाया है कि नैतिक और राजनीतिक दर्शन में जब भी समानता की समस्या की चर्चा होती है, वह मानवीय समता के सन्दर्भ में ही होती है। इसका एक परिणाम यह है कि दूसरे पशुओं की समानता का प्रश्न दार्शनिकों और दर्शन के अध्ययनकर्त्ताओं के सामने आता ही नहीं है। इससे इस बारे में स्थापित विश्वासों को चुनौती देने में दर्शन की असफलता का परिचय मिलता है। उदाहरण के तौर पर, सिंगर ने विलियम फ्रैंकेना (William Frankena) के "The Concept of Social Justice'' का उल्लेख किया है। फ्रैंकेना ने ''न्याय'' को योग्यता पर आधारित किए जाने का विरोध किया है, क्योंकि इसके गैरबराबरी को बढ़ाने वाले परिणाम होते हैं। फ्रैंकेना के अनुसार ''...सभी मनुष्यों को समान माना जाना चाहिए इसलिए नहीं कि वे किसी भी मायने में एक जैसे हैं, बल्कि सिर्फ इसलिए क्योंकि वे मानव हैं। वे मानव हैं क्योंकि उनमें भावनाएँ और इच्छाएँ हैं, और वे सोच सकते हैं, और इसलिए वे उस अर्थ में अच्छे जीवन का उपभोग करने में समर्थ हैं, जिस अर्थ में दूसरे पशु नहीं है।''

सिंगर ने यह सवाल उठाया है कि आखिर यह अच्छा जीवन क्या है, जिसका उपभोग करने की क्षमता सभी मनुष्यों में है, लेकिन अन्य पशुओं में नहीं है? दूसरे पशुओं में भी भावनाएँ और इच्छाएँ होती हैं, और वे भी अच्छे जीवन का उपभोग करने में समर्थ मालूम देते हैं। सिंगर के अनुसार जिस तरह प्रत्येक मनुष्य को अपने-आप में साध्य मानने की बात की जाती है, उसी तरह प्रत्येक पशु को भी अपने-आप में साध्य मानना चाहिए।[1]

इस तरह सिंगर ने दर्शन, नीतिशास्त्र और समानता के दायरे में अन्य पशुओं को भी शामिल किए जाने की वकालत की है। इसी तरह कुछ पर्यावरणवादी पेड़-पौधों को भी साध्य के रूप में महत्व देने की वकालत करते हैं। अगर हम अन्य पशुओं को भी साध्य के रूप में मनुष्य के बराबर महत्व देते हैं, तो ऐसे में मांसाहार का कोई नैतिक औचित्य नहीं रह जाता है। इसी तरह, अगर हम पेड़-पौधों को भी साध्य के रूप में महत्व देते हैं, तो न सिर्फ इंधन और फर्निचर के लिए पेड़ काटने का बल्कि शाक-सब्जी खाने का भी कोई नैतिक औचित्य नहीं रह जाएगा। ऐसे में मनुष्य क्या करेगा, यह सोचने की बात है।

स्पष्ट है कि पेड़-पौधों को मनुष्य के बराबर महत्व देना बिल्कुल अव्यावहारिक बात है। जहाँ तक अन्य पशुओं का प्रश्न है, मनुष्य और अन्य पशुओं के बीच मनुष्य

1. Peter Singer (ed.), *Applied Ethics*, pp. 215-28.

और पेड़-पौधों की तुलना में अधिक समानताएँ हैं, और मांसाहार छोड़ने में उस किस्म की व्यावहारिक कठिनाइयाँ नहीं हैं, जैसी शाक-सब्जी खाना छोड़ने में हैं। फिर भी, मनुष्य और अन्य पशुओं के बीच सम्बन्धों को सिर्फ मांसाहार के ही सन्दर्भ में नहीं देखा जा सकता है। अगर हम अन्य पशुओं को भी मनुष्य के बराबर महत्व दिए जाने के नैतिक सिद्धान्त को स्वीकार करते हैं, तो फिर मलेरिया जैसे रोग को फैलने से रोकने के लिए मच्छरों को मारने का भी कोई नैतिक औचित्य नहीं रह जाएगा। यह हमें ''अहिंसा'' की जैन अवधारणा की ओर ले जाता दिखायी दे रहा है। जैनियों ने इसलिए खेती करना छोड़ दिया, क्योंकि खेतों में हल चलाने से कीटाणु मारे जाते हैं; लेकिन जैन लोग भी खेतों में उपजाए अन्न को तो खाते ही हैं। क्या हो अगर सभी मनुष्य इस नैतिक सिद्धान्त का पालन करते हुए खेती करना छोड़ दें?

पिटर सिंगर का लेख "All Animals are Equal" निश्चय ही विचारोत्तेजक है, और इसमें उठाए गए प्रश्नों पर गम्भीरता से विचार किया जाना चाहिए। यह कहा जा सकता है कि **हमें अन्य पशुओं को इस किस्म के अनावश्यक कष्ट देने से बचना चाहिए, जिन्हें टाला जा सकता हो। यह उचित नहीं लगता है कि मनुष्य अपने आचरण द्वारा अन्य पशुओं के लिए अनावश्यक कष्ट में वृद्धि करे।** मगर जब हम अन्य पशुओं को भी मनुष्य के बराबर महत्व देने की बात करते हैं, तो हम ऐसी दार्शनिक कठिनाइयों में उलझते हुए नजर आते हैं, जो मांसाहार या अन्य पशुओं को अनावश्यक कष्ट देने से परे जाती हैं। यह नहीं भूलना चाहिए कि मनुष्य भी एक पशु ही है, और अन्य पशुओं के साथ संघर्ष करके ही वह अब तक अपने अस्तित्व को बनाए रख सका है। अगर मनुष्य द्वारा यह नैतिक नियम बना लिया जाए कि किसी भी परिस्थिति में **मानव हित** में अन्य पशुओं को कष्ट नहीं दिया जाएगा, या उनकी हत्या नहीं की जाएगी, तो क्या मनुष्य अस्तित्व के संघर्ष में अन्य पशुओं के सामने टिक पाएगा? इस प्रश्न पर भी गम्भीरता से विचार किया जाना चाहिए।

जहाँ तक पेड़-पौधों का प्रश्न है, तो अगर हम उन्हें मनुष्य के बराबर दर्जा न भी दें, और मनुष्य को ही केन्द्र में रखकर सोचें, तो भी यह कहा जा सकता है कि **मनुष्य को इस किस्म का आचरण नहीं करना चाहिए, जिससे पर्यावरण का सन्तुलन बिगड़ जाए, क्योंकि इससे अन्ततः मानव जाति का ही नुकसान होगा।** (पर्यावरण के प्रति इस किस्म के मानव केन्द्रित दृष्टिकोण को **पारिस्थितिकीय मानवतावाद** (ecological humanism) कहा जाता है।)

संपोष्य विकास की अवधारणा

बढ़ती हुई आबादी, तेजी से खत्म होते प्राकृतिक संसाधन, प्रदूषण के कारण पर्यावरण का बिगड़ता हुआ सन्तुलन, और मनुष्य पर उसके दुष्प्रभाव ने, मानव को पहले की तुलना में पर्यावरण के प्रति अधिक संवेदनशील बना दिया है। आज हम विकास की संपोष्य अवधारणा (concept of sustainable development) के बारे में सोचने के लिए मजबूर हैं।

चिकित्सा विज्ञान में विकास और स्वास्थ्य सेवाओं में विस्तार के परिणामस्वरूप

पहले की तुलना में कई महामारियों पर काबू पा लिया गया है। नतीजतन मृत्यु-दर में कमी आई है। जन्म-दर में पर्याप्त कमी न आने के कारण विश्व की जनसंख्या लगातार बढ़ रही है, और इस कारण पर्यावरण पर दबाव बढ़ रहा है। हर क्षेत्र में बढ़ती हुई मांगों की पूर्ति के लिए प्राकृतिक संसाधनों का अधिक-से-अधिक इस्तेमाल किया जा रहा है। औद्योगीकरण और शहरीकरण के कारण जंगल काटे जा रहे हैं, और प्रदूषण में वृद्धि हो रही है। इस मामले में ''विकासशील'' देशों की तुलना में संयुक्त राज्य अमेरिका जैसे ''विकसित'' देश अधिक दोषी हैं। इन देशों में संसाधनों की खपत भी अधिक है, औद्योगीकरण भी अधिक, और प्रदूषण भी।

आज कुछ देशों द्वारा कोयला और खनिज तेल जैसे सीमित संसाधनों का, जिनका नवीनीकरण नहीं होता है, इतनी तेजी से इस्तेमाल हो रहा है कि यह भी संदेह होने लगा है कि आने वाली पीढ़ियों के लिए कुछ बचेगा भी या नहीं। अगर दुनिया के ''विकासशील'' देश भी ''विकसित'' देशों के पैमाने पर ही संसाधनों की खपत करने लगें, तो क्या होगा, इसकी कल्पना की जा सकती है।

पिछले कुछ दशकों में बड़े पैमाने पर जीवाश्म (fossil) ईंधनों को जलाए जाने और जंगलों को काटे जाने के परिणामस्वरूप वायुमंडल में कार्बन डाई-ऑक्साइड की मात्रा बढ़ गयी है। इससे वायुमंडल का तापमान बढ़ गया है (global warming)। अगर इस प्रक्रिया को रोका नहीं गया तो पृथ्वी के ध्रुवों पर जमी बर्फ की चादरें पिघल जाएँगी, समुद्र तल ऊँचा हो जाएगा, और समुद्र-तट से जुड़े प्रदेश पानी में डूब जाएँगे।

कोयले और खनिज तेल के जलने से वायुमंडल में सल्फर डाई-ऑक्साइड भी चली जाती है। मोटर कारों के धुएँ के साथ निकले कार्बन मोनो-ऑक्साइड जैसे गैस भी वायुमंडल में मिल जाते हैं। मोटर कारों का धुआँ साँस के रोगों का कारण बनता है। अमेरिका और यूरोप के औद्योगिक देशों में अम्लीय वर्षा (acid rain) भी इन्हीं गैसों के कारण होती है। अम्लीय वर्षा का जलाशयों और जंगलों पर बुरा असर पड़ता है।

इसी तरह, वायुमंडल की ओजोन परत (ozone layer) पर जेट विमानों से निकले धुएँ का बुरा असर पड़ता है। वायुमंडल के ऊपरी परतों म पायी जानी वाली ओजोन पृथ्वी को हानिकारक पराबैंगनी विकिरण (ultraviolet rays) से बचाती है। जेट विमानों के धुएँ में मौजूद क्लोरो-फ्ल्यूरो-कार्बन (C. F. C) के कारण पिछले सौ वर्षों में ओजोन परत में काफी कमी आयी है। ओजोन परत के निरन्तर पतले होने का त्वचा के कैंसर जैसे नुकसानदेह परिणाम हो सकते हैं।[1]

ऐसे में अगर ''विकसित'' देशों के विकास के मॉडल का ''विकासशील देशों'' द्वारा अन्धानुकरण किया गया, तो इसके परिणाम घातक हो सकते हैं। आज मानव जाति एक दोराहे पर खड़ी है। या तो वह आबादी, खपत और औद्योगीकरण को अन्धाधुन्ध

---

1. डॉ॰ सुरेश नन्दन प्रसाद, ***पर्यावरण बोध*** (पटना : बिहार स्टेट टेक्स्टबुक पब्लिशिंग कॉरपोरेशन लिमिटेड, 1999-2000), पृष्ठ 127-28.

बढ़ाते हुए पर्यावरण को इस हद तक बिगाड़ ले कि पृथ्वी से मनुष्य जाति का अस्तित्व ही समाप्त हो जाए, या वह विकास की ऐसी संपोष्य अवधारणा को अपनाए जिससे पर्यावरण का सन्तुलन बना रहे। इसके लिए एक ओर "विकासशील" देशों को आबादी नियंत्रण की ओर अधिक ध्यान देना होगा, तो दूसरी ओर "विकसित" देशों को खपत और प्रदूषण घटाने की ओर। कोयला और खनिज जैसे सीमित संसाधनों के प्रयोग को कम कर हवा, पानी और सौर ऊर्जा जैसे असीमित संसाधनों के प्रयोग को बढ़ाना होगा। साधनों को संरक्षित रखते हुए अन्धाधुन्ध और अनावश्यक उपभोग पर रोक लगानी होगी और औद्योगीकरण को प्रदूषण-मुक्त बनाने के उपाय ढूँढ़ने होंगे। इस मामले में "विकासशील" देशों को "विकसित" देशों का अन्धानुकरण करने की बजाय संपोष्य विकास की ओर ध्यान देना होगा, और साथ ही "विकसित" देशों पर यह दबाव डालना होगा कि वे अपनी बेतहाशा खपत और प्रदूषण बढ़ाने वाली विकास की शैली को बदलें।

प्रश्न

1. निम्नलिखित पर अधिक-से-अधिक दो सौ शब्दों में तर्कपूर्ण टिप्पणी लिखिए—
   (क) पारिस्थितिकी का दर्शन। (1997)
2. निम्नलिखित पर अधिक-से-अधिक दो सौ शब्दों में आलोचनात्मक टिप्पणी लिखिए—
   (क) संपोष्य विकास की अवधारणा। (2000)
3. पारिस्थितिकी दर्शन का क्या अर्थ होता है? इस सन्दर्भ में पारिस्थितिकी मानववाद की केंद्रीय स्थापना पर चर्चा कीजिए और साथ ही पारिस्थितिकी बोध और पारिस्थितिकी चेतना के बीच विभेद को स्पष्ट कीजिए। (2003)
4. पर्यावरण दर्शन से आप क्या समझते हैं? इस संदर्भ में उन मुख्य मसलों का विवेचन कीजिए जिनसे उनका सम्बन्ध है। (2004)
5. पारिस्थितिकी के दर्शन के केन्द्रीय मुद्दों का परीक्षण कीजिए। क्या यह सरोकार केवल उपयोगितावादी है? चर्चा कीजिए। (2005)

❑

अध्याय 27

दण्ड के सिद्धान्त

(THEORIES OF PUNISHMENT)

किसी भी राज्य में अपराध करने पर लोगों को दण्डित किया जाता है। दण्ड दिए जाने का उद्देश्य क्या है? या, दूसरे शब्दों में, दण्ड देने का नैतिक औचित्य क्या है?

दण्ड की समस्या समाज-राजनीति दर्शन की एक प्रमुख समस्या है। दण्ड के उद्देश्य या नैतिक औचित्य के बारे में तीन मुख्य सिद्धान्त हैं—

प्रतिकारवाद
(Retributive Theory)

प्रतिकारवाद के अनुसार दण्ड देने का उद्देश्य है—न्याय। अगर कोई व्यक्ति अपराध करता है, तो उसे दण्ड मिलना ही चाहिए, यही उचित और न्यायसंगत है। प्रतिकारवाद के अनुसार दण्ड की मात्रा या स्वरूप अपराध के अनुपात में होना चाहिए। जैसा अपराध हो वैसी ही सजा भी मिलनी चाहिए।

यहाँ पर यह प्रश्न उठाया जा सकता है कि दण्ड का निर्धारण करते समय अपराध की परिस्थितियों पर ध्यान दिया जाना चाहिए या नहीं। इस बारे में दो किस्म के मत हैं—

(i) **कठोरवाद** (*Rigourism*)—इस मत के अनुसार अपराध के लिए दण्ड, अपराध की गम्भीरता के अनुपात में दिया जाना चाहिए। बड़े अपराध के लिए बड़ी सजा, और छोटे अपराध के लिए छोटी सजा—परिस्थितियाँ चाहे जो भी हों। दण्ड का निर्धारण करते समय उन परिस्थितियों की ओर ध्यान नहीं दिया जाना चाहिए, जिनमें वह अपराध किया गया है। उदाहरण के तौर पर, मान लें कि एक व्यक्ति ने चोरी को अपना पेशा बना लिया है, और वह चोरी करता हुआ पकड़ा जाता है। दूसरी ओर, कोई भूख से परेशान गरीब व्यक्ति किसी दुकान से खाने का कोई सामान उठा लेता है। कठोरतावाद के अनुसार दोनों दृष्टान्तों में एक ही जैसी सजा मिलनी चाहिए।

(ii) **शान्त मत** (*Mollified view*)—इस मत के अनुसार दण्ड देते समय उन परिस्थितियों की ओर भी ध्यान दिया जाना चाहिए, जिनमें अपराध किया गया है। अगर आन्तरिक या बाह्य परिस्थितियाँ ऐसी हों, जिनसे अपराधी पर कुछ दबाव पड़ता हो, तो ऐसे में कम सजा दी जानी चाहिए। उदाहरण के तौर पर, शान्त मत के अनुसार, ऊपर दिए गए उदाहरण में, दूसरे दृष्टान्त

में कम सजा दी जानी चाहिए। इसी तरह, अगर एक व्यक्ति सोच-समझकर कर योजना बना कर किसी की हत्या करता है, और दूसरा व्यक्ति बिना किसी पूर्व-योजना के तात्कालिक आवेश में किसी की हत्या कर बैठता है, तो कठोर मत के अनुसार दोनों दृष्टान्तों में एक जैसी सजा मिलनी चाहिए। जबकि शान्त मत के अनुसार दूसरे दृष्टान्त में कुछ कम सजा दी जानी चाहिए।

निवर्तनवादी मत (Preventive, Exemplary or Deterent Theory)

इस मत के अनुसार दण्ड का उद्देश्य है अपराध को रोकना। अगर किसी व्यक्ति को किसी अपराध के लिए सजा दी जाती है, तो उसका उद्देश्य दूसरों को उस अपराध को करने से रोकना होता है। उदाहरण के तौर पर, हत्या या चोरी के लिए दिए जाने वाले दण्ड का उद्देश्य दूसरों को हत्या और चोरी करने से रोकना होता है।

इस मत के समर्थक अक्सर अपराध के अनुपात में कहीं अधिक कठोर और कड़े दण्ड की वकालत करते हैं, ताकि अपराधी को एक ऐसा उदाहरण बनाया जा सके, जिसे देखकर दूसरे उस अपराध को करने से घबराएँ; जैसे, रिश्वत लेने के लिए मृत्यु-दण्ड, चोरी करने के लिए हाथों का काट दिया जाना, आदि।

निवर्त्तनवादी मत प्रत्येक व्यक्ति को अपने-आप में साध्य मानने के बुनियादी नैतिक सिद्धान्त के विरुद्ध जाता दिखाई देता है। अगर किसी व्यक्ति को उदाहरण बनाने के लिए आवश्यकता से अधिक कठोर दण्ड दिया जाता है, तो इसका अर्थ यह हुआ कि उसे साध्य के रूप में नहीं, बल्कि मात्र अपराध रोकने के एक साधन के रूप में देखा जा रहा है। यह नैतिक दृष्टि से उचित नहीं है। अपराध की गम्भीरता को देखते हुए, उसी अनुपात में सजा देना ही ठीक है।

सुधारवादी मत (Reformative Theory)

इस मत के अनुसार दण्ड देने का उद्देश्य है अपराधी को सुधारना, ताकि वह दुबारा अपराध न करे। दण्ड का लक्ष्य अपराधी को दूसरों के लिए उदाहरण बनाना नहीं है, बल्कि उसे शिक्षित करना और उसमें सुधार लाकर स्वयं उसका कल्याण करना है। इस मत के पक्षधर बहुत कठोर दण्ड का समर्थन नहीं करते हैं। खासकर सुधारवादी दृष्टि से किसी भी परिस्थिति में मृत्यु-दण्ड का समर्थन नहीं किया जा सकता है। क्योंकि, अगर अपराधी को मृत्यु-दण्ड दे दिया गया, तो फिर उसका सुधार कैसे हो सकता है?

अपराधी को नर्म सजा दिए जाने के पक्ष में यह भी कहा जाता है कि अपराध एक किस्म का मानसिक विकार है, और हर अपराधी एक मानसिक रोगी। इसलिए, अपराधियों को कठोर दण्ड देने की बजाय उनके साथ सहानुभूतिपूर्ण व्यवहार किया जाना चाहिए।

इस युक्ति को पूरी तरह सन्तोषजनक नहीं माना जा सकता है। अगर यह कहा जाए कि जो व्यक्ति मनोवैज्ञानिक रोगी या पागल है, उसे सामान्य व्यक्ति की तरह अपने कर्म के लिए उत्तरदायी मानकर सजा न दी जाए, तो इस बात को स्वीकार किया जा सकता है। लेकिन यह मान लेना सही नहीं है कि हर अपराधी एक मनोवैज्ञानिक रोगी है। बहुत सारे अपराध पूरे होशो-हवास में ठण्डे दिमाग से सोच-समझकर किए जाते हैं। ऐसे अपराधियों को मानसिक रोगी नहीं माना जा सकता है।

इसी तरह, यह भी कहा जाता है कि बहुत सारे अपराध, जैसे, चोरी, डकैती, गरीबी और गैरबराबरी के कारण किए जाते हैं। कोई भी व्यक्ति जन्म से अपराधी नहीं होता है, सामाजिक परिस्थितियाँ ही उसे अपराध करने के लिए मजबूर करती हैं। इसलिए, अपराध के लिए सामाजिक परिस्थितियाँ जिम्मेवार हैं, न कि अपराधी।

इस युक्ति को भी ठीक नहीं माना जा सकता है। सभी गरीब अपराधी नहीं होते हैं, और न ही सभी अपराधी गरीब। चोरी जैसे अपराध करने वाले सभी अपराधी गरीब नहीं होते हैं। करोड़ों रुपए रिश्वत लेकर स्विस बैंक में जमा करने वाले राजनीतिज्ञों, अफसरों और व्यावसायिकों को क्या कहा जाए! इसी तरह टैक्स की चोरी करने वाले अधिकांश लोग अमीर हैं। दूसरी ओर, जिन लोगों को गरीबी और गैरबराबरी का सामना करना पड़ता है, वे सभी लोग चोरी, डकैती या तस्करी नहीं करने लग जाते हैं। उनमें से एक बहुत ही छोटा हिस्सा ही इन अपराधों को अपनाता है। अधिकांशतः लोग ईमानदारी से मेहनत करके ही अपनी रोटी कमाते हैं। वैसे भी, गरीबी और गैरबराबरी का इलाज सही दिशा में सामाजिक-आर्थिक परिवर्तन है, न कि चोरी और तस्करी जैसे अपराध। इसलिए, चाहे अमीर हो या गरीब, सामाजिक परिस्थितियों का वास्ता देकर उन्हें उनके उत्तरदायित्व से पूरी तरह मुक्त नहीं किया जा सकता है। हाँ, प्रतिकारवाद के शान्त मत की तरह यह जरूर कहा जा सकता है कि अगर अपराधी पर गरीबी और गैरबराबरी जैसी सामाजिक परिस्थितियों का बहुत अधिक दबाव हो, तो उसे कुछ कम सजा दी जाए।

समीक्षा

पहली दृष्टि में तो प्रतिकारवाद का शान्त रूप ही सन्तोषजनक मालूम देता है। अपराधी को उसके अपराध की सजा मिलनी चाहिए, क्योंकि यही ''उचित'' है। साथ ही, उन परिस्थितियों पर भी ध्यान दिया जाना चाहिए जिनमें अपराध किया गया है।

कुछ अधिक गम्भीरता से विचार करने पर यह बात समझ में आती है कि इस मत में यह बुनियादी प्रश्न तो अनुत्तरित ही रह जाता है कि अपराधी को उसके अपराध की सजा मिले, यह क्यों ''उचित'' है? अगर कहा जाता है कि यह ''न्याय'' की दृष्टि से उचित है, तो फिर ''न्याय'' के विश्लेषण का प्रश्न हमारे सामने उपस्थित हो जाता है। वैसे तो, ''न्याय'' की अवधारणा एक जटिल अवधारणा है (देखें ''सामाजिक और राजनीतिक आदर्शः स्वतन्त्रता, समानता और न्याय'')। लेकिन दण्ड के सिद्धान्त के सन्दर्भ में इसका यही अर्थ हो सकता है कि सामाजिक व्यवस्था को बनाए रखने की दृष्टि से अपराधी को उसके अपराध के लिए सजा देना उचित है।

इस प्रकार दण्ड के उद्देश्य पर विचार करने पर इस बात से इनकार नहीं किया जा सकता है कि इसका उद्देश्य अपराधी में सुधार लाना और दूसरों को अपराध करने से रोकना भी होना चाहिए। इन दोनों उद्देश्यों से सामाजिक व्यवस्था को बनाए रखने में मदद मिलती है। लेकिन दूसरों को अपराध से रोकने के लिए यह जरूरी नहीं है कि अपराधी को आवश्यकता से अधिक कठोर दण्ड दिया जाए। अगर अपराधी को अपराध के अनुपात में सही सजा मिल जाए, तो यही दूसरों को अपराध करने से रोकने के लिए पर्याप्त होगा। इसी तरह, अगर हम इस बात को स्वीकार करते हैं कि दण्ड देने का एक उद्देश्य स्वयं अपराधी में सुधार लाना भी होना चाहिए, तो इसका अर्थ यह होगा कि मृत्यु-दण्ड जैसी सजा को समाप्त कर दिया जाना चाहिए, और जेल में अपराधियों के साथ बहुत कठोर व्यवहार करने की बजाय उन्हें सुधरने के लिए पर्याप्त अवसर दिया जाना चाहिए।

मृत्यु दण्ड

मृत्यु-दण्ड या प्राणदण्ड का नैतिक औचित्य क्या है? मृत्यु-दण्ड किन्हीं भी परिस्थितियों में दिया जाना चाहिए या नहीं? यह आज के विश्व में विवाद का विषय बना हुआ है। एमनेस्टी इंटरनेशनल जैसे मानवाधिकार संगठन मृत्यु-दण्ड के विरुद्ध अभियान चला रहे हैं। दुनिया के दो-तिहाई से अधिक देशों में मृत्यु-दण्ड को समाप्त किया जा चुका है। 2008 तक दुनिया के 92 देशों में मृत्यु-दण्ड समाप्त कर दिया गया था, जिसमें यूरोपियन यूनियन के देश भी शामिल हैं। जबकि दूसरी ओर, दुनिया के 58 देशों में मृत्यु-दण्ड जारी रहा। वर्ष 2008 में इनमें से 25 देशों में ही वास्तव में मृत्यु-दण्ड दिया गया। मृत्यु-दण्ड दिए जाने के 90 प्रतिशत दृष्टांत चीन, ईरान, सउदी अरबिया, पाकिस्तान और संयुक्त राष्ट्र अमेरिका में हुए।[1] भारत में भी मृत्यु-दण्ड का दिया जाना अभी भी जारी है।

हम ऊपर चर्चा कर चुके हैं कि सुधारवादी दृष्टिकोण से मृत्यु-दण्ड का समर्थन नहीं किया जा सकता है। मृत्यु-दण्ड का समर्थन प्रतिकारवादी और निवर्तनवादी दृष्टि से किया जाता है। प्रतिकारवादी दृष्टि से भी सिर्फ हत्या के लिए ही मृत्यु-दण्ड को उचित ठहराया जा सकता है। जबकि निवर्तनवादी दृष्टि से हत्या के अलावा अन्य अपराधों के लिए भी मृत्यु-दण्ड की वकालत की जाती है। (निवर्तनवादी मत संतोषजनक नहीं है, इसकी चर्चा हम ऊपर कर चुके हैं।)

मृत्यु-दण्ड के विरोध में यह कहा जा सकता है कि मृत्यु-दण्ड एक क्रूर और अमानवीय दण्ड है और इससे जीवन के अधिकर जैसे सबसे बुनियादी मानवाधिकार का उल्लंघन होता है। इसलिए, इसे समाप्त किया जाना चाहिए। अगर सिर्फ हत्या के लिए भी मृत्यु-दण्ड का प्रावधान रखा जाता है, तो इसका अर्थ यह हुआ कि राज्य और समाज भी अपने को अपराधी की ही धरातल पर ला रहे हैं (हत्या के बदले हत्या)।

निवर्तनवादी युक्ति के विरोध में मृत्यु-दण्ड समाप्त करने के समर्थक आँकड़ों के

---

1. "Figures on the Death Penalty". Amnesty International, 2009.

आधार पर यह कहते हैं कि इस बात का कोई प्रमाण नहीं है कि मृत्यु-दण्ड समाप्त किए जाने से हत्या या अन्य अपराधों में वृद्धि होती है।

मृत्यु-दण्ड समाप्त करने के समर्थक यह भी कहते हैं कि कोई भी न्याय-व्यवस्था पूरी तरह दोषमुक्त नहीं होती है। कभी-कभी निर्दोष व्यक्ति को भी सजा दे दी जाती है। ऐसे में मृत्यु-दण्ड जैसी सजा का कोई औचित्य नहीं है, क्योंकि इसे उल्टा नहीं जा सकता है।

मृत्यु-दण्ड के विरुद्ध एक युक्ति यह भी है कि मृत्यु-दण्ड की सजा अक्सर गरीब और हाशिये पर धकेले गए अल्पसंख्यक समूहों के लोगों को ही अधिक दी जाती है।

कुल मिला कर यही ठीक मालूम देता है कि मृत्यु-दण्ड को समाप्त कर दिया जाए। हत्या जैसे अपराध के लिए आजीवन कारावास की सजा दी जा सकती है। अन्य अपराधों के लिए अपराध की गम्भीरता के अनुपात में सजा दी जा सकती है।

भ्रष्टाचार

भ्रष्टाचार की समस्या भारत के स्तर पर और अन्तरराष्ट्रीय स्तर पर भी एक बड़ी समस्या है। भ्रष्टाचार के कई रूप हैं, जैसे, राजनीतिक भ्रष्टाचार, प्रशासनिक भ्रष्टाचार, शिक्षा के क्षेत्र में और निजी-क्षेत्र में भ्रष्टाचार। लेकिन आम तौर से जब भ्रष्टाचार की चर्चा होती है, तो ध्यान राजनीतिक-प्रशासनिक भ्रष्टाचार पर ही केन्द्रित रहता है।

भ्रष्टाचार के कारण कई बार कानूनी समता के लोकतांत्रिक सिद्धान्त का उल्लंघन होता है, जब धन, राजनीतिक या प्रशासनिक शक्ति से सम्पन्न लोग अपनी सुविधा के लिए मनमाने ढंग से नियम-कायदों को तोड़ते हैं, और साफ बच कर निकल जाते हैं। भ्रष्टाचार के कारण कानून का पालन करने वाले सामान्य नागरिकों को भी उस समय बहुत परेशानी होती है, जब सरकारी दफ्तरों मं साधारण, सामान्य और सही कामों के लिए भी रिश्वत की अपेक्षा की जाती है, और नहीं देने पर परेशान किया जाता है। लेकिन, भ्रष्टाचार से सबसे बड़ा नुकसान तब होता है जब विकास और गरीब वर्गों को राहत पहुँचाने वाली योजनाओं की राशि का बड़ा हिस्सा भ्रष्ट राजनीतिज्ञों, भ्रष्ट अफसरों और भ्रष्ट कन्ट्रैक्टरों-व्यवसायियों के गठबन्धन द्वारा हड़प लिया जाता है। भारत में सड़क और पुल के निर्माण में, राष्ट्रीय रोजगार गारंटी योजना, इन्दिरा आवास योजना और सार्वजनिक वितरण प्रणाली जैसे कार्यक्रमों में भ्रष्टाचार की शिकायत अक्सर सामने आती रहती है। भ्रष्टाचार के सवाल पर कई आन्दोलन भी हुए हैं। सरकारें भी बिगड़ और बन चुकी हैं। जिम्मेवार राजनीतिक और प्रशानिक पदों पर रहे लोग जेल भी जा चुके हैं। इसके बावजूद यह समस्या सुलझने का नाम नहीं ले रही है। नागरिकों की सतत जागरूकता और भ्रष्टाचार में लिप्त लोगों को दण्डित करने के सिवा इस समस्या का कोई समाधान नहीं दिखता है। भ्रष्टाचार पर अंकुश लगाने के लिए सूचना के अधिकार का इस्तेमाल भी किया जा सकता है। चुनावी भ्रष्टाचार और मीडिया में फैले भ्रष्टाचार की ओर ध्यान देना भी जरूरी है।

व्यापक हिंसा

व्यापक हिंसा (mass violence) के कई रूप हैं। व्यापक हिंसा का सबसे प्रमुख

रूप युद्ध है। आधुनिक युद्ध में थल सेना, वायु सेना और जल सेना का इस्तेमाल होता है। ऐटम बम और मिसाइल तक का प्रयोग किया जाता है। ऐतिहासिक दृष्टि से युद्ध में विजय के बाद जीते गए शहरों में आग लगवा देना या कत्ले आम करवा देना व्यापक हिंसा के उदाहरण हैं। यूरोप के गोरे (कॉकेशियन) नस्लवादियों द्वारा अमेरिका, ऑस्ट्रेलिया, अफ्रीका और एशिया के अपने उपनिवेशों में उस क्षेत्र के मूल निवासियों का नरसंहार व्यापक हिंसा का एक प्रमुख उदाहरण है। हिटलर द्वारा नात्सी जर्मनी में यहूदियों के विरुद्ध की गयी हिंसा भी व्यापक हिंसा का एक उदाहरण है। भारत में जिसे ''साम्प्रदायिक दंगा'' (communal riot) कहा जाता है, जिसके अन्तर्गत अलग-अलग धार्मिक समूहों के लोग एक-दूसरे के जान-माल और सम्मान के दुश्मन बन जाते हैं, व्यापक हिंसा का एक उदाहरण है। इसका चरम रूप भारत के विभाजन और आजादी के समय देखने को मिला।

जातिसंहार

जातिसंहार (genocide) एक किस्त की व्यापक हिंसा है। **ऑक्सफोर्ड अंग्रेजी-हिन्दी शब्दकोश** के अनुसार जातिसंहार का अर्थ है ''पूरी जाति को मार डालने का प्रयत्न''।

दि अमेरिकन हेरिटेज डिक्शनरी ऑफ दी इंग्लिश लैंगवेज के अनुसार जातिसंहार का अर्थ है एक सम्पूर्ण राष्ट्रीय, प्रजातीय (race), धार्मिक या नृजातीय (ethnic) समूह को पूर्णतः नष्ट करने का सिलसिलेवार और व्यापक प्रयत्न।[1]

अंग्रेजी शब्द "genocide" ग्रीक शब्द "genos" (नस्ल या प्रजाति) और लैटिन शब्द "cide" (मार डालना) को मिला कर बना है। इस तरह, इसका शाब्दिक अर्थ हुआ ''पूरी नस्ल को मार डालना''।

ऐतिहासिक दृष्टि से गोरे नस्लवादियों द्वारा खास तौर पर उत्तर अमेरिका (संयुक्त राज्य अमेरिका) और ऑस्ट्रेलिया में की गयी व्यापक हिंसा भी जातिसंहार का ही उदाहरण है। लेकिन, इस शब्द का इस्तेमाल पहली बार पोलैण्ड में जन्मे अमरीकी न्यायविद, रफैल लिमकिन (Raphael Limkin), द्वारा जर्मनी में यहूदियों के विरुद्ध हुई हिंसा के सन्दर्भ में किया गया। लिमकिन के अनुसार जातिसंहार (genocide) का अर्थ है, जानबूझ कर किसी नस्ल को नष्ट करना। इसकी प्रेरणा आम तौर से नस्लों के बारे में किसी सिद्धान्त से मिलती है जिसके अन्तर्गत ''उच्च'' और ''निम्न'' (नष्ट करने योग्य) नस्लों के बीच अन्तर किया जाता है।[2]

जातिसंहार को संयुक्त राष्ट्र महासभा द्वारा 1946 में अन्तरराष्ट्रीय कानून के तहत एक अपराध घोषित किया गया है। 1948 में महासभा ने 'जातिसंहार के अपराध के निवारण और दण्ड के लिए समझौता' (convention on the prevention and punishment of the crime of genocide) को अपनी सहमति प्रदान की और इसे

1. "Genocide". The American Heritage Dictionary of the English Language, Fourth Edition, Houghton Mifflin Company, 2004.
2. Roger Scruton, *A Dictionary of Political Thought.*

1951 से लागू किया गया।[1] इस समझौते के अन्तर्गत "जातिसंहार का अर्थ है किसी राष्ट्रीय, नृजातीय, प्रजातीय या धार्मिक समूह को, पूर्णतः या अंशतः, नष्ट करने के इरादे से किया गया निम्नलिखित में से कोई भी कार्य—(क) समूह के सदस्यों की हत्या; (ख) समूह के सदस्यों को गम्भीर शारीरिक या मानसिक नुकसान पहुँचाना; (ग) जानबूझ कर समूह के ऊपर जीवन की ऐसी शर्तों को लादना, जिसका उद्देश्य उसे शारीरिक रूप से पूर्णतः या अंशतः नष्ट करना हो; (घ) ऐसे उपायों को लादना जिनका उद्देश्य समूह में जन्मों को रोकना हो; (ङ) एक समूह के बच्चों को जबरदस्ती दूसरे समूह को स्थानान्तरित करना।"[2]

बीसवीं सदी के उत्तरार्द्ध में अन्य देशों के अलावा बॉस्निया हर्जगोविना (पूर्व युंगोस्लाविया) और रूआन्डा (अफ्रीका) में जातिसंहार की घटनाएँ हुई हैं।

प्रश्न

1. निम्नलिखित पर अधिक-से-अधिक 200 शब्दों में तर्कपूर्ण टिप्पणी लिखिए—
(क) दण्ड का सुधारात्मक सिद्धान्त (1997)
2. निम्नलिखित पर अधिक-से-अधिक 200 शब्दों में आलोचनात्मक टिप्पणी लिखिए—
(क) दण्ड का प्रतिकारवादी औचित्य (1998)
3. निम्नलिखित पर अधिक-से-अधिक 200 शब्दों में आलोचनात्मक टिप्पणी लिखिए—
(क) दण्ड का सुधारात्मक सिद्धान्त (1999)
4. निम्नलिखित पर अधिक-से-अधिक 200 शब्दों में आलोचनात्मक टिप्पणी लिखिए—
(क) दण्ड का प्रतिकारार्थ (retributive) सिद्धान्त (2000)
5. निम्नलिखित पर अधिक-से-अधिक 200 शब्दों में आलोचनात्मक टिप्पणी लिखिए—
(क) दण्ड के निवारक सिद्धान्त का कोई औचित्य नहीं है। (2001)
6. निम्नलिखित पर अधिक-से-अधिक 200 शब्दों में समालोचनात्मक टिप्पणी लिखिए—
(क) दण्ड की 'प्रतिकारात्मक' और 'निवाराणात्मक' थियोरियाँ परस्पर पूरक हैं। (2003)
7. दण्ड की अवधारणा का विवेचन कीजिए। इस संदर्भ में दण्ड की अनुपातिकः सिद्धान्त के महत्त्व और निहिताकओं पर विचार कीजिए, जिसके अनुसार दण्ड की तीव्रता अपराध की गम्भीरता के अनुपात में होनी चाहिए। (2004)
8. दण्ड के फलात्मक एवं प्रतिरोधात्मक सिद्धान्तों के बीच परस्पर तनाव का वर्णन कीजिए। इस संदर्भ में उस मत का आलोचनात्मक विवेचन कीजिए जिसका तर्क है कि चूँकि किसी भी प्रचलित अपराध निरोधक कानूनी व्यवस्था का समुचित औचित्य सिद्ध नहीं किया जा सकता है। अतः राज्य द्वारा संचालित दण्ड व्यवस्था को पूर्णतः समाप्त कर देना चाहिए। (2006)
9. इस पर विचार कीजिए कि दण्ड के औचित्य का प्रतिपादन, सामान्यतः आवश्यक क्यों माना जाता है। इस संदर्भ में आप दण्ड के मुख्य सिद्धान्तों की अपनी आलोचनात्मक विवेचना कीजिए। (2007)
10. निम्नलिखित पर अधिक-से-अधिक 200 शब्दों में समालोचनात्मक टिप्पणी लिखिए—
(क) दण्ड सभी जीवों पर शासन करता है, दण्ड उन सभी का परिरक्षण करता है। (2008)

❑

---

1. The New Encyclopedia Britantanica, volme IV, p. 469.
2. Ibid.

परिशिष्ट-I

जॉन डूवी का मानवतावाद

जॉन डूवी और जुलियन हक्सले जैसे कुछ विचारकों द्वारा धर्म की प्रकृतिवादी व्याख्या के, या मानवतावाद को धर्म के रूप में प्रस्तुत करने के प्रयत्न भी हुए हैं। मानवतावाद को जब धर्म के रूप में प्रस्तुत किया जाता है, तो हम उसे भी ईश्वर रहित धर्म का एक उदाहरण मान सकते हैं। नीचे हम इस सन्दर्भ में जॉन डूवी (John Dewey) के विचारों की चर्चा करेंगे।

जॉन डूवी (1859-1952) बीसवीं सदी के एक प्रमुख अमरीकी दार्शनिक हैं। पर्स और जेम्स जैसे प्रमुख अमरीकी व्यवहारवादी (pragmatic) दार्शनिकों के साथ डूवी का नाम लिया जाता है। डूवी ने अपने दर्शन में प्रकृतिवाद और उपकरणवाद (instrumentalism) को केन्द्रीय स्थान दिया है। डूवी के प्रकृतिवाद के अनुसार सभी सार्थक अन्वेषण की शुरूआत और अन्त प्राकृतिक विश्व से होनी चाहिए; जबकि उपकरणवाद के अनुसार सभी मूल्यवान विचार समस्याओं को सुलझाने के प्रायोगिक उपकरण या औजार हैं।

1934 में प्रकाशित अपनी पुस्तक *A Common Faith* में डूवी ने धर्म के प्रकृतिवादी पुनर्निर्माण का प्रयास किया है। डूवी लोकतन्त्र के प्रबल समर्थक हैं। उनके अनुसार लोकतन्त्र और उसके स्थायी महत्त्व में उनकी आस्था का चरित्र ''धार्मिक'' है। यहाँ पर डूवी ने ''धार्मिक'' (religious) शब्द का प्रयोग एक विशेष अर्थ में किया है। डूवी के अनुसार, **किसी स्थायी महत्त्व के आदर्श लक्ष्य में दृढ़ विश्वास के आधार पर, व्यक्तिगत नुकसान के खतरे को सहते हुए, और बाधाओं का सामना करते हुए, की गयी किसी भी गतिविधि का चरित्र धार्मिक है।** डूवी की राय में इस धार्मिकता का अतिप्राकृतिक से कोई सम्बन्ध नहीं है। इसके लिए किसी विशेष अवसर पर किसी विशेष वस्तु की उपासना जरूरी नहीं है। मानवता के लिए एक समग्र और स्थायी महत्त्व के आदर्श को पाने का प्रयत्न ही धार्मिक है।

डूवी के अनुसार संज्ञा ''धर्म'' (religion) और विशेषण ''धार्मिक'' (religious) के बीच अन्तर करना चाहिए। डूवी की राय में अगर हम ''धर्म'' का एकवचन में इस्तेमाल करते हैं, तो धर्म नाम की कोई वस्तु नहीं है। दरअसल, इस विश्व में कई धर्म (religions) हैं, और उनमें आपस में इतना विरोध और इतनी असंगति है कि ''धर्म'' शब्द को परिभाषित करने के लिए कोई एक अर्थ खोजना सम्भव नहीं है। डूवी के अनुसार अतिप्राकृतिक में विश्वास को धर्म का परिभाषक गुण नहीं माना जा सकता है, क्योंकि एक तो अतिप्राकृतिक का विज्ञान से विरोध है, और दूसरे इसकी व्याख्या

अलग-अलग तरीकों से की गयी है, जिनमें से कुछ तो स्पष्टतः निर्नैतिक (amoral) या अनैतिक हैं। डूवी के अनुसार "धार्मिक" की परिभाषा प्राकृतिक और उपकरणवादी तरीके से की जानी चाहिए। **मानव बुद्धि और मुक्त सहयोग में आस्था सही अर्थों में धार्मिक है।** यह इसलिए सही अर्थों में धार्मिक है क्योंकि इसका सामान्य और स्थायी महत्त्व है, और इसमें विकास की सम्भावना निहित है। डूवी के विचार में यह बुद्धि की मांग है कि धर्म की प्रकृतिवादी व्याख्या की जाए। जिस तरह लोकतन्त्र और शिक्षा में रहस्यमय और अतिप्राकृतिक का कोई स्थान नहीं है, उसी तरह धार्मिकता में भी इनके लिए कोई स्थान नहीं होना चाहिए।[1]

समीक्षा

जॉन डूवी द्वारा "धर्म" और "धार्मिकता" की चर्चा में यह बात सबसे उभर कर सामने आती है कि डूवी ने "धार्मिकता" शब्द का इस्तेमाल एक विशेष अर्थ में किया है। डूवी के अनुसार किसी स्थायी महत्त्व के आदर्श लक्ष्य में दृढ़ विश्वास के आधार पर, व्यक्तिगत नुकसान के खतरे को सहते हुए, और बाधाओं का सामना करते हुए, की गयी किसी भी गतिविधि का चरित्र धार्मिक है। इसका अर्थ यह हुआ कि अगर कोई बुद्धिवादी-मानवतावादी व्यक्ति तार्किक-वैज्ञानिक चिन्तन पर आधारित अपने निष्कर्षों के आधार पर दृढ़तापूर्वक कष्ट सहते हुए काम करता है, तो उसमें भी "धार्मिकता" है। यह "धार्मिकता" की अतिव्याप्त परिभाषा द्वारा, जो धार्मिक नहीं है, उसे भी "धार्मिकता" के अन्तर्गत लाने का उदाहरण है।

इसी तरह, डूवी के अनुसार मानव बुद्धि और मुक्त सहयोग में आस्था सही अर्थों में धार्मिक है। यहाँ पर "बुद्धि में आस्था" की अवधारणा आत्मविरोधी है। अपर्याप्त प्रमाण के बावजूद या प्रमाण के अभाव में किसी तर्कवाक्य में दृढ़ विश्वास को आस्था कहा जाता है (देखें, "धार्मिक विश्वास के आधार" भाग-2)। दूसरी ओर, बुद्धिवादियों-मानवतावादियों का यह आग्रह रहता है कि किसी विश्वास को उसी हद तक स्वीकार करना चाहिए जिस हद तक उसकी सत्यता का प्रमाण उपलब्ध हो। ऐसे में अगर यह कहा जाए कि बुद्धिवादियों की बुद्धि में आस्था रहती है, तो यह एक आत्मविरोधी बात होगी।

डूवी का यह कहना भी सही नहीं है कि विश्व के धर्मों में आपस में इतना विरोध और इतनी असंगति है कि "धर्म" शब्द को परिभाषित करने के लिए कोई एक अर्थ खोजना सम्भव नहीं है। अलग-अलग धर्मों की मूल मान्यताओं में निश्चय ही परस्पर विरोध है, और इसलिए उनका धर्मों के रूप में अलग-अलग अस्तित्व है। फिर भी, धर्म होने के नाते उन सब में कुछ सामान्य तत्त्व जरूर है, जिसके कारण उन सबको "धर्म" के रूप में वर्गीकृत किया जाता है। "धर्म का स्वरूप" अध्याय (भाग-2) के अन्तर्गत इस बात की चर्चा की गयी है कि अपने मूल विश्वासों में आस्था, और किसी-न-किसी रूप में अतिप्राकृतिक और परलोकवाद में विश्वास सभी धर्मों का सामान्य तत्त्व है।

1. Guy W. Stroh, *American Philosophy from Edwards to Dewey : An Introduction* (New Delhi : Affiliated East-West Press Pvt. Ltd. 1970), pp. 269-70.

डूवी के अनुसार अतिप्राकृतिक में विश्वास को धर्म का परिभाषक गुण नहीं माना जा सकता है, क्योंकि एक तो अतिप्राकृतिक का विज्ञान से विरोध है, और दूसरे इसकी व्याख्या अलग-अलग तरीकों से की गयी है, जिनमें से कुछ तो स्पष्टतः निर्नैतिक (amoral) या अनैतिक हैं। जब हम धर्म की चर्चा करते हैं तो हम दो दृष्टिकोणों से चर्चा कर सकते हैं—एक, **वास्तव में** धर्म क्या है? और दो, हमारे अनुसार धर्म को कैसा होना **चाहिए**। धर्म का अतिप्रकृतिकवाद से कोई सम्बन्ध न रहे, यह धर्म के बारे में डूवी का **प्रस्ताव** हो सकता है, लेकिन इसे धर्म के बारे में **वास्तविक स्थिति का वर्णन** नहीं माना जा सकता है।

मानवतावाद के इतिहास में एक समय मानवतावाद को धर्म के रूप में प्रस्तुत किया गया। लेकिन, अधिकांश मानवतावादी मानवतावाद को धर्म नहीं, बल्कि धर्म का एक विकल्प मानते हैं। उनके अनुसार मानवतावाद एक जीवन-मुद्रा (life stance) या जीवन-दर्शन है। प्रमुख अमरीकी मानवतावादी पॉल कर्ज ने धर्मनिरपेक्ष मानवतावाद की वकालत की है। (देखें, ''मानवतावाद'')

❑

ग्रन्थ-सूची

अम्बेडकर, *बाबा साहेब. डॉ० अम्बेडकर सम्पूर्ण वाङ्मय*, खण्ड 1 (नई दिल्ली : डॉ० अम्बेडकर प्रतिष्ठान, 1998).

कर्ज, पॉल. *धर्मनिरपेक्ष मानवतावादी घोषणा-पत्र*, अनु० डॉ० रमेन्द्र (पटना : बिहार बुद्धिवादी समाज, 1997).

दीनानाथ. *आरक्षण* (पटना : जनाकांक्षा प्रकाशन, 1990).

नारायण, जयप्रकाश, *कारावास की कहानी* (पटना : बिहार सर्वोदय मंडल, 1977).

नारायण, जयप्रकाश. (सं०-रमेन्द्र), *जयप्रकाश विचार-संकलन* (पटना : राजेन्द्र प्रकाशन, 1986).

प्रसाद, सुरेश नन्दन. *पर्यावरण बोध* (पटना : बिहार स्टेट टेक्स्ट बुक पब्लिशिंग कॉरपोरेशन लिमिटेड, 1999-2000).

रमेन्द्र. *डॉ० अम्बेडकर ने हिन्दू धर्म का त्याग क्यों किया?* (पटना : बिहार बुद्धिवादी समाज, द्वितीय संस्करण, 1997).

रमेन्द्र. *मैं हिन्दू क्यों नहीं और मैं बुद्धिवादी कैसे बना* (पटना : बुद्धिवादी फाउंडेशन, 2001).

रमेन्द्र. *शान्तिमयता क्यों?* (पटना : राजेन्द्र प्रकाशन, 1986).

वर्मा, अशोकर कुमार, *नीतिशास्त्र की रूपरेखा* (पटना : मोतीलाल बनारसीदास, 1996).

वर्मा, अशोक कुमार. *प्रारम्भिक समाज एवं राजनीति दर्शन* (पटना : मोतीलाल बनारसीदास, 1986).

वर्मा, अशोक कुमार. (सं०), *स्वतन्त्रोत्तर भारतीय दार्शनिक चिन्तन* (पटना : मोतीलाल बनारसीदास, 1993).

वर्मा, वेद प्रकाश. *धर्म-दर्शन की मूल समस्याएँ* (दिल्ली : दिल्ली विश्वविद्यालय, 1991).

सोलोमोन, ए० *बुद्धिवाद और मानवतावादी दृष्टिकोण*, अनु० डॉ० रमेन्द्र (पटना : बिहार बुद्धिवादी समाज, 1997).

मनुस्मृति (वाराणसी : चौखम्भा संस्कृत संस्थान, 1982).

बुद्धिवादी, वर्ष 11, अंक 4, अक्टूबर, 1997.

Ambedkar, Dr. B. R. *Dr. Babasaheb Ambedkar Wrintings and Speeches, vol. 1.* (Bombay : Education Department, Government of Maharashtra, 1989).

Aristotle. (tr Banjamin Jowett), *Politics* (New York : Carlton House).

Barker, Ernest. *Principles of Social & Political Theory* (Calcutta : Oxford University Press, 1978).

Basu, Durga Das. *Introduction to the Constitution of India* (New Delhi : Prentice-Hall of India, 1980).

Bose, Nirmal Kumar. *Selections from Gandhi* (Ahmedabad : Navjivan Publishing House, 1972).

Copi, Irving M. *Symbolic Logic* (New York : MacMillian Publising Co. Inc., 1979).

Dahl, Robert A. *Democracy and its Critics* (New Delhi : Orient Lognman Ltd., 1991).

Dahl, Robert A. *Modern Political Analysis* (New Delhi : Prentice-Hall of India Pvt. Limited, 1978).

Datta. D. M. *The Philosophy of Mahatma Gandhi* (Calcutta : University of Calcutta, 1968).

Ebenstein, William, *Modern Political Thought* (New Delhi : Oxford & IBH Publishing Co., 1970).

Elliot, Florence. *A Dictionary of Politics* (Middlesex, England : Penguin Books, Seventh edition, 1974).

Gettel, Raymond Garfield. *Political Science* (Calcutta : The World Press Private Ltd., 1950).

Ginsberg, Morris. *Sociology* (Delhi : Surjeet Publications, 1979).

Goode, William J. *The Family* (New Delhi : Prentice-Hall of India Pvt. Ltd., 1987).

Graham, Keith. (ed.), *Contemporary Political Philosophy* (Cambridge : Cambridge University Press, 1982).

Haralambos, M. with Heald, R. M. *Sociology : Themes and Prespectives* (New Delhi : Oxford University Press, 1984).

Heywood, Andrew. *Political Theory : An Introduction* (New York : Palgrave MacMillan, Third Edition, 2004).

Hiorth Finngeir. *Introduction to Humanism* (Pune : Indian Secular Society, 1996).

Hospers, John. *An Introduction to Philosophical Analysis* (New Delhi : Allied Publishers Private Limited, 1975).

Joad, C. E. M. *Introduction to Modern Political Theory* (Delhi : Oxford University Press, Sixth Impression, 1982).

Johnson, Harry M. *Sociology : A Systematic Introduction* (New Delhi : Allied Publishers Private Ltd., 1778)

Keer, Dhanjay. *Dr. Ambedkar Life and Mission* (Bombay : Popular Prakashan, 1997).

Lamont, Corliss. *The Philosophy of Humanism* (Amherst : New York Humanist Press, 1997).

MacIver, R. M. and Page, Charles H. *Society : An Introductory Analysis* (New Delhi : MacMillan India Limited, 1981).

Magee, Bryan. *Popper* (London : Fontana Paperbacks, 1982).

Masih, Y. *The Hindu Religious Thought* (Delhi : Motilal Banarsidass, 1983).

Mill, John Stuart. *Utilitarianism* (London : The Fontana Library, 1962).

Mitchell, G. Duncan. *A New Dictionary of Sociology* (London : Routledge & Kegan Paul, 1979).

Moore, G. E. *Principia Ethica* (Cambridge : Cambridge University Press, 1965).

Plato. (tr. Desmond Lee), *The Republic* (Harmondsworth, Middlesex, England : Penguin Books Ltd., 1977).

Popper, K. R. *The Open Society and Its Enemies* (London : Routedge & Kegan Paul, 1984).

Ramendra. *M. N. Roy's New Humanism and Materialism* (Patna : Buddhiwadi Founditaion, 2001).

Ramendra, *Why I am Not a Hindu & Why I do not want Ramrajya* (Patna : Bihar Rationalist Society, 1995).

Raphael, D. D. *Problems of Political Philosophy* (Hong Kong : The MacMillan Press Ltd., 1978).

Russell, Bertrand, *The Impact of Science on Society* (London : Unwin Paperbacks, 1976).

Russell, Bertrand. *Roads to Freedom* (London : Unwin Paperbacks, 1977).

Sabine, George H. *A History of Political Theory* (New Delhi : Oxford & IBH Publishing Co., 1973).

Scruton, Roger. *A Dictionary of Political Though* (London : Pan Books, 1983).

Shah, A. B. *Scientific Method* (New Delhi : Allied Publishers Private Limited, 1974).

Shankar, Jogan. *Devadasi Cult : A Sociological Analysis* (New Delhi : Ashish Publishing House, 1994).

Singer, Peter. (ed.), *Applied Ethics* (Oxford : Oxford University Press, 1986).

Singer, Peter. *Practical Ethics* (Cambridge : Cambridge University Press, 1979).

Srinivas, M. N. *Social Change in Modern India* (Bombay : Orient Longman Limited, 1980).

Stroh, Guy W. *American Philosophy from Edwards to Dewey : An Introduction* (New Delhi : Affiliated East-West Press Pvt. Ltd., 1970).

Veeramani, K. (ed.), *Periyar on Women's Rights* (Madras : Emerald Publishers, 1996).

Warder, A. K. *Indian Buddhism* (Delhi : Motilal Banarsidass, 1980).

Warraq, Ibn. *Why I am not a Muslim* (Amherst, New York : Prometheus Books, 1995).

The New Encyclopaedia Britannica, vols. IV, 3, 4, 6, 7, 9, 17 and 19.

The Encyclopedia of Philosophy (ed. Paul Edwards), vol. 1, 6 and 7 (New York : MacMillan Publishing Co. Inc. & The Free Press, 1972).

Fragell, Levi, "A Gobal Humanist Identity", *International Humanist News,* vol. 4, no. 4, December, 1996.

Manushi, nos. 24, 116, 127 and 131.

Sources from Web :

"Figures on the Death Penalty". Amnesty International, 25 October, 2009, http://www.amnesty.org/en/death-penalty/numbers

"genocide." *The American Heritage Dictionary of the English Language, Fourth Edition.* Houghton Miffin Company, 2004, 28 October, 2009<Dictionary.com. http://dictionary.reference.com/browse/genocide>

"multiculturalism." *The American Heritage Dictionary of the English Languager, Fourth Edition.* Houghton Mifflin Company, 2004. 11 Oct. 2009. <Dictionary.com http://dictionary.reference.com/browse/multiculturalism>

"multiculturalism". *The Columbia Electronic Encyclopedia,* Sixth Edition. Columbia University Press., 2003, *Answers.com* 11 Oct. 2009. http://www.answers.com/topic/multiculturalism

"multiculturalism." *Webster's New World College Dictionary,* 2009. Your Dictionary, 15 August, 2009, www.yourdictionary.com/multiculturalism.

Multiculturalism from *Encyclopedia of Philosophy.* Copyright 2001-2006 by Macmillan Reference USA, an imprint of the Gale Group.

❑

भाग-2

धर्म-दर्शन
(PHILOSOPHY OF RELIGION)

खण्ड-क

सामान्य धर्म-दर्शन

अध्याय 28

धर्म-दर्शन का स्वरूप

धर्म-दर्शन (philosophy of religion) दर्शनशास्त्र की एक शाखा है। **जब दार्शनिक दृष्टि से धर्म का अध्ययन किया जाता है, तो उसे धर्म-दर्शन कहते हैं।** धर्म और धर्म-दर्शन एक (identical) नहीं हैं। धर्म-दर्शन धर्म नहीं है, बल्कि दार्शनिक विधि से धर्म का अध्ययन है। जॉन एच॰ हिक के अनुसार, ''धर्म के बारे में दार्शनिक चिन्तन'' को धर्म-दर्शन कहते हैं।[1] विलियम पी॰ अल्स्टन के अनुसार, **धर्म-दर्शन में धर्म द्वारा किए जाने वाले दावों की तर्कबुद्धि के आधार पर समीक्षा की जाती है।** धर्म-दर्शन में ''ईश्वर'' सहित अन्य मौलिक धार्मिक मान्यताओं के पक्ष-विपक्ष में दी जाने वाली युक्तियों की समीक्षा की जाती है।[2]

धर्म-दर्शन के स्वरूप को स्पष्टता से समझने के लिए तीन बातों को समझना जरूरी है: 1. धर्म क्या है? 2. दार्शनिक विधि क्या है? और 3. दार्शनिक विधि को धर्म पर कैसे लागू किया जाता है?

धर्म

''धर्म'' शब्द के अर्थ को स्पष्ट करना या धर्म के स्वरूप को निर्धारित करना धर्म-दर्शन की केन्द्रीय समस्या है। इसकी विस्तृत चर्चा अगले अध्याय में की गयी है। यहाँ पर इतना ही समझना पर्याप्त है कि धर्म-दर्शन में ''धर्म'' शब्द का प्रयोग अंग्रेजी शब्द "religion" के पर्याय के रूप में किया जाता है। इस अर्थ में पारसी, यहूदी, ईसाई, इस्लाम, हिन्दू, जैन, बौद्ध और सिक्ख धर्म आज दुनिया के प्रमुख जीवित धर्म हैं। धर्म-दर्शन में धर्म का अध्ययन मुख्यतः इन्हीं धर्मों के आलोक में किया जाता है, हालांकि धर्म-दर्शन में आदिम धर्म के प्रमुख रूपों की और धर्म के उद्गम की चर्चा भी की जाती है।

सामान्य तौर से, धर्म-दर्शन का विषय-वस्तु है: धर्म। लेकिन, धर्म एक जटिल विषय-वस्तु है। धर्म के कई पक्ष होते हैं और धर्म का अध्ययन भी अलग-अलग दृष्टि से किया जा सकता है। उदाहरण के तौर पर, प्रत्येक धर्म में उस धर्म के संस्थापक और/या धर्म-ग्रन्थों के प्रति आस्था की भावना रहती है। इसके अलावा, प्रत्येक धर्म में किसी-न-किसी रूप में अतिप्राकृतिक (supernatural) में विश्वास पाया जाता है। इसी तरह, प्रत्येक धर्म में इस विश्व के स्वरूप के बारे में, मानव जीवन के प्रयोजन, अन्तिम

1. John H. Hick, *Philosophy of Religion*, p. 1.
2. William P. Alston, "Problems of Philosophy of Religion" in *The Encyclopedia of Philosophy*, vol. 6, p. 285.

नियति और सर्वोच्च लक्ष्य के बारे में कुछ मान्यताएँ मौजूद रहती हैं, जिन्हें हम उस धर्म की विश्व-दृष्टि या जीवन-दृष्टि कह सकते हैं। इसके अलावा, प्रत्येक धर्म के साथ कुछ नैतिक मान्यताएँ जुड़ी रहती हैं, और पूजा-उपासना के अपने-अपने तरीके होते हैं, जन्म, विवाह और मृत्यु से जुड़े कर्मकाण्ड और त्योहार होते हैं। साथ ही, धर्मों के अलग-अलग मिथक-शास्त्र, धर्मशास्त्र और सम्प्रदाय भी होते हैं। मोटे तौर पर, हम कह सकते हैं कि **धर्म विश्वासों, मूल्यों, आचरण के नियमों और कर्मकाण्डों की एक व्यवस्था है, जो आस्था पर आधारित रहती है, और जिसका रुझान ''परलोक'' या ''मृत्यु के बाद जीवन'' की ओर रहता है।**

धर्म-दर्शन में धर्म से सम्बन्धित बुनियादी सवालों पर चर्चा की जाती है। धर्म-दर्शन में सामान्य तौर पर धर्म के स्वरूप की चर्चा की जाती है। धर्म क्या है? धार्मिक भाषा का स्वरूप क्या है? धार्मिक विश्वास का आधार क्या है? धर्मों की बुनियादी मान्यताएँ क्या हैं और वे कहाँ तक सत्य या सही हैं? धर्म-दर्शन में इन और इनसे जुड़े अन्य प्रश्नों पर तार्किक दृष्टि से विचार किया जाता है, खास कर मानव-ज्ञान, विश्व के स्वरूप और मानव जीवन के उद्देश्य से सम्बन्धित ऐसे प्रश्नों पर, जिनमें दार्शनिकों की रुचि रहती है।

उदाहरण के तौर पर, धर्म-दर्शन में ईश्वर के अस्तित्व के बारे में तो चर्चा की ही जाती है, इसके अतिरिक्त, बुराई या अशुभ की समस्या, आत्मा की अमरता और ''मुक्ति'' की समस्या पर भी विचार किया जाता है। धर्म-दर्शन में धर्मों की बुनियादी मान्यताओं के अतिरिक्त, विभिन्न धर्मों की मान्यताओं में परस्पर विरोध, धर्मों के बीच एकता की सम्भावना, धार्मिक सहिष्णुता, धर्म-परिवर्तन, धर्मनिरपेक्षता और मानवतावाद जैसी आधुनिक अवधारणाओं का अध्ययन भी होता है। इसी तरह, धर्म और नैतिकता एवं धर्म और विज्ञान के बीच सम्बन्ध का अध्ययन भी धर्म-दर्शन के क्षेत्र में आता है।

धर्म के स्वरूप को निर्धारित करने के लिए धर्मों के बुनियादी सिद्धान्तों के बारे में जानकारी जरूरी है। इसलिए, धर्मों के तुलनात्मक अध्ययन (comparative religion) का धर्म-दर्शन से निकट सम्बन्ध है। धर्मों के तुलनात्मक अध्ययन के अन्तर्गत दुनिया के प्रमुख धर्मों के बुनियादी सिद्धान्तों का तुलनात्मक अध्ययन किया जाता है। (इसकी चर्चा इस भाग के दूसरे खण्ड-ख में की गयी है।)

दार्शनिक विधि

धर्म का अध्ययन अलग-अलग दृष्टिकोणों से किया जा सकता है, और किया गया है, जैसे मानवशास्त्रीय, समाजशास्त्रीय, मनोवैज्ञानिक या धर्मशास्त्रीय (theological) दृष्टिकोण से। धर्म-दर्शन में भी आवश्यकता पड़ने पर इन दृष्टिकोणों से किए गए अध्ययनों की सहायता ली जाती है। लेकिन, जैसा कि पहले ही उल्लेख किया गया है, धर्म-दर्शन में धर्म का अध्ययन दार्शनिक विधि से किया जाता है।

दार्शनिक विधि की चर्चा हम इस पुस्तक के प्रथम अध्याय में कर चुके हैं। संक्षेप में, *An Introduction to Philosophical Analysis* के लेखक, जॉन हॉस्पर्स के

अनुसार दर्शनशास्त्र के चार मुख्य परिभाषक लक्षण हैं—

1. संप्रत्ययों का स्पष्टीकरण (clarification of concepts)

2. विश्वासों का समीक्षात्मक मूल्यांकन (critical evaluation of beliefs)

3. दर्शनशास्त्र का सम्बन्ध मूलभूत प्रश्नों (ultimate questions) **से है।**

4. दर्शनशास्त्र की समस्याएँ सामान्य (general) **किस्म की होती हैं।**

दर्शनशास्त्र के हॉस्पर्स द्वारा बताए गए चार लक्षणों के अतिरिक्त एक और लक्षण महत्त्वपूर्ण है:—

5. दर्शनशास्त्र में मूल्य और आदर्श-सम्बन्धी मानक (normative) **प्रश्न भी पूछे जाते हैं।**

हॉस्पर्स द्वारा बताए गए दर्शनशास्त्र के चार लक्षणों में से प्रथम दो का सम्बन्ध दार्शनिक विधि से है, जबकि बाद के दो लक्षणों का सम्बन्ध दर्शन की समस्याओं के स्वरूप से है। दर्शनशास्त्र की किसी भी अन्य शाखा की तरह धर्म-दर्शन में भी अपने विषय-वस्तु से सम्बन्धित बुनियादी या मूलभूत प्रश्नों पर सामान्य रूप से चर्चा की जाती है। उदाहरण के तौर पर, जब धर्म-दर्शन में धर्म के स्वरूप, धार्मिक भाषा के स्वरूप या धार्मिक विश्वास का आधार जैसी बुनियादी समस्याओं के बारे में चर्चा की जाती है, तो वह किसी एक धर्म के सन्दर्भ में नहीं, बल्कि सामान्य तौर से सभी धर्मों के आलोक में की जाती है।

अवधारणाओं का स्पष्टीकरण और विश्वासों का समीक्षात्मक मूल्यांकन

जब दार्शनिक विधि से धर्म के बारे में चिन्तन करते हैं, तो उसे धर्म-दर्शन कहा जाता है। आगे हम इस पर विचार करेंगे कि (1) संप्रत्ययों का स्पष्टीकरण (clarification of concepts) और (2) विश्वासों का समीक्षात्मक मूल्यांकन (critical evaluation of beliefs) की दार्शनिक विधि को धर्म और धर्म से जुड़ी बुनियादी समस्याओं पर किस तरह लागू किया जाता है।

अवधारणाओं का स्पष्टीकरण

धर्म-दर्शन में धर्म से जुड़े मौलिक और सामान्य अवधारणाओं या संप्रत्ययों का अर्थ स्पष्ट किया जाता है। धर्म-दर्शन में सबसे महत्त्वपूर्ण समस्या स्वयं ''धर्म'' शब्द के अर्थ के स्पष्टीकरण की है। इसके अलावा, ''ईश्वर'', ''अशुभ'', ''अमरता'', ''धार्मिक सहिष्णुता'', ''धर्मनिरपेक्षता'' और ''मानवतावाद'' जैसी अवधारणाओं का स्पष्टीकरण धर्म-दर्शन के अन्तर्गत किया जाता है। इससें धर्म-दार्शनिक चर्चा में एक स्पष्टता आ जाती है। ''धर्म'' और ''ईश्वर'' जैसे शब्दों का इस्तेमाल आम बोल-चाल में भी होता है, लेकिन अक्सर उसके अर्थ को लेकर पूरी स्पष्टता नहीं रहती है। अलग-अलग लोग अलग-अलग अर्थों में इनका इस्तेमाल करने लगते हैं। धर्म-दर्शन के क्षेत्र में स्पष्टता की दृष्टि से यह जरूरी है कि धर्म-दार्शनिकों द्वारा ''धर्म'', ''ईश्वर'' जैसी धर्म से जुड़ी अवधारणाओं का एक या लगभग एक और निश्चित अर्थ में इस्तेमाल किया जाए। अगर एक ही शब्द का एक से अधिक अर्थों में इस्तेमाल

होने लगा हो, तो उसके अलग-अलग अर्थों को भी स्पष्ट करना जरूरी है, और साथ ही यह देखना कि धर्म-दर्शन के क्षेत्र में उन अर्थों में से कौन-सा अर्थ प्रासंगिक है। धर्म-दर्शन का सम्बन्ध धर्म से है, इसलिए जहाँ तक सम्भव हो धर्म-दर्शन के क्षेत्र में धर्म से जुड़ी अवधारणाओं का उसी अर्थ में इस्तेमाल होना चाहिए जिस अर्थ में धर्मों में होता है। उदाहरण के तौर पर, हम ''धर्म'' शब्द को लें। आम बोल-चाल में अक्सर ''धर्म'' शब्द का इस्तेमाल ''कर्त्तव्य'' के अर्थ में भी किया जाता है। जैसे कि इस वाक्य में, ''आक्रमणकारियों से देश की रक्षा करना हमारा धर्म है''। लेकिन, जब धर्म-दर्शन में हम ''धर्म'' शब्द का इस्तेमाल करते हैं तो वहाँ पर ''धर्म'' का इस्तेमाल ''कर्त्तव्य'' (duty) के अर्थ में नहीं, बल्कि अंग्रेजी शब्द "religion" के अर्थ में किया जाता है। यहाँ पर ''धर्म'' का अर्थ है पारसी, यहूदी, ईसाई, इस्लाम, हिन्दू, जैन, बौद्ध और सिक्ख धर्मों जैसे धर्म।

इसी तरह, ''ईश्वर'' शब्द को लें। आम बोल-चाल की बात तो छोड़ ही दें, स्वयं दार्शनिकों द्वारा ही ''ईश्वर'' शब्द के अलग-अलग अर्थ दिए गए हैं। इसकी विस्तृत चर्चा ''ईश्वर की अवधारणाएँ'' अध्याय में की गयी है। ''ईश्वर'' शब्द का इस्तेमाल ''प्रकृति'' के अर्थ में भी किया गया है। धर्म-दार्शनिक दृष्टि से महत्त्वपूर्ण प्रश्न यह है कि स्वयं एकेश्वरवादी धर्मों में ''ईश्वर'' शब्द का इस्तेमाल किस अर्थ में किया गया है। जैसा कि हम आगे देखेंगे एकेश्वरवादी धर्मों में ''ईश्वर'' शब्द का इस्तेमाल एक सर्वज्ञ, सर्वशक्तिमान, दयालु और व्यक्तित्ववान सृष्टिकर्ता के अर्थ में किया गया है, जो इस विश्व में और मनुष्य में सक्रिय दिलचस्पी लेता है, इन्सान की प्रार्थनाओं को सुनता है और उनका उत्तर देता है। धर्म-दर्शन के क्षेत्र में ''ईश्वर'' शब्द का यही इस्तेमाल प्रासंगिक और सही है।

इस तरह, अवधारणाओं के स्पष्टीकरण के अन्तर्गत **अवधारणाओं के विश्लेषण या परिभाषा द्वारा उनका अर्थ तो स्पष्ट किया ही जा सकता है, इसके अलावा, अवधारणाओं के सुधार के लिए सलाह भी दी जा सकती है।** अवधारणा में सुधार का अर्थ हुआ कोई ऐसी परिभाषा या उपयोग के लिए परामर्श देना जिससे स्पष्टता और सामन्जस्य प्राप्त करने में सहायता मिले, जैसा कि हमने ऊपर ''ईश्वर'' शब्द के सन्दर्भ में किया है। इसके एक और उदाहरण के रूप में हम ''धर्मनिरपेक्षता'' (secularism) शब्द को लें। ''धर्मनिरपेक्ष'' का अर्थ है ''धर्म से स्वतन्त्र'' या ''जिसका सम्बन्ध लौकिक से हो, धार्मिक या आध्यात्मिक से नहीं''। लेकिन, भारत में कुछ लोग ''धर्मनिरपेक्षता'' शब्द का प्रयोग ''सर्वधर्म समभाव'' (सभी धर्मों का एक जैसा बराबर सम्मान) के अर्थ में भी करने लगे हैं। इससे ''धर्मनिरपेक्षता'' शब्द के अर्थ को लेकर कुछ भ्रम भी फैल गया है। ऐसे में स्पष्टता की दृष्टि से यह सलाह दी जा सकती है कि जो लोग सभी धर्मों के एक बराबर सम्मान की बात करना चाहते हों, वे ''सर्वधर्म समभाव'' शब्द का ही प्रयोग करें, ''धर्मनिरपेक्षता'' का नहीं, क्योंकि ''सर्वधर्म समभाव'' और ''धर्मनिरपेक्षता'' पर्यायवाची शब्द नहीं हैं।

धर्म-दर्शन और भाषा दर्शन

धर्म-दर्शन दर्शनशास्त्र की एक शाखा है इसलिए दर्शनशास्त्र की समकालीन प्रवृत्तियों का धर्म-दर्शन की विधि और विषय-वस्तु पर प्रभाव पड़ना स्वाभाविक ही है। जिस तरह, नीतिशास्त्र में बीसवीं सदी में अधिनीतिशास्त्र या विश्लेषणात्मक नीतिशास्त्र का विकास हुआ है, उसी तरह धर्म-दर्शन के क्षेत्र में विश्लेषणात्मक धर्म-दर्शन का विकास हुआ है। बीसवीं सदी में तर्कीय प्रत्यक्षवाद (logical positivism) और भाषा विश्लेषण (language analysis) दो प्रमुख दार्शनिक धाराएँ रहीं हैं। तर्कीय प्रत्यक्षवादियों के अनुसार तथ्य-सम्बन्धी ऐसे कथन, जिनका वैज्ञानिक विधि से सत्यापन सम्भव न हो, निरर्थक होते हैं। अपने अर्थ-सम्बन्धी इस सिद्धान्त के आधार पर तर्कीय प्रत्यक्षवादियों ने यह कहा है कि ईश्वर-चर्चा अर्थहीन होती है, क्योंकि ईश्वर-सम्बन्धी कथनों का वैज्ञानिक सत्यापन सम्भव नहीं है।

भाषा विश्लेषक दार्शनिकों के अनुसार दार्शनिकों का एकमात्र कार्य है, भाषा का विश्लेषण। इस दृष्टि से देखा जाए तो धर्म-दर्शन का एकमात्र कार्य है: **धार्मिक भाषा का विश्लेषण।** धर्म-दर्शन की विधि है: अवधारणाओं का स्पष्टीकरण; और धर्म-दर्शन का विषय-वस्तु है: धार्मिक भाषा। धर्म-दर्शन का मुख्य उद्देश्य है धार्मिक भाषा के स्वरूप को निर्धारित करना।

धर्म-दर्शन के प्रति अगर ऊपर बताए दृष्टिकोण को पूरी तौर से स्वीकार न भी किया जाए, तो भी **विश्वासों के समीक्षात्मक मूल्यांकन की दृष्टि से भी धार्मिक भाषा का स्पष्टीकरण जरूरी है।** धार्मिक भाषा के स्वरूप को निर्धारित करना भी धर्म-दर्शन की एक महत्वपूर्ण समस्या है, चाहे वह धर्म-दर्शन की एकमात्र समस्या न हो। (इसकी विस्तृत चर्चा ''धार्मिक भाषा का दर्शन'' के अन्तर्गत की गयी है।)

अवधारणाओं का स्पष्टीकरण और विश्वासों का समीक्षात्मक मूल्यांकन

परम्परागत रूप से दर्शनशास्त्र में विश्वासों के समीक्षात्मक मूल्यांकन का उद्देश्य ही प्रमुख रहा है; और अवधारणाओं के स्पष्टीकरण को वहीं तक महत्त्व दिया गया है जहाँ तक वह विश्वासों के समीक्षात्मक मूल्यांकन में सहायक हो। लेकिन, जैसा कि हमने देखा बीसवीं सदी के दर्शन में कभी-कभी अवधारणाओं के स्पष्टीकरण को ही अधिक महत्व दिया जाने लगा और उसे ही साध्य मान लिया गया।

अगर अवधारणाओं के स्पष्टीकरण को ही अपने-आप में एक लक्ष्य न मान लिया जाए, तो भी अवधारणा के स्पष्टीकरण का अपना केन्द्रीय महत्त्व है, क्योंकि यह विश्वासों के समीक्षात्मक मूल्यांकन की पहली सीढ़ी है। अवधारणाओं के स्पष्टीकरण के बिना हम सही ढंग से विश्वासों का समीक्षात्मक मूल्यांकन भी नहीं कर सकते हैं। उदाहरण के तौर पर, हम ''ईश्वर'' की अवधारणा को लें। जैन, बौद्ध और कुछ हद तक हिन्दू धर्म को छोड़ कर बाकी सभी धर्मों में ''ईश्वर'' की अवधारणा का केन्द्रीय महत्त्व है। ''ईश्वर'' का अस्तित्व है या नहीं इसकी चर्चा धर्म-दर्शन की प्रमुख समस्या है। लेकिन, ''ईश्वर'' की अवधारणा को स्पष्ट किए बिना हम सही ढंग से ईश्वर में

विश्वास का समीक्षात्मक मूल्यांकन भी नहीं कर सकते हैं। अगर दो व्यक्ति ''ईश्वर'' के अस्तित्व के बारे में चर्चा कर रहे हों और उन दोनों के दिमाग में ''ईश्वर'' की अलग-अलग अवधारणा हो; एक व्यक्ति ''ईश्वर'' से ''सर्वज्ञ, सर्वशक्तिमान और दयालु सृष्टिकर्त्ता'' का अर्थ लगाता हो, और दूसरा व्यक्ति ''प्रकृति'' के अर्थ में ''ईश्वर'' शब्द का इस्तेमाल कर रहा हो; तो ऐसे में दोनों के बीच की चर्चा को दार्शनिक ऊर्जा का अपव्यय ही समझा जाएगा। क्योंकि स्पष्ट है कि पहला व्यक्ति अगर ''ईश्वर'' के अस्तित्व को नकार रहा हो, और अपने मत के समर्थन में युक्तियाँ दे रहा हो, तो उसका उद्देश्य प्रकृति के अस्तित्व को नकारना नहीं होगा। इसी तरह, दूसरे व्यक्ति द्वारा दी जा रही युक्तियों से पहले अर्थ में ''ईश्वर'' का अस्तित्व प्रमाणित नहीं होगा। ऐसे में ''ईश्वर'' के अस्तित्व के बारे में किसी तार्किक चर्चा के लिए ''ईश्वर'' शब्द के अर्थ के बारे में स्पष्टता और उसके बारे में मतैक्य जरूरी है। धर्म-दर्शन में जब दुनिया के प्रमुख धर्मों के सन्दर्भ में ''ईश्वर'' के अस्तित्व के बारे में चर्चा की जाती है तो फिर ''ईश्वर'' शब्द का उसी अर्थ में इस्तेमाल किया जाना चाहिए जिस अर्थ में पारसी, यहूदी, ईसाई और इस्लाम जैसे प्रमुख एकेश्वरवादी धर्मों में किया गया है।

विश्वासों का समीक्षात्मक मूल्यांकन

विश्वासों के समीक्षात्मक मूल्यांकन के अन्तर्गत किसी विश्वास के समर्थन या विरोध में दी गयी युक्ति का तार्किक मूल्यांकन किया जाता है। धर्म-दार्शनिक मानवशास्त्रियों या समाजशास्त्रियों की तरह सिर्फ यह प्रश्न नहीं उठाते हैं कि किसी समाज में लोगों की मुख्य धार्मिक मान्यताएँ क्या हैं। बल्कि, धर्म-दार्शनिकों की रुचि यह जानने में होती है कि **उन धार्मिक मान्यताओं को सत्य माना जा सकता है या नहीं**। उदाहरण के तौर पर, धर्म-दर्शन में ईश्वर के अस्तित्व के प्रश्न पर चर्चा करते समय इस तरह के प्रश्न उठाए जाते हैः ईश्वर का अस्तित्व है, या नहीं? ईश्वर का अस्तित्व है, यह मानने के लिए हमारे पास क्या प्रमाण हैं? ईश्वर का अस्तित्व नहीं है, ऐसा मानने के लिए कौन-सी युक्तियाँ हैं? ईश्वर के समर्थन और विरोध में दी जाने वाली युक्तियों में कितनी तार्किक वैधता है?

इस तरह, धर्म-दर्शन में ''ईश्वर'' की अवधारणा को स्पष्ट करने के अतिरिक्त ईश्वर में विश्वास का तार्किक मूल्यांकन भी किया जाता है। ईश्वर के बारे में चर्चा ईश्वरवादी धर्मों में भी की जाती है और धर्म-दर्शन में भी, लेकिन, धर्म-दर्शन में की जाने वाली चर्चा धार्मिक प्रवचनों में की जाने वाली चर्चा से अलग होती है। जैसा कि पहले भी कहा गया है कि **धर्म-दर्शन धर्म नहीं है, बल्कि दार्शनिक विधि से धर्म का अध्ययन है। धर्म-दर्शन में ईश्वर में विश्वास सहित धर्म की किसी भी मौलिक मान्यता को बिना जाँच-पड़ताल के आस्था, श्रद्धा या भक्ति के आधार पर पहले से सत्य स्वीकार नहीं कर लिया जाता है**। दर्शनशास्त्र की किसी भी अन्य शाखा की तरह, धर्म-दर्शन में भी तार्किक-बौद्धिक विधि को अपनाया

जाता है। दर्शनशास्त्र की अन्य शाखाओं की तरह, धर्म-दर्शन भी तर्कबुद्धि पर आधारित है। जैसा कि जॉन हॉस्पर्स ने कहा है, अन्य क्षेत्रों की तरह, धर्म के क्षेत्र में भी दर्शनशास्त्र की रुचि विश्वासों के औचित्य (justification) में होती है।[1]

कोई युक्ति तार्किक दृष्टि से वैध है या नहीं, इसकी जाँच तो दार्शनिक तर्कशास्त्र में अपनी विशेषज्ञता के आधार पर आसानी से कर सकते हैं। लेकिन, किसी युक्ति द्वारा कोई निष्कर्ष प्रमाणित हो, और वह निष्कर्ष वास्तव में भी सत्य हो इसके लिए सिर्फ युक्ति का वैध होना ही पर्याप्त नहीं है। युक्ति के आधार वाक्यों में वास्तविक सत्यता भी होनी चाहिए।

कभी-कभी प्रश्न यह उठाया जाता है कि आधार वाक्यों की वास्तविक सत्यता की जाँच का काम दार्शनिक कैसे करेगे? क्योंकि तथ्यों का सिलसिलेवार अन्वेषण तो विज्ञान का काम है, न कि दर्शन का। लेकिन यह, दरअसल, कोई इतनी बड़ी समस्या नहीं है। आधार वाक्यों की वास्तविक सत्यता की जाँच के लिए दार्शनिक सम्बद्ध विज्ञान से प्राप्त निष्कर्षों की सहायता ले सकते हैं। उदाहरण के तौर पर, तत्वमीमांसा में भौतिक द्रव्य के स्वरूप पर विचार करते समय भौतिक शास्त्र में भौतिक द्रव्य के बारे में प्राप्त ज्ञान का इस्तेमाल किया जा सकता है। इसी तरह, धर्म-दर्शन में प्राकृतिक विज्ञानों और समाज विज्ञानों से प्राप्त जानकारी और सामान्य ज्ञान का इस्तेमाल किया जा सकता है।

जिन विश्वासों की समीक्षा की जानी है, वे दो प्रकार के हो सकते हैं: एक, तथ्य-सम्बन्धी (factual) और दो, मूल्य सम्बन्धी या मानक (normative)। धर्म-दर्शन में जब धर्म और नैतिकता विषय की चर्चा की जाती है तो विशेष तौर से धर्म से सम्बन्धित मानक सिद्धांतों की समीक्षा की जाती है।

जिन विश्वासों का समीक्षात्मक मूल्यांकन किया जा रहा हो वे विश्वास अगर तथ्य-सम्बन्धी हों, तो उनका मूल्यांकन करना कोई ऐसी बड़ी समस्या नहीं है। लेकिन, जैसा कि पहले उल्लेख किया गया है, धर्म-दर्शन के नैतिक पक्ष के अन्तर्गत जिन विश्वासों का मूल्यांकन किया जाता है वे मुख्यतः मानक या आदर्श मूलक होते हैं। नैतिक निर्णयों का तार्किक दृष्टि से समर्थन और विरोध कैसे किया जाए, यह समस्या तथ्य-सम्बन्धी प्रश्नों की तुलना में जटिल जरूर है, लेकिन ऐसा नहीं है कि इसका कोई समाधान सम्भव ही नहीं। दरअसल, इस समस्या का सम्बन्ध दर्शनशास्त्र की एक अन्य शाखा नीतिशास्त्र से है। मानक नीतिशास्त्र (normative ethics) और अधिनीतिशास्त्र (metaethics) में इस प्रश्नं पर काफी विचार हुआ है, और हो रहा है। मेरी राय में यहाँ पर विस्तार से इन प्रश्नों की चर्चा में जाना प्रासंगिक नहीं है। यहाँ पर हम इतना ही कह सकते हैं कि धर्म-दर्शन के नैतिक पक्ष के अन्तर्गत नीतिशास्त्र के निष्कर्षों को धर्म पर लागू किया जा सकता है।

---

1. John Hospers, *An Introduction to Philosophical Analysis,* p. 425.

धर्मशास्त्र
(Theology)

अल्स्टन के अनुसार **धर्मशास्त्र में किसी विशेष धर्म की मान्यताओं को, उनकी सत्यता के बारे में मौलिक प्रश्न उठाए बिना, व्यवस्थित करने का प्रयत्न किया जाता है।**[1]

याकुब मसीह के अनुसार धर्मशास्त्र में धर्म-विशेष की मान्यताओं को स्पष्ट और व्यवस्थित करने का प्रयत्न किया जाता है। इस प्रकार के चिन्तन का उद्देश्य धर्म सम्बन्धी समस्याओं को सुलझाना, उनके प्रति आपत्तियों का निराकरण करना और धर्म के प्रति लोगों की आस्था को बढ़ाना होता है।[2] सभी धर्मों का अपना-अपना अलग धर्मशास्त्र होता है, जैसे, यहूदी, ईसाई और इस्लाम धर्मों के अपने अलग-अलग धर्मशास्त्र हैं। किसी एक धार्मिक परम्परा के अन्तर्गत भी अलग-अलग धर्मशास्त्र सम्भव हैं, जैसे, ईसाई धर्म में रोमन कैथोलिक और प्रोटेस्टेन्ट शाखा के अलग-अलग धर्मशास्त्र हैं। धर्मशास्त्र के अन्तर्गत :—

1. श्रुति (revelation) और धर्मग्रन्थ को आप्तवचन (authority) माना जाता है।
2. आस्था (faith) के आधार पर प्राप्त अनेक आधार वाक्यों को सिद्ध या प्रमाणित समझा जाता है, और उसकी कोई स्वतंत्र जाँच नहीं की जाती है।
3. जब-जब धर्म के प्रति आपत्ति उठायी जाती है, तो धर्मशास्त्र में अपने धर्म की मान्यताओं और आधार वाक्यों द्वारा उसका समाधान किया जाता है।

जॉन हिक के अनुसार ईसाई परम्परा में बीसवीं शताब्दी के पहले तक **''प्राकृतिक'' धर्मशास्त्र** या ईश्वरमीमांसा (**natural theology**) और **श्रुत धर्मशास्त्र (revealed theology)** के बीच अन्तर किया जाता था। ऐसा समझा जाता था कि **प्राकृतिक धर्मशास्त्र का सम्बन्ध उन धर्मशास्त्रीय ''सत्यों'' से है, जिन्हें बिना किसी अन्य सहारे के मानव-बुद्धि द्वारा स्वतन्त्र रूप से स्थापित किया जा सकता है।** उदाहरण के तौर पर, ऐसा समझा जाता था कि ईश्वर के अस्तित्व और गुणों को तथा आत्मा की अमरता को श्रुति की सहायता के बिना, तार्किक युक्तियों द्वारा प्रमाणित किया जा सकता है। दूसरी ओर, **श्रुत धर्मशास्त्र का सम्बन्ध ऐसे ''सत्यों'' से माना जाता था, जो ''मानव बुद्धि से परे'' हैं, और जिनका ज्ञान श्रुति द्वारा ही सम्भव है।**[3]

हिक ने इस तथ्य की ओर भी ध्यान दिलाया है कि कुछ समय पहले तक धर्म-दर्शन (philosophy of religion) को धार्मिक दर्शन (religious philosophy) के अर्थ में लिया जाता था। ऐसा समझा जाता था कि इसका सम्बन्ध धार्मिक मान्यताओं के दार्शनिक समर्थन से है। दूसरे शब्दों में, इसे प्राकृतिक धर्मशास्त्र के काम को ही

---

1. William P. Alston, Op. Cit. p. 287.
2. या॰ मसीह, ***सामान्य धर्मदर्शन*** (पटना : मोतीलाल बनारसीदास, 1985), पृ॰-3.
3. John H. Hick, Op. Cit., p. 53.

आगे बढ़ाने वाला समझा जाता था, लेकिन अब ऐसा नहीं है। धर्म-दर्शन और धर्मशास्त्र के बीच स्पष्ट अन्तर है। **धर्म-दर्शन धर्मशास्त्र की नहीं, बल्कि दर्शनशास्त्र की शाखा है। यह धर्मशास्त्र से स्वतन्त्र विषय है।** इसका क्षेत्र धर्मशास्त्र से अधिक व्यापक है, और विधि धर्मशास्त्र से अधिक तर्कसंगत। इसमें धर्मशास्त्र की तुलना में अधिक बुनियादी प्रश्नों को उठाया जाता है।

धर्म-दर्शन और धर्मशास्त्र

धर्म-दर्शन और धर्मशास्त्र या ईश्वरमीमांसा (theology) के बीच जो एक समानता है, वह यह कि **दोनों का सम्बन्ध धर्म** से है। लेकिन दूसरी ओर, धर्मशास्त्र और धर्म-दर्शन के **विषय-वस्तु की व्यापकता और चिन्तन की विधि के बीच अन्तर है।**

धर्म-दर्शन का सम्बन्ध किसी धर्म-विशेष से नहीं है। इसमें सामान्य तौर से धर्म के स्वरूप और आधार की चर्चा की जाती है। इसके अलावा, सभी प्रमुख धर्मों की मुख्य दार्शनिक किस्म की मान्यताओं का मूल्यांकन किया जाता है। इसके विपरीत, धर्मशास्त्र का सम्बन्ध किसी विशेष धर्म से होता है। हर धर्म का अपना अलग धर्मशास्त्र होता है। इसके अलावा, किसी एक धर्म की अलग-अलग शाखाओं का अपना अलग-अलग धर्मशास्त्र भी हो सकता है। इस तरह, **धर्म-दर्शन का क्षेत्र धर्मशास्त्र से व्यापक है।**

धर्म-दर्शन और धर्मशास्त्र के बीच और भी अधिक बुनियादी अन्तर विधि की दृष्टि से है। **धर्म-दर्शन में किसी भी धार्मिक मान्यता को पहले से ही सत्य स्वीकार नहीं किया जाता है।** धर्म-दर्शन में धर्म और धार्मिक विश्वासों की समीक्षा के क्रम में किसी भी विश्वास की सत्यता के बारे में निसंकोच प्रश्न उठाया जाता है। दूसरी ओर, **धर्मशास्त्र में बुनियादी धार्मिक मान्यताओं की सत्यता के बारे में कोई भी प्रश्न उठाए बिना धार्मिक विश्वासों को व्यवस्थित करने का प्रयास किया जाता है।**[1]

याकुब मसीह के अनुसार धर्मशास्त्र में धर्म-विशेष की मान्यताओं को स्पष्ट करने के लिए समकालीन दार्शनिक शब्दावली का इस्तेमाल जरूर किया जाता है लेकिन यह सब उस धर्म-विशेष की व्याख्या और समर्थन के लिए किया जाता है।[2] धर्मशास्त्र धर्मविशेष की श्रुति (revelation) को, धर्मग्रन्थों और धर्मशास्त्रों को आप्त बचन मानता है। धर्मशास्त्र में अनेक धार्मिक मान्यताओं को श्रद्धा और निष्ठा के आधार पर बिना किसी स्वतन्त्र जाँच के सत्य स्वीकार कर लिया जाता है। धार्मिक मान्यताओं को आधार-वाक्य के रूप में स्वीकार करने के बाद, उनके आधार पर आपत्तियों का निराकरण किया जाता है। इस तरह, धर्मशास्त्र किसी धर्म-विशेष की मूल मान्यताओं के दायरे में उठने वाली आन्तरिक आपत्तियों का उत्तर तो दे सकता है, लेकिन अगर उस धर्म के बाहर से उसकी बुनियादी मान्यताओं को चुनौती दी जाए, तो धर्मशास्त्र उसका निराकरण करने में असमर्थ रहता है।

---

1. William P. Alston, Op. Cit., p. 287.
2. या॰ मसीह, ***सामान्य धर्मदर्शन*** (पटना : मोतीलाल बनारसीदास, 1985), पृ॰ 3

धर्म-दर्शन में धर्मों की बुनियादी मान्यताओं की सत्यता के बारे में भी प्रश्न उठाए जाते हैं। इस तरह, धर्म-दर्शन न सिर्फ धर्मशास्त्र से अलग है, बल्कि एक तरह से धर्मशास्त्र के लिए एक चुनौती है। धर्मशास्त्र धर्म का ही अंग है, जबकि धर्म-दर्शन धर्म से स्वतन्त्र और अलग है। धार्मिक व्यवहार—पूजा, आराधना, प्रार्थना, जप, माला फेरना, कीर्तन करना, तीर्थयात्रा पर या मन्दिर, मस्जिद, चर्च, विहार और गुरुद्वारा में जाना—प्रथम स्तर की अनुभूति है। दूसरी ओर, धर्म-दर्शन दूसरे स्तर की गतिविधि है। इसमें प्रथम स्तर की धार्मिक अनुभूतियों को विषय-वस्तु मानते हुए उसकी समीक्षा की जाती है। इस तरह, **धर्म-दार्शनिक अपने विषय-वस्तु से कुछ अलग रहकर निष्पक्ष तरीके से उसके बारे में चिन्तन करता है**, जबकि धर्मशास्त्र धर्म की बुनियादी मान्यताओं के प्रति पहले से प्रतिबद्ध रहता है।

धर्म के बारे में दार्शनिक चिन्तन करने के लिए यह जरूरी है कि **धर्म-दार्शनिक अपने जन्म के धर्म से ऊपर उठकर सोचे।** आम तौर से एक औसत धार्मिक व्यक्ति, अपने धर्म को सर्वश्रेष्ठ समझता है। दूसरे धर्मों की कठिनाइयाँ और बुराइयाँ तो उसे आसानी से समझ में आ जाती हैं, लेकिन स्वयं अपना धर्म हर बुराई और आपत्ति से मुक्त और उसकी मान्यताएँ सन्देह से परे मालूम देती हैं। इस किस्म के दृष्टिकोण से धर्म के बारे में निष्पक्ष और तार्किक चिन्तन, या दूसरे शब्दों में, दार्शनिक चिन्तन सम्भव नहीं है। धर्म-दार्शनिक को अपने विषय का अध्ययन खुले दिमाग से और निष्पक्ष दृष्टि से करना चाहिए। उसे पूर्वाग्रहों से मुक्त होकर उस दिशा में जाने के लिए तैयार रहना चाहिए, जिधर तर्कबुद्धि ले जाए।

धर्म-दर्शन और नीतिशास्त्र

धर्म-दर्शन दर्शनशास्त्र की एक शाखा है, जिसमें दार्शनिक विधि से धर्म पर विचार किया जाता है। दूसरी ओर, नीतिशास्त्र दर्शनशास्त्र की एक शाखा है, जिसमें परम्परागत तौर से तार्किक और मुख्यतः मानक दृष्टि से मानव आचरण का अध्ययन किया जाता है। **मानक नीतिशास्त्र** के अन्तर्गत मुख्यतः इन प्रश्नों का तर्कसंगत उत्तर खोजा जाता है कि किस किस्म की वस्तुएँ अच्छी (पाने का प्रयत्न करने योग्य) हैं, कौन से कर्म उचित हैं, और कौन से अनुचित, और क्यों?

बीसवीं सदी में प्रमुख हुई नीतिशास्त्र की शाखा **अधिनीतिशास्त्र** के अन्तर्गत "अच्छे" (good) "बुरे" (bad), "उचित" (right) और "अनुचित" (wrong) जैसे मौलिक नैतिक शब्दों के अर्थ, उनके बीच परस्पर सम्बन्ध, नैतिक निर्णय का स्वरूप और उसके कार्य; नैतिक असहमति के स्वरूप और उसे दूर करने की विधियों की चर्चा की जाती है।

प्रश्न यह है कि धर्म-दर्शन और नीतिशास्त्र के बीच क्या सम्बन्ध है? हम पहले ही चर्चा कर चुके हैं कि प्रत्येक धर्म का सम्बन्ध जीवन के सर्वोच्च लक्ष्य और "उचित" एवं "अनुचित" की कुछ मान्यताओं से होता है। इन मान्यताओं का सीधा सम्बन्ध नीतिशास्त्र के विषय-वस्तु से है। फर्क यह है कि नीतिशास्त्र में इन प्रश्नों के

तर्कसंगत उत्तर ढूँढे जाते हैं, जबकि धर्मों में आस्था के आधार पर इन प्रश्नों का उत्तर दिया जाता है।

फिर, जैसा कि हम पहले ही उल्लेख कर चुके हैं, धर्म-दर्शन के अन्तर्गत धर्म और नैतिकता के बीच के सम्बन्ध की भी चर्चा की जाती है। नैतिकता के स्वरूप की चर्चा नीतिशास्त्र का विषय है। इसलिए, दार्शनिक सन्दर्भ में धर्म और नैतिकता के सम्बन्ध की चर्चा नीतिशास्त्र की सहायता के बिना सम्भव नहीं है। दूसरे, धर्मों की जिन बुनियादी मान्यताओं की समीक्षा धर्म-दर्शन में की जाती है, उनमें से कुछ का स्वरूप **मानक** होता है। ऐसी मान्यताओं की समीक्षा नीतिशास्त्र की सहायता के बिना नहीं की जा सकती है। धर्म-दर्शन के मानक पक्ष के अन्तर्गत धर्मों से जुड़ी बुनियादी नैतिक मान्यताओं की समीक्षा की जा सकती है। उदाहरण के तौर पर, इस बात की समीक्षा की जा सकती है कि ''स्वर्ग-प्राप्ति'' और ''मोक्ष'' जैसे लक्ष्य कहाँ तक तार्किक दृष्टि से ग्राह्य हैं (देखें ''मोक्ष प्राप्ति के पथ'')। ऐसा लगता है कि धर्म-दर्शन के इस पक्ष की ओर धर्म-दार्शनिकों द्वारा पर्याप्त ध्यान नहीं दिया गया है। धर्म-दर्शन के इस मानक पक्ष में विकास की काफी गुंजाइश है।

प्रश्न

1. What is the subject-matter of Philosophy of Religion? Clearly distinguish it from Theology. (1979)
2. Distinguish clearly between the following : (a) Theology and philosophy of religion (1982)
3. स्पष्ट अन्तर कीजिए—
   (क) बौद्धिक ईश्वर विद्या (rational theology) और श्रुति की ईश्वर विद्या (theology of revelation) में। (1984)
4. निम्नलिखित पर टिप्पणी लिखिए किन्तु टिप्पणी 200 शब्दों से अधिक में न हो—
   (a) धर्म-दर्शन ईशविद्या (theology) की एक शाखा नहीं वरन् उसके उन्मूलन का एक सशक्त अस्त्र है। (1986)
5. धर्म-दर्शन के स्वरूप एवं क्षेत्र को समझाइए। वह ईश्वर मीमांसा (theology) से कैसे भिन्न है? विवेचन कीजिए। (1987)
6. निम्नलिखित पर टिप्पणी लिखिए और टिप्पणी 200 शब्दों से अधिक में न हो—
   (a) धर्मदर्शन धर्म नहीं है। (1988)
7. धर्ममीमांसा (theology) और धर्मदर्शन के अन्तर का आलोचनात्मक विवेचन कीजिए तथा धर्ममीमांसा के विस्तार क्षेत्र का वर्णन कीजिए। (1992)
8. धर्ममीमांसा एवं धर्मदर्शन की सामान्य समस्याएँ बतलाइए और इनके दृष्टिकोणों में अन्तर समझाइए। (1994)
9. निम्नांकित पर आलोचनात्मक टिप्पणी लिखिए। टिप्पणी 200 शब्दों से अधिक न हो—
   (a) धर्मशास्त्र एवं धर्म-दर्शन में भेद (1996)
10. निम्नलिखित पर अधिक-से-अधिक 200 शब्दों में आलोचनात्मक टिप्पणी लिखिए—
    (क) धर्म, धर्मशास्त्र तथा धर्म-दर्शन। (1999)

❑

अध्याय 29

धर्म का स्वरूप

धर्म-दर्शन में दार्शनिक विधि से धर्म का अध्ययन किया जाता है। **''धर्म'' के स्वरूप को स्पष्ट करना और धार्मिक विश्वास के आधार की समीक्षा करना धर्म-दर्शन की केन्द्रीय समस्या है।**

धर्म की परिभाषा

''धर्म'' की परिभाषा क्या है?

हिन्दू, जैन, बौद्ध, पारसी, यहूदी, ईसाई, इस्लाम और सिक्ख धर्म इस समय दुनिया के प्रमुख जीवित धर्म है। ''धर्म'' की सन्तोषजनक परिभाषा करने के लिए यह देखना जरूरी है कि आखिर वे कौन-से **सामान्य और बुनियादी तत्त्व हैं,** जो सभी धर्मों में मौजूद हैं, और जिसके कारण इन सबको ''धर्म'' के रूप में वर्गीकृत किया जाता है। दूसरे शब्दों में, धर्म की **परिभाषक विशेषता** (defining characteristic) क्या है? इसी तरह, ''धर्म'' की सन्तोषजनक परिभाषा को न तो **अतिव्याप्त** (too wide) होना चाहिए, और न **अव्याप्त** (too narrow)। उदाहरण के तौर पर, हम ह्वाइटहेड द्वारा दी गयी ''धर्म'' की परिभाषा को लें—**''धर्म वह है जो व्यक्ति अपने अकेलेपन में करता है।''** (Religion is what the individual does with his own solitariness.)[1]

ह्वाइटहेड द्वारा दी गयी ''धर्म'' की यह परिभाषा एक तो इसलिए भी सन्तोषजनक नहीं है, क्योंकि कई धार्मिक क्रियाएँ ऐसी होती हैं, जो सामूहिक रूप से की जाती हैं, जैसे, मन्दिर में सामूहिक रूप से पूजा, भजन, कीर्तन करना, या मस्जिद में नमाज पढ़ना, आदि। दूसरे, यह परिभाषा अतिव्याप्त है। मान लें कोई व्यक्ति अकेले में किताब पढ़ता है, या टी॰ वी॰ देखता है। अब, इस आधार पर यह तो नहीं कहा जा सकता है कि किताब पढ़ना या टी॰ वी॰ देखना ''धर्म'' है।

धर्म और ईश्वर

अक्सर ''धर्म'' की परिभाषा ''ईश्वर'' के साथ जोड़ कर की जाती है। उदाहरण के तौर पर, हम गैलोवे द्वारा दी गयी ''धर्म'' की परिभाषा को लें—**''धर्म मानव की अपने से परे किसी शक्ति में आस्था है जिसके द्वारा वह अपनी संवेगात्मक आवश्यकताओं को सन्तुष्ट करने का प्रयत्न करता है और जीवन में स्थायित्व प्राप्त करता है, एवं जिसे वह उपासना और सेवा की क्रियाओं द्वारा**

---

1. या॰ मसीह, ***सामान्य धर्मदर्शन***, पृ॰-18.

अभिव्यक्त करता है।'' (Religion is a "man's faith in a power beyond himself whereby he seeks to satisfy emotional needs and gains stability of life, and which he expresses in acts of worship and service."[1] इसी तरह मार्टिन्यू के अनुसार, ''धर्म एक हमेशा जीवित रहने वाले ईश्वर में विश्वास है ...'' (Religion is the belief in an ever living God...)[2]

गैलोवे और मार्टिन्यू की परिभाषा यहूदी, ईसाई और इस्लाम जैसे पैगम्बरी धर्मों के सन्दर्भों में सन्तोषजनक लग सकती है, क्योंकि ये सभी धर्म एकेश्वरवादी हैं। लेकिन अगर हम जैन और बौद्ध धर्म जैसे भारतीय मूल के धर्मों की ओर ध्यान देते हैं, तो यह स्पष्ट हो जाता है कि ये परिभाषाएँ **अव्याप्त** (too narrow) हैं। अगर हम इन परिभाषाओं को सन्तोषजनक मान लें, तो फिर हमें यह भी मानना होगा कि जैन और बौद्ध धर्म ''धर्म'' नहीं हैं, क्योंकि ये धर्म निरीश्वरवादी हैं। ''धर्म'' की सन्तोषजनक परिभाषा क्या हो, यह एक विवाद का विषय हो सकता है, लेकिन **''धर्म'' की किसी भी ऐसी परिभाषा को, जिसके परिणामस्वरूप जैन और बौद्ध धर्मों को ''धर्म'' के दायरे से बाहर निकालना पड़े, सन्तोषजनक नहीं माना जा सकता है।**

न सिर्फ जैन और बौद्ध धर्म, बल्कि हिन्दू धर्म भी ईसाई और इस्लाम धर्म की तरह पूरी तौर से एकेश्वरवादी धर्म नहीं है। यह सही है कि अपने लोकप्रिय रूप में हिन्दू धर्म एक ईश्वरवादी धर्म है, लेकिन सांख्य और मीमांसा जैसी निरीश्वरवादी धाराएँ भी हिन्दू धर्म का अंग हैं। इसी तरह, शंकर के अद्वैत वेदान्त के अनुसार अन्तिम विश्लेषण में ''निर्गुण ब्रह्म'' ही एकमात्र सत्य है। रामानुज ने जरूर ईश्वरवाद का समर्थन किया है, लेकिन हिन्दू धर्म के दायरे में बहुदेववाद (polytheism) और प्रकृति-पूजा भी मौजूद है। इस तरह, हिन्दू धर्म ईसाई या इस्लाम की तरह एकेश्वरवादी (monothestic) धर्म नहीं है। भारतीय मूल के धर्मों में जो धर्म ईसाई और इस्लाम जैसे एकेश्वरवादी धर्मों के सबसे करीब है, वह है सिक्ख धर्म।

अगर तार्किक दृष्टि से देखा जाए, तो **''ईश्वर'' और ''धर्म'' के बीच कोई अनिवार्य सम्बन्ध नहीं है।** ऊपर की गयी चर्चा से स्पष्ट है कि ''ईश्वर'' या एकेश्वरवाद के बिना भी धर्म का अस्तित्व रह सकता है। इसी तरह, यह भी सम्भव है कि कोई व्यक्ति, ईश्वरवादी तो हो, लेकिन वह किसी भी धर्म को और उनके अन्य दावों को स्वीकार न करता हो। अगर कोई व्यक्ति ईश्वरवादी हो, तो उसके लिए यह मानना जरूरी नहीं है कि ईसा या मुहम्मद पैगम्बर थे, न उसके लिए ***बाइबिल, कुरान, वेद*** या ***आदि-ग्रन्थ*** में आस्था रखना जरूरी है। इस तरह, कोई व्यक्ति ईश्वरवादी होकर भी **इस अर्थ में** गैरधार्मिक हो सकता है कि **वह किसी भी स्थापित धर्म की मूल मान्यताओं में आस्था न रखता हो।**

---

1. वही, पृ०-17.
2. William P. Alston, "Religion" in *The Encyclopedia of Philosophy,* vol. 7, p, 140.

धर्म और नैतिकता

''धर्म'' की परिभाषा कई बार नैतिकता के साथ जोड़कर भी गयी है। उदाहरण के तौर पर, मैथ्यू ऑरनाल्ड के अनुसार जब **नैतिकता को भावना से जोड़ दिया जाता है, तो उसे ''धर्म'' कहते हैं।** (Religion is ethics heightened, enkindled, lit up by feeling.)[1] इसी तरह, हेफडिंग के अनुसार **विश्व में मूल्यों के स्थायित्वता में विश्वास धर्म का सार तत्त्व है।** (The essence of religion is a belief in the persistency of value in the world.)[2]

यह सही है कि हर धर्म के साथ कुछ नैतिक मान्यताएँ जुड़ी रहती हैं, और उस धर्म को मानने वालों से यह अपेक्षा की जाती है कि वे उन नैतिक मान्यताओं के अनुसार आचरण करें। इस तरह, ये नैतिक मान्यताएँ भी धर्म का एक अंग होती हैं। उदाहरण के तौर पर, जैन धर्म का सम्बन्ध **त्रिरत्न** से और बौद्ध धर्म का सम्बन्ध **अष्टांगिक मार्ग** से है। इसी तरह, हर धर्म के साथ कुछ-न-कुछ नैतिक मान्यताएँ जुड़ी रहती हैं। लेकिन यह धर्म का एक पक्ष हुआ। धर्म सिर्फ नैतिकता नहीं है। **हर धर्म में नैतिकता के अलावे और भी कई किस्म के विश्वास और कर्मकांड पाए जाते हैं।** उन सबकी अनदेखी कर हम ''धर्म'' और ''नैतिकता'' को एक नहीं मान ले सकते हैं।

यह भी नहीं कहा जा सकता है कि नैतिक मान्यताएँ ही धर्म का ''मूल तत्त्व'' हैं। यह एक प्रस्ताव हो सकता है कि नैतिकता को धर्म का मूल तत्त्व माना जाए, लेकिन इसे धर्म के बारे में **वास्तविक स्थिति का वर्णन** नहीं माना जा सकता है। (इसकी चर्चा ''धार्मिक भाषा का दर्शन'' के अन्तर्गत भी की गयी है।) बल्कि इसकी बजाय यह मान्यता सही मालूम देती है कि अपने धर्म के संस्थापकों और/या धर्मग्रन्थों में **आस्था** (faith) धर्म का मूल तत्व हैं (देखें ''धार्मिक विश्वास के आधार'')। दरअसल, विभिन्न धर्मावलम्बियों द्वारा अपने-अपने धर्मग्रन्थों पर आधारित नैतिक मान्यताओं को ही सही माना जाता है। ईसाई धर्म में ***बाइबिल*** पर आधारित नैतिक मान्यताओं को, इस्लाम में ***कुरआन*** एवं ***हदीस*** पर आधारित नैतिक मान्यताओं को और हिन्दू धर्म में **वेद** एवं ***मनुस्मृति*** जैसे धर्मशास्त्रों पर आधारित नैतिकता को स्वीकार किया जाता है। इसी तरह, जैन और बौद्ध धर्मों में क्रमशः तीर्थंकरों और बुद्ध द्वारा बतलाए गए नैतिक मार्ग को स्वीकार किया जाता है। इस तरह, इन धर्मों से जुड़ी नैतिकता को विभिन्न धर्मावलम्बियों द्वारा अपने धर्म के संस्थापकों और/या धर्मशास्त्रों में **आस्था** के **कारण** ही स्वीकार किया जाता है। इसलिए, यह कहा जा सकता है कि **धर्म का मूल तत्त्व आस्था है, न कि नैतिकता।** (धर्म और नैतिकता के बीच के सम्बन्ध की विस्तृत चर्चा इसी अध्याय में आगे की जाएगी।)

धर्म और कर्मकांड

''धर्म'' की परिभाषा धर्म को कर्मकांड (ritual) से जोड़ते हुए भी की गयी है। उदाहरण के तौर पर, फ्रेजर के अनुसार **धर्म, मनुष्य से श्रेष्ठ शक्तियों को, जिनके**

1. William P. Alston, "Religion" in *The Encyclopedia of Philosophy*, vol. 7. p. 140.
2. Ibid., p. 141.

बारे में यह विश्वास किया जाता है कि वे प्रकृति की घटनाओं और मानव जीवन को नियंत्रित करती हैं, प्रसादित कर अपने अनुकूल बनाने या उनसे समझौता करने का प्रयत्न है। (By religion, then, I understand a propitiation or conciliation of powers superior to man which are believed to direct and control the course of Nature and of human life.)[1]

यह सही है कि हर धर्म के साथ उपासना की पद्धति और कर्मकांड जुड़े रहते हैं। **सभी धर्मों के साथ प्रार्थना सहित उपासना (worship) की एक पद्धति जुड़ी रहती है। सभी धर्मों के अपने-अपने सार्वजनिक उपासना-स्थल होते हैं। इसके अलावा, सभी धर्मों के जन्म, विवाह और मृत्यु आदि से जुड़े अलग-अलग कर्मकांड होते हैं।** लेकिन यह धर्म का सिर्फ एक पक्ष है। जिस तरह धर्म और नैतिकता को एक नहीं मान लिया जा सकता है, उसी तरह धर्म और कर्मकांड को भी एक नहीं माना जा सकता है। धर्म और नैतिकता को एक मान लेने वाली परिभाषाओं की तरह, धर्म और कर्मकांड को एक मान लेने वाली परिभाषाएँ भी एकपक्षीय कहलाएँगी। ''धर्म'' की किसी भी एकपक्षीय परिभाषा को संतोषजनक नहीं माना जाएगा। ''धर्म'' की सन्तोषजनक परिभाषा करने के लिए इस बात को भी ध्यान में रखना जरूरी है कि धर्म का सम्बन्ध विश्वास, भावना और क्रियाओं तीनों से है। धर्म सिर्फ विश्वास नहीं है, और न ही धर्म का सम्बन्ध सिर्फ धार्मिक क्रियाओं या सिर्फ भावनाओं से है। इस दृष्टि से गैलोवे द्वारा दी गयी ''धर्म'' की परिभाषा सन्तोषजनक मालूम देती है, क्योंकि इसमें धर्म को विश्वास (आस्था), भावना (संवेग) और क्रियाओं—तीनों से जोड़ा गया है। गैलोवे के अनुसार, ''धर्म मानव की अपने से परे किसी शक्ति में आस्था है जिसके द्वारा वह अपनी संवेगात्मक आवश्यकताओं को सन्तुष्ट करने का प्रयत्न करता है और जीवन में स्थायित्व प्राप्त करता है, और जिसे वह उपासना एवं सेवा की क्रियाओं द्वारा अभिव्यक्त करता है''।

गैलोवे की इस परिभाषा में अगर ''अपने से परे किसी शक्ति में आस्था'' (faith in power beyond himself) की व्याख्या ''एक ईश्वर में आस्था'' के रूप में न कर के और व्यापक रूप में की जाए, तो इससे कुछ हद तक ''धर्म'' की एक सन्तोषजनक परिभाषा मिल सकती है। क्योंकि व्यवहार में जैन और बौद्ध धर्मों में भी क्रमशः महावीर एवं अन्य तीर्थंकरों और बुद्ध में आस्था पायी जाती है। इसी तरह, बहुदेववाद के अन्तर्गत भी विभिन्न देवी-देवताओं में आस्था पायी जाती है।

वैसे, धर्म के स्वरूप को समझने का एक तरीका यह भी हो सकता है कि परिभाषा ढूँढने से पहले हम उन विशेषताओं पर ध्यान केन्द्रित करें जो विश्व के सभी प्रमुख जीवित धर्मों में पायी जाती हैं। इस दृष्टि से देखने पर धर्म की निम्नलिखित विशेषताएँ हैं—

(i) सभी धर्मों में अपने-अपने धर्म के संस्थापक और/या धर्मग्रन्थों में **आस्था** (faith) पायी जाती है।

1. Ibid.

(ii) सभी धर्मों में किसी-न-किसी रूप में **अतिप्राकृतिक** (supernatural) में विश्वास पाया जाता है। ईश्वर में विश्वास एक ऐसा ही विश्वास है। जैन और बौद्ध धर्म जैसे निरीश्वरवादी धर्मों में भी मृत्यु के बाद जीवन और पुनर्जन्म में विश्वास पाया जाता है।

(iii) प्रत्येक धर्म में इस विश्व के स्वरूप, मानव-जीवन के प्रयोजन, मानव की अन्तिम नियति और जीवन के सर्वोच्च लक्ष्यों के बारे में कुछ मान्यताएँ मौजूद रहती हैं, जिन्हें हम उस धर्म की **विश्व-दृष्टि** या **जीवन-दृष्टि** कह सकते हैं। यह उस धर्म के धर्मग्रन्थों और धर्मशास्त्र (theology) के माध्यम से व्यक्त होती है।

(iv) हर धर्म के साथ कुछ **नैतिक मान्यताएँ** भी जुड़ी रहती हैं, जिसका स्रोत उस धर्म के धर्मग्रन्थ होते हैं।

(v) हर धर्म का अपना **मिथकशास्त्र** (mythology) या पौराणिक कथाएँ होती हैं।

(vi) सभी धर्मों के साथ **उपासना** (worship) की एक पद्धति जुड़ी रहती है। सभी धर्मों के अपने-अपने सार्वजनिक **उपासना-स्थल** भी होते हैं, जैसे, मन्दिर, विहार, सिनागॉग, चर्च, मस्जिद, गुरूद्वारा आदि।

(vii) सभी धर्मों में जन्म, विवाह, मृत्यु आदि से जुड़े अपने अलग-अलग कर्मकांड (rituals) होते हैं। इसके अलावा, हर धर्म से जुड़े त्योहार (festivals) भी होते हैं।

अगर धर्म की ऊपर बतायी गयी विशेषताओं को ध्यान में रखा जाए, तो इससे धर्मों के स्वरूप को समझा जा सकता है। **धर्म विश्वासों, मूल्यों, आचरण के नियमों और कर्मकांडों की एक व्यवस्था है, जो आस्था पर आधारित रहती है, और जिसका रुझान ''परलोक'' और ''मृत्यु के बाद जीवन'' की ओर होता है।** (Religion is a system of beliefs, values and practices rooted in faith and oriented towards the "other-world" or "after-life".)

ईश्वर रहित धर्म

ईश्वर के बिना धर्म सम्भव है या नहीं? यह प्रश्न अक्सर धर्म-दर्शन में उठाया जाता है। ऊपर धर्म के स्वरूप की चर्चा के सन्दर्भ में हम यह देख चुके हैं कि कभी-कभी ''धर्म'' की परिभाषा ''ईश्वर'' से जोड़ कर भी की जाती है। इन परिभाषाओं के अनुसार ईश्वर में विश्वास धर्म का अनिवार्य तत्त्व है। धर्म को ईश्वर से जोड़ने वाली परिभाषाएँ पारसी, यहूदी, ईसाई और इस्लाम जैसे पैगम्बरी धर्म के सन्दर्भ में सन्तोषजनक लग सकती हैं, लेकिन जब हम जैन और बौद्ध धर्मों जैसे भारतीय मूल के धर्मों की ओर ध्यान देते हैं, तो यह स्पष्ट हो जाता है कि ये परिभाषाएँ अव्याप्त (too narrow) हैं। ''धर्म'' की ऐसी कोई भी परिभाषा संतोषजनक नहीं मानी जा सकती है, जिसके परिणामस्वरूप जैन और बौद्ध धर्मों को, और यहाँ तक कि हिन्दू धर्म की कुछ शाखाओं को भी ''धर्म'' के दायरे से बाहर रखना पड़े।

जैन धर्म के निरीश्वरवादी होने के बारे में कोई संदेह नहीं है। जैन विचारकों द्वारा ईश्वर के समर्थन में दी जाने वाली युक्तियों का खण्डन किया गया है। जैन दर्शन के ***स्यादवाद मंजरी*** में निरीश्वरवाद के समर्थन में विस्तार से युक्तियाँ दी गयी हैं।[1] आठवीं सदी में जैन लेखक-दार्शनिक हरिभद्र ने अपने ***षड्दर्शनसमुच्चय*** में और पन्द्रहवीं शताब्दी मे ***षड्दर्शनसमुच्चय*** पर अपने भाष्य ***तर्करहस्यदीपिका*** में गुणरत्न ने निरीश्वरवाद का समर्थन किया।

जैन धर्म में विश्व को अनादि माना गया है। ईश्वर को विश्व के रचयिता के रूप में स्वीकार नहीं किया गया है। इसी तरह, जैन धर्म में ''मोक्ष'' पाने के लिए ईश्वर की सहायता या कृपा की कोई आवश्यकता नहीं समझी जाती है। ईश्वर की भक्ति और उपासना के बिना साधक स्वयं अपने प्रयत्नों से जीवन के सर्वोच्च लक्ष्य ''मोक्ष'' को प्राप्त कर सकता है।

बौद्ध धर्म भी, खासकर उसका थेरवादी रूप, निरीश्वरवादी है। कभी-कभी इस आधार पर बौद्ध धर्म के निरीश्वरवादी होने पर संदेह व्यक्त किया जाता है कि बुद्ध ईश्वर के प्रश्न पर मौन थे, और बौद्ध धर्म में बुद्ध को ''भगवान'' मानकर उनकी पूजा की जाती है।

बौद्ध धर्म के चार ''आर्य सत्यों'' में ईश्वर को कोई स्थान नहीं दिया गया है। बुद्ध द्वारा ''ईश्वर'' की अवधारणा का इस्तेमाल किए बिना बन्धन और मुक्ति की व्याख्या की गयी है। अष्टांगिक मार्ग में भी कहीं पर यह नहीं कहा गया है कि ''निर्वाण'' के लिए ईश्वर की उपासना की जाए या किसी तरह से ईश्वर की कोई सहायता ली जाए। ऐसे में अगर यह मान भी लिया जाए कि बुद्ध ईश्वर के प्रश्न पर मौन थे, तो भी इस आधार पर बौद्ध धर्म को ईश्वरवादी धर्म नहीं कहा जा सकता है।[2] दरअसल, बौद्ध दर्शन क्षणिकवादी दर्शन है। इसके अनुसार विश्व में सब कुछ क्षणिक और परिवर्तनशील है, नित्य और स्थायी कुछ भी नहीं। इसलिए, बौद्ध दर्शन के अन्तर्गत किसी नित्य आत्मा, ईश्वर या ब्रह्म के लिए कोई स्थान नहीं है।

अश्वघोष के ***बुद्धचरित*** में बुद्ध को ईश्वर के अस्तित्व का खण्डन करते हुए बतलाया गया है।[3] बुद्धघोष के ***बुद्धचरित*** में भी बुद्ध को निरीश्वरवादी युक्तियों को प्रस्तुत करते हुए दिखलाया गया है।[4] कई बौद्ध विचारकों ने अपनी रचनाओं में ईश्वर के अस्तित्व का खण्डन किया है। पाँचवी शताब्दी के बौद्ध तर्कशास्त्री-दार्शनिक दिग्नाग ने ***प्रमाणसमुच्चय*** में, छठी शताब्दी में धर्मकीर्ति ने ***प्रमाणवार्तिक*** में और सातवीं शताब्दी में शान्तिदेव ने ***बोधिचर्यावतार*** और शान्तरक्षित ने ***तत्वसंग्रह*** में

---

1. Chaterjee and Datta, *An Introduction to Indian Philosophy.*
2. राहुल सांकृत्यायन के अनुसार यह बात सत्य नहीं है कि बुद्ध ईश्वर के प्रश्न पर मौन थे। देखें, ***दर्शन दिग्दर्शन***, पृ॰ 407.
3. अश्वघोष, *बुद्धचरित* (दिल्ली : मोतीलाल बनारसीदास, 1985), पृ॰ 219-20.
4. याकुब मसीह, ***निरीश्वरवाद : भारतीय एवं पाश्चात्य*** (पटना : बिहार हिन्दी ग्रन्थ अकादमी, 1973), पृ॰-96.

ईश्वरवादी युक्तियों का खण्डन किया है।[1] इसलिए, **बौद्ध धर्म के निरीश्वरवादी होने के बारे में विवाद उठाना व्यर्थ है।** (देखें, ''बौद्ध धर्म'')

जैसा कि पहले भी उल्लेख किया गया है, हिन्दू धर्म भी पूरी तौर से एकेश्वरवादी धर्म नहीं है। सांख्य और मीमांसा जैसी निरीश्वरवादी धाराएँ भी हिन्दू धर्म का अंग हैं। इसी तरह, शंकर के अद्वैत वेदान्त के अनुसार अन्तिम विश्लेषण में ''निर्गुण ब्रह्म'' ही एकमात्र सत्य है। इस तरह, यहाँ भी सगुण ब्रह्म (ईश्वर) को नकारा गया है। दरअसल, हिन्दू धर्म के दायरे में बहुदेववाद, एकेश्वरवाद, ब्रह्मवाद, निरीश्वरवाद, प्रकृतिपूजा और लिंग पूजा आदि जैसे परस्पर विरोधी विचारों का भी सहअस्तित्व है। इतना तो निश्चित है कि हिन्दू धर्म को ईसाई या इस्लाम धर्म की तरह पूरी तौर से एकेश्वरवादी धर्म नहीं माना जा सकता है, और इसके अन्तर्गत निरीश्वरवादी धाराएँ भी मौजूद हैं।

धर्म के रूप में मानवतावाद

मानवतावाद धर्म का एक विकल्प है। आरम्भ में कुछ मानवतावादी मानवतावाद को धर्म मानते थे, क्योंकि मानवतावाद व्यक्ति के जीवन में वही भूमिका निभाता है, जो भूमिका परम्परागत रूप में धर्म द्वारा निभायी जाती थी। ऐसे मानवतावादियों के लिए अमेरिका में ''धार्मिक मानवतावादी'' शब्द का इस्तेमाल किया गया। उदाहरण के तौर पर, जॉन डूवी और जूलियन हक्सले जैसे विचारकों ने मानवतावाद को धर्म के रूप में प्रस्तुत करने का प्रयत्न किया है। मानवतावाद को जब धर्म के रूप में प्रस्तुत किया जाता है, तो हम उसे ईश्वररहित धर्म का उदाहरण मान सकते हैं।

लेकिन, मानवतावाद में तार्किक-वैज्ञानिक चिन्तन की सहायता ली जाती है, और ईश्वर सहित परलोकवाद को अस्वीकार किया जाता है। दूसरी ओर, हम देख चुके हैं कि धर्म का आधार आस्था है और उसका रुझान परलोकवाद की ओर रहता है। ऐसे में ''धर्म'' की अतिव्याप्त परिभाषा द्वारा ही मानवतावाद को ''धर्म'' माना जा सकता है। उदाहरण के तौर पर, जॉन डूवी के अनुसार **किसी स्थायी महत्व के आदर्श लक्ष्य में दृढ़ विश्वास के आधार पर, व्यक्तिगत नुकसान के खतरे को सहते हुए, और बाधाओं का सामना करते हुए, की गयी किसी भी गतिविधि का चरित्र धार्मिक है।** इसका अर्थ यह हुआ कि अगर कोई बुद्धिवादी-मानवतावादी व्यक्ति तार्किक-वैज्ञानिक चिन्तन पर आधारित अपने निष्कर्षों के आधार पर दृढ़तापूर्वक कष्ट सहते हुए काम करता है, तो उसमें भी ''धार्मिकता'' है। यह ''धार्मिकता'' की अतिव्याप्त परिभाषा द्वारा, जो धार्मिक नहीं है, उसे भी ''धार्मिकता'' के अन्तर्गत लाने का उदाहरण है। यह ऊपर चर्चा की गयी ह्वाइटहेड द्वारा दी गयी ''धर्म'' की अतिव्याप्त परिभाषा की तरह है, जिसके अनुसार अगर कोई व्यक्ति अकेले में किताब पढ़ता है, तो वह भी धर्म है। (डूवी द्वारा धर्म की प्रकृतिवादी व्याख्या और उसकी समीक्षा के लिए देखें, भाग-1, परिशिष्ट-1 ''जॉन डूवी का मानवतावाद''।)

1. रमेन्द्र, ''परम्परागत भारतीय दर्शन में ईश्वर-विचार'', ***क्या ईश्वर मर चुका है?*** (पटना : बिहार बुद्धिवादी समाज, द्वितीय संस्करण, 1985), पृष्ठ 49.

इसी तरह, डॉ याकुब मसीह भी अपनी पुस्तक ***निरीश्वरवाद : भारतीय एवं पाश्चात्य*** (1973) में "धर्म" की अतिव्याप्त परिभाषा देते हुए न सिर्फ ऐहिकतावादी निरीश्वरवाद, समाजवाद और साम्यवाद को भी "धर्म" की संज्ञा दे देते हैं, बल्कि यह दावा भी कर बैठते हैं कि धर्म मनुष्य का स्वभाव गुण है। या० मसीह के अनुसार–

"मेरी यह मान्यता है कि मानव के अन्दर सम्पूर्णतत्त्व-प्राप्ति की आकांक्षा जन्मजात है और इसलिए मानव अपने को सम्पूर्ण करने, अपने को धारण रखने में जिस प्रक्रिया की सहायता ले, उसे 'धर्म' संज्ञा देनी चाहिए। अतः, मैं ऐहिकतावादी निरीश्वरवाद, समाजवाद, साम्यवाद को भी 'धर्म' संज्ञा देने को तैयार हूँ। मेरी समझ में मानव बिना किसी-न-किसी धर्म के नहीं रह सकता है। किसी भी आदर्श के प्रति सम्पूर्ण आत्मनिवेदन तथा आत्मसमर्पण अथवा आत्मग्रसन को धर्म की संज्ञा दी जा सकती है। इस रूप में धर्म को मानव के लिए पूर्वानुभविक मान्यता कहा जाता है।"[1]

प्रसिद्ध जर्मन ईसाई पादरी दिट्रिख बॉनहोयफर ने नात्सियों द्वारा गोली से उड़ाए जाने के पहले जेल से लिखे गए अपने पत्रों में कहा है कि मानव अब वयस्क हो गया है। मानव को अब ईश्वर की आवश्यकता नहीं है: क्योंकि मानव अब अपनी सभी समस्याओं को बिना ईश्वर की दुहाई दिए अपनी शक्तियों द्वारा सुलझाने में समर्थ है। मानव अब बिना किसी धर्म के रह सकता है।[2] इसके उत्तर में या० मसीह कहते हैं–

"मेरी समझ में व्यापक अर्थ में ऐहिकतावादी निरीश्वरवाद को भी धर्म कहा जा सकता है, यदि इस प्रकार का व्यक्ति ऐहिक जीवन को अपना आदर्श मान कर अपने जीवन को इसके सुधार तथा उत्थान के लिए उत्सर्ग कर दे। इसका मुख्य कारण है कि हमलोगों ने धर्म को मानव को धारण रखने की प्रक्रिया में सन्निहित किया है और पाश्चात्य देशों में ऐहिकतावादी समाजवादी तथा निरीश्वरवादी अपने को समाज के उत्थान-कार्य में आत्मनिवेदित कर देते हैं और इस प्रकार सर्वसुखाय एवं सर्वहिताय के आदर्श के आधार पर अपने जीवन को मूल्यपूर्ण; अर्थपूर्ण तथा स्थिर करते हैं। इसलिए, धर्म के इस व्यापक रूप में ऐहिकतावादी निरीश्वरवाद को भी 'धर्म' संज्ञा दी जा सकती है।"[3]

लेकिन, **जहाँ पर आस्था और ईश्वर सहित परलोकवाद का निषेध हो, उसे "धर्म" का नाम देना न सिर्फ तार्किक दृष्टि से असंतोषजनक है, बल्कि सीधे-सीधे भ्रामक है।** और, "धर्म" की ऐसी भ्रामक परिभाषा के आधार पर यह दावा करना भी सही नहीं है कि धर्म मनुष्य का स्वभाव गुण है। इस विश्व को समझने का और उसमें अपने स्थान को निर्धारित करने का प्रयत्न अवश्य ही मनुष्य का स्वभाव गुण है। धर्म के उद्‌गम में भय और असुरक्षा की भावना के अतिरिक्त मनुष्य के इस स्वभाव गुण की भी भूमिका रही है। लेकिन, यह नहीं भूलना चाहिए कि मनुष्य के इस स्वभाव

---

1. याकुब मसीह, ***निरीश्वरवाद: भारतीय एवं पाश्चात्य***, पृष्ठ-3. इसके अलावा देखें, या० मसीह, *सामान्य धर्मदर्शन*, पृष्ठ 15.
2. याकुब मसीह, ***निरीश्वरवाद: भारतीय एवं पाश्चात्य***, पृष्ठ 3-4 और 245.
3. वहीं, पृष्ठ 4.

गुण का सम्बन्ध मनुष्य की तार्किकता से है, और मनुष्य के इसी स्वभाव गुण से दर्शनशास्त्र और विज्ञान का भी जन्म हुआ है। मानवतावाद विज्ञान और वैज्ञानिक चिन्तन पर आधारित जीवन-दर्शन है। आज के समय अधिकांश मानवतावादी मानवतावाद को जीवन-दर्शन या जीवन-मुद्रा (life stance) मानते हैं। (''मानवतावाद'' की विस्तृत चर्चा पुस्तक के प्रथम भाग में की गयी है।)

ऐसा लगता है कि इस विषय पर स्वयं या॰ मसीह के विचारों में बाद में परिवर्तन आया है। 1992 में प्रकाशित अपनी पुस्तक ***सामान्य धर्मदर्शन एवं दार्शनिक विश्लेषण*** में धर्म की ''समकालीन परिभाषा'' की चर्चा करते हुए वे कहते हैं–

''इसलिए साम्यवाद, विज्ञानवाद, मानवतावाद इत्यादि सभी को इस परिभाषा के अंनुसार 'धर्म' संज्ञा दी जाएगी। अतः यह परिभाषा काफी व्यापक है।

यह अतिव्यापक परिभाषा है। परम्परागत धर्मों में 'अलौकिक' तत्त्वों का रहना अनिवार्य है।...इसलिए इसे सर्वमान्य परिभाषा नहीं कहा जाएगा।''[1]

धर्म और नैतिकता

धर्म के स्वरूप की चर्चा हम पहले ही कर चुके हैं। नैतिकता का सम्बन्ध मानव आचरण के सन्दर्भ में ''अच्छे'' (good), ''बुरे'' (bad), ''उचित'' (right) और ''अनुचित'' (wrong) की धारणाओं से होता है। खास तौर से नैतिकता का सम्बन्ध इस बात से होता है कि मानव आचरण को कैसा होना **चाहिए** (ought)। उदाहरण के तौर पर, ''चोरी करना **अनुचित है**'', यह नैतिकता का एक नियम है। इसी तरह, ''हमें जीवन में मोक्ष प्राप्त करने का प्रयत्न करना **चाहिए**'', यह एक नैतिक कथन है।

जीवन में कौन-सी चीजें ''अच्छी'' या पाने योग्य हैं? कौन से कर्म ''उचित'', और कौन से ''अनुचित'' और क्यों? ये नैतिकता से जुड़े कुछ बुनियादी प्रश्न हैं। दर्शनशास्त्र की एक शाखा नीतिशास्त्र के अन्तर्गत इन प्रश्नों का तर्कसंगत उत्तर खोजा जाता है।

धर्म और नैतिकता के बीच सम्बन्ध की चर्चा हम धर्म के स्वरूप और संतोषजनक परिभाषा की चर्चा के सन्दर्भ में भी कर चुके हैं। धर्म और नैतिकता के बीच सम्बन्धों के बारे में ऐतिहासिक दृष्टि से भी विचार किया जा सकता है और अवधारणात्मक दृष्टि से भी। धर्म और नैतिकता के सम्बन्ध के बारे में कई महत्त्वपूर्ण प्रश्न भी उठाए जा सकते हैं: क्या धर्म और नैतिकता पूरी तौर से एक-दूसरे से स्वतन्त्र हैं? क्या धर्म और नैतिकता के बीच अनिवार्य और अटूट सम्बन्ध है? या कि धर्म और नैतिकता के बीच आकस्मिक सम्बन्ध है?

अगर अवधारणात्मक स्तर पर देखा जाए, तो धर्म और नैतिकता के बीच कोई अनिवार्य सम्बन्ध नहीं है। नैतिकता का सम्बन्ध विशेष कर ''उचित'' और ''अनुचित'' के नियमों से, जीवन के लक्ष्यों से है। यह जरूरी नहीं कि इन मूल्य-सम्बन्धी विचारों और आचरण के नियमों का धर्म से ही सम्बन्ध हो। जब इन्हें आस्था और अतिप्राकृतिक

---

1. या॰ मसीह, ***सामान्य धर्मदर्शन एवं दार्शनिक विश्लेषण***, पृष्ठ 31.

में विश्वास पर आधारित किया जाता है तो इनका सम्बन्ध धर्म से जुड़ जाता है। और जब तर्कबुद्धि के आधार पर इनका निर्धारण करने का प्रयत्न किया जाता है, तो इनका सम्बन्ध दर्शनशास्त्र और खास तौर से दर्शनशास्त्र की शाखा नीतिशास्त्र से जुड़ जाता है।

अल्सटन ने इस तथ्य की ओर ध्यान दिलाया है कि कई आदिम समाजों में धार्मिक विश्वासों, कर्मकाण्डों और नैतिक मान्यताओं के बीच कोई वास्तविक सम्बन्ध नहीं रहता।[1] दूसरी ओर, एक मत यह भी है कि नैतिकता का उद्‌गम धर्म से हुआ है, नैतिकता पूरी तरह धर्म पर निर्भर है, और धर्म के बिना नैतिकता का अस्तित्व सम्भव नहीं है। *Ancient Law* के लेखक, हेनरी मैन (Henry Maine) के अनुसार, आदिम समाज में एक पीढ़ी से दूसरी पीढ़ी को कई नियम हस्तान्तरित किए जाते हैं। इनमें से कुछ तकनीकी होते हैं, जिनका सम्बन्ध कृषि, शिकार, मछली पकड़ने आदि से होता है। कुछ नैतिक नियम होते हैं, जिनका सम्बन्ध मानव सम्बन्धों से होता है। इसके अलावा, कुछ धार्मिक नियम होते हैं जिनका सम्बन्ध अतिप्राकृतिक से होता है। आदिम समाज में तकनीकी और धार्मिक नियमों के बीच कोई अन्तर नहीं किया जाता है। इसी तरह, नैतिक और धार्मिक नियमों के बीच भी कोई अन्तर नहीं किया जाता है। नैतिकता के स्रोत और पालन के आधार को भी अतिप्राकृतिक से जोड़ा जाता है। फिर, हेनरी मैन के इस मत की आलोचना भी हुई है।[2] एक मत यह भी है कि नैतिकता का उद्‌गम मानव विकास (evolution) के क्रम में धर्म से भी पहले हुआ है।[3]

अगर नैतिकता का उद्‌गम धर्म से हुआ भी हो, तो भी इससे यह प्रमाणित नहीं होता है कि नैतिकता का धर्म से स्वतन्त्र अस्तित्व नहीं रह सकता है। उदाहरण के तौर पर, भौतिकशास्त्र, समाजशास्त्र और मनोविज्ञान आदि विषयों का उद्‌गम दर्शनशास्त्र से हुआ है, लेकिन आज के समय इनका दर्शनशास्त्र से स्वतन्त्र अस्तित्व है। इसी तरह, आदिम धर्म की स्थिति में धर्म, दर्शन, विज्ञान और जादू के बीच भी कोई स्पष्ट अन्तर नहीं होता है। लेकिन आज के समय इनके बीच अन्तर किया जाता है। इसलिए, **नैतिक मान्यताएँ धर्म से स्वतन्त्र भी रह सकती हैं और रहती हैं।**

अगर आज के प्रमुख प्रचलित धर्मों के सन्दर्भ में धर्म और नैतिकता के सम्बन्ध के बारे में विचार करें, तो हम पाते हैं कि हर धर्म के साथ जीवन के मूल्यों और आचरण के नियमों सम्बन्धी कुछ मान्यताएँ जुड़ी रहती हैं, जिनका स्रोत उन धर्मों के धर्म-ग्रन्थ होते हैं। उदाहरण के तौर पर, हर धर्म में जीवन के सर्वोच्च लक्ष्य के बारे में कुछ मान्यताएँ मौजूद रहती हैं। यहूदी-ईसाई और इस्लाम धर्म के अनुसार जीवन का सर्वोच्च लक्ष्य ''स्वर्ग-प्राप्ति'' है; जबकि जैन और बौद्ध धर्मों के अनुसार जीवन का लक्ष्य मुख्यतः ''मोक्ष'' या ''निर्वाण'' प्राप्त करना है। हिन्दू धर्म के दायरे में ''स्वर्ग-प्राप्ति'' और ''मोक्ष'' दोनों को जीवन का सर्वोच्च लक्ष्य माना गया है।

1. William P. Alston, "Religion" in *The Encyclopedia of Philosophy,* vol. 7, p. 140.
2. Patrick H. Nowell-Smith, "Religion and Morality" in *The Encyclopedia of Philosophy,* vol. 7, p. 151-52.
3. Richard Dawkins, *The God Delusion,* p. 254.

इसी तरह, हर धर्म में नैतिकता के कुछ नियम भी दिए गए हैं। उदाहरण के तौर पर, यहूदी धर्म के मूसा के दस आदेशों में, अन्य बातों के अलावा, यह भी कहा गया है कि ''तुम हत्या नहीं करोगे'', ''तुम परगमन (adultery) नहीं करोगे'', ''तुम चोरी नहीं करोगे'', ''तुम अपने पड़ोसी के विरुद्ध झूठी गवाही नहीं दोगे'' और ''तुम अपने पड़ोसी की किसी वस्तु के लिए लालच नहीं करोगे''।

इसी तरह, जैन धर्म का सम्बन्ध **त्रिरत्न** से है, और बौद्ध धर्म का **अष्टांगिक मार्ग** से। इन दोनों ही धर्मों में सत्य, अहिंसा, अस्तेय (चोरी नहीं करना), अपरिग्रह (वस्तुओं के स्वामित्व का त्याग) और ब्रह्मचर्य को नैतिक सद्गुण माना गया है। हिन्दू धर्म के ***मनुस्मृति*** में अलग-अलग वर्णों और आश्रमों के लिए अलग-अलग ''धर्म'' (कर्त्तव्य) बतलाए गए हैं। ''साधारण धर्म'' और ''वर्णाश्रम धर्म'' के बीच भी अन्तर किया गया है।

इस तरह, इस तथ्य से इनकार नहीं किया जा सकता है कि नैतिकता धर्मों का एक महत्त्वपूर्ण पक्ष है। लेकिन, जैसी कि हम पहले भी चर्चा कर चुके हैं, नैतिकता को धर्म का **एकमात्र** पक्ष, या धर्म और नैतिकता को एक मान लेना सत्य नहीं है। हर धर्म में नैतिकता के अलावे, और भी कई किस्म के विश्वास और कर्मकाण्ड पाए जाते हैं। उदाहरण के तौर पर, ''ईश्वर ने विश्व की रचना की है'', ''मनुष्य का इस पृथ्वी पर बार-बार जन्म होता है'', ''कयामत के दिन सभी मृत लोग फिर से जी उठेंगे'' या ''जीवन में दुःख ही दुःख है'', इनमें से कोई भी नैतिक कथन नहीं है, बल्कि ये सभी तथ्य-सम्बन्धी कथन हैं।

दूसरी ओर, नैतिकता का अस्तित्व धर्म से स्वतंत्र रूप में भी रह सकता है और है। जैसा कि पहले भी उल्लेख किया गया है कि दर्शनशास्त्र की एक शाखा नीतिशास्त्र के अन्तर्गत ''उचित'' (right) और ''अनुचित'' (wrong) कर्मों के तर्कसंगत मापदण्डों की तलाश की जाती है। इस तलाश के परिणामस्वरूप जो नैतिकता सामने आती है, वह धर्मनिरपेक्ष और मानवीय नैतिकता होती है, जिसका किसी भी धर्म से सम्बन्ध नहीं रहता है। उदाहरण के तौर पर, हम ''उपयोगितावाद'' (utilitarianism) को ले सकते हैं, जिसे लोकतान्त्रिक चिंतन के आधार के रूप में भी स्वीकार किया जाता है। उपयोगितावाद के अनुसार, कोई भी नैतिक नियम या कर्म तभी ''उचित'' होता है, जब वह ''उपयोगी'' हो। अगर उस नैतिकता के नियम के पालन का, या किसी कर्म का, परिणाम अच्छा हो, तो वह उचित है, और अगर परिणाम बुरा हो, तो अनुचित। परिणाम के अच्छे होने का मापदण्ड ''सभी व्यक्तियों के अधिकतम सुख'' के ''उपयोगिता सिद्धान्त'' को माना गया है। संक्षेप में, अगर किसी नैतिकता के नियम के पालन या कर्म के परिणामस्वरूप अधिकतम व्यक्ति के अधिकतम सुख में वृद्धि होती हो, तो वह उचित है, और अगर उसके परिणामस्वरूप हम इसके विपरीत दिशा में जाते हों, तो अनुचित। उपयोगितावादी दृष्टि से स्वतंत्रता, समता और बन्धुता के सामाजिक आदर्शों का समर्थन भी किया जा सकता है।[1] आज इन आदर्शों को

---

1. रमेन्द्र, ***समाज और राजनीति दर्शन***, पृष्ठ 25-26.

लोकतांत्रिक मूल्यों के रूप में अन्तरराष्ट्रीय स्तर पर मान्यता मिली हुई है। ''मानव अधिकारों'' (Human Rights) की अवधारणा भी मजबूती से स्थापित हो चुकी है। इनका किसी भी धर्म से या परलोकवाद से कोई सम्बन्ध नहीं है। इस तरह, धर्मनिरपेक्ष या धर्म से स्वतंत्र और इहलोकवादी नैतिकता का भी काफी विकास हो चुका है।

पिछले अध्याय में भी हम उल्लेख कर चुके हैं कि धर्मों के दायरों में मौजूद नैतिक मान्यताओं का सीधा सम्बन्ध नीतिशास्त्र के विषय-वस्तु से है। फर्क यह है कि नीतिशास्त्र में तर्कबुद्धि के आधार पर नैतिकता से जुड़ी समस्याओं के समाधान का प्रयत्न किया जाता है। जबकि धर्मों में नैतिकता को ईश्वर और/या धर्म के संस्थापकों और/या धर्मग्रन्थों में आस्था के आधार पर सम्बन्धित नैतिक मान्यताओं को स्वीकार करवाने का प्रयत्न किया जाता है। उदाहरण के तौर पर, यहूदी-ईसाई-इस्लाम धर्म में ईश्वर, पैगम्बर, श्रुत धर्मग्रन्थ, पुनरुत्थान, कयामत के दिन और स्वर्ग-नरक में आस्था के आधार पर नैतिक मान्यताओं का पालन कराने की कोशिश की जाती है। जैन और बौद्ध धर्म में अपने संस्थापकों में और पुनर्जन्म और मोक्ष जैसे लक्ष्यों में आस्थां के आधार पर नैतिकता को स्वीकार किया जाता है। हिन्दू धर्म में स्थिति कुछ मिली-जुली है। इसमें मुख्यतः धर्मग्रन्थों में और पुनर्जन्म, मोक्ष या स्वर्ग-नरक में आस्था के आधार पर नैतिकता के नियमों का समर्थन किया जाता है। इसके अलावा, ईश्वर की सहायता भी ली गयी है। उदाहरण के तौर पर, ***मनुस्मृति*** में कहा गया है कि इस विश्व के सृष्टिकर्त्ता ब्रह्मा ने ही अलग-अलग वर्ण बना कर उनके ''धर्मों'' का निर्धारण कर दिया। संक्षेप में, धर्म से जुड़ी नैतिकता का आधार तर्कबुद्धि नहीं, बल्कि आस्था और नरक या ''अगले जन्म'' में बदतर स्थिति में पैदा होने का भय होता है। इस तरह, धार्मिक नैतिकता का सम्बन्ध ईश्वर, श्रुति, मृत्यु के बाद जीवन, पुनर्जन्म, पुनरुत्थान, स्वर्ग और नरक या मोक्ष और निर्वाण जैसी अतिप्राकृतिक या परलोकवादी धारणाओं से होता है, जिनके अस्तित्व का कोई वैज्ञानिक प्रमाण नहीं है। तार्किक दृष्टि से ''स्वर्ग'' और ''मोक्ष'' को जीवन के चरम लक्ष्य के रूप में स्वीकार कर पाना सम्भव नहीं है (देखें, ''मोक्ष प्राप्ति के पथ'')।

यह सम्भव है कि धर्मों के दायरे में कुछ ऐसी नैतिक मान्यताएँ भी हों, जिनका समर्थन स्वतंत्र रूप में तर्कबुद्धि के आधार पर भी किया जा सकता हो। लेकिन, दूसरी ओर, यह भी सच है कि धर्मों के दायरे में ऐसी बातों को भी ''उचित'' बतलाया गया है, जो स्वतंत्र रूप से तर्कबुद्धि के आधार पर देखने पर सरासर अनुचित हैं। उदाहरण के तौर पर, लगभग सभी धर्मों में औरत-मर्द के लिए दोहरे नैतिक मापदण्ड बतलाए गए हैं। कुछ धर्मों में गुलामी की प्रथा को भी मान्यता प्रदान की गयी है। हिन्दू धर्म में वर्ण-व्यवस्था और छुआछूत का समर्थन किया गया है।

इसके अलावा, धर्म और उससे जुड़ी नैतिकता इन्सान को हिन्दू, मुसलमान, सिक्ख और ईसाई जैसे अलग-अलग खेमों में बाँट देती है। धार्मिक असहिष्णुता के कारण दुनिया के इतिहास में अब तक काफी खून खराबा हो चुका है (देखें, ''धार्मिक

रूढ़िवादिता और धार्मिक सहिष्णुता'')। कई बार धर्मों के दायरे में अपने धर्म को मानने वालों के प्रति तो उदारता दिखलायी जाती है, लेकिन ''नास्तिकों'' और ''काफ़िरों'' के प्रति कोई रहम नहीं दिखलायी जाती है।

धर्मों से जुड़ी नैतिकता के बारे में तार्किक दृष्टि से और भी कई प्रश्न उठाए जा सकते हैं। एकेश्वरवादी धर्मों के अन्तर्गत ईश्वर को ''सर्वशक्तिमान'' माना जाता है। प्रश्न यह है कि अगर ईश्वर ''सर्वशक्तिमान'' है, तो एकेश्वरवाद के अन्तर्गत तार्किक दृष्टि से संगत रहते हुए मानव के संकल्प की स्वतंत्रता की कहाँ तक गुंजाइश है? अगर इन्सान की ''तकदीर'' ईश्वर द्वारा पहले से ही निर्धारित है, तो फिर उसे उसके कर्मों के लिए कैसे उत्तरदायी माना जा सकता है? फिर, मानव के नैतिक उत्तरदायित्व के अभाव में नैतिकता का क्या अर्थ रह जाता है? एक प्रश्न यह भी है कि स्वर्ग के लोभ और नरक के भय के आधार पर किए गए आचरण को किस हद तक ''नैतिक'' कहा जा सकता है? इसके अलावा, धर्मों के दायरे में कई बार ''पापों के प्रायश्चित'' की सुविधा भी प्रदान की जाती है, इसे कहाँ तक सही माना जा सकता है?

संक्षेप में, धर्मों से जुड़ी नैतिकता आस्था पर आधारित, परलोकवादी, परस्पर विभाजित करने वाली और अपर्याप्त होती है। आज के विज्ञान के युग में जैसे-जैसे लोग वैज्ञानिक चिंतन पद्धति को अपनाएँगे और अतिप्राकृतिक या ''परलोक'' में विश्वास या आस्था का क्षय होता जाएगा, वैसे-वैसे धर्मों से जुड़ी नैतिकता भी कमजोर पड़ते-पड़ते अप्रासंगिक हो जाएगी। एक तरह से इस प्रक्रिया की शुरूआत हो चुकी है। इसलिए, नैतिकता को धर्म से स्वतंत्र कर, तर्कसंगत और इहलोकवादी नैतिकता का विकास, प्रचार और प्रसार ही मानव हित में है। आज दुनिया भर के मानवतावादी, जो सभी धर्मों को अस्वीकार करते हैं, तर्कसंगत और धर्मनिरपेक्ष नैतिकता का समर्थन करते हैं। मानवतावादियों के अनुसार नैतिकता मानव बुद्धि और मानव स्वभाव में अन्तर्निहित सहानुभूति पर आधारित है। नैतिकता मानवीय सृजन और एक सामाजिक आवश्यकता है। नैतिकता को मानव बुद्धि एवं मानव की सामान्य और बुनियादी आवश्यकताओं और इच्छाओं पर आधारित किया जा सकता है। मानवतावादियों की राय में नैतिकता को अतिप्राकृतिक पर आधारित करने की कोई आवश्यकता नहीं है। बल्कि मानव हित में नैतिकता को धर्म से स्वतंत्र किया जाना चाहिए। (देखें ''मानवतावाद'', भाग-1)

प्रश्न

1. What is religion? Determine its role in the individual and social life. (1980)
2. What is to be religious? Is religion only a personal matter? Discuss. (1981)
3. Do religious values confilict with moral values? Explain in this context the utility of religious education in our schools. (1982)
4. Analyse the following view and explain (in not more than 200 words) whether it can be accepted. (1983)

   (a) religion is morality touched by emotion.

5. निम्नलिखित पर टिप्पणी लिखिए, किन्तु वह 200 शब्दों से अधिक में न हो—

(a) धर्म वह निजी मूल्यांकन-मार्ग है जो अत्यन्त अशेषता (comprehensively) और गम्भीरता से किया जाता है। (1986)

6. निम्नलिखित कथन पर आलोचनात्मक टिप्पणी लिखिए। टिप्पणी 200 शब्दों से अधिक में न हो—

(a) धर्म नैतिकता से वृहत्तर है (1990)

7. निम्नलिखित पर आलोचनात्मक टिप्पणी लिखिए। प्रत्येक टिप्पणी 200 शब्दों से अधिक में न हो—

(a) धर्म में नैतिकता का स्थान (1992)

8. 'धर्म' की विविध परिभाषाएँ दीजिए और उनकी परीक्षा कीजिए। इनमें कौन-सी सर्वाधिक ग्राह्य है और क्यों? (1995)

9. निम्नलिखित पर अधिक से अधिक 200 शब्दों में तर्कपूर्ण टिप्पणी लिखिए—

(क) धर्म और नैतिकता (1997)

10. निम्नलिखित पर अधिक-से-अधिक 200 शब्दों में आलोचनात्मक टिप्पणी लिखिए—

(क) धर्म में प्रार्थना का स्थान (ख) अनीश्वरवादी धर्म (1998)

11. धर्म को प्रायः अलौकिक सत्ता में विश्वास पर आधारित माना जाता है। परन्तु कुछ विचारक (उदाहरणतः ऑगस्ट कॉम्त, जॉन डीवी, हक्सले, एरिक फ्रॉम) अलौकिक (पारलौकिक) को नकारते हैं एवं धर्म के प्रकृतिवादी पुनर्निमाण का प्रयास करते हैं। इस दिशा में किए गए कतिपय मुख्य प्रयासों का आलोचनात्मक विवेचन कीजिए। (1998)

12. निम्नलिखित पर अधिक-से-अधिक 200 शब्दों में आलोचनात्मक टिप्पणी लिखिए—

(क) धर्म एवं नैतिकता (1999)

13. निम्नलिखित पर अधिक-से-अधिक 200 शब्दों में आलोचनात्मक टिप्पणी लिखिए—

(क) धर्म और नैतिकता (2000)

14. निम्नलिखित पर अधिक-से-अधिक 200 शब्दों में आलोचनात्मक टिप्पणी लिखिए—

(क) धार्मिक होने का अर्थ है किसी संस्थापित धर्म का सदस्य होना। (2001)

15. धर्म से आप क्या समझते हैं? क्या आपके अनुसार ईश्वर के अस्तित्व में विश्वास धर्म का आवश्यक अंग है? विवेचना कीजिए। (2001)

16. धर्म एवं नैतिकता के पारस्परिक सम्बन्ध के सन्दर्भ में दो विरोधाभासी मत हैं। एक मत के अनुसार नैतिकता उद्‌गम के लिए दिव्य, अनुभवातीत स्रोत की आवश्यकता है ताकि नैतिकता बाध्यकारी तथा वस्तुनिष्ठ हो। दूसरे मत का तर्क ऐसी नैतिकता के पक्ष में है जो विशुद्ध रूप से धर्मनिरपेक्ष तथा पूर्णतः मानव-तर्कणा पर आधारित हो। आपके अनुसार इन दो मतों में कौन-सा एक मत सही है तथा क्यों? विवेचना कीजिए। (2001)

17. निम्नांकित पर अधिक-से-अधिक 200 शब्दों में आलोचनात्मक टिप्पणी लिखिए—

(क) ईश्वरविहीन धर्म (2002)

18. "नैतिकता के बिना धर्म खोखला होता है और धर्म के बिना नैतिकता अन्धी।" क्या आप इस विचार से सहमत हैं? अपने मत के समर्थन में तर्क दीजिए। (2002)

19. क्या ईश्वर और धर्म नैतिकता की आवश्यक पूर्वमान्यताएँ हैं? आप कांट के अनुसार अपने उत्तर को सोदाहरण स्पष्ट कीजिए। इसी संदर्भ में निरीश्वरवादी के लिए नैतिकता के सम्भव कारणों पर समालोचनात्मक विचार कीजिए। (2003)

20. जब धर्म की परिभाषा ''रैलिगेयर'' (religare) की जाती है, तब क्या बुद्धवाद और जैनवाद धर्म है? किसी संगठन के धर्म कहलाने के लिए क्यार कसौटियाँ हैं? क्या धर्म में इंद्रियातीत यथार्थता होनी चाहिए? चर्चा कीजिए।(2003)

21. निम्नांकित पर अधिक-से-अधिक 200 शब्दों में आलोचनात्मक टिप्पणी लिखिए—

(क) ''धर्मनिरपेक्ष नैतिकता इस प्रश्न का संतोषजनक उत्तर नहीं दे सकती है कि मैं सदैव नैतिक क्यों रहूँ।'' (2004)

22. क्या निरीश्वरवाद भी एक धर्म हो सकता है? चर्चा कीजिए। (2005)

23. धार्मिक और धर्मनिरपेक्ष नैतिकता में भेद कीजिए। इस संदर्भ में उस मत का विवेचन कीजिए जिसके अनुसार धर्मनिरपेक्ष नैतिकता धार्मिक नैतिकता से श्रेष्ठ है क्योंकि धार्मिक नैतिकता सारतः नियम आधारित होती है, जिसके अन्तर्गत फल (consequence) की ओर निर्णायक भूमिका नहीं होती। इसके विपरीत धर्मनिरपेक्ष नैतिकता, अपने उत्कृष्ट रूप में, सर्वश्रेष्ठ फल प्राप्ति का उद्देश्य रखती है। (2006)

24. निम्नलिखित पर अधिक-से-अधिक 200 शब्दों में समालोचनात्मक टिप्पणी लिखिए—

(क) नैतिकता के बिना धर्म का औचित्य। (2008)

❑

अध्याय 30

धार्मिक भाषा का दर्शन

धर्म-दर्शन दर्शनशास्त्र की एक शाखा है। इसलिए, दर्शन की समकालीन प्रवृत्तियों का धर्म-दर्शन पर असर पड़ना स्वाभाविक है। तर्कीय प्रत्यक्षवाद और भाषा-विश्लेषण जैसी बीसवीं सदी की दार्शनिक धाराओं का असर धर्म-दर्शन पर भी पड़ा है। **धार्मिक भाषा के स्वरूप का निर्धारण समकालीन धर्म-दर्शन की एक प्रमुख समस्या है**, और इसके लिए कई सिद्धान्त प्रस्तुत किए गए हैं।

जॉन हिक के अनुसार धर्म-दर्शन में की जाने वाली भाषा की चर्चा का सम्बन्ध दो मुख्य समस्याओं से रहता है—इसमें से पहली समस्या *धार्मिक सन्दर्भ में वर्णनात्मक पदों (descriptive terms) के विशेष अर्थ की है।* इस समस्या की चर्चा मध्ययुगीन विचारकों द्वारा की गयी थी, और आज भी इसका अन्वेषण समकालीन दार्शनिक विधि का इस्तेमाल करते हुए किया जा रहा है। दूसरी समस्या समकालीन विश्लेषणात्मक दर्शन से जुड़ी हुई है। इसका सम्बन्ध **धार्मिक भाषा के मौलिक स्वरूप या कार्य (basic function) के निर्धारण से है।**[1]

धार्मिक भाषा की विशिष्टता

हिक के अनुसार धार्मिक भाषा में ईश्वर के सन्दर्भ में कई पदों का प्रयोग **विशेष अर्थ में किया जाता है, जो आम बोलचाल या विज्ञान में उस शब्द के अर्थ से अलग होता है।** उदाहरण के तौर पर, जब यह कहा जाता है कि 'ईश्वर ने ऐसा कहा...'' तो उस समय इसका यह अर्थ नहीं होता है कि ईश्वर का कोई शरीर और मुँह है, जिसके जरिए उसने उस ढंग से कुछ ''कहा'', जिस ढंग से साधारण रूप से इन्सान कुछ कहते हैं। यहाँ पर ''कहा'' शब्द का प्रयोग आम बोलचाल से कुछ अलग हट कर किया गया है। इसी तरह, अगर यह कहा जाता है कि 'ईश्वर विशाल है'', तो उसका अर्थ यह नहीं है कि ईश्वर किसी विशाल पहाड़ की तरह बहुत अधिक स्थान घेरे हुए है। इस तरह, इन शब्दों के सुपरिचित सेक्युलर अर्थ और धर्मशास्त्रीय सन्दर्भों में इनके अर्थ के बीच एक लम्बी दूरी रहती है।

अक्वाइनस का सादृश्य सिद्धान्त

मध्ययुगीन ईसाई धर्मशास्त्री अक्वाइनस के अनुसार जब ''शुभ'' (good) जैसे किसी शब्द का ईश्वर के सन्दर्भ में इस्तेमाल किया जाता है, तो वह बिल्कुल उसी अर्थ में नहीं किया जाता है, जिस अर्थ में उसका इस्तेमाल आम बोलचाल में होता है। ईश्वर

1. John H. Hick, *Philosophy of Religion* (New Delhi : Prentice-Hall of India, 1978), p. 68.

उस अर्थ में ''शुभ'' या ''अच्छा'' नहीं है, जिस अर्थ में हम किसी इन्सान को ''शुभ'' कहते हैं। लेकिन इसका यह भी अर्थ नहीं है कि ईश्वर के सन्दर्भ में ''शुभ'' शब्द का इस्तेमाल आम बोलचाल से बिल्कुल ही अलग और असम्बद्ध अर्थ में किया जाता है। अक्वाइनस के अनुसार धार्मिक सन्दर्भ में ''शुभ'' शब्द का इस्तेमाल न तो **एकार्थक** रूप में (univocally) किया जाता है न **अनेकार्थक रूप में** (equivocally), बल्कि यह इस्तेमाल एक **सादृश्य** के रूप में (analogically) किया जाता है।

इसे एक उदाहरण के जरिए समझा जा सकता है। ''वफादार'' शब्द का इस्तेमाल इन्सान के सन्दर्भ में भी किया जाता है, और कुत्तों के सन्दर्भ में भी। अब, इन्सान और कुत्तों की चेतना-स्तर में काफी अन्तर है। इसलिए, इन्सान की ''वफादारी'' और कुत्ते की वफादारी में अन्तर होगा। स्पष्ट है कि दोनों सन्दर्भों में इस शब्द का इस्तेमाल बिल्कुल एक ही अर्थ में (univocally) नहीं किया जाता है। लेकिन यह भी नहीं कहा जा सकता है कि दोनों सन्दर्भों में ''वफादार'' शब्द का प्रयोग बिल्कुल ही अलग और असम्बद्ध अर्थों में (equivocally) किया जा रहा है। इन्सान की ''वफादारी'' और कुत्ते की वफादारी में कुछ समानता या सादृश्य जरूर है। इसलिए, दोनों सन्दर्भों में इस शब्द का प्रयोग किया जाता है। इसे ही अक्वाइनस ने किसी शब्द का दो भिन्न सन्दर्भों में **सादृश्यात्मक** (analogical) प्रयोग कहा है। **यहाँ पर दोनों अर्थों में भिन्नता भी होती है और समानता भी।** उदाहरण के तौर पर, जब ईश्वर को ''शुभ'' कहा जाता है, तो इसका अर्थ यह होता है कि ईश्वर हर तरह से पूर्ण (perfect) है। इसमें उस अर्थ से समानता भी है, जिस अर्थ में किसी इन्सान को शुभ कहा जाता है, और अन्तर भी, क्योंकि कोई भी इन्सान ईश्वर की तरह ''सम्पूर्ण'' नहीं हो सकता है।

पॉल तीलिख का प्रतीक सिद्धान्त

समकालीन ईसाई धर्मशास्त्री पॉल तीलिख ने धार्मिक भाषा के लिए प्रतीक सिद्धान्त का प्रतिपादन किया है। तीलिख के अनुसार **धार्मिक भाषा का स्वरूप प्रतीकात्मक (symbolic) होता है।** तीलिख ने ''चिह्न'' (sign) और **''प्रतीक''** (symbol) के बीच अन्तर किया है। तीलिख के अनुसार दोनों ही अपने से परे किसी वस्तु का संकेत देते हैं। लेकिन ''चिह्न'' यह संकेत मनमानी परम्परा (arbitrary convention) के आधार पर देता है, जैसे, चौराहे पर लाल बत्ती ड्राइवर को रुकने का संकेत देती है। इस तरह, ''चिह्न'' और जिसका वह संकेत देता है, दोनों के बीच बाह्य सम्बन्ध होता है। इसके विपरीत, ''प्रतीक'', **जिसका संकेत देता है, उसमें शामिल भी होता है** ("participates in that to which it points")। उदाहरण के तौर पर, तीलिख के अनुसार, राष्ट्रीय ध्वज राष्ट्र की जिस शक्ति और गरिमा का प्रतिनिधित्व करता है, उसमें स्वयं भी शामिल रहता है। इस तरह, ''प्रतीक'' और जिसका वह संकेत देता है, दोनों के बीच मनमाना और बाह्य सम्बन्ध नहीं, बल्कि एक आन्तरिक सम्बन्ध रहता है।

तीलिख की राय में धार्मिक आस्था (faith) ''अन्तिम रूप से संलग्न'' (ultimately concerned) होने की स्थिति है। इस ''आधारभूत दिलचस्पी'' की अभिव्यक्ति

''प्रतीकात्मक'' भाषा में ही की जा सकती है। **आस्था की भाषा ''प्रतीकों'' की भाषा है। यह अपने से परे का संकेत, उसमें शामिल होते हुए देती है।**

इस तरह, अक्वाइनस की तरह तीलिख ने भी यह माना है कि धार्मिक भाषा में शब्दों और विशेषणों का प्रयोग बिल्कुल शाब्दिक अर्थ (literal sense) में नहीं किया जाता है। तीलिख के अनुसार, ईश्वर के बारे में एक ही वाक्य है जिसका अर्थ प्रतीकात्मक नहीं, बल्कि शाब्दिक है—''ईश्वर स्वयं सत् है'' (God is Being-itself)। इस एक तर्कवाक्य को छोड़कर ईश्वर के बारे में सभी तर्कवाक्य, जैसे, ''ईश्वर शुभ है'', ''ईश्वर व्यक्तित्वपूर्ण है'', ''ईश्वर विश्व का रचयिता है'', ''ईश्वर प्राणियों से प्रेम करता है'', आदि, ''प्रतीकात्मक'' हैं। इन्हें शाब्दिक रूप में नहीं लिया जा सकता है। पॉल तीलिख स्वयं निरीश्वरवादी नहीं हैं, लेकिन उनके प्रतीक सिद्धान्त से समसामयिक निरीश्वरवाद के विकास को बल मिला है। वे निरीश्वरवादियों से इस बात पर सहमत हैं कि मानवत्व-आरोपी देवता (anthropomorphic deity) को अस्वीकार किया जाना चाहिए।[1]

प्रश्न उठाया जा सकता है कि धार्मिक भाषा के बारे में अक्वाइनस और तीलिख के सिद्धान्त संज्ञानात्मक (cognitive) हैं, या असंज्ञानात्मक (non-cognitive)?

याकुब मसीह के अनुसार धर्मों में पाए जाने वाले तर्कवाक्यों को तीन मुख्य वर्गों में रखा जा सकता है—

(i) **असंज्ञानात्मक कथन,** जिनमें आशीष, प्रार्थना, आज्ञा, प्रबोधन (exhortation) आदि व्यक्त किए जाते हैं, जैसे, ''हे परमेश्वर! मेरे पापों को क्षमा कर!'' इसमें ऐसी कोई सूचना नहीं दी जा रही है, जिसे सत्य या असत्य कहा जाए।

(ii) **संज्ञानात्मक तर्कवाक्य,** जो शाब्दिक रूप में या अक्षरशः सत्य या असत्य हो सकते हैं। इनके ऐतिहासिक, वर्णनात्मक, भविष्यसूचक, व्याख्यात्मक और आत्मकथात्मक तर्कवाक्य आते हैं। जैसे, ''मुझे राम के दर्शन हुए'' या ''राम अयोध्या के राजा थे''। इन वाक्यों के सत्यता की जाँच की जा सकती है।

(iii) **अर्धसंज्ञानात्मक तर्कवाक्य** या ऐसे तर्कवाक्य जिन्हें शाब्दिक रूप में सत्य या असत्य नहीं कहा जा सकता है, लेकिन जिनका किसी-न-किसी रूप में वास्तविकता से सम्बन्ध रहता है। कई विचारकों के अनुसार हालांकि ईश्वर के सम्बन्ध में विशेषणों का प्रयोग अक्षरशः या शाब्दिक रूप में नहीं किया जाता है, फिर भी, ईश्वर की अपनी सत्ता है, जिसे इन विशेषणों द्वारा विभूषित किया जाता है। इसलिए, ये विशेषण कितने भी टूटे-फूटे क्यों न हो, किसी-न-किसी रूप में, चाहे अर्धयथार्थ रूप में ही सही, ईश्वर का उल्लेख करते हैं। इसलिए, ऐसे विचारकों के अनुसार, ईश्वर सम्बन्धी ऐसे तर्कवाक्यों को अर्धसंज्ञानात्मक (quasi-cognitive) कहा जा सकता है। याकुब मसीह के अनुसार अक्वाइनस और तीलिख के धार्मिक भाषा सम्बन्धी सिद्धान्तों को अर्धसंज्ञानात्मक कहा जा सकता है।[2]

---

1. Paul Edwards, "Atheism" in *The Encyclopedia of Philosophy*, vol. 1, p. 180.
2. या० मसीह, ***सामान्य धर्मदर्शन*** (पटना : मोतीलाल बनारसीदास, 1985), पृष्ठ-72-73.

धार्मिक भाषा और सत्यापनीयता

विलियम पी० अल्स्टन के अनुसार धार्मिक सन्दर्भ में बोले गए वाक्य कई किस्म के होते हैं। इनमें प्रशंसा, याचना, धन्यवाद, प्रेरणा, ऐतिहासिक तथ्य, घटनाओं का विवरण, भविष्यवाणियाँ, विश्व के बारे में परिकल्पना, मूल्यांकन, नैतिक मापदण्ड आदि शामिल रहते हैं। लेकिन धार्मिक भाषा की दार्शनिक चर्चाओं में इनमें से एक किस्म के कथनों (statements) पर अधिक ध्यान दिया जाता है—**ईश्वर के अस्तित्व, स्वरूप और कार्यों से सम्बन्धित तथ्यपरक तर्कवाक्यों या धर्मशास्त्रीय कथनों (theological statements) पर।**[1]

अल्स्टन के अनुसार ऐसा इसलिए होता है, क्योंकि धर्म के क्षेत्र में भी दार्शनिकों की मुख्य रुचि **धर्म के औचित्य और महत्त्व में होती है।** आम तौर से यह समझा जाता है कि धार्मिक गतिविधियों का कोई औचित्य है या नहीं, यह इस बात पर निर्भर है कि उन धर्मशास्त्रीय कथनों को स्वीकार करने के लिए पर्याप्त आधार है या नहीं, जिन पर ये गतिविधियाँ आश्रित रहती हैं। उदाहरण के तौर पर, जब कोई व्यक्ति, याचना या अर्जी करते हुए प्रार्थना करता है, तो उसकी इस क्रिया में यह मान्यता अन्तर्निहित रहती है कि कोई ईश्वर उसकी प्रार्थना को सुनेगा और उसका उत्तर देगा। स्पष्ट है कि धर्म-दर्शन में जब **धार्मिक भाषा के संज्ञानात्मक या असंज्ञानात्मक होने का प्रश्न उठाया जाता है, तो ऐसा धर्मशास्त्रीय कथनों के सन्दर्भ में किया जाता है।**

समकालीन धर्म-दर्शन में धार्मिक भाषा की असंज्ञानात्मक व्याख्या भी की गयी है, लेकिन जैसा कि जॉन हिक ने ध्यान दिलाया है, परम्परागत रूप से यहूदी और ईसाई धर्म में इन धर्मों की बुनियादी मान्यताओं को तथ्यपरक (factual) समझा जाता है। उदाहरण के तौर पर, ऐतिहासिक दृष्टि से धार्मिक लोग सामान्यतः "ईश्वर मानवता से प्रेम करता है" जैसे कथनों को न सिर्फ संज्ञानात्मक बल्कि सत्य मानते हैं।[2]

धार्मिक भाषा की समकालीन चर्चाओं में धार्मिक भाषा के सत्यापनीयता का प्रश्न भी उठाया गया है। तर्कीय प्रत्यक्षवादियों (logical positivists) के "अर्थ के सत्यापनीयता सिद्धान्त" (verifiability theory of meaning) के अनुसार **किसी तथ्य-सम्बन्धी (संश्लेषनात्मक) तर्कवाक्य को शाब्दिक अर्थ में सार्थक तभी माना जा सकता है, जब इन्द्रियानुभव द्वारा उसका सत्यापन (verification) सम्भव हो।** अगर कोई तर्कवाक्य तथ्यों की जानकारी देने का दावा करता हो और सिद्धान्ततः इन्द्रियानुभव या वैज्ञानिक विधि द्वारा उसका सत्यापन ही सम्भव न हो, तो फिर ऐसे तर्कवाक्य के सत्य या असत्य होने का कोई प्रश्न ही नहीं उठता है, बल्कि वह वाक्य शाब्दिक रूप में एक निरर्थक वाक्य है।

---

1. William P. Alston, "Religious Language" *in The Encyclopedia of Philosophy*, vol. 7, pp. 168-69.
2. John H. Hick, Op. Cit, p. 75.

ए॰ जे॰ एयर

अर्थ के सत्यापनीयता सिद्धान्त को धर्मशास्त्र पर लागू करते हुए यह दिखलाने का प्रयत्न किया गया है कि किसी अनुभवातीत (transcendent) ''ईश्वर'' के बारे में किसी भी कथन के सत्य या असत्य होने का प्रश्न ही नहीं उठता है, क्योंकि ऐसे सभी कथन निरर्थक होते हैं। उदाहरण के तौर पर, ए॰ जे॰ एयर ने अपनी पुस्तक *Language, Truth and Logic* में ऐसा प्रयत्न किया है।

एयर ने अपनी किताब के छठे अध्याय "Critique of Ethics and Theology" (नीतिशास्त्र और धर्मशास्त्र की समीक्षा) में इस विषय पर चर्चा की है। एयर के अनुसार किसी वाक्य का कोई शाब्दिक अर्थ तभी और सिर्फ तभी होता है जबकि उसके द्वारा व्यक्त तर्कवाक्य या तो विश्लेषणात्मक हो या उसका सत्यापन इन्द्रियानुभव द्वारा सम्भव हो।[1]

एयर की रुचि मुख्यतः इस प्रश्न में है कि ''ईश्वर'' सम्बन्धी वाक्य ''सार्थक'' होते हैं या नहीं। एयर के अनुसार अगर ''ईश्वर'' को प्राकृतिक वस्तुओं से जोड़ा जाता हो, तो ऐसे ईश्वर सम्बन्धी कथनों को ''सार्थक'' माना जा सकता है। लेकिन, ''ईसाई धर्म जैसे ईश्वर'' सम्बन्धी वाक्य को सार्थक नहीं माना जा सकता है, क्योंकि ऐसे ईश्वर के बारे में यह दावा किया जाता है कि वह ''अनुभवातीत'' है। एयर के अनुसार ईश्वर को अनुभवातीत मानने पर ''ईश्वर'' एक तत्वमीमांसीय पद बन जाता है, और ''ईश्वर का अस्तित्व है'' एक तत्वमीमांसीय वाक्य, जिसके सत्य या असत्य होने का कोई प्रश्न ही नहीं उठता है। ऐसे सभी वाक्य, जो अनुभवातीत ईश्वर की प्रकृति का वर्णन करने का दावा करते हैं, शाब्दिक दृष्टि से निरर्थक होते हैं।[2]

इसी तरह, एयर के अनुसार यह दावा करना कि मनुष्य के शरीर के अन्दर ''आत्मा'' जैसी कोई चीज होती है, जिसका प्रत्यक्ष नहीं होता है, और जो मनुष्य के मृत्यु के बाद भी जीवित रहती है, एक तत्वमीमांसीय वाक्य है। अनुभवातीत ईश्वर-सम्बन्धी वाक्यों की तरह इस वाक्य के भी सत्य या असत्य होने का कोई प्रश्न ही नहीं है। यह एक शाब्दिक दृष्टि से निरर्थक वाक्य है।[3]

जॉन विस्डम

1945 में पहली बार *Proceedings of the Aristotelian Society* में प्रकाशित अपने प्रभावशाली निबन्ध "Gods" में जॉन विस्डम ने सत्यापनीयता के सिद्धांत को धर्मशास्त्रीय कथनों पर लागू किया है।

जॉन विस्डम ने अपने इस निबन्ध में धर्मशास्त्रीय मतभेदों की व्याख्या एक बगीचे के सादृश्य (analogy) के द्वारा की है। दो व्यक्ति, काफी समय बाद एक लम्बे समय से उपेक्षित बगीचे में जाते हैं, और वहाँ झाड़ियों के बीच कुछ पुराने फूलों को अभी

1. A. J. Ayer, *Language, Truth and Logic*, p. 7.
2. A. J. Ayer, Op. Cit., pp. 151-54.
3. Ibid., p. 154.

भी सुरक्षित पाते हैं। उनमें से एक कहता है कि अवश्य कोई माली उस बगीचे की देखभाल करता रहा है, जबकि दूसरा व्यक्ति इस पर सन्देह व्यक्त करता है। छानबीन करने पर यह मालूम होता है कि आसपास के लोगों ने कभी भी उस बगीचे में किसी को काम करते हुए नहीं देखा है। फिर, उन्हें यह जानकारी भी मिलती है कि अगर किसी बगीचे को अपने हाल पर छोड़ दिया जाए, तो वह ऐसा ही रूप ग्रहण कर लेता है। लेकिन इसके बावजूद पहला व्यक्ति अपनी प्राक्कल्पना (hypothesis) को छोड़ता नहीं है, बल्कि अब यह कहता है कि कोई ऐसा व्यक्ति, जिसका इन्द्रियों द्वारा ज्ञान नहीं मिलता है, उस बगीचे की देखभाल करता है। अब, यहाँ पर पहले व्यक्ति ने अपनी "माली" प्राक्कल्पना को इस तरह बदल दिया है कि इन्द्रियानुभव द्वारा उसे सत्य या असत्य साबित नहीं किया जा सकता है। ऐसे में कहा जा सकता है कि वह जो कुछ कह रहा है वह वास्तविक जगत के बारे में कोई तथ्य-सम्बन्धी तर्कवाक्य नहीं है। इससे मात्र उसकी अभिवृत्ति (attitude) की अभिव्यक्ति हो रही है।

इसी तरह, अगर **"ईश्वर" को भी इन्द्रियानुभव से परे मान लिया जाए, तो मानना पड़ेगा कि ईश्वर-सम्बन्धी कथन इस विश्व के बारे में तथ्य-सम्बन्धी तर्कवाक्य नहीं हैं।** अगर एक व्यक्ति, यह कहता है कि "ईश्वर का अस्तित्व है" और दूसरा व्यक्ति यह कहता है कि "ईश्वर का अस्तित्व नहीं है" तो उनका मतभेद इन्द्रियानुभविक तथ्यों के बारे में कोई मतभेद नहीं है। दोनों में से किसी भी कथन का सिद्धांततः सत्यापन सम्भव नहीं है। इसलिए, उनका कथन व्याघाती (contradictory) कथन नहीं है, बल्कि एक जैसे तथ्यों के प्रति अलग-अलग भावनाओं की अभिव्यक्ति मात्र है।[1]

इस तरह, विस्डम के अनुसार धार्मिक कथन अर्थहीन नहीं होते हैं, क्योंकि वे व्यक्ति की अभिवृत्ति या भावों को अभिव्यक्त करते हैं।[2]

धार्मिक भाषा और मिथ्यापनीयता

समकालीन चर्चाओं में धार्मिक भाषा के विश्लेषण के लिए कार्ल पॉपर के "मिथ्यापनीयता सिद्धान्त" (falsifiability theory) की भी सहायता ली गयी है। पॉपर के अनुसार **किसी तर्कवाक्य को वास्तविकता का परिचायक तभी माना जाएगा, जब उसका इन्द्रियानुभव द्वारा मिथ्यापन (falsification) सम्भव हो।** जिस हद तक किसी तर्कवाक्य का मिथ्यापन सम्भव न हो, उस हद तक उसका सम्बन्ध वास्तविकता से नहीं होगा। अगर हम पॉपर के इस सिद्धान्त को ऊपर दिए गए जॉन विस्डम के उदाहरण पर लागू करें, तो पहले व्यक्ति की "माली" की प्राक्कल्पना का इन्द्रियानुभव द्वारा मिथ्यापन सम्भव नहीं है, इसलिए इसका वास्तविकता से सम्बन्ध नहीं है।

---

1. John H. Hick, Op. Cit.
2. या॰ मसीह, ***सामान्य धर्मदर्शन एवं दार्शनिक विश्लेषण***, पृष्ठ 338.

एन्टोनी फ्ल्यू

फ्ल्यू ने भी जॉन विस्डम के लेख "Gods" का उल्लेख किया है। फ्ल्यू विस्डम के निष्कर्ष को स्वीकार नहीं करते हैं। उनके अनुसार यदि धार्मिक कथनों को तथ्यात्मक कथन नहीं माना जाए, तो फिर धार्मिक क्रियाओं को नासमझों की भ्रान्ति कहा जाएगा। इस तरह, एन्टोनी फ्ल्यू ने ईश्वर, आत्मा आदि अतिप्राकृतिक सत्ताओं से सम्बन्धित धार्मिक कथनों के विश्लेषण के लिए मिथ्यापनीयता सिद्धान्त की ही मदद ली है। फ्ल्यू के अनुसार कई धार्मिक लोग ''ईश्वर हमें प्यार करता है'' या ''ईश्वर का अस्तित्व है'' जैसे तर्कवाक्यों की व्याख्या इस तरह से करते हैं कि **किसी भी घटना या घटनाओं की शृंखला द्वारा उसका खण्डन सम्भव ही नहीं होता है।** उदाहरण के तौर पर, कहा जाता है कि ईश्वर मनुष्य से वैसे ही प्रेम करता है जैसे कोई पिता अपने बच्चों से। लेकिन अगर कोई बच्चा बीमार हो, तो उसका पिता परेशान हो जाता है, जबकि ''स्वर्गीय पिता'' (ईश्वर) पर कोई असर होता हुआ दिखाई नहीं देता है। इस तथ्य की ओर ध्यान दिलाने पर धार्मिक लोग कहेंगे कि ईश्वर का प्रेम ''मानवीय प्रेम'' से अलग है। फ्ल्यू ने यह बुनियादी प्रश्न उठाया है कि आखिर **वह कौन-सी घटना है, जिसके होने से ईश्वरवादियों द्वारा मान लिया जाएगा कि उससे ईश्वर-सम्बन्धी इन तर्कवाक्यों का खण्डन होता है?**[1]

धर्म-दर्शन के क्षेत्र में इसे ''फ्ल्यू की चुनौती'' कहा जाता है। फ्ल्यू के अनुसार किसी भी स्थिति में मिथ्या सिद्ध न किए जा सकने के कारण ईश्वर-सम्बन्धी कथन संज्ञानात्मक दृष्टि से निरर्थक हो जाते हैं।[2]

आर० एम० हेयर

फ्ल्यू की इस चुनौती की प्रतिक्रिया में आर० एम० हेयर ने ''ब्लिक'' (blik) की अवधारणा प्रस्तुत की है। हेयर ने यह स्वीकार किया है कि धार्मिक विश्वासों का स्वरूप ऐसा है कि उनका खण्डन सम्भव नहीं है, और इसलिए उन्हें ऐसे तथ्य-सम्बन्धी तर्कवाक्यों के रूप में वर्गीकृत नहीं किया जा सकता है, जो सत्य या असत्य होते हैं। प्रश्न यह उठता है कि अगर धार्मिक कथन तथ्य सम्बन्धी तर्कवाक्य नहीं हैं, तो क्या हैं? हेयर ने एक नया शब्द ''ब्लिक'' गढ़ते हुए यह उत्तर दिया है कि धार्मिक कथनों के माध्यम से एक विशेष किस्म के ''ब्लिक'' की अभिव्यक्ति होती है। **''ब्लिक'' अनुभवों की एक ऐसी व्याख्या है, जिसका सत्यापन या मिथ्यापन सम्भव नहीं है।** उदाहरण के तौर पर, मान लें किसी पागल व्यक्ति को यह पूरा विश्वास हो कि कॉलेज के सभी प्रोफेसर उसे मारने पर तुले हुए हैं। फिर, ऐसे में दयालु और हानिरहित प्रोफसरों से मिलवा कर उसके संदेह को दूर करने का प्रयत्न बेकार होगा, क्योंकि उनके दोस्ताना व्यवहार में भी उसे धूर्तता नजर आएगी। उसका विश्वास कोई ऐसा विश्वास नहीं है, जिसे अनुभव द्वारा सत्य या असत्य प्रमाणित किया जा सके, उसे एक

1. John H. Hick, Op. Cit., p. 87.
2. वेद प्रकाश वर्मा, *भारतीय तथा पाश्चात्य दर्शन में निरीश्वरवाद*, पृष्ठ 520.

''ब्लिक'' है। हेयर के अनुसार यह समझना जरूरी है कि पागल व्यक्ति के अलावे अन्य लोगों में भी ''ब्लिक'' होता है। फर्क यह है कि प्रोफेसर के बारे में पागल व्यक्ति का ''ब्लिक'' अनुचित है, और अन्य सामान्य व्यक्तियों का ''ब्लिक'' उचित। हेयर के विचार में फ्ल्यू ने यह दिखलाया है कि ''ब्लिक'' तर्कवाक्य (assertion) या तर्कवाक्यों की समष्टि नहीं है; लेकिन इसके बावजूद हेयर की राय में, यह बहुत जरूरी है कि हमारा ''ब्लिक'' उचित हो। हेयर के अनुसार धार्मिक व्यक्ति का ''ब्लिक'' उचित होता है।

हेयर के ''ब्लिक सिद्धान्त'' की आलोचना भी की गयी है। इन आलोचनाओं में सबसे प्रमुख यह है कि हेयर के ''ब्लिक सिद्धान्त'' से फ्ल्यू द्वारा दी गयी चुनौती का सन्तोषजनक उत्तर नहीं मिलता है। ऐसा नहीं कहा जा सकता है कि वे धार्मिक कथनों को फ्ल्यू द्वारा किए गए आक्रमण से बचाने में सफल रहे हैं। **धर्म में गम्भीर दिलचस्पी रखने वाले हर व्यक्ति की रुचि यह जानने में रहती है कि धार्मिक व्यक्ति विश्व के बारे में जो कुछ समझता है, वैसा वास्तव में है या नहीं।** हेयर की स्थिति उस समय असंगत हो जाती है, जब वे एक ओर ''उचित'' और ''अनुचित'' ''ब्लिक'' के बीच अन्तर करते हैं, और दूसरी ओर यह भी कहते हैं कि ''ब्लिक'' का सत्यापन या मिथ्यापन सम्भव नहीं है। **अगर हम इन्द्रियानुभव द्वारा ''ब्लिक'' को सत्य या असत्य प्रमाणित ही नहीं कर सकते हैं, तो फिर किस आधार पर किसी ''ब्लिक'' को ''उचित'' और किसी को ''अनुचित'' कहा जा सकता है?** दरअसल, फ्ल्यू ने यही सवाल उठाया है कि धार्मिक विश्वासों को सत्य या असत्य कैसे ठहराया जा सकता है? इसका कुछ तो आधार होना चाहिए? हेयर ने इस प्रश्न का कोई सन्तोषजनक उत्तर नहीं दिया है।[1]

आर० बी० ब्रेथवेट

हेयर की तरह ब्रेथवेट ने भी कथनों की तथ्यात्मक सार्थकता के बारे में फ्ल्यू के मिथ्यापनीयता सिद्धांत का समर्थन किया है। ब्रेथवेट के अनुसार जिस कथन को मिथ्या सिद्ध न किया जा सके उसे तथ्यात्मक दृष्टि से सार्थक या संज्ञानात्मक कथन नहीं माना जा सकता है। ब्रेथवेट के अनुसार ''ईश्वर'' को वैज्ञानिक प्राक्कल्पना नहीं माना जा सकता है, क्योंकि किसी भी घटना द्वारा ईश्वर के अस्तित्व को मिथ्यापित (falsify) नहीं किया जा सकता है। इसलिए, ईश्वर-सम्बन्धी कथनों को सत्य-मिथ्या नहीं कहा जा सकता है, और उन्हें संज्ञानात्मक भी नहीं माना जा सकता है। ब्रेथवेट के अनुसार धार्मिक कथन मूलतः नैतिक कथनों की तरह होते हैं। उनका उद्देश्य आचरण के सम्बन्ध में वक्ता के निश्चय को अभिव्यक्त करना होता है।

संज्ञानात्मक सिद्धान्त

बेसिल मिचल, आई०एम० क्रौम्बी और जॉन हिक जैसे कुछ समकालीन ईश्वरवादी विचारकों ने फ्ल्यू की ऊपर बताई गयी चुनौती के उत्तर में यह कहा है कि **ईश्वर-**

1. John H. Hick, Op. Cit., pp. 87-89.

सम्बन्धी कथन तथ्यपरक या संज्ञानात्मक होते हैं, क्योंकि इन कथनों को सिद्धान्त रूप में असत्य या मिथ्या सिद्ध करना सम्भव है। संज्ञानात्मक सिद्धान्त के ये समर्थक भी फ्ल्यू की तरह ''मिथ्यापनीयता सिद्धान्त'' को स्वीकार करते हैं, लेकिन असंज्ञानवादियों के विपरीत इन विचारकों का यह मानना है कि ''मिथ्यापनीयता सिद्धान्त'' को स्वीकार करने के बाद भी ईश्वर सम्बन्धी कथनों को तथ्यपरक या संज्ञानात्मक माना जा सकता है, क्योंकि इन कथनों को मिथ्या सिद्ध करना सम्भव है। उदाहरण के तौर पर, मिचल के अनुसार विश्व में अनावश्यक और अकारण दुःख की उपस्थिति इस कथन को मिथ्या सिद्ध करती है कि ''ईश्वर हम सबसे प्रेम करता है''। मिचल के अनुसार इस तथ्य को स्वीकार करने के कारण ही कि विश्व में दुःख की उपस्थिति एक दयालु ईश्वर के अस्तित्व के विरुद्ध है, ईश्वरवादियों के सामने ''अशुभ की समस्या'' (problem of evil) पैदा होती है। (''अशुभ की समस्या'' की विस्तृत चर्चा आगे की गयी है।) दूसरी ओर, मिचल यह भी मानते हैं कि ईश्वरवादी संसार में दुःख की उपस्थिति को पूर्णतः या निश्चित रूप से ईश्वर के बारे में ऊपर दिए गए कथन के विरुद्ध नहीं मान सकते हैं, क्योंकि वे अपनी आस्था द्वारा ईश्वर में विश्वास करने के लिए प्रतिबद्ध रहते हैं। इस तरह, मिचल के अनुसार ईश्वरवादी कुछ तथ्यों को ईश्वर सम्बन्धी कथनों के विरुद्ध तो मान सकते हैं, लेकिन वे ऐसे किसी तथ्य को स्वीकार नहीं कर सकते हैं, जो निश्चित रूप से इन कथनों का खण्डन करता है।

जॉन हिक ने भी मिचल की तरह संज्ञानात्मक सिद्धान्त का समर्थन किया है। इसके लिए उन्होंने ''मरणोत्तर सत्यापन-सिद्धान्त'' का प्रतिपादन किया है। इस सिद्धान्त के अनुसार, ईश्वर सम्बन्धी कथनों का सत्यापन वर्तमान जीवन में होने वाले सामान्य अनुभवों द्वारा नहीं, बल्कि मृत्यु के बाद होने वाले विशेष अनुभव द्वारा ही सम्भव है। ''ईश्वर का अस्तित्व है'' इस कथन का सत्यापन मरने के बाद होने वाले अनुभव से ही हो सकता है।[1]

''इस तरह संज्ञानात्मक सिद्धान्त वे सिद्धान्त हैं जो यह मानते हैं कि धार्मिक कथन तथ्यपरक, सूचनात्मक तथा विशेष ज्ञान प्रदान करने वाले कथन होते हैं और इन्हें कम-से-कम सिद्धान्ततः सत्य या मिथ्या सिद्ध किया जा सकता है।''[2]

असंज्ञानात्मक सिद्धान्त के प्रकार

धार्मिक भाषा के स्वरूप के बारे में पहले की गयी चर्चा से यह स्पष्ट है कि समकालीन धर्म-दर्शन में धार्मिक भाषा की असंज्ञानात्मक व्याख्या करने की प्रवृत्ति काफी मजबूत रही है। ए॰ जे॰ एयर, जॉन विस्डम, एन्टोनी फ्ल्यू, आर॰ बी॰ ब्रेथवेट और आर॰ एम॰ हेयर ने धार्मिक भाषा की असंज्ञानात्मक व्याख्या ही की है। संक्षेप में, इन सबके अनुसार **धार्मिक भाषा तथ्यपरक नहीं होती है और तथ्यपरक तर्कवाक्यों की तरह उनके सत्य या असत्य होने का प्रश्न ही नहीं उठता है।** अगर धार्मिक

1. Ibid., pp. 90–92.
2. वेद प्रकाश वर्मा, ***धर्मदर्शन की मूल समस्याएँ*** (दिल्ली : दिल्ली विश्वविद्यालय, 1991), पृष्ठ 275.

कथन तथ्य-सम्बन्धी तर्कवाक्य नहीं है, तो क्या है? जिन दार्शनिकों ने धर्मशास्त्रीय कथनों को असंज्ञानात्मक माना है, उन्होंने इसके स्वरूप की अलग-अलग व्याख्याएँ की हैं। विलियम पी० अल्स्टन के अनुसार इन व्याख्याओं को चार वर्गों में रखा जा सकता है—

(i) **भावनात्मक व्याख्या**—धर्मशास्त्रीय कथनों की व्याख्या यह कह कर की गयी है कि इनके द्वारा धार्मिक विश्वासों और क्रियाओं के सन्दर्भ में उठने वाली ***भावनाओं (feelings) की अभिव्यक्ति होती है।*** अगर कोई व्यक्ति यह कहता है कि "ईश्वर ने स्वर्ग और पृथ्वी बनायी है", तो इस वाक्य द्वारा वह प्रकृति की भव्यता के प्रति विस्मय की भावना को व्यक्त करता है। इसी तरह, जब कोई कहता है कि "ईश्वर इन्सान की सारी गतिविधियों को देखता है", तो वह इस विश्व में शान्ति, सुरक्षा और घर-जैसा होने की भावना को व्यक्त करता है।

(ii) **प्रतीकात्मक व्याख्या**—धार्मिक भाषा की प्रतीकात्मक व्याख्या काफी समय से की जा रही है, लेकिन परम्परागत रूप से धार्मिक भाषा की प्रतीकात्मक व्याख्या के अन्तर्गत धार्मिक भाषा के एक हिस्से को ही प्रतीकात्मक माना गया है। जबकि जॉर्ज सैन्टयाना और आर॰ बी॰ ब्रेथवेट जैसे समकालीन दार्शनिकों के अनुसार सम्पूर्ण धर्मशास्त्रीय भाषा ही प्रतीकात्मक है। इन दार्शनिकों के अनुसार**धर्मशास्त्रीय भाषा द्वारा नैतिक आदर्शों और मूल्यों की अभिव्यक्ति होती है।** उदाहरण के तौर पर, ब्रेथवेट के अनुसार, जब कोई व्यक्ति कहता है कि "ईश्वर प्रेम है" तो वह अपने इस कथन द्वारा प्रेममय जीवन जीने के अपने अभिप्राय को व्यक्त कर रहा होता है। संक्षेप में, ब्रेथवेट के अनुसार धार्मिक भाषा द्वारा एक खास किस्म के आचरण सम्बन्धी नीति की घोषणा की जाती है।

(iii) **कर्मकांडीय** *(ritualistic)* **व्याख्या**—इस मत के अनुसार ईश्वर के बारे में दिए जाने वाले वक्तव्यों का **कोई भी अर्थ पूजा की विधि (worship) के अंग के रूप में ही होता है।** अगर हम "ईश्वर ने स्वर्ग और पृथ्वी बनायी है" जैसे किसी वाक्य को उसके कर्मकांडीय सन्दर्भ से अलग कर देते हैं, और फिर उसके बाद उसकी सत्यता या असत्यता पर विचार करते हैं, तो हम उलझन में पड़ जाते हैं। लेकिन इन वाक्यों का उद्देश्य विश्व की व्याख्या करना नहीं है, बल्कि "कुछ और" है। जैसा कि अल्स्टन ने ध्यान दिलाया है, इस मत के साथ कठिनाई यह है कि इस मत के समर्थक इस बात का कोई सन्तोषजनक उत्तर नहीं दे पाते हैं कि यह "कुछ और" क्या है।

(iv) **"मिथिकल"** *(mythical)* **व्याख्या**—धार्मिक भाषा के स्वरूप के बारे में एक मत यह भी है कि **धार्मिक भाषा "मिथिकल" (काल्पनिक या मनगढ़न्त) होती है।** "मिथिकल" चेतना (mythical consciousness) में आत्मनिष्ठ (subjective) और वस्तुनिष्ठ (objective) के बीच कोई स्पष्ट अन्तर नहीं रहता है। इसी तरह, इसमें प्रतीक और वस्तु, इच्छा और

सन्तुष्टि, प्रत्यक्ष और कल्पना के बीच भी कोई स्पष्ट सीमा रेखा नहीं रहती है। यहाँ तक कि किसी वस्तु और उसके द्वारा उत्पन्न संवेगात्मक प्रतिक्रिया (emotional response) के बीच भी फर्क नहीं किया जाता है। परिणामस्वरूप धार्मिक भाषा पर सत्यता और वस्तुनिष्ठता के मापदण्ड लागू नहीं होते हैं। यहाँ पर महत्त्वपूर्ण बात यह है कि जिसे पवित्र समझा जाता है, वह धार्मिक लोगों में तीव्र संवेगात्मक प्रतिक्रिया पैदा करता है। दूसरी ओर, तार्किक दृष्टि से ''मिथ'' निरर्थक और आधारहीन होते हैं।

(v) **रहस्यवादी व्याख्या**—अल्स्टन ने धार्मिक भाषा की रहस्यवादी (mystical) व्याख्या को भी ''मिथिकल'' व्याख्या के अन्तर्गत ही वर्गीकृत किया है। इस मत के अनुसार **धार्मिक भाषा रहस्यानुभूति (mystical experience) की अभिव्यक्ति है।** रहस्यवादियों के अनुसार ईश्वर के बारे में सिर्फ रहस्यानुभूति या अन्तःप्रज्ञा (intuition) द्वारा ही जाना जा सकता है। भाषा द्वारा ''ईश्वर'' को व्यक्त नहीं किया जा सकता है, सिर्फ सुनने वाले का ध्यान उस ''अनुभव'' की ओर दिलाया जा सकता है, जिसके द्वारा ''ईश्वर'' का ''ज्ञान'' होता है। रहस्यवादियों के अनुसार ''रहस्यानुभूति'' में ज्ञाता (subject) और ज्ञेय (object) के बीच कोई अन्तर नहीं रह जाता है।[1]

हेपबर्न के अनुसार रहस्यवादी अनुभूति को परिभाषित करने के विभिन्न और परस्पर विरोधी प्रयत्न किए गए हैं। इस बात को ध्यान में रखते हुए कि रहस्यवादी अपने उन अनुभूतियों के विवरण के लिए, जिसे वे ''रहस्यानुभूति'' कहते हैं, विरोधाभासपूर्ण, आलंकारिक और काव्यात्मक भाषा का इस्तेमाल करते हैं, यह आश्चर्यजनक भी नहीं है। उदाहरण के तौर पर, रहस्यवादियों द्वारा कभी-कभी एक साथ ही यह दावा भी किया गया है कि ''ईश्वर और विश्व एक है'' और यह भी कि ''ईश्वर और विश्व एक नहीं है।''[2]

विलियम जेम्स के अनुसार रहस्यानुभूति की एक विशेषता है ''अनिर्वचनीयता'' (ineffability)। इसका अर्थ यह हुआ कि उसे साधारण भाषा में व्यक्त नहीं किया जा सकता है। यह गूँगे व्यक्ति द्वारा गुड़ के स्वाद की अनुभूति की तरह है।[3]

समीक्षा

धार्मिक भाषा के स्वरूप के बारे में निम्नलिखित महत्त्वपूर्ण प्रश्न उठाए जा सकते हैं—धार्मिक भाषा का स्वरूप संज्ञानात्मक है, या असंज्ञानात्मक? धार्मिक भाषा विज्ञान या आम बोलचाल की भाषा जैसी है, या उनसे अलग है? क्या धार्मिक वाक्यों की सत्यता की जाँच की जा सकती है?

वैसे तो ये तीनों प्रश्न आपस में जुड़े हुए भी हैं, लेकिन इनमें से पहला प्रश्न

1. William P. Alston, Op. Cit., pp. 171-73.
2. Ronald W. Hepburn, "Mysticism, Nature and Assesment of" in *The Encyclopedia of Philosophy,* vol. 5, p. 429.
3. या० मसीह, ***सामान्य धर्मदर्शन,*** पृष्ठ 64.

सबसे महत्त्वपूर्ण है। अगर इस प्रश्न का हमारा उत्तर यह हो कि "धार्मिक भाषा संज्ञानात्मक है", तो इसका अर्थ यह हुआ कि धार्मिक वाक्यों के सत्यता की जाँच की जा सकती है, और धार्मिक भाषा का स्वरूप विज्ञान की भाषा जैसा ही है। दूसरी ओर, अगर हमारा उत्तर यह हो कि "धार्मिक भाषा असंज्ञानात्मक है", तब फिर यह महत्त्वपूर्ण प्रश्न उठ खड़ा होगा कि धार्मिक भाषा का स्वरूप और कार्य क्या है? जैसी कि पहले चर्चा की गयी है, जिन विचारकों ने धार्मिक भाषा को असंज्ञानात्मक माना है, उन्होंने धार्मिक भाषा के स्वरूप और कार्य के बारे में अलग-अलग सिद्धान्त प्रस्तुत किए हैं।

वास्तविकता तो यह है कि धार्मिक भाषा काफी जटिल है। इसमें सिर्फ एक ही किस्म के वाक्य नहीं पाए जाते हैं। धार्मिक भाषा में धन्यवाद, प्रेरणा, ऐतिहासिक तथ्य, घटनाओं का विवरण, मूल्यांकन, नैतिक मापदण्ड, आदेश, प्रश्न आदि शामिल रहते हैं। इस दृष्टि से इसे आम बोलचाल की भाषा जैसा कहा जा सकता है, क्योंकि आम बोलचाल की भाषा में भी विभिन्न किस्म के वाक्य होते हैं। दूसरी ओर, वैज्ञानिक भाषा में मुख्यतः वर्णनात्मक (descriptive) वाक्य ही रहते हैं।

जहाँ तक धार्मिक भाषा के संज्ञानात्मक या असंज्ञानात्मक होने का प्रश्न है, तो इसमें कोई सन्देह नहीं है कि धार्मिक भाषा में कई ऐसे वाक्य पाए जाते हैं, जो असंज्ञानात्मक होते हैं, और जिनके सत्य या असत्य होने का कोई प्रश्न नहीं उठता है। उदाहरण के तौर पर, "हे परमेश्वर! मेरे पापों को क्षमा कर!" में ऐसी कोई सूचना नहीं दी जा रही है, जो सत्य या असत्य हो। यह एक आदेशात्मक या आज्ञार्थक वाक्य (imperative sentence) है। लेकिन, जैसा कि अल्स्टन ने ध्यान दिलाया है, **धार्मिक भाषा के सन्दर्भ में जब संज्ञानात्मकता या असंज्ञानात्मकता का प्रश्न उठाया जाता है, तो उसका सम्बन्ध धर्मशास्त्रीय कथनों से होता है, जो कम-से-कम ऊपर से देखने पर तथ्यपरक मालूम देते हैं,** जैसे, "ईश्वर ने इस विश्व की सृष्टि की है", "राम विष्णु के अवतार थे", "मृत्यु के बाद भी जीवन है" आदि।

तर्कीय प्रत्यक्षवादियों के अनुसार जब धार्मिक लोग ईश्वर के "इन्द्रिय अनुभव से परे" होने की बात करते हैं, तो इस किस्म के वाक्यों का इन्द्रियानुभव द्वारा सत्यापन सम्भव नहीं है। इसलिए, ऐसे वाक्यों के सत्य या असत्य होने का प्रश्न ही नहीं उठता है। दूसरे शब्दों में, ये वाक्य असंज्ञानात्मक होते हैं और इनका यथार्थ से कोई सम्बन्ध नहीं होता है।

दूसरी ओर, जैसी कि पहले भी चर्चा की जा चुकी है, जॉन हिक जैसे कुछ ईश्वरवादी विचारकों ने धार्मिक भाषा के सन्दर्भ में संज्ञानात्मक सिद्धान्त का समर्थन किया है। जॉन हिक के "मरणोत्तर-सत्यापन सिद्धान्त" को दार्शनिक चर्चा में स्वीकार करना, या गम्भीरता से लेना भी, असम्भव मालूम देता है।[1] लेकिन हिक का यह कहना सही है कि धार्मिक भाषा के स्वरूप पर विचार करते समय हमें इन दो प्रश्नों को

---

1. विश्लेषणात्मक दर्शन के सन्दर्भ में "सत्यापन" का सम्बन्ध इन्द्रियानुभव पर आधारित इहलौकिक सत्यापन से है, न कि आस्था पर आधारित किसी "परलोक" में "सत्यापन" से।

अलग-अलग रखना चाहिए—(i) जो लोग धार्मिक भाषा का प्रयोग करते हैं वे **स्वयं** उसका किस इरादे से और किस रूप में इस्तेमाल करते हैं? (ii) धार्मिक भाषा का प्रयोग करने वालों के अपने इरादे चाहे जो भी हों, क्या यह **तार्किक दृष्टि** से सम्भव है कि धार्मिक वाक्य सत्य या असत्य हों?

अब, इसमें तो कोई सन्देह नहीं है कि **धर्मशास्त्रीय कथनों का इस्तेमाल स्वयं धार्मिक लोगों द्वारा संज्ञानात्मक रूप में ही किया जाता है।** जॉन हिक ने भी इस तथ्य की ओर ध्यान दिलाया है कि परम्परागत रूप में यहूदी और ईसाई धर्मों में इन धर्मों की बुनियादी मान्यताओं को तथ्यपरक ही समझा जाता है। यही बात इस्लाम और अन्य धर्मों के बारे में भी कही जा सकती है। जब धार्मिक लोग यह कहते हैं कि ''ईश्वर सर्वशक्तिमान और दयालु है'' या ''कयामत के दिन सभी मृत व्यक्ति फिर से जीवित हो उठेंगे'' तो वे यही समझते हैं कि वे वास्तविकता का वर्णन कर रहे हैं। यह नहीं कि वे अपनी भावनाओं को व्यक्त कर रहे हैं, या किसी ''मिथ'' के बारे में बात कर रहे हैं। इसी तरह, जब हिन्दू धर्म में यह कहा जाता है कि ''राम और कृष्ण विष्णु के अवतार हैं'', तो उस समय यही समझा जाता है कि यह वाक्य तथ्यों का वर्णन कर रहा है। इसी तरह, यह भी नहीं कहा जा सकता है कि इन वाक्यों का सिद्धान्ततः सत्यापन सम्भव नहीं है। (यह एक अलग बात है कि सत्यापन करने पर ये सभी वाक्य असत्य साबित होंगे।) परम्परागत रूप से और सामान्य तौर पर धार्मिक लोग यह दावा तो नहीं करते हैं कि वे जिन ''तथ्यों'' की बात कर रहे हैं, वे **सब** इन्द्रियानुभव से परे या इन्द्रियातीत हैं। उदाहरण के तौर पर, हम बौद्ध धर्म की इस मान्यता को लें कि ''संसार में जीवन दुःख से भरा हुआ है''। क्या इसका सत्यापन सम्भव नहीं है?

यह देखने के बाद कि वे अपने धर्म की बुनियादी मान्यताओं को वैज्ञानिक रूप में इन्द्रियानुभव के आधार पर प्रमाणित नहीं कर पा रहे हैं, अगर कुछ धार्मिक लोग या धर्म के समर्थक यह दावा करने लग जाएँ कि ये ''तथ्य'' इन्द्रियानुभव से परे हैं, तब ऐसे में तर्कीय प्रत्यक्षवादी यह जरूर कह सकते हैं कि ऐसे कथनों का सत्यापन सम्भव नहीं है, और उन्हें असंज्ञानात्मक मानना **चाहिए**। लेकिन फिर भी यह **वास्तविक तार्किक स्थिति** का वर्णन होगा, न कि इन कथनों के इस्तेमाल के पीछे धार्मिक लोगों के **वास्तविक इरादों का।** यहाँ पर भी तार्किक दृष्टि से सही दृष्टिकोण यह होगा कि **ऐसे** धार्मिक कथन, **जिनके बारे में यह दावा किया जाता है कि उनका सम्बन्ध ''इन्द्रियातीत वस्तुओं'' से है,** असंज्ञानात्मक हैं। यह नहीं कि **सभी** धर्मशास्त्रीय कथन असंज्ञानात्मक होते हैं।

वास्तविकता तो यह है कि धार्मिक लोग अपने धर्म की बुनियादी मान्यताओं को सत्य मानते हैं, और उनका व्यवहार इसी विश्वास के इर्द-गिर्द केन्द्रित रहता है। उदाहरण के तौर पर, अगर कोई व्यक्ति ईश्वर के अस्तित्व और उसके दयालु होने में विश्वास न रखता हो, तो फिर उसके लिए इस वाक्य का भी क्या अर्थ होगा कि 'हे परमेश्वर! मुझे क्षमा करना!''

इसी तरह, जो व्यक्ति जीवन-मरण के चक्र और मुक्ति की सत्यता में विश्वास न रखता हो, उसके लिए ''मुक्ति'' या ''निर्वाण'' के लिए प्रयत्न करने का क्या मतलब रह जाएगा?

यह जरूर हो सकता है कि कोई व्यक्ति, जिसे यह पूरा विश्वास हो कि धार्मिक कथन असत्य होते हैं, या जो चाह कर भी उनकी सत्यता को प्रमाणित करने में असमर्थ हो, यह **प्रस्ताव** रखे कि धार्मिक भाषा को शाब्दिक रूप में न लेकर प्रतीकात्मक रूप में भावनाओं की अभिव्यक्ति के रूप में, या फिर ''मिथ'' के रूप में लिया जाए। इस किस्म का प्रस्ताव या धार्मिक भाषा की ऐसी व्याख्या करने के पीछे अलग-अलग विचारकों के अलग-अलग उद्देश्य हो सकते हैं। लेकिन, जैसा कि अल्स्टन ने ध्यान दिलाया है, धार्मिक भाषा की पुनर्व्याख्या के ऐसे किसी **प्रस्ताव**, और इस **दावे** के बीच अन्तर करना चाहिए कि **वास्तव** में धार्मिक लोगों द्वारा धार्मिक भाषा का इस्तेमाल इस रूप में किया जाता है।

सच तो यह है कि अगर किसी औसत धार्मिक व्यक्ति से यह कहा जाए कि उसके धर्म की बुनियादी मान्यताएँ वास्तविकता का वर्णन नहीं, बल्कि मात्र उसकी भावनाओं की अभिव्यक्ति या ''मिथ'' हैं—दरअसल धर्म के बुद्धिवादी-मानवतावादी आलोचक यही तो कहते हैं—तो वह इसे अपने धर्म की आलोचना मानेगा, न कि उसके द्वारा प्रयोग में लाए जाने वाली धार्मिक भाषा के स्वरूप का सही वर्णन।[1]

प्रश्न

1. Evaluate the roles of religious myths and symbols in social and political life. (1982)
2. Distinguish religious language from the language of science and ordinary language with suitable illustrations. Is it possible to evaluate the 'truth' of religious statements ? (1983)
3. क्या पवित्रम (sacred)और उसके वाहक की ऐसी व्याख्या करना आवश्यक है जिससे वह लोकभाषा में मूर्तिमान से भिन्न सिद्ध हो। क्या धार्मिक पदावली को रहस्यरहित दिखाना पवित्रम का उन्मूलन कर देगा? विवेचन कीजिए। (1985)
4. क्या धार्मिक भाषा का चरित्र असंज्ञानात्मक है? अपने उत्तर के पक्ष में युक्तियाँ दीजिए। (1986)
5. निम्नलिखित पर टिप्पणी लिखिए और टिप्पणी 200 शब्दों से अधिक में न हो।
   (a) फ्लिव ने दिखलाया है कि **ब्लिक** कोई कथन या कथन-समष्टि नहीं है, किन्तु तो भी उचित **ब्लिक** अपनाना बहुत महत्त्वपूर्ण है। (1987)
6. निम्नलिखित पर टिप्पणी लिखिए। टिप्पणी 200 शब्दों से अधिक न हो—
   (a) भले ही हमें धर्म के क्षेत्र में दृष्टान्त और रूपक की भाषा का प्रयोग करना पड़े, किन्तु तथापि उसका निर्देश किसी ऐसी वस्तु से रहता है जिसे हम यथार्थ समझते हैं। (1989)

---

1. मैंने धर्म-दर्शन के सन्दर्भ में ''बुद्धिवादी'' शब्द का प्रयोग सीमित दार्शनिक अर्थ में नहीं बल्कि लोकप्रिय अर्थ में किया है।

7. धार्मिक भाषा के विभिन्न सिद्धान्तों की आलोचनात्मक व्याख्या कीजिए और उनमें से किसी एक के प्रति अपनी पसन्द के लिए युक्ति दीजिए। (1991)

8. धार्मिक भाषा की व्याख्या के मुख्य सिद्धान्तों का विवेचन कीजिए। (1992)

9. निम्न पर आलोचनात्मक टिप्पणी लिखिए। टिप्पणी 200 शब्दों से अधिक न हो—
(a) रहस्यात्मक अनुभव की अभिव्यक्ति के रूप में धार्मिक भाषा का स्वरूप (1993)

10. निम्नलिखित पर आलोचनात्मक टिप्पणी लिखिए। टिप्पणी 200 शब्दों से अधिक में न हो—(a) धार्मिक भाषा एवं ज्ञानात्मक अर्थ। (1994)

11. क्या धार्मिक भाषा अर्थहीन होती है? यथेष्ट तर्क देकर अपने उत्तर की पुष्टि कीजिए। (1995)

12. निम्नांकित पर अधिक-से-अधिक 200 शब्दों में आलोचनात्मक टिप्पणी लिखिए—
(a) धार्मिक भाषा के संवेगात्मक अर्थ। (1996)

13. निम्नांकित पर अधिक-से-अधिक 200 शब्दों में आलोचनात्मक टिप्पणी लिखिए—
(क) ''मनुष्य के परम साध्य की अभिव्यक्ति, केवल प्रतीकात्मक भाषा में हो सकती है, क्योंकि केवल प्रतीकात्मक भाषा ही उसको व्यक्त करने में सक्षम है जो कि परम है।'' पाल टिलिच। (2004)

14. निम्नांकित पर लगभग 200 शब्दों में आलोचनात्मक टिप्पणी लिखित—
(क) ''धार्मिक विश्वास तत्वतः (profoundly) अमिथ्यीकृत (unfalsifiable) अभिग्रहों (assumptions) का संघटन है जो व्यक्ति की अन्य सभी मान्यताओं (beliefs) का संचालन करता है।'' (आर॰ एम॰ हेयर) (2006)।

❑

अध्याय 31

धार्मिक अनुभूति और धार्मिक चेतना

धार्मिक चेतना (religious consciousness) या धार्मिक अनुभूति (religious experience) का स्वरूप क्या है? यह धर्म-दर्शन के अन्तर्गत एक चर्चा का विषय है। धर्म-दर्शन में धार्मिक चेतना के प्रश्न का दो दृष्टि से विशेष महत्त्व है। एक तो धर्म की संतोषजनक परिभाषा की दृष्टि से। दूसरे, जैसा कि हम आगे देखेंगे, धर्म-दर्शन में रहस्यानुभूति सहित धार्मिक अनुभूति के आधार पर ईश्वर के अस्तित्व को प्रमाणित करने की कोशिश भी की गयी है। रहस्यानुभूति को धार्मिक विश्वास के एक आधार के रूप में भी माना जाता है।

चेतना के तीन पक्ष

जर्मन दार्शनिक इम्मैनुअल कान्ट के बाद से ही ऐसा माना जाता है कि मानव मस्तिष्क में तीन तरह की प्रक्रियाएँ चलती हैं: एक, संज्ञानात्मक (cognitive), दो, भावनात्मक (affective) और तीन, क्रियात्मक (conative)। ज्ञानात्मक पक्ष का सम्बन्ध बुद्धि और विश्वास से है, भावनात्मक पक्ष का सम्बन्ध भावनाओं या संवेगों से है, जबकि क्रियात्मक पक्ष का सम्बन्ध संकल्प और क्रियाओं से है।

कह सकते हैं कि मनुष्य जब कभी सचेतन रहता है, उसकी चेतना में तीन तरह की बातें घटित होती रहती हैं: ज्ञानात्मक, भावनात्मक और क्रियात्मक। सम्भव है कि सभी चेतन अवस्थाओं में ये तीनों पक्ष पूरी तरह स्पष्ट या बराबर महत्त्व के न हों। फिर भी, कमोबेश मात्रा में ये तीनों पक्ष सभी चेतन अवस्थाओं में मौजूद रहते हैं।[1] उदाहरण के तौर पर, मान लें मोटर कार चलाते समय अचानक कोई आदमी गाड़ी के सामने आ जाता है, और हम ब्रेक लगा कर अपनी कार को रोक देते हैं। यहाँ पर, सामने आदमी को देख कर उसके अस्तित्व का ज्ञान, यह ज्ञानात्मक पक्ष है। यह भय कि उस आदमी को कार से ठोकर न लग जाए, भावनात्मक पक्ष है; और उसे ठोकर से बचाने के लिए संकल्प लेकर गाड़ी को रोक देना, क्रियात्मक पक्ष है। ज्ञानात्मक पक्ष का विकसित रूप विज्ञान में देखने को मिलता है; भावनात्मक पक्ष का सौन्दर्य और कला के आस्वादन में; जबकि क्रियात्मक पक्ष का नैतिक व्यवहार में। वैसे, ज्ञानात्मक पक्ष में भी भावनात्मक और क्रियात्मक पक्ष गौण रूप में मौजूद रहते हैं। इसी तरह, क्रियात्मक पक्ष में ज्ञानात्मक और भावनात्मक एवं भावनात्मक पक्ष में ज्ञानात्मक और क्रियात्मक गौण रूप में मौजूद रहते हैं।

1. नित्यानन्द मिश्र, ***नीतिशास्त्र***, पृष्ठ 45.

प्रश्न यह है कि धार्मिक चेतना का सम्बन्ध मस्तिष्क के ज्ञानात्मक पक्ष से है, या भावनात्मक पक्ष से या क्रियात्मक पक्ष से? कुछ धर्म-दार्शनिकों ने धर्म के ज्ञानात्मक पक्ष पर अधिक बल दिया है, तो कुछ ने भावनात्मक और कुछ ने क्रियात्मक पक्ष पर। धार्मिक चेतना के सन्दर्भ में किसी एक पक्ष को मुख्य मानने के पक्ष-विपक्ष में युक्तियाँ भी दी गयी हैं। उदाहरण के तौर पर, धार्मिक चेतना में भावना को प्रमुख तत्त्व मानने के पक्ष में यह कहा गया है कि धर्म में व्यक्ति ईश्वर के प्रति **निर्भरता की भावना** रखता है, इसलिए, धार्मिक चेतना में भावना ही प्रधान है। दूसरी ओर, इसके विरुद्ध में यह कहा गया है कि धर्म का सार तत्त्व भावना को मानना एक आत्म-विरोधी बात है, क्योंकि सिर्फ भावना के आधार पर धर्म को **जाना** भी नहीं जा सकता है।[1]

गैलोवे

The Philosophy of Religion के लेखक गैलोवे का मानना है कि ऊपर बताए गए तीनों मत एकांगी हैं तथा धार्मिक चेतना में ज्ञानात्मक, भावनात्मक और क्रियात्मक तीनों पक्ष मौजूद रहते हैं। गैलोवे के अनुसार, धर्म की किसी भी संतोषजनक परिभाषा के लिए धार्मिक चेतना के इन तीनों पक्षों का ध्यान रखना चाहिए, नहीं तो उसे एकांगी माना जाएगा। धर्म की कई ऐसी परिभाषाएँ भी दी गयी हैं, जिसमें धर्म को धार्मिक चेतना के किसी एक पक्ष से जोड़ दिया गया है, या फिर धार्मिक चेतना के तीनों तत्त्वों को पर्याप्त महत्त्व नहीं दिया गया है।

उदाहरण के तौर पर, जब हेफडिंग धर्म की परिभाषा करते हुए यह कहते हैं कि **''विश्व में मूल्यों के स्थायित्वता में विश्वास धर्म का सार तत्त्व है''** (The essence of religion is a belief in the persistency of value in the world)[2], तो वे धर्म के ज्ञानात्मक पक्ष पर बल देते हुए नजर आते हैं, क्योंकि वे धर्म को ''विश्वास'' से जोड़ते हैं।

श्लाईमाखर

इसी तरह, जब श्लाईमाखर यह कहते हैं कि **"धर्म का सार तत्व पूर्ण समर्पण की भावना में निहित है''** (The essence of religion consists in the feeling of an absolute dependence)[3], तो वे धर्म को पूरी तरह उसके भावनात्मक पक्ष से जोड़ते हुए दिखाई देते हैं। श्लाईमाखर (1768–1834) ने धार्मिक भावनाओं को प्रधानता दी है, खास कर, पूर्ण निर्भरता की भावना को। वे शुद्ध वैचारिक स्तर पर दिए गए धार्मिक सिद्धान्तों और युक्तियों को महत्त्व नहीं देते थे।[4] श्लाईमाखर के अनुसार,

1. हरेन्द्र प्रसाद, ***धर्म-दर्शन की रूपरेखा***, पृष्ठ 26.
2. William P. Alston, "Religion" in *The Encyclopedia of Philosophy*, vol. 7, p.141.
3. Ibid.
4. Ronald W. Hepburn, "Religious Experience, Argument for the Existence of God" in *The Enclyclopedia of Philosophy*, vol. 7, p. 164.

धार्मिक अनुभूति अपने किस्म की अनूठी अनुभूति होती है। उनके अनुसार, धार्मिक अनुभूति में मनुष्य असीमित सत्ता के प्रभाव में आकर अपने सीमितपन को महसूस करता है। इसी तरह, एक नित्य और शाश्वत सत्ता का साक्षात्कार होने पर उसे अपनी क्षणभंगुरता का भी एहसास होता है। इस धार्मिक भावना को ही श्लाईमाखर ने ''परम सत्ता पर पूर्ण निर्भरता'' का भाव कहा है। इस निर्भरता-भाव का यह अर्थ है कि मानव एक निर्मित जीव है और ईश्वर उसका आधार है। याकुब मसीह के अनुसार, श्लाईमाखर ने धार्मिक अनुभूति को ''निर्भरता-भाव'' कह कर इसे बहुत संकुचित और एकांगी रूप दे दिया है। किसी भी भाव को संज्ञानात्मकता और क्रियात्मकता से बिल्कुल अलग नहीं किया जा सकता है।[1]

ऑटो

इस सन्दर्भ में रुडॉल्फ ऑटो (1869-1937) के विचार भी उल्लेखनीय हैं। जर्मन धर्मशास्त्री ऑटो ने अपनी *The Idea of the Holy* में धार्मिक भावना और धार्मिक ज्ञान के स्वरूप की चर्चा की है। ऑटो ने धार्मिक भावना को ''न्यूमिनस'' (numinous) भावना कहा है, और उसे अनन्य माना है। ऑटो के अनुसार ''न्यूमिनस'' भावना के दो प्रमुख पक्ष हैं— एक, धार्मिक भय की भावना, और दो, धार्मिक आकर्षण या सम्मोहन की भावना।

धार्मिक भय, डर या विस्मय की भावना रहस्यमयता या अलौकिकता की भावना से सबसे अधिक मिलती-जुलती होती है—ऐसी भावना जो गर्दन के पीछे बालों के खड़े हो जाने पर होती है, या जो थरथराहट या दहशत कोई भूतों की कहानी सुनने पर महसूस होती है, या वह भय जो किसी ऐसे स्थान पर जाने पर अनुभव होता है, जिसके बारे में ऐसा समझा जाता हो कि वहाँ पर प्रेतात्माएँ भटकती रहती हैं।

धार्मिक आकर्षण की भावना उस वस्तु के निकट जाने की इच्छा भी उत्पन्न करती है, जो इस आकर्षण का स्रोत होती है, और यह भावना भी कि आकर्षण पैदा करने वाली उस मूल्यवान वस्तु की तुलना में स्वयं व्यक्ति का कोई महत्त्व नहीं।[2]

याकुब मसीह के अनुसार ऑटो द्वारा किए गए धार्मिक अनुभूति के विश्लेषण में पाँच तत्त्व दिखायी देते हैं—

1. धार्मिक अनुभूति में विस्मय का अनुभव होता है। अगर कोई अन्धेरी रात में निर्जन स्थान से गुजरता है, और उसे बतलाया जाता है कि उस स्थान पर भूत-प्रेत का निवास है, तो किसी भी आवाज को सुनकर या कुछ देखकर उसमें भय का संचार होता है। इसी तरह की भावना का अंधेरे, ऊँचे-ऊँचे मन्दिरों और गिरजाघरों में प्रवेश करने पर अनुभव होता है।
2. इसके अलावा, धार्मिक अनुभूति में व्यक्ति ईश्वर की महान शक्ति से अभिभूत हो जाता है।

1. या० मसीह, ***सामान्य धर्मदर्शन***, पृष्ठ 41.
2. William J. Wainwright, "Otto, Rudolf" in *The Encyclopedia of Philosophy*, vol 6, pp. 13-14.

3. ईश्वर की अनुभूति में ईश्वर के तेज का अनुभव होता है।
4. धार्मिक अनुभूति में रहस्यमयता की भावना होती है।
5. इसके अलावा, धार्मिक अनुभूति में सम्मोहन भी होता है, जिसमें भय के साथ-साथ उस "महान सत्ता" के प्रति मन्त्रमुग्धता का भी संचार होता है।[1]

ऑटो के अनुसार, "न्यूमिनस" भावना संज्ञानात्मक भी होती है। यह एक ऐसी वस्तु है, जिसका महत्त्व और वस्तुनिष्ठ अस्तित्व है। इसके अलावा, "न्यूमिनस" भावना दृश्य-अनुभूति की तरह होती है। इसका सम्बन्ध अपने से बाहर की वस्तु से होता है। इस तरह, ऑटो के अनुसार धार्मिक अनुभूति में भावना और ज्ञान दोनों का तत्त्व होता है।

फ्रेजर धर्म को ज्ञानात्मक और उससे भी अधिक क्रियात्मक पक्ष से जोड़ते हैं, जब वे कहते हैं कि **"धर्म, मनुष्य से श्रेष्ठ शक्तियों को, जिनके बारे में यह विश्वास किया जाता है कि वे प्रकृति की घटनाओं को और मानव जीवन को नियन्त्रित करती हैं, प्रसादित कर अपने अनुकूल बनाने या उनसे समझौता करने का प्रयत्न है"**। (By religion, then, I understand a propitiation or conciliation of powers superior to man which are believed to direct and control the course of Nature and of human life.)[2]

मैथ्यू ऑरनाल्ड धर्म को क्रियात्मक और उससे भी अधिक भावनात्मक पक्ष से जोड़ते हुए नजर आते हैं जब वे धर्म की परिभाषा इस प्रकार करते हैं कि **"नैतिकता को भावना से जोड़ दिया जाता है, तो उसे धर्म कहते हैं"**। (Religion is ethics heightened, enkindled, lit up by feeling.)[3]

इन सब से अलग, गैलोवे ने अपनी परिभाषा में धार्मिक चेतना के तीनों पक्षों का समावेश किया है:

धर्म मानव की अपने से परे किसी शक्ति में आस्था है जिसके द्वारा वह अपनी संवेगात्मक आवश्यकताओं को संतुष्ट करने का प्रयत्न करता है और जीवन में स्थायित्व प्राप्त करता है, एवं जिसे वह उपासना और सेवा की क्रियाओं द्वारा अभिव्यक्त करता है। (Religion is a "man's faith in a power beyond himself whereby he seeks to satisfy emotional needs and gains stability of life, and which he expresses in acts of worship and service")[4]

धर्म के स्वरूप की चर्चा करते हुए हमने कहा है कि गैलोवे की इस परिभाषा में अगर "अपने से परे किसी शक्ति में आस्था" की व्याख्या "एक ईश्वर में आस्था" के रूप में न कर के और व्यापक रूप में की जाए, तो इससे धर्म की कुछ हद तक एक संतोषजनक परिभाषा मिल सकती है। क्योंकि व्यवहार में जैन और बौद्ध जैसे गैर ईश्वरवादी धर्मों में भी क्रमशः महावीर एवं अन्य तीर्थंकरों और बुद्ध में आस्था पायी

1. या० मसीह, वही, पृष्ठ 42-43.
2. William P. Alston, "Religion" in *The Encyclopedia of Philosophy*, vol. 7, p. 140.
3. Ibid.
4. Ibid.

जाती है। इसी तरह, बहुदेववाद के अन्तर्गत भी विभिन्न देवी-देवताओं में आस्था पायी जाती है।

वास्तव में देखा जाए तो धार्मिक चेतना में ज्ञानात्मक, भावनात्मक और क्रियात्मक तीनों पक्ष रहते हैं। हमारे अनुसार, **धर्म विश्वासों, मूल्यों, आचरण के नियमों और कर्मकाण्डों की एक व्यवस्था है, जो आस्था पर आधारित रहती है, और जिसका रुझान 'परलोक' की ओर होता है।** धर्म की इस परिभाषा में भी धर्म के तीनों पक्षों का समावेश है।

अगर धर्म को व्यापक रूप में देखा जाए, तो सबसे पहले तो प्रत्येक धर्म में इस विश्व को समझने का एक प्रयास किया जाता है, जिसे हम ज्ञानात्मक पक्ष से जोड़ सकते हैं। उदाहरण के तौर पर, ''धर्म का स्वरूप'' अध्याय में धर्म के स्वरूप की चर्चा करते समय हमने देखा कि (1) सभी धर्मों में किसी-न-किसी रूप में अतिप्राकृतिक में **विश्वास** पाया जाता है। (2) प्रत्येक धर्म में इस विश्व के स्वरूप, मानव-जीवन के प्रयोजन, मानव की अन्तिम गति और जीवन के सर्वोच्च लक्ष्य के बारे में कुछ मान्यताएँ मौजूद रहती हैं, जिन्हें हम उस धर्म की **विश्व-दृष्टि** या **जीवन-दृष्टि** कह सकते हैं।

इसी तरह, हमने यह भी चर्चा की है कि (1) हर धर्म के साथ कुछ **नैतिक मान्यताएँ** भी जुड़ी रहती हैं और (2) सभी धर्मों के साथ **उपासना की पद्धति** जुड़ी रहती है। इसे हम धार्मिक चेतना के क्रियात्मक पक्ष से जोड़ सकते हैं।

जहाँ तक धर्म के भावनात्मक पक्ष का प्रश्न है, तो हम इसे **आस्था** (faith) से जोड़ सकते हैं। आगे धार्मिक विश्वास के आधार की चर्चा में हम देखेंगे कि प्रमाण के अभाव में भी दृढ़ विश्वास को ''आस्था'' कहा जाता है। इसका तर्कबुद्धि से नहीं बल्कि भावनाओं से सम्बन्ध है। आस्था में जो विश्वास (belief) का तत्त्व है वह ज्ञानात्मक मालूम दे सकता है, लेकिन इस विश्वास का जो आधार होता है वह तर्कबुद्धि पर कम और भावनात्मक या मनोवैज्ञानिक कारणों पर अधिक आश्रित होता है। आस्था के आधार पर ईश्वर के अस्तित्व और मृत्यु के बाद जीवन जैसी मान्यताओं को भी बिना किसी ठोस वैज्ञानिक प्रमाण के पूरी दृढ़ता से स्वीकार कर लिया जाता है। जैसा कि मनोवैज्ञानिक फ्रायड ने भी कहा हैः सुरक्षा की भावना की सन्तुष्टि के लिए ईश्वर और मृत्यु-भय से मुक्ति के लिए आत्मा की अमरता के विचार को बिना प्रमाण के स्वीकार कर लिया जाता है।

गैलोवे के अनुसार भी धर्म के उद्‌गम का मूल स्रोत भय है। भय ही वह प्रेरक शक्ति है जो मानव को धर्म की ओर उन्मुक्त करती है। आदिम धर्मों में इसे स्पष्ट रूप से देखा जा सकता है। गैरआदिम एकेश्वरवादी धर्मों में भी ईश्वर और नरक के भय की प्रमुख भूमिका रहती है। इस तरह, आस्था का सम्बन्ध बुद्धि से नहीं, बल्कि भावना से है। हम चर्चा कर चुके हैं कि सभी धर्मों में अपने-अपने धर्म के संस्थापक और/या धर्मग्रन्थों में **आस्था** पायी जाती है।

उल्लेखनीय है कि कई बार जब कुछ धार्मिक श्रद्धालुओं के कुछ धार्मिक विश्वासों

को चुनौती दी जाती है, या ऐसा कुछ लिखा, बोला या किया जाता है, जो उनके धार्मिक विश्वासों के विपरीत हो, तो वे यह शिकायत करते हैं कि इससे उनकी "धार्मिक भावना" को चोट पहुँची है। आम तौर से, वे यह नहीं कहते हैं कि इससे उनको "धार्मिक बुद्धि" को चोट पहुँचती है। इसका साफ अर्थ है कि धार्मिक श्रद्धालुओं द्वारा जिन विश्वासों में आस्था रखी जाती है, उससे उनका बौद्धिक जुड़ाव नहीं बल्कि भावनात्मक लगाव होता है।

धर्म के भावनात्मक पक्ष को हम उपासना से भी जोड़ कर देख सकते हैं। उपासना में प्रार्थना की प्रमुख भूमिका रहती है। कई बार उपासक से यह अपेक्षा की जाती है कि वह विनीत भाव से, अश्रुपूर्ण नयनों से, गिड़गिड़ाते हुए प्रार्थना करे। यहाँ पर भावनाओं की भूमिका साफ दिख रही है।

धार्मिक चेतना के तीनों पक्षों का अक्सर सहअस्तित्व रहता है। इसे हम एक उदाहरण द्वारा समझ सकते हैं। मान लें कोई व्यक्ति ईश्वर के अस्तित्व में विश्वास रखता है। उसकी ईश्वर में आस्था है, और वह ईश्वर से डरता है। अपनी इस आस्था और भय से प्रेरित होकर वह ईश्वर से अपनी सुरक्षा के लिए या अपनी इच्छाओं की पूर्त्ति के लिए अश्रुपूर्ण नयनों से प्रार्थना करता है; तो यहाँ पर उसकी धार्मिक चेतना में ज्ञानात्मक, भावनात्मक और क्रियात्मक तीनों तत्त्व मौजूद हैं। इसी तरह, अगर हम "रहस्यानुभूति" को धार्मिक अनुभूति के एक प्रकार के रूप में लें, तो उसमें भी ये तीनों तत्त्व वर्तमान रहते हैं। रहस्यवाद की विस्तृत चर्चा अगले अध्याय में की गयी है।

प्रश्न

1. निम्नांकित पर अधिक-से-अधिक 200 शब्दों में आलोचनात्मक टिप्पणी कीजिए—

   (क) दैवी (numinous) और 'रहस्यात्मक' अनुभव में भेद। (2007)

❑

अध्याय 32

रहस्यवाद

रहस्यवाद (mysticism) लगभग सभी धर्मों में पाया जाता है। रहस्यानुभूति (mystical experience) एक मुख्य किस्म की धार्मिक अनुभूति है। "रहस्यवाद" का स्वरूप स्वयं भी एक रहस्य है। इसका मुख्य कारण तो यह है कि कई बार "रहस्यवादी" (mystic) कहे जाने वाले लोग यह दावा करते हैं कि उनकी "रहस्यानुभूति" को भाषा के माध्यम से व्यक्त नहीं किया जा सकता है, और, जैसा कि हेपबर्न ने भी कहा है, रहस्यवादी अपनी अनुभूतियों के विवरण के लिए विरोधाभासपूर्ण, आलंकारिक और काव्यात्मक भाषा का इस्तेमाल करते हैं। ऐसे में रहस्यवाद के स्वरूप के बारे में कुछ हद तक अस्पष्टता भी स्वाभाविक ही है। इसके बावजूद रहस्यवाद को समझने के प्रयत्न भी किए गए हैं।

निनियन स्मार्ट

निनियन स्मार्ट के अनुसार रहस्यानुभूति एक मुख्य किस्म का धार्मिक अनुभव है, लेकिन दो प्रमुख कारणों से इसकी सरल परिभाषा कर पाना मुश्किल है। पहली बात तो यह है कि अक्सर रहस्यवादी अपने अनुभवों का विवरण उन सिद्धान्तों के आधार पर देते हैं; जिन्हें वे पहले से सत्य मान लेते हैं, और दूसरी बात यह कि रहस्यवाद के साथ अनिवार्य रूप से किसी एक किस्म के सिद्धान्त को जोड़ना सम्भव नहीं है।

उदाहरण के तौर पर, पश्चिमी रहस्यवादियों द्वारा दी गयी "रहस्यवाद" की कुछ परिभाषाएँ, जिनका उल्लेख डब्ल्यू॰ आर॰ इंगे द्वारा *Mysticism in Religion* में किया गया है, इस प्रकार हैं—

ऑटो फ्लाइडरर के अनुसार, **रहस्यवाद आत्मा की ईश्वर के साथ साक्षात् एकात्म की भावना है।** (Mysticism is the immediate feeling of the unity of the self with God.)[1]

इसी तरह, एडवर्ड कैर्ड के अनुसार, ***रहस्यवाद मन की वह अभिवृत्ति है जिसमें सारे सम्बन्ध आत्मा और ईश्वर के सम्बन्ध में समा जाते हैं।*** (Mysticism is that attitude of mind in which all relations are swallowed up in the relation of the soul to God.)[2]

इसी तरह, रिचर्ड नेट्लशिप के अनुसार, ***सच्चे रहस्यवाद में यह चेतना रहती***

1. Ninian Smart, "Mysticism, History of" in *The Encyclopedia of Philosophy*, vol. 5, p. 420.
2. Ibid.

है कि वे सारी वस्तुएँ, जिनका हम अनुभव करते हैं, किसी अन्य वस्तु की प्रतीक हैं। (True Mysticism is the consciousness that everything that we experience is an element and only an element in fact, i.e. that in being what it is, it is symbolic of something else.)[1]

निनियन स्मार्ट के अनसार, इन परिभाषाओं में दी गयी रहस्यानुभूति की धार्मिक और दार्शनिक व्याख्या को सभी चिन्तकों द्वारा स्वीकार नहीं किया जाएगा। उदाहरण के तौर पर, बौद्ध रहस्यवादी द्वारा पहली दो परिभाषाओं को स्वीकार नहीं किया जाएगा, क्योंकि बौद्ध धर्म में ईश्वर और आत्मा की अवधारणा नहीं पायी जाती है।[2] तीसरी परिभाषा के प्रति भी वे संशयात्मक ही रहेंगे, क्योंकि यह स्पष्ट नहीं है कि किस अर्थ में ''निर्वाण'' के अनुभव को ''किसी अन्य वस्तु'' का प्रतीक माना जा सकता है।[3]

निनियन स्मार्ट के अनुसार रहस्यानुभूति और रूडॉल्फ ऑटो द्वारा बताए गए ''न्यूमिनस'' अनुभव के बीच अन्तर है। ऑटो के अनुसार, ''न्यूमिनस'' अनुभव भय पैदा करने वाले सम्मोहक रहस्य की तरह है[4], जबकि ''रहस्यानुभूति'' में, जैसा कि उदाहरण के तौर पर, सिडनी स्पेन्सर ने कहा है, **अनुभवातीत के साथ साक्षात् सम्पर्क का दावा किया जाता है।** (What is characteristic of the mystics is the claim which they make to an immediate contact with the Transcendent.)[5]

निनयन स्मार्ट की राय में स्पेन्सर द्वारा दी गयी रहस्यवाद की परिभाषा के दायरे में ***बाइबिल*** पुराने विधान के पैगम्बरों, मुहम्मद के अनुभवों और ***भगवद्गीता*** में बताए गए ईश्वर-साक्षात्कार को शामिल किया जा सकता है; लेकिन इन अनुभवों और एकहार्ट, शंकर और बुद्ध के ''आन्तरिक प्रकाश'' के अनुभवों के बीच इतना अन्तर है कि दोनों को एक साथ रखना भ्रामक है।

निनियन स्मार्ट की राय में, ''रहस्यवाद'' की व्याख्या एकहार्ट, शंकर और बुद्ध जैसे रहस्यवादियों के अनुभवों के सन्दर्भ में करना ही श्रेष्ठ है। इन रहस्यवादियों के अनुसार ''रहस्यानुभूति'' (i) कालातीत होती है, (ii) उसमें अनुभवातीत का बोध शामिल रहता है, (iii) ये अनुभव परमानन्द और शान्ति प्रदान करते हैं, और (iv) यह स्थिति आम तौर से आत्म-नियन्त्रण और चिन्तन के मार्ग पर चल कर प्राप्त होती है।

निनियन स्मार्ट के अनुसार ये लक्षण डब्ल्यू॰ टी॰ स्टेस द्वारा अपनी किताब *Mysticism and Philosophy* में बताए गए ''अन्तर्मुखी रहस्यवाद'' के लक्षण हैं।

इसके अलावा, ''बहिर्मुखी रहस्यवाद'' की चर्चा भी होती है, उदाहरण के तौर पर, आर॰ सी॰ जेहनर के अनुसार इस किस्म की रहस्यानुभूति में व्यक्ति विश्व के साथ एक

1. Ibid.
2. Ibid., pp. 419–20.
3. Ibid.
4. ऑटो के, ''न्यूमिनस'' की चर्चा पिछले अध्याय ''धार्मिक अनुभूति और धार्मिक चेतना'' में की गयी है।
5. Sydney Spencer, *Mysticism in World Religion*, quoted by Ninian Smart, Ibid.

किस्म का सम्बन्ध स्थापित कर लेता है। निनियन स्मार्ट के अनुसार, अगर सूक्ष्म दृष्टि से देखा जाए तो ये अनुभव पैगम्बरी अनुभवों और अन्तर्मुखी रहस्यानुभूति दोनों से अलग होते हैं, लेकिन, क्योंकि इनकी अनुभूति कभी-कभी अन्तर्मुखी अनुभूति के साथ-साथ होती है, इसलिए इन्हें भी ''रहस्यानुभूति'' माना जा सकता है।

निनियन स्मार्ट की राय में रहस्यवाद के विभिन्न पक्षों के बीच अन्तर किया जाना चाहिए:—(i)स्वयं रहस्यानुभूति,(ii)चिन्तन की वे विधियाँ, जिन्हें अक्सर रहस्यानुभूति से जोड़ा जाता है, और (iii) वे सिद्धान्त, जिनका जन्म रहस्यानुभूति से होता है या जो रहस्यानुभूति द्वारा प्रभावित होते हैं।

हेपबर्न

हेपबर्न के अनुसार, रहस्यवादी अनुभूति को परिभाषित करने के और उसके महत्व के मूल्यांकन के विभिन्न और परस्पर विरोधी प्रयत्न किए गए हैं। इस बात को ध्यान में रखते हुए कि रहस्यवादी अपनी उन अनुभूतियों के विवरण के लिए, जिसे वे ''रहस्यानुभूति'' कहते हैं, विरोधाभासपूर्ण, आलंकारिक और काव्यात्मक भाषा का इस्तेमाल करते हैं, यह आश्चर्यजनक भी नहीं है। यहाँ तक कि जब रहस्यवादी लोग सही तत्वमीमांसीय पदों का इस्तेमाल करते हैं, तो भी वे उनका इस्तेमाल सामान्य से काफी अलग अर्थों में करते हैं। उदाहरण के तौर पर, रहस्यवादियों ने ईश्वर को ''शून्य'' भी कहा है, और सभी वस्तुओं का आधार भी। इसी तरह, रहस्यवादियों द्वारा एक साथ यह दावा भी किया गया है कि ''ईश्वर और विश्व एक है'' और यह भी कि ''ईश्वर और विश्व एक नहीं है''।[1]

रहस्यवाद की सटीक परिभाषा भले सम्भव न हो, फिर भी उसके बारे में कुछ संकेत जरूर दिया जा सकता है। रहस्यानुभूति ''धार्मिक'' शब्द के व्यापक अर्थ में धार्मिक अनुभूति होती है। इस अनुभव के बारे में ऐसा समझा जाता है कि इसके माध्यम से सम्पूर्ण वस्तुओं का कुछ व्यक्त या प्रकाशित होता है। यह ऐसा कुछ होता है, जो मानव के लिए हर देश और काल में अत्यधिक महत्त्व का होता है, और इस पर व्यक्ति का परम कल्याण और उसकी मुक्ति पूरी तरह निर्भर करती है।

विशेष तौर से रहस्यानुभूति धार्मिक या धर्मशास्त्रीय जानकारी प्राप्त करने की क्रिया नहीं है, बल्कि इसे अक्सर इस विश्व के और मानव मुक्ति के दैवी स्रोत से सामना या साक्षात्कार के रूप में लिया जाता है। रहस्यवादी अनुभूति में ईश्वर या परम तत्त्व के साथ एकात्म या तादात्मय का अनुभव होता है, और उसके साथ तीव्र हर्षोन्माद एवं आनन्द की भावना जुड़ी रहती है। दूसरी ओर, यह भी सम्भव है कि रहस्यवादी व्यक्ति ईश्वर में विश्वास नहीं रखता हो, और फिर भी उसे अभिभूत करने वाली परमानन्द की भावना का या मुक्ति का या अपने व्यक्तित्व के विसर्जन का अनुभव हो। (बौद्ध धर्म में ''निर्वाण'' की स्थिति को एक शान्त स्थिति बतलाया गया है।)

---

1. Ronald W. Hepburn, "Mysticism, Nature and Assesment of" in *The Encyclopedia of Philosophy*, vol. 5, p. 429.

हेपबर्न के अनुसार कुछ रहस्यानुभूतियाँ लम्बे और कठिन धार्मिक अनुशासन या सन्यास के रास्ते पर चलने के बाद अन्त में प्राप्त होती हैं; कुछ स्वाभाविक रूप से, कुछ ड्रग्स के इस्तेमाल से और कुछ मानसिक रोग के दौरान।

हेपबर्न ने भी बहिर्मुखी और अन्तर्मुखी रहस्यानुभूति के बीच अन्तर किया है। हेपबर्न के अनुसार बहिर्मुखी रहस्यानुभूति में अनुभवकर्त्ता विश्व की अनेकों वस्तुओं को एक जीवित, न्यूमिनस एकता में रूपान्तरित देखता है, जिसमें उनका अलग-अलग अस्तित्व मिट चुका होता है। अन्तर्मुखी रहस्यानुभूति में अनुभवकर्त्ता अपने पर्यावरण और एक अलग व्यक्ति के रूप में अपने अस्तित्व के प्रति धीरे-धीरे कम सचेत होता चला जाता है। यहाँ पर व्यक्ति (subject) और वस्तु (object) के अन्तर के समाप्त हो जाने की बात की जाती है। व्यक्ति पूरी तौर से उस ''एक'' में विलीन और विसर्जित हो जाता है, या उससे तादात्मय स्थापित कर लेता है। हेपबर्न के अनुसार कुछ प्रसिद्ध रहस्यवादियों को दोनों किस्म की रहस्यानुभूतियाँ होती हैं, और क्योंकि दूसरे किस्म की रहस्यानुभूति साधारण अनुभव से अधिक दूर होती है, इसलिए उसे आमतौर से अधिक ''विकसित'' माना जाता है।

विलियम जेम्स

विलियम जेम्स ने रहस्यानुभूति के चार लक्षण बतलाए हैं: (i) अनिर्वचनियता (ineffability), (ii) बुद्धितत्त्वता (noetic), (iii) क्षणभंगुरता या अल्पकालीनता (transiency) और (iv) निष्क्रियता (passivity)।[1]

रहस्यानुभूति को अनिर्वचनीय कहने का अर्थ यह हुआ कि रहस्यानुभूति को साधारण भाषा में व्यक्त नहीं किया जा सकता है। यह गूंगे व्यक्ति के द्वारा गुड़ की अनुभूति की तरह अकथनीय है। इसी तरह, रहस्यानुभूति को ''नोएटिक'' कहने का अर्थ यह है कि यह अनुभूति पूरी तरह आत्मनिष्ट नहीं होती, क्योंकि रहस्यवादी किसी-न-किसी सत्ता के साथ आत्मसात होने की बात करते हैं। अक्सर कहा जाता है कि रहस्यानुभूति क्षणभंगुर होती है, लेकिन इसकी रहस्यवादी के जीवन पर अमिट छाप पड़ती है। इसी तरह, रहस्यानुभूति के समय ऐसा मालूम देता है जैसे रहस्यवादी पूरी तरह निष्क्रिय है।

या॰ मसीह

या॰ मसीह के अनुसार रहस्यानुभूति में निम्नलिखित तत्त्व होते हैं—

(i) परम तत्त्व अद्वैत और एक है। अद्वैतवाद में इस परम सत् को ''निर्गुण ब्रह्म'' और ईश्वरवादियों द्वारा इसे ''ईश्वर'' कहा जाता है।

(ii) रहस्यानुभूति में भक्त-ईश्वर, साधक-ब्रह्म के बीच तादात्म्य स्थापित हो जाता है। अद्वैत वेदान्त की दृष्टि से साधना की चरम स्थिति में साधक अपने को ''ब्रह्म'' में विलीन कर देता है। ईश्वरवाद के अनुसार तादात्म्य का अर्थ हुआ कि भक्त ईश्वर के बहुत निकट हो जाता है।

---

1. या॰ मसीह, ***सामान्य धर्मदर्शन***, पृष्ठ 64.

(iii) रहस्यावादियों के अनुसार रहस्यानुभूति में ईश्वर या परम सत् का साक्षात ज्ञान हो जाता है।

(iv) रहस्यवाद में बौद्धिकता की आलोचना की जाती है। इस अबौद्धिक अनुभूति को व्यक्त करने के लिए रहस्यवादी विरोधाभास, उलटबांसी, मूकभाषा आदि का इस्तेमाल करते हैं।

(v) प्रायः रहस्यवादी परम सत् से साक्षात्कार प्राप्त करने के बाद हर्षोन्माद या शान्ति का अनुभव करते हैं।[1]

या॰ मसीह द्वारा की गयी रहस्यवाद की व्याख्या अद्वैत वेदान्त और ईश्वरवादी धर्मों की दृष्टि से तो ठीक है, लेकिन बौद्ध धर्म जैसे निरीश्वरवादी और अनात्मवादी धर्म की दृष्टि से इसे संतोषजनक नहीं माना जा सकता है। ''समाधि'' और ''निर्वाण'' की बात बौद्ध धर्म में भी की गयी है। लेकिन, वहाँ पर इसे ''ब्रह्म'' या ''आत्मा'' से नहीं जोड़ा गया है। फिर, यह भी जरूरी नहीं कि जिन अनुभूतियों को अलग-अलग रहस्यवादियों द्वारा ''रहस्यानुभूति'' कहा जाता है, वे सभी एक जैसी हों।

दार्शनिक दृष्टि से रहस्यानुभूति की चर्चा करते समय दो बातों के बीच स्पष्ट अन्तर करना चाहिए: एक, **रहस्यानुभूति की मनोवैज्ञानिक व्याख्या**, और दो, **रहस्यानुभूति की तार्किक वैधता**। रहस्यानुभूति की मनोवैज्ञानिक व्याख्या करते समय यह विचार किया जाता है कि जब ''रहस्यवादियों'' को ''रहस्यानुभूति'' होती है, तो दरअसल में उन्हें किस प्रकार की अनुभूति होती है। दूसरी ओर, रहस्यानुभूति की तार्किक वैधता से जुड़ा महत्त्वपूर्ण प्रश्न यह है कि क्या रहस्यानुभूति को ज्ञान का एक साधन माना जा सकता है? धर्म-दार्शनिक दृष्टि से यह दूसरा प्रश्न अधिक प्रासंगिक है, क्योंकि रहस्यानुभूति को धार्मिक विश्वास का आधार भी माना जाता है। रहस्यानुभूति के आधार पर ईश्वर और आत्मा के अस्तित्व को प्रमाणित करने की कोशिश भी की जाती है। रहस्यानुभूति की तार्किक वैधता के प्रश्न पर अगले अध्याय ''धार्मिक विश्वास के आधार'' में विचार किया गया है।

प्रश्न

1. निम्नलिखित पर लगभग 200 शब्दों में समालोचनात्मक टिप्पणी लिखिए—

(क) ''रहस्यवाद सामान्य विचार के लिए बंद ज्ञान के प्रक्षेत्रों तक आध्यात्मिक पहुँच की शक्ति है।'' (2005)

2. निम्नांकित पर अधिक-से-अधिक 200 शब्दों में आलोचनात्मक टिप्पणी कीजिए—

(क) 'दैवी' (numinous) और 'रहस्यात्मक' अनुभव में भेद। (2007)

❑

1. वही, पृष्ठ 62–63.

अध्याय 33

धार्मिक विश्वास के आधार

यह एक महत्त्वपूर्ण प्रश्न है कि धार्मिक विश्वास का आधार क्या है? **तर्कबुद्धि** (reason), **श्रुति** (revelation), **आस्था** (faith) या **रहस्यानुभूति** (mystic experience)?अगर ध्यान से देखा जाए तो इस दृष्टि से सभी धर्मों की स्थिति बिल्कुल एक जैसी नहीं है। जैन और बौद्ध धर्म जैसे निरीश्वरवादी धर्मों में तर्कबुद्धि का तत्त्व अधिक है। इन धर्मों में श्रुति या रहस्योद्घाटन के लिए कोई स्थान नहीं है। वैसे, इससे इनकार नहीं किया जा सकता है कि इन धर्मों में भी आस्था का तत्त्व मौजूद है। दूसरी ओर, पारसी, यहूदी, ईसाई और इस्लाम जैसे एकेश्वरवादी धर्मों में श्रुति और आस्था का तत्त्व प्रमुख है। हिन्दू धर्म में कुछ हद तक श्रुति के तत्त्व हैं, और आस्था का तत्त्व तो है ही; सिक्ख धर्म में आस्था का तत्त्व है, लेकिन श्रुति का तत्त्व नहीं है। लेकिन इसका अर्थ यह नहीं है कि इन धर्मों में तर्कबुद्धि का तत्त्व बिल्कुल ही नहीं है। ईसाई धर्म में बीसवीं शताब्दी के पहले तक ''प्राकृतिक धर्मशास्त्र'' (natural theology)और ''श्रुत धर्मशास्त्र'' (revealed theology)के बीच अन्तर किया जाता था। ऐसा समझा जाता था कि प्राकृतिक धर्मशास्त्र का सम्बन्ध उन धर्मशास्त्रीय ''सत्यों'' से है, जिन्हें बिना किसी अन्य सहारे के मानव बुद्धि द्वारा स्वतन्त्र रूप से स्थापित किया जा सकता है। इसी तरह, हिन्दू धर्म में श्रुति के दायरे में तर्कबुद्धि के इस्तेमाल की बात की गयी है। जहाँ तक रहस्यवाद का प्रश्न है, तो हर धर्म में इसके तत्त्व पाए जाते हैं।

तर्कबुद्धि

तर्कबुद्धि ही इन्सान को दूसरे जानवरों से अलग करता है। दर्शनशास्त्र और विज्ञान में तर्कबुद्धि को केन्द्रीय स्थान दिया जाता है। **तर्कबुद्धि उस रूप में धार्मिक विश्वास का आधार नहीं है, जिस रूप में वह दर्शनशास्त्र और विज्ञान का आधार है।** लेकिन, जैसा कि पहले भी उल्लेख किया गया, इसका अर्थ यह नहीं हुआ कि धार्मिक विश्वास में तर्कबुद्धि का तत्त्व बिल्कुल ही नहीं है। दरअसल, इस दृष्टि से सभी धर्मों की स्थिति बिल्कुल एक जैसी नहीं है। जैन और बौद्ध धर्मों में अन्य धर्मों की तुलना में तर्कबुद्धि का तत्त्व अधिक है।

जैन धर्म में ''सम्यक् दर्शन'' के अन्तर्गत सत्य के प्रति श्रद्धा की बात की गयी है। जैन धर्म में तीर्थंकरों और जैन धर्मग्रन्थों के प्रति श्रद्धा की अपेक्षा रखी जाती है। फिर भी, जैन धर्म में तर्कबुद्धि को हतोत्साहित कर अंधविश्वास या अंधश्रद्धा को प्रोत्साहित नहीं किया जाता है। जैन लेखक मणिभद्र के अनुसार जैन दृष्टिकोण रूढ़िवादी नहीं, बल्कि तर्कबुद्धिवादी है। जैन दृष्टिकोण को निम्नलिखित शब्दों में रखा जा सकता

है—मुझमें महावीर के पक्ष में या कपिल और अन्य लोगों के विरुद्ध कोई पूर्वाग्रह नहीं है, तर्कसंगत शब्द ही मुझे ग्राह्य है, चाहे वे जिस किसी के हों।

बौद्ध धर्म में भी काफी हद तक तर्कबुद्धि और स्वतन्त्र चिन्तन को प्रोत्साहित किया गया है। **वेद** सहित किसी भी धर्मग्रन्थ की प्रामाणिकता को अस्वीकार किया गया है। बौद्ध धर्म में बुद्ध के वचनों को सर्वोच्च महत्त्व दिया जाता है। लेकिन बौद्ध ग्रन्थों में बुद्ध को अपने शिष्यों को स्वयं अपनी बुद्धि को सन्तुष्ट करने के बाद ही किसी सिद्धान्त को स्वीकार करने के लिए कहते हुए बतलाया गया है—मेरे शब्दों को समीक्षा के बाद स्वीकार करो, मेरे प्रति श्रद्धा के कारण नहीं।

बुद्ध या महावीर ने कभी भी यह दावा नहीं किया कि वे ''ईश्वर के पुत्र'' या ''संदेशवाहक'' हैं। न ही उन्होंने अपने ज्ञान के ''ईश्वरीय'' या ''श्रुत'' होने की बात की है। इस तरह, इन धर्मों में तर्कबुद्धि को अन्य धर्मों की तुलना में काफी अधिक स्थान दिया गया है। फिर भी, ये धर्म श्रद्धा और आस्था के तत्त्व से पूरी तौर से मुक्त नहीं हैं। व्यावहारिक रूप में जैन धर्मावलम्बी महावीर और अन्य तीर्थंकरों के प्रति श्रद्धा का भाव रखते हैं। जैन मन्दिरों में महावीर सहित अन्य जैन तीर्थंकरों की मूर्तियाँ रहती हैं, और जैनियों में इन मूर्त्तियों के प्रति भक्ति भावना पाई जाती है। हालांकि जैन धर्म में हिन्दू धर्म की तरह ऐसा नहीं समझा जाता है कि इन मूर्तियों में ईश्वर का वास है।

इसी तरह, बौद्ध विहारों में बुद्ध की मूर्तियाँ लगायी जाती हैं, और उसकी पूजा की जाती है। किसी व्यक्ति को बौद्ध धर्म में शामिल करते समय ''त्रिरत्न'' को दुहराया जाता है— ''बुद्धम् शरणं गच्छामि, धर्मम् शरणं गच्छामि, संघं शरणं गच्छामि''। बौद्ध विहारों में बौद्ध भिक्षुओं द्वारा सभी धार्मिक आयोजनों की शुरूआत भी इस ''त्रिरत्न'' द्वारा ही की जाती है। महायान में बुद्ध को ''भगवान'' तक माना जाता है, हालांकि उन्हें ''ईश्वर'' या ''विश्व का सृष्टिकर्त्ता'' नहीं माना जाता है। इस तरह, बौद्ध धर्म में, बुद्ध की शिक्षाओं के बावजूद, बुद्ध को ''सर्वज्ञ'' मानने की प्रवृत्ति पायी जाती है। ***विनय पिटक*** के अनुसार स्वयं बुद्ध ने भी भिक्षुओं को लोकायत दर्शन का अध्ययन और अध्यापन की अनुमति नहीं दी थी।[1] उल्लेखनीय है कि लोकायत एक प्राचीन इहलोकवादी भारतीय-दर्शन है, जिसके अन्तर्गत तर्कशास्त्र को महत्त्व दिया गया है और ''मृत्यु के बाद जीवन'' को नकारा गया है। संक्षेप में, कहा जा सकता है कि **जैन और बौद्ध धर्मों में भी श्रद्धा, आस्था और पूजा के तत्त्व हैं, जो इन्हें अन्य धर्मों के समकक्ष रखते हैं, लेकिन इन धर्मों में अन्य धर्मों की तरह तर्कबुद्धि और मानव-पुरुषार्थ को पूरी तरह हतोत्साहित नहीं किया जाता है।** यह नहीं कहा जाता है कि जो महावीर या बुद्ध के वचनों में विश्वास नहीं करेगा, वह ''नरक की अग्नि'' में जलेगा, या उसका ''सज्जनों द्वारा बहिष्कार'' किया जाना चाहिए, आदि-आदि।

जैन और बौद्ध धर्म के विपरीत, ईसाई और इस्लाम जैसे ईश्वरवादी धर्मों में यहाँ तक कि हिन्दू धर्म में भी श्रुति (revelation) और आस्था (faith) को केन्द्रीय स्थान

---

1. Debiprasad Chattopadhyaya, *Carvaka/Lokayata*, p. 444.

दिया गया है। लेकिन ऐसा नहीं समझना चाहिए कि इन धर्मों में तर्कबुद्धि को बिल्कुल ही स्थान नहीं दिया गया है। जैसा कि पहले भी उल्लेख किया जा चुका है, ईसाई धर्म में प्राकृतिक धर्मशास्त्र और श्रुत धर्मशास्त्र के बीच अन्तर किया जाता था, और ऐसा माना जाता था कि कुछ धार्मिक "सत्यों" को मानव बुद्धि के आधार पर स्वतन्त्र रूप से स्थापित किया जा सकता है। सामान्य तौर पर ईसाई धर्म में ***बाइबिल*** को प्रथम और तर्कबुद्धि को दूसरे दर्जे का स्थान दिया गया है। इस्लाम में **शरीअत** (धार्मिक कानून) को "ईश्वरीय" माना जाता है। **शरीअत** के चार स्रोत माने गए हैं—***कुरआन, सुन्नाह*** या ***हदीस, इज्मा*** और ***क़ियास***। *क़ियास* का अर्थ हुआ सादृश्यानुमान (analogical deductions)।[1] इस तरह, इस्लाम के दायरे में भी तर्कबुद्धि को सीमित स्थान दिया गया है। हिन्दू धर्म के अन्तर्गत न्याय-दर्शन में **प्रत्यक्ष, अनुमान, उपमान** और **शब्द** (testimony) को ज्ञान का साधन माना गया है, लेकिन "वैदिक शब्द" को "ईश्वर की वाणी" और अकाट्य माना गया है। शंकर और रामानुज ने भी तर्कबुद्धि को श्रुति के दायरे में गौण स्थान दिया है। उनके अनुसार ब्रह्म का ज्ञान बौद्धिक युक्तियों द्वारा नहीं, बल्कि धर्मशास्त्रों द्वारा ही हो सकता है। लेकिन उपनिषदों की अपनी-अपनी व्याख्या के समर्थन में उन्होंने तर्कबुद्धि का प्रयोग किया है। उदाहरण के तौर पर, शंकर के अनुसार सत्य की प्राप्ति सिर्फ उपनिषद से ही हो सकती है। तर्कयुक्ति को हम सिर्फ उपनिषद के अभिप्राय को ठीक से समझने के लिए इस्तेमाल कर सकते हैं। शंकर के अनुसार वेदान्त-सिद्धान्तों की सत्यता तर्क या युक्ति पर निर्भर नहीं करती है, बल्कि वह इस पर निर्भर है कि वह उपनिषद द्वारा प्रतिपादित है।[2] किसी भी धर्म के धर्मशास्त्र में कुछ हद तक तर्कबुद्धि का इस्तेमाल किया ही जाता है, पर **सामान्य तौर पर धर्मों में तर्कबुद्धि के महत्त्व को घटाकर दिखलाया जाता है।** जैन और बौद्ध धर्म इसके अपवाद हैं।

श्रुति

सिक्ख धर्म को छोड़ कर, बाकी **एकेश्वरवादी धर्मों में श्रुति या प्रकाशना को केन्द्रीय स्थान दिया गया है।** ईसाई धर्म एकेश्वरवादी धर्म है, और ***बाइबिल*** इसका मूल ग्रन्थ है। ईसाई धर्म में ***बाइबिल*** को श्रुत ग्रन्थ माना जाता है। हालांकि ईसाई धर्म में ***बाइबिल*** को "ईश्वरीय" माना जाता है, लेकिन इस ग्रन्थ में कहीं भी ईश्वर के अस्तित्व को प्रमाणित करने का कोई प्रयत्न नहीं किया गया है। ईसाई धर्म में श्रुति के बारे में दो किस्म के सिद्धान्त हैं। पहला और प्रमुख मत वह है जिसका समर्थन रोमन कैथलिक चर्च और रूढ़िवादी प्रोटेस्टेंट लोगों द्वारा किया जाता है। *Catholic Encyclopaedia* के अनुसार **"श्रुति" को ईश्वर द्वारा अतिप्राकृतिक माध्यमों से मनुष्यों को कुछ सत्यों के संप्रेषण के रूप में परिभाषित किया जा सकता है।**[3] इस तरह, इस मत के अनुसंार श्रुति द्वारा मनुष्य को ईश्वर से कुछ सत्य तर्कवाक्यों की जानकारी मिलती है। यह जानकारी स्वप्न, दिव्य-दर्शन और आकाशवाणी जैसी घटनाओं से मिलती है। ईसाई धर्म के अनुसार ***बाइबिल*** में ईश्वर द्वारा श्रुत "सत्यों" को आधिकारिक रूप में लिखा गया है। इस तरह, ***बाइबिल*** का लेखक ईश्वर है।

---

1. Y. Masih, *A Comparative Study of Religions*, p. 124.
2. राहुल सांकृत्यायन, ***दर्शन दिग्दर्शन***, पृष्ठ 634.
3. John H. Hick : *Philosophy of Religion*, p. 52.

"श्रुति" की ऊपर बतायी गयी अवधारणा के साथ "श्रुत धर्मशास्त्र" की अवधारणा भी जुड़ी हुई है। इस मत के अनुसार **श्रुत धर्मशास्त्र में उन "सत्यों" को रखा जाता है, जिनका ज्ञान मानव-बुद्धि द्वारा सम्भव नहीं है और जिन्हें ईश्वर द्वारा श्रुत किए जाने पर ही समझा जा सकता है।**

श्रुति के बारे में एक मत के अनुसार, जो ईसाई धर्म की **प्रोटेस्टेंट शाखा** में काफी प्रचलित है, **श्रुति द्वारा ईश्वर के बारे में सत्य तर्कवाक्यों का नहीं, बल्कि स्वयं ईश्वर का ज्ञान प्राप्त होता है।** इस दृष्टि से धर्मशास्त्रीय तर्कवाक्य श्रुत नहीं होते हैं, बल्कि इनके द्वारा मानव श्रुत घटनाओं के महत्त्व को समझने का प्रयत्न करता है।

इस्लाम में भी श्रुति का केन्द्रीय स्थान है। "इस्लाम" का अर्थ हुआ वह धर्म जिसमें व्यक्ति अपने को ईश्वर की इच्छा पर पूरी तौर से अर्पित कर दे। जो व्यक्ति पूरे मन से यह विश्वास (ईमान) रखता है कि "अल्लाह को छोड़ कर कोई दूसरा ईश्वर नहीं है और मुहम्मद उसके पैगम्बर (रसूल) हैं", उसे ही "मुसलमान" कहा जाता है। इस्लाम के अनुसार ***कुरआन*** ईश्वर द्वारा श्रुत ग्रन्थ है। इस्लाम में एक विश्वास यह भी है कि ***कुरआन*** की मूल प्रति स्वर्ग में रखी हुई है, जिसकी प्रतिलिपि पैगम्बर मुहम्मद द्वारा इस संसार में प्रस्तुत की गयी है। कुछ ईसाई ***बाइबिल*** के बारे में भी ऐसा ही सोचते हैं।

हिन्दू धर्म भी मुख्य रूप से एक ईश्वरवादी धर्म है, और इसमें **वेद**, ***भगवद्गीता*** और ***मनुस्मृति*** आदि धर्मशास्त्रों को ईश्वर द्वारा श्रुत माना जाता है। न्याय-दर्शन के अनुसार **वेदों** में "ईश्वर के शब्द" हैं। जबकि निरीश्वरवादी मीमांसा के अनुसार **वेद** "अनादि" और "अपौरुषेय" हैं। इनकी रचना किसी व्यक्ति द्वारा नहीं की गयी है। लेकिन न्याय और मीमांसा दोनों ही **वेदों** को प्रामाणिक और अन्तिम सत्य मानते हैं।

मनुस्मृति के अनुसार जिस ब्रह्मा ने इस विश्व और चार वर्णों की रचना की है, उसी ने ***मनुस्मृति*** की भी रचना की है। ***मनुस्मृति*** में यह स्पष्ट कहा गया है कि **वेदों** को "श्रुति" और धर्मशास्त्रों को "स्मृति" समझना चाहिए। ये प्रतिकूल तर्क के योग्य नहीं हैं, क्योंकि इन दोनों से ही धर्म का उद्गम हुआ है। जो 'द्विज' व्यक्ति तर्कशास्त्र द्वारा इनका "अपमान" करे, ऐसे "नास्तिक" वेद-निन्दक का "सज्जनों" द्वारा समाज से बहिष्कार कर दिया जाना चाहिए। इसी तरह, ***मनुस्मृति*** में "हैतुको" (तर्कशास्त्रियों) से बातचीत करने तक को मना किया गया है।[1]

हिन्दू धर्मग्रन्थों में ***भगवद्गीता*** का प्रमुख स्थान है। ऐसा समझा जाता है कि ***गीता*** का संदेश कृष्ण ने दिया है, और कृष्ण को विष्णु का अवतार माना जाता है। इस तरह, ***गीता*** भी ईश्वर द्वारा श्रुत समझी जाती है। ***गीता महाभारत*** का एक अंश है। ***महाभारत*** के ही शान्तिपर्व में एक कहानी है जिसके अनुसार एक ब्राह्मण को सजा के रूप में अगले जन्म में इसलिए सियार बना दिया गया, क्योंकि वह तर्क-विद्या के प्रति आसक्त होकर वाद-विवाद किया करता था, और **वेद** में आस्था नहीं रखता था।[2]

---

1. ***मनुस्मृति*** 2 : 10; 2 : 11 और 4 : 30.
2. Satish Chandra Vidyabhusana, *A History of Indian Logic*, p. 37.

सिक्ख धर्म भी एक ईश्वरवादी धर्म है, लेकिन इसमें ***आदि ग्रन्थ*** को श्रुत नहीं माना जाता है। इसमें गुरुओं और सन्तों की ''वाणी'' संकलित है। सिक्खों के दसवें गुरु गोविन्द सिंह ने ***आदि-ग्रन्थ*** को ही ''गुरू'' घोषित कर दिया। आज के समय में ***आदि ग्रन्थ*** को ***गुरुग्रन्थ साहब*** कहा जाता है, और गुरूद्वारों में उसकी पूजा की जाती है। इस तरह, **सिक्ख धर्म में श्रुति के लिए तो कोई स्थान नहीं है, लेकिन इसमें आस्था का केन्द्रीय महत्त्व है।** सिक्ख धर्म के अनुसार अच्छे कर्म भी अगर भक्ति के बिना किए जाएँ, तो 'मुक्ति' नहीं मिलती है।

आस्था

अंग्रेजी शब्द ''फेथ'' (faith) का इस्तेमाल ईमान, विश्वास, धर्म, आस्था, निष्ठा, श्रद्धा आदि विभिन्न अर्थों में किया जाता है। **''फेथ'' या आस्था ही धर्म का प्रमुख आधार है। सभी धार्मिक श्रद्धालु व्यक्ति अपने-अपने धर्म के संस्थापकों और/या धर्मग्रन्थों में आस्था रखते हैं।** इसके अलावा, ईश्वरवादी धर्मों में ईश्वर भी एक आस्था का विषय है। ईसाई धर्म में आस्था की विस्तृत व्याख्या की गयी है। वैटिकन काउंसिल के अनुसार आस्था ''एक अतिप्राकृतिक सद्‌गुण है, जिससे प्रेरणा पाकर और ईश्वर की कृपा की सहायता से, हम यह विश्वास करते हैं कि जो बातें उसने श्रुत की हैं, वे सत्य हैं''।[1] इस तरह, ईसाई मत के अनुसार **आस्था ''श्रुत सत्यों'' में विश्वास है। इन ''सत्यों'' में श्रद्धालु व्यक्तियों द्वारा विश्वास इसलिए नहीं किया जाता है, क्योंकि उन्हें अपनी तर्कबुद्धि द्वारा उसका ज्ञान हुआ है, बल्कि इसलिए क्योंकि ये ईश्वर द्वारा श्रुत या प्रकाशित की गयी हैं।**

मार्टिन लूथर के अनुसार आस्था मुख्यतः जिसस के माध्यम से श्रुत ईश्वरीय कृपा और प्रेम में पूर्ण विश्वास है, न कि चर्च की रूढ़ियों में। लूथर ने **विश्वास करना** (belief-in) और **विश्वास करता हूँ कि** (belief-that) के बीच अन्तर किया है। विश्वास करने का अर्थ है किसी वस्तु पर **भरोसा** (trust) करना, जबकि ''विश्वास करता हूँ कि.....'' में इसके आगे कोई तर्कवाक्य रहता है, जैसे, ''विश्वास करता हूँ कि आत्मा अमर है''। लूथर के अनुसार आस्था ''विश्वास करता हूँ कि.....'' नहीं बल्कि ''में विश्वास करना'' है। ईश्वर में विश्वास करने का अर्थ हुआ ईश्वर पर भरोसा रखना।[2]

ईसाई धर्मशास्त्री पॉल तीलिख के अनुसार आस्था ''अन्तिम रूप से संलग्न'' (ultimately concerned) होने की स्थिति है। तीलिख की राय में ''अन्तिम या आधारभूत दिलचस्पी या संलग्नता'' (ultimate concern) का अर्थ यह नहीं है कि मनुष्य(subject)ईश्वर(object)के प्रति एक किस्म की अभिवृत्ति(attitude)रखता है, बल्कि इसका अर्थ यह है कि मानव मस्तिष्क स्वयं अपने अस्तित्व के आधार में शामिल होता है। तीलिख के अनुसार ईश्वर कहीं बाहर नहीं है, जहाँ श्रद्धालु व्यक्ति

---

1. John H. Hick. Op Cit., p-52.
2. *या० मसीह*, ***सामान्य धर्म दर्शन***, पृष्ठ-59.

को पहुँचना है। बल्कि ईश्वर पहले से ही व्यक्ति के अन्दर उसके अस्तित्व के आधार के रूप में मौजूद है। ईश्वर मानव के साथ एकाकार है, और मानव से परे भी। ईश्वर को जानने का अर्थ है ईश्वर से अपने अलगाव को दूर करना। ईश्वर कोई वस्तु नहीं है जो मनुष्य के ज्ञान का विषय हो सकता है या नहीं हो सकता है। बल्कि ईश्वर ''स्वयं-सत्'' (being-itself) है, जिसमें, अपने अस्तित्व के कारण, मानव भी शामिल है।[1]

जॉन हिक के अनुसार तीलिख की ''आस्था'' की परिभाषा की व्याख्या दो ढंग से की जा सकती है। एक रूप में ''आस्था'' को ''ईश्वर'' के आधार पर परिभाषित किया जा सकता है, जैसा कि ऊपर किया गया है, और दूसरे रूप में ''ईश्वर'' को ''आस्था'' के आधार पर। उदाहरण के तौर पर, अपनी पुस्तक *Systematic Theology* में एक जगह पर तीलिख ने लिखा है कि ''ईश्वर'' उसका नाम है, जो मनुष्य की ''आधारभूत दिलचस्पी'' (ultimate concern) है। इसका अर्थ यह हुआ कि जो भी वस्तु मनुष्य की ''आधारभूत दिलचस्पी'' है, वही उसके लिए ''ईश्वर'' है।[2] इस अर्थ में किसी गैरधार्मिक मानवतावादी के लिए मानवतावाद ही ''आस्था'' या ''ईश्वर'' है। लेकिन यह ''आस्था'' की अत्यधिक व्यापक और लचीली परिभाषा हुई। इस तरह की परिभाषा द्वारा हम गैरधार्मिक व्यक्ति को ''धार्मिक'' नहीं बना सकते हैं।

उन्नीसवीं सदी के अमरीकी दार्शनिक विलियम जेम्स के अनुसार धार्मिक आस्था का आधार ज्ञान नहीं, बल्कि इच्छा और संकल्प है।[3] जेम्स के अनुसार अगर हम धर्म के दावों को अस्वीकार करते हैं, तो हम उन दावों के सत्य होने की स्थिति में मिलने वाले लाभों से वंचित हो जाएँगे। ऐसे में व्यक्ति को असत्य धार्मिक विश्वास को स्वीकार करने की गलती के खतरे, और सत्य धार्मिक विश्वास को अस्वीकार करने की गलती के खतरे के बीच चुनने का अधिकार है। इस तरह, **धार्मिक आस्था ज्ञान पर नहीं, बल्कि इच्छा और संकल्प पर आधारित है।**[4]

जेम्स के इस मत के साथ कठिनाई यह है कि इसमें **यह मान कर चला गया है कि धार्मिक विश्वासों की सत्यता की जाँच की कोई विधि नहीं है।** इस मान्यता को धर्म को स्वीकार और अस्वीकार करने वाले कई विचारकों द्वारा चुनौती दी गयी है। तर्कबुद्धिवादियों के अनुसार **हमें किसी विश्वास को उस हद तक ही स्वीकार करना चाहिए जिस हद तक उसकी सत्यता का प्रमाण उपलब्ध हो।**

धर्म की आधुनिक दार्शनिक चर्चाओं में आम तौर से यह माना जाता है कि **अपर्याप्त प्रमाण के बावजूद किसी तर्कवाक्य में विश्वास रखना ही आस्था है।** ब्रट्रेण्ड रसेल के अनुसार आस्था ''किसी ऐसी बात में दृढ़ विश्वास है जिसके लिए कोई प्रमाण नहीं हो।'' हम यह कभी नहीं कहते हैं कि हमारी यह **आस्था** है कि दो और दो चार होते हैं, या कि पृथ्वी गोल है। हम आस्था की बात तभी करते हैं जब हम प्रमाण या साक्ष्य का स्थान भावनाओं को दे देते हैं।[5]

---

1. John H. Hick, Op. Cit., pp. 57-58.
2. Ibid, p. 59.
3. John H. Hick, Op. Cit., p. 34.
4 John Hick, "Faith" in *The Encyclopedia of Philosophy,* vol. 3, p. 167.
5. John Hospers, *An Introduction to Philosophical Analysis,* p. 141.

जॉन हॉस्पर्स ने भी ज्ञान के स्रोत के रूप में श्रुति और आस्था को अस्वीकार किया है। हास्पर्स ने यह सवाल उठाया है कि अगर यह मान लें कि किसी व्यक्ति को कोई ऐसा अनुभव हुआ है, जिसे वह ''ईश्वर द्वारा श्रुति'' कहता है, तो भी कोई दूसरा व्यक्ति उसके इस दावे को क्यों स्वीकार करेगा? उसके लिए तो यह मात्र सुनी-सुनायी बात है। दूसरे, जब ***बाइबिल, कुरआन*** और अन्य कई रचनाओं के बारे में इस किस्म के दावे किए जाते हैं, तो आखिर किस आधार पर इनमें से किसी एक को स्वीकार और दूसरे को अस्वीकार किया जाए? **इन परस्पर-विरोधी दावों के सत्यापन की कोई विधि नहीं है।**[1]

इसी तरह, अगर किसी व्यक्ति को किसी बात की सत्यता में **आस्था** हो, तो उससे यह प्रमाणित नहीं हो जाता है कि वह बात **वास्तव** में सत्य है। ईसाइयों को इस बात में आस्था है कि ''जिसस ईश्वर के पुत्र हैं'', जबकि यहूदियों की यह आस्था है कि जिसस मसीहा नहीं थे और वास्तविक मसीहा अभी भी आने वाला है। **अगर आस्था होने मात्र से ही कोई बात सत्य हो जाती है, तब तो ये दोनों बातें सच हो जाएँगी, जो तार्किक दृष्टि से असम्भव है,** क्योंकि ये दोनों बातें परस्पर विरोधी हैं। हॉस्पर्स के अनुसार अगर कोई व्यक्ति आस्था के आधार पर अपने विश्वास की सत्यता का दावा करता है, तो उसे अपने विरोधी के ऐसे दावे को भी स्वीकार करना होगा। दरअसल, किसी विश्वास के प्रति हमारी क्या अभिवृत्ति है, और वह विश्वास सत्य है या नहीं, ये दो अलग-अलग बातें हैं।[2]

संक्षेप में, धार्मिक श्रद्धालु भले आस्था को ज्ञान का मार्ग मानते हों, दार्शनिक दृष्टि से श्रुति और आस्था के दावों को स्वीकार कर पाना सम्भव नहीं है। हो सकता है कि विभिन्न धर्मों में कुछ ऐसी मान्यताएँ भी हों, जो तर्कबुद्धि के आधार पर विश्लेषण करने पर भी सत्य पायी जाएँ। लेकिन उन्हें श्रुति या आस्था के **आधार पर** सत्य नहीं माना जा सकता है। आस्था ही सभी धर्मों का सामान्य गुण प्रतीत होता है। इसमें संदेह नहीं कि **जिस हद तक धर्म का आधार श्रुति या आस्था है, उस हद तक धर्म तर्कबुद्धि के विरुद्ध है।** अगर हमारी जीवन-दृष्टि पूरी तरह तर्कबुद्धि पर आधारित हो, और उसमें उपासना, पूजा या भक्ति के लिए कोई जगह नहीं हो, तो फिर वह ''धर्म'' नहीं कहलाएगी, बल्कि उसे ''जीवन-दर्शन'' कहा जाएगा।

रहस्यानुभूति

रहस्यवाद लगभग सभी धर्मों में पाया जाता है। निनियन स्मार्ट के अनुसार रहस्यानुभूति एक मुख्य किस्म का धार्मिक अनुभव है, लेकिन दो प्रमुख कारणों से इसकी सरल परिभाषा कर पाना मुश्किल है। पहली बात तो यह है कि अक्सर

---

1. Ibid., pp. 139–40.
2. Ibid.

रहस्यवादी अपने अनुभवों का विवरण उन सिद्धान्तों के आधार पर देते हैं; जिन्हें वे पहले से सत्य मान लेते हैं, और दूसरी बात यह कि रहस्यवाद के साथ अनिवार्य रूप से किसी एक किस्म के सिद्धान्त को जोड़ना सम्भव नहीं है। उदाहरण के तौर पर, रहस्यवाद की एक परिभाषा के अनुसार रहस्यवाद आत्मा और ईश्वर के बीच एकता का अनुभव है। लेकिन किसी बौद्ध रहस्यवादी द्वारा इस किस्म की परिभाषा को स्वीकार नहीं किया जाएगा, क्योंकि बौद्ध धर्म में ईश्वर और आत्मा की अवधारणा नहीं पायी जाती है।[1]

हेपबर्न के अनुसार रहस्यवादी अनुभूति को परिभाषित करने के और उसके महत्त्व के मूल्यांकन के विभिन्न और परस्पर विरोधी प्रयत्न किए गए हैं। इस बात को ध्यान में रखते हुए कि रहस्यवादी अपनी उन अनुभूतियों के विवरण के लिए, जिसे वे "रहस्यानुभूति" कहते हैं, विरोधाभासपूर्ण, आलंकारिक और काव्यात्मक भाषा का इस्तेमाल करते हैं, यह आश्चर्यजनक भी नहीं है। उदाहरण के तौर पर, रहस्यवादियों द्वारा एक साथ ही यह दावा भी किया गया है कि "ईश्वर और विश्व एक हैं" और यह भी कि "ईश्वर और विश्व एक नहीं है"।[2]

रहस्यवाद की सटीक परिभाषा भले सम्भव न हो, फिर भी उसके बारे में कुछ संकेत जरूर दिया जा सकता है। रहस्यवादी अनुभूति में ईश्वर या परम तत्त्व के साथ एकात्म या तादात्म्य का अनुभव होता है, और उसके साथ हर्षोन्माद एवं आनन्द की भावना जुड़ी रहती है। दूसरी ओर, यह भी सम्भव है कि रहस्यवादी व्यक्ति ईश्वर में विश्वास नहीं रखता हो, और उसे अपने अहं के विसर्जित हो जाने का एवं "मुक्ति" या "निर्वाण" की स्थिति का अनुभव होता है। (रहस्यानुभूति की विस्तृत चर्चा पिछले अध्याय "रहस्यवाद" के अन्तर्गत की गयी है।)

रहस्यवाद को जब धर्म का आधार माना जाता है, तब उसे ज्ञान के एक स्रोत के रूप में लिया जाता है। धर्म-दार्शनिक दृष्टि से महत्त्वपूर्ण प्रश्न यह है कि **क्या रहस्यानुभूति को ज्ञान का साधन माना जा सकता है?**

दार्शनिक दृष्टि से रहस्यानुभूति के वैधता की चर्चा करते समय दो बातों के बीच स्पष्ट अन्तर करना चाहिए—एक, **रहस्यानुभूति की मनोवैज्ञानिक व्याख्या**, और दो, **रहस्यानुभूति की तार्किक वैधता।**

रहस्यवादी जिसे "रहस्यानुभूति" कहते हैं, वह उनके लिए सत्य हो सकती है। वह उनके लिए हर्षोन्माद, आनन्द या शान्ति का साधन भी हो सकती है। ऐसी स्थिति में दरअसल में क्या होता है, और क्यों होता है, यह मनोवैज्ञानिक व्याख्या का विषय है। लेकिन तार्किक दृष्टि से कठिनाई तब उत्पन्न होती है, जब रहस्यवादी अपनी

---

1. Ninian Smart, "Mysticism, History of" in *The Encyclopedia of Philosophy,* vol. 5, pp. 419–20.
2. Ronald W. Hepburn, "Mysticism, Nature and Assesment of" in *The Encyclopedia of Philosophy,* vol. 5. p. 429.

रहस्यानुभूति के आधार पर किसी विषय का "ज्ञान" प्राप्त होने का दावा करने लगते हैं, जैसे, आत्मा अमर है, आत्मा और ब्रह्म एक है, ईश्वर का अस्तित्व है, आदि।

किसी सत्य तर्कवाक्य तक पहुँचने के कई रास्ते हो सकते हैं, और उन्हीं रास्तों द्वारा असत्य तर्कवाक्यों तक भी पहुँचा जा सकता है। उदाहरण के तौर पर, किसी व्यक्ति को सपने में सत्य तर्कवाक्य का "ज्ञान" हो सकता है, और असत्य तर्कवाक्य का भी। मगर किसी तर्कवाक्य का "ज्ञान" सपने में हुआ है, यह अपने-आप में उसकी सत्यता का प्रमाण नहीं हो सकता है। ठीक यही बात रहस्यानुभूति के साथ भी है। किसी तर्कवाक्य का "ज्ञान" रहस्यानुभूति द्वारा हुआ है, इसे अपने-आप में उसकी सत्यता का प्रमाण नहीं माना जा सकता है।

दूसरे, श्रुति और आस्था की तरह रहस्यानुभूति के आधार पर भी परस्पर विरोधी दावे किए जाते हैं। कुछ रहस्यवादियों के अनुसार इससे निर्गुण ब्रह्म का ज्ञान मिलता है, जबकि कुछ अन्य के अनुसार सगुण ईश्वर का। तीसरी ओर, बौद्ध रहस्यवादी अपनी रहस्यानुभूति को आत्मा, ब्रह्म या ईश्वर से नहीं जोड़ते हैं। **इन परस्पर विरोधी दावों में कौन-सा दावा सत्य है, और कौन असत्य, इसके बारे में कोई भी निर्णय रहस्यवाद के दायरे में सम्भव नहीं है। इसका फैसला तर्कबुद्धि द्वारा ही किया जा सकता है।**

रहस्यवादियों की अनुभूतियाँ पूरी तौर से आत्मनिष्ठ और क्षणभंगुर होती हैं। वे इसका कोई वस्तुनिष्ठ और सार्वजनिक प्रमाण देने में असमर्थ रहते हैं। यहाँ तक कि वे यह भी दावा करने लगते हैं कि ***रहस्यानुभूति को भाषा में व्यक्त नहीं किया जा सकता है।***[1] जब रहस्यवादी अपनी अनुभूतियों को भाषा में व्यक्त तक नहीं कर सकते हैं, तो फिर उसकी सत्यता की जाँच कैसे होगी? ऐसे में रहस्यवादी अनुभूतियाँ स्वयं रहस्यवादियों के लिए आनन्द या शान्ति का स्रोत हो सकती हैं, लेकिन उनके आधार पर ईश्वर, आत्मा या ब्रह्म के अस्तित्व के बारे में तार्किक दृष्टि से वैध प्रमाण प्रस्तुत कर पाना सम्भव नहीं है। इसलिए, **रहस्यानुभूति को ज्ञान के स्रोत के रूप में स्वीकार नहीं किया जा सकता है।** जिस हद तक धार्मिक "ज्ञान" रहस्यानुभूति पर आधारित है, उस हद तक वह संदेह के दायरे में ही रहेगा।

प्रश्न

1. Bring out the elements of Reason and Faith underlying religious belief. (1979)
2. Write critical note on the following—
   (i) Mysticism (1979)
3. Examine the nature and validity of mystical experience. (1980)
4. Write critical note on the following—
   (i) Revelation (1980)
5. Comment on the following in about 200 words—
   (i) Mystics of the world speak the same language. (1981)

---

1. या॰ मसीह, ***सामान्य धर्मदर्शन***, पृष्ठ 62-63.

6. Do you think that, because of the elements of revelation and faith in it, religion is necessarily irrational ? (1981)
7. Distinguish clearly between the following—
(a) Reason and revelation (1982)
8. Analyse the following view and explain (in not more than 200 words) whether it can be accepted—
(a) Mysticism is vague, soft and flabby, not a rigorous discipline of mind but a surrender of metaphysical faculties and living in a sea of emotional experience. (1983)
9. निम्नलिखित की व्याख्या और मूल्यांकन कीजिए, किन्तु व्याख्या और मूल्यांकन 200 शब्दों से अधिक में न हो—
(क) मनुष्य का धर्म आकस्मिक है किन्तु उसकी श्रद्धा (faith) ऐसी नहीं है। वह निष्ठा (conviction) पर आधारित है। (1983)
10. निम्नलिखित का मूल्यांकन कीजिए और प्रत्येक मूल्यांकन 200 शब्दों से अधिक में न हो—
(a) रहस्यवादी अनुभव धर्म का मूल है, न कि धर्मशास्त्री की विद्या।
(b) श्रद्धालु के लिए प्रत्येक धर्म समान रूप से पर्याप्त है, शासकों के लिए प्रत्येक धर्म समान रूप से उपयोगी, किन्तु सत्य के अनुसन्धानकर्त्ता के लिए सभी धर्म प्रायः असत्य हैं। (1985)
11. निम्नलिखित पर टिप्पणी लिखिए किन्तु वह 200 शब्दों से अधिक में न हो—
(a) श्रद्धा ज्ञान का एक मार्ग है। (1986)
12. निम्नलिखित पर टिप्पणी लिखिए और टिप्पणी 200 शब्दों से अधिक में न हो—
(a) आस्था सत् की वह दशा है जो परमार्थतः सम्बद्ध है। (Faith is the state of being ultimately concerned) (1987)
13. विश्वास (faith) और तर्क के सम्बन्ध का विवेचन कीजिए। (1989)
14. निम्नलिखित कथन पर आलोचनात्मक टिप्पणी लिखिए। टिप्पणी 200 शब्दों से अधिक में न हो—
(a) बौध (understanding) श्रद्धा (faith) का पुरस्कार है। (1990)
15. रहस्यवाद किसे कहते हैं? रहस्यानुभवी की अनुभूति की प्रमुख विशेषताओं का विवेचन कीजिए। (1990)
16. निम्नलिखित पर आलोचनात्मक टिप्पणी लिखिए। टिप्पणी 200 शब्दों से अधिक में न हो—
(a) ईश्वर से एक होने का तात्पर्य सत् की एकता (unity of being) कदापि नहीं है, इसका अर्थ उल्टे भगवान की इच्छा से भक्त की इच्छा की सम्पूर्ण समरूपता है। (1991)
17. निम्न पर आलोचनात्मक टिप्पणी लिखिए। टिप्पणी 200 शब्दों से अधिक में न हो—
(a) धार्मिक विश्वासों के आधार के रूप में तर्कबुद्धि (1993)
18. धार्मिक ज्ञान प्राप्ति में तर्क एवं देवी प्रेरणा (revelation) की भूमिका की आलोचनात्मक विवेचना कीजिए। (1994)
19. धार्मिक विश्वास की विविध आधारभित्तियों के स्वरूप और परस्पर सम्बन्ध का विवेचन कीजिए। (1995)
20. रहस्यात्मक अनुभूति की विशेषताओं का वर्णन कीजिए तथा इसके धार्मिक एवं दार्शनिक निहितार्थ को निर्दिष्ट कीजिए। (1996)

21. धार्मिक ज्ञान में तर्कबुद्धि और इलहाम (revelation) की भूमिकाओं को उजागर कीजिए। (1999)
22. निम्नलिखित पर अधिक-से-अधिक 200 शब्दों में आलोचनात्मक टिप्पणी किजिए—
(क) तर्क और रहस्यवाद (1998)
23. धार्मिक ज्ञान के स्वरूप को सुस्पष्ट कीजिए। क्या श्रुति धार्मिक ज्ञान का पर्याप्त आधार है। (1999)
24. निम्नलिखित पर अधिक-से-अधिक 200 शब्दों में आलोचनात्मक टिप्पणी लिखिए—
(क) तर्कबुद्धि तथा दिव्यज्ञान (revelation) (2000)
25. रहस्यवाद के प्रमुख सिद्धान्तों का उल्लेख तथा उनकी व्याख्या कीजिए। (2000)
26. धर्म में तर्कबुद्धि तथा ईश्वरीय उद्घाटन (श्रुति) के सापेक्षिक महत्व को बताइए। क्या ये दोनों संगत है? विवेचन कीजिए। (2002)
27. ईश्वरीय उद्घाटन (revelation) की अवधारणा की व्याख्या कीजिए। क्या ईश्वरीय उद्घाटन को संपुष्टि (confirmation) की आवश्यकता है? विचार कीजिए। (2006)
28. धर्म के क्षेत्र में तर्कबुद्धि, इलहाम (revelation) और आस्था की भूमिकाओं पर चर्चा कीजिए। क्या वे सुसंगत हैं? यदि नहीं तो उनकी आभासी असंगतता का किस प्रकार समाधान निकाला जा सकता है? (2008)

❑

अध्याय 34

''ईश्वर'' की अवधारणाएँ

ईश्वर-चर्चा धर्म-दर्शन का एक प्रमुख विषय है। इसके अन्तर्गत ''ईश्वर'' की विभिन्न अवधारणाओं को स्पष्ट करना भी शामिल है। दरअसल, ईश्वर के अस्तित्व, संख्या और स्वरूप सम्बन्धी सिद्धान्तों को कई दृष्टि से वर्गीकृत किया जा सकता है। सबसे पहले तो हम ईश्वर के **अस्तित्व** में विश्वास और अविश्वास के आधार पर ईश्वर-सम्बन्धी सिद्धान्तों को दो वर्गों में रख सकते हैं—(1) ईश्वरवाद (theism) और (2) गैरईश्वरवाद (nontheism)।

अंग्रेजी शब्द "theism" ग्रीक शब्द "theos" से बना है जिसका अर्थ है ''ईश्वर''। "Theism" या ''ईश्वरवाद'' का अर्थ हुआ ईश्वर के अस्तित्व में विश्वास; जबकि ''गैरईश्वरवाद'' का अर्थ हुआ ईश्वर के अस्तित्व में विश्वास का अभाव।

ईश्वरवाद

ईश्वर की **संख्या** की दृष्टि से ईश्वरवादी या ईश्वर में विश्वास रखने वाले सिद्धान्तों को दो वर्गों में बाँटा गया है—

(i) बहुदेववाद (*Polytheism*)—बहुदेववाद के अनुसार ईश्वर **अनेक** हैं, एक नहीं। बहुदेववाद को अनेकेश्वरवाद भी कहते हैं। बहुदेववाद का प्रचलन आदिम समाजों में रहा है। इसके अलावा, प्राचीन ग्रीस और रोम में, पारसी धर्म के उद्भव के पहले ईरान के क्षेत्र में और इस्लाम के जन्म के पहले अरब क्षेत्र में भी बहुदेववाद का प्रचलन था। आज के प्रमुख जीवित धर्मों में हिन्दू धर्म में बहुदेववाद का प्रचलन है।

बहुदेववाद के साथ ही "henotheism" या एकैकाधिदेववाद या विकल्पेश्वरवाद का भी सम्बन्ध है। इसके अन्तर्गत कई देवी-देवताओं में विश्वास रखते हुए उनमें से किसी एक को सर्वाधिक महत्त्व दिया जाता है। "Henotheism" शब्द मैक्स मूलर द्वारा गढ़ा गया है। ***वेदों*** में कई देवताओं का जिक्र है, इसलिए, ***वेदों*** को अक्सर बहुदेववादी कहा जाता है। लेकिन, अलग-अलग देवताओं को उनकी प्रशंसा करते वक्त सर्वोच्च और सभी देवताओं में श्रेष्ठ बतलाया जाता है। मैक्स मूलर के अनुसार इसे "henotheism" कहना चाहिए।[1]

(ii) एकेश्वरवाद (*Monotheism*)—एकेश्वरवाद का अर्थ है **एक** ईश्वर में विश्वास। पारसी, यहूदी, ईसाई, इस्लाम और सिक्ख धर्म एकेश्वरवादी धर्म हैं।

ईश्वर के **स्वरूप** की दृष्टि से एकेश्वरवादी सिद्धान्तों को मुख्यतः तीन वर्गों में

1. Chatterjee and Datta, *An Introduction to Indian Philosophy*, p. 400.

बाँटा गया है—

(क) ईश्वरवाद (*Theism*)—व्यापक अर्थ में ईश्वर में विश्वास रखने वाले सभी सिद्धान्तों को ''ईश्वरवाद'' कहा जाता है, लेकिन सीमित अर्थ में ''ईश्वरवाद'' का प्रयोग एक विशेष किस्म के एकेश्वरवादी सिद्धान्त के लिए किया जाता है। इस अर्थ में ईश्वरवाद के अनुसार ईश्वर व्यक्तित्ववान है, उसने इस विश्व की **सृष्टि** की है, वह **सर्वज्ञ, सर्वशक्तिमान** और **दयालु** है। साथ ही, वह इस विश्व में और मनुष्यों में सक्रिय दिलचस्पी रखता है, इन्सान की प्रार्थनाओं को सुनता है और उनका उत्तर देता है।

धर्म-दर्शन की दृष्टि से ''ईश्वर'' शब्द का यह अर्थ महत्त्वपूर्ण है, क्योंकि **प्रमुख एकेश्वरवादी धर्मों में ''ईश्वर'' शब्द का इसी अर्थ में इस्तेमाल किया जाता है।** ''ईश्वर'' शब्द का लोकप्रिय अर्थ भी यही है। धर्म-दर्शन में ईश्वर-समर्थक युक्तियों की चर्चा ''ईश्वर'' शब्द के इसी अर्थ में की जाती है। इस अर्थ में ईश्वरवादी ''ईश्वर'' के गुणों की विस्तृत चर्चा अगले अध्याय में की गयी है।

(ख) तटस्थ-ईश्वरवाद (*Deism*)—तटस्थ-ईश्वरवाद या केवलनिमित्तेश्वरवाद के अनुसार ईश्वर ने इस विश्व और प्राकृतिक नियमों की रचना की है, लेकिन वह प्राकृतिक नियमों के संचालन में हस्तक्षेप नहीं करता। ईश्वर ने विश्व को बनाने के बाद उसे अपने हाल पर छोड़ दिया है। तटस्थ-ईश्वरवाद के ईश्वर की तुलना ''अनुपस्थित जमीन मालिक'' से की गयी है। इस तरह, तटस्थ-ईश्वरवाद के अनुसार ईश्वर पूरी तरह **विश्वातीत** है। तटस्थ-ईश्वरवाद के अन्तर्गत ईश्वरवाद की तरह ईश्वर को **व्यक्तित्ववान** माना गया है। तटस्थ-ईश्वरवाद को केवलनिमित्तेश्वरवाद भी कहा जाता है, क्योंकि इसके अनुसार ईश्वर इस विश्व का मात्र **निमित्त** कारण (efficient cause) है। यहूदी-ईसाई-इस्लाम जैसे प्रमुख एकेश्वरवादी धर्मों में यह माना जाता है कि ईश्वर ने शून्य से इस विश्व की सृष्टि की है। इस तरह, तटस्थ-ईश्वरवाद से अलग ईश्वरवाद में ईश्वर को विश्व का निमित्त कारण के साथ-साथ उपादान कारण (material cause) भी माना जाता है।

सैमुयल जॉनसन ने अपनी *Dictionary* में ''तटस्थ-ईश्वरवादी'' (deist) को एक ऐसे व्यक्ति के रूप में परिभाषित किया है, जो, किसी धार्मिक विश्वास में आस्था के बिना, सिर्फ ईश्वर के अस्तित्व को स्वीकार करता है। वह किसी विशेष धर्म का अनुसरण नहीं करता है। जॉनसन के अनुसार ही तटस्थ-ईश्वरवाद के अन्तर्गत श्रुत धर्म को स्वीकार नहीं किया जाता है।[1]

Oxford Dictionary of Philosophy के अनुसार तटस्थ-ईश्वरवाद का उदय 17वीं और 18वीं सदी में इंगलैंड और फ्रांस में हुआ। इसके अन्तर्गत ईश्वर के अस्तित्व को स्वीकार करते हुए, धर्म से जुड़ी श्रुति, रूढ़ि और ईश्वर के साथ अतिप्राकृतिक व्यापार जैसी अन्य बातों को अस्वीकार किया जाता है। *Christianity not Mysterious* के लेखक जॉन टोलैण्ड हर्बट (1670–1722) एक प्रसिद्ध ब्रिटिश तटस्थ-इश्वरवादी हैं, जिनका प्रभाव बर्कले पर भी पड़ा।[2] फ्रेंच दार्शनिक वॉल्तेयर और रूसो को भी तटस्थ-ईश्वरवादी माना जाता है।[3]

1. Ernest Campbell Mossner, "Deism", *The Encyclopedia of Philosophy*, vol. 2, pp. 327-28.
2. Simon Blackburn, *Oxford Dictionary of Philosophy*, p. 97.
3. Ernest Campbell Mossner, Op. Cit., p. 332.

इस तरह, तटस्थ-ईश्वरवाद का समर्थन कुछ पश्चिमी दार्शनिकों द्वारा धर्म के दायरे में विज्ञान के लिए जगह बनाने की दृष्टि से किया गया था। तटस्थ-ईश्वरवाद को धर्म पर बुद्धिवाद को लागू करने के प्रयत्न के रूप में भी देखा गया है।[1]

(ग) सर्वेश्वरवाद (*Pantheism*)—सर्वेश्वरवाद के अनुसार "विश्व" और "ईश्वर" एक हैं। इस विश्व से अलग किसी व्यक्तित्ववान ईश्वर का कोई अस्तित्व नहीं है। उदाहरण के तौर पर, स्पिनोजा के अनुसार "ईश्वर" और "प्रकृति" एक ही हैं। प्रकृति से अलग किसी व्यक्तित्ववान ईश्वर का कोई अस्तित्व नहीं है। ईश्वर पूरी तरह इस जगत में व्याप्त है। सर्वेश्वरवादी ईश्वर ईश्वरवादी अर्थ में इस विश्व का सृष्टिकर्त्ता नहीं है।[2] इस-तरह, ईश्वर इस जगत का निमित्त कारण नहीं मात्र **उपादान** कारण है। ईश्वर **व्यक्तित्वरहित** है। उसमें इच्छा, संकल्प आदि का अभाव है।

Oxford Dictionary of Philosophy के अनुसार सर्वेश्वरवाद वह विचार है जिसके अनुसार ईश्वर सब कुछ है या ईश्वर और जगत एक हैं। आधुनिक दर्शन में स्पिनोजा का दर्शन सर्वेश्वरवाद का सबसे प्रसिद्ध उदाहरण है।[3]

कभी-कभी शंकराचार्य के निर्गुण ब्रह्मवाद को भी सर्वेश्वरवाद के अन्तर्गत रखा जाता है। यह ठीक है कि सर्वेश्वरवाद के प्रकृतिवादी रूप (ईश्वर = प्रकृति) और शंकर के निर्गुण ब्रह्मवाद दोनों के अन्तर्गत ईश्वर को **व्यक्तित्वरहित** माना जाता है। इस अर्थ में दोनों ही सिद्धान्त ईश्वरवाद और तटस्थ-ईश्वरवाद से अलग हैं, जिनके अन्तर्गत ईश्वर को **व्यक्तित्ववान** माना जाता है। लेकन, शंकर के अनुसार, "ब्रह्म" और "प्रकृति" नहीं, बल्कि "ब्रह्म" और "आत्मा" एक है—"निर्गुण ब्रह्म" ही एकमात्र वास्तविकता है, और जगत "मिथ्या" है। स्पष्ट है कि हम शंकर के विचार को स्पिनोजा के समकक्ष नहीं रख सकते हैं। अगर ईश्वरवाद को "वैयक्तिक" (personalistic) कहा जाता है, तो शंकर के विचार को "अवैयक्तिक" (impersonalistic) और स्पिनोजा के विचार को "प्रकृतिवादी" (naturalistic) कहा जा सकता है। एक दृष्टि से देखा जाए तो सर्वेश्वरवाद निरीश्वरवाद के बहुत करीब है। सर्वेश्वरवादी और निरीश्वरवादी के बीच मात्र इतना ही अन्तर है कि सर्वेश्वरवादी "ईश्वर" शब्द का इस्तेमाल करता है, जबकि निरीश्वरवादी "ईश्वर" शब्द का इस्तेमाल नहीं करता है।

ऊपर दिए गए एकेश्वरवाद के प्रमुख रूपों के अलावा, निमित्तोपादानेश्वरवाद भी उल्लेखनीय है।

(घ) निमित्तोपादानेश्वरवाद (*Panentheism*)—निमित्तोपादानेश्वरवाद के अन्तर्गत ईश्वर को इस विश्व का निमित्त और उपादान कारण माना जाता है। इसके अलावा, ईश्वर को विश्वातीत और विश्व में व्याप्त दोनों ही माना जाता है। इस दृष्टि से निमित्तोपादानेश्वरवाद ईश्वरवाद के समान है, और सर्वेश्वरवाद से अलग है। लेकिन,

1. Ibid., p. 334.
2. Alasdair MacIntyre, "Pantheism", *The Encyclopedia of Philosophy*, vol. 6, p.33.
3. Simon Blackburn, *Oxford Dictionary of Philosophy*, p. 276.

निमित्तोपादानेश्वरवाद में ईश्वरवाद की तरह ईश्वर को व्यक्तित्ववान नहीं माना जाता है। बल्कि इसमें सर्वेश्वरवाद की तरह ईश्वर को **व्यक्तित्वरहित** माना गया है।[1]

जहाँ "pantheism" के अनुसार ''सब कुछ ईश्वर है'' (all is God), वहाँ "panentheism" के अनुसार ''सब कुछ ईश्वर में है'' (all is in God)। जर्मन दार्शनिक के॰ सी॰ एच॰ क्राउजे ने ईश्वर-सम्बन्धी अपनी धारणा के लिए "panentheism" शब्द का इस्तेमाल किया। यह सर्वेश्वरवाद और ईश्वरवाद के बीच की स्थिति है। ईश्वर या परमतत्त्व और विश्व एक हैं। लेकिन, ईश्वर विश्व द्वारा समाप्त नहीं होता है। दूसरे शब्दों में, विश्व ईश्वर में शामिल है, लेकिन ईश्वर विश्व से अलग और श्रेष्ठ भी है। ईश्वर और जगत के बीच वैसा ही सम्बन्ध है जैसा समष्टि और उसके अंश के बीच।[2]

ईश्वर के व्यक्तित्व की दृष्टि से हम एकेश्वरवाद के चारों रूपों सम्बन्धी जानकारी को संक्षेप में इस प्रकार रख सकते है—

ईश्वरवाद	तटस्थ-ईश्वरवाद	सर्वेश्वरवाद	निमित्तोपादानेश्वरवाद
व्यक्तित्ववान	व्यक्तित्ववान	व्यक्तित्वरहित	व्यक्तित्वरहित

गैरईश्वरवाद

गैरईश्वरवादी सिद्धान्तों को तीन वर्गों में बाँटा जा सकता हैः (i) निरीश्वरवाद (atheism) (ii) अज्ञेयवाद (agnosticism) और (iii) संदेहवाद (scepticism)।

(i) निरीश्वरवाद—परम्परागत रूप में ''निरीश्वरवाद'' को ईश्वर के अस्तित्व के निषेध के रूप में लिया जाता है। इस अर्थ में ''निरीश्वरवादी'' वह है जिसके अनुसार ''ईश्वर का अस्तित्व है''—एक असत्य तर्कवाक्य है। बीसवीं सदी में पश्चिम के निरीश्वरवादियों में ''निरीश्वरवाद'' शब्द का इस्तेमाल ''ईश्वर के अस्तित्व में विश्वास के अभाव'' के अर्थ में करने की प्रवृत्ति बढ़ी है। ''निरीश्वरवाद'' शब्द के अर्थ की विस्तृत चर्चा ''निरीश्वरवादः पाश्चात्य'' शीर्षक अध्याय में की गयी है।

(ii) अज्ञेयवाद—अज्ञेयवादी व्यक्ति निरीश्वरवादी व्यक्ति की तरह सीधे-सीधे यह नहीं कहता है कि ईश्वर का अस्तित्व नहीं है। दूसरी ओर, वह यह भी नहीं कहता है कि ईश्वर का अस्तित्व है। इसलिए, उसे ईश्वरवादी के समकक्ष भी नहीं रखा जा सकता है। दरअसल, अज्ञेयवादी ईश्वर है, या नहीं है, इस बारे में कोई निश्चित मत व्यक्त नहीं करता है, बल्कि ''मुझे नहीं मालूम'' की मुद्रा अपनाता है। अज्ञेयवादी के अनुसार ईश्वर है, या नहीं है, इस बारे में निश्चित तौर से कुछ भी नहीं कहा जा सकता है। व्यवहार में अज्ञेयवादी व्यक्ति ईश्वर में विश्वास से मुक्त होता है। निरीश्वरवाद से अन्तर करने के लिए अज्ञेयवाद को गैरईश्वरवाद (non-theism) कहा जा सकता है।

---

1. हरेन्द्र प्रसाद, ***धर्म-दर्शन की रूपरेखा***, पृष्ठ 155–57.
2. Arnulf Zweig, "Krause, Karl Christian Friedrich", *The Encyclopedia of Philosophy*, vol. 4. pp. 363-64.

(iii) संशयवाद—संशयवाद या सन्देहवाद उस दर्शन को कहते हैं, जो निश्चित ज्ञान की सम्भावना से इनकार करता है। ईश्वरवाद के सन्दर्भ में संशयवादी वह है जो ईश्वर के बारे में किसी निश्चित ज्ञान की सम्भावना पर संदेह करता है। निरीश्वरवादी व्यक्ति कहता है कि ''ईश्वर का अस्तित्व नहीं है'' या ''मुझे ईश्वर के अस्तित्व में विश्वास नहीं है''। दूसरी ओर, अज्ञेयवादी यह कहता है कि ''मुझे नहीं मालूम ईश्वर का अस्तित्व है, या नहीं है''। जबकि संशयवादी यह कहता है कि ''मुझे ईश्वर के अस्तित्व पर संदेह है''। लेकिन इनमें से कोई भी, ईश्वरवादी की तरह, यह नहीं कहता है कि ''ईश्वर का अस्तित्व है''। इस तरह, ये तीनों गैरईश्वरवादी विचारधाराएँ हैं।

ईश्वर में विश्वास सम्बन्धी सिद्धांत

- ईश्वरवाद (theism)
  - बहुदेववाद (polytheism)
  - एकेश्वरवाद (monotheism)
    - ईश्वरवाद (theism)
    - तटस्थ-ईश्वरवाद (deism)
    - सर्वेश्वरवाद (pantheism)
    - निमित्तोपादानेश्वरवाद (panentheism)
- गैरईश्वरवाद (non-theism)
  - निरीश्वरवाद (atheism)
  - अज्ञेयवाद (agnosticism)
  - संदेहवाद (scepticism)

ईश्वर : विश्वातीत या विश्वव्यापी

ईश्वर के अस्तित्व के सन्दर्भ में ईश्वर के विश्वातीत या अनुभवातीत (transcendent) और जगत में व्याप्त या विश्वव्यापी (immanent) होने का प्रश्न भी जुड़ा हुआ है। ईश्वर विश्वातीत है या जगत में व्याप्त है? इस प्रश्न के अलग-अलग उत्तर दिए गए हैं। उदाहरण के तौर पर, तटस्थ-ईश्वरवाद के अन्तर्गत ईश्वर को स्पष्ट तौर से विश्वातीत माना गया है। ईश्वर ने विश्व की एक बार सृष्टि कर उसे अपने हाल पर छोड़ दिया है। वह न तो अपने को श्रुत करता है, न पैगम्बरों से बातें करता है, न अवतार लेता है और न प्रार्थनाओं को सुनता है।

दूसरी ओर, स्पिनोजा के सर्वेश्वरवाद में ईश्वर को पूरी तरह जगत में व्याप्त माना गया है। जगत से अलग ईश्वर का कोई अस्तित्व नहीं है। अंग्रेजी शब्द "pantheism" दो शब्दों "pan" और "theism" को मिला कर बना है; "pan" का अर्थ है "all" या ''सब कुछ''। इस तरह, "pantheism" का अर्थ ही यह हुआ कि ''सब कुछ ईश्वर है''। दरअसल, स्पिनोजा ने प्रकृति और ईश्वर को एक माना है। प्रकृति या जगत से अलग ईश्वर का कोई अस्तित्व नहीं है।

ईश्वरवाद के अन्तर्गत स्थिति कुछ अस्पष्ट-सी है। इसके अन्तर्गत ईश्वर को

विश्वातीत भी माना गया है और जगत में व्याप्त भी। जैसा कि एच० पी० ओवेन ने कहा है, "ईश्वरवाद" में ऐसे ईश्वर में विश्वास पाया जाता है, जो अन्य बातों के अलावा, (i) इस विश्व से अलग, लेकिन (ii) इस विश्व में निरन्तर क्रियाशील है।[1]

ओवेन के अनुसार ही यहूदी और ईसाई परम्परा में ईश्वर को विश्वातीत माना गया है। वह अपने द्वारा बनाए गए विश्व से बिल्कुल अलग है। यहूदी धर्म में ईश्वर के विश्वातीत होने पर बल दिया गया है।

दूसरी ओर, मुख्य ईसाई परम्परा के अनुसार ईश्वर जगत में व्याप्त भी है। ईश्वर सर्वोपस्थित (omnipresent) या हर जगह मौजूद है।[2] इस तरह, ईश्वरवाद के अन्तर्गत स्थिति कुछ विरोधाभासपूर्ण मालूम देती है। अगर ईश्वर विश्वातीत है तो फिर वह जगत में निरन्तर क्रियाशील और सर्वोपस्थित कैसे हो सकता है? इसकी ओर, सैमुयल एलेक्जेन्डर ने भी ध्यान दिलाया है। अगर ईश्वर इस जगत में व्याप्त है, तो फिर वह तार्किक दृष्टि से विश्वातीत नहीं हो सकता है।[3]

विभिन्न एकेश्वरवादी सिद्धान्तों में ईश्वर के विश्वातीत या विश्वव्यापी होने सम्बन्धी जानकारी को हम संक्षेप में इस प्रकार रख सकते हैं:

तटस्थ-ईश्वरवाद	सर्वेश्वरवाद	ईश्वरवाद	निमित्तोपादानेश्वरवाद
विश्वातीत	विश्वव्यापी	दोनों	दोनों

हम पहले ही कह चुके हैं कि धार्मिक और धर्म-दार्शनिक दृष्टि से ईश्वर की ईश्वरवादी अवधारणा ही महत्त्वपूर्ण है। तटस्थ-ईश्वरवाद और स्पिनोजा के सर्वेश्वरवाद जैसी अवधारणाएँ दार्शनिकों के दिमाग की उपज हैं। इनका धर्म से कोई सम्बन्ध नहीं है। तटस्थ-ईश्वरवाद के अन्तर्गत ईश्वरवाद के ईश्वर को सीमित कर बुद्धि, विज्ञान और मानव प्रयत्न के लिए जगह बनाने की मंशा दिखती है। जबकि सर्वेश्वरवाद में ईश्वरवादी ईश्वर को नकार कर सिर्फ "ईश्वर" शब्द को ही बचाए रखा गया है। दरअसल, ये दोनों अवधारणाएँ निरीश्वरवाद की ओर बढ़ती दिखायी देती हैं।

धर्म-दर्शन में जो ईश्वर के अस्तित्व के बारे में चर्चा हुई है, वह एकेश्वरवादी धर्मों में पाए जाने वाले ईश्वरवादी "ईश्वर" के सन्दर्भ में ही हुई है। अगले अध्याय में हम इसी अर्थ में ईश्वर के गुणों की चर्चा करेंगे।

प्रश्न

1. Distinguish clearly between the following : (a) Agnosticism, Scepticism and Nihilism. (1982)

2. निम्नलिखित पर टिप्पणी लिखिए और टिप्पणी 200 शब्दों से अधिक न हो–

(क) यदि बैल, घोड़े और बकरे अपने भगवान को देखने की क्षमता रखते तो वे उसको अपनी ही प्रतिमा के अनुरूप बना दिये होते। (1985)

---

1. H. P. Owen, "Theism", *The Encyclopedia of Philosophy*, vol. 8, p. 97.
2. H. P. Owen, "God, Concept of", *The Encyclopedia of Philosophy*, vol. 3, p. 344.
3. Y. Masih, *Introduction to Religious Philosophy*, p. 207.

3. निम्नलिखित पर अधिक से अधिक 200 शब्दों में तर्कपूर्ण टिप्पणी कीजिए—
(क) ईश्वर की वैयक्तिक धारणा (1997)

4. निम्नलिखित पर अधिक से अधिक 200 शब्दों में आलोचनात्मक टिप्पणी लिखिए—
(क) ईश्वर का प्रकृतिवादी विचार। (1999)

5. निम्नलिखित पर अधिक से अधिक 200 शब्दों में आलोचनात्मक टिप्पणी लिखिए—
(क) ईश्वर की निर्वैयक्तिक अवधारणा। (2000)

6. निम्नांकित पर अधिक से अधिक 200 शब्दों में आलोचनात्मक टिप्पणी लिखिए—
(क) ईश्वर की निर्वैयक्तिक अवधारणा। (2002)

7. निम्नलिखित पर अधिक से अधिक 200 शब्दों में आलोचनात्मक टिप्पणी लिखिए—
(क) ईश्वर की चर्चा में अंतर्वतिता (immanence) और अनुभवातीतता (transcendence) के क्या अर्थ होते हैं? क्या ईश्वर वस्तुतः अंतवर्ती है या अनुभवातीत? (2003)

8. निम्नांकित पर अधिक से अधिक 200 शब्दों में आलोचनात्मक टिप्पणी लिखिए—
(क) ईश्वर की निर्वैयक्तिक (impersonalistic) अवधारणा एवं प्रकृतिवादी अवधारणा के बीच भेद। (2006)

9. निम्नलिखित पर अधिक से अधिक 200 शब्दों में समालोचनात्मक टिप्पणी लिखिए—
(क) कृपा और भक्ति के ईश्वर के संदर्भ में क्या तटस्थेश्वरवाद (deism) एक संतोषजनक सिद्धान्त हो सकता है? चर्चा कीजिए। (2008)

❑

अध्याय 35

ईश्वर के गुण

धर्म-दर्शन में ईश्वर के अस्तित्व के प्रश्न पर तार्किक-दार्शनिक दृष्टि से विचार किया जाता है। लेकिन, ईश्वर के अस्तित्व के प्रश्न पर किसी सार्थक चर्चा के लिए पहले ''ईश्वर'' की अवधारणा को स्पष्ट करना जरूरी है।

पिछले अध्याय में हम ''ईश्वर'' की कई अवधारणाओं की चर्चा कर चुके हैं। धार्मिक दृष्टि से इनमें से ''ईश्वरवादी'' (theistic) अवधारणा महत्त्वपूर्ण है, जिसके अनुसार ईश्वर व्यक्तित्ववान सृष्टिकर्त्ता है, और जिसमें सर्वज्ञता, सर्वशक्तिमानता, दयालुता, न्यायप्रियता आदि गुण हैं, जो इस विश्व से अलग (विश्वातीत) है, जो इस विश्व में सक्रिय दिलचस्पी लेता है। पैगम्बरों के माध्यम से मनुष्य से बातें करता है। वह प्रार्थनाओं को सुनता है और उसका उत्तर देता है।

पारसी, यहूदी, ईसाई और इस्लाम दुनिया के प्रमुख एकेश्वरवादी धर्म हैं। इनमें, मोटे तौर पर, ऐसे ही ईश्वर का विचार पाया जाता है। सिक्ख धर्म भी एकेश्वरवादी धर्म है, लेकिन सिक्ख धर्म के अन्तर्गत ईश्वर को ''निर्गुण'' भी माना गया है। फिर, सिक्ख धर्म में पैगम्बर की अवधारणा भी नहीं है। हिन्दू धर्म में भी ''ईश्वर'' का विचार मिलता है, लेकिन वह एकेश्वरवादी धर्मों में पाए जाने वाले ''ईश्वर'' विचार से कुछ अलग भी है।

विभिन्न धर्मों के अनुसार ईश्वर के गुण

विभिन्न एकेश्वरवादी धर्मों में ईश्वर के गुणों की चर्चा हुई है। पारसी धर्म के अनुसार ईश्वर सृष्टिकर्त्ता, पवित्र, सर्वज्ञ, शुभ और पूर्ण है। वह समस्त मानवता के मार्ग-दर्शन के लिए नियम प्रदान करता है। ईश्वर मूलतः विश्वातीत है। उसे उसके फरिश्तों और उसके पैगम्बर जराथूस्त्रा के माध्यम से जाना जा सकता है। वह प्रार्थनाओं को सुनता है और उसका उत्तर देता है।

यहूदी धर्म के अनुसार ईश्वर सृष्टिकर्त्ता और शासक है। वह सर्वशक्तिमान, सर्वज्ञ, पालनकर्त्ता, नैतिक, न्यायप्रिय, दयालु और पवित्र है। वह मनुष्य से नैतिक आचरण की मांग करता है। ईश्वर विश्वातीत है, लेकिन वह इस विश्व में रुचि लेता है। वह पैगम्बरों के माध्यम से मनुष्य से बातें करता है और उनकी प्रार्थनाओं को सुनता है। ईश्वर व्यक्तित्ववान है और हर जगह मौजूद है।

ईसाई धर्म में ईश्वर को सृष्टिकर्त्ता, शासनकर्त्ता, सर्वज्ञ, सर्वशक्तिमान, दयालु और व्यक्तित्ववान माना गया है। वह प्रार्थनाओं को सुनता है, और उनका उत्तर देता है। वह मनुष्य से नैतिक आचरण की अपेक्षा रखता है। ईसाई धर्म के अनुसार ईश्वर करुणामय

है। वह न्यायप्रिय अवश्य है, पर मूलतः वह ''प्रेम'' है। ईसाई धर्म में ''त्र्येक परमेश्वर'' का विचार है। इस विचार के अनुसार, पिता, पुत्र और पवित्र आत्मा को एक माना जाता है। सबसे पहले ईश्वर अनुभवातीत सृष्टिकर्त्ता है। फिर, वह ईसा मसीह के रूप में इस पृथ्वी पर आया। तीसरे, वह ईसा मसीह की आत्मा के रूप में हर समय व्यक्तियों और ईसाई समुदाय को प्रेरणा देता है।

इस्लाम में त्र्येक परमेश्वर के विचार को अस्वीकार किया गया है। इस्लाम के अनुसार यह शुद्ध एकेश्वरवाद की विकृति है। इस्लाम में ईश्वर के एकत्व (तौहीद) पर अत्यधिक बल दिया गया है। इस्लाम में जिसस को पैगम्बर के रूप में मान्यता दी गयी है, लेकिन उन्हें ''ईश्वर-पुत्र'' या अवतार नहीं माना गया है। इस्लाम के अनुसार भी ईश्वर सृष्टिकर्त्ता, दयालु और न्यायप्रिय है। इस्लाम में ईश्वर को ''रहीम'' और ''रहमान'' कहा गया है। उसे सृष्टि और ''कयामत के दिन'' का मालिक कहा गया है।

सिक्ख धर्म के अनुसार ईश्वर सगुण और निर्गुण दोनों है। सिक्ख धर्म में ईश्वर को एक, अगम, अगोचर, सत्य पुरुष, कर्त्ता पुरुष, निर्भय, निर्वैर, अकाल, अजन्मा और स्वयंभू माना गया है। वह गुरू की कृपा से ही मिल सकता है। सिक्ख धर्म में ईश्वर को बार-बार निरंकार बतलाया गया है। सगुण रूप में ईश्वर को सृष्टिकर्त्ता, सर्वशक्तिमान और दयालु माना गया है। सिक्ख धर्म में पैगम्बर या अवतार का विचार नहीं है। गुरू नानक के अनुसार ईश्वर ने पाँच तत्त्वों से इस विश्व की रचना की है। फिर, सिक्ख धर्म में ***कुरआन*** जैसा सृष्टि-विचार भी मिलता है, जिसके अनुसार ईश्वर ने शून्य से विश्व की रचना की है।

हिन्दू धर्म को ऊपर चर्चा किए गए धर्मों की तरह एकेश्वरवादी धर्म नहीं माना जा सकता है। लेकिन, फिर भी, अन्य बातों के अलावा, हिन्दू धर्म के दायरे में एकेश्वरवादी विचार भी मिलता है। उदाहरण के तौर पर, न्याय में ईश्वर को विश्व का सृष्टिकर्त्ता माना गया है। ईश्वर ने पहले से मौजूद शाश्वत अणुओं और मानव कर्मों के द्वारा विश्व की रचना की है। इस तरह, ईश्वर जगत का उपादान कारण नहीं, मात्र निमित्त कारण है। उल्लेखनीय है कि यहूदी-ईसाई परम्परा के अनुसार ईश्वर ने शून्य से इस विश्व की रचना की है। न्याय में ईश्वर को ''अदृष्ट'' या कर्मवाद का संचालक भी माना गया है।

हिन्दू धर्म में ब्रह्मा-विष्णु-महेश की त्रयी के अनुसार ईश्वर इस जगत का सृष्टिकर्त्ता, पालनकर्त्ता और संहारक तीनों है।

शंकर और रामानुज मध्ययुग के दो प्रमुख हिन्दू धर्मशास्त्री हैं। शंकर ने शैव मत का समर्थन किया है और रामानुज ने वैष्णव का। दोनों ने उपनिषदों की अलग-अलग ढंग से व्याख्या की है। शंकर ने अद्वैत का समर्थन किया है, जबकि रामानुज ने विशिष्टाद्वैत का। रामानुज की व्याख्या ईश्वरवाद के अधिक करीब है। रामानुज ने ईश्वर को विश्व का सृष्टिकर्त्ता माना है। उनके अनुसार ईश्वर विश्व का निमित्त और उपादान कारण दोनों है। शंकर ने भी ईश्वर को जगत का निमित्त और उपादान कारण माना है। लेकिन, शंकर के अनुसार अन्तिम विश्लेषण में सगुण ईश्वर गौण है, जगत मिथ्या है, और निर्गुण

ब्रह्म ही एकमात्र सत्य है। शंकर ने ईश्वर के छः गुणों का उल्लेख किया है — ज्ञान, ऐश्वर्य, शक्ति, बल, वीर्य और तेजस्। रामानुज ने भी इन गुणों को स्वीकार किया है। इन गुणों के अलावा, रामानुज ने पाँच तात्विक गुण भी बतलाए हैं: ज्ञान(चित्), आनन्द, अनन्त, सत्य और अमलत्व(सभी अवगुणों से अछूता)। रामानुज सगुण-निर्गुण के भेद को नहीं मानते। वे इस जगत को वास्तविक मानते हैं। रामानुज में एकेश्वरवाद के साथ ही विशिष्टाद्वैत भी है। रामानुज के अनुसार जगत और जीव दोनों ही ईश्वर के अंश या शरीर हैं। (यहूदी-ईसाई परम्परा में ईश्वर को जगत से अलग माना जाता है।) रामानुज और शंकर दोनों ने जगत को ईश्वर की ''लीला'' (खेल) माना है।[1]

यहूदी-ईसाई ईश्वर की अवधारणा

पश्चिमी सन्दर्भ में धर्म-दर्शन में ईश्वर के अस्तित्व के बारे में जो चर्चा हुई है, वह मुख्यतः यहूदी-ईसाई परम्परा में ''ईश्वर'' की अवधारणा के आधार पर हुई है। इस्लाम में भी ईश्वर की अवधारणा लगभग इन धर्मों जैसी ही है। इस्लाम में ईश्वर की धारणा ईसाई की तुलना में यहूदी धर्म के अधिक करीब है, क्योंकि इसमें त्र्येक परमेश्वर और अवतारवाद के विचार को अस्वीकार किया गया है।

जॉन हिक ने अपनी पुस्तक *Philosophy of Religion* में यहूदी-ईसाई ईश्वर की अवधारणा की चर्चा की है, जो मुख्यतः ईसाई धर्म से जुड़ी धर्मशास्त्रीय सामग्री पर आधारित है।[2]

अनन्त

यहूदी-ईसाई परम्परा के अन्तर्गत ईश्वर को अनन्त और असीमित माना गया है। पॉल तिलीख जैसे ईसाई धर्मशास्त्रियों का तो यहाँ तक मानना है कि हमें यह भी नहीं कहना चाहिए कि ''ईश्वर का **अस्तित्व** है'', क्योंकि इस कथन से भी ईश्वर को **सीमित** किया जाता है। तीलिख के अनुसार, ''अस्तित्व है'' जैसे शब्दों का इस्तेमाल सीमित और सृजित विश्व के सन्दर्भ में ही किया जाना चाहिए। इसलिए, अनन्त सृष्टिकर्त्ता के बारे में यह कहना भी गलत है कि उसका अस्तित्व है, या नहीं है।

स्वयंभू

ईश्वर को स्वयंभू भी माना गया है। जॉन हिक के अनुसार धर्मशास्त्रियों की रचनाओं में ''स्वयंभू'' की जो अवधारणा आयी है, उसके दो तत्त्व हैं—

(i) ईश्वर अपने अस्तित्व के लिए या अपनी विशेषताओं के लिए अपने अलावा किसी दूसरी सत्ता पर निर्भर नहीं है। उसे किसी उच्चतर सत्ता द्वारा बनाया नहीं गया है। इसी तरह, ईश्वर से बाहर ऐसी कोई सत्ता नहीं है, जो ईश्वर को नष्ट कर सके।

(ii) ईश्वर नित्य या शाश्वत है। उसका न कोई आदि है और न कोई अन्त। न ईश्वर को किसी ने बनाया है, और न कोई ईश्वर को मिटा सकता है।

---

1. या॰ मसीह, ***तुलनात्मक धर्मदर्शन***, पृष्ठ 206-8.
2. John H. Hick, *Philosophy of Religion*, pp. 4-14.

सृष्टिकर्त्ता

ईश्वर अनन्त और स्वयंभू सृष्टिकर्त्ता है। ईश्वर के अलावा अन्य जितनी वस्तुएँ हैं, उनकी सृष्टि ईश्वर द्वारा की गयी है। यहूदी-ईसाई परम्परा के अनुसार ऐसा नहीं है कि ईश्वर ने पहले से मौजूद द्रव्य से जगत की सृष्टि की है। ईश्वर ने **शून्य से** इस जगत की सृष्टि की है। जगत की सृष्टि से पहले सिर्फ ईश्वर का ही अस्तित्व था। शून्य से सृष्टि के इस विचार से दो महत्त्वपूर्ण बातें जुड़ी हुई हैं—

एक तो इसका अर्थ यह है कि ईश्वर और जगत एक-दूसरे से पूरी तरह अलग हैं। सृष्टिकर्त्ता और उसकी सृष्टि दोनों एक नहीं हो सकते हैं। यहूदी-ईसाई परम्परा के अन्तर्गत किसी मनुष्य के ईश्वर बन जाने की बात निरर्थक है।

दूसरे, इसका एक निहितार्थ यह भी है कि ईश्वर द्वारा रचित जगत अपने सतत अस्तित्व के लिए पूरी तरह सृष्टिकर्त्ता ईश्वर पर निर्भर है। मनुष्य किसी अधिकार से नहीं, बल्कि ईश्वर की कृपा से इस जगत का हिस्सा है। उसे प्रत्येक दिन को ईश्वर का उपहार समझ कर धन्यवादपूर्वक ईश्वर के प्रति उत्तरदायित्व के साथ स्वीकार करना चाहिए।

व्यक्तित्ववान

यहूदी-ईसाई परम्परा में ईश्वर को व्यक्तित्ववान माना गया है। ***बाइबिल*** पुराने विधान में ईश्वर को वैयक्तिक शब्दों में बोलते हुए बतलाया गया है। उदाहरण के तौर पर, ''मैं तुम्हारे पिता का ईश्वर हूँ, इब्राहिम का ईश्वर हूँ, इज़्हाक का ईश्वर हूँ, याकुब का ईश्वर हूँ''।

इसी तरह, पैगम्बरों और भजनकारों द्वारा भी ईश्वर को वैयक्तिक शब्दों में सम्बोधित किया गया है। उदाहरण के तौर पर, ''हे ईश्वर! हमारी प्रार्थना को सुनो''।

बाइबिल नए विधान में जिसस द्वारा ईश्वर को कई बार ''पिता'' जैसा कहा गया है। उदाहरण के तौर पर, ''मैं और मेरे पिता एक हैं'' या ''जिसने मुझे देख लिया उसने पिता को देख लिया''।

जॉन हिक के अनुसार यहूदी-ईसाई परम्परा में एक स्पष्ट सिद्धान्त के रूप में ईश्वर को व्यक्तित्ववान मानने की प्रवृत्ति अपेक्षाकृत नयी है। इसे 19वीं और विशेष कर 20वीं सदी के धर्मशास्त्र में पाया जाता है। कई ईसाई धर्मशास्त्रियों के अनुसार ईश्वर ने अपनी ही छवि में मनुष्य की रचना की है। अधिकांश धर्मशास्त्री ईश्वर को ''एक व्यक्ति'' (a Person) नहीं कह कर ''वैयक्तिक'' (personal) कहते हैं, क्योंकि ''एक व्यक्ति'' से एक विशालकाय मानव व्यक्ति की छवि का संकेत मिलता है। ईश्वर के बारे में इस तरह से सोचने को मानवत्वारोपवाद (anthropomorphism) कहा जाता है। क्योंकि इसमें ईश्वर में मानव जैसे गुण आरोपित किए जाते हैं। ईश्वर को ''वैयक्तिक'' कहने का अर्थ यह है कि ईश्वर चाहे हमारे समझने की शक्ति से परे हो, लेकिन वह ''कम-से-कम वैयक्तिक'' है। मानव सन्दर्भ में वह ''तू'' (Thou) है, ''यह'' (it) नहीं है।

प्रेममय और शुभ

ईश्वर के शुभत्व या अच्छे होने और प्रेममय होने को अक्सर ईश्वर के दो अलग-अलग गुण माना जाता है। लेकिन, ***बाइबिल*** नए विधान में ईश्वर के शुभ, प्रेममय और कृपालु होने को लगभग समानार्थक माना गया है; और इनमें प्रेम को सबसे विशेष माना गया है। ***बाइबिल*** नए विधान में ईश्वर के मानवता के प्रति प्रेम की बात की गयी है, और ''ईश्वर'' को 'प्रेम'' भी कहा गया है। ईश्वर का 'प्रेम'' सर्वव्यापी है और उसके साथ कोई शर्त नहीं जुड़ी रहती है। ऐसा नहीं है कि ईश्वर किसी से उसके किन्हीं विशेष गुणों के कारण प्रेम करता है। ईश्वर प्रत्येक व्यक्ति से उसके व्यक्ति होने के कारण प्रेम करता है।

पवित्र

ईश्वर को पवित्र (holy) भी माना गया है। धार्मिक व्यक्ति ईश्वर की अनदेखी उपस्थिति में यह समझता है कि ईश्वर उससे अनन्त रूप में अलग और महान है। ईश्वर के पवित्र होने का अर्थ है कि वह भयभीत करने वाली रहस्यमय सत्ता है, जो मनुष्य में विस्मय पैदा करती है।

इस तरह, संक्षेप में, यहूदी-ईसाई अवधारणा के अनुसार ईश्वर अनन्त, शाश्वत, असृष्ट और वैयक्तिक वास्तविकता है, जिसने अपने अतिरिक्त उन सारे वस्तुओं की सृष्टि की है, जिनका अस्तित्व है; और जो अपने को अपने द्वारा सृजित मनुष्यों के बीच पवित्र और प्रेममय रूप में श्रुत करता है।

जॉन हिक द्वारा बताए गए गुणों के अतिरिक्त दो और गुण भी महत्त्वपूर्ण हैं: सर्वज्ञता और सर्वशक्तिमानता। आगे हम देखेंगे कि ''अशुभ की समस्या'' के सन्दर्भ में ईश्वर की दयालुता के साथ मिलकर ईश्वर के ये गुण खास तौर से प्रासंगिक हो जाते हैं।

सर्वज्ञता

एच० पी० ओवेन ने ईश्वर की सर्वज्ञता और सर्वशक्तिमानता को उसकी अनन्तता के साथ जोड़ा है।[1] या० मसीह के अनुसार ईश्वर को सर्वज्ञ माना जाता है, क्योंकि उसने सभी वस्तुओं की सृष्टि की है। सृष्टिकर्त्ता अपनी सृष्टि से अनजान नहीं रह सकता।[2] ईश्वर को सर्वज्ञ मानने का अर्थ है कि ईश्वर को सारे विश्व की सभी वस्तुओं तथा भूत, वर्तमान और भविष्य में होने वाली सभी घटनाओं का ज्ञान है। ईश्वर से कुछ भी छिपा हुआ नहीं है। इस जगत में कोई भी ऐसी वस्तु या घटना नहीं है, जिसे ईश्वर पूरी तरह नहीं जानता। ईश्वर का ज्ञान मनुष्य के ज्ञान की तरह सीमित नहीं है, बल्कि असीमित है।[3]

ईश्वर की सर्वज्ञता से अग्रज्ञान की समस्या भी जुड़ी हुई है, जिसका उल्लेख या० मसीह और ओवेन ने किया है। यहूदी-ईसाई परम्परा के अनुसार ईश्वर ने मनुष्य को

---

1. H. P. Owen, "God, Concepts of", *The Encyclopedia of Philosophy*, vol. 3, p. 347.
2. या० मसीह, ***सामान्य धर्मदर्शन एवं दार्शनिक विश्लेषण***, पृष्ठ 243.
3. वेद प्रकाश वर्मा, ***धर्मदर्शन की मूल समस्याएँ***, पृष्ठ 119.

संकल्प की स्वतंत्रता दी है। समस्या यह है कि क्या ईश्वर पहले से मनुष्य के उन कर्मों को जान सकता है, जिसे वह भविष्य में चुनेगा? और, अगर ईश्वर को पहले से उसका ज्ञान रहता है, तो फिर क्या उन कर्मों को स्वतंत्रतापूर्वक **चुना** गया माना जा सकता है? अधिकांश ईश्वरवादी दार्शनिकों के अनुसार ईश्वर को पहले से इन कर्मों की जानकारी रहती है, लेकिन इसका अर्थ यह नहीं है कि मानव का अपने कर्मों पर कोई नियंत्रण नहीं है, और वह उनके लिए जिम्मेवार नहीं है। दूसरी ओर, जेम्स वार्ड और एफ॰ आर॰ टेनेण्ट जैसे ईश्वरवादियों के अनुसार यह एक आत्म-विरोधी बात है कि मनुष्य अपने कर्मों को चुनने के लिए स्वतंत्र है, और उसके द्वारा चुने जाने से पहले ही ईश्वर को उनका ज्ञान भी है। (ईश्वर को पहले से इन कर्मों का ज्ञान तभी हो सकता है, जबकि वे पूर्वनिर्धारित हों।) इन विचारकों के अनुसार ईश्वर को भविष्य मे मानव द्वारा चुने जाने वाले कर्मों का ज्ञान नहीं रहता है। ईश्वर जब मनुष्यों को संकल्प की स्वतंत्रता देता है, तो वह अपनी सर्वज्ञता को स्वेच्छा से सीमित कर लेता है।

सर्वशक्तिमानता

ईश्वर को सर्वशक्तिमान भी माना जाता है। ईश्वर को ''सर्वशक्तिमान'' मानने का अर्थ है कि ईश्वर सभी वस्तुओं को उत्पन्न करने, कायम रखने और नष्ट करने की क्षमता रखता है।[1] ईश्वर में असीमित शक्ति है। ऐसा समझा जाता है कि सारे विश्व पर उसका पूर्ण नियंत्रण है। ईश्वर अपनी इच्छानुसार कुछ भी कर सकता है। उसके लिए कोई भी काम असम्भव नहीं है। प्रकृति के सारे नियम भी ईश्वर के ही बनाए हुए हैं, वह जब चाहे उनका उल्लंघन भी कर सकता है।[2] यहूदी-ईसाई परम्परा में यह भी माना जाता है कि ईश्वर ने अपने सर्वशक्तिमानता को सीमित कर मनुष्य को संकल्प की स्वतंत्रता दी है।

ईश्वर को सर्वशक्तिमान मानने से कुछ दार्शनिक समस्याएँ भी पैदा होती है जिन्हें, ''सर्वशक्तिमानता का विरोधाभास'' कहा जाता है। अगर ईश्वर सर्वशक्तिमान है, और उसक लिए कुछ भी करना सम्भव है, तो क्या ईश्वर आत्महत्या कर सकता है? क्या वह असत्य को सत्य बना सकता है? क्या वह पाप कर सकता है? क्या वह इतना भारी पत्थर बना सकता है जिसे वह स्वयं भी उठा न सके।[3] इस प्रकार के प्रश्नों का तार्किक दृष्टि से संतोषजनक उत्तर सम्भव नहीं मालूम देता है।

अगर ईश्वर आत्महत्या नहीं कर सकता है, तो वह सर्वशक्तिमान नहीं रह जाता है। दूसरी ओर, अगर वह आत्महत्या कर सकता है, तो वह नित्य या शाश्वत नहीं रह जाता है। इसी तरह, ईश्वर असत्य को सत्य नहीं बना सकता है, क्योंकि यह एक तार्किक असम्भावना है। ईश्वर अगर पाप नहीं कर सकता है, तो वह सर्वशक्तिमान नहीं रह जाता है, और अगर वह पाप कर सकता है, तो उसकी नैतिक पूर्णता खंडित हो जाती है। ऊपर बताए गए चार विरोधाभासों में चौथा विरोधाभास सबसे कठिन है, क्योंकि

1. या॰ मसीह, वही, पृष्ठ 245.
2. वेद प्रकाश वर्मा, वही, पृष्ठ 115.
3. वेद प्रकाश वर्मा, वही, पृष्ठ 116.

इस विरोधाभास के दोनों ही विकल्प ईश्वर की सर्वशक्तिमानता का खण्डन करते हैं। अगर ईश्वर इतना भारी पत्थर नहीं बना सकता है, जिसे वह स्वयं भी उठा न सके, तो उसे सर्वशक्तिमान नहीं माना जा सकता है। दूसरी ओर, अगर वह इतना भारी पत्थर बना सकता है, जिसे वह स्वयं भी उठा न सके, तो भी वह सर्वशक्तिमान नहीं रह जाता है।[1]

ऊपर बतलाए गए विरोधाभासों के अलावा ईश्वर के सर्वशक्तिमान होने और मनुष्य के संकल्प-स्वातंत्र्य के बीच भी विरोध है। एक ओर ईश्वरवादियों द्वारा कहा जाता है कि ईश्वर सर्वशक्तिमान है, और उसकी मर्जी के बिना दुनिया में ''एक पत्ता भी हिल नहीं सकता है''। दूसरी ओर, यह भी कहा जाता है कि मनुष्य में संकल्प की स्वतंत्रता है, और वह ईश्वर की मर्जी के विरुद्ध जाकर भी काम कर सकता है। ये दोनों बातें परस्पर विरोधी हैं और एक साथ सत्य नहीं हो सकतीं। फिर, अगर ईश्वर ने अपनी सर्वज्ञता और सर्वशक्तिमानता को सीमित कर मनुष्य को संकल्प की स्वतंत्रता प्रदान की तो फिर वह सर्वज्ञ और सर्वशक्तिमान कहाँ रह गया? (ईश्वर के सर्वशक्तिमान-दयालु होने और विश्व में मौजूद बुराई के बीच भी परस्पर विरोध है। इसकी विस्तृत चर्चा ''अशुभ की समस्या'' अध्याय के अन्तर्गत की गयी है।)

ईश्वर के ऊपर बतलाए गए गुणों के अतिरिक्त ईश्वर को नैतिकता के नियमों को देने वाला भी माना जाता है। यह भी माना जाता है कि ईश्वर मनुष्य से नैतिक आचरण की अपेक्षा करता है। ईश्वर द्वारा दिए गए नैतिकता के नियमों का उल्लंघन ''पाप'' समझा जाता है, और पाप करने पर ईश्वर दण्डित भी करता है। ईश्वर न्यायप्रिय भी है। वेद प्रकाश वर्मा ने ईश्वर के गुणों को ''तत्वमीमांसीय गुणों'' और ''नैतिक गुणों'' के रूप में वर्गीकृत किया है। सर्वशक्तिमानता, सर्वज्ञता, सर्वव्यापकता, अपरिमितता, नित्यता आदि गुणों को उन्होंने तत्वमीमांसीय गुण; और पूर्ण शुभत्व, असीमित प्रेम, अत्यधिक दयालुता आदि गुणों को नैतिक गुण कहा है।[2]

ईश्वर का व्यक्तित्व

यहूदी-ईसाई एकेश्वरवादी परम्परा के अन्तर्गत ईश्वर को व्यक्तित्ववान माना गया है। इस सन्दर्भ में जॉन हिक के विचारों की चर्चा हम पहले ही कर चुके हैं। प्रश्न यह है कि ईश्वर के ''व्यक्तित्ववान'' होने का क्या अर्थ है?

एच॰ पी॰ ओवेन के अनुसार ''ईश्वरवाद'' में एक ऐसे ईश्वर में विश्वास पाया जाता है, जो (i) वैयक्तिक (personal), (ii) आराधना के योग्य, (iii) इस विश्व से अलग, लेकिन (iv) इस विश्व में निरन्तर क्रियाशील है।

ईश्वरवाद के अनुसार ईश्वर में मन (mind) भी है और संकल्प भी। व्यक्तित्वपूर्ण होने के नाते उसे मानव जीवन से प्राप्त प्रतिबिम्बों के द्वारा समझा जा सकता है; उसे ''तू'' कह कर सम्बोधित किया जा सकता है।[3]

1. वहीं.
2. वहीं.
3. H. P. Owen, "Theism", *The Encyclopedia of Philosophy*, vol. 8, p. 97.

या॰ मसीह के अनुसार, ''यदि उपास्य ईश्वर ऐसा हो कि वह भक्तों की आवाज सुन सके, उनके स्तर पर आकर जीवन की कठिन समस्याओं में उनका मार्गदर्शन कर सके अथवा उनका मार्ग प्रशस्त कर सके तो ऐसे ईश्वर को 'व्यक्तित्वपूर्ण ईश्वर' की संज्ञा दी जाएगी।''[1]

ट्रब्लड ने ईश्वर की व्यक्तित्वपूर्णता का अर्थ इस प्रकार स्पष्ट किया है:

हमारा लक्ष्य ऐसे ईश्वर के अस्तित्व को सुनिश्चित करना है जिसके समक्ष हम अपने पापों को स्वीकार कर सकें—ऐसा ईश्वर जो प्रेम करता है और जो हमारी जिज्ञासा तथा खोज से ऊपर नहीं है, जो परमतत्त्व न होकर पिता है। पूर्णतः व्यक्तित्वसम्पन्न ईश्वर के विचार का अर्थ यह है कि ईश्वर चेतना तथा आत्म-चेतना का केन्द्र है और इसी कारण वह केवल शक्ति तथा नियम के शासन से पूर्णतया भिन्न है, यद्यपि ईश्वर निश्चय ही शक्ति एवं प्राकृतिक नियम दोनों का स्रोत है। ईश्वर कोई ऐसी वस्तु नहीं है जिसके विषय में केवल बात ही की जा सके, वह ऐसी सत्ता है जिसके साथ बात की जा सकती है और जिसकी बात सुनी जा सकती है।[2]

एक महत्त्वपूर्ण प्रश्न यह है कि क्या ईश्वर का शरीर भी है? क्या ईश्वर कोई भौतिक वस्तु है?

यहूदी-ईसाई परम्परा में ईश्वर को व्यक्तित्ववान माना गया है लेकिन साधारण सशरीरी अर्थ में नहीं। वेद प्रकाश वर्मा के अनुसार अधिकांश भक्त और ईश्वरवादी दार्शनिकों द्वारा इस प्रश्न का नकारात्मक उत्तर दिया जाता है। वे ईश्वर को वस्तुपरक सत्ता मानते हुए भी उसे कोई भौतिक वस्तु नहीं मानते हैं। ईश्वर विशुद्ध रूप में अभौतिक सत्ता है। ईश्वर कोई शरीरवान प्राणी नहीं है। बल्कि ईश्वर एक शरीररहित ऐसी सत्ता है, जो मनुष्य के अनुभव और तर्कबुद्धि का विषय नहीं हो सकती है। ईश्वर एक शरीररहित, अभौतिक तथा विशुद्ध चैतन्य सत्ता है, जो अनादि, अनन्त, शाश्वत एवं स्वयंभू है।[3]

वेद प्रकाश वर्मा ने ईश्वर की व्यक्तित्वपूर्णता और उसके नैतिक गुणों से उत्पन्न होने वाली कुछ दार्शनिक समस्याओं का उल्लेख किया है। जब ईश्वरवादी दार्शनिक ईश्वर को व्यक्तित्वसम्पन्न और नैतिक सद्‌गुणों से परिपूर्ण मानते हैं तो वे ईश्वर के स्वरूप के बारे में मानवत्वारोपी अवधारणा को ही अपनाते हैं। इस अवधारणा के अनुसार ईश्वर की कल्पना एक ऐसे महामानव के रूप में की जाती है जिसमें मानवीय व्यक्तित्व और सारे मानवीय सद्‌गुण असीमित मात्रा में मौजूद हैं। लेकिन, वेद प्रकाश वर्मा के अनुसार, ईश्वर के स्वरूप के सम्बन्ध में इस मानवत्वारोपी अवधारणा को तर्कसंगत रूप से स्वीकार करना सम्भव नहीं है। उदाहरण के तौर पर, ईश्वरवादी दार्शनिक यह मानते हैं कि ईश्वर शरीररहित, अभौतिक और अतीन्द्रिय सत्ता है, जो मानवीय अनुभव, ज्ञान और तर्कबुद्धि से परे है। अब अगर ईश्वर के स्वरूप के बारे में इन दार्शनिकों की इस

1. या॰ मसीह, वही, पृष्ठ 240.
2. वेद प्रकाश वर्मा द्वारा उद्धृत, ***धर्मदर्शन की मूल समस्याएँ***, पृष्ठ 124.
3. वेद प्रकाश वर्मा, वही, पृष्ठ 113-14.

मान्यता को स्वीकार कर लिया जाए तो व्यक्तित्वसम्पन्न और नैतिक सद्‌गुणों से परिपूर्ण महामानव के रूप में ईश्वर की कल्पना करना निरर्थक है। वेद प्रकाश वर्मा के शब्दों में, "हम निश्चय ही ऐसे किसी व्यक्ति की कल्पना नहीं कर सकते जिसका शरीर नहीं है और जो विशुद्ध रूप से अभौतिक तथा अतीन्द्रिय होने के कारण हमारे अनुभव एवं ज्ञान का विषय नहीं हो सकता। वस्तुतः ऐसे व्यक्ति और उसके स्वरूप तथा विशेष गुणों की चर्चा करना अयुक्तिसंगत ही नहीं, अपितु संज्ञानात्मक दृष्टि से निरर्थक भी है। परन्तु अनेक ईश्वरवादी दार्शनिक इस महत्त्वपूर्ण तथ्य की उपेक्षा करते हुए अभौतिक एवं अतीन्द्रिय ईश्वर में उन सभी क्रियाओं एवं गुणों को आरोपित करते हैं जो केवल मानवीय सन्दर्भ में ही सार्थक और उपादेय हैं।"[1]

वास्तव में वेद प्रकाश वर्मा की आपत्तियाँ दार्शनिक दृष्टि से ठीक ही मालूम देती हैं। दरअसल, ईश्वरवाद के अन्तर्गत ईश्वर में परस्पर विरोधी गुण आरोपित कर दिए गए हैं। एक ओर, ईश्वर को विश्वातीत बताया गया है, तो दूसरी ओर, उसे विश्व में निरन्तर सक्रिय भी कहा गया है। वह प्रार्थनाओं को सुनता है और उनका उत्तर भी देता है। यहाँ तक कि उसे सर्वोपस्थित भी कहा गया है।

इसी तरह, एक ओर ईश्वर में मानव जैसे गुण आरोपित कर उसे "व्यक्तित्ववान" भी बतलाया गया है, तो दूसरी ओर, उसे शरीररहित भी कहा गया है। इसका अर्थ यह हुआ कि ईश्वर बिना मुँह के बोलता है, बिना कानों के सुनता है, बिना आँखों के देखता है और बिना मस्तिष्क के सोचता है! इस तरह की कठिनाइयों से बचने के लिए धर्मशास्त्रियों या ईश्वर-समर्थक धर्म-दार्शनिकों द्वारा धार्मिक भाषा की सांकेतिक या असंज्ञानात्मक व्याख्या की गयी है, जिसकी विस्तृत चर्चा "धार्मिक भाषा का दर्शन" अध्याय में हुई है। उदाहरण के तौर पर, ईश्वर के गुणों के सन्दर्भ में या॰ मसीह कहते हैं: "हमने ईश्वरीय गुण की व्याख्या की है; ईश्वर की व्यक्तित्वपूर्णता, नित्यता, सर्वज्ञता, सर्वशक्तिमत्ता, तथा सृष्टिकर्तृत्व का उल्लेख किया है। अन्त में हम किसी भी गुण का स्पष्टीकरण नहीं कर पाए हैं। इसका क्या कारण हो सकता है? हमारी असफलता का मुख्य कारण यही है कि हमने यह मान लिया था कि ये ईश्वरीय गुण किसी वास्तविक सत्ता के वर्णनात्मक गुण हैं। परन्तु न तो ईश्वर ही अनुभवजन्य वास्तविक सत्ता माना जा सकता है और न ये उसके वर्णनात्मक गुण माने जा सकते हैं।"[2]

ईश्वरवाद के दायरे में पैदा होने वाली दार्शनिक कठिनाइयों से बचने के लिए कुछ धर्म-दार्शनिक धार्मिक भाषा की असंज्ञानात्मक व्याख्या कर सकते हैं लेकिन व्यवहार में और परम्परागत रूप से धर्मों के दायरे मे ईश्वर-सम्बन्धी कथनो को संज्ञानात्मक ही माना जाता है। इसमें कोई सन्देह नहीं है कि **धर्मशास्त्रीय कथनों का इस्तेमाल स्वयं धार्मिक लोगों द्वारा संज्ञानात्मक रूप में ही किया जाता है**। जॉन हिक ने भी इस तथ्य की ओर ध्यान दिलाया है कि परम्परागत रूप में यहूदी और ईसाई धर्मों में इन धर्मों की बुनियादी मान्यताओं को तथ्यपरक ही समझा जाता है। यही बात इस्लाम और अन्य धर्मों

---

1. वहीं, पृष्ठ 126.
2. या॰ मसीह, वही, पृष्ठ 249–50.

के बारे में भी कही जा सकती है। सच तो यह है कि अगर किसी औसत धार्मिक व्यक्ति से यह कहा जाए कि उसके धर्म की बुनियादी मान्यताएँ वास्तविकता का वर्णन नहीं हैं, बल्कि असंज्ञानात्मक हैं, तो वह इसे अपने धर्म की आलोचना मानेगा, न कि उसके द्वारा प्रयोग में लायी जाने वाली धार्मिक भाषा के स्वरूप का सही वर्णन।

प्रश्न

1. निम्नांकित पर अधिक-से-अधिक 200 शब्दों में टिप्पणी लिखिए—
(क) यदि ईश्वर सर्वज्ञ है, तो मनुष्य स्वतंत्र नहीं है।'' (2004)
2. परम्परागत रूप से ईश्वर का एक गुण उसका सर्वशक्तिमान होना माना गया है। परन्तु कुछ आलोचकों के अनुसार सर्वशक्तिमान ईश्वर की अवधारणा विरोधाभासी है। प्रत्युत्तर में कुछ ईश्वरवादियों ने कथित विरोधाभास के समाधान का प्रयास किया है। विरोधाभास को वर्णित कीजिए एवं इसके समाधान के लिए किए गए प्रयासों का विवेचन कीजिए। (2006, 2007)

❑

अध्याय 36

ईश्वर-समर्थक युक्तियाँ

पारसी, यहूदी, ईसाई, इस्लाम और सिक्ख धर्म दुनिया के प्रमुख एकेश्वरवादी धर्म हैं। इसलिए, ईश्वर का अस्तित्व है या नहीं?—यह धर्म-दर्शन का एक महत्त्वपूर्ण प्रश्न है। पश्चिम के देशों में मुख्यतः ईसाई धर्म का प्रभाव रहा है, जो एक एकेश्वरवादी धर्म है। इसलिए, कई बार कुछ पश्चिमी विचारकों द्वारा ''धर्म'' की परिभाषा भी एकेश्वरवादी ''ईश्वर'' से जोड़कर की गयी है (देखें, ''धर्म का स्वरूप'')। ऐसे में पश्चिमी सन्दर्भ में ईश्वर के अस्तित्व का प्रश्न ही धर्म-दर्शन का केन्द्रीय प्रश्न बन गया। उदाहरण के तौर पर, जॉन हिक ने अपनी *Philosophy of Religion* में धर्म-दर्शन की चर्चा मुख्यतः यहूदी-ईसाई ईश्वर के सन्दर्भ में की है।[1] पश्चिमी धर्म-दर्शन में ईश्वर के पक्ष-विपक्ष में जो चर्चा-बहस हुई है, और आज भी जारी है, वह मुख्यतः यहूदी-ईसाई ''ईश्वर'' की अवधारणा के सन्दर्भ में हुई है। कुछ प्रमुख ईश्वर-समर्थक युक्तियाँ इस प्रकार हैं—

(1) सत्तामूलक युक्ति (2) विश्व-कारण युक्ति (3) रचना या आयोजन युक्ति, (4) नीतिपरक युक्ति (5) विशेष घटनाओं और अनुभवों पर आधारित युक्ति।

सत्तामूलक युक्ति (Ontological Argument)

ईश्वर के समर्थन में सत्तामूलक युक्ति का प्रयोग सबसे पहले प्लेटो ने किया था। इसका विकसित रूप ईसाई पादरी अन्सेल्म के विचारों में देखने को मिलता है। डेकार्ट ने भी इस युक्ति का समर्थन किया है। ईश्वर-समर्थक अधिकांश युक्तियों में यह दिखलाने का प्रयत्न किया गया है कि इस विश्व या प्रकृति में ऐसा कुछ है, जिसे हम ईश्वर के अस्तित्व का प्रमाण मान सकते हैं। **सत्तामूलक युक्ति ही एकमात्र ऐसी युक्ति है, जो ''शुद्ध बुद्धि'' द्वारा ईश्वर के अस्तित्व को प्रमाणित करने का प्रयत्न करती है।**

हॉस्पर्स के अनुसार सत्तामूलक युक्ति या ''प्रत्यय-सत्ता युक्ति'' को संक्षेप में इस प्रकार रखा जा सकता है—ईश्वर एक ऐसी सत्ता (being) है, जिससे उच्चतर या बड़ी सत्ता की कल्पना नहीं की जा सकती है। हमारे दिमाग में ऐसी सत्ता की अवधारणा है, लेकिन ऐसी सत्ता की अवधारणा का अनिवार्य अंग है उसका अस्तित्व। अगर उस सत्ता का अस्तित्व न हो, तो वह सत्ता उतनी महान नहीं होगी, जितनी कि वह तब होगी

1. John H. Hick, *Philosophy of Religion*, p. 3.

जबकि अगर उसका अस्तित्व हो। क्योंकि ईश्वर वह सबसे महान सत्ता है, जिसकी हम कल्पना कर सकते हैं, इसलिए ईश्वर का अस्तित्व है।[1]

जॉन हिक के अनुसार अन्सेलम ने अपनी युक्ति की शुरूआत ''ईश्वर'' की ईसाई अवधारणा से की है—''ऐसी सत्ता (being) जिससे बड़ी किसी वस्तु की कल्पना नहीं की सकती है''। यहाँ पर ''बड़ी सत्ता'' से अन्सेल्म का तात्पर्य ''पूर्ण'' (perfect) सत्ता से है।

अपनी युक्ति के अगले चरण में अन्सेल्म ने ऐसी वस्तु, ×, के दो रूपों में अन्तर किया है—एक, जबकि × का अस्तित्व **सिर्फ मस्तिष्क** में हो, और दो, जब उसका अस्तित्व **वास्तविकता** में भी हो। अब, अगर उस सबसे पूर्ण सत्ता का, जिसकी हम कल्पना कर सकते हैं, अस्तित्व सिर्फ हमारे मस्तिष्क में हो, तो फिर यह एक आत्मविरोध है; क्योंकि तब इससे भी पूर्ण सत्ता की कल्पना सम्भव है, जिसका अस्तित्व मस्तिष्क और वास्तविकता दोनों में हो। इसलिए, जिस सबसे ''पूर्ण'' सत्ता की कल्पना हम कर सकते हैं, उसका अस्तित्व वास्तविकता और मस्तिष्क दोनों में जरूरी है।[2]

एन्सेल्म के अनुसार ''ईश्वर'' एक ''अनिवार्य सत्ता'' (necessary being) है और उसका अस्तित्व ही उसका सारगुण है। **सत्तामूलक युक्ति के अन्तर्गत ''ईश्वर'' की परिभाषा ही इस तरह की जाती है कि यह कल्पना करना ही सम्भव न हो कि ईश्वर का अस्तित्व नहीं भी हो सकता है।** क्योंकि ''ईश्वर'' ''पूर्ण'' (perfect) है, इसलिए वह काल द्वारा सीमित नहीं है। उसके अस्तित्व में आने या उसके अस्तित्व के समाप्त हो जाने का प्रश्न ही नहीं उठता है—ईश्वर का अनस्तित्व असम्भव है। उदाहरण के तौर पर, जैसे ही हम यह कहते हैं कि यह फूल लाल है, हमें यह भी स्वीकार करना पड़ेगा कि वह रंगीन है। फूल को लाल कहना और फिर उसे रंगीन न मानना आत्मविरोधी बात मानी जाएगी। इसी तरह, अन्सेल्म के अनुसार ''ईश्वर'' को ''पूर्ण'' मानना और फिर उसके अस्तित्व से इनकार करना आत्मविरोधी बात है।

सत्तामूलक युक्ति की आलोचना कई विचारकों द्वारा की गयी है। अन्सेल्म के समकालीन पादरी गौनिलो द्वारा इसकी अलोचना की गयी। फिर डेकार्ट द्वारा इस युक्ति का समर्थन किए जाने पर, गैसेंडी ने इसकी अलोचना की। जर्मन दार्शनिक इम्मैनुअल कांट इसके प्रमुख आलोचक हैं। समसामयिक भाषा-विश्लेषणवादियों द्वारा भी इस युक्ति की घोर आलोचना की गयी है।

गौनिलो के अनुसार अगर हम एक हर तरह से ''पूर्ण'' द्वीप की कल्पना कर लें, तो फिर हम अन्सेल्म की तरह यह भी कह सकते हैं कि उस द्वीप का अस्तित्व भी होना चाहिए, नहीं तो वह ''पूर्ण'' नहीं रह जाएगा! सत्तामूलक युक्ति के विरुद्ध मुख्य

1. John Hospers, *An Introduction to Philosophical Analysis,* p. 427.
2. John H. Hick, Op., Cit., *Philosophy of Religion,* p. 16

आपत्तियाँ इस प्रकार हैं—

(i) **परिभाषा के द्वारा किसी वस्तु को अस्तित्व में नहीं लाया जा सकता है।** हम "ईश्वर" को एक "पूर्ण सत्ता" (perfect being) के रूप में परिभाषित कर सकते हैं, लेकिन इसका अर्थ यह नहीं हुआ कि ऐसी किसी सत्ता का वास्तव में अस्तित्व भी है। ***किसी वस्तु × की परिभाषा से, हम × के अस्तित्व के बारे में कोई निष्कर्ष नहीं निकाल सकते हैं।***

(ii) **किसी अवधारणा (concept) के अस्तित्व से उस अवधारणा के अस्तित्व के अतिरिक्त और कुछ भी प्रमाणित नहीं होता है।** कोई व्यक्ति यह सोच ले सकता है कि उसकी जेब में पाँच सौ रुपए का नोट है, लेकिन उसके ऐसा सोचने मात्र से वास्तव में उसकी जेब में पाँच सौ का नोट नहीं आ जाएगा। इसी तरह, "पूर्ण ईश्वर" की अवधारणा दिमाग में आने मात्र से ही वास्तव में ईश्वर का अस्तित्व भी सत्य नहीं हो जाएगा।

(iii) सत्तामूलक युक्ति में ऐसा मान लिया गया है जैसे "अस्तित्व" भी रंग, स्वाद, वजन आदि की तरह एक गुण है, लेकिन यह कहना कि किसी वस्तु × में कुछ गुण है, और उस वस्तु × का अस्तित्व है, दो अलग-अलग बातें हैं। पहले किसी वस्तु का अस्तित्व होगा उसके बाद ही उसमें कुछ गुण हो सकते हैं।

(iv) सत्तामूलक युक्ति के अनुसार "ईश्वर" एक "अनिवार्य सत्ता" (necessary being) है, लेकिन सिर्फ विश्लेषणात्मक तर्कवाक्य (analytic propositions) ही अनिवार्यतः सत्य होते हैं, और ऐसे तर्कवाक्य पुनरुक्ति (tautology) मात्र होते हैं। उनसे वास्तविकता के बारे में कोई नयी जानकारी नहीं मिलती है।

संक्षेप में, **सत्तामूलक युक्ति तार्किक दृष्टि से संतोषजनक नहीं है। इसके द्वारा ईश्वर के अस्तित्व को प्रमाणित कर पाना सम्भव नहीं है।**

विश्व-कारण युक्ति (Cosmological Argument)

विश्व-कारण युक्ति या जगत्-कारण युक्ति की पूर्वछाया प्लेटो की रचनाओं में भी मिलती है। टॉमस अक्वाइनस नाम के ईसाई पादरी ने अपनी पुस्तक *Summa Theologica* में ईश्वर के अस्तित्व को प्रमाणित करने के प्रयत्न में पाँच "प्रमाण" प्रस्तुत किए हैं। अक्वाइनस द्वारा दिए गए प्रमाण अन्सेल्म के सत्तामूलक प्रमाण से इस मायने में अलग हैं कि इनमें "ईश्वर" की अवधारणा या परिभाषा के आधार पर ईश्वर के अस्तित्व को प्रमाणित करने का प्रयत्न नहीं किया गया है; बल्कि **इस विश्व के किसी सामान्य गुण को दत्त सामग्री मानते हुए यह दिखलाने का प्रयत्न किया गया है कि अगर ईश्वर का अस्तित्व नहीं हुआ होता, तो यह विश्व ऐसा नहीं हुआ**

1. Y. Masih, *Introduction to Religious Philosophy* (Varanasi : Motilal Banarsidas, 1971), p. 126.
2. John H Hick, Op. Cit., p. 22.

होता। अक्वाइनस द्वारा दी गयी पाँच युक्तियों में ही (i) कार्य-कारण युक्ति (causal argument) और(ii) आकस्मिक युक्ति या "विश्व-आपातिता-युक्ति" (argument from contingency) भी शामिल हैं।

डॉ० याकुब मसीह के अनुसार कार्य-कारण युक्ति और आकस्मिक युक्ति विश्व-कारण युक्ति के ही दो रूप हैं।[1] जॉन हिक के अनुसार कभी-कभी अक्वाइनस की तीसरी युक्ति—आकस्मिक युक्ति को ही "विश्व-कारण युक्ति" कह दिया जाता है।[2]

कार्य-कारण युक्ति (*Causal Argument*)

कार्य-कारण युक्ति या आदि कारण युक्ति (first cause argument) को संक्षेप में इस प्रकार रखा जा सकता है—इस विश्व में हर कार्य का कोई कारण होता है। फिर, उस कारण का भी कोई कारण होता है। इस तरह, अगर हम कारणों की शृंखला में पीछे की ओर चलते जाएँ, तो हम एक प्रथम कारण तक पहुँचेंगे। यह प्रथम कारण ही ईश्वर है।

इस युक्ति के साथ कई कठिनाइयाँ हैं। सबसे पहली बात तो यह है कि, जैसा कि बर्ट्रेण्ड रसेल ने अपनी पुस्तक *Why I am Not a Christian* में बतलाया है, "कारण" की अवधारणा अब वैसी नहीं रह गयी है, जैसी वह पहले थी। वैज्ञानिकों और दार्शनिकों द्वारा इसकी वैधता और वैज्ञानिक चिन्तन में इसकी भूमिका के सवाल पर विचार किया जा रहा है।[3]

दूसरे, इस विश्व में घटने वाली घटनाओं के कारण के बारे में प्रश्न उठाना तो प्रासंगिक मालूम देता है, लेकिन यह एक विचारणीय प्रश्न है कि इस पूरे विश्व के कारण के बारे में प्रश्न उठाना कहाँ तक प्रासंगिक है। हर इन्सान की एक माँ होती है, लेकिन इसका अर्थ यह तो नहीं है कि सम्पूर्ण मानवता की भी कोई माँ होगी? गिल्बर्ट रायल की दृष्टि से यह एक "कोटि दोष" (category mistake) है। कान्ट के अनुसार भी कार्य-कारण सिद्धान्त को सिर्फ दृश्य-जगत् (phenomenal world) पर लागू किया जा सकता है, पूरे विश्व पर नहीं।

अगर थोड़ी देर के लिए इन ऊपर बतायी गयी आपत्तियों को भूल जाएँ और यह मान लें कि "प्रत्येक कार्य का कोई कारण होता है, इस विश्व का भी कारण होगा और वह कारण ईश्वर है", तो भी यह युक्ति कठिनाइयों से मुक्त नहीं है। क्योंकि इसके बाद तुरन्त यह प्रश्न उठ खड़ा होगा कि "ईश्वर का कारण क्या है?" या "ईश्वर को किसने बनाया है?"

बर्ट्रेण्ड रसेल ने अपनी पुस्तक *Why I am Not a Christian* में लिखा है कि वे

1. Y. Masih, *Introduction to Religious Philosophy* (Varanasi : Motilal Banarsidass, 1971), p. 126.
2. John H Hick, Op. Cit., p. 22.
3. Bertrand Russell, *Why I am Not a Christian* (New York : Simon and Schuster, 1957), p. 6.

उस समय तक आदि-कारण युक्ति में विश्वास रखते थे, जब तक कि उन्होंने जॉन स्टुअर्ट मिल की आत्मकथा में यह वाक्य नहीं पढ़ा—"मेरे पिता ने मुझे सिखलाया कि इस प्रश्न का कि 'मुझे किसने बनाया है?' उत्तर नहीं दिया जा सकता है, क्योंकि इससे तत्काल यह दूसरा प्रश्न सामने आ जाता है कि 'ईश्वर को किसने बनाया है?'"[1]

इस ऊपर दिए गए वाक्य से यह मालूम हो जाता है कि आदि कारण युक्ति तर्कदोष से ग्रस्त है। **अगर हर कार्य का कोई कारण होता है, तो फिर ईश्वर का भी कोई कारण होना चाहिए, और अगर ईश्वर बिना कारण हो सकता है, तो फिर विश्व बिना कारण क्यों नहीं हो सकता है?**

आम तौर से ईश्वरवादी यह कहेंगे कि ईश्वर प्रथम कारण है, इसलिए ईश्वर का कोई कारण नहीं है। लेकिन एक बार ऐसा मान लेने पर इस युक्ति का आधार—प्रत्येक कार्य का कोई कारण होना चाहिए—नष्ट हो जाता है। जैसा कि जॉन हॉस्पर्स ने दिखलाया है, **यह युक्ति आत्मविरोध से ग्रस्त है।** अगर इसका आधार-वाक्य ("प्रत्येक कार्य का कोई कारण होता है") सत्य है, तो इसका निष्कर्ष ("ईश्वर प्रथम कारण है" या "ईश्वर का कोई कारण नहीं है") असत्य है, और अगर इसका निष्कर्ष सत्य है, तो इसका आधार-वाक्य असत्य है। कई लोगों को इस युक्ति का आत्मविरोध इसलिए नजर नहीं आता है, क्योंकि वे इस युक्ति का इस्तेमाल एक टैक्सी की तरह वहाँ पहुँचने के लिए करते हैं, जहाँ वे पहुँचना चाहते हैं। उसके बाद वे इस युक्ति को भूल जाते हैं। लेकिन, जैसा कि ह्यूम ने अपने *Dialogues Concerning Natural Religion* में कहा है, अगर रुकना ही है, तो फिर ईश्वर तक जाने की भी क्या जरूरत है, इस भौतिक जगत पर ही क्यों न रुक जाया जाए?[2]

इस तरह, **आदि कारण युक्ति को तार्किक दृष्टि से संतोषजनक नहीं माना जा सकता है।** इसके जरिए ईश्वर के अस्तित्व को प्रमाणित नहीं किया जा सकता है। अगर यह युक्ति वैध हुई होती, तो भी इससे मात्र इतना ही प्रमाणित हो पाता कि इस विश्व का कोई कारण है, यह नहीं कि उसमें वे गुण भी हैं, जो ईश्वरवादियों ने उस पर आरोपित कर रखे हैं।

आकस्मिक या "विश्व-आपतिता-युक्ति" (*Argument from Contingency*)

जैसा कि पहले भी उल्लेख किया जा चुका है, याकुब मसीह के अनुसार आदि-कारण युक्ति और आकस्मिक युक्ति—ये दोनों विश्व-कारण युक्ति के रूप हैं। जॉन हिक ने ध्यान दिलाया है कि कभी-कभी अक्वाइनस की तीसरी युक्ति—आकस्मिक या विश्व-आपातिता-युक्ति (argument from contingency) को ही विश्व-कारण युक्ति (cosmological argument) कह दिया जाता है।

आकस्मिक युक्ति को संक्षेप में इस प्रकार रखा जा सकता है—इस विश्व में हर वस्तु या घटना "आपातिक" (contingent) है। (इसका अर्थ यह है कि सम्भव है कि उसका

1. Ibid.
2. John Hospers, Op. Cit., p. 431.

अस्तित्व नहीं हुआ होता या किसी दूसरे रूप में हुआ होता।) वह अपने अस्तित्व और व्याख्या के लिए अपने से बाहर के किसी वस्तु पर निर्भर है। लेकिन हर वस्तु का आपातिक होना सम्भव नहीं है—क्योंकि हर आपातिक वस्तु अपनी व्याख्या के लिए अपने से बाहर के किसी वस्तु पर निर्भर है, इसलिए कोई ऐसी वस्तु जरूर है, जो आपातिक नहीं है, और जो अपने अस्तित्व के लिए स्वयं पर निर्भर है। वही वस्तु ईश्वर है।

सवाल यह उठता है कि इस युक्ति के आधार पर ईश्वर की व्याख्या कैसे की जा सकती है? इस युक्ति के समर्थक कहेंगे कि ईश्वर के लिए कोई व्याख्या की आवश्यकता नहीं है। ईश्वर एक "अनिवार्य सत्ता" (necessary being) है और एक अनिवार्य सत्ता स्वयं ही अपनी व्याख्या है। ईश्वर इस अर्थ में स्वयं अपना कारण (self-caused) नहीं है कि वह अपने को अस्तित्व में लाता है। वह इस अर्थ में अपना कारण स्वयं है कि उसके अपने स्वभाव में ही उसका अस्तित्व अन्तर्निहित है। ईश्वर का अस्तित्व अनिवार्य है—वह अपने अस्तित्व के लिए किसी और पर निर्भर नहीं है।

इस युक्ति के विरुद्ध सबसे प्रमुख दार्शनिक आपत्ति यह है कि **"अनिवार्य सत्ता"** (necessary being) की अवधारणा अस्पष्ट है। तर्कशास्त्र में किसी तर्कवाक्य (proposition) को अनिवार्यतः सत्य (necessarily true) कहा जाता है, अगर तार्किक दृष्टि से उसका असत्य होना असम्भव हो। **किसी वस्तु को "अनिवार्य सत्ता" (necessary being) कहना भाषा का दुरुपयोग है।**

हिक के अनुसार इस युक्ति को इस प्रकार रखा जा सकता है—या तो कोई अनिवार्य सत्ता है, या अन्ततः यह विश्व अबोधगम्य (unintelligible) है। हिक के अनुसार यह युक्ति अकाट्य तभी मालूम दे सकती है, जबकि दूसरे विकल्प की सत्यता की सम्भावना से इनकार कर दिया जाए। दूसरी ओर, संशयवादी लोग (sceptics) दूसरे विकल्प को ही सत्य मानते हैं। इसलिए, **इस युक्ति द्वारा संशयवादियों या सन्देहवादियों को सन्तुष्ट नहीं किया जा सकता है, जबकि इस तरह की ईश्वर-समर्थक युक्तियों की आवश्यकता ही ऐसे लोगों के लिए है।**[1]

इसके अलावा, इस युक्ति पर भी वैसी ही आपत्तियाँ की जा सकती हैं, जैसी आदि-कारण युक्ति पर की जाती है। इस विश्व में हर वस्तु आपतिक है, लेकिन ईश्वर आपातिक नहीं है। **इस युक्ति में भी वैसा ही आत्मविरोध है, जैसा कि कार्य-कारण युक्ति में है।**

रचना या आयोजन युक्ति
(Teleological argument or Argument from Design)

रचना या आयोजन युक्ति ईश्वर के समर्थन में दी जाने वाली युक्तियों में सबसे लोकप्रिय युक्ति है। इस युक्ति का उल्लेख प्लेटो की रचनाओं में भी है। अक्वाइनस के पाँच प्रमाणों में से अन्तिम प्रमाण यही है। आधुनिक समय में इसकी सबसे प्रसिद्ध व्याख्या विलियम पेली द्वारा की गयी है।

---

1. John H Hick, Op. Cit., p. 23.

अंग्रेजी शब्द "teleology" ग्रीक शब्द "teleos" से निकला है, जिसका अर्थ है "प्रयोजन" या "उद्देश्य"। इस युक्ति के अनुसार इस विश्व में सभी कुछ एक निश्चित ढंग से व्यवस्थित है। प्रकृति के विभिन्न क्षेत्रों में एक समायोजन है। अगर विश्व जैसा है, उससे थोड़ा भी अलग हुआ होता, तो इस पृथ्वी पर मानव अस्तित्व असम्भव हो जाता। उदाहरण के तौर पर, अगर सूर्य में रोशनी न होती, या पृथ्वी पर पानी, हवा नहीं होती, तो इस पृथ्वी पर जीवन का अस्तित्व भी नहीं होता। यह सब बिना उद्देश्य या प्रयोजन के या बिना किसी कुशल योजनाकार के सम्भव नहीं हो सकता है। इसलिए, इसके पीछे किसी बुद्धिमान, कुशल योजनाकार का हाथ है, और वह योजनाकार या आयोजक ही ईश्वर है।

पेली ने इस युक्ति को अपनी अंग्रेजी पुस्तक *Natural Theology* में व्यक्त किया है। पेली के अनुसार अगर कोई व्यक्ति किसी रेगिस्तान से गुजर रहा हो, और वहाँ पर वह कुछ पत्थरों को देखे, तो वह यह सोच सकता है कि यह सब हवा, पानी, गर्मी जैसे प्राकृतिक कारणों से अपने-आप हो गया है। लेकिन अगर हम किसी निर्जन स्थान पर किसी घड़ी को रखा हुआ देखें, तो उसकी व्याख्या हम इस तरह से नहीं कर सकते हैं। घड़ी में कल-पुर्जों की एक ऐसी व्यवस्था होती है, जिसके द्वारा हमें समय का ज्ञान हो सकता है। घड़ी को देख कर यही कहा जा सकता है कि किसी घड़ीसाज ने समय देखने के उद्देश्य से उसकी रचना की है। उसके बारे में यह नहीं कहा जा सकता है कि प्राकृतिक शक्तियों के संयोग से वह अपने-आप बन गयी है। अब, अगर एक छोटी-सी घड़ी के बारे में भी हम यह नहीं कह सकते हैं कि वह किसी घड़ीसाज के बिना अपने-आप बन गयी है, तो फिर इस विशाल और जटिल विश्व के बारे में हम ऐसा कैसे कह सकते हैं? पृथ्वी और अन्य ग्रहों का अपनी धुरी पर और सूर्य के इर्द-गिर्द घूमना, मौसमों का बदलना, दिन और रात की शृंखला, ताकि मनुष्य और अन्य जानवर सो और जाग सकें, मनुष्य का शरीर, उसका मस्तिष्क, उसकी आँखें—ये सब एक कुशल योजनाकार या ईश्वर की ओर इशारा करती हैं।[1]

आयोजन युक्ति की ह्यूम और कान्ट द्वारा कड़ी आलोचना की गयी है। ऐसा लगता है कि पेली को इन आलोचनाओं की जानकारी नहीं थी। पहली बात तो यह है कि **यह विश्व उतना सुव्यवस्थित है नहीं, जितना की इस युक्ति के समर्थक दावा करते हैं।** तारों का धीरे-धीरे ठण्ढा होकर बुझ जाना (वैज्ञानिक बतलाते हैं कि एक दिन सूर्य भी ठण्ढा हो जाएगा और तब पृथ्वी पर से जीवन समाप्त हो जाएगा), भूकम्प, ज्वालामुखियों का फ़टना, बाढ़, आँधी-तूफान, सूखा, अकाल, भुखमरी और युद्ध आदि को अगर ईश्वर के "कुशल आयोजन" का उदाहरण मान भी लिया जाए, तो कम-से-कम इतना तो मानना ही होगा कि ऐसे विश्व का रचयिता सर्वशक्तिमान और दयालु नहीं हो सकता है। बट्रेण्ड रसेल ने अपनी पुस्तक *Why I am Not a Christian* में कहा है कि जब हम इस विश्व की खामियों की ओर देखते हैं, तो फिर

1. Ibid, pp. 23-24.

यह बात आश्चर्यजनक मालूम देती है कि कैसे कुछ लोग यह विश्वास कर सकते हैं कि किसी सर्वज्ञ और सर्वशक्तिमान सत्ता के लिए लाखों वर्षों तक प्रयत्न करने के बाद भी इससे बेहतर विश्व बना पाना सम्भव न हो सका![1]

दूसरे, इस विश्व में जो व्यवस्था का आभास-सा होता है, उसकी व्याख्या अलग ढंग से भी की जा सकती है। ह्यूम ने ऐसा करने का प्रयत्न किया है। दरअसल, यह मान लेना एक भूल है कि इस विश्व की रचना मनुष्य को ध्यान में रखकर योजनापूर्वक की गयी है। इस युक्ति की पैरोडी करते हुए वॉल्टेयर ने कहा था कि हमारे चेहरे पर नाक इसलिए है, ताकि हम चश्मा लगा सकें![2] वास्तविकता तो यह है कि नाक को ध्यान में रखते हुए चश्मे की रचना की गयी है। चश्मा नाक के अनुसार है, नाक चश्मे के अनुसार नहीं। इस तरह, मानव की आवश्यकता के अनुसार विश्व की रचना नहीं की गयी है। **मानव विश्व के अनुसार है, न कि विश्व मानव के अनुसार।**

डारविन के विकासवाद के सिद्धान्त के अनुसार विकास के क्रम में एक लम्बे ''जीवन-संघर्ष'' (struggle for existence) और ''योग्यतमावशेष'' (survival of the fittest) के द्वारा इस पृथ्वी पर मानव का उदय हुआ है। ऐसे जीव-जन्तु जो अपने को पृथ्वी पर बदलते हुए वातवरण के अनुकूल ढाल नहीं सके, या जीवन-संघर्ष में पीछे छूट गए, वे धीरे-धीरे पृथ्वी पर से गायब हो गए। अब तक मानव अपनी अनुकूलन क्षमता (adaptibility) के बल पर जीवन-संघर्ष में सबसे अधिक सफल रहा है। सम्भव है कि भविष्य में पृथ्वी पर इस तरह के परिवर्तन आएँ, जिससे मानव अपने को समायोजित नहीं कर पाए, और अन्य किस्म के जीव इस दौड़ में आगे निकल जाएँ। आज जिस तरह की परिस्थितियाँ पृथ्वी पर हैं, वे मानव जैसे जीव के विकास के लिए अनुकूल थीं। इसलिए मानव का विकास हुआ। भविष्य में जब ऐसी परिस्थितियाँ नहीं रहेंगी, तो मानव पृथ्वी से लुप्त हो जाएगा।

रचना युक्ति के विरुद्ध ह्यूम की एक आपत्ति यह भी है कि यह विश्व घड़ी जैसे किसी यन्त्र की तरह नहीं है, बल्कि सब्जी की तरह है, जिसे घड़ी या किसी यन्त्र की तरह सचेत रूप में नहीं बनाया जाता है।[3] बौद्ध दर्शन में भी यह कहा गया है कि विश्व के अस्तित्व के लिए किसी चेतन कारण का होना अनिवार्य नहीं है। **जिस तरह बिना किसी चेतन कारण के बीज से पेड़ विकसित हो सकता है, वैसे ही विश्व का अस्तित्व भी बिना किसी चेतन कारण के हो सकता है।**[4]

अगर आयोजन युक्ति के आधार पर ईश्वर के अस्तित्व को स्वीकार कर भी लिया जाए, तो भी इससे ईश्वर को सिर्फ एक शिल्पकार के रूप में समझा जा सकता है, उसमें सर्वज्ञ, सर्वशक्तिमान और दयालु जैसे गुणों को आरोपित नहीं किया जा सकता है, जो कि ईश्वरवादियों ने कर रखे हैं।

---

1. Bertrand Russell, Op. Cit. p. 10.
2. Ibid.
3. John H. Hick, Op. Cit., p. 26.
4. S. Radhakrishnan, *Indian Philosophy*, vol. I, (London : George Allen & Unwin Ltd., 1948), p. 455.

एक तरह से देखा जाए तो रचना युक्ति कार्य-कारण युक्ति का ही रूप है—क्योंकि यह विश्व **अपने-आप** में सुव्यवस्थित नहीं हो सकता है, इसलिए इसके **कारण** के रूप में कुशल आयोजक का होना जरूरी है। ऐसे में **जो आपत्तियाँ आदि कारण युक्ति पर की जाती हैं, वही आपत्तियाँ इस युक्ति पर भी की जा सकती हैं।** इस तरह, रचना युक्ति को तार्किक दृष्टि से संतोषजनक युक्ति नहीं माना जा सकता है। अगर ईश्वर ने जगत की रचना की, तो फिर ईश्वर की रचना किसने की?

नीतिपरक युक्ति (Moral Argument)

जर्मन दार्शनिक इम्मैनुअल कांट ने अपनी पुस्तक *Critique of Pure Reason* में उस समय प्रचलित सभी ईश्वर-समर्थक युक्तियों का खण्डन किया है। लेकिन स्वयं कांट ने ईश्वर के समर्थन में एक युक्ति दी है, जिसे ''नीतिपरक युक्ति'' कहते हैं। कांट के अलावा और भी कई विचारकों ने इस युक्ति का समर्थन किया है, या इसे आगे बढ़ाया है, जिनमें न्यूमैन और रैशडेल का नाम प्रमुख है। **नीतिपरक युक्ति के कई रूप हैं—**

(i) इस युक्ति के एक रूप के अनुसार ईश्वर नैतिक नियमों का दाता (divine law giver) है। ईश्वर के बिना विश्व में वस्तुनिष्ठ नैतिक मूल्यों, नियमों और नैतिक व्यवस्था का अस्तित्व नहीं रह सकता है। इस तरह, **इस युक्ति में विश्व में ''नैतिक व्यवस्था'' के आधार पर, इसके स्रोत के रूप में ईश्वर के अस्तित्व का निष्कर्ष निकाला जाता है।**

न्यूमैन के अनुसार हम विवेक की आवाज की अवहेलना करने पर अपने को उत्तरदायी, लज्जित और भयभीत महसूस करते हैं। इसका अर्थ यह हुआ कि कोई सत्ता है, जिसके प्रति हम अपने को उत्तरदायी महसूस करते हैं। क्योंकि वह सत्ता इस दृश्य जगत में दिखलाई नहीं देती है, इसलिए अवश्य ही वह कोई अतिप्राकृतिक सत्ता या, दूसरे शब्दों में, ईश्वर है।[1]

जैसा कि जॉन हिक ने कहा है, इस किस्म की युक्तियों के साथ कठिनाई यह है कि ये यह मान कर चलती हैं कि **नैतिक मूल्यों की मानव-आवश्यकताओं, इच्छाओं, मानव स्वभाव के स्वरूप और सामाजिक संरचना के आधार पर प्राकृतिक व्याख्या नहीं की जा सकती है।** ''विवेक की आवाज'' क्यों और कैसे सुनाई देती है, इसकी व्याख्या कोई भी मनोवैज्ञानिक प्राकृतिक तरीके से कर सकता है। वास्तव में इसके लिए ''ईश्वर'' की सहायता लेने की कोई आवश्यकता नहीं है। हिक के अनुसार **इस युक्ति में ऐसा कुछ भी नहीं है, जो प्राकृतिक संशयवादियों को सन्तुष्ट कर सके।**[2]

1. John H. Hick, Op. Cit. p.28.
2. Ibid.

(ii) नीतिपरक युक्ति के एक दूसरे रूप के अनुसार ''उचित'' और ''अनुचित'' के बीच भेद के, या दूसरे शब्दों में, नैतिकता के अस्तित्व के लिए ईश्वर का अस्तित्व एक आवश्यक शर्त्त है। उदाहरण के तौर पर, कांट ने ईश्वर को **नैतिकता के लिए एक आवश्यक मान्यता या ''अभ्युपगम'' (postulate) माना है।**

दूसरी ओर, यह दिखलाने के लिए कि ''उचित'' और ''अनुचित'' की अवधारणाएँ ''ईश्वर'' से स्वतन्त्र हैं, बट्रेण्ड रसेल ने अपनी पुस्तक *Why a I am Not a Christian* में निम्नलिखित युक्ति दी है—अगर ''उचित'' और ''अनुचित'' की अवधारणाएँ ईश्वर द्वारा बनायी गयी हैं, तो ईश्वर के लिए ''उचित'' और ''अनुचित'' का कोई अर्थ नहीं है, और फिर ईश्वर को ''अच्छा'' या ''शुभ'' कहना भी निरर्थक है। अगर हम अर्थवान रूप में यह कहना चाहते हैं कि ईश्वर जो कुछ करता है, वह ''उचित'' है, और ईश्वर ''शुभ'' है, तो हमें मानना होगा कि ''उचित'' और ''अनुचित'' की धारणा ईश्वर से स्वतन्त्र है।[1]

इस युक्ति के विरुद्ध यह भी कहा जा सकता है कि अगर ''उचित'' और ''अनुचित'' ईश्वर द्वारा बनाए गए हैं, तो उन्हें हर देश-काल में एक होना चाहिए, लेकिन वास्तव में ऐसा नहीं है।

(iii) नैतिक या नीतिपरक युक्ति के एक अन्य रूप के अनुसार **इस विश्व में न्याय की स्थापना के लिए ईश्वर का अस्तित्व आवश्यक है।**

विश्व में अन्याय का अस्तित्व एक वास्तविकता है। अक्सर ऐसा देखने में आता है कि अच्छे कहे और समझे जाने वाले कर्मों को करने वाले लोग तरह-तरह के कष्ट झेल रहे हैं। जबकि बुरे समझे जाने वाले कर्मों को करने वाले लोग बड़े आराम से जी रहे हैं। नीतिपरक युक्ति के इस रूप के अनुसार इस विश्व में जो अन्याय है, उसे दुरूस्त करने के लिए ईश्वर का अस्तित्व आवश्यक है। इसलिए, ईश्वर का अस्तित्व है। उदाहरण के तौर पर, कान्ट ने भी सर्वशक्तिमान न्यायाधीश के रूप में ईश्वर की कल्पना की है।

अब, यह स्पष्ट है कि ''ईश्वर का अस्तित्व आवश्यक है'' इस आधार-वाक्य से हम इस निष्कर्ष तक नहीं पहुँच सकते हैं कि ''ईश्वर का अस्तित्व है''। ईश्वर का अस्तित्व **आवश्यक** है, या ईश्वर की **जरूरत** है, और ईश्वर का अस्तित्व है, ये दो अलग-अलग बातें हैं। थोड़ी देर के लिए अगर यह मान भी लिया जाए कि विश्व में अन्याय को दुरुस्त करने के लिए अगर वास्तव में कोई ईश्वर हुआ होता, तो यह एक अच्छी बात हुई होती। लेकिन इससे यह निष्कर्ष कैसे निकाला जा सकता है कि **वास्तव** में ऐसा कोई ईश्वर है। सिर्फ हमारे चाहने या जरूरत महसूस होने से सूर्य गोल से चौकोर तो नही हो जाएगा! वास्तविकता हमारी इच्छाओं के अनुरूप है या नहीं, यह तो छान-बीन करने और ढूँढ़ने की चीज है। दरअसल, **विश्व में अन्याय का अस्तित्व किसी सर्वज्ञ, सर्वशक्तिमान और दयालु ईश्वर के न होने का एक प्रमाण है,**

1. Bertrand Russell, Op. Cit., p. 12.

लेकिन आश्चर्य है कि ईश्वरवादी इस तथ्य के आधार पर उल्टा निष्कर्ष निकालना चाहते हैं!

(iv) नीतिपरक युक्ति के इस रूप के अनुसार **ईश्वर में विश्वास नैतिक दृष्टि से उपयोगी है।** ईश्वर में विश्वास के बिना मनुष्य नैतिक दृष्टि से अच्छा आचरण नहीं कर सकता है। इसलिए, ईश्वर में विश्वास अवश्य ही सत्य है।

पहली बात तो यह है कि हमारे पास यह मानने के लिए रत्ती भर भी प्रमाण नहीं है कि ईश्वरवादी निरीश्वरवादियों की तुलना में अधिक "नैतिक" होते हैं। वैसे, इसमें संदेह नहीं कि यह एक बहुप्रचलित पूर्वाग्रह है। इस बारे में किसी वस्तुपरक निष्कर्ष पर पहुँचने के लिए वैज्ञानिक विधि से सर्वेक्षण करके यह देखना चाहिए कि हत्या और बलात्कार करने वाले अपराधियों में ईश्वरवादियों की संख्या अधिक है या निरीश्वरवादियों की। दूसरे, अगर थोड़ी देर के लिए यह मान भी लें कि ईश्वर में विश्वास रखने से लोगों का नैतिक आचरण अच्छा हो जाता है, तो भी इससे यह कैसे प्रमाणित हो जाएगा कि यह विश्वास सत्य है?

जॉन हॉस्पर्स ने यह प्रश्न उठाया है कि **अगर लोगों द्वारा सही आचरण कर पाना तभी सम्भव हुआ होता, यदि वे भूत के अस्तित्व में विश्वास रखते, तो क्या इससे भूत में विश्वास सत्य हो जाता?**[1]

(v) कुछ ईश्वरवादी कह सकते हैं, और कहते भी हैं, कि ईश्वर का अस्तित्व भले ही वास्तव में न हो, फिर भी हमें ईश्वर में विश्वास रखना चाहिए, या इस विश्वास के साथ छेड़-छाड़ नहीं करनी चाहिए, क्योंकि यह विश्वास नैतिक दृष्टि से उपयोगी है। मगर इस युक्ति को हताशा की युक्ति ही कहा जा सकता है। प्रश्न यह है कि **क्या कोई असत्य विश्वास नैतिक दृष्टि से उपयोगी हो सकता है?** अगर कोई विश्वास असत्य हो तो अन्ततः नैतिक दृष्टि से भी अवश्य अनुपयोगी प्रमाणित होगा, चाहे थोड़े समय के लिए कितना भी उपयोगी क्यों न दिखाई दे। बल्कि, जैसा कि जॉन हॉस्पर्स ने ध्यान दिलाया है, कई लोग गम्भीरता से यह प्रत्यन कर रहे हैं कि नैतिकता को ईश्वर और धर्म से स्वतंत्र किया जाएगा। क्योंकि अगर नैतिकता को अपने अस्तित्व के लिए धार्मिक अंधविश्वासों के साथ जोड़ा जाएगा, तो धर्म के पतन के साथ-साथ नैतिकता का भी अन्त हो जाएगा।[2] ईश्वरवादियों के अनुसार **नैतिकता को बचाने के लिए ईश्वर को बचाना जरूरी है, जबकि वास्तविकता यह है कि आज नैतिकता को ईश्वर से बचाना बहुत जरूरी है।** नैतिकता को एक असत्य विश्वास पर आधारित करना कोई अक्लमंदी की बात नहीं है।

विशेष घटनाओं और अनुभवों पर आधारित युक्ति
(Argument from special events and experiences)

चमत्कार, प्रार्थना और रहस्यात्मक अनुभूति के आधार पर भी ईश्वर के अस्तित्व को प्रमाणित करने का प्रयत्न किया जाता है। हॉस्पर्स के अनुसार चमत्कार पर आधारित

1. John Hospers, Op. Cit., pp. 448-49.
2. Ibid., p. 449.

युक्ति ईश्वर के अस्तित्व के समर्थन में दी जाने वाली लोकप्रिय युक्तियों में से एक है।[1] इस युक्ति को संक्षेप में इस प्रकार रखा जा सकता है—मानव इतिहास में समय-समय पर चमत्कारपूर्ण घटनाएँ होती रहती हैं। इन चमत्कारों की व्याख्या का एकमात्र तरीका यही हो सकता है कि हम यह मानें कि ईश्वर प्रकृति के सामान्य घटना-क्रम में हस्तक्षेप करता है, और इन घटनाओं को सम्भव बनाता है। इस तरह, चमत्कारों के अस्तित्व से यह प्रमाणित होता है कि ईश्वर का अस्तित्व है।

जॉन हिक के अनुसार इस युक्ति में यह दावा किया जाता है कि कई सार्वजनिक और विशेष किस्म की घटनाओं से, जैसे, चमत्कारों का होना या प्रार्थनाओं का उत्तर मिलना, यह सिद्ध होता है कि ईश्वर का अस्तित्व है।[2] याकुब मसीह ने ईश्वर के अस्तित्व के प्रमाण के रूप में रहस्यवाद की लम्बी चर्चा की है।[3]

कई बार यह भी दावा किया जाता है कि किसी व्यक्ति ने सपने में या जागते में ईश्वर को देखा है, ईश्वर की आवाज सुनी है, या उसे कोई ''रहस्यमय'' अनुभूति हुई है, वगैरह, वगैरह। लेकिन समस्या यह है कि **इस किस्म के आत्मनिष्ठ अनुभवों के आधार पर ईश्वर के अस्तित्व के समर्थन में कोई सामान्य प्रमाण नहीं बनाया जा सकता है।** जैसा कि टॉमस हॉब्स ने कहा है, ''जब कोई व्यक्ति मुझे बतलाता है कि ईश्वर ने उससे सपने में बात की तो इसका अर्थ मात्र इतना ही होता है कि उसने सपना देखा कि ईश्वर ने उससे बात की।''[4]

इसमें सन्देह नहीं कि कई बार किसी अतिश्रद्धालु व्यक्ति को यह महसूस होता है कि उसे ईश्वर का ''साक्षात्कार'' हुआ है। लेकिन इसका सम्बन्ध धर्म-दर्शन से कम और मनोविज्ञान से अधिक है। वैसे, जितने लोग यह दावा करते हैं कि उन्हें भगवान के दर्शन हुए हैं, उससे अधिक संख्या में लोग यह दावा करते हैं कि उन्हें भूत के दर्शन हुए हैं। इस तरह की परिस्थितियों में व्यक्ति के साथ क्या होता है—भ्रम (illusion) या विभ्रम (hallucination)—इसकी बेहतर व्याख्या मनोवैज्ञानिक ही कर सकते हैं।

रहस्यवादियों की अनुभूतियों के साथ समस्या यह है कि ये पूरी तौर से आत्मनिष्ठ होती हैं। रहस्यवादी अपनी अनुभूतियों का कोई वस्तुनिष्ठ और सार्वजनिक प्रमाण देने में तो असमर्थ रहते ही हैं, उल्टे वे यह दावा भी करने लगते हैं कि उनकी अनुभूतियों को भाषा में व्यक्त नहीं किया जा सकता है। **जब रहस्यवादी अपनी अनुभूतियों को भाषा में व्यक्त तक नहीं कर सकते हैं, तो फिर उसकी सत्यता की जाँच कैसे हो सकती है ?** ईश्वर के अस्तित्व के बारे में सत्य की तलाश की दृष्टि से रहस्यवादियों के दावों का कोई मूल्य नहीं है।

जहाँ तक ''चमत्कारों'' का प्रश्न है, तो पहली बात तो यह है कि कई बार इस तरह की ''चमत्कारिक घटनाएँ'' मनगढ़न्त और काल्पनिक होती हैं। श्रद्धालु और

1. Ibid., p. 450.
2. John H. Hick, Op. Cit, p. 29.
3. या॰ मसीह, ***सामान्य धर्मदर्शन***, पृष्ठ 294.
4. John H. Hick, Op. Cit., p. 30.

अंधविश्वासी लोग बिना जाँच और छानबीन के इन्हें सत्य स्वीकार कर लेते हैं। डेविड ह्यूम ने अपनी पुस्तक *Miracles* में दिखलाया है कि कई कारणों से ऐसी "चमत्कारिक घटनाओं" की सत्यता में अविश्वास करना सम्भव है।[1] दूसरे, इस किस्म की जो घटनाएँ वास्तविक होती भी हैं, उनकी **"ईश्वर" की सहायता लिए बिना प्राकृतिक-वैज्ञानिक व्याख्या की जा सकती है।** उदाहरण के तौर पर, अंगारों पर नंगे पाँव चलना, या हवा से "भभूत" या कोई अन्य वस्तु निकालने जैसी कई घटनाओं का सफल प्रदर्शन तर्कबुद्धिवादियों और जादूगरों द्वारा किया जा चुका है। दरअसल, इन "चमत्कारों" में चमत्कार कुछ भी नहीं होता है। **या तो इनमें कोई हाथ की सफाई होती है, या फिर इनमें किसी ऐसी प्रक्रिया की सहायता ली जाती है, जिसकी वैज्ञानिक व्याख्या सम्भव है।** परामनोविज्ञान (parapsychology) में इस तरह की "अतिप्राकृतिक" घटनाओं का अध्ययन किया जाता है, और उनकी प्राकृतिक व्याख्या की जाती है। श्रीलंका के प्रसिद्ध बुद्धिवादी, और *Begone Godmen* के लेखक, प्रो॰ अब्राहम टी॰ कोवूर, इस दिशा में अग्रणी थे।[2]

प्रार्थनाओं का उत्तर मिलने के आधार पर भी ईश्वर के अस्तित्व को प्रमाणित नहीं किया जा सकता है। यह तो लगभग हर कोई चाहता है कि उसके माता-पिता और अन्य प्रियजनों की मृत्यु न हो। क्या आज तक ईश्वर ने किसी भी व्यक्ति की इस प्रार्थना का उत्तर दिया है? ईश्वर द्वारा जिन "प्रार्थनाओं का उत्तर" दिया जाता है (यानी संयोग से प्रार्थना में माँगी हुई चीज मिल जाती है), उसकी तुलना में अनगिनत प्रार्थनाओं का उत्तर नहीं दिया जाता है। लेकिन इस युक्ति के समर्थक सिर्फ ऐसे सकारात्मक उदाहरणों की ओर ध्यान देते हैं, जिनसे उनके विश्वास की पुष्टि होती है। ऐसे नकारात्मक दृष्टांतों की ओर उनका ध्यान नहीं जाता है, जो उनके विश्वास के विरुद्ध जाते हैं। अगर हर ऐसा व्यक्ति, जो प्रार्थना में विश्वास रखता है, उन प्रार्थनाओं की एक सूची बनाकर रखे, जो वह करता है, और फिर सिलसिलेवार तरीके से नियमित इसकी जाँच करे कि ईश्वर ने उसकी कितनी प्रार्थनाओं का उत्तर दिया, और कितनी का नहीं, तो वास्तविकता उसके सामने आ जाएगी। **ईश्वर अगर अपने भक्तों की प्रार्थनाओं का उत्तर पूरी तत्परता से देने लग जाता, तो अब तक तो दुनिया से गरीबी, रोग और मृत्यु का नामोनिशान मिट गया होता!**

सामान्य सहमति पर आधारित युक्ति (Argument from Consent)

ईश्वर के अस्तित्व के समर्थन में सामान्य सहमति या सर्व सहमति पर आधारित युक्ति को दर्शनशास्त्र में सबसे कम गम्भीरता से लिया जाता है। यहाँ तक कि धर्म-दर्शन की किताबों में आमतौर से इसकी चर्चा नहीं होती है। दूसरी ओर, जैसा कि मिल

1. Ibid, pp. 29–30.
2. Abraham T. Kovoor, *Begone Godmen! Encounters with Spiritual Frauds* (Bombay : Jaico Publishing House, 1984).

ने कहा है, जहाँ तक अधिकांश सामान्य जनों का प्रश्न है, यह युक्ति ऐसी युक्तियों की तुलना में अधिक प्रभावशाली रही है, जो तार्किक दृष्टि से इससे कम कमजोर हैं।[1] भले दार्शनिकों द्वारा इस युक्ति को महत्त्व नहीं दिया जाता हो, लेकिन आम जीवन में अभी भी इसका व्यापक इस्तेमाल होता है।[2]

अपने सरलतम रूप में इस युक्ति को इस प्रकार रखा जा सकता है—

सभी मनुष्य ईश्वर के अस्तित्व में विश्वास रखते हैं। **इसलिए,** ईश्वर का अस्तित्व है। इस रूप में रखने पर यह स्पष्ट है कि इस युक्ति का न तो आधार-वाक्य सत्य है, और न यह एक वैध युक्ति है। आज दुनिया में ऐसे लोगों की अच्छी खासी संख्या है, जो ईश्वर के अस्तित्व में विश्वास नहीं रखते हैं।[3] भारतीय दर्शन में तो निरीश्वरवाद प्राचीन समय से काफी सशक्त रहा है। यहाँ तक कि जैन और बौद्ध धर्म भी निरीश्वरवादी हैं। दूसरे, अगर यह आधार-वाक्य सत्य हुआ होता, तो भी उससे यह निष्कर्ष सत्य नहीं हो जाता है कि "ईश्वर का अस्तित्व है"। एक समय सभी या लगभग सभी लोग यह मानते थे कि पृथ्वी चपटी है, जबकि आज हम यह जानते हैं कि पृथ्वी गोल है। इसी तरह, एक समय यह लगभग सर्वप्रचलित मान्यता थी कि सूर्य पृथ्वी के इर्द-गिर्द घूमता है, जबकि आज हम यह जानते है कि स्वयं पृथ्वी अपनी धुरी पर और सूर्य के इर्द-गिर्द घूमती है। इसलिए, **किसी मान्यता के सर्वप्रचलित होने को उसकी सत्यता का प्रमाण नहीं माना जा सकता है।** किसी मान्यता के सर्वप्रचलित होने से कुछ भी प्रमाणित नहीं होता है, सिवाय इसके कि वह मान्यता सर्वप्रचलित है।

डेकार्ट द्वारा ईश्वर के अस्तित्व के समर्थन में दी गयी युक्तियों में एक युक्ति यह भी है कि ईश्वर का प्रत्यय एक जन्मजात प्रत्यय (innate idea) है। इसलिए, यह सत्य है। डेकार्ट की इस युक्ति को सामान्य सहमति युक्ति का एक रूप माना जा सकता है। हालांकि डेकार्ट में उस समय तार्किक असंगति आ जाती है, जब वे एक ओर यह कहते हैं कि ईश्वर का अस्तित्व सत्य है, क्योंकि यह एक जन्मजात प्रत्यय है, और दूसरी ओर वे यह कहते हैं जन्मजात प्रत्यय इसलिए सत्य होते हैं, क्योंकि उन्हें ईश्वर द्वारा मनुष्य के मस्तिष्क में डाला जाता है।

डेकार्ट के जन्मजात प्रत्यय के सिद्धान्त के खण्डन के क्रम में लॉक ने इस तथ्य की ओर ध्यान दिलाया है कि ईश्वर का प्रत्यय सार्वभौमिक (universal) नहीं है। इस विश्व में निरीश्रवादियों का भी अस्तित्व है, और इसे नकारा नहीं जा सकता है।

संक्षेप में, **ईश्वर के अस्तित्व के समर्थन में दी जाने वाली कोई भी युक्ति**

---

1. Paul Edwards, *"Common Consent Arguments for the Existence of God"* in *The Encyclopedia of Philosophy,* vol. 2, p. 147.
2. रमेन्द्र, ***क्या ईश्वर मर चुका है?*** (पटना : बिहार बुद्धिवादी समाज, द्वितीय संस्करण, 1995), पृष्ठ 18-19.
3. वसंत नारगोलकर एवं रमेन्द्र, ***आस्तिक-नास्तिक संवाद*** (पटना : बुद्धिवादी फाउंडेशन, 1999), पृष्ठ 58.

तार्किक दृष्टि से सन्तोषजनक नहीं है। कांट ने अपने समय में प्रचलित सभी ईश्वर-समर्थक युक्तियों का खण्डन किया। लेकिन साथ ही कांट ने ईश्वर के अस्तित्व को प्रमाणित करने के लिए नीतिपरक युक्ति का प्रयोग किया। मगर स्वयं कांट ने भी नीतिपरक युक्ति को एक बौद्धिक युक्ति की तरह नहीं लिया था, बल्कि ईश्वर के अस्तित्व को नैतिकता के लिए एक आवश्यक विश्वास या ''अभ्युपगम'' (postulate) के रूप में स्वीकार किया था। कांट के अनुसार अन्तिम विश्लेषण में, ''ईश्वर'' **आस्था** का विषय है।[1]

इस तरह कांट को, ''ईश्वर'' के लिए जगह बनाने के प्रयत्न में, तर्कबुद्धि को त्याग कर आस्था का सहारा लेना पड़ा। याकुब मसीह के अनुसार, 'ईश्वर के अस्तित्व को वास्तविक सिद्ध करने के लिए दिए गए सभी प्रमाण व्यर्थ प्रयास कहे जा सकते हैं''।[2] उनके अनुसार ईश्वर-दार्शनिकों को यह मान लेना चाहिए था कि धार्मिक वाक्य संज्ञानात्मक नहीं होते हैं, और उनके सत्य या असत्य होने का प्रश्न ही नहीं उठता है। अपना यह निष्कर्ष उन्होंने 1992 में प्रकाशित ***सामान्य धर्मदर्शन और दार्शनिक विश्लेषण*** में दिया है। लेकिन, पहली बार 1973 में प्रकाशित अपनी पुस्तक ***निरीश्वरवाद : भारतीय एवं पाश्चात्य*** के प्राक्कथन में वे कहते हैं—

''मैं स्वयं ईश्वरवादी हूँ और मेरी दृष्टि में जिसको भी ईश्वर के प्रति आस्था है, वह उसके जीवन की अनुपम निधि है। परन्तु, आस्था ज्ञान नहीं है। आस्था मनोवैज्ञानिक एवं सांस्कृतिक कारणों पर आधृत होती है और फिर इसका सम्बन्ध वैयक्तिक तथा सामूहिक अचेतन से रहता है। अनुभववाद की ईश्वरविरोधी युक्तियों के सामने ईश्वरवाद टिक नहीं सकता। तो भी, मैं समझता हूँ कि ईश्वरवाद का सत्यापन ईश्वरवादी के धर्मपरायण, न्यायप्रिय, अनुशासनप्रिय तथा शान्तिपूर्ण जीवन से सिद्ध होता है। ईश्वर की संगति प्राप्त कर चलने में अनेक समस्याएँ काफूर हो जाती हैं और कष्ट-वहन की शक्ति का संचार होता है। परन्तु, इस विज्ञान-प्रधान युग में ईश्वरवाद को ग्रहण करना विचारकों के लिए अन्धविश्वास मालूम देता है। वैज्ञानिक विचारधारा ने ईश्वर को विश्व से निर्वासित कर दिया है और जीवन की व्यस्तता तथा उसकी आवश्यकताओं एवं अभ्यर्थनाओं ने ईश्वर को अनावश्यक सिद्ध कर मानव-हृदय को ईश्वर-शून्य कर दिया है।''[3]

यह स्पष्ट नहीं है कि इन दो अलग-अलग पुस्तकों में या॰ मसीह के कथनों के बीच तालमेल कैसे बैठाया जाए। यह भी स्पष्ट नहीं है कि ईश्वरवाद का ''सत्यापन'' ईश्वरवादी के धर्मपरायण, न्यायप्रिय, अनुशासनप्रिय तथा शान्तिपूर्ण जीवन से कैसे सिद्ध हो जाता है? क्या सभी ईश्वरवादियों का जीवन न्यायप्रिय, अनुशासनप्रिय और शान्तिपूर्ण होता है? जेलों में विभिन्न अपराधों के लिए सजा काट रहे ईश्वरवादियों के बारे में क्या कहा जाए? हो सकता है ''ईश्वर की संगति प्राप्त कर चलने में'' (चाहे इसका

1. Y. Masih, *Introduction to Religious Philosophy*, p. 171.
2. या. मसीह, ***सामान्य धर्मदर्शन और दार्शनिक विश्लेषण***, पृष्ठ 174.
3. या॰ मसीह, ***निरीश्वरवाद : भारतीय एवं पाश्चात्य.***

जो भी अर्थ हो) कुछ लोगों में ''कष्ट वहन की शक्ति का संचार'' होता हो, लेकिन इस आत्मनिष्ठ मनोवैज्ञानिक तथ्य के आधार पर वस्तुनिष्ठ ईश्वर के अस्तित्व को कैसे प्रमाणित किया जा सकता है?

कुछ लोग भूत के बारे में सोच कर डर जाते हैं। तो क्या उनकी इस आत्मनिष्ठ भावना के आधार पर यह मान लिया जाए कि वास्तव में भूत का अस्तित्व है? काल्पनिक भूत के बारे में सोचकर डरना भी उतना ही बेकार है, जितना कि काल्पनिक ईश्वर के बारे में सोच कर अपने अन्दर ''शक्ति का संचार'' करना। अगर ईश्वर का अस्तित्व नहीं है, तो फिर काल्पनिक ईश्वर के भरोसे जीना और अपनी समस्याओं के समाधान की आशा रखना कहाँ तक सही है? काल्पनिक ईश्वर के भरोसे जो ''शक्ति का संचार'' होगा, वह कितना स्थायी होगा? क्या यह अपने-आप को धोखा देना नहीं होगा? इसलिए, दार्शनिक दृष्टि से जो महत्त्वपूर्ण प्रश्न है, वह यह है कि **वास्तव में** ईश्वर का अस्तित्व है या नहीं? कोई व्यक्ति, ईश्वर के बारे में सोच कर कैसा महसूस करता है यह **मनोवैज्ञानिक** तथ्य यहाँ पर प्रासंगिक नहीं है। धर्म-दर्शन में हम **आस्था** के आधार पर भी ईश्वर के अस्तित्व को स्वीकार नहीं कर सकते हैं। ईश्वर के अस्तित्व के बारे में **तार्किक** चर्चा का क्या परिणाम है, वह तो दिख ही रहा है। जो भी हो, इस पुस्तक में भी या० मसीह स्वयं भी मानते हैं कि ''अनुभववाद की ईश्वरविरोधी युक्तियों के सामने ईश्वरवाद टिक नहीं सकता''।

इसी तरह, ईश्वर-समर्थक युक्तियों के बारे में जॉन हिक का निष्कर्ष भी नकारात्मक ही है। इस तरह, जहाँ एक ओर याकुब मसीह और जॉन हिक जैसे ईश्वरवादी धर्म-दार्शनिक भी ईश्वर-समर्थक युक्तियों को तार्किक दृष्टि से असन्तोषजनक मानते हैं; वहाँ दूसरी ओर, माइकेल मार्टिन (*Atheism : A Philosphical Justification*) और जॉन एल. मैकी (*The Miracle of Theism*) जैसे निरीश्वरवादी धर्म-दार्शनिकों ने अपनी-अपनी पुस्तकों में ईश्वर-समर्थक युक्तियों की कड़ी आलोचना की है।[1] (इसकी चर्चा ''निरीश्वरवाद : पाश्चात्य'' के अन्तर्गत की गयी है।) बट्रेण्ड रसेल ने ठीक ही कहा है कि **अधिकांश लोग किन्हीं बौद्धिक युक्तियों के कारण नहीं, बल्कि सिर्फ इसलिए ईश्वर के अस्तित्व में विश्वास करते हैं क्योंकि उन्हें बचपन से ऐसा करना सिखलाया जाता है।**[2]

प्रश्न

1. Mention the various arguments for the existence of God and critically explain any **one** of them. (1979)
2. Can the existence of God be proved ? Discuss. (1980)

---

1. Finngeir Hiorth, *Introduction to Atheism* (Pune : Indian Secular Society, 1995), p. 37.
2. Bertrand Russell, Op. Cit., p. 14.

3. निम्नलिखित का मूल्यांकन कीजिए और मूल्यांकन 200 शब्दों से अधिक में न हो—
   (a) यदि बैल, घोड़े और बकरे अपने भगवान को देखने की क्षमता रखते तो वे उसको अपनी ही प्रतिमा के अनुरूप बना दिए होते। (1985)
4. निम्नलिखित पर टिप्पणी लिखिए और टिप्पणी 200 शब्दों से अधिक न हो—
   (a) जब कोई व्यक्ति मुझसे कहता है, "ईश्वर ने मुझसे स्वप्न में बात की है", तो उसका तात्पर्य इतना कहने से अधिक नहीं है कि उसने स्वप्न देखा कि ईश्वर ने उससे बात की। (1987)
5. क्या ईश्वर की सत्ता के लिए रहस्यात्मक अनुभूति पर्याप्त प्रमाण है? विवेचना कीजिए। (1988)
6. निम्नलिखित पर टिप्पणी लिखिए। टिप्पणी 200 शब्दों से अधिक न हो—
   (a) ईश्वर मीमांसकों ने सदैव शिक्षा दी है कि ईश्वर के निर्णय शुभ होते हैं, और यह कथन केवल पुनरूक्ति नहीं है। इससे सिद्ध होता है कि शुभत्व तर्कतः ईश्वर के निर्णयों के अधीन नहीं है। (1989)
7. ईश्वर के अस्तित्व के लिए दी गयी सत्तामूलक युक्ति का व्याख्यान और मूल्यांकन कीजिए। (1990)
8. निम्नलिखित पर आलोचनात्मक टिप्पणी लिखिए। टिप्णी 200 शब्दों से अधिक में न हो—
   (a) ईश्वर अपने भक्त के सामने प्रकट होता है और उसकी सच्ची प्रार्थना का उत्तर देता है। (1991)
9. ईश्वर के लिए सत्तामूलक युक्ति की व्याख्या तथा परीक्षा कीजिए। (1992)
10. निम्न पर आलोचनात्मक टिप्पणी लिखिए। टिप्पणी 200 शब्दों से अधिक न हो—
   (a) ईश्वर के लिए सृष्टि वैज्ञानिक युक्ति (1993)
11. ईश्वर के अस्तित्व के लिए प्रतिपादित विभिन्न युक्तियों का उल्लेख तथा मूल्यांकन कीजिए। (1994)
12. निम्नांकित पर अधिक-से-अधिक 200 शब्दों में आलोचनात्मक टिप्पणी लिखिए—
   (a) ईश्वर के अस्तित्व के लिए सत्ता विषयक युक्ति (1996)
13. ईश्वर के अस्तित्व की सृष्टि-कारण (cosmological) युक्ति बताइए और उसकी परीक्षा कीजिए। (1997)
14. निम्नलिखित पर अधिक-से-अधिक 200 शब्दों में आलोचनात्मक टिप्पणी कीजिए—
   (क) ईश्वर के होने के लिए सर्व-सहमति (common consent) तर्क
   (ख) धर्म में प्रार्थना का स्थान (1998)
15. ईश्वर के अस्तित्व के लिए प्रत्यय-सत्तामूलक (ontlogical) युक्ति की व्याख्या कीजिए तथा इस युक्ति में निहित तर्कदोषों की परीक्षा कीजिए। (1999)
16. ईश्वर के अस्तित्व के लिए दिए गए परम्परागत प्रमाणों का विवेचन कीजिए और प्रत्येक पर अपनी आलोचना लिखिए। (2000)
17. निम्नलिखित पर अधिक-से-अधिक 200 शब्दों में आलोचनात्मक टिप्पणी लिखिए—
   (क) सर्वशक्तिमान शैतान की स्थापना हेतु प्रत्ययसत्ता-युक्ति (ontological argument) की सम्भाव्यता
   (ख) "यदि ईश्वर की सत्ता नहीं है, तो सब कुछ अनुमत है"—दास्तोवस्की
   (ग) चमत्कार (धार्मिक) असम्भव है। (2001)
18. ईश्वर की सत्ता स्थापन हेतु प्रयोजन-सापेक्ष-युक्ति (teleological argument) का उल्लेख

एवं मूल्यांकन कीजिए। जगत उत्पत्ति के सम्बन्ध में इससे क्या निर्दिष्ट है? क्या जगत रचनाकार की प्राक्कल्पना युक्तियुक्त है? अथवा, क्या जगत सुव्यवस्था का संयोग एवं आवश्यकता की प्रक्रिया के रूप में समझा जा सकता है? विवेचना कीजिए (2001)

19. निम्नांकित पर अधिक-से-अधिक 200 शब्दों में आलोचनात्मक टिप्पणी लिखिए—

(क) ईश्वर के अस्तित्व के लिए सत्तामीमांसीय साक्ष्य (Ontological orgument) (2002)

20. निम्नलिखित पर अधिक-से-अधिक 200 शब्दों में समालोचनात्मक टिप्पणी लिखिए—

(क) क्या ईश्वर मृत (नीत्शे) या जीवित (आस्थावान लोग) है? (2003)

21. क्या ईश्वर के अस्तित्व के लिए प्राप्त हुए 'साक्ष्यों' (proofs) में से कोई ईश्वर के अस्तित्व को सिद्ध करने में सफल होता है? चर्चा कीजिए। इस सन्दर्भ में विशेषकर सृष्टि-कारण युक्ति (cosmological argument) पर समालोचनात्मक रूप से विचार कीजिए। (2003)

22. क्या ईश्वर और धर्म नैतिकता की आवश्यक पूर्वमान्यताएँ हैं? आप कांट के अनुसार अपने उत्तर को सोदाहरण स्पष्ट कीजिए। इसी संदर्भ में निरीश्वरवादी के लिए नैतिकता के सम्भव कारणों पर समालोचनात्मक विचार कीजिए। (2003)

23. कुछ ईश्वरवादी ईश्वरपरक विश्वास के सन्दर्भ में प्रमाण एवं तर्क की सार्थकता पर प्रश्न लगाते हैं। उनके विचार से ईश्वर पर विश्वास करने वाला अपने विश्वास के लिए प्रमाण के अभाव में अविवेकी नहीं हो जाता क्योंकि धार्मिक जीवन के लिए प्रमाण न तो आवश्यक है और न ही पर्याप्त। क्या आप इस प्रकार के मत से सहमत होंगे? विवेचन कीजिए। (2004)

24. निम्नलिखित पर लगभग 200 शब्दों में समालोचनात्मक टिप्पणी लिखिए—

(क) "ईश्वर वस्तुओं का आदि कारण है।"

(ख) "यदि ईश्वर का अस्तित्व केवल किसी के मन के भीतर है, तो ऐसे में महत्तम कल्पनीय सत्ता (greatest conceivable being) आखिरकार महत्तम कल्पनीय सत्ता नहीं है।" (2005)

25. निम्नांकित पर अधिक-से-अधिक 200 शब्दों में आलोचनात्मक टिप्पणी कीजिए—

(क) ईश्वर तर्कविधान (Laws of Logic) के अधीन नहीं है।

26. ईश्वर की सत्ता स्थापन हेतु जगत-कारण-युक्ति (Cosmological argument) का उल्लेख एवं मूल्यांकन कीजिए। इस युक्ति के दो रूप क्या हैं। आश्रय जनित सत्ता (dependent being) एवं स्वजनित सत्ता (self-existent being) में क्या भेद है। स्वजनित सत्ता ईशकेन्द्रिय ही क्यों हो? क्या प्रकृति को ही स्वजनित सत्ता के रूप में नहीं माना जा सकता? विचार कीजिए। (2007)

27. निम्नलिखित पर अधिक-से-अधिक 200 शब्दों में समालोचनात्मक टिप्पणी लिखिए—

(क) सत्तामीमांसीय तर्क के विभिन्न रूप और कांट की इस तर्क की मीमांसा। (2008)

❑

अध्याय 37

अशुभ की समस्या

इस विश्व में मौजूद मानव दुख और कष्ट को देख कर दयालु ईश्वर की कल्पना असत्य मालूम देने लगती है। इसलिए, कई लोगों की दृष्टि में **विश्व में ''अशुभ'' (evil) का अस्तित्व ईश्वर में विश्वास के विरुद्ध सबसे बड़ी युक्ति है।** विश्व में मौजूद बुराई और ईश्वर के सर्वशक्तिमान एवं दयालु होने के बीच सामंजस्य स्थापित कर पाना बहुत कठिन मालूम देता है।

अशुभ की समस्या

याकुब मसीह के अनुसार ईश्वरवादी पाँच कथनों में विश्वास करते हैं—

(i) ईश्वर का अस्तित्व है। (ii) ईश्वर सर्वशक्तिमान है। (iii) ईश्वर शुभ है। (iv) ईश्वर सर्वज्ञ है। (v) विश्व में अशुभ या बुराई का अस्तित्व है।

जे॰ एल॰ मैकी और एन्टनी फ्ल्यू जैसे बीसवीं सदी के इन्द्रियानुभविक और निरीश्वरवादी दार्शनिकों के अनुसार विश्व में बुराई का अस्तित्व (v) ईश्वर के सर्वशक्तिमान होने (ii) और ईश्वर के शुभ या अच्छे होने (iii) का खण्डन करता है।

मैकी के अनुसार ऊपर बताए गए पाँच तर्कवाक्यों को भी निम्नलिखित तीन तर्कवाक्यों में संक्षिप्त किया जा सकता है—

(i) **ईश्वर सर्वशक्तिमान है।**

(ii) **ईश्वर शुभ है।**

(iii) **अशुभ का अस्तित्व है।**

अब, अगर ऊपर दिए गए किसी दो तर्कवाक्य को सत्य माना जाए, तो ऐसे में तीसरे को असत्य मानना पड़ेगा। उदाहरण के तौर पर, अगर यह मान लें कि इस विश्व में अशुभ है, और यह भी कि ईश्वर सर्वशक्तिमान है, तो फिर हमें यह मानना पड़ेगा कि ईश्वर शुभ या दयालु नहीं है। दूसरी ओर, अगर हम यह मानते हैं कि ईश्वर शुभ और दयालु है, तो फिर इस विश्व में अशुभ के होते हुए, हम उसे सर्वशक्तिमान नहीं मान सकते हैं। इस तरह, **''अशुभ की समस्या'' (problem of evil) का जन्म ईश्वरवाद के दायरे में ही होता है।**[1]

प्राचीन समय में एपिक्यूरस ने ''अशुभ की समस्या'' को इस प्रकार रखा है—''क्या ईश्वर बुराई को मिटाना चाहता है, लेकिन मिटा नहीं पाता? तो वह

1. या॰ मसीह, ***सामान्य धर्मदर्शन***, पृष्ठ 346.

सर्वशक्तिमान नहीं है। क्या वह मिटा सकता है, लेकिन मिटाना चाहता नहीं है, तो वह अहितेच्छु (malevolent) है। अगर वह मिटाना चाहता है, और मिटा सकता भी है, तो फिर अशुभ है ही क्यों?''[1]

आधुनिक काल में डेविड ह्यूम ने इस समस्या को इस रूप में रखा है—**''अगर इस विश्व में बुराई ईश्वर की इच्छा से है, तो वह दयालु नहीं है। अगर इस विश्व में बुराई ईश्वर की मर्जी के विरुद्ध है, तो वह सर्वशक्तिमान नहीं है। लेकिन अशुभ या तो ईश्वर की इच्छा से है, या ईश्वर की इच्छा के विरुद्ध है। इसलिए ईश्वर या तो दयालु नहीं है, या सर्वशक्तिमान नहीं है।''**[2]

जैसा कि पहले उल्लेख किया गया ''अशुभ की समस्या'' ईश्वरवाद या ईश्वरवादी धर्मों के दायरे में उठती है, विशेष कर यहूदी-ईसाई और इस्लाम जैसे एकेश्वरवादी धर्मों के सन्दर्भ में, जिनमें ईश्वर को केन्द्रीय महत्त्व दिया गया है। जैन और बौद्ध धर्म जैसे निरीश्वरवादी धर्मों के लिए भी जगत में बुराई और दुख का अस्तित्व एक समस्या जरूर है, लेकिन उनके लिए यह कोई समस्या नहीं है कि इस विश्व में मौजूद बुराई का एक सर्वज्ञ, सर्वशक्तिमान और दयालु ईश्वर के साथ सामंजस्य कैसे बिठाया जाए। हिन्दू धर्म की स्थिति कुछ बीचो-बीच की है। हिन्दू धर्म लोकप्रिय स्तर पर एक ईश्वरवादी धर्म है, लेकिन वह ईसाई या इस्लाम धर्म की तरह एकेश्वरवादी या ईश्वर-केन्द्रित धर्म नहीं है। इसलिए, हिन्दू धर्म के लिए यह समस्या उतनी विकट नहीं है, जितनी यहूदी, ईसाई या इस्लाम धर्म के लिए।

अशुभ की समस्या के समाधान के प्रयत्न

ईश्वरवादियों द्वारा अशुभ की समस्या के समाधान के लिए कई प्रयत्न किए गए हैं। उनमें कुछ मुख्य प्रयत्न इस प्रकार हैं—

(i) **इस विश्व में अशुभ है ही नहीं**—अशुभ की समस्या से बचने का एक उपाय यह है कि विश्व में बुराई के अस्तित्व से ही इनकार कर दिया जाए। लेकिन इस विश्व में बुराई का अस्तित्व एक सत्य है। एक ओर भूकम्प, ज्वालामुखी का फटना, बाढ़, आँधी, तूफान, सूखा, अकाल, महामारी और रोग जैसी प्राकृतिक बुराइयाँ हैं, तो दूसरी ओर हत्या, बलात्कार, युद्ध, दंगा-फसाद और चोरी जैसी नैतिक बुराइयाँ। ऐसे में **बुराई के अस्तित्व से इनकार करना एक बहुत ही अवास्तविक बात होगी।** ऐसा दावा वही व्यक्ति कर सकता है, जिसने ईश्वर के अस्तित्व को ''प्रमाणित'' करने की अतिआतुरता में अपनी सहज-बुद्धि को भी तिलांजलि दे दी हो!

वास्तविकता तो यह है कि इस विश्व में मौजूद बुराई के कारण कई लोग एक सर्वशक्तिमान और दयालु ईश्वर की सत्ता को स्वीकार करने में अपने को असमर्थ पाते हैं। ऊपर

1. Y. Masih, *Introduction to Religious Philosophy*, p. 213.
2. John Hospers, *An Introduction to Philosophical Analysis*, p. 461.

बतायी गयी कई बुराइयों पर स्वयं मानव अपने प्रयत्नों द्वारा काफी हद तक नियंत्रण स्थापित करने में सफल रहा है, तो फिर ''सर्वशक्तिमान'' ईश्वर इन्हें क्यों नहीं मिटा सकता है?

(ii) **अशुभ शुभ के अस्तित्व के लिए आवश्यक है**—जैसा कि जॉन हिक ने कहा है, यहूदी-ईसाई परम्परा के अन्तर्गत सीधे-सीधे यह कहना सम्भव नहीं है कि अशुभ एक भ्रम है।[1] ***बाइबिल*** में ही अच्छे और बुरे दोनों किस्म के मानव अनुभवों का विवरण है। ईसाई धर्मशास्त्रों में ईसा को सूली पर चढ़ाए जाने को ही एक बहुत बड़ी बुराई माना गया है। ऐसे में कुछ ईसाई धर्म के समर्थकों ने या तो यह दिखाने का प्रयत्न किया है कि **अशुभ भी शुभ का ही रूप है, या फिर यह दिखलाने का कि शुभ के अस्तित्व के लिए अशुभ का अस्तित्व भी जरूरी है।**

ईसाई पादरी ऑगस्टाइन के अनुसार यह विश्व एक शुभ ईश्वर द्वारा शुभ प्रयोजन से बनाया गया है। हर वस्तु अपने-आप में शुभ है, वह किसी विकृति द्वारा अशुभ या बुरी हो जाती है। अशुभ का अर्थ है किसी ऐसे वस्तु का गलत रास्ते पर चले जाना, जो अपने-आप में शुभ है। लेकिन ऑगस्टाइन के इस कथन से इस बात की व्याख्या नहीं होती है कि कोई चीज शुभ से अशुभ या बुरी क्यों और कैसे हो जाती है?

ऑगस्टाइन और लाइबनिज दोनों ने यह दिखलाने की कोशिश की है कि ईश्वर ने इस विशाल विश्व की सृष्टि किसी महान उद्देश्य से की है। उनके अनुसार विश्व के किसी एक अंश को देख कर उस अंश के महत्त्व को पूरी तौर से समझा नहीं जा सकता है, और न ही आंशिक ज्ञान के आधार पर पूरे विश्व को समझा जा सकता है। मानव अपनी आंशिक दृष्टि के कारण ही दुख और पाप को अशुभ समझता है। लाइबनिज के अनुसार अशुभ से भी अन्ततः मानव का शुभ ही होता है। अगर सम्पूर्णता में देखा जाए तो यह विश्व ''सर्वश्रेष्ठ सम्भव विश्व'' (best possible world) है। इससे बेहतर विश्व सम्भव ही नहीं था।[2]

ऑगस्टाइन और लाइबनिज के कथनों से यह स्पष्ट है कि वे **एक तरह से घुमा-फिरा कर बुराई के अस्तित्व को नकारना ही चाह रहे हैं।** ''जो अशुभ है, वह भी दरअसल में शुभ है''—इसे शब्दों का हेर-फेर ही कहा जा सकता है। अगर लाइबनिज की इस बात को स्वीकार कर लिया जाए कि यह ''सर्वश्रेष्ठ सम्भव विश्व है'', तो मानना पड़ेगा कि **स्वयं लाइबनिज की, और उनके कल्पना के ईश्वर की कल्पना-शक्ति बहुत कमजोर रही होगी, तभी वे इससे बेहतर विश्व के बारे में सोच नहीं पाए!** नहीं तो एक साधारण व्यक्ति भी बड़ी आसानी से इससे बेहतर विश्व की कल्पना कर सकता है। एक ऐसे विश्व की कल्पना करने में क्या कठिनाई थी, जिससे भूकम्प, आँधी, तूफान, बाढ़, सूखा, अकाल, भुखमरी, रोग और युद्ध आदि न हों?

1. John H. Hick, *Philosophy of Religion,* p.36.
2. Ibid., p. 37.

बट्रेण्ड रसेल ने ठीक ही कहा है कि यह बहुत आश्चर्यजनक है कि कैसे कुछ लोग इस बात पर विश्वास कर लेते हैं कि कोई सर्वज्ञ और सर्वशक्तिमान ईश्वर लाखों वर्षों तक प्रयत्न करने के बाद भी इससे बेहतर विश्व नहीं बना पाया।[1]

(iii) **अशुभ साधन है**—अशुभ की साधनवादी व्याख्या (instrumentalist view of evil) के अनुसार **अशुभ मानव विकास का एक साधन है।** साधनवाद के एक समसामयिक समर्थक एफ० आर० टेनेण्ट के अनुसार विश्व का क्रमिक विकास हो रहा है, और अशुभ "सर्वश्रेष्ठ सम्भव विश्व" की दिशा में विकास के क्रम में एक अनिवार्य सहगामी (concomitant) है।[2]

टेनेण्ट का यह भी मानना है कि अशुभ हमें खतरे के विरुद्ध चेतावनी देकर सावधान करता है। अगर आग में हाथ डालने पर हाथ न जलता, तो मनुष्य आग से जल मरता। अगर बीमारी नहीं होती, तो मनुष्य स्वास्थ्य का मूल्य नहीं समझ पाता, न ही बीमारियों को दूर करने के लिए अपनी बुद्धि का इस्तेमाल करता। एक-दूसरे के प्रति सहानुभूति जैसे नैतिक गुणों का विकास भी नहीं हो पाता। टेनण्ट के अनुसार ईश्वर यह नहीं चाहता है कि मनुष्य को रोग, दुःख और प्राकृतिक विपदाओं से कष्ट उठाना पड़े। लेकिन मनुष्य के नैतिक उत्थान के लिए ईश्वर को इन बुराइयों को उत्पन्न करना पड़ता है। अशुभ के बिना उच्चतर नैतिक विकास सम्भव नहीं है।

जॉन स्टुअर्ट मिल ने अपने *Three Essays on Religion* में साधनवाद की आलोचना की है। मिल के अनुसार **प्रकृति कठोर, निर्दय और पूरी तौर से अनैतिक मालूम देती है।** प्रकृति द्वारा प्रतिदिन कई ऐसे कार्य किए जाते हैं, जिन्हें अगर मनुष्य करे, तो उसे मृत्यु दण्ड दे दिया जाए। भूकम्प, आँधी-तूफान, बाढ़ में हजारों लोग मारे जाते है। मिल के अनुसार, **प्रकृति में कहीं भी दया और न्याय दिखाई नहीं देता है। अच्छे और बुरे दोनों किस्म के लोग प्रकृति के निर्मम थपेड़ों के शिकार होते हैं।** यहाँ तक कि उच्चतर आदर्शों को प्राप्त करने में लगे हुए लोगों को अपने अच्छे कामों के लिए भी कष्ट झेलना पड़ता है।[3]

साधनवादियों द्वारा कहा जाता है कि अशुभ द्वारा शुभ का उदय होता है। मिल ने इस सन्दर्भ में यह प्रश्न उठाया है कि क्या **वास्तव** में अशुभ से शुभ का उदय होता है?

अगर बच्चों और युवाओं की अकाल मृत्यु हो जाती है, तो इससे किसी का क्या भला होता है? मिल के अनुसार अशुभ से अशुभ ही पैदा होता है। रोगग्रस्त होने पर शारीरिक और मानसिक क्षमता घट जाती है। इसी तरह, गरीबी से कई बुराइयाँ उत्पन्न हो जाती हैं। मिल के विचार में अगर वास्तव में ईश्वर सर्वशक्तिमान और न्यायपूर्ण हुआ होता, तो विश्व में सुख और दुख सही-सही अनुपात में पाए जाते। मगर देखने में तो यह आता है कि अच्छे कर्मों को करने वाले कष्ट झेलते हैं, और बुरे कर्मों को करने वाले मौज से रहते हैं।

---

1. Bertrand Russell, *Why I am Not a Christian*, p. 10.
2. Y. Masih, Op. Cit. p. 217.
3. Ibid. p. 219.

अगर थोड़ी देर के लिए यह मान भी लिया जाए कि अशुभ शुभ के विकास में सहायक है, हालांकि यह अपने आप में बहुत संदेहास्पद बात है; तो भी साधनतावाद के विरुद्ध एक बड़ी आपत्ति यह है कि **क्या ईश्वर अशुभ को साधन बनाए बिना शुभ का विकास नहीं कर सकता था?** जे॰ एल॰ मैकी के अनुसार अगर ईश्वर साधन की सहायता से काम करता है, तो वह सर्वशक्तिमान नहीं रह जाता है।

(iv) **अशुभ मनुष्य के संकल्प-स्वातन्त्र्य के कारण है**—इस मत (free willist defence) के अनुसार इस विश्व में अशुभ का अस्तित्व **संकल्प-स्वातन्त्र्य (freedom of will) के कारण है।** ईश्वर ने मानव को संकल्प-स्वातन्त्र्य दिया है। इसके कारण मनुष्य अपने सामने मौजूद कई वैकल्पिक कर्मों में से किसी भी कर्म को चुन सकता है। मानव अपनी इस स्वतन्त्रता का दुरुपयोग करता हुआ बुरे कर्मों का चुनाव करता है। यही विश्व में अशुभ का कारण है। इस तरह, अशुभ के अस्तित्व के लिए ईश्वर नहीं मानव जिम्मेवार है।

जॉन हॉस्पर्स के अनुसार यह अशुभ की समस्या को सुलझाने का सबसे गम्भीर प्रयत्न है, लेकिन इसमें (i) प्राकृतिक अशुभ और (ii) नैतिक अशुभ के बीच अन्तर नहीं किया गया है। भूकम्प, ज्वालामुखी का फटना, बाढ़, तूफान, महामारी आदि प्राकृतिक अशुभ का उदाहरण हैं। दूसरी ओर, हत्या, बलात्कार, यंत्रणा, युद्ध, दंगा-फसाद आदि नैतिक बुराइयाँ हैं, जिनके लिए मानव जिम्मेवार है। अगर अशुभ की समस्या के इस समाधान को स्वीकार कर भी लिया जाए, तो इससे सिर्फ नैतिक अशुभ की व्याख्या होती है, प्राकृतिक अशुभ की नहीं। **प्राकृतिक अशुभ के लिए मानव को कैसे जिम्मेवार माना जा सकता है?**[1]

यहाँ पर ईश्वरवाद के समर्थक यह कह सकते हैं कि जब मनुष्य अपने संकल्प-स्वातन्त्र्य का दुरुपयोग करता हुआ बुरे कर्म या पाप करता है, तो ईश्वर उसे उसकी सजा देने के लिए प्राकृतिक आपदाओं को भेज देता है। लेकिन इस युक्ति को स्वीकार करने में कठिनाई यह है कि विश्व में **प्राकृतिक अशुभ का अस्तित्व नैतिक अशुभ के पहले से है।** इस पृथ्वी के बनने के बहुत समय बाद इस पर जीवन, और जीवन के उद्‌गम के काफी समय बाद पृथ्वी पर मनुष्य का उदय हुआ है। इस तरह, पृथ्वी पर ''प्राकृतिक बुराइयों'' का अस्तित्व मानव के उद्‌गम के पहले से था। किसी **कारण** का **कार्य** उसके बाद आता है, न कि उसके पहले। इसलिए, नैतिक अशुभ प्राकृतिक अशुभ का कारण नहीं हो सकता है। **इस विश्व में मौजूद प्राकृतिक बुराइयों के लिए किसी भी तरह मानव को जिम्मेवार नहीं माना जा सकता है।** फिर, ऐसा भी नहीं है कि इन प्राकृतिक आपदाओं के कारण सिर्फ नैतिक दृष्टि से बुरे मनुष्यों को कष्ट उठाना पड़ता है। अच्छे और बुरे दोनों किस्म के लोग प्राकृतिक विपदाओं के शिकार होते हैं। यहाँ तक की इन प्राकृतिक विपदाओं में कई छोटे बच्चे भी मारे जाते हैं, उनका क्या कसूर हो सकता है? आखिर उन्होंने ऐसा कौन-सा ''पाप'' किया होता है, जिसकी ईश्वर उन्हें ''सजा'' देता है?

---

1. John Hospers, Op. Cit. p. 467.

नैतिक अशुभ के सन्दर्भ में सबसे महत्त्वपूर्ण प्रश्न यह उठाया जा सकता है कि **जब ईश्वर सर्वज्ञ और सर्वशक्तिमान है, तो फिर वह मनुष्य को बुरे कर्मों को करने से रोकता क्यों नहीं है?** यह तो बड़ी अजीब बात है कि ईश्वर पहले मनुष्य से बुरे कर्म भी करवाए और फिर इसके लिए उसे सजा भी दे! क्या यह सम्भव नहीं था कि ईश्वर मनुष्य को संकल्प-स्वातन्त्र्य तो देता, लेकिन सिर्फ अच्छे कर्मों को करने की? अगर ईश्वर द्वारा मनुष्य को बुरे कर्मों को करने की स्वतन्त्रता नहीं दी जाती, तो इसमें कोई हर्ज तो नहीं था। जैसा कि जे०एल० मैकी ने कहा है **ईश्वर अगर चाहता तो ऐसे व्यक्ति बना सकता था जो स्वतन्त्र हों, लेकिन सिर्फ अच्छे कामों को करने के लिए।**[1] ईश्वर अगर सर्वशक्तिमान और दयालु होता, तो उसके लिए ऐसा करना जरूर सम्भव हुआ होता। दूसरी ओर, अगर ईश्वर ने मनुष्य को पहले बुरे कर्मों को करने की स्वतन्त्रता दी, और फिर वह उसे उसके बुरे कर्मों के लिए सजा भी देता है, तो फिर ऐसे में ईश्वर को सर्वशक्तिमान और दयालु नहीं माना जा सकता है। इस तरह, **अपने तमाम प्रयत्नों के बाद भी ईश्वरवादी अशुभ की समस्या का कोई तार्किक दृष्टि से सन्तोषजनक समाधान प्रस्तुत नहीं कर पाए हैं। एपिक्यूरस द्वारा उठाया गया प्रश्न आज भी ईश्वर के अस्तित्व के आगे एक प्रश्न चिह्न बन कर खड़ा है।**

प्रश्न

1. What is the problem of Evil? What, in your opinion, is its solution? (1979)
2. If God exists, is He not responsible for evil in the world? Discuss (1981)
3. निम्नलिखित की व्याख्या और मूल्यांकन कीजिए किन्तु व्याख्या और मूल्यांकन 200 शब्दों से अधिक में न हो—
   (क) यह विश्व पूर्णतया सुव्यवस्थित है। ईश्वर अवश्य ही एक गणितज्ञ होगा। (1984)
4. स्पष्ट अन्तर कीजिए—
   (क) अशुभ और पाप में। (1984)
5. निम्नलिखित का मूल्यांकन कीजिए और मूल्यांकन 200 शब्दों से अधिक में न हो—
   (a) यह सम्भव संसारों में सर्वोत्तम है जहाँ प्रत्येक वस्तु अनिवार्यतः अशुभ है। (1985)
6. अशुभ क्या है? धर्म में अशुभ की समस्या यथार्थतः क्या है? क्या यहूदी मत और ईसाई मत इस समस्या का सन्तोषजनक समाधान प्रस्तुत कर सके हैं? विवेचन कीजिए। (1986)
7. निम्नलिखित पर टिप्पणी लिखिए और टिप्पणी 200 शब्दों से अधिक में न हो—
   (a) अशुभ किसी ऐसी वस्तु के पथ-भ्रष्ट होने की सूचना देता है तो स्वतः शुभ है। (1987)
8. अशुभ की समस्या का क्या तात्पर्य है? क्या इसका समाधान हो सकता है? (1988)
9. अशुभ की समस्या क्या है? इच्छा को स्वतन्त्र मानने वाले इसका क्या समाधान देते हैं? वह समाधान कहाँ तक उचित है? (1989)

---

1. Y. Masih, Op. Cit., p. 224.

10. निम्नलिखित पर आलोचनात्मक टिप्पणी लिखिए। टिप्पणी 200 शब्दों से अधिक में न हो—

(a) यदि ईश्वर का प्रयोजन हमें स्वतन्त्र बनाना था और तद् द्वारा हमें उत्तरदायी प्राणियों की परिपक्वता तथा प्रतिष्ठा प्राप्त करने के लिए सामर्थ्यवान बनाना था, तो फिर उसे हमें पाप करने की अनुमति देनी ही थी। (1990)

11. निम्नलिखित पर आलोचनात्मक टिप्पणी लिखिए। टिप्पणी 200 शब्दों से अधिक में न हो—

(a) ईश्वर पाप और अशुभ को एक पन्नी की तरह प्रयुक्त करता है जिससे वह अपनी कृपा और महिमा को बढ़ाता-चढ़ाता है। (1991)

12. अशुभ की समस्या को स्पष्ट कीजिए। उसके विविध समाधानों का विवेचन कीजिए। (1993)

13. क्या ईश्वर द्वारा शासित विश्व में अशुभ होना चाहिए? हिन्दू धर्म तथा क्रिश्चियन धर्म के सन्दर्भ में इसका विवेचन कीजिए। (1996)

14. क्या हम अशिव (evil) को हितकारिता (benevolence) और ईश्वर की सर्वशक्तिमत्ता (omnipotence) के साथ सामंजस्य स्थापित कर सकते हैं? चर्चा कीजिए। (1997)

15. मान लें कि ईश्वर के होने को प्रमाणित करने हेतु जो भी परम्परागत तर्क दिए जाते हैं वे सभी दोषपूर्ण हैं। क्या इससे ईश्वर का न होना सिद्ध होता है। यदि आपका उत्तर नकारात्मक है तो विचार कीजिए कि क्या ईश्वर के न होने का कोई प्रमाण हो सकता है? (1998)

16. अशुभ की समस्या क्या है? इस समस्या के ईश्वरवादी समाधान का विवेचन कीजिए। (1999)

17. अशुभ की समस्या को वर्णित कीजिए। कुछ ईश्वरवादी इस समस्या के समाधान के लिए संकल्प स्वातंत्र्य तर्क का उपयोग करते हैं। कैसे? विवेचन कीजिए। (2004)

18. निम्नलिखित पर लगभग 200 शब्दों में टिप्पणी लिखिए :

(क) ''बुराई की समस्या अपूर्ण संसार के ईश्वर की अच्छाई के साथ समाधान (reconcile) करने की समस्या है।'' (2005)

19. निम्नलिखित पर लगभग 200 शब्दों में आलोचनात्मक टिप्पणी लिखिए :

(क) ''ईश्वर अधिक शुभ को लाने के लिए अशुभ को जन्मने देता है, आदमी का गिरना एक मंगलमय पाप (happy sin) था।'' (2006, 2007)

20. ईश्वरवादी 'अनिष्ट' (evil) की समस्या का किस प्रकार हल निकाल सकता है? क्या अनिष्ट ईश्वर की सर्वशक्तिमत्ता और सर्वज्ञता पर बट्टा नहीं लगाता है? क्या इस बारे में ईश्वर को अपूर्ण और शक्तिहीन माना जा सकता है? दो सम्भव परस्पर विरोधी मतों के पक्ष और विपक्ष में समालोचनात्मक चर्चा कीजिए और अपनी स्वयं की स्थिति के पक्ष में दलीलें दीजिए। (2008)

❑

अध्याय 38

निरीश्वरवाद : भारतीय

परम्परागत भारतीय दर्शन के बारे में एक बहुप्रचलित भ्रामक धारणा यह है कि वह ईश्वरवाद से ओत-प्रोत है। जो लोग दर्शनशास्त्र की जानकारी नहीं रखते हैं, उनके बीच तो यह धारणा प्रचलित है ही, इसके अलावा, राधाकृष्णन जैसे भारतीय दर्शन के आधुनिक विद्वानों की भी इस भ्रामक धारणा को फैलाने में प्रमुख भूमिका रही है। उदाहरण के तौर पर, अपनी पुस्तक *Indian Philosophy* के परिचय में वे लिखते हैं: "भारतीय चिन्तन में ईश्वर और मनुष्य के बीच एक स्नेहपूर्ण सामंजस्य है... भारत में मनुष्य ईश्वर की एक रचना है। सारा विश्व ईश्वर के त्याग के कारण है।"[1]

राधाकृष्णन ने जो लिखा है, उससे ऐसा आभास होता है जैसे "भारतीय चिन्तन" और "भारत" में ईश्वर के अस्तित्व के प्रश्न पर कोई परस्पर-विरोधी धाराएँ हैं ही नहीं। सभी भारतीय चिन्तक एक स्वर में ईश्वरवाद के पक्ष में खड़े होकर बोल रहे हैं!

लेकिन, वास्तविकता इससे बहुत अलग है। आज के समय भारतीय विश्वविद्यालयों में "भारतीय दर्शन" की जिन "नौ शाखाओं" का अध्ययन-अध्यापन हो रहा है, उनमें से पाँच—लोकायत, जैन, बौद्ध, सांख्य और मीमांसा—निरीश्वरवादी हैं। इसका कुछ उल्लेख तो स्वयं राधाकृष्णन ने ही आगे अपनी पुस्तक में किया है। इसके अलावा, देवी प्रसाद चट्टोपाध्याय ने अपनी पुस्तक *Indian Atheism* (1969) में, या॰ मसीह ने ***निरीश्वरवाद : भारतीय एवं पाश्चात्य*** (1973) और वेद प्रकाश वर्मा ने ***भारतीय तथा पाश्चात्य दर्शन में निरीश्वरवाद*** (1999) में भारतीय निरीश्वरवाद की विस्तृत चर्चा की है।

वास्तविकता यह है कि न सिर्फ प्राचीन और मध्ययुगीन भारतीय चिन्तन में बल्कि बीसवीं सदी के भारतीय चिन्तन में भी निरीश्वरवाद काफी प्रमुख रहा है। प्राचीन और मध्ययुगीन भारतीय दर्शन में तो निरीश्वरवाद प्राचीन ग्रीक दर्शन और पाश्चात्य दर्शन की तुलना में काफी सशक्त रहा है, तथा ईश्वरवाद के पक्ष-विपक्ष में काफी चर्चाएँ भी हुई हैं।

भारतीय दर्शन का वर्गीकरण

आज के समय में आमतौर से भारतीय विश्वविद्यालयों में "भारतीय दर्शन" के अन्तर्गत जिन प्राचीन और मध्ययुगीन दर्शनों का अध्ययन-अध्यापन होता है, वे हैं : लोकायत (चार्वाक), जैन, बौद्ध, सांख्य, योग, न्याय, वैशेषिक, मीमांसा और वेदान्त।

1. S. Radhakrishnan, *Indian Philosophy,* vol.-1 p. 41.

आमतौर से इनका वर्गीकरण ''आस्तिक'' और ''नास्तिक'' में किया जाता है। ''जो वेद को प्रमाणिक माने'' उसे ''आस्तिक'', और ''जो वेद को प्रामाणिक न माने'' उसे ''नास्तिक'' कहा जाता है। इस अर्थ में लोकायत, जैन और बौद्ध ''नास्तिक'' हैं, और बाकी छ—सांख्य, योग, न्याय, वैशेषिक, मीमांसा और वेदान्त—जिन्हें षड्दर्शन भी कहा जाता है, ''आस्तिक'' हैं।

दरअसल, ''आस्तिक'' और ''नास्तिक'' शब्द के कम-से-कम तीन अर्थ हैं। ''आस्तिक'' और ''नास्तिक'' शब्द के मौलिक अर्थ में ''आस्तिक'' वह है ''जो परलोक के अस्तित्व में विश्वास रखता है'' और ''नास्तिक'' वह है ''जो परलोक के अस्तित्व में विश्वास नहीं रखता है''। प्रसिद्ध वैयाकरण पाणिनि ने इसी अर्थ में ''आस्तिक'' ''नास्तिक'' शब्दों का इस्तेमाल किया है।[1] जैन और बौद्ध दर्शनों में भी इन शब्दों का इसी अर्थ में इस्तेमाल हुआ है।[2] इस अर्थ में केवल लोकायत दर्शन ''नास्तिक'' (इहलोकवादी) दर्शन है।

''नास्तिक'' शब्द का ''वेद-निन्दक'' के अर्थ में इस्तेमाल मनु द्वारा किया गया है।[3] ब्राह्मणवादी लेखकों द्वारा इसे अपनाया गया। यहाँ तक कि बीसवीं सदी में अंग्रेजी में भारतीय दर्शन पर लिखने वाले कुछ आधुनिक विद्वानों ने भी इसी अर्थ को अपनाते हुए भारतीय दर्शन का वेद-केन्द्रित वर्गीकरण किया है।[4]

''आस्तिक'' और ''नास्तिक'' शब्द का एक तीसरा अर्थ भी है। इस अर्थ में ''आस्तिक'' वह है जो कहता है कि ''ईश्वर है'', और ''नास्तिक'' वह है जो कहता है कि ''ईश्वर नहीं है''। इस अर्थ में ''आस्तिक'' शब्द ''ईश्वरवादी'' और ''नास्तिक'' शब्द ''निरीश्वरवादी'' का पर्याय है। ***गीता*** में ''आस्तिक'' और ''नास्तिक'' शब्द का इस्तेमाल इसी अर्थ में हुआ है।[5] आम बोलचाल की भाषा में भी यही अर्थ सर्वप्रचलित है। इस अर्थ में परम्परागत भारतीय दर्शन की दो ''आस्तिक'' शाखाएँ—सांख्य और मीमांसा भी नास्तिक हैं। इस तरह, भारतीय दर्शन की नौ प्रमुख शाखाओं में कम-से-कम पाँच शाखाएँ निरीश्वरवादी या लोकप्रिय अर्थ में ''नास्तिक'' हैं।

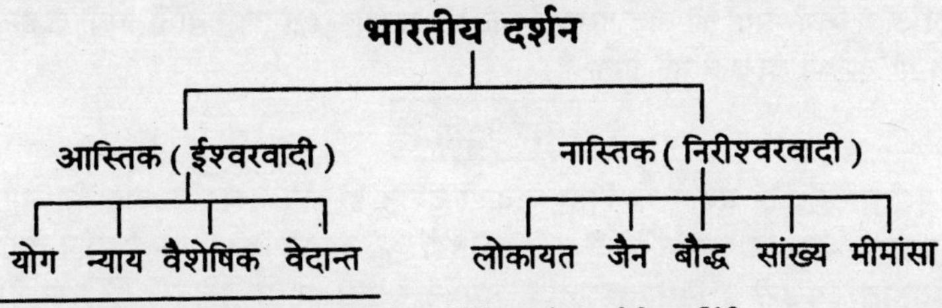

1. S. N. Dasgupta, *A History of Indian Philosophy,* vol 3. p. 518.
2. उदाहरण के तौर पर, पन्द्रहवीं शताब्दी के जैन लेखक-दार्शनिक गुणरत्न ने अपने ***तर्करहस्यदीपिका*** में ''नास्तिक'' शब्द का इसी अर्थ में इस्तेमाल किया है। देखें, Debiprasad Chattopadhyaya (ed.), *Carvaka/Lokoyata.* p. 266.
3. *मनुस्मृति,* 2 : 11.
4. देखें, Chatterjee and Datta, *An Introduction to Indian Philosophy.*
5. Dakshinaranjan Shastri, *A Short History of Indian Materialism, Sensationalism and Hedonism* in Gagan Deo Giri(ed.) *Charvaka Sasti,* p. 171.

लोकायत दर्शन

परम्परागत भारतीय दर्शन की शाखाओं में लोकायत या चार्वाक दर्शन का दृष्टिकोण पूर्णतः इहलोकवादी है, और इसलिए इसे लोकायत दर्शन कहा गया है।[1] ''लोकायत'' का एक अर्थ हुआ ''लोगों का दर्शन'' और दूसरा अर्थ हुआ ''इहलोकवादी या भौतिकवादी दर्शन''।[2] लोकायत दर्शन ज्ञानमीमांसा के क्षेत्र में इन्द्रियानुभववादी, तत्वमीमांसा के क्षेत्र में भौतिकवादी, प्रकृतिवादी और नीतिशास्त्र के क्षेत्र में सुखवादी दर्शन है। लोकायत दर्शन के अनुसारः ''जबतक जियो सुख से जियो, मृत्यु की निगाहों से कोई नहीं बच सकता; एक बार शरीर जब जलकर राख हो जायेगा, तो पुनर्जन्म कैसे होगा।''

इसी तरह, ''न कोई स्वर्ग है, न कोई मोक्ष, न आत्मा किसी परलोक में जाती है, वर्णाश्रम धर्मों के पालन से भी कोई फल प्राप्त नहीं होता।'' (माधव, ***सर्वदर्शनसंग्रह***)।

लोकायत दर्शन के अन्तर्गत, प्राचीन ग्रीक दार्शनिक एमपेडॉकल्स की तरह, चार तत्त्वों—भू, वायु, अग्नि और जल—के माध्यम से सम्पूर्ण विश्व की व्याख्या की गयी है।

लोकायत दर्शन को स्वभाववाद भी कहा जाता है, क्योंकि यह एक प्रकृतिवादी दर्शन है, जैसा कि शंकर के ***सर्वसिद्धान्तसंग्रह*** में बतलाया गया है, लोकायत के अनुसार, "Who paints the peacocks, or who makes the cuckoos sing? There exists here no cause excepting nature."[3] (''मोर को रंग किसने दिए हैं, या कोयल से गीत कौन गवाता है? इसका प्रकृति के सिवा और कोई कारण नहीं है।'')

इसी तरह, माधव के ***सर्वदर्शनसंग्रह*** में उद्धृत लोकायत मत के अनुसार, ''आग में गर्मी है, पानी में ठंढक, सुबह की हवा ठंढी और स्फूर्तिदायक है; यह विविधता किससे आई है? उनके अपने स्वभाव से ही इसका जन्म हुआ है।''

इस तरह लोकायत दर्शन के अन्तर्गत न सिर्फ ईश्वर बल्कि आत्मा, मृत्यु के बाद जीवन और स्वर्ग-नरक की अवधारणाओं को भी अस्वीकार किया गया है, क्योंकि इनमें से किसी का भी प्रत्यक्ष नहीं होता है।

जैन दर्शन

इसी तरह, जैन दर्शन भी निरीश्वरवादी दर्शन है। जैन दर्शन के अन्तर्गत न्याय दर्शन द्वारा ईश्वर के समर्थन में दी गयी युक्तियों का खण्डन किया गया है। जैन दर्शन के ***स्यादवादमंजरी*** में निरीश्वरवाद के समर्थन में विस्तार से युक्तियाँ दी गयी हैं।[4] आठवीं शताब्दी के जैन लेखक-दार्शनिक हरिभद्र ने ***षड्दर्शनसमुच्चय*** में निरीश्वरवाद

1. S Radhakrishnan and Charles A. Moore (eds.), *A Source Book in Indian Philosophy* (Princeton, New Jeresy : Princeton University Press, 1957), p. 27.
2. Debiprasad Chattopadhaya, *Lokayat* (New Delhi : People's Publishing House, 1992), pp. 1-3.
3. S. Radhakrishnan and Charles A Moore (eds.), Op. Cit., p. 235.
4. Chatterjee and Datta, *An Introduction to Indian Philosophy.*

की स्थापना की। पन्द्रहवीं शताब्दी में गुणरत्न ने ***षड्दर्शनसमुच्चय*** पर अपने भाष्य ***तर्करहस्यदीपिका*** में उदयन द्वारा दी गयी ईश्वर-समर्थक युक्तियों का ''आमूल खण्डन'' किया है।[1] नैयायिक विश्व को ''कार्य'' या रचित वस्तु मानते हैं, जिसका कोई रचयित होना जरूरी है, जैन दार्शनिकों ने ''कार्य'' के चार अर्थ बतलाएँ हैं, और अनेक युक्तियों के द्वारा प्रमाणित किया है कि ये चारों अर्थ स्वयं नैयायिकों के सिद्धांतों के विरुद्ध जाते हैं।[2] गुणरत्न ने यह युक्ति भी दी है कि अगर विश्व को ''कार्य'' मान भी लिया जाए, तो उससे मात्र यह प्रमाणित होता है कि इस विश्व का कोई कारण है, यह नहीं कि वह कारण सर्वज्ञ और सर्वशक्तिमान ईश्वर है।

बौद्ध दर्शन

बौद्ध दर्शन तो निरीश्वरवादी होने के साथ-साथ अनात्मवादी भी है। बुद्ध की शिक्षा को आम तौर से ''चार आर्य सत्यों'' के माध्यम से व्यक्त किया जाता है। इन ''आर्य सत्यों'' में ईश्वर को कोई स्थान नहीं दिया गया है।[3] प्रारम्भिक बौद्धों ने ईश्वर-समर्थक युक्तियों का खण्डन किया है। उदाहरण के तौर पर, ईश्वरवादियों द्वारा अक्सर कहा जाता है कि जैसे घड़ी के अस्तित्व के लिए घड़ीसाज का होना जरूरी है वैसे ही विश्व के लिए ईश्वर का होना जरूरी है। इस युक्ति को बौद्धों ने अस्वीकार किया है। उनके अनुसार विश्व के अस्तित्व के लिए किसी चेतन कारण का होना अनिवार्य नहीं है। जिस तरह बिना किसी चेतन कारण के बीज से पेड़ विकसित हो सकता है, वैसे ही विश्व का अस्तित्व भी बिना किसी चेतन कारण के हो सकता है।[4] इसी तरह, उन्होंने प्रयोजनवादी युक्ति को भी अस्वीकार किया है। यह विश्व अपूर्ण और दुःखों से भरा हुआ है, इसलिए इस विश्व को बनाने वाला कोई पूर्ण सृष्टिकर्त्ता नहीं हो सकता है।[5]

अश्वघोष (50 ई॰ पू॰ से 100 ई॰) के ***बुद्धचरित*** में बुद्ध को ईश्वर के अस्तित्व का खण्डन करते हुए बतलाया गया है।[6] बुद्धघोष (ज॰ 390 ई॰) ने भी अपने ***बुद्धचरित्र*** में बुद्ध के मुँह से निकली निरीश्वरवादी युक्तियों को प्रस्तुत किया है। उनमें से कुछ इस प्रकार हैं—

''यदि ईश्वर इस विश्व का रचयिता होता, तब सभी वस्तुएँ उससे उत्पन्न होकर क्यों नाशवान् होतीं, क्यों दुःख और विनाश होता, क्यों कोई भी कार्य अनुचित होते।

''यदि ईश्वर सृष्टिकर्त्ता हो और यदि सभी घटनाएँ ईश्वर से ही संचालित हों,

---

1. याकुब मसीह, ***निरीश्वरवाद, भारतीय एवं पाश्चात्य*** (पटना : बिहार हिन्दी ग्रंथ अकादमी, 1973), पृष्ठ-177. Also see, S. N. Dasgupta, *A History of Indian Philosophy,* vol. I (Delhi : Motilal Banarsidass, 1975), pp. 203-6.
2. वेद प्रकाश वर्मा, ***भारतीय तथा पाश्चात्य दर्शन में निरीश्वरवाद***, पृष्ठ 167.
3. राहुल सांकृत्यायन, ***बौद्ध दर्शन*** (इलाहाबाद : किताब महल, 1977), पृष्ठ-1.
4. S. Radhakrishnan, *Indian Philosophy,* vol. 1 (London : George Allen & Unwin Ltd., 1948), p. 455.
5. Ibid., p. 456.
6. अश्वघोष, ***बुद्धचरित*** (दिल्ली : मोतीलाल बनारसीदास, 1985), पृष्ठ-219-20.

तो पुण्य करने से क्या लाभ हो सकता है? यदि शुभ और अशुभ दोनों को ईश्वर ने ही उत्पन्न किया है, तो ईश्वर के लेखे ये दोनों एक बराबर माने जाएँगे।

''परन्तु, यदि अशुभ का कर्त्ता (ईश्वर को छोड़कर) अन्य कारण हों, तो इससे स्पष्ट होता है कि ईश्वर के बिना भी कुछ घटनाएँ अन्य कारणों से उत्पन्न हो सकती हैं। तो क्यों नहीं, सभी घटनाएँ अन्य कारणों से अथवा अकारण मानी जाएँ?''[1]

''यदि ईश्वर संसार को पैदा करता तो, ... लोगों को ईश्वर के प्रति कुछ संदेह नहीं होता और वे उसके प्रति पिता की तरह स्नेह अनुभव करते। अपने ऊपर विपत्ति आने पर वे उसे बुरी बातें नहीं कहते, और संसार भाँति-भाँति के देवताओं की पूजा नहीं करता।''[2]

न्यायसूत्र पर अपने भाष्य में वात्स्यायन ने चौथी शताब्दी में और पाँचवीं शताब्दी में प्रशस्तपाद ने ***पदार्थधर्मसंग्रह*** में, जिसे ***प्रशस्तपादभाष्य*** भी कहा जाता है, ईश्वर-समर्थक युक्तियाँ प्रस्तुत की हैं।[3] पाँचवीं शताब्दी में ही बौद्ध तर्कशास्त्री-दार्शनिक दिग्नाग ने, जिन्होंने कुछ समय नालन्दा विश्वविद्यालय में भी बिताया था, अपनी पुस्तक ***प्रमाणसमुच्चय*** में प्रशस्तपाद और वात्स्यायन की युक्तियों का खण्डन किया।[4]

इसी तरह, छठी शताब्दी में बौद्ध दार्शनिक धर्मकीर्त्ति ने, जो नालन्दा के तत्कालीन प्रधानाचार्य धर्मपाल के शिष्य थे[5], अपनी पुस्तक ***प्रमाणवार्त्तिक*** में ईश्वर के अस्तित्व के अतिरिक्त वेदों की प्रामाणिकता और आत्मा के अस्तित्व का भी खण्डन किया है।[6]धर्मकीर्त्ति के अनुसार—''वेद (= ग्रंथ) की प्रमाणता, किसी (ईश्वर) का (सृष्टि–) कर्तापन (= कर्तृवाद), स्नान (करने) में धर्म (होने) की इच्छा रखना, जातिवाद (= छोटी बड़ी जाति-पाँत) का घमंड, और पाप दूर करने के लिए (शरीर को) सन्ताप देना (= उपवास तथा शारीरिक तपस्याएँ करना)—ये पाँच हैं, अकल-मारे (लोगों) की मूर्खता (= जड़ता) की निशानियाँ।''[7]

सातवीं शताब्दी के बौद्ध दार्शनिक लेखकों शान्तिदेव ने बोधिचर्यावतार, और शान्तरक्षित ने ***तत्त्वसंग्रह*** में ईश्वरवादी युक्तियों का खण्डन किया।[8]

संक्षेप में, लोकायत, जैन और बौद्ध दर्शन ''नास्तिक'' शब्द के प्रचलित और विशेष दोनों ही अर्थों में नास्तिक हैं। दूसरी ओर, सांख्य और मीमांसा दोनों वेदों को प्रामाणिक मानते हैं, लेकिन इसके बावजूद ईश्वर के अस्तित्व में विश्वास नहीं रखते।

1. याकुब मसीह, वही, पृष्ठ 96.
2. अश्वघोष, वही.
3. याकुब मसीह, वही, पृष्ठ-175-76.
4. वही, Also see, S. Chandra Vidyabhusana, *A History of Indian Logic* (Delhi : Motilal Banarsidass, 1978), p. 272.
5. राहुल सांकृत्यायन, वही, पृष्ठ-125.
6. वही, पृष्ठ 163.
7. राहुल सांकृत्यायन, ***दर्शन दिग्दर्शन***, पृष्ठ 626.
8. याकुब मसीह, वही, पृष्ठ-176. Also see, D. P. Chattopadhyaya, *Indian Atheism* (New Delhi : People's Publishing House, 1991), p. 137.

सांख्य दर्शन

सांख्य दर्शन के अनुसार "पुरुष" और "प्रकृति" को परम-सत्ता माना गया है, और इनके माध्यम से ही विश्व की व्याख्या की गयी है। ईश्वर की अवधारणा को अनावश्यक समझा गया है। प्राचीन सांख्य में तो ईश्वर के अस्तित्व के विरोध में युक्तियाँ भी दी गयी हैं।[1] सांख्य के अनुसार अगर ईश्वर का अपना कोई स्वार्थ नहीं, तो फिर वह विश्व की रचना क्यों करेगा? विश्व की सृष्टि को दयालुता का काम भी नहीं माना जा सकता है, क्योंकि ऐसा तो नहीं कहा जा सकता है कि विश्व की रचना के पहले आत्माओं को कोई कष्ट था जिससे उन्हें मुक्ति की आवश्यकता थी। फिर अगर विश्व की रचना ईश्वर ने सदिच्छा से की तो उसे सिर्फ सुखी मनुष्यों की रचना करनी चाहिए थी।[2]

वाचस्पति मिश्र, जो स्वयं ईश्वरवादी थे, सांख्य की व्याख्या निरीश्वरवादी दर्शन के रूप में करते हैं। माधव ने भी अपने ***सर्वदर्शन-संग्रह*** में वाचस्पति मिश्र की व्याख्या को ही अपनाया है।[3] यह सही है कि आगे चलकर विज्ञानभिक्षु ने सांख्य दर्शन की ईश्वरवादी व्याख्या करने का प्रयत्न किया—यह कहकर कि सांख्य ने ईश्वर के अस्तित्व को असिद्ध माना है, यह तो नहीं कहा कि "ईश्वर का अस्तित्व नहीं है"। लेकिन अगर सांख्य ने ईश्वर को प्रमाण के अभाव में असिद्ध माना है, और सारे विश्व और मानव-मुक्ति की व्याख्या ईश्वर-चर्चा के बिना ही की है, तो वस्तुपरक दृष्टिकोण से तो यही कहा जा सकता है कि सांख्य दर्शन निरीश्वरवादी है। जैसा कि चटर्जी और दत्त ने अपनी पुस्तक में कहा है, विज्ञानभिक्षु और कुछ आधुनिक लेखकों द्वारा सांख्य की ईश्वरवादी व्याख्या को आमतौर से स्वीकार नहीं किया जाता है।[4] इसी तरह, हिरियाणा और याकुब मसीह जैसे परम्परागत भारतीय दर्शन के आधुनिक विद्वान भी सांख्य दर्शन को मूलरूप से निरीश्वरवादी ही मानते हैं।[5]

मीमांसा दर्शन

इसी प्रकार, मीमांसा दर्शन भी आस्तिक होते हुए भी निरीश्वरवादी है। मीमांसा के अन्तर्गत ***वेदों*** को अनादि मानते हुए सर्वोच्च स्थान दिया गया है। ***वेदों*** के सर्वोच्च स्थान को सुरक्षित बनाए रखने की उत्सुकता में मीमांसकों ने ईश्वर के अस्तित्व को भी नकार दिया।[6] जैमिनि जैसे प्रारम्भिक मीमांसकों ने ईश्वर के प्रश्न पर मौन रहना ही बेहतर समझा, जबकि कुमारिल भट्ट (सातवीं शताब्दी) जैसे बाद के मीमांसकों ने ईश्वर-समर्थक युक्तियों का खण्डन किया है।[7] न्याय-दर्शन के अन्तर्गत ईश्वर को ***वेदों***

1. Chatterjee and Datta, Op. Cit., Also see S. N. Dasgupta, Op. Cit., pp. 258-59.
2. Ibid.
3. याकुब मसीह, वही, पृष्ठ 48.
4. Chatterjee and Datta, Op. Cit.
5. याकुब मसीह, वही, पृष्ठ 49.
6. Chatterjee and Datta, Op. Cit.
7. Ibid. Also see, S. Radharishanan, *Indian Philosophy,* vol. II, pp. 424-25.

का रचयिता माना गया है, लेकिन मीमांसकों ने इस बात को स्वीकार नहीं किया है। उनके अनुसार जब ईश्वर का कोई शरीर और मुँह नहीं है तो फिर वह **वेद** के शब्दों का उच्चारण कैसे कर सकता है?[1] मीमांसकों के अनुसार यह मानने का कोई कारण नहीं है कि विश्व की रचना ईश्वर ने की है। उनके अनुसार हर दिन कई जानवर और मनुष्य बिना किसी ईश्वर की मदद के अपने माता-पिता के कारण अस्तित्व में आते हैं। फिर, ईश्वर के पास न कोई शरीर है और न कोई औजार, जिससे वह बढ़ई की तरह विश्व की रचना कर सके। और आखिर इस विश्व को बनाने में ईश्वर का क्या प्रयोजन हो सकता है? यह भी नहीं कहा जा सकता है कि ईश्वर दयालु है इसलिए उसने विश्व की रचना की। क्योंकि तब तो विश्व की रचना के पहले किसी व्यक्ति का अस्तित्व ही नहीं रहा होगा जिसके प्रति ईश्वर अपनी दयालुता का प्रदर्शन कर सके। मीमांसकों के अनुसार **वेदों** की तरह विश्व भी अनादि है।[2]

अद्वैत वेदान्त

इस तरह, परम्परागत भारतीय दर्शन की नौ शाखाओं में से पाँच तो निरीश्वरवादी हैं ही। इसके अलावा, शंकर के अद्वैत वेदान्त को भी पूरी तरह ईश्वरवादी नहीं माना जा सकता है। यह निरीश्वरवाद की ओर झुका हुआ मालूम देता है। दरअसल, शंकर ने सगुण ब्रह्म या ईश्वर को, जगत की तरह, ''अविद्या'' की उपज माना है। ***शंकर के अनुसार निर्गुण ब्रह्म ही एक मात्र सत्ता है।*** ''आत्मा'' और ''ब्रह्म'' एक हैं। जगत मिथ्या है। अब, स्पष्ट है कि ''आत्मा'' ईश्वर नहीं है, और जब जगत मिथ्या है, तो जगत के सृष्टिकर्त्ता के रूप में ईश्वर भी मिथ्या ही होगा। शंकर द्वारा ईश्वर को सिर्फ ''व्यावहारिक रूप'' से सत्य माना गया है; और ईश्वर की आराधना को ब्रह्म-ज्ञान का सहायक एवं साधन मात्र माना गया है। इतना ही नहीं, शंकर के वेदान्त के अनुसार श्रवण, मनन और निदिध्यासन के आधार पर ईश्वर की आराधना से ऊपर उठकर ईश्वर के प्रति उदासीनता का भाव अपनाना चाहिए।[3]

योग

इसी तरह, आज के समय योग दर्शन को ईश्वरवादी माना जाता है। पतंजलि ने अपने ***योगसूत्र*** में ''नियम'' के अन्तर्गत शौच, सन्तोष, तपस, स्वाध्याय के अलावा ''ईश्वर-प्रणिधान'' या ईश्वर की भक्ति को भी रखा है। लेकिन योग को मूलतः सांख्य दर्शन के साथ जोड़ा जाता है, जो अपने मौलिक रूप में निरीश्वरवादी दर्शन है। पतंजलि के ***योगसूत्र*** में ईश्वर-विचार ऊपर से आरोपित मालूम देता है। या॰ मसीह के अनुसार पतंजलि ने ***योगसूत्र*** में ''ईश्वर-प्रणिधान'' शब्द का इस्तेमाल मात्र चार स्थल पर किया है।[4] एक अन्य विद्वान गार्वे के अनुसार ***योगसूत्र*** में ईश्वर-चर्चा

1. S. Radhakrishnan, *Indian Philosophy*, vol. II. p. 392.
2. Ibid., pp. 425-26. Also see, S. N. Dasgupta, Op. Cit., pp. 402-3.
3. याकुब मसीह, वही, पृष्ठ 63-65.
4. याकुब मसीह, वही, पृष्ठ 51.

प्रसंगविहीन है। वास्तव में ''ईश्वर प्रणिधान'' का ''ईश्वर'' न तो सृष्टिकर्त्ता है, न जगत का पालक-संहारक और न ही वह कर्मफलदाता है। इसलिए, योग का ''ईश्वर'' वास्तव में ईश्वरवादी ''ईश्वर'' नहीं है।[1] देवीप्रसाद चट्टोपाध्याय और वेद प्रकाश वर्मा ने भी इसी मत का समर्थन किया है। देवी प्रसाद के अनुसार योग में ईश्वर का कोई खास दार्शनिक महत्त्व नहीं है।[2] गार्वे को उद्धृत करते हुए वे कहते हैं कि योग में ईश्वर की अवधारणा को जोड़ने का उद्देश्य मात्र ईश्वरवादियों को संतुष्ट कर सांख्य दर्शन के प्रचार-प्रसार को सुगम बनाना है। वेद प्रकाश वर्मा भी गार्वे को उद्धृत करते हुए कहते हैं कि ''योग दर्शन को वास्तविक अर्थ में ईश्वरवादी दर्शन मानना बहुत कठिन प्रतीत होता है''।[3]

न्याय-वैशेषिक

भारतीय ईश्वरवादी परम्परा में न्याय-वैशेषिक परम्परा का महत्त्वपूर्ण स्थान है। बाद के न्याय दार्शनिकों द्वारा ईश्वर के समर्थन में युक्तियाँ दी गयी हैं, जिसका उल्लेख हम पहले कर चुके हैं। लेकिन देवी प्रसाद चट्टापोध्याय, या० मसीह और वेद प्रकाश वर्मा जैसे विद्वानों के अनुसार अपने प्रारम्भिक मूल रूप में न्याय-वैशेषिक दर्शन भी निरीश्वरवादी है।

न्यायसूत्र के रचयिता गौतम को न्याय दर्शन का संस्थापक और ***वैशेषिकसूत्र*** के लेखक कणाद को वैशेषिक दर्शन का संस्थापक माना जाता है। देवी प्रसाद चट्टोपाध्याय के अनुसार वेदों की प्रामाणिकता के सम्बन्ध में विचार-विमर्श के दौरान न तो ***न्यायसूत्र*** और न ***वैशेषिकसूत्र*** में ईश्वर का कोई उल्लेख हैं।[4]

न्यायसूत्र के अनुसार वेदों के रचयिता महान ऋषि थे, न कि ईश्वर। इसी तरह, ***वैशेषिकसूत्र*** में भी ''अतींद्रिय वस्तुओं'' और सारे तथ्यों के ज्ञाता ''महान ऋषियों'' को वेदों का रचयिता बतलाया है, न कि ईश्वर को।[5]

सत्कारी मुखर्जी ने इस बात पर आश्चर्य व्यक्त किया है कि गौतम ने मुक्ति पाने के लिए प्रमाण, प्रमेय, संशय, प्रयोजन और दृष्टांत सहित जिन 16 पदार्थों का उल्लेख किया है, उसमें ईश्वर का कोई स्थान नहीं है।[6]

इसी तरह, गार्वे के अनुसार, ''इन दोनों दर्शनों की मूल कृतियाँ—वैशेषिक तथा न्याय-सूत्र—ईश्वर के अस्तित्व को स्वीकार नहीं करती थीं, ये दोनों दर्शन बाद में ही

---

1. R. Garbe, *Encyclopaedia of Religion and Ethics*, vol. XII, pp. 831-32, या० मसीह द्वारा उद्धृत, वही, पृष्ठ 52.
2. Debiprasad Chattopadhyaya, *Indian Atheism*, pp. 29-30.
3. वेद प्रकाश वर्मा, ***भारतीय तथा पाश्चात्य दर्शन में निरीश्वरवाद***, पृष्ठ 116.
4. Debiprasad Chattopadhyaya, *Indian Atheism*, p. 27.
5. वेद प्रकाश वर्मा, ***भारतीय तथा पाश्चात्य दर्शन में निरीश्वरवाद***, पृष्ठ 113.
6. S. Mookerjee, *Nyaya–Vaisesika, The Cultural Heritage of India*, vol. III, p. 10, या० मसीह द्वारा उद्धृत, वही, पृष्ठ 53-54.

ईश्वरवाद में परिवर्तित हो गए, यद्यपि इनमें से किसी ने भी पुद्‌गल के किसी रचयिता को कभी स्वीकार नहीं किया।''[1]

उदाहरण के तौर पर, आगे चल कर उदयानाचार्य (10वीं ई॰) ने अपनी *न्यायकुसुमांजलि* में ईश्वर के समर्थन में आठ युक्तियाँ दी है,[2] जिनमें प्रथम युक्ति, को ही दार्शनिक दृष्टि से महत्वपूर्ण माना गया है। इस युक्ति में ईश्वर को इस जगत का कारण माना गया है। लेकिन उदयन ने भी यह नहीं माना है कि ईश्वर ने शून्य से इस जगत की सृष्टि की है, बल्कि यह कहा है कि ईश्वर ने पहले से मौजूद शाश्वत अणुओं के द्वारा विश्व की रचना की है। ईश्वर को जगत का उपादान कारण नहीं मात्र निमित्त कारण माना गया है।

इसके अलावा, उदयन ने वेदों की प्रामाणिकता के आधार पर वेद के रचयिता के रूप में ईश्वर के अस्तित्व को सिद्ध करने की कोशिश की है। फिर, श्रुति या वेद में ईश्वर के उल्लेख के आधार पर भी ईश्वर के अस्तित्व को प्रमाणित करने का प्रयत्न किया गया है।

15वीं शताब्दी में जैन दार्शनिक गुणरत्न ने ***तर्करहस्यदीपिका*** में उदयन द्वारा दी गयी युक्तियों का खण्डन किया है।

बीसवीं सदी में निरीश्वरवाद

बीसवीं सदी में भारत में कई प्रमुख निरीश्वरवादी हुए हैं, जैसे, पैरियार, मानवेन्द्रनाथ रॉय, अम्बेडकर, भगत सिंह, नेहरू, गोरा, राहुल सांकृत्यायन, देवी प्रसाद चट्टोपाध्याय, रामस्वरूप वर्मा, वी॰ एम॰ तारकुंडे और एस॰ पी॰ कनल। इसके अलावा, देव समाज के संस्थापक सत्यानंद अग्निहोत्री (1850-1929) या ''देवात्मा'' का नाम भी उल्लेखनीय है, जिन्होंने 1895 में अपने को निरीश्वरवादी घोषित कर दिया था। दरअसल, बीसवीं शताब्दी में भारत में कई बुद्धिवादी, मानवतावादी और निरीश्वरवादी संगठनों की स्थापना हुई है।

उदाहरण के तौर पर, द्रविडार कषगम के संस्थापक **ई॰ वी॰ रामासामी पैरियार** अपने जीवन के बाद के दिनों में अपनी आम सभाओं की शुरूआत इस घोषणा से करते थे—

ईश्वर नहीं है।
ईश्वर नहीं है।
ईश्वर बिलकुल नहीं है।[3]

इसी तरह, रैडिकल मानवतावादी आन्दोलन के संस्थापक **मानवेन्द्र नाथ रॉय** के अनुसार भाग्य और भगवान भारतीय जनता की गुलामी की जंजीर की सबसे मजबूत

1. R. Garbe, *Philosophy of Ancient India*, p. 23, वेद प्रकाश वर्मा द्वारा उद्धृत, वही, पृष्ठ 113.
2. याकुब मसीह, वही, पृष्ठ 181-182.
3. Periyar E. V. Ramasami, *Periyar's Declaration of War on Brahminism*, p. 1.

कड़ी है। रॉय की यह कल्पना थी कि रैडिकल मानवतावादी आन्दोलन एक स्कूल की तरह होगा जो भारत की जनता को भाग्य और उसके शीर्ष पर विराजमान भगवान के विरुद्ध विद्रोह करना सिखलाएगा। रॉय के अनुसार क्रान्तिकारी व्यक्ति, वही है, जो इस बात को समझता है कि यह विश्व किसी अतिप्राकृतिक सत्ता द्वारा निर्मित नहीं है, और इसे मानव प्रयत्नों द्वारा बेहतर बनाया जा सकता है।[1]

अम्बेडकर भी निरीश्वरवादी थे। यह उनके द्वारा बौद्ध धर्म को अपनाने के लिए दिए गए कारणों और ***बुद्ध और उनका धम्म*** में उनके द्वारा की गयी बौद्ध धर्म की व्याख्या से स्पष्ट है। अम्बेडकर के अनुसार हिन्दू धर्म में ईश्वर, आत्मा और वर्ण-व्यवस्था है, जबकि बौद्ध धर्म इन तीनों से मुक्त हैं।[2] ***बुद्ध और उनका धम्म*** में अम्बेडकर ने निरीश्वरवाद के पक्ष में कई युक्तियों का उल्लेख किया है, जो उनके अनुसार, बुद्ध द्वारा दी गयी थीं। एक युक्ति तो यही है कि ईश्वर का कभी भी प्रत्यक्ष नहीं होता है, इसलिए ईश्वर का अस्तित्व नहीं है। कुछ अन्य युक्तियाँ ''अशुभ की समस्या'' जैसी हैं।

आंध्रप्रदेश के विजयवाड़ा में 'नास्तिक केन्द्र' की स्थापना करने वाले **गोरा** ने *An Atheist with Gandhi* और *Positive Atheism* सहित निरीश्वरवाद के समर्थन में कई किताबें लिखीं। गोरा ''नास्तिक'' शब्द के साथ जुड़े पूर्वाग्रहों को मिटा कर इसे एक सम्मानजनक शब्द बनाना चाहते थे।

भगतसिंह ने फाँसी पर चढ़ाए जाने से कुछ समय पहले अक्टूबर, 1930, को ''मैं नास्तिक क्यों हूँ'' (*Why I am an Atheist*) की रचना की। अपनी इस रचना में उन्होंने ''एक सर्वशक्तिमान परम-आत्मा'' के विचार को, ''जिसने ब्रह्मांड का सृजन किया, दिग्दर्शन और संचालन किया'', पूरी तरह अस्वीकार किया है।[3] अपने लेख के अंतिम हिस्से में भगतसिंह लिखते हैं, ''मैंने उन नास्तिकों के बारे में पढ़ा है, जिन्होंने सभी विपदाओं का बहादुरी से सामना किया, अतः मैं भी एक मर्द की तरह फाँसी के फंदे की अन्तिम घड़ी तक सिर ऊँचा किए खड़ा रहना चाहता हूँ।''[4]

इससे आगे वे कहते हैं:

मेरे एक दोस्त ने मुझे प्रार्थना करने को कहा, जब मैंने उसे अपने नास्तिक होने की बात बतलायी तो उसने कहा, 'देख लेना अपने अन्तिम दिनों में तुम ईश्वर को मानने लगोगे।'' मैंने कहा, ''नहीं प्रिय महोदय ऐसा नहीं होगा। ऐसा करना मेरे लिए अपमानजनक तथा पराजय की बात होगी''।[5]

ऊपर दिए गए बीसवीं सदी के प्रमुख भारतीय निरीश्वरवादियों के नामों और

---

1. रमेन्द्र, ''मानवेन्द्रनाथ रॉय'', ***स्वतंत्रोत्तर भारतीय दार्शनिक चिन्तन,*** पृष्ठ 59-83.
2. Dhananjay Keer, *Dr. Ambedkar : Life and Mission*, p. 492.
3. जगमोहन सिंह एवं चमनलाल (सं॰), ***भगतसिंह और उनके साथियों के दस्तावेज,*** पृष्ठ 409.
4. वहीं, पृष्ठ 418.
5. वहीं.

दृष्टान्तों को और भी आगे बढ़ाया जा सकता है। इस तरह, इसमें कोई सन्देह नहीं कि भारत में निरीश्वरवाद की एक लम्बी परम्परा रही है, और बीसवीं सदी में भारत में निरीश्वरवाद का फिर से उदय हुआ है।[1] निरीश्वरवाद के क्षेत्र में भारतीय विचारकों का महत्त्वपूर्ण योगदान रहा है।

प्रश्न

1. क्या निरीश्वरवाद भी एक धर्म हो सकता है? चर्चा कीजिए। (2005)

❑

1. Ramendra in collaboration with Kawaljeet, *Rationalism, Humanism and Atheism in Twentieth Century Indian Thought*, http://www. buddhiwadi.org/rationalism.htm

अध्याय 39

निरीश्वरवाद : पाश्चात्य

परम्परागत रूप से पश्चिम में निरीश्वरवाद के प्रति काफी विरोध का भाव रहा है, लेकिन अब हाल के दिनों में इस रवैए में परिवर्तन आया है। पॉल एडवर्ड्स के अनुसार अब इस बात पर आम सहमति दिखती है कि एक निरीश्वरवादी भी अच्छा और भरोसे के लायक इन्सान हो सकता है। इसके अलावा, अब निरीश्वरवादियों को भी अन्य नागरिकों जैसे ही अधिकार भी मिले हुए हैं।[1]

दर्शन के क्षेत्र में प्राचीन ग्रीक दार्शनिक प्लेटों ने भी अपनी पुस्तक *Laws* में निरीश्वरवादियों के दमन की वकालत की है। मध्ययुगीन धर्मशास्त्री अक्वाइनस के अनुसार तो निरीश्वरवादियों की हत्या ही कर दी जानी चाहिए। फ्रेंच क्रान्ति के पहले तक फ्रांस में निरीश्वरवाद के समर्थन में रचनाएँ प्रकाशित करना गैरकानूनी था। फ्रेंच भौतिक दार्शनिक हॉलबैक को अपनी पुस्तक *The System of Nature* (1770) गुमनाम रूप से प्रकाशित करनी पड़ी। आधुनिक अंग्रेज दार्शनिक जॉन लाक के अनुसार निरीश्वरवादियों द्वारा लिए गए शपथ पर भरोसा नहीं किया जा सकता है। अंग्रेज कवि शेली ने जब ऑक्सफोर्ड विश्वविद्यालय में छात्र के रूप में *The Necessity of Atheism* (निरीश्वरवाद की आवश्यकता) का प्रकाशन किया, तो उन्हें हिंसक विरोध का सामना करना पड़ा। उनकी रचना की अवितरित प्रतियाँ जला दी गयीं, और उन्हें 1811 में विश्वविद्यालय से निकाल दिया गया। बाद में उनके निरीश्वरवाद के आधार पर अदालत द्वारा उन्हें उनके बच्चों की अभिरक्षा (custody) से वंचित कर दिया गया। एनी बेसेन्ट के साथ भी ऐसा ही हुआ। 1869 में Evidence Amendment Act के पारित होने तक ब्रिटेन में निरीश्वरवादियों को अदालत में गवाही देने के योग्य नहीं समझा जाता था। ब्रिटेन के निरीश्वरवादी चार्ल्स ब्रैडलॉफ की इस कानून में परिवर्तन लाने में महत्त्वपूर्ण भूमिका थी। चार्ल्स ब्रैडलॉफ को 'हाउस ऑफ कॉमन्स' में निरीश्वरवादियों के बैठने के अधिकार के लिए भी काफी संघर्ष करना पड़ा। पॉल एडवर्ड्स के अनुसार संयुक्त राज्य अमेरिका में निरीश्वरवाद के प्रति इस किस्म का कानूनी भेदभाव नहीं रहा है, लेकिन व्यवहार में किसी अन्य पश्चिमी देश की तुलना में अमेरिका में निरीश्वरवादियों के विरुद्ध अधिक पूर्वाग्रह और भेदभाव पाया जाता है।[2]

---

1. Paul Edwards, "Atheism", *The Encyclopedia of Philosophy,* vol. 1, p. 174.
2. Ibid., pp. 174-75.

निरीश्वरवाद की परिभाषा

Oxford Advanced Learner's Dictionary of Current English और *Webster's New World Dictionary* के अनुसार ''निरीश्वरवाद'' (atheism) का अर्थ है ''यह विश्वास कि ईश्वर नहीं है'' ("belief that there is no God.")।

Oxford Advanced Learner's Dictionary of Current English के अनुसार ही ''निरीश्वरवादी'' (atheist) का अर्थ है ऐसा ''व्यक्ति जो यह विश्वास रखता है कि ईश्वर नही है'' ("person who believes that there is no God.")।

पॉल एडवर्ड्स के अनुसार ''निरीश्वरवादी'' की सबसे अधिक प्रचलित परिभाषा के अनुसारः ''निरीश्वरवादी'' वह व्यक्ति है, जो यह मानता है कि ईश्वर नहीं है। दूसरे शब्दों में, जिसके अनुसार यह वाक्य कि ''ईश्वर का अस्तित्व है'' एक **असत्य** तर्कवाक्य को अभिव्यक्त करता है। स्वयं पॉल एडवर्ड्स की परिभाषा के अनुसार, एक ''निरीश्वरवादी'' वह है जो ईश्वर में विश्वास को **अस्वीकार** करता है, चाहे उसके इस अस्वीकार का आधार ''ईश्वर का अस्तित्व है'' को असत्य मानना हो या न हो।[1]

Atheism : The Case Against God के लेखक जॉर्ज स्मिथ के अनुसार बुनियादी तौर पर निरीश्वरवाद कोई विश्वास नहीं है; बल्कि **विश्वास का अभाव** (absence of belief) है। मुख्य रूप से निरीश्वरवादी वह नहीं है, जो यह विश्वास करता है कि ईश्वर का अस्तित्व नहीं है; बल्कि वह है जो ईश्वर के अस्तित्व में विश्वास नहीं करता।[2]

इस तरह, बीसवीं सदी में निरीश्वरवादियों द्वारा ''निरीश्वरवाद'' शब्द के दो भिन्न अर्थों के बीच सूक्ष्म अन्तर भी किया गया है। अपनी पुस्तक *Introduction to Atheism* में फिनगीर हिऑर्थ ने ''सैद्धान्तिक निरीश्वरवाद'' (theoretical atheism) और ''गैरईश्वरवाद'' (nontheism) के बीच एक महत्त्वपूर्ण अन्तर किया है। हिऑर्थ ने इस विश्वास को कि ''ईश्वर का अस्तित्व नहीं है'', ''सैद्धान्तिक मिरीश्वरवाद'' कहा है। हिऑर्थ ने इस ओर ध्यान दिलाया है कि बीसवीं सदी में निरीश्वरवादी ''निरीश्वरवाद'' की इस अवधारणा से संतुष्ट नहीं रहे हैं। उनके अनुसार ''निरीश्वरवादी'' वह व्यक्ति है जो ईश्वर के अस्तित्व में विश्वास से मुक्त है (without belief in God)। हिऑर्थ ने इस दूसरे किस्म के निरीश्वरवाद को ''गैरईश्वरवाद'' कहा है।[3]

अगर एक व्यक्ति कहता है कि ''ईश्वर का अस्तित्व **नहीं** है'', और दूसरा कहता है कि ''मुझे ईश्वर के अस्तित्व में **विश्वास** नहीं है'', तो इन दोनों स्थितियों में एक सूक्ष्म अन्तर है। स्पष्ट है कि हिऑर्थ द्वारा बताए गए अर्थ में ''गैरईश्वरवाद'', ''सैद्धान्तिक निरीश्वरवाद'' की तुलना में अधिक व्यापक शब्द है। अगर कोई व्यक्ति पहले अर्थ में ''निरीश्वरवादी'' है, तो वह दूसरे अर्थ में भी ''निरीश्वरवादी'' या

---

1. Ibid., p. 175.
2. George H. Smith, *Atheism : The Case Against God.*
3. Finngeir Hiorth, *Introduction to Atheism*, pp. 22-24.

गैरईश्वरवादी होगा। लेकिन, इसका उल्टा सत्य नहीं है, क्योंकि अगर कोई व्यक्ति ईश्वर में विश्वास से मुक्त है, तो इसके कई आधार हो सकते हैं। एक आधार तो यही हो सकता है कि वह यह मानता है कि "ईश्वर का अस्तित्व नहीं है" (सैद्धान्तिक निरीश्वरवाद)। लेकिन, इसके अलावा, इसके अन्य आधार भी हो सकते हैं। उदाहरण के तौर पर, वह यह मान सकता है कि ईश्वर के अस्तित्व में विश्वास रखने के लिए कोई तर्कसंगत युक्ति नहीं है, और ईश्वर के अस्तित्व को प्रमाणित करने का बोझ (burden of proof) ईश्वरवादियों पर है; और जब तक ईश्वर के अस्तित्व को प्रमाणित न किया जाए, तब तक ईश्वर में विश्वास न रखना ही युक्तिसंगत है (संदेहवाद)। ऐसा व्यक्ति "ईश्वर का अस्तित्व है" को असत्य प्रमाणित करने का बोझ अपने ऊपर नहीं लेगा। यह भी सम्भव है कि कोई व्यक्ति ईश्वर के अस्तित्व मं विश्वास न रखता हो, या ईश्वर में विश्वास से मुक्त हो, क्योंकि उसके अनुसार यह जानना सम्भव नहीं है कि ईश्वर का अस्तित्व है या नहीं (अज्ञेयवाद)। फिर, यह भी सम्भव है कि किसी व्यक्ति के अनुसार, हालांकि सिद्धान्ततः यह जानना सम्भव है कि ईश्वर का अस्तित्व है या नहीं, लेकिन आज के समय इस बारे में ठोस निष्कर्ष निकालने के लिए पर्याप्त प्रमाण नहीं है। इन सब से अलग, यह भी सम्भव है कि कोई व्यक्ति यह विश्वास करता हो कि "ईश्वर" शब्द निरर्थक है, और ऐसे सभी वाक्य जिनमें "ईश्वर" शब्द मौजूद हो सार्थक वाक्यों की श्रेणी में नहीं रखे जा सकते हैं (तर्कीय प्रत्यक्षवाद)। यह भी सम्भव है कि कोई व्यक्ति ईश्वर में विश्वास से मुक्त हो, क्योंकि उसका ईश्वर के विचार से कभी सामना ही नहीं हुआ हो। इस तरह, ईश्वर के अस्तित्व में विश्वास न रखने के कई आधार हो सकते हैं। ईश्वर के अस्तित्व को नकारना इन आधारों में सिर्फ एक आधार है।

परम्परागत निरीश्वरवादी युक्तियाँ

पॉल एडवर्ड्स ने 18वीं और 19वीं सदी में प्रचलित दो प्रमुख निरीश्वरवादी युक्तियों का उल्लेख किया है। इनमें से एक युक्ति तो वही है, जिसकी चर्चा हम "अशुभ की समस्या" अध्याय के अन्तर्गत विस्तृत रूप में कर चुके हैं।

अशुभ की समस्या

संक्षेप में, "अशुभ की समस्या" के अनुसारः अगर इस विश्व में बुराई ईश्वर की इच्छा से है, तो वह दयालु नहीं है। अगर इस विश्व में बुराई ईश्वर की मर्जी के विरुद्ध है, तो वह सर्वशक्तिमान नहीं है। लेकिन, अशुभ या तो ईश्वर की इच्छा से है या ईश्वर की इच्छा के विरुद्ध है, इसलिए, ईश्वर या तो दयालु नहीं है, या सर्वशक्तिमान नहीं है।

भौतिक द्रव्य की नित्यता पर आधारित युक्ति

यह युक्ति भौतिक द्रव्य या द्रव्य और ऊर्जा की नित्यता के सिद्धान्त पर आधारित है। इस युक्ति के दो चरण हैं। पहले, स्वयंसिद्ध (self-evident proposition) के रूप में या विज्ञान द्वारा प्रमाणित तर्कवाक्य के रूप में यह दावा किया जाता है कि

भौतिक द्रव्य नित्य है। दूसरे चरण में, यह कहा जाता है कि इस सिद्धान्त का भौतिक विश्व के सृष्टिकर्त्ता के रूप में ईश्वर की धारणा से सामंजस्य नहीं है। अगर इस भौतिक विश्व की रचना ईश्वर द्वारा की गयी होती, तो इसका यह अर्थ होता कि कोई ऐसा भी समय था, जबकि विश्व में द्रव्य की मात्रा अभी से कम या शून्य के बराबर थी। जबकि भौतिकशास्त्र के अनुसार विश्व में द्रव्य की मात्रा हमेशा एक बराबर रही है।[1]

क्योंकि यहूदी-ईसाई-इस्लाम जैसे प्रमुख एकेश्वरवादी धर्मों में ईश्वर को इस विश्व का सृष्टिकर्त्ता माना जाता है, और यह दावा किया जाता है कि ईश्वर ने **शून्य से** इस विश्व की सृष्टि की है, इसलिए यह युक्ति निरीश्वरवाद के पक्ष में एक प्रभावशाली और कारगर युक्ति है। "ईश्वर" के समर्थक "ईश्वर" की धार्मिक अवधारणा में परिवर्तन लाकर इस युक्ति के प्रभाव से बचने का प्रयत्न कर सकते हैं। लेकिन यह धर्म-दार्शनिक दृष्टि से बहुत महत्त्वपूर्ण नहीं होगा। क्योंकि धर्म-दर्शन में हमारा मुख्य सम्बन्ध विभिन्न ईश्वरवादी धर्मों में मौजूद "ईश्वर" की धारणा से है, न कि धर्मशास्त्रियों और दार्शनिकों द्वारा दी गयी ईश्वर की धारणाओं से। पश्चिमी धर्म-दर्शन में ईश्वर के अस्तित्व के प्रश्न पर मुख्यतः यहूदी-ईसाई "ईश्वर" के सन्दर्भ में ही चर्चा हुई है।

बीसवीं सदी में निरीश्वरवाद

बीसवीं सदी के पश्चिमी दर्शन में निरीश्वरवाद काफी प्रमुख रहा है। ब्रिटिश तर्कीय परमाणुवादी बर्ट्रेण्ड रसेल, फ्रेंच अस्तित्ववादी ज्याँ पॉल सार्त्र और अमरीकी मानवतावादी कॉर्लिस लामोन्ट कुछ प्रमुख निरीश्वरवादी हैं। ईश्वर-समर्थक युक्तियों के सन्दर्भ में रसेल द्वारा *Why I am not a Christian* में की गयी कुछ टिप्पणियों का उल्लेख हम "ईश्वर-समर्थक युक्तियाँ" अध्याय में कर चुके हैं।

रसेल के अनुसार, अधिकांश लोग किन्हीं बौद्धिक युक्तियों के कारण नहीं, बल्कि सिर्फ इसलिए ईश्वर के अस्तित्व में विश्वास करते हैं, क्योंकि उन्हें बचपन से ऐसा करना सिखलाया जाता है।

सार्त्र ने अपने निरीश्वरवादी अस्तित्ववाद में संकल्प-स्वातन्त्र्य और मानव की नैतिक जिम्मेवारी पर बल दिया है। सार्त्र के अनुसार अपनी नैतिक जिम्मेवारी से भागने का कोई भी प्रयत्न "दुरास्था" (bad faith) का उदाहरण है।

इसके अलावा, अमरीकी दार्शनिक **कॉर्लिस लामोन्ट** ने *The Philosophy of Humanism* में मानवतावाद का प्रबल समर्थन किया है। लामोन्ट के अनुसार, विश्व के प्रति मानवतावादी दृष्टिकोण विज्ञान पर आधारित है।[2] मानवतावाद प्रकृतिवाद का समर्थन करता है। यह ईश्वर और मृत्यु के बाद जीवन सहित हर किस्म के अतिप्रकृतिवाद (supernaturalism) को कोरी कल्पना मानता है।[3] लामोन्ट के अनुसार, मानव के

1. Paul Edwards, Op. Cit., p. 177.
2. Corliss Lamont, *The Philosophy of Humanism*, p. 126.
3. Ibid., pp. 12-15.

स्तर पर अतिप्रकृतिवाद की असत्यता का अर्थ यह है कि मनुष्य में कोई अतिप्राकृतिक और अनश्वर आत्मा नहीं है। सम्पूर्ण विश्व के स्तर पर अतिप्रकृतिवाद की अवास्तविकता का अर्थ है कि इस विश्व में कोई अतिप्राकृतिक और शाश्वत ईश्वर नहीं है।[1]

प्रसिद्ध तर्कीय प्रत्यक्षवादी **ए॰ जे॰ एयर** के अनुसार, ''ईश्वर'' सम्बन्धी सभी वाक्य ''निरर्थक'' होते हैं। ''धार्मिक भाषा का दर्शन'' अध्याय के अन्तर्गत हम ए॰ जे॰ एयर जैसे तर्कीय प्रत्यक्षवादियों द्वारा अर्थ के सत्यापनीयता सिद्धान्त को धर्मशास्त्र पर लागू करने के प्रयत्नों का उल्लेख कर चुके हैं। एयर के अनुसार किसी अनुभवातीत ''ईश्वर'' के बारे में किसी भी वाक्य के सत्य या असत्य होने का प्रश्न ही नहीं उठता, क्योंकि ऐसे सभी वाक्य निरर्थक होते हैं।

अपनी पुस्तक *Language, Truth and Logic* में एयर की मुख्य रुचि इस प्रश्न में है कि ''ईश्वर'' सम्बन्धी वाक्य ''सार्थक'' होते हैं या नहीं।[2] एयर के अनुसार, अगर ''ईश्वर'' को प्राकृतिक वस्तुओं से जोड़ा जाता हो, तो ऐसे ईश्वर-सम्बन्धी कथनों को ''सार्थक'' माना जा सकता है, लेकिन ''ईसाई धर्म जैसे ईश्वर'' सम्बन्धी वाक्यों को सार्थक नहीं माना जा सकता है। एयर के अनुसार, ऐसे ईश्वर के बारे में यह दावा किया जाता है कि वह अनुभवातीत है, जिसे कुछ इन्द्रियानुभविक अभिव्यक्तियों के माध्यम से जाना जा सकता है, लेकिन उसे इन अभिव्यक्तियों के माध्यम से परिभाषित नहीं किया जा सकता है। ऐसे में ''ईश्वर'' एक ''तत्वमीमांसीय'' पद बन जाता है। यह सम्भव भी नहीं है कि ईश्वर का अस्तित्व हो। जब कोई यह कहता है कि ''ईश्वर का अस्तित्व है'' तब यह एक तत्वमीमांसीय वाक्य है, जिसके सत्य या असत्य होने का कोई प्रश्न ही नहीं रह जाता है। ऐसे सभी वाक्य, जो अनुभवातीत ईश्वर की प्रकृति का वर्णन करने का दावा करते हैं, शाब्दिक दृष्टि से निरर्थक होते हैं।

एयर ने अपने विचार को निरीश्वरवादियों और अज्ञेयवादियों के विचार से अलग दिखाने का प्रयत्न किया है। एयर के अनुसार निरीश्वरवादी यह दावा करते हैं: ''अनुभवातीत ईश्वर का अस्तित्व नहीं है''। जबकि अज्ञेयवादियों के अनुसार ''अनुभवातीत ईश्वर का अस्तित्व है'' और ''अनुभवातीत ईश्वर का अस्तित्व नहीं है'' इन दोनों में से किसी भी कथन को सत्य मानने का पर्याप्त आधार नहीं है। अज्ञेयवादी यह नहीं कहता है कि ये दोनों वाक्य सार्थक कथन नहीं हैं। जबकि एयर के विचार में ये दोनों वाक्य किसी वास्तविक तर्कवाक्य को अभिव्यक्त नहीं करते हैं। ''ईश्वर का अस्तित्व नहीं है'' भी उतना ही निरर्थक वाक्य है, जितना कि ''ईश्वर का अस्तित्व है''। इसलिए, इनके सत्य या असत्य होने का प्रश्न ही नहीं उठता है।

एयर ने चाहे स्वयं को निरीश्वरवादियों से अलग दिखाने का प्रयत्न किया हो, लेकिन जब कोई व्यक्ति यह कह रहा हो कि अनुभवातीत ईश्वर-सम्बन्धी किसी वाक्य को इस विश्व के बारे में कोई सार्थक कथन नहीं माना जा सकता है, और यह सम्भव भी नहीं है कि ईश्वर का अस्तित्व हो, तो फिर ऐसे व्यक्ति को ''गैरईश्वरवादी'' या ईश्वर में विश्वास के अभाव के अर्थ में ''निरीश्वरवादी'' ही कहा जा सकता है।

---

1. Ibid., p. 126.
2. A. J. Ayer, *Language, Truth and Logic*, pp. 152-54.

जो भी हो, **एन्टनी फ्ल्यू** ने तर्कीय प्रत्यक्षवादियों के सत्यापनीयता के सिद्धान्त या उससे मिलते-जुलते पॉपर के मिथ्यापनीयता सिद्धान्त का इस्तेमाल यहूदी-ईसाई ईश्वर के अस्तित्व को चुनौती देने के लिए किया है।[1] फ्ल्यू के अनुसार ईश्वर-सम्बन्धी कथनों का मिथ्यापन सम्भव नहीं है। इसलिए, ये खोखले या शून्य होते हैं। या॰ मसीह ने फ्ल्यू के दृष्टिकोण को ''भाषायी अनीश्वरवाद''[2] और ''सत्तामूलक अनीश्वरवाद''[3] कहा है।

या॰ मसीह की राय में ''सत्तामूलक अनीश्वरवाद'' (ontological atheism) के अनुसार ''ईश्वर प्रत्यय से ही यह निगमित होता है कि इसके अनुरूप किसी प्रकार की वास्तविक सत्ता असम्भव है''। इसे **जे॰ एन॰ फिण्डले** ने स्पष्ट रूप से प्रस्तुत किया है। फिर, एन्टनी फ्ल्यू ने भी सिद्ध किया है कि ईश्वर प्रत्यय के अनुरूप वास्तविक सत्ता असम्भव है, क्योंकि ईश्वर-सम्बन्धी वाक्य अर्थहीन अथवा शून्य (vacuous) हैं।[4]

बीसवीं सदी में पश्चिम में ईश्वरवाद के विरुद्ध और निरीश्वरवाद के पक्ष में काफी कुछ लिखा गया है। इस सन्दर्भ में जिन विचारकों और लेखकों की चर्चा हम कर चुके हैं, उनके अलावा जे॰ एल॰ मैकी, काई नियेलसन और माइकेल मार्टिन के विचार भी उल्लेखनीय हैं।

अंग्रेजी दार्शनिक **जे॰ एल॰ मैकी** का जिक्र हम ''अशुभ की समस्या'' अध्याय में कर चुके हैं। निरीश्वरवाद की दृष्टि से मैकी की 1982 में प्रकाशित पुस्तक *The Miracle of Theism* भी उल्लेखनीय है। पुस्तक की प्रस्तावना में मैकी ने अपने को निरीश्वरवादी बतलाया है। उनकी पुस्तक में ईश्वरवाद की आलोचना की गयी है। उनके अनुसार ''ईश्वरवाद'' का अर्थ है वह सिद्धान्त जिसके अनुसार ईश्वर का अस्तित्व है, खास तौर से, उस ''ईश्वर'' का, जिसकी कल्पना यहूदी, ईसाई और इस्लाम जैसे मुख्य एकेश्वरवादी धर्मों की केन्द्रीय परम्परा में की गयी है। मैकी की राय में इस प्रश्न पर तर्कसंगत चर्चा होनी चाहिए कि ईश्वर का अस्तित्व है या नहीं। मैकी के अनुसर यह चर्चा फलदायक होगी और इससे निश्चित निष्कर्ष निकल सकते हैं। मैकी के अनुसार ईश्वर के अस्तित्व का प्रश्न एक वास्तविक, सार्थक और महत्त्वपूर्ण प्रश्न है।[5]

कैनेडा के **काइ नियलसन** भी बीसवीं सदी के एक प्रमुख निरीश्वरवादी हैं। 1982 में प्रकाशित *An Introduction to Philosophy of Religion* उनकी एक महत्वपूर्ण रचना है। नियलसन के अनुसार यहूदी-ईसाई ''ईश्वर'' की अवधारणा अबोधगम्य या असंगत है। नियलसन ने ''ईश्वर'' की दो मुख्य अवधारणाओं के बीच अन्तर किया

---

1. John H. Hick, *Philosophy of Religion*, p. 86.
2. या॰ मसीह, ***सामान्य धर्मदर्शन***, p. 284.
3. वहीं, p. 279.
4. वहीं, p. 269.
5. Finngeir Hiorth, *Introduction to Atheism*, p. 46.

है : एक, मानवत्वारोपी यानी जिसमें ईश्वर पर मानवीय गुणों को आरोपित किया जाता है, और दो, गैरमानवत्वारोपी या तत्वमीमांसीय। इसकी व्याख्या इस प्रकार कर सकते हैं:

ईश्वर को अक्सर ऐसे सर्वोच्च व्यक्तित्ववान सत्ता के रूप में लिया जाता है, जो इस विश्व का सृष्टिकर्त्ता है, पूर्णतः शुभ, सर्वशक्तिमान, सर्वज्ञ और न्यायी है। इस 'व्यक्तित्ववान सत्ता' के 'सृष्टिकर्त्ता' जैसे गुणों की कम-से-कम दो ढंग से व्याख्या हो सकती है। या तो इन गुणों की शाब्दिक व्याख्या की जा सकती है, या फिर इनकी लाक्षणिक (metaphorical) या प्रतीकात्मक (symbolic) व्याख्या की जा सकती है। पहले दृष्टांत में ईश्वर की मानवत्वारोपी (anthropomorphic) अवधारणा मिलती है, और दूसरे दृष्टांत में गैरमानवत्वारोपी (non-anthropomorphic) या तत्वमीमांसीय (metaphysical) अवधारणा।

नियलसन ने ईश्वर की दोनों ही अवधारणाओं को अस्वीकार किया है। लेकिन, इन दोनों अवधारणाओं के बारे में उनका दृष्टिकोण अलग-अलग है। यह मान्यता कि किसी मानवत्वारोपी ईश्वर का अस्तित्व है, बोधगम्य है, लेकिन गलत है। दूसरी ओर, यह मान्यता कि किसी तत्वमीमांसीय ईश्वर का अस्तित्व है, अबोधगम्य और असंगत है।[1]

बीसवीं सदी में निरीश्वरवाद के समर्थकों में अमरीकी दार्शनिक **माइकेल मार्टिन** का नाम उल्लेखनीय है। मार्टिन के अनुसार 1990 में प्रकाशित उनकी पुस्तक *Atheism : A Philosophical Justification* का मुख्य उद्देश्य ''निरीश्वरवादी होने के लिए अच्छी युक्तियाँ'' प्रदान करना है। मार्टिन ने यह दिखाने का प्रयत्न किया है कि ''निरीश्वरवाद एक युक्तिसंगत दृष्टिकोण'' है, जबकि ईश्वर में विश्वास के बारे में ऐसा नहीं कहा जा सकता है।[2]

मार्टिन ने ईश्वर के अस्तित्व में विश्वास की अतार्किकता को दिखलाने के क्रम में अपना ध्यान यहूदी-ईसाई ईश्वर पर केन्द्रित किया है — एक ऐसी व्यक्तित्ववान सत्ता, जो सर्वज्ञ, सर्वशक्तिमान और पूर्णतः शुभ है, और जिसने विश्व की सृष्टि की है। मार्टिन के अनुसार पश्चिमी समाज में निरीश्वरवादियों और ईश्वरवादियों के बीच अधिकतर ऐसे ईश्वर के अस्तित्व को लेकर ही विवाद रहा है।[3]

मार्टिन के अनुसार यह दिखा पाना सम्भव है कि धार्मिक कथन ज्ञानात्मक दृष्टि से निरर्थक होते हैं। लेकिन, अगर धार्मिक कथन ज्ञानात्मक दृष्टि से सार्थक हों, तो वे अच्छी युक्तियों पर आधारित नहीं होते। मार्टिन ने अपनी पुस्तक के निष्कर्ष को इस प्रकार रखा है—

अगर धार्मिक भाषा ज्ञानात्मक दृष्टि से निरर्थक है, तो ईश्वर में विश्वास न रखना सही है। यह सोचने के लिए अच्छी युक्तियाँ हैं कि यह (धार्मिक भाषा) निरर्थक है।

1. Ibid., p. 89.
2. Finngeir Hiorth, *Introduction to Atheism*, p. 41.
3. Michael Martin, *Atheism : A Philosophical Justification*, p. 41.

इसलिए, ईश्वर में विश्वास नहीं रखना सही है। अगर मान भी लें कि धार्मिक भाषा निरर्थक नहीं है, तो भी ईश्वर में विश्वास न रखना सही है और ईश्वर के अस्तित्व को अस्वीकार करना भी सही है।[1]

इस तरह, बीसवीं सदी में पश्चिम में कई निरीश्वरवादी दार्शनिक हुए हैं, तथा ईश्वरवाद के विरुद्ध और निरीश्वरवाद के पक्ष में काफी कुछ लिखा गया है। जिन लेखकों का ऊपर उल्लेख किया गया है उनके अलावा भी निरीश्वरवाद के पक्ष में लिखने वाले कई लेखक हुए हैं। 19वीं सदी तक निरीश्वरवादियों का जैसा दमन होता था, वह अब अतीत की बात है।

प्रश्न

1. क्या निरीश्वरवाद एक धर्म हो सकता है, चर्चा कीजिए। (2005)

❑

1. Michael Martin, *Atheism : A Philosophical Justification*, p. 455, Quoted by Finngeir Hiorth in *Introduction to Atheism*, p. 42.

अध्याय 40

पाप की समस्या और मुक्ति

''पाप'' (sin) की अवधारणा का सम्बन्ध ईश्वरवादी धर्मों से है। ''पाप'' का अर्थ हुआ ईश्वर के बनाए नियमों का उल्लंघन। ''पाप'' (sin) और ''अपराध'' (crime) के बीच अन्तर है। ''अपराध'' का सम्बन्ध किसी देश के कानून के उल्लंघन से है, जबकि **''पाप'' का ''ईश्वरीय कानून'' के उल्लंघन से।**

पारसी, यहूदी, ईसाई, इस्लाम और ऋग्वैदिक धर्म में ''पाप'' की अवधारणा विकसित रूप में पाई जाती है। ईसाई धर्म के अनुसार प्रथम मानव आदम ने ईश्वर की आज्ञा का उल्लंघन कर ज्ञान के फल को चख लिया। इस ''मूल पाप'' (original sin) के कारण ईश्वर ने उसे स्वर्ग से पृथ्वी पर धकेल दिया। इस तरह, ईसाई धर्म में ईश्वर की आज्ञा के उल्लंघन को ''पाप'' माना गया है। इस्लाम में भी ईश्वर की आज्ञा के उल्लंघन को ही ''पाप'' माना गया है। इबलिस ने ईश्वर के आदेश पर आदम के आगे सिर झुकाने से इनकार कर दिया, इसे ही उसका ''पाप'' माना गया। **ऋग्वेद** में वरूण नाम के देवता द्वारा बनाए गए नैतिक नियम या ''ऋत'' की अवधारणा आयी है। **ऋग्वेद** में वरुण के बनाए नियमों का उल्लंघन करने के लिए क्षमा माँगने के दृष्टान्त भी मिलते हैं। रामानुज के अनुसार ''पाप'' ईश्वर के विरुद्ध विद्रोह है। ईश्वर ने मनुष्य को संकल्प-स्वातन्त्र्य दिया और धर्मशास्त्रों के माध्यम से उसके मार्गदर्शन के लिए आदेश दिए। शास्त्रों में दिए गए ईश्वर के आदेश का उल्लंघन करने के कारण ही मनुष्य जीवन-मरण और पुनर्जन्म के चक्र में फँस जाता है।[1]

विभिन्न धर्मों में ''पाप'' के प्रायश्चित के उपाय भी बतलाए गए हैं। ईसाई धर्म के अनुसार ईश्वर प्रेममय और दयावान है। इसलिए, ईश्वर ने आदम को पृथ्वी पर गिराने के बाद अपने ''प्रिय पुत्र'' जिसस को पृथ्वी पर भेज दिया, ताकि उसके बलिदान द्वारा सभी अपने पापों से मुक्ति पाएँ। ईसा ने अपनी बलि देकर स्वर्ग के द्वार सबके लिए खोल दिए। यह **विश्वास** करके ही कि ईसा ने मानव को पापों से मुक्ति दिलाने के लिए क्रूसीय मौत को स्वीकार किया, मानव ''मुक्ति'' (salvation) प्राप्त कर सकता है। इसी तरह, इस्लाम के अनुसार ''पाप'' से मुक्ति के लिए अल्लाह में विश्वास रखना चाहिए। नमाज पढ़ने, रमजान के महीने में उपवास करने (रोजा रखने) और जकात आदि से पापों से मुक्त होने में सहायता मिलती है। हिन्दू धर्मशास्त्रों में अलग-अलग ''पापों'' के प्रायश्चित के लिए विस्तार से उपाय बतलाए गए हैं।

---

1 Y. Masih, *A Comparative Study of Religions*, pp. 314-18.

मुक्ति (Salvation)

''मुक्ति'' (salvation) की अवधारणा ईसाई और इस्लाम जैसे पैगम्बरी धर्मों में पाई जाती है, जबकि भारतीय मूल के धर्मों में ''मोक्ष'' (liberation) की अवधारणा पाई जाती है।[1] ''मुक्ति'' (salvation) का अर्थ है ईश्वर के क्रोध से मुक्ति, जिसके परिणामस्वरूप अनन्त काल तक नरक में जाना पड़ता है। नरक में तरह-तरह की शारीरिक और मानसिक यंत्रणाएँ दी जाती हैं।

जहाँ एक ओर भारतीय मूल के सभी धर्म, मोटे तौर पर, कर्म-संसार-ज्ञान-मुक्ति के सिद्धान्त को स्वीकार करते हैं, वहाँ दूसरी ओर पैगम्बरी धर्मों द्वारा इसे स्वीकार नहीं किया जाता है। पारसी, यहूदी, ईसाई और इस्लाम धर्मों में भी मृत्यु के बाद जीवन के अस्तित्व में विश्वास पाया जाता है, लेकिन **इन धर्मों में पुनर्जन्म को अस्वीकार किया जाता है।** इन धर्मों के अनुसार प्रत्येक व्यक्ति को एक ही जीवन मिलता है। ऐसा माना गया है कि ''कयामत के दिन'' इस पृथ्वी पर से जीवन का अन्त हो जाएगा। सभी मृत व्यक्ति फिर से जीवित हो उठेंगे, और उन्हें उनके ''पाप'' और ''पुण्य'' के हिसाब से स्वर्ग या नरक भेज दिया जाएगा।[2]

जैसा कि पहले भी उल्लेख किया गया, **ईसाई धर्म के अनुसार जिसस के क्रूसीय मौत (बलिदान) पर विश्वास रखने से ''मुक्ति'' (salvation) मिल जाएगी।** ईसाई धर्म की यह मान्यता है कि जिसस मनुष्यों को पाप से मुक्ति दिलाने के लिए ही सूली पर चढ़े थे। जिसस को इस प्रकार अपना बलिदान देने के लिए ईश्वर द्वारा ही इस पृथ्वी पर भेजा गया था, ताकि जिसस के बलिदान में विश्वास द्वारा मनुष्य को पाप से मुक्ति मिल सके। न्याय दिवस (the day of judgment) के दिन जिसस में विश्वास रखने वालों को ईश्वर द्वारा स्वर्ग भेज दिया जाएगा।

इस्लाम के अनुसार अल्लाह के आदेशों का पालन करने से मुक्ति मिलती है—अल्लाह और उसके रसूल मुहम्मद पर विश्वास करने और इस्लाम के पाँच कर्मकांडों (नमाज, रोजा, जकात, हज और कलिमा) का पालन करने से मुक्ति मिल जाएगी। कयामत के दिन मुहम्मद अपने सच्चे अनुयायियों की ओर से अल्लाह को उनके पापों को क्षमा करने के लिए कहेंगे। इस तरह, जो सच्चे मुसलमान हैं, उन्हें स्वर्ग भेज दिया जाएगा। (जैन, बौद्ध, हिन्दू और सिक्ख धर्मों के अन्तर्गत ''मोक्ष'' विचार की चर्चा ''मोक्ष प्राप्ति के पथ'' के अन्तर्गत की गयी है।)

---

1 Ibid, pp. 310-12.

2. पैगम्बरी धर्मों के अनुसार अगर ईश्वर क्रोधित हो जाए, तो वह पापी मनुष्य को अनादि काल के लिए नरक में डाल सकता है। "Salvation" का अर्थ है ईश्वर के इस क्रोध से मुक्ति। मैंने यहाँ पर पैगम्बरी धर्मों में पाए जाने वाली "salvation" की अवधारणा के लिए ''मुक्ति'' और भारतीय मूल के धर्मों में पायी जाने वाली "liberation" की अवधारणा के लिए ''मोक्ष'' शब्द का इस्तेमाल किया है। यह शिक्षा मंत्रालय, भारत सरकार, द्वारा प्रकाशित *मानविकी शब्दावली* के अनुरूप है। वैसे, भारतीय सन्दर्भ में, व्यवहार में, ''मुक्ति'' और ''मोक्ष'' शब्दों का इस्तेमाल पयार्यवाची के रूप में भी किया जाता है।

प्रश्न

1. स्पष्ट अन्तर कीजिए—
   (क) अशुभ और पाप में। (1984)
2. क्या मोक्ष विचार पौर्वात्य धर्मों का व्यावर्तक लक्षण है और यहूदी, मसीही, इस्लाम धर्मों के "तारक में विश्वास" के विरुद्ध है? विवेचन कीजिए। (1985)
3. निम्नलिखित पर आलोचनात्मक टिप्पणी लिखिए। टिप्पणी 200 शब्दों से अधिक में न हो—
   (a) ईश्वर पाप और अशुभ को एक पन्नी की तरह प्रयुक्त करता है जिससे वह अपनी कृपा और महिमा बढ़ाता-चढ़ाता है। (1991)
4. निम्नांकित पर अधिक-से-अधिक 200 शब्दों में आलोचनात्मक टिप्पणी लिखिए:
   (क) धर्म एवं मुक्ति (salvation) में सम्बन्ध। (2004)

❑

अध्याय 41

आत्मा की अमरता

अक्सर यह कहा जाता है कि ईश्वर में विश्वास सभी धर्मों में सामान्य तौर से पाया जाता है, लेकिन यह बात सत्य नहीं है। भारतीय मूल के दो धर्म—जैन धर्म और बौद्ध धर्म—निरीश्वरवादी हैं। दूसरी ओर, ***मृत्यु के बाद जीवन में विश्वास हर धर्म में किसी-न-किसी रूप में पाया जाता है।*** यहूदी धर्म का सदूसी सम्प्रदाय इसका एकमात्र अपवाद है। मगर मृत्यु के बाद के जीवन के स्वरूप के बारे में भी अलग-अलग धर्मों में अलग-अलग विचार हैं। यहाँ पर भी बौद्ध धर्म को अन्य धर्मों की तुलना में एक अलग धरातल पर रखना होगा, क्योंकि यह धर्म निरीश्वरवादी होने के साथ-साथ अनात्मवादी भी है।

मृत्यु के बाद जीवन या आत्मा की अमरता पर विचार की दृष्टि से भी विभिन्न धर्मों को दो वर्गों में बाँटा जा सकता है—**पैगम्बरी धर्म**, जैसे पारसी, यहूदी, ईसाई और इस्लाम धर्म, और **भारतीय मूल के धर्म**, जैसे, हिन्दू, जैन, बौद्ध और सिक्ख धर्म। भारतीय मूल के धर्मों में, मोटे तौर पर, कर्म-संसार-ज्ञान-मुक्ति के सिद्धान्त को स्वीकार किया गया है। ***हिन्दू, जैन और सिक्ख धर्मों में आत्मा के अस्तित्व को भी स्वीकार किया गया है।*** यह माना गया है कि आत्मा बार-बार शरीर ग्रहण कर इस धरती पर जन्म लेती है। इसे ही "बन्धन" कहा गया है। इन धर्मों के अनुसार "मोक्ष" के बाद भी किसी-न-किसी रूप में आत्मा का अस्तित्व बना रहता है। जैन धर्म के अनुसार "मोक्ष" के बाद आत्मा फिर से अपनी प्रारम्भिक "पूर्ण" अवस्था को प्राप्त कर लेती है। हिन्दू धर्म में शंकर के अनुसार "मुक्ति" की स्थिति में "आत्मा" और "ब्रह्म" एकाकार हो जाते हैं, जबकि रामानुज के अनुसार "मुक्ति" के बाद जीव बैकुण्ठ (स्वर्ग) में ईश्वर (विष्णु) के सान्निध्य में रहकर आध्यात्मिक प्रगति की ओर बढ़ता रहता है। हिन्दू दर्शन की निरीश्वरवादी शाखा सांख्य के अनुसार आत्मा अमर है, और "मुक्ति" के बाद भी उसका अस्तित्व बना रहता है। इसी तरह, मीमांसा दर्शन के अनुसार भी आत्मा अमर है। ***भगवद्गीता*** के अनुसार आत्मा नित्य और अविनाशी है। शरीर का अन्त होता है, आत्मा का नहीं, आत्मा अमर है। मृत्यु के बाद आत्मा पुराने शरीर को छोड़ कर नए शरीर में चली जाती है।[1] आत्मा अविनाशी है और पूरे शरीर में व्याप्त है।[2] आत्मा नित्य है, इसे न नष्ट किया जा सकता है और न मापा जा सकता है।[3] आत्मा का न जन्म होता है, और न आत्मा की मृत्यु होती है।[4] जैसे कोई व्यक्ति पुराने कपड़ों

1. ***भगवद्गीता***, 2 : 13.
2. वहीं, 2 : 17.
3. वहीं, 2 : 18.
4. वहीं, 2 : 20.

को छोड़कर नए कपड़े पहन लेता है, वैसे ही आत्मा पुराने और बेकार शरीर को छोड़कर नया शरीर ग्रहण कर लेती है।[1] आत्मा को न शस्त्रों द्वारा काटा जा सकता है, न आग द्वारा जलाया जा सकता है, न पानी द्वारा भिंगाया जा सकता है, न हवा द्वारा सुखाया जा सकता है।[2] आत्मा को न तोड़ा जा सकता है, न घोला जा सकता है। यह हर जगह मौजूद है, यह अपरिवर्तनशील और अचल है।[3] और अन्त में, यह अदृश्य, अचिन्त्य या कल्पनातीत है।[4]

गुरुग्रन्थ में शामिल कबीर की एक रचना के अनुसार ''मोक्ष'' के बाद आत्मा की चार प्रकार की गति बतायी गयी है—एक, स्वर्ग-प्राप्ति; दो, ईश्वर के करीब होना; तीन, ईश्वर जैसा होना; और चार, ईश्वर के साथ रहना (सायुज्य)। यह विचार हिन्दू धर्म के रामानुज मत की तरह है। फिर, कबीर की इसी रचना में निर्गुण ब्रह्म से एकाकार होने की बात भी कही गयी है। इस तरह, सिक्ख धर्म में अन्तिम गति के बारे में रामानुज और शंकर दोनों जैसे विचार मिलते हैं।

बौद्ध धर्म में आत्मा के अस्तित्व को अस्वीकार किया गया है, लेकिन मृत्यु के बाद जीवन और पुनर्जन्म को मान्यता प्रदान की गयी है। बौद्ध धर्म के अनुसार जिस तरह एक दीए दूसरे दीप को जला देता है, उसी तरह एक जीवन से दूसरा जीवन चलता रहता है। ''निर्वाण'' प्राप्त होने के बाद पुनर्जन्म नहीं होता है। ''निर्वाण'' का अर्थ हुआ ''बुझा हुआ'' (दीप)। ''निर्वाण'' की स्थिति में क्या होता है, इस पर बुद्ध मौन थे, सिवाय इसके कि इस स्थिति में दुःखों का अन्त हो जाता है। ''निर्वाण'' की व्याख्या को लेकर थेरवाद (''हीनयान'') और ''महायान'' के बीच मतभेद भी हैं। मोटे तौर पर, ''निर्वाण'' एक इच्छाविहीन, शान्त स्थिति है। जो भी हो, यह नहीं कहा जा सकता कि बौद्ध धर्म में आत्मा की अमरता को स्वीकार किया गया है। जब नित्य आत्मा का अस्तित्व ही नहीं है, तो फिर उसके अमर होने का प्रश्न ही कहाँ उठता है।

पारसी, यहूदी, ईसाई और इस्लाम धर्म जैसे ***पैगम्बरी धर्मों में मृत्यु के बाद जीवन के अस्तित्व में विश्वास तो पाया जाता है, लेकिन इन धर्मों में पुनर्जन्म को स्वीकार नहीं किया गया है।*** इन धर्मों के अनुसार प्रत्येक व्यक्ति को सिर्फ एक ही जीवन मिलता है। ऐसा माना गया है कि ''कयामत के दिन'' इस पृथ्वी पर से जीवन का अन्त हो जाएगा। सभी मृत व्यक्ति फिर से सशरीर जीवित हो उठेंगे, और उन्हें उनके कर्मों के हिसाब से स्वर्ग या नरक में भेज दिया जाएगा। इस ***''पुनरुत्थानात्मक'' जीवन के बाद फिर मृत्यु नहीं होगी।*** ईसाई धर्म के अनुसार, जो ईश्वर, जिसस और ***बाइबिल*** में विश्वास नहीं रखते हैं, उन्हें अनादि काल तक नरक में जलना होगा; जबकि इस्लाम के अनुसार जो अल्लाह और उसके पैगम्बर में विश्वास नहीं रखते हैं, वे नरक में जलेंगे।

1. ***भगवद्गीता***, 2 : 22.
2. वहीं, 2 : 23.
3. वहीं, 2 : 24.
4. वहीं, 2 : 25.

आत्मा की अमरता के सन्दर्भ में धर्म-दार्शनिक दृष्टि से महत्त्वपूर्ण प्रश्न यह है कि ***आत्मा की अमरता, मृत्यु के बाद जीवन, पुनर्जन्म और पुनरुत्थान में विश्वास रखने के लिए कोई ठोस तार्किक आधार है, या नहीं।*** ये सारे विश्वास तथ्य-सम्बन्धी विश्वास हैं, इसलिए इनकी जाँच वैज्ञानिक विधि से की जानी चाहिए।

भारतीय दर्शन में आत्मा की अमरता

एस॰ एन॰ दासगुप्त के अनुसार, भारतीय दर्शन में बुद्ध के पहले और बाद भी पुनर्जन्म को प्रमाणित या अप्रमाणित करने के लिए कोई गम्भीर प्रयास नहीं हुए हैं। न्याय दर्शन में पुनर्जन्म को प्रमाणित करने के लिए जो प्रयास किए गए हैं वे अपर्याप्त हैं।[1] दरअसल, जैसा कि हम आगे देखेंगे, बुद्ध के पहले, बुद्ध के समय और बुद्ध के बाद भी भारतीय दर्शन में आत्मा और मृत्यु के बाद जीवन को अप्रमाणित करने के गम्भीर प्रयास हुए हैं।

बौद्ध दर्शन में आत्मा का खण्डन

सबसे पहले हम आत्मा के अस्तित्व के प्रश्न को लें। बौद्ध दर्शन अनात्मवादी दर्शन है, और इसके अन्तर्गत किसी नित्य और स्थायी आत्मा के अस्तित्व को स्वीकार नहीं किया गया है। इस दृष्टि से बौद्ध ग्रन्थ ***मिलिन्द-प्रश्न*** का नाम उल्लेखनीय है। इसमें एक ग्रीक राजा मिनान्दर और बौद्ध भिक्षु नागसेन के बीच वार्त्तालाप का वर्णन है।[2] इस रचना में मिनान्दर को सबसे पहले बौद्ध अनात्मवाद से सम्बन्धित प्रश्न पूछते बतलाया गया है। संक्षेप में, यहाँ पर रथ की उपमा देकर समझाया गया है कि जिस तरह रथ के विभिन्न अंगों—हरीस, चक्के, रस्सियाँ, लगाम, चाबुक, आदि से अलग कोई ''रथ'' का अस्तित्व नहीं है, बल्कि ''रथ के अवयवों के आधार पर केवल व्यवहार के लिए रथ ऐसा एक नाम बोला जाता है''; उसी तरह शरीर के विभिन्न अंगों—रूप, वेदना, संज्ञा, संस्कार और विज्ञान (चेतना) आदि से अलग नागसेन जैसे व्यक्ति का कोई अस्तित्व नहीं है : ''मेरे केश आदि के आधार पर केवल व्यवहार के लिए 'नागसेन' ऐसा एक नाम बोला जाता है, परन्तु, परमार्थ में 'नागसेन' कोई पुरुष विद्यमान नहीं है।''[3]

बौद्ध दर्शन में आत्मा के अस्तित्व को तो अस्वीकार किया गया है, लेकिन पुनर्जन्म को स्वीकार कर लिया गया है। यह एक विसंगति है। इसकी ओर लोकायत दर्शन द्वारा भी ध्यान दिलाया गया है। बुद्ध के पहले ही लोकायत दर्शन में इन्द्रियानुभविक (empirical) आधार पर आत्मा, मृत्यु के बाद जीवन, पुनर्जन्म, स्वर्ग-नरक, आदि का खण्डन किया गया है, क्योंकि इनमें से किसी का भी प्रत्यक्ष नहीं होता। लोकायत दर्शन के अनुसार, शरीर से अलग आत्मा का कोई अस्तित्व नहीं होता है। एक बार शरीर के जल जाने के बाद पुनर्जन्म सम्भव नहीं है।

---

1. S. N. Dasgupta, *A History of Indian Philosophy,* vol. 1, p. 87.
2. J. N. Farquhar, *An Outline of the Religious Literature of India,* p. 105.
3. राहुल सांकृत्यायन, ***दर्शन दिग्दर्शन,*** पृष्ठ 423-25.

लोकायत दर्शन द्वारा आत्मा और पुनर्जन्म का खण्डन

प्राचीन जैन और बौद्ध स्त्रोतों से जो लोकायत दर्शन की जानकारी मिलती है, उसके अनुसार लोकायत दर्शन द्वारा शरीर से अलग किसी आत्मा के अस्तित्व का खण्डन किया गया है, और अपने मत के समर्थन में अनेक युक्तियाँ दी गयी हैं। ये युक्तियाँ अधिकांश इन्द्रियानुभविक किस्म की हैं : ***आत्मा का कभी भी प्रत्यक्ष नहीं होता है, चाहे हम कितनी भी कोशिश क्यों न करें। इसलिए आत्मा का अस्तित्व नहीं है।***

उदाहरण के तौर पर, जैन साहित्य के प्राचीनतम हिस्से ***सूत्र-कृतांग-सूत्र*** में लोकायत मत का वर्णन इस प्रकार है—

''शरीर से अलग कोई आत्मा नहीं है, इसलिए आत्मा और शरीर एक ही हैं। जब शरीर की मृत्यु हो जाती है, तब कोई आत्मा नहीं बचती है। जब शरीर को जलाया जाता है, तो कोई आत्मा दिखाई नहीं देती है, सिर्फ सफेद हड्डियाँ दिखाई देती हैं। जब कोई म्यान से तलवार निकालता है, तो यह कहा जा सकता है कि म्यान के अन्दर तलवार है, लेकिन हम इसी प्रकार से यह नहीं कह सकते हैं कि शरीर के अन्दर आत्मा है। दरअसल, ऐसा कोई तरीका नहीं है, जिससे हम आत्मा और शरीर के बीच इस किस्म से अन्तर कर सकें कि यह कहा जा सके कि शरीर के अन्दर आत्मा है। घास की डंठल से गुदा या मज्जा निकाली जा सकती है, माँस से हड्डी या दही से मक्खन, तिल से तेल आदि को निकाला जा सकता है। लेकिन, आत्मा और शरीर के बीच ऐसा कोई सम्बन्ध खोज पाना सम्भव नहीं है। शरीर से अलग ऐसी कोई आत्मा नहीं है, जो सुख-दुःख का अनुभव करती है और शरीर की मृत्यु के बाद परलोक चली जाती है। अगर शरीर के टुकड़े-टुकड़े कर दिए जाएँ, तो भी आत्मा का प्रत्यक्ष नहीं होता।''[1]

इसी तरह, जैन और बौद्ध दोनों स्त्रोतों में पायसी नाम के एक राजा का जिक्र आता है, जिन्हें आत्मा के अस्तित्व के विरुद्ध कई युक्तियाँ देते दिखलाया गया है। पायसी को कई प्रयोग करते दिखलाया गया है, जैसे, किसी कैदी को मृत्यु दण्ड दिए जाते समय नजदीक से देखना, यह जानने के लिए कि उसके अन्दर से कोई आत्मा बाहर आ रही है, या नहीं; किसी कैदी को मृत्यु दण्ड देने के लिए कस कर बन्द किए हुए जार में डालकर देखना; किसी कैदी को मृत्यु दण्ड देने से पहले और देने के बाद उसका वजन लेना और पता चलाना कि उसके वजन में कोई परिवर्तन आया है या नहीं; किसी कैदी को मृत्यु दण्ड देने के लिए उसके शरीर के टुकड़े-टुकड़े कर देखना कि उसके अन्दर कोई आत्मा है या नहीं। ये प्रयोग आज के मानव अधिकारों के पैमाने से क्रूर मालूम दे सकते हैं, पर ये सभी एक इन्द्रियानुभविक दृष्टिकोण को दिखलाते हैं।

बौद्ध ***समन फल सूत्र*** में, अजित केशकम्बली (सम्भवतः बुद्ध के ज्येष्ट समकालीन) नाम के एक श्रमण का भी उल्लेख है जिनके अनुसार—

''आदमी चार महाभूतों का बना है। जब (वह) मरता है, (शरीर की) पृथ्वी पृथ्वी में... पानी पानी में... आग आग में... वायु वायु में मिल जाते हैं। इन्द्रियाँ

1. S. N. Dasgupta, *A History of Indian* Philosophy, vol. 3, p. 526.

आकाश में चली जाती हैं। मृत पुरुष को खाट पर ले जाते हैं। जलाने तक चिह्न जान पड़ते हैं। (फिर) हड्डियाँ कबूतर (के रंग) सी हो जाती हैं। आहुतियाँ राख रह जाती हैं। दान (करो) यह मूर्खों का उपदेश है। जो कोई आस्तिकवाद की बात करते हैं, वह उनका (कहना) तुच्छ (=थोथा) झूठ है। मूर्ख हो चाहे पंडित, शरीर छोड़ने पर (सभी) उच्छिन्न हो जाते हैं, विनष्ट हो जाते हैं; मरने के बाद (कुछ) नहीं रहता।''[1]

लोकायत दर्शन में आत्मा के खण्डन के आधार पर मृत्यु के बाद जीवन, पुनर्जन्म और मोक्ष या निर्वाण जैसे लक्ष्यों को भी अस्वीकार किया गया है।

8वीं शताब्दी के बौद्ध दार्शनिक शान्तरक्षित के ***तत्वसंग्रह*** और उनके शिष्य कमलशील की ***पंजिका*** में लोकायत मत और सूत्रों का जिक्र आया है। कमलशील द्वारा दिए गए एक लोकायतिक सूत्र के अनुसार—

परलोकिनोऽभावात् परलोकाभावः।[2]

इसका अर्थ यह हुआ कि आत्मा (परलोकी) के अभाव के कारण मृत्यु के बाद जीवन (परलोक) का भी अभाव है।

शान्तरक्षित द्वारा पूर्वपक्ष में दिए गए लोकायतिक पक्ष के अनुसार, चेतना का आधार शरीर ही है। शरीर के नष्ट हो जाने पर चेतना भी नष्ट हो जाती है। बिना किसी आधार के चेतना एक शरीर से दूसरे शरीर में प्रवेश नहीं कर सकती। आत्मा जैसी किसी वस्तु के अभाव में मृत्यु के बाद जीवन या पुनर्जन्म भी सम्भव नहीं।[3]

वास्तव में यहाँ पर लोकायत मत ही अधिक तार्किक मालूम देता है। पुनर्जन्म अगर होगा तो किसका? शरीर को तो जला कर राख कर दिया जाता है, या फिर दफनाने पर शरीर मिट्टी में मिल जाता है। इसलिए, शरीर का पुनर्जन्म तो सम्भव नहीं है। पुनर्जन्म तो ''आत्मा'' जैसी किसी चीज का ही हो सकता है, जिसका शरीर से स्वतंत्र अस्तित्व सम्भव हो, और जिसके जरिए चेतना के अलावा **स्मृति** का स्थानान्तरण भी सम्भव हो। जब ''आत्मा'' का अस्तित्व ही नहीं है, तो पुनर्जन्म भी सम्भव नहीं है।

तार्किक दृष्टि से तो यही सही हुआ होता कि बौद्ध धर्म में अगर आत्मा को अस्वीकार किया गया है, तो पुनर्जन्म को भी अस्वीकार किया जाता। यह कहने से कि जिस तरह एक दीप दूसरे दीप को जला देता है, उसी तरह एक जीवन से दूसरा जीवन चलता रहता है, समस्या का कोई समाधान नहीं होता।

पुनर्जन्म का कोई अर्थ तभी हो सकता है जबकि एक जीवन से दूसरे जीवन में सिर्फ चेतना का ही नहीं, बल्कि **स्मृति** का भी स्थानान्तरण हो। अगर शरीर का स्थानान्तरण नहीं होता, अगर स्मृति का स्थानान्तरण नहीं होता, तो फिर यह कहने का क्या अर्थ हुआ कि किसी का पुनर्जन्म हुआ है?

---

1. राहुल सांकृत्यायन, वही, पृष्ठ 377.
2. Debiprasad Chattopadhyaya, *Carvaka/Lokayata*, p. 161.
3. Ibid., pp. 161-65.

न्याय दर्शन में आत्मा के पक्ष में युक्तियाँ

न्याय दर्शन के अन्तर्गत आत्मा के अस्तित्व को प्रमाणित करने के प्रयत्न हुए हैं। न्याय दर्शन के अनुसार आत्मा को न तो कभी उत्पन्न होते देखा जाता है, और न शरीर की तरह कभी नष्ट होते, इसलिए आत्मा अवश्य अनादि है। इसी तरह, जन्म के समय पर भी बच्चों के चेहरे पर सुख की अनुभूति देखी जाती है। यह पिछले जन्मों की याद का ही परिणाम हो सकता है। इसके अलावा, सुख-दुःख, सफलता-असफलता के वितरण में जो गैरबराबरी दिखती है, इससे यह प्रमाणित होता है कि ऐसा पिछले जन्मों में किए गए अच्छे-बुरे कर्मों के कारण है। इस विश्व में मौजूद गैरबराबरी का कुछ कारण होना चाहिए, इसलिए इसे संयोग पर छोड़ देने की बजाय, कर्म द्वारा निर्धारित मानना बेहतर है।[1]

एस॰ एन॰ दासगुप्त ने ठीक ही कहा है कि न्याय की इन ''युक्तियों'' को बहुत गम्भीरता से नहीं लिया जा सकता है। उदाहरण के तौर पर, न्याय के अनुसार आत्मा को न उत्पन्न होते और न नष्ट होते देखा गया है, इससे यह ''प्रमाणित'' होता है कि आत्मा अनादि है! समस्या तो यह है कि आत्मा को न सिर्फ उत्पन्न या नष्ट होते ही नहीं, बल्कि **अस्तित्व** में भी कभी नहीं देखा गया है। क्या आज तक किसी को आत्मा का प्रत्यक्ष हुआ है?

नए जन्मे बच्चों के चेहरे पर सुख-दुःख की अनुभूति देखकर यह निष्कर्ष निकालना कि यह पिछले जन्मों की याद के कारण है, निश्चय ही बहुत दूर की उड़ान है। इसकी बेहतर व्याख्या तो बाल-मनोवैज्ञानिक कर सकते हैं।

इसी तरह, दुनिया में गैरबराबरी का अस्तित्व तो एक सच्चाई है, लेकिन इसकी प्राकृतिक व्याख्या सम्भव है। ''दुनिया में गैरबराबरी है, **इसलिए** पुनर्जन्म सत्य है'' यह कोई वैध युक्ति नहीं हुई। दूसरे, अगर हम यह मान लेते हैं कि विश्व में गैरबराबरी पुनर्जन्म के कारण है, तो फिर हम न तो गैरबराबरी के **वास्तविक** कारणों को खोज पाएँगे, और न गैरबराबरी दूर करने के ठोस उपाय कर पाएँगे।

लोकप्रिय युक्ति

कभी-कभी पत्र-पत्रिकाओं में ''पुनर्जन्म'' के किस्से-कहानी पढ़ने को मिलते हैं। दावा किया जाता है कि किसी बच्चे को उसके ''पिछले जन्म'' की बातें याद आ गयीं। 1882 में लंदन में **सोसायटी फॉर सायकिकल रिसर्च** (Society for Psychical Research) की स्थापना के बाद से परामनोवैज्ञानिकों द्वारा भी मृत्यु के बाद जीवन और पुनर्जन्म के दावों का अध्ययन किया गया। लेकिन, इन अध्ययनों द्वारा भी मृत्यु के बाद जीवन या पुनर्जन्म का ठोस प्रमाण नहीं मिल पाया।

यह शोध तो अपनी जगह पर है, लेकिन आज के समय इस बात के लिए पर्याप्त प्रमाण उपलब्ध है कि स्मृति, चेतना और आम तौर से जिसे ''मानसिक जीवन'' कहा जा सकता है, उसका सम्बन्ध मस्तिष्क से है, न कि किसी ''आत्मा'' से। जब स्मृति

1. S. N. Dasgupta, *A History of Indian Philosophy,* vol. 1, p. 363.

का सम्बन्ध मस्तिष्क से है, तो फिर एक शरीर से दूसरे शरीर में स्मृति का स्थानान्तरण मस्तिष्क के स्थानान्तरण द्वारा ही सम्भव है। इसलिए, इस आधार पर भी हम कह सकते हैं कि पुनर्जन्म के इन किस्से-कहानियों के सत्य होने की कोई सम्भावना नहीं है।

पश्चिमी दर्शन में आत्मा की अमरता

प्लेटो की युक्तियाँ

प्राचीन ग्रीक दार्शनिक प्लेटो (422-248 बी॰ सी॰) ने पहले-पहल मन और शरीर के द्विभागीकरण (dichotomy) को विकसित किया और आत्मा की अमरता को प्रमाणित करने का प्रयत्न किया। प्लेटो ने अपने तत्वमीमांसा में परिवर्तनशील और अस्थायी दृश्य जगत, तथा विचारों के नित्य और अपरिवर्तनशील जगत के बीच अन्तर किया है। पहले का ज्ञान इन्द्रियानुभव द्वारा मिलता है, और दूसरे का बुद्धि द्वारा। विचारों के नित्य और स्थायी जगत से व्यक्ति तब अवगत होता है, जब वह किसी विशेष अच्छी चीज या विशेष न्यायपूर्ण कर्म के बारे में नहीं, बल्कि सामान्य तौर से अच्छाई या न्याय के बारे में विचार करता है। प्लेटो के अनुसार शरीर का सम्बन्ध परिवर्तनशील जगत से है, जबकि बुद्धि का सम्बन्ध नित्य और अपरिवर्तनशील जगत से। क्योंकि बुद्धि या आत्मा का सम्बन्ध इन्द्रियानुभव के परिवर्तनशील जगत से नहीं, बल्कि नित्य और अपरिवर्तनशील "उच्च" जगत से है, इसलिए बुद्धि या आत्मा अमर है। जो व्यक्ति अपना जीवन शरीर की क्षणिक आवश्यकताओं की पूर्ति में न लगा कर शाश्वत वास्तविकताओं के चिन्तन में लगाता है, वह यह पाएगा कि मृत्यु के बाद जहाँ उसका शरीर मिट्टी हो जाएगा, वहाँ उसकी आत्मा अपरिवर्तनशील जगत में चली जाएगी, जहाँ हमेशा के लिए उसका अस्तित्व रहेगा।[1]

इस तरह, प्लेटो ने अपनी तत्वमीमांसा के आधार पर आत्मा के अस्तित्व को प्रमाणित करने का प्रयत्न किया है, जिसे वैज्ञानिक दृष्टि से स्वीकार नहीं किया जा सकता है।

प्लेटो की एक युक्ति यह भी है कि सिर्फ "संमिश्र" (composite) वस्तुएँ ही नष्ट हो सकती हैं, क्योंकि उन्हें अलग-अलग हिस्सों में बाँटा जा सकता है। दूसरी ओर, सरल (simple) वस्तुओं को नष्ट नहीं किया जा सकता है। प्लेटो के अनुसार, आत्मा एक सरल वस्तु है, इसलिए इसे नष्ट नहीं किया जा सकता है। प्लेटो की इस युक्ति को अक्वाइनस और रोमन कैथोलिक चर्च द्वारा अपनाया गया है।[2]

अगर थोड़ी देर के लिए इस बात को मान भी लें कि आत्मा का अस्तित्व है एवं वह एक सरल वस्तु है, और सरल वस्तु को नष्ट नहीं किया जा सकता है, तो भी उसके रूप में परिवर्तन (जीवित से मृत) तो आ ही सकता है। फिर, आधुनिक मनोविज्ञान में इस मान्यता को ही चुनौती दी गयी है कि मस्तिष्क एक सरल वस्तु है।

---

1. John H. Hick, *Philosophy of Religion*, pp. 97-98.
2. Ibid., p. 97.

मस्तिष्क या आत्मा एक सरल वस्तु है, यह कोई इन्द्रयानुभव पर आधारित बात नहीं है, बल्कि यह एक ''अभिग्रह'' या पूर्वमान्यता (assumption) है।

प्लेटो द्वारा शरीर और मन या आत्मा के बीच किए गए अन्तर को ईसाई चर्च द्वारा भी अपना लिया गया। प्लेटो के आत्मा की अमरता के सिद्धान्त में और ईसाई धर्म में शरीर के पुनरुत्थान की मान्यता में यह अन्तर है कि इस मत के अनुसार **ईश्वर की कृपा** से मृत व्यक्ति फिर से जी उठेंगे। इस तरह, इसमें मृत्यु के बाद जीवन के साथ-साथ ईश्वर के अस्तित्व को भी मान लिया गया है, जिसका कोई तार्किक आधार नहीं है। वैसे भी, ***मृत्यु के हजारों वर्ष बाद सशरीर पुनर्जीवित हो उठने की धारणा बिल्कुल निराधार मालूम देती है। इस तरह के कथनों को सिर्फ आस्था के आधार पर स्वीकार किया जाता है।***

डेकार्ट द्वारा शरीर और आत्मा के बीच का अन्तर

17वीं शताब्दी के आधुनिक फ्रेंच दार्शनिक डेकार्ट ने भी शरीर और आत्मा या भौतिक द्रव्य और मन के बीच अन्तर किया है। डेकार्ट के अनुसार भौतिक द्रव्य में विस्तार है, और चेतना नहीं है; जबकि मन या आत्मा में चेतना है, विस्तार नहीं है। डेकार्ट के अनुसार आत्मा शरीर से पूरी तरह स्वतंत्र है, और शरीर के साथ आत्मा की मृत्यु नहीं होती है।[1]

डेकार्ट द्वारा मन और शरीर के बीच किए गए अन्तर का पश्चिमी दर्शन में काफी समय तक प्रभाव रहा। लेकिन, बीसवीं सदी के विश्लेषणात्मक दार्शनिकों द्वारा इसकी कड़ी आलोचना की गयी है। उदाहरण के तौर पर, गिलबर्ट रायल ने अपनी पुस्तक *The Concept of Mind* में डेकार्ट के मन-शरीर सम्बन्ध के सिद्धान्त को ''मशीन में भूत'' (the ghost in the machine) का नाम दिया है।[2] रायल के अनुसार यह सिद्धान्त एक मिथ है। रायल के विचार में ऐसा सोचना एक बहुत बड़ी भूल है कि मानसिक गुणों और गतिविधियों का वर्णन करने वाले शब्दों का सम्बन्ध ''मन'' या ''आत्मा'' जैसी किसी विचित्र किस्म की वस्तु से है; जो शरीर से इस मायने में अलग है कि वह निजी और गैरआकाशीय (nonspatial) है, और उसका ज्ञान आत्मनिरीक्षण द्वारा मिल सकता है। दरअसल, ''बुद्धि'' या ''समझ'' (intelligence) जैसे शब्द किसी वस्तु का नाम नहीं है, बल्कि इन शब्दों का कार्य है मानव आचरण का वर्णन करना। ऐसा समझ लेना कि मानसिक गुणों और क्रियाओं का वर्णन करने वाले शब्द किसी वस्तु का नाम है, एक ''कोटि दोष'' (category mistake) है।

रायल ने डेकार्ट की आलोचना अपने भाषा-विश्लेषण के दर्शन के सन्दर्भ में की है। वैसे भी, आज के समय तो यह स्पष्ट ही है कि ''मानसिक'' कहे जाने वाले गुणों और क्रियाओं का सम्बन्ध मस्तिष्क से है, जो शरीर का एक अंग है। यह सोच लेना कि मस्तिष्क कोई अभौतिक वस्तु है, जिसमें कोई विस्तार नहीं है, बहुत बड़ी भूल है।

1. Antony Flew, "Immortality", *The Encyclopedia of Philosophy,* vol. 4, p. 146.
2. John Passmore, *A Hundred Years of Philosophy,* pp. 445-46.

कान्ट की नैतिक युक्ति

आधुनिक जर्मन दार्शनिक कान्ट ने भी आत्मा की अमरता का समर्थन किया है। कान्ट ने अपनी *Critique of Pure Reason* में कहा है कि ईश्वर और आत्मा की अमरता को प्रमाणित करना सम्भव नहीं है, जबकि *Critique of Practical Reason* में कान्ट ने संकल्प स्वातंत्र्य, ईश्वर और आत्मा की अमरता को नैतिकता की तीन आवश्यक मान्यताएँ (postulate) माना है।[1] ईश्वर के सन्दर्भ में कान्ट की नैतिक "युक्ति" की चर्चा हम पहले ही कर चुके हैं।

कान्ट के अनुसार मनुष्य नैतिक पूर्णता को प्राप्त कर सके, इसके लिए आत्मा की अमरता को मानना जरूरी है। नैतिक पूर्णता का अर्थ है कि मनुष्य सारे कर्म "निरपेक्ष आदेश" के अनुसार और कर्त्तव्य-चेतना से प्रेरित होकर करे। मनुष्य की इच्छाएँ और भावनाएँ इस आदर्श को हासिल करने के रास्ते में बाधाएँ हैं। इनसे प्रेरित होकर मनुष्य कई बार अपने कर्त्तव्य के विरुद्ध आचरण करता है। इसलिए, नैतिक पूर्णता के लिए अपनी इच्छाओं और वासनाओं पर नियंत्रण बहुत जरूरी है। लेकिन, यह बहुत ही मुश्किल काम है, और इसे एक जन्म में हासिल करना सम्भव नहीं है। इसके लिए उसे अनेक जन्मों तक लगातार प्रयत्न करने की जरूरत होती है। संक्षेप में, मनुष्य नैतिक पूर्णता हासिल कर सके, इसके लिए आत्मा की अमरता अनिवार्य है। इसलिए, आत्मा अमर है।[2]

ईश्वर के अस्तित्व को प्रमाणित करने के लिए दिए गए नीतिपरक "युक्ति" की तरह आत्मा की अमरता के समर्थन में दी गयी यह युक्ति भी—अगर हम इसे युक्ति कह सकते हैं—तो असंतोषजनक है। अगर कान्ट यह समझते कि ईश्वर के अस्तित्व और आत्मा की अमरता को हम युक्तियों के आधार पर प्रमाणित कर सकते हैं, तो फिर वे इसे नैतिकता के क्षेत्र में आवश्यक मान्यता के रूप में स्वीकार करने की बात नहीं करते। जिस तरह, हम इस आधार-वाक्य से कि "विश्व में न्याय की स्थापना के लिए ईश्वर का अस्तित्व **आवश्यक है**" से यह निष्कर्ष नहीं निकाल सकते हैं कि "ईश्वर का अस्तित्व है"; उसी तरह, "मनुष्य नैतिक पूर्णता हासिल कर सके इसके लिए आत्मा की अमरता **अनिवार्य** या **जरूरी है**" के आधार पर यह निष्कर्ष नहीं निकाल सकते हैं कि "आत्मा अमर है"। आत्मा की अमरता **आवश्यक** या **जरूरी है**, और आत्मा अमर है, ये दो अलग-अलग बातें हैं। यह जरूरी नहीं है कि वास्तविकता हमारी इच्छाओं के अनुरूप हो।

ह्यूम द्वारा आत्मा की अमरता का खण्डन

आधुनिक संदेहवादी दार्शनिक ह्यूम ने अपने निबन्ध *Of the Immortality of the Soul* में आत्मा की अमरता के सम्बन्ध में दी जाने वाली तत्वमीमांसीय और नैतिक युक्तियों का खण्डन किया है, और आत्मा की मरणशीलता के पक्ष में भौतिक युक्ति दी है।[3] यह निबन्ध ह्यूम द्वारा 1755 में लिखा गया और उनकी मृत्यु के बाद प्रकाशित

1. Antony Flew, Op. Cit., p. 148.
2. वेद प्रकाश वर्मा, ***नीतिशास्त्र के मूल सिद्धांत***, पृष्ठ 237.
3. Paul Edwards and Arthur Pap (eds.), *A Modern Introduction to Philosophy*, p. 298.

हुआ। ह्यूम के अनुसार बुद्धि के आधार पर आत्मा की अमरता को प्रमाणित करना मुश्किल मालूम देता है। आत्मा की अमरता के सम्बन्ध में दी जाने वाली युक्तियाँ, आम तौर से, या तो **तत्वमीमांसीय** विषयों से जुड़ी होती है, या **नैतिक** या **भौतिक** विषयों से।

तत्वमीमांसीय युक्ति—तत्वमीमांसीय विषयों में यह मान लिया जाता है कि आत्मा अभौतिक है, और भौतिक द्रव्य में विचारों का होना असम्भव है। ह्यूम की राय में तत्वमीमांसा में ''द्रव्य'' (substance) की अवधारणा पूरी तरह भ्रामक और अपूर्ण है। ''द्रव्य'' की अवधारणा इसके सिवा कुछ नहीं है कि विशेष गुणों की समष्टि का अस्तित्व किसी अज्ञात ''कुछ'' में रहता है। इसलिए, अन्ततः भौतिक द्रव्य और चेतन द्रव्य दोनों ही एक जैसे अज्ञात हैं, और हम यह निर्धारित नहीं कर सकते कि उनमें कौन से गुण हैं। इसके अलावा, ह्यूम का यह भी कहना है कि कारण और कार्य के बारे में अनुभवनिरपेक्ष दृष्टि से कुछ भी नहीं कहा जा सकता है। भौतिक द्रव्य विचारों का कारण हो सकता है या नहीं, इस बारे में कोई निर्णय सिर्फ इन्द्रियानुभव के आधार पर ही लिया जा सकता है। तथ्यों या अस्तित्व के प्रश्न पर अमूर्त चिन्तन के आधार पर निर्णय नहीं लिया जा सकता है।

ह्यूम के अनुसार अगर थोड़ी देर के लिए ''द्रव्य'' के अस्तित्व को स्वीकार भी कर लिया जाए, और यह भी स्वीकार कर लिया जाए कि आत्मा अभौतिक है, तो भी यह अनुभव द्वारा दिखता है कि अभौतिक और भौतिक द्रव्य अपनी स्मृति और चेतना को खो सकते हैं। ह्यूम के अनुसार सर्वोच्च कारण (ईश्वर) की अवधारणा को हमेशा दर्शन से बाहर रखना चाहिए, और अगर हम ऐसा करते हैं, तो हमें मानना होगा कि जिसे नष्ट नहीं किया जा सकता है, उसे पैदा भी नहीं किया जा सकता है। अगर आत्मा अमर है, तो उसका अस्तित्व हमारे जन्म से पहले भी रहा होगा; और अगर हमारे पूर्व के अस्तित्व से आज हमारा कोई सरोकार नहीं रह गया है, तो फिर बाद के अस्तित्व से भी नहीं रहेगा।[1]

ह्यूम ने यह प्रश्न भी उठाया है : क्या पशुओं की आत्माएँ भी अभौतिक और अमर होती हैं?

नैतिक युक्ति—ह्यूम के अनुसार आत्मा की अमरता के लिए दी जाने वाली नैतिक युक्ति का सम्बन्ध ईश्वर की न्यायशीलता से है। ऐसा समझा जाता है कि ईश्वर की रुचि इस बात में रहती है कि वह बुरे लोगों को दण्डित करे और अच्छे लोगों को पुरस्कार दे। (यह तभी सम्भव है जब मृत्यु के बाद जीवन हो या आत्मा अमर हो।)

लेकिन, ह्यूम कहते हैं कि यह युक्ति इस पूर्वमान्यता पर आधारित है कि ईश्वर में इस विश्व में, मात्र जिससे हम परिचित हैं, अभिव्यक्त किए गए गुणों के अलावा और भी गुण हैं। ह्यूम पूछते हैं कि हम किस आधार पर यह निष्कर्ष निकाल सकते हैं कि ईश्वर में इस किस्म के गुण हैं?

---

1. Ibid., pp. 298-99.

ह्यूम के विचार में ऐसा कहना बहुत खतरनाक है कि ईश्वर को हमेशा वैसा ही करना चाहिए, जो हमें श्रेष्ठ लगता है।[1]

भौतिक युक्ति—ह्यूम के अनुसार प्रकृति से सादृश्य के आधार पर आत्मा की मरणशीलता के पक्ष में दी जाने वाली भौतिक युक्ति काफी सशक्त है। इस प्रश्न और अन्य तथ्य-सम्बन्धी प्रश्नों में एकमात्र भौतिक युक्ति को ही दार्शनिक युक्ति के रूप में स्वीकार किया जा सकता है।

इस विश्व में कुछ भी स्थायी नहीं है। कोई भी चीज, चाहे वह जितनी भी स्थायी क्यों न दिखाई दे, लगातार परिवर्तित होती रहती है। विश्व में कमजोरी और विसर्जन के लक्षण दिखलाई देते हैं। यह सादृश्य के बिल्कुल विपरीत बात है कि वह एक चीज, जो सबसे कमजोर मालूम देती है, उसके बारे में हम यह कल्पना कर लें कि वह अमर है, और उसका कभी विसर्जन नहीं होगा! यह एक ऐसा सिद्धान्त है जिसे बहुत ही हल्के तरीके से और जल्दबाजी में मान लिया जाता है। ह्यूम ने प्रश्न उठाया है—

''आखिर किस युक्ति या सादृश्यानुमान से हम अस्तित्व की ऐसी स्थिति को प्रमाणित कर सकते हैं, जिसे किसी ने नहीं देखा है, और जिसकी किसी भी देखी गयी चीज से कोई समानता नहीं है?''[2]

ह्यूम ने अपने निबन्ध के अन्त में व्यंगात्मक ढंग से कहा है कि इस ''महत्त्वपूर्ण सच्चाई'' को ''दैवी श्रुति'' द्वारा ही जाना जा सकता है।[3]

इस तरह, ह्यूम ने जहाँ एक ओर आत्मा की अमरता के पक्ष में दी जाने वाली तत्वमीमांसीय और नैतिक युक्ति का खण्डन किया है, वहाँ ''प्रकृति से सादृश्य'' के आधार पर ''आत्मा की मरणशीलता'' के पक्ष में भी युक्ति दी है।

बट्रेण्ड रसेल

अमरता के विरुद्ध दी जाने वाली युक्तियों में एक महत्त्वपूर्ण युक्ति है, जिसे हम **''मन-शरीर निर्भरता युक्ति''** (body-mind dependence argument) कह सकते हैं, जो आधुनिक मस्तिष्क सम्बन्धी शोधों पर आधारित है।[4] उदाहरण के तौर पर, रसेल ने *Why I am Not a Christian* में कहा है:

''हम जानते हैं कि मस्तिष्क अमर नहीं है, और जीवित शरीर की संगठित ऊर्जा मृत्यु पर, एक तरह से विघटित हो जाती है और इसलिए सामूहिक कर्म के लिए उपलब्ध नहीं रहती। सारे प्रमाण यह दिखाते हैं कि जिसे हम अपना मानसिक जीवन कहते हैं वह हमारे मस्तिष्क के ढाँचे और संगठित शारीरिक ऊर्जा से जुड़ा हुआ है। इसलिए यह मानना ही युक्तिसंगत है कि शारीरिक जीवन के समाप्त होने पर मानसिक

---

1. Ibid., p. 299.
2. Ibid., pp. 301-303.
3. Ibid., p. 303.
4. Antony Flew, Op. Cit, p. 149.

जीवन भी समाप्त हो जाता है। यह युक्ति सिर्फ सम्भावना पर आधारित है, लेकिन यह अधिकांश वैज्ञानिक निष्कर्षों जितनी ही सशक्त है।''[1]

ए॰ जे॰ एयर

एयर और उनके जैसे अन्य तर्कीय प्रत्यक्षवादी यह मानते हैं कि किसी वाक्य का कोई शाब्दिक अर्थ तभी और सिर्फ तभी होता है, जबकि उसके द्वारा व्यक्त तर्कवाक्य या तो विश्लेषणात्मक हो या उसका सत्यापन इन्द्रियानुभव द्वारा सम्भव हो।[2] एयर के अनुसार यह दावा करना कि मनुष्य के शरीर के अन्दर ''आत्मा'' जैसी कोई चीज होती है, जिसका प्रत्यक्ष नहीं होता है, और जो मनुष्य की मृत्यु के बाद भी जीवित रहती है; एक तत्वमीमांसीय वाक्य है। अनुभवातीत ईश्वर-सम्बन्धी वाक्यों की तरह इस वाक्य के भी सत्य या असत्य होने का प्रश्न ही नहीं है। यह एक शाब्दिक दृष्टि से निरर्थक वाक्य है।[3]

फ्ल्यू

एन्टनी फ्ल्यू के अनुसार ह्यूम-रसेल की परम्परा के दार्शनिक यह मानते हैं कि आत्मा की अमरता को सत्य प्रमाणित करने का भार (burden of proof) उन्हीं पर है, जो आत्मा की अमरता में विश्वास करते हैं। पहले बिना प्रमाण के आत्मा की अमरता को स्वीकार कर लेना, और फिर उसे अप्रमाणित करने की माँग करना, उचित नहीं है।

फ्ल्यू के विचार में यह भी स्पष्ट नहीं है कि जब कुछ लोग ''देहमुक्त व्यक्ति'' (disembodied person) की बात करते हैं, तो उसका अर्थ क्या होता है। किसी व्यक्ति को उसके कर्मों के लिए सजा या पुरस्कार देने की न्यूनतम शर्त तो यह है कि पहले वह वही व्यक्ति हो, जिसने वह कर्म किया हो। शरीर के विसर्जित होने के बाद भी अगर हम व्यक्ति के व्यक्तित्व के बने रहने की बात करते हैं, तो फिर हम व्यक्ति-सम्बन्धी शब्दों का प्रयोग मनमाने ढंग से करते हैं।

समीक्षा

इस तरह, भारतीय दर्शन और पश्चिमी दर्शन में आत्मा और मृत्यु के बाद जीवन के बारे में काफी चर्चा हुई है, पक्ष-विपक्ष में युक्तियाँ दी गयी हैं। आत्मा के अस्तित्व के विरुद्ध मुख्य युक्ति तो यही है कि इसका कभी भी प्रत्यक्ष नहीं होता है। आत्मा जैसी किसी वस्तु के अस्तित्व के अभाव में मृत्यु के बाद जीवन, पुनर्जन्म और पुनरुत्थान का भी कोई अर्थ नहीं रह जाता है। उदाहरण के तौर पर, हम ***भगवद्गीता*** में दी गयी ''आत्मा'' की अवधारणा को लें। इसके अनुसार : एक, प्रत्येक जीवित मनुष्य के शरीर के अन्दर एक ''आत्मा'' रहती है। दो, मृत्यु के समय यह ''आत्मा'' शरीर से बाहर निकल जाती है। तीन, शरीर से अलग भी ''आत्मा'' का अस्तित्व रहता है। चार, बाद में ये ''आत्माएँ'' दूसरे नए शरीर में प्रवेश कर जाती हैं।[4]

---

1. Bertrand Russell, *Why I am Not a Christian,* p. 51.
2. A. J. Ayer, *Language, Truth and Logic,* p. 7.
3. Ibid., p. 154.
4. देखें, रमेन्द्र, ''क्या आत्मा अमर है?'', ***मैं हिन्दू क्यों नहीं और मैं बुद्धिवादी कैसे बना,*** पृष्ठ 65-76.

ये सारे दावे तथ्य-सम्बन्धी हैं। जो लोग आत्मा के अस्तित्व में विश्वास रखते हैं, उनके लिए यह जरूरी है कि अपने प्रत्येक दावे के समर्थन में प्रमाण प्रस्तुत करें। इसके अभाव में इन दावों को स्वीकार नहीं किया जा सकता है। ***भगवद्गीता*** में ''भगवान'' कृष्ण ने ऐसा कहा है यह कह कर आत्मा के अस्तित्व को प्रमाणित नहीं किया जा सकता है। आज तक किसी भी व्यक्ति को आत्मा का प्रत्यक्ष नहीं हुआ है। ऐसे में स्वाभाविक और युक्तिसंगत स्थिति तो यही होगी कि आत्मा के अस्तित्व में विश्वास न किया जाए। फ्ल्यू ने ठीक ही कहा है कि आत्मा के अस्तित्व को प्रमाणित करने का दायित्व और बोझ उन पर है, जो यह मानते हैं कि आत्मा का अस्तित्व है।

फिर भी, हम आत्मा के समर्थकों के दावों की अपनी ओर से जाँच कर के देख लें। ऊपर दिए गए दावों में से जिस दावे की जाँच सबसे आसानी से की जा सकती है, वह यह है कि प्रत्येक जीवित शरीर के अन्दर एक आत्मा होती है। अब, इस दावे की सत्यता की जाँच कैसे होगी? अगर जीवित मनुष्य के शरीर के अन्दर वास्तव में कोई आत्मा होती है तो फिर उसका प्रत्यक्ष क्यों नहीं होता?

जिस समय आत्मा की अवधारणा का उद्गम हुआ, या ***भगवद्गीता*** की रचना की गयी, उस समय की तुलना में आज ज्ञान-विज्ञान का काफी विकास हो चुका है। शरीर के अन्दर क्या है, और क्या नहीं, इसकी भी बहुत अधिक जानकारी शरीर विज्ञान के माध्यम से मिल चुकी है। आज मस्तिष्क और हृदय सहित शरीर के विभिन्न अंगों के कार्यों के बारे में पर्याप्त जानकारी प्राप्त है। यहाँ तक कि शरीर की सूक्ष्म कोशिकाओं और उसमें मौजूद क्रोमोज़ोम और जीन के बारे में भी काफी जानकारी उपलब्ध है। शरीर के बारे में यह जानकारी चीड़-फाड़, एक्स-रे, स्कैनिंग, आदि विभिन्न प्रक्रियाओं द्वारा मिलती है। अतिसूक्ष्म क्रोमोज़ोम और जीन के बारे में अधिक-से-अधिक जानकारी प्राप्त करने के लिए कम्प्यूटर का भी इस्तेमाल किया जा रहा है। अगर शरीर के अन्दर आत्मा है, तो इन प्रक्रियाओं द्वारा उसका ज्ञान क्यों नहीं मिलता?

आत्मा के समर्थक यह कहेंगे कि ''आत्मा इन्द्रियों से परे'' है। अगर इस बात को स्वीकार कर लिया जाए, तो आखिर किस आधार पर यह कहा जा सकता है कि आत्मा का अस्तित्व है? क्योंकि ऐसे में तो आत्मा-सम्बन्धी किसी कथन की जाँच इन्द्रियानुभव द्वारा सम्भव ही नहीं है। दूसरे शब्दों में, आत्मा-सम्बन्धी किसी भी वाक्य का सत्यापन सम्भव नहीं है। ऐसे में तर्कीय प्रत्यक्षवादी दृष्टि से आत्मा-सम्बन्धी वाक्यों को निरर्थक कहा जाएगा। अगर हम इन वाक्यों को ''निरर्थक'' न भी कहें, तो भी कम-से-कम इतना तो मानना ही होगा कि ज्ञान प्राप्त करने की दृष्टि से इनका कोई महत्त्व नहीं है। दूसरे शब्दों में, ये संज्ञानात्मक दृष्टि से बेकार हैं।

आत्मा के बारे में इस किस्म के दावे करना वैसा ही है जैसे कि कोई व्यक्ति कहे, ''मेरे अध्ययन-कक्ष में एक कम्प्यूटर है, लेकिन उसका ज्ञान प्रत्यक्ष द्वारा नहीं मिल सकता, क्योंकि, वह 'इन्द्रियों से परे' है।'' अगर किसी के अध्ययन-कक्ष में वास्तव में कम्प्यूटर हो, तो इसकी जानकारी प्रत्यक्ष द्वारा मिलनी चाहिए। और अगर किसी के अध्ययन-कक्ष में प्रत्यक्ष द्वारा कम्प्यूटर के अस्तित्व की जानकारी नहीं मिलती है, तो फिर हम किस

आधार पर यह कह सकते हैं कि उसके अध्ययन-कक्ष में कम्प्यूटर है? अगर कोई व्यक्ति अपने अध्ययन-कक्ष के बारे में इस किस्म का दावा करे, तो उसे कितनी गम्भीरता से लिया जाएगा?

अब, जरा हम इस दूसरे दावे की जाँच करें कि मृत्यु के समय आत्मा शरीर से बाहर निकल जाती है। थोड़ी देर के लिए हम इसे एक प्राक्कल्पना के रूप में स्वीकार कर लें। हम यह मान लें कि यह अटकल मृत्यु की एक सम्भावित व्याख्या है। प्रश्न यह उठता है कि इस प्राक्कल्पना की सत्यता की जाँच कैसे होगी? एक सीधा-सा जवाब तो यह है कि किसी व्यक्ति की मृत्यु के समय निरीक्षण या प्रयोग द्वारा इसकी सत्यता की जाँच की जा सकती है। लेकिन, समस्या यह है कि आत्मा के समर्थक आत्मा के ''इन्द्रियों से परे'' होने का दावा करते हैं। इसे न तो देखा जा सकता है, न मापा जा सकता है, वगैरह, वगैरह। यहाँ तक कि इसे अचिन्त्य या कल्पनातीत भी कह दिया गया है! ऐसे में तो ***निरीक्षण और प्रयोग द्वारा या इन्द्रियानुभव द्वारा इस अटकल का सत्यापन सम्भव ही नहीं है। अगर तर्कशास्त्र की भाषा में कहें, तो यह एक ''अवैध'' प्राक्कल्पना है। दूसरे शब्दों में एक ऐसी प्राक्कल्पना जिसके आधार पर आगे जाँच-पड़ताल नहीं की जा सकती है, और इसलिए इसका कोई वैज्ञानिक महत्त्व नहीं है।***

वैसे भी, विज्ञान में मृत्यु की इस व्याख्या को स्वीकार नहीं किया जाता है। जब कोई डॉक्टर किसी मरीज को मृत घोषित करता है, उस समय वह इस बात की जाँच नहीं करता है कि उसके शरीर से ''आत्मा'' बाहर निकल गई है या नहीं! मृत्यु की आधुनिक परिभाषा के अनुसार ***जब किसी व्यक्ति का मस्तिष्क काम करना बन्द कर देता है, तो उसे मृत घोषित कर दिया जाता है।***[1] इस तरह, मृत्यु की वैज्ञानिक व्याख्या में ''आत्मा'' जैसी किसी वस्तु के लिए कोई जगह नहीं है।

दरअसल, आज के समय में इस बात के लिए पर्याप्त प्रमाण उपलब्ध हैं कि स्मृति, चेतना और आम तौर से जिसे ''मानसिक जीवन'' कहा जा सकता है, उसका सम्बन्ध मस्तिष्क से है, न कि किसी ''आत्मा'' से।

मस्तिष्क के काम करना बन्द कर देने के बाद चेतना और स्मृति भी समाप्त हो जाती है। फिर, मृत मस्तिष्क या तो जल कर राख हो जाता है, या फिर मिट्टी में मिल जाता है। इसके बाद पुनर्जन्म किसका और कैसे होगा?

इसलिए, मृत्यु के सन्दर्भ में ''उसकी जान निकल गई'' या ''उसके प्राण चले गए'' या ''वे हमें छोड़ कर चले गए'' या ''उनका स्वर्गवास हो गया'' जैसे वाक्यों का इस्तेमाल भ्रामक है। दरअसल, जब व्यक्ति मर जाता है, तो एक जीवित मनुष्य के रूप में उसका अस्तित्व ही नहीं रह जाता। और अगर उसके मृत शरीर को जलाकर राख कर दिया जाता है, तो फिर मृत शरीर का भी कोई अस्तित्व ही नहीं रह जाता। इसलिए, मृत्यु के सन्दर्भ में ''उनकी मृत्यु हो गई, ''उनका जीवन पूरा हो गया'' या ''वे नहीं रहे'' जैसे वाक्यों का उपयोग दार्शनिक दृष्टि से अधिक उपयुक्त है।

---

1. *The Reader's Digest Medical Question & Answer Book*, pp. 234-35.

प्रश्न

1. Write critical note on the following—
   (a) Immortality of soul (1979)
2. निम्नलिखित पर टिप्पणी लिखिए। टिप्पणी 200 शब्दों से अधिक न हो—
   (a) सृष्टि का सिद्धान्त यथार्थतः मृत्यु पर विजय स्थापित करने की आशा को साकार करता है, क्योंकि उससे पृथक-पृथक जीवों के शाश्वत स्वरूप सिद्ध होते हैं। (1989)
3. निम्नलिखित पर आलोचनात्मक टिप्पणी लिखिए—
   (क) भव (will-to-be) मरणोपरान्त जीवन का हेतु है। (1991)
4. निम्नलिखित पर अधिक-से-अधिक 200 शब्दों में तर्कपूर्ण टिप्पणी कीजिए—
   (क) आत्मा का अमरत्व (1997)
5. भारतीय धार्मिक मतों में पुनर्जन्म के सिद्धान्त की महत्ता को समझाइए। इस सिद्धान्त के पक्ष में दिए गए मुख्य तर्कों का परीक्षण कीजिए। (1998)
6. निम्नलिखित पर अधिक-से-अधिक 200 शब्दों में आलोचनात्मक टिप्पणी कीजिए—
   (क) आत्मा की अमरता (2000)
7. आत्मा की अमरता से क्या तात्पर्य है? इस सम्बन्ध में भगवद्गीता के तर्कों का विश्लेषण कीजिए। . (2002)
8. क्या आत्मा के अमरत्व का ईसाई सिद्धांत गीता के आत्मन के सिद्धान्त के साथ संगत है? चर्चा कीजिए। (2005)
9. निम्नांकित पर लगभग 200 शब्दों में आलोचनात्मक टिप्पणी लिखिए—
   (क) ''आत्मा की अमरता की अवधारणा के अभाव में धर्म निरर्थक है।'' (2006, '07)
10. निम्नलिखित पर अधिक-से-अधिक 200 शब्दों में समालोचनात्मक टिप्पणी लिखिए—
    (क) अमरत्व और मोक्ष के तार्किक बोध की सम्भावना। (2008)

❑

अध्याय 42

पुनर्जन्म और कर्मवाद

ईश्वर में विश्वास सभी धर्मों में नहीं पाया जाता है, लेकिन मृत्यु के बाद जीवन में विश्वास किसी-न-किसी रूप में सभी धर्मों में पाया जाता है। इसका एकमात्र अपवाद यहूदी धर्म का सदूसी सम्प्रदाय है, जिसके अनुसार मृत्यु के बाद कोई पुररुत्थान नहीं होता है।

मोटे तौर पर, मृत्यु के बाद जीवन में विश्वास तो सभी धर्मों में पाया जाता है, लेकिन, मृत्यु के बाद के ''जीवन'' के स्वरूप के बारे में राय अलग-अलग है। पारसी-यहूदी-ईसाई और इस्लाम जैसे पैगम्बरी धर्मों में ''पुनरुत्थान'' और ''कयामत का दिन'' की अवधारणा मिलती है, लेकिन, इन धर्मों में ''पुनर्जन्म'' की अवधारणा नहीं मिलती है। इन धर्मों के अनुसार ***प्रत्येक व्यक्ति इस धरती पर सिर्फ एक बार पैदा होता है, और एक बार ही मरता है।***

इसके विपरीत, हिन्दू, जैन, बौद्ध और सिक्ख धर्मों में ''पुनर्जन्म'' का विचार मिलता है। इस धारणा के अनुसार व्यक्ति इस धरती पर बार-बार जन्म लेता है, और मरता है, जब तक कि उसे ''मोक्ष'', ''मुक्ति'' या ''निर्वाण'' न मिल जाए। इस बार-बार जन्म लेने का ही ''संसार'' कहते हैं। जैसा कि ***संयुक्त निकाय*** में बुद्ध को कहते बताया गया है—

''लोग कितनी दुखद स्थिति में हैं! उनका जन्म होता है, उनका क्षय होता है, उनकी मृत्यु होती है, वे चले जाते हैं और उनका फिर से जन्म होता है; और वे इस क्षय, मृत्यु और दुःख से बचने का रास्ता नहीं जानते।''[1]

हिन्दू, जैन और सिक्ख धर्मों में ''पुनर्जन्म'' की धारणा ''आत्मा'' की धारणा से जुड़ी हुई है। ऐसा समझा जाता है कि शरीर के अन्दर एक ''आत्मा'' होती है। मृत्यु और शरीर के नष्ट हो जाने के बाद भी ''आत्मा'' का अस्तित्व बना रहता है, और फिर इस ''आत्मा'' का ही बार-बार जन्म होता है। उदाहरण के तौर पर, ***भगवद्गीता*** के अनुसार—

''आत्मा का न जन्म होता है, और न आत्मा की मृत्यु होती है।[2] जैसे कोई व्यक्ति पुराने कपड़ों को छोड़कर नए कपड़े पहन लेता है, वैसे ही आत्मा पुराने और बेकार शरीर को छोड़ कर नया शरीर ग्रहण कर लेती है।''[3]

1. *Samyukta Nikaya* II. 5. Quoted by S. N. Dasgupta in *A History of Indian Philosophy*, vol. 1, p. 84.
2. ***भगवद्गीता***, 2 : 20.
3. वहीं, 2 : 22.

बौद्ध धर्म निरीश्वरवादी के साथ-साथ अनात्मवादी भी है। बौद्ध धर्म में नित्य और स्थायी ''आत्मा'' का विचार नहीं मिलता है। लेकिन बौद्ध धर्म में भी पुनर्जन्म का विचार मिलता है। बौद्ध धर्म के अनुसार जिस तरह एक दीप दूसरे दीप को जला देता है, उसी तरह एक जीवन से दूसरा जीवन चलता रहता है।

''आत्मा'' का अस्तित्व है या नहीं? ''आत्मा'' जैसी किसी वस्तु के अभाव में ''मृत्यु के बाद जीवन'' का कोई अर्थ रह जाता है या नहीं? बौद्ध धर्म में की गयी ''पुनर्जन्म'' की व्याख्या सही है या नहीं? सामान्य तौर पर ''मृत्यु के बाद जीवन'' के पक्ष में कोई ठोस वैज्ञानिक प्रमाण है या नहीं?—ये सारे धर्म-दार्शनिक दृष्टि से महत्त्वपूर्ण प्रश्न हैं। इनकी चर्चा ''आत्मा की अमरता'' अध्याय में की गयी है। यहाँ पर हम ''पुनर्जन्म'' की अवधारणा से जुड़े ''कर्मवाद'' के सिद्धांत की चर्चा करेंगे।

कर्मवाद

भारतीय मूल के सभी धर्मों में पुनर्जन्म से जुड़े कर्मवाद के सिद्धान्त को स्वीकार किया गया है। कर्मवाद के अनुसार व्यक्ति को उसके कर्मों का फल अवश्य मिलता है। मनुष्य अपने वर्तमान जीवन में जो कुछ भी है, वह अपने ''पिछले जन्मों के'' कर्मों के कारण है। वह अपने वर्तमान जीवन में जो कुछ भी करता है, उसका फल उसे वर्तमान जीवन में या ''अगले जन्म में'' अवश्य मिलेगा। व्यक्ति का अगला जन्म कैसा होगा यह भी कर्म के नियम द्वारा निर्धारित होगा।

ऋग्वेद में वरुण नाम के देवता द्वारा बनाए गए नैतिक नियम या ''ऋत'' की अवधारणा आयी है। **ऋग्वेद** में ही वरुण द्वारा बनाए गए नियमों का उल्लंघन करने के लिए क्षमा मांगने के दृष्टांत भी मिलते हैं। ऐसा माना गया है कि वरुण इस विश्व के सृष्टिकर्ता हैं और वे ऋत के सर्वव्यापी नियम के आधार पर शासन करते हैं। वरुण ऋत पर आधारित नैतिक व्यवस्था को बनाए रखने के लिए जासूस भी रखते हैं, ताकि सभी ऋत का पालन करें।[1]

मीमांसा दर्शन में ''अपूर्व'' की अवधारणा मिलती है। यह वह नियम है जो भविष्य में वर्तमान में किए गए कर्मकाण्डों के फल की गारंटी प्रदान करता है।[2] इसी तरह, न्याय-वैशेषिक में ''अदृष्ट'' की धारणा आयी है। यह एक न दिखाई देने वाला सिद्धान्त है, जो नैतिक नियमों के अनुसार घटनाओं को उत्पन्न करता है।[3]

सामान्य तौर से, कर्मवाद को सभी भारतीय मूल के धर्मों में स्वीकार किया गया है। याकुब मसीह के अनुसार मूलतः कर्मवाद का सम्बन्ध सिन्धु घाटी सभ्यता से जुड़ी गैरवैदिक परम्परा से है।[4] कर्मवाद के अनुसार, इन्सान का कोई भी कर्म व्यर्थ नहीं जाता है, उसका फल अवश्य मिलता है। इन्सान के साथ जीवन में जो भी घटनाएँ घटती हैं, वे उसके कर्मों के परिणामस्वरूप ही घटती हैं।

---

1. Y. Masih, *The Hindu Religious Thought*, p. 29.
2. Chatterjee and Datta, *An Introduction to Indian Philosophy*, p. 7.
3. Ibid., p. 18.
4. Y. Masih, *The Hindu Religious Thought*, p. 483.

''कर्म'' शब्द का इस्तेमाल कर्म के ''नियम'' या कर्मवाद के लिए भी किया जाता है, और भविष्य में फल देने की क्षमता रखने वाली उस शक्ति के लिए भी, जो कर्मों के द्वारा पैदा होती है। इस दूसरे अर्थ में ''कर्म'' को अलग-अलग ढंग से वर्गीकृत भी किया गया है—

1. अनारब्ध कर्म—जिन कर्मों का प्रभाव अभी शुरू नहीं हुआ है, या जिन्होंने अपना फल देना आरम्भ नहीं किया है, उन्हें अनारब्ध कर्म कहते हैं।

2. आरब्ध या प्रारब्ध कर्म—जिन कर्मों का प्रभाव शुरू हो चुका है, उन्हें आरब्ध या प्रारब्ध कर्म कहते हैं।

अनारब्ध कर्म को भी फिर दो वर्गों में बाँटा जा सकता है:

(क) **संचित कर्म,** जो पिछले जन्मों में संग्रहित हुआ हो, और (ख) **क्रियामान** या **संचीयमान कर्म,** जो इस जीवन में इकट्ठा हो रहा हो।[1]

जैन धर्म में कर्मवाद

जैन धर्म में ''कर्म'' की धारणा कुछ अलग है। जैन धर्म में यह माना गया है कि आत्मा अपने मूल रूप में ''पूर्ण'' अवस्था में रहती है। क्रोध, मान, माया और लोभ जैसी वासनाओं के कारण ''कर्म'' उत्पन्न होते हैं, जो जीवात्मा को आवरण बनकर ढँक लेते हैं। ये ''कर्म'' आत्मा से ऐसे चिपक जाते हैं, जैसे तेल से धूलकण। इसी से बन्धन का जन्म होता है।

जैन धर्म के अनुसार ''कर्म'' की तीन स्थितियाँ हैं: पहली, **आस्रव स्थिति,** जिसमें ''कर्मों'' का आत्मा में प्रवेश होता है। दूसरी **संवर स्थिति,** जिसमें ''कर्मों'' को आत्मा में प्रवेश करने से रोका जाता है; और तीसरी, **निर्जरा स्थिति,** जिसमें आत्मा में मौजूद ''कर्मों'' का विनाश किया जाता है। जहाँ एक ओर ''आस्रव'' को ''बन्धन'' का कारण माना जाता है, वहाँ दूसरी ओर ऐसा समझा गया है कि ''संवर'' और ''निर्जरा'' की प्रक्रिया द्वारा ''मोक्ष'' की स्थिति को प्राप्त किया जा सकता है।

प्रश्न यह है कि क्या कर्मवाद को भाग्यवाद या दैववाद माना जा सकता है? महावीर के समकालीन कुछ आजीवकों (मक्खलि गोशाल से जुड़ा एक प्राचीन सम्प्रदाय) के मतानुसार इस जीवन में जो कुछ होता है, वह पिछले जन्मों में संग्रहित कर्मों के आधार पर होता है। किसी भी अच्छे या बुरे प्रयत्नों द्वारा जीवन में होने वाली घटनाओं को बदला नहीं जा सकता है। जैसा कि कहा गया है, ''कोई लाख करे चतुराई, करम का फेर मिटे ना भाई''। लेकिन, महावीर ने इसका खण्डन किया है। महावीर के अनुसार पिछले जन्मों के संग्रहित कर्मों को उनका फल देने से, और नए कर्मों को संग्रहित होने से रोका जा सकता है। इस तरह, मानव प्रयत्नों या पुरुषकार द्वारा व्यक्ति वर्तमान और भविष्य के जीवन की घटनाओं को बदल सकता है।[2]

1. Chatterjee and Datta, Op. Cit., p. 18.
2. Y. Masih, *A Comparative Study of Religions*, p. 162.

कर्मवाद और ईश्वर

कर्मवाद की धारणा का ''ईश्वर'' की अवधारणा से कोई अनिवार्य सम्बन्ध नहीं है। जैन और बौद्ध जैसे निरीश्वरवादी धर्मों में इसका सम्बन्ध ईश्वर से नहीं जोड़ा गया है, यह एक स्वचालित व्यवस्था है। सांख्य और मीमांसा में भी कर्मवाद को ईश्वर से नहीं जोड़ा गया है। न्याय दर्शन के अनुसार अच्छे कर्मों से ''पुण्य'' उत्पन्न होता है, और बुरे कर्मों से ''पाप''। पाप और पुण्य के भण्डार को ही ''अदृष्ट'' कहते हैं। किसी कर्म के किए जाने और उसके फल के बीच एक दूरी रहती है। यह ईश्वर जैसी किसी बुद्धिमान सत्ता के मार्गदर्शन के बिना सम्भव नहीं है।[1] ***भगवद्गीता*** के अनुसार भी ईश्वर मनुष्य को उसके कर्मों के अनुसार फल देता है।

कर्मवाद और गैरबराबरी

ऐसा लगता है कि कर्मवाद के सिद्धान्त की उत्पत्ति गैरबराबरी की व्याख्या के लिए की गयी है। जीवन में सुख-दुःख का बँटवारा एक जैसा नहीं दिखता है। किसी के हिस्से में अधिक सुख और कम दुःख आते हैं, तो किसी के हिस्से में अधिक दुःख और कम सुख। इसकी व्याख्या कर्मवाद के आधार पर करने की कोशिश की गयी है। न्याय दर्शन में तो कहा ही गया है कि सुख-दुःख, सफलता-असफलता के वितरण में जो गैरबराबरी दिखती है, इससे यह ''प्रमाणित'' होता है कि ऐसा पिछले जन्मों मे किए गए अच्छे-बुरे कर्मों के कारण है। इस विश्व में मौजूद गैरबराबरी का कुछ कारण होना चाहिए, इसलिए इसे संयोग पर छोड़ देने की बजाय कर्म द्वारा निर्धारित मानना बेहतर है।[2] अगर इस जन्म में किसी की स्थिति अच्छी है, तो वह पिछले जन्मों के अच्छे कर्मों के कारण है, और अगर बुरी है, तो पिछले जन्मों के बुरे कर्मों के कारण है।

इसी तरह, ***मिलिन्द प्रश्न*** में बौद्ध विचारक नागसेन को यह कहते बतलाया गया है:

''कर्मों के अन्तर के कारण ही सभी मनुष्य एक-जैसे नहीं होते हैं, कुछ दीर्घायु होते हैं तो कुछ अल्पायु, कुछ स्वस्थ होते हैं तो कुछ रोगग्रस्त, कुछ रूपवान होते हैं तो कुछ कुरूप, कुछ शक्तिशाली होते हैं तो कुछ शक्तिहीन, कुछ अमीर होते हैं तो कुछ गरीब, कुछ उच्च श्रेणी के होते हैं तो कुछ निम्न श्रेणी के, कुछ अक्लमन्द होते हैं तो कुछ मुर्ख।''[3]

उपनिषदों में भी इसी तरह के विचार व्यक्त किए गए हैं।[4]

कर्मवाद और वर्ण-व्यवस्था

जैन और बौद्ध धर्मों में तो नहीं, लेकिन हिन्दू धर्म में कर्मवाद का इस्तेमाल वर्ण-व्यवस्था को सही ठहराने के लिए भी किया गया है। शूद्रों से यह अपेक्षा रखी जाती

1. Chatterjee and Datta, Op. Cit., pp. 244-46.
2. S. N. Dasgupta, *A History of Indian Philosophy,* vol. 1, p. 87.
3. Quoted by S. N. Dasgupta, Op. Cit., p. 107.
4. Ibid.

है कि वे अपनी निम्न स्थिति को "अपने पिछले जन्मों के कर्मों का फल" मान कर विनीत भाव से स्वीकार करें। इस जन्म में निष्ठापूर्वक अपने "वर्ण-धर्म" (द्विजों की सेवा) का पालन करते रहें, ताकि "अगले जन्म में" उन्हें बेहतर जीवन मिल सके। उदाहरण के तौर पर ***बृहदारण्यक उपनिषद्*** के अनुसार जिनके कर्म अच्छे होंगे, उनका अगले जीवन में ब्राह्मण, क्षत्रिय या वैश्य के रूप में अच्छा जन्म होगा, लेकिन जिनके कर्म बुरे हैं, उनका अगले जीवन में कुत्ते या अवर्ण के रूप में बुरा जन्म होगा।[1]

कर्मवाद और संकल्प स्वातंत्र्य

कर्मवाद के साथ जुड़ी जो अनिवार्यता है, उसके और व्यक्ति के संकल्प की स्वतंत्रता के बीच कैसे संगति बैठायी जा सकती है? अगर कोई व्यक्ति जो कुछ भी करता है, वह उसके पिछले जन्मों सहित पहले किए गए कर्मों द्वारा अनिवार्यतः निर्धारित है, तो फिर मानव प्रयत्न और नैतिक जिम्मेवारी का कोई अर्थ नहीं रह जाता है। इस समस्या की चर्चा हिरियाणा द्वारा की गयी है। हिरियाणा ने इस सन्दर्भ में कर्म के "फल" और 'संस्कार" के बीच अन्तर किया है। हिरियाणा के अनुसार कर्म के सीधे परिणाम या "फल" में एक अनिवार्यता है। दूसरी ओर, प्रत्येक कर्म उस कर्म को दुबारा करने की प्रवृत्ति को स्थापित करता है। इस प्रवृत्ति को "संस्कार" कहते हैं। व्यक्ति में इन संस्कारों को नियंत्रित करने की पूरी क्षमता है। इसके द्वारा वह अपने कर्मों को नियन्त्रित कर सकता है। इस तरह, हिरियाणा के अनुसार, कर्मवाद के सिद्धान्त में ऐसा कुछ नहीं है, जो मानव प्रयत्न और नैतिक जिम्मेवारी को नकारता है।[2]

चैटर्जी एवं दत्त के अनुसार कर्मवाद के दायरे में संकल्प की स्वतंत्रता और मानव प्रयत्न या पुरषकार के लिए जगह है। कर्मवाद की व्याख्या भाग्यवाद या नियतिवाद के रूप में करना सही नहीं है। कर्मवाद के सन्दर्भ में "दैव" और कुछ नहीं, स्वयं पिछले जन्मों में अपने द्वारा ही किए गए कर्मों का परिणाम है। वर्त्तमान जीवन में दृढ़ प्रयत्नों द्वारा उस पर विजय प्राप्त किया जा सकता है, ठीक वैसे ही जैसे पुरानी आदतों को हम उसके विरोधी आदतों को अपना कर बदल सकते हैं।[3]

समीक्षा

कर्मवाद का सिद्धान्त पुनर्जन्म के साथ जुड़ा हुआ है। इसके अन्तर्गत "पिछले जन्म" और "अगले जन्म" की बात की गयी है। "आत्मा की अमरता" अध्याय में हम इस बात की विस्तृत चर्चा कर चुके हैं कि आत्मा के अस्तित्व या मृत्यु के बाद जीवन के विचार को स्वीकार करने के पक्ष में कोई ठोस वैज्ञानिक प्रमाण नहीं है। तार्किक दृष्टि से यही मानना सही लगता है कि हर इन्सान को जीने के लिए सिर्फ एक ही जीवन मिलता है, और मृत्यु के बाद कोई जीवन नहीं होता है। ऐसे में पुनर्जन्म की

1. Quoted by J. N. Farquhar in *An Outline of the Religious Literature of India*, p. 34. Also see, S. N. Dasgupta, Op. Cit., p. 363.
2. M. Hiriyanna, *Outlines of Indian Philosophy*, pp. 129-30.
3. Chatterjee and Datta, Op. Cit., pp. 18-19.

अवधारणा पर आधारित कर्मवाद के सिद्धान्त को भी सत्य स्वीकार नहीं किया जा सकता है। दरअसल, धर्मों के दायरे में इस तरह के विचारों को प्रमाण के अभाव में या विरोधी प्रमाण होने के बावजूद सिर्फ आस्था के आधार पर स्वीकार कर लिया जाता है। प्रसिद्ध मनोवैज्ञानिक फ्रायड ने ''भ्रम'' शब्द का विशेष अर्थ में इस्तेमाल करते हुए, इस किस्म के धार्मिक विश्वासों को ''भ्रम'' कहा है। फ्रायड के अनुसार ''जब कोई विश्वास मुख्यतः इच्छा-पूर्ति से अभिप्रेरित होता है और वास्तविकता के साथ उसका कोई सम्बन्ध नहीं होता तो हम उस विश्वास को भ्रम कहते हैं''।[1] फ्रायड के अनुसार ईश्वर में विश्वास सुरक्षा प्राप्त करने की तीव्र इच्छा से उत्पन्न होता है। इसी तरह, आत्मा की अमरता में विश्वास का उद्‌गम मनुष्य की अनन्तकाल तक जीवित रहने की प्रबल इच्छा से होता है। मृत्यु के बाद हमेशा के लिए खत्म हो जाने का विचार उसे बहुत दुखद और भयंकर मालूम देता है। इसलिए वह किसी-न-किसी रूप में मरणोत्तर जीवन की कामना करता है। इस कामना से ही आत्मा की अमरता सम्बन्धी विश्वास का जन्म होता है। इसी तरह, विश्व में नैतिक व्यवस्था के होने का विश्वास मनुष्य की इस इच्छा का परिणाम है कि प्रत्येक व्यक्ति के साथ न्याय होना चाहिए। वास्तविक जीवन में कभी-कभी ऐसा न्याय नहीं होता है। इसलिए, मनुष्य यह आशा करता है कि मरणोत्तर जीवन में अवश्य ही ईश्वर द्वारा उसके साथ न्याय किया जाएगा। फ्रायड के इस विश्लेषण को आवश्यक संशोधनों के साथ कर्मवाद पर भी लागू किया जा सकता है। हमने देखा कि कर्मवाद का ईश्वर विचार से कोई अनिवार्य सम्बन्ध नहीं है।

कर्मवाद का विश्वास असत्य तो है ही, साथ ही इसे सत्य मानने के नुकसानदेह परिणाम भी हैं। हिन्दू धर्म में कर्मवाद के सिद्धान्त का इस्तेमाल वर्ण-व्यवस्था को सही ठहराने के लिए किया गया है। ***मनुस्मृति*** जैसे धर्मशास्त्र में वर्णित और समर्थित वर्ण-व्यवस्था का स्वतंत्रता, समता और बन्धुता के लोकतान्त्रिक मूल्यों से कोई मेल नहीं है।[2] इसलिए, वर्ण-व्यवस्था को सही ठहराने के लिए कर्मवाद के उपयोग को दुरुपयोग ही कहा जाएगा।

वैसे भी, व्यापक दृष्टि से इस सिद्धान्त का इस्तेमाल धन, शक्ति और शिक्षा के असमान वितरण या गैरबराबरी की व्याख्या करने और उसे उचित ठहराने के लिए किया गया है, जिसे नुकसानदेह ही कहा जा सकता है। अगर गरीबी और गैरबराबरी का **कारण** कर्मवाद जैसे **काल्पनिक** सिद्धान्त को मान लिया जाता है, तो न तो हम गरीबी, गैरबराबरी के **वास्तविक** कारणों को खोज सकते हैं, और न उसे मिटाने के ठोस उपाय कर सकते हैं। इस तरह, कर्मवाद का सिद्धान्त न सिर्फ असत्य है, बल्कि मानव समाज को समता की दिशा में ले जाने के रास्ते में एक बाधा भी है।

---

1. Sigmund Freud, *The Future of an Illusion*, वेद प्रकाश वर्मा द्वारा उद्धृत, ***धर्मदर्शन की मूल समस्याएँ***, पृष्ठ 450.
2. ***मनुस्मृति*** के आधार पर वर्ण-व्यवस्था की विस्तृत व्याख्या और समीक्षा के लिए देखें, रमेन्द्र, ***मैं हिन्दू क्यों नहीं***.

प्रश्न

1. निम्नलिखित पर अधिक-से-अधिक 200 शब्दों में समालोचनात्मक टिप्पणी लिखिए:—
   (a) क्या किसी व्यक्ति के परिमित कार्य (कर्म) के परिणाम अमर आत्मन् की प्रकृति का निर्धारण कर सकते हैं? (2003)
2. कर्म विधान के सिद्धांत की व्याख्या कीजिए। क्या यह सिद्धांत संकल्प-स्वातंत्र्य की अवधारणा के साथ संगतपूर्ण है? विचार कीजिए। (2007)

❑

अध्याय 43

मोक्ष प्राप्ति के पथ

विश्व के प्रमुख प्रचलित धर्मों को दो वर्गों में बाँटा जा सकता है—एक, **पैगम्बरी धर्म,** और दो, **भारतीय मूल के धर्म**। पहले वर्ग में पारसी, यहूदी, ईसाई और इस्लाम धर्मों को रखा जा सकता है; और दूसरे वर्ग में जैन, बौद्ध, हिन्दू और सिक्ख धर्मों को।

भारतीय मूल के सभी धर्मों में ''मोक्ष'' या ''मुक्ति'' की अवधारणा किसी-न-किसी रूप में पायी जाती है।[1] इन सभी धर्मों में सामान्य तौर पर कर्म-संसार-ज्ञान-मुक्ति के सिद्धान्त को स्वीकार किया गया है। पैगम्बरी धर्मों के विपरीत, इन सभी धर्मों में पुनर्जन्म को स्वीकार किया गया है। ऐसा समझा गया है कि जीवन-मरण का कोई ''चक्र'' है। बार-बार जन्म और मृत्यु के इस ''चक्र'' को ही ''संसार'' कहा गया है, और इसे एक ''बन्धन'' बतलाया गया है। जीवन-मरण के इस ''चक्र'' से छुटकारा पाने की ही ''मुक्ति'' या ''मोक्ष'' कहा गया है, और इसे ही इन धर्मों में जीवन का सर्वोच्च लक्ष्य माना गया है।

जैन और बौद्ध धर्म निरीश्वरवादी धर्म हैं। दूसरी ओर, हिन्दू धर्म लोकप्रिय रूप में ईश्वरवादी धर्म है। सिक्ख धर्म पूरी तौर से ईश्वरवादी धर्म है। बौद्ध धर्म में आत्मा के अस्तित्व को भी अस्वीकार किया गया है, जबकि जैन, हिन्दू और सिक्ख धर्मों में आत्मा के अस्तित्व को स्वीकार किया गया है। इसलिए, जीवन-मरण के चक्र के **कारण**, उससे मुक्ति के **उपाय** और मुक्ति के **बाद की स्थिति** क्या और कैसी होगी—इनके बारे में विस्तार में जाने पर इन धर्मों के बीच अन्तर है। उदाहरण के तौर पर, बौद्ध धर्म में मुक्ति के लिए ''निर्वाण'' शब्द का प्रयोग किया गया है। बौद्ध धर्म में ''निर्वाण'' की व्याख्या ''ईश्वर'' और ''आत्मा'' की सहायता के बिना की गयी है। इस तरह, बौद्ध धर्म के अन्तर्गत ''मुक्ति'' की स्थिति और हिन्दू या सिक्ख धर्म के अन्तर्गत ''मुक्ति'' की स्थिति—आत्मा का ईश्वर या ब्रह्म से एकाकार हो जाना—के बीच मौलिक अन्तर है। इसी तरह, बौद्ध धर्म के ''निर्वाण'' की स्थिति और जैन धर्म के ''मोक्ष'' (आत्मा द्वारा फिर से अपनी ''पूर्ण'' अवस्था को प्राप्त कर लेना) के बीच भी अन्तर है। (देखें, ''बौद्ध धर्म'')

जहाँ एक ओर भारतीय मूल के सभी धर्म, मोटे तौर पर, कर्म-संसार-ज्ञान-मुक्ति के सिद्धान्त को स्वीकार करते हैं, वहाँ दूसरी ओर पैगम्बरी धर्मों द्वारा इसे स्वीकार नहीं किया जाता है। पारसी, यहूदी, ईसाई और इस्लाम धर्मों में भी मृत्यु के बाद जीवन के अस्तित्व में विश्वास पाया जाता है, लेकिन ***इन धर्मों***

1. यहाँ पर ''मोक्ष'' और ''मुक्ति'' का प्रयोग पयार्यवाची के रूप में किया गया है।

में पुनर्जन्म को अस्वीकार किया जाता है। इन धर्मों के अनुसार प्रत्येक व्यक्ति को एक ही जीवन मिलता है। ऐसा माना गया है कि *''कयामत के दिन'' इस पृथ्वी पर से जीवन का अन्त हो जाएगा। सभी मृत व्यक्ति फिर से जीवित हो उठेंगे, और उन्हें उनके ''पाप'' और ''पुण्य'' के हिसाब से स्वर्ग या नरक भेज दिया जाएगा।* (देखें, ''ईसाई धर्म'' और ''इस्लाम धर्म'') इस तरह, पैगम्बरी धर्मों के अनुसार जीवन सीधी-रेखा में चलता है, जबकि भारतीय धर्मों के अनुसार चक्र में।

जैन, बौद्ध, हिन्दू और सिक्ख धर्मों में ''मोक्ष'' या ''मुक्ति'' के लक्ष्य को स्वीकार किया गया है, लेकिन इस लक्ष्य को प्राप्त करने के लिए जो रास्ते बतलाए गए हैं, वे बिल्कुल एक जैसे नहीं है। जैन और बौद्ध धर्म निरीश्वरवादी धर्म हैं। दूसरी ओर, सिक्ख धर्म ईश्वरवादी धर्म है। हिन्दू धार्मिक दर्शन की छः में से दो शाखाओं—मीमांसा और सांख्य—में ईश्वर के अस्तित्व को अस्वीकार किया गया है। मीमांसा में ''मुक्ति'' की जगह ''स्वर्ग-प्राप्ति'' को जीवन का सर्वोच्च लक्ष्य माना गया है, जबकि सांख्य ने ''ईश्वर'' की अवधारणा की सहायता के बिना ही ''बन्धन'' और ''मुक्ति'' की व्याख्या की है। अपने लोकप्रिय रूप में हिन्दू धर्म भी ईश्वरवादी धर्म है। इसलिए, ***जैन और बौद्ध धर्मों द्वारा बतलाए गए मुक्ति के पथ को निरीश्वरवादी पथ और हिन्दू एवं सिक्ख धर्मों द्वारा बतलाए गए पथ को ईश्वरवादी पथ माना जा सकता है।***

जैन धर्म

जैन धर्म में यह माना गया है कि आत्मा अपने मूल रूप में ''पूर्ण'' (perfect) अवस्था में रहती है। क्रोध, मान, माया और लोभ जैसी वासनाओं के कारण ''कर्म'' उत्पन्न होते हैं, जो जीवात्मा को आवरण बन कर ढँक लेते हैं। ये ''कर्म'' आत्मा से ऐसे चिपक जाते हैं, जैसे तेल से धूल-कण। इसी से बन्धन का जन्म होता है।

जैन धर्म के अनुसार ''कर्म'' की तीन स्थितियाँ हैं—पहली, **आस्रव स्थिति**, जिसमें ''कर्मों'' का आत्मा में प्रवेश होता है। दूसरी, **संवर स्थिति**, जिसमें ''कर्मों'' को आत्मा में प्रवेश करने से रोका जाता है; और तीसरी **निर्जरा स्थिति**, जिसमें आत्मा में मौजूद ''कर्मों'' का विनाश किया जाता है।

जहाँ एक ओर ''आस्रव'' को ''बन्धन'' का कारण माना जाता है, वहाँ दूसरी ओर ऐसा समझा गया है कि ''संवर'' और ''निर्जरा'' की प्रक्रिया द्वारा ''मोक्ष'' की स्थिति को प्राप्त किया जा सकता है। जैन धर्म में ''मोक्ष'' प्राप्ति के लिए (i) सम्यक् दर्शन, (ii) सम्यक ज्ञान और (iii) सम्यक् चरित्र का मार्ग बतलाया गया है। इसे **त्रिरत्न** भी कहा जाता है।

''सम्यक् दर्शन'' का अर्थ है सत्य के प्रति श्रद्धा। जैनियों के अनुसार यह ''श्रद्धा'' अंधभक्ति नहीं है, बल्कि यह तर्कबुद्धि पर आधारित युक्तिसंगत श्रद्धा है।

''सम्यक् ज्ञान'' का अर्थ है जैन धार्मिक दर्शन का, विशेष कर तत्त्व सम्बन्धी, ज्ञान। वासनाओं के कारण ''कर्म'' और ''कर्म'' के कारण बन्धन उत्पन्न होता है। फिर, वासनाओं का मूल कारण है अज्ञान। इसलिए, मोक्ष के लिए सम्यक् ज्ञान जरूरी है।

''सम्यक् चरित्र'' या सही आचरण का अर्थ है नुकसानदेह आचरण से बचना और लाभदायक आचरण को करना। ''संवर'' और ''निर्जरा'' के लिए जैन धर्म में **पंचमहाव्रत** का पालन करने पर बल दिया गया है। इसके अन्तर्गत (i) अहिंसा, (ii) सत्य, (iii) अस्तेय (चोरी नहीं करना), (iv) अपरिग्रह (वस्तुओं के स्वामित्व का त्याग) और (v) ब्रह्मचर्य को रखा गया है।

जैन धर्म के अन्तर्गत ''अहिंसा'' को जीव और जीवन के प्रति सम्मान के अर्थ में लिया गया है। हिंसा को सबसे बड़ा पाप और अहिंसा को परम धर्म माना गया है। जमीन पर हल चलाने से होने वाली हिंसा से बचने के लिए जैनियों ने खेती तक करना छोड़ दिया। इसी तरह, श्वेताम्बर जैन मुनि नाक और मुँह पर कपड़ा बाँध कर रखते हैं, ताकि कीटाणुओं को नुकसान न पहुँचे।

''ब्रह्मचर्य'' को जैन धर्म में सिर्फ सीमित अर्थ में ''काम'' (सेक्स) के निषेध के रूप में नहीं, बल्कि व्यापक अर्थ में ''काम'' (इन्द्रिय सुख) के निषेध के रूप में लिया गया है।

इस तरह, जैन धर्म के अनुसार **सम्यक् दर्शन, सम्यक् ज्ञान** और **सम्यक् चरित्र** के **त्रिरत्न** द्वारा साधक ''केवल ज्ञान'' (समस्त वस्तुओं का ज्ञान) का अधिकारी हो जाता है, और फिर **तपस्** (अत्यल्प भोजन, इन्द्रिय-निग्रह, शारीरिक यातना आदि) और **ध्यान-योग** के जरिए मोक्ष की ओर बढ़ता है। मोक्ष पाने के बाद आत्मा फिर से अपनी प्रारम्भिक ''पूर्ण'' अवस्था को प्राप्त कर लेती है।

बौद्ध धर्म

बन्धन और मुक्ति से सम्बन्धित बौद्ध धर्म की मान्यताओं को चार ''आर्य सत्यों'' के माध्यम से व्यक्त किया गया है—

(i) संसार में जीवन दुःख से भरा हुआ है।

(ii) दुःख का कारण है।

(iii) दुःख को समाप्त करना सम्भव है।

(iv) दुःख को समाप्त करने का उपाय (मार्ग) है।

बौद्ध धर्म में जीवन को दुःखमय माना गया है। जन्म लेना ही दुःख है। जीवन रोग, बुढ़ापा और मृत्यु से ग्रस्त होकर दुःखपूर्ण बना रहता है। इसे ही ''जरामरण'' कहा गया है। दुःख के कारणों की बारह कड़ियाँ बतायी गयी हैं। संक्षेप में, ''जरामरण'' का कारण जन्म, जन्म का कारण **भव** (जन्म लेने की प्रवृत्ति), **भव का कारण तृष्णा** और इन सबके मूल में अविद्या है। अविद्या के कारण ही क्षणिक सुख की कामना की जाती है। अविद्या को दूर कर के ''निर्वाण'' की स्थिति को प्राप्त किया जा सकता है।

बौद्ध धर्म में ''निर्वाण'' प्राप्त करने के लिए **अष्टांगिक मार्ग** की वकालत की गयी है—

(i) **सम्यक् दृष्टि**—अविद्या को समाप्त करने के लिए मिथ्या दृष्टि को त्याग कर सच्ची दृष्टि अपनानी चाहिए। ''सम्यक् दृष्टि'' का अर्थ हुआ चार ''आर्य सत्यों'' का ज्ञान।

(ii) **सम्यक् संकल्प**—सत्य के ज्ञान मात्र से ही निर्वाण की प्राप्ति नहीं होती है। इसके लिए ज्ञान के आधार पर जीवन को सुधारने का संकल्प भी जरूरी है।

(iii) **सम्यक् वाक**—सम्यक् संकल्प का असर वचन पर भी पड़ना चाहिए। झूठ, निन्दा, कटुवचन और व्यर्थ बकवास का त्याग करना चाहिए।

(iv) **सम्यक् कर्मान्त**—सिर्फ वचन पर ही नहीं, बल्कि दैनिक व्यवहार पर भी सम्यक् संकल्प का असर पड़ना चाहिए। अहिंसा, अस्तेय और इन्द्रिय संयम सम्यक् कर्मान्त के अन्तर्गत आते हैं।

(v) **सम्यक् आजीव**—जीवन निर्वाह के लिए उचित तरीके को अपनाना चाहिए। छल-कपट और धूर्तता द्वारा जीवन निर्वाह के उपायों का त्याग करना चाहिए। बौद्ध धर्म में जादू, मंत्र या ज्योतिष द्वारा जीवन-निर्वाह को निन्दनीय माना गया है।

(vi) **सम्यक् व्यायाम**—निरन्तर प्रयत्न द्वारा बुरे भावों को मन से निकालना चाहिए, और नई बुरी भावनाओं को उभरने से रोकना चाहिए।

(vii) **सम्यक् स्मृति**—जिन बातों का सही ज्ञान हो गया हो उन्हें हमेशा याद रखना चाहिए।

(viii) **सम्यक् समाधि**—यह अष्टांगिक मार्ग की अन्तिम सीढ़ी है, जिसके द्वारा व्यक्ति ''निर्वाण'' की स्थिति को प्राप्त करता है, जिसमें दुःखों का अन्त हो जाता है। समाधि की भी चार स्थितियाँ बतलाई गयी हैं। समाधि की चौथी और अन्तिम स्थिति में व्यक्ति सुख और दुःख दोनों से उदासीन हो जाता है, और पूर्ण उपेक्षा के भाव को प्राप्त कर लेता है।

अष्टांगिक मार्ग की इन आठ सीढ़ियों में से प्रथम दो (सम्यक् दृष्टि, सम्यक् संकल्प) को **प्रज्ञा**, इसके बाद की तीन सीढ़ियों (सम्यक् वाक्, सम्यक् कर्मान्त, सम्यक् आजीव) को **शील** और अन्तिम तीन सीढ़ियों (सम्यक् व्यायाम, सम्यक् स्मृति और सम्यक् समाधि) को **समाधि** के अन्तर्गत रखा गया है। इस तरह अष्टांगिक मार्ग में शील, समाधि और प्रज्ञा का समावेश है।

बौद्ध धर्म के मुक्ति-मार्ग को ''मध्यम मार्ग'' कहा गया है, क्योंकि इसमें शरीर को यातना देने और अतिशय शारीरिक सुख की दो अतियों से बचने को कहा गया है। संक्षेप में, जैन और बौद्ध दोनों ही अवैदिक और निरीश्वरवादी हैं। दोनों वर्ण-व्यवस्था को अस्वीकार करते हैं। दोनों में ही कर्म-संसार-ज्ञान-मुक्ति के सिद्धान्त को स्वीकार किया गया है; और दोनों योग, ध्यान, समाधि को मुक्ति प्राप्त करने का साधन मानते हैं। मोटे तौर पर, जैन ''पंच महाव्रत'' को बौद्ध धर्म में भी स्वीकार किया गया है, ***लेकिन जैन धर्म में अहिंसा और तपस पर अधिक बल दिया गया है।*** इसके अलावा, जैन धर्म के अनुसार मोक्ष की स्थिति में आत्मा फिर से अपनी ''पूर्ण'' अवस्था को प्राप्त कर लेती है। दूसरी ओर, बौद्ध धर्म निरीश्वरवादी के अलावे अनात्मवादी भी है। इसमें ''निर्वाण'' की व्याख्या के लिए ''आत्मा'' की सहायता नहीं ली गयी है। ''निर्वाण'' का अर्थ है ''बुझा हुआ'' (दीप)। ''निर्वाण'' की स्थिति में सभी दुःखों का अन्त हो जाता है। मोटे तौर पर, ''निर्वाण'' एक इच्छाविहीन शान्त स्थिति है।

हिन्दू धर्म

जैसा कि पहले भी उल्लेख किया गया है, हिन्दू दर्शन की दो शाखाएँ—सांख्य और मीमांसा—निरीश्वरवादी हैं। शंकर ने भी अपने अद्वैत वेदान्त में ''ईश्वर'' (सगुण ब्रह्म) को सिर्फ ''व्यावहारिक दृष्टि'' से ही सही माना है। शंकर के अनुसार अन्तिम विश्लेषण में ''निर्गुण ब्रह्म'' ही एकमात्र सत्य है। लेकिन अपने लोकप्रिय रूप में हिन्दू धर्म ईश्वरवादी धर्म है। रामानुज ने ***उपनिषदों*** की व्याख्या ईश्वरवादी दृष्टि से की है।

शंकर मार्ग

शंकराचार्य के अनुसार ''ब्रह्म'' ही एकमात्र सत्य है, जगत मिथ्या है और ''जीव'' भी ब्रह्म से अलग नहीं है। अज्ञान के कारण ही जीव मिथ्या जगत को सत्य, और अपने को ब्रह्म से अलग मानने लगता है। इस तरह, अज्ञान ही बन्धन का कारण है। शंकर के अनुसार ''ब्रह्म-ज्ञान'' से ही मुक्ति मिल सकती है। ब्रह्म को जानने वाला स्वयं भी ब्रह्म हो जाता है।

शंकर के विचार में ब्रह्म-ज्ञान प्राप्त करने के लिए व्यक्ति का ''अधिकारी'' होना जरूरी है। ''अधिकारी'' होने के लिए ***वेदों*** के ज्ञान के अलावा, वैदिक धर्मों का पालन भी आवश्यक है। ***ब्रह्म-सूत्र*** पर लिखे गए अपने भाष्य में *शंकर ने कहा है कि* **''शूद्र दार्शनिक प्रज्ञा के अधिकारी नहीं है'', क्योंकि वे वेदों का अध्ययन नहीं कर सकते हैं।**[1]

शंकर-मार्ग में गुरू को एवं **श्रवण, मनन** और **निदिध्यासन** को केन्द्रीय महत्त्व दिया गया है। ''अधिकारी'' व्यक्ति को ही गुरू शिक्षा देगा—''तत् त्वम असि'' (तुम वही ब्रह्म हो)। शिष्य को श्रद्धापूर्वक गुरू की बातें सुननी चाहिए (श्रवण), युक्तियों द्वारा उस पर विश्वास करना चाहिए (मनन), और फिर तब तक इस ''सत्य'' पर ध्यान केन्द्रित करना चाहिए (निदिध्यासन) जब तक कि उसे यह ''ज्ञान'' न हो जाए कि ''मैं ही ब्रह्म हूँ'' (अहं ब्रह्मास्मि)।

शंकर के अनुसार ''ब्रह्म ज्ञान'' मिलने से ''मुक्ति'' प्राप्त हो जाती है। ''ब्रह्म ज्ञान'' मिलने का अर्थ है ब्रह्म से एकाकार हो जाना। शंकर के अनुसार ''मुक्ति'' दो किस्म की होती है—एक ''जीवनमुक्ति'' या इस जीवन में ''मुक्ति'' और दो, ''विदेहमुक्ति'' या शरीर के त्याग के बाद मिलने वाली ''मुक्ति''। जिस व्यक्ति ने ''जीवनमुक्ति'' प्राप्त कर ली हो, उसे ''जीवनमुक्त'' कहते हैं। ''ब्रह्मज्ञान'' मिलने के बाद भी, ''प्रारब्ध कर्मों'' के प्रभाव के कारण, ''जीवनमुक्त'' व्यक्ति के शरीर का अस्तित्व कुछ समय तक बना रहता है। ऐसे व्यक्ति के ''संचित कर्म'' जिनका प्रभाव अभी आरम्भ नहीं हुआ है, नष्ट हो जाते हैं। ऐसा व्यक्ति सामान्य जीवन व्यतीत करता है, लेकिन वह नए कर्मों को संचित नहीं करता है (''क्रियामान'' या ''संचीयमान''

1. देवीप्रसाद चट्टोपाध्याय, ***भारतीय दर्शन में क्या जीवन्त है और क्या मृत*** (नई दिल्ली : पीपुल्स पब्लिशिंग हाउस, 1984), पृष्ठ-191–93.

कर्म)। एक बार "प्रारब्ध कर्मों" का प्रभाव समाप्त होने के बाद वह शरीर त्याग देता है, और फिर उसका पुर्नजन्म नहीं होता है। "जीवनमुक्त" व्यक्ति सामान्य जीवन जीते हुए भी "मिथ्या" जगत से परे रहता है। अद्वैत वेदान्त के अनुसार सिर्फ "जीवनमुक्त" व्यक्ति ही "अधिकारी" व्यक्ति को "ब्रह्म ज्ञान" दे सकता है।[1]

भगवद्गीता में मोक्ष पाने के लिए तीन रास्ते बतलाए गए हैं—**ज्ञान मार्ग, कर्म मार्ग** और **भक्ति मार्ग।** शंकर ने इनमें से ज्ञान मार्ग को श्रेष्ठ माना है। शंकर के अनुसार ***भगवद्गीता*** में **ज्ञान मार्ग** का संदेश दिया गया है। शंकर की व्याख्या के अनुसार कर्म-योग और भक्ति-योग की भूमिका मात्र इतनी है कि वे साधक को ज्ञान-योग के पथ के लिए तैयार करते हैं। शंकर की राय में "निष्काम कर्म" का अर्थ है, "कर्मों का पूर्ण त्याग"। शंकर के अनुसार जो लोग "अज्ञान" में रहते हैं उनके लिए ही कर्म-योग को कर्म-संन्यास से बेहतर माना गया है। शंकर ने भक्ति को भी बहुत अधिक महत्त्व नहीं दिया है, क्योंकि भक्ति (ईश्वर-उपासना) में द्वैत (भक्त और भगवान का) होता है। इसके अलावा, ईश्वर की पूजा मोक्ष-प्राप्ति के अलावा सांसारिक सुख, ऐश्वर्य, स्वर्ग-प्राप्ति जैसे अन्य उद्देश्यों के लिए भी की जा सकती है। शंकर के अद्वैत वेदान्त के अनुसार श्रवण, मनन और निदिध्यासन द्वारा ईश्वर की आराधना से ऊपर उठ कर ईश्वर के प्रति उदासीनता का भाव अपनाना चाहिए।[2] इसी तरह, शंकर की राय में कर्म-योग के सन्दर्भ में सर्व कर्म संन्यास का रास्ता ही श्रेष्ठ है। दूसरे शब्दों में, शंकर ने "प्रवृत्ति" (कर्म) और "निवृत्ति" (कर्म-संन्यास) में से निवृत्ति मार्ग का समर्थन किया है।

रामानुज मार्ग

रामानुज के अनुसार "ब्रह्म" निर्गुण नहीं है। जगत और जीव भी मिथ्या नहीं हैं। यह भी सही नहीं है कि सिर्फ ज्ञान द्वारा ही मुक्ति मिल सकती है। रामानुज के अनुसार ईश्वर व्यक्तित्वपूर्ण है। "जीव" या "आत्मा" "ब्रह्म" का ही एक हिस्सा है। जीव को अपने कर्मों के अनुसार शरीर मिलता है। हर जन्म में शरीर बदलता रहता है, लेकिन आत्मा अमर रहती है। रामानुज की राय में अविद्या, काम और कर्म के कारण ही बन्धन उत्पन्न होता है। **ज्ञान-कर्म-भक्ति समुच्चय** द्वारा मुक्ति मिल सकती है। रामानुज ने मुक्ति मार्ग की निम्नलिखित सीढ़ियाँ बतलायी हैं—

(i) वैदिक कर्म-अनुष्ठान और वर्णाश्रम धर्म के पालन द्वारा "पुण्य" का संचय।
(ii) सर्वोच्च व्यक्ति ईश्वर के प्रति आत्म-समर्पण।
(iii) धर्मशास्त्रों के अध्ययन और गुरू की शिक्षा द्वारा परम सत्ता का ज्ञान प्राप्त करना।
(iv) इस ज्ञान को प्राप्त करने के बाद जीवात्मा में अपने कर्त्तव्यों को करने की, और निषिद्ध कर्मों से बचने की प्रेरणा उत्पन्न होती है।

---

1. Y. Masih, *A Comparative Study of Religions*, pp. 181-82.
2. या० मसीह, ***तुलनात्मक धर्मदर्शन***, पृष्ठ-111–12.

(v) इस तरह, ज्ञान और कर्मकांड को जोड़ने के बाद ईश्वर-उपासना की प्रवृत्ति जाग उठती है।

(vi) यह उपासना फिर भक्ति में बदल जाती है।

(vii) अन्त में ''प्रपत्ति'' की स्थिति आ जाती है, जब भक्त अपने को ईश्वर के सामने पूरी तौर से समर्पित कर देता है, और ईश्वर करूणा से द्रवित होकर भक्त का उद्धार कर देता है।[1]

इस तरह, रामानुज के अनुसार कर्म-ज्ञान-भक्ति के जोड़ (समुच्चय) द्वारा भक्त फिर से अपनी उस पुरानी स्थिति को प्राप्त कर लेता है, जो उसने अविद्या और कर्म के कारण खो दी थी।

रामानुज के अनुसार ***गीता*** में भक्ति मार्ग की शिक्षा दी गयी है। इसी तरह, रामानुज की व्याख्या के अनुसार कर्म-योग का अर्थ है वर्णाश्रम धर्म का पालन करना। इस तरह, शंकर और रामानुज ने ***उपनिषदों*** और ***भगवद्गीता*** की अलग-अलग ढंग से व्याख्या की है।

शंकर और रामानुज

शंकर ने ***उपनिषदों*** की व्याख्या **अद्वैतवादी** दृष्टि से की है। शंकर के अनुसार ''आत्मा'' और ''ब्रह्म'' अन्तिम विश्लेषण में एक ही हैं। अविद्या या ''माया'' के कारण ही जीव (आत्मा) अपने को ब्रह्म से अलग और मिथ्या जगत को वास्तविक समझने लगता है। ''अहं ब्रह्मास्मि'' का या ''मैं ही ब्रह्म हूँ'' का ज्ञान मिल जाने पर मुक्ति मिल जाती है। इस स्थिति में आत्मा और ब्रह्म एक हो जाते हैं।

दूसरी ओर, रामानुज ने ***उपनिषदों*** की व्याख्या विशिष्टाद्वैतवादी दृष्टि से की है। रामानुज के अनुसार जीव (आत्मा) और ब्रह्म (ईश्वर) एक नहीं है। उनके बीच वैसा ही सम्बन्ध है, जैसा पूर्ण (whole) और एक हिस्से (part) के बीच होता है। शंकर ने ब्रह्म को निर्गुण माना है, जबकि रामानुज ने सगुण। इसी तरह, रामानुज ने शंकर के मायावाद की आलोचना की है, और इस विश्व को वास्तविक माना है। शंकर ने ज्ञान मार्ग को श्रेष्ठ माना है, जबकि रामानुज ने भक्ति पर बल दिया है।

शंकर के अनुसार इस जीवन में भी ''मुक्ति'' मिल सकती है, जबकि रामानुज के अनुसार ''शरीर-त्याग'' के बाद ही ''मुक्ति'' मिलती है। रामानुज के अनुसार ''मुक्ति'' के बाद भी जीव का अस्तित्व बना रहता है। संसार से मुक्ति के बाद जीव बैकुण्ठ (स्वर्ग) में ईश्वर (विष्णु) के सान्निध्य में रहकर आध्यात्मिक प्रगति की ओर बढ़ता रहता है। अन्ततः जीव में विश्व की सृष्टि की क्षमता के अतिरिक्त ईश्वर के सभी गुण आ जाते हैं।

भगवद्गीता

पहले भी जिक्र किया जा चुका है कि ***भगवद्गीता*** में मुक्ति के लिए तीन रास्ते

---

1. या० मसीह, ***तुलनात्मक धर्मदर्शन***, पृष्ठ-103–4.

बतलाए गए हैं—**ज्ञान, कर्म** और **भक्ति।** फिर, इस ग्रन्थ की अलग-अलग व्याख्याएँ भी की गयी हैं। शंकर के अनुसार ज्ञान मार्ग श्रेष्ठ है, रामानुज के अनुसार भक्ति, और आधुनिक समय में तिलक द्वारा की गयी व्याख्या के अनुसार कर्म मार्ग। यह भी कहा जाता है कि ***गीता*** के "निष्काम कर्म" की अवधारणा में **प्रवृत्ति मार्ग** और **निवृत्ति मार्ग** का समन्वय किया गया है। कर्मों का नहीं बल्कि कर्मों के फलों का त्याग करने को कहा गया है। निष्काम भाव से फल की चिन्ता किए बिना अपने कर्त्तव्यों का पालन करना ही "निष्काम कर्म" है।

वास्तव में "निष्काम कर्म" की भी अलग-अलग व्याख्याएँ हैं। शंकर के अनुसार "निष्काम कर्म" का अर्थ है ज्ञानी व्यक्ति द्वारा कर्म का पूर्ण त्याग या पूर्ण कर्म-संन्यास, जबकि रामानुज के अनुसार "निष्काम कर्म" का अर्थ है निष्काम भाव से अपने-अपने वर्णाश्रम धर्म का पालन करना। फिर, कुछ लोगों द्वारा यह दिखाने का प्रयत्न भी किया गया है कि ज्ञान, कर्म और भक्ति में कोई विरोध नहीं है। भक्ति भी एक किस्म का कर्म ही है, और ज्ञान के बिना निष्काम कर्म भी सम्भव नहीं है।[1]

परम्परागत रूप से हिन्दू धर्म में यह माना गया है कि मोक्ष का लक्ष्य सिर्फ ब्राह्मण, क्षत्रिय और वैश्य जाति में जन्मे पुरुषों या "द्विजों" के लिए है, औरतों और शूद्रों के लिए नहीं। उन्हें इस जन्म में श्रद्धापूर्वक अपने "धर्मों" का पालन करना चाहिए ताकि उनका "अगला जन्म" द्विज पुरुष के रूप में हो और तब वे "मोक्ष" जैसे "उच्चतर" लक्ष्यों के बारे में सोच सकते हैं। लेकिन ***गीता*** में शूद्रों और औरतों के लिए भक्ति का रास्ता खोल दिया गया है। ज्ञान-योग का रास्ता सिर्फ "द्विजों" के लिए है, क्योंकि इसके लिए ***वेदों*** का ज्ञान आवश्यक है, और हिन्दू धर्मशास्त्रों के अनुसार शूद्र और औरत वैदिक ज्ञान के अधिकारी नहीं हैं।[2]

पातंजलि योग मार्ग

हिन्दू धर्म के दायरे में पातंजलि योग मार्ग को भी माना जाता है। इसके अन्तर्गत **अष्टांगिक मार्ग** की चर्चा की गयी है। इसमें (i) यम, (ii) नियम, (iii) आसन, (iv) प्राणायाम, (v) प्रत्याहार (इन्द्रियों को पीछे की ओर खींचना), (vi) धारणा, (vii) ध्यान और (viii) समाधि को रखा गया है। "यम" के अन्तर्गत **पंचमहाव्रत** (अहिंसा, सत्य, अस्तेय, ब्रह्मचर्य और अपरिग्रह) को स्थान दिया गया है। जबकि "नियम" के अन्तर्गत शौच, सन्तोष, तप, स्वाध्याय, और ईश्वरप्रणिधान (ईश्वर के प्रति भक्ति) को।

सिक्ख धर्म

सिक्ख धर्म ईश्वरवादी धर्म है, लेकिन इसमें **वेद** और वर्ण-व्यवस्था को स्वीकार नहीं किया गया है। सिक्ख धर्म के अनुसार ईश्वर कर्म के आधार पर जीव को शरीर

---

1. C.D. Sharma, *A Critical Survey of Indian Philosophy* (Delhi : Motilal Banarsidass, 1964), pp. 34–36.
2. Y. Masih, *The Hindu Religious Thought*, pp. 202–3.

प्रदान करता है। यह रामानुज का भी मत है। इसी तरह, सिक्ख धर्म के अनुसार ईश्वर की भक्ति द्वारा मुक्ति मिल सकती है।

सिक्ख धर्म के अन्तर्गत मोक्ष मार्ग के तीन तत्त्व बतलाए गए हैं–(i) निजी साधना (ii) गुरू निर्देश, आदेश और सेवा, (iii) ईश्वर प्रसाद या अनुग्रह। सिक्ख धर्म में **''नाम-स्मरण''** पर अत्यधिक बल दिया गया है। ***गुरुग्रन्थ*** में बार-बार ईश्वर-स्मरण को मुक्ति का मार्ग बतलाया गया है। नाम-स्मरण द्वारा साधक ''स्वार्थ'' और ''अहंकार'' से दूर होने लगता है, और अपने को ''ईश्वर का दास'' समझने लगता है। नाम-स्मरण से ही ईश्वर की कृपा प्राप्त होती है, और ''संसार-चक्र'' से छुटकारा मिल जाता है। नाम-स्मरण के अतिरिक्त सिक्ख धर्म में भजन और कीर्तन पर भी बल दिया जाता है।

सिक्ख धर्म में, शंकर के अद्वैत वेदान्त की तरह, **सुनियाई** (श्रवण), **मननाई** (मनन) और ध्यान का भी जिक्र किया गया है, लेकिन आम तौर से भक्ति पर अधिक बल दिया गया है। सिक्ख धर्म में ईश्वर को सगुण भी माना गया है और निर्गुण भी। इसी तरह, मनुष्य की अन्तिम गति के बारे में शंकर और रामानुज दोनों जैसे विचार मिलते हैं, लेकिन सिक्ख धर्म में इस्लाम की तरह एकेश्वरवाद का समर्थन किया गया है, और मूर्ति-पूजा का विरोध किया गया है। (देखें, ''सिक्ख धर्म'')।

निरीश्वरवादी और ईश्वरवादी मार्ग

जैसा कि पहले भी उल्लेख किया गया है, जैन धर्म और बौद्ध धर्म द्वारा बताए गए मुक्ति के मार्ग को ''निरीश्वरवादी मार्ग'' के अन्तर्गत, और हिन्दू तथा सिक्ख धर्मों के अन्तर्गत बताए गए मार्ग को ''ईश्वरवादी मार्ग'' के अन्तर्गत रखा जा सकता है। विस्तार में जाने पर, एक ओर जैन धर्म और बौद्ध धर्म द्वारा बताए गए मार्गों में, और दूसरी ओर हिन्दू तथा सिक्ख धर्मों द्वारा बताए गए मार्गों में भी थोड़ा-बहुत अन्तर है। उदाहरण के तौर पर, जैन धर्म में बौद्ध धर्म की तुलना में अहिंसा और तपस पर अधिक बल दिया गया है। इसी तरह, सिक्ख धर्म में हिन्दू धर्म की तुलना में भक्ति पर अधिक बल दिया गया है। इसके अलावा, सिक्ख धर्म में **वेद**, वर्ण-व्यवस्था और मूर्ति पूजा को अस्वीकार किया गया है। लेकिन, मोटे तौर पर इन चारों धर्मों में कर्म-संसार-ज्ञान-मुक्ति की चतुष्पदी को स्वीकार किया गया है। यह माना गया है कि ''कर्म'' और अज्ञान या अविद्या बन्धन का कारण है, और यह भी कहा गया है कि ज्ञान द्वारा मुक्ति मिल सकती है। वैसे ''अज्ञान'' का स्वरूप क्या है, और ''ज्ञान'' किसे कहते हैं, इस बारे में इन धर्मों के विचार अलग-अलग हैं। उदाहरण के तौर पर, जैन धर्म के अनुसार जैन तत्त्व-ज्ञान की जानकारी ''ज्ञान'' है, जबकि बौद्ध धर्म के अनुसार चार ''आर्य सत्यों'' की जानकारी ''ज्ञान'' है। इसी तरह, हिन्दू धर्म के दायरे में भी शंकर के अनुसार अद्वैत वेदान्त की जानकारी ''ज्ञान'' है, जबकि रामानुज के अनुसार विशिष्टाद्वैत की।

मुक्ति के लिए ध्यान और योग के महत्त्व को आम तौर से इन सभी धर्मों द्वारा स्वीकार किया गया है। इसी तरह, सत्य, अस्तेय, इन्द्रिय संयम और कुछ हद तक

अहिंसा को भी, मोटे तौर पर, इन सभी धर्मों द्वारा स्वीकार किया गया है। लेकिन विस्तार में जाने पर अहिंसा के प्रश्न पर इन धर्मों के बीच काफी अन्तर भी है। ***एक छोर पर जैन धर्म है जिसमें अहिंसा को परम धर्म माना गया है, तो दूसरी छोर पर सिक्ख धर्म का खालसा-पंथ है, जिसमें ''संत सिपाही'' की अवधारणा भी है।*** सिक्ख और हिन्दू धर्मों की तुलना में जैन और बौद्ध धर्मों में ब्रह्मचर्य पर अधिक बल दिया गया है।

निरीश्वरवादी और ईश्वरवादी पथ के बीच मुख्य अन्तर यह है कि निरीश्वरवादी पथ के अनुसार साधक ***ईश्वर की सहायता के बिना, ईश्वर की भक्ति, उपासना या कृपा के बिना, स्वयं अपने प्रयत्नों से ''मोक्ष'' या ''निर्वाण'' प्राप्त कर सकता है। जबकि ईश्वरवादी पथ के अन्तर्गत ईश्वर की उपासना और भक्ति पर बल दिया गया है।*** उदाहरण के तौर पर, रामानुज के अनुसार अगर भक्त अपने को ईश्वर के आगे पूरी तौर से समर्पित कर दे, तो ईश्वर करुणा से द्रवित होकर अपने शरणागत भक्त का उद्धार कर देता है। इसके विपरीत, बौद्ध धर्म में ''अपना दीपक स्वयं'' बनने का संदेश दिया गया है।

समीक्षा

प्रश्न यह उठता है कि आज के आधुनिक सन्दर्भ में ''मोक्ष'' को कहाँ तक जीवन के एक व्यावहारिक लक्ष्य के रूप में स्वीकार किया जा सकता है। आज के विज्ञान और ***टेक्नॉलजी*** के युग में दर्शनशास्त्र को भी अधिक-से-अधिक तार्किक और वैज्ञानिक बनाने की कोशिश हो रही है। इस दृष्टि से दर्शनशास्त्र में तथ्य-सम्बन्धी ऐसे विश्वासों को कोई स्थान नहीं दिया जाना चाहिए, जिनका कोई वैज्ञानिक आधार नहीं है।

मुक्ति के लक्ष्य के साथ समस्या यह है कि यहाँ पर पहले से ही यह मान लिया गया कि मृत्यु के बाद भी जीवन है, पुनर्जन्म है, और जीवन-मरण का कोई ''चक्र'' है। जबकि वास्तविकता यह है कि ***ऐसा मानने के लिए कोई ठोस वैज्ञानिक प्रमाण नहीं है कि शरीर और मस्तिष्क से अलग भी चेतना, जीवन या स्मृति का अस्तित्व रह सकता है। ऐसे में जीवन-मरण के तथाकथित चक्र से छुटकारा पाने की समस्या एक छद्म समस्या बन कर रह जाती है।*** अगर जीवन-मरण का कोई ''चक्र'' है ही नहीं, और प्रत्येक व्यक्ति को जीने के लिए सिर्फ एक ही जीवन मिला है, तब फिर मृत्यु ही ''मुक्ति'' है। मगर यह तो कोई ऐसा लक्ष्य नहीं है, जिसके लिए व्यक्ति सारा जीवन प्रयत्नशील रहे। कोई चाहे या न चाहे, वैसे भी हर किसी की मृत्यु होनी ही है। ऐसे में तो यही व्यावहारिक मालूम देता है कि ***सारा जीवन ''मोक्ष'' जैसे काल्पनिक लक्ष्य के पीछे भागने की बजाय व्यक्ति अपने जीवन को बेहतर ढंग से जीने का प्रयत्न करे। स्वयं अपने जीवन को सुखी बनाने का प्रयत्न करे, और दूसरों के सुख को बढ़ाने में भी सहायक हो।***

प्राचीन भारतीय दर्शन लोकायत में भी इन्द्रियानुभविक (empirical) आधार पर आत्मा, मृत्यु के बाद जीवन, पुनर्जन्म और स्वर्ग-नरक का खण्डन किया गया है, क्योंकि इनमें से किसी का भी प्रत्यक्ष द्वारा ज्ञान नहीं होता है। लोकायत या चार्वाक

दर्शन के अनुसार ***शरीर से अलग आत्मा का कोई अस्तित्व नहीं है। मृत्यु ही मुक्ति है। एक बार शरीर के जल जाने के बाद पुनर्जन्म सम्भव नहीं है। इसलिए, व्यक्ति जब तक जीवित है, सुख से अपना जीवन व्यतीत करे।*** लोकायत दर्शन का यह विचार तार्किक और वैज्ञानिक दृष्टि से ग्राह्य मालूम देता है, सिवाय इसके कि लोकायत दर्शन में, जिस रूप में हम आज उसे जान रहे हैं, स्वार्थवादी सुखवाद का समर्थन किया गया है, जबकि ***सामाजिक दृष्टि से परार्थवादी सुखवाद या ''उपयोगितावाद'' (utilitarianism) सन्तोषजनक मालूम देता है।***

एक प्रश्न यह भी उठाया जाता है कि ज्ञान, कर्म और भक्ति योग में कौन-सा मार्ग श्रेष्ठ है। जैसा कि हमने देखा, शंकर ने ज्ञान और रामानुज ने भक्ति पर बल दिया है। इसी तरह, ***भगवद्गीता*** की व्याख्या कर्मयोग को प्रमुखता देते हुए भी की गयी है। लेकिन अगर हम ''मोक्ष'' के लक्ष्य को ही अस्वीकार करते हैं, तो फिर मोक्ष प्राप्ति के मार्ग के रूप में किसी पथ के श्रेष्ठ या हीन होने का सवाल ही नहीं रह जाता है। हाँ, सामान्य तौर पर, ***इहलोकवादी दृष्टि से यह जरूर कहा जा सकता है कि एक अच्छे जीवन के लिए ज्ञान और कर्म का संगम ही उचित है।***

प्रश्न

1. Write critical note on the following—
   (i) The concept of Liberation. (1980)
2. Analyse the following view and explain (in not more than 200 words) whether it can be accepted:
   (a) Talking of moksa in the modern context is meaningless becasuse in the traditional sense, it was confined as an ideal, to the higher castes. The Sudras could at best strive for re-birth in a higher caste and could never think of moksa in the ultimate sense. (1983)
3. क्या आधुनिक सन्दर्भ में मोक्ष का आदर्श प्रासंगिक है? यदि हाँ, तो कैसे और क्यों? यदि नहीं, तो आप इसे आधुनिक सन्दर्भ में सम्भवतः कैसे प्रासंगिक बना सकते हैं? (1984)
4. क्या मोक्ष-विचार पौर्वात्य धर्मों का व्यावर्त्तक लक्षण है और यहूदी-मसीही-इस्लाम धर्मों के 'तारक में विश्वास' के विरुद्ध है? विवेचन कीजिए। (1985)
5. निम्नलिखित पर टिप्पणी लिखिए किन्तु 200 शब्दों से अधिक में न हो—
   (a) मोक्ष जगत का विलय नहीं है किन्तु जगत के बारे में केवल असत्य दृष्टिकोण का विलोप है। (1986)
6. 'मोक्ष' क्या है? उसको प्राप्त करने के विभिन्न मार्ग क्या है? जहाँ तक मोक्ष का सम्बन्ध है क्या कोई एक मार्ग अन्य मार्गों से अधिक अच्छा माना जा सकता है? विवेचन कीजिए। (1987)
7. निम्नलिखित पर टिप्पणी लिखिए। टिप्पणी 200 शब्दों से अधिक न हो—
   (a) भक्ति ज्ञान का एक प्रकार है। (1989)
8. निम्नलिखित कथन पर आलोचनात्मक टिप्पणी लिखिए। टिप्पणी 200 शब्दों से अधिक में न हो—(a) मोक्ष ब्रह्मभाव है। (1990)
9. ईश्वरवादी और अनीश्वरवादी मोक्ष मार्गों में समानता तथा असमानता का विवेचन कीजिए। (1991)

10. निम्नलिखित पर आलोचनात्मक टिप्पणी लिखिए। टिप्पणी 200 शब्दों से अधिक में न हो—(a) ज्ञान मार्ग। (1992)

11. क्या ज्ञानमार्ग, भक्तिमार्ग और कर्म मार्ग परस्पर व्यावर्तक हैं? आलोचनात्मक विवेचन कीजिए। (1993)

12. निम्नलिखित पर आलोचनात्मक टिप्पणी लिखिए। टिप्पणी 200 शब्दों से अधिक में न हो—
(a) भक्ति मार्ग (1994)

13. मोक्ष प्राप्ति के विविध मार्गों के परस्पर सम्बन्धों का निरूपण कीजिए तथा मोक्ष के स्वरूप का निर्देश कीजिए। (1995)

14. निम्नांकित पर अधिक-से-अधिक 200 शब्दों में आलोचनात्मक टिप्पणी लिखिए—
(a) ज्ञान मार्ग (1996)

15. निम्नलिखित पर अधिक-से-अधिक 200 शब्दों में तर्कपूर्ण टिप्पणी कीजिए—
(a) अनासक्त कर्म की राह (1997)

16. निम्नलिखित पर अधिक-से-अधिक 200 शब्दों में आलोचनात्मक टिप्पणी लिखिए—
(a) जीवनमुक्ति (1998)

17. अद्वैत वेदान्त के अनुसार मोक्ष के स्वरूप का विवेचन कीजिए। (2000)

18. निम्नलिखित पर अधिक-से-अधिक 200 शब्दों में आलोचनात्मक टिप्पणी लिखिए—
(a) अद्वैत वेदान्त का जीवनमुक्ति का सिद्धान्त (2002)

19. निम्नलिखित पर अधिक-से-अधिक 200 शब्दों में समालोचनात्मक टिप्पणी लिखिए—
(a) क्या किसी व्यक्ति के परिमित कार्य (कर्म) के परिणाम अमर आत्मन् की प्रकृति का निर्धारण कर सकते हैं? (2003)

20. मुक्ति से आप क्या समझते हैं? क्या इस जीवन में मुक्त होना किसी व्यक्ति के लिए सम्भव है? यदि ऐसा होना संभव है तो मुक्त व्यक्ति के क्या अभिलक्षण होते हैं? चर्चा कीजिए। (2005)

21. निम्नलिखित पर अधिक-से-अधिक 200 शब्दों में समालोचनात्मक टिप्पणी लिखिए—
(a) अमरत्व और मोक्ष के तार्किक बोध की सम्भावना (2008)

❑

अध्याय 44

धार्मिक रूढ़िवादिता और धार्मिक सहिष्णुता

सभी धर्मों के समर्थक अपने-अपने धर्म को सभी धर्मों में सर्वश्रेष्ठ मानते और बतलाते हैं। धार्मिक व्यावर्तकतावादी या एकान्तिकतावादी (religious exclusivists) यह दावा करते हैं कि एकमात्र उनका धर्म ही सत्य है, और उसके अनुसार आचारण करने पर ही ''मुक्ति'' ("salvation" या "liberation") मिल सकती है। फिर, इन धर्मों की बुनियादी मान्यताओं में भी भिन्नता होती है। (इसकी चर्चा ''सर्वधर्म-समन्वय'' के अन्तर्गत की गयी है।) लेकिन हर धर्म के धार्मिक रूढ़िवादी (fundamentalist) अपने-अपने धर्म की मूल मान्यताओं और धर्मग्रन्थों को अक्षरशः सत्य मानते हैं। इसके अलावा, विभिन्न धर्मों में धर्म-परिवर्तन के लिए भी होड़ लगी रहती है। यह धर्म-परिवर्तन कभी शान्तिमय और लोकतान्त्रिक तरीकों से होता है, और कभी इसमें भय, आतंक और हिंसा का सहारा भी लिया जाता है। इस तरह, इन कारणों से विभिन्न धर्मों के बीच संघर्ष चलता रहता है। यह संघर्ष शान्तिमय भी हो सकता है और कभी-कभी यह हिंसक रूप भी ले लेता है।

अगर धर्मों के बीच शान्तिमय और लोकतान्त्रिक तरीकों से संघर्ष हो, जैसा कि लोकतान्त्रिक व्यवस्था में राजनीतिक विचारधाराओं के बीच होता है, तब तो कोई दिक्कत या परेशानी की बात नहीं है। लेकिन वास्तविकता यह है कि दुनिया के इतिहास में धार्मिक झगड़ों के कारण काफी खून-खराबा हुआ है। उदाहरण के तौर पर, इस्लाम और ईसाई धर्म के बीच लम्बी लड़ाई चली थी। भारतीय उपमहाद्वीप में भी जैन, बौद्ध, हिन्दू, इस्लाम, सिख और ईसाई धर्मों के बीच संघर्ष हुआ है, और यह संघर्ष हमेशा शान्तिमय नहीं रहा है। यहाँ तक कि एक ही धर्म के दो सम्प्रदायों के बीच भी झगड़े चले हैं, जैसे शैव और वैष्णवों के बीच और शिया-सुन्नी के बीच।

खुल्लम-खुल्ला धार्मिक युद्ध (''क्रुसेड'' या ''जेहाद'') के अतिरिक्त धार्मिक या ''साम्प्रदायिक'' (communal) दंगों की समस्या भी है। इन दंगों के दौरान एक धार्मिक समूह के लोग दूसरे धार्मिक समूह के लोगों की जान, माल और इज्जत को जानबूझकर नुकसान पहुँचाते हैं। **हर धर्म के धर्मावलम्बियों द्वारा अपने-अपने धर्म को सर्वश्रेष्ठ और अन्तिम सत्य मानने की प्रवृत्ति (रूढ़िवादिता), और दूसरे धर्मों को मानने वालों के प्रति विरोध और नफरत की भावना (साम्प्रदायिकता) के कारण होने वाली हिंसा ने कई धार्मिक और गैरधार्मिक विचारकों को धार्मिक सहिष्णुता के बारे में सोचने के लिए मजबूर किया है।**

भारत जैसे बहुधर्मी देश में तो यह समस्या और भी विकट है। भारत में आजादी

और विभाजन के समय तो बड़े पैमाने पर हिन्दू-मुस्लिम दंगे हुए ही। इसके अलावा, 1992 में कुछ हिन्दू उग्रवादियों द्वारा बाबरी-मस्जिद ढाहे जाने के बाद भी देश के कई हिस्सों में हिन्दू-मूस्लिम दंगे हुए। इसी तरह, 1984 में तत्कालीन प्रधानमंत्री इन्दिरा गाँधी की उनके सिक्ख अंगरक्षकों द्वारा हत्या के बाद दिल्ली और कुछ अन्य स्थानों पर हिन्दू-सिक्ख दंगे भी हुए। 2002 में गुजरात में मुसलमानों के विरुद्ध बड़े पैमाने पर साम्प्रदायिक हिंसा हुई।

धार्मिक दंगों को असभ्यता की चरम पराकाष्ठा ही कहा जा सकता है। इन दंगों के दौरान कुछ लोग सिर्फ **इसलिए** किसी की जान, माल और इज्जत को नुकसान पहुँचाते हैं **क्योंकि** वह किसी दूसरे धार्मिक समूह का है। किसी भी सभ्य समाज में, खास तौर से एक ऐसे धर्मनिरपेक्ष और लोकतान्त्रिक राज्य में, जिसमें विभिन्न धर्मों को मानने वाले और किसी भी धर्म को न मानने वाले मानवतावादी लोग भी रहते हों, **नागरिकों के शान्तिमय सहअस्तित्व के लिए धार्मिक सहिष्णुता एक अनिवार्य शर्त है।** धार्मिक सहिष्णुता की आवश्यकता और महत्त्व को इसी से समझा जा सकता है।

''धार्मिक रूढ़िवादिता'' का अर्थ

The Oxford Advanced Learner's Dictionary के अनुसार, "Fundamentalism" (रूढ़िवाद) का अर्थ है *"maintenance of the literal interpretation of the traditional beliefs of the Christian religion (such as the accuracy of everything in Bible) in opposition to more modern teachings"*.

दूसरे शब्दों में, "fundamentalism" या ''रूढ़िवाद'' का अर्थ है ***बाइबिल*** सहित **ईसाई** धर्म के परम्परागत विश्वासों की शाब्दिक व्याख्या को बनाए रखना। उल्लेखनीय है कि ईसाई धर्मशास्त्रियों द्वारा धार्मिक भाषा की गैरशाब्दिक व्याख्या के प्रयत्न भी हुए हैं। उदाहरण के तौर पर, बीसवीं सदी के ईसाई धर्मशास्त्री पॉल तीलिख के धार्मिक भाषा के प्रतीक सिद्धान्त के अनुसार ''ईश्वर स्वयं सत् है'' के अलावे ईश्वर सम्बन्धी किसी भी तर्कवाक्य को (जैसे, ''ईश्वर विश्व का रचयिता है'') शाब्दिक रूप में नहीं लिया जा सकता है। रूढ़िवादियों द्वारा धार्मिक भाषा की इस किस्म की आधुनिक व्याख्याओं को अस्वीकार किया जाता है, उनके अनुसार ***बाइबिल*** के सभी कथन शाब्दिक रूप में सत्य हैं।

हालांकि ''रूढ़िवाद'' शब्द का इस्तेमाल शुरू में मुख्यतः ईसाई सन्दर्भ में हुआ है, लेकिन अब इस शब्द का इस्तेमाल दूसरे धर्मों के सन्दर्भ में भी होता है, जैसे, इस्लामी रूढ़िवाद (Islamic fundamentalism) या हिन्दू रूढ़िवाद (Hindu fundamentalism)। इस तरह, हम कह सकते हैं कि ''रूढ़िवाद'' (fundamentalism) का अर्थ है **किसी भी धर्म के धर्मग्रन्थों और बुनियादी धार्मिक विश्वासों की शाब्दिक सत्यता में विश्वास।**

''धार्मिक सहिष्णुता'' का अर्थ

धार्मिक सहिष्णुता (religious tolerance) का आदर्श यह है कि **किसी एक धर्म को मानने वाला व्यक्ति अपने धर्म की मान्यताओं के अनुसार स्वयं अपना जीवन व्यतीत करते हुए भी, दूसरे धर्मों को माननेवालों के प्रति नफरत या असहनशीलता का रवैया न अपनाए, बल्कि उनके जीवन, स्वतन्त्रता और सम्पत्ति के अधिकार का सम्मान करे।** दूसरे शब्दों में, कोई व्यक्ति अपने धार्मिक विचारों को जबरदस्ती दूसरों पर लादने का प्रयत्न न करे, या सिर्फ इसलिए किसी की जान का दुश्मन न बन जाए क्योंकि उसकी धार्मिक मान्यताएँ उससे अलग हैं। व्यापक दृष्टि से धार्मिक लोगों द्वारा मानवतावादियों के प्रति सहनशीलता और मानवतावादियों द्वारा धार्मिक लोगों के प्रति सहनशीलता भी धार्मिक सहिष्णुता के अन्तर्गत शामिल है।

धार्मिक सहिष्णुता का आधार

धार्मिक सहिष्णुता का सबसे महत्त्वपूर्ण आधार **लोकतान्त्रिक दृष्टिकोण** है। लोकतन्त्र में विभिन्न राजनीतिक विचारधाराओं को मानने वाले अपने विचारों का प्रचार करते हैं, और उनके बीच संघर्ष भी होता है; लेकिन लोकतान्त्रिक आदर्श यह है कि राजनीतिक विचारधाराओं के बीच का यह संघर्ष शान्तिमय होना चाहिए। लोकतान्त्रिक व्यवस्था में हर किसी को अपने विचारों को अभिव्यक्त करने की पूरी स्वतन्त्रता रहती है, लेकिन किसी को भी अपने विचारों को बलपूर्वक किसी पर लादने का अधिकार नहीं रहता है। इस तरह, लोकतान्त्रिक राज्यों में राजनीतिक संघर्ष आम तौर से शान्तिमय ही होते हैं। अगर धार्मिक कट्टरता और रूढ़िवादिता का त्याग करके, लोकतान्त्रिक दृष्टिकोण को अपनाया जाए, तो यह धार्मिक सहिष्णुता का एक दृढ़ आधार हो सकता है।

यह सही है कि लोकतान्त्रिक व्यवस्था में राजनीतिक संघर्ष भी कभी-कभी हिंसक हो उठते हैं। खास तौर से ऐसे आतंकवादी समूहों द्वारा, जो लोकतन्त्र में भरोसा नहीं रखते हैं, संगठित रूप में हिंसा की जाती है। एक तरह से धार्मिक कट्टरवादियों की स्थिति भी राजनीतिक आतंकवादियों जैसी ही होती है। दोनों अपने विचारों को अलोकतान्त्रिक तरीके से पूरे समाज पर लादना चाहते हैं। इस तरह, धार्मिक कट्टरता धार्मिक सहिष्णुता का दुश्मन है। धार्मिक कट्टरता के विरुद्ध संघर्ष किए बिना धार्मिक सहिष्णुता को बढ़ावा नहीं दिया जा सकता है।

धार्मिक सहिष्णुता और सर्वधर्मसमन्वय

कुछ धार्मिक विचारकों द्वारा धर्म समन्वय के आधार पर धार्मिक सहिष्णुता की स्थापना की कोशिश की गयी है। मध्य युग में अकबर द्वारा **दीने इलाही** की स्थापना ऐसा ही एक प्रयत्न था। 19वीं और 20 वीं शताब्दी में, अन्य लोगों के अलावा, राममोहन रॉय, विवेकानन्द और गाँधी द्वारा भी इस किस्म के प्रयास किए गए हैं। इन विचारकों द्वारा इस विचार को प्रचारित किया गया कि सभी धर्म बुनियादी तौर पर एक हैं, और एक ही मंजिल तक पहुँचने के अलग-अलग रास्ते हैं। धार्मिक बहुलतावादियों

(religious pluralists) द्वारा मोटे तौर पर यह माना जाता है कि एकमात्र उनका धर्म ही सत्य नहीं है, बल्कि अन्य धर्मों में भी सत्य का अंश है।

यह सही है कि समन्वयवादी धार्मिक दृष्टिकोण अपनाने पर व्यक्ति में कुछ हद तक धार्मिक सहिष्णुता आ जाएगी, फिर भी उसमें अपने धर्म के प्रति विशेष आग्रह तो रहेगा ही। गाँधी धार्मिक समन्वयवादी दृष्टिकोण का समर्थन करने के बाद भी अपने को ''सनातनी हिन्दू'' ही कहते थे, और हिन्दू धर्म का समर्थन भी करते थे। उन्होंने हिन्दू धर्म के प्रति अपनी भावनाओं को अपनी पत्नी के प्रति भावनाओं से मिलाया है।[1] इस दृष्टिकोण के साथ सबसे बड़ी कठिनाई यह है कि यह बात सही नहीं है कि सभी धर्म मूलतः एक हैं, या एक ही मंजिल तक पहुँचने के अलग-अलग रास्ते हैं। एक बहुप्रचारित मत है कि सभी धर्म एक ही ईश्वर तक पहुँचने के अलग-अलग रास्तें हैं। यह व्याख्या ईश्वरवादी धर्मों पर लागू हो भी सकती है, लेकिन जैन और बौद्ध धर्म जैसे निरीश्वरवादी धर्मों पर इसे लागू नहीं किया जा सकता है। इसलिए, इस आधार पर धार्मिक सहिष्णुता को बढ़ावा देना सम्भव नहीं है। **विभिन्न धर्मों के वस्तुनिष्ठ और तुलनात्मक अध्ययन से यह तथ्य सामने आता है कि धर्मों के बीच जहाँ कुछ बातों में समानता है, वहाँ दूसरी ओर कई मुद्दों पर मतभेद भी हैं।** धर्मों के बीच ये मतभेद सतही मुद्दों पर नहीं, बल्कि बुनियादी महत्त्व के प्रश्नों पर हैं। ईसाई धर्म में मुहम्मद को ''रसूल'' नहीं माना जाता है, जबकि इस्लाम में जिसस को ''ईश्वर-पुत्र'' के रूप में स्वीकार नहीं किया जाता है। इस तरह, ये दोनों धर्म एक-दूसरे की बुनियादी मान्यता को अस्वीकार करते हैं, जबकि इन धर्मों का अस्तित्व ही इन्हीं मान्यताओं पर टिका हुआ है। इसी तरह, जैन और बौद्ध धर्म में न तो **वेदों** को प्रामाणिक माना जाता है, और न वर्ण-व्यवस्था को स्वीकार किया जाता है, जबकि ये हिन्दू धर्म की बुनियादी मान्यताएँ हैं। (इसकी विस्तृत चर्चा ''सर्वधर्मसमन्वय'' के अन्तर्गत की गयी है।)

अगर विभिन्न धर्मों के बीच मतभेद बुनियादी प्रश्नों पर नहीं होता, और/या विभिन्न धर्मों के समर्थक उन मुद्दों को ''बुनियादी'' नहीं समझते, तो फिर इन धर्मों का अलग-अलग धर्म के रूप में अस्तित्व ही क्यों रहता? इनमें आपस में इतना संघर्ष ही क्यों होता? इसलिए, मुख्य बात यह नहीं है कि **धर्मों के बीच ''बुनियादी'' मुद्दों पर मतभेद नहीं है, बल्कि यह है कि बुनियादी मुद्दों पर मतभेद होने के बावजूद विभिन्न धर्मावलम्बियों को एक-दूसरे के साथ शान्तिपूर्ण और लोकतान्त्रिक तरीके से रहना सीखना होगा।**

धार्मिक समन्वयवादी दृष्टिकोण के साथ दूसरी कठिनाई यह है कि इस दृष्टिकोण के समर्थक, धर्म के अपने गलत विश्लेषण के कारण, धार्मिक कट्टरता पर सीधा प्रहार करने से बचते हैं, और एक तरह से अपने रवैए से विभिन्न धर्मों की कट्टरता का ही पोषण करते हैं। जैसा कि पहले भी उल्लेख किया गया है, **धार्मिक कट्टरता धार्मिक असहिष्णुता का मूल स्रोत है, और धार्मिक कट्टरता पर सीधा प्रहार किए बिना**

1. Nirmal Kumar Bose, *Selections from Gandhi*, p. 261.

धार्मिक सहिष्णुता को बढ़ावा नहीं दिया जा सकता है। जहाँ अपने धर्म में **आस्था** (faith) होगी, वहाँ दूसरे धर्मों में अनास्था और उनके प्रति विरोध भाव भी होगा। आम तौर से जहाँ एक ओर विभिन्न धर्मों में उस धर्म को स्वीकार करने वालों के प्रति सद्भावना और प्रेम की बात की जाती है, वहाँ दूसरी ओर **उस धर्म को अस्वीकार करने वालों के प्रति नफरत और असहनशीलता की भावना रहती है।** इसलिए, धार्मिक झगड़ों का वास्तविक और स्थायी समाधान बुद्धिवादी-मानवतावादी और लोकतान्त्रिक दृष्टिकोण के आधार पर ही सम्भव है, धर्मों के प्रति अयथार्थवादी दृष्टिकोण के आधार पर नहीं, चाहे इस किस्म के दृष्टिकोण का समर्थन करने वालों के इरादे कितने भी नेक क्यों न हों। यह जरूरी है कि **आस्था** के आधार पर काम करने की बजाय धार्मिक लोग तर्कबुद्धि के आधार पर अपने मतभेदों को सुलझाने का प्रयत्न करें।

एक प्रश्न यह भी उठाया जाता है कि क्या सभी धर्म धार्मिक कट्टरता की दृष्टि से एक जैसे हैं, या कुछ धर्म धार्मिक सहिष्णुता के अधिक अनुकूल हैं। इसमें संदेह नहीं है कि **ईश्वरवादी धर्मों में जैन और बौद्ध धर्म जैसे निरीश्वरवादी धर्मों की तुलना में अधिक कट्टरता होती है।** ईसाई और इस्लाम जैसे ईश्वरवादी धर्म अपने-अपने धर्मग्रन्थों को ''ईश्वर की वाणी'' समझते हैं। इन धर्मों के कट्टरपंथियों को अपने धर्म के धर्मग्रन्थों के विरुद्ध एक शब्द सुनना भी मंजूर नहीं होता है। मध्ययुग में ईसाई कट्टरपंथियों द्वारा कितने स्वतन्त्र विचारकों को मौत के घाट उतार दिया गया। सलमान रश्दी और तस्लीमा नसरीन की स्थिति से इस्लामी कट्टरपंथ का परिचय मिलता है। भारत में मुस्लिम निजी कानून में किसी भी सुधार का कुछ लोगों द्वारा इस आधार पर विरोध किया जाता है कि इस्लामी कानून या शरियत ''ईश्वरीय'' है। यह मुस्लिम कट्टरपंथ का एक उदाहरण हैं।

हिन्दू धर्म को ईसाई और इस्लाम की तरह एकेश्वरवादी तो नहीं माना जा सकता है, फिर भी अपने लोकप्रिय रूप में यह एक ईश्वरवादी धर्म ही है। हिन्दू धर्म में भी **वेद** को प्रामाणिक और अन्तिम सत्य माना जाता है। राममोहन रॉय ने जब सती प्रथा का विरोध किया, तो कट्टरपंथियों ने शास्त्रों की दुहाई देकर इस क्रूर और अमानवीय प्रथा को सही ठहराने की कोशिश की। बीसवीं सदी में भी पुरी के पूर्व शंकराचार्य निरंजनदेव जैसे कुछ हिन्दू रूढ़िवादियों द्वारा सती और छुआछूत को सही ठहराने की कोशिश की गयी है। कुछ हिन्दू उग्रवादियों द्वारा सुनियोजित तरीके से बाबरी मस्जिद को ढाहना हिन्दू धार्मिक कट्टरपंथ और असहिष्णुता का एक ताजा उदाहरण है। प्राचीन काल में कुछ हिन्दू कट्टरपंथी राजाओं द्वारा बौद्धों के हिंसक दमन के प्रमाण भी मिल रहे हैं। वास्तव में, **हिन्दू धर्म की कट्टरता वर्ण-व्यवस्था और छुआछूत के जरिए व्यक्त होती है। फिर भी, सामाजिक कठोरता के बावजूद, ईश्वर सम्बन्धी और मुक्ति के मार्ग सम्बन्धी मान्यताओं की दृष्टि से हिन्दू धर्म में ईसाई और इस्लाम धर्म की तुलना में अधिक लचीलापन है।**

सिक्ख धर्म भी ईसाई और इस्लाम धर्म की तरह एकेश्वरवादी धर्म हैं। सिक्ख धर्म में ***गुरूग्रन्थ साहब*** को सर्वोच्च मानकर उसकी पूजा की जाती है, हालांकि उसे

''ईश्वरीय'' नहीं माना जाता है। सिक्खों के एक सम्प्रदाय निरंकारियों द्वारा अपने गुरू को ***गुरूग्रन्थ*** से ऊपर स्थान दिए जाने के कारण सिक्ख कट्टरपंथियों द्वारा उनका हिंसक दमन किया गया। इसी तरह, कुछ सिक्ख विद्वानों को ***गुरूग्रन्थ*** पर किए गए उनके शोध-सम्बन्धी निष्कर्षों के लिए अकाल तख्त द्वारा सजा भी सुना दी गयी। इस तरह, सभी **ईश्वरवादी धर्मों द्वारा अपने-अपने धर्मग्रन्थों को अन्तिम सत्य मानने, आस्था को प्रोत्साहन देने, और तर्कबुद्धि एवं स्वतन्त्र चिन्तन को हतोत्साहित किए जाने के कारण धार्मिक कट्टरता को बढ़ावा मिलता है।**

दूसरी ओर, ऐसा नहीं है कि जैन और बौद्ध धर्म जैसे निरीश्वरवादी धर्मों में आस्था का तत्त्व बिलकुल ही नहीं है। बौद्ध और जैन धर्म में भी बुद्ध और महावीर के प्रति श्रद्धा और पूजा की भावना तो पायी ही जाती है। लेकिन इसके बावजूद इन धर्मों के दायरे में कुछ हद तक तर्कबुद्धि और स्वतन्त्र चिन्तन को प्रोत्साहित किया गया है। या कम-से-कम अन्य धर्मों की तरह तर्कबुद्धि को आस्था के नाम पर हतोत्साहित नहीं किया गया है। इन धर्मों में यह आग्रह भी नहीं पाया जाता है कि इनके संस्थापक ''ईश्वर के पुत्र'' या ''संदेशवाहक'' थे। न ही ये अपने धर्मग्रन्थों को ''ईश्वर की वाणी'' मानते हैं। इसके अलावा **इन धर्मों में अहिंसा पर अत्यधिक बल दिया गया है।** इसलिए, इन धर्मों का प्रचार-प्रसार भी आम तौर से शान्तिपूर्ण तरीके से ही हुआ है। इस तरह, **इन धर्मों को ईसाई, इस्लाम, सिक्ख और हिन्दू धर्म जैसे ईश्वरवादी धर्मों की तुलना में धार्मिक सहिष्णुता के अधिक अनुकूल माना जा सकता है।**

धार्मिक सहिष्णुता और धर्म-परिवर्तन

एक प्रश्न यह भी उठाया जाता है कि क्या धार्मिक सहिष्णुता और धर्म-परिवर्तन के बीच तालमेल बैठाया जा सकता है? लोकतान्त्रिक तरीके से अपनी धार्मिक मान्यताओं का प्रचार और धर्म-परिवर्तन हर नागरिक का मौलिक अधिकार है। इसलिए, **लोकतान्त्रिक धर्म-परिवर्तन और धार्मिक सहिष्णुता के बीच कोई विरोध नहीं है।** हाँ, अगर धर्म-परिवर्तन जबरदस्ती हिंसक तरीकों से करवाया जाए, तो यह लोकतन्त्र और धार्मिक सहिष्णुता के विरुद्ध होगा। इसकी विस्तृत चर्चा ''धर्म-परिवर्तन'' अध्याय में की गयी है।

प्रश्न

1. Comment on the following in about 200 words—
(a) Religious intolerance is itself irreligious (1981)

2. Analyse and evaluate the following view in **not more** than 200 words—
(a) Religious fundamentalism is akin to Fascism. (1982)

3. Why is religious tolerance necessary for the development of a secular and rational society? How would you reconcile it with the freedom of religious conversion. (1983)

4. Analyse the following view and explain (in not more than 200 words) whether they can be accepted—

(a) Each religion while maintaining its individuality will learn to appreciate the values of the others. There are no favoured races or chosen people or exclusive truths. (1983)

5. निम्नलिखित की व्याख्या और मूल्यांकन कीजिए किन्तु व्याख्या और मूल्यांकन 200 शब्दों से अधिक में न हो—

(क) धार्मिक कट्टरतावाद धर्म ग्रन्थों के वचनों का उपयोग करता है, किन्तु उसके कर्म अपराधपूर्ण होते हैं। (1984)

6. क्या पूर्व के धर्म पश्चिम के धर्मों की अपेक्षा धर्म-निरपेक्षतापरक सहिष्णुता तथा अनतरधार्मिक समझ के लिए अधिक सुदृढ़ आधार प्रदान करते हैं? यदि हाँ, तो वर्तमान समय में एशिया में धार्मिक कट्टरता के उद्गार की व्याख्या आप कैसे करेंगे? साँगोपाँग विवेचन कीजिए। (1985)

7. इस प्राक्कल्पना की परीक्षा कीजिए की सभी महान धर्म अपने अनुभवों के मूल में किसी परमदेव की सत्ता के सम्पर्क में रहते हैं। ऐसी प्राक्कल्पना के आधार पर क्या व्यवहार में धार्मिक सहनशीलता हो सकती है? अपने उत्तर के पक्ष में युक्ति दीजिए। (1987)

8. धार्मिक सहिष्णुता क्या है? उसके तत्वमीमांसागत और ईश्वरमीमांसगत आधार का विवेचन कीजिए। (1989)

9. निम्नलिखित पर आलोचनात्मक टिप्पणी लिखिए। टिप्पणी 200 शब्दों से अधिक में न हो—

(a) धार्मिक सहिष्णुता (1992)

10. निम्नांकित पर अधिक से अधिक 200 शब्दों में आलोचनात्मक टिप्पणी लिखिए—

(a) हिन्दू धर्म में धार्मिक सहिष्णुता (1996)

11. धार्मिक अनेकत्ववादियों एवं धार्मिक व्यावर्तवादियों (religious exclusivists) के बीच बहस का मुद्दा क्या है? इस संदर्भ में वे अपने मत के समर्थन में जो तर्क देते हैं उनका विवेचन कीजिए। (2004)

12. बहुलवादी समाज में धार्मिक बहुलवाद का किस प्रकार अनुसरण किया जा सकता है?

(क) सर्वधर्मसमन्वय

(ख) सर्वधर्मसमभाव

(ग) सर्वधर्मसद्भाव

के बीच अर्थ-विभेदों को बताइए। (2008)

❑

अध्याय 45

सर्वधर्मसमन्वय
(धर्मों की एकता)

विभिन्न धर्मों के धार्मिक रूढ़िवादियों द्वारा अपने-अपने धर्म की बुनियादी मान्यताओं को अक्षरशः सत्य मानने, और इन **बुनियादी मान्यताओं के बीच परस्पर विरोध** के कारण,[1] विभिन्न धर्मों के बीच, और यहाँ तक कि एक ही धर्म के अलग-अलग सम्प्रदायों (sects) के बीच (शिया-सुन्नी, वैष्णव-शैव) काफी संघर्ष हुआ है। दुनिया के इतिहास में धार्मिक झगड़ों और दंगों के कारण काफी खून बहाया गया है, और आज भी यह सिलसिला जारी है।

दूसरी ओर, इन झगड़ों से बचने के लिए, और धार्मिक सहिष्णुता एवं विभिन्न धर्मों के मानने वालों के शान्तिमय सह-अस्तित्व को प्रोत्साहित करने के इरादे से धार्मिक बहुलतावादियों (religious pluralists) द्वारा धर्मों के बीच एकता या समन्वय स्थापित करने के प्रयत्न भी हुए हैं। भारत में मध्य-युग में अकबर द्वारा **दीने इलाही** की स्थापना ऐसा ही एक प्रयत्न था। अकबर द्वारा यह प्रयत्न पारसी, यहूदी, ईसाई, इस्लाम और हिन्दू धर्म के तुलनात्मक अध्ययन के आधार पर किया गया था।

19वीं और 20वीं शताब्दी में भारत में राममोहन रॉय, विवेकानन्द और गाँधी द्वारा भी धर्मों के बीच समन्वय स्थापित करने के प्रयत्न किए गए हैं।

राममोहन राय

राममोहन राय ने इस्लाम, हिन्दू, ईसाई और यहूदी धर्म के अध्ययन के आधार पर धर्मों के बीच समन्वय स्थापित करने का प्रयत्न किया। राममोहन रॉय के अनुसार अलग-अलग धर्मों का जन्म अलग-अलग वातावरण और संस्कृतियों में हुआ है। इसलिए, उनमें आंशिक विभिन्नता है, लेकिन मूलतः सभी धर्म ईश्वरवादी हैं। अपने लेख *"Humble Suggestions to our Countrymen"* में राममोहन रॉय ने स्पष्ट लिखा है कि सभी धर्म एक समान हैं, इसलिए हर धर्म के प्रति श्रद्धाभाव रखना हर मानव का कर्त्तव्य है। इस प्रकार उन्होंने सर्वधर्म समभाव का संदेश दिया है।[2]

---

1. John H. Hick, "The Conflicting Truth Claims of Different Religions" in *Philosophy of Religion.*
2. मधुसूदन प्रसाद, ''राजा राममोहन राय का धर्म-दर्शन'', अशोक कुमार वर्मा (सं॰), ***स्वतन्त्रोत्तर भारतीय दार्शनिक चिन्तन*** (पटना : मोतीलाल बनारसीदास, 1993), पृ॰ 22-23.

विवेकानन्द : सर्वव्यापी धर्म

इसी तरह, विवेकानन्द ने "सर्वव्यापी धर्म" (universal religion) की अवधारणा प्रस्तुत की है। विवेकानन्द के अनुसार ऐसे सर्वव्यापी या सार्वभौम धर्म में दो गुणों का होना आवश्यक है—एक, इसके दरवाजे हर व्यक्ति के लिए खुले होने चाहिए। व्यक्ति के धर्म का निर्धारण जन्म के आधार पर नहीं होना चाहिए, बल्कि हर व्यक्ति को इस बात की छूट मिलनी चाहिए कि वह किस धर्म को अपनाए। दूसरे, सार्वभौम धर्म को सभी धार्मिक सम्प्रदायों को सन्तुष्ट करने में समर्थ होना चाहिए।

विवेकानन्द के अनुसार, ऐसे सार्वभौम धर्म का अस्तित्व पहले से ही है, चाहे सभी को इसकी चेतना न हो। प्रश्न यह उठता है कि इस धर्म का स्वरूप क्या है? क्या यह धर्म ऐसे सामान्य तत्त्वों को ढूँढ़ने में समर्थ हुआ है, जो विभिन्न धर्मावलम्बियों को सन्तुष्ट कर सकें? विवेकानन्द के अनुसार अलग-अलग धर्मों में धर्म के अलग-अलग पक्षों पर बल दिया गया है। इसलिए, सभी धर्मों के सामान्य तत्त्व को ढूँढना बहुत मुकिश्ल काम है। लेकिन, विवेकानन्द की राय में, सार्वभौम धर्म का यह अर्थ नहीं है कि उसके एक जैसे सिद्धान्त, "पुराणविद्या" या मिथकशास्त्र (mythology) और कर्मकांड हों। सर्वव्यापी धर्म के अन्तर्गत सभी धर्मों को धार्मिक लक्ष्य को पाने के अलग-अलग मार्गों के रूप में मान्यता दी जाएगी। हर व्यक्ति को इनमें से किसी भी मार्ग को अपनाने की स्वतन्त्रता होगी। अलग-अलग मार्गों को अपनाने वालों में दूसरे मार्ग को अपनाने वालों के प्रति सिर्फ सहिष्णुता ही नहीं होगी, बल्कि सभी मार्गों को वैध मार्गों के रूप में स्वीकार करने की भावना होगी। सर्वव्यापी या सार्वभौम धर्म में विश्वास रखने वाला व्यक्ति, व्यापक और उदार दृष्टि को अपनाते हुए, सभी धर्मों के धर्मग्रन्थों से सीख हासिल करने के लिए तैयार रहेगा। विवेकानन्द के अनुसार इस किस्म का दृष्टिकोण अपनाने पर कम-से-कम एक ऐसे तत्त्व को ढूँढ़ा जा सकता है, जो सभी धर्मों में सामान्य है—ईश्वर में विश्वास। इस तरह, विवेकानन्द की राय में ईश्वर में विश्वास को सर्वव्यापी धर्म का सार तत्त्व माना जा सकता है।[1]

गाँधी : धर्मों का मैत्रीभाव

धर्मों के बीच समन्वय स्थापित करने का प्रयत्न गाँधी द्वारा भी किया गया है। गाँधी के अनुसार धर्म का मूल तत्त्व है नैतिकता। अपने धर्म के अलावा अन्य धर्मों के अध्ययन से व्यक्ति को यह बात समझ में आ जाएगी की मूलतः सभी धर्म एक हैं। गाँधी ने सभी धर्मों के भाईचारे या मैत्रीभाव (fellowship) की कल्पना की है। धर्मों के बारे में अपनी राय को गाँधी ने इस प्रकार व्यक्त किया है—"लम्बे अध्ययन और अनुभव के बाद मैं इस निष्कर्ष पर पहुँचा हूँ कि—

(i) सभी धर्म सत्य हैं।

---

1. Basant Kumar Lal, *Contemporary Indian Philosophy* (Delhi : Motilal Banarsidass. 1978), pp. 43–45.

(ii) सभी धर्मों में कुछ दोष (error) हैं।
(iii) मुझे सभी धर्म लगभग उतने ही प्रिय हैं, जितना कि अपना हिन्दू धर्म।''[1]

राधाकृष्णन

राममोहन रॉय, विवेकानन्द और गाँधी के अलावा आधुनिक समय में डॉ० राधाकृष्णन और डॉ० भगवान दास ने भी धर्मों के बीच समन्वय स्थापित करने का प्रयत्न किया है। राधाकृष्णन ने अपनी कुछ रचनाओं में यह प्रमाणित करने की कोशिश की है कि हिन्दू धर्म, विशेषकर अद्वैत वेदान्त ही सार्वभौम धर्म हो सकता है, क्योंकि वह निरपेक्ष रूप में सत्य है, जबकि बाकी सभी धर्म आंशिक और सापेक्ष रूप से सत्य हैं। अपनी पुस्तक *The Hindu view of Life* में उन्होंने स्पष्ट कहा है कि वेदान्त ही पूरी मानव-जाति के लिए गहनतम और सबसे महत्त्वपूर्ण सार्वभौम धर्म है। इसी तरह, अपनी एक अन्य पुस्तक *Eastern Religions and Western Thought* में हिन्दू धर्म की ''सहिष्णुता'' और ''उदारता'' के आधार पर राधाकृष्णन ने उसे विश्व धर्म के रूप में प्रस्तुत किया है।[2]

भगवान दास

डॉ० भगवान दास के अनुसार विश्व में प्रचलित धर्मों में मौजूद सामान्य तत्त्वों के आधार पर सार्वभौम धर्म की स्थापना सम्भव है। अपनी पुस्तक *Essential Unity of All Religions* में उन्होंने सार्वभौम धर्म की स्थापना के बारे में विस्तार से विचार किया है। डॉ० भगवान दास की राय में धर्मों के बीच जो मतभेद पाए जाते हैं, उनका सम्बन्ध महत्त्वपूर्ण और अनिवार्य विषयों से नहीं है, बल्कि मात्र बाहरी कर्मकांड से है। धर्मों में असमानताओं के साथ-साथ कुछ समान तत्त्व भी पाए जाते हैं, जो उनके बीच एकता का आधार हो सकते हैं। इन तत्त्वों में भगवान दास ने एक ही ईश्वर और ''विश्वात्मा'' का विशेष रूप से उल्लेख किया है।[3]

क्या धर्मों की एकता सम्भव है?

धर्म-दार्शनिक दृष्टि से यहाँ पर महत्त्वपूर्ण प्रश्न यह है कि **क्या वास्तव में सभी धर्म एक हैं? क्या इनमें तार्किक रूप से एकता की स्थापना सम्भव है? या क्या इन्हें एक ही मंजिल तक पहुँचने के अलग-अलग रास्तों के रूप में देखा जा सकता है?**

धार्मिक एकता स्थापित करने के प्रयत्नों के पीछे इरादे चाहे कितने भी नेक क्यों न हो, वास्तविकता तो यह है कि धर्मों के बीच तार्किक रूप से एकता की स्थापना

1. Dhirendra Mohan Datta, *The Philosophy of Mahatma Gandhi* (Calcutta : Universiy of Calcutta, 1968), p. 49.
2. वेद प्रकाश वर्मा, ***धर्मदर्शन की मूल समस्याएँ*** (दिल्ली : दिल्ली विश्वविद्यालय, 1991), पृ० 471.
3. वेद प्रकाश वर्मा, ***धर्मदर्शन की मूल समस्याएँ*** (दिल्ली : दिल्ली विश्वविद्यालय, 1991), पृ० 474-75

सम्भव ही नहीं है। सभी धर्मों को एक ही मंजिल तक पहुँचने के अलग-अलग रास्तों के रूप में भी नहीं देखा जा सकता है। **अगर वस्तुनिष्ठ और निष्पक्ष दृष्टि से सभी धर्मों का तार्किक और तुलनात्मक अध्ययन किया जाए, तो यही तथ्य सामने आएगा कि विभिन्न धर्मों के बीच जहाँ कुछ मुद्दों पर समानता है, वहाँ दूसरी ओर कुछ महत्त्वपूर्ण और बुनियादी मुद्दों को लेकर मतभेद भी हैं। ये मतभेद सतही बातों को लेकर नहीं हैं, बल्कि इनका सम्बन्ध धर्मों की मूल मान्यताओं से है।**[1]

कुछ विचारकों ने धर्मसमन्वय की दृष्टि से और धार्मिक सहिष्णुता को बढ़ावा देने के लिए, धर्मों के बीच मौजूद वास्तविक और काल्पनिक समानताओं को आवश्यकता से अधिक महत्त्व दिया है। दूसरी ओर, उन्होंने धर्मों के बीच बुनियादी असमानताओं की अनदेखी की है। जबकि वस्तुनिष्ठ दृष्टि से धर्मों के बीच समानताओं और असमानताओं, दोनों की ओर बराबर ध्यान देना जरूरी है। वैसे भी, **धर्मों के प्रति अयथार्थवादी दृष्टिकोण अपना कर धार्मिक सहिष्णुता को बढ़ावा नहीं दिया जा सकता है।** उदाहरण के तौर पर, हम इस मान्यता को लें कि ईश्वर-विचार सभी धर्मों में पाया जाता है, और विभिन्न धर्मों को एक ही ईश्वर तक पहुँचने के अलग-अलग मार्गों के रूप में देखा जा सकता है। अगर हिन्दू, जैन, बौद्ध, ईसाई, इस्लाम और सिक्ख धर्मों के आलोक में इस मान्यता की जाँच करें, तो हम पाएँगे कि यह सही नहीं है।

ईश्वर

ईसाई, इस्लाम और सिक्ख धर्म ईश्वरवादी या एकेश्वरवादी धर्म हैं, लेकिन जैन, बौद्ध और हिन्दू धर्म के बारे में ऐसा नहीं कहा जा सकता है। जैन और बौद्ध धर्म तो पूरी तरह निरीश्वरवादी धर्म हैं। इन धर्मों के अन्तर्गत ''मोक्ष'' या ''निर्वाण'' को जीवन का अन्तिम लक्ष्य माना गया है, और इसकी व्याख्या ''ईश्वर'' के बिना की गयी है। इसलिए, इन धर्मों के बारे में यह नहीं कहा जा सकता है कि ये ''ईश्वर तक पहुँचने के अलग-अलग रास्ते हैं''। अगर ''धर्म'' की परिभाषा ''ईश्वर'' के आधार पर की जाती है, तो यह एक अव्याप्त (too narrow) परिभाषा होगी, क्योंकि इसके परिणामस्वरूप जैन और बौद्ध धर्मों को ''धर्म'' के दायरे से बाहर निकालना होगा।

हिन्दू धर्म जैन और बौद्ध धर्मों की तरह निरीश्वरवादी तो नहीं है, लेकिन इसे ईसाई, इस्लाम या सिक्ख धर्म की तरह एकेश्वरवादी भी नहीं कहा जा सकता है। इसमें सन्देह नहीं है कि लोकप्रिय रूप में हिन्दू धर्म एक ईश्वरवादी धर्म है, लेकिन हिन्दू धर्म के दायरे में ईश्वर के बारे में विविध प्रकार के विचारों का, यहाँ तक कि ईश्वरवाद और निरीश्वरवाद जैसे परस्पर विरोधी विचारों का भी, सहअस्तित्व है। हिन्दू दर्शन की दो शाखाएँ—सांख्य और मीमांसा—निरीश्वरवादी हैं। सांख्य में **''बन्धन''** और

---

1. Ramendra, *The Myth of Unity of all Religions* (Patna : Buddhiwadi Foundation, 2003).

''मुक्ति'' की व्याख्या ईश्वर की सहायता के बिना की गयी है, जबकि मीमांसा में ''स्वर्ग-प्राप्ति'' को जीवन का सर्वोच्च लक्ष्य माना गया है। शंकर के अद्वैत वेदान्त के अन्तर्गत भी ''सगुण ब्रह्म'' या ''ईश्वर'' को ''जगत'' की तरह ''अविद्या'' या ''माया'' की उपज माना गया है। शंकर के अनुसार, अन्तिम विश्लेषण में, ''निर्गुण ब्रह्म'' ही एकमात्र सत्य है। इसलिए, श्रवण, मनन और निदिध्यासन द्वारा ईश्वर की आराधना से ऊपर उठकर ईश्वर के प्रति उदासीनता का भाव अपनाना चाहिए।

इसलिए, अगर धर्मों की व्याख्या ''एक ही ईश्वर तक पहुँचने के अलग-अलग रास्ते'' के रूप में की जाती है, या ''धर्म'' की परिभाषा ''ईश्वर'' से जोड़कर की जाती है, तो न सिर्फ जैन और बौद्ध धर्मों को बल्कि हिन्दू धर्म की कुछ शाखाओं को भी ''धर्म'' के दायरे से बाहर निकालना होगा!

इस तरह, यह स्पष्ट है कि **''ईश्वर'' के विचार को सभी धर्मों में स्वीकार नहीं किया जाता है, और इस आधार पर धर्मों के बीच समन्वय की कोशिश बेकार है। दूसरे, जिन धर्मों में ''ईश्वर'' की अवधारणा को स्थान दिया गया है, उनमें भी ''ईश्वर'' के स्वरूप के बारे में मतभेद हैं।** हिन्दू धर्म के दायरे में बहुदेववाद (polytheism), एकेश्वरवाद (monotheism) लिंग-योनि पूजा, और प्रकृति पूजा का सहअस्तित्व है। इसलिए, हिन्दू धर्म को, जिस हद तक वह ईश्वरवादी धर्म है, ईसाई, इस्लाम और सिक्ख धर्मों जैसे एकेश्वरवादी धर्मों की श्रेणी में नहीं रखा जा सकता है। इसके अलावा, ईसाई, इस्लाम और सिक्ख धर्म जैसे एकेश्वरवादी धर्मों के बीच भी ''ईश्वर'' के स्वरूप के बारे में मतभेद हैं। सिक्ख धर्म के अनुसार ईश्वर सगुण और निर्गुण दोनों हैं, जबकि यहूदी-ईसाई और इस्लाम धर्म में ईश्वर को सगुण माना गया है। ईसाई धर्म में ''त्र्येक परमेश्वर'' (trinity) की अवधारणा पायी जाती है। इसके अनुसार पिता (father), पुत्र (son) और पवित्रात्मा (holy ghost) को एक माना जाता है। दूसरी ओर, इस्लाम में इसे स्वीकार नहीं किया जाता है। इस्लाम के अनुसार यह इब्राहिम (यहूदी पैगम्बर) द्वारा सिखाए गए एकेश्वरवाद की विकृति है। इस्लाम में जिसस को पैगम्बर के रूप में तो स्वीकार किया गया है, लेकिन उन्हें ''ईश्वर-पुत्र'' या ''ईश्वर के अवतार'' के रूप में स्वीकार नहीं किया गया है। इसी तरह, इस्लाम में इस मान्यता को भी स्वीकार नहीं किया गया है कि जिसस को सूली पर चढ़ाया गया था, जबकि यह ईसाई धर्म की बुनियादी मान्यता है। ईसाई धर्म के अनुसार इस ''तथ्य'' से इनकार करना कि जिसस को सूली पर चढ़ाया गया था, ईसाई धर्म को नकारने के बराबर है। इसके अलावा, ईसाई धर्म में जिसस को ''ईश्वर का अवतार'' माना गया है। हिन्दू धर्म में भी ईश्वर के अवतार लेने की बात की गयी है, जबकि इस्लाम और सिक्ख धर्म में अवतारवाद को अस्वीकार किया गया है।

संक्षेप में, **ईश्वर के अस्तित्व और स्वरूप के बारे में सभी धर्मों के विचार एक जैसे नहीं हैं।** कुछ धर्मों के अनुसार, ''ईश्वर का अस्तित्व है'' और कुछ के अनुसार ''ईश्वर का अस्तित्व नहीं है''। अब, **या तो ईश्वर का अस्तित्व है, या नहीं है।** ये दोनों बातें एक साथ सत्य नहीं हो सकती हैं। (इसी तरह, एक धार्मिक

मान्यता यह है कि ईश्वर ''निर्गुण'' है, और एक यह कि ईश्वर ''सगुण'' है।) **इस तरह की परस्पर विरोधी मान्यताओं के बीच तार्किक संगति की स्थापना असम्भव है।** यह जरूर हो सकता है कि किसी एक धर्म के दायरे में इन परस्पर विरोधी मान्यताओं का सहअस्तित्व हो, जैसे, हिन्दू या सिक्ख धर्म के दायरे में, लेकिन इसे किसी भी दृष्टि से तार्किक समन्वय नहीं कहा जा सकता है। **जिस व्यक्ति की रुचि सत्य जानने में हो, वह यह जरूर जानना चाहेगा कि इन परस्पर-विरोधी सत्य-सम्बन्धी दावों में कौन सत्य है, और कौन असत्य।**

धर्मग्रन्थ और पैगम्बर

ईश्वर के अस्तित्व के अतिरिक्त अन्य महत्त्वपूर्ण मुद्दों पर भी विभिन्न धर्मों के बीच असहमति है। उदाहरण के तौर पर, हिन्दू धर्म में **वेद** को, ईसाई धर्म में ***बाइबिल*** को, और इस्लाम में ***कुरआन*** को प्रामाणिक और अन्तिम सत्य माना जाता है। सिक्ख धर्म में ***गुरु ग्रन्थ साहब*** को सर्वोच्च स्थान देते हुए उसकी पूजा की जाती है। इसी तरह, जैन और बौद्ध अपने-अपने धार्मिक सहित्य क्रमशः ***आगम*** और ***त्रिपिटक*** को सर्वोच्च महत्त्व देते हैं, हालांकि वे इसे ''ईश्वरीय'' नहीं मानते हैं।

हिन्दू धर्म में ***वेदों*** की प्रामाणिकता के अतिरिक्त वर्ण-व्यवस्था को केन्द्रीय महत्त्व दिया गया है, जबकि जैन और बौद्ध धर्मों में न तो ***वेदों*** को प्रामाणिक माना जाता है, और न ही वर्ण-व्यवस्था को स्वीकार किया जाता है। इसी तरह, ईसाई धर्म में मुहम्मद को ''रसूल'' के रूप में स्वीकार नहीं किया जाता है, जबकि जैसा कि पहले भी जिक्र किया गया, इस्लाम में जिसस को पैगम्बर माना जाता है, लेकिन उन्हें ''ईश्वर-पुत्र'' के रूप में स्वीकार नहीं किया जाता है, और न ही इस मान्यता को स्वीकार किया जाता है कि उन्हें सूली पर चढ़ाया गया था।

यह नहीं कहा जा सकता है कि ऊपर जिन मतभेदों की चर्चा की गयी है, वे सतही या ''बाहरी'' हैं। दरअसल, **ये इन धर्मों की बुनियादी मान्यताएँ हैं, और अलग-अलग धर्मों के रूप में इनका अस्तित्व ही इन मान्यताओं पर आधारित है।** ***वेदों*** की प्रामाणिकता और वर्ण-व्यवस्था में विश्वास हिन्दू धर्म के लिए उतना ही बुनियादी है, जितना ईसाई धर्म के लिए जिसस और ***बाइबिल*** में, या इस्लाम के लिए मुहम्मद और ***कुरआन*** में। ''अल्लाह को छोड़कर कोई दूसरा ईश्वर नहीं और मुहम्मद उसके पैगम्बर (रसूल) हैं''—इस मान्यता को इस्लाम में इतना अधिक महत्त्व दिया जाता है कि नए जन्मे पुरुष-शिशु के कान में सबसे पहले यही बात कही जाती है। इसके अलावा, कलिमा पढ़ने को हर मुसलमान का धार्मिक कर्त्तव्य माना जाता है। इसी तरह, ईसाई धर्म में संत पॉल ने बार-बार यह कहा है कि ईसा मसीह और उनकी क्रूसीय-मौत (crucification) में उद्धार के मार्ग के रूप में **विश्वास** करने पर ही पापों का नाश हो सकता है, और ''मुक्ति'' (salvation) मिल सकती है।

मृत्यु के बाद जीवन

ईश्वर के अस्तित्व में विश्वास तो सभी धर्मों में नहीं पाया जाता है, लेकिन मृत्यु

के बाद जीवन में विश्वास हर धर्म में किसी-न-किसी रूप में पाया जाता है। मगर **"मृत्यु के बाद के जीवन" के स्वरूप और मानव की अन्तिम नियति के बारे में अलग-अलग धर्मों में अलग-अलग विचार पाए जाते हैं।**

ईसाई और इस्लाम धर्म जैसे पैगम्बरी धर्मों में "पुनर्जन्म" में विश्वास नहीं पाया जाता है। इन धर्मों के अनुसार "कयामत के दिन" सभी मृत व्यक्ति फिर से जीवित हो उठेंगे, और उन्हें उनके कर्मों के आधार पर स्वर्ग या नरक भेज दिया जाएगा। ईसाई धर्म के अनुसार जो जिसस और उनकी क्रूसीय मौत में विश्वास रखते हैं, उन्हें स्वर्ग में भेजा जाएगा और बाकी "नरक" की "अग्नि" में जलते रहेंगे। दूसरी ओर, इस्लाम के अनुसार जो मुहम्मद में विश्वास रखते हैं, उन्हें स्वर्ग भेजा जाएगा।

जैन, हिन्दू, बौद्ध और सिक्ख धर्म जैसे भारतीय मूल के धर्मों मे "कयामत के दिन" की अवधारणा नहीं पायी जाती है। इन धर्मों में "पुनर्जन्म" जीवन-मरण के "चक्र" और उससे "मुक्ति" के विचार को मोटे तौर पर स्वीकार किया जाता है। (हिन्दू धर्म में स्वर्ग और नरक का विचार भी पाया जाता है।) विस्तार में जाने पर बन्धन के कारण, "मुक्ति" के उपाय और "मुक्ति" के बाद की स्थिति के बारे में इन धर्मों के विचार अलग-अलग हैं। बौद्ध धर्म निरीश्वरवादी और अनात्मवादी है। इसमें "निर्वाण" की व्याख्या "ईश्वर" और "आत्मा" की सहायता के बिना की गयी है। "निर्वाण" की व्याख्या को लेकर थेरवाद ("हीनयान") और महायान के बीच कुछ अन्तर भी हैं। मोटे तौर पर, "निर्वाण" एक इच्छाविहीन शान्त स्थिति है। दूसरी ओर, जैन धर्म भी निरीश्वरवादी है। लेकिन इसमें "आत्मा" में विश्वास पाया जाता है। जैन धर्म के अनुसार "मोक्ष" की स्थिति में "आत्मा" फिर से अपने प्रारम्भिक "पूर्ण" (perfect) स्थिति को प्राप्त कर लेती है। हिन्दू धर्म में शंकर और रामानुज द्वारा "मुक्ति" की अलग-अलग व्याख्या की गयी है। शंकर के अनुसार "मुक्ति" की स्थिति में "आत्मा" और "ब्रह्म" एकाकार हो जाते हैं, जबकि रामानुज के अनुसार "मुक्ति" के बाद जीव बैकुण्ठ (स्वर्ग) में ईश्वर (विष्णु) के सान्निध्य में रहकर आध्यात्मिक प्रगति की ओर बढ़ता रहता है। अन्त में जीव में विश्व की सृष्टि की क्षमता के अतिरिक्त ईश्वर के सभी गुण आ जाते हैं। (सांख्य दर्शन में "मुक्ति" की निरीश्वरवादी व्याख्या भी की गयी है।) सिक्ख धर्म में मनुष्य की अन्तिम गति के बारे में शंकर और रामानुज दोनों जैसे विचार मिलते हैं।

इस तरह, यह स्पष्ट है कि **जिस तरह ईश्वर के अस्तित्व और स्वरूप के बारे में सभी धर्मों की राय एक जैसी नहीं है, उसी तरह "मृत्यु के बाद जीवन" और मनुष्य की अन्तिम गति के बारे में भी सभी धर्मों के विचार एक जैसे नहीं हैं।** मोटे तौर पर, **इस बारे में एक ओर ईसाई और इस्लाम धर्म जैसे पैगम्बरी धर्मों की; और दूसरी ओर जैन, बौद्ध, हिन्दू और सिक्ख धर्मों की राय एक जैसी है, लेकिन विस्तार में जाने पर इनमें भी आपस में महत्त्वपूर्ण मतभेद हैं।** उदाहरण के तौर पर, अगर बौद्ध धर्म के अनुसार आत्मा का अस्तित्व नहीं है; और हिन्दू, जैन एवं सिक्ख धर्मों के अनुसार आत्मा का अस्तित्व है, तो इसे सतही

या ''बाहरी'' मतभेद कहकर इसकी अनदेखी नहीं की जा सकती है। **या तो आत्मा का अस्तित्व है, या नहीं है।** दोनों बातें एक साथ सत्य नहीं हो सकती हैं। इसी तरह, या तो ''पुनर्जन्म'' का अस्तित्व है या नहीं है। या तो ''पुनरुत्थान'' और ''कयामत का दिन'' वास्तविकता है, या नहीं है। या तो व्यक्ति मरने के बाद स्वर्ग-नरक में जाता है, या नहीं जाता है। **मृत्यु के बाद मनुष्य की गति के बारे में परस्पर-विरोधी दावे एक साथ सत्य नहीं हो सकते हैं। इन परस्पर-विरोधी सत्य-सम्बन्धी दावों के बीच तार्किक संगति की स्थापना सम्भव नहीं है।**

नैतिकता

एक मत यह भी है कि धर्म का ''मूल तत्त्व'' नैतिकता है, और इसलिए धर्मों के बीच ''सतही'' मतभेदों की अनदेखी की जानी चाहिए, और धर्म के नैतिक पक्ष पर ध्यान केन्द्रित करना चाहिए।

यह सही है कि हर धर्म के साथ कुछ नैतिक मान्यताएँ भी जुड़ी रहती हैं, और उस धर्म को मानने वालों से यह अपेक्षा की जाती है कि वे उन नैतिक मान्यताओं के अनुसार आचरण करें। इस तरह, ये नैतिक मान्यताएँ भी धर्म का एक अंग होती हैं। उदाहरण के तौर पर, जैन धर्म का सम्बन्ध **त्रिरत्न** से और बौद्ध धर्म का सम्बन्ध **अष्टांगिक मार्ग** से है। इस तरह, हर धर्म के साथ कुछ-न-कुछ नैतिक मान्यताएँ जुड़ी हुई हैं। लेकिन यह धर्म का एक पक्ष हुआ। यह नहीं कहा जा सकता है कि ऊपर जिन पक्षों की चर्चा की गयी, वे धर्म के महत्त्वपूर्ण पक्ष नहीं हैं। धर्म सिर्फ नैतिकता नहीं है। **हर धर्म में नैतिकता के अलावे और भी कई किस्म के विश्वास और कर्मकांड पाए जाते हैं। उन सबकी अनदेखी कर हम ''धर्म'' और ''नैतिकता'' को एक नहीं मान ले सकते हैं।**

यह भी नहीं कहा जा सकता है कि नैतिक मान्यताएँ ही धर्म का ''मूल तत्त्व'' हैं। यह एक **प्रस्ताव** हो सकता है कि नैतिकता को धर्म का मूल तत्त्व माना जाए, लेकिन इसे धर्म के बारे में **वास्तविक स्थिति का वर्णन** नहीं माना जा सकता है। बल्कि इसकी बजाय यह मान्यता सही मालूम देती है कि अपने-अपने धर्म के संस्थापकों और/या धर्मग्रन्थों में **आस्था** (faith) धर्म का ''मूल तत्त्व'' है । दरअसल, विभिन्न धर्मावलम्बियों द्वारा अपने-अपने धर्मग्रन्थों पर आधारित नैतिक मान्यताओं को ही सही माना जाता है। ईसाई धर्म में ***बाइबिल*** पर आधारित नैतिक मान्यताओं को, इस्लाम में ***कुरआन*** और ***हदीस*** पर आधारित नैतिक मान्यताओं को, और हिन्दू धर्म में ***वेद*** और ***मनुस्मृति*** जैसे धर्मशास्त्रों पर आधारित नैतिकता को स्वीकार किया जाता है। इसी तरह, जैन और बौद्ध धर्मों में क्रमशः तीर्थंकरों और बुद्ध द्वारा बतलाए गए नैतिक मार्ग को स्वीकार किया जाता है। इस तरह, इन धर्मों से जुड़ी नैतिकता को विभिन्न धर्मावलम्बियों द्वारा अपने-अपने धर्म के संस्थापकों और/या धर्मशास्त्रों में **आस्था** के **कारण** ही स्वीकार किया जाता है। इसलिए, यह कहा जा सकता है कि **धर्म का मूलतत्त्व आस्था है, न कि नैतिकता।**

इसके अलावा, एक महत्त्वपूर्ण तथ्य यह है कि **सभी धर्मों में एक जैसी नैतिक मान्यताओं का समर्थन नहीं किया गया है। सबसे पहले तो सभी धर्मों में किसी एक ही लक्ष्य को सर्वोच्च नैतिक लक्ष्य के रूप में स्वीकार नहीं किया गया है।** जैन और बौद्ध धर्मों में ''मोक्ष'' और ''निर्वाण'' को जीवन का सर्वोच्च लक्ष्य माना गया है, जबकि हिन्दू और सिक्ख धर्मों में ''मोक्ष'' के अलावा ''स्वर्ग-प्राप्ति'' को भी जीवन का लक्ष्य माना गया है। दूसरी ओर, ईसाई और इस्लाम धर्म में ''मोक्ष'' को नहीं, बल्कि ''स्वर्ग'' को ही जीवन का अन्तिम लक्ष्य माना गया है। फिर, भारतीय मूल के धर्मों में जहाँ ''मोक्ष'' के लक्ष्य को मोटे तौर पर स्वीकार किया गया है, वहाँ दूसरी ओर **''मोक्ष'' प्राप्ति के निरीश्वरवादी और ईश्वरवादी पथ के बीच महत्त्वपूर्ण अन्तर हैं।** ईश्वरवादी धर्मों में ईश्वर की भक्ति और उपासना को उचित नैतिक आचरण माना जाता है। ऐसा समझा जाता है कि अगर भक्त अपने को ईश्वर के आगे पूरी तौर से समर्पित कर दे, तो ईश्वर करुणा से द्रवित होकर उसका उद्धार कर देता है। इसके विपरीत, निरीश्वरवादी धर्मों के अनुसार साधक ईश्वर की सहायता के बिना, ईश्वर की भक्ति, उपासना या कृपा के बिना, स्वयं अपने प्रयत्नों से नैतिक प्रगति कर सकता है, और ''मोक्ष'' या ''निर्वाण'' के लक्ष्य को प्राप्त कर सकता है।

इसके अलावा, नैतिक दृष्टि से और भी कई महत्त्वपूर्ण मुद्दों पर धर्मों के बीच मतभेद हैं। उदाहरण के तौर पर, **हिन्दू धर्म में वर्ण-व्यवस्था का समर्थन किया गया है,** और अलग-अलग वर्णों (ब्राह्मण, क्षत्रिय, वैश्य और शूद्र) के लिए अलग-अलग ''वर्ण धर्म'' बतलाए गए हैं। दूसरी ओर, **जैन और बौद्ध धर्मों में इसे स्पष्ट तौर से अस्वीकार किया गया है।** ईसाई, इस्लाम और सिक्ख धर्म में भी वर्ण-व्यवस्था जैसी कोई व्यवस्था नहीं पायी जाती है।

इसी तरह, **हिंसा-अहिंसा के प्रश्न पर भी धर्मों के बीच मतभेद हैं।** एक छोर पर जैन धर्म है, जिसमें अहिंसा को ''परम धर्म'' माना गया है, तो दूसरी छोर पर इस्लाम और सिक्ख धर्म जिनमें ''जेहाद'' और ''सन्त सिपाही'' की अवधारणा पायी जाती है। हिन्दू धर्म के अन्तर्गत युद्ध करना क्षत्रिय का ''वर्ण धर्म'' माना गया है। ***भगवद्गीता*** में इसी आधार पर कृष्ण ने बार-बार अर्जुन को युद्ध लड़ने के लिए प्रेरित किया है। बौद्ध धर्म में भी जैन धर्म की तरह अहिंसा की बात की गयी है, लेकिन बौद्ध धर्म में मांसाहार पर रोक नहीं है। दूसरी ओर, जैनियों ने जमीन पर हल चलाने से होने वाली हिंसा से बचने के लिए खेती तक करना छोड़ दिया। इसी तरह, श्वेताम्बर जैन मुनि नाक और मुँह पर कपड़ा बाँध कर रखते हैं, ताकि कीटाणुओं को नुकसान न पहुँचे। इसलिए, यह नहीं कहा जा सकता है कि हिंसा-अहिंसा के प्रश्न पर सभी धर्मों के विचार एक जैसे हैं।

नैतिक मुद्दों पर धर्मों के बीच आपसी मतभेद के और भी कई उदाहरण दिए जा सकते हैं। जैन, बौद्ध, हिन्दू और ईसाई धर्म में ब्रह्मचर्य और संन्यास को स्थान दिया गया है, हालांकि इनमें भी आपस में मात्रा (degree) का अन्तर है, लेकिन दूसरी ओर इस्लाम में ब्रह्मचर्य और संन्यास को प्रश्रय नहीं दिया गया है। सिक्ख धर्म में भी संन्यास

का समर्थन नहीं किया गया है। संक्षेप में, यह कहा जा सकता है कि **नैतिकता के आधार पर भी सभी धर्मों में समन्वय या एकता की स्थापना सम्भव नहीं है।**

इस तरह, ईश्वर, मृत्यु के बाद जीवन या नैतिकता, आदि किसी भी बुनियादी प्रश्न पर **सभी** धर्मों के विश्वास **एक जैसे** नहीं हैं। नैतिक मान्यताओं सहित कुछ धार्मिक विश्वास कुछ धर्मों के बीच सामान्य (common) जरूर हैं। लेकिन **किसी भी दो धर्म के सभी बुनियादी विश्वास एक जैसे नहीं हैं।** अगर ऐसा होता तो उनका अलग-अलग धर्मों के रूप में अस्तित्व ही नहीं रह जाता। इस तरह, धर्मों के बीच कोई बुनियादी एकता नहीं है, बल्कि उनकी बुनियादी मान्यताओं के बीच परस्पर विरोध है।

विभिन्न धर्मों का दार्शनिक दृष्टि से तुलनात्मक अध्ययन करने पर यह तथ्य सामने आता है कि—

(i) सभी धर्म एक नहीं हैं।

(ii) सभी धर्मों को एक साथ सत्य नहीं माना जा सकता है, क्योंकि इनकी बुनियादी मान्यताओं में परस्पर विरोध है।

(iii) सभी धर्मों को एक ही मंजिल तक पहुँचने के अलग-अलग रास्ते के रूप में भी स्वीकार नहीं किया जा सकता है, क्योंकि सभी धर्मों की ''मंजिल'' एक नहीं है।

प्रश्न

1. Write critical note on the following—
   (i) Universal Religion (1979)
2. A Comparative study of religions shows that they are both equal and unequal in some respects. Comment. (1980)
3. Comment on the following in about 200 words each—
   (a) Religion is indeed one, while its expressions are many. (1981)
4. निम्नलिखित का मूल्यांकन कीजिए और मूल्यांकन 200 शब्दों से अधिक में न हो—
   (a) श्रद्धालु के लिए प्रत्येक धर्म समान रूप से पर्याप्त है। शासकों के लिए प्रत्येक धर्म समान रूप से उपयोगी है, किन्तु सत्य के अनुसंधानकर्त्ता के लिए सभी धर्म प्रायः असत्य हैं। (1985)
5. क्या मोक्ष-विचार पौर्वात्य धर्मों का व्यावर्त्तक लक्षण है और यहूदी-मसीही-इस्लाम धर्मों के 'तारक में विश्वास' के विरुद्ध है। विवेचन कीजिए। (1985)
6. इस प्राक्कल्पना की परीक्षा कीजिए की सभी महान धर्म अपने अनुभवों के मूल में किसी परम देव की सत्ता के सम्पर्क में रहते हैं। ऐसी प्राक्कल्पना के आधार पर क्या व्यवहार में धार्मिक सहनशीलता हो सकती है? अपने उत्तर के पक्ष में युक्ति दीजिए। (1987)
7. निम्नलिखत पर टिप्पणी लिखिए और टिप्पणी 200 शब्दों से अधिक में न हो—
   (a) एक धार्मिक विश्वास दूसरों से स्वतन्त्र और असम्बद्ध है। (1988)
8. क्या निरीश्वरवादी धर्म उसी दिव्य सत्ता के साक्षात्कार माने जा सकते है जिनका साक्षात्कार ईश्वरवादी धर्मों में होता है? सभी धर्मों की एकता के अलोक में व्याख्या कीजिए। (1990)
9. हिन्दू धर्म, क्रिश्चियन धर्म एवं इस्लाम धर्म के सन्दर्भ में धार्मिक जीवन के सार्वजनिक (universal) पक्षों को स्पष्ट कीजिए। (1996)

10. धार्मिक अनेकत्ववादियों एवं धार्मिक व्यावर्तवादियों (religious exclusivists) के बीच बहस का मुद्दा क्या है? इस संदर्भ में वे अपने मत के समर्थन में जो तर्क देते हैं उनका विवेचन कीजिए। (2004)

11. बहुलतावादी समाज में धार्मिक बहुलवाद का किस प्रकार अनुसरण किया जा सकता है?

(क) सर्वधर्मसमन्वय

(ख) सर्वधर्मसमभाव और

(ग) सर्वधर्मसद्भाव

के बीच अर्थ-विभेदों को बताइए। (2008)

❑

अध्याय 46

धर्म-परिवर्तन

''धर्म-परिवर्तन'' का अर्थ

जब कोई व्यक्ति **किसी एक धर्म को छोड़कर किसी दूसरे धर्म को अपना लेता है, तो उसे ''धर्म-परिवर्तन'' (religious conversion) कहते हैं।** भारत के इतिहास में धर्म-परिवर्तन के अनेक उदाहरण मिलते हैं। प्राचीन काल में जैन और बौद्ध धर्मों की स्थापना के बाद कई वैदिक धर्म को मानने वाले हिन्दुओं ने इन धर्मों को अपना लिया। इस्लाम के भारत आने पर कई हिन्दुओं ने इस्लाम को अपना लिया। सिक्ख धर्म की स्थापना के बाद कई हिन्दुओं और मुसलमानों ने सिक्ख धर्म को अपना लिया। इसी तरह, ईसाई मिशनरियों के भारत आगमन पर कई लोगों ने, विशेष कर आदिवासी जनजातियों ने, ईसाई धर्म को अपना लिया। धर्म-परिवर्तन के नवीनतम उदाहरण में डॉ॰ बी॰ आर॰ अम्बेडकर की प्रेरणा से कई दलित (''अछूत'') जातियों के लोगों ने बौद्ध धर्म को अपना लिया।

व्यापक अर्थ में, अगर किसी भी धार्मिक पृष्ठभूमि का व्यक्ति अपने पहले के धर्म को छोड़कर मानवतावाद या किसी अन्य धर्मनिरपेक्ष विचारधारा को अपनाता है, तो उसे भी ''धर्म-परिवर्तन'' कहा जा सकता है। इसी तरह, मानवतावादी या किसी धर्मनिरपेक्ष पृष्ठभूमि का व्यक्ति अगर किसी धर्म को अपना लेता है, तो उसे भी ''धर्म-परिवर्तन'' कहा जा सकता है। एक धर्म को छोड़कर दूसरे धर्म को अपनाने, और एक धर्म को छोड़ कर धर्मनिरपेक्ष विचारधारा को अपनाने के बीच में धर्म के त्याग का तत्त्व सामान्य है। इसी तरह, एक धर्म को छोड़ कर दूसरे धर्म को अपनाने, और किसी धर्मनिरपेक्ष विचारधारा को छोड़ कर किसी धर्म को अपनाने के बीच धर्म-ग्रहण का तत्व सामान्य है। अगर हम ''धर्म-परिवर्तन'' का अर्थ एक धर्म छोड़ कर दूसरे धर्म को अपनाने के सीमित अर्थ में लेते हैं, तो इन प्रक्रियाओं को ''धर्म-परिवर्तन'' नहीं कहा जा सकता है, लेकिन ये प्रक्रियाएँ धर्म-परिवर्तन से आंशिक रूप में तो मिलती ही हैं। इसलिए, हम इन्हें व्यापक रूप में ''धर्म-परिवर्तन'' मान सकते हैं।

याकुब मसीह ने ''जीवन-परिवर्तन'' (conversion) और ''धर्मान्तरण'' (proselytization) के बीच अन्तर किया है। उनके अनुसार ''जीवन-परिवर्तन'' का अर्थ है आध्यात्मिक अनुभव के आधार पर अधार्मिक जीवन से धार्मिक जीवन की ओर बढ़ना।[1] इसे उन्होंने ''हृदय परिवर्तन'' कहा है।[2] दूसरी ओर, ''धर्मान्तरण'' या ''धर्म-

1. Y. Masih, *A Comparative Study of Religions*, p. 363.
2. या॰ मसीह, ***सामान्य धर्मदर्शन एवं दार्शनिक विश्लेषण***, पृष्ठ 342.

परिवर्तन'' का अर्थ है एक धर्म को छोड़ कर किसी अन्य धर्म को अपनाना। यह धर्मान्तरण ''हृदय परिवर्तन'' के साथ हो सकता है, या उसके बिना भी। इसका आधार प्रलोभन, बल-प्रयोग या कोई अन्य कारण भी हो सकता है।

दरअसल, आज के समय "conversion" और ''धर्म-परिवर्तन'' का पर्यायवाची के रूप में इस्तेमाल हो रहा है। इस अर्थ में ''धर्म-परिवर्तन'' (conversion) और ''धर्मान्तरण'' (proselytization) के बीच कोई अन्तर नहीं है।

वेद प्रकाश वर्मा के अनुसार, ''धर्म-परिवर्तन'' का सामान्य अर्थ है : ''अपने धर्म में परिवर्तन करना—अर्थात् अभी तक स्वीकृत अपने धर्म का परित्याग कर के किसी अन्य धर्म को स्वीकार कर लेना। जब कोई व्यक्ति या समुदाय अपने पूर्वस्वीकृत धार्मिक मत अथवा धर्म को छोड़ कर किसी भी कारण से दूसरे धार्मिक मत या दूसरे धर्म को स्वीकार कर लेता है, तो उसकी इस क्रिया को 'धर्म-परिवर्तन' की संज्ञा दी जाती है। इसे ही 'धर्मान्तरण' भी कहा जाता है जिससे धर्म के अन्तर का बोध होता है।''[1]

वेद प्रकाश वर्मा ने ही व्यापक अर्थ में धर्म-परिवर्तन की निम्नलिखित परिभाषा दी है : जब कोई व्यक्ति या समुदाय अपने पूर्वमान्य धर्म अथवा धार्मिक मत को छोड़कर किसी अन्य धर्म, धार्मिक मत या धर्मनिरपेक्ष दृष्टिकोण को स्वीकार कर लेता है तो उसके इस कार्य को 'धर्म-परिवर्तन' अथवा 'धर्मान्तरण' की संज्ञा दे सकते हैं।[2]

धर्म-परिवर्तन के कारण

धर्म-परिवर्तन के कई अलग-अलग कारण हो सकते हैं। पहला और प्रमुख कारण तो आन्तरिक परिवर्तन है, जिसे हम विचार-परिवर्तन कह सकते हैं। जब कोई व्यक्ति यह महसूस करने लगता है कि कोई दूसरा धर्म उसके जन्म के धर्म से बेहतर है, और वह उस धर्म को अपनाना चाहता है, तो वह उस धर्म को अपना लेता है। इसी तरह, किसी धार्मिक पृष्ठभूमि में जन्मा व्यक्ति जब यह महसूस करता है कि मानवतावाद या ऐसी ही कोई अन्य धर्मनिरपेक्ष विचारधारा उसके जन्म के धर्म से बेहतर है, तो वह अपने धर्म को छोड़कर उस विचारधारा को अपना लेता है। इस तरह से स्वेच्छा से किए गए धर्म-परिवर्तन के इतिहास में अनेक उदाहरण मिलते हैं। कभी-कभी तो सिर्फ दूसरे धर्मावलम्बी से विवाह करने के लिए भी धर्मपरिवर्तन किया जाता है।

इसके अलावा, धर्म-परिवर्तन के सामाजिक और राजनीतिक कारण भी हो सकते हैं, जिनका सम्बन्ध पहले कारण से भी हो सकता है, क्योंकि धर्मों को उनके सामाजिक-राजनीतिक पक्ष से अलग करके नहीं देखा जा सकता है। इसी तरह, भय और हिंसा या किसी दबाव के द्वारा जबरदस्ती धर्म-परिवर्तन भी करवाया जा सकता है। इसके अलावा, आर्थिक प्रलोभन द्वारा भी धर्म-परिवर्तन कराया जा सकता है। लेकिन ऐसे में व्यक्ति में जो परिवर्तन आएगा वह बाहरी होगा, आन्तरिक नहीं। यह भी संदेहास्पद है

1. वेद प्रकाश वर्मा, ***धर्मदर्शन की मूल समस्याएँ***, पृष्ठ 502.
2. वहीं, पृष्ठ 503.

कि इस किस्म के परिवर्तन को कहाँ तक सही मायने में धर्म-परिवर्तन कहा जा सकता है।

हिन्दू धर्म में वर्ण-व्यवस्था को प्रमुख स्थान दिया गया है, जिसके अन्तर्गत समाज में ब्राह्मणों को सर्वोपरि स्थान दिया जाता है। शूद्रों की स्थिति ब्राह्मणों के गुलाम जैसी रखी गयी है, जबकि तथाकथिन ''वर्ण संकर'' जातियों को 'वर्ण बाह्य' या ''अछूत'' तक माना गया है। दूसरी ओर, बौद्ध और जैन धर्म में वर्ण-व्यवस्था को पूरी तरह अस्वीकार किया गया है। गैर ब्राह्मण जातियों द्वारा बौद्ध धर्म या जैन धर्म को अपनाने का यह एक महत्त्वपूर्ण कारण हो सकता है। डॉ॰ अम्बेडकर ने हिन्दू धर्म को छोड़कर बौद्ध धर्म को अपनाने के जो कारण बतलाएँ हैं उनमें उन्होंने वर्ण-व्यवस्था को प्रमुख स्थान दिया है। डॉ॰ अम्बेडकर के अनुसार वर्ण-व्यवस्था के कारण हिन्दू धर्म के दायरे में छुआछूत को मिटा पाना सम्भव नहीं है। इसके लिए हिन्दू धर्म को अस्वीकार करना जरूरी है।[1] यह स्वेच्छा से किए गए धर्म-परिवर्तन का उदाहरण हुआ।

भारत में, खास कर कुछ हिन्दुओं के बीच, एक प्रचलित धारणा यह है कि भारत में इस्लाम का प्रसार तलवार के जोर पर हुआ है। सम्भव है कुछ हिन्दुओं के मुसलमान बनने के पीछे भय या आतंक या राजनीतिक दबाव भी एक कारण रहा हो, लेकिन इसे ज्यादा-से-ज्यादा एक अर्धसत्य ही कहा जा सकता है। इस्लाम धर्म में भी वर्ण-व्यवस्था को कोई स्थान नहीं दिया गया है। इसलिए, यह सम्भव है कि पिछड़ी जातियों के हिन्दुओं ने और दलित जातियों ने ऊपरी सामाजिक गतिशीलता और शासक वर्ग से निकटता प्राप्त करने के लिए स्वेच्छा से इस्लाम को अपनाया हो। इतिहासकार डॉ॰ जे॰ एन॰ सरकार के अनुसार बहुत सारे शूद्रों ने मुस्लिम आक्रमणकारियों का मुक्तिदाता के रूप में स्वागत किया और इस्लाम को अपनाया।[2] यह भी हो सकता है कि कई बौद्धों ने हिन्दू धर्म में वापस जाने की बजाय इस्लाम को अपनाना बेहतर समझा हो। (भारत में इस्लाम के आगमन के समय भारत में बौद्ध धर्म का वर्चस्व था।)

ईसाई मिशनरियों का विरोध करते हुए भी कई बार हिन्दू रूढ़िवादियों द्वारा कहा जाता है कि ''प्रलोभन'' द्वारा लोगों को ईसाई बनाया जा रहा है। अगर ईसाई मिशनरी आदिवासी जनजातियों या अन्य दलित जातियों के बीच जाते हैं, उनके बीच स्कूल, कॉलेज, अस्पताल आदि खोलते हैं, तो ऐसे में क्या आश्चर्य है, अगर उनमें से कई लोग कृतज्ञतावश ईसाई धर्म को अपना लेते हैं। यह सही है कि यह सब करने के पीछे ईसाई मिशनरियों का उद्देश्य लोगों को ईसाई बनाना होता है। लेकिन अगर धर्मनिरपेक्ष और लोकतान्त्रिक दृष्टि से देखा जाए तो **भारत में हर धर्म के लोगों को अपने-अपने धर्म के प्रचार की स्वतन्त्रता है, ठीक उसी तरह जैसे उन मानवतावादियों और धर्मनिरपेक्षतावादियों को भी अपने विचारों का प्रसार करने की स्वतन्त्रता है, जो सभी संगठित धर्मों को अस्वीकार करते हैं।**

---

1. रमेन्द्र, ***डॉ॰ अम्बेडकर ने हिन्दू धर्म का त्याग क्यों किया?***
2. J. N. Sarcar, *Islam in Bengal*, p. 23. Quoted in Y. Masih, *A Comparative Study of Religions*, p. 363.

''आर्थिक प्रलोभन'' द्वारा धर्म-परिवर्तन वांछनीय है या नहीं, यह निश्चय ही एक विचारणीय प्रश्न है। लेकिन, प्रलोभन द्वारा धर्म-परिवर्तन और बलात् धर्म-परिवर्तन के बीच अन्तर करना भी जरूरी है। दरअसल, प्रलोभन देना और बल-प्रयोग करना या **बाध्य** करना एक ही बात नहीं है। प्रलोभन दिए जाने के बाद भी कोई व्यक्ति उस प्रलोभन को अस्वीकार कर सकता है। इसलिए, अगर प्रलोभन दिए जाने के बाद कोई व्यक्ति किसी धर्म को चुनता है, तो वह एक तरह से स्वेच्छा से ही चुनाव करता है। लेकिन, जो धर्म-परिवर्तन आर्थिक प्रलोभन में आकर किया जाए, उसे भी सही अर्थों में धर्म-परिवर्तन नहीं कहा जा सकता है। धर्म-परिवर्तन के लिए, बिना किसी हिंसक या आर्थिक दबाव के, **आन्तरिक परिवर्तन** जरूरी है, जो पूर्णतः स्वेच्छा से किए जाने वाले धर्म-परिवर्तन में ही हो सकता है। इसलिए, कहा जा सकता है कि धर्म-परिवर्तन के लिए आर्थिक प्रलोभन देना उचित नहीं है, हालांकि इसे बलात् धर्म-परिवर्तन की श्रेणी में रखकर, इस पर कानूनी रोक नहीं लगायी जा सकती है।

जो भी हो, धर्म-परिवर्तन को मुख्यतः दो श्रेणियों में बाँटा जा सकता है : एक, स्वेच्छा से धर्म-परिवर्तन, और दो, बलात् धर्म-परिवर्तन।[1] बलात् धर्म-परिवर्तन अनुचित है, इसके बारे में तो कोई सन्देह ही नहीं है। इसलिए, **धर्म-परिवर्तन के औचित्य के बारे में जो भी चर्चा होती है, वह स्वेच्छा से किए गए धर्म-परिवर्तन के सन्दर्भ में ही होनी चाहिए।**

धर्म-परिवर्तन : विपक्ष

भारत में धर्म-परिवर्तन का विरोध मुख्यतः रूढ़िवादी हिन्दुओं द्वारा किया जाता है। इसके धार्मिक, सामाजिक और राजनीतिक कारण हैं। बौद्ध, जैन, ईसाई और इस्लाम धर्म प्रचारक धर्म हैं, और इनमें किसी दूसरे धर्म से व्यक्ति को अपने धर्म में शामिल करने की व्यवस्था है, जबकि हिन्दू धर्म में आज के समय ऐसी कोई व्यवस्था नहीं है। **हिन्दू धर्म के साथ सबसे बड़ी समस्या यह है कि अगर किसी को हिन्दू धर्म में शामिल किया जाएगा तो उसे किस जाति में रखा जाएगा!** (ईसाई मिशनरियों का प्रभाव बढ़ने के बाद दयानन्द ने आर्य समाज के माध्यम से ''शुद्धिकरण'' द्वारा हिन्दू बनाने की प्रक्रिया शुरू की थी, लेकिन आर्य समाज को हिन्दू धर्म की मुख्यधारा नहीं माना जा सकता है। इसी तरह, हाल के दिनों में, विश्व हिन्दू परिषद द्वारा ''पुनर्धर्म-परिवर्तन'' (reconversion) के छिट-पुट प्रयत्न भी किए गए हैं।) इस तरह, आम तौर से रूढ़िवादी हिन्दुओं को यह भय रहता है कि धर्म-परिवर्तन के कारण भारत में हिन्दुओं की संख्या घटती चली जाएगी।

रूढ़िवादियों का यह भय समझ में आने लायक है, लेकिन इस अतिरंजित भय के कारण **नागरिकों को धर्म-परिवर्तन के लोकतान्त्रिक अधिकार से वंचित नहीं किया जा सकता है।** जो लोग हिन्दुओं के मुसलमान, ईसाई या बौद्ध बनने से चिन्तित हैं, उन्हें धर्म-परिवर्तन का विरोध करने की बजाय अपने धर्म की कमजोरियों,

1. वेद प्रकाश वर्मा, वही, पृष्ठ 503.

खास कर वर्ण-व्यवस्था और छुआछूत को मिटाने की ओर ध्यान देना चाहिए। 19वीं सदी में ईसाई मिशनरियों के बढ़ते प्रभाव को देखकर आर्य समाज और ब्रह्म समाज द्वारा इस किस्म के प्रयत्न किए भी गए थे।

भारत में पिछले दिनों सार्वजनिक जीवन में धर्म-परिवर्तन को विवादास्पद बनाने में राष्ट्रीय स्वयंसेवक संघ और उससे जुड़े संगठनों की महत्त्वपूर्ण भूमिका रही है। इन संगठनों द्वारा खास कर ईसाई मिशनरियों द्वारा धर्म-परिवर्तन कराए जाने का विरोध किया जाता है, और धर्म-परिवर्तन पर कानूनी रोक लगाए जाने की माँग की जाती है। कभी-कभी तो इनका यह विरोध सीधे-सीधे साम्प्रदायिक नफरत फैलाने का रूप ले लेता है। 1998-99 में गुजरात में चर्चों को जलाया गया और ईसाइयों को प्रताड़ित किया गया। मध्य-प्रदेश के झाबुआ में ईसाई ननो के साथ किए गए बलात्कार को भी सही ठहराने की कोशिश की गयी! ईसाई मिशनरियों के विरुद्ध पैदा किए गए नफरत के माहौल का परिणाम उड़िसा में ईसाई मिशनरी ग्राहम स्टेन्स और उनके दो बच्चों को हिन्दू सम्प्रदायवादियों द्वारा जिन्दा जलाए जाने में हो चुकी है। इसके अलावा, 2007 में उड़िसा में ही ईसाइयों के विरुद्ध बलात्कार और हिंसा की घटनाएँ हुईं। 2007 में ही कर्नाटक में भी ईसाइयों के विरुद्ध हिंसा की घटनाएँ हुईं।

धर्म-परिवर्तन पर गाँधी के विचार

धर्म-परिवर्तन पर गाँधी के विचार क्या हैं, इसको लेकर कुछ भ्रम भी है। कुछ हद तक इसका कारण यह भी है कि एक तो गाँधी ने एक ही विषय पर अलग-अलग समय पर अलग-अलग विचार भी व्यक्त किए हैं। उदाहरण के तौर पर, हम अन्तरजातीय विवाह के प्रश्न पर गाँधी के विचारों को लें। एक समय गाँधी अन्तरभोज और अन्तरविवाह का भी विरोध करते थे। जैसा कि उन्होंने *Young India* में 1921 में लिखा है: "अन्तरविवाह और अन्तरभोज पर प्रतिबन्ध आत्मा के तीव्र विकास के लिए जरूरी है।"[1] बाद में गाँधी ने अपने इन रूढ़िवादी विचारों को छोड़ दिया और अन्तरजातीय विवाह का समर्थन करने लगे।[2]

दूसरे, धर्म-सम्बन्धी गाँधी के विचारों में आत्म-विरोध भी है। उदाहरण के तौर पर, एक ओर वे जाति और छुआछूत का विरोध करते थे, और दूसरी ओर, जन्म पर आधारित वर्ण का समर्थन करते थे।

एक धारणा यह है कि गाँधी धर्म-परिवर्तन के विरुद्ध थे। उदाहरण के तौर पर, हम डॉ॰ वेद प्रकाश वर्मा के विचार को लें—

"इसके अतिरिक्त धर्म-परिवर्तन का विचार उस मूल सिद्धांत के भी विरुद्ध है जिसे गाँधी जी ने 'सर्व-धर्म-समभाव' की संज्ञा दी है और जो सभी धर्मों की समान श्रेष्ठता को स्वीकार करता है। इस सिद्धांत के अनुसार सभी धर्म समान रूप से उत्कृष्ट है, अतः हमें अपने धर्म के साथ-साथ अन्य सब धर्मों का भी आदर करना चाहिए। सर्व-

1. N. K. Bose, *Selections from Gandhi*, p. 266.
2. Louis Fischer, *Gandhi*, pp. 111-12. Also see, N. K. Bose, Op. Cit., p. 267.

धर्म-समभाव के इसी सिद्धांत में विश्वास करने के कारण गाँधी जी प्रायः यह कहा करते थे कि अपने धर्म का निष्ठापूर्वक पालन करना प्रत्येक व्यक्ति का परम कर्त्तव्य है। वे यह मानते थे कि एक हिंदू को अच्छा हिंदू, मुसलमान को अच्छा मुसलमान, ईसाई को अच्छा ईसाई और पारसी को अच्छा पारसी होना चाहिए। इसका अर्थ यही है कि मनुष्य को अन्य धर्मों का आदर करते हुए भी स्वयं अपने धर्म का परित्याग कभी नहीं करना चाहिए। गाँधीजी के इन विचारों से यह स्पष्ट है कि वे किसी भी रूप में धर्म-परिवर्तन का समर्थन नहीं करते। इतना ही नहीं, वे धर्म-परिवर्तन को अनुचित और निंदनीय भी मानते हैं। इसका कारण यह है कि धर्म-परिवर्तन का विचार सर्व-धर्म-समभाव के सिद्धांत के विरुद्ध है।''[1]

गाँधी के कुछ उद्धरणों से वास्तव में ऐसा लगता है कि वे धर्म-परिवर्तन के विरुद्ध थे। उदाहरण के तौर पर, 1928 में उन्होंने इस विषय पर अपने विचार इस तरह व्यक्त किए हैं: ''अन्य धर्मों के प्रति मेरा सम्मान भी उतना ही है जितना कि स्वयं मेरे अपने धर्म के लिए; इसलिए धर्म-परिवर्तन का कोई विचार सम्भव नहीं है। (धार्मिक) मैत्री भाव का उद्देश्य हिन्दू को बेहतर हिन्दू, मुसलमान को बेहतर मुसलमान और ईसाई को बेहतर ईसाई बनाना होना चाहिए।''[2]

इसी तरह, 1927 में उन्होंने ईसाई मिशनरियों के प्रति इस तरह के विचार व्यक्त किए हैं: ''आपका काम और अधिक समृद्ध होगा अगर आप जिन लोगों की सेवा करने को आते हैं, उनके धर्मों को स्थापित तथ्य के रूप में स्वीकार कर लें—ये धर्म चाहे जितने भी अपरिष्कृत क्यों न हों, उनके लिए मूल्यवान हैं। मैं चाहता हूँ कि आपलोगों के धर्म को क्षति पहुँचाने की बजाय उसके पूरक बनें। हमें बेहतर हिन्दू बनाएँ, यानी, बेहतर मर्द और औरत''।[3]

लेकिन, आजादी के तुरन्त बाद 24 अगस्त, 1947, को *Harijan* में उन्होंने अपने विचार इस प्रकार व्यक्त किए हैं—

''राज्य को निःसन्देह धर्मनिरपेक्ष होना चाहिए। इसमें रहने वाले हर व्यक्ति को, बिना किसी रोक-टोक के, अपने धर्म को सार्वजनिक रूप से प्रकट करने का (profess) अधिकार मिलना चाहिए जब तक कि एक नागरिक के रूप में राज्य के सामान्य कानून का पालन करता है। मिशनरी प्रयत्नों में कोई हस्तक्षेप नहीं किया जाना चाहिए, लेकिन किसी भी मिशन को राज्य का संरक्षण नहीं मिलना चाहिए जैसा कि विदेशी शासन के दौरान होता था।''[4]

इस तरह, स्पष्ट है कि आजादी के पहले और आजादी के बाद धर्म-परिवर्तन के प्रति गाँधी के रवैए में परिवर्तन आया है। आजादी के पहले के उनके उद्धरणों से भी यह बात नहीं झलकती है कि वे धर्म-परिवर्तन के प्रयत्नों पर कोई **कानूनी रोक** लगाने

1. वेद प्रकाश वर्मा, ***धर्मदर्शन की मूल समस्याएँ,*** पृष्ठ 510.
2. N. K. Bose, Op. Cit., pp. 258-59.
3. Ibid., p. 259.
4. N. K. Bose, Op. Cit., p. 256.

के पक्ष में थे। आजादी के बाद की उनकी राय तो स्पष्ट ही है। उन्होंने धर्मनिरपेक्ष राज्य का समर्थन किया है और मिशनरियों की गतिविधियों में राज्य द्वारा किसी भी हस्तक्षेप का विरोध किया है।

धर्म-परिवर्तन पर वेद प्रकाश वर्मा के विचार

अपनी पुस्तक ***धर्मदर्शन की मूलस्याएँ*** के परिशिष्ट 2, ''धर्म-परिवर्तन—कुछ समस्याएँ और समाधान'' के अन्तर्गत डॉ॰ वेद प्रकाश वर्मा ने धर्म-परिवर्तन पर अपने विचार व्यक्त किए हैं। ''धर्म-परिवर्तन'' की व्याख्या उन्होंने किस प्रकार की है, इसका जिक्र हम पहले ही कर चुके हैं। इसके अलावा, उन्होंने धर्म-परिवर्तन के दो मुख्य रूपों के बीच अन्तर किया है : एक, स्वेच्छया या ऐच्छिक धर्म-परिवर्तन, और दो, बलपूर्वक या अनैच्छिक धर्म-परिवर्तन। उनके अनुसार सभी प्रमुख धर्मों के इतिहास में धर्म-परिवर्तन के ये दोनों रूप उपलब्ध रहते हैं। इन दोनों रूपों में मूलभूत अन्तर होने के कारण इनकी प्रक्रिया और इनके परिणाम भी अलग-अलग होते हैं।[1] ''जब कोई व्यक्ति भलीभाँति सोच-समझ कर अपनी इच्छा से धर्म-परिवर्तन करता है तो इस क्रिया में उसे कोई विशेष मानसिक कठिनाई नहीं होती। हाँ, उसे पूर्वमान्य ऐसे संस्कारों से मुक्त होने में कुछ समय लग सकता है और इसके लिए कुछ प्रयास भी करना पड़ सकता है जो नए धर्म में स्वीकृत संस्कारों से मूलतः भिन्न थे। इस प्रक्रिया की पूर्ति में उसे कुछ मानसिक कठिनाई भी हो सकती है। परन्तु इसमें सफल होने पर ऐसे व्यक्ति को अन्ततः पर्याप्त मानसिक संतोष भी प्राप्त हो सकता है जिसके फलस्वरूप वह अपने आप को अधिक सुखी अनुभव कर सकता है। इस दृष्टि से स्वेच्छया धर्म-परिवर्तन को कुछ सीमा तक वांछनीय माना जा सकता है।''[2]

दूसरी ओर, बलपूर्वक करवाए गए धर्म-परिवर्तन के परिणामस्वरूप व्यक्ति को अक्सर घोर मानसिक कष्ट भोगना पड़ सकता है। इस परिवर्तन की प्रक्रिया भी धर्मान्तरित व्यक्ति के लिए बड़ी दुखद होती है। इसके लिए उसे अक्सर भयंकर दुष्परिणाम भोगने की धमकी दी जाती है, जिसमें उसकी हत्या भी शामिल रहती है। ''कभी-कभी व्यक्ति को प्रलोभन या लालच देकर भी ऐसा धर्म-परिवर्तन कराया जाता है। इस्लाम तथा ईसाई धर्म के इतिहास में ऐसे बलपूर्वक धर्म-परिवर्तन के बहुत से उदाहरण प्राप्त होते हैं। सम्भवतः यह कहना अनुचित न होगा कि विश्व में इन दोनों धर्मों का विस्तार इस प्रकार के धर्म-परिवर्तन द्वारा हुआ है। परन्तु यह स्पष्ट है कि लालच देकर अथवा बलपूर्वक कराए गए ऐसे धर्म-परिवर्तन के फलस्वरूप मनुष्य को कभी भी वास्तविक सुख, संतोष और शान्ति की प्राप्ति नहीं हो सकती। यही कारण है कि ऐसे धर्म-परिवर्तन को नैतिक दृष्टि से अनुचित और अवांछनीय ही कहा जा सकता है।''[3]

---

1. वेद प्रकाश वर्मा, वही, पृष्ठ 503.
2. वहीं, पृष्ठ 503-4.
3. वहीं, पृष्ठ 504.

धर्म-परिवर्तन के औचित्य पर विचार करते हुए वेद प्रकाश वर्मा आगे कहते हैं : ''यदि नैतिक दृष्टि से धर्म-परिवर्तन के औचित्य पर विचार किया जाए तो यही कहा जा सकता है कि किसी व्यक्ति या समुदाय को अपना धर्म-परिवर्तन करने के लिए किसी भी रूप में अभिप्रेरित अथवा बाध्य करना उचित और वांछनीय नहीं है। इसका प्रथम कारण यह है कि धर्म एक व्यक्तिगत मामला है जिसके विषय में प्रत्येक व्यक्ति को समुचित स्वतन्त्रता प्राप्त होनी चाहिए। उसे समाज द्वारा यह स्वतन्त्रता अवश्य दी जानी चाहिए कि वह जिस धर्म में विश्वास करना चाहे उसमें विश्वास करे अथवा किसी भी धर्म को स्वीकार न करके धर्मनिरपेक्ष जीवन व्यतीत करे। इस दृष्टि से विचार करने पर यह स्पष्ट हो जाता है कि किसी व्यक्ति को धर्म-परिवर्तन करने के लिए अभिप्रेरित या बाध्य करना उसकी उक्त धार्मिक स्वतन्त्रता में बहुत बड़ी बाधा डालना है जो नैतिक दृष्टि से निश्चय ही अनुचित है।''[1]

गाँधी के सर्व-धर्म-समभाव के विचार और उसके धर्म-परिवर्तन से सम्बन्ध के बारे में वेद प्रकाश वर्मा के विचारों का उल्लेख हम पहले ही कर चुके हैं। उनके अनुसार, ''धर्म-परिवर्तन का विचार सर्व-धर्म-समभाव के सिद्धान्त के विरुद्ध है''। वेद प्रकाश वर्मा की राय में धर्म-परिवर्तन के समर्थक यह मानते हैं कि एक धर्म अन्य धर्म की अपेक्षा अधिक उत्कृष्ट या निकृष्ट होता है। इसलिए सभी धर्मों की समानता या उनका समान रूप से आदर करने के विचार को भी वे स्वीकार नहीं करते। ''वस्तुतः धर्म-परिवर्तन के मूल में निहित उनकी इसी दंभपूर्ण मान्यता के कारण धार्मिक कट्टरता अथवा असहिष्णुता का जन्म होता है जो समाज के लिए अत्यधिक हानिकारक है। इस धार्मिक कट्टरता से मुक्त होने के लिए सर्व-धर्म-समभाव के सिद्धान्त के अनुसार निष्ठापूर्वक आचरण करते हुए धर्म-परिवर्तन के विचार को पूर्णतः अस्वीकार करना अनिवार्य है।''[2]

अंत में धर्म-परिवर्तन के बारे में वेद प्रकाश वर्मा ने अपने निष्कर्ष को इस प्रक़ार रखा हैः ''मानव-समाज के लिए धर्म-परिवर्तन मनोवैज्ञानिक, सामाजिक तथा नैतिक दृष्टि से अनुचित और अवांछनीय है, अतः किसी भी रूप में इसे प्रोत्साहित नहीं किया जाना चाहिए।''[3]

धर्म-परिवर्तन के बारे में डॉ॰ वेद प्रकाश वर्मा के विचारों में परस्पर विरोध दिखता है। एक ओर, वे स्वेच्छया और बलपूर्वक धर्म-परिवर्तन के बीच अन्तर करते हुए स्वेच्छया धर्म-परिवर्तन को ''कुछ सीमा तक वांछनीय'' मानते हैं। इसी तरह, वे यह भी मानते हैं कि धर्म के मामले में प्रत्येक व्यक्ति को ''समाज द्वारा यह स्वतन्त्रता अवश्य दी जानी चाहिए कि वह जिस धर्म में विश्वास करना चाहे उसमें विश्वास करे अथवा किसी भी धर्म को स्वीकार न कर के धर्मनिरपेक्ष जीवन व्यतीत करे''। दूसरी ओर, वे निष्कर्ष के तौर पर धर्म-परिवर्तन के विचार को ''पूर्णतः अस्वीकार'' करना ''अनिवार्य'' बतलाते हुए दिखाई देते हैं।

---

1. वहीं, पृष्ठ 509.
2. वहीं, पृष्ठ 510.
3. वहीं.

बलात् धर्म-परिवर्तन अनुचित है, ऐसा हम पहले ही कह चुके हैं। लेकिन, बलात् धर्म-परिवर्तन और प्रलोभन द्वारा धर्म-परिवर्तन के बीच अन्तर है। दोनों को एक श्रेणी में डालना भ्रामक है। इसी तरह, यह तो बिल्कुल ही नहीं कहा जा सकता है कि **क्योंकि** बलात् धर्म-परिवर्तन अनुचित है, **इसलिए** स्वेच्छा से धर्म-परिवर्तन भी अनुचित है। बलपूर्वक किसी का धर्म-परिवर्तन नहीं कराया जाना चाहिए यह बात तो समझ में आती है, लेकिन किसी को धर्म-परिवर्तन करने के लिए ''अभिप्रेरित'' करना क्यों अनुचित है, यह बात समझ से बाहर है। किसी को बलपूर्वक किसी कार्य को करने के लिए **बाध्य** करना और उसे किसी कार्य के लिए **अभिप्रेरित** करना एक ही बात नहीं है। धर्म-परिवर्तन के औचित्य पर कोई भी चर्चा स्वेच्छा से किए गए धर्म-परिवर्तन के सन्दर्भ में ही होनी चाहिए।

हम पहले ही देख चुके हैं कि गाँधी के विचारों को डॉ॰ वेद प्रकाश वर्मा ने जिस प्रकार रखा है, वह पूरी तरह सही नहीं है। दरअसल, गाँधी ने अन्ततः धर्मनिरपेक्ष राज्य का समर्थन किया है। गाँधी के अनुसार न तो मिशनरी प्रयत्नों में राज्य द्वारा कोई हस्तक्षेप होना चाहिए, और न राज्य को किसी मिशनरी को संरक्षण देना चाहिए।

इसी तरह, सर्व-धर्म-समभाव के विचार के आधार पर धर्म-परिवर्तन के विरोध का कोई औचित्य नहीं है। सबसे पहले तो यह बात सही नहीं है कि सभी धर्म एक समान हैं या एक हैं। यह पूरी तरह तथ्यों से परे बात है। इसकी विस्तृत चर्चा हम 'सर्वधर्मसमन्वय'' अध्याय में कर चुके हैं और उसे यहाँ दोहराने की कोई जरूरत नहीं है। दूसरे, ''धर्म-परिवर्तन'' का अर्थ सिर्फ एक धर्म को छोड़कर दूसरे धर्म को अपनाना नहीं है, बल्कि धर्म को छोड़कर मानवतावाद या किसी अन्य धर्मनिरपेक्ष विचारधारा को अपनाना भी व्यापक अर्थ में ''धर्म-परिवर्तन'' है, ऐसा वेद प्रकाश वर्मा भी मानते हैं। फिर, सभी धर्मों की तथाकथित ''समानता'' या ''एकता'' या ''उत्कृष्टता'' के आधार पर इसके विरोध का क्या औचित्य है?

हमें यह ध्यान रखना चाहिए कि सभी धार्मिक समूहों के **व्यक्तियों के जीवन और स्वतन्त्रता** का सम्मान करना, या लोकतान्त्रिक मूल्यों के दायरे में उनके अपने-अपने धर्मों के मानने के **अधिकार** का सम्मान करना एक अलग बात है, और सभी **धर्मों का** एक बराबर सम्मान करना या उन्हें एक मानना अलग बात है। सभी व्यक्तियों के अपने-अपने धर्म को मानने (और अपने धर्म को परिवर्तित करने) के **अधिकार** का सम्मान किया जाए, यह धार्मिक सहिष्णुता की दृष्टि से अवश्य ही एक आदर्श है। लेकिन, इसके लिए सभी **धर्मों का** एक बराबर सम्मान करने की या उन्हें एक मानने की कोई जरूरत नहीं है। मान लें कोई व्यक्ति निरीश्वरवादी है, तो फिर वह ईश्वरवादी और निरीश्वरवादी दोनों प्रकार के धर्मों के प्रति ''समभाव'' क्यों और कैसे रखेगा? मान लें कि कोई व्यक्ति मानवतावादी है, और वह सभी धर्मों को अस्वीकार करता है, तो फिर वह सभी धर्मों का एक बराबर ''सम्मान'' किस लिए करेगा? **धार्मिक सहिष्णुता का यह अर्थ नहीं है कि हम धर्मों की तुलना और समीक्षा पर ही रोक लगा दें।** धार्मिक सहिष्णुता का वास्तविक आधार लोकतांत्रिक दृष्टिकोण है, न

कि धर्मों के बारे में काल्पनिक विचार, इसकी चर्चा हम ''धार्मिक रूढ़िवादिता और धार्मिक सहिष्णुता'' अध्याय में कर चुके हैं।

धर्म-परिवर्तन : पक्ष

हम पहले ही कह चुके हैं कि बलात् धर्म-परिवर्तन के अनुचित होने के बारे में कोई सन्देह नहीं है; और धर्म-परिवर्तन के औचित्य के बारे में कोई भी चर्चा स्वेच्छा से किए गए धर्म-परिवर्तन के सन्दर्भ में ही होनी चाहिए।

इस दृष्टि से धर्म-परिवर्तन से जुड़े दो महत्त्वपूर्ण प्रश्न हैं, जिन्हें स्पष्टता के दृष्टिकोण से अलग-अलग रखना चाहिए—

1. व्यक्ति को स्वयं अपना धर्म परिवर्तित करने का अधिकार है, या नहीं?
2. किसी व्यक्ति को किसी दूसरे को अपना धर्म परिवर्तित करने के लिए प्रेरित करने का अधिकार है, या नहीं?

इनमें से पहले प्रश्न से जुड़ा प्रश्न यह भी है: किसी व्यक्ति को अपने धर्म को छोड़ कर मानवतावाद या किसी अन्य धर्मनिरपेक्ष विचारधारा को अपनाने का अधिकार है या नहीं?

इसी तरह, दूसरे प्रश्न से जुड़ा प्रश्न यह भी है: किसी व्यक्ति को अपने धर्म के प्रचार का अधिकार है या नहीं? किसी मानवतावादी को या किसी अन्य धर्मनिरपेक्ष विचारधारा के समर्थक को अपनी विचारधारा के प्रचार करने का अधिकार है या नहीं?

अगर हम धर्म-परिवर्तन की समस्या को इस रूप में रखते हैं, तो यह स्पष्ट हो जाता है कि धर्म-परिवर्तन का अधिकार और धार्मिक विचारों के प्रचार के अधिकार का प्रश्न **विचारों या विवेक की स्वतन्त्रता** और **अभिव्यक्ति की स्वतन्त्रता** जैसे व्यापक लोकतान्त्रिक अधिकारों के प्रश्न से जुड़ा हुआ है, और इन दोनों प्रश्नों का उत्तर सकारात्मक होगा।

मानव अधिकारों के सार्वभौमिक घोषणा-पत्र (Universal Declaration of Human Rights) की धारा 19 के अनुसार हर किसी को विचारों और अभिव्यक्ति की स्वतन्त्रता का अधिकार है। इस अधिकार के अन्तर्गत बिना किसी हस्तक्षेप के विचार रखने का और, सीमाओं का ध्यान रखे बिना, किसी भी माध्यम से जानकारी या विचार प्राप्त या प्रदान करने का अधिकार शामिल है।

विचारों और अभिव्यक्ति की बुनियादी और व्यापक लोकतान्त्रिक स्वतन्त्रता में ही यह अन्तर्निहित है कि प्रत्येक व्यक्ति को कोई भी धार्मिक विचार रखने का, प्राप्त करने का और अभिव्यक्त करने का अधिकार है। जैसा कि मानव अधिकार घोषणा-पत्र की धारा 18 में कहा गया है: हर किसी को विचारों, विवेक और धर्म की स्वतन्त्रता का अधिकार है। इस अधिकार के अन्तर्गत **अपना धर्म या विचार बदलने की स्वतन्त्रता भी शामिल है...।**

भारत के संविधान की प्रस्तावना में ही भारत के ''समस्त नागरिकों को'', अन्य

बातों के अलावा, "विचार, अभिव्यक्ति, विश्वास, धर्म और उपासना की **स्वतन्त्रता**" प्राप्त कराने की बात कही गयी है।

इसके अलावा, मौलिक अधिकार (Fundamental Rights) से सम्बन्धित संविधान की धारा 19 में अन्य बातों के अलावा, "**बोलने और अभिव्यक्ति की स्वतन्त्रता**" को एक मौलिक अधिकार माना गया है।

दरअसल, भारत के संविधान में **धर्म की स्वतन्त्रता के अधिकार** को मौलिक अधिकार के रूप में मान्यता दी गयी है। संविधान की धारा 25 में स्पष्ट रूप से कहा गया है: **अन्त:करण की और धर्म के अबाध रूप से मानने, आचरण और प्रचार करने की स्वतन्त्रता**–(1) लोक व्यवस्था, सदाचार और स्वास्थ्य तथा इस भाग के अन्य उपबन्धों के अधीन रहते हुए, सभी व्यक्तियों को अन्तःकरण की स्वतन्त्रता का और धर्म के अबाध रूप में मानने और आचरण करने और प्रचार करने का समान हक होगा।...

इस तरह, धर्म-परिवर्तन और धार्मिक विचारों की अभिव्यक्ति के अधिकार को मानव अधिकारों और लोकतान्त्रिक अधिकारों के रूप में अन्तरराष्ट्रीय और भारत में राष्ट्रीय स्तर पर भी मान्यता प्राप्त है। इसके बारे में कोई विवाद उठाना व्यर्थ है।

धर्म-परिवर्तन पर रोक लगाने का परिणाम यह होगा कि हर व्यक्ति अपने **जन्म के** धर्म में ही फँस कर रहा जाएगा। कोई व्यक्ति किस धर्म को मानने वालों के बीच पैदा होता है, इस पर उसका अपना कोई नियंत्रण नहीं रहता है। इसलिए, इसका अर्थ होगा : धर्म के क्षेत्र में **चुनाव** का पूर्ण अभाव। यह सरासर अलोकतान्त्रिक और मानव अधिकारों का उल्लंघन करने वाली बात होगी। वास्तव में तो वयस्क होने पर व्यक्ति को धर्म-सम्बन्धी **चुनाव** का अधिकार मिलना चाहिए। जन्म के आधार पर धर्म का लादा जाना ही गलत है।

भारत में धर्म-परिवर्तन का विरोध मुख्यतः कुछ हिन्दुओं द्वारा किया जाता है, जिन्हें हर वक्त यह डर सताता रहता है कि भविष्य में भारत में हिन्दुओं की संख्या घटती चली जाएगी, और वे अन्ततः अल्पसंख्यक हो जाएँगे! इस तरह की भयग्रस्त मानसिकता में रहकर धर्म-परिवर्तन के प्रश्न पर तार्किक और संतुलित दृष्टि से सोच पाना सम्भव नहीं है।

कभी-कभी यह भी कहा जाता है कि भारत एक धर्मनिरपेक्ष राज्य है, इसलिए धर्म-परिवर्तन पर रोक लगा देनी चाहिए! ऐसा कहने वाले लोग यह भूल जाते हैं कि भारत एक धर्मनिरपेक्ष और **लोकतान्त्रिक** राज्य है। भारत में **राज्य का कोई धर्म नहीं है, लेकिन भारत के संविधान में नागरिकों को किसी भी धर्म को मानने या न मानने की स्वतन्त्रता मिली हुई है।** किसी नागरिक को एक धर्म को छोड़कर दूसरा धर्म अपनाने से, या अपने जन्म के धर्म का त्याग कर धर्मनिरपेक्ष मानवतावादी दर्शन को अपनाने से कैसे रोका जा सकता है? अगर किसी व्यक्ति को बलपूर्वक, जबरदस्ती या धोखे से धर्म बदलने के लिए बाध्य किया जाए, तो यह जरूर अवैध और अनुचित

होगा, लेकिन **स्वेच्छा से धर्म-परिवर्तन या धर्म-त्याग हर नागरिक का मौलिक मानव-अधिकार है।**

दूसरे, अगर कोई राज्य धर्मनिरपेक्ष हो, मगर लोकतान्त्रिक न हो, तो वहाँ पर धर्म-परिवर्तन पर रोक क्यों लगायी जाएगी? बल्कि ऐसे राज्य में तो सभी धर्मों पर ही रोक लगा दी जाएगी, जैसा कि 1967-90 में पूर्वी यूरोप के साम्यवादी देश अलबानिया में किया गया था। लोकतान्त्रिक दृष्टि से इसे भी उचित नहीं माना जा सकता है। निरीश्वरवाद का समर्थन करने वाले मानवतावादी लोग भी इस किस्म के अलोकतान्त्रिक प्रतिबन्ध का समर्थन नहीं करते हैं।[1]

प्रश्न

1. Write critical note on the following—

(i) Religious Conversion (1979)

2. Comment on the following in 200 words—

(a) Internal religious conversion is more important than the change of faith.

3. Analyse and evaluate the following view in **not more** than 200 words—

(a) Religious conversion should be banned in a secular state (1982)

4. Why is religious tolerance necessary for the development of a secular and rational society? How would you reconcile it with the freedom of religious conversion? (1983)

5. निम्नलिखित पर टिप्पणी लिखिए और टिप्पणी 200 शब्दों से अधिक में न हो—

(a) धर्म परिवर्तन आजकल गिरावट की स्थिति में है। (1988)

❑

---

1. Finngeir Hiorth, *Introduction to Atheism*, pp. 11-12.

अध्याय 47

धर्मनिरपेक्षता

''धर्मनिरपेक्षता'' का अर्थ

''धर्मनिरपेक्षता'' (secularism) शब्द के अर्थ को ले कर काफी भ्रम फैला हुआ है। भारत में अक्सर इस शब्द का प्रयोग ''सर्वधर्म समभाव'' (सभी धर्मों का एक जैसा बराबर सम्मान) के अर्थ में भी किया गया है। इसी तरह, राधाकृष्णन जैसे कुछ विचारकों ने ''सकारात्मक'' धर्मनिरपेक्षता की बात की है, जिसे उन्होंने आध्यात्मिकता, धार्मिक सहिष्णुता और धर्मों की समानता से जोड़ा है। अपनी पुस्तक *Recovery of Faith* में धर्मनिरपेक्षता की व्याख्या करते हुए राधाकृष्णन कहते हैं ''यहाँ धर्मनिरपेक्षतावाद की जो परिभाषा दी जा रही है यह भारत की प्राचीन धार्मिक परम्परा के अनुरूप ही है। यह... धर्मपरायण व्यक्तियों में एकता और सौहार्द्र उत्पन्न करने का प्रयास करता है''।[1]

प्रश्न यह है कि वास्तव में ''धर्मनिरपेक्षता'' शब्द का अर्थ क्या है?

किसी भी शब्द के अर्थ की चर्चा करते समय हमें यह ध्यान रखना चाहिए कि जो शब्द भाषा में पहले से प्रचलित हैं, वे हम में से किसी की निजी सम्पत्ति नहीं हैं। इसलिए, हम उन शब्दों का अपनी ओर से मनमाना अर्थ निर्धारित नहीं कर सकते हैं। इन शब्दों का पहले से भाषा में एक या एक से अधिक निर्धारित अर्थों में इस्तेमाल होता रहता है, और उस भाषा को लिखने-बोलने वाले अधिकांश लोग उनका प्रयोग उन्हीं अर्थों में करते हैं। अगर ऐसा न हो, और हर कोई हर शब्द का अपनी ओर से अलग-अलग अर्थ निर्धारित करने लगे, तो भाषा के माध्यम से संप्रेषण ही असम्भव हो जाएगा! **स्पष्टता की दृष्टि से यही व्यावहारिक है कि किसी शब्द का आम तौर से उसी अर्थ में प्रयोग किया जाए जिस अर्थ में भाषा में पहले से उसका प्रयोग होता आ रहा है।**

किसी शब्द का मान्य और रूढ़ या ''सार्वजनिक अर्थ'' (public meaning) क्या है, इसे मानक शब्दकोषों की सहायता से जाना जा सकता है। ''धर्मनिरपेक्ष'' शब्द अंग्रेजी शब्द "secular" का हिन्दी पर्याय है। कामिल बुल्के के अंग्रेजी-हिन्दी शब्दकोष में "secular" शब्द के निम्नलिखित अर्थ दिए गए हैं—

1. (Temporal) लौकिक, ऐहिक, सांसारिक, दुनियावी
2. (secularistic) धर्मनिरपेक्ष, धर्मविरुद्ध''।

इसी तरह, *Webster's New World Dictionary* के अनुसार "secular" का अर्थ है: "not related to church or religion; not sacred or religious; temporal, worldly".

1. वेद प्रकाश वर्मा, ***धर्मदर्शन की मूल समस्याएँ***, पृष्ठ 489.

इसी शब्दकोष में "secularism" के निम्नलिखित अर्थ दिए गए हैं—

1. Worldly spirit views, etc. esp. a system of beliefs and practices that rejects any form of religious faith.
2. The belief that religion should be strictly separated from the state or government, esp. from public education."

इस तरह, वैचारिक स्तर पर "धर्मनिरपेक्ष" और "धर्मनिरपेक्षता" शब्द के अर्थ को लेकर कोई अस्पष्टता नहीं है। "धर्मनिरपेक्ष" का अर्थ है "**धर्म से स्वतन्त्र**" या "**जिसका सम्बन्ध लौकिक से हो, आध्यात्मिक या धार्मिक से नहीं**"। "धर्मनिरपेक्षता" के दो अर्थ हुए : (i) पहले अर्थ में "धर्मनिरपेक्षता" **उस ऐहिक विचारधारा को कहते हैं, जो धार्मिक विश्वास को अस्वीकार करती है**। (ऐहिकता का सम्बन्ध इस लोक से होता है, परलोक से नहीं।) (ii) राजनीतिक सन्दर्भ में "धर्मनिरपेक्षता" **इस विश्वास को कहते हैं कि राज्य तथा सार्वजनिक शिक्षा को धर्म से पूरी तरह अलग रखना चाहिए**। इस तरह, राजनीतिक सन्दर्भ में "धर्मनिरपेक्षता" का अर्थ है—**राज्य, राजनीति और चर्च या संगठित धर्मों के बीच पूर्ण अलगाव**। एक धर्मनिरपेक्ष राज्य का पूरा सम्बन्ध **लौकिक मामलों** से होता है, और उसका किसी भी संगठित धर्म से कोई सम्बन्ध नहीं रहता है। इसका दूसरा पक्ष यह भी है कि एक धर्मनिरपेक्ष राज्य में **लौकिक मामलों में राज्य को सर्वोपरि माना जाता है**। इस दृष्टि से एक धर्मनिरपेक्ष राज्य और एक धर्मतंत्र (theocracy) के बीच मौलिक अन्तर होता है।

"धर्मनिरपेक्षता" और "सर्वधर्म समभाव"

भारत में कभी-कभी "धर्मनिरपेक्षता" शब्द का इस्तेमाल "सर्वधर्म समभाव" के अर्थ में भी किया जाता है। "सर्वधर्म समभाव" का अर्थ है "सभी धर्मों का बराबर सम्मान"। गाँधी ने भी सर्वधर्म समभाव का समर्थन किया है : "मेरा अपना विचार यह है कि सभी महान धर्म मूलतः समान हैं। हमें दूसरे धर्मों का उसी प्रकार आदर करना चाहिए जिस प्रकार हम अपने धर्म का सम्मान करते हैं"।[1] जैसा कि ऊपर की गयी चर्चा से स्पष्ट है, "धर्मनिरपेक्षता" और "सर्वधर्म समभाव" पर्यायवाची शब्द नहीं हैं। राजनीतिक सन्दर्भ में "धर्मनिरपेक्षता" का अर्थ है "धर्म से स्वतंत्र"। इसका न तो धर्मो के सम्मान से कोई सम्बन्ध है, और न असम्मान से। इसका अर्थ है धर्मों के प्रति तटस्थता। इसके अलावा, "धर्मनिरपेक्षता" धर्म से स्वतंत्र इहलोकवादी विचारधारा को भी कहते हैं। इस अर्थ में धर्मनिरपेक्षता के अन्तर्गत इहलौकिकता और वैज्ञानिकता पर बल दिया जाता है, और धर्म के प्रति उदासीनता बरती जाती है।

सरकारी आयोजनों में सभी धर्मों के धर्मग्रन्थों के पाठ और सरकारी पदाधिकारियों द्वारा सार्वजनिक तौर पर सभी धर्मों के धर्म-स्थलों पर जाने का सर्वधर्म समभाव की दृष्टि से समर्थन किया जा सकता है, लेकिन धर्मनिरपेक्षता की दृष्टि से नहीं। "सर्वधर्म

---

1. वेद प्रकाश वर्मा, ***धर्मदर्शन की मूल समस्याएँ***, पृष्ठ 484.

समभाव'' और ''धर्मनिरपेक्षता'' एक नहीं हैं। जो लोग ''सर्वधर्म समभाव'' की नीति में विश्वास रखते हैं, उनके लिए ''धर्मनिरपेक्षता'' शब्द का अर्थ मनमाने ढंग से बदलने के प्रयत्न की बजाय, ईमानदारी का रास्ता यह है कि वे साफ-साफ कहें कि वे धर्मनिरपेक्षता में नहीं, बल्कि सर्वधर्म समभाव में विश्वास रखते हैं। ''धर्मनिपेक्षता'' शब्द के अर्थ को लेकर भ्रम इसलिए पैदा हुआ है, **क्योंकि कुछ लोग सही अर्थों में धर्मनिरपेक्ष नहीं होने के बाद भी, इस शब्द के आकर्षण के कारण अपने को ''धर्मनिरपेक्ष'' कहते हैं, या कहना चाहते हैं।**

धर्मनिरपेक्षता का औचित्य

कुछ लोगों का यह विचार है कि ''धर्मनिरपेक्षता'' की ऊपर दी गयी अवधारणा ''पश्चिमी'' है, और इसलिए भारत के लिए उपयुक्त नहीं है। पहली बात तो यह है कि अगर कोई पश्चिमी चीज अच्छी हो, तो फिर उसका **सिर्फ इसलिए** विरोध करना कहाँ तक उचित है, **क्योंकि** वह पश्चिमी है ? किसी चीज का सिर्फ इसलिए विरोध करना, **क्योंकि** वह पश्चिमी है, या विदेशी है; विदेश-द्वेषी मानसिकता का परिचायक है, और इससे भारतीयों का कोई कल्याण नहीं हो सकता है। वैसे तो, यह भी कहा जा सकता है कि आधुनिक भारतीय लोकतंत्र भी ''पश्चिमी'' है, तो क्या इस आधार पर हम लोकतंत्र को भी अस्वीकार कर दें? काफी धार्मिक झगड़ों के बाद पश्चिम में धर्मनिरपेक्ष राज्य की अवधारणा का विकास हुआ है, तो फिर इस अनुभव से लाभ क्यों न उठाया जाए?

कभी-कभी यह भी कहा जाता है कि भारत जैसे धर्म-प्रधान देश में धर्मनिरपेक्षता की नीति चल नहीं सकती है। यह सही है कि बुद्धिवादी-मानवतावादी दृष्टि से आदर्श स्थिति यही होगी कि हर व्यक्ति अपने निजी जीवन में भी धर्मनिरपेक्ष और मानवतावादी जीवन-दर्शन को अपनाए। आधुनिकीकरण और उससे जुड़ी धर्मनिरपेक्षीकरण की प्रक्रिया द्वारा भारतीय समाज इस दिशा में बढ़ भी रहा है। लेकिन तात्कालिक दृष्टि से धर्मनिरपेक्ष राज्य को, और राजनीति में धर्मनिरपेक्षता को बनाए रखने के लिए यह जरूरी नहीं है कि सभी नागरिक तत्काल निजी जीवन में भी धर्मनिरपेक्ष हो जाएँ। अगर समाज के अधिकांश लोग अपने निजी जीवन में धार्मिक हों, जैसा कि आज के भारत में हैं, तो भी राज्य और राजनीति धर्मनिरपेक्ष रह सकते हैं, बशर्ते कि नागरिकों और राजनीतिक दलों में कम-से-कम इस बात पर आम सहमति हो कि **धर्म को निजी जीवन तक ही सीमित रखा जाए,** और उसे राजनीति का विषय बनाकर सार्वजनिक जीवन में न घसीटा जाए।

वास्तविकता तो यह है कि भारत जैसे बहुधर्मी देश में, जहाँ हिन्दू, इस्लाम, ईसाई, सिक्ख, जैन, बौद्ध, पारसी और यहूदी—दुनिया के सभी प्रमुख धर्मों को मानने वाले लोग रहते हैं; और जहाँ ऐसे बुद्धिवादी मानवतावादियों की भी अच्छी खासी संख्या है, जो किसी भी संगठित धर्म को स्वीकार नहीं करते हैं, **लोकतंत्र के अस्तित्व को बनाए रखने के लिए धर्मनिरपेक्षता एक अनिवार्य शर्त है।**

स्वतंत्रता, समता और बन्धुता—ये तीन प्रमुख लोकतांत्रिक मूल्य हैं। सभी नागरिक राजनीतिक दृष्टि से एक समान या बराबर हैं, यह एक लोकतांत्रिक आदर्श है। इसकी अभिव्यक्ति 'एक व्यक्ति, एक वोट' के सिद्धान्त के माध्यम से होती है। कानूनी समानता भी इसका एक अंग है। थोड़ी देर के लिए मान लिया जाए कि भारत को हिन्दू या इस्लामी धर्मतन्त्र में बदल दिया जाता है, तो इसका अर्थ यह होगा कि सभी गैर हिन्दुओं या गैर मुसलमानों की स्थिति दूसरे दर्जे के नागरिक की हो जाएगी, और यह बात समता के लोकतांत्रिक मूल्य के विरुद्ध होगी। दरअसल, भारत में किसी भी धर्म को सरकारी धर्म के रूप में मान्यता प्रदान करने का अर्थ होगा धार्मिक संघर्ष, कलह और गृह-युद्ध को आमंत्रण।

इसलिए, भारतीय संविधान के धर्मनिरपेक्ष चरित्र को बनाए रखते हुए, भारत के राजनीतिक जीवन में धर्मनिरपेक्षता को पुष्ट करना बहुत जरूरी है। इसके लिए धर्मनिरपेक्षता की नीति को अब तक जिस प्रकार अमल में लाया गया है, उसमें कुछ सुधार भी अपेक्षित है। सरकारी आयोजनों का किसी भी धर्म के धार्मिक अनुष्ठानों से कोई सम्बन्ध नहीं रहना चाहिए। राष्ट्रपति और प्रधानमंत्री जैसे पदाधिकारियों को सरकारी हैसियत से न तो किसी धार्मिक-स्थल पर जाना चाहिए, और न किसी धार्मिक आयोजन में शामिल होना चाहिए। अगर वे अपने निजी विश्वासों के कारण अपनी निजी हैसियत में ऐसा करते हैं, तो फिर इसका सरकारी प्रचार-माध्यमों से प्रचार नहीं किया जाना चाहिए। इसके अलावा, सरकारी प्रचार-माध्यमों का इस्तेमाल विभिन्न धर्मों के अंधविश्वासों, मिथकों और पुराणों को प्रोत्साहित करने के लिए नहीं; बल्कि तार्किक, वैज्ञानिक दृष्टिकोण, मानवतावाद और सुधार की मनोवृत्ति को बढ़ावा देने के लिए किया जाना चाहिए। शिक्षा के धर्मनिरपेक्ष और वैज्ञानिक चरित्र के साथ खिलवाड़ करने की बजाय उसे और अधिक पुष्ट किया जाना चाहिए। इसी तरह, विभिन्न धर्मों के निजी कानूनों में स्वतंत्रता, समता और बन्धुता के लोकतांत्रिक मूल्यों के अनुरूप सुधार लाकर एक धर्मनिरपेक्ष और लोकतांत्रिक, समान नागरिक संहिता की दिशा में बढ़ना जरूरी है। **''सर्वधर्म समभाव'' के नाम पर सभी धर्मों की रूढ़िवादिता और अंधविश्वासों को प्रोत्साहन देना, धर्मनिरपेक्षता नहीं, बल्कि धर्मनिरपेक्षता की विकृति है।**

इहलोकवादी विचारधारा के रूप में धर्मनिरपेक्षता

राजनीतिक सन्दर्भ में ''धर्मनिरपेक्षता'' या ''सेक्युलरिज्म'' इस विश्वास को कहते हैं कि राज्य और सार्वजनिक शिक्षा को धर्म से पूरी तरह अलग रखना चाहिए। इसके अलावा, ''धर्मनिरपेक्षता'' **उस ऐहिक या इहलोकवादी विचारधारा को कहते हैं, जो धार्मिक विश्वास को अस्वीकार करती है।** इस अर्थ में ''इहलोकवाद'' शब्द ''सेक्युलरिज्म'' का हिन्दी पर्याय है, और यह विचारधारा मानवतावाद के बहुत करीब है। ''इहलोकवाद'' या ''धर्मनिरपेक्षता'' में इहलौकिकता और वैज्ञानिकता पर बल देते हुए धर्म के प्रति उदासीनता बरती जाती है। बीसवीं सदी के एक प्रमुख भारतीय धर्मनिरपेक्षतावादी ए॰ बी॰ शाह के अनुसार, ''धर्मनिरपेक्षता'' का मुख्य अर्थ है **मनुष्य के इहलौकिक जीवन को धर्म से स्वतंत्र करना।**[1]

1. Finngeir Hiorth, *Atheism in India*, p. 158.

धर्म-दर्शन के लेखक वेद प्रकाश वर्मा के अनुसार धर्मनिरपेक्षता के समर्थक यह मानते हैं कि ''धर्म का परित्याग करना अथवा कम-से-कम उसके प्रति तटस्थ या उदासीन रहना ही मनुष्य के लिए श्रेयस्कर है।''[1]

इसी तरह, या॰ मसीह के अनुसार धर्मनिरपेक्षतावाद वह दर्शन है ''जिसमें परम्परागत धर्मों और आध्यात्मिकता की अवहेलना की जाती है और मानव को अपने पार्थिव हितों की ओर ध्यान देने के लिए सिखलाया जाता है।''[2] इहलोकवाद या धर्मनिरपेक्षतावाद वह विचारधारा है, जिसके अनुसार मानव हित या कल्याण ही मानव जीवन का सर्वोच्च लक्ष्य है, और इस लक्ष्य को बिना श्रुति या किसी पारलौकिक सत्ता की प्रेरणा से मानव बुद्धि के आधार पर विज्ञान और तकनीकी द्वारा प्राप्त किया जा सकता है।[3]

इस दृष्टि से धर्मनिरपेक्षतावाद मानवतावाद का ही एक अंग या रूप है। प्रकृतिवादी मानवतावाद के अन्तर्गत परम्परागत धर्मों और परलोकवाद या अतिप्राकृतिक में विश्वास का विरोध किया जाता है। जबकि धर्मनिरपेक्षतावाद में धर्मों के प्रति उपेक्षा या तटस्थता की नीति अपनायी जाती है।

ब्रिटिश विचारक जॉर्ज जेकब होलियोक (1817–1906) को धर्मनिरपेक्षतावाद का संस्थापक माना जाता है। होलियोक समाजवादी विचारधारा की ओर आकर्षित थे, और अपने भाषणों द्वारा इस विचारधारा का प्रचार करते थे। एक बार भाषण के दौरान एक श्रोता ने उनसे पूछा कि ईश्वर के प्रति मनुष्य का क्या कर्त्तव्य है। इसके उत्तर में होलियोक ने कहा कि इंगलैण्ड इतना गरीब देश है कि उसे ईश्वर की आवश्यकता ही नहीं है, इसलिए यही उचित होगा कि हम ईश्वर को छुट्टी दे दें। होलियोक के इस उत्तर के कारण उन पर धर्म-द्रोही होने का आरोप लगाया गया और 1842 में उन्हें छः महीने के लिए जेल भेज दिया गया।[4]

आगे चलकर होलियोक ने ''सेक्युलरिज्म'' या ''इहलोकवाद'' के सिद्धांत का प्रतिपादन किया। होलियोक के अनुसार ''इहलोकवाद'' वह सिद्धांत है ''जिसका सम्बन्ध इसी संसार की समस्याओं से है।''[5] इस तरह, इहलोकवाद सांसारिक समस्याओं के समाधान में ईश्वर सहित किसी अलौकिक या अतिप्राकृतिक सत्ता के हस्तक्षेप या प्रासंगिकता को स्वीकार नहीं करता।

होलियोक के अनुसार मानव की वास्तविक स्थितियों में सुधार और उसके हितों की प्राप्ति इहलोकवाद या धर्मनिरपेक्षता का मुख्य उद्देश्य है। धर्मनिरपेक्षतावाद अपने दर्शन में ईश्वरवाद और निरीश्वरवाद में से किसी को भी स्थान नहीं देता है। होलियोक के अनुसार धर्मनिरपेक्षतावाद ईश्वरवाद का बहिष्करण अवश्य करता है, लेकिन यह ईश्वरवाद का विरोध नहीं करता है। ईश्वरवाद और निरीश्वरवाद को धर्मनिरपेक्षतावादी

1. वेद प्रकाश वर्मा, वही, पृष्ठ 491.
2. या॰ मसीह, *सामान्य धर्मदर्शन*, पृष्ठ 446.
3. या॰ मसीह, *तुलनात्मक धर्मदर्शन*, पृष्ठ 291.
4. वेद प्रकाश वर्मा, *भारतीय तथा पाश्चात्य दर्शन में निरीश्वरवाद*, पृष्ठ 451.
5. वहीं, पृष्ठ 453.

न तो स्वीकार करता है और न वह उनका खण्डन करता है, वह केवल इन सिद्धान्तों की उपेक्षा करता है।

होलियोक की राय में ऐहिक जीवन में सुख-प्राप्ति ही मानव जीवन का उद्देश्य है। मनुष्य को इस लक्ष्य को प्राप्त करने के लिए अपनी बुद्धि और भौतिक साधनों की मदद लेनी चाहिए। होलियोक के विचार में इन्द्रियानुभविक या वैज्ञानिक साधनों और सिद्धान्तों के बिना मानव का कल्याण नहीं हो सकता है।[1]

धर्मनिरपेक्षीकरण

धर्मनिरपेक्षता से जुड़ी एक अवधारणा ''धर्मनिरपेक्षीकरण'' (secularization) भी है, जिसका इस्तेमाल खास कर सामाजिक परिवर्तन के सन्दर्भ में किया जाता है। समाजशास्त्री एम॰ एन॰ श्रीनिवास के अनुसार, भारतीय संदर्भ में, **धर्मनिरपेक्षीकरण पश्चिमीकरण (westernization) का एक महत्त्वपूर्ण परिणाम है।**[2] ''धर्मनिरपेक्षीकरण'' का अर्थ यह हुआ कि **जीवन के जिन क्षेत्रों को पहले धर्म के दायरे में माना जाता था, उन्हें अब वैसा नहीं माना जाता है।** धर्मनिरपेक्षीकरण के कारण समाज के विभिन्न पक्षों को, जैसे, आर्थिक, राजनीतिक, वैज्ञानिक और नैतिक पक्ष को अलग-अलग माना जाने लगता है। धर्मनिरपेक्ष राज्य और संगठित धर्म (चर्च) के बीच जो अन्तर माना जाता है, वह इसी पृथक्करण का परिणाम है। इस पृथक्करण के अलावा, धर्मनिरपेक्षीकरण का दूसरा अनिवार्य तत्त्व है—**बुद्धिवाद** (rationalism)। बुद्धिवाद के अन्तर्गत **विश्व को समझने और व्यक्ति एवं समाज के जीवन को नियन्त्रित करने के लिए तर्कबुद्धि (reason) की सहायता ली जाती है, और हर अतार्किक बात का विरोध किया जाता है। बुद्धिवाद द्वारा परम्परागत अंधविश्वासों, रूढ़ियों और मान्यताओं को हटा कर, उनकी जगह आधुनिक ज्ञान-विज्ञान को रखा जाता है।**

ब्रिटिश शासन के दौरान ही धर्मनिरपेक्षीकरण की प्रक्रिया शुरू हो चुकी थी, खासकर शिक्षा और कानून के क्षेत्र में। ब्रिटिश शासन द्वारा स्थापित स्कूल-कॉलेजों में आधुनिक ज्ञान-विज्ञान की ही शिक्षा दी जाती थी। आधुनिक चिकित्सा और इन्जीनियरिंग की पद्धति भी ब्रिटिश द्वारा भारत में लायी गयी।

इसी तरह, कानून के क्षेत्र में, परम्परागत रूप से हिन्दू और मुसलमानों के कानून का सम्बन्ध धर्म से था, और वे इसे ईश्वरीय मानते थे। लेकिन जब ब्रिटिश कानूनों द्वारा धर्म के साथ जुड़ी सती और गुलामी जैसी सामाजिक बुराइयों पर कानूनी रोक लगा दी गयी, तो एक तरह से इस सिद्धान्त को मान्यता दी गयी कि उन्हीं धार्मिक प्रचलनों को समाज में बना रहने दिया जा सकता है, जो तर्कबुद्धि और मानवतावाद की दृष्टि से सही हों। ब्रिटिश शासन के दौरान ही धीरे-धीरे हिन्दू और मुसलमानों के विवाह और परिवार सम्बन्धी निजी कानून (personal law) को छोड़ कर सभी कानूनों को धर्मनिरपेक्ष

---

1. या॰ मसीह, ***सामान्य धर्मदर्शन***, पृष्ठ 447.
2. M. N. Srinivas, *Social Change in Modern India.*

बना दिया गया। 1864 में न्यायाधीशों के लिए हिन्दू पंडितों और मुस्लिम क़ाज़ियों को सलाहकार के रूप में रखने की प्रथा को भी समाप्त कर दिया गया। ब्रिटिश शासन द्वारा भारतीय समाज में धर्मनिरपेक्षीकरण की जो प्रक्रिया शुरू हुई उसकी परिणति स्वतन्त्र भारत में एक धर्मनिरपेक्ष राज्य की स्थापना में हुई। स्वतन्त्रता के बाद हिन्दू कानून में लोकतान्त्रिक दृष्टि से कई सुधार किए गए हैं। मुस्लिम निजी कानून में सुधार की, खास कर बहु-विवाह और मौखिक तलाक को समाप्त किए जाने की माँग भी बीच-बीच में उठती है, हालांकि रूढ़िवादी मुस्लिमों द्वारा अभी भी इसका विरोध किया जाता है। भारत के संविधान में समान नागरिक संहिता (uniform civil code) को राज्य के नीति निदेशक तत्त्वों में स्थान दिया गया है।

धर्मनिरपेक्षता और धर्मतंत्र

राजनीतिक सन्दर्भों में धर्मनिरपेक्ष राज्य (secular state) के साथ धर्मतंत्र की भी चर्चा की जाती है।

''धर्मतंत्र'' अंग्रेजी शब्द "theocracy" (थियॉक्रसि) का हिन्दी पर्याय है। "Theocracy" का शाब्दिक अर्थ है ''ईश्वर द्वारा सरकार'', लेकिन सामान्य बोल-चाल में इस शब्द का प्रयोग **''पुरोहितों द्वारा सरकार''** (goverenment by priests) के अर्थ में किया जाता है। इस शब्द को यहूदी इतिहासकार जोसेफस द्वारा यहूदी धर्मग्रन्थ ***तोरा (Torah)*** पर आधारित सरकार की अवधारणा को व्यक्त करने के लिए गढ़ा गया है।[1]

धर्मतांत्रिक शासन व्यवस्था में सरकार किसी धर्म-विशेष की मान्यताओं के आधार पर चलायी जाती है। उदाहरण के तौर पर, ईसाई धर्मतन्त्र में ईसाई धर्म के, और इस्लामी धर्मतन्त्र में इस्लाम के अनुसार। इस तरह, धर्मतन्त्र में **किसी धर्म-विशेष को सरकारी धर्म के रूप में मान्यता दी जाती है, और सरकार उस धर्म की मान्यताओं के अनुसार काम करती है।**

धर्मतन्त्र में राजनीतिक सत्ता प्रत्यक्ष या अप्रत्यक्ष रूप में उस धर्म के पुरोहित वर्ग के हाथों में रहती है। धर्मतन्त्र में सरकारी धर्म को नहीं माननेवाले नागरिकों की स्थिति दूसरे दर्जे की हो जाती है। इस तरह, धर्मतन्त्र में **राजनीति का धर्मनिरपेक्षीकरण (secularization) नहीं हुआ होता है।** दूसरे शब्दों में, राजनीति को धर्म से अलग और स्वतन्त्र नहीं माना जाता है।

धर्मतान्त्रिक राज्य की अवधारणा धर्मनिरपेक्ष (secular) राज्य की अवधारणा के ठीक विपरीत है। धर्मनिरपेक्ष राज्य में राजनीति, राज्य और चर्च या संगठित धर्मों के बीच पूर्ण अलगाव रहता है। राज्य का किसी भी धर्म से कोई सम्बन्ध नहीं रहता है। इसका दूसरा पक्ष यह भी है कि धर्मनिरपेक्ष राज्य में राज्य को लौकिक मामलों में सर्वोपरि और धर्म से ऊपर माना जाता है। दूसरी ओर, **धर्मतन्त्र में राज्य की सत्ता**

1. Roger Scruton, *A Dictionary of Political Thought* (London : Pan Books, 1982), pp. 61-62.

को धर्म के अधीन माना जाता है। इसी तरह, धर्मतन्त्र के विपरीत, एक धर्मनिरपेक्ष राज्य में किसी भी धर्म को सरकारी धर्म के रूप में मान्यता नहीं प्रदान की जाती है। राज्य के कार्य धर्म से स्वतन्त्र रूप में चलाए जाते हैं। राजनीतिक दृष्टि से धर्मगुरुओं की स्थिति भी सामान्य नागरिकों जैसी ही रहती है। धर्मगुरु होने के नाते उन्हें किसी किस्म का विशेषाधिकार नहीं प्राप्त रहता है। साथ ही, नागरिकों के बीच धर्म के आधार पर भेदभाव नहीं बरता जाता है।

धर्मतान्त्रिक राजनीतिक व्यवस्था को लोकतान्त्रिक भी नहीं माना जा सकता है। लोकतन्त्र में राजनीतिक सत्ता ''लोक'' (नागरिकों) के निर्वाचित प्रतिनिधियों के हाथ में रहती है। जबकि धर्मतन्त्र में राजनीतिक सत्ता धर्मगुरुओं के हाथ में रहती है।

लोकतान्त्रिक दृष्टि से धर्म के आधार पर नागरिकों के बीच भेदभाव भी उचित नहीं है। इससे नागरिकों के किसी भी धर्म को मानने या न मानने की लोकतान्त्रिक स्वतन्त्रता का उल्लंघन होता है। अन्तरराष्ट्रीय स्तर पर भी इस स्वतन्त्रता को मानव-अधिकार के रूप में मान्यता मिली हुई है।

स्वतन्त्रता के अलावे समता भी एक लोकतांत्रिक मूल्य है। इसकी अभिव्यक्ति ''एक व्यक्ति, एक वोट'' के सिद्धान्त के माध्यम से होती है। अगर किसी राजनीतिक व्यवस्था में किसी एक धर्म को सरकारी धर्म के रूप में मान्यता दी जाती है, तो इससे अन्य धर्मों को मानने वालों की, और किसी भी धर्म को न मानने वाले मानवतावादियों की स्थिति दूसरे दर्जे के नागरिकों जैसी हो जाएगी, और यह बात समता के लोकतांत्रिक मूल्य के विरुद्ध होगी।

वैसे भी, आज के आधुनिक समय में जब विज्ञान और टेक्नॉलजि का तेजी से विकास हो रहा है, किसी भी धर्म के आधार पर काम करने वाली सरकार समाज को पीछे की ओर ही ले जाएगी। **किसी भी आधुनिक राज्य को स्वतंत्रता, समता और बन्धुता के मानवीय मूल्यों और वैज्ञानिक एवं तार्किक चिन्तन के आधार पर चलाया जाना चाहिए, न कि धार्मिक रूढ़ियों और अंधविश्वासों के आधार पर।**

उदाहरण के तौर पर, भारत एक धर्मनिरपेक्ष और लोकतांत्रिक राज्य है। भारत के संविधान में किसी भी धर्म को सरकारी धर्म के रूप में मान्यता नहीं दी गयी है, और यह स्पष्ट तौर से कहा गया है कि धर्म के आधार पर नागरिकों के बीच भेदभाव नहीं बरता जाएगा। साथ ही, भारत में नागरिकों को किसी भी धर्म को मानने या न मानने की स्वतंत्रता मिली हुई है। भारतीय संविधान के अनुसार, किसी भी नागरिक को किसी धर्म-विशेष के संरक्षण या प्रोत्साहन के लिए टैक्स देने को मजबूर नहीं किया जा सकता है। संविधान में यह भी कहा गया है कि पूरी तरह राज्य के कोष से चलने वाली शिक्षण-संस्थाओं में कोई धार्मिक शिक्षा नहीं दी जा सकती है। इसके अलावा, भारत के संविधान के अनुसार, राज्य सामाजिक सुधार की दृष्टि से धर्म में हस्तक्षेप कर सकता है। इस तरह, राज्य को धर्म से स्वतंत्र और ऊपर माना गया है।

अब, अगर भारत को धर्मनिरपेक्ष लोकतंत्र से हिन्दू, इस्लामी, ईसाई या सिक्ख धर्मतंत्र में बदल दिया जाता है, और वर्तमान धर्मनिरपेक्ष संविधान के बदले ***मनुस्मृति, कुरआन*** या ***बाइबिल*** के आधार पर सरकार चलाने का प्रयत्न किया जाता है, तो इसे एक अलोकतांत्रिक और प्रतिगामी कदम ही माना जाएगा।

प्रश्न

1. What is it to be religious ? Is religion only personal matter? Discuss. (1981)

2. Analyse and evaluate the following views in not more than 200 words—

(a) Religious conversion should he banned in a secular state

(b) No religious sect or denomination should be permitted to run our educational institutions.

(c) Secularism is synonymons with scientific world view and has nothing to do with religion (1982)

3. Do religious values confilict with moral values? Explain in this context the utility of religious education in our schools. (1982)

4. स्पष्ट अन्तर कीजिए—

(क) धर्मनिरपेक्षता और धर्मों के समन्वय में (1984)

5. धर्मनिरपेक्षतावाद क्या है? आधुनिक भारत में हिन्दू धर्म, इस्लाम, ईसाई मत और सिक्ख मत पर इसके पड़े प्रभाव का विवेचन कीजिए (1986)

6. ''भारत में धर्मनिरपेक्षता का प्रयोग विधर्म के अर्थ में न किया जाकर गहन धार्मिक बोध के अर्थ में किया जाता है।'' इस कथन की विवेचना कीजिए। (1988)

7. निम्नलिखित पर अधिक-से-अधिक 200 शब्दों में आलोचनात्मक टिप्पणी लिखिए—

(क) धर्मनिरपेक्षतावाद, सम्प्रदायवाद और धर्म। (1995)

8. बहुलवादी समाज में धार्मिक बहुलवाद का किस प्रकार अनुसरण किया जा सकता है?

(क) सर्वधर्मसमन्वय

(ख) सर्वधर्मसम्भाव

(ग) सर्वधर्म सद्भाव के बीच अर्थ-विभेदों को बतलाइए। (2008)।

❑

ग्रन्थ-सूची

अम्बेडकर. ***बुद्ध और उनका धम्म*** (नागपुर : समता प्रकाशन).

अश्वघोष. ***बुद्धचरित*** (दिल्ली : मोतीलाल बनारसीदास, 1985).

चट्टोपाध्याय, देवी प्रसाद. ***भारतीय दर्शन में क्या जीवन्त है और क्या मृत*** (नई दिल्ली : पीपुल्स पब्लिशिंग हाउस, 1984).

नारगोलकर, वसन्त एवं रमेन्द्र. ***आस्तिक-नास्तिक संवाद*** (पटना : बुद्धिवादी फाउंडेशन, 1999).

प्रसाद, हरेन्द्र. ***धर्म-दर्शन की रूपरेखा*** (पटना : मोतीलाल बनारसीदास, 1962).

मसीह या॰. ***तुलनात्मक धर्मदर्शन*** (पटना : मोतीलाल बनारसीदास, 1985).

मसीह, या॰. ***निरीश्वरवाद : भारतीय एवं पाश्चात्य*** (पटना : बिहार हिन्दी ग्रन्थ अकादमी, 1973).

मसीह, या॰. ***सामान्य धर्मदर्शन*** (पटना : मोतीलाल बनारसीदास, 1985).

मसीह, या॰. ***सामान्य धर्मदर्शन एवं दार्शनिक विश्लेषण*** (दिल्ली : मोतीलाल बनारसीदास, 1992).

माधव. ***सर्वदर्शनसंग्रह***.

मिश्र, नित्यानन्द. ***नीतिशास्त्र*** (दिल्ली : मोतीलाल बनारसीदास, 2005).

रमेन्द्र. ***क्या ईश्वर मर चुका है?*** (पटना : बिहार बुद्धिवादी समाज, द्वितीय संस्करण, 1995).

रमेन्द्र. ***डॉ॰ अम्बेडकर ने हिन्दू धर्म का त्याग क्यों किया?*** (पटना : बिहार बुद्धिवादी समाज, द्वितीय संस्करण, 1997).

रमेन्द्र. ***मैं हिन्दू क्यों नहीं और मैं बुद्धिवादी कैसे बना*** (पटना : बुद्धिवादी फाउंडेशन, 2001).

रमेन्द्र. ***समाज और राजनीति दर्शन*** (दिल्ली : मोतीलाल बनारसीदास, 2005).

रमेन्द्र. ***धर्म-दर्शन : सामान्य और तुलनात्मक*** (दिल्ली : मोतीलाल बनारसीदास, 2006).

वर्मा, अशोक कुमार. (सं.), ***स्वतंत्रोत्तर भारतीय दार्शनिक चिंतन*** (पटना : मोतीलाल बनारसीदास, 1993).

वर्मा, वेद प्रकाश. ***धर्मदर्शन की मूल समस्याएँ*** (दिल्ली : दिल्ली विश्वविद्यालय, 1991).

वर्मा, वेद प्रकाश. ***भारतीय एवं पाश्चात्य दर्शन में निरीश्वरवाद*** (नई दिल्ली : अलाइड पब्लिशर्स लिमिटेड, 1999).

वर्मा, वेद प्रकाश. ***नीतिशास्त्र के मूल सिद्धान्त*** (नई दिल्ली : अलाइड पब्लिशर्स लिमिटेड, 1999).

सांकृत्यायन, राहुल. ***बौद्ध दर्शन*** (इलाहाबाद : किताब महल, 1977).

सांकृत्यायन, राहुल. ***दर्शन दिग्दर्शन*** (इलाहाबाद : किताब महल, 1944, 2004).

सिंह, जगमोहन एवं चमनलाल. ***भगतसिंह और उनके साथियों के दस्तावेज*** (दिल्ली : राजकमल प्रकाशन, 1991).

सोलोमोन, ए. ***बुद्धिवाद और मानवतावादी दृष्टिकोण,*** अनु. रमेन्द्र (पटना : बिहार बुद्धिवादी समाज. 1997).

भगवद्गीता.

मनुस्मृति (वाराणसी : चौखम्भा संस्कृत संस्थान, तृतीय संस्करण, 1982).

संयुक्तनिकाय.

Ayer, A J. *Language, Truth and Logic* (Great Britain : Penguin Books, 1946).

Bose, Nirmal Kumar. *Selections from Gandhi* (Ahmedabad : Navajivan Publishing House, 1972).

Chatterjee and Datta. *An Introduction to Indian Philosophy.*

Chattopadhyaya, Debiprasad. *Lokayata* (New Delhi :People's Publishing House, Seventh Edition, 1992).

Chattopadhyaya, Debiprasad (ed). *Carvaka / Lokayata* (New Delhi : Indian Council of Philosophical Research, 1990).

Chattopadhyaya, Debiprasad. *Indian Atheism* (New Delhi : People's Publishing House, 1991).

Dasgupta, S. N. *A History of Indian Philosophy,* vols. 1 & 3 (Delhi : Motilal Banarsidass, 1975).

Datta, Dhirendra Mohan. *The Philosophy of Mahatma Gandhi* (Calcutta : University of Calcutta, 1968).

Dawkins, Richard, *The God Delusion* (London : Black Swan, 2007).

Edwards, Paul and Arthur Pap (eds.). *A Modern Introduction to Philosophy* (The Free Press, Glencoe, Illinois, London : George Allen & Unwin Ltd., 1975).

Farquhar, J. N. *An Outline of the Religious Literature of India* (Delhi : Motilal Banarsidass, 1984).

Fisher, Louis. *Gandhi* (New York : New American Library, 1954).

Frazer, J. J. *Golden Bough.*

Freud, Sigmund. *The Future of an Illusion.*

Galloway, G. *The Philosophy of Religion.*

Garbe, R. *Philosophy of Ancient India.*

Giri, Gagandeo (ed.) *Charvaka Sasti* (Patna : Jyoti, 1980).

Gora. *An Atheist with Gandhi* (Ahmedabad : The Navajivan Trust, 1986).

Gora. *Positive Atheism* (Vijayawada : Atheist Centre, 1978).

Hick, John H. *Philosophy of Religion* (New Delhi : Prentice-Hall of India, 1978).

Hiorth, Finngeir. *Introduction to Atheism* (Pune : Indian Secular Society, 1995).

Hiorth, Finngeir, *Atheism in India* (Pune : Indian Secular Society, 1998).

Hiriyanna, M. *Outlines of Indian Philosophy* (London : George Allen & Unwin Ltd., 1932).

Hospers, John. *An Introduction to Philosophical Analysis* (New Delhi : Allied Publishers, 1975).

Hume, David. *Of the Immortality of the Soul.*

Inge, W. R. *Mysticism in Religion* (London, 1907).

Kant, Immanuel. *Critique of Pure Reason.*

Keer, Dhananjaya, *Dr. Ambedkar : Life and Mission* (Bombay : Popular Prakashan, 1971).

Kovoor, Abraham T. *Begone Godmen! Encounters with Spiritual Frauds* (New Delhi : Jaico Publishing House, 1984).

Lal, B. K. *Contemporary Indian Philosophy* (Delhi : Motilal Banarsidass, 1978).

Lamont, Corliss. *The Philosophy of Humanism* (Amherst : New York Humanist Press, 1997).

Mackie, J. L. *The Miracle of Theism* (Oxford : Clarendon Press, 1982).

Martin, Michael. *Atheism : A Philosophical Justification* (Philadelphia : Temple University Press, 1990).

Masih, Y. *A Comparative Study of Religions* (Delhi : Motilal Banarsidass, 1990).

Masih, Y. *Introduction to Religious Philosophy* (Delhi : Motilal Banarsidass, 1971).

Masih, Y. *The Hindu Religious Thought* (Delhi : Motilal Banarsidass, 1983).

Mookerjee, S. *Nyaya-Vaisesika, The Cultural Heritage of India, vol. 3.*

Nielson, Kai. *An Introduction to Philosophy of Religion* (1982).

Otto, Rudolf. *The Idea of the Holy* (Oxford : Oxford University Press, 1936).

Passmore, John. *A Hundred Years of Philosophy* (Great Britain : Penguin Books, 1968).

Radhakrishnan, S. *Indian Philosophy, vols. 1 & 2* (London : George Allen & Unwin Ltd., 1948).

Radhakrishnan, S and Moore, Charles A (eds.), *A Source Book in Indian Philosophy* (Princeton New Jeresy : Princeton University Press, 1957).

Ramasami, Periyar, E. V. *Periyar's Declaration of War on Brahminism.*

Ramendra. *Is God Dead?* (Patna : Buddhiwadi Foundation, 1998).

Ramendra. *M. N. Roy's New Humanism and Materialism* (Patna : Buddhiwadi Foundation, 2001).

Ramendra, *Why I am Not a Hindu & Why I do not want Ramrajya* (Patna : Bihar Rationalist Society, 2nd edition, 1995).

Ramendra. *The Myth of Unity of all Religions* (Patna : Buddhiwadi Foundation, 2003).

Ramendra in collaboration with Kawaljeet, *Rationalism, Humanism and Atheism in Twentieth Century Indian Thought,* http : // www.buddhiwadi.org/rationalism.htm

Russell, Bertrand. *Why I am Not a Christian* (New York : Simon and Schuster, 1957).

Sharma, C. D. *A Critical Survey of Indian Philosophy* (Delhi : Motilal Banarsidass, 1964).

Shastri, Dakshinaranjana. *A Short History of Indian Materialism, Sensationalism and Hedonism.*

Singh, Bhagat. *Why I am an Atheist.*

Smith, George, H. *Atheism : The Case Against God* (New York : Prometheus Books, 1979).

Spencer, Sydney. *Mysticism in World Religion* (Baltimore, 1963).

Srinivas, M. N. *Social Change in Modern India* (Bombay : Orient Longman Ltd., 1980).

Stace, W. T. *Mysticism and Philosophy* (Philadelphia, 1960).

Stroh, Guy W. *American Philosophy from Edwards to Dewey : An Introduction* (New Delhi : Affiliated East-West Press Pvt. Ltd., 1970).

Vidyabhushan, Satish Chandra. *A History of Indian Logic* (Delhi : Motilal Banarsidass, 1988).

Blackburn, Simon. *Oxford Dictionary of Philosophy* (Oxford : Oxford University Press, 1996).

Scruton, Roger. *A Dictionary of Political Thought* (Great Britain : Pan Books, 1983).

The Encyclopaedia Britannica, vols. 1, 14.

The Encyclopedia of Philosophy (ed.-in-chief Paul Edwards), vols. 1-8 (New York : Macmillan Publishing Co. Inc. & The Free Press, 1972).

The Encyclopedia of Religion and Ethics, vol. 12.

The Reader's Digest Medical Question and Answer Book (Australia : Readers' Digest Pvt. Ltd., 1989).

❑

खण्ड-ख

धर्मों का तुलनात्मक अध्ययन

अध्याय 48

हिन्दू धर्म

हिन्दू धर्म को सनातन धर्म, ब्राह्मण धर्म या ब्राह्मणवाद भी कहा जाता है। हिन्दू धर्म दुनिया के प्राचीनतम धर्मों में एक है, और इसका कोई एक ज्ञात संस्थापक नहीं है। एक दिलचस्प बात यह है कि आज के समय जिसे हिन्दू धर्म कहा जा रहा है, उसके धार्मिक साहित्य में "हिन्दू" शब्द का कहीं भी इस्तेमाल नहीं हुआ है। दरअसल, "हिन्दू" एक फारसी शब्द है, जिसका इस्तेमाल मूलतः सिन्धु घाटी के आगे के भौगोलिक क्षेत्र के निवासियों के लिए किया जाता था। अभी भी कभी-कभी कुछ लोग "हिन्दू" शब्द का इस्तेमाल "भारतीय" के पर्याय के रूप में करते हैं, या करना चाहते हैं, लेकिन यह भ्रामक है। सम्भव है कि एक समय में "हिन्दू" शब्द का प्रयोग "भारतीय" के पर्याय के रूप में किया गया हो,[1] लेकिन, आज के समय में इस शब्द का इस्तेमाल कुछ निश्चित धार्मिक मान्यताओं से सम्पन्न व्यक्तियों के लिए किया जाता है। यह शब्द "मुसलमान", "ईसाई", "बौद्ध" और "जैन" जैसे शब्दों की श्रेणी में आता है, न कि "जापानी", "रूसी" या "अमरीकी" जैसे शब्दों की श्रेणी में। आज के समय **ऐसे कई भारतीय हैं, जो हिन्दू नहीं हैं**, जैसे, भारतीय मुसलमान, ईसाई, पारसी, यहूदी और बुद्धिवादी-मानवतावादी, आदि। दूसरी ओर, ऐसे कई **हिन्दू** हैं, जो भारतीय नहीं हैं। उदाहरण के तौर पर, ऐसे हिन्दू जो नेपाल, श्रीलंका या किसी दूसरे देश के नागरिक हैं।

कानूनी दृष्टि से भी "हिन्दू" शब्द का अक्सर व्यापक अर्थ में भी इस्तेमाल किया जाता है, और इसके अन्तर्गत हिन्दू या ब्राह्मण धर्म के मानने वालों के अतिरिक्त जैन, बौद्ध और सिक्ख धर्मों को मानने वालों को भी शामिल कर लिया जाता है। उदाहरण के तौर पर, भारतीय संविधान की धारा 25 में एक स्पष्टीकरण के तहत कहा गया है कि इस धारा के एक उपखण्ड के अन्तर्गत "हिन्दुओं" के प्रति निर्देश का यह अर्थ लगाया जाएगा कि उसके अन्तर्गत सिक्ख, जैन या बौद्ध धर्म को मानने वाले व्यक्तियों के प्रति निर्देश भी शामिल है।

इसी तरह, आधुनिक हिन्दू कानून में भी "हिन्दू" शब्द का व्यापक अर्थ में इस्तेमाल किया गया है। उदाहरण के तौर पर, हिन्दू विवाह अधिनियम, 1955, के अनुसार यह कानून हिन्दू धर्म को मानने वालों के अतिरिक्त बौद्ध, जैन और सिक्ख धर्म को मानने वालों पर भी लागू होगा। इसके अलावा, इस कानून में यह भी कहा गया है कि यह अपने लागू होने के क्षेत्र के उन सभी निवासियों पर भी लागू होगा, जो मुसलमान, ईसाई,

1. S. Radhakrishnan, *The Hindu View of Life*, p. 12.

यहूदी या पारसी नहीं है। इस तरह, इस कानून और अन्य आधुनिक हिन्दू कानूनों में, मोटे तौर पर, **उन सभी भारतीयों को ''हिन्दू'' मान लिया गया है, जो मुस्लिम, ईसाई, पारसी या यहूदी नहीं हैं।** यह एक निषेधात्मक परिभाषा है, जो कानूनी दृष्टि से भले एक कामचलाऊ परिभाषा हो(वैसे यह भी विवादास्पद है), लेकिन इसे तार्किक-दार्शनिक दृष्टि से बिल्कुल ही संतोषजनक नहीं माना जा सकता है। वैसे, यह ध्यान देने योग्य है कि इस कानून में भी यह नहीं कहा जा रहा है कि जैन, बौद्ध, सिक्ख या भारत के ऐसे आदिवासी जो न तो हिन्दू, जैन, बौद्ध, सिक्ख, ईसाई, इस्लाम, पारसी या यहूदी धर्म को मानते हैं; सभी इस अर्थ में ''हिन्दू'' हैं क्रि वे हिन्दू धर्म को मानते हैं, बल्कि **मात्र यह कहा जा रहा है कि यह कानून उन पर भी लागू होगा।** बल्कि जब यह कहा जाता है कि यह कानून हिन्दू धर्म को मानने वालों के **अलावा** जैन, बौद्ध और सिक्ख धर्म को मानने वालों पर भी लागू होगा, तो इसमें यह स्पष्ट रूप से अन्तर्निहित है कि हिन्दू, जैन, बौद्ध और सिक्ख धर्म अलग-अलग धर्म हैं। यही बात भारतीय आदिवासियों की धार्मिक मान्यताओं के बारे में भी कही जा सकती है।

बीसवीं सदी में धर्म-दर्शन के क्षेत्र में भी कभी-कभी ''हिन्दू'' शब्द का व्यापक अर्थ में इस्तेमाल करते हुए जैन, बौद्ध और सिक्ख धर्मों को भी इसके दायरे में शामिल किया जाता है। उदाहरण के तौर पर, याकुब मसीह के अनुसार, इन सभी धर्मों को ''हिन्दू'' कहा जा सकता है, क्योंकि इन सब के द्वारा कर्म-संसार-ज्ञान-मुक्ति की चतुष्पदी को स्वीकार किया गया है।[1] दूसरे शब्दों में, इन सभी धर्मों में जीवन-मरण के ''चक्र'' को बन्धन माना गया है, और साथ ही यह भी माना गया है कि इस चक्र से मुक्ति सम्भव है। लेकिन, या० मसीह का यह विचार दार्शनिक दृष्टि से संतोषजनक नहीं मालूम देता है, क्योंकि इन सभी धर्मों के बीच कुछ बुनियादी प्रश्नों पर महत्त्वपूर्ण मतभेद भी हैं। वैसे तो, पारसी, यहूदी, ईसाई, इस्लाम और सिक्ख धर्मों में एकेश्वरवाद को स्वीकार किया जाता है, तो क्या इस आधार पर हम यह कह सकते हैं कि ये सभी धर्म एक हैं? एकेश्वरवादी होते हुए भी, इन धर्मों में कुछ अन्य बुनियादी मुद्दों पर महत्त्वपूर्ण मतभेद हैं। इसी तरह, हिन्दू, जैन, बौद्ध और सिक्ख धर्म में भी आपस में कुछ बुनियादी मतभेद हैं। हिन्दू धर्म में ***वेदों*** की प्रामाणिकता और **वर्ण-व्यवस्था** को केन्द्रीय स्थान दिया गया है, जबकि जैन, बौद्ध और सिक्ख धर्म में न तो ***वेदों*** की प्रामाणिकता को स्वीकार किया जाता है और न वर्ण-व्यवस्था को। दूसरे सामान्य तौर पर, कर्म-संसार-ज्ञान-मुक्ति की चतुष्पदी को स्वीकार करने के बाद भी, इन धर्मों में ''बन्धन'' के कारण, ''मुक्ति'' के उपाय, और ''मुक्ति'' के बाद की स्थिति को लेकर अलग-अलग विचार हैं। वैसे, इन धर्मों में, निरीश्वरवादी होने के कारण, जैन और बौद्ध धर्म एक-दूसरे के सबसे करीब हैं; लेकिन इन्हें भी एक धर्म नहीं कहा जा सकता है। जैन और बौद्ध धर्मों के अपने अलग-अलग धर्मग्रन्थ हैं। इसके अलावा, बौद्ध धर्म निरीश्वरवादी होने के साथ-साथ अनात्मवादी भी है, जबकि जैन धर्म में आत्मा के अस्तित्व को स्वीकार किया गया है।

---

1. Y. Masih, *A Comparative Study of Religions*, p. 149.

जो भी हो, आज के समय "हिन्दू धर्म" शब्द का प्रयोग मुख्य रूप से ब्राह्मण धर्म या ब्राह्मणवाद के लिए किया जाता है। अगर हम "हिन्दू धर्म" शब्द का इस्तेमाल व्यापक रूप में करते हुए, इसके अन्तर्गत जैन, बौद्ध और सिक्ख धर्म जैसे भारतीय मूल के धर्मों को भी इसमें शामिल करना चाहते हैं, तो फिर हमें भाषायी स्पष्टता की दृष्टि से ब्राह्मण धर्म या सनातन धर्म के लिए "हिन्दू धर्म" शब्द के इस्तेमाल को छोड़ना होगा। और अगर हम ब्राह्मण धर्म के लिए "हिन्दू धर्म" का इस्तेमाल जारी रखते हुए जैन, बौद्ध और सिक्ख धर्म को भी "हिन्दू धर्म" कहते हैं, तो इसे जैन, बौद्ध और सिक्ख धर्मों को जबरदस्ती ब्राह्मण धर्म के दायरे में समेटने का प्रयत्न ही कहा जाएगा, जिसका कोई दार्शनिक आधार नहीं है। वैसे भी, भारत के बौद्धों को अगर छोड़ भी दें, तो क्या श्रीलंका, मैनमार (बर्मा) और जापान जैसे देशों के बौद्धों को "हिन्दू" कहा जाता है? संक्षेप में, "हिन्दू" शब्द का यह व्यापक इस्तेमाल धर्म-दार्शनिक दृष्टि से भी संतोषजनक नहीं है, और आम बोल-चाल की भाषा में "हिन्दू" शब्द के स्थापित प्रयोग के भी विरुद्ध है।

हिन्दू धर्म के लिए कभी-कभी "वैदिक धर्म" शब्द का भी इस्तेमाल होता है। यह सही है कि हिन्दू या ब्राह्मण धर्म के अन्तर्गत ***वेदों*** का केन्द्रीय महत्त्व है। फिर भी, आज के समय में हिन्दू धर्म के लिए "वैदिक धर्म" का प्रयोग बहुत संतोषजनक नहीं है। क्योंकि जिसे वैदिक काल कहा जाता है (1400 बी॰ सी॰ से 800 बी॰ सी॰), उस काल के ब्राह्मण धर्म और आज के ब्राह्मण धर्म या हिन्दू धर्म में काफी अन्तर है। उदाहरण के तौर पर, उस समय हिन्दू धर्म यज्ञ प्रधान धर्म था, जबकि आज यह मूर्त्ति पूजा और मन्दिर केन्द्रित धर्म हो गया है। आज के हिन्दू धर्म में वैदिक-आर्य और अवैदिक-अनार्य तत्वों का सम्मिश्रण है। इसके अनेक उदाहरण दिए जा सकते हैं।[1] इसलिए, "वैदिक धर्म" शब्द का प्रयोग हिन्दू धर्म के प्राचीन रूप के लिए अधिक उपयुक्त माना जा सकता है।

हिन्दू धर्म को "सनातन धर्म" कहने का अर्थ यह है कि यह अनादि और अपरिवर्तनशील है। पर वास्तव में इसे अनादि और अपरिवर्तनशील नहीं माना जा सकता है। यह दुनिया के प्राचीनतम धर्मों में से एक जरूर है। लेकिन, इसके अलावा, पारसी, यहूदी और जैन धर्म भी हैं। इसी तरह, ब्राह्मणों और ***वेदों*** की प्रमुखता के दायरे में इस धर्म का स्वरूप भी बदलता रहा है।

धर्मग्रन्थ

हिन्दू धर्म में ***वेद*** को प्रमुख स्थान दिया गया है। ***वेदों*** की संख्या चार है: ***ऋग्वेद, यजुर्वेद, सामवेद*** और ***अथर्ववेद***। व्यापक अर्थ में ***वेद*** के अन्तर्गत ***ब्राह्मण*** ग्रन्थों, ***अरण्यक*** और ***उपनिषदों*** को भी शामिल किया जाता है। ***वेदों*** को "श्रुति" (जो सुना गया) भी कहा जाता है। इसके अलावा, पुराण और धर्मशास्त्रों को "स्मृति" कहा

1. Y. Masih, *A Comparative Study of Religions*, pp. 152-55. Also see, Y. Masih, *The Hindu Religious Thought*, pp. 6-13.

जाता है। हिन्दू धर्मग्रन्थों में ***रामायण*** और ***महाभारत*** का प्रमुख स्थान है, जिनका सम्बन्ध क्रमशः राम और कृष्ण से है, जिन्हें हिन्दू धर्म में ''विष्णु का अवतार'' माना जाता है। ***महाभारत*** का ही एक अंश है ***भगवद्गीता,*** जिसे कृष्ण का उपदेश माना जाता है। धर्मशास्त्रों में ***मनुस्मृति*** और ***याज्ञवलक्यस्मृति*** का प्रमुख स्थान है। पुराणों में ***भागवत पुराण, स्कन्द पुराण, विष्णु पुराण*** आदि कुछ प्रमुख पुराण हैं।

वेदों की प्रामाणिकता को लेकर हिन्दू धर्म में दो किस्म के विचार पाए जाते हैं। एक मत के अनुसार **वेद** ''ईश्वर की वाणी है'' (न्याय दर्शन)। जबकि निरीश्वरवादी मीमांसा दर्शन के अनुसार **वेद** ''अनादि'' और ''अपौरुषेय'' है। ***वेदों*** की रचना किसी ''पुरुष'' द्वारा नहीं की गयी है।

ईश्वर-विचार

हिन्दू धर्म को न तो ईसाई, इस्लाम और सिक्ख धर्मों की तरह एकेश्वरवादी माना जा सकता है, और न जैन एवं बौद्ध धर्मों की तरह निरीश्वरवादी। ***वेदों*** में बहुदेववाद (polytheism) पाया जाता है। ***वेदों*** में इन्द्र, वरुण, अग्नि और सूर्य जैसे देवताओं का जिक्र है। दूसरी ओर, ***उपनिषदों*** में ''ब्रह्म'' की चर्चा की गयी है। लेकिन, फिर ***उपनिषदों*** की भी अलग-अलग ढंग से व्याख्या की गयी है। रामानुज ने ***उपनिषदों*** की एकेश्वरवादी व्याख्या की है, जबकि शंकराचार्य के अनुसार अन्तिम विश्लेषण में ''निर्गुण ब्रह्म'' या ''आत्मा'' ही एकमात्र सत्य है।

हिन्दू दर्शन की शाखाओं में न्याय दर्शन द्वारा एकेश्वरवाद का समर्थन किया गया है। दूसरी ओर, सांख्य और मीमांसा द्वारा निरीश्वरवाद का। व्यवहार में हिन्दू धर्म में कई देवी-देवताओं की पूजा की जाती है, जैसे विष्णु, राम, कृष्ण, शिव, दुर्गा, काली, गणेश, लक्ष्मी, सरस्वती, हनुमान, वगैरह, वगैरह। कहा जाता है कि हिन्दू धर्म में तैंतीस करोड़ देवी-देवता हैं।[1] कभी-कभी ब्रह्मा-विष्णु-महेश (शिव) के त्रयी की बात भी की गयी है। ब्रह्मा को सृष्टिकर्ता, विष्णु को पालनकर्ता और शिव या महेश को संहारक माना गया है। इसके अलावा, हिन्दुओं के बीच प्रकृति-पूजा, पेड़-पौधों, पशु-पक्षियों की पूजा और लिंग-योनि की पूजा का भी प्रचलन है। लिंग पूजा को शिव से जोड़ा जाता है।

हिन्दू धर्म के तीन प्रमुख सम्प्रदाय माने गए हैं : वैष्णव, शैव और साक्त। वैष्णव सम्प्रदाय के अन्तर्गत विष्णु और राम एवं कृष्ण जैसे ''विष्णु के अवतारों'' को प्रमुखता दी जाती है। शैव सम्प्रदाय के अन्तर्गत शिव को मुख्य स्थान दिया जाता है; जबकि साक्त सम्प्रदाय के अन्तर्गत पार्वती, दुर्गा, काली आदि के रूप में ''सक्ति'' (औरत) की पूजा की जाती है। कभी-कभी साक्त को शैव सम्प्रदाय का ही एक अंग माना जाता है।

इसमें सन्देह नहीं कि लोकप्रिय रूप में हिन्दू धर्म एक बहुदेववादी धर्म है, लेकिन धर्मशास्त्रीय स्तर पर, या व्यवहार में भी, हिन्दू धर्म में ईश्वर के बारे में स्पष्ट रूप से

1. Kedar Nath Tiwary, *Comparative Religion*, p. 13.

कोई एक किस्म का विचार नहीं पाया जाता है। **हिन्दू धर्म के दायरे में ईश्वर के बारे में विविध प्रकार के विचारों का, यहाँ तक कि ईश्वरवाद और निरीश्वरवाद जैसे परस्पर विरोधी विचारों का भी सह-अस्तित्व है।**

मानव-विचार

हिन्दू धर्म में जहाँ एक ओर ईश्वर-विचार के स्तर पर एक लचीलापन है, वहाँ दूसरी ओर, सामाजिक स्तर पर वर्ण-व्यवस्था के कारण एक कठोरता भी है। परम्परागत रूप से हिन्दू धर्म में ब्राह्मण जाति में जन्मा व्यक्ति ही पुरोहित बन सकता है।

हिन्दू धर्म में, वर्ण-व्यवस्था को आश्रम-व्यवस्था से जोड़ते हुए, वर्णाश्रम-व्यवस्था का समर्थन किया गया है। यह हिन्दू धर्म को अन्य धर्मों से अलग कर देता है, क्योंकि और किसी भी धर्म में वर्णाश्रम-व्यवस्था का समर्थन नहीं किया गया है। ***ऋग्वेद*** के ''पुरुष सूक्त'' के अनुसार इस विश्व के रचयिता (''पुरुष'') के मुँह से ब्राह्मण, हाथों से क्षत्रिय, जांघों से वैश्य और पैर से शूद्र का जन्म हुआ है। इसी बात को ***मनुस्मृति*** में भी दोहराया गया है, हालांकि उसमें ''पुरुष'' की जगह ''ब्रह्मा'' शब्द का प्रयोग किया गया है। ***रामायण, महाभारत*** और ***भगवद्गीता*** में भी वर्णव्यवस्था का समर्थन किया गया है। इसी तरह, शंकर और रामानुज ने भी वर्ण-व्यवस्था का समर्थन किया है।

इस तरह, परम्परागत रूप से हिन्दू समाज को चार वर्णों में बाँटा गया है, और इन वर्णों के लिए अलग-अलग ''वर्ण-धर्म'' निर्धारित किए गए हैं। **ब्राह्मणों** के लिए अध्ययन-अध्यापन, यज्ञ करवाना और दान-ग्रहण करना; ***क्षत्रियों*** के लिए प्रजा की रक्षा और युद्ध; **वैश्यों** के लिए क्रय-विक्रय, पशुपालन और कृषि, और **शूद्रों** के लिए ऊपर के तीन वर्णों की ''अनिन्दक भाव'' से सेवा का कार्य निर्धारित किया गया है। उपनयन और ***वेद*** के अध्ययन का अधिकार सिर्फ ऊपर के तीन वर्णों के पुरुषों को दिया गया, जिन्हें ''द्विज'' कहा गया। इनमें भी ***वेद*** पढ़ाने, यज्ञ करने और दान ग्रहण करने का अधिकार सिर्फ ब्राह्मणों को दिया गया है। ***मनुस्मृति*** के अनुसार ब्राह्मण ब्रह्मा के मुँह से निकले हैं, ***वेदों*** के वाहक हैं, और इस पूरे विश्व के मालिक हैं। ब्राह्मणों से श्रेष्ठ और कोई नहीं हो सकता है। ***मनुस्मृति*** को पढ़ाने का अधिकार भी सिर्फ ब्राह्मणों को ही है। इस तरह, हिन्दू धर्म में ब्राह्मण पुरोहितों को सर्वोच्च स्थान दिया गया है।

मनुस्मृति के अनुसार ऊपर बताए गए चार वर्णों के अलावा कोई पाँचवाँ वर्ण नहीं है। इन वर्णों के अलावे अन्य जातियों को ***मनुस्मृति*** में ''वर्ण संकर'' और ''वर्ण बाह्य'' कहा गया है।[1]

---

1. ***मनुस्मृति*** के आधार पर वर्ण-व्यवस्था की विस्तृत व्याख्या के लिए देखें, Ramendra, *Why I am Not a Hindu & Why I do not want Ramrajya.*

वर्णाश्रम-व्यवस्था के अन्तर्गत जिस तरह समाज को चार वर्णों में बाँटा गया है, इसी तरह मानव-जीवन को चार आश्रमों में बाँटा गया है—**ब्रह्मचर्य, गार्हस्थ, वानप्रस्थ** और **संन्यास।** फिर इन्हें चार ''पुरुषार्थों''—**धर्म, अर्थ, काम** और **मोक्ष**—से जोड़ा गया है। इन चार पुरुषार्थों में भी ''मोक्ष'' को जीवन का सर्वोच्च लक्ष्य माना गया है। ऐसा समझा गया है कि मृत्यु सिर्फ शरीर की होती है। शरीर से अलग और स्वतंत्र ''आत्मा'' का अस्तित्व है, जो अमर है। एक ही आत्मा का बार-बार अलग-अलग शरीरों में जन्म होता रहता है। जन्म और मृत्यु के इस ''चक्र'' को ही ''बन्धन'' कहा गया है, और इस ''चक्र'' से छुटकारा पाने को ही ''मुक्ति'' या ''मोक्ष'' कहा गया है। लेकिन, आश्रम-व्यवस्था और ''मोक्ष'' का यह लक्ष्य सिर्फ ''द्विज'' पुरुषों के लिए है। औरतों के लिए पति की सेवा और शूद्रों के लिए ''द्विजों'' की सेवा ही अन्तिम लक्ष्य है।

मनु द्वारा ''धर्म'' को **''साधारण धर्म''** और **''वर्णाश्रम धर्म''** में बाँटा गया है। वर्णाश्रम धर्म के अन्तर्गत अलग-अलग वर्णों और आश्रमों के अलग-अलग धर्म बतलाए गए हैं। अलग-अलग वर्णों के ''वर्ण धर्म'' का उल्लेख हम पहले ही कर चुके हैं। इसी तरह, अलग-अलग आश्रमों के भी अलग-अलग धर्म बतलाए गए हैं और उन्हें अलग-अलग पुरुषार्थों से जोड़ा गया है। उदाहरण के तौर पर, गार्हस्थ आश्रम को काम की सन्तुष्टि से और संन्यास आश्रम को मोक्ष पुरुषार्थ से जोड़ा जाता है। वर्णाश्रम धर्म के विपरीत, साधारण धर्म सभी वर्णों और आश्रमों के लिए एक जैसे हैं। मनु के अनुसार, साधारण धर्म दस हैं—धृति (धैर्य), क्षमा, दम (दृढ़ता), अस्तेय (चोरी न करना), शौच, इन्द्रिय निग्रह, धी (समझ), विद्या, सत्य और अक्रोध।

वर्ण-व्यवस्था को कर्मवाद से भी जोड़ा गया है। कर्मवाद के अनुसार मानव इस जन्म में जो कुछ भी है, वह अपने ही कर्मों के फल के कारण है। हर व्यक्ति को अपने अच्छे-बुरे कर्मों का फल मिलता है, चाहे इस जन्म में या अगले जन्म में। ***मनुस्मृति*** और कुछ ***उपनिषदों*** के अनुसार अगर औरत और शूद्र इस जन्म में अपने-अपने ''धर्मों'' का पालन करेंगे, तो अगले जन्म में वे ''द्विज'' पुरुष बनेंगे।

हिन्दू धर्म में मोक्ष प्राप्ति के कई अलग-अलग रास्ते बतलाए गए हैं। इनकी विस्तृत चर्चा ''मोक्ष प्राप्ति के पथ'' में की गयी है। उदाहरण के तौर पर, ***भगवद्गीता*** में मोक्ष-प्राप्ति के तीन मार्ग बतलाए गए हैं : ज्ञान मार्ग, कर्म मार्ग और भक्ति मार्ग। ***भगवद्गीता*** में ही मोक्ष के लक्ष्य के साथ-साथ, ईश्वरवाद, अवतारवाद, आत्मा के अस्तित्व, पुनर्जन्म, कर्मवाद और वर्ण-व्यवस्था का समर्थन किया गया है।

जगत-विचार

जैसे ईश्वर के सम्बन्ध में, वैसे ही जगत के बारे में भी हिन्दू धर्म में कोई एक स्पष्ट और निश्चित विचार नहीं मिलता है। दरअसल, हिन्दू धर्म एक बहुत ही जटिल धर्म है और इसमें कई प्रकार के विचारों का समावेश है। एक ओर, निरीश्वरवादी सांख्य दर्शन है जिसके अनुसार ''प्रकृति'' और ''पुरुष'' के संयोग से इस विश्व का

विकास हुआ है। दूसरी ओर, न्याय-वैशेषिक के अनुसार ईश्वर ने नित्य परमाणुओं द्वारा इस विश्व की रचना की है। लेकिन, सांख्य और न्याय दोनों के ही अनुसार यह विश्व वास्तविक है।[1] उल्लेखनीय है कि न्याय के अनुसार ईश्वर ने शून्य से नहीं, बल्कि नित्य परमाणुओं से इस विश्व की रचना की है, जिनका अस्तित्व पहले से ही था।[2]

ऋग्वेद, विष्णु पुराण और ***मनुस्मृति*** आदि में भी जगत की सृष्टि सम्बन्धित कई कहानियाँ हैं।[3] ब्रह्मा-विष्णु-महेश की त्रयी के अनुसार ईश्वर को जगत का सृष्टिकर्ता, पालनकर्ता और संहारक तीनों ही माना जाता है।[4] शंकर और रामानुज मध्य-युग के दो प्रमुख हिन्दू धर्मशास्त्री हैं। दोनों ने ***उपनिषदों*** की अलग-अलग ढंग से व्याख्या की है। शंकर के अनुसार, जगत केवल ''व्यावहारिक'' दृष्टि से सत्य है। अन्तिम विश्लेषण में ब्रह्म ही एकमात्र सत्य है और जगत ''मिथ्या'' है। ''अविद्या'' या ''माया'' के कारण ही जीव (आत्मा) अपने को ब्रह्म से अलग और ''मिथ्या'' जगत को वास्तविक मानने लगता है। दूसरी ओर, रामानुज ने शंकर के मायावाद की आलोचना की है और इस विश्व को वास्तविक माना है। हिन्दू धर्म में शंकर, रामानुज, आदि द्वारा जगत को ''लीला'' (खेल) कहा गया है। रामानुज के अनुसार, इस विश्व में जो कुछ भी होता है ईश्वर उसके द्वारा अप्रभावित रहता है।[5]

अन्तिम गति

हिन्दू धर्म में ''मोक्ष'' को या ''जीवन-मरण के चक्र'' से मुक्ति को जीवन का सर्वोच्च लक्ष्य माना गया है। इस तरह, हिन्दू धर्म में ''पुनर्जन्म'' और ''मोक्ष'' का विचार पाया जाता है, जो पैगम्बरी धर्मों (prophetic religions) में नहीं है। दूसरी ओर, हिन्दू धर्म में ''कयामत के दिन'' (day of judgement) और ''पुनरुत्थान'' (resurrection) का विचार नहीं पाया जाता है, जो पैगम्बरी धर्मों में है। वैसे, हिन्दू धर्म में ''स्वर्ग'' और ''नरक'' का विचार भी पाया जाता है। दरअसल, ***वेदों*** में पुनर्जन्म या मोक्ष का विचार नहीं है, वहाँ पर स्वर्ग और नरक का ही उल्लेख हुआ है।[6] मीमांसा के अनुसार जीवन का सर्वोच्च लक्ष्य है स्वर्ग-प्राप्ति, लेकिन हिन्दू धर्म में इसे ''पुनरुत्थान'' और ''कयामत के दिन'' के साथ नहीं जोड़ा गया है। कुछ पुराणों में स्वर्ग और नरक का विस्तृत वर्णन दिया गया है। कुछ पुराणों में चित्रगुप्त नाम के एक व्यक्ति का जिक्र है, जो लोगों के कर्मों का लेखा-जोखा रखता है, और फिर उसी आधार पर लोगों को सीधा स्वर्ग या नरक में भेज दिया जाता है।

---

1. Y. Masih, *A Comparative Study of Religions*, p. 174.
2. Kedar Nath Tiwary, *Comparative Religion*, p. 18.
3. Ibid.
4. Ibid., p. 19.
5. Y. Masih, Op. Cit., pp. 174-75.
6. Kedar Nath Tiwary, Op. Cit, p. 26.

ऐसा लगता है कि हिन्दू धर्म में पुनर्जन्म और मोक्ष का विचार जैन और बौद्ध धर्म के प्रभाव से आया है।

''मोक्ष'' या ''मुक्ति'' की स्थिति में क्या होता है, इस बारे में भी हिन्दू धर्म में कई किस्म के विचार हैं। शंकर के अनुसार, ''मुक्ति'' की स्थिति में ''आत्मा'' और ''ब्रह्म'' एकाकार हो जाते हैं। जबकि रामानुज के अनुसार ''मुक्ति'' के बाद जीव बैकुण्ठ (स्वर्ग) में ईश्वर ''विष्णु'' के सान्निध्य में रहकर आध्यात्मिक प्रगति की ओर बढ़ता रहता है। अन्ततः जीव में विश्व की सृष्टि की क्षमता के अतिरिक्त ईश्वर के सभी गुण आ जाते हैं। ***भगवद्गीता*** के अनुसार, आत्मा नित्य और अविनाशी है। शरीर का अन्त होता है, आत्मा का नहीं। जिस तरह, मनुष्य पुराने कपड़े छोड़ कर नए कपड़े पहन लेता है, उसी तरह आत्मा पुराने शरीर को छोड़ कर नए शरीर में चली जाती है। ऐसा तब तक चलता रहता है, जब तक कि आत्मा को मुक्ति न मिल जाए। इस तरह, हिन्दू धर्म में ''आत्मा'' की अवधारणा का केन्द्रीय महत्त्व है, और इसमें पुनर्जन्म के विचार को भी स्वीकार किया गया है। उल्लेखनीय है कि पैगम्बरी धर्मों में पुनरुत्थान का विचार है, लेकन पुनर्जन्म का नहीं।

प्रश्न

1. मानव व्यक्तित्व के प्रति हिन्दू धर्म और ईसाई धर्म के दृष्टिकोणों का आलोचनात्मक विश्लेषण कीजिए। (1984)
2. निम्नांकित पर अधिक-से-अधिक 200 शब्दों में आलोचनात्मक टिप्पणी लिखिए—
   (a) हिन्दू धर्म में धार्मिक सहिष्णुता (1996)
3. हिन्दू धर्म, क्रिश्चियन धर्म एवं इस्लाम धर्म के सन्दर्भ में धार्मिक जीवन के सार्वजनिक पक्षों को स्पष्ट कीजिए। (1996)।

❑

अध्याय 49

जैन धर्म

जैन धर्म भारत का एक प्राचीन अवैदिक धर्म है। इसकी जड़ें प्राचीन भारत की अनार्य संस्कृति में मालूम देती है।[1] इसका प्रभाव बौद्ध धर्म पर भी पड़ा है और हिन्दू धर्म पर भी। कर्म-संसार-ज्ञान-मुक्ति की चतुष्पदी, जिसे आज के समय अक्सर हिन्दू धर्म से जोड़ दिया जाता है, मूलतः जैन धर्म की ही देन मालूम देती है। ***वेदों*** में इस चतुष्पदी का कोई उल्लेख नहीं है, बाद में ***उपनिषदों*** में इसका जिक्र हुआ है। जैसा कि पहले भी हिन्दू धर्म की चर्चा करते समय जिक्र किया गया है, आज के हिन्दू धर्म में वैदिक आर्य और गैरवैदिक अनार्य तत्त्वों का मिश्रण है।

संस्थापक

जैन धर्म को ''तीर्थंकरों'' (पूर्ण आत्माओं) का धर्म कहा जाता है। ''जैन'' शब्द ''जिन्'' से निकला है जिसका अर्थ है वह ''जिसने भावनाओं पर विजय प्राप्त कर लिया हो''। ''तीर्थंकर'' ऐसे लोग हैं जिन्होंने न सिर्फ अपनी भावनाओं पर विजय पा लिया, बल्कि ''बन्धन'' और दुःख के सागर को पार करने का रास्ता दिखाया।[2] जैन परम्परा के अनुसार ऋषभ मुनि से शुरू होकर वर्द्धमान महावीर तक 24 तीर्थंकर हुए हैं। इनमें से 24वें और अन्तिम तीर्थंकर—वर्द्धमान महावीर—को सबसे अधिक महत्त्व दिया जाता है। इन 24 तीर्थंकरों में 23वें तीर्थंकर पार्श्वनाथ और 24वें तीर्थंकर वर्द्धमान महावीर ऐतिहासिक पुरुष हुए हैं और बाकी सम्भव है पौराणिक चरित्र हैं।[3] कभी-कभी 24वें तीर्थंकर वर्द्धमान महावीर को ही जैन धर्म का संस्थापक मान लिया जाता है। जैन परम्परा के अनुसार यह सही नहीं है।

वर्द्धमान महावीर (599-527 बी॰ सी॰) को 'जिन्'' की उपाधि भी दी गयी थी। उनका मूल नाम वर्द्धमान था। उनका जन्म बिहार में पटना के पास वैशाली में हुआ था। वे गौतम बुद्ध के ज्येष्ठ समकालीन थे। महावीर और बुद्ध के जीवन भी, उनके द्वारा स्थापित धर्मों की तरह, कुछ मिलते-जुलते हैं। वर्द्धमान के पिता का नाम सिद्धार्थ और माँ का नाम त्रिशला था। उनके माता-पिता पार्श्वनाथ के भक्त थे। उनका विवाह यशोदा से हुआ। उन्हें एक पुत्री भी थी। जब वे 30 वर्ष के थे तब उनके माता-पिता का देहांत हो गया और वे अपने बड़े भाई नन्दीवर्द्धन से अनुमति लेकर श्रमण हो गए।[4] 12 वर्षों

1. Ninian Smart, "Jainism", *The Encyclopedia of Philosophy,* vol. 4, p. 238.
2. Y. Masih, *A Comparative Study of Religions,* p. 235.
3. Ibid., p. 236.
4. S. N. Dasgupta, *A History of Indian Philosophy,* vol. 1, p. 173.

तक ध्यान और तपस्या करने के बाद उन्हें ''केवल ज्ञान'' (समस्त वस्तुओं का ज्ञान) प्राप्त हो गया। अगले 30 वर्षों तक उन्होंने अपने धर्म का प्रचार और संगठन किया।[1] उनकी मृत्यु वर्तमान बिहार के नालंदा जिले में पावापुरी में हुई।

धर्मग्रन्थ

जैन धर्मशास्त्रों को ***आगम*** कहा जाता है। इसके अन्तर्गत ***अंग, उपांग, प्रकीर्णक, मूलसूत्र, नंदीसूत्र*** आते हैं। इनमें ***अंग*** प्राचीनतम धर्मग्रन्थ माने जाते हैं। जैन परम्परा के अनुसार, मूलतः 14 ***पूर्व*** और 11 ***अंग*** थे। ***पूर्वों*** का संप्रेषण या हस्तान्तरण मौखिक रूप से होता था, और वे कालक्रम में खो गए। इस तरह, 11 ***अंग*** ही मुख्य धर्मग्रन्थ हो गए। 11 ***अंगों*** में एक ***आचारांग*** है, जिसमें जैन मुनियों के लिए आचरण के नियम दिए गए हैं। इसके अलावा, एक ***सूत्रकृतांग*** है, जिसमें जैन अनुष्ठानों और उनकी विशेषताओं का वर्णन है। जैन धर्मग्रन्थ मूलतः अर्धमागधी में थे। बाद में, इन्हें सिलसिलेवार रूप से प्राकृत और संस्कृत में लिखा गया।[2] जैन धर्म अवैदिक धर्म है। इसके अन्तर्गत ***वेदों*** की प्रामाणिकता को स्वीकार नहीं किया जाता है। इसलिए, इसे रूढ़िवादी हिन्दू दृष्टि से, बौद्ध धर्म की तरह, ''नास्तिक'' कहा जाता है। जैन धर्म में वर्ण-व्यवस्था को भी अस्वीकार किया गया है।

जैन धर्म निरीश्वरवादी धर्म है। इसलिए, इसमें तीर्थंकरों को ''ईश्वर-पुत्र'' या ''अवतार'' या ''अल्लाह का संदेशवाहक'' नहीं माना जाता है, और न ही जैन धर्मग्रन्थों को ''ईश्वर की वाणी'' समझा जाता है। इस दृष्टि से जैन धर्म बौद्ध धर्म के करीब है, लेकिन जैनियों द्वारा बौद्ध धर्मग्रन्थों को भी स्वीकार नहीं किया जाता है। जैन धर्म में तीर्थंकरों और जैन धर्मग्रन्थां के प्रति श्रद्धा की अपेक्षा रखी जाती है। फिर भी, जैन धर्म द्वारा तर्कबुद्धि को हतोत्साहित कर अंधविश्वास को प्रोत्साहित नहीं किया जाता है। जैन लेखक मणिभद्र के अनुसार जैन दृष्टिकोण रूढ़िवादी नहीं, बल्कि तर्कबुद्धिवादी है। जैन धर्म में तर्कबुद्धि के आधार पर श्रद्धा की बात की गयी है।[3] जैन मन्दिरों में महावीर सहित अन्य जैन तीर्थंकरों की मूर्त्तियाँ रहती हैं, और जैनियों में इन मूर्त्तियों के प्रति भक्ति भावना पाई जाती है। या॰ मसीह के अनुसार इन मूर्त्तियों का ध्यान के लिए आलंबन के रूप में इस्तेमाल किया जाता है, हिन्दू धर्म की तरह इनमें ईश्वर का वास मानकर पूजा नहीं की जाती है।[4]

ईश्वर-विचार

जैसा कि पहले भी उल्लेख किया गया है, **जैन धर्म निरीश्वरवादी धर्म है।** जैन विचारकों द्वारा ईश्वर के समर्थन में दी जाने वाली युक्तियों का खण्डन किया गया है। जैन दर्शन के ***स्यादवाद मंजरी*** में निरीश्वरवाद के समर्थन में विस्तार से युक्तियाँ दी

1. Ninian Smart, Op. Cit., p. 238.
2. Y. Masih, Op. Cit., p. 237.
3. Chaterjee and Datta, *An Introduction to Indian Philosophy.*
4. या॰ मसीह, ***तुलनात्मक धर्मदर्शन***, पृष्ठ 62.

गयी हैं।[1] 8वीं शताब्दी के जैन लेखक-दार्शनिक हरिभद्र ने ***षडदर्शनसमुच्चय*** में निरीश्वरवाद की स्थापना की है। 15वीं शताब्दी में गुणरत्न ने ***षडदर्शनसमुच्चय*** पर अपने भाष्य ***तर्करहस्यदीपिका*** में न्याय दर्शन के उदयन द्वारा ***न्यायकुसुमांजलि*** में दी गयी ईश्वर-समर्थक युक्तियों का "आमूल खण्डन" किया है।[2] नैयायिक विश्व को "कार्य" या रचित वस्तु मानते हैं, जिसका कोई रचियता होना जरूरी है। जैन दार्शनिकों ने "कार्य" के चार अर्थ बतलाए हैं, और अनेक युक्तियों द्वारा प्रमाणित किया है कि ये चारों अर्थ स्वयं नैयायिकों के सिद्धान्तों के विरुद्ध जाते हैं।[3] गुणरत्न ने यह युक्ति भी दी है कि अगर विश्व को "कार्य" मान भी लिया जाए, तो उससे मात्र यह प्रमाणित होता है कि इस विश्व का कोई कारण है, यह नहीं कि वह कारण सर्वज्ञ और सर्वशक्तिमान ईश्वर है।[4]

दरअसल, जैन धर्म में इस विश्व को अनादि माना गया है। ईश्वर को विश्व के रचियता के रूप में स्वीकार नहीं किया गया है। इसी तरह, जैन धर्म में "मोक्ष" पाने के लिए ईश्वर की सहायता या कृपा की कोई आवश्यकता नहीं समझी जाती है। ईश्वर की भक्ति और उपासना के बिना साधक स्वयं अपने प्रयत्नों से जीवन के सर्वोच्च लक्ष्य "मोक्ष" को प्राप्त कर सकता है।

मानव-विचार

हिन्दू धर्म की तरह जैन धर्म में भी आत्मा की अमरता में विश्वास पाया जाता है, लेकिन जैन धर्म में आत्मा की अवधारणा हिन्दू धर्म से अलग है। जैन धर्म के अनुसार **आत्मा में विस्तार होता है, और वह जगह घेरती है।** आत्मा जीव-शरीर के अनुसार छोटी-बड़ी मानी गयी है।

जैन धर्म में यह माना गया है कि आत्मा अपने मूल रूप में "पूर्ण" (perfect) अवस्था में रहती है। क्रोध, मान, माया और लोभ जैसी वासनाओं के कारण "कर्म" उत्पन्न होते हैं, जो जीवात्मा को आवरण बन कर ढँक लेते हैं। ये "कर्म" आत्मा से ऐसे चिपक जाते हैं, जैसे तेल में धूल-कण। इसी से "बन्धन" का जन्म होता है।

जैन धर्म के अनुसार "कर्म" की तीन स्थितियाँ हैंः पहली, **आस्रव स्थिति,** जिसमें "कर्मों" का आत्मा में प्रवेश होता है। दूसरी, **संवर स्थिति,** "कर्मों" को आत्मा में प्रवेश करने से रोका जाता है, और तीसरी **निर्जरा स्थिति,** जिसमें आत्मा में मौजूद "कर्मों" का विनाश किया जाता है।

जहाँ एक ओर "आस्रव" को बन्धन का कारण माना गया है, वहाँ दूसरी ओर, ऐसा समझा गया है कि "संवर" और "निर्जरा" की प्रक्रिया द्वारा "मोक्ष" की स्थिति को प्राप्त किया जा सकता है। जैन धर्म में "मोक्ष" प्राप्ति के लिए (i) सम्यक् दर्शन,

---

1. Charterjee and Datta, Op. Cit.
2. या॰ मसीह, ***निरीश्वरवाद : भारतीय एवं पाश्चात्य***, पृष्ठ 177.
3. वेद प्रकाश वर्मा, ***भारतीय तथा पाश्चात्य दर्शन में निरीश्वरवाद***, पृष्ठ 167.
4. वहीं, पृष्ठ 169.

(ii) सम्यक् ज्ञान और (iii) सम्यक् चरित्र का मार्ग बतलाया गया है। इसे **त्रिरत्न** भी कहा जाता है।

''सम्यक दर्शन'' का अर्थ है सत्य के प्रति श्रद्धा। जैनियों के अनुसार ''श्रद्धा'' अन्धभक्ति नहीं है, बल्कि यह तर्कबुद्धि पर आधारित युक्तिसंगत श्रद्धा है।

''सम्यक ज्ञान'' का अर्थ है जैन धार्मिक दर्शन का, विशेष कर तत्त्व सम्बन्धी ज्ञान। वासनाओं के कारण ''कर्म'' और ''कर्म'' के कारण ''बन्धन'' उत्पन्न होता है। फिर, वासनाओं का मूल कारण है अज्ञान। इसलिए, मोक्ष के लिए सम्यक ज्ञान जरूरी है।

''सम्यक चरित्र'' या सही आचरण का अर्थ है नुकसानदेह आचरण से बचना और लाभदायक आचरण को करना। ''संवर'' और ''निर्जरा'' के लिए जैन धर्म में **पंचमहाव्रत** का पालन करने पर बल दिया गया है। इसके अन्तर्गत (i) अहिंसा (ii) सत्य (iii) अस्तेय (चोरी नहीं करना) (iv) अपरिग्रह (वस्तुओं के स्वामित्व का त्याग) और (v) ब्रह्मचर्य को रखा गया है।

जैन धर्म में अहिंसा पर अत्यधिक बल दिया गया है। ''अहिंसा'' को जीव और जीवन के प्रति सम्मान के अर्थ में लिया गया है। हिंसा को सबसे बड़ा पाप और अहिंसा को परम धर्म माना गया है। यहाँ तक कि जमीन पर हल चलाने से होने वाली हिंसा से बचने के लिए जैनियों ने खेती करना छोड़ दिया। इसी तरह, श्वेताम्बर जैन मुनि नाक और मुँह पर कपड़ा बाँध कर रखते हैं, ताकि कीटाणुओं को नुकसान न पहुँचे।

''ब्रह्मचर्य'' को जैन धर्म में सिर्फ सीमित अर्थ में ''काम'' (सेक्स) के निषेध के रूप में नहीं, बल्कि व्यापक अर्थ में ''काम'' (इन्द्रिय सुख) के निषेध के रूप में लिया गया है।

दिगम्बर जैन मुनियों द्वारा अपरिग्रह को इस हद तक महत्त्व दिया जाता है कि वे कपड़ों तक का त्याग करते हैं। (''दिगम्बर'' और ''श्वेताम्बर'' जैन धर्म के दो सम्प्रदाय हैं।)

इस तरह, जैन धर्म के अनुसार सम्यक दर्शन, सम्यक ज्ञान और सम्यक चरित्र के त्रिरत्न द्वारा साधक ''केवल ज्ञान'' (समस्त वस्तुओं का ज्ञान) का अधिकारी हो जाता है, और फिर **तपस्** (अत्यल्प भोजन, इन्द्रिय-निग्रह, शारीरिक यातना, आदि) और **ध्यान-योग** के जरिए मोक्ष की ओर बढ़ता है। सामान्य तौर से, जैन धर्म में अहिंसा, अपरिग्रह और तपस पर बौद्ध धर्म या किसी भी अन्य धर्म की तुलना में अधिक बल दिया गया है।

जगत-विचार

जैन धर्म के अनुसार, जगत नित्य, शाश्वत और वास्तविक है। जैन धर्म में ईश्वर के लिए कोई स्थान नहीं है। इसलिए, ईश्वर द्वारा जगत की सृष्टि का प्रश्न ही नहीं उठता है। जैन धर्म में द्रव्य की संख्या 6 मानी गयी हैः जीव, काल, धर्म, अधर्म, आकाश और पुद्गल। इनमें काल, धर्म (गति), अधर्म (स्थिर), आकाश और पुद्गल के जरिए विश्व की व्याख्या की गयी है। ''धर्म'' और ''अधर्म'' का जैन दर्शन में

विशेष अर्थ में इस्तेमाल हुआ है। ''धर्म'' वह है जो गति देता है और ''अधर्म'' वह है जो गति में रुकावट डाल स्थिरता (rest) प्रदान करता है। पुद्‌गल को भौतिक द्रव्य समझा जाता है। यह कुछ हद तक सांख्य की ''प्रकृति'' की तरह है। पुद्‌गल अणु के रूप में और अणुओं के समूह के रूप में भी रहता है।[1] जैन धर्म के अनुसार, अणु नित्य और स्थायी हैं, जबकि उनके समूह अनित्य और अस्थायी हैं।[2]

जैन धर्म में भू, जल, वायु और अग्नि—इन चार तत्त्वों को भी स्वीकार किया गया है। इसके अलावा, जैन धर्म पर आदिम जीववाद का प्रभाव भी दिखता है। ऐसा माना गया है कि जल, वायु, अग्नि इत्यादि सभी में आत्मा का वास है, जगत को वास्तविक मानने के बावजूद जैन धर्म में जगत के प्रति आसक्ति और सांसारिक सुखों से लगाव को हतोत्साहित किया गया है।

अन्तिम गति

जैन धर्म में कर्म-संसार-ज्ञान-मुक्ति की चतुष्पदी को स्वीकार किया गया है। ''मोक्ष'' या ''कैवल्य'' को जीवन का सर्वोच्च और अन्तिम लक्ष्य माना गया है। कर्मों के आधार पर आत्मा का बार-बार जन्म होता रहता है, जब तक कि वह मोक्ष न प्राप्त कर ले। जैन धर्म में ''ईश्वर'', ''स्वर्ग'', ''नरक'' या ''कयामत के दिन'' जैसी अवधारणाएँ नहीं पायी जाती है। ऐसा समझा जाता है कि ''मोक्ष'' के बाद आत्मा अपनी प्रारम्भिक ''पूर्ण'' अवस्था को फिर से प्राप्त कर लेती है, जिसके बाद उसका फिर से जन्म नहीं होता है।

हिन्दू धर्म और जैन धर्म

समानता

1. दोनों धर्म कर्म-संसार-ज्ञान-मुक्ति की चतुष्पदी को स्वीकार करते हैं। यह सम्भवतः जैन धर्म का हिन्दू धर्म पर प्रभाव है।
2. जैन धर्म पर सांख्य-योग का प्रभाव है। आगे चलकर सांख्य-योग को हिन्दू धर्म में शामिल कर लिया गया है।
3. जैन धर्म के पंचमहाव्रत — अहिंसा, सत्य, अस्तेय, ब्रह्मचर्य और अपरिग्रह — को काफी हद तक हिन्दू धर्म में भी मान्यता दी गयी है। दरअसल, ये पाँचों योग के अष्टांगिक मार्ग के ''यम'' के तहत आते हैं।

भेद

1. हिन्दू धर्म में ***वेद*** को प्रामाणिक माना जाता है, जबकि जैन धर्म में ***वेदों*** को अस्वीकार किया गया है।
2. हिन्दू धर्म में वर्ण-व्यवस्था को केन्द्रीय स्थान दिया गया है, जबकि जैन धर्म में वर्ण-व्यवस्था का कोई स्थान नहीं है।

---

1. या॰ मसीह, ***तुलनात्मक धर्मदर्शन***, पृष्ठ 50-51.
2. Y. Masih, *A Comparative Study of Religions*, p. 249.

3. हिन्दू धर्म में ईश्वर का विचार भी मिलता है, जबकि जैन धर्म निरीश्वरवादी है।
4. हिन्दू धर्म और जैन धर्म दोनों में ''आत्मा'' के अस्तित्व को स्वीकार किया गया है। लेकिन, दोनों में ''आत्मा'' की अवधारणा अलग-अलग है। हिन्दू धर्म में, उदाहरण के तौर पर, ***भगवद्गीता*** में आत्मा को ''इन्द्रियों से परे'' माना गया है, जबकि जैन धर्म के अनुसार, आत्मा में विस्तार होता है, और वह जगह घेरती है।
5. हिन्दू धर्म में अभी भी कुछ हद तक पशुबलि का प्रचलन है, जबकि जैन धर्म में अहिंसा को परम धर्म माना गया है। यहाँ तक कि जमीन पर हल चलाने से होनें वाली हिंसा से बचने के लिए जैनियों ने खेती करना छोड़ दिया।
6. जैन धर्म में हिन्दू धर्म की तुलना में ब्रह्मचर्य और अपरिग्रह पर भी अधिक बल दिया गया है। दिगम्बर जैन मुनि कपड़े तक नहीं पहनते हैं। दूसरी ओर, हिन्दू ब्राह्मण पुरोहित गार्हस्थ होते हैं।

प्रश्न

1. निम्नलिखित पर आलोचनात्मक टिप्पणी लिखिए। टिप्पणी 200 शब्दों से अधिक में न हो—(a) जैन-धर्म एक सार्वभौमिक धर्म के रूप में। (1994)

2. निम्नलिखित पर आलोचनात्मक टिप्पणी लिखिए। टिप्पणी 200 शब्दों से अधिक न हो—
(a) जैन धर्म और बौद्ध धर्म में समान तत्त्व और आधारभूत भेद। (1995)

❑

अध्याय 50

बौद्ध धर्म

संस्थापक

बौद्ध धर्म के संस्थापक सिद्धार्थ गौतम का जन्म 563 बी॰ सी॰ के आस-पास हुआ था। उनके पिता शुद्धोदन को शाक्यों का ''राजा'' कहा जाता था।[1] उनका जन्म कपिलवस्तु के पास लुम्बिनी (नेपाल) में हुआ था। सिद्धार्थ के जन्म के एक सप्ताह बाद ही उनकी माँ मायादेवी की मृत्यु हो गयी। उनका पालन-पोषण उनकी मौसी और सौतेली माँ प्रजापति गौतमी द्वारा किया गया। उन्हें संसार से कुछ विरक्त और अधिक विचार-मग्न देखकर उनके पिता शुद्धोदन को यह डर हुआ कि कहीं उनका बेटा घर छोड़कर चला न जाए। उन्होंने उनका विवाह पड़ोसी कोलियगण की भद्रा कापिलायनी (या यशोधरा) से कर दिया। सिद्धार्थ गौतम को एक बेटा भी हुआ, जिसे ''राहु'' समझ कर उन्होंने उसका नाम राहुल रख दिया। कहा जाता है कि वृद्ध, रोगी, मृत और प्रवजित (श्रमण) के चार दृश्यों को देखकर उनकी संसार से विरक्ति पक्की हो गयी और एक रात वे चुपके से घर छोड़ कर निकल गए।[2] उस समय वे 29 वर्ष के थे। अश्वघोष ने अपने ***बुद्धचरित*** में इन घटनाओं का नाटकीय विवरण दिया है।

गृहत्याग के बाद 6 वर्षों तक उन्होंने मगध की तत्कालीन राजधानी (राजगीर) सहित वर्तमान बिहार के विभिन्न क्षेत्रों में योग-तपस्या, ध्यान-चिन्तन किया। अन्ततः 36 वर्ष की उम्र में वर्तमान बिहार के गया जिले में बोधगया में ''बोधि वृक्ष'' के नीचे ''बुद्धत्व'' प्राप्त करने के बाद उन्हें ''बुद्ध'' कहा गया।

बुद्ध ने अपना पहला धार्मिक प्रवचन सारनाथ (वर्तमान उत्तर प्रदेश) में दिया था। वहाँ से उन्होंने अपने प्रथम शिष्यों को बौद्ध धर्म का प्रचार करने के लिए विभिन्न दिशाओं में भेजा। इस तरह, बौद्ध धर्म एक प्रचारक धर्म है। बौद्ध धर्म और हिन्दू धर्म के बीच यह एक महत्त्वपूर्ण अन्तर है। भारत से बाहर कई देशों में बौद्ध धर्म का काफी प्रचार-प्रसार हुआ है। बुद्ध और जैन धर्म के महावीर समकालीन थे। महावीर बुद्ध से उम्र में बड़े थे। बुद्ध की मृत्यु 483 बी॰ सी॰ में 80 वर्ष की उम्र में कुसीनारा (गोरखपुर, उ॰ प्र॰) में हुई।

धर्मग्रन्थ

जैन धर्म की तरह बौद्ध धर्म भी अवैदिक धर्म है। इसमें ***वेदों*** को और वर्ण-

1. शाक्यों की गण-संस्था के सदस्यों को ''राजा'' कहा जाता था। देखें, राहुल सांकृत्यायन, ***दर्शन दिग्दर्शन***, पृष्ठ 386.
2. राहुल सांकृत्यायन, वही, पृष्ठ 386.

व्यवस्था को मान्यता नहीं दी गयी है। ***वेदों*** की प्रामाणिकता के प्रश्न पर बौद्ध और हिन्दू लेखकों के बीच लम्बा संघर्ष चला है। उदाहरण के तौर पर, ***न्याय-वार्त्तिक-तात्पर्य-टीका*** के लेखक वाचस्पति मिश्र के अनुसार ***ब्राह्मण*** ग्रन्थों का लेखक सर्वज्ञ और सर्वशक्तिमान ईश्वर है, जबकि बौद्ध और जैन ग्रन्थों के लेखक क्रमशः बुद्ध और ऋषभदेव हैं, फिर कोई इनमें कैसे विश्वास रख सकता है?[1] दूसरी ओर, बौद्ध दार्शनिक धर्मकीर्ति ने अपनी ***प्रमाणवार्त्तिक*** में ***वेदों*** की प्रामाणिकता का खण्डन किया है।[2]

बौद्ध धर्म में बुद्ध के वचनों को सर्वोच्च महत्त्व दिया जाता है। बुद्ध के उपदेश मौखिक थे। उनकी मृत्यु के बाद याददाश्त के आधार पर बौद्ध-भिक्षुओं द्वारा बौद्ध धर्म के मूल ग्रन्थों—***त्रिपिटक*** को अन्तिम रूप दिया गया। ***त्रिपिटक*** के अन्तर्गत (i) ***सुत्त पिटक,*** (ii) ***विनय पिटक*** और (iii) ***अभिधम्म पिटक*** आते हैं। ***सुत्त पिटक*** में बुद्ध की शिक्षाएँ और वार्त्तालाप है। ***विनय पिटक*** में बौद्ध संघ और भिक्षुओं के लिए नियम बताए गए हैं। ***अभिधम्म पिटक*** में बौद्ध सिद्धान्तों की दार्शनिक चर्चा की गयी है।

सुत्त पिटक में निम्नलिखित्त पाँच निकाय हैं: (i) ***दीघनिकाय*** (ii) ***मज्झिम निकाय*** (iii) ***संयुक्त निकाय*** (iv) ***अंगुत्तर निकाय*** (v) ***खुद्दक निकाय***।

खुद्दक निकाय में ही ***धम्मपद*** भी शामिल है, जिसका बौद्ध धार्मिक साहित्य में महत्त्वपूर्ण स्थान है। इसके अलावा, ***जातक*** भी ***खुद्दक निकाय*** का ही अंग है।

त्रिपिटक मूलतः पालि में हैं। थेरवादियों (तथाकथित "हीनयान") द्वारा ***त्रिपिटक*** को धर्मग्रन्थ के रूप में स्वीकार किया जाता है, जबकि "महायानी" इन्हें स्वीकार नहीं करते हैं। उन्होंने संस्कृत में अपने अलग धर्मग्रन्थों की रचना की है, जिनमें ***वैपुल्य सूत्र*** और ***प्रज्ञापरिमित सूत्र*** प्रमुख हैं। थेरवाद (doctrine of elders) को बुद्ध के मूल विचारों के अधिक करीब माना जाता है। थेरवाद और महायान के अलावा, बौद्ध धर्म का एक सम्प्रदाय वज्रयान भी है। बीसवीं सदी में डॉ॰ भीमराव अम्बेदकर द्वारा ***बुद्ध और उनका धम्म*** में बौद्ध धर्म की जिस तरह व्याख्या की गयी है उसे भीमयान या नवयान भी कहा जाता है।

बौद्ध धर्म में तर्कबुद्धि और स्वतंत्र चिन्तन को प्रोत्साहित किया गया हैं। ***वेद*** सहित किसी भी धर्मग्रन्थ की प्रामाणिकता को अस्वीकार किया गया है। बौद्ध धर्मग्रन्थों में बुद्ध को अपने शिष्यों को स्वयं अपनी बुद्धि को सन्तुष्ट करने के बाद ही किसी सिद्धान्त को स्वीकार करने के लिए कहते हुए बतलाया गया है। इसी तरह, बुद्ध को अपने शिष्यों को किसी दूसरे के सहारे रहने की बजाय "अपना दीपक स्वयं" बनने का संदेश देते हुए बतलाया गया है।

वर्द्धमान महावीर की तरह बुद्ध ने भी कभी अपने को "ईश्वर-पुत्र" या "ईश्वर

---

1. Satish Chandra Vidyabhushan, *A History of Indian Logic*, p. 141.
2. राहुल सांकृत्यायन, ***बौद्ध दर्शन***, पृष्ठ 163.

का संदेशवाहक'' नहीं कहा। इस तरह, बौद्ध धर्म में, जैन धर्म की तरह, हिन्दू सहित अन्य धर्मों की तुलना में तर्कबुद्धि का तत्त्व अधिक है। लेकिन इसका अर्थ यह नहीं है कि बौद्ध धर्म श्रद्धा और आस्था के तत्त्वों से पूरी तौर से मुक्त है। बौद्ध विहारों में बुद्ध की मूर्तियाँ लगायी जाती हैं, और उसकी पूजा की जाती है। किसी भी व्यक्ति को बौद्ध धर्म में शामिल करते समय ''त्रिरत्न'' को दुहराया जाता है: ''बुद्धम् शरणं गच्छामि, धर्मम् शरणं गच्छामि, संघं शरणं गच्छामि''। बौद्ध विहारों में सभी धार्मिक आयोजनों की शुरूआत भी बौद्ध भिक्षुओं द्वारा इस ''त्रिरत्न'' के साथ ही की जाती है।

महायान में तो **त्रिकाय बुद्ध** की अवधारणा भी पायी जाती है, और बुद्ध को भगवान तक माना जाता है, हालांकि उन्हें ''ईश्वर'' या इस विश्व का सृष्टिकर्ता नहीं समझा जाता है।

इसी तरह, बुद्ध की कुछ शिक्षाओं के बावजूद, बौद्ध धर्म के सभी सम्प्रदायों में बुद्ध को ''सर्वज्ञ'' मानने की प्रवृत्ति पायी जाती है।[1] उदाहरण के तौर पर, ऐसा समझा जाता है कि बुद्ध को अपने ''पिछले जन्मों'' की बातें भी याद थीं।[2] *जातक* में बुद्ध के कई ''पिछले जन्मों'' की कहानियाँ दी गई हैं। संक्षेप में, कहा जा सकता है कि जैन और बौद्ध धर्मों में भी श्रद्धा आस्था, पूजा और अतिप्राकृतिक के तत्त्व हैं, जो इन्हें अन्य धर्मों के समकक्ष रखते हैं, लेकिन इन धर्मों में अन्य धर्मों की तरह तर्कबुद्धि और मानव-पुरुषार्थ को हतोत्साहित नहीं किया जाता है। यह नहीं कहा जाता है कि जो महावीर या बुद्ध के वचनों में विश्वास नहीं करेगा, वह ''नरक की अग्नि'' में जलेगा, या उसका ''सज्जनों द्वारा बहिष्कार'' किया जाना चाहिए, आदि-आदि। इस दृष्टि से ये दोनों धर्म, अन्य धर्मों की तुलना में बुद्धिवाद और मानवतावाद के करीब हैं।

ईश्वर-विचार

बौद्ध धर्म भी जैन धर्म की तरह निरीश्वरवादी धर्म है। कभी-कभी इस आधार पर बौद्ध धर्म के निरीश्वरवादी होने पर संदेह व्यक्त किया जाता है कि बुद्ध ईश्वर के प्रश्न पर मौन थे, और बौद्ध धर्म में बुद्ध को ''भगवान'' मानकर उनकी पूजा की जाती है।

बौद्ध धर्म के चार ''आर्य सत्यों'' में ईश्वर को कोई स्थान नहीं दिया गया है। बुद्ध द्वारा ''ईश्वर'' की अवधारणा का इस्तेमाल किए बिना बन्धन और मुक्ति की व्याख्या की गयी है। अष्टांगिक मार्ग में भी कहीं पर यह नहीं कहा गया है कि ''निर्वाण'' के लिए ईश्वर की उपासना की जाए, या किसी तरह से ईश्वर की कोई सहायता ली जाए। ऐसे में अगर यह मान भी लिया जाए कि बुद्ध ईश्वर के प्रश्न पर मौन थे, तो भी इस आधार पर बौद्ध धर्म को ईश्वरवादी धर्म नहीं कहा जा सकता है।[3] दरअसल,

1. A. K. Warder, *Indian Buddhism*, p. 135.
2. Y. Masih, *A Comparative Study of Religions*, p. 219.
3. राहुल सांकृत्यायन के अनुसार बुद्ध ईश्वर के प्रश्न पर चुप नहीं थे। ईश्वर का प्रश्न बुद्ध के दस ''अकथनीय'' या ''अव्याकृत'' के अन्तर्गत नहीं आता है। देखें, राहुल सांकृत्यायन, *दर्शन दिग्दर्शन*, पृष्ठ 407.

बौद्ध दर्शन क्षणिकवादी दर्शन है। इसके अनुसार विश्व में सब कुछ क्षणिक और परिवर्तनशील है, नित्य और स्थायी कुछ भी नहीं। इसलिए, बौद्ध दर्शन के अन्तर्गत किसी नित्य आत्मा, ईश्वर या ब्रह्म के लिए कोई स्थान नहीं है। बुद्ध को "भगवान बुद्ध" कहना और उनकी पूजा करना, और उन्हें "ईश्वर" मानना दो अलग-अलग बातें हैं।

अश्वघोष के ***बुद्धचरित*** में बुद्ध को ईश्वर के अस्तित्व का खण्डन करते हुए बतलाया गया है।[1] बुद्धघोष के ***बुद्धचरित*** में भी बुद्ध को कई निरीश्वरवादी युक्तियों को प्रस्तुत करते हुए दिखाया गया है।[2] कई बौद्ध विचारकों ने अपनी रचनाओं में ईश्वर के अस्तित्व का खण्डन किया है। पाँचवीं शताब्दी के बौद्ध तर्कशास्त्री-दार्शनिक दिग्नाग ने ***प्रमाण समुच्चय*** में, छठी शताब्दी में धर्मकीर्ति ने ***प्रमाणवार्तिक*** में और सातवीं शताब्दी में शान्तिदेव ने ***बोधिचर्यावतार*** और शान्तिरक्षित ने ***तत्त्वसंग्रह*** में ईश्वरवादी युक्तियों का खण्डन किया है।[3] इसलिए, बौद्ध धर्म के निरीश्वरवादी होने के बारे में विवाद उठाना व्यर्थ है।

जहाँ तक बुद्ध को "भगवान" मानने या बुलाने का प्रश्न है, तो यह सही है कि बौद्ध धर्म के थेरवादी रूप ("हीनयान") के अन्तर्गत भी बुद्ध की पूजा की जाती हैं, लेकिन ऐसा मात्र बुद्ध के प्रति श्रद्धा के कारण किया जाता है। बुद्ध को "भगवान" नहीं माना जाता है। हाँ, "महायान" के अन्तर्गत जरूर बुद्ध को "भगवान" मान लिया गया है, लेकिन "महायान" में भी बुद्ध को "इस विश्व का सृष्टिकर्त्ता" या "ईश्वर" नहीं माना गया है। यहाँ पर "भगवान" और "ईश्वर" शब्द के बीच अन्तर करने की जरूरत है, हालांकि दोनों शब्दों का प्रयोग अक्सर पर्यायवाची के रूप में भी होता है।

महायान में "त्रिकाय बुद्ध" की अवधारणा पायी जाती है। बुद्ध को तीन आकारों में माना गया है : पहला, **रूप-काय** या ऐतिहासिक बुद्ध, दूसरा, **संभोग-काय** या बुद्ध जो स्वर्ग में रहते हैं, और तीसरा, **धर्म-काय** या धर्म के मूर्त्त रूप में बुद्ध।[4] इसके अलावा महायान में "बोधिसत्त्वों" की भी पूजा की जाती है। "बोधिसत्व" उसे कहते हैं, जो "बुद्धत्व" की ओर अग्रसर होने के बावजूद, स्वयं के निर्वाण को स्थगित कर, सारे मानवता के निर्वाण के लिए काम करता है। इन सब के बावजूद, सैद्धान्तिक स्तर पर बौद्ध धर्म एक निरीश्वरवादी धर्म है।

मानव-विचार

बौद्ध धर्म में जैन, हिन्दू और सिक्ख धर्मों की तरह कर्म-संसार-ज्ञान-मुक्ति की चतुष्पदी को स्वीकार किया गया है, लेकिन इसकी व्याख्या अन्य धर्मों से अलग ढंग से की गयी है। बौद्ध धर्म निरीश्वरवादी होने के साथ अनात्मवादी भी है। इसलिए, इसमें "बन्धन" और "मुक्ति" की व्याख्या के लिए "आत्मा" की भी कोई सहायता नहीं ली गयी है। यह बौद्ध धर्म और जैन धर्म के बीच एक महत्त्वपूर्ण अन्तर है।

1. अश्वघोष, ***बुद्धचरित***, पृष्ठ 219-220.
2. या॰ मसीह, ***निरीश्वरवाद : भारतीय एवं पाश्चात्य***, पृष्ठ 96.
3. रमेन्द्र, "परम्परागत भारतीय दर्शन में ईश्वर-विचार", ***क्या ईश्वर मर चुका है?*** पृष्ठ 49.
4. Y. Masih, *A Comparative Study of Religions*, p. 220.

हिन्दू धर्म और बौद्ध धर्म में एक महत्त्वपूर्ण अन्तर यह है कि **बौद्ध धर्म में वर्ण-व्यवस्था को पूरी तौर से अस्वीकार किया गया है।** बौद्ध धर्म के मूल ग्रन्थों-***त्रिपिटकों*** में से एक ***सुत्त पिटक*** के ***दीघ-निकाय*** और ***मज्झिम-निकाय*** में कई स्थानों पर बुद्ध को वर्ण-व्यवस्था और ब्राह्मणवाद की आलोचना करते हुए बतलाया गया है। बुद्ध ने इस बात को स्वीकार नहीं किया है कि ब्राह्मणों का जन्म ब्रह्मा के मुँह से हुआ है, और एकमात्र उन्हें ही शिक्षा देने और समाज का मार्गदर्शन करने का अधिकार है। बुद्ध के अनुसार समाज में व्यक्ति का स्थान जन्म और जाति के आधार पर नहीं निर्धारित करना चाहिए, बल्कि कानूनी दृष्टि से सभी व्यक्तियों को समान मानना चाहिए, चाहे उनका जन्म जिस भी जाति या वर्ण में हुआ हो।[1] बौद्ध संघों में किसी भी जाति में जन्मा पुरुष और महिलाएँ प्रवेश पा सकती हैं। हिन्दू धर्म की तरह बौद्ध धर्म में पढ़ने-पढ़ाने और पुरोहिताई का काम सिर्फ ब्राह्मण पुरुषों के लिए पूर्णतः आरक्षित नहीं है।

बन्धन और मुक्ति से सम्बन्धित बौद्ध धर्म के विचारों को चार ''आर्य सत्यों'' के माध्यम से व्यक्त किया गया है—

(i) संसार में जीवन दुःख से भरा हुआ है।
(ii) दुःख का कारण है।
(iii) दुःख को समाप्त करना सम्भव है।
(iv) दुःख को समाप्त करने का उपाय है।

बौद्ध धर्म में निर्वाण प्राप्त करने के लिए **अष्टांगिक मार्ग** की वकालत की गयी है—

(i) सम्यक् दृष्टि, (ii) सम्यक् संकल्प,
(iii) सम्यक् वाक्, (iv) सम्यक् कर्मान्त,
(v) सम्यक् आजीव, (vi) सम्यक् व्यायाम,
(vii) सम्यक् स्मृति और (viii) सम्यक् समाधि।

अष्टांगिक मार्ग की इन आठ सीढ़ियों में से प्रथम दो को **प्रज्ञा**, इसके बाद की तीन सीढ़ियों को **शील** और अन्तिम तीन को **समाधि** के अन्तर्गत रखा गया है। (बन्धन और मुक्ति से सम्बन्धित बौद्ध मत की विस्तृत चर्चा ''मोक्ष प्राप्ति के पथ'' के अन्तर्गत की गयी है।)

मोटे तौर पर, जैन धर्म के पंचमहाव्रत—सत्य, अहिंसा, अस्तेय, ब्रह्मचर्य और अपरिग्रह—को बौद्ध धर्म में भी स्वीकार किया गया है, लेकिन इसमें जैन धर्म की तुलना में अहिंसा और तपश्चर्या पर कम बल दिया गया है। बौद्ध धर्म में मांसाहार पर रोक नहीं है। बौद्ध धर्म के मुक्ति मार्ग को ''मध्यम मार्ग'' कहा गया है, क्योंकि इसमें शरीर को यातना देने, और अतिशय शारीरिक सुख की दो अतियों से बचने को कहा गया है।

---

1. Y. Masih, *The Hindu Religious Thought*, pp. 336-37.

जगत-विचार

हम पहले ही चर्चा कर चुके हैं कि बौद्ध धर्म में ईश्वर के विचार को स्वीकार नहीं किया गया है। इसलिए, इस जगत को किसी ईश्वर की सृष्टि मानने का प्रश्न ही नहीं उठता है। बौद्ध धर्म, दर्शन में मीमांसा या जैन की तरह जगत को नित्य भी नहीं माना गया है। बौद्ध दर्शन के अनुसार जगत में स्थायी और नित्य कुछ भी नहीं। सब कुछ क्षणिक और परिवर्तनशील है।[1]

राहुल सांकृत्यायन के अनुसार, ''अनित्य, दुःख, अनात्म'' इस एक सूत्र में बुद्ध का सारा दर्शन आ जाता है। बुद्ध के अनुसार, संसार में जीवन दुःख से भरा हुआ है, इसकी चर्चा हम पहले ही कर चुके हैं। इसी तरह, बुद्ध के अनात्मवाद की चर्चा भी हम पहले कर चुके हैं। जगत की अनित्यता से सम्बन्धित बौद्ध सिद्धान्तों को ''क्षणिकवाद'' और ''प्रतीत्य-समुत्पाद'' कहा जाता है।

क्षणिकवाद

बुद्ध का दर्शन क्षणिकवादी है। वे किसी भी वस्तु को एक क्षण से अधिक ठहरने वाला नहीं मानते थे। इस जगत में नित्य और स्थायी कुछ भी नहीं। यह जगत क्षण-क्षण परिवर्तनशील है। बुद्ध के दर्शन में अनित्यता एक ऐसा नियम है, जिसका कोई अपवाद नहीं है। बुद्ध के अनुसार, ऐसा नहीं है कि कोई एक स्थायी मौलिक तत्त्व है, जो निरन्तर परिवर्तनशील है। बल्कि, क्षणिकवाद का अर्थ है ''एक का बिल्कुल नाश और दूसरे का बिल्कुल नया उत्पाद''। दूसरे शब्दों में, ''दूसरा ही उत्पन्न होता है, दूसरा ही नष्ट होता है''।[2]

प्रतीत्य-समुत्पाद

एक के विनाश के बाद दूसरे की उत्पत्ति, इसी नियम को बुद्ध ने ''प्रतीत्य-समुत्पाद'' का नाम दिया। बुद्ध कार्य-कारण को निरन्तर या अविच्छिन्न नहीं मानते थे, तो भी वे यह मानते थे कि ''इसके होने पर यह होता है''। ''प्रत्यय से उत्पाद'' का अर्थ है ''बीतने से उत्पाद''—यानी, ''एक के बीत जाने, या नष्ट हो जाने पर दूसरे की उत्पत्ति''। बुद्ध का ''प्रत्यय'' ऐसा कारण है, ''जो किसी वस्तु या घटना के उत्पन्न होने से पहले क्षण सदा लुप्त होते देखा जाता है''। प्रतीत्य-समुत्पाद के कार्य-कारण नियम को अविच्छिन्न नहीं, बल्कि ''विच्छिन्न'' प्रवाह बतलाया गया है। प्रतीत्य-समुत्पाद को बुद्ध के सारे दर्शन का आधार, और उनके दर्शन को समझने की कुंजी कहा गया है। स्वयं बुद्ध के अनुसार, ''जो प्रतीत्य-समुत्पाद को देखता है, वह धर्म को देखता है, जो धर्म को देखता हे, वह प्रतीत्य-समुत्पाद को देखता है''।[3]

बुद्ध के द्वितीय ''आर्य सत्य'' के अनुसार, दुःख का कारण है। जन्म लेना ही दुःख है। जीवन रोग, बुढ़ापा और मृत्यु से ग्रस्त होकर दुःखपूर्ण बना रहता है। इसे ही

---

1. Y. Masih, *A Comparative Study of Religions*, p. 220.
2. राहुल सांकृत्यायन, वही, पृष्ठ 394-396.
3. राहुल सांकृत्यायन, वही, पृष्ठ 396-397.

''जरामरण'' कहा गया है। बौद्ध धर्म में दुःख के **कारणों** की बारह कड़ियाँ बतायी गयी हैं। संक्षेप में, ''जरामरण'' का कारण है **जन्म**, जन्म का कारण **भव** (जन्म लेने की प्रवृत्ति), भव का कारण **तृष्णा** और इन सब के मूल में **अविद्या** है। अविद्या के कारण क्षणिक सुख की कामना की जाती है। दुःख के कारण को हटा देने पर दुःख भी दूर हो जाएगा। दूसरे शब्दों में, अविद्या को हटा कर ''निर्वाण'' की दुःखविहीन स्थिति को प्राप्त किया जा सकता है।

अन्तिम गति

बौद्ध धर्म में ''पुनरुत्थान'' और ''कयामत के दिन'' की अवधारणा नहीं पायी जाती है। बौद्ध धर्म क्षणिकवादी और अनात्मवादी है। इसके अन्तर्गत ''आत्मा'' को नित्य और शाश्वत नहीं माना गया है। इसलिए, बौद्ध धर्म में मनुष्य के अन्तिम गति की व्याख्या जैन धर्म से कुछ अलग है। बौद्ध धर्म में आत्मा के अस्तित्व को नकारने के बावजूद मृत्यु के बाद जीवन और पुनर्जन्म को स्वीकार किया गया है। बौद्ध धर्म के अनुसार जिस तरह एक दीप दूसरे दीप को जला देता है, उसी तरह एक जीवन से दूसरा जीवन चलता रहता है। ''निर्वाण'' प्राप्त करने के बाद पुनर्जन्म नहीं होता है। ''निर्वाण'' का अर्थ हुआ ''बुझा हुआ'' (दीप)। ''निर्वाण'' की स्थिति में क्या होता है, इस पर बुद्ध मौन थे, सिवाय इसके कि इस स्थिति में सभी दुःखों का अन्त हो जाता है। ''निर्वाण'' की व्याख्या को लेकर थेरवाद (''हीनयान'') और ''महायान'' के बीच अन्तर है। मोटे तौर पर, ''निर्वाण'' एक इच्छाविहीन शान्त स्थिति है।

हिन्दू धर्म और बौद्ध धर्म

समानता

1. दोनों धर्म कर्म-संसार-ज्ञान-मुक्ति की चतुष्पदी को स्वीकार करते हैं। यह सम्भवतः जैन और बौद्ध धर्म का हिन्दू धर्म पर प्रभाव है।
2. बौद्ध धर्म पर सांख्य-योग का प्रभाव है। आगे चलकर सांख्य-योग को हिन्दू धर्म में शामिल कर लिया गया है।
3. बौद्ध धर्म के पंचमहाव्रत -अहिंसा, सत्य, अस्तेय, ब्रह्मचर्य और अपरिग्रह—को काफी हद तक हिन्दू धर्म में भी मान्यता दी गयी है। दरअसल, ये पाँचों योग के अष्टांगिक मार्ग के ''यम'' के तहत आते हैं।

भेद

1. हिन्दू धर्म में ***वेदों*** को प्रामाणिक माना जाता है, जबकि बौद्ध धर्म में ***वेदों*** की प्रामाणिकता को अस्वीकार किया जाता है। बौद्ध धर्म में बुद्ध के वचनों को सर्वोच्च महत्त्व दिया जाता है।
2. हिन्दू धर्म में वर्ण-व्यवस्था को केन्द्रीय स्थान दिया गया है, जबकि बौद्ध धर्म में इसे पूरी तरह अस्वीकार किया गया है।

3. हिन्दू धर्म में ईश्वर का विचार भी मिलता है, जबकि बौद्ध धर्म में ईश्वर का विचार नहीं मिलता है।
4. हिन्दू धर्म में आत्मा के अस्तित्व को स्वीकार किया गया है, जबकि बौद्ध धर्म में आत्मा के अस्तित्व को अस्वीकार किया गया है।
5. हिन्दू धर्म में "बन्धन" और "मुक्ति" की व्याख्या के लिए ईश्वर और/या आत्मा की सहायता ली गयी है, जबकि बौद्ध धर्म में "बन्धन" और "निर्वाण" की व्याख्या ईश्वर और आत्मा की अवधारणा के बिना की गयी है।
6. हिन्दू धर्म में अभी भी कुछ हद तक पशु बलि का प्रचलन है, जबकि बौद्ध धर्म पशु बलि के पूरी तरह विरुद्ध है।
7. बौद्ध भिक्षु-भिक्षुणी ब्रह्मचर्य और अपरिग्रह का पालन करते हैं, जबकि हिन्दू ब्राह्मण पुरोहित गार्हस्थ होते हैं।

जैन धर्म और बौद्ध धर्म

समानता

1. दोनों धर्म अवैदिक हैं, और दोनों में ***वेदों*** की प्रामाणिकता को अस्वीकार किया गया है।
2. दोनों धर्मों पर सांख्य-योग का प्रभाव है।
3. दोनों धर्मों में अन्य धर्मों की तुलना में तर्कबुद्धि को स्थान दिया गया है।
4. दोनों धर्म निरीश्वरवादी हैं।
5. दोनों धर्मों में वर्ण-व्यवस्था को अस्वीकार किया गया है।
6. दोनों में, मोटे तौर पर, कर्म-बन्धन-ज्ञान-मुक्ति की चतुष्पदी को स्वीकार किया गया है।
7. दोनों ही धर्मों में नैतिक आचरण पर विशेष बल दिया गया है और पंचमहाव्रत को स्वीकार किया गया है।
8. दोनों ही धर्मों में मुक्ति-प्राप्ति के लिए योग, ध्यान और समाधि के साधन को स्वीकार किया गया है।

भेद

1. जैन धर्म में महावीर सहित 24 तीर्थंकरों के विचारों को सर्वोच्च महत्त्व दिया जाता है, जबकि बौद्ध धर्म में बुद्ध के विचारों को।
2. दोनों धर्मों के बीच ज्ञान मीमांसा और तत्त्व मीमांसा सम्बन्धित विचारों के बीच अन्तर है।
3. व्यावहारिक धार्मिक दृष्टि से बौद्ध धर्म अनात्मवादी है, जबकि जैन धर्म में "आत्मा" को केन्द्रीय स्थान प्राप्त है। दोनों धर्म, मोटे तौर पर, कर्म-संसार-ज्ञान-मुक्ति की चतुष्पदी को स्वीकार करते हैं, लेकिन इस महत्त्वपूर्ण भेद के कारण दोनों की बन्धन और "मुक्ति" की व्याख्या अलग-अलग हो जाती है।

एक ओर यहूदी धर्म और दूसरी ओर इस्लाम से अलग करता है। ***बाइबिल*** में जिसस को ''मसीहा'' और ''ईश्वर-पुत्र'' कहा गया है। उन्हें ''मनुष्य का पुत्र'' भी कहा गया है।

बाइबिल नए विधान में जिसस को एक ''चमत्कारी'' व्यक्तित्व के रूप में दिखाया गया है। वे बीमारी का इलाज कर सकते थे। उनके छूने से कोढ़ी का कोढ़ गायब हो जाता था। अन्धा देखने लगता था और बहरा सुनने लगता था, यहाँ तक कि मृत व्यक्ति फिर से जीवित हो उठता था। वे पानी पर चल सकते थे। उनके छूने से पानी शराब बन जाती थी। उन्होंने रोटी के पाँच टुकड़ों और दो मछलियों से पाँच हजार से भी अधिक लोगों को खाना खिला दिया!

ईसाई धर्म में ईसा की क्रूसीय-मौत को स्वीकार किया गया है। यह ईसाई धर्म की एक बुनियादी मान्यता है। ईसाई धर्म के अनुसार इस ''तथ्य'' से इनकार करना कि जिसस को सूली पर चढ़ाया गया था, ईसाई धर्म को नकारने के बराबर है। संत पॉल ने बार-बार यह कहा है कि ईसा मसीह और उनकी क्रूसीय-मौत (crucification) में उद्धार के मार्ग के रूप में **विश्वास** करने पर ही पापों का नाश हो सकता है, और ''मुक्ति'' (salvation) मिल सकती है। ईसाई धर्म में जिसस की क्रूसीय-मृत्यु को मानव जाति के पापों के प्रायश्चित के रूप में जिसस का आत्मबलिदान समझा जाता है। ऐसा माना जाता है कि जिसस ने मानवता को पापों से मुक्ति दिलाने के लिए क्रूसीय-मौत को स्वीकार किया।[1]

बाइबिल के अनुसार जिसस सूली पर चढ़ाए जाने के तीसरे दिन फिर से जीवित हो उठे थे, और सशरीर स्वर्ग चले गए थे। संत पॉल की राय में ईसा का ''फिर से जीविस हो उठना'' इस बात का प्रमाण है कि ''कयामत के दिन'' सभी मनुष्य फिर से जी उठेंगे। इस तरह, ईसाई धर्म पूरी तौर से ईसा-मसीह के इर्द-गिर्द केन्द्रित है।[2]

धर्मग्रन्थ

ईसाई धर्म में ***बाइबिल*** को श्रुत (revealed) ग्रन्थ माना गया है। ईसाइयों में एक मत यह भी है कि ***बाइबिल*** की मूल प्रति स्वर्ग में सुरक्षित है। ***बाइबिल*** में दो प्रकार की पुस्तकें हैं: पुराना विधान (Old Testament) या हीब्रू ***बाइबिल*** और नया विधान (New Testament), जो कि मूलतः ग्रीक भाषा में है। ईसाई धर्म में ***बाइबिल*** के दोनों विधानों को स्वीकार किया जाता है, लेकिन नए विधान को, जिसमें जिसस की जीवन की घटनाओं का वर्णन और शिक्षाएँ हैं, अधिक महत्त्व दिया जाता है। दूसरी ओर, यहूदी धर्म में पुराने विधान को स्वीकार किया जाता है, लेकिन नए विधान को अस्वीकार किया जाता है। ''बाइबिल'' का अर्थ है ''किताबों का संग्रह''। पुराने विधान में 39 किताबें हैं जबकि नए विधान में 27, जिनमें से चार को सुसमाचार (Gospel) कहा जाता है। इन चार सुसमाचारों को मैथ्यु, मार्क, ल्युक और जॉन द्वारा लिखा गया

1. Y. Masih, Op. Cit., p. 99.
2. Ibid., pp. 103-4.

माना जाता है। इनमें ही जिसस के जीवन, शिक्षाओं, मृत्यु और पुनरुत्थान का वर्णन है।[1]

संत जॉन के गॉस्पल के अनुसार, जिसस अपने शिष्यों के सामने कई "चमत्कार" किया करते थे, जिससे साबित होता है कि वे मसीहा और "ईश्वर-पुत्र" थे (जॉन 20.30-31)।

ईसाई धर्म मिशनरी धर्म है। मैथ्यु के अनुसार, जिसस के अन्तिम शब्द थे:

"जाओ, हर जगह, हर लोगों के बीच और उन्हें मेरा शिष्य बनाओ।" (मैथ्यु 28.19)।

ईश्वर-विचार

यहूदी धर्म की तरह ईसाई धर्म भी एकेश्वरवादी धर्म है। ईश्वर इस विश्व का सृष्टिकर्ता और शासनकर्ता है। उसने ही शून्य से विश्व और मनुष्य की सृष्टि की है। वह सर्वज्ञ, सर्वशक्तिमान और दयालु है। ईसाई धर्म में ईश्वर को व्यक्तित्ववान माना गया है, लेकिन साधारण सशरीरी अर्थ में नहीं। ईसाई धर्म के अनुसार ईश्वर पशुबलि को पसन्द नहीं करता है। वह प्रार्थनाओं को सुनता है और उसका उत्तर देता है। वह मनुष्य से नैतिक आचरण की अपेक्षा रखता है। यहूदी धर्म की तरह ईसाई धर्म में भी फरिश्तों और शैतान की अवधारणा को स्वीकार किया गया है।

ईसाई धर्म में यहूदी धर्म की तुलना में ईश्वर को करुणामय परमपिता कहा गया है। ईश्वर न्याय करने वाला अवश्य है, पर वह विशेष तौर से "प्रेम" है। ईश्वर नहीं चाहता है कि पापी अपने पाप में पड़ा रहे। ईश्वर के प्रेम का सबसे बड़ा उदाहरण यही है कि ईश्वर ने अपने "प्रिय पुत्र" को जगत में भेजा, ताकि उसके बलिदान द्वारा सभी अपने पापों से उद्धार पा सके।

ईसाई धर्म में "त्र्येक परमेश्वर" (Trinity) का विचार भी पाया जाता है। इस विचार के अनुसार पिता, पुत्र और पवित्रात्मा (Holy Spirit) को एक माना जाता है। सबसे पहले, ईश्वर अनुभवातीत सृष्टिकर्ता है, जैसा कि यहूदी धर्म में बतलाया गया है। दूसरे, वह जिसस क्राइस्ट या ईसा मसीह के रूप में इस पृथ्वी पर आया। तीसरे, वह ईश्वर या ईसा मसीह की आत्मा के रूप में हर समय व्यक्तियों और ईसाई समुदाय को प्रेरणा देता है।[2]

इस तरह, ईसाई धर्म में जिसस को ईश्वर का अवतार या ईश्वर ही मान लिया गया है। ***बाइबिल*** में जॉन द्वारा लिखे गए गॉस्पल में जिसस को यह बोलते दिखलाया गया है कि "मैं और मेरे पिता एक हैं" (जॉन 10-30)। इसी तरह, "जिसने मुझे देख लिया उसने पिता को देख लिया" (जॉन 14.9)। इस तरह, ***बाइबिल*** में "ईश्वर" को जिसस द्वारा लगातार "पिता" के रूप में सम्बोधित किया गया है।

---

1. *Good News for Modern Man : The New Testament in Today's English Version.*
2. John Hick, "Christianity" in *The Encylopedia of Philosophy,* vol 2, p. 107.

मानव-विचार

ईसाई धर्म में भी ***बाइबिल*** पुराने विधान के उत्पत्ति-ग्रन्थ (Genesis) को स्वीकार किया जाता है। ईश्वर ने अपनी ही छवि में मनुष्य की रचना की है। ईसाई धर्मशास्त्रियों के अनुसार ईश्वर ने सारे विश्व की रचना करने के बाद अपनी छवि में मानव की रचना इसलिए की ताकि वह विश्व में ''स्वर्गीय राज्य'' की स्थापना करे। ईश्वर ने जमीन की धूल से आदम की रचना कर उसके नाक में साँस फूँक दी। इसके बाद उसने आदम की पसली से आदम के लिए हौवा की रचना की। मानव ईश्वर की सर्वोच्च और सर्वोत्तम रचना है। ईश्वर सर्वशक्तिमान है, लेकिन उसने अपनी शक्ति को सीमित कर मनुष्य को संकल्प-स्वातंत्र्य दिया है। उसने आदम और हौवा (प्रथम पुरुष और स्त्री) को अच्छाई और बुराई के ज्ञान का फल खाने को मना किया था। उनसे कहा गया था कि अगर वे उस फल को खाएँगे तो अवश्य ही मर जाएँगे। लेकिन आदम ने हौवा के कहने पर उस फल को खा लिया, इसलिए ईश्वर ने उन्हें अदन के बागीचे से निर्वासित कर पृथ्वी पर भेज दिया। ईसाई धर्म के अनुसार मानव के सभी कष्ट इस ''मूल पाप'' (original sin) के कारण ही है। प्रेममय और दयावान होने के नाते बाद में ईश्वर ने अपने ''प्रिय पुत्र'' को पृथ्वी पर भेज दिया, ताकि उसके बलिदान द्वारा सभी अपने पापों से मुक्ति पाएँ। ईसा ने अपनी बलि देकर स्वर्ग के द्वार सबके लिए खोल दिए। यह विश्वास करके कि ईसा ने मानव को पापों से मुक्ति दिलाने के लिए क्रूसीय-मौत को स्वीकार किया, मानव ''मुक्ति'' (salvation) प्राप्त कर सकता है।

बाइबिल के अनुसार, जिसस ने अपनी शिक्षा की शुरूआत यह कहते हुए की थी—

''अपने पापों से दूर हटो! स्वर्ग का राज्य अब निकट है!'' (मैथ्यु 4.17)

अपने पर्वत-प्रवचन (The Sermon on the Mount) में जिसस को यह कहते हुए बतलाया गया हैः

''ऐसा मत समझो कि मैं मूसा के नियमों और पैगम्बरों की शिक्षाओं को मिटाने के लिए आया हूँ,

मैं उन्हें मिटाने के लिए नहीं बल्कि उन्हें वास्तविक अर्थ देने के लिए आया हूँ'' (मैथ्यु 5.17)।

मूसा के दस आदेशों में से एक यह है कि ''तुम हत्या नहीं करोगे''। इस पर जिसस कहते हैंः

''लेकिन अब मैं तुम्हें कहता हूँः जो कोई भी अपने भाई पर क्रोधित होता है उसे भी न्यायाधीश के सामने लाया जाएगा'' (मैथ्यु 5.22)।

इसी तरह, मूसा का एक आदेश है, ''तुम परगमन नहीं करोगे''। इस पर जिसस कहते हैंः

''लेकिन अब मैं तुमसे कहता हूँः जो कोई भी किसी औरत की ओर देखता है और उसे हासिल करना चाहता है वह उसके साथ दिल में परगमन करने का दोषी है'' (मैथ्यु 5.28)।

तलाक के बारे में अपने विचार देते हुए जिसस कहते हैं—

"यह भी कहा गया था, 'जो कोई अपनी पत्नी को तलाक देता है, वह उसे अवश्य तलाक की लिखित सूचना देगा।' लेकिन अब मैं कहता हूँ: अगर कोई पुरुष अपनी पत्नी को तलाक देता है, और वह उसके प्रति गैरवफादार नहीं रही है, तो अगर वह दूसरी शादी करती है, तो वह पुरुष उससे परगमन कराने का दोषी है; और जो पुरुष दुबारा विवाह करता है, वह भी परगमन का दोषी है" (मैथ्यु 5.31)।

प्रतिशोध के बारे में बोलते हुए जिसस कहते हैं—

"तुमने सुना होगा कि कहा गया है 'एक आँख के लिए एक आँख और एक दाँत के लिए एक दाँत'। लेकिन अब मैं तुमसे कहता हूँ: जो कोई तुमसे गलत व्यवहार करता है, उससे तुम बदला मत लो। अगर कोई तुम्हारे दाहिने गाल पर तमाचा मारता है, तो तुम उसे अपने बायें गाल पर भी तमाचा मारने दो" (मैथ्यु 5.38-39)।

अपने दुश्मनों से प्रेम करने की शिक्षा देते हुए जिसस कहते हैं—

"तुमने सुना होगा कि कहा गया है 'अपने दोस्तों से प्यार करो, और अपने दुश्मनों से नफरत'। लेकिन अब मैं तुमसे कहता हूँ: अपने दुश्मनों से प्रेम करो, और जो तुमसे बुरा व्यवहार करते हैं उनके लिए प्रार्थना करो" (मैथ्यु 5.43)।

जिसस के अनुसार, "दूसरों से वैसा ही व्यवहार करो जैसा कि तुम चाहते हो कि वे तुम्हारे साथ करें: मूसा के नियमों और पैगम्बरों की शिक्षा का अर्थ यही है" (मैथ्यु 7.12)।

बाइबिल के ही अनुसार एक बार फरीसियों (यहूदियों का एक सम्प्रदाय) ने जिसस से पूछा कि आदेशों में सबसे महान आदेश कौन-सा है। इस पर जिसस ने कहा—'तुम ईश्वर से अपने सम्पूर्ण हृदय, सम्पूर्ण आत्मा और सम्पूर्ण मन से प्रेम करोगे' यह सबसे महान और सबसे महत्त्वपूर्ण आदेश है" (मैथ्यु 22.37-38)।

"दूसरा सबसे महत्त्वपूर्ण आदेश इस प्रकार है: 'तुम अपने पड़ोसी से भी उतना ही प्रेम करोगे जितना अपने से'। मूसा के सारे कानून और पैगम्बरों की शिक्षाएँ इन्हीं दो आदेशों पर निर्भर हैं" (मैथ्यु 57.39-40)।

ईसाई धर्म में क्षमाशीलता पर बहुत बल दिया गया है। ***बाइबिल*** के अनुसार, एक बार फरीसियों द्वारा परगमन करते हुए पकड़ी गयी एक औरत को जिसस के सामने लाया गया। मूसा के नियमों के आदेश के अनुसार, ऐसी औरत को पत्थर मार-मार कर मार डालना चाहिए। जिसस से पूछा गया कि उसके साथ क्या किया जाए। जिसस ने कहा, "तुम में से जिसने कोई पाप नहीं किया हो, वह उस पर पहला पत्थर फेंके। यह सुनने के बाद वे एक-एक कर वहाँ से चले गए। जिसस और वह औरत अकेले रह गए। जिसस ने पूछा, "औरत, वे सब कहाँ गए? क्या तुम्हें सजा देने के लिए कोई भी नहीं बचा।" उसने कहा, "कोई भी नहीं महोदय"। तब जिसस ने कहा, "तब ठीक है, मैं भी तुम्हें सजा नहीं देता हूँ। तुम जा सकती हो, लेकिन दुबारा पाप मत करना" (जॉन 8.1-11)।

बाइबिल के ही अनुसार, जब जिसस को सूली पर चढ़ाया गया, तो जिसस ने कील ठोकने वालों को लक्ष्य कर कहा, "पिता! इन्हें क्षमा करना। इन्हें मालूम नहीं कि ये क्या कर रहे हैं" (ल्युक 23.34)।

जगत-विचार

यहूदी धर्म और ईसाई धर्म के जगत के उत्पत्ति सम्बन्धी विचार एक-जैसे हैं। जगत की सृष्टि ईश्वर द्वारा शून्य से की गयी है। जगत ईश्वर पर निर्भर है लेकिन जगत वास्तविक है। ***बाइबिल*** पुराने विधान के अनुसार ईश्वर ने सबसे पहले दिन आकाश और रोशनी की रचना की। ईश्वर ने कहा "रोशनी हो" और रोशनी हो गयी। इसके अलावा, उसने जल, थल, सूरज, चाँद, मछली, पक्षी, पेड़ और अन्य जीव-जन्तुओं की रचना की। इसके बाद सबसे अन्त में उसने मानव की रचना की। इस जगत को बनाने में ईश्वर को छः दिन लगे। सातवें दिन ईश्वर ने आराम किया। इस तरह, इस विश्व की सारी चीजें ईश्वर द्वारा बनायी गयी हैं और ईश्वर के नियन्त्रण में हैं। सृष्टि करने के बाद ईश्वर अपनी सृष्टि को देखकर खुश हुआ। लेकिन धीरे-धीरे इस सृष्टि में पाप फैल गया और ईश्वर उसे सहन नहीं कर सका। एक बार ईश्वर ने नूह (Noah) के परिवार और उसके साथ के जानवरों को छोड़ कर, सारे प्राणियों को बाढ़ से नष्ट कर दिया।

जिसस के अनुसार, इस धरती पर धन के संग्रह से कोई लाभ नहीं, क्योंकि उसका विनाश हो जाएगा। इसकी बजाए स्वर्ग में धन-संग्रह करना बेहतर है, क्योंकि वह नष्ट नहीं होगा और कोई भी चोर उसे चुरा नहीं पाएगा (मैथ्यु 6.19-20)। जिसस के अनुसार, कोई भी व्यक्ति एक साथ दो मालिकों — ईश्वर और धन — की सेवा नहीं कर सकता। अगर वह एक से प्रेम करेगा, तो दूसरे से नफरत (मैथ्यु 6.24)। इसलिए, जिसस ने कहा कि तुम अपने खाने, पीने और कपड़े की चिन्ता मत करो, जीवन और शरीर भोजन और कपड़े से अधिक मूल्यवान हैं। पक्षी न तो बीज बोते हैं, न तो फसल काटते हैं, फिर भी पिता (ईश्वर) उनकी देखभाल करता है। इसी तरह, ईश्वर जंगली फूलों और घासों को भी कपड़े देता है, तो क्या वह इन्सान के बारे में नहीं सोचेगा। इन्सान को अपने खाने, पीने और कपड़े की चिन्ता छोड़कर पहले ध्यान स्वर्ग के राज्य की ओर देना चाहिए। ईश्वर खाने, पीने और कपड़े की व्यवस्था कर देगा (मैथ्यु 6.25-34)।

अन्तिम गति

ईसाई धर्म में "पुनरुत्थान" (resurrection) "न्याय-दिवस" या "कयामत का दिन" (day of judgment) और स्वर्ग-नरक में विश्वास पाया जाता है। ईसाई धर्म के अनुसार "कयामत के दिन" सभी मृत व्यक्ति फिर से जी उठेंगे, और उन्हें स्वर्ग या नरक में भेज दिया जाएगा। ईसा मसीह में विश्वास रखने वालों को स्वर्ग में भेजा जाएगा और बाकी को नरक में। वे हमेशा के लिए नरक की अग्नि में जलेंगे। ***बाइबिल*** के अपने पर्वत-प्रवचन में जिसस को यह कहते हुए बताया गया है कि कयामत के दिन

सिर्फ वे ही लोग स्वर्ग में जाएँगे जो ईश्वर की इच्छा के अनुसार आचरण करेंगे। "बुराई" के रास्ते पर चलने वालों की रक्षा जिसस द्वारा नहीं की जाएगी (मैथ्यु 7.21-23)।

ईसाई धर्म में यह मान्यता पायी जाती है कि स्वयं जिसस अपनी मृत्यु के तीसरे दिन फिर से जीवित हो उठे थे। संत पॉल की राय में ईसा का "फिर से जीवित हो उठना" इस बात का प्रमाण है कि "कयामत के दिन" सभी मनुष्य फिर से जी उठेंगे। यहूदियों के एक सम्प्रदाय सदूसियों के अनुसार मृत्यु के बाद फिर से जीवन नहीं होता है। ***बाइबिल*** के एक प्रकरण में जब कुछ सदूसी जिसस के पास जाकर मृत्यु के बाद जीवन के बारे में सन्देह व्यक्त करते हैं, तो जिसस मृत्यु के बाद जीवन या पुनरुत्थान का समर्थन करते हैं (मैथ्यु 22.28-30)।

यहूदी धर्म और ईसाई धर्म

समानता

1. दोनों पैगम्बरी धर्म हैं।
2. दोनों सिमिटिक धर्म हैं।
3. दोनों इब्राहीम और मुसा, आदि यहूदी पैगम्बरों को स्वीकार करते हैं।
4. दोनों अपने धर्म-ग्रन्थों को श्रुत मानते हैं।
5. दोनों एकेश्वरवादी धर्म हैं।
6. दोनों में फरिश्तों और शैतान की सत्ता को स्वीकार किया गया है।
7. दोनों के अनुसार ईश्वर ने मानव को संकल्प की स्वतंत्रता दी है।
8. दोनों में मृत्यु के बाद जीवन, न्याय-दिवस और स्वर्ग और नरक में विश्वास पाया जाता है।

भेद

1. यहूदी धर्म में इब्राहीम और मूसा को पैगम्बर के रूप में मान्यता दी जाती है, लेकिन जिसस को पैगम्बर, मसीह या ईश्वर-पुत्र के रूप में स्वीकार नहीं किया जाता है। दूसरी ओर, ईसाई धर्म में भी इब्राहीम और मूसा को पैगम्बर के रूप में मान्यता दी जाती है, लेकिन जिसस को मसीह और ईश्वर-पुत्र मानते हुए अधिक महत्त्व दिया जाता है। ईसाई धर्म पूरी तरह ईसा मसीह के इर्द-गिर्द केन्द्रित है।
2. यहूदी धर्म में ***बाइबिल*** पुराने विधान के ***तौरेत*** को श्रुत धर्म-ग्रन्थ माना जाता है। ***बाइबिल*** नए विधान को श्रुत धर्म-ग्रन्थ के रूप में स्वीकार नहीं किया जाता है, जबकि ईसाई धर्म में ***बाइबिल*** के पुराने और नए दोनों विधानों को श्रुत धर्म-ग्रन्थ माना जाता है, लेकिन नए विधान को जिसमें जिसस के जीवन और शिक्षाओं का वर्णन है अधिक महत्त्व दिया जाता है।

3. यहूदी ईश्वर मुख्य रूप से न्यायी है और गौण रूप से दयालु, जबकि ईसाई ईश्वर मुख्य रूप से दयालु और क्षमाशील है और गौण रूप से न्यायी।
4. यहूदी धर्म में ईसाई धर्म के त्र्येक परमेश्वर के सिद्धान्त को स्वीकार नहीं किया जाता है। यहूदी धर्म के अनुसार जिसस को ईश्वर-पुत्र मानना ''ईश्वर-निन्दा'' (blasphemy) के बराबर है।
5. यहूदी धर्म मूर्त्तिपूजा के विरुद्ध है। सिनागॉग में कोई मूर्त्ति नहीं होती है, जबकि ईसाई चर्च में जिसस की मूर्त्ति रहती है।
6. यहूदी धर्म में मूसा के नियमों को पूरी तौर से स्वीकार किया जाता है। ईसाई धर्म में भी मूसा के नियमों को स्वीकार किया जाता है, लेकिन जिसस द्वारा उनमें कई संशोधन भी किए गए हैं, जिनका उल्लेख ***बाइबिल*** नए विधान में है।
7. यहूदी धर्म में गार्हस्थ जीवन को महत्त्व दिया गया है। वैराग्य और संन्यास को महत्त्व नहीं दिया गया है, जबकि ईसाई धर्म में संन्यास और वैराग्य के तत्त्व दिखते हैं।
8. यहूदी धर्म में इस जगत को सही आचरण और न्याय के लिए एक कर्मस्थल माना गया है, जबकि ईसाई धर्म में ईश्वर भक्ति का तत्त्व प्रधान हो गया है। संत पॉल ने बार-बार कहा है कि नियमों के पालन करने से नहीं, बल्कि ईसा मसीह और उनके क्रूसीय मौत को उद्धार के मार्ग के रूप में विश्वास करने पर ही मानव को मुक्ति मिल सकती है।
9. यहूदी धर्म में शीओल का विचार है। एक यहूदी सम्प्रदाय सदूसी के अनुसार मृत्यु के बाद कोई जीवन नहीं है, जबकि ईसाई धर्म में पुनरुत्थान के विचार को पूरी तौर से स्वीकार किया गया है।
10. यहूदी धर्म के अनुसार कयामत के दिन मूसा के नियमों का पालन करने वालों को स्वर्ग में भेजा जाएगा, जबकि ईसाई धर्म के अनुसार जिसस के बताए रास्ते पर चलने वालों को।
11. यहूदी धर्म में एक आने वाले मसीहा का विचार है। उन्हें अपने मसीहा का अभी भी इन्तजार है, जबकि ईसाई धर्म में जिसस को ही उस मसीहा के रूप में स्वीकार किया गया है।

प्रश्न

1. मानव व्यक्तित्व के प्रति हिन्दू धर्म और ईसाई धर्म के दृष्टिकोणों का आलोचनात्मक विश्लेषण कीजिए। (1984)
2. मसीही धर्म-दर्शन के आवश्यक तत्त्वों की व्याख्या कीजिए। क्या ईसाई स्वीकार कर सकता है कि मोक्ष पाने की सम्भावना गैर-क्राइस्ट व्यक्ति के माध्यम से भी है? विवेचन कीजिए। (1993)
3. निम्नलिखित पर आलोचनात्मक टिप्पणी लिखिए। टिप्पणी 200 शब्दों से अधिक न हो—
   (a) ईसाई धर्म एवं इस्लाम में सामान्य एवं सार्वभौमिक तत्त्व। (1994)

❑

अध्याय 52

इस्लाम धर्म

इस्लाम धर्म एक ''पैगम्बरी'' और सिमिटिक धर्म है। यहूदी, ईसाई और इस्लाम, ये तीन पैगम्बरी और सिमिटिक धर्म हैं। इनमें इस्लाम धर्म सबसे बाद में आया है। इस्लाम में इब्राहीम और मूसा जैसे यहूदी पैगम्बरों को भी पैगम्बर के रूप में मान्यता दी गयी है। इसी तरह, जिसस को भी पैगम्बर माना गया है। लेकिन, इस्लाम में मुहम्मद को सबसे अन्तिम और महत्त्वपूर्ण पैगम्बर माना जाता है। इस्लाम के अनुसार, मुहम्मद ''रसूल'' या ''अल्लाह के संदेशवाहक'' थे। यह मान्यता इस्लाम को अन्य पैगम्बरी और सिमिटिक धर्मों से अलग करती है। ''अल्लाह को छोड़कर कोई दूसरा ईश्वर नहीं और मुहम्मद उसके पैगम्बर (रसूल) हैं''--यह इस्लाम की मूल मान्यता है। इस्लाम के अनुसार, मुहम्मद ने ईश्वर सम्बन्धी शिक्षा को अन्तिम रूप में विश्व के समक्ष रखा है। दूसरी ओर, यहूदी और ईसाई धर्मों में मुहम्मद को पैगम्बर के रूप में स्वीकार नहीं किया जाता है। इस्लाम धर्म में जिसस को पैगम्बर के रूप में तो स्वीकार किया गया है, लेकिन उन्हें ''ईश्वर-पुत्र'' नहीं माना गया है। इसी तरह, ईसाई धर्म में ईसा को ईश्वर का अवतार माना जाता है, जबकि यहूदी और इस्लाम धर्म में अवतारवाद को अस्वीकार किया जाता है। इसके अलावा, इस्लाम धर्म में इस बात को भी स्वीकार नहीं किया जाता है कि ईसा को सूली पर चढ़ाया गया था। इस्लाम पर यहूदी और ईसाई धर्म के अलावा पारसी धर्म का भी प्रभाव है, लेकिन, सबसे अधिक प्रभाव यहूदी धर्म का दिखता है।

संस्थापक

इस्लाम की स्थापना मुहम्मद (570-630 ए॰ डी॰) द्वारा की गयी। मुहम्मद का जन्म मक्का (आधुनिक साऊदी अरेबिया) शहर के कुरैश जनजाति में हुआ था। वे व्यापार के सिलसिले में सीरिया भी जाया करते थे। उनका विवाह मक्का की एक सम्पन्न विधवा खदीजा से हुआ। इस्लामी परम्परा के अनुसार, मुहम्मद मक्का के पास एक रेगिस्तानी पहाड़ हिरा की गुफा में ध्यान के लिए जाते थे। वहीं पर पहले-पहल अल्लाह के फरिश्ते जबरैल ने उन्हें यह सूचना दी कि अल्लाह द्वारा उन्हें अपना रसूल नियुक्त किया गया है। ''ला इला-ह इल्लल्लाहु, मुहम्मदुर्रसूलुल्लाह'' (अल्लाह के सिवा कोई ईश्वर नहीं और मुहम्मद उसके संदेशवाहक हैं) इस कलिमा को इस्लाम का मूल सिद्धान्त माना जाता है। इसे स्वीकार करने पर ही कोई व्यक्ति मुसलमान होता है। इसे इतना महत्त्वपूर्ण समझा जाता है कि नए जन्मे मुसलमान पुरुष शिशु के कान में सबसे पहले कलिमा पढ़ा जाता है।

धर्मग्रन्थ

इस्लाम के अन्तर्गत ***कुरआन*** को श्रुत (revealed) ग्रन्थ माना जाता है। दूसरे शब्दों में, इसे ''अल्लाह की वाणी'' समझा जाता है, जो मुहम्मद के माध्यम से इस विश्व को प्राप्त हुई है। इस्लाम के अनुसार, ईश्वर सभी युगों में नबियों को भेज कर मानवता को सच्चाई के संदेश देता रहा है। उसने इब्राहीम के माध्यम से मूर्तिपूजा के विरुद्ध शुद्ध एकेश्वरवाद की सही शिक्षा दी। उसने बाद में मूसा के माध्यम से ***तौरेत*** और ईसा के माध्यम से ***इंजील*** (Gospel) को भी भेजा। लेकिन, यहूदियों और ईसाइयों ने इब्राहीम के शुद्ध एकेश्वरवाद को विकृत कर दिया। इसलिए, ईश्वर ने पैगम्बर मुहम्मद के माध्यम से फिर से अन्तिम रूप में इब्राहीम के शुद्ध एकेश्वरवाद की शिक्षा दी। ईसाई धर्म में एक मत यह है कि ***बाइबिल*** की मूल प्रति स्वर्ग में सुरक्षित है। इसी तरह, इस्लाम में अनेक लोगों का विश्वास है कि ***कुरआन*** की असली प्रति भी स्वर्ग में रखी हुई है।

कुरआन मूलतः अरबी भाषा में लिखी गयी है। ''कुरआन'' का शाब्दिक अर्थ है ''पाठ''। ***कुरआन*** में 114 अध्याय (सुरा) हैं। हर सुरा में छोटी-छोटी इकाइयाँ हैं जिन्हें आयत (पद) कहते हैं। ***कुरआन*** के अतिरिक्त इस्लाम में ***सुन्नाह*** या ***हदीस*** को भी मान्यता दी गयी है। इसका सम्बन्ध मुहम्मद के जीवन, वचन और व्यवहार से है। इसे ***कुरआन*** की तरह श्रुत नहीं माना जाता है। लेकिन, ***कुरआन*** में हर परिस्थिति में मुसलमानों के लिए आदेश नहीं मिलते हैं। इस कमी को पूरा करने के लिए ***सुन्नाह*** या ***हदीस*** की मदद ली जाती है। ***कुरआन*** और ***हदीस*** के अतिरिक्त ***इज्मा*** और ***कियास*** इस्लामी ईश्वरीय कानून या शरीअत के स्रोत हैं। ''इज्मा'' का अर्थ है मुस्लिम समुदाय की या उसके प्रमुख विद्वानों की सर्वानुमति। ''कियास'' का अर्थ हुआ सादृश्यानुमान (analogical deduction)। शरीयत में मुसलमानों के लिए जन्म से मृत्यु तक जीवन संचालन के लिए नियम दिए गए हैं।[1] शरीयत का उल्लंघन करने पर कठोर दण्ड की व्यवस्था है।

ईश्वर-विचार

इस्लाम भी ईसाई धर्म की तरह एक एकेश्वरवादी धर्म है, लेकिन इस्लाम में ईसाई धर्म की ''त्र्येक परमेश्वर'' (trinity) की अवधारणा को स्वीकार नहीं किया गया है। इस्लाम के अनुसार यह इब्राहीम द्वारा सिखाए गए एकेश्वरवाद की विकृति है। इस्लाम में जिसस को ''ईश्वर-पुत्र'' या ''ईश्वर के अवतार'' के रूप में स्वीकार नहीं किया जाता है। इसके अलावा, ईसाई धर्म में ईश्वर के ''प्रेम'' होने पर बल दिया जाता है, जबकि इस्लाम में ईश्वर के सर्वशक्तिमान और न्यायप्रिय होने पर। ईसाई धर्म की तरह इस्लाम धर्म में भी ईश्वर को विश्व का सृष्टिकर्ता माना गया है।

''इस्लाम'' का अर्थ है ''समर्पण''। इस तरह, इस्लाम वह धर्म है जिसमें व्यक्ति अपने को ईश्वर या अल्लाह की इच्छा पर समर्पित कर दे। इस्लाम को स्वीकार करने

1. Y. Masih, *A Comparative Study of Religions*, p. 124.

वालों को ''मुसलमान'' कहा जाता है। ''मुसलमान'' वह है, जो ईश्वर के एकत्व (तौहीद) में पूरे मन से विश्वास (ईमान) रखता है, और इसे अपने वचन एवं आचरण द्वारा व्यक्त करता है। कोई भी काम शुरू करने से पहले मुसलमान को सच्चे दिल से कहना चाहिए : ''बिसमिल्लाहिर्रहमानिर्रहीम'' (ईश्वर के नाम से जो बड़ा कृपाशील, अत्यन्त दयावान है)। ***कुरआन*** के नवें अध्याय को छोड़कर बाकी सभी अध्यायों की शुरूआत इसी से की गयी है।

इस्लाम में ईश्वर के अलावा फरिश्तों और शैतान के अस्तित्व को भी स्वीकार किया गया है। इनका शरीर सूक्ष्म होता है और ईश्वर ने इनकी रचना प्रकाश से की है। फरिश्तों में औरत-मर्द का भेद नहीं होता है और ये कुछ खाते-पीते नहीं हैं। ये ईश्वर के आदेशों का पालन करते हैं। जबरैल, माइकेल, अस्रायाफिल और अज्रायल चार मुख्य फरिश्ते हैं। इनमें से जबरैल के माध्यम से नबियों को ईश्वर का सन्देश प्राप्त होता है, माइकेल और अस्रायफिल कयामत के दिन तुरही बजाएँगे और अज्रायल मृत्यु के समय आत्मा को शरीर से अलग करता है।[1]

यहूदी और ईसाई धर्म की तरह इस्लाम में भी फरिश्तों के अलावा शैतान (इबलीस) के अस्तित्व को भी स्वीकार किया गया है। इस्लामी परम्परा के अनुसार इबलीस भी पहले फरिश्ता था। जब ईश्वर ने उसे आदम के आगे सिर झुकाने को कहा तो उसने इनकार कर दिया। इस कारण ही उसे शैतान के रूप में स्वर्ग से धकेल कर पृथ्वी पर गिरा दिया गया।[2] इस्लाम में ''जिन्न'' के अस्तित्व को भी स्वीकार किया गया है। इसके अलावा, ***कुरआन*** में ''हूरों'' (स्वर्ग में रहने वाली सुन्दर स्त्रियाँ) का भी जिक्र है।

मानव-विचार

इस्लाम के अनुसार मानव की रचना ईश्वर ने खून के थक्कों से की है।[3] ईश्वर ने मनुष्यों को फरिश्तों से ऊँचा दर्जा दिया है। यह इससे प्रमाणित होता है कि ईश्वर ने फरिश्तों को प्रथम मानव—आदम—के सामने सिर झुकाने को कहा। आदम को फरिश्तों से ऊपर इसलिए माना गया, क्योंकि उसमें स्मृति और सोचने-समझने की क्षमता है। इसके अलावा, मनुष्य में संकल्प-स्वातन्त्र्य है, और वह अच्छे और बुरे के बीच चुनाव कर सकता है।

इस्लाम में भी आदम और हौवा की ***बाइबिल*** की कहानी को दोहराया गया है लेकिन कुछ अलग रूप में। आदम ने हौवा के कहने पर नहीं बल्कि आदम और हौवा दोनों ने शैतान इबलीस के कहने पर वर्जित फल को खा लिया। लेकिन, दोनों ने ही फिर अल्लाह से इसके लिए माफी माँग ली, और वे इस धरती पर पापमुक्त पैदा हुए। इस तरह, इस्लाम में ईसाई धर्म की तरह ''मूल पाप'' (original sin) की धारणा नहीं है। दरअसल, इस्लाम में आदम को भी एक पैगम्बर माना जाता है।

---

1. या॰ मसीह, ***तुलनात्मक धर्म-दर्शन***, पृष्ठ 151.
2. वहीं.
3. Kedar Nath Tiwary, *Comparative Religion*, p. 159.

मानव का ईश्वर से अलग और स्वतन्त्र अस्तित्व है, लेकिन ईश्वर के सामने इस्लाम में मानव की सत्ता को बहुत छोटा माना गया है। इस्लाम के अनुसार हर व्यक्ति की **तकदीर** पहले से ही ईश्वर द्वारा पूर्व निर्धारित है। अल्लाह ने एक बार हर इन्सान की तकदीर लिख दी है, और उसमें कोई परिवर्तन सम्भव नहीं है। यहाँ तक कि हर मनुष्य की मृत्यु का समय भी पहले से अल्लाह द्वारा निर्धारित है। प्रश्न यह उठता है कि अगर मनुष्य का भविष्य पहले से ही ईश्वर द्वारा पूर्व निर्धारित है, तो फिर यह कैसे कहा जा सकता है कि मनुष्य में संकल्प-स्वातन्त्र्य है, और वह अच्छे और बुरे के बीच चुनाव करने के लिए स्वतन्त्र है? यह एक तार्किक असंगति है। इस्लामी धर्मशास्त्रियों ने इस विसंगति को अलग-अलग ढंग से मिटाने की कोशिश की है।

केवल ***कुरआन-हदीस*** के ज्ञान से कोई मुसलमान नहीं बन जाता है। इसके लिए इस्लाम में बताए गए कर्मों को करना जरूरी है। इस्लामी कर्मकांड के पाँच स्तम्भ बतलाए गए हैं—

(1) दिन में पाँच बार नमाज पढ़ना या अल्लाह से प्रार्थना करना। यह प्रार्थना मक्का की ओर शक्ल कर की जाती है। नमाज की शुरूआत ''बिसमिल्लाहिर्रहमानिर्रहीम'' से की जाती है। ***कुरआन*** की पहली सुरा, जिसे अल-फतीहा कहा जाता है, पाँचों नमाज में शामिल रहती है। इसमें सृष्टि के मालिक के रूप में अल्लाह की प्रशंसा की जाती है। उसे ''रहमान'' और ''रहीम'' तथा ''कयामत के दिन'' का मालिक बताया जाता है। नमाजी द्वारा अल्लाह से कहा जाता है कि हम सिर्फ तुम्हारी उपासना करते हैं और सिर्फ तुमसे मदद मांगते हैं, हमें सीधी राह दिखाओ।[1]

यहूदी धर्म में यरूशलम की ओर शक्ल कर के प्रार्थना करने की प्रथा है। शुरू में पैगम्बर मुहम्मद और उनके अनुयायी भी ऐसा ही करते थे। लेकिन, जब मुहम्मद ने ईसा को भी पैगम्बर मानना शुरू कर दिया, तब यहूदियों ने उनका विरोध किया। इसके बाद से मक्का में काबा की ओर शक्ल कर के नमाज करने की प्रथा शुरू हो गयी।

(2) रमजान के महीने में रोजा रखना। इस्लाम में रमजान के महीने को पवित्र माना जाता है। ऐसा माना जाता है कि रमजान के महीने में जन्नत (स्वर्ग) के द्वार खुल जाते हैं और जहन्नम (नरक) के दरवाजे बन्द हो जाते हैं। रमजान के महीने में ही ***कुरआन*** को श्रुत हुआ समझा जाता है। रमजान के महीने में बच्चे, गर्भवती औरतें, बीमार और बूढ़े लोगों को छोड़ कर सभी मुसलमानों से सुबह सूरज की किरण फूटने से पहले से सूर्यास्त तक उपवास रखने की अपेक्षा की जाती है। ऐसा समझा जाता है कि इससे मन पापों से मुक्त और शुद्ध होता है। रमजान के महीने के अन्त में ईद-उल-फित्र का त्योहार मनाया जाता है।

(3) जकह (जकात) या अपनी आमदनी का एक हिस्सा गरीबों की मदद के लिए देना। इस्लाम के अन्तर्गत जकात करना उतना ही आवश्यक है जितना

---

1. *The Glorious Koran* (with English translation, introduction and notes by Muhammad Marmaduke Pickthall), p. 1.

नमाज पढ़ना। नमाज पढ़ कर मुसलमान अपने ऊपर अल्लाह के अधिकार को स्वीकार करता है, जबकि जकात करके वह अपने ऊपर गरीबों के अधिकार को स्वीकार करता है। इसके अलावा, खास कर रमजान के महीने में जकात के अलावा सदकात (दान) देना भी पुण्य का काम समझा जाता है। जहाँ जकात देना धार्मिक दायित्व है, वहाँ सदकात देना ऐच्छिक है।

(4) धन-सामर्थ्य रहने पर हज करना। ''हज'' का अर्थ है मक्का की तीर्थयात्रा करना। मक्का में काबा दर्शन को इसलिए पवित्र समझा जाता है, क्योंकि काबा को पैगम्बर इब्राहीम द्वारा निर्मित माना जाता है, और इस्लाम के अनुसार इब्राहीम ने पहले-पहल शुद्ध एकेश्वरवाद का संदेश दिया।

(5) कलिमा पढ़ना (''अल्लाह को छोड़कर अन्य कोई ईश्वर नहीं है, और मुहम्मद ही उसके रसूल हैं'')।

इन पाँच बातों के अलावा, इस्लाम में यहूदियों, ईसाइयों और निरीश्वरवादियों के विरुद्ध और आत्मरक्षा के लिए **जेहाद** (धार्मिक युद्ध) को भी मान्यता दी गयी है। ***कुरआन*** के अनुसार जिन मुसलमानों की मौत जेहाद में होगी, वे सीधे स्वर्ग में चले जाएँगे।[1]

जगत-विचार

कुरआन के अनुसार, जगत की रचना अल्लाह ने की। ***कुरआन*** के एक आयत के अनुसार अल्लाह ने छः दिन में दुनिया को बनाया और उसे कोई थकान नहीं हुई। अल्लाह ने दिन-रात, बारिश, आदि का ऐसा प्रबन्ध किया है कि इन्सान उनकी गतिविधियों को जान कर, और उससे लाभ उठा कर, अपना जीवन जी सके। अल्लाह ने जगत की सृष्टि की है ताकि मनुष्य को माँस, फल और अनाज मिल सके। उसने रात बनायी ताकि इन्सान आराम कर सके। उसने तारे बनाए ताकि इन्सान रात में भी सही रास्ते पर चल सके। इस तरह, सारी सृष्टि ईश्वर द्वारा मानव के लिए की गयी है। इस्लाम में गार्हस्थ जीवन का समर्थन किया गया है। ब्रह्मचर्य या संन्यास का समर्थन नहीं किया गया है।

अन्तिम गति

ईसाई और अन्य पैगम्बरी धर्मों की तरह इस्लाम में भी ''पुनरुत्थान'', ''स्वर्ग-नरक'' और ''कयामत का दिन'' की अवधारणा पायी जाती है। ***कुरआन*** के पहले सुरा अल-फतीहा में ही अल्लाह को, अन्य बातों के अलावा, ''कयामत के दिन'' का मालिक बतलाया गया है। इसके अलावा भी, ***कुरआन*** में बार-बार कयामत के दिन की चर्चा की गयी है, जब सभी को उसके कर्मों के अनुसार दण्ड और पुरस्कार दिया जाएगा। कयामत के दिन दो फरिश्ते माइकेल और अस्रायफिल द्वारा तुरही बजायी जाएगी और सभी मुर्दे फिर से जी उठेंगे।

अल्लाह और उसके पैगम्बर में विश्वास रखने वालों को स्वर्ग और अविश्वास करने वालों को नरक भेज दिया जाएगा। पुनरुत्थान के बाद फिर मृत्यु नहीं होगी।

1. Y. Masih, *A Comparative Study of Religions*, p. 121.

यहूदी धर्म और इस्लाम धर्म

समानता

1. दोनों पैगम्बरी धर्म हैं।
2. दोनों सिमिटिक धर्म हैं।
3. दोनों एकेश्वरवादी धर्म हैं।
4. दोनों मूर्तिपूजा के विरुद्ध हैं।
5. दोनों ही त्र्येक परमेश्वर के विचार को अस्वीकार करते हैं।
6. दोनों यहूदी पैगम्बरों इब्राहीम, मूसा, आदि को भी स्वीकार करते हैं।
7. दोनों फरिश्तों और शैतान की सत्ता को स्वीकार करते हैं।
8. दोनों धर्मों में अपने-अपने धर्मग्रन्थों को ''श्रुत'' (revealed) माना गया है।
9. दोनों मृत्यु के बाद जीवन या ''पुनरुत्थान'', ''कयामत के दिन'' और ''स्वर्ग-नरक'' में विश्वास रखते हैं।

भेद

1. यहूदी धर्म में मूसा को मुख्य पैगम्बर माना जाता है, जबकि इस्लाम में मुहम्मद को। यहूदी धर्म में मुहम्मद को पैगम्बर के रूप में मान्यता नहीं दी जाती है।
2. यहूदी धर्म में जिसस को पैगम्बर के रूप में मान्यता नहीं दी जाती है। इस्लाम में जिसस को पैगम्बर के रूप में मान्यता दी जाती है, हालांकि उन्हें ''ईश्वर-पुत्र'' नहीं माना जाता है और न ही इस बात को स्वीकार किया जाता है कि जिसस को सूली पर चढ़ाया गया था।
3. यहूदी धर्म में ***तौरेत*** को श्रुत ग्रन्थ माना जाता है। ***कुरआन*** को श्रुत ग्रन्थ के रूप में मान्यता नहीं दी जाती है। इस्लाम में ***तौरेत*** को भी श्रुत माना जाता है, लेकिन ***कुरआन*** को श्रुत मानते हुए सबसे अधिक महत्त्व दिया जाता है।
4. दोनों धर्मों के अनुसार ईश्वर ने मनुष्य को संकल्प की स्वतन्त्रता दी है, लेकिन इस्लाम में ''तकदीर'' की अवधारणा भी है, जो यहूदी धर्म में नहीं है।
5. दोनों ने गार्हस्थ्य जीवन को महत्त्व दिया है, लेकिन यहूदी धर्म में एक सम्प्रदाय ईसीन (Essene) भी था, जिसका झुकाव संन्यास की ओर था।
6. दोनों ही धर्म मोटे तौर पर मृत्यु के बाद जीवन, पुनरुत्थान और कयामत के दिन के विचार को स्वीकार करते हैं लेकिन यहूदी धर्म में शीओल की अवधारणा भी है। सदूसी नाम के एक यहूदी सम्प्रदाय के अनुसार मृत्यु के बाद कोई जीवन नहीं है। मरने के बाद इन्सान शीओल में चला जाता है, जहाँ से वह दुबारा वापस नहीं आता।

7. यहूदी धर्म के अनुसार कयामत के दिन मूसा के नियमों का पालन करने वालों को स्वर्ग में भेजा जाएगा, जबकि इस्लाम के अनुसार मुहम्मद के बताए रास्ते पर चलने वालों को।
8. यहूदी धर्म में एक आने वाले मसीहा का विचार है। उन्हें अपने मसीहा का अभी भी इन्तजार है, जबकि इस्लाम में इस किस्म का कोई विचार नहीं है।

ईसाई धर्म और इस्लाम धर्म

समानता

1. दोनों पैगम्बरी धर्म हैं।
2. दोनों सिमिटिक धर्म हैं।
3. दोनों एकेश्वरवादी धर्म हैं।
4. दोनों यहूदी पैगम्बरों को भी स्वीकार करते हैं।
5. दोनों फरिश्तों और शैतान की सत्ता को स्वीकार करते हैं।
6. दोनों धर्मों में अपने-अपने धर्मग्रन्थों को ''श्रुत'' (revealed) माना गया है।
7. दोनों के अनुसार ईश्वर ने मनुष्य को संकल्प की स्वतंत्रता दी है, लेकिन इस्लाम में ''तकदीर'' की अवधारणा भी है।
8. दोनों मृत्यु के बाद जीवन या ''पुनरुत्थान'', ''कयामत के दिन'' और ''स्वर्ग-नरक'' में विश्वास रखते हैं।

भेद

1. ईसाई धर्म में जिसस को सर्वोच्च महत्त्व दिया जाता है, और मुहम्मद को पैगम्बर के रूप में मान्यता नहीं दी जाती है। दूसरी ओर, इस्लाम में मुहम्मद को सर्वोच्च महत्त्व दिया जाता है। इस्लाम में जिसस को पैगम्बर के रूप में जरूर स्वीकार किया जाता है, लेकिन उन्हें ''ईश्वर-पुत्र'' या ''अवतार'' नहीं माना जाता है। इसी तरह, इस्लाम में यह भी नहीं माना जाता है कि जिसस को सूली पर चढ़ाया गया था, जबकि यह ईसाई धर्म की बुनियादी मान्यता है।
2. ईसाई धर्म के अनुसार ***बाइबिल*** ''श्रुतग्रन्थ'' है, जबकि इस्लाम में ***कुरआन*** को ''श्रुतग्रन्थ'' के रूप में सर्वाधिक महत्त्व दिया जाता है।
3. ईसाई धर्म में ''त्र्येक परमेश्वर''(trinity)की अवधारणा पायी जाती है, जबकि इस्लाम में इसे शुद्ध एकेश्वरवाद की विकृति मानकर अस्वीकार किया जाता है।
4. ईसाई चर्च में जिसस की मूर्त्ति रहती है। जबकि इस्लाम में मूर्त्तिपूजा या बुतपरस्ती का पूरी तौर से विरोध किया गया है।
5. ईसाई धर्म में संन्यास और वैराग्य के तत्त्व दिखते हैं, जबकि इस्लाम में गार्हस्थ जीवन को महत्त्व दिया गया है। ब्रह्मचर्य और संन्यास का समर्थन नहीं किया गया है।

6. ईसाई धर्म के अनुसार कयामत के दिन जिसस में विश्वास रखनेवालों को स्वर्ग भेजा जाएगा और बाकी को नरक में डाल दिया जाएगा। जबकि इस्लाम के अनुसार मुहम्मद में विश्वास रखने वालों को स्वर्ग भेजा जाएगा।

प्रश्न

1. निम्न पर आलोचनात्मक टिप्पणी लिखिए। टिप्पणी 200 शब्दों से अधिक न हो—

(a) अन्य धर्मों से इस्लाम का सम्बन्ध। (1993)

2. निम्नलिखित पर आलोचनात्मक टिप्पणी लिखिए। टिप्पणी 200 शब्दों से अधिक न हो—

(a) ईसाई धर्म एवं इस्लाम में सामान्य एवं सार्वभौमिक तत्त्व। (1994)

3. निम्नलिखित पर आलोचनात्मक टिप्पणी लिखिए। टिप्पणी 200 शब्दों से अधिक न हो—

(a) ईश्वर-केन्द्रि धर्म के रूप में इस्लाम। (1995)

❑

अध्याय 53

सिक्ख धर्म

संस्थापक

सिक्ख धर्म दुनिया के प्रमुख धर्मों में सबसे नया धर्म है। इसकी स्थापना 15वीं शताब्दी में गुरूनानक द्वारा पंजाब में की गयी। ''सिक्ख'' शब्द ''शिष्य'' शब्द का अपभ्रंश है। सिक्ख धर्म गुरूप्रधान धर्म है। यह वह धर्म है जिसे गुरुओं ने चलाया और जिसे शिष्यों तथा अनुयायियों ने स्वीकार किया।[1] इसमें प्रथम गुरू, गुरूनानक, के अतिरिक्त नौ और गुरुओं को मान्यता प्रदान की गयी है। इस तरह, सिक्ख धर्म में कुल मिला कर दस गुरू हुए। ईसाई और इस्लाम धर्म की तरह एकेश्वरवादी धर्म होने के बावजूद सिक्ख धर्म में किसी भी गुरू को ''पैगम्बर'' या ''ईश्वर का अवतार'' नहीं माना जाता है।

गुरूनानक का जन्म 1469 में लाहौर से 50 मील दक्षिण-पूर्व में तलवंडी नाम के गाँव में हुआ। यह जगह अब पाकिस्तान में है, और इसे अब ननकाना साहब कहते हैं। गुरूनानक का जन्म हिन्दू (बेदी) परिवार में हुआ था। उन्हें हिन्दू धार्मिक विचारों और इस्लाम के बुनियादी सिद्धान्तों की शिक्षा दी गयी थी। कुछ समय तक उन्होंने सुलतानपुर के एक अफगन सरदार के साथ लेखाकार के रूप में काम किया। वहाँ वे मरदाना नाम के एक पारिवारिक सेवक के सम्पर्क में आए, जिन्होंने उनका साथ दिया। नानक भजन लिखा करते थे और मरदाना उसे संगीतबद्ध किया करते थे। इस तरह, दोनों मिल कर सामूहिक भजन का आयोजन किया करते थे।[2]

सिक्ख परम्परा के अनुसार नानक ने चार लम्बी-लम्बी यात्राएँ की थीं : पूर्व में असम तक; दक्षिण में तमिल क्षेत्र और श्रीलंका तक; उत्तर में लद्दाख और तिब्बत तक; और पश्चिम में मक्का, मदीना और बगदाद तक। उन्होंने अपने जीवन के अन्तिम दिन करतारपुर में बिताए, जो इस समय पाकिस्तान में है। वहाँ उन्होंने पहले सिक्ख मन्दिर की स्थापना की। 1539 में अपनी मृत्यु के पहले उन्होंने अपने एक शिष्य अंगद को अपना अनुयायी चुना।[3]

गुरू नानक ने अपने विचारों में हिन्दू धर्म और इस्लाम के बीच समन्वय का प्रयास किया। उन्हें फारसी, हिन्दी और पंजाबी आदि भाषाओं का अच्छा ज्ञान था और वे अपनी रचनाओं को राग-रागिनियों के लिए उपयुक्त बना कर पेश करते थे। नानक ने हिन्दू और इस्लाम दोनों के कुछ पाखण्डों पर करारा प्रहार किया।[4] कहा जाता है

1. या॰ मसीह, ***तुलनात्मक धर्मदर्शन***, पृष्ठ 177.
2. *Encyclopaedia Britannica*, vol. 16, p. 744.
3. Ibid.
4. या॰ मसीह, वही पृष्ठ 177-78.

कि नानक ने अपनी शिक्षा की शुरूआत यह कह कर की थी—''न कोई हिन्दू है, और न कोई मुसलमान''।

इसी तरह, गुरू नानक के बारे में यह भी कहा गया है—

गुरू नानक शाह फकीर,
हिन्दू का गुरू, मुसलमान का पीर।

गुरू नानक सहित सिक्ख धर्म के दस गुरुओं के नाम इस प्रकार है—

1. गुरू नानक (1469-1539)
2. गुरू अंगद (1504-1552) इन्होंने गुरूमुखी लिपि की शुरूआत की।
3. गुरू अमरदास (1479-1574)
4. गुरू रामदास (1534-1581)
5. गुरू अर्जुनदेव (1563-1606) गुरू अर्जुनदेव ने हरि मन्दिर की स्थापना की जो बाद में 19वीं सदी में स्वर्ण मन्दिर के रूप में विकसित हुआ। इन्होंने 1604 में सिक्ख धर्म के धर्मग्रन्थ ***आदि ग्रन्थ साहब*** का पहले-पहल संकलन किया।
6. गुरू हरगोविन्द (1595-1644) वे आध्यात्मिक लक्ष्य की पूर्ति के लिए ''पीरी'' और राजनीतिक लक्ष्य की पूर्ति के लिए ''मीरी'' नाम के दो तलवार साथ रखते थे। वे हरि मन्दिर स्थित अकाल तख्त पर बैठा करते थे।
7. गुरू हरि राय (1630-1661)
8. गुरू हरि कृष्ण (1656-1664)
9. गुरू तेग बहादुर (1621-1674)
10. गुरू गोबिन्द सिंह (1666-1708)[1]

दसवें और अन्तिम गुरू, गुरू गोविन्द सिंह, का विशेष महत्त्व है। उन्होंने ही शान्त भक्तों को योद्धा बना कर सिक्ख धर्म को खालसा पंथ का रूप दिया। (''खालसा'' शब्द फारसी शब्द ''खालिस'' से निकला है, जिसका अर्थ है ''शुद्ध''।[2]) सिक्ख धर्म के पाँचवें गुरू—गुरू अर्जुन—और नौवें गुरू—गुरू तेगबहादुर—को धार्मिक आधार पर मुगल शासन के दौरान मृत्युदण्ड दे दिया गया था। इसलिए सिक्खों में युद्ध और विरोध की भावना जागृत हुई। अपनी मृत्यु से पहले गुरू तेग बहादुर ने अपने पुत्र गोबिन्द राय (गुरू गोबिन्द सिंह) को, जिनका जन्म पटना में हुआ था, गुरू मनोनीत किया। वे उस समय 9 वर्ष के थे। आगे चलकर गुरू गोबिन्द सिंह के चार बेटे भी मुगलों के साथ युद्ध में मारे गए। गुरू गोबिन्द सिंह के अनुसार जब सभी उपाय असफल हो जाएँ, तब तलवार उठाना ही धर्म कहलाएगा।

गुरू गोविन्द सिंह ने सन् 1699 में आनंदपुर में खालसा पंथ की स्थापना के समय

1. Y. Masih, *A Comparative Study of Religions*, p. 256.
2. *Encyclopaedia Britannica*, vol. 16, p. 744.

पाँच सिक्खों को चुन लिया, जिन्हें ''पंज प्यारा'' कहा गया। कहा जाता है कि ये पाँचों अलग-अलग हिन्दू वर्णों या जातियों से थे। गुरू गोविन्द सिंह ने इन ''पंच प्यारों'' को एक ही प्याले से ''अमृत'' पान कराया और उन्हें ''सिंह'' उपनाम दिया। गुरू गोविंद सिंह ने सिक्खों को ''सिंह'' उपनाम और **पंच ककार व्रत** (केश, कंघा, कच्छा, कड़ा और कृपाण) अपनाने का आदेश दिया। (जिन सिक्खों ने खालसा पंथ के पंच ककार को स्वीकार नहीं किया, वे ''सहजधारी'' सिक्ख कहलाते हैं।)

गुरू गोबिन्द सिंह की हत्या नादेड़, महाराष्ट्र, में 7 अक्तूबर, 1708 को कर दी गयी। अपनी मृत्यु के पहले उन्होंने गुरू प्रथा को समाप्त कर ***आदि ग्रन्थ*** को ही गुरू घोषित किया।

धर्मग्रन्थ

सिक्ख धर्म में ***गुरू ग्रन्थ साहब*** को सर्वोच्च महत्त्व दिया जाता है। पाँचवें गुरू — गुरू अर्जुन देव — ने भक्त भाई गुरूदास की सहायता से गुरूनानक की रचनाओं को क्रमबद्ध कर ***आदि ग्रन्थ*** की रचना की। इसे मूलतः गुरूमुखी लिपि में लिखा गया। दसवें गुरू — गुरू गोविन्द सिंह — ने गुरू-प्रथा को समाप्त कर ***आदि ग्रन्थ*** को ही ''गुरू'' घोषित किया। इस तरह, सिक्ख धर्म में ***गुरू ग्रन्थ साहब*** का अत्यधिक महत्त्व है, हालांकि इसे ''ईश्वरीय'' या ''श्रुत'' (revealed) नहीं माना जाता है।

सिक्ख धर्म में मूर्ति-पूजा का विरोध किया गया है, लेकिन सिक्ख गुरूद्वारों में ***गुरू ग्रन्थ साहब*** की पूजा की जाती है। इस ग्रन्थ में नानक और अन्य सिक्ख गुरुओं के अतिरिक्त कबीर, त्रिलोचन, बेणी, रैदास, नामदेव, धन्ना, फरीद, जयदेव, भीखन, पीपा, रामानन्द, सूरदास, सत्ता डूम, भाई मरदाना, आदि भक्त और सूफी सन्तों की रचनाएँ शामिल हैं।[1] (गैर सिक्ख लेखकों में ***गुरू ग्रन्थ*** में सबसे अधिक कबीर की रचनाएँ हैं।) प्रायः ये सभी शुद्ध एकेश्वरवादी और मूर्ति-पूजा के विरोधी थे। कुल मिलाकर ***गुरू ग्रन्थ*** में 6 सिक्ख गुरुओं - गुरू नानक, गुरू अंगद, गुरू अमरदास, गुरू रामदास, गुरू अर्जुन देव और गुरू तेग बहादुर - सहित 36 लोगों की रचनाएँ हैं।[2] गुरू गोबिन्द सिंह ने अपनी रचनाओं को अलग से ***दशम ग्रन्थ*** में रखा।[3]

ईश्वर-विचार

ईसाई और इस्लाम धर्मों की तरह, सिक्ख धर्म एकेश्वरवादी धर्म है। सिक्ख धर्म के अनुसार ईश्वर निर्गुण और सगुण दोनों है। जपुजी गुरूनानक द्वारा रचित भजन है, जो ***गुरू ग्रन्थ साहब*** में शामिल है। इसे धार्मिक सिक्खों द्वारा नियमित सुबह-सुबह पढ़ा जाता है। जपुजी की प्रथम पंक्ति में ही गुरू नानक द्वारा ईश्वरवाद को व्यक्त किया गया हैः

१ ओंकार सतिनामु करता पुरखु निरभउ निरवैरु
अकाल मूरति अजूनी सैभं गुर प्रसादि।

1. ***आदि श्री गुरू ग्रंथ साहब*** (अनुवाद, लक्ष्मण चेलाराम), पृष्ठ 24.
2. वहीं, पृष्ठ 24-25.
3. वहीं, पृष्ठ 4.

इसे ''मूलमंत्र'' भी कहा जाता है। यह मूलमंत्र प्रत्येक राग के प्रारम्भ में आता है। इसे संक्षेप में, ''१ ओंकार सतिगुर प्रसादि'' करके भी लिखा जाता है। इसके अनुसार, ईश्वर एक है, वह अगम, अगोचर है, वह सत्य पुरुष है, वह कर्त्ता पुरुष है, वह निर्भय है, वह निरवैर है, वह अकाल (काल से परे) है, वह अजन्मा है, वह स्वयंभू है और वह गुरू की कृपा के द्वारा ही मिल सकता है।

जपुजी में ईश्वर को बार-बार निरंकार बतलाया गया है। सिक्ख धर्म में सगुण रूप में ईश्वर को सर्वशक्तिमान, दयालु और इस विश्व का सृष्टिकर्त्ता माना गया है। इसके अलावा, ईश्वर को ''अजन्मा'' माना गया है। इस तरह, सिक्ख धर्म में अवतारवाद को अस्वीकार किया गया है। इसी तरह, सिक्ख धर्म में ईश्वर के किसी विशेष संदेशवाहक को भी स्वीकार नहीं किया गया है। इस दृष्टि से सिक्ख धर्म हिन्दू, ईसाई और इस्लाम धर्मों से अलग है। सिक्ख धर्म में न तो गुरुओं को पैगम्बर या अवतार माना जाता है, और न अपने धर्मग्रन्थ को ''ईश्वरीय'' या ''श्रुत''। इस दृष्टि से ईश्वरवादी धर्म होने के बावजूद सिक्ख धर्म जैन और बौद्ध धर्म के करीब है। फर्क यह है कि जैन और बौद्ध धर्मों में गुरू (महावीर, बुद्ध) के प्रति श्रद्धा के तत्त्व के होते हुए भी तर्कबुद्धि को काफी स्थान दिया गया है, जबकि सिक्ख धर्म भक्ति प्रधान है। यह एक गुरू-केन्द्रित धर्म है। यहाँ तक कि ईश्वर के लिए ''वाहे गुरू'' शब्द का प्रयोग किया जाता है।

मानव-विचार

सिक्ख धर्म में, हिन्दू, जैन और बौद्ध धर्मों की तरह, कर्म-संसार-ज्ञान-मुक्ति की चतुष्पदी को स्वीकार किया गया है। लेकिन सिक्ख धर्म में भी, जैन और बौद्ध धर्मों की तरह, हिन्दू वर्ण-व्यवस्था को अस्वीकार किया गया है। हम पहले ही जिक्र कर चुके हैं कि 1699 में आनन्दपुर में खालसा पंथ की स्थापना के समय गुरू गोबिन्द सिंह ने पाँच सिक्खों को चुन लिया, जिन्हें ''पंज प्यारा'' कहा गया। कहा जाता है कि ये पाँचों अलग-अलग हिन्दू वर्णों या जातियों से थे। गुरू गोबिन्द सिंह ने इन ''पंज प्यारों'' को एक ही प्याले से ''अमृत'' पान करा कर वर्ण-व्यवस्था और छुआछूत के विरुद्ध एक व्यावहारिक कदम उठाया। सिक्ख गुरूद्वारों के ''लंगर'' में भी सभी लोग एक साथ भोजन करते हैं।

सिक्ख धर्म में कर्म-संसार-ज्ञान-मुक्ति की चतुष्पदी को तो स्वीकार किया गया है, लेकिन सिक्ख धर्म में ''मुक्ति'' के लिए संन्यास का समर्थन नहीं किया गया है। गुरूनानक स्वयं गार्हस्थ थे और वे गार्हस्थ जीवन को समाज के लिए बहुत उपयोगी मानते थे।

सिक्ख धर्म के अन्तर्गत मोक्ष-मार्ग के तीन तत्त्व बतलाए गए हैं — (i) निजी साधना, (ii) गुरू-निर्देश, आदेश और सेवा, (iii) ईश्वर-प्रसाद या अनुग्रह। सिक्ख धर्म में ''नाम-स्मरण'' पर अत्यधिक बल दिया गया है। ***गुरू ग्रन्थ*** में बार-बार ईश्वर-स्मरण को मुक्ति-मार्ग बतलाया गया है। नाम-स्मरण द्वारा साधक ''स्वार्थ'' और ''अहंकार'' से दूर होने लगता है, और अपने को ''ईश्वर का दास'' समझने लगता है। नाम-स्मरण

से ही ईश्वर की कृपा प्राप्त होती है, और ''संसार-चक्र'' से छुटकारा मिल जाता है। नाम-स्मरण के अतिरिक्त सिक्ख धर्म में भजन और कीर्तन पर भी बल दिया गया है।

सिक्ख धर्म में, शंकर के अद्वैत वेदान्त की तरह, सुनियाई (श्रवण), मननाई (मनन) और ध्यान का भी जिक्र किया गया है, लेकिन, आम तौर से, भक्ति पर अधिक बल दिया गया है।

अन्तिम विश्लेषण में, सिक्ख धर्म में ''भक्ति'' और ''शक्ति'' का समावेश है। जैसा कि पहले उल्लेख किया जा चुका है कि छठे गुरू — गुरू हरगोविन्द सिंह — राजनीतिक लक्ष्य की पूर्त्ति के लिए ''मीरी'' और आध्यात्मिक लक्ष्य की पूर्त्ति के लिए ''पीरी'' नाम के दो तलवार साथ रखते थे। खालसा पंथ में ''संत सिपाही'' की अवधारणा पायी जाती है।

जगत-विचार

एम॰ ए॰ मैकॉलिफ ने अपनी पुस्तक *The Sikh Religion* में गुरू नानक के उस भजन को प्रस्तुत किया है, जिसमें ***ऋग्वेद*** के कुछ सूत्रों (X.90, 12, 129) का स्पष्ट आभास मिलता है; और साथ ही, ***कुरआन*** में दी गयी सृष्टि के सिद्धान्त से भी मेल दिखता है।[1] इस भजन में बताया गया है कि आरम्भ में घोर अन्धकार था; न पृथ्वी थी, न आकाश, न दिन न रात। फिर, इसके बाद ईश्वर ने सृष्टि की रचना की और उसे वास्तविकता प्रदान की। ईश्वर के द्वारा रचित जगत वास्तविक है और इसे अवास्तविक मान कर ठुकराना नहीं चाहिए। जपुजी में गुरू नानक ने कहा है कि ईश्वर अपनी सृष्टि को वास्तविक मान कर इसका अवलोकन करता है। यह सृष्टि वास्तविक ईश्वर की वास्तविक रचना है।[2]

एक ओर, अगर यह माना जाए कि सिर्फ ईश्वर के आदेश से इस जगत की सृष्टि हो गयी, तो ऐसा समझा जा सकता है कि ईश्वर ने शून्य से जगत की रचना की है। लेकिन, एक अन्य स्थान पर गुरू नानक ने बतलाया है कि ईश्वर ने चार नहीं, बल्कि पाँच तत्वों से इस विश्व की रचना की है। यह जगत ईश्वर की एक अदभुत रचना है, जो उसकी शक्ति और महानता को दिखलाती है।[3]

अन्तिम गति

गुरू ग्रन्थ में शामिल कबीर की एक रचना के अनुसार ''मोक्ष'' के बाद आत्मा की चार प्रकार की गति बतायी गयी है—एक, स्वर्ग-प्राप्ति, दो, ईश्वर के करीब होना, तीन, ईश्वर जैसा होना, और चार, ईश्वर के साथ रहना (सायुज्य)। यह विचार हिन्दू धर्म के रामानुज मत की तरह है। फिर, कबीर की इसी रचना में निर्गुण ब्रह्म से एकाकार होने की बात भी की गयी है। इस तरह, सिक्ख धर्म में अन्तिम गति के बारे में रामानुज

1. M. A. Macauliffe, *The Sikh Religion*, vol. 1, pp. 164-67. Quoted by Y. Masih in *A Comparative Study of Religions*, pp. 266-67.
2. या॰ मसीह, ***तुलनात्मक धर्मदर्शन***, पृष्ठ 184-85.
3. Y. Masih, *A Comparative Study of Religions*, p. 267.

और शंकर, दोनों जैसे विचार पाए जाते हैं। इसके अलावा, ***ग्रन्थ साहब*** में यदा-कदा ''न्याय दिवस'' या ''कयामत के दिन'' का भी जिक्र आता है। एकेश्वरवाद का समर्थन और मूर्त्तिपूजा के विरोध की दृष्टि से सिक्ख धर्म इस्लाम की तरह है। इस तरह, सिक्ख धर्म पर हिन्दू और इस्लाम दोनों धर्मों का प्रभाव है, लेकिन यह अपने-आप में एक स्वतन्त्र धर्म है।

हिन्दू धर्म और सिक्ख धर्म

समानता

1. दोनों धर्मों में कर्म-संसार-ज्ञान-मुक्ति की चतुष्पदी को स्वीकार किया गया है।
2. सिक्ख धर्म इस्लाम की तरह एकेश्वरवादी है, लेकिन इसमें शंकर के अद्वैत वेदान्त की तरह ईश्वर को निर्गुण भी माना गया है।
3. ईश्वर विचार के बारे में, मोक्ष प्राप्ति के पथ और अन्तिम गति के बारे में भी सिक्ख धर्म में हिन्दू धर्म के शंकर और रामानुज जैसे विचार मिलते हैं।

भेद

1. सिक्ख धर्म पूरी तौर से एकेश्वरवादी धर्म है, जबकि हिन्दू धर्म के बारे में ऐसा नहीं कहा जा सकता है।
2. हिन्दू धर्म में **वेद** को प्रामाणिक माना जाता है, और ***गुरू ग्रन्थ*** को धर्मग्रन्थ के रूप में मान्यता नहीं दी जाती हैं। दूसरी ओर, सिक्ख धर्म में ***गुरू ग्रन्थ*** को सर्वोच्च महत्त्व दिया जाता है और **वेद** को प्रामाणिक नहीं माना जाता है।
3. हिन्दू धर्म में वर्ण-व्यवस्था को स्वीकार किया गया है, जबकि सिक्ख धर्म में वर्ण-व्यवस्था को अस्वीकार किया गया है।
4. हिन्दू धर्म में अवतारवाद को मान्यता दी गयी है, जबकि सिक्ख धर्म में ईश्वर को ''अजन्मा'' माना गया है।
5. हिन्दू धर्म में मूर्त्तिपूजा का प्रचलन है, जबकि सिक्ख धर्म मूर्त्तिपूजा के विरुद्ध है।
6. खालसा पंथ में पंच ककार व्रत को मान्यता दी गयी है, जबकि हिन्दू धर्म में इसकी कोई मान्यता नहीं है।

बौद्ध धर्म और सिक्ख धर्म

समानता

1. दोनों धर्मों में कर्म-संसार-ज्ञान-मुक्ति की चतुष्पदी को स्वीकार किया गया है।
2. दोनों ही अपने-अपने धर्म के संस्थापकों को पैगम्बर या ईश्वर का अवतार नहीं मानते हैं।
3. दोनों ही अपने धर्म-ग्रन्थों को ''श्रुत'' नहीं मानते हैं।
4. दोनों ही **वेद** की प्रामाणिकता को अस्वीकार करते हैं।
5. दोनों वर्ण-व्यवस्था के विरुद्ध हैं।

भेद

1. बौद्ध धर्म निरीश्वरवादी है, जबकि सिक्ख धर्म एकेश्वरवादी धर्म है।
2. बौद्ध धर्म अनात्मवादी है, जबकि सिक्ख धर्म में आत्मा के अस्तित्व को स्वीकार किया गया है।
3. बौद्ध धर्म में बुद्ध को सर्वोच्च महत्त्व दिया जाता है, जबकि सिक्ख धर्म में दस गुरुओं को सर्वोच्च महत्त्व दिया जाता है।
4. बौद्ध धर्म में ***त्रिपिटक*** और **वैपुल्य सूत्र**, आदि को धर्मग्रन्थ माना जाता है, जबकि सिक्ख धर्म में ***गुरू ग्रन्थ साहिब*** को।
5. बौद्ध धर्म में बुद्ध की मूर्ति की पूजा की जाती है, जबकि सिक्ख धर्म मूर्ति-पूजा के विरुद्ध है।
6. बौद्ध धर्म में संन्यास को काफी प्रश्रय दिया गया है, जबकि सिक्ख धर्म में संन्यास को प्रोत्साहन नहीं दिया गया है।
7. बौद्ध धर्म में अहिंसा पर बल दिया गया है, जबकि सिक्ख धर्म में ''संत सिपाही'' की अवधारणा मिलती है।
8. खालसा पंथ में पंच ककार व्रत को केन्द्रीय महत्त्व दिया गया है, जबकि बौद्ध धर्म में ऐसा नहीं है।
9. बौद्ध धर्म में कुछ हद तक तर्कबुद्धि और स्वयं अपने प्रयत्न को महत्त्व दिया गया है, जबकि सिक्ख धर्म भक्ति प्रधान है।

जैन धर्म और सिक्ख धर्म

जैन धर्म और सिक्ख धर्म के बीच भी, मोटे तौर पर, वही समानता और भेद हैं, जो बौद्ध धर्म और सिक्ख धर्म के बीच। अन्तर सिर्फ इतना है कि सिक्ख धर्म में भी जैन धर्म की तरह आत्मा के अस्तित्व को स्वीकार किया गया है। दूसरी ओर, जैन धर्म में अहिंसा और अपरिग्रह पर बौद्ध धर्म की तुलना में भी और अधिक बल दिया गया है।

इस्लाम धर्म और सिक्ख धर्म

समानता

1. दोनों एकेश्वरवादी धर्म हैं।
2. दोनों अवतारवाद के विरुद्ध हैं।
3. दोनों मूर्ति-पूजा के विरुद्ध हैं।
4. दोनों **वेद** को मान्यता नहीं देते हैं।
5. दोनों वर्ण-व्यवस्था को अस्वीकार करते हैं।

भेद

1. सिक्ख धर्म में ईश्वर को निर्गुण भी माना गया है, जबकि इस्लाम में ऐसा नहीं है।

2. सिक्ख धर्म में कर्म-संसार-ज्ञान-मुक्ति की चतुष्पदी को स्वीकार किया गया, जिसके लिए इस्लाम में कोई स्थान नहीं है।
3. इस्लाम में ***कुरआन*** को सर्वोच्च महत्त्व दिया जाता है, और सिक्ख धर्म में ***गुरू ग्रन्थ*** को। न सिक्ख धर्म में ***कुरआन*** को मान्यता दी जाती है, और न इस्लाम में ***गुरू ग्रन्थ*** को।
4. इस्लाम में मोहम्मद को ''रसूल'' या ''अल्लाह का संदेशवाहक'' माना जाता है, जबकि सिक्ख धर्म में दस गुरुओं को मान्यता दी जाती है, और किसी को भी ''रसूल'' नहीं माना जाता है।
5. खालसा पंथ में पंच ककार व्रत को केन्द्रीय महत्त्व दिया गया है, जबकि इस्लाम में ऐसा कुछ नहीं है।

❑

परिशिष्ट-I

प्रार्थना

आदिम धर्मों सहित विश्व के सभी धर्मों में चाहे वह ईश्वरवादी हो या निरीश्वरवादी, उपासना (worship) किसी-न-किसी रूप में पायी जाती है। प्रार्थना (prayer) उपासना के अन्तर्गत आती है। उपासना में प्रार्थना के अतिरिक्त भी कई चीजें शामिल रहती हैं। याकुब मसीह के अनुसार, ''भक्त अपनी समस्याओं को ईश्वर पर अर्पित कर देने में तथा उसके प्रति कृतज्ञता-भाव से ओतप्रोत हो जाने में शब्दों का प्रयोग करता है जिसे ''प्रार्थना'' संज्ञा दी जाती है।''[1]

फिर, उनके अनुसार मंत्रोच्चारण में भी भगवान की महिमा का गान होता है। इसलिए, प्रार्थना के स्वरूप को समझने के लिए प्रार्थना और लिटनी (स्तुति-माला) तथा जादू-मंत्र के बीच के अन्तर को समझना चाहिए।[2]

वेद प्रकाश वर्मा ने ''प्रार्थना'' की व्याख्या इस प्रकार की है, ''प्रार्थना आस्था पर आधारित वह धार्मिक कृत्य है जिसके माध्यम से उपासक किसी अतिप्राकृतिक उपास्य सत्ता के प्रति पूर्ण आत्म-समर्पण करता है, जिसके द्वारा वह स्वयं अपने लिए या दूसरों के लिए इस उपास्य सत्ता से सुख, समृद्धि तथा शान्ति की याचना करता है और आशा करता है कि उसकी याचना स्वीकार की जाएगी तथा जिसके माध्यम से उपास्य सत्ता के प्रति उसकी अपार श्रद्धा एवं विनम्रता की अभिव्यक्ति होती है।''[3]

स्पष्ट है कि प्रार्थना किसी ऐसी सत्ता से ही की जा सकती है (देवता-देवी या ईश्वर), जिसके बारे में समझा जाता है कि वह प्रार्थनाकर्त्ता की प्रार्थना को सुन सकता है और उत्तर दे सकता है। इस दृष्टि से प्रार्थना मुख्यतः ईश्वरवादी (बहुदेववादी या एकेश्वरवादी) धर्मों से सम्बद्ध है।

वेद-मंत्रों में इन्द्र, अग्नि, वरुण और सूर्य आदि देवताओं के प्रति जो प्रार्थनाएँ पायी जाती हैं, उनका मुख्य उद्देश्य मानव जीवन की मूल आवश्यकताओं को पूरा करना और सुख-समृद्धि प्राप्त करना होता है।

टायलर द्वारा प्रस्तुत किए गए आदिम धर्म की प्रार्थनाओं के कुछ उदाहरण इस प्रकार हैं: ''मुझ पर दया करो; मैं बहुत ही गरीब हूँ; मैं जो चाहता हूँ मुझे वही दो। शत्रुओं के विरुद्ध मुझे सफलता दो।'' ''मुझे जीवित रहने दो, बीमार न करो, मेरे शत्रुओं को ढूँढ कर उन्हें मार डालो।'' ''दयालु पिता, मैं तुम्हें यह भोजन दे रहा हूँ, इसे खा लो, इस भोजन को ग्रहण करने के फलस्वरूप हम पर दया करो।''[4]

---

1. या॰ मसीह, ***तुलनात्मक धर्मदर्शन***, पृष्ठ 236.
2. वहीं.
3. वेद प्रकाश वर्मा, ***धर्मदर्शन की मूल समस्याएँ***, पृष्ठ 153.
4. E. B. Tylor, *Primitive Culture,* vol 2, p. 364, वेद प्रकाश वर्मा द्वारा उद्धृत, वही, पृष्ठ 50.

दरअसल, ***वेदों*** में मिलने वाली प्रार्थनाएँ इन आदिम धर्म की प्रार्थनाओं से बहुत अलग नहीं हैं। देवी-देवताओं से सौ वर्ष की आयु होने, शरीर के सदा स्वस्थ रहने, सन्तान, दूध देने वाली गायें, बलवान पशु; शत्रुओं का नाश और युद्ध में विजय जैसी चीजें मांगी गयी हैं।[1]

हिन्दू धर्म में बहुदेववाद और रामानुज के एकेश्वरवाद के अन्तर्गत प्रार्थना के लिए स्थान है। हिन्दू धर्म के दायरे में ही शंकर के अद्वैत वेदान्त में ब्रह्मज्ञान और मुक्ति के लिए श्रवण-मनन-निदिध्यासन के मार्ग को अपनाने की बात की गयी है। लेकिन शंकर द्वारा स्थापित शैव मठों में ब्राह्मण शंकराचार्यों द्वारा पूजा-अर्चना और प्रार्थना आदि भी की जाती है। दरअसल, शंकर द्वारा ''पारमार्थिक दृष्टि'' से ''निर्गुण ब्रह्म'' को ही एकमात्र सत्य माना गया है, जबकि ''व्यावहारिक दृष्टि'' से ''सगुण ब्रह्म'' या ईश्वर को भी सत्य माना गया है। ऐसा समझा गया है कि ईश्वर-उपासना ब्रह्मज्ञान में सहायक है, लेकिन, अन्तिम विश्लेषण में श्रवण-मनन-निदिध्यासन द्वारा ईश्वर-उपासना से ऊपर उठ कर ईश्वर के प्रति उदासीनता बरतने की बात कही गयी है।

हिन्दू धर्म के अलावा, पारसी, यहूदी, ईसाई, इस्लाम और सिक्ख धर्मों में प्रार्थना का महत्त्वपूर्ण स्थान है। पारसी धर्मग्रन्थ ***जेन्दावेस्ता*** के दूसरे भाग में प्रार्थनाएँ दी गयी हैं। यहूदी और ईसाई धर्म में भी ईश्वर की प्रार्थना की जाती है। इस्लाम में दिन में पाँच बार नमाज पढ़ने का प्रावधान है। सिक्ख धर्म में सुबह-सुबह जपुजी का पाठ करने की बात है।

जैन और बौद्ध धर्म निरीश्वरवादी हैं। इसलिए, इनमें मूलतः ईश्वर या किसी देवी-देवताओं की पूजा या प्रार्थना के लिए कोई जगह नहीं है। याकुब मसीह के अनुसार, इन्हें योग-प्रधान और समाधिमूलक धर्म कहा जा सकता है। लेकिन समय के साथ-साथ बौद्ध धर्म में बोधिसत्वों की पूजा भी शुरू हो गयी, और वहाँ प्रार्थना की सम्भावना भी देखी जाती है। शुद्ध बौद्ध धर्म में बुद्ध की पूजा नहीं होती है, बल्कि मोक्षार्थी स्वयं बोधि को प्राप्त करने का प्रयत्न करते हैं। आधुनिक बौद्ध धर्म में सूत्रबद्ध प्रार्थना इसलिए की जाती है कि आराधना के फलस्वरूप उपासकों में भी बुद्ध की तरह बोधि जागृत हो जाए। आम तौर से बौद्धों में पार्थिव सुख-प्राप्ति के लिए प्रार्थना नहीं की जाती है।[2]

इसी तरह, जैन धर्म में भी तीर्थंकर महावीर की पूजा-उपासना की जाती है। महावीर को ''केवली'' माना जाता है। या० मसीह के शब्दों में ''वे न किसी की बात सुनते हैं और न किसी का कल्याण ही कर सकते हैं। पर जिस प्रकार काँच का ग्लास लाल गुलाब के समीप रहने पर गुलाबी रंग से अभिरंजित हो जाता है, उसी प्रकार केवली महावीर भगवान की उपासना करने पर जैनियों का मन शुद्ध हो जाता है और उनमें शुद्ध गुणों का प्रादुर्भाव होने लगता है।''[3]

❑

1. वेद प्रकाश वर्मा, वही, पृष्ठ 54-55.
2. या० मसीह, ***तुलनात्मक धर्मदर्शन***, पृष्ठ 237.
3. वहीं, पृष्ठ 238.

परिशिष्ट-II

BPSC मुख्य परीक्षा में पूछे गए प्रश्न

39th C.C. Exam.1993

Philosophy, Paper-II

1. Discuss the nature of Philosophy. Is Philosophy socially relevant today?
दर्शनशास्त्र के स्वरूप का विवेचन कीजिए। क्या दर्शनशास्त्र आज सामाजिक दृष्टि से प्रासंगिक है?
2. What is Democratic Socialism? How is it different from other kinds of socialism?
प्रजातान्त्रिक समाजवाद क्या है? यह अन्य प्रकार के समाजवाद से कैसे भिन्न है?
3. Compare and contrast Communism and Sarvodya as political ideologies. Is universal social justice possible? Comment.
साम्यवाद और सर्वोदय की तुलना एवं उनके बीच भेद राजनीतिक विचारधाराओं के रूप में दर्शाइये। क्या सार्वभौमिक सामाजिक न्याय सम्भव है? टिप्पणी कीजिए।
4. Give a brief survey of the transition from ancient tradition to modernity with reference to Indian Social institutions. How do you find this transition : Better or worse?
भारतीय सामाजिक संस्थाओं के सन्दर्भ में प्राचीन परम्परा से आधुनिकता तक के परिवर्तन का एक संक्षिप्त सर्वेक्षण प्रस्तुत कीजिए। यह परिवर्तन आपके विचार में कैसा है—अधिक अच्छा या अधिक बुरा?
5. What are the basic assumptions of religious language ? How can one understand the meaning of religious statements.
धार्मिक भाषा की मूल पूर्वमान्यताएँ क्या है? धार्मिक कथनों का अर्थबोध किसी को कैसे हो सकता है?
6. Is religion possible without Theology? In what sense Buddhist religion is different from Hindu religion?
क्या ईश्वरमीमांसा के बिना धर्म सम्भव है? किस अर्थ में बौद्ध धर्म हिन्दू धर्म से भिन्न है?
7. Discuss the foundations of religious belief. Are these foundations analysable?
धार्मिक विश्वास के आधारों का विवेचन कीजिए। क्या ये आधार विश्लेष्य है?
8. How does a theologist solve the problem of evil? Do you agree with his solutions? Give you own reasons.
अशुभ की समस्या का हल एक ईश्वर मीमांसक कैसे करता है? क्या आप उसके हल से सहमत हैं? अपना तर्क दीजिए।
9. Given the fact of religious pluralism, is the unity and universality of religion possible?
धार्मिक बहुलवाद की वस्तुस्थिति के रहते धर्म की एकता और सार्वभौमिकता कैसे सम्भव है? विवेचना कीजिए।

10. Does moska have an ontological status? Compare different conceptions of moska in Indian Philosophical Tradition.
क्या मोक्ष की सत्तात्मक स्थिति है? भारतीय दार्शनिक परम्परा में प्राप्त मोक्ष सम्बन्धी विभिन्न धारणाओं की तुलना कीजिए।

40th C.C. Exam-1995

Philosophy, Paper-II

1. Discuss the relation between Philosophy and Culture.
दर्शनशास्त्र और संस्कृति के सम्बन्ध का विवेचन कीजिये।
2. Give a Critical account of Fascism.
फासिस्टवाद का आलोचनात्मक विवरण प्रस्तुत कीजिये।
3. Evaluate Theocracy as a political ideology.
एक राजनीतिक विचारधारा के रूप में धर्मतन्त्र का मूल्यांकन कीजिये।
4. Discuss critically the salient features of Constitutionalism.
संविधानवाद की मुख्य विशेषताओं का समीक्षात्मक विवेचन कीजिये।
5. Discuss the concepts of Tradition and Modernity in the light of Indian tradition. Is modernity possible without a tradition? Evaluate.
भारतीय परम्परा के आलोक में परम्परा और आधुनिकता की अवधारणाओं का विवेचन कीजिये। क्या एक परम्परा के बिना आधुनिकता सम्भव है? मूल्यांकन कीजिये।
6. What is meant by religious language? Discuss.
धार्मिक भाषा से क्या तात्पर्य है? विवेचन कीजिये।
7. Discuss the relation between Theology and Philosophy of Religion.
धर्मशास्त्र और धर्मदर्शन के सम्बन्ध का विवेचन कीजिए।
8. Examine the role of reason and faith in attaining Religious Knowledge.
धार्मिक ज्ञान की प्राप्ति में तर्क एवं निष्ठा की भूमिका की परीक्षा कीजिये।
9. Discuss critically the various arguments to prove the existence of God.
ईश्वर की सत्ता सिद्ध करने के लिये प्रयुक्त विभिन्न तर्कों का समीक्षात्मक विवेचन कीजिए।
10. Write a full note on Secularism.
धर्मनिरपेक्षता पर एक पूर्ण टिप्पणी लिखिये।

41st C.C. Exam-1997

Philosophy, Paper-II

1. Discuss the nature of Philosophy.
दर्शन के स्वरूप की विवेचना कीजिए।
2. Explain and examine Democracy as a political ideology.
एक राजनीतिक विचारधारा के रूप में प्रजातन्त्र की व्याख्या एवं परीक्षा कीजिए।
3. Discuss the distincitve features of socialism.
समाजवाद की मुख्य विशेषताओं का विवेचन कीजिए।

4. Explain and examine sarvodaya as a political ideal.
एक राजनीतिक आदर्श के रूप में सर्वोदय की व्याख्या एवं परीक्षा कीजिए।

5. Write an eassay on Satygraha.
सत्याग्रह पर एक निबन्ध लिखिए।

6. Discuss the relation between Tradition and Modernity in the light of Indian Social Institutions.
भारतीय सामाजिक संस्थाओं के आलोक में परम्परा और आधुनिकता के सम्बन्ध का विवेचन कीजिए।

7. Discuss the nature and scope of Philosophy of Religion.
धर्मदर्शन के स्वरूप तथा क्षेत्र का विवेचन कीजिए।

8. Discuss reason and revelation as foundations of religious belief.
धार्मिक विश्वास के आधार के रूप में तर्क और दैवी प्रकाशन का विवेचन कीजिए।

9. Is unity of Religions possible? Discuss.
क्या धर्मों की एकता सम्भव है? विवेचन कीजिए।

10. Discuss the various paths of Moksha.
मोक्ष के विभिन्न मार्गों का विवेचन कीजिए।

42nd C.C. Exam-1999
Philosophy, Paper-II

1. Explain the meaning of democracy. Exmaine the philosophical foundations of Democracy.
प्रजातन्त्र के अर्थ की व्याख्या कीजिये। प्रजातन्त्र के दार्शनिक आधारों का परीक्षण करें।

2. Explain Jaina concepts of bondage and liberation.
जैन दर्शन के अनुसार बन्धन और मोक्ष के प्रत्ययां की व्याख्या करें।

3. What is terrorism? Why some people terrorize others ? Can it be justified as a tool to achieve political goals? Discuss.
आतंकवाद क्या है? कुछ व्यक्ति अन्य व्यक्तियों को क्यों आतंकित करते हैं? राजनीतिक लक्ष्यों की प्राप्ति के साधन के रूप में क्या आतंकवाद का औचित्य सिद्ध किया जा सकता है? विवेचना करें।

4. In the light of the concept of Sarvodaya, explain Gandihiji's concepts of man and society.
सर्वोदय के प्रत्यय के सन्दर्भ में गाँधीजी के मानव और समाज से सम्बन्धित प्रत्ययों की व्याख्या कीजिये।

5. What do you understand by the term Philosophy? How is it related with life, reason and culture? Explain.
दर्शनशास्त्र से आप क्या समझते हैं? दर्शनशास्त्र जीवन, चिन्तन एवं संस्कृति से कैसे सम्बन्धित है? व्याख्या कीजिये।

6. Explain the concept of Satyagraha as a method of political action.
सत्याग्रह की राजनैतिक कर्म पद्धति के रूप में व्याख्या करें।

7. What is the meaning of tradition? Is tradition against the modernity and change? Discuss.
परम्परा का क्या अर्थ है? क्या परम्परा परिवर्तन और आधुनिकता के विरुद्ध है? विवेचना कीजिये।

8. Keeping in view the present Indian scenario, write an eassay on conversion.
समकालीन भारतीय परिदृश्य को ध्यान में रखते हुए धर्मान्तरण पर एक लेख लिखिये।

9. Discuss in brief the various concepts of God, Explain the arguments given to prove the existence of God.
ईश्वर सम्बन्धित विभिन्न प्रत्ययों की संक्षेप में विवेचना कीजिये। ईश्वर की सत्ता की सिद्धि को दिये गये तर्कों की व्याख्या करें।

10. Explain the concept of Religion. Discuss the foundations of religious belief.
धर्म (रिलीजन) के प्रत्यय की व्याख्या कीजिये। धार्मिक विश्वास के आधार की विवेचना कीजिये।

43rd C.C. Exam-2001

Philosophy, Paper-II

1. Explain the nature of philosophy and discuss its relation with cultrue.
दर्शन के स्वरूप की विवेचना कीजिए तथा संस्कृति से उसके सम्बन्ध की व्याख्या कीजिये।

2. Explain the meaning of Sarvodaya and elucidate its philosophical foundations.
सर्वोदय के अर्थ की व्याख्या कीजिये तथा उसके आधारों को स्पष्ट कीजिये।

3. What do you understand by Revolution? Discuss its salient features.
क्रान्ति से आप क्या समझते हैं? इसके मुख्य लक्षणों का विवेचन कीजिये।

4. Discuss the main instruments of social change.
सामाजिक परिवर्तन के मुख्य निमित्तों की विवेचना कीजिये।

5. Explain the nature and characteristics of religious language.
धार्मिक भाषा के स्वरूप एवं लक्षणों की व्याख्या कीजिये।

6. Discuss the philosophical foundations of Buddhism.
बौद्धमत के दार्शनिक आधारों की व्याख्या कीजिये।

7. What is mysticism? Elucidate its basic features.
रहस्यानुभूतिवाद क्या है? इसके आधारभूत लक्षणों को स्पष्ट कीजिये।

8. Explain the nature and importance of the problem of evil according to Christianity.
ईसाईमत के अनुसार अशुभ की समस्या के स्वरूप एवं महत्त्व की व्याख्या कीजिये।

9. Bring out the meaning and importance of secularism in the modern Indian context.
आधुनिक भारतीय सन्दर्भ में धर्मनिरपेक्षतावाद के अर्थ एवं महत्त्व का प्रतिपादन कीजिए।

10. Explain and elucidate the main paths leading to Moksha.
मोक्ष प्राप्ति के प्रमुख मार्गों की स्पष्ट व्याख्या कीजिए।

44th C.C. Exam-2002

Philosophy, Paper-II

1. Define Philosphy. How philosophy is related with life and thought? Explain.
दर्शन को परिभाषित कीजिये। दर्शन जीवन एवं चिन्तन से किस तरह सम्बन्धित है? व्याख्या कीजिये।

2. What is the moral justification of Democracy? Answer while explaining the meaning of Democracy.
प्रजातन्त्र का नैतिक औचित्य क्या है? प्रजातन्त्र के अर्थ को स्पष्ट करते हुए उत्तर दीजिए।

3. What is Terrorism? Can it be justified as a tool to achieve political goals?
आतंकवाद क्या है? क्या राजनीतिक लक्ष्यों की प्राप्ति के साधनों के रूप में आतंकवाद का औचित्य सिद्ध किया जा सकता है?

4. Define Modernity. Is modernity against the tradition? Explain.
आधुनिकता को परिभाषित कीजिये। क्या आधुनिकता परम्परा के विरुद्ध है? व्याख्या कीजिये।

5. What is the problem of the meaning of religious language? Discuss.
धार्मिक भाषा के अर्थ की क्या समस्या है? विवेचना कीजिये।

6. Discuss the philosophical foundations of Jainism.
जैनदर्शन के दार्शनिक आधारों का विवेचन कीजिये।

7. Explain the relations and differences of theology and philosophy of religion.
धर्मशास्त्र एवं धर्म-दर्शन के सम्बन्धों एवं भेदों की व्याख्या कीजिये।

8. Discuss the problem of Evil and Sin.
अशुभ एवं पाप की समस्या का विवेचन कीजिये।

9. Discuss the elements of Unity and Universality of religion in detail.
धर्म की एकता एवं सार्वभौमिकता के तत्त्वों की विस्तार में विवेचना कीजिये।

10. Discuss the problem of conversion in Indian context.
भारतीय सन्दर्भ में धर्मान्तरण की समस्या की विवेचना कीजिये।

45th C.C. Exam-2002

Philosophy, Paper-II

1. Is there any relation between philosophy and culture ? Discuss in detail.
क्या दर्शनशास्त्र और संस्कृति में कोई संबंध है? सविस्तार विवचेन कीजिए।

2. What is the difference between Communism and Sarvodaya ? In your opinion which of the two is better alternative and why ? Explain.
साम्यवाद और सर्वोदय में क्या अन्तर है? आपके मत में इन दोनों में से कौन-सा बेहतर विकल्प है और क्यों? व्याख्या कीजिए।

3. What do you understand by Satayagraha ? What is the significance of Satyagraha in modern context ? Discuss.
सत्याग्रह से आप क्या समझते हैं? आज के संदर्भ में सत्याग्रह का क्या महत्त्व है? विवेचन कीजिए।

4. What is tradition ? Is tradition always an obstacle in the progress of society ? Discuss.
परम्परा क्या है? क्या परम्परा सदैव समाज की प्रगति में बाधक होती है? विवेचन कीजिए।

5. What is the Difference between religion and philosophy of religion ? Explain in detail.
धर्म एवं धर्मदर्शन में क्या अन्तर है? विस्तार से व्याख्या कीजिए।

6. Is Hinduism a liberal religion ? Discuss critically.
क्या हिन्दू धर्म एक उदारवादी धर्म है? आलोचनात्मक विवेचना कीजिए।

7. Describe the chief doctrines of Buddhism.
बौद्धधर्म के मुख्य सिद्धान्तों का वर्णन कीजिए।

8. Give an analysis of reason and faith.
तर्कन (reason) और आस्था (faith) का विश्लेषण कीजिए।

9. What is the importance of God in religion ? Can there be a religion withoug God ? Discuss.
ईश्वर का धर्म में क्या महत्त्व है? क्या बिना ईश्वर के कोई धर्म हो सकता है? विवेचना कीजिए।

10. Which one is the best path to achieve Moksa in your opinion ? Explain.
आपकी राय में मोक्ष प्राप्ति का श्रेष्ठ साधन कौन-सा है? व्याख्या कीजिए।

46th C.C. Exam-2005

Philosophy, Paper-II

1. "To have a guiding attitude towards life is to have a Philosophy." In view of this critically evaluate the nature of Philosophy and its relation to life.
''जीवन के प्रति सही दृष्टिकोण के लिए एक जीवन दर्शन की आवश्यकता होती है।'' इस दृष्टिकोण से दर्शन की प्रकृति एवं उसके जीवन के साथ समन्वय का आलोचनात्मक मूल्यांकन कीजिए।

2. In Democracy and Democratic method how to replace threat by thought, revolution by resolution and bullet by the ballot box ? Describe.
लोकतंत्र और लोकतांत्रिक पद्धति में दबाव को विचार से, विद्रोह को विमर्श से और बन्दूक को मतदान से किस प्रकार स्थानापन्न करा सकते हैं? विचार कीजिए।

3. Give a critical analysis of the concept of terrorism. Can it be justified ? Explain.
आतंकवादी विचारधारा की आलोचनात्मक समीक्षा दीजिए। क्या वह तर्कसंगत है? व्याख्या कीजिए।

4. Critically discuss the value and role of Family as a Social institution and conveyor of traditions.
परंपरा का वाहक एवं सामाजिक संरचना के रूप में परिवार की भूमिका एवं मूल्य का आलोच्चनात्मक विवेचना कीजिए।

5. Give an account of the significance of meaning and truth of symbols in Religious language.
धार्मिक भाषा में प्रतीकों की सत्यता एवं अर्थ की सार्थकता का मूल्यांकन कीजिए।

6. Write an essay on the relation between Theology and Philosophy of Religion. Is it possible to have a rational Theology ?
धर्म का दर्शन और धर्म की ईश्वरमीमांसा के संबंध पर एक निबंध लिखिए। तर्कसंगत ईश्वरमीमांसा क्या संभव है?

7. "Proof of God's existence is irrelevant, what matters is faith," Discuss.
''ईश्वर के अस्तित्व में प्रमाण से ज्यादा श्रद्धा का महत्त्व है''—समीक्षा कीजिए।

8. Describe the problems of Evil. Can it be overcome by strong faith and will ?
बुराई की समस्याओं का विवेचन कीजिए। क्या इच्छा एवं प्रबल विश्वास द्वारा बुराइयों से निदान किया जा सकता है?

9. What is secularism ? Discuss its significance in a democratic set-up.
धर्मनिरपेक्षता से क्या तात्पर्य है? लोकतंत्र में इसका क्या महत्त्व है?

10. Elucidate in detail the paths leading to moksha.
मोक्ष के विभिन्न मार्गों का विस्तार से विवेचन कीजिए।

47th C.C. Exam-2007

Philosophy, Paper-II

1. State and discuss the significance of Philosophy in human life.
मानव जीवन में दर्शनशास्त्र के औचित्य की सविशद समीक्षा करें।

2. Expound and explain the prospects of the docrtine of communism.
साम्यवादी विचारधारा के भविष्य की विस्तारपूर्वक व्याख्या कीजिए।

3. Can violence be justified as a means of social and political ends ? Discuss.
क्या सामाजिक एवं राजनैतिक उद्देश्यों के लिए हिंसात्मक व्यवहार को प्रमाणित किया जा सकता है? आलोचना करें।

4. Bring out the relevance of Gandhian doctrine of Satyagrah.
गाँधी के सत्याग्रह मत के औचित्य की तथा महत्त्व की समीक्षा करें।

5. Discuss the values of Indian family as institution in context of modern day challenges.
भारतीय कुटुंब प्रणाली संस्था का वर्तमान युग की समस्याओं के संदर्भ में क्या महत्त्व है? मूल्यांकन करें।

6. What is the meaning of neccessity of religion for man ? Discuss.
मानव के लिए धर्म की आवश्यकता का क्या अर्थ है? विवेचना करें।

7. Examine the main tenents of Buddhism.
बुद्ध के प्रमुख सिद्धांतों की आलोचना कीजिए।

8. Compare and contrast philosophy of religion with theology of religion.
धर्म के तत्वज्ञान एवं ईश्वर विद्या की तुलनात्मक विवेचना कीजिए।

9. "The conventional method of religious conversion will cease to exist by the turn of the present century" Do you agree ? Discuss.
पारम्परिक धर्म परिवर्तन का अंत इस सदी के समाप्ति तक हो जाएगा। क्या आप इमसे सहमत है? चर्चा करें।

10. Which docrtine of liberation in Indian thought appeals to you the most ? Discuss it in detail.
भारतीय दर्शन का कौन सा मोक्ष या निर्वाण प्राप्ति का सिद्धांत आपको सबसे अधिक आकर्षित करता है? सविस्तार चर्चा करें।

48-52th C.C. Exam-2009

Philosophy, Paper-II

1. Is Philosophy related to our work and daily life ? Discuss.
   क्या दर्शनशास्त्र हमारे दैनन्दिन साम्प्रतिक जीवन से संबंधित है? व्याख्या कीजिए।
2. Can Satayagraha be regarded as the best instrument for bringing about a political change ? Discuss.
   क्या सत्याग्रह को राजनैतिक परिवर्तन का सर्वोच्च साधन माना जा सकता है? व्याख्या कीजिए।
3. Is the doctrine of Sarvodaya a utopia ? Discuss.
   क्या सर्वोदय सिद्धान्त अव्यावहारिक है? व्याख्या कीजिए।
4. Examine the impact, if any, of modernity on the Indian Caste system.
   भारतीय जाति व्यवस्था पर, यदि कोई हो तो, आधुनिकता के प्रभाव का विश्लेषण कीजिए।
5. Bring out the relationship, if any, between religious tolerance and secularism.
   धार्मिक सहिष्णुता और धर्मनिरपेक्षवाद में यदि कोई संबंध हो तो, उसकी व्याख्या कीजिए।
6. Are religious beliefs grounded in reason or revelation ? Discuss.
   क्या धार्मिक विश्वास तर्क पर अथवा इलहाम पर आधारित होते हैं? व्याख्या कीजिए।
7. Explain the problem of evil.
   अशुभ की समस्या की व्याख्या कीजिए।
8. Which one of the paths—*jnana, karma, or bhakti*—according to you is the most efficacious path for attaining *moksha*—liberation and why ?
   ज्ञान, कर्म अथवा भक्ति मार्ग में से, आपके अनुसार, कौन-सा मार्ग मोक्ष प्राप्ति का अमोघ साधन है, और क्यों?

□

ग्रन्थ-सूची

अश्वघोष. ***बुद्धचरित*** (दिल्ली : मोतीलाल बनारसीदास, 1985).

मसीह. या॰ ***निरीश्वरवाद : भारतीय एवं पाश्चात्य*** (पटनां : बिहार हिन्दी ग्रन्थ अकादमी, 1973).

मसीह, या॰ ***तुलनात्मक धर्मदर्शन*** (पटना : मोतीलाल बनारसीदास, 1985).

रमेन्द्र. ***क्या ईश्वर मर चुका है?*** (पटना : बिहार बुद्धिवादी समाज, द्वितीय संस्करण, 1995).

वर्मा, वेद प्रकाश. ***भारतीय तथा पाश्चात्य दर्शन में निरीश्वरवाद*** (नई दिल्ली : अलाइड पब्लिशर्स लिमिटेड, 1999).

सांकृत्यायन, राहुल. ***बौद्ध दर्शन*** (इलाहाबाद : किताब महल, 1977).

सांकृत्यायन, राहुल. ***दर्शन दिग्दर्शन*** (इलाहाबाद : किताब महल, 1944, 2004).

आदि श्री गुरू ग्रन्थ साहब, अनुवाद, लक्ष्मण चेलाराम (दिल्ली : दादा चेलाराम मेमोरियल ट्रस्ट, 1988).

मनुस्मृति (वाराणसी : चौखम्भा संस्कृत संस्थान, तृतीय संस्करण, 1982).

Chaterjee and Datta. *An Introduction to Indian Philosophy.*

Dasgupta, S. N. *A History of Indian Philosophy, vol. 1.* (Delhi : Motilal Banarsidass, 1975).

Macauliffe, M. A. *The Sikh Religion, vol. 1* (1909).

Masih, Y. *A Comparative Study of Religions* (Delhi : Motilal Banarsidass, 1990).

Masih, Y. *The Hindu Religious Thought* (Delhi : Motilal Banarsidass, 1983).

Radhakrishnan, S. *The Hindu View of Life* (Bombay : Blackie & Son (India) Ltd., 1979).

Ramendra, *Why I am Not a Hindu & Why I do not want Ramrajya* (Patna : Bihar Rationalist Society, 2nd edition, 1995).

Tiwary Kedar Nath. *Comparative Religion* (Delhi : Motilal Banarsidass, 1990).

Vidyabhushan, Satish Chandra. *A History of Indian Logic* (Delhi : Motilal Banarsidass, 1988).

Warder, A. K. *Indian Buddhism* (Delhi : Motilal Banarsidass, 1980).

The Encyclopedia of Philosophy (ed.-in-chief, Paul Edwards), vols. 2, 4, 8 (New York : Macmillan Publishing Co. Inc. & The Free Press, 1972).

Encyclopaedia Britannica, vols. 2, 10,16, 19 (Chicago : Encyclopaedia Britannica Inc., 1981).

Good News for Modern Man : The New Testament in Today's English Version (The Bible Society).

The Glorious Koran with English translation, introduction and noted by Muhammad Marmaduke Pickthall (London : George Allen & Unwin, 1980).

❑